KB231217

로스쿨
지적재산권법

로스쿨 지적재산권법

강 명 수 지음

서문

실무가를 양성하는 로스쿨 제도의 취지에 비추어 볼 때 선택과목의 중요성은 간과할 수 없는 사실이나, 변호사시험 합격이라는 당면과제에 급급한 나머지 선택과목의 중요성이 퇴색되는 듯한 느낌을 지울 수 없다. 특히 지적재산권법은 실무가들에게 중요한 법영역이고 전문분야로 선택하기에 매우 매력적인 과목으로서 로스쿨에 입학하는 많은 신입생들이 관심을 가지고 있는 과목이기도 하다. 그런데 지적재산권법의 분량이 방대하고 또 변리사 공부를 했거나 변리사 시험을 합격한 실력자들이 주로 선택하는 과목이라는 선입견으로 인해 지적재산권법을 선택하고 싶어 하는 학생들이 많이 주저하고 있는 게 현실이다. 또 하나의 문제는 시중에 나와 있는 지적재산권법 교재들이 실무가들이나 학자들을 겨냥한 것들이어서 로스쿨 교재로 삼기에는 부담스럽다는 것이다. 이에 본서에서는 지적재산권법 중 시험과목인 특허법, 실용신안법, 디자인보호법, 상표법 및 저작권법만을 담았으며, 그 내용도 학설이나 이론적인 쟁점들은 철저히 제외시키고 법조문과 판례들을 위주로 하여 최대한 군더더기를 제외시켰다. 어찌 보면 지적재산권법 책이라고 하기에는 부족함이 느껴지기도 하나, 현행 법규정과 판례들을 습득한다는 로스쿨 교육의 주된 방향을 고려해 볼 때 강의교재로는 적합하다고 볼 수 있다. 그리고 지적재산권법이 자주 개정이 되는데 최근의 개정내용을 모두 담은 교재가 거의 없어서 공부에 또 하나의 어려움을 주고 있는바, 이에 본서에서는 2012년 8월까지의 개정된 사항도 모두 반영하였다. 아무쪼록 지적재산권법에 관심을 가지고 있는 예비법조인들이 지적재산권법의 분량에 너무 주눅 들지 않으면서도 시험합격 및 최소한의 전문지식 습득이라는 목표를 이루는 데 본서가 일조했으면 하는 바람을 가져 본다.

2012년 9월
아라동 연구실에서
강명수

CONTENTS

CONTENTS

CONTENTS

CONTENTS

제1장 지적재산권

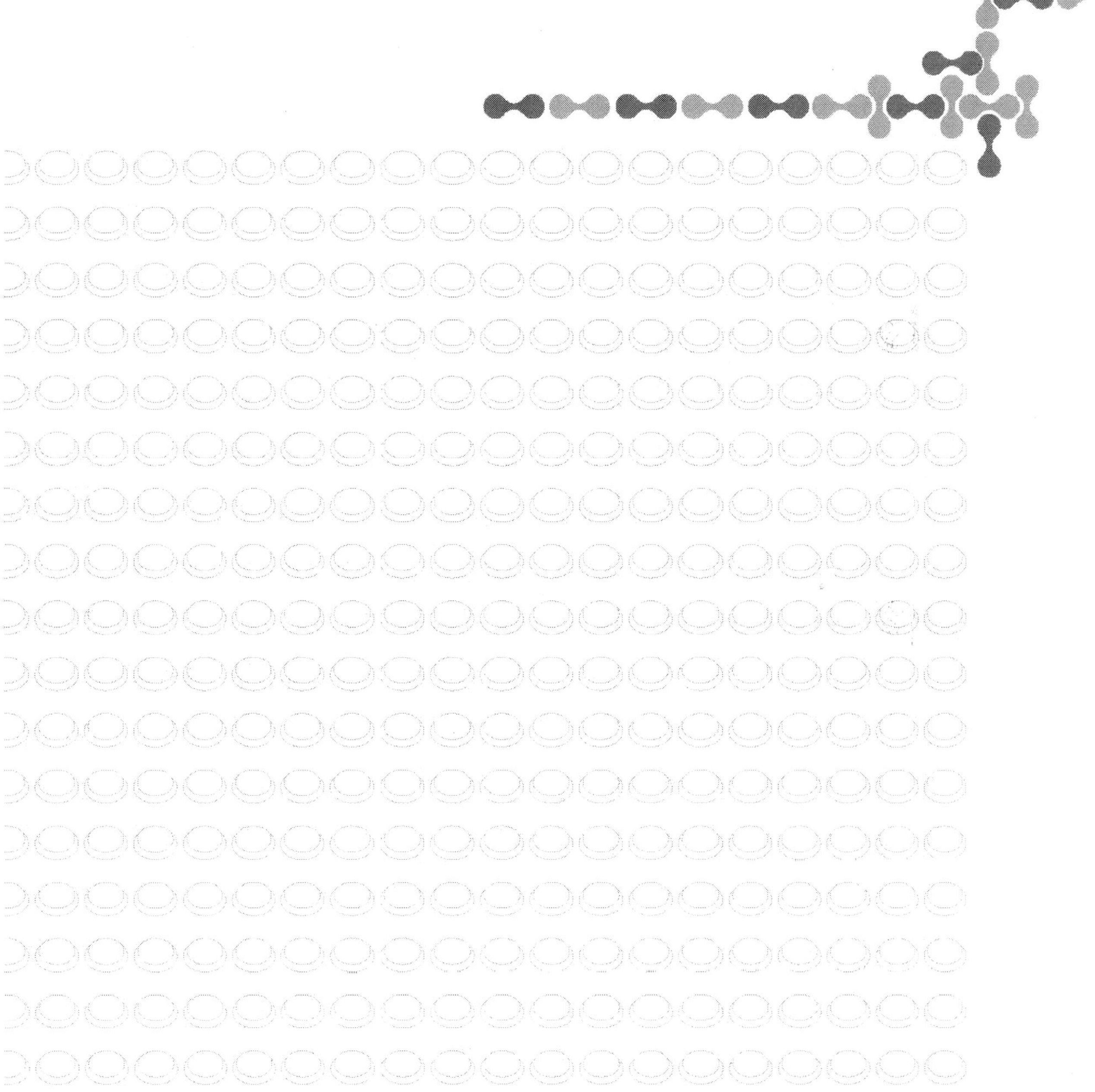

제1절 일반

  지적재산 또는 무체재산이란, 인간의 지적 활동의 성과로 인해 얻어진 정신적 산물로서 재산적 가치가 있는 것을 말한다. 2011년 5월 19일 제정된 지식재산기본법 제3조 제1호에서는 지식재산을 "인간의 창조적 활동 또는 경험 등에 의하여 창출되거나 발견된 지식·정보·기술, 사상이나 감정의 표현, 영업이나 물건의 표시, 생물의 품종이나 유전자원(遺傳資源), 그 밖에 무형적인 것으로서 재산적 가치가 실현될 수 있는 것"으로 정의하고 있다.

제2절 지적재산권의 종류 및 보호법

1. 산업재산권

  지적재산권 중 특히 산업발전을 목적으로 하는 것으로서 특허권, 실용신안권, 디자인권, 상표권이 있다.

2. 저작권

  산업재산권과 달리 문화발달 등을 주된 목적으로 하는 것이 저작권이며, 종래에는 컴퓨터프로그램저작권이 컴퓨터프로그램보호법에 의해 보호되었으나, 2009년 법 개정을 통해 저작권법에 통합되었다.

3. 기타

산업재산권과 저작권 이외의 지적재산권으로서 영업비밀, 인터넷주소, 주지표지, 반도체집적회로 등 다양한 권리들이 있다.

4. 헌법상 근거 규정

지적재산권 보호에 대해서는 헌법 제22조 제2항에서 "저작자·발명가·과학기술자와 예술가의 권리는 법률로써 보호한다"고 규정하고 있다. 다만, 상표의 경우 새로운 것을 만들어 낸 것이 아니라는 점에서 헌법 제23조를 근거 규정이라고 본다.

제3절 지적재산의 관할청 및 국제기구

Ⅰ. 관할청

우리나라에서는 지적재산권 전반을 총괄하는 부서는 없으며, 각각의 법률에 의해 개별적인 부서에서 관할하고 있다.

Ⅱ. 국제기구

1. 세계지적재산권기구(WIPO: World Intellectual Property Organization)

세계지적재산권기구는 1967년 7월 14일 산업재산권 및 저작권의 국제적 보호를 위해 설립되어 1970년에 발효된 기구로서 1974년 12월 17일부터 UN의 전문기구 중의 하나가 되었고, 우리나라는 1979년 3월 1일에 회원국이 되었다.

2. 세계무역기구(WTO: World Trade Organization)

무역문제를 해결하기 위한 시도는 일찍이 관세 및 무역에 관한 일반협정(GATT: General Agreement on Tariffs and Trade)이 형성되어 자유무역의 시행에 어느 정도의 기여를 하였고, GATT의 제8차 협상인 UP(Uruguay Round)의 타결과 함께 WTO로 이행되었다. 단순한 협정형태인 GATT와 비교해 WTO는 법적 구속력을 가진 국제기구로서, 국제무역분쟁에 대한 중재권 및 세계무역자유화를 위한 각종 감시·감독 권한을 갖고 있는 공식국제기구이다. 이러한 WTO의 주요 세 분야가 상품, 서비스, 지적재산권이며, 이에 WTO는 상품에 대하여는 GATT를, 서비스에 관하여는 서비스무역에 대한 일반협정(GATS: General Agreement on Trade in Services)을, 그리고 지적재산권에 관하여는 무역 관련 지적재산권협정(TRIPs: Agreement on Trade Related Aspect of Intellectual Property Rights)을 두고 있다.

3. 국제산업재산권보호협회(AIPPI)

국제산업재산권보호협회는 1897년 5월 8일 산업재산권의 국제적 보호를 위해 설립된 기구로서 산업재산권의 국제적 보호필요성에 대한 이해의 촉진 및 산업재산권 보호제도의 발전·장려, 각국 법령f의 비교·검토 및 개선을 위한 권고 등의 목적을 가지고 있다. 동 협회는 각국 산업재산권관계 업무종사 공무원, 변호사, 변리사 등이 회원으로 가입되어 있으며, 동 협회는 각종 세미나 등을 통해 산업재산권과 상품위조방지에 관한 각국의 여론을 수렴하여 WIPO 등에 건의하는 일을 하고 있다.

4. 국제상업회의소(ICC: International Chamber of Commerce) 및 위조상품정보국(CIB: Counterfeiting Intelligence Bureau)

국제상업회의소는 산업재산권에 관한 특별위원회를 설치하여 동 회의소 산하의 각 국내위원회와 협조하여 산업재신권제도와 기술이전, 그리고 상품위조 방지문제에 관하여 WIPO, AIPPI, WTO 등에 건의하거나 이들과 협조하고 있고, 특히 그 산하의 위조상품정보국에서 수집한 정보를 토대로 국제무역에 있어서의 위조상품을 추방하기 위한 범세계적인 활동을 추진하고 있다. CIB는 1985년 1월 ICC 내에 설치되어 위조상품에 관한 정보수집 및 관련업계에 대한 정보제공, ICC에의 건의활동 등을 하고 있다.

5. 기타

앞에서 살펴본 기구들 이외에도 국제상품위조방지협회(International Anti-Counterfeiting Coalition), 국제지식재산권연맹(International Intellectual Property Alliance), 국제라이센싱 협회(The Licensing Executives Society) 등의 단체가 있다.

Ⅲ. 국제협약

1. WTO/TRIPs[1]

가. 체결 배경

UR에서 논의된 TRIPs 협정은 UR의 타결과 동시에 출범한 WTO 협정의 일부로서 그 부속협정의 하나가 되었다. TRIPs 협정은 저작권, 특허권, 컴퓨터프로그램 등 8개 분야의 지적재산권의 보호기준과 시행절차를 정한 다자간 조약으로서, 지적재산권에 관련된 기존 조약 등의 규정을 최저보호수준으로 한 '국제조약 플러스 방식'으로 채택되었다.

나. 기본원칙

각 체약국은 지적재산권 보호에 관하여 자국민에 대하여 부여하는 것과 똑같은 대우를 타 체약국의 국민에게 보장하여야 한다는 내국민 대우의 원칙, 지적재산권의 보호와 관련하여 한 체약국이 다른 체약국의 국민에 대해 허용하는 모든 이익, 혜택, 특전 또는 면책 혜택은 즉시 조건 없이 다른 모든 체약국의 국민에게 부여되어야 한다는 최혜국대우의 원칙, 본 협정에서는 정하는 보호수준을 최소한으로 한다는 최소보호의 원칙 등을 두고 있으며, 그 이외에 권리소진의 원칙에 대해서는 각 체약국에 유보하고 있다.

---

1) Agreement on Trade Related Aspect of Intellectual Property Rights.

2. 산업재산권 보호에 관한 국제협정

가. 산업재산권보호를 위한 파리협약(Paris Convention)

파리협약은 1883년 3월 20일 파리에서 체결된 국제협약으로서, 특허 등의 출원이나 등록 등에 있어 동맹국의 국민을 내국인과 동등하게 대우한다는 내외국인 평등의 원칙, 한 나라에 출원한 후 일정기간(특허·실용신안: 1년, 디자인·상표: 6월) 내에 타 가맹국에 출원을 하는 경우 출원일자를 최초에 출원한 날로 소급시켜 주는 우선권주장의 원칙, 제3국에서 보호를 받으려면 각국마다 출원을 하여 권리를 획득하여야 하고 각국에서 획득한 권리는 다른 나라에 영향을 미치지 않는다는 특허독립의 원칙 등을 주된 내용으로 한다.

나. 특허협력조약(PCT: Patent Cooperation Treaty)

특허협력조약은 특허 또는 실용신안의 해외출원절차를 통일·간소하게 하기 위하여 1966년 파리협약 집행위원회에서 미국 측의 제안으로 검토하기 시작하여 1978년 1월 24일 발효되었다. 우리나라는 1984년 5월 10일 가입하였으며, 주된 내용은 자국특허청에 출원하되 보호를 받고자 하는 나라를 지정하여, 그 나라 국어로 된 번역문을 해당국 특허청에 송부하여 특허를 받으면 지정한 나라마다 특허권을 인정받을 수 있도록 한다는 것이다.

다. 부다페스트조약

특허절차상 미생물기탁의 국제적 승인에 관한 부다페스트조약은 1977년 4월 28일 부다페스트 외교회의에서 체결되어 1980년 11월 26일에 그 효력이 발생하였고, 우리나라는 1987년에 가입하였다. 동 조약의 주된 취지는 특허절차상 미생물기탁을 요구하는 국가는 이 조약에 가입하고 있는 체약국의 영토 내 혹은 영토 외에 있는 국제기탁기관에 미생물을 기탁하여야 한다는 것이다.

라. 기타

표장의 국제등록에 관한 마드리드협정에 대한 의정서(1989년 6월 27일 마드리드에서 채택되었고, 우리나라는 2003년 4월 10일에 발효), 표장등록을 실행하기 위한 상품 및 서비스의 국제분류에 관한 니스협정(1957년 채택되었고, 우리나라는 1999년 1월 8일에 발효), 국제특허분류에 관한 스트라스부르협정(일명 IPC 협정으로서 1971년 채택되었고, 우리나라는 1999년 10월 8일 가입) 등이 있다.

3. 저작권 보호에 관한 협정

자동보호의 원칙(Principle of Automatic Protection) 및 무방식주의, 내국민 대우의 원칙(Principle of National Treatment), 저작권 독립의 원칙(Principle of the Independence of Protection), 소급효 인정 등을 규정하고 있는 베른협약(Berne Convention), 방식주의와 무방식주의의 절충(©, 저작자의 성명이나 명칭, 저작물의 최초제작연도), 불소급의 원칙 등을 규정하고 있는 세계저작권협약(UCC: Universal Copyright Convention), 저작인접권 보호에 관한 협약(로마협약), 기타 세계지적재산권기구 저작권조약(WCT) 및 실연·음반조약(WPPT) 등이 있다.

제4절 지적재산의 보호필요성

1. 권리 범위의 모호성

지적재산권은 무형의 창작적 성과를 보호하는 것으로서, 유체물에 대한 권리와 달리 그 권리 범위를 특정하기가 쉽지 않다.

2. 침해의 용이성

직접 물리적인 침해행위를 수반하게 되는 유체물에 대한 침해와 달리 지적재산권에 대한 침해는 무형의 자산을 그대로 활용하는 것으로서, 권리자의 실시를 배제하는 것이 아니기 때문에 그 침해가 용이하게 일어나게 된다.

3. 피해의 중대성

단순히 침해로 인해 재산적 손해를 받는 것에 그치는 것이 아니라, 자신의 무형적 자산이 가지고 있는 가치가 하락하게 되면 그 이후의 실시행위 등을 통해 다시 그 가치를 회복하기가 용이하지 않다.

4. 침해 사실 입증의 난해성

무형의 자산으로서 그 권리 범위가 모호하다는 것과 함께 제3자의 침해행위가 발생한 경우 권리 침해에 해당하는지를 입증하기가 쉽지 않다.

제2장 특허법

제1절 특허법 총설

Ⅰ. 특허제도의 의의

특허법은 특허 발명의 등록 및 보호 등에 관한 규정을 담고 있는 법으로서, 총 12개의 장으로 구성되어 있다. 실체법적인 보호범위 해석이나 침해에 대한 구제 방법 등이 중요하나, 법 규정은 주로 절차법을 중심으로 규정하고 있다.

특허법은 다른 산업재산권법 중 가장 중요하며 기본이 되는 법으로서, 다른 산업재산권법에서는 특허법 규정을 많이 준용하는 형태를 취하고 있다. 따라서 산업재산권, 넓게는 무체재산권에 대한 이해를 위해서는 특허법에 대한 기본적인 이해가 필수적이라고 할 것이다.

Ⅱ. 특허법의 목적

특허법 제1조에서는 "이 법은 발명을 보호·장려하고 그 이용을 도모함으로써 기술의 발전을 촉진하여 산업발전에 이바지함을 목적으로 한다"고 규정하고 있다. 즉 발명의 보호·장려, 발명의 이용 도모, 기술 발전 촉진 등을 통해 산업발전에 이바지함을 목적으로 하고 있다. 특허권자에 대해 보호정도 등을 정하거나 해석하는 경우 이러한 법목적을 고려한 판단이 필요하게 된다.

Ⅲ. 특허법상 발명

특허법의 보호대상이 되는 발명의 정의 규정을 법에 규정할 것인지는 입법 정책의 문제인바, 우리나라 특허법은 일본 특허법과 마찬가지로 발명의 정의를 법에서 규정하고 있다. 즉 발명이란 "자연법칙을 이용한 기술적 사상의 창작으로서 고도한 것"으로 정의하고 있다(§2 i).

1. 자연법칙의 이용

가. 일반

특허법상 발명이 되기 위해서는 자연법칙을 이용한 것이어야 한다. 따라서 자연법칙을 이용하지 않은 것이나 자연법칙에 반하는 것(영구운동기관 등)[1]은 특허법상 발명이 될 수 없다. 이러한 자연법칙의 이용은 전체로서 이용한 것이어야 하며, 발명을 이루는 구성요소 중 일부라도 자연법칙을 이용하지 않는 부분이 있으면 특허법상 발명의 대상이 되지 않는다.[2]

그리고 제3자에 의한 반복실시 가능성이 있어야 하고, 다만 자연법칙을 이용한 것이기만 하면 자연법칙의 원리에 대한 이해나 인식은 필요로 하지 않는다.

나. 컴퓨터 소프트웨어의 경우

원칙적으로 자연법칙을 이용하고 있지 않은 것으로 보며, 다만 프로그램이 하드웨어와 일체되어 그 하드웨어의 성능을 높이거나 제어하는 방법 내지 장치로서 혹은 프로그램을 기록한 컴퓨터 해독이 가능한 기록매체로서 출원하면 등록될 수도 있다.

이와 관련하여 판례 "컴퓨터는 제어장치, 논리·연산장치, 기억장치 및 입출력장치로 구성되어 있는바, 그 기계적 설비인 하드웨어는 독자적인 작업수행능력이 없고 소프트웨어인 프로그램의 작업수행지시에 따라 특정목적을 위한 제어·논리·연산 및 기억 등의 기능을 발휘하는 것으로서 하드웨어 자체는 범용성이 있다고 할 것이므로, 컴퓨터를 기능실현 수단으로 이용한 장치 발명의 출원에 있어서 그 장치에 고유한 독자적인 작업수행능력을 갖도록 특별히 고안된 하드웨어를 사용한다면 모르되 위와 같이 범용성이 있는 하드웨어를 사용하는 경우에는 하드웨어 자체에 관한 상세한 설명을 특허출원서에 일일이

---

1) 양수조로부터 급수조로 낙하하는 물을 이용하여 수력발전기를 돌려 에너지를 얻고, 급수조에 낙하된 물은 다시 제네바 기어장치, 노즐회전관 및 복수의 공기실을 이용한 연속적인 수격작용(수격작용)에 의하여 폐수되는 물이 없이 전량을 양수조로 끌어 올려서 재순환시킴으로써 계속적인 에너지 추출이 가능하도록 하는 것을 요지로 하는 출원발명은 일정한 위치에너지로 유지되는 수조의 물을 수격작용에 의하여 그 수조의 물의 자유표면보다 일정 높이 위에 위치한 수조로 끌어 올리는 공지된 양수펌프에서와 같이 수조로부터 낙하되는 물의 상당 부분을 폐수하고 남는 일부분의 물만을 높은 위치의 수조로 양수하는 것이 아니라, <u>외부의 에너지 공급 없이 급수조에서 낙하하는 물 전부를 폐수되는 물이 없이 보다 높은 위치의 양수조로 끌어 올린다는 것이 되어 에너지 보존 법칙에 위배되므로, 출원발명은 자연법칙에 어긋나는 발명으로서 특허법 제29조 제1항 본문에서 규정한 발명의 요건을 충족하지 못한다</u>(대법원 1998. 9. 4. 선고 98후744 판결).

2) 특허법원 2007. 6. 27. 선고 2006허8910 판결(확정).

기재하지 아니하더라도 컴퓨터와 관련된 기술분야에서 평균적 기술능력을 가진 자이면 하드웨어의 기능내용을 능히 이해할 수 있다고 보는 것이 타당하다"고 판시한 바 있다.[3]

2. 기술적 사상

가. 기술과의 차이점

기술과 기술적 사상으로서의 발명은 자연법칙을 이용한 구체적 수단이라는 측면에는 동일하나, 기술은 보다 구체적으로 산업상 실제 그대로 이용될 수 있는 수단 그 자체인데 반하여 발명은 기술의 단계까지 도달되지 않은 보다 추상적이고 개념적인 수단이다.

나. 실현가능성(또는 반복가능성)

특허를 받을 수 있는 발명은 완성된 것이어야 하고 완성된 발명이란 그 발명이 속하는 분야에서 통상의 지식을 가진 자가 반복 실시하여 목적하는 기술적 효과를 얻을 수 있을 정도까지 구체적·객관적으로 구성되어 있는 발명으로 그 판단은 특허출원의 명세서에 기재된 발명의 목적, 구성 및 작용효과 등을 전체적으로 고려하여 출원 당시의 기술수준에 입각하여 판단하여야 한다.[4]

---

3) 이 사건 출원발명의 공동제어장치 중 프로세서는 발명의 상세한 설명에 비추어 보면 제어 및 논리·연산장치로서 프로그램의 지시 없이 독자적인 작업수행능력을 가진 특수한 하드웨어를 사용한 것이라고 보이지 않음에도 불구하고 원심결이 마이크로프로세서의 하드웨어 구성이 명세서 및 도면에 나타나 있지 아니한 점을 들어 이 발명의 기술분야에서 통상의 지식을 가진 자가 용이하게 실시할 수 없는 이유로 삼고 있는 것은 특허법상 특허출원서에 기재할 발명의 상세한 설명의 범위를 잘못 해석하여 심결에 영향을 미친 위법을 범한 것으로서 이 점에 관한 논지는 이유 있다. 다만 위와 같이 범용성 있는 컴퓨터 하드웨어 자체의 구성은 특허출원서에 기재할 필요가 없다고 하여도 그 발명이 컴퓨터를 이용한 응용기기로서 구성된 장치발명인 경우에 있어서는 그 응용기기의 구조 및 컴퓨터 하드웨어와 연결되어 작동하는 기계적 구성내용을 명시할 필요가 있는바, 이 사건 출원발명인 통신시스템의 회의장치에 관한 특허청구의 범위 및 상세한 설명을 보면 위 시스템은 컴퓨터 외에 이를 이용한 응용기기인 빨강 나이오느(LED)가 실시된 전화기 버튼 및 스위칭회로망 링크에의 접촉·이탈장치 등으로서 구성되어 있음이 명백하므로, 원심으로서는 위 응용기기의 구조 및 컴퓨터와 연결되어 작동하는 기계적 구성의 내용이 당업자가 이해하여 재현할 수 있을 만큼 설명이 되어 있는지를 밝혀 보고 이 점에서 출원요건을 갖추었다고 볼 수 있는지를 심리판단하여야 할 것이다(대법원 1985. 5. 28. 선고 84후43 판결).

4) 대법원 1994. 12. 27. 선고 93후1810 판결.

3. 창작

가. 의의

저작권법상의 창작성은 개성 또는 독창성만 있으면 족하나, 특허법상의 창작은 독창성뿐만 아니라 창조성도 있어야 한다.

나. 발견과의 차이

단순한 발견은 발명으로 인정되지 않는다. 다만, 방법의 발명, 특히 용도발명의 경우 특허법상 발명과 발견의 한계를 짓는 것이 용이하지만은 않다.

다. 용도발명의 경우

DDT[5)]에 살충효과가 있음을 발견한 경우, DDT를 살충제로 사용하는 용도발명이 인정된다.

4. 고도한 것

실용신안법상의 고안과 구별하기 위한 의미로 볼 수 있다.[6)] 다만, 진보성과의 관계와 관련하여 의문의 여지가 있으며, '고도성' 개념 자체의 모호성으로 인하여 심사실무상 '고도성' 유무를 판단하기는 쉽지 않다.

대법원은 "유기질비료 제조방법의 발명이 제품화하는 공정 등이 인용참증과 동일한 것이고 다만 기생충유충 및 알을 사멸시킴에 있어 질산 및 염산을 페놀로 대체사용하였다

---

5) 다이클로로다이페닐트라이클로로에테인이라고도 하며, 화학식은 (ClC6H4)2CH(CCl3)이다. 1874년에 자이들러(O. Zeidler)에 의해서 처음 합성되었으나 이때는 DDT의 효과가 무엇인지 몰랐다. DDT가 강력한 살충효과를 가지고 있다는 것은 1939년 스위스의 과학자 뮐러(P. H. Muller)에 의해 밝혀졌고 뮐러는 이 공적으로 1948년에 노벨 생리의학상을 받았다. 제2차 세계대전 때문에 일본에서 수출하던 천연재료 공급이 끊기면서 미국에서 처음 살충제로 실용화되었다. 싼 가격에 대량생산할 수 있고 처음 실용화될 때는 인간에게 무해한 것으로 알려졌기 때문에 급속히 보급되었다. 이가 옮기는 티푸스나 모기가 옮기는 말라리아를 퇴치하는 데 매우 효과적이었기 때문에 1940년대부터 살충제로 널리 사용되었다. 또한 1945년 이후에는 살충용 농약으로서 농업에도 널리 사용되었다.

6) 실용신안법이 정하는 실용적 고안이라 함은 물품의 형상, 구조 또는 조합에 관한 자연법칙을 이용한 기술적 사상의 창작으로서 특허법이 정하는 자연을 정복하고 자연력을 이용하여 일정한 효과를 창출하고 이에 따라 인간의 수요를 충족하는 기술적 사상의 고도의 창작인 발명과 그 성질에서는 같으나 다만 고도의 것이 아닌 점에서 다를 뿐이다(대법원 1983. 11. 22. 선고 83후42 판결).

는 등 차이는 있으나 이것이 동 분야에서 통상의 지식을 가진 자가 극히 용이하게 실시
할 수 있는 정도의 것이라면 이는 자연법칙을 이용한 기술적 사상의 창작으로 고도의 것
이라고 인정할 수 없다"고 판시한 바 있다.[7]

5. 특허법상 효과

발명의 성립성을 흠결한 경우 특허법 제29조 제1항 본문(산업상 이용가능성)을 이유로
거절결정을 하고, 다만 '고도성'을 흠결한 경우에는 제2항(진보성)을 이유로 거절결정을
한다.

6. 관련문제

특허법상 발명의 정의 규정이 필요한 것인지에 대해서는 논의의 여지가 있다. 즉 미국
특허법 제100조[8])에서는 "발명이란 발명 또는 발견을 말한다"라는 규정만 두고 있고, 제
101조[9])에서는 "새롭고 유용한 방법, 기계, 제품 또는 물질의 조성물 또는 그에 의한 신
규의 유용한 개량을 발명하거나 발견한 자는 특허법이 정한 조건과 요건에 의해서 특허
를 받을 수 있다"고 규정하고 있다.
　미국 특허법과 같이 발명의 정의 규정을 따로 두지 않고 있는 입법례에서는 새롭게 등
장하는 신규 유형의 발명에 대한 보호가 용이하다는 장점이 있는바, 현행 우리 특허법에
서는 '자연법칙'의 범위에 대한 탄력적 해석을 통해 새로운 유형의 발명을 포섭하는 방
향으로 나아가되, 궁극적으로 정의 규정을 그대로 둘 것인지는 계속 연구해야 할 것이다.

---

7) 대법원 1978. 12. 26. 선고 78후23 판결.

8) 제100조 Definition
　　When used in this title unless the context otherwise indicates –
　　(a) The term "invention" means invention or discovery.

9) 제101조 Invention patentable
　　Whoever invents or discovers any new and useful process, machine, manufacture, or composition of matter,
　　or any new and useful improvement thereof, may obtain a patent therefor, subject to the conditions and
　　requirements of this title.

Ⅳ. 발명의 종류

1. 물(物)의 발명과 방법의 발명

특허법 제2조 제3호에서는 물건의 발명, 방법의 발명 및 물건을 생산하는 방법의 발명에 대해 각각의 실시행위를 규정하고 있다.[10]

2. 기본발명과 개량발명(이용발명)

기본발명은 그 발명이 속하는 분양에서 기술문제를 최초로 해결한 발명을 말하고, 개량발명은 기본발명의 기술적 내용을 개량하여 완성한 발명을 말한다. 이와 관련하여 특허법에서는 이용발명에 대한 규정을 두고 있는바, 판례는 "선행발명과 후발명이 구 특허법(1990. 1. 13. 법률 제4207호로 전문 개정되기 전의 것) 제45조 제3항 소정의 이용관계에 있는 경우에는 후발명은 선행발명특허의 권리범위에 속하게 되고, 이러한 이용관계는 후발명이 선행발명의 특허요지에 새로운 기술적 요소를 가하는 것으로서 후발명이 선행발명의 요지를 전부 포함하고 이를 그대로 이용하게 되면 성립된다"고 판시하고 있다.[11]

3. 독립발명과 종속발명

그 실시에 있어서 다른 발명을 이용할 필요가 없는 독립발명과 다른 발명을 실시하지

---

10) 제2조 (정의) 이 법에서 사용하는 용어의 정의는 다음과 같다. <개정 1995. 12. 29.>
   1. '발명'이라 함은 자연법칙을 이용한 기술적 사상의 창작으로서 고도한 것을 말한다.
   2. '특허발명'이라 함은 특허를 받은 발명을 말한다.
   3. '실시'라 함은 다음 각목의 1에 해당하는 행위를 말한다.
   가. 물건의 발명인 경우에는 그 물건을 생산·사용·양도·대여 또는 수입하거나 그 물건의 양도 또는 대여의 청약(양도 또는 대여를 위한 진시를 포함한다. 이하 같다)을 하는 행위
   나. 방법의 발명인 경우에는 그 방법을 사용하는 행위
   다. 물건을 생산하는 방법의 발명인 경우에는 나목의 행위 외에 그 방법에 의하여 생산한 물건을 사용·양도·대여 또는 수입하거나 그 물건의 양도 또는 대여의 청약을 하는 행위
11) 본건 특허발명의 기술요지는 에틸렌비닐아세테이트(EVA) 폼의 낚시찌에 방수처리를 함에 있어 특정재료를 선택하였음에 있고 이 건 특허발명은 방수피막층을 이루는 재료가 단순 중합체인 연질 폴리비닐클로라이드(PVC)임에 비하여 (가)호 발명은 에틸렌초산비닐(EVA) 공중합체 및 열가소성 고무로서 그 재질이 상이한 것이므로 (가)호 발명이 이 사건 특허발명의 요지를 전부 포함하고 이를 그대로 이용하는 관계에 있다고 볼 수 없다고 한 사례(대법원 1995. 12. 5. 선고 92후1660 판결).

않으면 실시할 수 없는 종속발명이 있다.

4. 직무발명, 업무발명 및 자유발명

종업원이 한 발명의 종류를 직무발명, 업무발명 및 자유발명으로 나눌 수 있다. 즉 사용자의 업무범위에 속하고 종업원의 직무범위에 속하는 발명이 직무발명이고, 사용자의 업무범위에는 속하나 종업원의 직무범위에는 속하지 않는 발명이 업무발명이며, 사용자의 업무범위에도 속하지 않는 발명이 자유발명이다.

5. 완성발명과 미완성발명

일반적으로 발명이란 완성발명을 말하며, 발명으로서의 외관은 갖추고 있으나 수단이 결여되어 있는 등 실질적인 하자가 있는 발명이 미완성발명이다.

6. 용도발명(발견)과 물질발명

용도발명은 특정물질의 새로운 용도를 발견한 것을 말하며, 새로운 물질 자체에 대한 발명인 물질발명과 대비된다. 용도발명의 대표적인 예가 DDT를 살충제의 용도로 사용하는 것이다.

7. 식물발명

구 특허법 제31조에서는 "무성적으로 반복 생식할 수 있는 변종식물을 발명한 자는 그 발명에 대하여 특허를 받을 수 있다"고 규정하였으나, 2006년 개정법에서 삭제하였다. 따라서 현행법에서는 식물발명에 대해 별도의 규정을 두고 있지 않으며, 일반적인 발명과 마찬가지의 기준을 적용하게 되었다. 참고로 미국 특허법에서는 괴경식물과 야생식물을 제외한 모든 식물에 대한 발명을 인정하고 있다.[12]

---

12) 35 U.S.C 161 <Patents for plants> Whoever invents or discovers and asexually reproduces any distinct and new variety of palnt, including cultivated sports, mutants, hybrids, and newly found seedings, other than a tuber propagated plant or a plant found in an uncultivated state, may obtain a patent therefor,

판례는 "출원발명이 발견된 변이종을 고정화하는 과정에서는 반복재현성이 인정된다고 하더라도, 출원발명의 변이종을 얻는 과정에 반복재현성이 인정되지 아니하므로, 이는 산업상 이용할 수 있는 완성된 발명이라고 할 수 없다"고 하였다.[13]

8. 미생물발명

육안으로는 식별이 곤란한 미생물에 관한 발명을 말하는 것으로서, 미생물발명에 대한 출원을 하는 경우에는 통상의 기술자가 용이하게 입수할 수 있는 미생물이 아닌 한, 미생물을 기탁기관에 기탁하여야 한다. 이와 관련하여 판례는 "미생물 관련 발명(DNA재조합)에 대한 특허출원에 있어, 그 사용된 형질전환체를 생성하는 과정에 필요한 출발미생물이 공지공용의 균주이거나 당업자가 용이하게 얻을 수 있는 것이고, 명세서에 이를 이용하여 형질전환체를 제조하는 과정이 당업자가 용이하게 재현할 수 있도록 기재되어 있다면, 형질전환체의 균주자체를 기탁할 필요가 없고 그 생성과정에 필요한 출발미생물을 기탁하거나 이를 용이하게 입수할 수 있음을 증명함으로써 족하다. 그런데 <u>원심결은 형질전환체인 W非110/PR－CYC 5의 균주 자체의 기탁 여부와 용이입수 여부만을 판단하였을 뿐 당업자가 명세서 기재에 의하여 위 형질전환체의 생산과정에 필요한 출발미생물에 의하여 용이하게 제조할 수 있는 여부 및 그 출발미생물이 공지공용된 것이거나 당업자가 용이하게 입수할 수 있는 것인지 등에 관하여 전혀 심리판단하지 않고 있으므로 이 점에서 심리미진의 위법이 있다"</u>고 하였다.[14]

9. 동물 관련 발명

동물이란 사람을 제외한 다세포 동물을 말하는데, 최근 생명공학기술의 급속한 발달로 동물과 관련된 발명들이 다양하게 출현하고 있다. 이에 특허청은 생명공학분야에 대한 심사기준을 두어 일정한 보호를 허용하고 있다.

---

subject to the conditions and requirements of this title.

The provisions of this title relating to patents for inventions shall apply to patents for plants, except as otherwise provided.

13) 특허법원 2001. 12. 7. 선고 2000허7519 판결(확정).

14) 대법원 1991. 8. 27. 선고 90후1512 판결.

10. 컴퓨터 관련발명 – BM 특허

가. 대법원 2001. 11. 30. 선고 97후2507 판결

출원발명이 기본워드에 서브워드를 부가하여 명령어를 이루는 제어입력포맷을 다양하게 하고 워드의 개수에 따라 조합되는 제어명령어의 수를 증가시켜 하드웨어인 수치제어장치를 제어하는 방법에 관한 것으로서, 결국 수치제어입력포맷을 사용하여 소프트웨어인 서브워드 부가 가공프로그램을 구동시켜 하드웨어인 수치제어장치에 의하여 기계식별·제어·작동을 하게 하는 것일 뿐만 아니라 하드웨어 외부에서의 물리적 변환을 야기하여 그 물리적 변환으로 인하여 실제적 이용가능성이 명세서에 개시되어 있다는 이유로 그 출원발명을 자연법칙을 이용하지 않은 순수한 인간의 정신적 활동에 의한 것이라고 할 수는 없다고 한 사례.[15]

나. 대법원 2003. 5. 16. 선고 2001후3149 판결

특허법 제2조 제1호는 자연법칙을 이용한 기술적 사상의 창작으로서 고도한 것을 '발명'으로 정의하고 있고, 위 특허법 제2조 제1호가 훈시적인 규정에 해당한다고 볼 아무런 근거가 없으므로, 자연법칙을 이용하지 않은 것을 특허출원하였을 때에는 특허법 제29조 제1항 본문의 '산업상 이용할 수 있는 발명'의 요건을 충족하지 못함을 이유로 특허법 제62조에 의하여 그 특허출원이 거절된다(대법원 1998. 9. 4. 선고 98후744 판결 참조).

원심판결 이유에 의하면, 원심은 명칭을 '생활쓰레기 재활용 종합관리방법'으로 하는 원고의 이 사건 출원발명을 구성하는 각 처리단계는 그 판시와 같은 이유로 자연법칙을 이용한 것이라고 할 수 없고, 이 사건 출원발명 전체를 살펴보더라도, 이 사건 출원발명은 바코드스티커, 달력지, 쓰레기봉투, 그리고 컴퓨터 등을 이용한 바코드 판독 등 하드웨어 및 소프트웨어 수단을 포함하고 있지만, 이 사건 출원발명의 구성요소인 위 각 단계는 위 하드웨어 및 소프트웨어의 결합을 이용한 구체적 수단을 내용으로 하고 있지 아니할 뿐만 아니라, 그 수단을 단지 도구로 이용한 것으로 인간의 정신활동에 불과하고, 위 각 단계로 이루어지고 위 각 단계에서 얻어지는 사료들을 축적한 통계고 생활쓰레기를 종합관리하는 이 사건 출원발명은 전체적으로 보면 그 자체로는 실시할 수 없고 관련

---

15) 판례 평석으로는 김관식, "컴퓨터프로그램 발명의 성립성", 특허판례연구, 박영사(2009), 10면 내지 21면.

법령 등이 구비되어야만 실시할 수 있는 것으로 관할 관청, 배출자, 수거자 간의 약속 등에 의하여 이루어지는 인위적 결정이거나 이에 따른 위 관할 관청 등의 정신적 판단 또는 인위적 결정에 불과하므로 자연법칙을 이용한 것이라고 할 수 없으며, 그 각 단계가 컴퓨터의 온라인(on-line)상에서 처리되는 것이 아니라 오프라인(off-line)상에서 처리되는 것이고, 소프트웨어와 하드웨어가 연계되는 시스템이 구체적으로 실현되고 있는 것도 아니어서 이른바 비즈니스모델 발명의 범주에 속하지도 아니하므로 이 사건 출원발명은 제29조 제1항 본문의 '산업상 이용할 수 있는 발명'이라고 할 수 없다는 취지로 판단하였다.

기록과 위에서 본 법리에 비추어 살펴보면, 원심의 위와 같은 인정과 판단은 정당하고, 거기에 상고이유로 지적하는 바와 같은 특허법 제2조 제1호, 제29조 제1항 및 특허법 제62조에 관한 법리오해의 위법이 있다고 할 수 없다.

다. 대법원 2008. 12. 24. 선고 2007후265 판결

특허거절결정과 거절이유통지 등에 관하여 규정하고 있는 구 특허법(2006. 3. 3. 법률 제7871호로 개정되기 전의 것) 제62조, 구 특허법(2007. 1. 3. 법률 제8197호로 개정되기 전의 것) 제63조 및 제170조 제2항에 의하면, 특허거절결정에 대한 심판에서 그 거절결정의 이유와 다른 거절이유를 1발견한 경우에는 거절이유의 통지를 하여 특허출원인에게 새로운 거절이유에 대한 의견서 제출의 기회를 주어야 하는데, 그 거절이유통지서가 어느 정도 추상적이거나 개괄적으로 기재되어 있다고 하더라도 그 발명이 속하는 기술분야에서 통상의 지식을 가진 자가 전체적으로 그 취지를 이해할 수 있을 정도로 기재하면 충분하다.

구 특허법(2006. 3. 3. 법률 제7871호로 개정되기 전의 것) 제2조 제1호는 자연법칙을 이용한 기술적 사상의 창작으로서 고도한 것을 '발명'으로 정의하고 있으므로, 출원발명이 자연법칙을 이용한 것이 아닌 때에는 같은 법 제29조 제1항 본문의 '산업상 이용할 수 있는 발명'의 요건을 충족하지 못함을 이유로 그 특허출원을 거절하여야 한다. 특히, 정보기술을 이용하여 영업방법을 구현하는 이른바 영업방법(business method) 발명에 해당하기 위해서는 컴퓨터상에서 소프트웨어에 의한 정보처리가 하드웨어를 이용하여 구체적으로 실현되고 있어야 한다. 한편, 출원발명이 자연법칙을 이용한 것인지는 청구항 전체로서 판단하여야 하므로, 청구항에 기재된 발명의 일부에 자연법칙을 이용하고 있는 부분이 있더라도 청구항 전체로서 자연법칙을 이용하고 있지 않다고 판단될 때에는 특허법상의 발명에 해당하지 않는다.

11. 선택발명

가. 대법원 2002. 12. 26. 선고 2001후2375 판결

[1] 선행 또는 공지의 발명에 구성요건이 상위개념으로 기재되어 있고 위 상위개념에 포함되는 하위개념만으로 구성된 특허발명에 예측할 수 없는 현저한 효과가 있음을 인정하기 어려워 그 기술분야에서 통상의 지식을 가진 자가 공지의 발명으로부터 특허발명을 용이하게 발명해 낼 수 있는 경우라 하더라도 선행발명에 특허발명을 구성하는 하위개념이 구체적으로 개시되어 있지 않았다면 원칙적으로 그 특허발명이 출원 전에 공지된 발명과 동일성이 있는 것이라고 할 수 없고(신규성이 있는 발명에 해당한다), 이러한 경우 그 특허가 무효심판절차를 거쳐 무효로 되지 않은 이상 다른 절차에서 당연히 그 권리범위를 부정할 수는 없다.[16]

[2] 어느 발명이 특허발명의 권리범위에 속하는지를 판단함에 있어서 특허발명과 대비되는 발명이 공지의 기술만으로 이루어지거나 그 기술분야에서 통상의 지식을 가진 자가 공지기술로부터 용이하게 발명할 수 있는 경우에는 특허발명과 대비할 필요 없이 특허발명의 권리범위에 속하지 않게 된다.

[3] (가)호 발명이 공지기술로부터 용이하게 발명해 낼 수 있는 것이어서 특허발명과 대비할 필요도 없이 특허발명의 권리범위에 속하지 않는다고 한 사례.

나. 대법원 2003. 4. 25. 선고 2001후2740 판결

[1] 선행 또는 공지의 발명에 구성요건이 상위개념으로 기재되어 있고 위 상위개념에 포함되는 하위개념만을 구성요건 중의 전부 또는 일부로 하는 이른바 선택발명은, 첫째, 선행발명이 선택발명을 구성하는 하위개념을 구체적으로 개시하지 않고 있으면서, 둘째, 선택발명에 포함되는 하위개념들 모두가 선행발명이 갖는 효과와 질적으로 다른 효과를 갖고 있거나, 질적인 차이가 없더라도 양적으로 현저한 차이가 있는 경우에 한하여 특허를 받을 수 있고, 이때 선택발명의 상세한 설명에는 선행발명에 비하여 위와 같은 효과

---

16) 특허의 무효심결이 확정되기 이전이라고 하더라도 특허권침해소송을 심리하는 법원은 특허에 무효사유가 있는 것이 명백한지에 대하여 판단할 수 있고, 심리한 결과 당해 특허에 무효사유가 있는 것이 분명한 때에는 그 특허권에 기초한 금지와 손해배상 등의 청구는 특별한 사정이 없는 한 권리남용에 해당하여 허용되지 아니한다(대법원 2004. 10. 28. 선고 2000다69194 판결).

가 있음을 명확히 기재하면 충분하고, 그 효과의 현저함을 구체적으로 확인할 수 있는 비교실험자료까지 기재하여야 하는 것은 아니며, 만일 그 효과가 의심스러울 때에는 출원일 이후에 출원인이 구체적인 비교실험자료를 제출하는 등의 방법에 의하여 그 효과를 구체적으로 주장·입증하면 된다.

[2] 명칭을 '신경보호성 크로만 화합물'로 하는 출원발명에 포함된 화합물 중 화학식(Ⅲ) 화합물의 광학이성질체인 화학식(Ⅳ) 화합물을 바람직한 화합물에서 제외하고 있으며, 실제 약리작용의 면에서 볼 때 광학이성질체[17]에 있어서는 어느 한쪽 광학이성질체의 활성이 우수하다고 하여 다른 쪽 광학이성질체의 활성도 함께 우수하다고 할 수 없고, 오히려 어느 한쪽 광학이성질체의 활성이 우수한 경우에 다른 쪽 광학이성질체는 효과가 떨어지거나 부작용을 일으키기도 하는 것이어서 출원발명의 화합물 중 화학식(Ⅳ)의 효과가 다른 화합물에 비하여 낮을 수 있음이 분명하므로 화학식(Ⅲ) 화합물의 효과에 관한 대비실험자료에 의하여 화학식(Ⅳ) 화합물의 효과까지도 추인하기는 곤란함에도 불구하고, 출원발명의 명세서에서 효과가 뛰어나다고 기재해 놓은 화합물(Ⅲ)에 대한 대비실험자료만을 가지고 출원발명 전체의 효과를 인정한 원심판결을 파기환송한 사례.[18]

---

17) 분자식은 같으나 성질이 다른 화합물을 '이성질체(isomer)'라고 하며, 이성질체에는 구조 이성질체, 기하 이성질체, 광학 이성질체 등이 있다. '광학 이성질체'는 물리화학적 성질은 같지만 여기에 빛을 비추면 물질을 통과한 뒤 나오는 빛의 방향이 반대가 된다. 즉 오른손과 왼손처럼 거울에 비쳤을 때에는 똑같은 모습을 보이지만, 두 개를 포갰을 때 결코 겹쳐지지 않는 구조를 가지는 물질을 광학이성질체(거울상 이성질체)라 부른다. 이런 현상은 중심의 탄소 원자 바깥에 서로 다른 네 가지 원자나 원자단이 결합되어 있을 때 일어나는 현상인데, 어떤 두 물질이 위와 같은 관계에 있을 때 '광학이성질체'라고 부르고, 중심 탄소 원자를 '비대칭 탄소'라 한다. 위와 같은 두 물질은 화학적 성질은 완전히 같고 물리적 성질도 같지만, 편광을 회전시키는 성질에서 차이가 나므로 광학 이성질체라고 한다.
편광은 빛이 어느 한 방향으로만 진동하는 것을 말하는데, 왼손에 해당하는 화합물이 만일 편광을 오른쪽으로 회전시킨다면(우선성), 그 거울상과 같은 화합물은 편광을 왼쪽으로 회전시키는 성질(좌선성)이 있다. 자연계에 존재하는 물질 중에는 이러한 광학이성질체가 많은데 생명체의 몸속에는 거의 어느 한 가지 형태만을 갖고 있다. 그런데 물질을 인공적으로 합성하게 되면 두 가지 구조가 동시에 다 만들어진다. 문제는 '광학이성질체' 중 하나는 인체에 해가 없고 질병 치료효과도 좋지만 다른 하나는 생명을 위협할 만큼 해로울 수 있다는 점이다. 같은 화학구조를 가지고 있어도 오른손에 해당하는 부분은 사람에게 '약'이 되지만 왼손은 '독'이 될 수도 있다. 예를 들어 '케타민'이라는 화합물의 오른손 구조는 진통제로 사용될 수 있지만 왼손 구조는 사람에게 독극물이 되며, 인공감미료로 사용되는 '아스파탐'의 오른손은 입안에서 단맛을 내지만 왼손은 쓴맛을 내는 성질을 갖는 것이다. 이러한 이유로 FDA(미국 식약품성)에서는 모든 약품의 심사에 광학이성질체 분리를 필수사항으로 넣고 있다.
이처럼 광학 이성질체인 두 분자는 구성 원자와 분자구조, 특성 등이 매우 흡사해 정제하기 어렵기 때문에 합성할 때 원하는 한 가지만 만드는 방법을 개발하는 것은 화학계의 오랜 숙원이었다. 미국 몬산토사 연구원 출신의 윌리엄 S. 놀즈 박사, 일본 나고야대학 노요리 료지(野依良治) 교수, 미국 스크립스연구소 K. 배리 샤플리스 박사는 광학이성질체 관계에 있는 두 화학물질 중 유용한 것만을 분리·합성하는 방법을 개발한 공로로 2001년 노벨화학상을 수상했다.
18) 판례 평석으로는 김철환, "선택발명의 신규성, 진보성 및 명세서기재", 특허판례연구, 박영사(2009), 106면 내지 114면.

〈소진론[19)에 대한 고찰〉

1. 일본의 BBS 판결

가. 사실관계

독일과 일본에서 자동차 휠에 대한 특허권을 가지고 있는 독일의 BBS사(원고, 피항소인)가 독일에서 자사가 제조·판매한 특허제품의 자동차 휠을 일본에 병행수입한 일본회사(피고, 항소인)에 대해 특허권 침해를 이유로, 이 사건 자동차 휠의 수입중지와 손해배상을 청구하는 소를 제기하였다.

나. 원심 판결

제1심인 동경지방재판소는 BBS사의 주장을 인정하여 원고청구를 인용하였으나,[20] 제2심인 동경고등재판소에서는 二重利得機會論에 기초하여 피고 승소판결을 하였다.[21]

다. 최고재판소 판결[22]

---

19) 특허소진이론은 특허권자가 하나의 특허발명에 대하여 이중의 로열티를 획득하는 것을 방지하기 위한 것으로 해석되고 있다. 정차호, " Quanta v. LGE: 특허소진이론의 재대두", 지식재산21 106호(2009), 43면.

20) 일본 東京地裁 1994. 7. 22.

21) 일본 東京高裁, 1995. 3. 23.

22) 最高裁判所 1997. 7. 1, 平成7年(オ) 제1988호. 주요 내용은 다음과 같다.
　　(1) 특허권 독립의 원칙을 규정한 파리조약 제4조의2는 특허권의 상호 의존을 부정하고 각국의 특허권은 그 발생, 변동, 소멸에 관하여 서로 독립적이라고 하는 것, 즉 특허권 자체의 독립은 다른 나라의 특허권의 무효, 소멸, 존속기간 등에 의하여 영향을 받지 아니한다는 것을 규정한 것으로서 일정한 사정이 있는 경우에 특허권자가 특허권을 행사하는 것을 허용할 것인가의 문제는 이 조항이 정하는 바가 아니다. 또 속지주의 원칙은 특허권에 대해서 말한다면 각국의 특허권은 그 성립, 이전, 효력 등에 대하여 당해국의 법률에 의하여 정해지며, 특허권의 효력은 당해국의 영역 내에서만 인정될 수 있다는 것을 의미하는 것이다. 일본의 특허권에 관하여 특허권자가 일본 국내에서 권리를 행사하는 경우에 있어서 권리행사의 대상이 되는 제품이 당해 특허권자 등에 의하여 국외에서 양도되었다고 하는 사정을 특허권자에 의한 특허권의 행사의 가부 판단에 있어서 어떻게 고려할 것인가 하는 것은 전혀 일본 특허법의 해석의 문제라고 말할 수 있다.
　　(2) 특허권자(나 그로부터 실시허락을 받은 자)로부터 물건을 양도받은 자가 그 물건을 업으로서 다른 사람에게 양도 또는 대출(대여)하는 행위는 형식적으로 말한다면 특허 발명의 실시에 해당되며, 특허권을 침해하는 것같이 보인다. 그러나 특허권자 등이 일본 국내에서 특허제품을 양도하였을 경우에는 당해 특허제품에 대하여는 특허권은 그 목적을 달성하는 것으로써 소진되고, 이미 특허권의 효력은 당해 제품에 대하여는 미치지 않는다. 그것은 사회공공의 이익과 조화라는 특허법의 목적에 비추어, 또 양수인은 양도인으로부터 당해 물건에 대한 모든 권리를 양도받았다는 점에 비추어 또 양도할 때마다 허락을 필요로 한다면 원활한 유통이 저해되고 특허권자에게 이중의 이득을 인정하는 것과 같은 결과로 되는 점에

최고재판소는 원심의 판단을 지지하여 원고의 청구를 기각하였으나, 국제소진론을 인정하지는 않았다. 즉 국내소진과 달리 국제소진의 경우 바로 이중의 이득을 얻은 것이라고 할 수는 없다고 하면서 **默示的 合意論**에 근거하여 "그렇기는 하나 오늘날 국제거래에 있어서 광범위하고 진전된 상품의 유통과 특허권자의 권리와의 조정을 고려한다면 일본의 특허권자 또는 이와 같다고 인정되는 자가 국외에서 특허제품을 양도하는 경우에 있어서도 특허권자는 양수인에 대하여 당해 제품의 판매처 또는 사용지역으로부터 일본을 제외한다는 뜻이 양수인과의 사이에 합의되었을 경우를 제외하고 또는 양수인으로부터 특허제품을 양수한 제3자 또는 그 후의 전득자에 대하여는 양도인과 양수인 사이에 위와 같은 뜻의 합의가 있었다는 사실이 특허제품에 명기된 경우를 제외하고는 특허권을 행사할 수 없다고 해석된다.

비추어 그러하다.
그러나 일본 특허권자가 국외에서 특허제품을 양도하였을 경우에는 곧바로 위와 똑같이 논할 수는 없다. 즉 특허권자는 특허제품을 양도한 지역이 소재하는 나라에 있어서 반드시 일본에서 가지고 있는 특허권과 동일한 발명의 특허권(이하 '대응특허권'이라 한다)을 가지고 있다고 말할 수 없고, 대응특허권을 가지고 있는 경우라도 일본에서 가지고 있는 특허권과 양도지가 소재하는 나라에서 소유하는 대응특허권과는 별개의 권리라고 하는 것에 비추어 본다면 특허권자가 대응특허권에 관계되는 제품을 일본에서의 특허권에 의거하여 권리를 행사하였다 하여도 이것으로써 곧바로 이중의 이득을 얻었다고 말할 수 없다. 그렇기는 하나 오늘날 국제거래에 있어서 광범위하고 진전된 상품의 유통과 특허권자의 권리와의 조정을 고려한다면 일본의 특허권자 또는 이와 같다고 인정되는 자가 국외에서 특허제품을 양도하는 경우에 있어서도 특허권자는 양수인에 대하여 당해 제품의 판매처 또는 사용지역으로부터 일본을 제외한다는 뜻이 양수인과의 사이에 합의되었을 경우를 제외하고 또는 양수인으로부터 특허제품을 양수한 제3자 또는 그 후의 전득자에 대하여는 양도인과 양수인 사이에 위와 같은 뜻의 합의가 있었다는 사실이 특허제품에 명기된 경우를 제외하고는 특허권을 행사할 수 없다고 해석된다. 즉,
1) 앞에서 설명한 바와 같이 특허제품을 국외에서 양도하였을 경우에, 그 후 당해 제품이 일본에 수입되는 것도 당연히 예상되는 점에 비추어 보면 특허권자가 유보를 붙이지 아니한 채로 특허제품을 국외에서 양도한 경우에는 양수인 및 그 후의 전득자에 대해서 우리나라에서 양도인이 가지고 있는 특허권의 제한을 받지 않고서, 당해 제품을 지배하는 권리를 묵시적으로 수여한 것이라고 해석하여야 할 것이다.
2) 다른 한편 특허권자의 권리에 대해서 주목하여 본다면 특허권자가 국외에서의 특허제품의 양도에 즈음하여 우리나라에 있어서 특허권을 행사할 권리를 유보하는 것은 허용된다고 하여야 할 것이며, 특허권자가 위 양도 당시에, 양수인과의 사이에 특허제품의 판매처 또는 사용지역으로부터 우리나라를 제외한다는 취지를 합의하고, 제품에 이것을 명확히 표시한 경우에는, 전득자도 또한 제품의 유통과정에서 타인이 개재하고 있다고 하더라도, 당해 제품에 대해 그러한 취지의 제한이 붙어 있다는 것을 인식할 수 있으며, 위 제한의 존재를 전제로 해서 당해 제품을 구입하는가 아닌가를 자유로운 의사로써 결정할 수 있다. 그리고
3) 자회사 또는 관련회사 등 특허권자와 동일시될 수 있는 자에 의해 국외에서 특허제품이 양도된 경우에도 똑같이 해석해야 할 것이며, 또
4) 특허제품 양수인의 자유로운 유통에의 신뢰를 보호해야 하는 것은 특허제품이 최초로 양도된 지역에서 특허권자가 대응특허권을 가지고 있는가 아닌가에 따라 달라지는 것은 아니다.
(3) 본건에 있어서는 상고인은 본건 각 제품의 판매에 즈음하여 판매처 또는 사용지역으로부터 일본을 제외한다는 뜻을 양수인과의 사이에 합의한 것에 관하여서도 이것을 본건 각 제품에 명시한 것이 상고인에 의해 주장·입증되어 있지 아니하므로 상고인이 본건 각 제품에 대하여 본건 특허권에 의거하여 금지 또는 손해배상을 청구하는 것을 허락할 수 없다.

본건에 있어서는 상고인은 본건 각 제품의 판매에 즈음하여 판매처 또는 사용지역으로부터 일본을 제외한다는 뜻을 양수인과의 사이에 합의한 것에 관하여서도 이것을 본건 제품에 명시한 것이 상고인에 의해 주장·입증되어 있지 아니하므로 상고인이 본건 각 제품에 대하여 본건 특허권에 의거하여 금지 또는 손해배상을 청구하는 것을 허락할 수 없다"고 판단하였다.

2. 미국

2008. 6. 9. 미국 연방대법은 Quanta v. LG판결[23)]을 통하여 연방특허항소법원(CAFC: The Court of Appeals for the Federal Circuit)의 입장을 뒤집는 판단을 내렸다. 즉 위 판결을 통하여 연방대법원은, 첫째 LG전자의 특허는 방법발명의 특허(Method Patents)이므로 통상 물건의 발명에 있어 그 물건의 판매에 적용될 특허권 소진 이론(patent exhaustion doctrine)이 적용되지 않으며 둘째 그렇지 않더라도 LG전자가 체결한 실시허락 계약(실시허락계약, license agreement)에서 Quanta의 행위를 허락하지 않았다고 판결한 연방특허항소법원의 입장[24)]을 모두 배척하였다. 이는 기본적으로는 특허권자가 특허청구항을 방법특허로 구성하거나 구매자와 실시허락 계약과 별도로 체결한 부가적 계약을 통하여 특허법이 예정하고 있는 특허권 소진을 회피하려는 것을 모두 금지하는 입장이라고 볼 수 있다. 하지만 연방대법원은 그러면서도 판결문 중 일부 방론에서, 실시허락 계약 자체를 통하여 분명하게 조건을 부과함으로써 특허권이 '최초 특허제품판매 이후의 구입자'에까지 미칠 수 있는 가능성을 여전히 열어 두고 있다.[25)]

3. 병행수입업자의 상표 사용 행위

가. 사실관계

(1) 원고 버버리 리미티드(Burberry Limited, 이하 '원고'라 한다)는 1856년 토마스 버어베리에 의하여 창립되어 1920년 주식회사로 발전하게 된 영국법인으로서, 주로 고급

---

23) Quanta Computer, Inc., et al. V. LG Electronics, Inc., 128 S. Ct. 2109, 170L. Ed. 2d 996(June 9, 2008).

24) 453F. 3d 1364 (July 7, 2006).

25) 박준석, "미국 연방대법원의 Quanta v. LG 판결: 특허권 소진 원칙의 적용을 특허권자가 피할 수 있는 한계는?", Law technology 제4권 제4호(2008년 7월), 서울대학교 기술과법센터, 108면.

의류 및 핸드백, 가죽제품 등을 제조·판매하는 세계적 회사로 성장하였고, 1920. 6. 18. 영국에서 처음 'BURBERRYS'라는 문자상표를 등록한 이래 현재 전 세계 약 123개국에서 1,154개의 등록상표를 보유하고 있으며, 이 사건 표장(별지 목록 13개 표장)은 원고가 주로 자신의 영업 및 상품에 사용하여 온 대표적 표장들이다.

원고는 국내에서도 1977. 9. 28. 양복, 코트, 셔츠 등을 지정상품으로 하여 상표를 등록하였고, 1988. 11. 28. 예복, 신사복, 양복바지 등을 지정상품으로 하여 다시 상표등록한 것을 비롯하여 21개의 등록상표를 보유하고 있음. 이들 상표 역시 이 사건 표장과 대부분 중복된다.

(2) 원고 유로통상 주식회사(이하 '원고 유로통상'이라 한다)는 1985. 9. 18. 설립되어 수출입 및 의류·피혁 제품 판매업에 종사해 왔는데, 1986. 12. 국내에서는 유일하게 원고와 독점적인 수입·판매대리점 계약을 체결하여 위 원고로부터 상품을 공급받으면서 이 사건 표장을 영업에 사용할 수 있는 권한을 부여받았다(다만, 독점사용권 등 상표사용권이 있는 것은 아니다).

그 후 원고 유로통상은 전국적으로 17개 면세점, 35개 백화점에 매장을 개설하여 원고의 제품을 판매하여 왔고, 대규모의 광고·판촉 활동을 전개하여 1996년에는 3억 원 이상의 광고비를 지출하기도 하였다.

(3) 피고는 1996. 7. 6. 의류수출업 및 도소매업을 목적으로 설립된 회사로서, 그 무렵부터 원고의 본사가 있는 영국 등에서 위 원고가 생산한 제품(이른바 '진정상품')을 직접 수입하여(이른바 '병행수입') 서울 강남구 삼성동 52의 167 소재 영림빌딩의 직영매장에서 직접 판매하거나, 대리점을 모집하여 수입 제품을 국내 수요자들에게 공급하였다.

(4) 그런데 피고 및 피고와 대리점 계약을 체결한 원심 피고 이OO, 김OO 등은 원고의 제품을 판매하는 것에 그치지 않고, 각자의 영업소나 매장 전면 간판에 이 사건 표장(별지 목록에 표시된 1 내지 6 표장)과 거의 동일한 표장을 부착 또는 표시하여 사용하고 있으며, 매장 내부의 벽에도 위와 같은 표장을 붙이거나 그러한 표장이 사용된 포스터 및 선전광고물을 부착하고, 포장지나 쇼핑백, 직원들의 명함에까지 위 표장을 표시하여 사용하는 한편, 의류잡지에 위 표장이 포함된 선전광고를 게재하기도 하였다.

그리하여 일반 소비자의 입장에서는 원고 유로통상이 운영하는 독점판매대리점과 피고의 매장을 구분하기 어렵게 되었고, 심지어 피고 또는 그 대리점으로부터 제품을 구입한 고객이 원고 유로통상 측에 반품을 요구하는 사례도 생겨났다.

(5) 이에 원고들은, 원고의 진정상품을 병행수입하여 판매하고 있는 피고가 위 원고의

상표이자 원고 유로통상의 영업표지인 이 사건 표장을 간판, 포장지, 쇼핑백, 명함 등에 사용하는 행위는 일반 소비자들로 하여금 피고의 매장이 원고 버버리의 공인대리점이거 나 위 원고와 라이센스 계약 등 어떠한 관련이 있는 영업소라는 인상을 주게 되는바, 이 는 상표권 침해 또는 부정경쟁방지법상 영업주체혼동행위에 해당하므로 그 침해의 금지 또는 예방을 청구하였고, 피고는 오늘날 진정상품의 병행수입이 허용되고 있는 이상, 병 행수입품에 대한 선전·광고 차원에서 상품의 표장을 사용하는 것은 정당한 행위로서 허 용되어야 한다고 항변하였다.

나. 하급심의 판단

(1) 제1심(서울지방법원 1998. 5. 29. 선고 97가합32678 판결)

(가) 부정경쟁방지법의 입법 취지 등을 종합하여 볼 때, 병행수입업자의 제한 없는 상 호, 표장 등 영업표지의 사용행위는 어느 정도 규제되어야 마땅하다고 판단되는바, 병행 수입업자가 당해 상품생산업체의 영업표지를 사용할 수 있는 한계는 '진정상품 그 자체 를 가지고 하는 것과 동일시할 수 있는 방법에 의한 사용행위' 또는 '병행수입품의 광고 에 상품 생산업체의 영업표지를 기술적·설명적으로 표기하는 정도의 사용행위' 등과 같 이 최소한의 범위 내에서만 이를 사용할 수 있다고 봄이 타당하다.

(나) 그런데 이 사건 표장은 원고 버버리의 영업표지로서 국내에 널리 인식되었다고 할 것이고, 피고가 앞서 본 바와 같은 사용한도를 넘어서 내·외부 간판, 포장지, 쇼핑백, 명함에까지 원고 버버리의 이 사건 표장을 각 사용하는 행위는 일반 소비자로 하여금 피 고의 매장을 원고 버버리의 공인대리점 혹은 그와 밀접한 관련이 있는 매장으로 오인·혼 동을 불러일으키게 할 우려가 있는 행위로서 부정경쟁방지법 제2조 제1호 나목 소정의 부정경쟁행위에 해당한다.

(다) 따라서 피고는 이 사건 표장을 선전광고물, 명함, 포장지, 쇼핑백 또는 내·외부 간판에 사용하여서는 아니 되고, 피고의 사무소, 공장, 창고, 영업소, 매장에 보관 또는 전시되어 있는 위 선전광고물, 명함, 포장지 및 쇼핑백의 완제품과 반제품, 내·외부 간 판을 각 폐기할 의무가 있다고 할 것이다(원고들 전부 승소).

(2) 제2심(원심: 서울고등법원 1999. 6. 22. 선고 98나35466 판결)

(가) 병행수입을 허용하는 취지를 살리는 차원에서 병행수입업자의 진정상품 판매와 밀접불가분의 관계가 있는 경우 영업상 최소한도로 필요한 범위 내에서 상표의 사용을

허용하되, 그 범위를 넘어서 상표권자의 신용과 고객흡인력을 희석화하거나 국내 독점판매대리점과의 관계에서 영업 주체의 혼동을 초래할 우려가 있는 상표의 사용은 금지하는 것이 병행수입을 둘러싼 이해관계인 사이에 합리적인 이익의 조화를 꾀할 수 있다고 판단된다.

(나) 먼저, 원고들의 청구권원에 관하여 살펴보건대, 이 사건 표장은 원고의 상표이자 그 공인대리점의 영업표지로서 국내에 널리 인식되었다고 할 것인바, 피고가 앞에서 설시한 정당한 범위를 넘어 위 표장을 간판, 광고 등에 사용할 경우, 원고 버버리에 대해서는 상표권 침해를 구성하고(이 사건 표장은 원고 버버리의 영업표지로 기능하기도 하므로 부정경쟁방지법 위반의 점도 문제 되나, 위와 같이 이 사건에서 상표법 위반이 인정되는 이상 부정경쟁방지법 제15조 제1항에 의하여 동법은 적용되지 아니한다), 원고 유로통상에 대해서는 영업 주체 혼동으로 인한 부정경쟁행위에 해당한다고 보아야 할 것이다.

(다) 다음, 원고들이 금지를 구할 수 있는 구체적 범위에 관하여 살피건대, 먼저 상표권자의 상표와 똑같은 표지를 크게 부각시켜 제작한 간판을 매장 입구 또는 외부에 설치하거나 매장의 전면 외벽에 이러한 표식을 부착하는 행위는 병행수입업자에게 허용되는 선전광고의 범위를 벗어나 독립한 '영업표지'로 표장을 이용한 것임에 분명하고, 나아가 고객으로 하여금 병행수입업자의 매장을 외국 본사의 공인대리점 등으로 오인케 할 우려가 있으므로 이는 금지되어야 할 것이다. 따라서 병행수입업자로서는 자신의 고유상호 또는 영업표지(예컨대, 이 사건에서는 '이엠이씨', 'House of England')를 중심으로 구성한 간판을 설치하고, 간판의 여백이나 쇼윈도우 등 매장 외부의 적절한 장소에 해당 제품을 판매한다는 취지를 명시하는 것과 같은 방법을 사용하여야 할 것이다.

또한, 피고의 대표자 또는 직원들의 명함에 이 사건 표장과 동일한 도안을 넣는 행위 역시 단순한 상품표지가 아닌 영업표지의 한 태양으로 상표를 사용한 것으로 판단되고, 명함을 교부받는 제3자의 입장에서 명함의 소지자를 외국 본사 또는 그 대리점의 구성원으로 오인할 여지가 있으므로 역시 금지되어야 할 것이다.

반면, 매장 내의 내부 간판이나 표식은 그 의미가 불분명할 뿐 아니라, 외부 간판과 달리 독립적인 영업표지로서의 기능이 희박하고, 오히려 고객으로 하여금 업자가 전시한 상품의 위치를 쉽게 발견하게 하며 상품의 판매를 촉진하는 차원에서 표장을 사용한 것으로 볼 수 있으므로, 이는 특별한 사정이 없는 한 병행수입업자의 진정상품 판매에 수반되는 행위로서 허용된다고 할 것이다.

다음으로, 포장지 및 쇼핑백은 진정상품의 판매에 부수되어 무상으로 제공되는 물품으로서 여기에 등록상표와 동일·유사한 표지를 도안으로 넣었다고 하여 이를 병행수입업자의 영업표지라 단정하기 어렵고, 고객의 입장에서도 이로 인하여 영업 주체에 혼동을 가져올 우려는 없다고 생각된다. 따라서 이들을 매장에서 사용하는 행위 역시 병행수입업자에게 허용되는 판매에 필연적으로 수반되는 행위로서 위법성이 없다 할 것이다.

끝으로, 매장의 벽에 부착되거나 각종 잡지에 게재되는 선전광고물은, 오늘날 상품의 판매에 필연적으로 수반되는 촉진수단이 광고라는 점을 감안할 때 진정상품을 판매하는 업자가 이를 광고하는 것 자체는 허용하여야 할 것이고, 광고물에 진정상품의 표지인 상표를 기재하는 것은 어떤 상품이 판매되는가를 명백히 함으로써 상품명을 쉽게 부각시킬 수 있는 효과적 광고방법이라 할 것이다. 다만, 광고물에 병행수입업자의 매장이 마치 대리점인 것처럼 오인하게 할 수 있는 방식의 상표 기재는 금지되어야 할 것인바, 앞에서 든 각 증거에 의하면 피고의 선전광고물에 위와 같은 방식의 상표 기재가 있었다고 보기 어렵다.

(라) 따라서 피고는 이 사건 표장을 사무소, 영업소, 매장의 외부 간판 및 명함에 사용하여서는 아니 되고, 위 표장이 사용된 외부 간판 및 명함을 폐기할 의무가 있다(결국 외부 간판과 명함에 대하여는 원고들 승소, 나머지 선전광고물, 포장지, 쇼핑백 및 내부 간판에 대하여는 원고들 패소).

다. 대법원의 판단(대법원 2002. 9. 24. 선고 99다42322 판결)

(1) 병행수입 그 자체는 위법성이 없는 정당한 행위로서 상표권 침해 등을 구성하지 아니하므로 병행수입업자가 상표권자의 상표가 부착된 상태에서 상품을 판매하는 행위는 당연히 허용될 것인바, 상표제도는 상표를 보호함으로써 상표 사용자의 업무상의 신용유지를 도모하여 산업발전에 이바지함과 아울러 수요자의 이익을 보호함을 목적으로 하고(상표법 제1조 참조), 상표는 기본적으로 당해 상표가 부착된 상품의 출처가 특정한 영업 주체임을 나타내는 상품출처표시기능과 이에 수반되는 품질보증기능이 주된 기능이라는 점 등에 비추어 볼 때, 병행수입업자가 위와 같이 소극적으로 상표를 사용하는 것에 그치지 아니하고 나아가 적극적으로 상표권자의 상표를 사용하여 광고·선전행위를 하더라도 그로 인하여 위와 같은 상표의 기능을 훼손할 우려가 없고 국내 일반 수요자들에게 상품의 출처나 품질에 관하여 오인·혼동을 불러일으킬 가능성도 없다면, 이러한 행위는 실질적으로 상표권 침해의 위법성이 있다고 볼 수 없을 것이므로, 상표권자는 상표권에 기하여 그 침해의 금지나 침해행위를 조성한 물건의 폐기 등을 청구할 수 없다고 봄이 상당하다.

(2) 병행수입업자가 적극적으로 상표권자의 상표를 사용하여 광고·선전행위를 한 것이 실질적으로 상표권 침해의 위법성이 있다고 볼 수 없어 상표권 침해가 성립하지 아니한다고 하더라도, 그 사용태양 등에 비추어 영업표지로서의 기능을 갖는 경우에는 일반 수요자들로 하여금 병행수입업자가 외국 본사의 국내 공인 대리점 등으로 오인하게 할 우려가 있으므로, 이러한 사용행위는 부정경쟁방지 및 영업비밀보호에 관한 법률 제2조 제1호 (나)목 소정의 영업주체혼동행위에 해당되어 허용될 수 없다.

(3) 원심의 이유 설시에 다소 미흡한 점은 있으나, 매장 내부 간판, 포장지 및 쇼핑백, 선전광고물은 영업표지로 볼 수 없거나 병행수입업자의 매장이 마치 대리점인 것처럼 오인하게 할 염려가 없다고 보아 이 사건 표장의 사용이 허용되는 반면에, 사무소, 영업소, 매장의 외부 간판 및 명함은 영업표지로 사용한 것이어서 이 사건 표장의 사용이 허용될 수 없다고 판단하고 이들 외부 간판 및 명함에 대해서 이 사건 표장의 사용금지 및 그 폐기를 명한 원심의 조치는 위 법리에 비추어 정당하고, 거기에 각 상고이유에서 지적하는 것과 같은 법리오해나 이유모순 등의 위법이 있다고 할 수 없다.

(4) 그러므로 원고 버버리 및 피고의 원고 버버리에 대한 각 나머지 상고이유에 대하여 더 나아가 판단할 필요 없이 원심판결의 원고 버버리에 관한 부분 중 외부 간판 및 명함 부분에 관한 피고 패소 부분을 파기하고, 이 부분 사건을 다시 심리·판단하게 하기 위하여 원심법원으로 환송하기로 하며, 원고 유로통상의 상고 및 피고의 원고 유로통상에 대한 상고를 각 기각하고, 각 상고기각 부분에 관한 상고비용은 각자의 부담으로 하기로 하여 관여 대법관의 일치된 의견으로 주문과 같이 판결한다.

Ⅴ. 법률상 특허를 받을 수 있는 발명(적극적·실체적 요건)

특허법 제29조 제1항, 제2항에서는 특허를 받기 위한 요건으로 산업상 이용가능성, 신규성, 진보성 3가지를 규정하고 있다.

1. 산업상 이용 가능한 것

가. 산업

발명이 특허를 받기 위해서는 산업상 이용 가능한 것이어야 한다(§29①). 여기서의 산업은 광의의 의미로서 운송업이나 교통업 등 보조산업도 포함하며, 다만 보험업이나 금융업 등과 같은 단순한 서비스업은 포함되지 않는다. 그리고 인체를 발명의 구성요건으로 하는 순의료적 발명도 제외된다.[26]

나. 이용가능성

출원 당시를 기준으로 산업상 '이용가능성'이 있으면 족하며, 반드시 출원 시에 실시되고 있을 것을 요하지는 않는다. 또한 경제적 불이익 여부는 불문하며, 타기관의 인·허가 문제와도 별개의 문제이다. 다만, 특허출원된 발명이 출원일 당시가 아니라 장래에 산업적으로 이용될 가능성이 있다 하더라도 특허법이 요구하는 산업상 이용가능성의 요건을 충족한다고 하는 법리는 해당 발명의 산업적 실시화가 장래에 있어도 좋다는 의미일 뿐 장래 관련 기술의 발전에 따라 기술적으로 보완되어 장래에 비로소 산업상 이용가능성이 생겨나는 경우까지 포함하는 것은 아니다.[27]

다. 발명의 성립성과의 관계

발명의 성립성을 흠결한 경우 따로 거절이유로 규정하고 있지 않은바, 성립성을 흠결한 경우에는 산업상 이용가능성이 없음을 이유로 거절결정을 한다.

2. 신규성

특허제도의 목적상 특허를 받기 위한 발명은 기존에 없던 새로운 것이어야 함은 의문

---

26) 사람의 질병을 진단, 치료, 경감하고 예방하거나 건강을 증진시키는 의약이나 의약의 조 제방법 및 의약을 사용한 의료행위에 관한 발명은 산업에 이용할 수 있는 발명이라 할 수 없으므로 특허를 받을 수 없는 것이나, 다만 동물용 의약이나 치료방법 등의 발명은 산업상 이용할 수 있는 발명으로서 특허의 대상이 될 수 있는바, 출원발명이 동물의 질병만이 아니라 사람의 질병에도 사용할 수 있는 의약이나 의료행위에 관한 발명에 해당하는 경우에도 그 특허청구범위의 기재에서 동물에만 한정하여 특허청구함을 명시하고 있다면 이는 산업상 이용할 수 있는 발명으로서 특허의 대상이 된다(대법원 1991. 3. 12. 선고 90후250 판결).

27) 대법원 2003. 3. 14. 선고 2001후2801 판결(특허출원발명의 출원일 당시 수지상 세포는 혈액 단핵세포의 0.5% 미만으로 존재하고 분리된 후에는 수일 내로 사멸하기 때문에 연구하기가 쉽지 않아 혈액으로부터 충분한 양의 수지상 세포를 분리해 내는 것은 기술적으로 쉽지 않고, 출원일 이후 기술의 발전에 따라 사람의 혈액으로부터 수지상 세포를 추출하고 이를 이용하여 면역반응을 유발시키는 기술이 임상적으로 실시되고 있다는 것이므로, 결국 출원발명의 출원일 당시를 기준으로 수지상 세포를 사람의 혈액으로부터 분리하여 출원발명에 사용하는 기술이 장래에 산업상 이용가능성이 있다고 보기는 어렵다고 한 사례).

의 여지가 없으며 이를 신규성이라고 한다. 특허법 제29조 제1항에서는 신규성이 없는 경우를 제1호 및 제2호에 규정하면서 그 이외의 발명은 특허를 받을 수 있다고 규정하고 있다(§29①). 여기서의 신규성이란 객관적으로 새로운 것을 말하며, 이 점에서 주관적인 창작을 요건으로 하는 저작권과 차이가 있다.

가. 신규성판단의 기준

특허출원 시를 기준으로 하고, 이 점이 일(日)을 기준으로 하는 선원관계(§36)나 이용 저촉관계(§98)에 대한 판단과 다르다.

나. 신규성 상실사유

구법에서는 공지 또는 공연히 실시된 발명의 경우 국내를 기준으로 하였다가, 2006년 개정법에서 현재와 같이 그 지역적 기준을 국외까지 확대하였다.

(1) 공지

특허출원 전에 국내 또는 국외에서 공지된 발명은 특허를 받을 수 없다(§29① i). 공지되었다는 것은 불특정 다수인이 알 수 있는 상태에 있는 것을 말한다. 즉 현실적으로 불특정 다수인이 알고 있어야 하는 것이 아니라, 비밀유지의무자 이외의 자에게 발명의 내용이 객관적으로 알 수 있는 상태에 놓여 있는 경우를 포함한다.[28]

---

28) '선로접속자재 개량기술개발'이라는 명칭의 자료(갑 제8호증의 1, 2)는 원고가 기술이전계약을 체결하게 될 접속관 시작품(시작품) 제작업체를 상대로 '조립식 접속관'에 관한 기술이전을 교육하기 위하여 1992. 12.경 작성한 교육용 자료로서 1994. 1. 26.~27. 2일간 원고에 의하여 실시된 기술이전교육에서 원고와 사이에 이미 기술이전계약을 체결한 금성전선 주식회사, 대한전선 주식회사, 주식회사 럭키, 유신전자공업 주식회사, 제일엔지니어링에게 배포된 것인 사실, 한편 원고는 1993. 12. 27.경 금성전선 주식회사와 사이에 조립식 접속관 기술전수계약을 체결하면서 위 회사는 기술이전과 관련된 모든 기술 및 노하우에 대하여 원고의 사전 서면동의 없이 제3자에게 유출하지 아니하기로 약정하였는데, 다른 참가업체인 제일엔지니어링 등도 그 무렵 원고와 사이에 위 조립식 접속함 제작기술과 관련하여 위와 동일한 취지의 비밀유지의무를 약정한 것으로 보이는 사실, 피고는 제일엔지니어링으로부터 위 조립식 접속함을 제작·납품할 것을 하청받았는데 당시 금형 제작기술을 보유하고 있지 않았으므로 태백정밀이란 상호의 업체에게 위 조립식 접속함에 대한 금형제작 의뢰를 하였고, 피고를 포함한 위 제일엔지니어링, 태백정밀은 일의 진행 결과를 팩스 등을 통해서 서로 주고받은 사실 등에 비추어 볼 때, <u>피고와 태백정밀은 제일엔지니어링으로부터 이 사건 조립식 접속함 제작과 관련하여 지정된 하청업체들로서 제일엔지니어링의 필요한 지시에 따라야 할 위치에 있었을 뿐만 아니라, 위 제일엔지니어링이 시작품 제작에 관여하게 된 경위 등에 관하여 잘 알고 있었거나 알 수 있었던 상태에 있었다고 추정함이 상당하므로 적어도 위 제일엔지니어링이 비밀유지의무를 지고 있음을 잘 알고 있었다고 보이고, 피고나 태백정밀 또한 위 제일엔지니어링이나 피고에 대하여 상관습상 이러한 비밀유지의무를 부담한다 할 것이므로, 위 기술개발자료는 비밀유지의무를 지고 있는 특정인에게만 배포된 것으로서 결국 명칭을 '통신케이블 접속용 접속관 외함'으로 하는 피고의 이 사건 특허발명(특허번호 제148093호)이 출원되기 전에 공지된 것이라 할 수 없다(대</u>

(2) 공용

특허출원 전에 국내 또는 국외에서 공연히 실시된 발명을 말한다(§29① i). 공연히 실시된 발명(고안)이라 함은 당해 기술분야에서 통상의 지식을 가진 자가 그 고안의 내용을 용이하게 알 수 있는 상태로 실시하는 것, 즉 그 기술사상을 보충 또는 부가하여 다시 발전시킴이 없이 그 실시된 바에 의하여 직접 쉽게 반복하여 실시할 수 있는 것임을 요하는바,[29] 예컨대 자동차 엔진발명의 경우 시험주행자가 도로를 달리는 것 자체를 공용으로 보지는 않는다.

(3) 반포된 간행물기재

특허출원 전에 국내 또는 국외에서 반포된 간행물에 게재된 발명에는 특허가 부여되지 않는다(§29① ii). 이 경우 '반포'된 간행물이란 불특정 다수의 일반 공중이 그 기재 내용을 인식할 수 있는 상태에 이른 간행물을 의미한다고 할 것인데, <u>박사학위나 석사학위 논문은 일반적으로는 일단 논문심사에 통과된 이후에 인쇄 등의 방법으로 복제된 다음 공공도서관 또는 대학도서관 등에 입고(서가에 진열)되거나 주위의 불특정 다수인에게 배포됨으로써 비로소 일반 공중이 그 기재 내용을 인식할 수 있는 반포된 상태에 놓이게 되거나 그 내용이 공지되는 것이라고 봄이 경험칙에 비추어 상당하고, 반포시점 이전인 도서관에서의 등록 시에 곧바로 반포된 상태에 놓이거나 그 기재 내용이 공지로 되는 것은 아니다.[30]</u>

그리고 특정기업의 자가제품 소개 내지 선전책자는 그 배부범위나 비치장소 등을 심리하여 불특정다수의 일반공중이 그 기재내용을 인식할 수 있는 상태에 있다고 인정되지 않는 한 거기에 등재되어 있다는 사실만으로 공지된 고안이라거나 반포된 간행물에 기재된 고안이라고 단정할 수 없다.[31]

법원 2005. 2. 18. 선고 2003후2218 판결).

[29] 구 실용신안법(1990. 1. 13. 법률 제4209호로서 전문 개정되기 전의 것) 제5조 제1항에 의하면 실용신안 등록출원 전에 국내에서 공지되었거나 또는 공연히 실시된 고안인 경우에는 실용신안등록을 받을 수 없다고 규정하고 있고, 여기에서 공연히 실시된 고안이라 함은 당해 기술분야에서 통상의 지식을 가진 자가 그 고안의 내용을 용이하게 알 수 있는 상태로 실시하는 것, 즉 그 기술사상을 보충 또는 부가하여 다시 발전시킴이 없이 그 실시된 바에 의하여 직접 쉽게 반복하여 실시할 수 있는 것임을 요한다(대법원 1996. 1. 23. 선고 94후1688 판결).

[30] 대법원 2002. 9. 6. 선고 2000후1689 판결.

[31] 대법원 1983. 4. 26. 선고 82후84 판결.

(4) 전기통신회선을 통하여 공중이 이용가능하게 된 발명

특허출원 전에 국내 또는 국외에서 대통령령이 정하는 전기통신회선32)을 통하여 공중이 이용가능하게 된 발명은 특허를 받을 수 없다(§29① ii).

다. 공지 등이 되지 아니한 발명으로 보는 경우(신규성 상실의 예외)

(1) 일반

특허출원한 발명이 그 출원일 이전에 이미 공지 등이 되었다면, 당해 특허출원은 신규성 상실로 인해 거절되는 것이 원칙이다. 그러나 특허발명을 완성한 자가 그 발명의 성능을 확인해 보기 위해 시범 실시를 한 경우나 자기의 의사에 반하여 공지가 된 경우 등에 대해서도 일괄적으로 신규성이 상실된 것으로 보는 것은 발명의 보호 및 장려라는 특허법의 목적에도 맞지 않는바, 따라서 특허법에서는 일정한 경우 신규성 상실의 예외를 인정하고 있다. 즉 특허를 받을 수 있는 권리를 가진 자의 발명이 다음의 어느 하나에 해당하는 경우에는 그날부터 12월33) 이내에 특허출원을 하면 그 특허출원된 발명에 대하여 제29조 제1항 또는 제2항의 규정을 적용함에 있어서는 그 발명은 제29조 제1항 각 호의 어느 하나에 해당하지 아니한 것으로 본다(§30①).

i). 특허를 받을 수 있는 권리를 가진 자에 의하여 그 발명이 제29조 제1항 각 호의 어느 하나에 해당하게 된 경우. 다만, 조약 또는 법률에 따라 국내 또는 국외에서 출원공개되거나 등록공고된 경우를 제외한다.

ii) 특허를 받을 수 있는 권리를 가진 자의 의사에 반하여 그 발명이 제29조 제1항 각 호의 1에 해당하게 된 경우

(2) 신규성 상실의 예외요건

신규성 상실의 사유가 발생한 날로부터 12월 이내에 특허출원을 하여야 한다(§30①). 그리고 자발적 의사에 의한 신규성 상실의 경우 특허출원 시에 그 취지를 기재하고 이를

---

32) 특허법 시행령 제1조의2 (전기통신회선의 범위) 「특허법」(이하 '법'이라 한다) 제29조 제1항 제2호 및 법 제129조 제2호에서 '대통령령이 정하는 전기통신회선'이라 함은 다음 각 호의 어느 하나에 해당하는 자가 운영하는 전기통신회선을 말한다.
 1. 정부·지방자치단체, 외국의 정부·지방자치단체 또는 국제기구
 2. 「고등교육법」 제3조에 따른 국·공립학교 또는 외국의 국·공립대학
 3. 우리나라 또는 외국의 국·공립 연구기관
 4. 특허정보와 관련된 업무를 수행할 목적으로 설립된 법인으로서 특허청장이 지정하여 고시하는 법인
33) 구법에서는 6개월이었다가, 2011. 12. 2. 개정법에서 12개월로 연장하였다.

증명할 수 있는 서류를 출원일로부터 30일 이내에 제출하여야 한다(§30②).

(3) 신규성 의제의 효과

신규성 의제는 신규성의 판단시점을 소급해 주는 것이며, 출원일 자체가 소급하는 것은 아니다. 따라서 신규성을 의제 받은 특허출원의 출원일보다 먼저 타인이 동일한 발명에 대하여 출원한 경우에는 비록 신규성의 판단시점이 타인의 출원일보다 앞서게 되는 경우라도 출원 시점 자체는 소급하지 않기 때문에 의제 받은 특허출원은 선출원주의에 의하여 특허를 받을 수 없다.

(4) 대법원 2011. 6. 9. 선고 2010후2353 판결

[1] 특허법 제30조 제1항 및 그 제1호는 "특허를 받을 수 있는 권리를 가진 자에 의하여 그 발명이 제29조 제1항 각 호의 어느 하나에 해당하게 된 경우"(이하 '자기공지'라고 한다)에는 "그날부터 6월 이내에 특허출원을 하면 그 발명은 제29조 제1항 각 호의 어느 하나에 해당하지 아니한다"라고 정하고, 같은 조 제2항 전단은 "제1항 제1호의 규정을 적용받고자 하는 자는 특허출원서에 그 취지를 기재하여 출원하여야 한다"는 뜻을 정하고 있다. 특허법 제30조 제2항 규정의 내용 및 취지, 특허법 제30조에서 정하는 공지 예외 적용의 주장은 출원과는 별개의 절차이므로 특허출원서에 그 취지의 기재가 없으면 그 주장이 없는 통상의 출원에 해당하고 따라서 그 주장에 관한 절차 자체가 존재하지 아니하여서 출원 후 그에 관한 보정은 허용될 수 없는 점 등에 비추어 보면, 특허법 제30조 제1항 제1호의 자기공지 예외 규정에 해당한다는 취지가 특허출원서에 기재되어 있지 아니한 채 출원된 경우에는 자기공지 예외 규정의 효과를 받을 수 없는 것이고, 같은 조 제2항 전단에 규정된 절차를 아예 이행하지 아니하였음에도 불구하고 그 절차의 보정에 의하여 위 제1호의 적용을 받게 될 수는 없다고 할 것이다.

[2] 학술대회에서 출원발명과 관련된 연구 결과에 관한 논문을 발표한 발명자들로부터 특허를 받을 권리를 승계한 자가, 2006. 6. 21. '공지 예외 적용의 대상인 출원'이라는 취지가 기재되어 있지 않은 특허출원서로 출원발명을 출원한 뒤 그 다음 날인 2006. 6. 22. 특허청에 위 출원발명이 2006. 5. 26. 간행물 발표에 의하여 공개되었다는 내용과 "특허법 제30조 제2항의 규정에 의하여 증명서류를 제출한다"라는 취지가 기재된 '공지 예외 적용대상 증명서류 제출서'라는 제목의 문서를 제출한 사안에서, 출원발명의 특허출원서에 그 발명이 자기공지 예외 규정에 해당한다는 취지를 기재하지 아니하고 출원하였

으로 그 후 자기공지 예외 규정에 해당한다는 취지를 기재한 서면을 제출하였다고 하더라도 출원발명에 대하여 특허법 제30조 제1항 제1호가 적용될 수 없다고 한 사례.[34]

라. 공지의 의제(확대된 범위의 선출원)

(1) 일반

특허출원한 발명이 당해 특허출원을 한 날 전에 특허출원 또는 실용신안등록출원을 하여 당해 특허출원을 한 후에 출원공개되거나 등록공고된 타 특허출원 또는 실용신안등록출원의 출원서에 최초로 첨부된 명세서 또는 도면에 기재된 발명 또는 고안과 동일한 경우에 그 발명에 대하여는 제1항의 규정에 불구하고 특허를 받을 수 없다. 다만, 당해 특허출원의 발명자와 타 특허출원의 발명자나 실용신안등록출원의 고안자가 동일한 경우 또는 당해 특허출원의 특허출원 시의 특허출원인과 타 특허출원이나 실용신안등록출원의 출원인이 동일한 경우에는 그러하지 아니하다(§29③). 이미 다른 사람에 의해 발명이 된 것으로서 새로운 발명에 해당하지 아니하며, 신규성에 의한 거절 등이 불가능한 불합리를 시정하기 위해 후출원을 거절하게 되는 것이다.

(2) 판례 - 대법원 2011. 4. 28. 선고 2010후2179 판결

[1] 확대된 선출원에 관한 구 특허법(2006. 3. 3. 법률 제7871호로 개정되기 전의 것) 제29조 제3항에서 규정하는 발명의 동일성은 발명의 진보성과는 구별되는 것으로서 두 발명의 기술적 구성이 동일한가에 의하되 발명의 효과도 참작하여 판단할 것인데, 기술적 구성에 차이가 있더라도 그 차이가 과제해결을 위한 구체적 수단에서 주지·관용기술의 부가·삭제·변경 등에 지나지 아니하여 새로운 효과가 발생하지 않는 정도의 미세한 차이에 불과하다면 두 발명은 서로 실질적으로 동일하다고 할 것이나, 두 발명의 기술적 구성의 차이가 위와 같은 정도를 벗어난다면 설사 그 차이가 해당 발명이 속하는 기술분야에서 통상의 지식을 가진 사람이 쉽게 도출할 수 있는 범위 내라고 하더라도 두 발명을 동일하다고 할 수 없다.

[2] 명칭이 '염색용 보빈'인 특허발명의 '심체'와 그에 대응하는 비교대상발명의 '상하

---

34) 기록에 나타난 사정을 위 법리에 비추어 살펴보면, 원고는 이 사건 출원발명의 특허출원서에 그 발명이 자기공지 예외 규정에 해당한다는 취지를 기재하지 아니하고 출원하였으므로 그 후 자기공지 예외 규정에 해당한다는 취지를 기재한 서면을 제출하였다고 하더라도 이 사건 출원발명에 대하여 특허법 제30조 제1항 제1호가 적용될 수 없다고 할 것이다. 그럼에도 자기공지 예외에 관한 기재를 공지행위일로부터 6월의 기간 내에는 보정할 수 있다고 판단한 원심판결에는 특허법 제30조 제1항 제1호 및 같은 조 제2항에 관한 법리를 오해하여 판결에 영향을 미친 위법이 있다.

측 플레이트'는 기술적 구성에 차이가 있고, 그 차이가 과제해결을 위한 구체적 수단에서 주지·관용기술의 부가·삭제·변경 등에 불과하다고 할 수 없을 뿐만 아니라, 그 차이로 인하여 특허발명에는 비교대상발명과 달리 염색용 보빈의 견고성을 향상시키는 새로운 작용효과가 발생하므로 두 발명을 동일하다고 할 수 없음에도, 이와 달리 본 원심판결에 법리를 오해한 위법이 있다고 한 사례.

3. 진보성

특허출원 전에 그 발명이 속하는 기술분야에서 통상의 지식을 가진 자가 제29조 제1항 각 호에 규정된 발명에 의하여 용이하게 발명할 수 있는 것일 때에는 그 발명은 특허를 받을 수 없다(§29②).

가. 판단의 전제

발명의 성립성을 전제로 하며, 시간적 기준은 특허출원 시를 기준으로 한다. '그 발명이 속한 기술분야'의 판단은 출원인이 명세서에 기재한 '발명의 명칭'으로서 직접 표시된 기술분야에 한정하지 않으며, '통상의 지식을 가진 자'는 당해 발명이 속한 기술분야에서 평균수준의 기술적 지식을 가진 평균적 전문가로서 통상의 창작능력을 발휘할 수 있는 자이다.[35]

---

35) 구 특허법(1990. 1. 13. 법률 제4207호로 전문 개정되기 전의 것) 제8조 제3항에 의하면, 특허출원서에 첨부하여 제출하여야 하는 명세서에 기재될 '발명의 상세한 설명'에는 그 발명이 속하는 기술분야에서 통상의 지식을 가진 자가 용이하게 실시할 수 있을 정도로 그 발명의 목적·구성·작용 및 효과를 기재하여야 한다고 규정되어 있고, 같은 조 제4항에 의하면, 그 명세서에 기재될 '특허청구의 범위'에는 명세서에 기재된 사항 중 보호를 받고자 하는 사항을 1 또는 2 이상의 항으로 명확하고 간결하게 기재하여야 한다고 규정하고 있는바, 이와 같은 규정의 취지는 특허출원된 발명의 내용을 제3자에게 공개하여 특허권으로 보호받고자 하는 기술적 내용과 범위를 명확하게 하기 위한 것이고, <u>위 규정상 '그 발명이 속하는 기술분야에서 통상의 지식을 가진 자가 용이하게 실시할 수 있을 정도'라 함은 그 출원에 관한 발명이 속하는 기술분야에서 보통 정도의 기술적 이해력을 가진 자, 평균적 기술자가 당해 발명을 명세서 기재에 의하여 출원 시의 기술수준으로 보아 특수한 지식을 부가하지 않고서도 정확하게 이해할 수 있고 동시에 재현할 수 있는 정도를 뜻하는 것</u>이라고 할 것이므로, 특허출원의 명세서가 위와 같은 요건을 구비하지 못한 경우에만 구 특허법 제82조 제1항 제1호에 의하여 특허거절사정의 사유가 된다 할 것이다(대법원 1999. 7. 23. 선고 97후2477 판결).

나. 진보성의 판단

(1) 일반적 기준

특허법 제29조 제2항의 규정은 특허출원된 발명이 선행의 공지기술로부터 용이하게 도출될 수 있는 창작일 때에는 진보성을 결여한 것으로 보고 특허를 받을 수 없도록 하려는 취지인바, 이와 같은 진보성 유무를 가늠하는 창작의 난이 정도는 그 기술구성의 차이와 작용효과를 고려하여 판단하여야 하며 출원된 기술의 구성이 공지된 선행기술과 차이가 있을 뿐만 아니라 그 작용효과에 있어서도 선행기술에 비하여 현저하게 향상·진보된 것인 때에는 기술의 진보발전을 도모하는 특허제도의 목적에 비추어 그 발명이 속하는 기술의 분야에서 통상의 지식을 가진 자가 용이하게 발명할 수 없는 것으로서 진보성이 있는 것으로 보아야 한다.[36]

(2) 상업적 성공

고안품이 상업적으로 성공하였다는 점은 진보성을 인정하는 하나의 자료로 참고할 수는 있지만, 상업적 성공 자체만으로 진보성이 인정된다고 할 수는 없고, 등록고안의 진보성에 대한 판단은 우선적으로 명세서에 기재된 내용 즉, 고안의 목적, 구성 및 효과를 토대로 선행 공지기술에 기하여 당해 기술분야에서 통상의 지식을 가진 자가 이를 극히 용이하게 고안할 수 있는지에 따라 판단되어야 하는 것이므로 상업적 성공이 있다는 이유만으로 고안의 진보성을 인정할 수 없다.[37]

〈진보성 판단 방법〉

1. 미국에서의 진보성 판단 방법

미국 특허법(35 USC) 제103조 (a)항은, "35 USC 제102조에서 제시된 바와 같이 발명이 동일하게 개시되어 있지 않다 하더라도 그 발명을 전체로 고려할 때 선행기술과의 차이가 발명 당시 그 기술분야에서 통상의 기술을 가진 자에 의하여 자명한(obvious) 것이

---

36) 대법원 1999. 12. 28. 선고 97후2460 판결.
37) 대법원 2005. 11. 10. 선고 2004후3546 판결.

라면 특허를 받을 수 없다. 발명이 이루어진 방식에 의하여 특허성이 부정되지는 아니한다"고 규정하고 있다.[38]

이와 관련하여 진보성 판단의 기준을 제시한 판결이 1966년 미연방대법원의 Graham 사건 판결[39]인바, 위 판결은 발명의 자명성 판단을 위해서는 ㉠ 선행기술의 영역과 내용의 결정, ㉡ 선행기술과 당해 발명 사이의 차이점의 확인, ㉢ 관련 기술분야에서 통상적인 기술자의 수준의 분석, ㉣ 상업적 성공 등 2차적 고려사항을 필수적으로 검토하여야 한다고 하였다. 아울러 자명성의 판단을 위하여 ㉠ 발명과 인용례는 전체로서(as a whole) 고려되어야 하고, ㉡ 자명성의 사후적 고찰(hindsight)은 지양되어야 하며, ㉢ 예기치 않은 결과, 상업적 성공 등 2차적 고려사항은 그것이 존재하는 이상 반드시 고려되어야 한다는 원칙도 요구되고 있다.[40]

그런데 CAFC[41]는 판단자의 사후적 고찰을 방지하기 위하여 진보성 판단의 기준으로 TSM 기준(teaching, suggestion, motivation test)을 적용하여, 선행기술에 명시적으로 TSM이 없으면 진보성을 인정하는 태도를 취해 왔었다. 그런데 TSM 기준을 형식적으로 적용하는 경우에는 구체적 타당성의 관점에서 경직된 판단이 우려되고, 다양하고 급변하는 기술 환경에 적절히 대응하기 어렵다는 문제가 있다. 이와 관련하여 미국 연방대법원은 거의 40년간의 침묵을 깨고, 2007. 4. 30. *KSR International Co. v. Teleflex Inc.* 사건[42]에서 중요한 판단기준을 제시하였다.

가. 사실관계

Teleflex 사는 '조절가능한 전기페달'에 관한 특허권자로서, 이 발명은 가속페달의 위치를 조정할 수 있도록 하기 위하여 기계식 페달인 조절페달과 전기센서를 결합한 것이다. 한편, KSR 사는 기계식 가속페달에 관한 자신의 특허에 전자식 센서를 부착한 제품을 만들어 GM 등 자동차 회사에 공급하고 있었다.

---

38) (a) A patent may not be obtained though the invention is not identically disclosed or described as set forth in section 102 of this title, if the differences between the subject matter sought to be patented and the prior art are such that the subject matter as a whole would have been obvious at the time the invention was made to a person having ordinary skill in the art to which said subject matter pertains. Patentability shall not be negatived by the manner in which the invention made.

39) Graham v. John Deere Co. 383 U.S. 1. 148 USPQ 459(Supreme court, 1966).

40) 판결의 전문과 이에 관한 상세한 평석은 Paul Goldstein, Copyright, Patent, Trademark and related state doctrines, Westbury, New York the foundation press Inc. (1993) 366면 내지 384면.

41) 미국 연방순회항소법원: The United States Court of Appeals for The Federal Curcuit.

42) KSR International Co. v. Teleflex Inc., 127 S.Ct. 1727 (2007).

Teleflex 사는 KSR 사가 자신의 특허권을 침해하였다고 주장하면서 소를 제기하였고, 지방법원은 Teleflex 사의 특허는 진보성이 없다고 보았으나, 연방순회항소법원은 TSM 기준을 통과하지 못하였다는 이유로 진보성이 긍정된다고 판단하였다. 이에 대한 상고심 에서 연방대법원은 형식적으로 TSM 기준을 적용하는 것의 잘못을 지적하면서 원심을 파 기환송하였다.

나. 판결요지

자명성(또는 진보성)의 분석은 교사(teaching), 암시(suggestion), 동기(motivation)라는 공 식적인 개념에 의해 한정될 수 없고, 간행된 논문의 중요성과 등록된 특허의 명시적인 내용의 지나친 강조에 의해 한정될 수도 없다. 발명적인 추구 및 현대기술의 다양성은 이러한 분석의 제한성을 경고한다. 많은 분야에서, 자명한 기술이나 결합에 대해서는 논 의가 거의 이루어지지 않고, 과학적인 논문에서보다 시장의 요구가 설계의 흐름을 추진 할 것이다. 진정한 혁신이 없이 일상적인 경과에서 일어날 수 있는 발전에 특허보호를 부여하는 것은 발전(progress)을 후퇴시키고, 이미 알려진 요소의 결합 특허인 경우 선행 발명의 가치나 유용성을 빼앗는 것이 될 것이다.[43]

다. 판결의 의의

TSM 기준이 사후적 고찰을 방지하게 하는 유용한 기준인 점은 부인할 수 없으나, 형 식적이고 기계적인 TSM 기준의 적용은 현대 기술 발전의 다양성과 신속성·복잡성, 시 장의 요구에 부응하지 못하는 문제가 생기며, 이러한 위험성을 경고하였다는 점에서 중 요한 의의가 있다.

2. 우리나라에서의 진보성 판단기준

가. 대법원 2007. 8. 24. 선고 2006후138 판결(서오텔레콤 사건)

(1) 구 특허법(2006. 3. 3. 법률 제7871호로 개정되기 전의 것) 제29조 제2항에 따라 어떤 발명의 진보성이 부정되는지를 판단하기 위해서는 통상의 기술자를 기준으로 하여

---

43) The Court of Appeals analyzed the issue in a narrow, rigid manner inconsistent with §103 and our precedents. The judgment of the Court of Appeals is reversed, and the case remanded for further proceedings consistent with this opinion.

그 발명의 출원 당시의 선행공지발명으로부터 그 발명을 용이하게 할 수 있는지를 보아야 할 것이고, 진보성이 부정되는지의 판단대상이 된 발명의 명세서에 개시되어 있는 기술을 알고 있음을 전제로 하여 사후적으로 통상의 기술자가 그 발명을 용이하게 할 수 있는지를 판단하여서는 아니 된다.

(2) 이름이 '이동통신망을 이용한 비상호출 처리장치와 그 방법'인 특허발명은 '비상연락처의 비상발신에 따라 도청모드를 실행하여 수신부의 수화음성신호 수신을 금지시키고 송신부를 통한 송화음성의 송출만을 허용하는 제어수단'을 그 특징으로 하는바, 위 특허발명의 진보성이 부인되는지를 판단함에 있어, 비교대상발명의 '가입자가 단말기의 비상버튼을 눌러 상황음을 녹음하는 구성' 또는 '경비센터에서 단말기로 무음착신하여 상황음을 녹음하는 구성'으로부터 위 특허발명을 용이하게 발명할 수 있다고 판단하는 것은, 위 특허발명의 명세서에 개시된 내용을 알고 있음을 전제로 하여 사후적으로 그 발명의 진보성을 판단하는 것으로서 허용되지 않는다고 한 사례.

나. 대법원 2007. 9. 6. 선고 2005후3284 판결(폼팩터 사건)

(1) 어느 특허발명의 특허청구범위에 기재된 청구항이 복수의 구성요소로 되어 있는 경우에는 각 구성요소가 유기적으로 결합한 전체로서의 기술사상이 진보성 판단의 대상이 되는 것이지 각 구성요소가 독립하여 진보성 판단의 대상이 되는 것은 아니므로, 그 특허발명의 진보성을 판단함에 있어서는 청구항에 기재된 복수의 구성을 분해한 후 각각 분해된 개별 구성요소들이 공지된 것인지만을 따져서는 안 되고, 특유의 과제 해결원리에 기초하여 유기적으로 결합된 전체로서의 구성의 곤란성을 따져 보아야 할 것이며, 이때 결합된 전체 구성으로서의 발명이 갖는 특유한 효과도 함께 고려하여야 한다.

(2) 여러 선행기술문헌을 인용하여 특허발명의 진보성을 판단함에 있어서는 **그 인용되는 기술을 조합 또는 결합하면 당해 특허발명에 이를 수 있다는 암시·동기 등이 선행기술문헌에 제시되어 있거나**, 그렇지 않더라도 **당해 특허발명의 출원 당시의 기술수준, 기술상식, 해당 기술분야의 기본적 과제, 발전경향, 해당 업계의 요구 등에 비추어 보아 그 기술분야에 통상의 지식을 가진 자가 용이하게 그와 같은 결합에 이를 수 있다고 인정할 수 있는 경우에는 당해 특허발명의 진보성은 부정된다.**

다. 대법원 2009. 11. 12. 선고 2007후3660 판결(구보다 사건)

(1) 구 특허법(2006. 3. 3. 법률 제7871호로 개정되기 전의 것) 제29조 제2항 규정에

의하여 선행기술에 의하여 용이하게 발명할 수 있는 것인지에 좇아 발명의 진보성 유무를 판단함에 있어서는, 적어도 선행기술의 범위와 내용, 진보성 판단의 대상이 된 발명과 선행기술의 차이 및 통상의 기술자의 기술수준에 대하여 증거 등 기록에 나타난 자료에 기하여 파악한 다음, 이를 기초로 하여 통상의 기술자가 특허출원 당시의 기술수준에 비추어 진보성 판단의 대상이 된 발명이 선행기술과 차이가 있음에도 그러한 차이를 극복하고 선행기술로부터 그 발명을 용이하게 발명할 수 있는지를 살펴보아야 한다. 이 경우 진보성 판단의 대상이 된 발명의 명세서에 개시되어 있는 기술을 알고 있음을 전제로 하여 사후적으로 통상의 기술자가 그 발명을 용이하게 발명할 수 있는지를 판단해서는 안 된다.

(2) 출원명세서에 개시되어 있는 발명의 내용을 이미 알고 있음을 전제로 하여 사후적으로 비교대상발명 1, 2, 3의 대응구성을 변경하고 조합함으로써 명칭이 '승용형 수전 작업기'인 출원발명의 특허청구범위 제1항 중 구성요소 4에 이른다고 하는 판단을 하지 않는 한 통상의 기술자가 비교대상발명 1, 2, 3의 대응구성으로부터 위 구성요소 4를 용이하게 도출할 수 없으므로, 위 특허청구범위 제1항은 비교대상발명 1, 2, 3에 의하여 그 진보성이 부정되지 않는다고 한 사례.

Ⅵ. 법률상 특허를 받을 수 없는 발명

1. 일반

특허제도를 운영하는 각 나라에서 어느 범위의 발명까지 특허로 보호해 줄 것인지는 각국의 입법정책의 문제이다. 즉 비록 새로운 신규 발명이라고 하더라도 산업정책이나 공공정책 등에 비추어 볼 때 특허를 허여해 줄 수 없는 사유가 있는데, 우리나라 특허법에서는 제32조에서 일반적인 불특허사유를 규정하고 있고, 그 이외에 제41조에서 국방상 필요한 발명에 대한 일정한 제한을 두고 있다.

2. 불특허사유

가. 공서양속에 반하는 발명

공공의 질서 또는 선량한 풍속을 문란하게 하거나 공중의 위생을 해할 염려가 있는 발

명에 대하여는 제29조 제1항 및 제2항의 규정에 불구하고 특허를 받을 수 없다(§32). 판
례는 대두 단백질 분말과 맥분말에 철분분말(총중량의 30~50%) 등의 자성분말을 혼합
하여 불로 원소성 건강식품을 제조하는 방법에 관한 출원발명에 대해 공중의 위생을 해
할 염려가 있어 특허를 받을 수 없다고 하였다.[44]

나. 국방상 필요한 발명

정부는 국방상 필요한 경우에는 외국에의 특허출원을 금지하거나 발명자·출원인 및
대리인에게 그 발명을 비밀로 취급하도록 명할 수 있고 다만, 정부의 허가를 얻은 때에
는 외국에 특허출원을 할 수 있다(§41①). 동 규정에 따른 외국에의 특허출원 금지 또는
비밀취급에 따른 손실에 대하여는 정부는 정당한 보상금을 지급하여야 한다(§41③). 외
국에의 특허출원의 금지 또는 비밀취급명령을 위반한 경우에는 그 발명에 대하여 특허를
받을 수 있는 권리를 포기한 것으로 보며(§41⑤), 비밀취급명령을 위반한 경우에는 비밀
취급에 따른 손실보상금의 청구권을 포기한 것으로 본다(§41⑥).

한편 정부는 특허출원한 발명이 국방상 필요한 경우에는 특허를 하지 아니할 수 있으
며, 전시·사변 또는 이에 준하는 비상시에 있어서 국방상 필요한 경우에는 특허를 받을
수 있는 권리를 수용할 수 있다(§41②). 동 규정에 따라 특허하지 아니하거나 수용한 경
우에는 정부는 정당한 보상금을 지급하여야 한다(§41④).

3. 불특허사유의 효과

발명이 불특허사유에 해당하는 경우 출원 시에는 거절이유가 되고(§62 i), 등록되었다

---

44) 대법원 1991. 11. 8. 선고 91후110 판결[본원 발명은 불로 원소성 건강식품의 제조방법에 관한 것으로서
그 요지는 대두 단백질 분말과 맥분말에 철분분말 등의 자성분말을 혼합하여 만든 음식의 제조방법에 관
한 것으로서 철분분말은 총중량의 30~50%가량 차지하는 데 있는 것인데, 인체의 기능에 필요한 철분
은 통상 식품에 함유된 양만으로 그 필요량이 충족되고 빈혈증 환자 등에게는 인위적으로 철분을 첨가시
킨 의약품 등을 복용시기지민 하루 필요량은 싱인 16mg, 유아 6mg에 물과하고 철분을 단독으로 섭취하
는 경우에는 인체에 필요로 하는 활성화된 철이온의 생성을 기대할 수 없어 통상 유산철 등의 형태로 섭
취함으로써 유산의 분해 시 활성화된 철이온을 인체에서 흡수하도록 하고 있음에 비하여 본원발명은 철
분이 30~50중량% 함유되어 이것이 식품으로서의 기능을 갖는다고 볼 수 없을 뿐만 아니라 복용량에
대한 구체적인 언급이 없으며 철분분말을 단독으로 배합하였고, 그 혼합비율 역시 너무 과다하여 인체에
유해한 결과를 초래하리라는 것을 일반적인 상식을 가진 자라면 예측할 수 있어서 안정성 시험성적표를
제시하여야 함에도 이를 제출하지 아니한 본원발명은 공중의 위생을 해할 염려가 있는 발명으로 인정되
어 구 특허법 제4조 제3호(1990. 1. 13. 법률 제4207호로 개정되기 이전의 것. 이하 같다)에 의하여 본원
발명은 특허될 수 없다…… 특정인 한 사람이 본원발명의 제품을 복용한 결과 아무런 위해가 없었다 한
들 그 사실만으로 본원발명이 일반공중의 위생을 해할 우려가 없다고 단정할 수는 없다].

고 하더라도 무효사유가 된다(§133① ⅰ).

Ⅶ. 특허를 받을 수 있는 권리 등

1. 특허를 받을 수 있는 권리(특허출원권)

가. 일반

발명을 완성한 자는 그 발명에 대해 특허를 받을 수 있는 권리를 가진다. 이러한 특허를 받을 수 있는 권리의 성질에 대해서는 공권설(특허청구권설), 사권설(발명자권설), 절충설 등의 견해대립이 있으나 견해대립의 실천적 의의는 크지 않다고 할 것이다.

나. 내 용

특허를 받을 수 있는 권리의 내용으로서는 우선 당해 발명을 실시할 수 있는 실시권이 있고, 또한 특허를 받기 위해 출원할 수 있는 특허출원권도 있다. 이러한 특허를 받을 수 있는 권리는 재산적 가치가 있는 권리로서 권리이전 등이 가능하다. 우리 특허법에서는 제37조와 제38조에서 그 내용을 규정하고 있다.

다. 특허를 받을 수 있는 권리의 이전 등

특허를 받을 수 있는 권리는 이전할 수 있으며(§37①), 다만 질권의 목적으로 할 수는 없다(§37②). 그리고 특허를 받을 수 있는 권리가 공유인 경우에는 각 공유자는 다른 공유자의 동의를 얻지 아니하면 그 지분을 양도할 수 없다(§37③).

라. 특허를 받을 수 있는 권리의 승계

특허출원 전에 있어서 특허를 받을 수 있는 권리의 승계는 그 승계인이 특허출원을 하지 아니하면 제3자에게 대항할 수 없다(§38①). 동일한 자로부터 승계한 동일한 특허를 받을 수 있는 권리에 대하여 같은 날에 2 이상의 특허출원이 있는 때에는 특허출원인의 협의에 의하여 정한 자 외의 자의 승계는 그 효력이 발생하지 아니하며(§38②), 동일한 자로부터 승계한 동일한 발명 및 고안에 대한 특허를 받을 수 있는 권리 및 실용신안등록을 받을 수 있는 권리에 대하여 같은 날에 특허출원 및 실용신안등록출원이 있는 때에도 같다(§38③).

특허출원 후에 있어서 특허를 받을 수 있는 권리의 승계는 상속 기타 일반승계의 경우를 제외하고는 특허출원인변경신고를 하지 아니하면 그 효력이 발생하지 아니하며(§38④), 특허를 받을 수 있는 권리의 상속 기타 일반승계가 있는 경우에는 승계인은 지체 없이 그 취지를 특허청장에게 신고하여야 한다(§38⑤).

동일인으로부터 승계한 동일한 특허를 받을 수 있는 권리의 승계에 관하여 같은 날에 2 이상의 특허출원인변경신고가 있는 때에는 신고를 한 자 간의 협의에 의하여 정한 자 외의 자의 신고는 그 효력이 발생하지 아니한다(§38⑥). 그리고 특허청장은 같은 날에 2 이상의 특허출원인변경신고가 있는 경우(제2항·제3항 및 제6항) 특허출원인에게 기간을 정하여 협의의 결과를 신고할 것을 명하고 그 기간 내에 신고가 없는 때에는 협의는 성립되지 아니한 것으로 본다(§38⑦).

마. 기타

특허를 받을 수 있는 권리도 공장재단을 구성할 수 있으나, 개별 권리에 대한 강제집행은 허용되지 않는다. 그리고 발명을 완성한 자는 발명자로 게재될 수 있는 발명자게재권(파리조약 §4의3[45])을 가지며, 이와 관련하여 특허법에서는 출원인에게 발명자표시의무를 부과하고 있다(§42①ⅴ). 특허를 받을 수 있는 권리는 행정처분(거절결정), 신규성 상실, 상속인 부존재, 권리포기 등에 의해 소멸한다.

2. 특허를 받을 수 있는 권리자

가. 발명자(=자연인)

발명을 한 자 또는 그 승계인은 이 법에서 정하는 바에 의하여 특허를 받을 수 있는 권리를 가진다. 다만, 득허청식원 및 득허심판원직원은 상속 또는 유증의 경우를 제외하고는 재직 중 특허를 받을 수 없다(§33①).

---

45) 제4조의3 (특허 : 특허에 있어 발명자의 명시) 발명자는 특허에 발명자로서 명시될 권리를 갖는다.
　　Article 4ter
　　Patents: Mention of the Inventor in the Patent
　　The inventor shall have the right to be mentioned as such in the patent.

나. 공동발명자

2인 이상이 공동으로 발명한 때에는 특허를 받을 수 있는 권리는 공유로 한다(§33②).
즉 민법상 공동소유의 형태 중 공유를 인정하고 있는데, 다만 그 성질에 있어서는 지분
양도의 제한(§37③), 공동출원의 제한(§44), 존속기간 연장등록출원의 제한(§90③), 심판
의 당사자(§139③) 등 합유적 성질을 많이 내포하고 있다.

다. 승계인

특허출원 전에 권리를 승계한 경우에는 그 승계인이 특허출원을 하지 않으면 제3자에
게 대항할 수 없으며(§38①), 특허출원 후에 권리를 승계한 경우에는 상속 기타 일반승
계의 경우를 제외하고는 특허청에 출원인명의변경신고[46]를 하여야만 효력이 발생한다
(§38④,⑤).

라. 모인출원

(1) 일반

발명자 또는 승계인 이외의 자는 특허를 받을 수 없는데, 이와 관련하여 특허법에서는
무권리자에 의한 특허출원 및 무권리자의 특허등록에 대해 정당권리자를 보호하는 규정
을 두고 있다. 즉 무권리자의 특허출원에 대해 정당권리자가 아니라는 이유로 거절되어
특허를 받지 못하게 된 경우에는 그 무권리자의 특허출원 후에 한 정당한 권리자의 특허
출원은 무권리자가 특허출원한 때에 특허출원한 것으로 본다. 다만, 무권리자가 특허를
받지 못하게 된 날부터 30일을 경과한 후에 출원을 한 경우에는 그러하지 아니하다(§34).
그리고 무권리자가 특허등록을 받은 후 정당권리자가 아니라는 이유로 특허를 무효로 한
다는 심결이 확정된 경우에는 그 특허출원 후에 한 정당한 권리자의 특허출원은 무효로
된 그 특허의 출원 시에 특허출원한 것으로 본다. 다만, 그 특허의 등록공고가 있는 날부
터 2년을 경과한 후 또는 심결이 확정된 날부터 30일을 경과한 후에 특허출원을 한 경

---

46) 특허법 시행규칙 제26조 (특허출원인변경의 신고) ① 법 제38조 제4항의 규정에 의하여 출원인의 특허
출원인변경신고를 하고자 하는 자는 별지 제20호서식의 권리관계 변경신고서에 다음 각 호의 서류를 첨
부하여 그 특허출원의 등록 전까지 특허청장에게 제출하여야 한다.
　1. 특허출원인변경의 원인을 증명하는 서류 1통
　2. 삭제 <2001. 6. 30.>
　3. 제3자의 허가·인가·동의·승낙이 필요한 경우에는 이를 받았음을 증명하는 서류 1통
　4. 대리인에 의하여 절차를 밟는 경우에는 그 대리권을 증명하는 서류 1통
② 동일한 특허출원인이 2 이상의 특허출원에 대하여 제1항의 규정에 의한 특허출원인변경신고를 하고
자 하는 경우에는 그 신고의 내용이 동일한 경우에 한하여 하나의 신고서로 제출할 수 있다.

우에는 그러하지 아니하다(§35).

(2) 정당권리자의 이전등록청구 등

특허법에서 규정하고 있는 정당권리자 보호방법 이외에 정당권리자가 무권리자를 상대로 출원 중인 특허나 등록된 특허를 직접 자신에게 이전해 줄 것을 청구할 수 있는지에 대해서는 명문규정이 없다. 이와 관련하여 판례는 "양도인이 특허 또는 실용신안(이하 '특허 등'이라 한다)을 등록출원한 후 출원 중인 특허 등을 받을 수 있는 권리를 양수인에게 양도하고, 그에 따라 양수인 명의로 출원인명의변경이 이루어져 양수인이 특허권 또는 실용신안권(이하 '특허권 등'이라 한다)의 설정등록을 받은 경우에 있어서 그 양도계약이 무효나 취소 등의 사유로 효력을 상실하게 되는 때에 그 특허 등을 받을 수 있는 권리와 설정등록이 이루어진 특허권 등이 동일한 발명 또는 고안에 관한 것이라면 그 양도계약에 의하여 양도인은 재산적 이익인 특허 등을 받을 수 있는 권리를 잃게 됨에 대하여 양수인은 법률상 원인 없이 특허권 등을 얻게 되는 이익을 얻었다고 할 수 있으므로, 양도인은 양수인에 대하여 특허권 등에 관하여 이전등록을 청구할 수 있다"[47]고 하였고, 반면에 정당한 권리자의 출원 자체가 없었던 경우(갑이 그 명의로 '물고기 집게'라는 고안에 관하여 출원 및 실용신안등록을 한 상태에서 을이 갑을 상대로 자신이 고안자이며 갑은 단지 실시권을 설정받은 자에 불과하다고 주장하면서 실용신안등록명의의 변경신청을 한 사안)에는 원고의 이전등록청구를 인정하지 않았다.[48]

---

47) 대법원 2004. 1. 16. 선고 2003다47218 판결.

48) 서울지방법원 2003. 7. 25. 선고 2002가합73123 판결(확정). 가사 원고의 주장대로 이 사건 고안 및 의장을 원고가 창작한 것이라 하더라도, 그로 인하여 원고가 갖게 되는 실용신안등록 및 의장등록을 받을 권리와 특허청의 심사절차를 거쳐 설정등록이 이루어져야만 비로소 성립하는 실용신안권 및 의장권이 동일한 것이라 볼 수 없고, 원고가 주장하는 바와 같은 진정한 권리자의 무권리자에 대한 실용신안권 및 의장권에 관한 이전등록절차 이행청구권을 인정하는 것은, 법원이 특허청의 무효심판절차를 경유하지 않고 무권리자에게 부여된 실용신안 및 의장등록을 무효로 하고, 진정한 권리자를 위하여 새로운 실용신안 및 의장설정등록을 하여주는 것과 동일한 결과를 낳게 되는 것으로서, 이는 무권리자의 출원에 의한 등록을 실용신안등록 및 의장등록의 무효사유로 규정하여 신청한 권리자인지에 관하여 특허청으로 하여금 제1차적으로 판단하게 하고, 특허청의 행정처분인 설정등록에 의하여 실용신안권 및 의장권을 발생하게 한 실용신안 및 의장제도의 취지에 반하는 것으로(실용신안법 제20조, 제35조, 제49조 제1항 제2호, 특허법 제33조 제1항, 의장법 제3조, 제26조 제1항 제3호, 제37조 참조), 원고가 그 주장과 같은 사유를 들어 바로 피고를 상대로 실용신안권과 의장권의 이전을 구하는 것은 특별한 사정이 없는 이상 허용되지 않는다고 할 것이므로, 원고의 주장은 더 나아가 살필 필요 없이 이유 없다.

VIII. 종업원의 발명

1. 의의

종래에는 개인발명이 대부분이었으나, 최근에는 공동발명이나 기업 등 조직 내에서 이루어지는 발명이 절대다수를 차지하고 있는바, 이와 관련하여 기존에 특허법과 발명진흥법에서 따로 규율하고 있던 직무발명 규정을 2006년 개정을 통해 발명진흥법에서 통일적으로 규정하게 되었다.

가. 종업원과 사용자

사용자와 종업원의 개념은 민법이나 노동법과는 별개로 특허법적 관점에서 판단하며, 직무발명 완성에 대한 사용자의 기여 정도 및 종업원의 창작 노력 등을 고려하여, 형평에 맞는 권리 배분 관계를 결정함이 가장 중요하다.

나. 종업원 발명의 분류

종업원 발명은 일반적으로 사용자의 업무범위에 속하지 않는 자유발명, 사용자의 업무범위에는 속하나 종업원의 직무범위에는 속하지 않는 업무발명, 그리고 사용자의 업무범위 및 종업원의 직무범위에 모두 속하는 직무발명으로 나눌 수 있다.

	사용자의 업무범위	종업원의 직무범위	사전승계 약정
자유발명	X	X	X
업무발명	O	X	X
직무발명	O	O	O

2. 직무발명의 취급

가. 일반

종업원의 직무발명에 대한 취급과 관련하여 사용자를 중심으로 보는 사용자주의(은혜주의)와 종업원을 중심으로 하는 발명자주의(권리주의)가 있으며, 각 입장의 차이는 다음에서 보는 바와 같다.

	사용자주의	발명자주의
기본 이념	고용의 원칙(민§655[49])	발명은 개인의 지적 산물
권 리	모든 사용자	원시적으로는 발명자
직무발명 규정	불 요	필 요
출 원	사용자	사용자 또는 발명자
대 가	보 상	보 상

나. 발명진흥법의 태도

우리 발명진흥법에서는 직무발명의 정의를 '사용자의 업무범위에 속하고 종업원의 직무범위에 속하는 발명'이라고 하고, 그 직무발명에 대한 권리는 종업원에게 원시적으로 귀속되며 사용자는 무상의 통상실시권을 갖는 것으로 규정하면서, 직무발명에 대해 정당한 보상을 조건으로 사전승계 약정을 인정하고 있다. 즉 발명자주의적 입장을 전제로 하면서, 일정한 범위에서 사용자의 권리를 인정하고 있는 것이다.

다. 연혁

직무발명에 관한 우리 법 규정은 일본법을 계수한 것으로서, 일본은 1909년 특허법에서 처음으로 사용자주의적 입장에서 직무발명에 대한 규정을 두었고 1921년 특허법 개정에서 현행법 규정과 같이 개정하였다. 우리 법 규정은 이러한 일본법 규정과 유사하고, 다만 일본 특허법에서는 '상당한 대가'를 지급하도록 하고 있으나, 우리 발명진흥법에서는 '정당한 보상'을 하도록 규정하고 있다.

또한 종래에는 특허법과 발명진흥법에서 각각 관련 규정을 두고 있었으나, 2006년 법 개정에 이르러 특허법에서 해당 규정을 삭제하고 발명진흥법에서 통일적으로 규율하게 되었고, 이와 관련하여 2006. 3. 3. 발명진흥법 개정법률(법률 제7869호, 시행 2006. 9. 4.)의 부칙 제2조[50] 및 제4조[51]에서는 각각 경과조치 규정을 두고 있다.

---

49) 제655조 (고용의 의의) 고용은 당사자 일방이 상대방에 대하여 노무를 제공할 것을 약정하고 상대방이 이에 대하여 보수를 지급할 것을 약정함으로써 그 효력이 생긴다.

50) 제2조 (직무발명 완성사실 통지의 적용례) 제10조의 개정규정은 이 법 시행 후 직무발명을 완성한 것부터 적용한다.

51) 제4조 (직무발명보상에 대한 경과조치) 이 법 시행당시 종전의 규정에 의하여 이루어진 특허 등을 받을 수 있는 권리 또는 특허권 등의 승계나 전용실시권의 설정에 따른 보상은 종전의 「특허법」의 규정에 의한다.

3. 직무발명의 요건

가. 일반

직무발명이란 종업원, 법인의 임원 또는 공무원(이하 '종업원 등'이라 한다)이 그 직무에 관하여 발명한 것이 성질상 사용자·법인 또는 국가나 지방자치단체(이하 '사용자 등'이라 한다)의 업무 범위에 속하고 그 발명을 하게 된 행위가 종업원 등의 현재 또는 과거의 직무에 속하는 발명을 말한다(발명진흥법 §2 ii). 그리고 여기서 말하는 발명이란 「특허법」·「실용신안법」 또는 「디자인보호법」에 따라 보호 대상이 되는 발명, 고안 및 창작을 말한다(발명진흥법 §2 i).

나. 종업원 등이 행한 발명일 것

(1) 종업원

종업원이란 계약의 종류나 내용에 상관없이 타인에게 근로를 공급할 것을 의무로 하는 자로서, 사용자와 종업원 사이의 고용관계의 적법성 등은 문제 되지 않는다. 또한, 일시적·임시적 고용, 촉탁이나 고문을 포함한 상근 또는 비상근 여부도 불문한다.

법인의 임원이 종업원에 포함되는지에 대해서는 다툼의 여지가 있으나 직무발명제도의 목적에 비추어 볼 때 종업원에 포함된다고 보아야 하며,[52] 공무원 역시 종업원에 해당되나 공무원에 대해서는 특별 규정을 따로 두고 있다. 즉 공무원의 직무발명에 대한 권리는 국가나 지방자치단체가 승계하며, 국가나 지방자치단체가 승계한 공무원의 직무발명에 대한 특허권 등은 국유나 공유로 한다. 다만, 「고등교육법」 제3조에 따른 국·공립학교(이하 '국·공립학교'라 한다) 교직원의 직무발명에 대한 권리는 「기술의 이전 및 사업화 촉진에 관한 법률」 제11조 제1항 후단에 따른 전담조직(이하 '전담조직'이라 한다)이 승계하며, 전담조직이 승계한 국·공립학교 교직원의 직무발명에 대한 특허권 등은 그 전담조직의 소유로 한다(발명진흥법 §10②).[53]

그 이외에 대학 교수의 발명이 직무발명에 해당하는지와 관련하여 종래의 견해는 대학 교수는 대학을 위한 연구 목적으로 고용된 것이 아니라는 이유로 직무발명이 아니라고 보았으나, 대학의 업무범위 및 교수의 직무범위에 대한 해석은 별론으로 하더라도 대학

---

[52] 독일의 '종업원발명에 관한 법률'에서는 법인의 대표자는 종업원에 해당하지 않는다고 규정하고 있다.

[53] 공무원의 직무발명에 대한 보상도 '공무원 직무발명의 처분·관리 및 보상 등에 관한 규정' 및 동 시행규칙에서 따로 정하고 있다.

교수 역시 직무발명에서의 종업원에 해당한다고 봄이 타당하다.

(2) 종업원에 의한 발명

종업원의 발명은 주로 사용자의 지시나 감독하에 이루어지고 또한 단독이 아닌 다수의 공동연구에 의한 경우가 많기 때문에, 종업원의 발명에 대해 실질적인 발명자가 누구인지를 밝히는 것은 쉽지 않다. 일반적으로는 어떤 문제를 해결하기 위하여 기술적 수단을 새로 착상하여 표현한 자 또는 실현가능한 기술적 수단을 새로 착상한 자를 말하며, 단순히 보조업무만을 하였거나 일반적인 조언 등을 한 자는 발명자가 아니라고 본다. 발명자 결정의 판단기준은 다음과 같다.[54]

(가) 일반적인 경우

발명자인 경우	① 구체화하기 위해서는 약간 불완전한 새로운 착상을 하고, 타인에 의해 일반적 지식의 조언 또는 지도를 얻어 발명을 완성한 자 ② 구체화하기 위해서는 충분지 않고 불완전한 타인의 착상에 대하여 다시 별도의 새로운 착상을 가미한 발명을 완성한 자(공동발명자) ③ 타인의 발명에 힌트를 얻고 다시 그 발명의 범위를 확대(개량)하는 발명을 한 자 ④ 도저히 구체화할 수 없는 정도의 타인의 착상에 대하여 그것을 구체화하는 기술적 수단을 생각하여 발명을 완성한 자
발명자가 아닌 경우	① 구체화하기 위해서는 약간 불완전한 착상을 한 자에 대하여 단지 일반적인 지식의 조언 또는 지도를 해주어 그 발명을 완성시킨 자 ② 단지 해결해야 할 문제를 제시했을 뿐으로서 그것을 해결하는 기술적 수단을 구체적으로 제시하지 않은 자 – 타인의 착상을 구체화하기 위하여 단지 제도, 시작, 실험 등만을 한 자 – 타인의 발명 결과를 정리하여 적당히 문서화한 자 ③ 타인이 어떤 발명에 힌트를 얻고 다시 그 발명의 범위를 확대(개량)한 발명을 한 경우가 원인이 된 발명의 발명자 ④ 추상적인 착상만 한 채 그것을 구체화할 어떤 수단을 생각지 못하고 방임해 둔 자(반면, 타인의 별개로 그 착상을 이용하여 발명을 완성한 경우, 원래의 추상적인 착상을 한 자는 발명자가 아님)

---

54) 윤선희, 「특허법(제5판)」, 법문사(2012), 286 – 288면 참고

(나) 관리자와 발명자

발명자인 경우	① 구체적인 착상을 부하에게 지시하여 그 발전 및 실현을 명한 자 ② 부하가 제출하는 착상에 보충적 착상을 가한 자(공동발명자) ③ 부하가 행한 실험, 실험의 중간적 결과를 종합적으로 판단하여 새로운 착상을 가한 발명을 완성한 자 ④ 소속부서 내의 연구가 정리되지 않고 있을 때 구체적인 지도를 하여 발명을 완성시킨 자
발명자가 아닌 경우	① 발명을 한 부하의 업무에 대하여 단지 일상의 일반적 관리를 하거나 부하의 착상에 대하여 단지 일상의 일반적 관리를 한 자 ② 구체적인 착상을 나타내지 않고 단지 어떤 테마를 주어 발명자인 부하에 대하여 일상의 일반적 관리를 한 자 ③ 부하의 착상에 대하여 단지 좋고 나쁨만의 판단을 하여 그 방향을 지시한 자 ④ 부하의 발명에 의한 결과를 관리자의 업무로서 단지 종합적으로 정리하여 문서화한 자

(다) 공동발명자

발명자인 경우	① 새로운 착상을 한 경우 그 착상자 ② 새 착상에 대해 당사자에게 자명하지 않은 정도의 구체화 작업을 한 자
발명자가 아닌 경우	① 단순한 관리자 - 부하 연구자에 대하여 일반적인 조언, 지도, 관리 등을 한 자 ② 단순한 보조자 - 연구자의 지시에 따라 단지 데이터를 종합하거나 실험을 한 자 ③ 단순한 후원자 - 발명자에게 자금을 제공하여 설비 이용의 편의를 주어 발명의 완성을 원조 또는 의뢰한 자 ④ 단순한 조력자 - 새 착상에 대해 새롭지 않은 구체화 작업을 행한 자

(3) 발명자의 보정

발명자에 대한 판단이 쉽지 않아 실제 발명자가 아닌 자를 발명자로 기재하는 경우가 있을 수 있다. 이에 특허법 시행규칙 제28조에서는 일정한 요건하에 발명자를 보정할 수 있도록 하고 있다. 즉 특허출원인이 착오로 인하여 특허출원서에 발명자 중 일부의 발명자의 기재를 누락하거나 잘못 적은 때에는 그 특허출원의 특허 여부 결정 전까지 추가 또는 정정할 수 있다. 다만, 발명자의 기재가 누락(특허출원서에 적은 발명자의 누락에 한정한다) 또는 잘못 적은 것임이 명백한 경우에는 특허 여부 결정 후에도 추가 또는 정정할 수 있다(규칙§28①). 특허출원인 또는 특허권자가 위 규정에 따라 발명자를 추가 또는 정정하려면 ⅰ) 특허권의 설정등록 전까지는 별지 제9호서식의 보정서, ⅱ) 특허권의 설정등록 후에는 별지 제29호서식의 정정교부신청서를 특허청장에게 제출하여야 한다(규칙§28②). 그리고 대리인에 의하여 절차를 밟는 경우에는 그 대리권을 증명하는 서류를 첨부하여야 한다(규칙§28③).

다. 발명이 성질상 사용자 등의 업무(영업) 범위에 속할 것

(1) 사용자 등

사용자에는 자연인뿐만 아니라 법인, 국가 및 지방자치단체를 포함하며, 다만 법인격 없는 단체의 경우에는 대표자가 사용자이다. 그리고 사용자에 해당하는지에 대한 판단 시에는 직무발명 규정이 자금이나 자재 등의 물적 제공자와 기술적 사상의 제공자 간의 이익조정을 어떻게 도모하면 발명의 장려를 통한 산업발전이라고 하는 목적에 부합하는 가라는 관점에서 살펴보아야 한다.

(2) 업무범위

사용자의 업무범위는 사용자의 사업의 범위로 현재 행하고 있거나 또는 장래에 행할 수 있는 것이 구체적으로 예정되어 있는 업무를 말한다. 법인인 정관에서 정한 목적 범위가 업무범위를 정하는 기준이 되나 이에 한정되지는 않는다(신사업 추진의 경우 등).[55] 그리고 정관 목적에 '기타 이에 부수하는 사업'이라고 되어 있는 경우, 직무발명제도의 취지를 고려하여 형식적인 정관의 목적에 한정하여 판단할 것이 아니라 객관적으로 보아 업무수행에 관련된 기술적인 전 범위를 업무범위로 봄이 타당할 것이다.

발명자가 공무원인 경우 사용자의 업무범위는 국가의 모든 업무범위로 해석해서는 안 되며, 발명자인 공무원이 소속된 기관의 업무범위로 한정하여 판단해야 한다. 이러한 취 지에서 공무원직무발명의 처분·관리 및 보상 등에 관한 규정시행규칙 제2조[56] 제2항 제3호에서는 직무발명의 성질과 관련하여 '해당 직무발명이 소속 기관의 업무 범위에 속

---

55) 정관은 회사의 주주를 보호하고 거래상대방에 대한 예측가능성을 보장해 주기 위한 것이지, 사용자와 종 업원 사이의 권리의무 관계를 규율하기 위한 것이 아니다.

56) 제2조 (직무발명의 신고) ① 「공무원 직무발명의 처분·관리 및 보상 등에 관한 규정」(이하 '영'이라 한 다) 제5조 및 제8조 제2항에 따른 신고를 하려는 사람은 별지 제1호서식의 직무발명신고서에 다음 각 호 의 서류를 첨부하여 발명기관의 장에게 제출하여야 한다. [전문개정 2011. 10. 7.]
1. 직무발명의 성질에 대한 설명서
2. 직무발명 요약서
② 제1항 제1호의 직무발명의 성질에 대한 설명서에는 다음 각 호의 사항을 적고 발명자가 기명날인하 여야 한다.
1. 소속 기관의 업무: 직무발명과 관련된 업무를 수행할 당시 발명자가 소속한 기관(이하 이 조에서 '소 속 기관'이라 한다)의 업무 범위를 적되, 특히 해당 직무발명과 관련되는 조사·연구·시험 등에 관 한 기능의 유무에 대하여 적을 것
2. 발명자의 직무: 소속 기관에서의 해당 발명자의 직무 내용을 적을 것
3. 직무발명의 성질: 해당 직무발명이 소속 기관의 업무 범위에 속하는지와 그 직무발명을 하게 된 행위 가 발명자의 직무에 속하는지에 대한 의견을 적을 것
③ 제1항 제2호의 직무발명 요약서는 「특허법 시행규칙」 제21조 제2항에 따른 요약서에 준하여 작성한다.

하는지'라고 규정하고 있다.

대학의 경우 고등교육법(2011. 7. 21. 개정된 것) 제28조에서는 '목적'이라는 제목하에, "대학은 인격을 도야(陶冶)하고, 국가와 인류사회의 발전에 필요한 심오한 학술이론과 그 응용방법을 가르치고 연구하며, 국가와 인류사회에 이바지함을 목적으로 한다"고 하고 있는바, 대학교수의 발명이 직무발명에 해당하는지는 다음과 같이 판단해 볼 수 있다.[57]

① 특정한 연구과제와 연구비의 지원 없이 대학에서 자신의 전공과 관련하여 발명을 완성한 경우 → 자유발명

② 외부 기업체의 연구개발의뢰에 의하여 연구과제와 연구비를 지급받고 연구하여 발명을 완성한 경우 → 대학교수와 외부 기업 간의 계약에 따르며, 대학과는 무관한 자유발명임

③ 대학교수가 외부 기업체의 기술고문으로 재직 중 그 기술분야의 발명을 완성한 경우 → 기업의 직무발명에 해당

라. 발명을 하게 된 행위가 종업원 등의 현재 또는 과거의 직무에 속하는 것일 것

(1) 직무에 속하는 것일 것

종업원의 직무란 종업원이 사용자의 요구에 따라 사용자의 업무 일부를 담당하는 것으로서, 직무발명 제도의 취지를 고려하여 판단해야 한다. 예컨대, 그 발명을 완성하라는 명령 내지 지시가 있었을 경우나 구체적인 명령 또는 지시는 없었지만 발명을 한 종업원들이 회사의 연구소 등에서 시험연구 등을 행하는 것을 직무로 하고 있었을 경우에는 직무에 속한다고 할 것이나, 현업종업원(공원)이 그 담당하고 있는 일의 개량에 관하여 한 경우나 담당부문 또는 총무부문의 종업원이 우연히 착상해 완성한 경우에는 직무에 속하는 발명이라고 보기 어려울 것이다.

(2) 현재 또는 과거의 직무에 속할 것

현재 담당하고 있는 직무뿐만 아니라 과거에 담당했던 직무도 포함된다. 여기서 과거의 직무란 동일 기업 내에서 과거 담당했던 직무를 말하며, 따라서 퇴직 후에 완성한 발명은 여기에 해당되지 않는다고 본다. 다만, 종업원이 퇴직 후 발명을 완성한 것이 재직 중 인적·물적 지원 등에 의한 경우 사용자에게 아무런 권리도 부여하지 않는 것은 형평에 맞지 않다는 이유로 '퇴직 후'도 '과거'에 포함시켜야 한다는 견해도 있다.[58] 결국,

---

57) 윤선희, 「특허법(제5판)」, 법문사(2012), 292 – 293면.
58) 피고소인들은 피고소인 회사의 종업원으로서 신발개발업무에 종사하던 청구인 A가 1998. 3.경 퇴사한 다음

종업원이 퇴직 후 완성한 발명이 재직 중에 이루어진 연구활동의 결과인지에 대한 입증이 문제될 것인데, 사용자로서는 종업원과 퇴직 후 발명의 권리관계에 대한 계약을 체결하거나 연구일지 등의 작성을 의무화시키는 방향으로 대비를 할 수밖에 없다.

한편, 현재 또는 과거의 직무에 속하는 것이면 시간 및 장소 불문하여, 근무 시간 중일 것을 요하지 않으며 근무지가 아닌 가정에서의 발명도 포함되는 것으로 해석된다.

(3) 판례

판례는 "직무발명에 관한 규정인 구 특허법 제17조 제1항의 '그 발명을 하게 된 행위가 피용자 등의 현재 또는 과거의 업무에 속하는 것'이라 함은 <u>피용자가 담당하는 직무내용과 책임 범위로 보아 발명을 꾀하고 이를 수행하는 것이 당연히 예정되거나 또는 기대되는 경우를 뜻한다</u>"고 하면서, 악기 회사의 공작과 지능직사원으로 입사하여 회사를 퇴직할 때까지 공작과 내 여러 부서에 숙련공으로 근무하면서 금형제작, 센터핀압입기제작, 치공구개발 등의 업무에 종사한 자가 피아노 부품의 하나인 플랜지의 구멍에 붓싱을 효과적으로 감입하는 장치를 고안한 경우, 위 근무기간 중 위와 같은 고안을 시도하여 완성하려고 노력하는 것이 일반적으로 기대되므로 위 고안이 직무발명에 해당한다고 하였다.[59]

4. 직무발명의 권리귀속

가. 사용자 등이 받을 수 있는 권리와 의무

(1) 사용자 등이 받을 수 있는 권리

① 무상의 법적 통상실시권

미국에서는 달리 약정이 없더라도 사용자는 비독점적이며 이전 불가능한 무상실시권을 가지며(shop right[60]), 독일의 경우 종업원의 사용자에 대한 발명보고의 의무, 양도, 양도

근무 당시의 업무에 속한 이 사건 등록고안에 관한 실용신안을 받았으므로 피고소인들에게 직무고안에 의한 통상실시권이 있다고 주장하고 있으나, 사용자가 직무고안에 관한 통상실시권을 가지기 위해서는 고용관계의 존속 중에 그 종업원이 고안을 완성하였어야 하는데, 이 사건 기록에 의하면 청구인 A가 피고소인 회사에 근무하면서 이 사건 등록고안과 유사한 작업화의 개발을 시도하던 중 퇴사한 사실은 인정되나, <u>이 사건 등록고안의 완성 당시에 피고소인 회사에 근무하고 있었음을 인정할 자료는 없고, 오히려 피고소인 회사를 퇴사한 이후인 1998. 6~7.경 시제품을 완성한 다음 1998. 11. 17. 이 사건 등록고안의 출원을 한 사실만 인정될 뿐이므로 피고소인들의 위 주장 또한 이유 없다</u>(헌재 2004. 12. 16. 2002헌마511 결정).

59) 대법원 1991. 12. 27. 선고 91후1113 판결.

60) Shop right, in United States patent law, is an implied license under which a firm may use a patented invention, invented by an employee who was working within the scope of their employment, using the

할 때의 보상조건, 양도된 발명을 사용자가 실시한 경우 발명자에 대한 실시료, 비밀유지 의무 등을 구체적으로 규정하고 있다.

우리 법에서는 사용자가 통상실시권을 가지는 것으로 규정하고 있다. 즉 직무발명에 대하여 종업원 등이 특허, 실용신안등록, 디자인등록(이하 '특허 등'이라 한다)을 받았거나 특허 등을 받을 수 있는 권리를 승계한 자가 특허 등을 받으면 사용자 등은 그 특허권, 실용신안권, 디자인권(이하 '특허권 등'이라 한다)에 대하여 통상실시권(通常實施權)을 가진다(발명진흥법 §10①).[61] 그리고 직무발명에 관한 통상실시권을 취득하게 되는 사용자는 그 피용자나 종업원이 직무발명을 완성할 당시의 사용자이고, 그에 따른 특허권의 등록이 그 이후에 이루어졌다고 하여 등록 당시의 사용자가 그 통상실시권을 취득하는 것은 아니다.[62]

사용자가 가지는 이러한 통상실시권은 등록이 없더라도 직무발명에 대한 특허권 또는 전용실시권을 취득한 자에 대해서도 효력이 발생하며(§118②), 실시사업과 같이 이전하는 경우 또는 상속 기타 일반승계의 경우를 제외하고는 특허권자(전용실시권에 관한 통상실시권에 있어서는 특허권자 및 전용실시권자)의 동의를 얻지 아니하면 이를 이전할 수 없다(§102⑤). 또한 특허권자(전용실시권에 관한 통상실시권에 있어서는 특허권자 및 전용실시권자)의 동의를 얻지 아니하면 그 통상실시권을 목적으로 하는 질권을 설정할 수 없다(§102⑥).[63]

② 발명완성 전의 예약승계에 의한 특허권 및 전용실시권

사용자는 종업원과의 사전 약정으로 직무발명에 대한 특허권이나 전용실시권을 예약승계할 수 있다(발명진흥법 §15①).[64] 직무발명 외의 종업원 등의 발명에 대하여 미리 사

---

firms' equipment, or inventing at the firms' expense. Even if the employee never assigned rights to the firm, a court of law may find that the firm has the right to make use of the invention, and thus can not be sued by the employee for patent infringement. This will allow the firm to attempt to capitalize on the value of the patent, as the firm is allowed to use the object of the patent in the routine operation of its business without royalty payments. Shop right is non – transferable – it only inures to the benefit of the employer, and can not be sold by that employer to an unrelated party, except in a sale of the business as a whole.

61) 법 규정에서는 '무상'이라는 표현을 쓰고 있지 않지만, 무상의 통상실시권이라고 보는 것이 일반적인 견해이며 또 직무발명제도의 취지에 비추어 보더라도 그렇게 해석함이 타당하다.

62) 대법원 1997. 6. 27. 선고 97도516 판결.

63) 사용자의 통상실시권에 대해 등록에 관한 특별규정을 두는 것 이외에, 양도나 질권 설정에서 별도의 규정을 두지 않고 있는 것은 문제가 있다고 할 것이다.

64) 대법원 1991. 12. 27. 선고 91후1113 판결(우리 실용신안법은 발명자주의를 취하기 때문에 본건 고안의 실용신안을 받을 권리는 당연히 그 고안자인 심판청구 외 정운룡 및 심판청구인이라 하겠으므로 그 사용자인 피심판청구인 이 본건 고안의 출원을 하기 위하여는 미리 그 고안자로부터 실용신안을 받을 권리를

용자 등에게 특허 등을 받을 수 있는 권리나 특허권 등을 승계시키거나 사용자 등을 위하여 전용실시권(專用實施權)을 설정하도록 하는 계약이나 근무규정의 조항은 무효이다(§10③).[65] 그리고 종업원 등의 직무발명이 제삼자와 공동으로 행하여진 경우 계약이나 근무규정에 따라 사용자 등이 그 발명에 대한 권리를 승계하면 사용자 등은 그 발명에 대하여 종업원 등이 가지는 권리의 지분을 갖는다(발명진흥법 §14).

사용자의 권리승계와 관련하여 종업원은 직무발명을 완성한 경우 지체 없이 그 사실을 사용자 등에게 문서로 알려야 하고, 2명 이상의 종업원이 공동으로 직무발명을 완성한 경우에는 공동으로 알려야 한다(발명진흥법 §12). 이러한 통지를 받은 사용자 등(국가나 지방자치단체는 제외한다)은 통지를 받은 날로부터 4개월 이내에 그 발명에 대한 권리의 승계 여부를 종업원 등에게 문서로 알려야 한다. 다만, 미리 사용자 등에게 특허 등을 받을 수 있는 권리나 특허권 등을 승계시키거나 사용자 등을 위하여 전용실시권을 설정하도록 하는 계약이나 근무규정이 없는 경우에는 사용자 등이 종업원 등의 의사와 다르게 그 발명에 대한 권리의 승계를 주장할 수 없다(발명진흥법 §13①, 영§7). 사용자 등이 그 발명에 대한 권리의 승계 의사를 알린 때에는 그때부터 그 발명에 대한 권리는 사용자 등에게 승계된 것으로 보며(발명진흥법 §13②), 사용자 등이 위 기간 내에 승계 여부를 알리지 아니한 경우에는 사용자 등은 그 발명에 대한 권리의 승계를 포기한 것으로 본다. 이 경우 사용자 등은 제10조 제1항에도 불구하고 그 발명을 한 종업원 등의 동의를 받지 아니하고는 통상실시권을 가질 수 없다(발명진흥법 §13③).

양도받아야 할 것이다. 그런데 이 점에 대하여 원심결은 구체적인 이유설시도 없이 본건 고안은 고안자를 위 정운룡 및 심판청구인으로 하여 출원등록된 것으로서 모인출원으로 보이지 아니한다고 판단하였을 뿐인바, 을 제2호증(인사관리규정)의 기재에 의하면 의장등록을 받을 수 있는 고안은 회사에 귀속시키고 이로 인하여 회사에 이익이 발생되었을 때에는 이사회 결의에 의하여 제안자에 상당한 보상을 할 수 있다고 규정되어 있기는 하나 위 인사관리규정은 작성일자도 없는 것이어서 심판청구인이 본건 고안을 완성할 당시 과연 위 인사관리규정이 적용되고 있었는지 알 수가 없고, 또한 을 제2호증(진술서, 기록 91정)의 기재에 의하면 위 정운룡은 본건 고안은 심판청구인이 고안한 것이 아니고 오히려 피심판청구인 회사에서 고안한 것이라고 진술하면서 본건 고안의 실용신안에 관한 권리의 승계 여부에 대하여는 진술하고 있지 아니한데다가 심판청구인은 위 인사관리규정은 본건 고안이 완성된 훨씬 후에 제정된 것이라고 이를 다투고 있으므로 이와 같은 경우 원심으로서는 마땅히 심판청구인이 본건 고안의 실용신안에 관한 권리를 미리 피심판청구인에게 승계시켰는지를 가리기 위하여 본건 고안이 완성될 당시의 인사관리규정의 원본을 제출받는 등 이 점에 대하여 좀 더 심리를 하였어야 할 것이다).

65) 대법원 1977. 2. 8. 선고 76다2822 판결[직무발명을 제외하고 그 외의 피용자 등의 근무에 관하여 한 발명에 대하여는 그 발명전에 미리 특허를 받을 수 있는 권리나 장차 취득할 특허권 등을 사용자 등에게 승계(양도)시키는 계약 또는 근무규정을 하여 두더라도 동 계약이나 근무규정은 무효라고 규정하여 사용자에 대하여 약한 입장에 있는 피용자의 이익을 보호하는 동시에 발명을 장려하고자 하는 점에 그 입법취지가 있다 할 것이고 피용자가 발명한 이후의 양도행위까지를 금지한 규정은 아니라고 할 것이므로… 피용자가 이건 고안을 한 이후에 행한 이건 양도행위는 유효하다].

(2) 사용자 등의 의무

직무발명에 대한 권리를 사용자가 승계한 경우에는 종업원에게 정당한 보상금을 지급하여야 한다(발명진흥법 §15①).

나. 종업원 등이 받을 수 있는 권리와 의무

(1) 종업원 등이 받을 수 있는 권리

① 직무발명에 대한 원시적 권리 취득

종업원은 직무발명에 대한 원시적 권리를 취득한다. 즉 직무발명을 완성한 경우 그 발명에 대한 권리는 원시적으로 종업원에게 귀속된다. 이 경우 출원서 등에 발명자로 기재되어 있는 자가 당연히 권리귀속자가 될 것인지와 관련하여 판례는 "비록 특허권의 권리자로 기재되었다고 하여 부동산등기부와 같은 권리의 추정력을 인정할 수는 없는 것이나, 최소한 그 무효사유를 주장하는 자가 특허권 명의자의 무권리와 함께 자신이 진정한 권리자임을 소명하여야 한다"고 하였다.[66]

② 보상금 청구권

종업원 등은 직무발명에 대하여 특허 등을 받을 수 있는 권리나 특허권 등을 계약이나 근무규정에 따라 사용자 등에게 승계하게 하거나 전용실시권을 설정한 경우에는 정당한 보상을 받을 권리를 가진다(발명진흥법 §15①). 이러한 보상에 대하여 계약이나 근무규정에서 정하고 있는 경우 그에 따른 보상이 다음의 상황 등을 고려하여 합리적인 것으로 인정되면 정당한 보상으로 본다(발명진흥법 §15②).

ⅰ) 보상형태와 보상액을 결정하기 위한 기준을 정할 때 사용자 등과 종업원 등 사이에 행하여진 협의의 상황

ⅱ) 책정된 보상기준의 공표·게시 등 종업원 등에 대한 보상기준의 제시 상황

ⅲ) 보상형태와 보상액을 결정할 때 종업원 등으로부터의 의견 청취 상황

만약 보상에 대하여 계약이나 근무규정에서 정하고 있지 아니하거나 제2항에 따른 정당한 보상으로 볼 수 없는 경우에는 그 발명에 의하여 사용자 등이 얻을 이익과 그 발명의 완성에 사용자 등과 종업원 등이 공헌한 정도를 고려하여 보상액을 결정하여야 한다(발명진흥법 §15③). 그리고 공무원의 직무발명에 대하여 국가나 지방자치단체가 그 권리를 승계한 경우에도 정당한 보상을 하여야 하며, 이 경우 보상금의 지급에 필요한 사

---

66) 서울중앙지방법원 2007. 12. 14.자 2007카합2628 가처분이의 결정.

항은 대통령령이나 조례로 정한다(발명진흥법 §15④).

이러한 종업원의 보상금 청구권에 관한 규정은 강행규정으로서 이에 반하는 약정은 무효이다.[67] 그리고 사용자 등은 직무발명에 대한 권리를 승계한 후 출원(出願)하지 아니하거나 출원을 포기 또는 취하하는 경우에도 정당한 보상을 하여야 하며, 이 경우 그 발명에 대한 보상액을 결정할 때에는 그 발명이 산업재산권으로 보호되었더라면 종업원 등이 받을 수 있었던 경제적 이익을 고려하여야 한다(발명진흥법 §16).

(2) 종업원 등의 의무

권리 승계에 대한 약정이 있는 경우 그에 따라 해당 권리를 사용자에게 양도할 의무, 사용자의 특허권 취득에 협력할 의무 등이 있다. 발명진흥법에서는 이와 별도로 종업원의 비밀유지의무를 규정하고 있는바, 종업원 등은 사용자 등이 직무발명을 출원할 때까지 그 발명의 내용에 관한 비밀을 유지하여야 한다. 다만, 사용자 등이 승계하지 아니하기로 확정된 경우에는 그러하지 아니하다(발명진흥법 §19). 이러한 비밀유지의무를 위반하여 부정한 이익을 얻거나 사용자 등에 손해를 가할 목적으로 직무발명의 내용을 공개한 자에 대하여는 3년 이하의 징역 또는 3천만 원 이하의 벌금에 처하며, 다만 사용자 등의 고소가 있어야 공소를 제기할 수 있다(발명진흥법 §58).

다. 대학교수 발명의 권리귀속과 보상

(1) 입법례[68]

① 미국 특허법

연방정부의 지원을 받아 대학에서 이루어진 발명에 대한 권리는 대학에 귀속되고, 연

---

67) 대법원 2008. 12. 24. 선고 2007다37370 판결[구 특허법(2006. 3. 3. 법률 제7869호로 개정되기 전의 것) 제39조 제1항의 직무발명에 해당하는 회사 임원의 발명에 관하여 회사와 그 대표이사가 임원의 특허를 받을 수 있는 권리를 직법하게 승계하지 않고 같은 법 제40조에 의한 보상도 하지 않은 상태에서 위 임원을 배제한 채 대표이사를 발명자로 하여 회사 명의의 특허등록을 마침으로써 임원의 특허를 받을 수 있는 권리를 침해한 경우, 위 임원이 입은 재산상 손해액은 임원이 구 특허법 제40조에 의하여 받을 수 있었던 정당한 보상금 상당액이다. 그 수액은 직무발명제도와 그 보상에 관한 법령의 취지를 참작하고 증거조사의 결과와 변론 전체의 취지에 의하여 밝혀진 당사자들 사이의 관계, 특허를 받을 수 있는 권리를 침해하게 된 경위, 위 발명의 객관적인 기술적 가치, 유사한 대체기술의 존재 여부, 위 발명에 의하여 회사가 얻을 이익과 그 발명의 완성에 위 임원과 회사가 공헌한 정도, 회사의 과거 직무발명에 대한 보상금 지급례, 위 특허의 이용 형태 등 관련된 모든 간접사실들을 종합하여 정함이 상당하고, 등록된 특허권 또는 전용실시권의 침해행위로 인한 손해배상액의 산정에 관한 특허법 제128조 제2항을 유추적용하여 이를 산정할 것은 아니다].

68) 윤선희, 「특허법(제5판)」, 법문사(2012), 303－305면 참고

방정부나 기업들은 무상의 통상실시권 또는 강제실시권을 가진다.

② 영국 특허법

원칙적으로 직무발명에 대한 권리는 원시적으로 사용자에게 귀속되고 따라서 대학교수의 발명도 대학에 귀속되나, 예외적으로 특정 연구과제의 부과나 자금제공이 없이 교수의 일상적인 학술적 연구 결과로 만들어진 발명에 대해서는 달리 봐야 한다는 견해가 유력하다.

③ 독일에서의 종업원발명

교수의 발명에 대해서는 직무발명에 대한 특칙을 인정하여 대학 등이 교수에게 당해 발명에 대한 연구작업에 필요한 자원을 제공해 준 경우에 한하여 연구자원의 총액 범위 내에서 분배금을 청구할 수 있도록 하고 있다.

(2) 우리 법의 태도

우리 법에서는 대학교수의 발명에 대한 특별규정을 따로 두고 있지 않으며, 일반적인 견해는 대학교수의 발명은 직무발명이 아닌 자유발명으로 보아야 한다는 입장이다. 그러나 대학교수의 발명만을 유독 달리 보아야 할 근거가 없다는 점에서 직무발명의 성립가능성 자체를 부정하는 것이 타당하지 않다고 할 것이다. 다만, 교수가 일상적인 학술활동의 과정에서 창안한 발명에 대해서까지 직무발명이 되는 것은 아니며, 직무발명 해당성의 요건을 모두 충족하여야 직무발명이 된다고 볼 것이다.

라. 공무원 발명의 권리귀속과 보상
(1) 권리귀속

공무원의 직무발명은 계약이나 근무규정 등과 무관하게 국가 또는 지방자치단체가 권리를 승계하며, 그에 따른 정당한 보상을 하여야 한다(발명진흥법 §10②, §15④).

(2) 보상 절차

공무원의 직무발명에 대한 권리승계 및 보상 등에 대해서는 「공무원 직무발명의 처분·관리 및 보상 등에 관한 규정」[69]에서 정하고 있다.[70]

---

69) [시행 2012. 1. 6.] [대통령령 제23488호, 2012. 1. 6. 타법개정].

5. 직무발명에 대한 보상[71]

가. 보상의 종류

출원 여부와 무관하게 발명 자체에 대해 지급하는 일종의 장려금적 성질의 보상인 발명(제안)보상, 사용자가 권리를 승계하여 출원한 경우 지급하는 출원보상, 출원한 발명이 등록된 경우 지급하는 등록보상, 사용자가 발명을 실시하여 이익을 얻은 경우 지급하는 실적(실시)보상, 사용자가 발명에 대한 권리를 양도 등 처분한 경우 그 대가의 일부를 지급하는 처분보상 기타 출원유보보상 등이 있다.

나. 정당한 보상을 받을 권리(보상금청구권)의 법적 성격

법률에 따라 종업원에게 당연히 인정되는 권리로서(발명진흥법 §15), 임금과 구분되며 사망 시 당연히 상속의 대상이 된다. 보상금청구권의 발생 시(승계 또는 설정 시)로부터 10년이 지나면 시효로 소멸하며, 사용자가 발명의 가치를 잘못 평가하여 과도한 금액을 지급한 경우에도 반환청구는 원칙적으로 허용되지 않는다.

다. 보상금의 산정방법

보상금액을 발명마다 일정액으로 지급하는 정액법, 발명을 경제적 가치, 기술적 수준, 착상의 정도, 발명자의 지위 등 평가요소별로 점수 평가를 하여 그에 따라 보상금을 지급하는 평가점수법, 발명에 의하여 얻어지거나 얻어질 모든 이익을 기준으로 하여 일정

---

70) 동 규정 제1조 (목적) 이 영은 「발명진흥법」 제10조, 제15조 및 제56조에 따른 공무원의 직무발명의 처분·관리 및 그 보상 등에 필요한 사항을 규정함을 목적으로 한다.

71) 소득세법 제12조 (비과세소득) 다음 각 호의 소득에 대해서는 소득세를 과세하지 아니한다.
  5. 기타소득 중 다음 각 목의 어느 하나에 해당하는 소득
  가. 「국가유공자 등 예우 및 지원에 관한 법률」 또는 「보훈보상대상자 지원에 관한 법률」에 따라 받는 보훈급여금·학습보조비 및 「북한이탈주민의 보호 및 정착지원에 관한 법률」에 따라 받는 정착금·보로금(報勞金)과 그 밖의 금품나. 「국가보안법」에 따라 받는 상금과 보로금
  다. 「상훈법」에 따른 훈장과 관련하여 받는 부상(副賞)이나 그 밖에 대통령령으로 정하는 상금과 부상
  라. 「발명진흥법」 제2조 제2호에 따른 직무발명으로 받는 다음의 보상금
  1) 종업원이 「발명진흥법」 제15조에 따라 사용자로부터 받는 보상금
  2) 대학의 교직원이 소속 대학에 설치된 「산업교육진흥 및 산학연협력촉진에 관한 법률」에 따른 산학협력단으로부터 같은 법 제32조에 따라 받는 보상금
  마. 「국군포로의 송환 및 대우 등에 관한 법률」에 따라 국군포로가 받는 정착금과 그 밖의 금품
  바. 「문화재보호법」에 따라 국가지정문화재로 지정된 서화·골동품의 양도로 발생하는 소득
  사. 서화·골동품을 박물관 또는 미술관에 양도함으로써 발생하는 소득
  [시행 2012. 8. 2.] [법률 제11274호, 2012. 2. 1, 타법개정]

한 산출방법에 따라 지급액을 결정하는 슬라이드법 등이 있다.

6. 직무발명에 관한 분쟁의 해결

직무발명과 관련하여 분쟁이 발생하는 경우 사용자 등이나 종업원 등은 산업재산권분
쟁조정위원회에 조정을 신청할 수 있다(발명진흥법 §18).

〈직무발명 관련 판례〉

1. 청구기각

(1) 서울중앙지방법원 2006. 5. 25, 2005가합28803

→ 서울고등법원 2007. 5. 8, 2006나62159(확정)

(2) 서울남부지법 2005. 10. 7, 2004가합10788

→ 서울고등법원 2006. 6. 27, 2005나98038(확정)

(3) 서울고등법원 2009. 6. 3, 2008나79632

2. 보상금 산정

(1) 자기 실시

－1) 서울북부지방법원 2004. 4. 22, 2003가합4567

* 청구금액: 6억 5,390만 원 중 일부 3억 5,000만 원

* 인용금액: 1,500만 원

* 산정근거: 78억 9,300만 원(매출액 합계) X 3~4%(추정실시료율) X 5%(발명자기
  여율)

→ 서울고등법원 2004나40520 사건에서 2004. 11. 18. 강제조정으로 종결

－2) 서울중앙지법 2005. 10. 28, 2004가합91538(확정)

* 청구금액: 10억 6,000원 중 일부 2억 원

* 인용금액: 3,480만 원

* 산정근거: 580억 원 X 20% X 3% X 30% X 1/3

(2) 라이선스

－1) 서울북부지원 2003. 7. 3, 2002가합3727

* 청구금액: 17억 원 이상의 일부 3억 5,000만 원

* 인용금액: 3억 원

* 산정근거: 200억 원(라이센스 수입) X 5%(발명자기여율) X 30%(원고의 기여율)

→ 서울고등법원 2004. 11. 16, 2003나52410(확정)

* 인용금액: 1억 7,610만 6,895원

* 산정근거: 60억 원 상당(라이선스 수입 117억 X 원고발명의 비율 50%) X 10% X 30%

－2) 서울중앙지법 2005. 11. 17, 2004가합35286, 79453

* 청구금액: 89억 원 중 일부 10억 원 / 57억 원 중 일부 1억 원

* 인용금액: 3억 4,207만 3,103원 / 3,800만 8,122원

* 산정근거: 13억 원 상당 X 3% X 90%/10%

→ 원고와 피고 사이의 항소는 항소 취하로 2006. 3. 13. 확정되었고, 참가인과 피
  고 사이의 항소(서울고법 2006나1383)심에서는 화해권고결정(1억 1,000만 원)으
  로 종결

－3) 서울남부지법 2006. 10. 20, 2004가합3995

* 청구금액: 10억 원~30억 원 중 일부 5억 원 / 15억 원

* 인용금액: 1억 1,000만 원, 1억 8,000만 원, 6,300만 원 등

* 산정근거: 141억 원 X 3% X 원고기여율

→ 항소심에서 조정 성립

<2007. 6. 특허청 발간, "기업 직무발명보상규정 표준모델">

Ⅰ. 표준모델 작성의 목적 및 구성 체계

Ⅱ. 개정 발명진흥법 주요내용

Ⅲ. 직무발명 보상규정 표준모델

Ⅳ. 조문별 내용 및 해설

부록 - 1. 특허출원 평가모델

부록 - 2. 권리귀속 및 보상금 관련 판례

제2절 특허출원절차(절차적 요건)

Ⅰ. 일반

발명을 완성한 자는 특허법에서 규정하고 있는 출원절차를 통해 심사관의 심사를 받아 특허권을 취득할 수 있다. 즉 발명을 완성한 것만으로는 특허권을 가질 수 없으며, 국어로 작성한 출원서를 제출하는 등 일정한 요건을 갖춘 출원절차를 거쳐야 한다. 특허법은 제42조부터 제68조까지 출원 및 심사에 대해 규정하고 있다.

Ⅱ. 특허출원상의 제 원칙

1. 양식주의

특허출원을 하는 자는 일정한 양식에 따라 작성한 서면을 제출해야 한다. 이와 관련하여 특허법시행규칙 제2조[72])에서는 서면주의를, 특허법 제42조에서는 특허출원서 및 명세서의 기재사항과 기재방법을, 동 시행령 제5조에서는 특허청구범위의 기재방법을 각각 규정하고 있다. 다만, 전자문서에 의해 특허절차를 진행하는 경우에는 전자문서를 특허법에 의해 제출된 서류와 동일한 효력이 있는 것으로 보며(§28의3②), 특허청장·특허심판원장·심판장·심판관·심사장 또는 심사관은 전자문서 이용신고를 한 자에게 서류의 통지 및 송달('통지 등')을 하고자 하는 경우에는 정보통신망을 이용하여 이를 행할 수 있다(§28의5①).

한편, 미생물의 발명이나 미생물을 이용한 발명에 대해서는 시행령 제2조[73] 및 제3조[74]에서 미생물의 기탁 및 출원명세서 기재방법에 대한 규정을 두고 있다.

이러한 형식적 요건을 갖추지 못한 서류는 부적법한 서류에 해당되어 반려처분된다(규칙§11[75]). 즉 형식적 하자인 경우에만 반려처분을 할 수 있는바, 판례는 "구 특허법시행

---

72) 시행규칙 제2조 (서류에 의한 절차) 법령에 따라 특허에 관한 절차를 밟기 위하여 특허청 또는 특허심판원에 제출하는 서류는 법령에 특별한 규정이 있는 경우를 제외하고는 1건마다 작성하여야 하며, 제출인의 성명(법인의 경우에는 명칭) 및 고유번호(이하 '출원인코드'라 한다)를 기재하고 서명 또는 날인(전자문서의 경우에는 전자서명을 말한다. 이하 같다)하여야 한다. 다만, 출원인코드가 없는 경우에는 제출인의 성명 및 주소(법인인 경우에는 그 명칭 및 영업소의 소재지)를 기재하고 서명 또는 날인하여야 한다.

73) 시행령 제2조 (미생물의 기탁) ① 미생물에 관계되는 발명에 대하여 특허출원을 하고자 하는 자는 특허청장이 정하는 기탁기관 또는 「특허절차상 미생물기탁의 국제적 승인에 관한 부다페스트조약」 제7조의 규정에 의하여 국제기탁기관으로서의 지위를 취득한 기관(이하 '국제기탁기관'이라 한다)에 그 미생물을 기탁하고 특허출원서에 그 사실을 증명하는 서류(국제기탁기관에 기탁한 경우에는 「특허절차상 미생물기탁의 국제적 승인에 관한 부다페스트조약 규칙」 제7규칙에 의한 수탁증 중 최신의 수탁증 사본)를 첨부하여야 한다. 다만, 당해 발명이 속하는 기술분야에서 통상의 지식을 가진 자가 그 미생물을 용이하게 입수할 수 있는 경우에는 이를 기탁하지 아니할 수 있다.
② 특허출원인 또는 특허권자는 제1항의 미생물의 기탁에 대하여 특허출원 후 새로운 수탁번호가 부여된 때에는 지체 없이 그 사실을 특허청장에게 신고하여야 한다.

74) 시행령 제3조 (미생물에 관계되는 발명의 특허출원명세서 기재) 미생물에 관계되는 발명에 대하여 특허출원을 하려는 자는 법 제42조 제2항에 따른 명세서를 적을 때 제2조 제1항 본문에 따라 미생물을 기탁한 경우에는 그 기탁기관 또는 국제기탁기관에서 부여받은 수탁번호를, 같은 항 단서에 따라 그 미생물을 기탁하지 아니한 경우에는 그 미생물의 입수방법을 적어야 한다.

75) 시행규칙 제11조 (부적법한 출원서류 등의 반려) ① 특허청장 또는 특허심판원장은 법 제42조·제90조·제92조의3·제140조 또는 제140조의2에 따른 특허출원, 특허권의 존속기간의 연장등록출원 또는 심판에 관한 서류·견본이나 그 밖의 물건(이하 이 조에서 '출원서류 등'이라 한다)이 다음 각 호의 어느 하나에 해당하는 경우에는 법령에 특별한 규정이 있는 경우를 제외하고는 적법한 출원서류 등으로 보지 아니한다. <개정 2011. 12. 2.>
1. 제2조의 규정에 위반하여 1건마다 서면을 작성하지 아니한 경우
2. 출원 또는 서류의 종류가 불명확한 것인 경우
3. 특허에 관한 절차를 밟는 자의 성명(법인의 경우에는 명칭) 또는 출원인코드[출원인코드가 없는 경우에는 성명·주소(법인의 경우에는 그 명칭 및 영업소의 소재지)]가 기재되지 아니한 경우
4. 국어로 기재되지 아니한 경우
5. 출원서에 명세서(명세서에 발명의 상세한 설명이 기재되어 있지 아니한 경우를 포함한다)를 첨부하지 아니한 경우
5의2. 특허청구범위를 기재하지 아니한 명세서를 특허출원서에 첨부하여 특허출원한 분할출원, 변경출원

규칙(1980. 12. 31 상공부령 제616호로 개정되기 전의 것) 제14조 제1항 제11호 소정의 '서류가 방식에 적합하지 아니한 경우' 함은 서류의 기재사항에 흠결이 있거나 구비서류가 갖추어져 있지 아니하는 경우 등 서류가 법령상 요구되는 형식적인 방식에 적합하지 아니한 경우를 뜻하고, 형식적인 문제를 벗어나서 출원인이나 발명자가 특허법 제40조에 규정된 권리능력을 가지는지 또는 출원인이 동법 제2조 제1항에 규정된 특허를 받을 수 있는 자인지 등 실질적인 사항에 관한 것을 포함하지 아니하고, 출원서류가 그같은 실질

및 정당한 권리자의 출원으로서 그 특허출원 당시에 이미 법 제42조 제5항 제1호에 따른 명세서의 보정기간이 경과된 경우

6. 국내에 주소 또는 영업소를 가지지 아니하는 자가 법 제5조 제1항에 따른 특허관리인에 의하지 아니하고 제출한 출원서류 등인 경우

7. 이 법 또는 이 법에 의한 명령이 정하는 기간 이내에 제출되지 아니한 서류인 경우

8. 이 법 또는 이 법에 의한 명령이 정하는 기간 중 연장이 허용되지 아니하는 기간에 대한 기간연장신청서인 경우

9. 법 제132조의3에 따른 심판의 청구기간 또는 특허청장·특허심판원장·심판장 또는 심사관이 지정한 기간을 경과하여 제출된 기간연장신청서인 경우

10. 특허에 관한 절차가 종료된 후 그 특허에 관한 절차와 관련하여 제출된 서류인 경우

11. 당해 특허에 관한 절차를 밟을 권리가 없는 자가 그 절차와 관련하여 제출한 서류인 경우

12. 별지 제2호서식의 신고서(포괄위임 원용제한에 한한다), 별지 제3호서식의 포괄위임등록 신청서, 포괄위임등록 변경신청서 또는 포괄위임등록 철회서, 별지 제4호서식의 출원인코드 부여신청서 또는 직권으로 출원인코드를 부여하여야 하는 경우로서 당해서류가 불명확하여 수리할 수 없는 경우

13. 정보통신망이나 전자적기록매체로 제출된 특허출원서 또는 기타의 서류가 특허청에서 제공하는 소프트웨어 또는 특허청 홈페이지를 이용하여 작성되지 아니하였거나 전자문서로 제출된 서류가 전산정보처리조직에서 처리가 불가능한 상태로 접수된 경우

13의2. 제3조의2 제2항의 규정에 의하여 제출명령을 받은 서류를 기간 내에 제출하지 아니한 경우

14. 제8조의 규정에 의하여 제출명령을 받은 서류를 정당한 소명 없이 소명기간 내에 제출하지 아니한 경우

15. 특허출원인이 특허청구범위가 기재되지 아니한 명세서가 첨부된 특허출원에 대하여 출원심사청구서를 제출한 경우

16. 특허청구범위가 기재되지 아니한 명세서를 첨부한 특허출원 또는 법 제87조 제3항에 따라 등록공고를 한 특허에 대하여 조기공개신청서를 제출한 경우

17. 제40조의2 제1항 각 호의 어느 하나에 해당하여 특허 여부 결정을 보류할 수 없는 경우

18. 제40조의3 제3항 각 호의 어느 하나에 해당하여 특허출원에 대한 심사를 유예할 수 없는 경우(심사유예신청서에 한정한다)

19. 특허출원서에 첨부된 명세서 또는 도면의 보정 없이 재심사를 청구하거나 법 제67조의2 제1항 단서에 해당하여 재심사를 청구할 수 없는 경우

② 특허청장 또는 특허심판원장은 제1항에 따른 부적법한 것으로 보는 출원서류 등을 반려하려는 경우에는 출원서류 등을 제출한 출원인 등에 대하여 출원서류 등을 반려하겠다는 취지, 반려이유 및 소명기간을 적은 서면을 송부하여야 한다. 다만, 제1항 제14호의 경우에는 반려이유를 고지하고 즉시 출원서류 등을 반려하여야 한다.

③ 제2항의 규정에 의하여 서면을 송부받은 출원인 등이 소명하고자 하는 경우에는 소명기간 내에 별지 제24호서식의 소명서를, 소명 없이 출원서류 등을 소명기간 내에 반려받고자 하는 경우에는 별지 제8호서식의 반려요청서를 특허청장 또는 특허심판원장에게 제출하여야 한다. 이 경우 특허청장 또는 특허심판원장은 반려요청을 받은 때에는 즉시 출원서류 등을 반려하여야 한다.

④ 특허청장 또는 특허심판원장은 출원인 등이 소명기간 내에 소명서 또는 반려요청서를 제출하지 아니하거나 제출한 소명이 이유 없다고 인정되는 때에는 소명기간이 종료된 후 즉시 출원서류 등을 반려하여야 한다.

적인 사항을 포함하는 경우에는 위 시행규칙 제14조 제1항 제11호에 의하여 불수리처분을 할 것이 아니라 일단 이를 수리하여 심사관으로 하여금 실질적인 심사를 하게 하여야함이 상당하다"고 하였다.[76]

2. 전자출원제도

특허출원인 등이 특허청을 직접 방문하여 출원서류를 접수하거나 중간서류 또는 등록서류 등을 제출하지 않고, 출원인 등이 플로피디스크 또는 광디스크 등 전자적 기록매체에 수록하여 제출하거나 정보통신망을 이용하여 특허 및 실용신안에 관한 서류를 제출할 수 있는 제도를 말한다(§28의3~§28의5). 특허청은 1999년 1월 1일부터 전자출원제도를 채택함으로써 특허출원 등에 대한 제반 절차를 정보통신망에 의해 온라인으로 처리 가능하도록 하였다.

3. 국어주의

특허청에 제출하는 서류는 국어로 기재함이 원칙이고(규칙§4①), 위임장·국적증명서 등 외국어로 기재한 서류(우선권주장에 관한 서류를 제외한다)에는 그 서류의 제출 시에 국어로 번역한 번역문을 첨부하여야 한다(규칙§4②). 국제출원의 경우에는 국어, 영어 또는 일본어로 작성한 출원서와 명세서·청구의 범위·필요한 도면 및 요약서를 특허청장에게 제출하여야 한다(§193①, 규칙§91).

4. 도달주의

특허청 또는 특허심판원에 제출하는 출원서·청구서 기타의 서류(물건을 포함)는 특허청 또는 특허심판원에 노날된 날부터 그 효력이 발생된다(§28①). 출원서·청구서 기타의 서류를 우편으로 특허청 또는 특허심판원에 제출하는 경우에 우편물의 통신일부인에 서 표시된 날이 분명한 경우에는 그 표시된 날, 그 표시된 날이 불분명한 경우에는 우체국에 제출한 날을 우편물의 수령증에 의하여 증명한 날에 특허청 또는 특허심판원에 도달한 것으로 본다. 다만, 특허권 및 특허에 관한 권리의 등록신청서류와 「특허협력조약」

---

76) 대법원 1982. 9. 28. 선고 80누414 판결.

제2조(vii)[77]의 규정에 의한 국제출원에 관한 서류를 우편으로 제출하는 경우에는 그러하지 아니하다(§28②). 그 이외에 우편물의 지연·우편물의 망실 및 우편업무의 중단으로 인한 서류제출에 관하여 필요한 사항은 지식경제부령으로 정한다(§28④).

국제출원의 경우에는 수리관청은 국제출원이 일정한 요건이 수리 시에 충족되어 있음을 확인하는 것을 조건으로 하여 국제출원을 수리한 날을 국제출원일로 인정하고(PCT 제11조[78]), 전자문서를 제출한 경우에는 시행규칙 제9조의4[79])에서 도달시점을 규정하고 있다.

5. 1특허출원의 원칙(발명의 단일성)

가. 의의

1특허출원의 원칙이란 단일한 하나의 발명에 대해 하나의 특허출원을 하여야 한다는 원칙을 말한다(§45). 특허청의 심사의 편의 및 출원인의 부담경감 등을 위한 제도이다.

나. 요건

특허출원은 1발명을 1특허출원으로 한다. 다만, 하나의 총괄적 발명의 개념을 형성하

---

77) Article 2

Definitions

For the purposes of this Treaty and the Regulations and unless expressly stated otherwise:

(vii) "international application" means an application filed under this Treaty;

78) Article 11

Filing Date and Effects of the International Application

(1) The receiving Office shall accord as the international filing date the date of receipt of the international application, provided that that Office has found that, at the time of receipt:

79) 시행규칙 제9조의4 (전자문서의 제출 등) ① 전자문서는 특허청에서 제공하는 소프트웨어 또는 특허청 홈페이지를 이용하여 제9조의3 각 호의 어느 하나에 해당하는 전자서명을 하여 제출하여야 한다. 다만, 국제출원의 경우에는 국제사무국에서 제공하는 소프트웨어를 이용하여 「특허협력조약 시행세칙」(이하 '조약시행세칙'이라 한다) 703에 따른 전자서명을 하여 제출하여야 한다. <개정 2003. 12. 31., 2005. 2. 11., 2012. 6. 28.>

② 전자문서를 전자적기록매체에 수록하여 제출하는 경우에는 별지 제7호서식의 전자문서첨부서류 등 물건제출서를 특허청장 또는 특허심판원장에게 제출하여야 한다. 이 경우 전자적기록매체에 수록하여 제출할 수 없는 서류는 전자문서첨부서류 등 물건제출서에 첨부하여 제출하여야 한다. <개정 2001. 6. 30., 2002. 2. 28., 2006. 12. 29.>

③ 제1항의 규정에 의하여 전자문서를 제출하고자 하는 자가 그 전자문서를 기한 전에 정보통신망을 이용하여 발송하였으나 정보통신망의 장애, 특허청이 사용하는 컴퓨터 또는 관련 장치의 장애(정보통신망, 특허청이 사용하는 컴퓨터 또는 관련 장치의 유지·보수를 위하여 그 사용을 일시 중단한 경우로서 특허청장이 사전에 공지한 경우에는 이를 장애로 보지 아니한다)로 인하여 기한 내에 제출할 수 없었던 경우에는 그 장애가 제거된 날의 다음 날에 그 기한이 도래한 것으로 본다. <신설 2005. 2. 11.> [시행일: 2013. 1. 1.] 제9조의4.

는 1군의 발명에 대하여 1특허출원으로 할 수 있다(§45①). 이와 관련한 1특허출원의 요건은 대통령령으로 정한다(§45②). 시행령 제6조에서는 1군의 발명에 대하여 1특허출원을 하기 위하여는 다음의 요건을 갖추어야 한다고 규정하고 있다.

ⅰ) 청구된 발명 간에 기술적 상호 관련성이 있을 것

ⅱ) 청구된 발명들이 동일하거나 상응하는 기술적 특징을 가지고 있을 것. 이 경우 기술적 특징은 발명 전체로 보아 선행기술에 비하여 개선된 것이어야 한다.

다. 다항제

우리 특허법은 발명의 단일성이 인정되는 범위 내에서 복수개의 청구항 기재를 허용하는 다항제(多項制)를 채택하고 있다. 다항제를 통해 1특허출원의 권리 및 범위 등을 보다 명확하게 기술할 수 있으며 자신의 발명을 다양하게 표현함으로써 보호대상에 만전을 기할 수 있고, 심사과정에서 청구범위를 항마다 심사함으로써 출원 전체의 거절을 막고 권리등록가능성을 높일 수 있으며, 심판에 있어서도 항마다 무효시킴으로써 전체 무효를 막을 수 있을 뿐만 아니라, 침해소송에 있어서도 다각적인 대처를 할 수 있는 명확한 근거를 제시할 수 있게 된다.

라. 위반의 효과

1특허출원주의를 위반한 경우에는 거절이유가 되나(§62ⅳ), 분할출원을 통해 하자를 치유할 수 있으며 형식적 하자에 불과하여 등록된 경우 무효사유가 되지도 않는다.

6. 선출원주의

가. 의의

동일한 발명에 대해 2 이상의 출원이 있는 경우 먼저 발명한 자를 보호할 것인지(선발명주의) 먼저 출원한 자를 보호할 것인지(선출원주의)는 입법정책의 문제이나, 조속한 권리화의 유도 및 판단기준의 명확성 등을 이유로 대다수의 국가는 선출원주의를 채택하고 있으며, 우리 특허법도 먼저 출원한 자를 보호하고 있다. 즉 동일한 발명에 대하여 다른 날에 2 이상의 특허출원이 있는 때에는 먼저 특허출원한 자만이 그 발명에 대하여 특허를 받을 수 있다(§36①).

나. 판단의 기준

선출원주의에 따라 먼저 출원한 자의 발명만이 보호되는데, 이 경우 판단의 기준은 특허청구범위에 기재된 발명을 중심으로 한 '발명의 동일성'이다. 즉 발명의 상세한 설명 등에만 기재되어 있는 기술적 사상은 선출원주의에 대한 판단의 대상이 되지 않고, 특허청구범위에 기재된 발명만을 그 기준이 되는 것이다.

다. 시간적 기준

출원한 날(日)을 기준으로 하는 역일주의와 時를 기준으로 하는 시각주의가 있는데, 우리 특허법은 역일주의를 취하고 있다.

라. 동일자 출원의 경우

동일한 발명에 대하여 같은 날에 2 이상의 특허출원이 있는 때에는 특허출원인의 협의에 의하여 정하여진 하나의 특허출원인만이 그 발명에 대하여 특허를 받을 수 있다. 협의가 성립하지 아니하거나 협의를 할 수 없는 때에는 어느 특허출원인도 그 발명에 대하여 특허를 받을 수 없다(§36②). 특허청장은 이 경우 특허출원인에게 기간을 정하여 협의의 결과를 신고할 것을 명하고 그 기간 내에 신고가 없는 때에는 제2항의 규정에 의한 협의는 성립되지 아니한 것으로 본다(§36⑥). 협의 불성립을 이유로 하여 등록이 거절되는 경우 선원의 지위는 그대로 유지하기 때문에 그 이후 다른 제3자가 동일한 발명에 대해 출원하더라도 특허를 받을 수 없다(§36④).

7. 수수료납부주의

특허에 관한 절차를 밟는 자는 수수료를 납부하여야 하며(§82①), 이에 위반하는 경우 보정명령을 하고(§46iii), 불응시 절차무효사유가 된다(§16①).

Ⅲ. 특허를 받을 수 있는 자(출원적격자)

권리능력이 있는 자로, 특허를 받을 수 있는 권리자이며, 출원절차를 밟을 수 있는 행위능력이 있거나 대리권이 있어야 한다.

1. 권리능력

내국인인 경우 민법의 일반원리에 따라 자연인 또는 법인에게 권리능력이 인정되나, 외국인의 경우에는 상호주의에 따라 일정한 경우에 한하여 권리능력을 인정한다(§25[80]). 판례는 "구 특허법(1990. 1. 13. 법률 제4207호로 전문 개정되기 전의 것) 제97조 제2항, 제1항에 의하면 특허무효심판은 이해관계인 또는 심사관에 한하여 청구할 수 있다고 규정되어 있는데 행정관청인 철도청장은 권리의무의 주체가 아니므로 이해관계인이라고 볼 수 없다"고 하였다.[81]

2. 행위능력

가. 자연인의 경우

미성년자·한정치산자 또는 금치산자는 법정대리인에 의하지 아니하면 특허에 관한 출원·청구 기타의 절차(이하 '특허에 관한 절차'라 한다)를 밟을 수 없다. 다만, 미성년자와 한정치산자가 독립하여 법률행위를 할 수 있는 경우에는 그러하지 아니하다(§3①). 이 경우 법정대리인은 친족회의 동의 없이 상대방이 청구한 심판 또는 재심에 대한 절차를 밟을 수 있다(§3②).

나. 비법인 사단 또는 재단

법인이 아닌 사단 또는 재단으로서 대표자 또는 관리인이 정하여져 있는 경우에는 그 사단 또는 재단의 이름으로 출원심사의 청구인, 심판의 청구인 및 피청구인 또는 재심의

---

80) 제25조 (외국인의 권리능력) 재외자 중 외국인은 다음 각 호의 1에 해당하는 경우를 제외하고 특허권 또는 는 특허에 관한 권리를 향유할 수 없다.
　　1. 그 자가 속하는 국가에서 대한민국 국민에 대하여 그 국민과 동일한 조건으로 특허권 또는 특허에 관한 권리의 향유를 인정하는 경우
　　2. 대한민국이 그 외국인에 대하여 특허권 또는 특허에 관한 권리의 향유를 인정하는 경우에는 그 사가 속하는 국가에서 대한민국 국민에 대하여 그 국민과 동일한 조건으로 특허권 또는 특허에 관한 권리의 향유를 인정하는 경우
　　3. 조약 및 이에 준하는 것(이하 '조약'이라 한다)에 의하여 특허권 또는 특허에 관한 권리의 향유를 인정하고 있는 경우
81) 대법원 1993. 11. 23. 선고 93후275 판결.

청구인 및 피청구인이 될 수 있다(§4).[82] 이와 관련하여 판례는 "특허법에서는 특허출원
의 주체가 될 수 있는 자나 당사자능력에 관한 규정을 따로 두고 있지 아니하므로, 특허
권과 특허법의 성질에 비추어 민법과 민사소송법에 따라 거기에서 정하고 있는 권리능력
과 당사자능력이 있는 자라야 특허출원인이나 그 심판·소송의 당사자가 될 수 있다고
할 것인바, 경북대학교는 국립대학으로서 민사법상의 권리능력이나 당사자능력이 없음이
명백하므로 특허출원인이나 항고심판청구인, 상고인이 될 수 없다"고 하였다.[83]

다. 국내에 주소 또는 영업소를 가지지 아니한 자('재외자')

재외자(법인의 경우에는 그 대표자)가 국내에 체재하는 경우를 제외하고는 그 재외자
의 특허에 관한 대리인으로서 국내에 주소 또는 영업소를 가지는 자(이하 '특허관리인'이
라 한다)에 의하지 아니하면 특허에 관한 절차를 밟거나 이 법 또는 이 법에 의한 명령
에 의하여 행정청이 한 처분에 대하여 소를 제기할 수 없다(§5①). 특허관리인은 수여된
범위 안에서 특허에 관한 모든 절차 및 이 법 또는 이 법에 의한 명령에 의하여 행정청
이 한 처분에 관한 소송에 대하여 본인을 대리한다(§5②).

3. 대리권의 범위 및 증명

가. 대리권의 범위

국내에 주소 또는 영업소를 가진 자로부터 특허에 관한 절차를 밟을 것을 위임받은 대
리인은 특별한 수권을 얻지 아니하면 특허출원의 변경·포기·취하, 특허권의 존속기간

---

82) 민사소송법 제48조가 비법인사단의 당사자능력을 인정하는 것은 법인이 아니라도 사단으로서의 실체를
갖추고 그 대표자 또는 관리인을 통하여 사회적 활동이나 거래를 하는 경우에는 그로 인하여 발생하는
분쟁은 그 단체가 자기 이름으로 당사자가 되어 소송을 통하여 해결하도록 하기 위한 것이므로, 여기서
말하는 사단이라 함은 일정한 목적을 위하여 조직된 다수인의 결합체로서 대외적으로 사단을 대표할 기
관에 관한 정함이 있는 단체를 말하고, 어떤 단체가 비법인사단으로서 당사자능력을 가지는가 하는 것은
소송요건에 관한 것으로서 사실심의 변론종결일을 기준으로 판단하여야 한다. (중략) 원심이 채택한 증거
들을 기록과 대조하여 검토하여 보면, 이 사건 변론종결일 현재 차치암, 장재유, 차치환, 유종인, 김현묵,
김락이, 김기익, 황병기, 차진원, 김태춘, 박무생 등 장흥지에서 몽리하는 사람들이 '장흥지 수리계'라는
명칭의 단체를 조직하고 있고, 그 단체에는 규약(갑 제14호증)이 있고, 그 규약에 의하면 장흥지 수리계
라는 단체는 구성원의 증감이 있을 수 있으나, 구성원의 증감에 관계없이 존속하고, 단체의사 결정기관
으로서 총회를 두고, 대표 및 업무집행기관으로서 계장을 두고 있으며, 원고 대표자인 차치암은 그 구성
원들이 정한 규약에 따라 대표자인 계장으로 선출되어 이 사건 소송을 수행하고 있음을 알 수 있다. 그
러므로 원고 수리계의 당사자능력과 원고 대표자의 자격을 인정한 원심의 조치는 결론에 있어서 정당하
고 이 점에 관한 피고들의 논지는 이유가 없다(대법원 1997. 12. 9. 선고 97다18547 판결).

83) 대법원 1997. 9. 26. 선고 96후825 판결.

의 연장등록출원의 취하, 특허권의 포기, 신청의 취하, 청구의 취하, 제55조 제1항의 규
정에 의한 우선권주장이나 그 취하, 제132조의3의 규정에 의한 심판청구 또는 복대리인
의 선임을 할 수 없다(§6).

나. 대리권의 증명

특허에 관한 절차를 밟는 자의 대리인(특허관리인 포함)의 대리권은 이를 서면으로써
증명하여야 한다(§7).

Ⅳ. 출원서류

1. 출원서

출원서는 특허출원의 주체 및 그 절차를 밟는 자를 명확히 하여 특허를 받고자 하는
취지의 의사표시를 기재하는 서면이다. 특허출원서에는 (1) 특허출원인의 성명 및 주소
(법인인 경우에는 그 명칭 및 영업소의 소재지), (2) 특허출원인의 대리인이 있는 경우에
는 그 대리인의 성명 및 주소나 영업소의 소재지(대리인이 특허법인인 경우에는 그 명칭,
사무소의 소재지 및 지정된 변리사의 성명), (3) 발명의 명칭, (4) 발명자의 성명 및 주소
를 기재하여야 한다(§42①).

그 이외에 조약에 의한 우선권, 국내출원에 의한 우선권주장을 수반한 출원일 경우에
는 그 우선권주장 사실을 기재하여야 한다(§54, §55).

2. 명세서

명세서는 연구의 성과로서의 발명내용을 정확하고 명료하게 제3자에게 공개하는 기술
문헌으로서의 역할과 발명자가 특허를 권리로서 주장할 기술적 범위를 명백히 하기 위한
권리서로서의 역할을 한다. 명세서에는 (1) 발명의 명칭, (2) 도면의 간단한 설명, (3) 발
명의 상세한 설명, (4) 특허청구범위를 기재하여야 하며(§42②), 이에 위반하는 경우 거
절이유(§62 iv) 및 무효사유(§133① i)가 된다.

가. 발명의 명칭

발명의 명칭은 해당 출원의 분류·정리·조사 등을 용이하게 하기 위하여 해당 발명의 내용을 간단히 요령 있게 기재하며, 출원서에 기재한 명칭과 동일하여야 한다.

나. 도면의 간단한 설명

실용신안법과 달리 특허법에서는 도면의 제출이 필수사항이 아니므로, 도면이 필요하지 않은 발명인 경우에는 이를 기재할 필요가 없다.

다. 발명의 상세한 설명

발명의 상세한 설명에는 그 발명이 속하는 기술분야에서 통상의 지식을 가진 자가 그 발명을 쉽게 실시할 수 있도록 지식경제부령이 정하는 기재방법에 따라 (1) 기술분야, (2) 해결하고자 하는 과제, (3) 과제의 해결 수단, (4) 그 밖에 그 발명이 속하는 기술분야에서 통상의 지식을 가진 자가 그 발명의 내용을 쉽게 이해하기 위하여 필요한 사항[84]을 명확하고 상세하게 기재하여야 한다(§42③ⅰ, 규칙§21③). 한편, 2011. 5. 4. 개정법에서는 그 이외에 '그 발명의 배경이 되는 기술을 기재할 것'을 추가하였으며(§42③ⅱ), 이러한 배경 기술 기재 의무를 위반한 경우 거절이유가 되나 무효사유는 되지 않는 것으로 하였다(§62, §133①).

라. 특허청구범위

(1) 일반

특허발명의 보호범위는 특허청구범위에 기재된 사항에 의하여 정하여진다(§97). 특허청구범위에는 보호를 받고자 하는 사항을 기재한 항('청구항')이 1 또는 2 이상 있어야 하며, 그 청구항은 발명의 상세한 설명에 의하여 뒷받침되고, 발명이 명확하고 간결하게 기재되어야 한다(§42④).[85]

(2) 기재방법

종래에는 1특허출원에 하나의 청구항만을 기재하도록 하였으나(단항제), 1980년 개정

---

84) 다만, 제3항 각 호의 사항은 해당하는 사항이 없는 경우에는 그 사항을 생략할 수 있다(규칙 §21④).

85) 구법에서는 그 이외에도 '발명의 구성에 없어서는 아니 되는 사항만으로 기재될 것'이라는 요건이 필요하였으나, 좀 더 다양한 방법에 의한 청구범위 기재가 가능하도록 2007년 개정법에서 위 요건을 삭제하였다.

법에서 발명의 단일성을 유지하는 범위 내에서 복수개의 청구항을 기재할 수 있는 다항제를 채택하였다.

(가) 의의

특허청구범위의 청구항(이하 '청구항'이라 한다)을 기재할 때에는 독립청구항(이하 '독립항'이라 한다)[86]을 기재하여야 하며, 그 독립항을 한정하거나 부가하여 구체화하는 종속청구항(이하 '종속항'이라 한다)[87]을 기재할 수 있다. 이 경우 필요한 때에는 그 종속항을 한정하거나 부가하여 구체화하는 다른 종속항을 기재할 수 있다(영 §5①).[88]

a) 독립항 기재방법

청구항은 발명의 성질에 따라 적정한 수로 기재하여야 하며, 각 청구항은 항마다 행을 바꾸어 기재하고 그 기재하는 순서에 따라 아라비아숫자로 일련번호를 붙여야 한다(시행령 §5②,⑧). 각 독립항은 별개의 발명이므로 출원심사도 청구항마다 별개로 진행하며 특허등록 이후 권리행사도 청구항마다 할 수 있다.

b) 종속항 기재방법

독립항을 한정하거나 부가하여 구체화하는 종속청구항을 기재할 수 있고, 필요한 때에는 그 종속항을 한정하거나 부가하여 구체화하는 다른 종속항을 기재할 수 있다(영§5①).[89] 종속항을 기재할 때에는 독립항 또는 다른 종속항 중에서 1 또는 2 이상의 항을 인용하

---

86) 독립항(independent claim) – 발명의 문제 해결에 필요한 모든 구성요소를 기재한 것으로서 다른 청구항을 인용하지 않는 청구항.

87) 종속항(dependent claim) – 독립항 또는 종속항에서 인용하는 모든 구성요소를 포함하고 이러한 구성요소들 중 일부를 다시 더 구체적으로 한정하거나 부가하여 구체화한 청구항.

88) 구 특허법(1990. 1. 13. 법률 제4207호로 전문 개정되기 전의 것) 제8조 제4항은 "특허청구의 범위는 명세서에 기재된 사항 중 보호를 받고자 하는 사항을 1 또는 2 이상의 항으로 명확하고 간결하게 기재하여야 한다"고 규정하고 있는바, 이러한 다항제를 채택한 취지는 발명을 여러 각도에서 다면적으로 기재하여 발명을 충실히 보호할 수 있도록 하고, 발명자의 권리범위와 일반인의 자유기술영역과의 한계를 명확하게 구별하여 특허분쟁의 경우 특허침해 여부를 명확하고 신속하게 판단할 수 있도록 하기 위한 것으로서, 청구항은 독립항이든 종속항이든 상호 독립되어 있어 각 청구항마다 특허요건을 구비하여야 하고, 심사도 청구항별로 행해지는 것이므로 거절이유를 통지함에 있어서는 <u>거절의 대상으로 되는 청구항을 구체적으로 특정하여야 한다</u>(대법원 2001. 5. 29. 선고 98후515 판결).

89) 현행법은 독립항과 종속항의 관계를 종래의 '기술적으로 한정하고 구체화'하는 'and 개념' 즉 소위 '내적 부가' 개념에서 '한정하거나 부가하여 구체화'라고 하는 'or 개념' 즉 '외적 부가' 개념으로 바꾸었다.

여야 하며, 인용되는 항의 번호를 기재하여야 한다(영§5④). 2 이상의 항을 인용하는 청구항은 인용되는 항의 번호를 택일적으로 기재하여야 한다(영§5⑤). 2 이상의 항을 인용한 청구항에서 그 청구항의 인용된 항은 다시 2 이상의 항을 인용하는 방식을 사용하여서는 아니 된다. 2 이상의 항을 인용한 청구항에서 그 청구항의 인용된 항이 다시 하나의 항을 인용한 후에 그 하나의 항이 결과적으로 2 이상의 항을 인용하는 방식에 대하여도 또한 같다(영§5⑥). 인용되는 청구항은 인용하는 청구항보다 먼저 기재하여야 하고(영§5⑦), 각 청구항은 항마다 행을 바꾸어 기재하고 그 기재하는 순서에 따라 아라비아숫자로 일련번호를 붙여야 한다(영§5⑧).

(나) 청구범위 기재 시 유의사항

특허청구범위에는 보호를 받고자 하는 사항을 기재한 항(이하 '청구항'이라 한다)이 1 또는 2 이상 있어야 하며, 그 청구항은 ① 발명의 상세한 설명에 의하여 뒷받침되고, ② 발명이 명확하고 간결하게 기재되어야 한다(§42④).

(3) 특허청구범위의 기능

(가) 보호범위적 기능

특허청구범위에는 보호를 받고자 하는 사항을 기재하여야 하며(§42④), 이러한 특허발명의 보호범위 판단기준이 되는 것을 특허청구범위의 보호범위적 기능이라고 한다. 특허청구범위를 기재할 때에는 보호받고자 하는 사항을 명확히 할 수 있도록 발명을 특정하는데 필요하다고 인정되는 구조·방법·기능·물질 또는 이들의 결합관계 등을 기재하여야 한다(§42⑥).

(나) 구성요건적 기능

특허청구범위에는 특허발명의 핵심적인 구성요소가 포함되게 되는바, 따라서 특허발명의 구성요소에 대한 판단도 청구범위를 기준으로 보게 되며, 이를 특허청구범위의 구성요건적 기능이라고 한다. 개정 특허법에서는 특허청구범위 기재요건으로 '발명의 구성에 없어서는 아니 되는 사항만으로 기재될 것'이라고 요건을 삭제하였으나, 특허청구범위의 구성요건적 기능 자체가 부정될 수는 없을 것이다.

(4) 판례

- 대법원 2006. 5. 11. 선고 2004후1120 판결

[1] 특허출원서에 첨부된 명세서에 기재된 '발명의 상세한 설명'에 기재하지 아니한 사항을 특허청구범위에 기재하여 특허를 받게 되면 공개하지 아니한 발명에 대하여 특허권이 부여되는 부당한 결과가 되므로, 특허법 제42조 제4항 제1호는 이와 같은 부당한 결과를 방지하기 위한 규정이라 할 것이다.

[2] 특허청구범위가 발명의 상세한 설명에 의하여 뒷받침되고 있는지는 그 발명이 속하는 기술분야에서 통상의 지식을 가진 자의 입장에서 특허청구범위에 기재된 발명과 대응되는 사항이 발명의 상세한 설명에 기재되어 있는지에 의하여 판단하여야 하는바, 출원 시의 기술상식에 비추어 보더라도 발명의 상세한 설명에 개시된 내용을 특허청구범위에 기재된 발명의 범위까지 확장 내지 일반화할 수 없는 경우에는 그 특허청구범위는 발명의 상세한 설명에 의하여 뒷받침된다고 볼 수 없다.

[3] 출원발명의 특허청구범위가 발명의 상세한 설명에 의하여 뒷받침되고 있지 않다고 본 원심의 판단을 수긍한 사례.

- 대법원 1998. 10. 2. 선고 97후1337 판결

[1] 특허법 제42조 제4항에 의하면, 특허출원서에 첨부되는 명세서의 기재에 있어서 특허청구범위의 청구항은 발명의 상세한 설명에 의하여 뒷받침되고, 발명이 명확하고 간결하게 기재되며 발명의 구성에 없어서는 아니 되는 사항만으로 기재되어야 하고, 같은 법 제62조 제4호에 의하면, 그러한 요건을 갖추지 아니한 경우 이는 특허출원에 대한 거절이유가 되도록 되어 있는바, 이 점에서 특허청구범위에는 발명의 구성을 불명료하게 표현하는 용어는 원칙적으로 허용되지 아니하고, 발명의 기능이나 효과를 기재한 이른바 기능적 표현도 그러한 기재에 의하더라도 발명의 구성이 전체로서 명료하다고 보이는 경우가 아니면 허용될 수 없다.

[2] 특허청구범위의 기재가 불명확하여 특허를 받을 수 없다고 한 사례.

- 대법원 2004. 4. 28. 선고 2001후2207 판결

[1] 성질 또는 특성 등에 의하여 물건을 특정하려고 하는 기재를 포함하는 출원발명의 신규성 및 진보성을 판단함에 있어서 그 출원발명의 특허청구범위에 기재된 성질 또는 특성이 발명의 내용을 한정하는 사항인 이상, 이를 발명의 구성에서 제외하고 간행물에

실린 발명과 대비할 수 없으며, 다만 간행물에 실린 발명에 그것과 기술적인 표현만 달리할 뿐 실질적으로는 동일·유사한 사항이 있는 경우 등과 같은 사정이 있을 때에 그러한 출원발명의 신규성 및 진보성을 부정할 수 있을 뿐이다.

[2] '봉입(봉입)된 전기발광성(전기발광성) 인광체 입자(인광체 입자)'에 관한 출원발명의 특허청구범위에 기재된 성질 또는 특성이 발명의 내용을 한정하는 것이므로 이를 그 전체 구성에 포함하여 간행물에 실린 발명과 대비하여 볼 때, 출원발명이 진보성이 있다고 한 사례.

3. 도면

도면은 명세서에 기재된 발명의 내용을 이해하기 쉽게 하기 위하여 명세서를 보조하는 것으로 사용된다.

4. 요약서

요약서는 기술정보로서의 용도로 사용하여야 하며, 특허발명의 보호범위를 정하는 데에는 사용할 수 없다(§43). 요약서의 기재방법 등에 관하여 필요한 사항은 지식경제부령으로 정한다(§42⑨).[90]

5. 기타의 첨부서류

대표자를 선정한 경우 대표자를 증명하는 서류, 대리인이 있는 경우 대리권을 증명하는 서류 등 관련 절차에서 필요로 하는 개별 첨부서류들이 있다. 참고로, 분할출원을 하는 경우 분할출원서와 함께 필요한 모든 서류를 별도로 제출하여야 하나, 원출원서에 첨부된 서류를 원용할 수도 있다.

---

90) 명세서는 별지 제15호서식, 요약서는 별지 제16호서식, 도면은 별지 제17호서식에 따른다(규칙 §21②).

V. 출원의 효과

1. 출원번호 부여

출원이 수리되면 당해 출원에 대한 출원번호가 부여되고 출원번호통지서가 출원인에게 통지된다.

2. 선출원의 지위 인정

출원이 특허청에 계속되고 있는 동안 선출원의 지위가 인정되어, 동일한 발명에 관한 후출원의 등록을 배제하는 효력을 갖게 된다.

3. 각종 기간의 기산점

출원심사청구기간(5년:§59②), 특허권의 존속기간(20년:§88①), 조약에 의한 우선권주장 기간(§54②) 등의 기산점이 된다.

4. 소멸

특허출원 또는 실용신안등록출원이 무효·취하 또는 포기되거나 거절결정이나 거절한다는 취지의 심결이 확정된 때에는 그 특허출원 또는 실용신안등록출원의 선출원 지위는 인정되지 않는다. 다만, 제36조 제2항 후단(제3항의 규정에 의하여 준용되는 경우를 포함한다)의 규정에 해당하여 그 특허출원 또는 실용신안등록출원에 대하여 거절결정이나 거절한다는 취지의 심결이 확정된 때에는 그러하지 아니하다(§36④).

Ⅵ. 특허출원에 있어서의 여러 제도

1. 보정제도

가. 의의

보정이란 특허출원의 내용이나 형식에 하자가 있는 경우 일정한 범위 내에서 그 정정이나 보완을 인정하고 적법한 경우 그 효력을 출원 시까지 소급하여 인정하는 제도를 말한다. 보정에 해당하는지는 형식이 아닌 실질을 기준으로 판단해야 하고, 따라서 일부 취하의 형식을 취하고 있더라도 실질적 내용이 보정을 담고 있다면 특허법상 보정으로 보아서 처리해야 할 것이다.[91]

나. 보정의 종류

(1) 절차보정과 실체보정

절차상의 하자를 보정하는 절차보정(§46)과 명세서 기재 등 실체 사항에 대해 보정을 하는 실체보정이 있다(§47).

(2) 직권보정, 자진보정 및 보정명령

심사관이 특허출원서에 첨부된 명세서, 도면 또는 요약서에 명백히 잘못 기재된 내용이 있을 때 직권으로 보정하는 직권보정(§66의2), 출원인이 자진하여 보정을 하는 자진보정, 그리고 특허청장 또는 특허심판원장이 특허에 관한 절차상의 하자를 이유로 출원인에게 보정을 명하는 보정명령이 있다(§46).

다. 보정의 시기

특허출원인은 제42조 제5항[92] 각 호에 따른 기한까지 또는 제66조에 따른 특허결정의

---

91) 특허출원의 일부 취하는 취하하고자 하는 부분을 제외한 나머지 부분만으로 특허출원을 감축하여 그 효과를 특허출원 시에 소급시킴으로써 감축된 부분만을 특허출원으로 삼고자 하는 것인바, 특허법에는 이와 같은 목적을 달성하기 위한 절차로 특허출원서에 첨부된 명세서와 도면의 보정이라는 제도 및 그 보정의 시기와 범위를 제한하는 규정을 두고 있을 뿐 특허사정이 되기 전에 특허출원의 일부를 취하할 수 있다고 규정해 놓은 바 없으며, 특허법에 정해진 보정기간 경과 후에도 특허출원의 일부 취하를 허용하는 것은 특허출원의 보정에 엄격한 시기적 제한을 두고 있는 특허법의 취지에도 반하므로 특허출원인이 출원의 일부 취하라는 이름의 서류를 제출하였다고 하더라도 보정과 같은 목적을 달성하고자 하는 것이라면 특허법상 보정과 마찬가지로 보아야 한다(대법원 2003. 3. 25. 선고 2001후1044 판결).

등본을 송달하기 전까지 특허출원서에 첨부된 명세서 또는 도면을 보정할 수 있다. 다만, 제63조 제1항에 따른 거절이유통지를 받은 후에는 다음에서 정하는 기간(iii)의 경우에는 그 때)에만 보정할 수 있다(§47①).

ⅰ) 거절이유통지(거절이유통지에 대한 보정에 따라 발생한 거절이유에 대한 거절이유통지는 제외한다)를 최초로 받거나 ⅱ)의 거절이유통지가 아닌 거절이유통지를 받은 경우 해당 거절이유통지에 따른 의견서제출기간

ⅱ) 거절이유통지에 대한 보정에 따라 발생한 거절이유에 대하여 거절이유통지를 받은 경우 해당 거절이유통지에 따른 의견서 제출기간

ⅲ) 제67조의2에 따른 재심사를 청구할 때

라. 보정의 범위

명세서 또는 도면의 보정은 특허출원서에 최초로 첨부된 명세서 또는 도면에 기재된 사항의 범위 안에서 이를 할 수 있다(§47②). 그리고 제47조 제1항 제2호 및 제3호에 따른 보정 중 특허청구범위에 대한 보정은 ⅰ) 청구항을 한정 또는 삭제하거나 청구항에 부가하여 특허청구범위를 감축하는 경우, ⅱ) 잘못된 기재를 정정하는 경우, ⅲ) 분명하지 아니한 기재를 명확하게 하는 경우, ⅳ) 제2항에 따른 범위를 벗어난 보정에 대하여 그 보정 전 특허청구범위로 되돌아가거나 되돌아가면서 특허청구범위를 제1호부터 제3호까지의 규정에 따라 보정하는 경우에 한하여 인정된다.

마. 보정의 효과

(1) 보정이 위법한 경우

심사관은 제47조 제1항 제2호 및 제3호에 따른 보정이 같은 조 제2항 및 제3항을 위반하거나 그 보정(같은 조 제3항 제1호 및 제4호에 따른 보정 중 청구항을 삭제하는 보정은 제외한다)에 따라 새로운 거절이유가 발생한 것으로 인정하면 결정으로 그 보정을 각하하여야 한다. 다만, 제67조의2에 따른 재심사의 청구가 있는 경우 그 청구 전에 한

---

92) 제42조 (특허출원) ⑤ 특허출원인은 제2항의 규정에 불구하고 특허출원당시에 제2항 제4호의 특허청구범위를 기재하지 아니한 명세서를 특허출원서에 첨부할 수 있다. 이 경우 다음 각 호의 구분에 따른 기한까지 특허청구범위가 기재되도록 명세서를 보정하여야 한다.
   1. 제64조 제1항 각 호의 어느 하나에 해당하는 날부터 1년 6개월이 되는 날까지
   2. 제1호의 기한 이내에 제60조 제3항의 규정에 따른 출원심사 청구의 취지를 통지받은 날부터 3개월이 되는 날까지(제64조 제1항 각 호의 어느 하나에 해당하는 날부터 1년 3개월이 되는 날 후에 통지받은 경우에는 동항 각 호의 어느 하나에 해당하는 날부터 1년 6개월이 되는 날까지)

보정인 경우에는 그러하지 아니하다(§51①). 이 각하결정은 서면으로 하여야 하며 그 이유를 붙여야 한다(§51②). 이러한 각하결정에 대하여는 불복할 수 없다. 다만, 제132조의3에 따른 특허거절결정에 대한 심판에서 그 각하결정(제67조의2에 따른 재심사의 청구가 있는 경우 그 청구 전에 한 각하결정은 제외한다)에 대하여 다투는 경우에는 그러하지 아니하다(§51③).

(2) 보정이 적법한 경우

적법한 보정이 있는 경우 보정의 효력이 특허출원 시로 소급하여, 보정된 내용으로 최초 출원 시에 출원한 것으로 본다(§136⑧ 유추적용).

보정의 시기	보정의 범위		부적법한 보정의 취급
	명세서 또는 도면	특허청구범위	
ⅰ) 특허법 §42⑤ 각 호의 기간(§47①본) ⅱ) 특허결정의 등본 송달 전(§47①본) ⅲ) 최초거절이유에 대한 의견서 제출기간(§47① ⅰ)	신규사항 추가금지(§47②)		* 심사 중-거절이유(§62ⅴ) * 등록 후-무효사유(§133① ⅵ)
ⅰ) 최후거절이유에 대한 의견서 제출기간(§47① ⅱ) ⅱ) §67의 2에 따른 재심사 청구 시(§47① ⅲ)	신규사항 추가금지(§47②)	신규사항 추가금지 + 특허청구범위 감축 등(§47③)	* 심사 중-보정각하(§51①) * 등록 후-무효사유, 단 §47③ 위반 제외(§133①ⅵ)

(3) 판례

- 대법원 2001. 11. 30. 선고 2001후65 판결

[1] 일반적으로 기계장치 등에 관한 발명에 있어서는 특허출원의 명세서에 실시예가 기재되지 않더라도 당업자가 발명의 구성으로부터 그 작용과 효과를 명확하게 이해하고 용이하게 재현할 수 있는 경우가 많으나, 이와는 달리 이른바 실험의 과학이라고 하는 화학발명의 경우에는 당해 발명의 내용과 기술수준에 따라 차이가 있을 수는 있지만 예측가능성 내지 실현가능성이 현저히 부족하여 실험데이터가 제시된 실험예가 기재되지 않으면 당업자가 그 발명의 효과를 명확하게 이해하고 용이하게 재현할 수 있다고 보기 어려워 완성된 발명으로 보기 어려운 경우가 많고, 특히 약리효과의 기재가 요구되는 의약의 용도발명에 있어서는 그 출원 전에 명세서 기재의 약리효과를 나타내는 약리기전이 명확히 밝혀진 경우와 같은 특별한 사정이 있지 않은 이상 특정 물질에 그와 같은 약리효과가 있다는 것을 약리데이터 등이 나타난 시험예로 기재하거나 또는 이에 대신할 수

있을 정도로 구체적으로 기재하여야만 비로소 발명이 완성되었다고 볼 수 있는 동시에 명세서의 기재요건을 충족하였다고 볼 수 있을 것이며, 이와 같이 시험예의 기재가 필요함에도 불구하고 최초 명세서에 그 기재가 없던 것을 추후 보정에 의하여 보완하는 것은 명세서에 기재된 사항의 범위를 벗어난 것으로서 명세서의 요지를 변경한 것이다.

[2] 의약의 용도발명에 관한 출원발명의 명세서에 개별적 화합물에 대한 약리효과를 확인하는 구체적 실험결과를 추가하는 보정이 명세서의 요지를 변경한 것에 해당한다고 한 사례.

　－ 대법원 1994. 9. 27. 선고 93후800 판결

[1] 특허법 제47조 제2항 제3호, 제48조에서 규정하고 있는 보정이라 함은 명세서 등의 서류에 흠결이 있거나 불비한 점이 있는 경우에 이를 명료하게 정정하여 명세서 등의 명확화를 기하기 위한 것을 말하며, 요지의 변경이라고 함은 명세서에 기재된 특허청구의 범위를 증가·감소 또는 변경함을 말하는 것으로서 최초에 출원된 특허청구의 범위에 새로운 요지가 추가변경되는 등 그 내용에 동일성을 인정할 수 없는 정도의 실질적인 변화를 가져온 것을 뜻하며, 따라서 그 정도에 이르지 아니하는 변경이라면 요지의 변경에 해당하지 않는다고 보아야 한다.

[2] 영국 국방성이 출원한 액정장치(LCD)의 발명특허청구에 관하여 하위개념 대신 상위개념으로의 변경청구가 요지변경에 해당한다고 본 원심결을 파기한 사례.

2. 분할출원제도

가. 의의

분할출원제도란 2 이상의 발명을 포함하는 특허출원에 대하여 그 일부를 1 또는 2 이상의 새로운 출원으로 하고, 이 새로운 특허출원이 적법한 출원으로 인정되면 원출원과 동시에 출원한 것과 같은 출원일 소급효과를 부여하는 것을 말한다(§52).

나. 요건

(1) 절차적 요건

(가) 원출원이 특허청에 계속 중일 것

분할출원을 하기 위해서는 원출원이 특허청에 계속 중이어야 하고, 원출원이 취하, 포기, 무효 또는 특허 여부 결정이 확정된 때에는 분할출원을 할 수 없다.

(나) 취지 및 원출원의 표시

분할출원을 하는 자는 분할출원서에 그 취지 및 분할의 기초가 된 원특허출원의 표시를 하여야 한다(§52③).

(다) 분할출원할 수 있는 시기

분할출원은 제47조 제1항에 따라 보정을 할 수 있는 기간 내 또는 특허거절결정등본을 송달받은 후 제132조의3에 따라 심판을 청구할 수 있는 기간 내에 할 수 있다(§52①).

(라) 출원인이 동일할 것

원출원인과 분할출원인은 동일하여야 하며(§52①), 공동출원인 경우에도 공동출원인이 분할출원인과 동일하여야 한다.

(2) 실체적 요건

(가) 원출원에 2 이상의 발명이 포함되어 있을 것

분할출원이란 단일발명, 단일출원의 원칙 아래 2이상의 발명을 1출원으로 한 경우 이를 2 이상의 출원으로 분할하는 것으로서 2 이상의 발명을 1출원으로 한 경우란 2 이상의 발명이 특허청구의 범위에 기재된 경우는 물론 발명의 상세한 설명이나 도면에 기재되어 출원된 경우까지 포함하는 것이므로 분할출원을 하면서 원출원 당시 제출한 발명의 상세한 설명이나 도면을 다시 사용할 수도 있다.[93]

(나) 분할출원한 발명과 원출원 발명이 동일하지 아니할 것

분할출원한 발명과 분할 후의 원출원 발명은 동일하지 않아야 한다.

---

93) 대법원 1986. 9. 9. 선고 84후71 판결[출원인은 원출원은 녹음 또는 전송을 위해 어떤 특정신호 포오멧(Format)을 엔코딩 또는 형성시키는 장치 즉 녹화장치에 관한 것이고, 이 사건 출원은 합성색채 이미지 신호를 표시목적상 어떤 형태로 디코딩 또는 재변환시키는 장치 즉 재생장치에 관한 것이라고 주장하고 있음이 명백하므로 가사 원심결 판시와 같이 출원인이 이 사건 출원을 함에 있어 원출원 내용 중 이 사건 출원에 해당하는 부분을 분리, 특정하여 이 사건 출원과 원출원의 내용을 명백히 구분하지 아니한 채 원출원과 동일한 도면 및 간단한 설명을 제출하였다 하더라도 출원인이 원출원과 이 사건 출원이 위와 같은 별개의 장치라고 주장하는 이상 원심으로서는 원출원의 내용에 대한 증거조사를 실시하여 원출원의 특허청구의 범위 혹은 발명의 상세한 설명이나 도면에 출원인이 주장하는 바와 같은 녹화장지와 재생장치에 관한 발명이 기재되어 있는지, 기재되어 있다면 원출원 내용 중 그 부분이 어디인지를 구체적으로 분리 특정시킨 후 출원인 주장과 같이 원출원의 특허청구의 범위는 녹화장치에 관한 것이고, 이 사건 출원은 재생장치에 관한 것인지 및 이 사건 재생장치가 특허법 소정의 발명에 해당되는지를 조사심리한 후가 아니면 이 사건 출원이 원출원과 동일한 후출원 발명이라고 단정할 수는 없다 할 것이다].

다. 절차

분할출원은 새로운 출원을 하는 것이므로 특허출원서 등 출원에 필요한 모든 서류를 다시 제출하여야 하며, 다만 우선권 증명서, 신규성의제를 받기 위한 증명서, 대리권을 증명하는 위임장 등은 원출원서에 제출한 것을 원용할 수 있다(규칙§10). 그리고 분할출원의 경우에 제54조의 규정에 의한 우선권을 주장하는 자는 동 조 제4항의 규정에 의한 서류를 동 조 제5항에서 규정하는 기간에 불구하고 분할출원을 한 날부터 3월 이내에 특허청장에게 제출하여야 한다(§52④).

라. 효과

(1) 출원일의 소급

적법한 분할출원이 있는 경우 그 분할출원은 특허출원한 때에 출원한 것으로 본다. 다만, 그 분할출원에 대하여 ① 분할출원이 제29조 제3항에서 규정하는 타 특허출원 또는 「실용신안법」 제4조 제3항에서 규정하는 특허출원에 해당하여 제29조 제3항 또는 「실용신안법」 제4조 제3항의 규정을 적용하는 경우, ② 제30조 제2항의 규정을 적용하는 경우, ③ 제54조 제3항의 규정을 적용하는 경우, ④ 제55조 제2항의 규정을 적용하는 경우에는 분할출원 시에 출원한 것으로 본다(§52②).

(2) 새로운 심사절차의 진행

원출원에 대한 절차적 효력은 분할출원에 영향이 없으므로 새로운 심사절차가 진행된다. 다만, 심사청구는 출원일로부터 5년 이내에 하여야 하나 분할출원의 경우에는 원출원일로부터 5년이 경과한 경우에도 분할출원일로부터 30일 이내에 심사청구를 할 수 있다(§59③).

마. 판례

– 대법원 2004. 3. 12. 선고 2002후2778 판결

[1] 분할출원이란 단일발명, 단일출원의 원칙 아래 2 이상의 발명을 1 출원으로 한 경우 이를 2 이상의 출원으로 분할하는 것으로서 2 이상의 발명을 1 출원으로 한 경우란 2 이상의 발명이 반드시 특허청구의 범위에 기재된 경우뿐만 아니라 발명의 상세한 설명이나 도면에 기재되어 출원된 경우까지 포함하는 것이므로, 분할출원을 하면서 원출원 당시 제출한 발명의 상세한 설명이나 도면을 다시 사용할 수도 있다.

[2] 원출원 중 일부 발명이 실시례 등의 상세한 설명에 기재된 것으로서 원출원 발명과 다른 하나의 발명으로 볼 수 있는 경우에는 그 일부를 분할출원할 수 있으며, 이 경우 그 동일성의 판단은 특허청구범위에 기재된 양 발명의 기술적 구성이 동일한가에 의하여 판단하되 그 효과도 참작하여야 할 것인바, 기술적 구성에 차이가 있더라도 그 차이가 주지 관용기술의 부가, 삭제, 변경 등으로 새로운 효과의 발생이 없는 정도에 불과하다면 양 발명은 서로 동일하다고 하여야 한다.

[3] 원출원 발명에 부가된 화합물의 제조 과정이 그 발명의 필수 구성요소로서 분할출원 발명이 예정하고 있지 않은 새로운 효과를 가진 공정이고 이를 단순한 주지 관용기술에 불과하다고 볼 수는 없어 이러한 제조 과정을 필수 구성요소로 하지 않는 분할출원 발명이 원출원 발명과 그 기술적 사상 및 기술 구성이 서로 다른 상이한 발명이라고 한 사례.

- 대법원 1985. 7. 23. 선고 83후26 판결

특허법(1963. 3. 5. 법률 제1293호) 제9조 및 같은 법 시행규칙(1970. 3. 23. 상공부령 제314호) 제45조 제1항에 따라 2 이상의 발명을 1출원으로 한 자가 2 이상의 출원으로 분할출원할 경우 원출원 중 일부 발명이 상세한 설명이나 도면에 기재된 경우에는 분할출원을 위하여 원출원을 하나의 발명에 대한 출원으로 정정할 필요가 없는 경우도 있어 이러한 경우에는 원출원을 정정함이 없이 신규출원만을 하여도 적법하다고 보아야 할 것이다.

3. 변경출원제도

가. 의의

변경출원이란 최초 출원의 동일성을 유지하면서 그 형식을 변경하는 것, 즉 실용신안 등록출원을 원출원서에 최초로 첨부된 명세서 또는 도면에 기재된 사항의 범위 안에서 특허출원으로 출원의 형식을 변경하는 제도를 말한다(§53①).

나. 요건

(1) 형식적 요건

(가) 원출원이 특허청에 계속 중일 것

변경출원 시에 원출원이 취하, 무효, 포기 등의 이유로 소멸된 경우에는 변경출원을 할 수 없다.

(나) 취지 및 원출원의 표시

변경출원을 하는 자는 변경출원서에 그 취지 및 변경출원의 기초가 된 실용신안등록출원의 표시를 하여야 한다(§53③).

(다) 변경출원할 수 있는 시기

실용신안등록출원에 대하여 최초로 거절결정등본을 송달받은 경우에는 그날로부터 30일 이내에 변경출원을 하여야 한다(§53①). 다만, 거절결정불복심판의 청구기간이 연장된 경우에는 그 연장된 기간에 따라 변경출원을 할 수 있는 기간이 연장된 것으로 본다(§53⑤).

(라) 출원인이 동일할 것

원출원인과 변경출원인이 동일하여야 하며(§53①), 임의대리인은 특별수권이 있어야 한다(§6).

(2) 실체적 요건

변경출원은 원출원과 기술적 동일성이 있어야 하며, 원출원서에 '최초로 첨부된 명세서 또는 도면에 기재된 사항'이어야 한다(§53①).

다. 절차

변경출원의 취지 및 변경출원의 기초가 된 실용신안등록출원을 표시한 변경출원서를 제출하여야 하며, 제54조의 규정에 의한 우선권을 주장하는 자는 동 조 제4항의 규정에 의한 서류를 동 조 제5항에서 규정하는 기간에 불구하고 변경출원을 한 날부터 3월 이내에 특허청장에게 제출하여야 한다(§53⑥).

라. 효과

(1) 출원일의 소급

적법한 변경출원이 있는 경우 그 변경출원은 실용신안등록출원을 한 때에 출원한 것으로 본다. 다만, 그 분할출원에 대하여 ① 분할출원이 제29조 제3항에서 규정하는 타 특허출원 또는 「실용신안법」 제4조 제3항에서 규정하는 특허출원에 해당하여 제29조 제3항 또는 「실용신안법」 제4조 제3항의 규정을 적용하는 경우, ② 제30조 제2항의 규정을 적용하는 경우, ③ 제54조 제3항의 규정을 적용하는 경우, ④ 제55조 제2항의 규정을 적용하는 경우에는 변경출원 시에 출원한 것으로 본다(§53②).

(2) 새로운 심사절차의 진행

원출원에 대한 절차적 효력은 변경출원에 영향이 없으므로 새로운 심사절차가 진행된다. 다만, 심사청구는 출원일로부터 5년 이내에 하여야 하나 변경출원의 경우에는 실용신안등록출원일로부터 5년이 경과한 경우에도 변경출원일로부터 30일 이내에 심사청구를 할 수 있다(§59③).

(3) 원출원의 취하 간주

동일한 발명에 대해 특허출원과 실용신안등록출원이 동시에 있어서는 안 될 것인바, 따라서 변경출원이 있는 경우 그 실용신안등록출원은 취하된 것으로 간주된다(§53④).

4. 출원의 포기 및 취하

가. 의의

출원의 포기란 특허출원절차를 장래를 향하여 종료시키는 법률효과를 발생시키는 출원인의 자발적인 의사표시를 말하며, 출원의 취하란 특허출원절차를 소급적으로 종료시키는 법률효과를 발생시키는 출원인의 자발적인 의사표시를 말한다.

나. 포기 및 취하의 간주
(1) 포기의 간주

최초 특허등록료를 일정한 기간 내에 납부하지 않는 경우 특허출원을 포기한 것으로 본다(§81③ 전단).

(2) 취하의 간주

특허청구범위 미제출에 대한 보정을 일정한 기간 내에 하지 않은 경우(§42⑦), 국내우선권주장 출원일로부터 1년 3월이 경과한 경우 우선권주장의 기초가 된 선출원(§56①), 일정한 기간 내에 심사청구가 없는 경우(§59⑤), 외국어로 제출된 국제특허출원에 대해 일정한 기간 내에 명세서 및 청구범위에 대한 번역문이 제출되지 않은 경우(§201②) 각각 특허출원은 취하간주된다.

5. 우선권

가. 조약에 의한 우선권

(1) 의의 및 취지

조약에 의한 우선권(Right of Priority)이란 조약 당사국의 1국에 특허출원을 한 자가 그 출원발명과 동일한 발명을 1년 이내에 다른 당사국에 특허출원하는 경우, 2국에서의 특허출원일을 1국에의 특허출원일로 취급하여 주는 제도를 말한다(§54①). 동일 발명에 대해 여러 나라에서 특허를 받으려고 할 때 거리·언어·비용 또는 절차상의 차이점 등을 이유로 어려움을 겪게 되는 출원인을 보호하기 위한 것이다.

(2) 우선권의 특징

(가) 독립성

우선권은 동맹국에 출원한 최초 출원에 의해 발생하지만, 우선권이 발생한 이후에는 최초출원과는 분리하여 별개로 존재하게 된다.

(나) 복수성

1국 출원에 의해 모든 동맹국에 우선권주장 출원을 할 수 있고, 2국에 우선권주장 출원을 하였다고 하여 3국에 대한 출원에 영향을 주지도 않는다.

(다) 잠재성

우선권은 1국 출원에 의해 당연히 효력이 발생되는 것이 아니며, 동맹국에 출원하면서 우선권주장을 할 때까지 잠재해 있으며 행사되지 않고 소멸되기도 한다.

(라) 부속성

우선권주장 출원이 있은 이후에는 우선권주장이 그 출원과 운명을 같이한다.

(마) 한시성(限時性)

우선권주장의 기초가 되는 1국 출원이 계속 유지되더라도 우선기간이 종료하면 우선권은 소멸한다.

(바) 동일성

1국 출원발명과 우선권주장 출원발명은 동일하여야 한다.

(3) 요건

(가) 출원의 정규성 및 최선성

우선권을 주장하기 위해서는 1국에서의 출원이 그 나라에서의 정규의 출원이어야 한다. 이 경우 1국 출원의 계속 여부를 불문하기 때문에, 1국 출원이 정규출원으로 수리된 이후에 무효·취하·포기 또는 거절되어도 우선권주장이 인정된다. 또한 우선권주장의 기초가 되는 출원은 1국에서의 출원 중 최선의 출원이어야 한다. 다만, 최초의 출원과 동일한 대상에 대하여 같은 동맹국에서 후출원을 하였으나 선출원이 공중의 열람에 제공되지 아니하였으며 또한 여하한 권리도 존속시키지 아니하고 후출원일 당시에 취소, 포기 또는 거절되어 있으며 또한 동 전출원이 우선권주장의 근거로 되지 아니한 경우에는 최초출원으로 간주되며 그 출원일이 우선기간의 기산이 되며, 그 후로부터 선출원은 우선권주장의 근거가 될 수 없다(파리협약 제4조-C-4.).[94]

(나) 출원인의 동일

우선권주장의 기초가 되는 출원의 출원인과 우선권주장을 수반하는 출원의 출원인이 동일하거나 그 승계인이어야 한다.[95]

(다) 발명의 동일

특허청구범위의 기재 동일성에 한정되지 않고 명세서 및 도면 등으로부터 파악되는 발명이 동일하여야 한다.

---

94) A subsequent application concerning the same subject as a previous first application within the meaning of paragraph (2), above, filed in the same country of the Union. shall be considered as the first application, of which the filing date shall be the starting point of the period of priority, if, at the time of filing the subsequent application, the said previous application has been withdrawn, abandoned, or refused, without having been laid open to public inspection and without leaving any rights outstanding, and if it has not yet served as a basis for claiming a right of priority. The previous application may not thereafter serve as a basis for claiming a right of priority.

95) 승계인의 경우 특허를 받을 수 있는 권리뿐만 아니라 우선권까지도 승계하여야 한다(즉 특허를 받을 수 있는 권리와 우선권은 별개의 권리이다). 다만, 특허를 받을 수 있는 권리와 분리하여 우선권만의 승계가 가능한지에 대해서는 부정적으로 볼 것이다.

(라) 복합우선·부분우선[96]

2개 이상의 출원에 기초하여 각각 우선권주장을 하면서 하나의 우선권주장 출원을 하는 것을 복합우선(또는 복수우선권)이라고 한다. 2 이상의 우선권이 각각의 우선기간 내에 있고, 출원의 단일성을 충족하는 경우이어야 한다. 반면, 부분우선이란 제1국에 출원한 자가 최선의 출원일로부터 1년 이내에 제1국의 출원에는 포함되지 아니한 발명이나 새로운 발명을 추가하여 제2국에 조약우선권주장 출원을 한 경우 제1국에 포함된 발명에 한하여 출원일 소급효를 인정해 주는 것을 말한다.

(마) 우선권주장 기간

우선권을 주장하기 위해서는 제1국 출원일로부터 1년 이내에 우선권주장 출원을 하여야 한다(§54②). 이 경우 제1국의 출원일 다음 날부터 기산한다(파리협약 제4조-C.-2.).[97]

(4) 절차

우선권을 주장하고자 하는 자는 특허출원 시 특허출원서에 그 취지, 최초로 출원한 국명 및 출원의 연월일을 기재하여야 하며(§54③), 최선일부터 1년 4월 이내에 우선권증명서[98]를 특허청장에게 제출하여야 한다(§54⑤). 우선권을 주장한 자가 1년 4월의 기간 내에 우선권증명서를 제출하지 아니한 경우에는 그 우선권주장은 효력을 상실하며(§54⑥), 다만 최초출원일로부터 일정한 요건을 갖추어 출원된 경우에는 최선일부터 1년 4월 이내에 당해 우선권주장을 보정하거나 추가할 수 있다(§54⑦).

---

96) 파리협약 제4조-F. No country of the Union may refuse a priority or a patent application on the ground that the applicant claims multiple priorities, even if they originate in different countries, or on the ground that an application claiming one or more priorities contains one or more elements that were not included in the application or applications whose priority is claimed, provided that, in both cases, there is unity of invention within the meaning of the law of the country. With respect to the elements not included in the application or applications whose priority is claimed, the filing of the subsequent application shall give rise to a right of priority tinder ordinary conditions.

97) 4.-C.-(2) These periods shall start from the date of filing of the first application; the day of filing shall not be included in the period.

98) 제54조 (조약에 의한 우선권주장) ④ 제3항의 규정에 의하여 우선권을 주장한 자는 제1호의 서류 또는 제2호의 서면을 특허청장에게 제출하여야 한다. 다만, 제2호의 서면은 지식경제부령이 정하는 국가의 경우에 한한다.
1. 최초로 출원한 국가의 정부가 인정하는 서류로서 특허출원의 연월일을 기재한 서면, 발명의 명세서 및 도면의 등본
2. 최초로 출원한 국가의 특허출원의 출원번호를 기재한 서면

(5) 효과

조약에 의하여 대한민국 국민에게 특허출원에 대한 우선권을 인정하는 당사국 국민이 그 당사국 또는 다른 당사국에 특허출원을 한 후 동일발명을 대한민국에 특허출원하여 우선권을 주장하는 때에는 제29조 및 제36조의 규정을 적용함에 있어서 그 당사국에 출원한 날을 대한민국에 특허출원한 날로 본다. 대한민국 국민이 조약에 의하여 대한민국 국민에게 특허출원에 대한 우선권을 인정하는 당사국에 특허출원한 후 동일발명을 대한민국에 특허출원한 경우에도 또한 같다(§54①).[99]

나. 국내우선권

(1) 의의 및 취지

국내우선권제도(Internal Priority Right)란 우리나라에 특허출원 또는 실용신안등록출원을 한 자가 먼저 한 특허출원 또는 실용신안등록출원을 기초로 하여 특허출원을 하는 경우 특허법 제29조 제1·2항 및 제3항 본문, 제36조 제1항 내지 제3항 등의 적용에 있어 먼저 출원한 때에 출원한 것으로 취급해 주는 제도를 말한다(§55①). 개량기술의 개발에 대한 의욕을 고취시키고 자신의 선행발명에 의해 거절되는 불합리를 막기 위해 1990년 개정법에서 도입된 제도이다.

(2) 요건

(가) 선출원이 특허청에 계속 중일 것

우선권주장 출원을 할 당시에 선출원이 특허청에 적법하게 계속 중이어야 하며, 이미 취하·포기·무효·거절 등이 확정되거나 등록 여부의 결정 또는 심결이 확정된 경우에는 우선권주장 출원을 할 수 없다(§55①ⅲ,ⅳ).

(나) 출원인의 동일

우선권주장 출원 당시에 선출원의 출원인과 동일성이 인정되어야 하며, 다만 우선권에 대한 승계를 따로 필요로 하지는 않는다. 또한, 조약우선권과 마찬가지로 복합우선권이나 부분우선권주장이 가능하다.

---

[99] 출원일 자체를 소급하는 것이 아니므로 예컨대 신규성 상실의 예외(§30) 적용을 받고자 하는 경우에는 그 사유가 발생한 날로부터 6월 이내에 출원하여야 한다.

(다) 발명의 동일성

명세서 또는 도면에 기재된 발명의 동일성이 인정되어야 한다. 그리고 선출원은 분할출원이나 변경출원이 아니며(§55① ii), 이미 우선권주장 출원을 한 경우가 아니어야 한다(§55⑤).

(라) 우선권 기간

선출원의 출원일로부터 1년 이내이어야 한다(§55① i).

(3) 절차

우선권을 주장하려는 자는 특허출원을 할 때에 특허출원서에 그 취지와 선출원의 표시를 하여야 한다(§55②). 요건을 갖추어 우선권주장을 한 자는 선출원일(선출원이 2 이상인 경우 최선출원일)부터 1년 4개월 이내에 그 우선권주장을 보정하거나 추가할 수 있다(§55⑦).

(4) 효과

(가) 소급효

우선권주장을 수반하는 특허출원된 발명 중 해당 우선권주장의 기초가 된 선출원의 출원서에 최초로 첨부된 명세서 또는 도면에 기재된 발명과 같은 발명에 관하여는 다음의 각 경우를 적용함에 있어 선출원의 출원을 한 때에 특허출원한 것으로 본다(§55③).

① 신규성, 진보성 및 신규성상실 범위의 확대(제29조 제1항·제2항, 제29조 제3항 본문)
② 신규성 의제(제30조 제1항)
③ 선원주의(제36조 제1항부터 제3항까지)
④ 특허권의 효력이 미치지 않는 범위(제96조 제1항 제3호)
⑤ 타인의 특허권 등과의 이용저촉관계(제98조)
⑥ 선사용에 의한 통상실시권(제103조)
⑦ 디자인권의 존속기간 만료 후의 통상실시권(제105조 제1항·제2항)
⑧ 생산방법의 추정(제129조)
⑨ 정정심판[제136조 제4항(제133조의2 제4항에 따라 준용되는 경우를 포함한다)]

(나) 출원공개 또는 등록공고의 의제

우선권주장을 수반하는 특허출원의 출원서에 최초로 첨부된 명세서 또는 도면에 기재된 발명 중 해당 우선권주장의 기초가 된 선출원의 출원서에 최초로 첨부된 명세서 또는 도면에 기재된 발명과 같은 발명은 그 특허출원이 출원공개되거나 특허가 등록공고되었을 때에 해당 우선권주장의 기초가 된 선출원에 관하여 출원공개가 된 것으로 보고 제29조 제3항 본문 또는 「실용신안법」 제4조 제3항 본문을 적용한다(§55④).

(5) 선출원의 취하 간주 등

(가) 취하 간주 시기

우선권주장의 기초가 된 선출원은 그 출원일부터 1년 3개월이 지난 때에 취하된 것으로 본다. 다만, 그 선출원이 ① 포기, 무효 또는 취하된 경우, ② 특허 여부의 결정, 실용신안등록 여부의 결정 또는 심결이 확정된 경우, ③ 선출원을 기초로 한 우선권주장이 취하된 경우에는 그러하지 아니하다(§56①).

(나) 우선권주장의 취하 등

우선권주장을 수반하는 특허출원의 출원인은 선출원의 출원일부터 1년 3월을 경과한 후에는 그 우선권주장을 취하할 수 없으며(§56②), 우선권주장을 수반하는 특허출원이 선출원의 출원일부터 1년 3월 이내에 취하된 때에는 그 우선권주장도 동시에 취하된 것으로 본다(§56③).

(6) 판례

구 특허법(2007. 1. 3. 법률 제8197호로 개정되기 전의 것, 이하 '구 특허법'이라 한다) 제63조 본문에 의하면, 심사관은 구 특허법 제62조에 의하여 특허거절결정을 하고자 할 때에는 특허출원인에게 거절이유를 통지하고 기간을 정하여 의견서를 제출할 수 있는 기회를 주어야 한다고 규정하고 있는데, 출원발명에 대하여 우선권주장의 불인정으로 거절이유가 생긴 경우에는 우선권주장의 불인정은 거절이유 일부를 구성하는 것이므로, 우선권주장이 인정되지 않는다는 취지 및 그 이유가 포함된 거절이유를 통지하지 않은 채 우선권주장의 불인정으로 인하여 생긴 거절이유를 들어 특허거절결정을 하는 것은 구 특허법 제63조 본문에 위반되어 위법하다. 그리고 거절이유 통지에 위와 같은 우선권주장 불인정에 관한 이유가 포함되어 있었는지는 출원인에게 실질적으로 의견서 제출 및 보정의

기회를 부여하였다고 볼 수 있을 정도로 그 취지와 이유가 명시되었는지 관점에서 판단되어야 한다.[100]

제3절 특허출원심사절차

Ⅰ. 의의

심사라 함은 특허청에서 출원을 심사하는 지위에 있는 심사관이 출원에 대하여 각각의 법령의 규정에 의하여 특허 여부를 결정하기 위해 그 내용을 심리·판단하는 행위를 말한다. 심사관의 심사에는 방식심사와 실체심사가 있으며, 심사에서 밟은 특허에 관한 절차는 특허거절결정, 특허존속기간의 연장등록출원의 거절결정에 대한 심판에서도 그 효력이 있다(§172).

1. 심사관

특허청장은 심사관으로 하여금 특허출원을 심사하게 하고(§57①), 심사관의 자격에 관하여 필요한 사항은 대통령령으로 정한다(§57②).[101]

---

100) 대법원 2011. 9. 8. 선고 2009후2371 판결[갑이 선출원발명을 기초로 한 국내 우선권주장을 하면서 명칭이 '다중 원판형 슬러지 농축장치'인 출원발명을 출원하였으나, 특허청 심사관이 우선권주장에 대하여는 아무런 언급도 하지 않고 비교대상발명 1 등에 의하여 진보성이 부정된다는 취지의 거절이유만을 통지한 다음 거절결정을 한 사안에서, 출원발명의 진보성이 비교대상발명 1에 의하여 부정된다는 거절이유는 출원발명에 대한 우선권주장의 불인정으로 인한 것인데, 특허청 심사관의 거절이유 통지에는 우선권주장에 관하여는 아무런 언급이 없고, 비교대상발명 1 등에 의해 출원발명의 진보성이 부정된다는 점을 통지한 것만으로는 우선권주장 불인정과 관련하여 갑에게 실질적으로 의견서 제출 및 보정의 기회를 부여하였다고 볼 수 없으므로, 거절이유 통지를 통해 우선권주장에 관한 거절이유가 통지되었다고 할 수 없다는 이유로, 거절결정은 구 특허법 제63조(2007. 1. 3. 법률 제8197호로 개정되기 전의 것) 본문에 위배되어 위법하다고 한 사례].

101) 시행령 제8조 (심사관등의 자격) ① 심사관이 될 수 있는 자는 특허청 또는 그 소속기관의 다음 각 호의 어느 하나에 해당하는 공무원으로서 국제지식재산연수원에서 소정의 심사관 연수과정을 수료한 자로 한다. <개정 2009. 12. 30.>
   1. 5급 이상의 일반직 국가공무원

2. 심사관의 보조원 및 보조기관

가. 심사관의 보조

특허출원이 있는 때에는 누구든지 그 특허출원이 거절이유에 해당되어 특허될 수 없다는 취지의 정보를 증거와 함께 특허청장에게 제공할 수 있다. 다만, 제42조 제8항 및 제45조에 규정된 요건을 갖추지 아니한 경우에는 그러하지 아니하다(§63의2).

나. 보조기관

(1) 전문기관에 선행기술의 조사 등

특허청장은 특허출원의 심사(국제출원에 대한 국제조사 및 국제예비심사를 포함한다)에 있어서 필요하다고 인정할 때에는 전문기관을 지정하여 선행기술의 조사, 국제특허분류의 부여 그 밖에 대통령령이 정하는 업무를 의뢰할 수 있다(§58①).

---

2. 고위공무원단에 속하는 일반직공무원

3. 「계약직공무원규정」 별표 1에 따른 가급 또는 나급의 자격기준에 해당하는 전문계약직공무원

② 심판관이 될 수 있는 자는 특허청 또는 그 소속기관의 4급 이상의 일반직 국가공무원 또는 고위공무원단에 속하는 일반직공무원 중 다음 각 호의 어느 하나에 해당하는 자로서 국제지식재산연수원에서 소정의 심판관 연수과정을 수료한 자로 한다. <개정 2006. 9. 28.>

1. 특허청에서 2년 이상 심사관으로 재직한 자

2. 삭제 <2006. 9. 28.>

3. 특허청에서 심사관으로 재직한 기간과 5급 이상의 일반직국가공무원 또는 고위공무원단에 속하는 일반직공무원으로서 특허심판원에서 심판업무에 직접 종사한 기간 및 특허법원에서 기술심리관으로 재직한 기간을 통산하여 2년 이상인 자

③ 심판장이 될 수 있는 자는 특허청 또는 그 소속기관의 3급 일반직 국가공무원 또는 고위공무원단에 속하는 일반직공무원으로서 다음 각 호의 어느 하나에 해당하는 자로 한다. 다만, 「국가공무원법」 제28조의4 제1항에 따른 개방형직위 또는 동법 제28조의5 제1항에 따른 공모직위로 지정된 심판장이 될 수 있는 자는 동 조 제2항의 규정에 의한 직무수행요건을 갖춘 자 또는 다음 각 호의 어느 하나에 해당하는 자로 한다. <개정 2006. 9. 28.>

1. 특허심판원에서 2년 이상 심판관으로 재직한 자

2. 제2항에 따른 심판관의 자격을 갖춘 자로서 3년 이상 특허청 또는 그 소속기관에서 심사 또는 심판사무에 종사한 자

④ 특허심판원장이 될 수 있는 자는 심판관의 자격이 있는 자로 한다.

⑤ 제1항부터 제4항까지의 규정에 따른 심사관, 심판관, 심판장 또는 특허심판원장의 자격의 직급에 해당하는 공무원(고위공무원단에 속하는 일반직공무원 및 제1항 제3호에 따른 전문계약직공무원을 포함한다)으로서 변리사의 자격이 있는 자는 제1항부터 제4항까지의 규정에도 불구하고 각각 심사관, 심판관, 심판장 또는 특허심판원장이 될 수 있다. 다만, 제1항 제3호에 따른 전문계약직공무원은 심사관에 한정한다. <개정 2009. 12. 30.>

⑥ 제1항 및 제2항의 규정에 의한 심사관 및 심판관의 연수에 관하여 필요한 사항은 특허청장이 이를 정한다.

(2) 전문가의 의견 청취 등

특허청장은 특허출원의 심사에 관하여 필요하다고 인정할 때에는 정부기관·당해 기술분야의 전문기관 또는 특허에 관한 지식과 경험이 풍부한 자에게 협조를 요청하거나 의견을 들을 수 있다. 이 경우 특허청장은 예산의 범위 안에서 수당 또는 비용을 지급할 수 있다(§58②).

3. 심사관의 결정

가. 심사착수 및 처리 일반기준
(1) 심사착수

특허출원한 발명에 대한 심사청구가 있는 출원에 대해 심사를 한다(§59①).

(2) 심사순서

특허출원에 대한 심사는 법 제59조 제1항의 규정에 의한 출원심사의 청구순위에 의한다. 다만, 심사청구된 특허출원을 제52조에 따라 분할출원하여 심사청구한 경우 또는 심사청구된 실용신안등록출원을 제53조에 따라 특허출원으로 변경출원하여 심사청구한 경우에는 원출원의 심사청구 순위에 따라 심사한다(규칙§38). 그리고 우선심사신청된 출원은 다른 출원에 우선하여 심사를 한다.

4. 심사의 객체

심사의 객체는 특허출원의 출원서와 명세서, 도면, 요약서 및 보정된 출원서이다.

5. 심사절차의 중지

가. 심사절차의 중지

특허출원의 심사에 있어서 필요한 때에는 심결이 확정될 때까지 또는 소송절차가 완결될 때까지 당해 심사의 절차를 중지할 수 있다(§78①).

나. 소송절차의 중지

법원은 소송에 있어서 필요한 경우에는 특허출원에 대한 결정이 확정될 때까지 그 소송절차를 중지할 수 있다(§78②).

다. 중지 결정에 대한 불복 不可

심사절차 또는 소송절차의 중지 결정에 대해서는 불복할 수 없다(§78③).

라. 판례

상표법(1990. 1. 13. 법률 제4207호로 개정되기 전) 제10조에 의하여 준용되는 심사절차의 중지에 관한 특허법(1990. 1. 13. 법률 제4207호로 개정되기 전) 제96조 제1항은 임의규정이므로 출원상표에 대한 심사에 있어서 이와 유사하다는 인용상표에 대한 등록무효심결이 대법원에 계속 중이더라도 그 심사절차를 중지하지 아니하고 심사 및 심리를 한 것이 위법하다고 할 수 없다.[102]

6. 심사절차의 진행

특허청장 또는 심사관은 당사자에 대하여 심판 또는 재심에 관한 절차외의 절차를 처리하기 위하여 필요한 서류 기타의 물건의 제출을 명할 수 있다(§222). 다만, 이러한 서류 기타 물건의 제출 명령에 대한 불응시의 제재 조치에 대해서는 규정이 없다.

7. 방식심사

가. 일반

실체심사를 하기에 앞서 형식적 요건에 관한 방식심사를 진행한다. 방식심사의 대상은 권리능력, 행위능력 또는 대리권, 출원서·청구서 등의 기재방식 등이다.

---

102) 대법원 1990. 3. 23. 선고 89후2168 판결.

나. 국제출원의 경우

(1) 특허법 제194조에 위반된 경우

특허청장은 국제출원이 제194조 제1항 단서의 규정에 해당하는 경우에는 기간을 정하여 서면으로 절차를 보완할 것을 명하여야 하며(§194②), 절차의 보완명령을 받은 자가 지정된 기간 내에 보완을 한 경우에는 그 보완에 관계되는 서면의 도달일 또는 도면을 제출한 경우에는 그 도면의 도달일을 국제출원일로 인정하여야 한다(§194④).

(2) 특허법 제195조에 위반된 경우

특허청장은 국제출원에 제195조 각 호 사유[103]가 있는 경우 출원인에 대해 보정을 명하여야 하고(§195), 이에 불응하는 경우에는 그 국제출원은 취하된 것으로 본다(§196).

8. 불수리처분(반려처분)

불수리처분에 대해서는 앞에서 본 바와 같고, 다만 등록이나 촉탁에 관한 서류의 반려 등에 대해서는 특허권 등의 등록령[104] 제29조[105]에서 규정하고 있다.

---

103) 제195조 (보정명령) 특허청장은 국제출원이 다음 각 호의 1에 해당하는 경우에는 기간을 정하여 보정을 명하여야 한다.
   1. 발명의 명칭이 기재되지 아니한 경우
   2. 요약서가 제출되지 아니한 경우
   3. 제3조 또는 제197조 제3항의 규정에 위반된 경우
   4. 지식경제부령이 정하는 방식에 위반된 경우

104) 시행 2012. 8. 14. [대통령령 제24044호, 2012. 8. 14. 일부개정].

105) 제29조 (신청 등의 반려 및 보정) ① 특허청장은 다음 각 호의 어느 하나에 해당하는 경우에는 등록 신청이나 촉탁을 반려하여야 한다. 다만, 그 신청의 흠이 보정(補正)될 수 있는 것으로서 보정안내서를 발송한 날부터 1개월 이내에 그 흠결의 전부를 보정하였을 때에는 그러하지 아니하다.
   1. 등록을 신청한 사항이 등록할 수 있는 것이 아닌 경우
   2. 신청할 권한이 없는 자가 신청한 경우
   3. 신청서가 방식에 맞지 아니한 경우
   4. 신청서에 적힌 권리의 표시가 등록원부와 맞지 아니한 경우
   5. 신청서에 적힌 등록의무자의 표시가 등록원부와 맞지 아니한 경우. 다만, 신청인이 등록권리자 또는 등록의무자의 상속인이나 그 밖의 일반승계인인 경우는 제외한다.
   6. 신청서에 적힌 사항이 등록의 원인을 증명하는 서류와 맞지 아니한 경우
   7. 신청서에 필요한 서류를 첨부하지 아니한 경우
   8. 등록에 대한 등록면허세, 인지세, 등록료 또는 등록수수료를 납부하지 아니한 경우
   ② 특허청장은 다음 각 호의 어느 하나에 해당하여 등록 신청이나 촉탁을 반려하려는 경우에는 신청인에게 그 이유를 알리고 1개월 이내의 소명기간(疏明期間))을 주어 소명할 수 있는 기회를 주어야 한다.
   1. 신청기한을 넘긴 경우
   2. 등록료를 전혀 납부하지 아니한 경우

Ⅱ. 심사절차의 내용

1. 출원공개제도 및 조기공개제도

가. 의의 및 취지

출원공개제도란 특허출원이 있은 후 일정한 기간이 경과한 때에 출원인의 의사나 심사 절차의 진행현황과 관계없이 일반 공중에게 그 특허출원의 내용을 공개하는 제도를 말한 다(§64①). 이는 동일기술에 대한 중복연구와 중복투자를 방지하기 위한 것이다. 한편, 조기공개제도란 출원공개기간 이전이라도 출원인의 신청에 따라 출원 중인 특허를 조기 에 공개하는 제도를 말이며, 보상금청구권을 통한 특허발명의 조속한 보호를 인정해 주 기 위한 제도이다.

나. 출원공개의 절차
(1) 출원공개의 시기

원칙적으로 특허출원일로부터 1년 6월이 경과한 때에 출원공개를 한다(§64①). 다만, 1 년 6월 이전이라고 하더라도 출원인의 신청에 따라 조기공개를 할 수 있으며, 출원인은 이러한 조기공개신청을 취하할 수도 있다(규칙§44[106]).

---

3. 등록의 원인과 맞지 아니한 신청서 서식을 제출한 경우
4. 등록의 원인과 맞지 아니한 신청구분을 신청서 서식에 적은 경우
5. 등록의 원인을 증명하는 서류에 적힌 등록번호와 다른 등록번호를 신청서에 적은 경우
6. 등록의 원인을 증명하는 서류를 전혀 제출하지 아니한 경우
7. 그 밖에 법령상 보정할 수 없는 것이 명백한 경우
③ 제1항과 제2항에 따른 보정안내 및 통지는 서면으로 하되, 필요한 경우에는 팩스·전화 및 전자우 편 등의 방법으로 할 수 있다.
④ 제1항에 따른 보정기간은 연장할 수 없으며, 보정기간 중에는 다시 보정할 수 있다. 다만, 상표권의 존속기간갱신등록신청에 관하여는 「상표법」 제13조에 따른다.

106) 시행규칙 제44조 (조기공개 등의 신청) ① 법 제64조 제1항에 따라 특허출원일부터 1년 6월이 경과하 기 전에 특허출원의 공개를 신청하고자 하는 자는 별지 제25호서식의 조기공개신청서를 특허청장에게 제출하여야 한다. 다만, 특허출원과 동시에 공개를 신청하고자 하는 경우(특허청구범위가 기재된 명세 서가 첨부된 경우에 한한다)에는 출원서에 그 취지를 기재함으로써 신청서의 제출에 갈음할 수 있다.
② 국제특허출원에 있어서는 법 제201조 제1항의 규정에 의하여 번역문을 제출한 후가 아니면 조기공 개의 신청을 할 수 없다.
③ 특허에 관한 절차를 밟는 자가 제1항의 규정에 의한 조기공개의 신청을 취하하고자 하는 경우에는 조기공개신청서를 제출한 날부터 10일 이내에 별지 제12호서식의 취하서를 제출하여야 한다.
④ 대리인이 제1항 내지 제3항의 규정에 의한 절차를 밟고자 하는 경우에는 그 대리권을 증명하는 서 류를 첨부하여야 한다.

(2) 공개의 대상

특허출원일로부터 1년 6월이 경과한 모든 특허출원이 공개의 대상이다. 다만, 다음의
각 경우에는 그러하지 아니하다.

　ⅰ) 제42조 제5항 각 호 외의 부분 전단의 규정에 따라 특허청구범위가 기재되지 아
니한 명세서를 첨부한 특허출원(§64①단서)

　ⅱ) 제87조 제3항의 규정에 따라 등록공고를 한 특허(§64①단서)

　ⅲ) 출원공개 이전에 출원이 취하·포기 또는 무효로 된 경우

　ⅳ) 공서양속 또는 공중의 위생을 해할 염려가 있는 경우(영§19③단서)

　ⅴ) 국방상 필요한 발명으로서 비밀취급을 요하는 특허출원(§64, §41)

(3) 공개의 방법

과거에는 요부공개방식을 취하고 있었으나, 현재는 전부공개방식을 취하여 특허출원서
에 첨부된 명세서·도면 및 요약서 등도 모두 공개하고 있다(§64④, 시행령§19③).[107]

다. 출원공개의 효과

(1) 보상금 청구권

(가) 의의 및 취지

보상금청구권이란 특허출원인이 출원공개 후 출원 중인 발명을 실시하고 있는 침해자
에게 경고를 하고 그 경고 후 특허권 설정등록 시까지 그 발명을 업으로써 실시한 자 또

---

107) 시행령 제19조 (특허공보) ③ 공개용특허공보에는 다음 각 호의 사항을 게재한다. 다만, 공공의 질서 또
　　는 선량한 풍속을 문란하게 하거나 공중의 위생을 해할 염려가 있다고 인정되는 사항은 게재하지 아니
　　한다.
　　1. 출원인의 성명 및 주소(법인의 경우에는 그 명칭 및 영업소의 소재지)
　　2. 출원번호·분류기호 및 출원연월일
　　3. 발명자의 성명 및 주소
　　4. 출원공개번호 및 공개연월일
　　5. 특허출원서에 첨부된 명세서·도면 및 요약서
　　6. 우선권주장에 관한 사항
　　7. 변경출원 또는 분할출원에 관한 사항
　　8. 법 제60조 제2항의 규정에 의한 출원심사의 청구사실. 다만, 출원공개 시에 그 사실이 게재되지 아
　　니한 때에는 당해 출원의 공개번호·분류기호 및 출원번호를 그 심사청구사실과 함께 추후 발행되는
　　공개용특허공보에 게재하여야 한다.
　　9. 법 제63조의2의 규정에 의하여 누구든지 그 특허출원이 특허될 수 없다는 취지의 정보를 증거와 함
　　께 특허청장에게 제공할 수 있다는 취지
　　10. 기타 특허출원의 공개에 관계되는 사항

는 경고를 하지 않은 경우에도 출원공개가 된 특허출원임을 알면서 특허권 설정등록 전까지 업으로 그 발명을 실시한 자에 대하여 통상 받을 수 있는 보상금의 지급을 청구할 수 있는 권리를 말한다(§65①,②).

(나) 법적 성격

법적 청구권설 및 손해배상청구권설 등의 견해 대립이 있으나, 보상금청구권은 발명을 공개한다는 것에 따른 사회적 이익을 위해 사실상 피해를 입는 출원인을 보호하기 위한 법적 청구권이라고 봄이 타당할 것이다.

(다) 보상금청구권의 발생

특허출원된 발명임을 경고받거나 출원공개된 발명임을 알고 그 특허출원된 발명을 업으로 실시한 자에게 행사할 수 있다. 따라서 특허출원인의 서면 경고가 있거나 또는 침해자의 악의를 입증할 수 있어야 한다(§65①, ②).

(라) 보상금청구권의 대상(성립요건 및 범위)

보상금청구권이 인정되는 발명은 특허청구범위에 기재된 발명이다. 따라서 보정으로 청구범위에 추가한 사항에 있다면 그 추가 사항에 대해 추가적인 경고를 하여야 한다.

(마) 보상금청구권의 행사

보상금청구권은 특허권 설정등록 이후에만 행사할 수 있으며, 설정등록일로부터 3년 이내 또는 타인의 실시행위가 있은 날로부터 10년 이내에 행사하여야 한다(§65③,⑤).

보상금청구권 행사에 대해서는 침해로 보는 행위(§127), 생산방법의 추정(§129), 서류의 제출(§132) 등에 관한 규정이 준용되며(§65⑤), 이러한 보상금청구권의 행사는 특허등록 이후의 특허권 행사에는 영향을 미치지 않는다(§65④).

(바) 보상금청구권의 소멸

출원공개 후 특허출원이 포기·무효 또는 취하된 때, 특허출원의 특허거절결정이 확정된 때 및 제133조의 규정에 의한 특허를 무효로 한다는 심결(동 조 제1항 제4호의 규정에 의한 경우를 제외한다)이 확정된 때에는 보상금청구권은 처음부터 발생하지 아니한 것으로 본다(§65⑥).

(2) 우선심사의 대상

출원공개 후 특허출원인이 아닌 자가 업으로서 특허출원된 발명을 실시하고 있다고 인정되는 경우에는 우선심사의 대상이 된다(§61ⅰ).

(3) 제3자에게 정보제공 및 심사에 정보제공

출원공개가 되면 특허청장은 출원서류 및 부속물건을 공중의 열람에 제공하여야 하며, 다만 법령에서 금지하는 경우에는 그러하지 아니하다(§216). 특허출원이 있는 때에는 누구든지 그 특허출원이 거절이유에 해당되어 특허될 수 없다는 취지의 정보를 증거와 함께 특허청장에게 제공할 수 있다. 다만, 제42조 제3항 제2호, 같은 조 제8항 및 제45조에 규정된 요건을 갖추지 아니한 경우에는 그러하지 아니하다(§63의2). 다만, 이러한 정보제공은 출원공개를 전제로 한 것은 아니므로 엄밀한 의미에서 출원공개의 효과라고 보기는 어렵다.

(4) 확대된 범위의 선출원

출원서에 최초로 첨부된 명세서·도면에 기재된 발명은 출원공개 또는 등록공고 전후의 감축 여부를 불문하고 확대된 선원의 지위를 갖는다(§29③).

라. 국제특허출원의 특례
(1) 국제출원에 대한 국제공개

국제출원의 국제공개는 국제출원의 우선일로부터 18개월이 경과한 후 신속히 한다. 출원인은 위 기간의 만료 전 어느 때라도 국제출원의 국제공개를 행할 것을 국제사무국에 청구할 수 있으며 국제사무국은 규칙이 정하는 바에 따라 절차를 밟는다[PCT§21(2)].

(2) 국제출원에 대한 국내에서의 공개

우선일로부터 2년 7월 이후에 공개가 되며, 다만 그 기간 내에 출원인이 심사청구를 한 출원으로서 국제공개가 된 것은 1년 6월을 경과한 때 또는 출원심사의 청구일 중 늦은 때 공개한다(§207①). 다만, 국어로 출원한 국제특허출원에 관하여 출원공개 전에 이미 「특허협력조약」 제21조에 따라 국제공개가 된 경우 그 국제공개 시에 출원공개가 된 것으로 본다(§207②).

(3) 보상금청구권

국제특허출원의 출원인은 국제특허출원에 관하여 국내공개(국어로 출원한 국제특허출원인 경우 「특허협력조약」 제21조에 따른 국제공개)가 있은 후 국제특허출원된 발명을 업으로 실시한 자에게 국제특허출원된 발명인 것을 서면으로 경고한 때에는 그 경고 후부터 특허권의 설정등록 전에 그 발명을 업으로서 실시한 자에게 그 특허발명의 실시에 대하여 통상 받을 수 있는 금액에 상당하는 보상금의 지급을 청구할 수 있으며, 경고를 하지 아니하는 경우에도 국내공개된 국제특허출원된 발명인 것을 알고 특허권의 설정등록 전에 업으로써 그 발명을 실시한 자에 대하여도 또한 같다. 다만, 그 청구권은 당해 특허출원이 특허권의 설정등록된 후가 아니면 이를 행사할 수 없다(§207③).

(4) 제29조 제3항에 의한 선출원의 지위가 인정되는 시기 및 범위

'출원공개'는 "출원공개 또는 「특허협력조약」 제21조에 따른 국제공개"로, "출원서에 최초로 첨부된 명세서 또는 도면에 기재된 발명 또는 고안"은 국어로 출원한 경우 "국제출원일에 제출한 국제출원의 명세서, 청구의 범위 또는 도면에 기재된 발명 또는 고안"으로, 외국어로 출원한 경우 "국제출원일에 제출한 국제출원의 명세서, 청구의 범위 또는 도면과 그 출원번역문에 다 같이 기재된 발명 또는 고안"으로 본다(§29④).

2. 출원심사청구제도

가. 의의 및 취지

출원심사청구제도란 출원된 특허발명 모두에 대해 심사절차를 진행하는 것이 아니라 심사청구가 된 출원에 대해서만 심사절차를 진행하는 제도를 말한다(§59). 심사지연 방지를 위해 1980년 개정 특허법에서 도입한 제도이다.

나. 출원의 심사를 청구할 수 있는 자

누구든지 심사청구를 할 수 있다(§59②본문). 다만, 특허출원인은 특허청구범위가 기재된 명세서가 첨부된 때에 한하여 심사청구를 할 수 있다(§59②단서).

다. 심사를 청구할 수 있는 기간

(1) 원칙

출원일로부터 5년 내에 심사청구를 할 수 있으며(§59②), 다만 분할출원 또는 변경출원에 관하여는 그 기간이 경과된 후에도 분할출원을 한 날 또는 변경출원을 한 날부터 30일 이내에 출원심사의 청구를 할 수 있다(§59③).

(2) 국제출원의 경우

출원인의 경우 번역문을 제출하고 수수료를 납부한 후가 아니면 심사청구를 할 수 없으며, 제3자는 우선일로부터 2년 7개월이 경과한 후에만 심사청구를 할 수 있다(§210).

라. 심사청구의 대상

특허청에 적법하게 계속 중인 출원이어야 한다.

마. 심사청구절차

(1) 심사청구서 제출

출원심사의 청구를 하고자 하는 자는 ① 청구인의 성명 및 주소(법인인 경우에는 그 명칭·영업소의 소재지), ② 출원심사의 청구대상이 되는 특허출원의 표시를 기재한 출원심사청구서를 특허청장에게 제출하여야 한다(§60①).

(2) 심사청구료 납부

청구인이 국가나 생활보호대상자 등 일정한 사유에 해당하는 경우가 아니면 소정의 심사청구료를 납부하여야 한다(§82,§83).

(3) 특허공보에 게재 및 출원인에 대한 통지

특허청장은 출원공개 전에 출원심사의 청구가 있는 때에는 출원공개 시에, 출원공개 후에 출원심사의 청구가 있는 때에는 지체 없이 그 취지를 특허공보에 게재하여야 하며(§60②), 특허출원인이 아닌 자로부터 출원심사의 청구가 있는 때에는 그 취지를 특허출원인에게 통지하여야 한다(§60③).

바. 심사청구의 효과

(1) 심사청구에 의한 출원내용을 공개 등

특허청장은 출원공개 전에 출원심사의 청구가 있는 때에는 출원공개 시에, 출원공개 후에 출원심사의 청구가 있는 때에는 지체 없이 그 취지를 특허공보에 게재하여야 하며 (§60②), 특허청장은 특허출원인이 아닌 자로부터 출원심사의 청구가 있는 때에는 그 취지를 특허출원인에게 통지하여야 한다(§60③).

(2) 심사의 착수

특허출원에 대한 심사는 출원심사의 청구순위에 의한다. 다만, 심사청구된 특허출원을 분할출원하여 심사청구한 경우 또는 심사청구된 실용신안등록출원을 변경출원하여 심사 청구한 경우에는 원출원의 심사청구 순위에 따라 심사한다(규칙§38).

(3) 취하금지

출원심사의 청구는 취하할 수 없다(§59④).

사. 심사불청구의 효과

출원심사의 청구를 할 수 있는 기간 내에 출원심사의 청구가 없는 때에는 그 특허출원 은 취하한 것으로 본다(§59⑤).

3. 우선심사제도

가. 의의 및 취지

(1) 의의

출원공개 후 특허출원인이 아닌 자가 업으로서 특허출원된 발명을 실시하고 있다고 인 정되거나 대통령령이 정하는 특허출원으로서 긴급처리가 필요하다고 인정되는 경우 다른 특허출원에 우선하여 심사하게 하는 제도를 말한다(§61).

(2) 취지

원칙적으로 특허출원심사는 심사청구의 순서에 따라야 하나, 국가방위산업과 수출촉진 등에 기여하거나, 출원인과 제3자와의 이익 조정 등을 위해 필요한 경우에는 다른 출원에 비해 우선하여 심사를 받을 필요가 있어서 이를 인정해 주는 제도이다.

나. 우선심사의 대상요건

출원공개 후 제3자가 업으로서 무단 실시하고 있는 출원이거나 대통령령이 정하는 특허출원으로써 긴급처리가 필요하다고 인정되는 경우이어야 한다(§61).[108]

다. 우선심사의 신청

우선심사를 받고자 하는 자는 우선심사신청설명서 및 대리인에 의하여 절차를 밟는 경우에는 그 대리권을 증명하는 서류를 첨부한 우선심사신청서를 특허청장에게 제출하여야 한다(영§10①, 규칙§39).

라. 우선심사의 결정 및 심사

특허청장은 우선심사 신청이 있는 때에는 우선심사 여부를 결정하여야 하며(영§10②), 우선심사의 결정에 관하여 필요한 사항은 특허청장이 정한다(영§10③).

---

108) 시행령 제9조 (우선심사의 대상) 법 제61조 제2호에서 '대통령령이 정하는 특허출원'이란 다음 각 호의 어느 하나에 해당하는 것으로서 특허청장이 정하는 특허출원을 말한다.
　　1. 방위산업분야의 특허출원
　　2. 녹색기술[온실가스 감축기술, 에너지 이용 효율화 기술, 청정생산기술, 청정에너지 기술, 자원순환 및 친환경 기술(관련 융합기술을 포함한다) 등 사회·경제 활동의 전 과정에 걸쳐 에너지와 자원을 절약하고 효율적으로 사용하여 온실가스 및 오염물질의 배출을 최소화하는 기술을 말한다]과 직접 관련된 특허출원
　　3. 수출촉진에 직접 관련된 특허출원
　　4. 국가 또는 지방자치단체의 직무에 관한 특허출원(「고등교육법」에 따른 국·공립학교의 직무에 관한 특허출원으로서 「기술의 이전 및 사업화 촉진에 관한 법률」 제11조 제1항에 따라 국·공립학교 안에 설치된 기술이전·사업화 전담조직에 의한 특허출원을 포함한다)
　　5. 「벤처기업육성에 관한 특별조치법」 제25조에 따른 벤처기업의 확인을 받은 기업의 특허출원
　　5의2. 「중소기업기술혁신 촉진법」 제15조에 따라 기술혁신형 중소기업으로 선정된 기업의 특허출원
　　6. 국가의 신기술개발지원사업 또는 품질인증사업의 결과물에 관한 특허출원
　　7. 조약에 의한 우선권주장의 기초가 되는 특허출원(당해 특허출원을 기초로 하는 우선권주장에 의하여 외국특허청에서 특허에 관한 절차가 진행 중인 것에 한정한다)
　　8. 특허출원인이 특허출원된 발명을 실시하고 있거나 실시준비 중인 특허출원
　　9. 전자거래와 직접 관련된 특허출원
　　10. 특허청장이 외국특허청장과 우선심사하기로 합의한 특허출원
　　11. 우선심사의 신청을 하려는 자가 특허출원된 발명에 관하여 법 제58조 제1항에 따른 전문기관에 선행기술의 조사를 의뢰한 경우로서 그 조사결과를 특허청장에게 통지하도록 해당 전문기관에 요청한 특허출원

4. 정보공개제도

특허출원이 있는 때에는 누구든지 그 특허출원이 거절이유에 해당되어 특허될 수 없다는 취지의 정보를 증거와 함께 특허청장에게 제공할 수 있다. 다만, 제42조 제3항 제2호, 같은 조 제8항 및 제45조에 규정된 요건을 갖추지 아니한 경우에는 그러하지 아니하다(§63의2).

5. 거절결정제도

가. 의의

심사관이 특허출원발명에 대해 심사를 하여 법에서 규정하고 있는 거절이유를 발견한 경우 출원인에게 거절이유를 통지·의견제출의 기회를 준 후 그 하자가 치유되지 않는 경우에 출원발명의 등록을 거절결정하는 제도이다. 즉 심사관은 특허출원이 제62조 각 호의 어느 하나('거절이유')에 해당하는 경우에는 그 특허출원에 대하여 특허거절결정을 하여야 한다(§62).

나. 거절결정이유

ⅰ) 제25조·제29조·제32조·제36조 제1항 내지 제3항 또는 제44조의 규정에 의하여 특허할 수 없는 경우

ⅱ) 제33조 제1항 본문의 규정에 의한 특허를 받을 수 있는 권리를 가지지 아니하거나 동 조 동항 단서의 규정에 의하여 특허를 받을 수 없는 경우

ⅲ) 조약의 규정에 위반된 경우

ⅳ) 제42조 제3항·제4항·제8항 또는 제45조에 규정된 요건을 갖추지 아니한 경우

ⅴ) 제47조 제2항의 규정에 의한 범위를 벗어난 보정인 경우

ⅵ) 제52조 제1항의 규정에 의한 범위를 벗어난 분할출원인 경우

ⅶ) 제53조 제1항의 규정에 의한 범위를 벗어난 변경출원인 경우

다. 무효사유와의 차이

(1) 거절사유에만 해당하는 것

배경기술기재의무 위반(§42③ⅱ), 특허청구범위 기재방식 위반(§42⑧), 1특허출원의

범위 위반(§45)은 거절이유에는 해당되나 무효사유는 아니다.

(2) 무효사유에만 해당하는 것

특허등록 후 특허권자가 제25조의 규정에 의하여 특허권을 향유할 수 없는 자로 되거나 그 특허가 조약에 위반된 경우(§133①단iv)는 무효사유에만 해당된다.

라. 거절이유의 통지

심사관은 제62조의 규정에 의하여 특허거절결정을 하고자 할 때에는 그 특허출원인에게 거절이유를 통지하고 기간을 정하여 의견서를 제출할 수 있는 기회를 주어야 한다. 다만, 제51조 제1항[109]에 따라 각하결정을 하고자 하는 때에는 그러하지 아니하다(§63①). 이 경우 심사관은 특허청구범위에 2 이상의 청구항이 있는 특허출원에 대하여 거절이유를 통지할 때에는 그 통지서에 거절되는 청구항을 명시하고 그 청구항에 관한 거절이유를 구체적으로 기재하여야 한다(§63②).

마. 거절결정의 효과

거절결정등본을 송달받은 자가 그 송달일로부터 30일 이내에 거절결정불복심판(§132의3)을 청구하거나 재심사(§67의2)를 청구하지 않으면 거절결정이 확정된다.

6. 특허결정제도

심사관은 특허출원에 대하여 거절이유를 발견할 수 없는 때에는 특허결정을 하여야 한다(§66). 특허결정 및 특허거절결정(이하 '특허 여부 결정')은 서면으로 하여야 하며 그 이유를 붙여야 하고, 특허청장은 특허 여부 결정이 있는 경우에는 그 결정의 등본을 특허출원인에게 송달하여야 한다(§67).

---

109) 제51조 (보정각하) ① 심사관은 제47조 제1항 제2호 및 제3호에 따른 보정이 같은 조 제2항 및 제3항을 위반하거나 그 보정(같은 조 제3항 제1호 및 제4호에 따른 보정 중 청구항을 삭제하는 보정은 제외한다)에 따라 새로운 거절이유가 발생한 것으로 인정하면 결정으로 그 보정을 각하하여야 한다. 다만, 제67조의2에 따른 재심사의 청구가 있는 경우 그 청구 전에 한 보정인 경우에는 그러하지 아니하다.

7. 특허권 설정등록공고제도

가. 의의

특허권의 설정등록공고란 심사관이 특허결정한 특허출원에 대하여 특허권설정등록이
있는 경우 그 특허발명을 일반 공중이 알 수 있도록 공표하는 제도이다(§87③). 이러한
등록공고가 있으면 그날로부터 3월 이내에 누구나 무효심판을 청구할 수 있다.

나. 성질

특허권 설정등록공고제도의 성질에 대해서는 공시최고설, 공중심사설, 객관성 담보설
등의 견해대립이 있으나, 일응 그 3가지의 모든 성질을 가진 것으로 볼 것이며 다만 견
해대립의 실천적 의의는 별로 없다.

다. 절차

심사관의 특허결정이 있으면 특허청장이 특허결정등본을 출원인에게 송달하고, 3월 이
내에 소정의 특허료가 납부되면 특허권설정등록을 하게 된다. 이러한 특허권설정등록이
있는 때에는 특허청장이 특허공보에 게재하여 특허권설정등록공고를 하고, 향후 3월간
출원서류 및 부속물건을 공중의 열람에 제공한다(§87).

라. 효과

(1) 특허증 교부

특허청장은 특허권 설정등록을 한 때에 특허권자에게 특허증을 교부하여야 한다(§86①).

(2) 확대된 선원의 지위 인정

특허등록공고가 되면 출원서에 최초로 첨부된 명세서·도면에 기재된 발명은 특허법
제29조 제3항에 의한 선출원의 지위가 인정된다(§29③).

(3) 3월간 일반 공중에의 열람 제공

특허청장은 등록공고가 있는 날부터 3월간 출원서류 및 그 부속물건을 공중의 열람에
제공하여야 한다(§87⑤).

(4) 무효심판청구

특허권의 설정등록이 있는 날부터 등록공고일 후 3월 이내에 누구든지 제133조 제1항 각 호(제2호를 제외한다)의 어느 하나에 해당한다는 이유로 무효심판을 청구할 수 있다(§133①단서).

8. 재심사청구제도

구법에서는 특허거절결정을 받은 경우 반드시 거절결정불복심판을 청구하도록 하였으나, 2009년 1월 30일 개정법에서는 거절결정에 대한 보정과 동시에 다시 심사를 요청할 수 있도록 하는 재심사제도를 도입하였다.[110)

즉 특허출원인은 그 특허출원에 관하여 거절결정등본을 송달받은 날부터 30일(제15조 제1항에 따라 제132조의3에 따른 기간이 연장된 경우 그 연장된 기간을 말한다) 이내에 그 특허출원의 특허출원서에 첨부된 명세서 또는 도면을 보정하여 해당 특허출원에 관하여 재심사('재심사')를 청구할 수 있다. 다만, 재심사에 따른 특허거절결정이 있거나 제132조의3에 따른 심판청구가 있는 경우에는 그러하지 아니하다(§67의2①). 이러한 재심사의 청구가 있는 경우 해당 특허출원에 대하여 종전에 이루어진 특허거절결정은 취소된 것으로 보며(§67의2②), 재심사의 청구는 취하할 수 없다(§67의2③).

9. 선행기술의 조사 및 전문기관의 운영

가. 선행기술의 조사

특허청장은 특허출원의 심사(국제출원에 대한 국제조사 및 국제예비심사를 포함한다)에 있어서 필요하다고 인정할 때에는 전문기관을 지정하여 선행기술의 조사, 국제특허분류의 부여 그 밖에 대통령령이 정하는 업무를 의뢰할 수 있으며(§58①), 전문기관의 지정기준 등 지정에 관하여 필요한 사항과 선행기술의 조사 또는 국제특허분류의 부여 등의 의뢰절차에 관하여 필요한 사항은 대통령령으로 정한다(§58③).

또한, 특허청장은 특허출원의 심사에 관하여 필요하다고 인정할 때에는 정부기관·딩

---

110) 시행 2009. 7. 1.[법률 제9381호, 2009. 1. 30. 일부개정] 부칙 제4조 (재심사의 청구에 관한 적용례) 제47조의 개정규정 중 재심사의 청구 관련 개정부분, 제51조의 개정규정 중 재심사의 청구 관련 개정부분 및 제67조의2의 개정규정은 이 법 시행 후 최초로 출원하는 특허출원부터 적용한다.

해 기술분야의 전문기관 또는 특허에 관한 지식과 경험이 풍부한 자에게 협조를 요청하
거나 의견을 들을 수 있다. 이 경우 특허청장은 예산의 범위 안에서 수당 또는 비용을
지급할 수 있다(§58②).

나. 전문기관의 운영

특허청장은 제58조 제1항의 규정에 따른 전문기관이 '거짓 그 밖의 부정한 방법으로
전문기관의 지정을 받은 경우'에 해당하는 경우에는 전문기관의 지정을 취소하여야 하며,
'제58조 제3항의 규정에 따른 지정기준에 적합하지 아니하게 된 경우'에는 그 지정을 취
소하거나 6개월 이내의 기간을 정하여 업무의 정지를 명할 수 있다(§58의2①). 특허청장
이 전문기관의 지정을 취소하려고 할 때에는 청문을 실시하여야 하며(§58의2②), 전문기
관의 지정취소 및 업무정지의 기준과 절차 등에 관하여 필요한 사항은 지식경제부령으로
정한다(§58의2③).

10. 특허이의신청제도

구특허법 제61조[111]에서 이의신청제도를 두고 있었으나, 무효심판제도와 중복되는 등
의 문제가 있어 2006년 3월 3일 개정법에서 삭제하였다.[112]

---

111) 구 특허법 제69조 (특허이의신청) ① 누구든지 특허권의 설정등록이 있는 날부터 등록공고일 후 3월이
되는 날까지 그 특허가 다음 각 호의 1에 해당한다는 것을 이유로 특허청장에게 특허이의신청을 할 수
있다. 이 경우 특허청구범위의 청구항이 2 이상인 때에는 청구항마다 특허이의신청을 할 수 있다.
1. 제25조·제29조·제31조·제32조·제36조 제1항 내지 제3항 또는 제44조의 규정에 위반되어 특허
된 경우
2. 제33조 제1항 본문의 규정에 의한 특허를 받을 수 있는 권리를 가지지 아니하거나 동 조 동항 단서
의 규정에 의하여 특허를 받을 수 없는 경우
3. 조약의 규정에 위반된 경우
4. 제42조 제3항 또는 제4항의 규정에 위반된 경우
4의2. 제47조 제2항의 규정에 의한 범위를 벗어난 보정인 경우
5. 제87조 제2항 단서의 규정에 위반되어 설정등록된 경우
② 특허이의신청을 하는 자(이하 '특허이의신청인'이라 한다)는 다음 각 호의 사항을 기재한 특허이의
신청서에 필요한 증거를 첨부하여 특허청장에게 제출하여야 한다.
1. 특허이의신청인의 성명 및 주소(법인인 경우에는 그 명칭 및 영업소의 소재지)
1의2. 특허이의신청인의 대리인이 있는 경우에는 그 대리인의 성명 및 주소나 영업소의 소재지(대리인
이 특허법인인 경우에는 그 명칭, 사무소의 소재지 및 지정된 변리사의 성명)
2. 특허이의신청의 대상이 되는 특허의 표시
3. 특허이의신청의 이유 및 필요한 증거의 표시
③ 제133조 제4항의 규정은 특허이의신청이 있는 경우에 이를 준용한다.
112) 시행 2006. 3. 3.[법률 제7871호, 2006. 3. 3, 일부개정] 부칙 제7조 (특허이의신청의 폐지에 따른 경과조치)

제4절 특허권

Ⅰ. 서

특허권이란 특허받은 발명을 독점적으로 실시하면서(§94) 타인의 이용을 배제할 수 있는 권리이다(§126). 이러한 특허권은 설정등록에 의하여 그 효력이 발생하며(§87①), 특허등록은 특허청에 비치한 특허등록원부에 특허청장이 직권으로 기재하고(§85) 특허권의 설정등록을 한 경우 특허청장이 특허권자에게 특허증을 교부한다(§86①).

Ⅱ. 특허권의 효력발생

특허권자는 업으로서 그 특허발명을 실시할 권리를 독점하며(§94), 특허발명의 보호범위는 특허청구범위에서 기재된 사항에 의하여 정하여진다(§97).

1. 적극적 효력

가. 실시

특허권자는 특허발명을 자신이 직접 실시할 수 있는 권리를 가지는데, 특허법 제2조 제3호에서 실시를 정의하고 있다.

(1) 물건발명의 실시

물건의 발명인 경우에는 그 물건을 생산·사용·양도·대여 또는 수입하거나 그 물건의 양도 또는 대여의 청약(양도 또는 대여를 위한 전시를 포함)을 하는 행위를 말한다(§2 iii가목). 해외로 수출만 하는 행위는 이에 포함되지 않으며, 카탈로그에 의한 권유, 팸플릿의 배포, 상품판매의 광고, 상품의 진열 등 청약의 유인에 해당하는 경우에도 특허권의 효력이 미친다고 볼 것이다.[113]

2007년 7월 1일 전에 특허권의 설정등록이 된 것에 대한 특허이의신청에 관하여는 종전의 규정에 의한다.

(2) 방법발명의 실시

방법의 발명인 경우에는 그 방법을 사용하는 행위를 말한다(§2ⅲ나목).

(3) 물건을 생산하는 방법발명의 실시

물건을 생산하는 방법의 발명인 경우에는 그 방법을 사용하는 행위 외에 그 방법에 의하여 생산한 물건을 사용·양도·대여 또는 수입하거나 그 물건의 양도 또는 대여의 청약을 하는 행위를 말한다(§2ⅲ다목).

나. 업으로서의 실시

특허권은 발명을 업으로 실시할 수 있는 권리이기 때문에, 업으로써의 실시가 아닌 개인 또는 가정 내에서의 실시는 특허권의 효력이 미치지 아니한다.

다. 독점

특허권자는 특허발명을 독점적으로 실시할 수 있으며, 따라서 제3자는 정당한 이유 없이 특허발명을 실시하여서는 아니 된다.

2. 소극적 효력

특허권자 또는 전용실시권자는 자기의 권리를 침해한 자 또는 침해할 우려가 있는 자에 대하여 그 침해의 금지 또는 예방을 청구할 수 있다(§126①). 디자인권이나 상표권과 달리 소극적 효력도 동일성 범위에까지만 미치며, 따라서 그 동일성 범위를 어디까지로 볼 것인지가 중요한 요소가 된다.

---

113) 특허법원 2004. 3. 19. 선고 2003허5941 판결(확정)[의장법 제69조가 정하는 적극적 권리범위확인심판은 피심판청구인이 등록의장을 실시하거나 실시하려고 하는 사정이 있는 경우에 한하여 제기할 수 있는 것이고, 그 사정의 존부를 판단하는 시점은 심판청구 시가 아니라 심결 시라 할 것이고, 같은 법 제2조 6호에 의하면 의장법상의 실시라 함은 "의장에 관한 물품을 생산, 사용, 양도, 대여 또는 수입하거나 그 물품의 양도 또는 대여의 청약(양도나 대여를 위한 전시를 포함한다)을 하는 행위"라 할 것이다. 인터넷 홈페이지가 계약을 직접 체결하는 전자상거래의 장으로 널리 활용되고 있음은 물론, 인터넷상으로 계약을 직접 체결하지는 않더라도 거래자나 일반 수요자들이 인터넷 홈페이지를 통하여 거래 대상 물품의 외양이나 사양 등을 확인하고 주문하는 최근의 거래실정을 감안하면, 인터넷 홈페이지에 확인대상 의장의 물품을 자신이 생산·판매하고 있는 상품으로 게시하고 카탈로그에 게재하는 행위는 그 자체로서 확인대상 의장을 이용한 물품에 관하여 양도나 대여의 청약(이를 위한 전시가 포함된다)에 해당한다].

Ⅲ. 특허권의 효력제한

1. 시간적 제한

특허권의 존속기간은 제87조 제1항의 규정에 의한 특허권의 설정등록이 있는 날부터 특허출원일 후 20년이 되는 날까지로 한다(§88①). 참고로 2011. 12. 2. 개정법에서는 등록지연에 따른 존속기간연장등록제도를 신설하여,[114] 그 지연된 기간만큼 특허권의 존속

---

114) 제92조의2 (등록지연에 따른 특허권의 존속기간의 연장) ① 특허출원에 대하여 특허출원일부터 4년과 출원심사 청구일부터 3년 중 늦은 날보다 지연되어 특허권의 설정등록이 이루어지는 경우에는 제88조 제1항에도 불구하고 그 지연된 기간만큼 해당 특허권의 존속기간을 연장할 수 있다.
　② 제1항의 규정을 적용함에 있어서 출원인으로 인하여 지연된 기간은 제1항에 따른 특허권의 존속기간의 연장에서 제외된다. 다만, 출원인으로 인하여 지연된 기간이 겹치는 경우에는 특허권의 존속기간의 연장에서 제외되는 기간은 출원인으로 인하여 실제 지연된 기간을 초과하여서는 아니 된다.
　③ 제2항에서 '출원인으로 인하여 지연된 기간'에 관한 사항은 대통령령으로 정한다.
　④ 제1항에 따라 특허출원일부터 4년을 기산할 때에는 제34조, 제35조, 제52조 제2항, 제53조 제2항, 제199조 제1항 및 제214조 제4항에도 불구하고 다음 각 호에 해당하는 날을 특허출원일로 본다.
　1. 제34조 또는 제35조에 따른 정당한 권리자의 특허출원의 경우에는 정당한 권리자가 출원을 한 날
　2. 제52조에 따른 분할출원의 경우에는 분할출원을 한 날
　3. 제53조에 따른 변경출원의 경우에는 변경출원을 한 날
　4. 제199조 제1항에 따라 특허출원으로 보는 국제출원의 경우에는 제203조 제1항 각 호의 사항을 기재한 서면을 제출한 날
　5. 제214조에 따라 특허출원으로 보는 국제출원의 경우에는 국제출원의 출원인이 제214조 제1항에 따라 결정을 신청한 날
　6. 제1호부터 제5호까지의 규정 중 어느 하나에 해당되지 아니하는 특허출원에 대하여는 그 특허출원일
[본조신설 2011. 12. 2.]
제92조의3 (등록지연에 따른 특허권의 존속기간의 연장등록출원) ① 제92조의2에 따라 특허권의 존속기간의 연장등록출원을 하려는 자(이하 이 조 및 제92조의4에서 '연장등록출원인'이라 한다)는 다음 각 호의 사항을 적은 특허권의 존속기간의 연장등록출원서를 특허청장에게 제출하여야 한다.
　1. 연장등록출원인의 성명 및 주소(법인인 경우에는 그 명칭 및 영업소의 소재지)
　2. 연장등록출원인의 대리인이 있는 경우에는 그 대리인의 성명 및 주소나 영업소의 소재지(대리인이 특허법인인 경우에는 그 명칭, 사무소의 소재지 및 지정된 변리사의 성명)
　3. 연장 대상 특허권의 특허번호
　4. 연장신청의 기간
　5. 지식경제부령이 정하는 연장이유(이를 증명할 수 있는 자료를 첨부하여야 한다)
　② 제1항에 따른 특허권의 존속기간의 연장등록출원은 특허권의 설정등록일부터 3개월 이내에 출원하여야 한다.
　③ 특허권이 공유인 경우에는 공유자 전원이 공동으로 특허권의 존속기간의 연장등록출원을 하여야 한다.
　④ 연장등록출원인은 심사관이 특허권의 존속기간의 연장등록여부결정 전까지 연장등록출원서에 기재된 사항 중 제1항 제4호 및 제5호의 사항에 대하여 보정할 수 있다. 다만, 제93조에 따라 준용되는 거절이유통지를 받은 후에는 해당 거절이유통지에 따른 의견서 제출기간에만 보정할 수 있다.
[본조신설 2011. 12. 2.]
제92조의4 (등록지연에 따른 특허권의 존속기간의 연장등록거절결정) 심사관은 제92조의3에 따른 특허권의 존속기간의 연장등록출원이 다음 각 호의 어느 하나에 해당하는 경우에는 그 출원에 대하여 연장등

기간을 연장할 수 있도록 하였다.

2. 장소적 제한

속지주의 원칙상 특허권의 효력은 우리나라 영토 내에서만 그 효력이 미친다.

3. 내용적 제한

가. 공공의 이익을 위한 제한

(1) 연구 또는 시험을 하기 위한 특허발명의 실시(§96① ⅰ)

특허권의 효력은 연구 또는 시험(「약사법」에 따른 의약품의 품목허가·품목신고 및 「농약관리법」에 따른 농약의 등록을 위한 연구 또는 시험을 포함한다)을 하기 위한 특허발명의 실시에는 미치지 아니한다.

(2) 국내를 통과하는 데 불과한 선박·항공기·차량 또는 이에 사용되는 기계·기구·장치 기타의 물건(§96① ⅱ)

파리조약 제5조의3[115)의 규정과 같은 취지이다.

록거절결정을 하여야 한다.
1. 연장신청의 기간이 제92조의2에 따라 인정되는 연장의 기간을 초과한 경우
2. 연장등록출원인이 해당 특허권자가 아닌 경우
3. 제92조의3 제3항을 위반하여 연장등록출원을 한 경우
[본조신설 2011. 12. 2.]
제92조의5 (등록지연에 따른 특허권의 존속기간의 연장등록결정 등) ① 심사관은 제92조의3에 따른 특허권의 존속기간의 연장등록출원에 대하여 제92조의4 각 호의 어느 하나에 해당하는 사유를 발견할 수 없는 경우에는 연장등록결정을 하여야 한다.
② 특허청장은 제1항의 연장등록결정이 있으면 특허권의 존속기간의 연장을 특허원부에 등록하여야 한다.
③ 제2항에 따른 등록이 있으면 다음 각 호의 사항을 특허공보에 게재하여야 한다.
1. 특허권자의 성명 및 주소(법인인 경우에는 그 명칭 및 영업소의 소재지)
2. 특허번호
3. 연장등록 연월일
4. 연장 기간
[본조신설 2011. 12. 2.]
115) Article 5ter
    Patents: Patented Devices Forming Part of Vessels, Aircraft, or Land Vehicles
    In any country of the Union the following shall not be considered as infringements of the rights of a patentee:

(3) 특허출원 시부터 국내에 있는 물건(§96①iii)

특허출원 시부터 국내에 있던 물건에 대해서는 선사용권자를 보호하기 위해 예외적으로 특허권의 효력이 미치지 않도록 한 것이다.

(4) 조제행위(§96②)

2 이상의 의약(사람의 질병의 진단·경감·치료·처치 또는 예방을 위하여 사용되는 물건을 말한다.)을 혼합함으로써 제조되는 의약의 발명 또는 2 이상의 의약을 혼합하여 의약을 제조하는 방법의 발명에 관한 특허권의 효력은 「약사법」에 의한 조제행위와 그 조제에 의한 의약에는 미치지 아니한다.

(5) 재심에 의하여 회복한 특허권의 효력의 제한

특허가 무효심결에 의해 소멸하여 이를 신뢰한 제3자가 실시행위를 하였는데, 그 이후에 특허권이 재심에 의해 회복된 경우 이전의 무효심결을 신뢰한 제3자의 실시행위는 보호해 줄 필요가 있고, 이에 특허법에서는 재심에 의해 회복한 특허권의 효력을 일부 제한하고 있다(§181). 나아가, 제181조 제1항 각 호의 1에 해당하는 경우에 당해 심결이 확정된 후 재심청구의 등록 전에 선의로 국내에서 그 발명의 실시사업을 하고 있는 자 또는 그 사업의 준비를 하고 있는 자는 그 실시 또는 준비를 하고 있는 발명 및 사업의 목적의 범위 안에서 그 특허권에 관하여 통상실시권을 가진다(§182).

(6) 특허료 추가납부 또는 보전에 의하여 회복한 특허권의 효력 제한

특허료를 납부하지 않은 경우에는 특허권이 소멸되지만, 특허법에서는 이를 보완하는 방법으로서 추가납부(§81) 또는 보전(§81의2)이 가능하도록 하고 있다. 그리고 앞에서와

---

1. the use on board vessels of other countries of the Union of devices forming the subject of his patent in the body of the vessel, in the machinery, tackle, gear and other accessories, when such vessels temporarily or accidentally enter the waters of the said country, provided that such devices are used there exclusively for the needs of the vessel;

2. the use of devices forming the subject of the patent in the construction or operation of aircraft or land vehicles of other countries of the Union, or of accessories of such aircraft or land vehicles, when those aircraft or land vehicles temporarily or accidentally enter the said country.

제5조의3(신박, 항공기 또는 육상운송수단이 일부를 구성하는 특허된 고안) 동맹국 내에서 다음은 특허권자의 권리에 대한 침해로 간주되지 아니한다.

1. 타 동맹국의 선박이 일시적 또는 우발적으로 그 동맹국의 영수에 들어온 경우에 그 선박상에서 그의 특허의 대상을 이루는 장치를 선체·기계·선구·기관 또는 기타 부속물에 사용하는 것. 단, 그러한 장치가 다만 선박의 필요를 위하여 사용되는 경우에 한함.

2. 타 동맹국의 항공기나 육상 운송체가 일시적 또는 우발적으로 그 동맹국에 들어온 경우에 그 항공기 또는 육상운송체 또는 그 부속물의 건조 또는 운항에 그의 특허의 대상을 이루는 장치를 사용하는 것

마찬가지 취지에서 특허출원 또는 특허권의 효력은 특허료 추가납부기간이 경과한 날부터 납부하거나 보전한 날까지의 기간('효력제한기간') 중에 다른 사람이 특허발명을 실시한 행위에 대하여는 그 효력이 미치지 아니한다(§81의3④).

그리고 그러한 효력제한기간 중 국내에서 선의로 특허출원된 발명 또는 특허권에 대하여 그 발명의 실시사업을 하거나 그 사업의 준비를 하고 있는 자는 그 실시 또는 준비를 하고 있는 발명 또는 사업의 목적의 범위 안에서 그 특허출원된 발명에 대한 특허권에 대하여 통상실시권을 가지며, 이 경우 통상실시권을 가진 자는 특허권자 또는 전용실시권자에게 상당한 대가를 지급하여야 한다(§81의3⑤,⑥).

나. 이용·저촉에 의한 제한

특허권자·전용실시권자 또는 통상실시권자는 특허발명이 그 특허발명의 특허출원일 전에 출원된 타인의 특허발명·등록실용신안 또는 등록디자인이나 이와 유사한 디자인을 이용하거나 특허권이 그 특허발명의 특허출원일 전에 출원된 타인의 디자인권 또는 상표권과 저촉되는 경우에는 그 특허권자·실용신안권자·디자인권자 또는 상표권자의 허락을 얻지 아니하고는 자기의 특허발명을 업으로써 실시할 수 없다(§98).[116] 이 경우 특허권자등이 선권리자의 동의를 얻지 못한 경우에는 통상실시권허여심판 제도를 이용하여 특허발명을 실시할 수 있다(§138).

다. 타인의 실시권과의 관계에 의한 제한

(1) 계약실시권

전용실시권(§100)과 통상실시권(§102)을 설정한 경우 특허권의 효력이 제한된다.

(2) 법정실시권

직무발명에 의한 통상실시권(발진법 §10①), 특허료 추가납부에 의한 효력제한기간 중 선의의 실시자에 대한 통상실시권(§81의3⑤), 선사용에 의한 통상실시권(§103), 무효심판 청구등록 전의 실시에 의한 통상실시권(중용권, §104), 디자인권의 존속기간 만료 후의 통상실시권(§105), 재심에 의하여 회복한 특허권에 대한 선사용자의 통상실시권(§182), 질권행사 후의 원특허권자의 실시권(§122), 재심에 의하여 통상실시권을 상실한 원권리자의 통상실시권(§183) 등 법정실시권에 의해 특허권의 효력이 제한된다.

---

116) 대법원 1991. 11. 26. 선고 90후1499 판결(선행발명과 후발명이 구 특허법 제45조 제3항 소정의 이용 관계에 있는 경우에는 후발명은 선행발명특허의 권리범위에 속하게 된다).

(3) 재정실시권

국방상 필요에 의한 재정실시권(§106), 불실시에 의한 재정실시권(§107) 등 재정실시권에 의한 제한을 받는다.

라. 공지기술에 의한 제한
(1) 신규성 흠결의 경우

① 등록된 특허의 일부에 그 발명의 기술적 효과발생에 유기적으로 결합된 것이 아닌 공지사유가 포함되어 있는 경우 그 공지 부분에까지 권리범위가 확장되는 것이 아닌 이상 그 등록된 특허발명의 전부가 출원 당시 공지공용의 것인 경우에도 특허무효의 심결의 유무에 관계없이 그 권리범위를 인정할 수 없다.[117]

② 하수처리용 접촉물에 관한 특허발명이 그 출원 전에 국외 간행물에 기재된 인용발명의 일부 구성요소의 수치를 한정한 것에 불과한 것으로 그 수치 한정에 구성의 곤란성이 인정되지 아니하고 수치 한정으로 인한 특별한 효과나 임계적 의의가 인정되지 않으므로 특허발명은 인용발명과 기술적 구성이 실질적으로 동일하여 공지된 기술에 해당하고, 따라서 무효심결의 확정 여부에 관계없이 그 권리범위를 인정할 수 없으므로 (가)호 발명은 특허발명과 대비할 필요도 없이 그 권리범위에 속하지 않는다.[118]

(2) 진보성 흠결의 경우

① 등록된 특허발명의 일부 또는 전부가 출원 당시 공지공용의 것인 경우에는 특허무효의 심결 유무에 관계없이 그 권리범위를 인정할 수 없다 할 것이나, 이는 등록된 특허발명의 일부 또는 전부가 출원 당시 공지공용의 기술에 비추어 새로운 것이 아니어서 소위 신규성이 없는 경우 그렇다는 것이지, 신규성은 있으나 그 분야에서 통상의 지식을 가진 자가 선행기술에 의하여 용이하게 발명할 수 있는 것이어서 소위 진보성이 없는 경우까지 법원이 다른 소송에서 당연히 권리범위를 부정할 수 있다고 할 수는 없다.[119]

② 실용신안법은 실용신안등록이 일정한 사유에 해당하는 경우에 별도로 마련한 실용신안등록의 무효심판절차를 거쳐 무효로 할 수 있도록 규정하고 있으므로, 등록실용신안은 일단 등록이 된 이상 이와 같은 심판에 의하여 실용신안등록을 무효로 한다는 심결이

---

117) 대법원 1983. 7. 26. 선고 81후56 전원합의체 판결.
118) 대법원 2000. 11. 10. 선고 2000후1283 판결.
119) 대법원 1992. 6. 2.자 91마540 결정.

확정되지 않는 한 유효하며, 위와 같은 실용신안등록을 무효로 할 수 있는 사유가 있더라도 다른 절차에서 그 전제로서 실용신안등록이 당연무효라고 판단할 수 없고, 다만 등록실용신안의 일부 또는 전부가 출원 당시 공지공용의 것인 경우에는 실용신안등록무효의 심결 유무에 관계없이 그 권리범위를 인정할 수 없으나, 이는 등록실용신안의 일부 또는 전부가 출원 당시 공지공용의 기술에 비추어 새로운 것이 아니어서 이른바 신규성이 없는 경우 그렇다는 것이지, 신규성은 있으나 그 분야에서 통상의 지식을 가진 자가 선행기술에 의하여 극히 용이하게 발명할 수 있는 것이어서 이른바 진보성이 없는 경우까지 다른 절차에서 당연히 권리범위를 부정할 수는 없다.[120]

마. 자유실시 기술의 항변

어느 발명이 특허발명의 권리범위에 속하는지를 판단함에 있어서 특허발명과 대비되는 발명이 공지의 기술만으로 이루어지거나 그 기술분야에서 통상의 지식을 가진 자(당업자)가 공지기술로부터 용이하게 실시할 수 있는 경우에는 특허발명과 대비할 필요 없이 특허발명의 권리범위에 속하지 않게 된다.[121]

마. 권리남용

(1) 일본

소위 킬비(キルビ) 판결[122] 이후 침해소송에서 권리남용의 항변이 주장되고 받아들여

---

120) 대법원 1998. 10. 27. 선고 97후2095 판결; 대법원 2001. 3. 23. 선고 98다7209 판결.

121) 대법원 2001. 10. 30. 선고 99후710 판결; 대법원 2002. 12. 26. 선고 2001후2375 판결.

122) Texas Instruments Inc.(피고, 항소인, 상고인)은 반도체집적회로에 관한 특허권자인데, 富士通 株式會社(원고, 피항소인, 피상고인)에게 실시료 상당액의 지급을 요구하자, 원고가 피고를 상대로 특허침해가 아님을 이유로 손해배상청구권 부존재확인의 소를 제기하였다. 문제가 된 특허는 분할출원을 통해 등록된 것인데, 공지의 발명에 의하여 용이하게 발명될 수 있다는 것을 이유로 하여 거절결정이 확정된 원출원발명과 실질적으로 동일하여서 무효사유가 내재하여 있는 경우였다. 1심(東京地判 1994. 8. 31. 知的裁集 29卷 3号 875頁, 判時 1510号 35頁)에서는 원고 제품은 피고 특허발명의 권리범위에 속하지 않는다는 이유로 원고 청구를 인용하였고, 피고의 항소에 대해 원심(東京高判 1997. 9. 10. 知的裁集 29卷 3号 819頁, 判時 1615号 10頁)은 무효사유가 명백한 특허권에 근거한 권리 행사는 권리남용이라고 판단하였다. 그리고 피고의 상고에 대해 최고재판소(最高裁 2000. 4. 11. 民集 54卷 4号 1368頁, 判時 1710号 68頁)는 "특허의 무효심결이 확정되기 전이라도 특허권침해소송을 심리하는 법원은 특허에 무효사유가 존재하는 것이 명백한지 아닌지를 판단할 수 있다고 해석하여야 하고, 심리의 결과 당해 특허에 무효사유가 존재하는 것이 명백한 때에는 그 특허권에 기하여 금지를 구하고 손해배상을 청구하는 것은 특단의 사정이 없는 한 권리남용에 해당하여 허용되지 않는다고 해석하는 것이 상당하다"고 판시하였다. ジュリスト, 特許判例百選(第三版), No. 170, 有斐閣(2004. 2.), 168 – 169.
　　【判示事項】
　　無効理由が存在することが明らかな特許権に基づく権利行使が権利の濫用と認められた事例。

지는 경우가 정착되자, 특허법 제104조의3에서 "특허권 또는 전용실시권의 침해에 관한 소송에 있어서, 당해 특허가 특허무효심판에 의하여 무효로 될 것이라고 인정되는 때에는 특허권자 또는 전용실시권자는 상대방에 대하여 그 권리를 행사할 수 없다"는 규정을 신설하여 2005. 4. 1.부터 시행하고 있다.

(2) 우리나라

– 대법원 2004. 10. 28. 선고 2000다69194 판결

특허의 무효심결이 확정되기 이전이라고 하더라도 특허권침해소송을 심리하는 법원은 특허에 무효사유가 있는 것이 명백한지에 대하여 판단할 수 있고, 심리한 결과 당해 특허에 무효사유가 있는 것이 분명한 때에는 그 특허권에 기초한 금지와 손해배상 등의 청구는 특별한 사정이 없는 한 권리남용에 해당하여 허용되지 아니한다.

– 대법원 2012. 1. 19. 선고 2010다95390 전원합의체 판결

[1] 특허법은 특허가 일정한 사유에 해당하는 경우에 별도로 마련한 특허의 무효심판 절차를 거쳐 무효로 할 수 있도록 규정하고 있으므로, 특허는 일단 등록된 이상 비록 진보성이 없어 무효사유가 존재한다고 하더라도 이와 같은 심판에 의하여 무효로 한다는 심결이 확정되지 않는 한 대세적(대세적)으로 무효로 되는 것은 아니다. 그런데 특허법은 제1조에서 발명을 보호·장려하고 이용을 도모함으로써 기술의 발전을 촉진하여 산업발전에 이바지함을 목적으로 한다고 규정하여 발명자뿐만 아니라 이용자의 이익도 아울러 보호하여 궁극적으로 산업발전에 기여함을 입법목적으로 하고 있는 한편 제29조 제2항

【判決要旨】
① 本件特許に特許法１２３條１項２号に規定する無效理由が存在することは明らかであり、訂正審判の請求がされているなど特段の事情を認めるに足りないから、無效とされることが確實に予見される。
② 特許權は無效審決の確定までは適法かつ有效に存在し、對世的に無效とされるわけではない。しかし、本件特許のように特許に無效理由が存在することが明らかで、無效審判請求がされた場合には無效審決の確定により当該特許が無效とされる場合にも、その特許權に基づく差止め、損害賠償等の請求が許されると解することは相当ではない。
③ したがって、無效審決が確定する以前であっても、特許權侵害訴訟を審理する裁判所は特許に無效理由が存在することが明らかであるか否かについて判斷することができると解すべきであり、審理の結果、当該特許に無效理由が存在することが明らかであるときは、その特許權に基づく差止め、損害賠償等の請求は、特段の事情がない限り權利の濫用に当たり許されないと解するのが相当である。
【判決日】平成１２年４月１１日
【裁判所】最高裁判所
【事件番号】平成１０年（オ）第３６４号

에서 그 발명이 속하는 기술분야에서 통상의 지식을 가진 자(이하 '통상의 기술자'라 한다)가 특허출원 전에 공지된 선행기술에 의하여 용이하게 발명할 수 있는 것에 대하여는 특허를 받을 수 없다고 규정함으로써 사회의 기술발전에 기여하지 못하는 진보성 없는 발명은 누구나 자유롭게 이용할 수 있는 이른바 공공영역에 두고 있다. 따라서 진보성이 없어 본래 공중에게 개방되어야 하는 기술에 대하여 잘못하여 특허등록이 이루어져 있음에도 별다른 제한 없이 그 기술을 당해 특허권자에게 독점시킨다면 공공의 이익을 부당하게 훼손할 뿐만 아니라 위에서 본 바와 같은 특허법의 입법목적에도 정면으로 배치된다. 또한 특허권도 사적 재산권의 하나인 이상 특허발명의 실질적 가치에 부응하여 정의와 공평의 이념에 맞게 행사되어야 할 것인데, 진보성이 없어 보호할 가치가 없는 발명에 대하여 형식적으로 특허등록이 되어 있음을 기화로 발명을 실시하는 자를 상대로 침해금지 또는 손해배상 등을 청구할 수 있도록 용인하는 것은 특허권자에게 부당한 이익을 주고 발명을 실시하는 자에게는 불합리한 고통이나 손해를 줄 뿐이므로 실질적 정의와 당사자들 사이의 형평에도 어긋난다. 이러한 점들에 비추어 보면, 특허발명에 대한 무효심결이 확정되기 전이라고 하더라도 특허발명의 진보성이 부정되어 특허가 특허무효심판에 의하여 무효로 될 것임이 명백한 경우에는 특허권에 기초한 침해금지 또는 손해배상 등의 청구는 특별한 사정이 없는 한 권리남용에 해당하여 허용되지 아니한다고 보아야 하고, 특허권침해소송을 담당하는 법원으로서도 특허권자의 그러한 청구가 권리남용에 해당한다는 항변이 있는 경우 당부를 살피기 위한 전제로서 특허발명의 진보성에 대하여 심리·판단할 수 있다. 이와 달리 신규성은 있으나 진보성이 없는 경우까지 법원이 특허권 또는 실용신안권침해소송에서 당연히 권리범위를 부정할 수는 없다고 판시한 대법원 1992. 6. 2.자 91마540 결정 및 대법원 2001. 3. 23. 선고 98다7209 판결은 이 판결의 견해에 배치되는 범위에서 이를 변경하기로 한다.

[2] 명칭을 '드럼세탁기의 구동부 구조'로 하는 특허발명의 특허권자인 갑 주식회사가 을 주식회사를 상대로 특허권에 기초하여 특허침해금지, 특허침해제품의 폐기 및 손해배상을 청구한 사안에서, 위 발명의 특허청구범위 제31항 중 일부 구성이 선행기술에 이미 개시되어 있거나 그로부터 용이하게 도출할 수 있는 것이라 하더라도, '서포터·베어링 하우징 밀착구성'은 선행기술에 전혀 개시 또는 암시되어 있지 않아 통상의 기술자가 선행기술로부터 용이하게 도출할 수 없는 것이고, 특허청구범위 제31항은 각각의 구성이 유기적으로 결합한 전체로 볼 때 선행기술에 의하여 진보성이 부정되어 특허가 무효로 될 것이 명백하다고 할 수 없는데도, 이와 달리 위 청구가 권리남용에 해당한다고 본 원

심판결에 법리오해의 위법이 있다고 한 사례.

Ⅳ. 특허권자의 의무

1. 특허료 납부의무

가. 일반

특허권의 설정등록을 받으려는 자는 설정등록을 받으려는 날('설정등록일')부터 3년분의 특허료를 납부하여야 하고, 특허권자는 그 다음 연도분부터의 특허료를 해당 권리의 설정등록일에 해당하는 날을 기준으로 매년 1년분씩 납부하여야 한다(§79①). 이 경우 특허권자는 특허료를 그 납부연차 순서에 따른 수년분 또는 모든 연차분을 함께 납부할 수 있다(§79②).

나. 추가납부

특허권의 설정등록을 받고자 하는 자 또는 특허권자는 특허료 납부기간이 경과한 후에도 6개월 이내에 특허료를 추가납부할 수 있다(§81①). 이에 따라 특허료를 추가납부할 때에는 납부하여야 할 특허료의 2배 이내의 범위에서 지식경제부령으로 정한 금액을 납부하여야 하며(§81②), 추가납부기간 이내에 특허료를 납부하지 아니한 때(추가납부기간이 만료되더라도 제81조의2 제2항의 규정에 의한 보전기간이 만료되지 아니한 경우에는 그 보전기간 이내에 보전하지 아니한 때를 말함)에는 특허권의 설정등록을 받고자 하는 자의 특허출원은 이를 포기한 것으로 보며, 특허권자의 특허권은 납부된 특허료에 해당되는 기간이 만료되는 날의 다음 날로 소급하여 소멸된 것으로 본다(§81③).

다. 납부방법 등

특허료, 등록료 및 수수료 등의 구체적인 납부방법에 대해서는 「특허료 등의 징수규칙」[123] 제8조에서 상세히 규정하고 있다.

---

123) 시행 2012. 7. 1.[지식경제부령 제253호, 2012. 5. 29. 일부개정]

2. 특허발명의 실시의무

특허발명이 천재 · 지변 기타 불가항력 또는 대통령령이 정하는 정당한 이유 없이 계속하여 3년 이상 국내에서 실시되고 있지 아니한 경우(§107① ⅰ) 또는 특허발명이 정당한 이유 없이 계속하여 3년 이상 국내에서 상당한 영업적 규모로 실시되지 아니하거나 적당한 정도와 조건으로 국내수요를 충족시키지 못한 경우(§107① ⅱ), 특허출원일로부터 4년을 경과하였다면(§107②) 실시권 설정에 관한 협의가 성립되지 않은 경우에는 특허청장에게 통상실시권 설정에 관한 재정을 청구할 수 있다(§107①).

나아가 구법에서는 특허청장은 제107조 제1항 제1호의 사유(3년 이상 불실시)로 인한 재정이 있은 날부터 계속하여 2년 이상 그 특허발명이 국내에서 실시되고 있지 아니하는 경우에는 이해관계인의 신청에 의하여 또는 직권으로 그 특허권을 취소할 수 있도록 하였으나(§116①), 2011. 12. 2. 개정법에서는 제도의 실효성이 없다고 하여 이러한 특허권 취소제도를 삭제하였다.

3. 정당한 권리행사의 의무

독점규제 및 공정거래에 관한 법률 제23조 제1항 제7호[124) 또는 제59조[125) 및 공정거

---

124) 제23조 (불공정거래행위의 금지) ① 사업자는 다음 각 호의 어느 하나에 해당하는 행위로서 공정한 거래를 저해할 우려가 있는 행위(이하 '불공정거래행위'라 한다)를 하거나, 계열회사 또는 다른 사업자로 하여금 이를 행하도록 하여서는 아니 된다.
  1. 부당하게 거래를 거절하거나 거래의 상대방을 차별하여 취급하는 행위
  2. 부당하게 경쟁자를 배제하는 행위
  3. 부당하게 경쟁자의 고객을 자기와 거래하도록 유인하거나 강제하는 행위
  4. 자기의 거래상의 지위를 부당하게 이용하여 상대방과 거래하는 행위
  5. 거래의 상대방의 사업활동을 부당하게 구속하는 조건으로 거래하거나 다른 사업자의 사업활동을 방해하는 행위
  6. 삭제
  7. 부당하게 특수관계인 또는 다른 회사에 대하여 가지급금 · 대여금 · 인력 · 부동산 · 유가증권 · 상품 · 용역 · 무체재산권 등을 제공하거나 현저히 유리한 조건으로 거래하여 특수관계인 또는 다른 회사를 지원하는 행위
  8. 제1호 내지 제7호이외의 행위로서 공정한 거래를 저해할 우려가 있는 행위② 불공정거래행위의 유형 또는 기준은 대통령령으로 정한다.
  ③ 공정거래위원회는 제1항의 규정에 위반하는 행위를 예방하기 위하여 필요한 경우 사업자가 준수하여야 할 지침을 제정 · 고시할 수 있다.
  ④ 사업자 또는 사업자단체는 부당한 고객유인을 방지하기 위하여 자율적으로 규약(이하 '공정경쟁규약'이라 한다)을 정할 수 있다.
  ⑤ 사업자 또는 사업자단체는 공정거래위원회에 제4항의 공정경쟁규약이 제1항 제3호 또는 제6호의 규

래위원회의 '지식재산권의 부당한 행사에 대한 심사지침(2010. 3. 30.)'에 관련 규정을 두고 있다. 특히 심사지침에서는 다양한 유형의 지식재산권 행사 유형을 예시하면서 부당한 사례를 제시하고 있으므로 많은 참고가 될 수 있을 것이다.

4. 특허표시의무

특허권자·전용실시권자 또는 통상실시권자는 물건의 특허발명에 있어서는 그 물건에, 물건을 생산하는 방법의 특허발명에 있어서는 그 방법에 의하여 생산된 물건에 특허표시를 할 수 있으며, 물건에 특허표시를 할 수 없을 때에는 그 물건의 용기나 포장에 그 표시를 할 수 있다(§223). 이러한 특허표시의무는 의무라기보다는 권리에 가깝다고 할 것이다. 허위의 표시행위는 금지되며(§224), 이에 위반한 자는 3년 이하의 징역 또는 2천만원 이하의 벌금에 처한다(§228).

5. 실시보고의무

특허청장은 특허권자·전용실시권자 또는 통상실시권자에게 특허발명의 실시 여부 및 그 규모 등에 관하여 보고하게 할 수 있다(§125).

6. 비밀유지의무

정부는 국방상 필요한 경우에는 외국에의 특허출원을 금지하거나 발명자·출원인 및 대리인에게 그 발명을 비밀로 취급하도록 명할 수 있고(§41①), 이 경우 정부는 외국에의 특허출원 금지 또는 비밀취급에 따른 손실에 대하여는 정당한 보상금을 지급하여야 한다(§41③).

정에 위반하는지에 대한 심사를 요청할 수 있다.

125) 제59조 (무체재산권의 행사행위) 이 법의 규정은 「저작권법」, 「특허법」, 「실용신안법」, 「디자인보호법」 또는 「상표법」에 의한 권리의 정당한 행사라고 인정되는 행위에 대하여는 적용하지 아니한다.

7. 비밀유지명령제도

가. 일반

2011. 12. 2. 개정법에서 신설한 제도이다. 즉 법원은 특허권 또는 전용실시권의 침해에 관한 소송에 있어서 그 당사자가 보유한 영업비밀(「부정경쟁방지 및 영업비밀보호에 관한 법률」 제2조 제2호에 따른 영업비밀을 말한다. 이하 같다)에 대하여 다음의 사유를 모두 소명한 경우에는 그 당사자의 신청에 따라 결정으로 다른 당사자(법인인 경우에는 그 대표자), 당사자를 위하여 소송을 대리하는 자, 그 밖에 해당 소송으로 인하여 영업비밀을 알게 된 자에게 그 영업비밀을 해당 소송의 계속적인 수행 외의 목적으로 사용하거나 그 영업비밀에 관계된 이 항에 따른 명령을 받은 자 외의 자에게 공개하지 아니할 것을 명할 수 있다. 다만, 그 신청 시점까지 다른 당사자(법인인 경우에는 그 대표자), 당사자를 위하여 소송을 대리하는 자, 그 밖에 해당 소송으로 인하여 영업비밀을 알게 된 자가 제1호에 규정된 준비서면의 열람이나 증거 조사 외의 방법으로 그 영업비밀을 이미 취득하고 있는 경우에는 그러하지 아니하다(§224의3①).

ⅰ) 이미 제출하였거나 제출하여야 할 준비서면 또는 이미 조사하였거나 조사하여야 할 증거에 영업비밀이 포함되어 있다는 것

ⅱ) 위 ⅰ)의 영업비밀이 해당 소송 수행 외의 목적으로 사용되거나 공개되면 당사자의 영업에 지장을 줄 우려가 있어 이를 방지하기 위하여 영업비밀의 사용 또는 공개를 제한할 필요가 있다는 것

비밀유지명령의 신청은 ⅰ) 비밀유지명령을 받을 자, ⅱ) 비밀유지명령의 대상이 될 영업비밀을 특정하기에 충분한 사실, ⅲ) 제1항 각 호의 사유에 해당하는 사실을 적은 서면으로 하여야 하며(§224의3②), 법원은 비밀유지명령이 결정된 경우에는 그 결정서를 비밀유지명령을 받은 자에게 송달하여야 한다(§224의3③). 이러한 비밀유지명령은 그 결정서가 비밀유지명령을 받은 자에게 송달된 때부터 효력이 발생하고(§224의3④), 비밀유지명령의 신청을 기각 또는 각하한 재판에 대하여는 즉시항고를 할 수 있다(§224의3⑤).

나. 비밀유지명령의 취소

비밀유지명령을 신청한 자 또는 비밀유지명령을 받은 자는 제224조의3 제1항에 따른 요건을 갖추지 못하였거나 갖추지 못하게 된 경우 소송기록을 보관하고 있는 법원(소송기록을 보관하고 있는 법원이 없는 경우에는 비밀유지명령을 내린 법원)에 비밀유지명령

의 취소를 신청할 수 있다(§224의4①). 법원은 비밀유지명령의 취소신청에 대한 재판이 있는 경우에는 그 결정서를 그 신청을 한 자 및 상대방에게 송달하여야 하고(§224의4②), 비밀유지명령의 취소신청에 대한 재판에 대하여는 즉시항고를 할 수 있다(§224의4③). 이러한 비밀유지명령을 취소하는 재판은 확정되어야 그 효력이 발생하며(§224의4④), 비밀유지명령을 취소하는 재판을 한 법원은 비밀유지명령의 취소신청을 한 자 또는 상대방 외에 해당 영업비밀에 관한 비밀유지명령을 받은 자가 있는 경우에는 그 자에게 즉시 비밀유지명령의 취소 재판을 한 사실을 알려야 한다(§224의4⑤).

다. 소송기록 열람 등의 청구 통지 등

비밀유지명령이 내려진 소송(모든 비밀유지명령이 취소된 소송은 제외한다)에 관한 소송기록에 대하여 「민사소송법」 제163조[126) 제1항의 결정이 있었던 경우, 당사자가 같은 항에서 규정하는 비밀기재 부분의 열람 등의 청구를 하였으나 그 청구절차를 해당 소송에서 비밀유지명령을 받지 아니한 자가 밟은 경우에는 법원서기관, 법원사무관, 법원주사 또는 법원주사보(이하 이 조에서 '법원사무관 등'이라 한다)는 「민사소송법」 제163조 제1항의 신청을 한 당사자(그 열람 등의 청구를 한 자는 제외한다. 이하 제3항에서 같다)에게 그 청구 직후에 그 열람 등의 청구가 있었다는 사실을 알려야 한다(§224의5①). 이경우에 법원사무관 등은 위 청구가 있었던 날부터 2주일이 지날 때까지(그 청구절차를 행한 자에 대한 비밀유지명령신청이 그 기간 내에 행하여진 경우에는 그 신청에 대한 재판이 확정되는 시점까지) 그 청구절차를 행한 자에게 제1항의 비밀기재 부분의 열람 등을 하게 하여서는 아니 된다(§224의5②). 다만, 이러한 열람 등 제한은 열람 등의 청구를 한 자에게 제1항의 비밀기재 부분의 열람 등을 하게 하는 것에 대하여 「민사소송법」 제

---

126) 제163조 (비밀보호를 위한 열람 등의 제한) ① 다음 각 호 가운데 어느 하나에 해당한다는 소명이 있는 경우에는 법원은 당사자의 신청에 따라 결정으로 소송기록 중 비밀이 적혀 있는 부분의 열람·복사, 재판서·조서중 비밀이 적혀 있는 부분의 정본·등본·초본의 교부(이하 '비밀기재 부분의 열람 등'이라 한다)를 신청할 수 있는 자를 당사자로 한정할 수 있다.
　1. 소송기록 중에 당사자의 사생활에 관한 중대한 비밀이 적혀 있고, 제3자에게 비밀기재 부분의 열람 등을 허용하면 당사자의 사회생활에 지장이 클 우려가 있는 때
　2. 소송기록 중에 당사자가 가지는 영업비밀(부정경쟁방지 및 영업비밀보호에 관한 법률 제2조 제2호에 규정된 영업비밀을 말한다)이 적혀 있는 때
　② 제1항의 신청이 있는 경우에는 그 신청에 관한 재판이 확정될 때까지 제3자는 비밀기재 부분의 열람 등을 신청할 수 없다.
　③ 소송기록을 보관하고 있는 법원은 이해관계를 소명한 제3자의 신청에 따라 제1항 각 호의 사유가 존재하지 아니하거나 소멸되었음을 이유로 제1항의 결정을 취소할 수 있다.
　④ 제1항의 신청을 기각한 결정 또는 제3항의 신청에 관한 결정에 대하여는 즉시항고를 할 수 있다.
　⑤ 제3항의 취소결정은 확정되어야 효력을 가진다.

163조 제1항의 신청을 한 당사자 모두의 동의가 있는 경우에는 적용되지 아니한다(§224 의5③).

Ⅴ. 특허권의 변동

1. 특허권의 이전

특허권은 재산권의 일종으로서 양도가 가능하며(§99①), 특허권의 이전이란 특허권의 주체가 변경되는 것을 말한다.

가. 이전의 유형

법률행위에 의한 이전과 법률의 규정에 의한 이전이 있고, 일부양도와 전부양도가 가능하다. 특허권이 공유인 경우에는 각 공유자는 다른 공유자의 동의를 얻지 아니하면 그 지분을 양도하거나 그 지분을 목적으로 하는 질권을 설정할 수 없다(§99②).

나. 효력발생요건

특허권 또는 전용실시권의 이전은 상속 기타 일반승계의 경우를 제외하고는 등록을 하지 않으면 효력이 발생하지 않으며(§101① ⅰ, ⅱ), 통상실시권의 이전은 등록하지 않으면 제3자에게 대항할 수 없다(§118③). 그리고 특허권의 포기에 의한 권리의 소멸 또는 처분의 제한도 등록하지 않으면 그 효력이 발생하지 않는다(§101① ⅰ).

2. 특허권의 소멸

가. 특허권의 존속기간 만료

특허권은 설정등록이 있는 날부터 특허출원일 후 20년이 되는 날까지 인정되는 유한한 권리이다(§88①). 다만, 특허발명을 실시하기 위하여 다른 법령의 규정에 의하여 허가를 받거나 등록 등을 하여야 하고, 그 허가 또는 등록 등을 위하여 필요한 활성·안전성 등의 시험으로 인하여 장기간이 소요되는 대통령령이 정하는 발명[127)]인 경우에는 그 실

---

127) 시행령 제7조 (허가 등에 따른 특허권의 존속기간의 연장등록출원 대상 발명) 법 제89조 제1항에서 '대통령령이 정하는 발명'이란 다음 각 호의 어느 하나에 해당하는 발명을 말한다. <개정 2011. 12. 2.>

시할 수 없었던 기간에 대하여 5년의 기간 내에서 당해 특허권의 존속기간을 연장할 수 있다(§89). 나아가 2011. 12. 2. 개정법에서는 특허출원일부터 4년과 출원심사 청구일부터 3년 중 늦은 날보다 지연되어 특허권의 설정등록이 이루어지는 경우에는 그 지연된 기간만큼 해당 특허권의 존속기간을 연장할 수 있도록 하였다(§92의2).

나. 특허료의 불납

특허료·실용신안등록료 또는 디자인등록료는 최초 3년분을 등록결정 또는 등록심결의 등본을 받은 날부터 3월 이내에 일시에 납부하여야 하며(특허료 등의 징수규칙 §8⑤), 그 기간 내에 특허료를 납부하지 않은 경우 특허권은 소멸한다(§81③).

다. 상속인의 부존재

특허권은 상속이 개시된 때 상속인이 없는 경우에는 소멸된다(§124). 상속인이 없는 경우 상속재산이 국가에 귀속되는 것과 차이가 있으며(민법 §1058), 모든 사람들로 하여금 특허발명을 실시할 수 있도록 하기 위한 취지이다.

라. 특허권의 포기

특허권은 자유롭게 포기할 수 있으며, 다만 이해관계인이 있는 경우 그 동의를 받아야 한다(§119). 청구항이 2 이상인 경우 청구항마다 포기할 수 있으며(§215), 특허권의 포기가 있는 때에는 그때부터 특허권은 소멸한다(§120).

마. 특허권의 무효

등록된 특허에 제133조 제1항 각 호의 무효사유가 있는 경우 무효심판에 의해 특허권이 소멸할 수 있으며, 이 경우 그 특허권은 처음부터 없었던 것으로 본다. 다만, 특허된 후 그 특허권자가 제25조의 규정에 의하여 특허권을 향유할 수 없는 자로 되거나 그 특허가 조약에 위반되는 사유가 발생한 경우에 의하여 특허를 무효로 한다는 심결이 확정된 때에는 특허권은 그 특허가 위 사유에 해당하게 된 때부터 없었던 것으로 본다(§133③).

바. 특허권의 취소

특허권의 취소란 특허권이 설정된 후 일정한 법정사유가 발생한 때 직권 또는 이해관

---

1. 특허발명을 실시하기 위하여 「약사법」 제31조 제2항·제3항 또는 제42조 제1항에 따라 품목허가를 받아야 하는 의약품의 발명
2. 특허발명을 실시하기 위하여 「농약관리법」 제8조 제1항, 제16조 제1항 및 제17조 제1항에 따라 등록하여야 하는 농약 또는 원제의 발명

계인의 신청에 의해 특허권을 소멸시키는 것을 말한다. 구법에서는 특허청장은 특허발명이 3년 이상 실시되지 않고 있다는 이유로 재정실시권을 허여한 날로부터 계속하여 2년 이상 그 특허발명이 국내에서 실시되고 있지 아니하는 경우에는 이해관계인의 신청에 의하여 또는 직권으로 그 특허권을 취소할 수 있고(§116①), 특허권의 취소가 있는 때에는 특허권은 그때부터 소멸된다고 규정하였으나(§116③), 2011년 개정법에서 이를 삭제하였다.

Ⅵ. 실시권

1. 전용실시권

가. 의의
전용실시권이란 특허권자 이외의 자가 특허권자와의 계약에 의해 내용·지역·기간을 정하여 그 범위 내에서 특허발명을 독점적으로 실시할 권리를 말한다(§100②).

나. 효력발생요건
전용실시권은 등록하여야 효력이 발생하며(§101), 따라서 전용실시권 설정 약정을 하면서 등록을 배제하기로 한 경우에는 전용실시권이 될 수 없다.

다. 범위
전용실시권자는 그 설정행위로 정한 범위 내에서 업으로서 그 특허발명을 실시할 권리를 독점한다(§100②). 특허권자는 특허권자로서의 명예 유지, 특허침해에 대한 소권, 그리고 전용실시권의 이전 등에 대한 동의권만을 갖게 된다(§100③,④).

라. 침해에 대한 구제
전용실시권자는 물권적 지위를 가지고 있으므로, 특허권 침해 행위에 대해 특허권자와 동일한 권리를 행사할 수 있다(§126~§132).

마. 이전
전용실시권자는 실시사업과 같이 이전하는 경우 또는 상속 기타 일반승계의 경우를 제외하고는 특허권자의 동의를 얻지 아니하면 그 전용실시권을 이전할 수 없다(§100③).

바. 재실시권 및 질권

전용실시권자는 특허권자의 동의를 얻지 아니하면 그 전용실시권을 목적으로 하는 질권을 설정하거나 통상실시권을 허락할 수 없다(§100④).

사. 소멸

전용실시권은 특허권의 소멸, 계약에 의한 설정기간의 만료, 계약의 해제·취소, 포기(§119②[128]) 등에 의하여 소멸한다.

2. 통상실시권

가. 의의

통상실시권이란 특허발명을 실시하고자 하는 자가 특허권자와의 실시계약 또는 법률의 규정이나 행정청의 강제처분에 의하여 일정한 범위 내에서 특허발명을 실시할 수 있는 권리를 말한다. 전용실시권과 달리 채권적 성질을 가지는 것으로서 특허권자는 여러 개의 통상실시권을 설정할 수 있으며, 자신의 특허권 실시에도 영향이 없다.

나. 종류 및 범위

(1) 허락실시권

달리 특약이 없는 경우 통상실시권자가 계약에 의해 가지게 되는 통상실시권은 비독점적 통상실시권이다. 이에 반하여, 제3자에게 동일한 통상실시권을 허여하지 아니하기로 약정하는 경우에는 독점적 통상실시권을 가지게 되며, 특허권자도 특허 발명을 실시하지 않기로 하는 경우에는 완전 독점적 통상실시권이 된다.

(2) 법정실시권

특허권자의 의사와 상관없이 법령의 규정에 의하여 당연히 발생하는 실시권을 말한다.

---

128) 전용실시권자는 질권자 또는 제100조 제4항의 규정에 의한 통상실시권자의 동의를 얻지 아니하면 전용실시권을 포기할 수 없다.

(가) 직무발명에 대한 사용자 등의 무상의 통상실시권

직무발명에 대하여 종업원 등이 특허, 실용신안등록, 디자인등록('특허 등')을 받았거나 특허 등을 받을 수 있는 권리를 승계한 자가 특허 등을 받으면 사용자 등은 그 특허권, 실용신안권, 디자인권('특허권 등')에 대하여 통상실시권(通常實施權)을 가진다(발진법 §10①).

(나) 선사용자의 무상의 통상실시권

특허출원 시에 그 특허출원된 발명의 내용을 알지 못하고 그 발명을 하거나 그 발명을 한 자로부터 지득하여 국내에서 그 발명의 실시사업을 하거나 그 사업의 준비를 하고 있는 자는 그 실시 또는 준비를 하고 있는 발명 및 사업의 목적의 범위 안에서 그 특허출원된 발명에 대한 특허권에 대하여 통상실시권을 가진다(선사용권, §103).

(다) 무효심판 청구등록 전의 실시에 의한 통상실시권

다음의 어느 하나에 해당하는 자가 특허 또는 실용신안등록에 대한 무효심판청구의 등록 전에 자기의 특허발명 또는 등록실용신안이 무효사유에 해당되는 것을 알지 못하고 국내에서 그 발명 또는 고안의 실시사업을 하거나 그 사업의 준비를 하고 있는 경우에는 그 실시 또는 준비를 하고 있는 발명 또는 고안 및 사업의 목적의 범위 안에서 그 특허권에 대하여 통상실시권을 가지거나 특허나 실용신안등록이 무효로 된 당시에 존재하는 특허권에 대한 전용실시권에 대하여 통상실시권을 가진다(중용권, §104①). 이 경우 통상실시권을 가진 자는 특허권자 또는 전용실시권자에게 상당한 대가를 지급하여야 한다(§104②).

ⅰ) 동일발명에 대한 2 이상의 특허 중 그 하나를 무효로 한 경우의 원특허권자

ⅱ) 특허발명과 등록실용신안이 동일하여 그 실용신안등록을 무효로 한 경우의 원실용신안권자

ⅲ) 특허를 무효로 하고 동일한 발명에 관하여 정당한 권리자에게 특허를 한 경우의 원특허권자

ⅳ) 실용신안등록을 무효로 하고 그 고안과 동일한 발명에 관하여 정당한 권리자에게 특허를 한 경우의 원실용신안권자

ⅴ) 제1호 내지 제4호의 경우에 있어서 그 무효로 된 특허권 또는 실용신안권에 대하여 무효심판청구의 등록 당시에 이미 전용실시권이나 통상실시권 또는 그 전용실시권에 대한 통상실시권을 취득하고 그 등록을 받은 자. 다만, 제118조 제2항의 규정에 해당하

는 자인 경우에는 등록을 요하지 아니한다.

(라) 디자인권의 존속기간 만료 후의 통상실시권

특허출원일 전 또는 특허출원일과 같은 날에 출원되어 등록된 디자인권이 그 특허권과
저촉되는 경우 그 디자인권의 존속기간이 만료되는 때에는 그 원디자인권자, 전용실시권
자 및 대항력을 갖춘 통상실시권자는 원디자인권 또는 원권리의 범위 안에서 당해 특허
권 또는 그 디자인권의 존속기간이 만료되는 당시에 존재하는 전용실시권에 대하여 통상
실시권을 가진다. 이 경우 원디자인권자는 무상이나, 전용실시권자 및 통상실시권자는 특
허권자 또는 전용실시권자에게 상당한 대가를 지급하여야 한다(§105).

(마) 질권행사로 인한 특허권의 이전에 따른 통상실시권

특허권자는 특허권을 목적으로 하는 질권설정 이전에 그 특허발명을 실시하고 있는 경
우에는 그 특허권이 경매 등에 의하여 이전되더라도 그 특허발명에 대하여 통상실시권을
가진다. 이 경우에는 특허권자는 경매 등에 의하여 특허권을 이전받은 자에게 상당한 대
가를 지급하여야 한다(§122).

(바) 재심에 의하여 회복한 특허권에 대한 선사용자의 통상실시권

특허권 무효 등의 심결이 확정된 후 재심청구의 등록 전에 선의로 국내에서 그 발명의
실시사업을 하고 있는 자 또는 그 사업의 준비를 하고 있는 자는 그 실시 또는 준비를
하고 있는 발명 및 사업의 목적의 범위 안에서 그 특허권에 관하여 통상실시권을 가진다
(후용권, §182).

(사) 재심에 의하여 통상실시권을 상실한 원권리자의 통상실시권

제138조 제1항 또는 제3항의 규정에 의하여 통상실시권을 허여한다는 심결이 확정된
후 재심에 의하여 이에 상반되는 심결이 확정이 있는 경우에는 재심청구 등록 전에 선의
로 국내에서 그 발명의 실시사업을 하고 있는 자 또는 그 사업의 준비를 하고 있는 자는
원통상실시권의 사업의 목적 및 발명의 범위 안에서 그 특허권 또는 재심의 심결의 확정
이 있는 당시에 존재하는 전용실시권에 대하여 통상실시권을 가진다. 이 경우 통상실시
권을 가진 자는 특허권자 또는 전용실시권자에게 상당한 대가를 지급하여야 한다(§183).

(아) 등록료 추가납부에 의한 효력제한기간 중 선의의 실시자에 대한 통상실시권

특허출원 또는 특허권의 효력은 특허료 추가납부기간이 경과한 날부터 납부하거나 보전한 날까지의 기간('효력제한기간') 중에 다른 사람이 특허발명을 실시한 행위에 대하여는 그 효력이 미치지 아니하며, 이러한 효력제한기간 중 국내에서 선의로 특허출원된 발명 또는 특허권에 대하여 그 발명의 실시사업을 하거나 그 사업의 준비를 하고 있는 자는 그 실시 또는 준비를 하고 있는 발명 또는 사업의 목적의 범위 안에서 그 특허출원된 발명에 대한 특허권에 대하여 통상실시권을 가진다. 이 경우 통상실시권을 가진 자는 특허권자 또는 전용실시권자에게 상당한 대가를 지급하여야 한다(§81의3④~⑥).

(3) 강제실시권

특허권은 기본적으로 개인의 재산권이므로 실시 여부도 특허권자의 의사에 맡겨져 있으나, 공익적 필요 등 일정한 경우에 특허권자의 의사와 상관없이 특허청장의 재정에 의해 인정되는 실시권을 강제실시권이라고 한다.

o 전시·비상시에 대처하기 위한 강제실시: 특허권의 수용
o 국가비상사태, 극도의 긴급상황 또는 공공의 이익을 위한 강제실시: 특허발명의 실시
o 공익을 위한 강제실시: 통상실시권 설정의 재정
o 특허권자간(이용발명의 경우)의 이해관계 조정을 위한 강제실시: 통상실시권 허여심판

(가) 불실시에 의한 재정실시권

특허발명이 정당한 이유 없이 계속하여 3년 이상 불실시인 경우(§107① i) 또는 3년 이상 불충분 실시인 경우(특허발명이 정당한 이유 없이 계속하여 3년 이상 국내에서 상당한 영업적 규모로 실시되지 아니하거나 적당한 정도와 조건으로 국내수요를 충족시키지 못한 경우)(§107① ii) 특허권자나 전용실시권자에게 통상실시권의 허락에 관해 협의를 할 수 없거나 협의결과 합의가 이루어지지 아니하는 경우 특허청장에게 실시권의 허여를 청구할 수 있다.

이 경우 특허출원일로부터 4년이 경과하여야 하고(§107②), 국내수요충족을 위한 공급을 주목적으로 하여야 한다(§107④ i).

(나) 공공의 이익을 위한 재정실시권

i) 특허발명의 실시가 공공의 이익을 위하여 특히 필요한 경우, ii) 사법적 절차 또

는 행정적 절차에 의하여 불공정거래행위로 판정된 사항을 시정하기 위하여 특허발명을
실시할 필요가 있는 경우, iii) 반도체 기술에 대하여는 ⅰ)(공공의 이익을 위한 비상업적
실시에 한한다) 또는 ⅱ)의 경우에 한하여 재정을 청구할 수 있다(§107①iii,iv,⑥).
　ⅰ) 중 공공의 이익을 위하여 비상업적으로 실시하고자 하는 경우와 ⅱ)의 경우에는
협의를 하지 아니하여도 재정을 청구할 수 있으며(§107①단서), ⅱ)의 경우에는 불공정
거래행위를 시정하기 위한 취지를 대가 결정에 참작할 수 있다(§107⑤ⅰ).

(다) 수입국 국민 다수의 보건을 위한 재정실시권

　자국민 다수의 보건을 위협하는 질병을 치료하기 위하여 의약품(의약품 생산에 필요한
유효성분, 의약품 사용에 필요한 진단키트를 포함한다)을 수입하고자 하는 국가(이하 ‘수
입국’)에 그 의약품을 수출할 수 있도록 특허발명을 실시할 필요가 있는 경우로서, 그 특
허발명의 특허권자 또는 전용실시권자와 합리적인 조건하에 통상실시권 허락에 관한 협
의를 하였으나 합의가 이루어지지 아니하는 경우 또는 협의를 할 수 없는 경우에는 재정
실시권을 청구할 수 있다(§107① v). 이 경우 생산된 의약품 전량은 수입국에 수출하여
야 하며(§107④ⅱ), 당해 특허발명을 실시함으로써 발생하는 수입국에서의 경제적 가치
를 대가 결정에 참작할 수 있다(§107⑤ⅱ).

(라) 순수한 강제실시권

　정부는 특허발명이 전시, 사변 또는 이에 준하는 비상시에 있어서 국방상 필요한 때에
는 특허권을 수용할 수 있으며(§106①), 특허발명이 국가 비상사태, 극도의 긴급상황 또
는 공공의 이익을 위하여 비상업적으로 실시할 필요가 있다고 인정하는 경우에는 그 특
허발명을 실시하거나 정부 외의 자로 하여금 실시하게 할 수 있다(§106의2①).
　특허권이 수용되는 때에는 그 특허발명에 관한 특허권 외의 권리는 소멸되며(§106②),
정부 또는 정부 외의 자는 특허발명을 수용하거나 실시하는 경우에는 특허권자, 전용실
시권자 또는 통상실시권자에게 정당한 보상금을 지급하여야 한다(§106③, §106의2③).

(마) 자기의 특허발명을 실시하기 위한 재정실시권

　특허권자・전용실시권자 또는 통상실시권자는 당해 특허발명이 제98조의 규정에 해당
되어 실시의 허락을 받고자 하는 경우에 그 타인이 정당한 이유 없이 허락하지 아니하거
나 그 타인의 허락을 받을 수 없는 때에는 자기의 특허발명의 실시에 필요한 범위 안에

서 통상실시권 허여의 심판을 청구할 수 있다(§138①).

이 경우 그 특허발명이 그 특허발명의 출원일 전에 출원된 타인의 특허발명 또는 등록실용신안에 비하여 상당한 경제적 가치가 있는 중요한 기술적 진보를 가져오는 것이 아니면 통상실시권의 허여를 받을 수 없으며(§138②), 동 규정에 의하여 통상실시권을 허여한 자가 그 통상실시권의 허여를 받는 자의 특허발명의 실시를 필요로 하는 경우에 그 통상실시권을 허여받은 자가 실시를 허락하지 아니하거나 실시의 허락을 받을 수 없는 때에는 통상실시권의 허여를 받아 실시하고자 하는 특허발명의 범위 안에서 통상실시권 허여의 심판을 청구할 수 있다(§138③). 통상실시권자는 특허권자·실용신안권자·디자인권자 또는 그 전용실시권자에 대하여 대가를 지급하여야 하며, 자기가 책임질 수 없는 사유에 의하여 지급할 수 없는 때에는 그 대가를 공탁하여야 한다(§138④). 통상실시권자는 그 대가를 지급하지 아니하거나 공탁을 하지 아니하면 그 특허발명·등록실용신안 또는 등록디자인이나 이와 유사한 디자인을 실시할 수 없다(§138⑤).

강제실시권 제도에 관한 실무례

강제실시 재정청구 사례(인용 1건, 기각 3건)

인용사례

'비스-티오 벤젠의 제조방법'(일본, 닛봉 소다 주식회사 소유)에 관한 특허가 정당한 이유 없이 3년 이상 국내 불실시를 이유로 청구되었으며 특허권자의 3년 이상 불실시가 정당한 이유 없는 특허권의 남용으로 인정되어 통상실시권을 허여함('80. 11.)

기각사례

① 낙태약(mifepristone) 제조방법(프랑스 제약회사 소유)이 정당한 이유 없이 국내 3년 이상 불실시를 이유로 청구되었으나 낙태목적의 약품은 국내 제조 불허가 대상이므로 정당한 이유가 있는 것으로 판단하여 청구기각('93)
② 백혈병 치료제 '글리백'(스위스 제약회사 '노바티스' 소유)에 대한 환자의 경제적 부담완화를 이유로 청구되었으나 강제실시를 할 정도로 공공의 이익이 있는 것으로 판단하지 아니하여 청구 기각('03. 2)
③ 에이즈 치료제 '푸제온'(스위스 제약회사 '로슈')에 대한 의약품 접근권 확보를 이유로 청구되었으나 강제실시를 할 정도로 공공의 이익을 위해서 특히 필요한 경우에 해당한다고 보기 어렵고, 강제실시의 실익이 없는 것으로 판단하여 청구 기각('09. 6.)

【참고 1】

에이즈치료제 '푸제온'의 강제실시 재정처분 개요

1. 에이즈치료제 '푸제온' 제품 개요

○ 제품명: 푸제온주 90mg/ml((주) 한국로슈)

○ 주성분: enfuvirtide 108.00mg

○ 효능 효과: **레트로바이러스 치료에도 불구하고 HIV 복제가 나타나는 말기 HIV 감염 환자 치료**(다른 항레트로바이러스 제제와 병용 투여)

○ **제약사와 복지부와의 3차에 걸친 약가 협상 결렬**

    * 공단제시가: 25,746원/주, 업체신청가: 30,000원/주

2. 국내 환자 현황

○ '08년 기준 에이즈 누적 감염인 수는 6,120명이며, 이 중 1,084명이 사망하고 5,036명이 생존(질병관리본부 '09. 2)

○ '09. 2. 25 푸제온 무상공급프로그램이 시작된 이후 9월 현재까지 총 4명의 환자가 한국희귀의약품센터로부터 무상공급을 받고 있음

    * 약제급여평가위원회 155명 추정, 국립보건연구원: 120명, 대한에이즈학회: 6명

3. 강제실시 청구 개요

○ 대상특허: 에이즈 치료제 푸제온, 특허 제355407호 및 제633214호

○ 청 구 인: 시민단체, 카노스[129] 및 정보공유IP left[130]

○ 피청구인: 특허권자 미국 듀크대학 및 트라이머리스 INC[131]

4. 관련 법 규정

○ 특허법 제107조 제1항 제3호(통상실시권 설정 재정 청구)

    – (요지) 특허발명을 실시하고자 하는 자는 '공공의 이익을 위하여 특히 필요한 경우'

---

129) KANOS(KOREA HIV/AIDS NETWORK OF SOLIDARITY)는 2002년 발족된 HIV/AIDS 감염인연대.

130) 정보공유IP left는 독점적인 지식재산권 제도의 시정을 요구하는 공유적 지식재산권 모임(99년 발족).

131) 트라이머리스(TRIMERIS, INC)는 미국 듀크(DUKE) 대학의 연구팀이 설립한 바이오기업.

에는 특허청장에게 통상실시권 설정에 관한 재정을 청구할 수 있다.

5. 관련 주체별 입장

○ **청구인(시민단체)**

- 장기간의 공급거부로 인한 환자의 의약품 접근권 제한
- 복지부와의 약가협상 결렬로 약제공급 제도적 기능 마비

○ **피청구인(특허권자)**

- 공공의 이익에 대한 요건 미충족
- 청구인은 실시할 능력이 없으므로 청구인 부적격

○ **보건복지가족부, 산업재산분쟁조정위원회**

- 통상실시권을 허여해도 '푸제온'의 실질적 공급 곤란
- 제약회사의 푸제온 무상공급으로 환자의 의약품 접근 가능 상태
- 리펀딩 제도 등의 도입으로 약가 타결 및 정상적 공급 가능 전망

6. 재정 처분 내용: 기각

○ 강제적으로 통상실시권의 설정을 인정할 정도로 공공의 이익을 위해서 '**특히 필요한 경우**'에 해당한다고 보기 어렵고, 또 **강제실시의 실익도 없는 것으로 판단되므로 기각함**

① 푸제온을 필요로 하는 환자들에게 현재 무상공급프로그램에 의해 **공급이 이루어지고 있음**

② 통상실시권이 **허여되더라도 청구인에 의해 푸제온이 국내에서 생산되거나 공급되기 어려움**

   * 특허권자가 전 세계적으로 푸제온의 원료와 공급을 독점하고 있고, 청구인은 구체적인 푸제온의 생산·공급 방안을 제시하지 못함

③ 푸제온 이외의 후천성면역결핍증 **치료제가 국내 시판 단계**에 와 있는 점

   * '셀센트리', '아이센트리스', '프레지스타' 등 3개의 치료제

【참고 2】

강제실시 업무 처리절차(예상 절차도)

처리단계	<주요 내용>	<관련 규정 및 서식>
강제실시 검토	o 강제실시 요건 충족 여부 검토 o **주무부장관이 특허청장에게 요청**	- 특허권수용실시 등에 관한 규정 제2조
신청서 접수	o 특허번호, 발명의 명칭 o 피청구인 o 청구 취지, 대가의 산정	- 강제실시처분신청서 - 특허권수용실시 등에 관한 규정 제3조
방식 심사	o 청구인 적격심사 o 서류 심사 o 수수료 및 기타	- 특허법 제106조, 제106조의2 - 특허권수용실시 등에 관한 규정 제3조
부본 송달 및 공고	o 특허권자, 전용실시권자, 통상실시권자에 부본송달 o 등록예고 공고	- 특허권수용실시 등에 관한 규정 제4조 - 특허등록령 제3조 제3항
의견서 접수	o 피청구인 측 (특허권자, 전용실시권자, 통상실시권자) o 의견서 부본 송달(신청인)	- 특허법 제108조 및 제109조 - 특허권수용실시 등에 관한 규정 제4조
산업재산권분쟁조정(위)	* **신속한 처분을 위해 생략** * 특허법상 조정위 의견청취는 임의적 사항임	
처분(안) 마련	o 처분 결정 o **처분의 취지, 주문작성** o **보상금액 등의 결정**	- 특허권수용실시 등에 관한 규정 제7조
처분	o 재정결정서	- 특허권수용실시 등에 관한 규정 제7조
등본 송달 및 공고	o 부본 송달 o 재정청구서 결정 공고	- 특허권수용실시 등에 관한 규정 제4조 - 특허등록령 제3조 제3항

【참고 3】

강제실시 관련 외국사례

□ 미국의 강제실시권 검토 사례

: 국방상 필요에 의해 강제실시된 사례는 있으나, <u>공중보건 목적의 강제실시 발동 사례는 없음</u>

<국방상 필요에 의해 강제사용된 사례>

○ Lucent Technologies 회사가 Crater Corp. 사의 수중결합장치관련 특허를 강제 실시 (2000. 6.)

○ Hughes Aircraft사가 William사의 인공위성 관련 특허를 정부를 위해 강제 사용 (1996. 6.)

<공중보건 목적의 강제실시 요구 사례>

○ 2001년 탄저병 치료제: 발동 안 됨

- 탄저병 치료제인 Byer사의 Cipro에 대하여 강제실시를 검토, 보건부와 Byer사 간 가격을 절반으로 인하하고 충분한 공급에 합의

○ 2005년 조류독감 치료제: 발동 안 됨

- Schumer 상원의원이 타미플루 공급부족을 위해 강제실시권 발동 필요하다고 주장했으나, 로슈사와 합의

□ 기타 외국 사례

○ 캐나다

- 탄저병 확산 우려로 공중보건 위협에 대응하기 위하여 독일 바이엘사의 치료제인 사이프로의 특허를 무시하고 자국제약회사인 아포텍스에 100만 정의 복제약 생산을 지시('01. 9). 그러자 바이엘이 캐나다 정부로부터 요청이 있을 때 48시간 이내에 100만 정의 약을 공급하기로 했고, 정부는 강제실시권을 4일 만에 취소

○ 대만

- 2005. 11. 25. 조건부 강제실시 인정. 대만 역내의 방역 목적에만 사용함을 전제로 조류독감 만연에 대비 하여 타미플루 강제실시권을 발동

- 이후 조류독감이 크게 확산되지 않고 인구 10% 수준의 타미플루, 리렌자가 확보됨에 따라 실제로 치료제의 국내생산에 이르지 못함

○ 브라질

- 브라질 정부는 AIDS 치료제(Nelfinavir) 실시권을 갖고 있는 제약사(Hoffman - La Roche)와 협의했으나 결렬. 2001. 8. 22. 브라질 정부는 치료제에 대한 강제실시 결정. 2001. 8. 31. 브라질 정부와 제약사는 치료제에 대한 40% 가격인하와 브라질 국내 생산 합의. 결국 브라질 정부는 강제실시결정 철회

○ 태국

- 에이즈 치료제('06, '07년), 심장병 치료제('07년), 암치료제('08년) 등 총 7건 발동

○ 짐바브웨('02. 5), 모잠비크('04. 4), 잠비아('04. 9)에서 에이즈 관련 약품에 강제실시 허여

【참고 4】

치료제 타미플루 현황

특허권자/ 전용실시권자	통상실시권자 (국내공급사)	권리 만료일	국내비축량	국내생산유무	약가
길리어드 사이언스(미) 로슈(스위스)	한국로슈	2016. 2. 26	531만 명분 ('09년 12월까지 500만 명분 추가)	복제품 생산 가능 (한미약품, SK케미칼 대웅제약)	4만 원 (10정)

* 자료출처: 특허청, 보건복지가족부

다. 효력

전용실시권의 등록이 효력발생요건임에 반해, 통상실시권의 등록은 대항요건이다(§118

①③). 다만, 재정실시권은 직권등록되며(특허권 등의 등록령 §14ⅲ) 법정실시권은 등록하지 않더라도 제3자에 대한 대항력이 인정된다(§118②).

라. 이전 등

통상실시권은 실시사업과 같이 이전하는 경우 또는 상속 기타 일반승계의 경우를 제외하고는 특허권자(전용실시권에 관한 통상실시권에 있어서는 특허권자 및 전용실시권자)의 동의를 얻지 아니하면 이를 이전할 수 없다(§102⑤). 다만, 협의의 재정실시권(§107)은 실시사업과 같이 이전하는 경우에 한하여 이전할 수 있으며(§102③), 통상실시권허여심판에 의한 통상실시권(§138)은 그 통상실시권자의 당해 특허권·실용신안권 또는 디자인권과 함께 이전되고 당해 특허권·실용신안권 또는 디자인권이 소멸된 때에는 함께 소멸된다(§102④).

협의의 재정실시권 및 통상실시권 허여심판에 의한 통상실시권을 제외한 통상실시권자는 특허권자(전용실시권에 관한 통상실시권에 있어서는 특허권자 및 전용실시권자)의 동의를 얻지 아니하면 그 통상실시권을 목적으로 하는 질권을 설정할 수 없다(§102⑥).

마. 소멸

(1) 허락실시권

특허권(또는 전용실시권)의 소멸, 설정기간의 만료, 실시계약의 해제·취소, 실시권의 포기, 혼동 등에 의하여 소멸한다.

(2) 법정실시권

특허권의 소멸, 실시사업의 폐지 등에 의하여 소멸한다.

(3) 광의의 강제실시권

특허권의 소멸, 재정의 실효(§113) 등에 의하여 소멸한다.

3. 기타 주요 미국 판결

(1) 라이센시의 특허무효주장 여부 - MedImmune v. Genentech 판결[132]

MedImmune 사건에서 연방지방법원 및 연방특허항소법원(CAFC)은 이 문제에 관한 종전 선례였던 연방특허항소법원의 2004년 Gen – Probe 판결[133])에 따라, 특허실시계약이 존재하는 경우 특허권자가 특허실시권자를 상대로 침해쟁송을 제기할 우려가 없다고 할 수 있으므로 특허실시권자가 특허권자를 상대로 당해 특허의 무효를 다툴 법률상 이익은 없다고 판단하였다.

그러나 이런 연방특허항소법원의 입장과 달리 연방대법원은, 특허실시권자라도 특허권자를 상대로 그 특허의 무효를 다툴 자격이 있다고 판시하였다. 연방대법원은 특허실시권자로서도 실시료 지급의무의 유무를 다툴 여지가 있고, 특허무효를 다투는 상황은 행정기관 행위의 적법을 다투는 상황과 유사하므로 특허무효를 다투기 위하여 사전에 실시허락 계약을 종료시키는 방법으로 실시권자 자신을 침해책임에 노출시킬 필요는 없다고 판단하였다. 연방대법원은 아울러 특허실시허락 계약의 존재 자체가 특허권자와 실시권자의 법적 분쟁을 해결한 것이라는 특허권자의 주장도 배척하였다. 결국 연방대법원의 이런 판결은 실시권자에 대하여도 그간 지나치게 강대하였던 특허권자의 지위를 제어하고자 한 것이었다.[134)

(2) Microsoft Corp. v. AT&T 판결[135)

특허법은 속지주의의 특징을 가져 원칙적으로 특허권이 등록된 국가의 영역 안에서만 미치는 것이 일반적이다. 그런데 미국 특허법 제271조 (f)항[136)은 특이하게 일정한 경우 미국 밖에서의 특허권 침해행위에까지 미국에 등록된 특허권자가 권리주장을 할 수 있도록

---

132) MedImmune, Inc. v. Genentech, Inc., 127 S. Ct. 764(Jan. 7, 2007).

133) Gen – Probe Inc. v. Vysis, Inc., 359 F.3d 1376, (Fed. Cir. 2004).

134) 박준석, "Quanta v. LG 판결이 한국에서 가진 의미에 대한 소고", 법학 49권 3호(148호)(2008년), 서울대학교 법학연구소, 478 – 479면.

135) Microsoft Corp. v AT&T Corp., 127 S. Ct. 1746 (2007).

136) (1) Whoever without authority supplies or causes to be supplied in or from the United States all or a substantial portion of the components of a patented invention, where such components are uncombined in whore or in part, in such manner as to actively induce the combination of such components outside of the United States in a manner that would infringe the patent if such combination occurred within the United States, shall be liable as an infringer.
(2) Whoever without authority supplies or causes to be supplied in or from the United States any component of a patented invention that is especially made or especially adapted for use in the invention and not a staple article or commodity of commerce suitable for substantial noninfringing use, where such component is uncombined in whole or in part, knowing that such component is so made or adapted and intending that such component will be combined outside of the United States in a manner that would infringe the patent if such combination occurred within the United States, shall be liable as an infringer.

하고 있어, 이른바 '역외 적용(Extraterritorial Application)'을 인정하고 있다. 즉 미국 안에서 특정한 특허발명품의 부품(component)을 공급(supply)하여 미국 밖에서 그 부품들을 결합하도록 적극적으로 유인하는 행위를 하였다면 마치 미국 안에서 해당 부품을 결합하는 경우와 마찬가지로 특허권 침해로 간주된다. 그런데 연방대법원은 Microsoft Corp. v. AT&T 판결에서 아래와 같이 연방특허항소법원의 판결137)을 파기하면서 적어도 컴퓨터 소프트웨어 특허 분야에서는 위 조항의 적용가능성을 크게 제한하는 입장을 취하였다.

　Microsoft Corp. v. AT&T 사건에서 AT&T는 녹음된 스피치를 디지털형태로 암호화하고 압축하는 컴퓨터에 관한 특허권을 보유하고 있었는데, Microsoft의 Window는 다분히 그 특허권을 침해하고 있는 것처럼 보였다. 왜냐하면 Window에 포함된 소프트웨어 코드 중에는 인스톨된 경우 컴퓨터로 하여금 위 특허권과 같은 방식으로 스피치를 처리하는 코드가 포함되어 있었기 때문이다. 그런데 Microsoft가 외국의 컴퓨터 제조업자에게 Window를 공급하는 경우 미국 안에서 Window 디스크를 일일이 제조, 공급하는 방식이 아니라 Window의 마스터 버전을 디스크 형태 혹은 암호화된 전자파일 전송 형태로 공급하는 방식을 취하였고, 이런 디스크나 전자파일을 받은 외국의 컴퓨터 제조업자는 미국 밖에서 실제 복사본을 제조한 다음 외국산 컴퓨터에 Window 복사본을 인스톨하여 판매하였다. 즉 완성품인 컴퓨터에 부품과 같이 인스톨되는 것은 외국의 컴퓨터 제조업자가 만든 복사본이지 마스터 버전이 아니었다.

　AT&T는 Microsoft를 상대로 외국에서의 Window 인스톨행위에 대한 침해주장을 하였는데, Microsoft가 Window 마스터 버전을 보내는 행위가 앞서 미국 특허법 제271조 (f)항이 금지하고 있는 '부품(component)을 공급(supply)'하는 행위에 해당한다고 주장하였다.138) 이러한 주장에 연방지방법원과 연방특허항소법원이 모두 동의하여 Microsoft의 침해책임을 긍정하였다. 그러나 연방대법원은 우선 Microsoft는 '부품(component)'을 제공한 것이 아니라고 보았다. 즉 미국 특허법 제271조 (f)항의 '부품(component)'에 해당하는 것은 Window 마스터 버전이 아니라 외국의 컴퓨터 제조업자가 만든 복사본이라고 판단하였다. 왜냐하면 Microsoft가 마스터 버전의 형태로 보낸 Window는 컴퓨터가 해독할 수 있는 복제본으로 바뀌기 전까지는 직접 컴퓨터에 인스톨되어 작동될 수는 없는 추상적인 소프트웨어 코드, 즉 아이디어에 불과하므로 제271조 (f)항의 조문해석상 물리적 객체일

---

137) 414 F. 3d 1366.

138) 만일 외국의 컴퓨터 제조업자들의 컴퓨터가 Window가 인스톨된 형태로 미국으로 수입된 경우라면 특허권 침해가 된다는 사실은 Microsoft조차도 인정하는 점이었지만, 이 사건의 쟁점은 위와 같이 특허권의 역외적용 문제였다.

것을 요구하는 '부품(component)'이라고 볼 수 없다는 이유였다.

아울러 연방대법원은 Microsoft의 행위는 제271조 (f)항이 예정한 '공급(supply)'이 아니라고 보았다. 연방지방법원과 연방특허항소법원은 하나의 마스터 버전을 제공한 행위도 그로부터 수많은 복제본을 쉽게 생산할 수 있는 이상 직접 수많은 복제본을 제공한 행위와 본질적으로 차이가 없다고 판단하였지만, 연방대법원은 제271조 (f)항의 조문해석상 '공급(supply)'의 의미는 '복제' 내지는 '생산'과는 구별되므로 비록 복제·생산을 쉽게 조장하였더라도 제271조 (f)항에 따라 책임을 부담하는 범위는 공급한 객체에 국한될 뿐 그로부터 복제·생산된 객체에까지 확장되지는 않는다고 보았다. 결국 연방대법원은 이러한 Microsoft의 미국 외에서의 판매활동에 근거한 AT&T의 손해배상청구 부분은 모두 이유 없다고 판단하였다.[139]

Ⅶ. 특허권 침해

1. 서

특허권의 침해란 정당한 권원이 없는 제3자가 특허발명에 대하여 독점배타적인 권리를 직접적 또는 간접적으로 침해하는 것을 말한다.

2. 권리침해의 유형

가. 직접침해

(1) 일반

특허권의 직접침해란 권원 없는 제3자가 특허발명을 업으로써 실시하는 행위를 말하며(§126), 실시행위는 제2조 제3호에 규정되어 있다. 제2조 제3호에 규정되어 있는 행위는 각각 특허발명의 실시행위에 해당되고, 따라서 제3자가 물건에 대한 특허발명을 권원 없이 생산·사용·양도·대여 또는 수입하거나 그 물건의 양도 또는 대여의 청약을 하

---

139) 박준석, "Quanta v. LG 판결이 한국에서 가진 의미에 대한 소고", 법학 49권 3호 (148호) (2008년), 서울대학교 법학연구소, 481 – 482면.

게 되면 각 행위마다 특허권 침해가 성립한다(실시행위 독립의 원칙). 다만, 특허권자로
부터 적법하게 양수한 특허품인 경우에는 더 이상 특허권의 효력이 미치지 않기 때문에,
양수인이 그 특허품을 다시 양도하거나 청약 등을 하더라도 특허권 침해가 되지 않는다
(소진론). 이와 관련하여, 특허품에 대한 적법한 양수인이 특허물건을 어느 범위까지 수
리하여 재활용할 수 있는지는 다툼의 여지가 있으나, 단순한 수리는 가능하나 이를 넘어
서 사실상 재생산에 이르는 경우에는 특허침해가 성립한다고 해석된다.

(2) 균등침해

– 대법원 2000. 7. 28. 선고 97후2200 판결

[1] (가)호 발명이 특허발명과, 출발물질 및 목적물질은 동일하고 다만 반응물질에 있
어 특허발명의 구성요소를 다른 요소로 치환한 경우라고 하더라도, 양 발명의 기술적 사
상 내지 과제의 해결원리가 공통하거나 동일하고, (가)호 발명의 치환된 구성요소가 특허
발명의 구성요소와 실질적으로 동일한 작용효과를 나타내며, 또 그와 같이 치환하는 것
자체가 그 발명이 속하는 기술분야에서 통상의 지식을 가진 자이면 당연히 용이하게 도
출해 낼 수 있는 정도로 자명한 경우에는, (가)호 발명이 당해 특허발명의 출원 시에 이
미 공지된 기술이거나 그로부터 당업자가 용이하게 도출해 낼 수 있는 것이 아니고, 나
아가 당해 특허발명의 출원절차를 통하여 (가) 발명의 치환된 구성요소가 특허청구의 범
위로부터 의식적으로 제외되는 등의 특단의 사정이 없는 한, (가)호 발명의 치환된 구성
요소는 특허발명의 그것과 균등물이라고 보아야 한다.

[2] (가)호 발명의 출발물질 및 목적물질이 특허발명과 동일하고 그 반응물질도 특허발
명의 반응물질과 균등물이며 반응중간체를 가수분해하여 목적물질을 얻는 공정도 단순한
관용수단의 부가에 불과하다는 이유로 (가)호 발명이 특허발명과 상이한 발명이라고 볼
수 없다고 한 사례.

– 대법원 2002. 8. 23. 선고 2000후3517 판결

[1] (가)호 발명이 특허발명의 권리범위에 속한다고 할 수 있기 위해서는 특허발명의
각 구성요소와 구성요소 간의 유기적 결합관계가 (가)호 발명에 그대로 포함되어 있어야
할 것이고, 다만 (가)호 발명에 구성요소의 치환 내지 변경이 있더라도 양 발명에서 과제
의 해결원리가 동일하며, 그러한 치환에 의하더라도 특허발명에서와 같은 목적을 달성할
수 있고 실질적으로 동일한 작용효과를 나타내며, 그와 같이 치환하는 것을 그 발명이

속하는 기술분야에서 통상의 지식을 가진 자(당업자)가 용이하게 생각해 낼 수 있을 정도
로 자명하다면, (가)호 발명이 특허발명의 출원 시에 이미 공지된 기술 내지 공지기술로
부터 당업자가 용이하게 발명할 수 있었던 기술에 해당하거나 특허발명의 출원절차를 통
하여 (가)호 발명의 치환된 구성요소가 특허청구범위로부터 의식적으로 제외된 것에 해당
하는 등의 특별한 사정이 없는 한, (가)호 발명의 치환된 구성요소는 특허발명의 대응되
는 구성요소와 균등관계에 있는 것으로 보아 (가)호 발명은 여전히 특허발명의 권리범위
에 속한다고 보아야 한다.

[2] (가)호 발명의 치환된 구성이 공지된 기술이라는 이유 때문에 특허발명과 균등관계
에 있지 않게 되는 것은 아니나 (가)호 발명의 치환된 구성이 특허발명과 실질적으로 동
일한 작용효과를 나타낸다고 볼 수 없어 양자가 균등관계에 있지 아니하다고 한 사례.

- 대법원 2009. 6. 25. 선고 2007후3806 판결

[1] 확인대상발명에서 특허발명의 특허청구범위에 기재된 구성 중 치환 내지 변경된
부분이 있는 경우에도, 양 발명에서 과제의 해결원리가 동일하고, 그러한 치환에 의하더
라도 특허발명에서와 같은 목적을 달성할 수 있고 실질적으로 동일한 작용효과를 나타내
며, 그와 같이 치환하는 것이 그 발명이 속하는 기술분야에서 통상의 지식을 가진 자라
면 누구나 용이하게 생각해 낼 수 있는 정도로 자명하다면, 확인대상발명이 특허발명의
출원 시 이미 공지된 기술과 동일한 기술 또는 통상의 기술자가 공지기술로부터 용이하
게 발명할 수 있었던 기술에 해당하거나, 특허발명의 출원절차를 통하여 확인대상발명의
치환된 구성이 특허청구범위로부터 의식적으로 제외된 것에 해당하는 등의 특별한 사정
이 없는 한, 확인대상발명은 전체적으로 특허발명의 특허청구범위에 기재된 구성과 균등
한 것으로서 여전히 특허발명의 권리범위에 속한다고 보아야 한다.

[2] 확인대상발명이 특허발명의 권리범위에 속한다고 보기 위한 요건으로서 양 발명에
서 과제의 해결원리가 동일하다는 것은 확인대상발명에서 치환된 구성이 특허발명의 비
본질적인 부분이어서 확인대상발명이 특허발명의 특징적 구성을 가지는 것을 의미하고,
특허발명의 특징적 구성을 파악함에 있어서는 특허청구범위에 기재된 구성의 일부를 형
식적으로 추출할 것이 아니라 명세서의 발명의 상세한 설명의 기재와 출원 당시의 공지
기술 등을 참작하여 선행기술과 대비하여 볼 때 특허발명에 특유한 해결수단이 기초하고
있는 과제의 해결원리가 무엇인가를 실질적으로 탐구하여 판단하여야 한다.

[3] 명칭이 '다수의 자외선램프를 구비하는 수처리장치'인 특허발명의 특허청구범위

제1항은 '디퓨저 방식'을 채용함에 따라 선택된 특유의 해결수단인 반면, 그 구성요소를 각 치환·변경하여 구성한 확인대상발명은 '벤투리 인젝터 방식'을 채용한 것이므로 양 발명은 과제의 해결원리가 동일하지 않고, '벤투리 인젝터 방식'이 '디퓨저 방식'에 비해 현저히 우수한 살균효과가 있어 양 발명의 작용효과가 실질적으로 동일하다고 단정할 수 없으므로 양 발명은 균등한 발명으로 볼 수 없어, 확인대상발명은 특허청구범위 제1항의 권리범위에 속하지 않는다고 한 사례.

(3) 생략침해

 - 대법원 2001. 6. 15. 선고 2000후617 판결

[1] 특허발명의 청구항이 복수의 구성요소로 되어 있는 경우에는 그 각 구성요소가 유기적으로 결합된 전체로서의 기술사상이 보호되는 것이지, 각 구성요소가 독립하여 보호되는 것은 아니므로, 특허발명과 대비되는 (가)호 발명이 특허발명의 청구항에 기재된 필수적 구성요소들 중의 일부만을 갖추고 있고 나머지 구성요소가 결여된 경우에는 원칙적으로 그 (가)호 발명은 특허발명의 권리범위에 속하지 아니한다.

[2] 복수의 구성요소로 이루어진 특허발명에 있어서 그중 일부구성이 공지된 경우, 각 구성요소가 독립하여 별개의 발명이 되는 것이 아니라 그 구성요소들이 결합된 전체로서 하나의 발명이 되는 것이고, 또한 여기에서 이들 구성요소를 분리하게 되면 그 발명의 목적달성은 불가능하게 되고, 이러한 공지의 구성요소가 나머지 신규의 구성요소들과 유기적 결합관계를 이루고 있다고 하지 않을 수 없으므로, (가)호 발명이 특허발명의 권리범위에 속하는지를 판단하는 데에도 공지된 부분을 제외하여서는 아니 된다고 한 사례.

나. 간접침해

(1) 의의 및 취지

간접침해라 함은 현실적인 침해행위라고는 보기 어렵지만 침해행위의 전 단계에 있어 특허침해의 개연성이 높은 행위를 말한다(§127).

(2) 요건

(가) 특허가 물건의 발명인 경우

그 물건의 생산에만 사용하는 물건을 생산·양도·대여 또는 수입하거나 그 물건의 양도 또는 대여의 청약을 하는 행위

(나) 특허가 방법의 발명인 경우

그 방법의 실시에만 사용하는 물건을 생산·양도·대여 또는 수입하거나 그 물건의 양도 또는 대여의 청약을 하는 행위

(3) 효과

제3자가 간접침해에 해당하는 행위를 한 경우에는 특허권 또는 전용실시권을 침해한 것으로 본다.

(4) 판례

(가) 소모품인 경우 간접침해(대법원 2001. 1. 30. 선고 98후2580 판결)

특허발명의 대상이거나 그와 관련된 물건을 사용함에 따라 마모되거나 소진되어 자주 교체해 주어야 하는 소모부품일지라도, **특허발명의 본질적인 구성요소에 해당하고 다른 용도로는 사용되지 아니하며 일반적으로 널리 쉽게 구할 수 없는 물품으로서 당해 발명에 관한 물건의 구입 시에 이미 그러한 교체가 예정되어 있었고 특허권자 측에 의하여 그러한 부품이 따로 제조·판매**되고 있다면, 그러한 물건은 특허권에 대한 이른바 간접침해에서 말하는 '특허 물건의 생산에만 사용하는 물건'에 해당하고, 위 '특허 물건의 생산에만 사용하는 물건'에 해당한다는 점은 특허권자가 주장·입증하여야 한다.

(나) 간접침해의 인정 요건(대법원 2009. 9. 10. 선고 2007후3356 판결)

여기서 말하는 '생산'이란 발명의 구성요소 일부를 결여한 물건을 사용하여 발명의 모든 구성요소를 가진 물건을 새로 만들어 내는 모든 행위를 의미하므로, 공업적 생산에 한하지 않고 가공, 조립 등의 행위도 포함된다고 할 것이다(대법원 2002. 11. 8. 선고 2000다27602 판결 등 참조).

원고가 소극적 권리범위확인을 구하는 확인대상발명은 이 사건 특허발명의 특허청구범위 제1, 2, 4, 6, 11, 16, 18, 19항(이하 '이 사건 특허'라 한다)과 대비하여 볼 때, 이 사건 특허의 구성 중 대형유동채널 및 균일한 고체 중합체 시트와 동일한 구성을 가지면서 소형유동채널이 결여되어 있고 마이크로 홀이 부가되어 있는 점에서 차이가 있다. 그러나… 브레이크 인(break－in) 및 컨디셔닝(conditioning) 공정(이하 '컨디셔닝 공정'이라 약칭한다)이 필수적으로 부가되고, 이러한 컨디셔닝 공정을 수행하는 경우에 확인대상발명의 연마패드에는 이 사건 특허의 소형유동채널의 수치범위 내에 있는 폭과 길이 및 밀

도를 가지고서 연마슬러리를 이동시키는 통로로 작용함으로써 이 사건 특허의 소형유동 채널과 동일한 구조와 기능을 하는 원심 판시 줄무늬 홈이 반드시 형성된다. 그러므로 확인대상발명의 물건은 이 사건 특허 물건의 생산에만 사용되는 것이어서 원고가 업으로서 확인대상발명의 물건을 생산·판매한 행위는 이 사건 권리범위확인심판의 심결 시를 기준으로 하여 이 사건 특허권에 대한 간접침해에 해당된다고 할 것이다.

(다) 간접침해와 형사책임(대법원 1993. 2. 23. 선고 92도3350 판결)

구 특허법(1990. 1. 13. 법률 제4207호로 개정되기 전의 것) 제64조 소정의 '침해로 보는 행위'(강학상의 간접침해행위)에 대하여 특허권 침해의 민사책임을 부과하는 외에 같은 법 제158조 제1항 제1호에 의한 형사처벌까지 가능한가가 문제될 수 있는데, 확장해석을 금하는 죄형법정주의의 원칙이나, 특허권 침해의 미수범에 대한 처벌규정이 없어 특허권 직접침해의 미수범은 처벌되지 아니함에도 특허권 직접침해의 예비단계행위에 불과한 간접침해행위를 특허권 직접침해의 기수범과 같은 벌칙에 의하여 처벌할 때 초래되는 형벌의 불균형성 등에 비추어 볼 때, 제64조의 규정은 특허권자 등을 보호하기 위하여 특허권의 간접침해자에게도 민사책임을 부과시키는 정책적 규정일 뿐 이를 특허권 침해행위를 처벌하는 형벌법규의 구성요건으로서까지 규정한 취지는 아니다.

다. 생산방법의 추정

물건을 생산하는 방법의 발명에 관하여 특허가 된 경우에 그 물건과 동일한 물건은 그 특허된 방법에 의하여 생산된 것으로 추정한다. 다만, 그 물건이 (1) 특허출원 전에 국내에서 공지되었거나 공연히 실시된 물건인 경우, (2) 특허출원 전에 국내 또는 국외에서 반포된 간행물에 게재되거나 대통령령이 정하는 전기통신회선을 통하여 공중이 이용가능하게 된 물건인 경우에는 그러하지 아니하다(§129).

라. 출원경과 금반언의 원칙(Prosecution History Estoppel)

(1) 의의

특허출원인 내지 특허권자가 특허의 출원·등록과정 등에서 의식적으로 제외한 권리범위에 대해서는 추후 제3자의 특허침해 여부 판단 시 권리자가 자신의 특허권과 균능범위에 속하는 것으로서 특허침해라고 주장할 수 없다는 원칙을 말한다.

(2) 판례 - 대법원 2006. 6. 30. 선고 2004다51771 판결

특허출원인 내지 특허권자가 특허의 출원·등록과정 등에서 특허발명과 대비대상이 되는 제품(이하 '대상제품'이라 한다)을 특허발명의 특허청구범위로부터 의식적으로 제외하였다고 볼 수 있는 경우에는, 대상제품은 특허발명의 보호범위에 속하지 않게 되는 것이고, 특허권자가 대상제품을 제조·판매하고 있는 자를 상대로 대상제품이 특허발명의 보호범위에 속하여 그 권리가 침해되고 있다고 주장하는 것은 금반언의 원칙에 위배되어 허용되지 아니한다. 특허발명과 대비대상이 되는 제품이 특허발명의 출원·등록과정 등에서 특허발명의 특허청구범위로부터 의식적으로 제외된 것에 해당하는지는 명세서뿐만 아니라 출원에서부터 특허될 때까지 특허청 심사관이 제시한 견해 및 특허출원인이 제출한 보정서와 의견서 등에 나타난 특허출원인의 의도 등을 참작하여 판단하여야 한다.[140)

(3) 미국의 경우

미국의 Warner Jenkinson 사건[141)에서는 균등론[142)에 대한 법적 제한장치로 출원경과

---

140) 명칭을 '박판 버저'로 하는 원고의 이 사건 특허발명(특허번호 제142382호)과 피고가 생산·판매하고 있는 박판버저(모델명 SMQS 8023, 이하 '피고 제품'이라 한다)는 그 구성이 실질적으로 동일하고, 다만 이 사건 특허발명은 '버저를 완성한 후 버저 외부에서 금속링에 소정의 자력을 부여하는 구성'임에 반하여, 피고 제품은 '자력이 부여된 마그네트로 버저를 완성하고 있는 점'에서 차이가 있지만, 이는 필요에 따라 단순히 선택할 수 있는 사항에 불과하다…'자력이 부여된 마그네트로 버저를 완성하는' 피고 제품은 원고가 이 사건 특허발명의 출원·등록과정에서 이 사건 특허발명이 인용발명에 의하여 진보성이 부정된다는 거절이유를 극복하기 위하여 이 사건 특허발명의 특허청구범위로부터 의식적으로 제외하였던 것에 해당하여 이 사건 특허발명의 보호범위에 속하지 아니한다 할 것이나(대법원 2006. 6. 30. 선고 2004다51771 판결).
같은 취지의 판시로 대법원 2002. 9. 6. 선고 2001후171 판결 참조[이 사건 특허발명의 특허청구범위 제1항의 보정은 위 청구항이 인용발명에 비하여 신규성과 진보성이 없다는 피고의 이의신청에 대응하여 행하여진 것으로서 원고가 그 보정과 함께 제출한 특허이의답변서에서 인용발명에는 염기서열이 전혀 기재되어 있지 않으므로 염기서열의 기재를 추가한 정정 후의 제1항은 신규성과 진보성이 있고, 삭제 전의 특허청구범위 제2항의 내용을 제1항에 결합시킴으로써 EPO를 제조하는 방법을 DNA 서열로써 더욱 특정한 것이라는 취지로 진술하고 있는 사실 및 실제로 인용발명에는 보정에 의하여 추가된 DNA 서열과 직접 연관 지을 만한 내용이 나타나 있지도 않은 사실이 인정되므로 원고가 특허청구범위 제1항에 DNA 서열의 기재를 추가하여 보정을 함에 있어서 추가된 DNA 서열과 균등관계에 있는 것을 자신의 권리범위에서 제외할 의도였다고 단정하기는 어렵고 달리 이와 같이 인정할 만한 자료가 없음에도 불구하고, 원심이 정정된 특허청구범위 제1항이 삭제된 특허청구범위 제2항의 내용을 포함시킴에 있어 제2항의 기재 내용 중 '일부'를 제외하였다는 사정만을 내세워 그 판시와 같은 이유로 (가)호 발명이 이 사건 특허발명의 특허청구범위 제1항과 균등관계에 있음에도 불구하고 그 권리범위에 속하지 않는다고 판단한 것은 균등물과 출원경과금반언의 관계에 관한 법리를 오해하거나 심리를 다하지 아니하여 판결에 영향을 미친 위법이 있고 이에 관한 상고이유의 주장은 이유 있다].

141) *Warner Jenkinson Co., Inc. v. Hilton Davis Chemical Co.*(95 – 728), 520 U.S. 17(1997).
Graver Tank did not supersede the well – established limitation on the doctrine of equivalents known

금반언의 원칙을 원용하였다(만약 특허권자가 출원계속 중에 보정을 행하였다면 그 보정이 특허청구범위와 관련 없는 형식적인 보정이라는 것에 대한 입증 책임은 특허권자에게 있고 특허권자가 충분히 이를 입증하지 못할 경우, 그 특허는 금반언의 원칙에 따라 균등론이 적용되지 않아 특허청구범위가 확장 해석되지 않는다).

그 이후, 유명한 Festo 사건[143]에서 연방대법원은 Warner Jenkinson 사건의 판시 내용을 확인하는 취지에서 첫째, 출원 시 보정을 통하여 특허청구범위가 축소되었다면 금반언의 원칙에 근거하여 균등론을 적용하지 않는 것으로 간주하고, 둘째, 축소 보정으로 인하여 균등론이 적용되지 않는 대상으로 간주된 발명의 특허권자는 그 축소 보정이 균등 범위를 포기하는 형태의 보정이 아니라는 것에 대한 입증 책임이 있다고 판시하였다(출원계속 중에 축소 보정을 한 특허의 특허권자는 보정 시 해당 분야의 당업자가 문제가 된 현재의 균등 범위를 포함하는 특허청구범위를 문헌적(글로 정확하게 청구하는 방식)으로

---

as "prosecution history estoppel," whereby a surrender of subject matter during patent prosecution may preclude recapturing any part of that subject matter, even if it is equivalent to the matter expressly claimed.

The court has to look at the reason for the amendment of the claim. If the amendment is not related to patentability PHE(prosecution history estoppel) will not apply.

142) *Graver Tank & Manufacturing Co. v. Linde Air Products Co., 339 U.S. 605 (1950)* was an important United States Supreme Court decision in the area of patent law, establishing the propriety of the doctrine of equivalents, and explaining how and when it was to be used.

The Court, in an opinion written by Justice Robert Jackson, raised the doctrine of equivalents. It noted that if another party could use a process exactly the same as one that is patented, but escape infringement by making some obvious substitution of materials, it would deprive the patentee of the exclusive control meant to come with a patent. This would undermine the profitability of the patent, which would go against the policy of encouraging inventors to invent by giving the opportunity to profit from the labor of invention.

The Court also outlined how the doctrine should be used, noting that "what constitutes equivalency must be determined against the context of the patent, the prior art, and the particular circumstances of the case." The Court laid out two possible tests to determine equivalency. Under the first of these (which has since come to be known as the "triple identity" test), something is deemed equivalent if:
1. It performs substantially the same function
2. in substantially the same way
3. to yield substantially the same result.

Under the second test, something is deemed equivalent if there is only an "insubstantial change" between each of the features of the accused device or process and the patent claim.

In this case, the Court gave particular weight to the determination of "whether persons reasonably skilled in the art would have known of the interchangeability of an ingredient not contained in the patent with one that was." Finding that the substitution of magnesium for manganese was both obvious to anyone working in the field, and was an insubstantial change, the Court upheld the finding of patent infringement.

143) *Festo Corp. v Shoketsu Kinzoku Kogyo Kabushiki Co., 535 U.S. 722 (2002).*

청구 기재하는 것이 합리적으로 기대하기 힘든 정도였다는 것을 입증할 책임이 있다.[144]

3. 특허권침해에 대한 구제 등

가. 민사적인 구제

(1) 침해금지청구권

(가) 의의

침해금지청구권이란 특허권자 또는 전용실시권자가 자기의 권리를 침해한 자 또는 침해할 우려가 있는 자에 대하여 그 침해의 금지 또는 예방을 청구하는 권리를 말한다(§126①).

(나) 요건

권리의 침해가 현재 발생하고 있거나 발생할 우려가 있을 것, 실시행위가 위법할 것, 금지의 필요성이 있을 것 등을 요건으로 한다.

(다) 침해금지청구권에 속한 다른 청구권

특허권자 또는 전용실시권자가 침해금지청구를 할 때에는 침해행위를 조성한 물건(물건을 생산하는 방법의 발명인 경우에는 침해행위로 생긴 물건을 포함한다)의 폐기, 침해

---

144) The Supreme Court vacated the ruling made by the Federal Circuit, holding that such amendments do not create an absolute bar, but instead must be examined in light of the reason for the change. In the unanimous opinion, Justice Kennedy explained that it was not whether prosecution history estoppel applied to amendments, but to what extent the amendment surrendered coverage of the claim. If the change was made to clarify a translation, for example, the inventor should suffer no reduction in rights. But if the change was made to keep the patent from overlapping with another patent, then the applicant will be presumed to have given up the right to complain about anything broader than the patent claim itself.

In particular, the Court held that patentee's decision to narrow claims through amendment in order to comply with the Patent Act automatically assumes surrender of the territory between the original claim and the amended claim, i.e., a presumption of surrendering all equivalents for the particular claim limitation that was narrowed by the amendment. The Court thus placed the burden on the applicant as to showing what equivalents were not surrendered.

Still, the Court conceded, however, that there are some cases where the amendment cannot be viewed as surrendering a particular equivalent. "The equivalent may have been unforeseeable at the time of the application; the rationale underlying the amendment may bear no more than a tangential relation to the equivalent in question; or there may be some other reason suggesting that the patentee could not reasonably be expected to have described the insubstantial substitute in question. In those cases the patentee can overcome the presumption that prosecution history estoppel bars a finding of equivalence."

행위에 제공된 설비의 제거 기타 침해의 예방에 필요한 행위를 청구할 수 있다(§126②).

(2) 손해배상청구권

(가) 의의

특허권자 또는 전용실시권자 등이 타인의 고의 또는 과실에 의하여 자기의 특허권이 침해되었을 경우에 그 침해한 자에 대하여 침해로 인해 받은 손해를 배상청구하는 권리를 말한다(§128).

(나) 요건

침해자의 고의 또는 과실이 있을 것, 침해행위가 있을 것, 침해행위로 인해 손해가 발생하였을 것, 침해행위와 손해발생 사이에 인과관계가 있을 것 등의 요건을 갖추어야 한다. 이와 관련하여 특허법에서는 과실의 추정 및 생산방법의 추정 등의 규정을 두어 특허권자의 입증책임을 완화시켜 주고 있다.

a) 과실의 추정

타인의 특허권 또는 전용실시권을 침해한 자는 그 침해행위에 대하여 과실이 있는 것으로 추정한다(§130).

b) 생산방법의 추정

물건을 생산하는 방법의 발명에 관하여 특허가 된 경우에 그 물건과 동일한 물건은 그 특허된 방법에 의하여 생산된 것으로 추정한다. 다만, 그 물건이 ① 특허출원 전에 국내에서 공지되었거나 공연히 실시된 물건인 경우, ② 특허출원 전에 국내 또는 국외에서 반포된 간행물에 게재되거나 대통령령이 정하는 전기통신회선을 통하여 공중이 이용 가능하게 된 물건인 경우에는 그러하지 아니하다(§129).

c) 서류제출명령

법원은 특허권 또는 전용실시권의 침해에 관한 소송에 있어서 당사자의 신청에 의하여 타당사자에 대하여 당해 침해행위로 인한 손해의 계산을 하는 데에 필요한 서류의 제출을 명할 수 있다. 다만, 그 서류의 소지자가 그 서류의 제출을 거절할 정당한 이유가 있는 때에는 그러하지 아니한다(§132).

(다) 손해액의 추정

특허권자 또는 전용실시권자는 고의 또는 과실로 인하여 자기의 특허권 또는 전용실시권을 침해한 자에 대하여 그 침해에 의하여 자기가 입은 손해의 배상을 청구하는 경우 당해 권리를 침해한 자가 그 침해행위를 하게 한 물건을 양도한 때에는 그 물건의 양도수량에 특허권자 또는 전용실시권자가 당해 침해행위가 없었다면 판매할 수 있었던 물건의 단위수량당 이익액을 곱한 금액을 특허권자 또는 전용실시권자가 입은 손해액으로 할 수 있다. 이 경우 손해액은 특허권자 또는 전용실시권자가 생산할 수 있었던 물건의 수량에서 실제 판매한 물건의 수량을 뺀 수량에 단위수량당 이익액을 곱한 금액을 한도로 한다. 다만, 특허권자 또는 전용실시권자가 침해행위 외의 사유로 판매할 수 없었던 사정이 있는 때에는 당해 침해행위 외의 사유로 판매할 수 없었던 수량에 따른 금액을 빼야 한다(§128①).

특허권자 또는 전용실시권자가 고의 또는 과실에 의하여 자기의 특허권 또는 전용실시권을 침해한 자에 대하여 그 침해에 의하여 자기가 받은 손해의 배상을 청구하는 경우 권리를 침해한 자가 그 침해행위에 의하여 이익을 받은 때에는 그 이익의 액을 특허권자 또는 전용실시권자가 받은 손해의 액으로 추정한다(§128②).

특허권자 또는 전용실시권자가 고의 또는 과실에 의하여 자기의 특허권 또는 전용실시권을 침해한 자에 대하여 그 침해에 의하여 자기가 받은 손해의 배상을 청구하는 경우 그 특허발명의 실시에 대하여 통상 받을 수 있는 금액에 상당하는 액을 특허권자 또는 전용실시권자가 받은 손해의 액으로 하여 그 손해배상을 청구할 수 있다(§128③). 이 경우 손해의 액이 동항에 규정하는 금액을 초과하는 경우에는 그 초과액에 대하여도 손해배상을 청구할 수 있다. 이 경우 특허권 또는 전용실시권을 침해한 자에게 고의 또는 중대한 과실이 없는 때에는 법원은 손해배상의 액을 정함에 있어서 이를 참작할 수 있다(§128④).

법원은 특허권 또는 전용실시권의 침해에 관한 소송에 있어서 손해가 발생된 것은 인정되나 그 손해액을 입증하기 위하여 필요한 사실을 입증하는 것이 해당 사실의 성질상 극히 곤란한 경우에는 제1항 내지 제4항의 규정에 불구하고 변론 전체의 취지와 증거조사의 결과에 기초하여 상당한 손해액을 인정할 수 있다(§128⑤).

(라) 손해액의 산정

① 특허법 제128조 제2항(대법원 2006. 10. 12. 선고 2006다1831 판결)

특허법 제128조 제2항은 특허권자가 고의 또는 과실로 자기의 특허권을 침해한 자에 대하여 그 침해에 의한 손해배상을 청구하는 경우에, 권리를 침해한 자가 침해행위에 의하여 이익을 받은 때에는 그 이익의 액을 특허권자의 손해액으로 추정한다고 규정하고 있고, 여기서 말하는 이익이란 침해자가 침해행위에 따라 얻게 된 것으로서 그 내용에 특별한 제한은 없으나, 이 규정은 특허권자에게 손해가 발생한 경우에 그 손해액을 평가하는 방법을 정한 것에 불과하여 침해행위에도 불구하고 특허권자에게 손해가 없는 경우에는 적용될 여지가 없으며, 다만 손해의 발생에 관한 주장·입증의 정도에 있어서는 위 규정의 취지에 비추어 경업관계 등으로 인하여 손해 발생의 염려 내지 개연성이 있음을 주장·입증하는 것으로 족하다고 보아야 할 것이다(대법원 1997. 9. 12. 선고 96다43119 판결 참조).

② 특허법 제128조 제3항(대법원 2006. 4. 27. 선고 2003다15006 판결)

특허법 제128조 제3항에 의하여 특허발명의 실시에 대하여 통상 받을 수 있는 금액에 상당하는 액을 결정함에 있어서는, 특허발명의 객관적인 기술적 가치, 당해 특허발명에 대한 제3자와의 실시계약 내용, 당해 침해자와의 과거의 실시계약 내용, 당해 기술분야에서 같은 종류의 특허발명이 얻을 수 있는 실시료, 특허발명의 잔여 보호기간, 특허권자의 특허발명 이용 형태, 특허발명과 유사한 대체기술의 존재 여부, 침해자가 특허침해로 얻은 이익 등 변론종결 시까지 변론과정에서 나타난 여러 가지 사정을 모두 고려하여 객관적·합리적인 금액으로 결정하여야 하고, 특히 당해 특허발명에 대하여 특허권자가 제3자와 사이에 특허권 실시계약을 맺고 실시료를 받은 바 있다면 그 계약 내용을 침해자에게도 유추적용하는 것이 현저하게 불합리하다는 특별한 사정이 없는 한 그 실시계약에서 정한 실시료를 참작하여 위 금액을 산정하여야 하며, 그 유추적용이 현저하게 불합리하다는 사정에 대한 입증책임은 그러한 사정을 주장하는 자에게 있다.[145]

---

145) 구 저작권법(2000. 1. 12. 법률 제6134호로 개정되기 전의 것) 제93조 제3항은 저작재산권자 등은 제2항의 규정에 의한 손해액 외에 그 권리의 행사로 통상 얻을 수 있는 금액에 상당하는 액을 손해액으로 하여 그 배상을 청구할 수 있다고 규정하고 있는바, 여기서 권리의 행사로 통상 얻을 수 있는 금액에 상당하는 액이라 함은 침해자가 저작물의 사용 허락을 받았더라면 사용대가로서 지급하였을 객관적으로 상당한 금액을 말한다고 보아야 할 것이고, 음악저작물은 저작물에 따라 작품성과 대중 인기도에 차이가 있어 저작권자로서는 저작물을 사용하고자 하는 자와 사이에 저작물사용계약을 체결하면서 나름대로의 사용료를 정할 수 있는 것이므로, 저작권자가 당해 저작물에 관하여 사용계약을 체결하거나 사용료를 받은 적이 전혀 없는 경우라면 일응 그 업계에서 일반화되어 있는 사용료를 저작권 침해로 인한 손해액 산정에 있어서 한 기준으로 삼을 수 있겠지만, 저작권자가 침해행위와 유사한 형태의 저작물 사용과 관련하여 저작물사용계약을 맺고 사용료를 받은 사례가 있는 경우라면, 그 사용료가 특별히 예외적인 사정이 있어 이례적으로 높게 책정된 것이라거나 저작권 침해로 인한 손해배상청구 소송에 영향을 미치기 위하여 상대방과 통모하여 비정상적으로 고액으로 정한 것이라는 등의 특별한 사정이 없는

③ 특허법 제128조 제5항(대법원 2006. 4. 27. 선고 2003다15006 판결)

특허침해로 손해가 발생된 것은 인정되나 특허침해의 규모를 알 수 있는 자료가 모두 폐기되어 그 손해액을 입증하기 위하여 필요한 사실을 입증하는 것이 어렵게 된 경우에는 특허법 제128조 제5항을 적용하여 상당한 손해액을 결정할 수 있고, 이 경우에는 그 기간 동안의 침해자의 자본, 설비 등을 고려하여 평균적인 제조수량이나 판매수량을 가늠하여 이를 기초로 삼을 수 있다고 할 것이며, 특허침해가 이루어진 기간의 일부에 대해서만 손해액을 입증하기 어려운 경우 반드시 손해액을 입증할 수 있는 기간에 대하여 채택된 손해액 산정 방법이나 그와 유사한 방법으로만 상당한 손해액을 산정하여야만 하는 것은 아니고, 자유로이 합리적인 방법을 채택하여 변론 전체의 취지와 증거조사의 결과에 기초하여 상당한 손해액을 산정할 수 있다.

④ 기타

우리나라에서 특허권 침해를 이유로 손해액을 구체적으로 산정한 유명한 사건이 소위 '기저귀 사건'이었다. 유한킴벌리사가 쌍용과 엘지를 상대로 각각 기저귀 특허침해를 이유로 손해배상청구를 하였는바, 이 사건의 제1심인 서울지방법원 남부지원 제3민사부 2003. 2. 13. 선고 96가합6616판결(쌍용), 서울지방법원 남부지원 제4민사부 2003. 2. 7. 선고 2001가합8692, 2001가합11162(엘지)에서는 구체적인 손해액 산정이 제시되고 있으므로 향후 실무적으로나 이론적으로 참고가 될 것이다(위 사건들은 모두 항소심에서 특허침해가 부정되었고 대법원에서 그대로 확정되었기 때문에, 손해액 산정에 관해 상급심에서는 따로 판단하지 않았다).

(3) 신용회복조치권

고의 또는 과실에 의하여 특허권 또는 전용실시권을 침해함으로써 특허권자 또는 전용실시권자의 업무상의 신용을 실추하게 한 자에 대하여 특허권자 또는 전용실시권자가 손해배상에 갈음하거나 손해배상과 함께 특허권자 또는 전용실시권자의 업무상의 신용회복을 위하여 필요한 조치를 법원에 청구할 수 있는 권리를 말한다(§131).

한, 그 사용계약에서 정해진 사용료를 저작권자가 그 권리의 행사로 통상 얻을 수 있는 금액으로 보아 이를 기준으로 손해액을 산정함이 상당하다(대법원 2001. 11. 30. 선고 99다69631 판결).

(4) 부당이득반환청구권

정당한 법률상의 원인 없이 특허권자의 권리로 인해 이익을 얻고 그로 인하여 특허권자에게 손해가 발생한 경우 특허권자가 그 제3자를 상대로 부당이득의 반환을 청구할 수 있는 권리이다(민법 §741).

나. 형사적인 구제

(1) 특허권침해죄

특허권 또는 전용실시권을 침해한 자는 7년 이하의 징역 또는 1억 원 이하의 벌금에 처한다. 침해죄는 고소가 있어야 하는 친고죄이다(§225).

(2) 비밀누설죄

특허청 직원·특허심판원 직원 또는 그 직에 있었던 자가 그 직무상 지득한 특허출원 중의 발명(국제출원 중의 발명을 포함한다)에 관하여 비밀을 누설하거나 도용한 때에는 5년 이하의 징역 또는 5천만 원 이하의 벌금에 처한다(§226). 제58조 제1항의 규정에 따른 전문기관 또는 특허문서전자화기관의 임원·직원 또는 그 직에 있었던 자는 제226조의 규정을 적용함에 있어서 특허청 직원 또는 그 직에 있었던 자로 본다(§226의2).

(3) 위증죄

이 법의 규정에 의하여 선서한 증인·감정인 또는 통역인이 특허심판원에 대하여 허위의 진술·감정 또는 통역을 한 때에는 5년 이하의 징역 또는 1천만 원 이하의 벌금에 처한다. 다만, 동죄를 범한 자가 그 사건의 심결의 확정 전에 자수한 때에는 그 형을 감경 또는 면제할 수 있다(§227).

(4) 허위표시죄

허위표시금지에 관한 제224조의 규정에 위반한 자는 3년 이하의 징역 또는 2천만 원 이하의 벌금에 처한다(§228).

(5) 사위행위죄

사위 기타 부정한 행위로써 특허, 특허권의 존속기간의 연장등록 또는 심결을 받은 자는 3년 이하의 징역 또는 2천만 원 이하의 벌금에 처한다(§229). 타인의 발명을 자신의 발명인 것처럼 도용하여 특허출원·등록받는 경우가 이에 속한다.[146] 이와 관련하여 미국과 달리 출원 시 관련 자료에 대한 제시 의무가 없는 우리나라 특허법상 출원인이 알고 있는 자료 등을 제출하지 않은 채 특허출원을 한 경우 사위행위죄가 성립하는지 문제될 수 있으나, 판례는 "구특허법 제228조에 정한 '사위 기타 부정한 행위로써 특허를 받은 자'라고 함은 정상적인 절차에 의하여서는 특허를 받을 수 없는 경우임에도 불구하고 위계 기타 사회통념상 부정이라고 인정되는 행위로써 그 특허를 받은 자를 가리킨다고 할 것인데, 우선 '특허출원 전에 국내에서 공지되었거나 공연히 실시된 발명'이거나 '특허출원 전에 국내 또는 국외에서 반포된 간행물에 게재된 발명' 등으로서 특허를 받을 수 없는 발명임에도 불구하고 특허출원을 하였다는 사실만으로는 그 '사위 기타 부정한 행위'가 있었다고 볼 수 없을 뿐만 아니라, 특허출원인에게 특허출원 시 관계 법령상 그러한 사정을 특허관청에 미리 알리도록 강제하는 규정 등도 없는 이상, 특허출원 시 이를 특허관청에 알리거나 나아가 그에 관한 자료를 제출하지 않은 채 특허출원을 하였다고 하여 이를 가리켜 위계 기타 사회통념상 부정이라고 인정되는 행위라고 볼 수도 없다"고 하였다.[147]

(6) 비밀유지명령 위반죄

국내외에서 정당한 사유 없이 비밀유지명령을 위반한 자는 5년 이하의 징역 또는 5천만 원 이하의 벌금에 처한다(§229의2①). 동죄는 비밀유지명령을 신청한 자의 고소가 없으면 공소를 제기할 수 없다(§229의2②).

(7) 양벌규정

법인의 대표자나 법인 또는 개인의 대리인, 사용인, 그 밖의 종업원이 그 법인 또는 개인의 업무에 관하여 제225조 제1항, 제228조 또는 제229조의 어느 하나에 해당하는

---

146) 의정부지방법원 2011. 6. 16. 선고 2010노2480 판결[위 인정사실에서 알 수 있는 다음의 사정, 즉 서충수가 이 사건 기술을 개발하고 이를 피해자 회사가 승계하게 된 경위 및 그 과정, 피고인이 이 사건 기술을 알고 이를 출원하여 특허받은 경위 등을 종합하면, 이 사건 기술은 피고인의 주장과 달리 피고인이 직무발명한 것이 아니라 서충수가 그 발명자라 할 것이고, 피해자 회사는 서충수로부터 이 사건 기술에 관한 특허를 받을 수 있는 권리 일체를 양수받았으므로, 피고인에게는 이 사건 기술에 관한 특허를 받을 수 있는 권리가 없다 할 것이고, 그럼에도 피고인이 피해자 회사의 동의 없이 무단으로 이 사건 기술의 설계도면을 제공받아 마치 이 사건 기술에 관한 신기술을 개발한 것처럼 자신의 명의로 특허출원을 하여 특허등록을 받은 행위는 구 특허법(2007. 5. 17. 법률 제8462호로 개정되기 전의 것) 제228조에서 금지하고 있는 사위 기타 부정한 방법으로 특허등록을 마친 행위에 해당한다 할 것이므로, 피고인의 위 주장은 이유 없다].

147) 대법원 2004. 2. 27. 선고 2003도6283 판결.

위반행위를 하면 그 행위자를 벌하는 외에 그 법인에게는 다음의 어느 하나에 해당하는 벌금형을, 그 개인에게는 해당 조문의 벌금형을 과한다. 다만, 법인 또는 개인이 그 위반 행위를 방지하기 위하여 해당 업무에 관하여 상당한 주의와 감독을 게을리하지 아니한 경우에는 그러하지 아니하다(§230).

ⅰ) 제225조 제1항의 경우: 3억 원 이하의 벌금

ⅱ) 제228조 또는 제229조의 경우: 6천만 원 이하의 벌금

(8) 몰수 등

제225조 제1항에 해당하는 침해행위를 조성한 물건 또는 그 침해행위로부터 생긴 물건은 이를 몰수하거나 피해자의 청구에 의하여 그 물건을 피해자에게 교부할 것을 선고하여야 한다(§231①). 피해자는 제1항의 규정에 의한 물건의 교부를 받은 경우에는 그 물건의 가액을 초과하는 손해의 액에 한하여 배상을 청구할 수 있다(§231②).

이러한 특허법상 몰수에 관한 규정은 형법 제48조에 의한 몰수와 다음과 같은 차이점이 있다.[148] 첫째, 형법상 몰수대상물은 범죄로 인하여 발생·취득한 물건, 범죄제공물 이외에 이들의 대가물까지 포함하나 특허법 등은 대가물은 몰수대상에 넣지 않고 있다. 둘째, 형법에서는 몰수대상물의 소유자가 범인 이외의 자인 경우에는 범죄사실에 대한 인식을 요건으로 하나 특허법에는 이러한 제한이 없다. 셋째, 형법상 몰수는 임의적이지만 특허법에서는 필요적 몰수이다. 넷째, 형법과 달리 특허법에서는 피해자교부와 손해배상의 제한에 대한 규정을 두고 있다.

(9) 과태료

ⅰ)「민사소송법」제299조 제2항 및 동법 제367조의 규정에 의하여 선서를 한 자로서 특허심판원에 대하여 허위의 진술을 한 자, ⅱ) 특허심판원으로부터 증거조사 또는 증거보전에 관하여 서류 기타 물건의 제출 또는 제시의 명령을 받은 자로서 정당한 이유 없이 그 명령에 응하지 아니한 자, ⅲ) 특허심판원으로부터 증인·감정인 또는 통역인으로 소환된 자로서 정당한 이유 없이 소환에 응하지 아니하거나 선서·진술·증언·감정 또는 는 통역을 거부한 자는 50만 원 이하의 과태료에 처한다(§232①). 동 규정에 따른 과태료는 대통령령이 정하는 바에 의하여 특허청장이 부과·징수한다(§232②).

---

148) 박강우, "지적재산권침해범죄의 실태와 형법적 규제", 형사정책 제22권 제2호(2010. 12.), 136－137면.

4. 경고장 발송

가. 일반

실무상 특허침해 문제가 발생한 경우에는 소 제기에 앞서 침해행위의 중단 및 적절한 사후조치를 요구하는 내용의 경고장을 보내는 경우가 많다. 종래에는 이러한 경고장 발송이 관행처럼 당연시되어 왔었고, 따라서 경고장의 내용이 사실과 다르다고 하더라도 별다른 문제제기를 하지 않았다. 그런데 최근에는 정당한 이유가 없거나 근거가 약한 이유로 경고장을 보내는 행위에 대해 업무방해 등을 이유로 일정한 제재를 해야 한다는 논의가 있다. 따라서 경고장을 보내고자 하는 경우에는 사전에 충분한 논의와 검토를 거쳐야 할 것이다.

나. 권리자의 경우

권리자는 우선 경고장 발송에 앞서 경고장 발송의 장단점을 충분히 검토하여야 한다. 그리고 경고장을 작성하는 경우에는 ① 침해 여부에 대한 신중한 검토(변호사, 변리사 등 전문가의 검토), ② 권리침해 주장 부분의 문구(톤) 조정(가급적 단정적인 권리 침해 주장은 삼가야 할 것임), ③ 요구사항의 정리(제품 제조 경위, 제조 및 판매 자료 내역, 침해금지 및 그에 대한 입증 자료 제공, 손해배상액 지급, 일간지 게재 등), ④ 반복적인 경고장 발송의 자제 등에 유의하여야 한다. 특히, 침해자가 아닌 침해자의 거래처에 대해 경고장을 발송하고자 하는 경우에는 더욱 신중한 검토가 필요하다. 이와 관련하여 판례는 "피고도 다른 업체로부터 특허침해를 원인으로 한 판매금지 경고장을 받는 등 권리범위 판단이 용이하지 않은 상황에서 단지 변리사의 판단에 근거하여 특허 침해를 단정한 뒤, 침해 제품의 폐기 및 일간지에의 사과문 게재 등의 강력한 내용의 경고장을 원고 거래처에 발송한 행위에 대해 고의 또는 적어도 과실에 의한 영업활동 방해가 인정된다"고 하였다.[149]

---

149) 대전지방법원 2009. 12. 4. 선고 2008가합7844 판결. 항소심인 대전고등법원 2010. 6. 24. 2010나1058 판결에서도 같은 취지로 판시하였고(피고는, 특허권자는 자기의 권리를 침해할 우려가 있는 자에게 그 침해의 금지 또는 예방을 청구할 수 있는 것이고, 원고의 제품에 관한 방송이 취소된 것은 롯데홈쇼핑의 자체적인 판단에 의한 것이므로, 그로 인한 원고의 손해는 피고의 이 사건 경고장 발송과 인과관계가 있다고 할 수 없고, 가사 인과관계가 있다고 하더라도 충분히 검토하지 아니하거나 적절하게 대응하지 못한 원고나 롯데홈쇼핑에게도 책임이 있는 것이므로 피고의 책임은 제한되어야 한다는 취지로 주장하나, 비록 특허권자라고 하더라도 독자적인 판단에 따라 누구에게나 어떠한 행위든 임의로 요구할 권리가 있다고 볼 수는 없고, 앞서 본 바와 같이 원고의 제품에 관한 방송이 취소되고, 원고에게 손해가 발생하게 된 것은 피고가 원고뿐만 아니라 원고와 거래관계에 있는 롯데홈쇼핑에게까지 독자적인 판단

다. 침해자의 경우

특허권침해를 이유로 경고장을 받은 침해자의 입장에서는 우선 경고장 내용을 검토한 후 그 진위를 확인해야 한다. 그리고 어떻게 대응할 것인지(답변 발송, 무응답 등)를 논의한 후 답변을 발송하고자 하는 경우에는 침해주장에 대한 근거 자료의 요구, 업무방해 등의 위험 경고 등 어느 범위까지 문서로 담아 발송할 것인지를 충분히 살펴보아야 할 것이다.

5. 특허침해금지가처분

가. 일반

실무에는 특허침해의 경우 본안소송 제기에 앞서 특허침해금지가처분신청을 제기하여 사건이 종결되는 경우가 많다. 이와 관련하여 특허법에서는 침해금지가처분에 관한 규정을 따로 두고 있지 않으며, 따라서 민사집행법 제300조[150)에 근거하여 가처분신청을 하게 된다.

나. 요건

(1) 피보전권리 - 특허권의 침해

특허침해금지가처분사건에서의 피보전권리는 특허권의 침해사실을 특정하는 것이다. 이를 위해 ① 특허발명의 보호범위 확정, ② 상대방 실시 발명의 특정, ③ 상대방 실시 발명과 특허발명의 대비 등을 적시해야 한다.[151)

에 따라 매우 강력한 내용의 이 사건 경고장을 발송하였기 때문이라 할 것이므로 원고의 손해발생과 피고의 경고장 발송행위 사이에는 상당한 인과관계가 있다고 할 것이고, 또한 앞서 본 바와 같이 피고의 첫 번째 내용증명우편에 대하여 원고나 롯데홈쇼핑은 적절한 해명요구 및 해명을 통하여 계속 방송을 하기로 결정하였으나, 피고가 또다시 롯데홈쇼핑에게 더욱 강력한 내용의 이 사건 경고장을 발송하는 바람에 결국 방송이 취소된 점에 비추어 원고나 롯데홈쇼핑이 충분히 검토하지 아니하거나 적절하게 대응하지 못하였다고 볼 수 없으므로, 피고의 위 주장은 이유 없다), 상고되지 않아 확정되었다.

150) 민사집행법 제300조 [가처분의 목적] ① 다툼의 대상에 관한 가처분은 현상이 바뀌면 당사자가 권리를 실행하지 못하거나 이를 실행하는 것이 매우 곤란할 염려가 있을 경우에 한다.
② 가처분은 다툼이 있는 권리관계에 대하여 임시의 지위를 정하기 위하여도 할 수 있다. 이 경우 가처분은 특히 계속하는 권리관계에 끼칠 현저한 손해를 피하거나 급박한 위험을 막기 위하여 또는 그 밖의 필요한 이유가 있을 경우에 하여야 한다.

151) 대법원 2000. 7. 4. 선고 97후2194 판결[(가)호 발명의 출발물질, 반응물질 및 목적물질이 특허발명과 동일하고, 그 제조방법도 기술적 사상과 핵심적인 구성에 있어서 특허발명과 동일하며, 부가공정을 거치는 차이가 있으나 그 부가공정이 주지된 관용기술에 의하여 용이하게 부가할 수 있는 공정에 불과하고 그 작용효과도 주지된 관용기술을 부가함으로 인한 효과 이상으로 우월하거나 현저하게 향상되었다고 보기 어렵다는 이유로 (가)호 발명이 특허발명과 상이한 발명이라고 볼 수 없다].

(2) 보전의 필요성[152]

일반 가처분사건에서와 마찬가지로 보전의 필요성이 인정되어야 하는데, 판례는 "구민사소송법 제714조 제2항에서 규정하는 임시의 지위를 정하기 위한 가처분을 필요로 하는지는 가처분신청의 인용 여부에 따른 당사자 쌍방의 이해득실관계, 본안소송에 있어서의 장래의 승패의 예상, 기타의 제반 사정을 고려하여 법원의 재량에 따라 합목적적으로 결정하여야 할 것이므로 가처분채권자가 신청 당시에 실체법상의 권리를 가지고 있다 하더라도 그 권리가 가까운 장래에 소멸하여 본안소송에서 패소판결을 받으리라는 점이 현재에 있어 충분히 예상되는 경우에는 필요성이 없다고 풀이하는 것이 상당하고, 더구나 특허권침해의 금지라는 부작위의무를 부담시키는 이른바 만족적 가처분일 경우에 있어서는 보전의 필요성 유무를 더욱 신중하게 결정하여야 할 것으로서 만일 가처분신청 당시 채무자가 특허청에 별도로 제기한 심판절차에 의하여 그 특허권이 무효라고 하는 취지의 심결이 있은 경우나, 무효심판이 청구되고 그 청구의 이유나 증거관계로부터 장래 그 특허가 무효로 될 개연성이 높다고 인정되는 등의 특별한 사정이 있는 경우에는 당사자 간의 형평을 고려하여 보전의 필요성을 결한 것으로 보는 것이 합리적"이라고 하면서,[153] "원심 및 원심이 인용한 제1심이 적법하게 인정한 사실에 의하면, 신청인의 이 사건 제1, 3특허 및 제2특허의 특허청구범위 제1 내지 4항은 등록무효심판절차에 의하여 그 등록이 무효로 될 개연성이 크다고 할 수 있으므로, 이 사건 가처분 신청은 그 보전의 필요성에 대한 소명이 부족하고, 따라서 이 사건 가처분신청을 기각한 제1심의 결정을 유지한 원심은 정당"하다고 판시한 바 있다.[154]

다. 관할

본안의 관할법원 또는 다툼의 대상이 있는 곳을 관할하는 지방법원[155] 또는 피고가 법인 등인 경우 주된 사무소 또는 영업소 소재지, 주된 업무담당자의 주소[156]이다.

---

152) 실무상 특허침해를 인정하면서도 보전의 필요성이 부정되어 가처분신청이 기각되는 사례는 거의 없는 것 같고, 그래서 특허침해사건에서는 보전의 필요성이 큰 의미를 갖지 못하는 것으로 보인다.

153) 대법원 1993. 2. 12. 선고 92다40563 판결.

154) 대법원 2007. 6. 4. 자 2006마907 결정(비록 이 사건 제1, 3특허 및 제2특허의 특허청구범위 제1 내지 4항이 무효라는 심결의 취소를 구하는 소송이 계속 중에 있다 하더라도 이 사건 절차를 중지하느냐는 원심의 재량에 속하는 사항이라 할 것인바, 이와 같은 사정만으로는 원심이 그 심결취소소송의 결과 등을 기다리지 않고 판단한 것에 잘못이 있다고 할 수 없을 뿐 아니라 그 심결이 확정될 때까지 이 사건이 추정되어야 한다고 할 수도 없다).

155) 민사집행법 제303조 [관할법원] 가처분의 재판은 본안의 관할법원 또는 다툼의 대상이 있는 곳을 관할하는 지방법원이 관할한다.

라. 관련 판례

판례는 보전처분의 경우 본안에서 패소하면 그 이유만으로 집행채권자에게 고의 또는 과실이 추정되며, 다만 본안소송의 경우에는 원고가 패소하더라도 고의나 중과실 등의 사유가 인정되어야만 소 제기의 위법성이 인정된다고 보고 있다(대법원 1999. 4. 13. 선고 98다52513 판결 등). 이러한 판례의 태도는 특허침해사건에서도 동일하게 적용되며, 다만 침해 여부나 특허무효 사유의 존부 등에 대한 판단의 곤란으로 인해 달리 볼 여지도 배제할 수는 없을 것이다.

- 대법원 1999. 4. 13. 선고 98다52513 판결

[1] 가압류나 가처분 등 보전처분은 법원의 재판에 의하여 집행되는 것이기는 하나 그 실체상 청구권이 있는지는 본안소송에 맡기고 단지 소명에 의하여 채권자의 책임 아래 하는 것이므로, 그 집행 후에 집행채권자가 본안소송에서 패소 확정되었다면 그 보전처분의 집행으로 인하여 채무자가 입은 손해에 대하여는 특별한 반증이 없는 한 집행채권자에게 고의 또는 과실이 있다고 추정되고, 따라서 부당한 집행으로 인한 손해에 대하여 이를 배상할 책임이 있고, 부당한 보전처분으로 인한 손해배상책임이 성립하기 위하여 일반적인 불법행위의 성립에 있어서 필요한 고의 또는 과실 이외에 오로지 채무자에게 고통을 주기 위하여 보전처분을 하였다는 점까지 필요한 것은 아니다.

[2] 민사소송을 제기한 사람이 패소판결을 받아 확정된 경우에 그와 같은 소의 제기가 상대방에 대하여 위법한 행위가 되는 것은 당해 소송에 있어서 제소자가 주장한 권리 또는 법률관계가 사실적·법률적 근거가 없고, 제소자가 그와 같은 점을 알면서 혹은 통상인이라면 그 점을 용이하게 알 수 있음에도 불구하고 소를 제기하는 등 소의 제기가 재판제도의 취지와 목적에 비추어 현저하게 상당성을 잃었다고 인정되는 경우에 한한다.

---

156) 민사소송법 제5조 [법인 등이 보통재판적] ① 법인, 그 밖의 사단 또는 재단의 보통재판적은 이들의 주된 사무소 또는 영업소가 있는 곳에 따라 정하고, 사무소와 영업소가 없는 경우에는 주된 업무담당자의 주소에 따라 정한다.
② 제1항의 규정을 외국법인, 그 밖의 사단 또는 재단에 적용하는 경우 보통재판적은 대한민국에 있는 이들의 사무소, 영업소 또는 업무담당자의 주소에 따라 정한다.

마. 관련 문제- 미국의 eBay 판결157)

특허괴물(Patent Troll)의 무차별적 특허소송 제기에 대한 대책이 최근 특허법 분야의
이슈 중 하나이다. 이와 관련하여 참고가 될 만한 너무나 유명한 미국 판결이 바로 eBay
사건 판결이다. 즉 인터넷 경매 서비스업자인 eBay사가 참가자들 사이의 신뢰를 향상시
키기 위하여 중앙기관을 설치함으로써 개인 사이의 상품거래를 촉진시키기 위하여 고안
된 전자시장에 관한 MercExchange사의 영업방법특허를 침해했다는 이유로 제소된 사건
이다. 이 사건은 특허권자의 금지청구권을 인정하고 있는 미국 특허법 제154조와 형평법
상의 필요성을 고려하여 금지청구를 할 수 있다고 규정하고 있는 제283조를 어떻게 해
석해야 하는지가 문제된 사건이었다.158)

1심인 버지니아동부지방법원은 침해를 인정하면서도 영구적 금지명령청구는 기각하였
고, 이에 대하여 연방순회항소법원(CAFC: United States Court of Appeals for the Federal
Circuit)은 특허침해에 대한 영구적 금지명령은 표준적인 구제수단이라고 하면서 지방법
원의 판결을 파기하였다. 이에 대한 상고심에서 연방대법원은 영구적 금지명령을 인용하
기 위해서는 전통적인 형평법상의 4요소 기준(① 회복할 수 없는 손해를 입었고, ② 법
률에 정해진 구제수단이 침해에 대한 보상으로 부적절하며, ③ 원고와 피고 사이의 불이
익을 고려할 때 형평법상의 구제수단이 요구되고, ④ 금지명령에 의해 공공의 이익이 저
해되지 않을 것)을 고려하여야 한다고 하면서, 그러한 기준의 적용 여부를 평가하도록 사
건을 지방법원으로 환송하였다.159)

---

157) *eBay Inc. v. MercExchange, L.L.C.*, 126 S.Ct. 1837, 1839(2006). 특허괴물은 개인이나 기업에서 보유하고
있는 특허를 매입한 뒤, 자신들이 보유하고 있는 '특허'를 침해했다고 판단되는 기업에 소송을 제기해
이익을 얻는 회사를 말한다. '특허'란 발명한 것에 대해 배타적 독점권을 가지는 것으로 특허권을 침해
할 경우 해당 기술에 대한 사용을 금지시킬 수 있으며, 민·형사상의 책임까지도 받을 수 있다. 2007년
기준으로 세계 특허 라이선스 시장 규모는 약 5,000억 달러로서 거대한 시장을 형성하고 있다. 1990년
대 후반 이후 미국과 유럽의 제조업이 약화되면서, 이와 같은 특허괴물의 수는 크게 증가했다.

158) 35 U.S.C. §154(a)(1) ("Every patent shall contain a short title of the invention and a grant to the
patentee··· the right to exclude others from making, using, offering for sale, or selling the invention
throughout the United States or importing the invention into the United States, and···").
35 U.S.C. §283 ("The several courts having jurisdiction of cases under this title may grant injunctions
in accordance with the principles of equity to prevent the violation of any right secured by patent, on
such terms as the court deems reasonable.").

159) The Supreme Court overturned the Federal Circuit's approval of the injunction, holding that nothing in
the Patent Act eliminated the traditional reliance on weighing the equitable factors considered in
determining whether an injunction should issue. But it also ruled that District Court erred in denying
an injunction on the basis that MercExchange does not itself practice the patented invention.
"That test requires a plaintiff to demonstrate: (1) that it has suffered an irreparable injury; (2) that
remedies available at law are inadequate to compensate for that injury; (3) that considering the balance

제5절 심판 및 소송

Ⅰ. 심판

1. 서

가. 의의

특허법상의 심판이란 행정기관인 특허심판원의 심판관 합의체가 대법원의 최종심을 전제로(헌§107) 거절결정, 특허 등의 처분에 대한 쟁송을 심리·판단하는 준사법적 절차를 말한다.

나. 근거

법률상의 쟁송을 심판하는 권한은 법원에 속하나(법원조직법 §2①), 행정기관이 전심(前審)으로서 심판을 할 수 있다(동법 §2②). 이러한 근거에 의해 진행되는 특허심판은

---

of hardships between the plaintiff and defendant, a remedy in equity is warranted; and (4) that the public interest would not be disserved by a permanent injunction. The decision to grant or deny such relief is an act of equitable discretion by the district court, reviewable on appeal for abuse of discretion. (⋯) Neither the District Court nor the Court of Appeals below fairly applied these principles."
"Although the District Court recited the traditional four-factor test, 275 F.Supp.2d, at 711, it appeared to adopt certain expansive principles suggesting that injunctive relief could not issue in a broad swath of cases. Most notably, it concluded that a "plaintiff's willingness to license its patents" and "its lack of commercial activity in practicing the patents" would be sufficient to establish that the patent holder would not suffer irreparable harm if an injunction did not issue. Id., at 712. But traditional equitable principles do not permit such broad classifications. For example, some patent holders, such as university researchers or self-made inventors, might reasonably prefer to license their patents, rather than undertake efforts to secure the financing necessary to bring their works to market themselves. Such patent holders may be able to satisfy the traditional four-factor test, and we see no basis for categorically denying them the opportunity to do so."
The court noted that it had consistently rejected invitations to replace traditional equitable considerations with a rule allowing automatic injunctions in its copyright law cases such as New York Times Co. v. Tasini, 533 U.S. 483 (2001).
On July 30, 2007, the District Court once again issued an order denying the injunction, ruling that, based on MercExchange's history of licensing or attempting to license the patent, monetary damages were sufficient remedy. On February 28, 2008, the parties announced that they had reached a settlement after six years of litigation. Under the settlement, MercExchange was to assign the patents to eBay; the terms of the settlement were otherwise confidential.

준사법적 행정행위라고 설명되고 있다.

종래 우리나라에서는 법률심인 최종심만 대법원에서 판단하고 사실심인 1심과 2심을 모두 특허청에서 판단해 왔었다. 그러나 이러한 심급구조는 사실심에 대해 법원에서 재판받을 수 있는 권리를 침해한다는 문제 등이 제기되어 왔고, 1998년 3월 1일부터 특허법원이 개원되어 법원에서도 사실심 판단을 할 수 있게 되었다.

2. 심판의 종류

가. 독립적 심판과 부수적 심판

독립적 심판이란 심판의 청구취지가 독립되어 있는 것을 말하며, 부수적 심판이란 그 자체만으로는 독립해서 심판의 대상이 되지 못하고 독립된 심판의 청구사항에 부수되거나 독립심판을 전제로 하여 청구하는 심판(제척·기피결정심판, 참가허부결정심판 등)을 말한다.

나. 당사자계심판과 결정계심판

당사자계심판이란 일단 특허가 허여된 후 그 특허의 내용에 대하여 당사자 간에 분쟁이 발생하면 그 특허내용 자체가 유효인가 무효인가를 판단하는 심판으로 당사자 간의 대립이 존재하는 심판이고(특허무효심판, 권리범위 확인심판, 정정무효심판 등), 결정계심판이란 당사자의 대립에 의한 것이 아니라 거절결정이나 또는 특허취소결정이나 심판의 심결에 불복이 있는 경우에 특허청을 상대로 청구할 수 있는 심판을 말한다(거절결정불복심판, 정정심판 등).

3. 특허무효심판

가. 의의

특허무효심판이란 일단 유효하게 등록된 특허권에 법정 무효사유가 있는 경우, 이해관계인 또는 심사관 등의 심판청구에 의하여 그 특허를 무효로 하여 그 효력을 소급적으로 소멸시키는 심판이다(§133). 2006년 3월 3일 개정법에서는 구법상의 이의신청제도를 폐지하고 특허무효심판 절차로 통합하였다.

나. 성질

특허는 일단 등록이 된 이상 이와 같은 심판에 의하여 특허를 무효로 한다는 심결이 확정되지 않는 한 유효한 것이며, 다른 절차에서 그 특허가 당연무효라고 판단할 수 없다.[160] 따라서 특허무효심판은 유효한 특허권의 효력을 소급하여 소멸시키는 형성적 행위라고 할 것이다.

다. 당사자

특허무효심판을 청구할 수 있는 자는 이해관계인 또는 심사관이나, 특허권의 설정등록이 있는 날부터 등록공고일 후 3월 이내에는 누구든지 특허무효심판을 청구할 수 있다(§133①). 심판청구의 상대방은 특허권자이다.

이해관계인의 범위에 대해서는 견해대립이 있으나,[161] 일응 그 특허권이 유효하게 존속함으로 인하여 직접 또는 간접적으로 불이익을 받을 염려가 있는 자를 말한다.

라. 청구기간

무효심판은 특허권이 소멸된 후에도 이를 청구할 수 있다(§133②). 특허를 무효로 한다는 심결이 확정된 때에는 그 특허권은 처음부터 없었던 것으로 보기 때문에(§133③ 본문), 특허권의 존속기간 중 특허침해 등의 분쟁 문제를 사후에라도 시정할 필요가 있다.

마. 무효사유

(1) 통상의 특허무효심판(§133①)

ⅰ) 제25조(외국인의 권리능력), 제29조(특허요건), 제32조(특허를 받을 수 없는 발명), 제36조 제1항 내지 제3항(선출원), 제42조 제3항(발명의 상세한 설명)·제4항(특허청구범위)의 각 규정에 위반된 경우

ⅱ) 제33조 제1항 본문의 규정에 의한 특허를 받을 수 있는 권리를 가지지 아니하거나 제44조(공동출원)의 규정에 위반된 경우

---

160) 대법원 1998. 12. 22. 선고 97후1016, 1023, 1030 판결.

161) 특허권자로부터 그 특허권의 실시권을 허여받은 자는 그 허여기간 내에는 그 권리의 대항을 받을 염려가 없어 업무상 손해를 받거나 받을 염려가 없으므로 그 기간 중에는 그 특허에 관하여 무효확인을 구할 이해관계가 없다고 해석되는바, 이 건이 항고심에 계속 중 이 건 특허의 전용실시권을 허락받은 심판청구인은 위 특허의 무효확인을 구할 이해관계인이 아니고, 이와 같은 이해관계의 유무는 직권조사사항이다(대법원 1981. 7. 28. 선고 80후77 판결).

iii) 제33조 제1항 단서의 규정에 의하여 특허를 받을 수 없는 경우

iv) 특허된 후 그 특허권자가 제25조의 규정에 의하여 특허권을 향유할 수 없는 자로 되거나 그 특허가 조약에 위반되는 사유가 발생한 경우

v) 조약의 규정에 위반되어 특허를 받을 수 없는 경우

vi) 제47조 제2항의 규정에 의한 범위를 벗어난 보정인 경우

vii) 제52조 제1항의 규정에 의한 범위를 벗어난 분할출원인 경우

viii) 제53조 제1항의 규정에 의한 범위를 벗어난 변경출원인 경우

(2) 국제특허출원의 특허무효심판(§213)

외국어로 된 국제특허출원의 경우 제133조 제1항 각 호의 사유 이외에도 i) 국제출원일에 제출된 국제출원의 명세서·청구의 범위 또는 도면(도면 중 설명 부분에 한한다)과 그 출원번역문에 다 같이 기재되어 있는 발명 또는 ii) 국제출원일에 제출된 국제출원의 도면(도면 중 설명 부분을 제외한다)에 기재되어 있는 발명 이외의 발명에 대해 특허가 된 경우 무효사유가 된다.

바. 청구의 범위

특허청구범위의 청구항이 2 이상인 때에는 무효심판은 청구항마다 청구할 수 있다(§133①). 심판장은 무효심판의 청구가 있는 때에는 그 취지를 당해 특허권의 전용실시권자 기타 특허에 관하여 등록을 한 권리를 가지는 자에게 통지하여야 한다(§133④).

사. 심리

심판은 구술심리 또는 서면심리로 하며, 다만 당사자가 구술심리를 신청한 때에는 서면심리만으로 결정할 수 있다고 인정되는 경우 외에는 구술심리를 하여야 한다(§154①). 이와 관련하여 직권진행(§158) 및 직권심리(§159)를 허용하고 있으며, 심리의 공정을 기하기 위하여 제척(§149)·기피(§150)제도, 제3자의 참가제도(§155) 등을 두고 있다.

아. 특허의 정정

무효심판의 피청구인은 제147조 제1항(답변서 제출) 또는 제159조 제1항 후단(직권심리)에 따라 지정된 기간 이내에 i) 특허청구범위를 감축하는 경우, ii) 잘못 기재된 것을 정정하는 경우, iii) 분명하지 아니하게 기재된 것을 명확하게 하는 경우에 한하여 특

허발명의 명세서 또는 도면에 대하여 정정을 청구할 수 있다. 이 경우 심판장이 제147조 제1항에 따라 지정된 기간 후에도 청구인의 증거서류의 제출로 인하여 정정의 청구를 허용할 필요가 있다고 인정하는 경우에는 기간을 정하여 정정청구를 하게 할 수 있다(§133의2①). 이 경우 해당무효심판절차에서 그 정정청구 전에 수행한 정정청구는 취하된 것으로 본다(§133의2②).

심판장은 위 정정청구가 있는 때에는 그 청구서의 부본을 제133조 제1항의 규정에 의한 무효심판의 청구인에게 송달하여야 한다(§133의2③). 그 이외에 정정심판의 요건 및 절차가 준용된다(§133의2④).

자. 무효심결의 효력

(1) 소급적 소멸

특허를 무효로 한다는 심결이 확정된 때에는 그 특허권은 처음부터 없었던 것으로 본다. 다만, 제1항 제4호(특허된 후 그 특허권자가 제25조의 규정에 의하여 특허권을 향유할 수 없는 자로 되거나 그 특허가 조약에 위반되는 사유가 발생한 경우)의 규정에 의하여 특허를 무효로 한다는 심결이 확정된 때에는 특허권은 그 특허가 동호에 해당하게 된 때부터 없었던 것으로 본다(§133③).

(2) 일사부재리의 효력

이 법에 의한 심판의 심결이 확정된 때에는 그 사건에 대하여는 누구든지 동일사실 및 동일증거에 의하여 다시 심판을 청구할 수 없다. 다만, 확정된 심결이 각하심결인 경우에는 그러하지 아니하다(§163).[162)

(3) 법정 통상실시권

무효심판청구의 등록 전에 자기의 특허발명이 무효사유에 해당되는 것을 알지 못하고

---

162) 일사부재리의 원칙에 따라 심판청구가 부적법하게 되는지를 판단하는 기준시점은 새로운 심판청구에 대한 심결을 할 때이므로, 설령 새로운 심판청구를 제기하던 당시에는 앞선 심판청구에 대한 심결이 확정 등록된 바 없다고 하더라도 새로운 심판청구에 대한 심결을 할 때에는 앞선 심판청구에 대한 심결이 확정 등록되었다면, 새로운 심판청구가 확정 등록된 심결의 일사부재리의 효력에 의하여 부적법하게 될 수 있다고 할 것이다(대법원 2006. 5. 26. 선고 2003후427 판결 - 원고의 확인대상상표가 피고의 등록상표의 권리범위에 속하지 아니한다고 주장하며 새로이 제기한 소극적 권리범위확인심판 청구가, 피고가 이전에 제기하여 이미 확정 등록된 적극적 권리범위확인심판의 심결에서의 확인대상상표와 동일성 있는 확인대상상표를 대상으로 하는 것이어서 일사부재리의 효력에 의하여 부적법하다고 한 사례).

국내에서 그 발명의 실시사업을 하거나 그 사업의 준비를 하고 있는 경우에는 그 실시 또는 준비를 하고 있는 발명 및 사업의 목적의 범위 안에서 그 특허권에 대하여 통상실시권을 가지거나 특허나 실용신안등록이 무효로 된 당시에 존재하는 특허권에 대한 전용실시권에 대하여 통상실시권을 가진다(§104①).

(4) 특허료의 반환

특허를 무효로 한다는 심결이 확정된 연도의 다음 연도부터의 특허료 해당분은 납부한 자의 청구에 의해 반환하여야 하며, 다만 반환 통지를 받은 날로부터 3년 이내에 청구하여야 한다(§84).

(5) 정정심판청구의 불가

정정심판은 특허권이 소멸된 후에도 이를 청구할 수 있으나, 심결에 의하여 특허가 무효로 된 후에는 그러하지 아니하다(§136⑥).

4. 특허권의 존속기간연장등록의 무효심판

가. 의의

특허권의 존속기간 연장등록처분에 하자가 있는 것을 이유로 하여 그 특허권의 연장등록을 무효화시키는 준사법적 행정절차를 말한다(§134).

나. 무효사유

특허권의 존속기간 연장등록의 무효사유는 다음과 같다.

(1) 제92조에 따른 특허권의 존속기간연장등록의 경우(§134①)

ⅰ) 그 특허발명을 실시하기 위하여 제89조의 허가 등을 받을 필요가 없는 출원에 대하여 연장등록이 된 경우

ⅱ) 그 특허권자 또는 그 특허권의 전용실시권 또는 등록된 통상실시권을 가진 자가 제89조의 허가 등을 받지 아니한 출원에 대하여 연장등록이 된 경우

ⅲ) 연장등록에 의하여 연장된 기간이 그 특허발명을 실시할 수 없었던 기간을 초과하는 경우

ⅳ) 당해 특허권자가 아닌 자의 출원에 대하여 연장등록이 된 경우

ⅴ) 제90조 제3항(특허권이 공유인 경우에는 공유자 전원이 공동으로 특허권의 존속기간의 연장등록출원을 하여야 한다)의 규정에 위반한 출원에 대하여 연장등록이 된 경우

(2) 제92조의5에 따른 특허권의 존속기간연장등록의 경우(§134②)

ⅰ) 연장등록에 따라 연장된 기간이 제92조의2에 따라 인정되는 연장의 기간을 초과한 경우

ⅱ) 해당 특허권자가 아닌 자의 출원에 대하여 연장등록이 된 경우

ⅲ) 제92조의3 제3항(공유자 전원의 출원)을 위반한 출원에 대하여 연장등록이 된 경우

다. 당사자 등

청구인은 이해관계인 또는 심사관이다. 그 이외에의 절차 등에 대해서는 무효심판에 관한 규정을 준용한다(§134③).

라. 효과

연장등록을 무효로 한다는 심결이 확정된 때에는 그 연장등록에 의한 존속기간의 연장은 처음부터 없었던 것으로 본다. 다만, 연장등록이 다음의 어느 하나에 해당하는 경우에는 그 해당하는 기간에 대하여만 연장이 없었던 것으로 본다(§134④).

ⅰ) 연장등록이 제1항 제3호에 해당되어 무효로 된 경우에는 그 특허발명을 실시할 수 없었던 기간을 초과하여 연장된 기간

ⅱ) 연장등록이 제2항 제1호에 해당되어 무효로 된 경우에는 제92조의2에 따라 인정되는 연장의 기간을 초과하여 연장된 기간

5. 권리범위확인심판

가. 의의

권리범위확인심판이란 제3자의 실시발명이 특허권자의 특허권 범위에 속하는지를 심판 절차에서 확인받은 것을 말한다(§135).

나. 종류

특허권자가 제3자의 실시발명이 특허권의 범위에 속한다는 것의 확인을 구하는 적극적 권리범위확인심판과 제3자가 자신의 실시발명이 특허권자의 특허권 범위에 속하지 않는다는 확인을 구하는 소극적 권리범위확인심판이 있다.

그 이외에 특허권자 상호 간에 특허발명의 권리범위에 속하는지 확인을 구하는 권리 상호 간 권리범위확인심판이 있다. 이와 관련하여 대법원은 소극적 권리범위확인심판은 허용되나 적극적 권리범위확인심판은 원칙적으로 허용할 수 없다는 태도를 취하고 있다.

(1) 소극적 권리 대 권리범위확인심판

등록된 실용신안 사이의 권리범위의 확인을 구하는 심판청구라도 심판청구인의 등록실용신안이 피심판청구인의 등록실용신안의 권리범위에 속하지 않는다는 소극적 확인심판청구는 만일 인용된다고 하더라도 심판청구인의 등록실용신안이 피심판청구인의 등록실용신안의 권리범위에 속하지 않음을 확정하는 것뿐이고 이로 말미암아 피심판청구인의 등록실용신안권의 효력을 부인하는 결과가 되는 것은 아니므로 이러한 청구를 부적법하다고 볼 이유가 없다.[163]

(2) 적극적 권리 대 권리범위확인심판

후 출원에 의하여 등록된 고안을 (가)호 고안으로 하여 선 출원에 의한 등록고안의 권리범위에 속한다는 확인을 구하는 적극적 권리범위확인심판은 후 등록된 권리에 대한 무효심판의 확정 전에 그 권리의 효력을 부정하는 결과로 되어 원칙적으로 허용되지 아니하고, 다만 예외적으로 양 고안이 구 실용신안법(1990. 1. 13. 법률 제4209호로 전문 개정되기 전의 것) 제11조 제3항에서 규정하는 이용관계에 있어 (가)호 고안의 등록의 효력을 부정하지 않고 권리범위의 확인을 구할 수 있는 경우에는 권리 대 권리 간의 적극적 권리범위확인심판의 청구가 허용된다.[164]

다. 당사자

권리범위확인심판을 청구할 수 있는 자는 특허권자·전용실시권자 또는 이해관계인이다(§135①).

---

163) 대법원 1985. 4. 23. 선고 84후19 판결.
164) 대법원 2002. 6. 28. 선고 99후2433 판결.

라. 청구기간

특허권의 권리범위확인의 심판청구는 현존하는 특허권의 범위를 확정하는 것을 목적으로 하는 것이므로, 일단 적법하게 발생한 특허권이라 할지라도 그 특허권이 소멸되었을 경우에는 그 소멸 이후에는 그 권리범위확인의 이익이 없다(상고심 계속 중 존속기간 만료로 소멸된 경우도 동일함).[165]

마. 청구절차 등

심판을 청구하고자 하는 자는 심판청구서와 특허발명과 대비될 수 있는 설명서 및 필요한 도면을 첨부하여야 한다(§140①,③). 즉 특허권의 권리범위확인심판을 청구함에 있어서 심판청구의 대상이 되는 확인대상발명은 당해 특허발명과 서로 대비할 수 있을 만큼 구체적으로 특정되어야 하는바, 그 특정을 위해서 대상물의 구체적인 구성을 전부 기재할 필요는 없지만, 적어도 특허발명의 구성요건과 대비하여 그 차이점을 판단함에 필요할 정도로 특허발명의 구성요건에 대응하는 부분의 구체적인 구성을 기재하여야 하고, 만약 확인대상발명이 불명확하여 특허발명과 대비할 수 있을 정도로 구체적으로 특정되어 있지 않다면 특허심판원으로서는 요지변경이 되지 아니하는 범위 내에서 확인대상발명의 설명서 및 도면에 대한 보정을 명하여야 한다.[166]

특허권의 권리범위 확인심판을 청구하는 경우에 특허청구범위의 청구항이 2 이상인 때에는 청구항마다 청구할 수 있다(§135②).

바. 심판의 효력

권리범위확인심판의 효력에 대해서는 견해대립이 있으며, 심판의 심결이 확정된 때에는 그 사건에 대하여는 누구든지 동일사실 및 동일증거에 의하여 다시 심판을 청구할 수 없다. 다만, 확정된 심결이 각하심결인 경우에는 그러하지 아니하다(§163).

---

165) 대법원 1996. 9. 10. 선고 94후2223 판결.

166) 대법원 2005. 9. 29. 선고 2004후486 판결(피고가 소극적 권리범위확인심판을 청구하면서 제출한 확인대상발명의 설명서에는 피고가 실시한다는 조성물, 조성물의 성상, 사용방법, 제조방법이 모두 기재되어 있기는 하지만, 이 사건 특허발명은 물건의 발명인 조성물과 그 물건의 사용방법, 제조방법이 각각 별개의 청구항으로 이루어져 있고, 피고는 원심에 이르기까지 확인대상발명이 이 사건 특허발명의 조성물과 그 구성 및 효과에서 차이가 있다고 일관하여 주장해 온 점에 비추어 보면, 확인대상발명은 물건의 발명으로 특정된 것이라고 봄이 상당하고, 확인대상발명의 설명서에 기재된 사용방법이나 제조방법까지도 확인대상발명의 일부를 구성하는 것이라고 할 수 없으므로, 결국 확인대상발명은 이 사건 제19항 발명의 구성요소인 사용방법에 대응하는 구체적인 구성의 기재가 없는 경우에 해당한다).

6.. 정정심판

가. 의의

정정심판이라 함은 등록된 특허권의 명세서 또는 도면에 오기, 불명확한 기재 등이 있을 때에 특허권자가 그 명세서 또는 도면을 정정하여 줄 것을 청구하는 제도를 말한다(§136). 특허가 등록된 이후에도 제한된 범위에서 명세서 또는 도면을 정정해 주어 권리자를 보호하기 위한 제도이며, 다만 특허의 무효심판이 특허심판원에 계속(係屬)되고 있는 경우에는 정정심판을 청구하지 못한다(§136①단서).

나. 심판청구대상

정정심판은 특허발명의 명세서 또는 도면의 기재에 대해 ⅰ) 특허청구범위를 감축하는 경우, ⅱ) 잘못 기재된 것을 정정하는 경우, ⅲ) 분명하지 아니하게 기재된 것을 명확하게 하는 경우에 청구할 수 있다.

이러한 명세서 또는 도면의 정정은 특허발명의 명세서 또는 도면에 기재된 사항의 범위 이내에서 이를 할 수 있다. 다만, 제1항 제2호에 따라 잘못된 기재를 정정하는 경우에는 출원서에 최초로 첨부된 명세서 또는 도면에 기재된 사항의 범위로 한다(§136②).

나아가 명세서 또는 도면의 정정은 특허청구범위를 실질적으로 확장하거나 변경할 수 없으며(§136③), ⅰ) 특허청구범위를 감축하는 경우, ⅱ) 잘못 기재된 것을 정정하는 경우에는 정정 후의 특허청구범위에 기재된 사항이 특허출원을 한 때에 특허를 받을 수 있는 것이어야 한다(§136④).

다. 당사자

정정심판은 특허권자(공유인 경우에는 공유자 전원)만이 청구할 수 있으며, 상대방은 특허청장이다. 다만, 특허권자는 전용실시권자·질권자 및 제100조 제4항·제102조 제1항 및 「발명진흥법」 제10조 제1항에 따른 통상실시권자의 동의를 얻지 아니하면 정정심판을 청구할 수 없다(§136⑦).

라. 청구기간

정정심판은 특허권 설정등록 후에만 청구할 수 있으며, 다만 특허의 무효심판이 계속되고 있는 경우에는 정정청구 이외에 따로 정정심판을 청구할 수 없다. 그리고 정정심판

은 특허권이 소멸된 후에도 이를 청구할 수 있으나, 심결에 의하여 특허가 무효로 된 후
에는 그러하지 아니하다(§136⑥).

마. 심리

(1) 정정심결이 있는 경우

특허발명의 명세서 또는 도면에 대한 정정을 한다는 심결이 있는 경우에 특허심판원장
은 그 내용을 특허청장에게 통보하여야 하고(§136⑩), 특허청장은 그러한 통보가 있는
때에는 이를 특허공보에 게재하여야 한다(§136⑪).

(2) 정정이 부적법한 경우

심판관은 정정이 부적법한 경우에는 청구인에게 그 이유를 통지하고 기간을 정하여 의
견서를 제출할 수 있는 기회를 주어야 하며(§136⑤), 청구인은 심리종결의 통지가 있기
전에 정정한 명세서 또는 도면을 보정할 수 있다(§136⑨).

바. 정정심판의 효과

특허발명의 명세서 또는 도면에 대하여 정정을 한다는 심결이 확정된 때에는 그 정정
후의 명세서 또는 도면에 의하여 특허출원·출원공개·특허결정 또는 심결 및 특허권의
설정등록이 된 것으로 본다(§136⑧). 이 결정에 대해서는 불복할 수 없다.

그리고 특허청장은 정정심판의 심결이 확정된 때에는 그 심결에 따라 새로운 특허증을
교부하여야 한다(§86③).

사. 판례

(1) 대법원 2002. 8. 23. 선고 2001후713 판결

동일한 특허발명에 대하여 특허무효심판과 정정심판이 특허심판원에 동시에 계속 중에
있는 경우에는 정정심판제도의 취지상 정정심판을 특허무효심판에 우선하여 심리·판단
하는 것이 바람직하나, 그렇다고 하여 반드시 정정심판을 먼저 심리·판단하여야 하는
것은 아니고, 또 특허무효심판을 먼저 심리하는 경우에도 그 판단대상은 정정심판청구
전 특허발명이며, 이러한 법리는 특허무효심판과 정정심판의 심결에 대한 취소소송이 특
허법원에 동시에 계속되어 있는 경우에도 적용된다고 볼 것이다.

(2) 대법원 2001. 10. 12. 선고 99후598 판결

특허의 무효심판사건이 상고심에 계속 중 당해 특허의 정정심결이 확정된 경우, 그 특허발명은 구 특허법(1997. 4. 10. 법률 제5329호로 개정되기 전의 것) 제136조 제9항에 의하여 정정 후의 명세서대로 특허출원이 되고 특허권의 설정등록이 된 것이므로, 정정 전의 특허발명을 대상으로 하여 무효 여부를 판단한 원심판결에는 민사소송법 제451조 제1항 제8호 소정의 재심사유가 있어 판결에 영향을 끼친 법령위반이 있다.[167]

7. 정정무효심판

가. 의의

정정무효심판이란 정정심판에 의하여 정정한 사항에 법정의 무효사유가 있는 경우 그 하자 있는 부분에 대하여 무효를 청구할 수 있는 것을 말한다(§137).

나. 사유

제136조 제1항 각 호 또는 제2항 내지 제4항에 위반한 경우이며, 절차에 대해서는 무효심판에 관한 규정이 준용된다(§137②).

다. 정정

무효심판의 피청구인은 제147조 제1항(답변서 제출기간) 또는 제159조 제1항 후단(의견 진술기간)에 따라 지정된 기간 이내에 제136조 제1항 각 호의 어느 하나에 해당하는 경우에 한하여 특허발명의 명세서 또는 도면의 정정을 청구할 수 있다(§137③).

라. 효과

정정을 무효로 한다는 심결이 확정된 때에는 그 정정은 처음부터 없었던 것으로 본다(§137⑤).

---

167) 같은 취지의 판시로 대법원 2008. 7. 24. 선고 2007후852 판결 참조

8. 통상실시권허여심판

가. 의의

통상실시권허여심판이란 자신의 특허발명이 선출원된 타인의 권리와 이용·저촉관계에 있을 때, 타인의 특허발명을 실시하지 아니하고는 자기의 특허발명을 실시할 수 없는 경우, 심판에 의해 그 타인의 권리를 실시할 수 있도록 하기 위한 제도이다(§138).

나. 당사자

원칙적으로 청구인은 저촉관계에 있는 후출원 특허권자 또는 이용발명의 특허권자이며, 피청구인은 선출원특허권자이다. 한편, 이러한 심판에 의하여 통상실시권을 허여한 자가 그 통상실시권의 허여를 받는 자의 특허발명의 실시를 필요로 하는 경우에 그 통상실시권을 허여받은 자가 실시를 허락하지 아니하거나 실시의 허락을 받을 수 없는 때에는 통상실시권의 허여를 받아 실시하고자 하는 특허발명의 범위 안에서 통상실시권 허여의 심판을 청구할 수 있다(§138③).

다. 사유

특허권자·전용실시권자 또는 통상실시권자는 당해 특허발명이 제98조의 규정에 해당되어 실시의 허락을 받고자 하는 경우에 그 타인이 정당한 이유 없이 허락하지 아니하거나 그 타인의 허락을 받을 수 없는 때에는 자기의 특허발명의 실시에 필요한 범위 안에서 통상실시권 허여의 심판을 청구할 수 있다(§138①). 이 경우 그 특허발명이 그 특허발명의 출원일 전에 출원된 타인의 특허발명 또는 등록실용신안에 비하여 상당한 경제적 가치가 있는 중요한 기술적 진보를 가져오는 것이 아니면 통상실시권의 허여를 하여서는 아니 된다(§138②).

라. 효과

통상실시권허여심판에 의하여 통상실시권을 설정받은 자는 심결에 의하여 정하여진 범위 내에서 업으로서 그 특허발명을 실시할 수 있으며, 이 경우 통상실시권자는 대가를 지불하거나 공탁을 하여야 한다(§138④,⑤).

9. 거절결정불복심판

가. 의의

특허거절결정 또는 제91조의 규정에 의한 특허권의 존속기간의 연장등록거절결정을 받은 자가 불복이 있는 때에는 그 결정등본을 송달받은 날부터 30일 이내에 그 거절결정의 취소를 구하는 심판을 말한다(§132의3). 이 심판은 출원에 관한 심사관의 결정에 대한 출원인의 예외적인 불복신청방법이다(§224의2).

나. 당사자

심판청구인은 출원인 또는 특허권자이며, 공유인 경우에는 전원이 공동으로 청구하여야 한다(§139③). 피청구인은 특허청장이다.

다. 청구기간

거절결정등본의 송달을 받은 날로부터 30일 이내에 청구하여야 한다(§132의3). 다만, 청구인이 책임질 수 없는 사유로 인하여 청구기간을 준수할 수 없을 때에는 그 사유가 소멸한 날부터 14일 이내에 지키지 못한 절차를 추후보완할 수 있고, 다만 그 기간의 만료일부터 1년이 경과한 때에는 그러하지 아니하다(§17). 또한 특허청장 또는 특허심판원장은 청구에 따라 또는 직권으로 심판의 청구기간을 1회에 한하여 30일 이내에서 연장할 수 있고, 다만 교통이 불편한 지역에 있는 자의 경우에는 그 횟수 및 기간을 추가로 연장할 수 있다(§15①).

라. 심판청구방식과 심리

청구인은 필요한 사항을 기재한 심판청구서를 특허심판원장에게 제출하면(§140의2①) 3인 또는 5인의 심판관 합의체가 구성된다(§146①). 심판에서는 당사자 또는 참가인이 신청하지 아니한 이유에 대하여도 이를 심리할 수 있고, 이 경우 당사자 및 참가인에게 기간을 정하여 그 이유에 대하여 의견을 진술할 수 있는 기회를 주어야 한다. 다만 청구인이 신청하지 아니한 청구의 취지에 대히여는 심리할 수 없다(§159).

특허출원인은 그 특허출원에 관하여 거절결정등본을 송달받은 날부터 30일(제15조 제1항에 따라 제132조의3에 따른 기간이 연장된 경우 그 연장된 기간을 말한다) 이내에 그 특허출원의 특허출원서에 첨부된 명세서 또는 도면을 보정하여 해당 특허출원에 관하여 재심사를 청구할 수 있다. 다만, 재심사에 따른 특허거절결정이 있거나 제132조의3에 따른 심판청구가 있는 경우에는 그러하지 아니하다(§67의2①).

10. 부수적 심판

가. 심판관의 제척·기피·회피

심판관의 제척이란 심판관에게 법에 규정된 제척원인이 있는 경우 법률상 당연히 직무집행에서 배제되는 것을 말한다(§148). 심판관의 기피란 심판관에게 제척원인 외에 심리의 공정을 기대하기 어려운 사정이 있는 때 당사자 또는 참가인의 신청에 의하여 심판관의 직무집행을 배제하는 것을 말한다(§150). 심판관의 회피란 심판관이 제척사유나 기피사유에 해당하는 경우 특허심판원장의 허가를 얻어 당해 사건에 대한 심판을 회피할 수 있는 제도를 말한다(§153의2).

나. 심판의 참가

심판의 계속 중에 그 심판에 제3자가 참가하는 것을 말한다(§155). 이에는 당사자적격이 있는 자가 심판당사자로서 참가하는 공동심판참가와 당사자 중 어느 일방을 보조하기위하여 참가하는 보조참가가 있다.

다. 증거조사 및 증거보전

심판에서는 당사자·참가인 또는 이해관계인의 신청에 의하여 또는 직권으로 증거조사나 증거보전을 할 수 있다(§157①).

11. 심판의 절차

가. 심판청구절차의 요건

(1) 심판청구서 및 청구방식

심판청구인은 일정한 사유를 기재한 청구서[168]를 작성하여 특허심판원장에게 제출하여

---

168) 제140조 (심판청구방식) ① 심판을 청구하고자 하는 자는 다음 각 호의 사항을 기재한 심판청구서를 특허심판원장에게 제출하여야 한다. <개정 1995. 1. 5., 2001. 2. 3.>
　　1. 당사자의 성명 및 주소(법인인 경우에는 그 명칭 및 영업소의 소재지)

야 한다.

(2) 심판청구인

심판을 청구할 수 있는 자는 심판의 종류에 따라 다르다. 즉 권리범위 확인심판은 특허권자와 이해관계인, 정정심판은 특허권자, 통상실시권 허여심판은 특허권자·전용실시권자·통상실시권자, 무효심판(존속기간연장등록 무효심판, 정정무효심판 포함)은 이해관계인과 심사관, 거절결정불복심판은 거절결정 또는 심판의 심결을 받은 자와 그 승계인이다.

그리고 동일한 특허권에 관하여 제133조 제1항·제134조 제1항 및 제137조 제1항의 무효심판 또는 제135조 제1항의 권리범위확인심판을 청구하는 자가 2인 이상이 있는 때에는 그 전원이 공동으로 심판을 청구할 수 있다(§139①).

나. 형식적 심리

(1) 방식심리

심판장은 심판청구서가 방식에 위배되거나 절차에 하자가 있는 경우(제3조 제1항 또는

1의2. 대리인이 있는 경우에는 그 대리인의 성명 및 주소나 영업소의 소재지(대리인이 특허법인인 경우에는 그 명칭, 사무소의 소재지 및 지정된 변리사의 성명)
2. 심판사건의 표시
3. 청구의 취지 및 그 이유
② 제1항의 규정에 따라 제출된 심판청구서의 보정은 그 요지를 변경할 수 없다. 다만, 다음 각 호의 어느 하나에 해당하는 경우에는 그러하지 아니하다. <개정 2007. 1. 3., 2009. 1. 30.>
1. 제1항 제1호에 따른 당사자 중 특허권자의 기재를 바로잡기 위하여 보정(추가하는 것을 포함한다)하는 경우
2. 제1항 제3호의 규정에 따른 청구의 이유를 보정하는 경우
3. 특허권자 또는 전용실시권자가 청구인으로서 청구한 권리범위 확인심판에서 심판청구서의 확인대상 발명(청구인이 주장하는 피청구인의 발명을 말한다)의 설명서 및 도면에 대하여 피청구인이 자신이 실제로 실시하고 있는 발명과 비교하여 다르다고 주장하는 경우에 청구인이 피청구인의 실시 발명과 동일하게 하기 위하여 심판청구서의 확인대상 발명의 설명서 및 도면을 보정하는 경우
③ 제135조 제1항의 권리범위 확인심판을 청구할 때에는 특허발명과 대비될 수 있는 설명서 및 필요한 도면을 첨부하여야 한다. <개정 2001. 2. 3.>
④ 제138조 제1항의 통상실시권 허여의 심판의 심판청구서에는 제1항 각 호의 사항 외에 다음 사항을 기재하여야 한다. <개정 1995. 12. 29., 2004. 12. 31.>
1. 실시를 요하는 자기의 특허의 번호 및 명칭
2. 실시되어야 할 타인의 특허발명·등록실용신안이나 등록디자인의 번호·명칭 및 특허나 등록의 연월일
3. 특허발명·등록실용신안 또는 등록디자인의 통상실시권의 범위·기간 및 대가
⑤ 제136조 제1항의 정정심판을 청구할 때에는 심판청구서에 정정한 명세서 또는 도면을 첨부하여야 한다. <개정 2001. 2. 3.>

제6조의 규정에 위반된 경우, 제82조의 규정에 의하여 납부하여야 할 수수료를 납부하지 아니한 경우, 특허법 또는 특허법에 의한 명령이 정하는 방식에 위반된 경우) 상당한 기간을 정하여 그 흠결을 보정할 것을 명하여야 한다(§141①).

심판장은 보정명령을 받은 자가 지정된 기간 이내에 보정을 하지 아니한 경우에는 결정으로 심판청구서를 각하하여야 하며(§141②), 이 각하결정은 서면으로 하여야 하며 그 이유를 붙여야 한다(§141③).

(2) 적법성 심리

심판청구가 적법한 경우에는 이를 수리하여 심리를 진행해야 하나, 부적법한 심판청구로서 그 흠결을 보정할 수 없는 때에는 피청구인에게 답변서 제출의 기회를 주지 아니하고 심결로써 이를 각하할 수 있다(§142). 이 경우 불복이 있는 경우에는 결정등본을 송달받은 날로부터 30일 이내에 소를 제기할 수 있다(§186③).

(3) 심판청구서 부본의 송달과 답변서의 제출

심판장은 심판의 청구가 있는 때에는 청구서의 부본을 피청구인에게 송달하고 기간을 정하여 답변서를 제출할 수 있는 기회를 주어야 한다(§147①). 심판장은 이에 대한 답변서를 수리한 때에는 그 부본을 청구인에게 송달하여야 한다(§147②). 심판장은 심판에 관하여 당사자를 심문할 수 있다(§147③).

다. 심판관

심판은 3인 또는 5인의 심판관으로 구성되는 합의체가 이를 행한다(§146①). 심판합의체의 합의는 과반수에 의하여 이를 결정하며(§146②), 심판의 합의는 공개하지 아니한다(§146③).

라. 심리방식
(1) 서면심리와 구술심리

심판은 구술심리 또는 서면심리로 하며, 다만 당사자가 구술심리를 신청한 때에는 서면심리만으로 결정할 수 있다고 인정되는 경우 외에는 구술심리를 하여야 한다(§154①). 구술심리는 이를 공개하여야 하나, 다만 공공의 질서 또는 선량한 풍속을 문란하게 할 염려가 있는 때에는 그러하지 아니하다(§154③).

(2) 심판절차에서의 직권주의

(가) 직권탐지주의

심판에서는 당사자 또는 참가인이 신청하지 아니한 이유에 대하여도 이를 심리할 수 있고, 이 경우 당사자 및 참가인에게 기간을 정하여 그 이유에 대하여 의견을 진술할 수 있는 기회를 주어야 한다(§159①). 다만, 심판에서는 청구인이 신청하지 아니한 청구의 취지에 대하여는 심리할 수 없다(§159②).

심판에서는 당사자·참가인 또는 이해관계인의 신청에 의하여 또는 직권으로 증거조사나 증거보전을 할 수 있다(§157①). 나아가 거절결정 불복심판에서 거절결정의 이유와 다른 거절이유를 발견한 경우에는 거절이유를 통지하여야 한다(§170②).

(나) 직권진행주의

심판장은 당사자 또는 참가인이 법정기간 또는 지정기간 내에 절차를 밟지 아니하거나 제154조 제4항에서 규정한 구술심리 기일에 출석하지 아니하여도 심판을 진행할 수 있다(§158).

마. 참가

동일한 특허권에 관하여 이해관계가 있는 제3자가 심판계속 중에 그 심판의 한쪽 당사자로 심판절차를 수행하는 것을 말하며, 당사자참가(§155①)와 보조참가(§155③)가 있다.

바. 심리의 병합·분리

심리의 병합이란 2 이상의 심판사건을 동일한 심판절차로 심리하는 것을 말하며, 심리의 분리란 동일한 심판절차에 의하여 심리하던 2 이상의 심판사건을 별도의 심판절차로 분리하는 것을 말한다. 심판관은 당사자 쌍방 또는 일방의 동일한 2 이상의 심판에 대하여 심리 또는 심결을 병합하거나 분리할 수 있다(§160).

사. 심판의 종결

(1) 심결

(가) 의의

심결이란 심판사건에 대해 특허심판원 심판관 3인 또는 5인의 합의체가 내린 판단을 말하며, 재판에서의 종국판결에 해당한다.

(나) 심결의 종류

심결에는 각하심결(§142), 원결정에 대한 파기·환송심결(§176), 청구기각심결, 인용심결 등이 있다.

(다) 심리종결의 통지

심판은 특별한 규정이 있는 경우를 제외하고는 심결로써 이를 종결하며(§162①), 이러한 심결은 일정한 사항을 기재한 서면으로 하여야 하며 심결한 심판관은 이에 기명날인하여야 한다(§162②).

(라) 심결

심결은 심리종결통지를 한 날부터 20일 이내에 한다(§162⑤).[169] 심판장은 필요하다고 인정할 때에는 심리종결을 통지한 후에도 당사자 또는 참가인의 신청에 의하여 또는 직권으로 심리를 재개할 수 있으며(§162④), 심판장은 심결 또는 결정이 있는 때에는 그 등본을 당사자, 참가인 및 심판에 참가신청을 하였으나 그 신청이 거부된 자에게 송달하여야 한다(§162⑥).

(마) 심결의 효력

심결에 대해 불복하는 경우에는 특허법원에 소를 제기할 수 있고, 그러한 불복을 하지 않은 경우에는 당해 심결이 확정되어, 대세적 효력, 일사부재리 효력, 심결의 확정력 등이 생긴다.

① 심결의 구속력(대세적 효력)

심결이 확정되면 심판당사자뿐만 아니라 제3자 및 법원 등에 대해서도 대세적 효력을 미친다.

② 일사부재리의 효력

이 법에 의한 심판의 심결이 확정된 때에는 그 사건에 대하여는 누구든지 동일사실 및

---

169) 구실용신안법 제28조에 의하여 준용되는 구특허법 제113조 제3항, 제5항의 규정은 심리지연을 피하기 위한 훈시적 규정에 불과하다고 해석되므로(대법원 1967. 5. 16. 선고 67후6 판결 참조) 원심이 위와 같은 규정에 위반하여 1976. 1. 28. 이 사건 심리를 종결하고 그 다음날에 심결을 하였음에도 불구하고 그 후인 1976. 2. 4.에 이르러 비로소 심리종결통지서를 심결서등본과 함께 피심판청구인의 대리인에게 송달했다 해서 본건 심결결과에 어떤 영향이 있다고는 할 수 없다(대법원 1976. 9. 14. 선고 76후6 판결).

동일증거에 의하여 다시 심판을 청구할 수 없다. 다만, 확정된 심결이 각하심결인 경우에는 그러하지 아니하다(§163).

이와 관련하여 대법원은 일사부재리의 판단시점에 대해 심결 시라고 하던 종전의 입장을 변경하여 심판청구 시를 기준으로 판단해야 한다고 하였다. 즉 "종래 대법원은 구 특허법(2001. 2. 3. 법률 제6411호로 개정되기 전의 것, 이하 같다) 제163조에서 정한 일사부재리의 원칙에 해당하는지는 심판의 청구 시가 아니라 심결 시를 기준으로 판단해야 한다고 해석하였다. 이와 같은 종래의 대법원판례에 따르면, 동일특허에 대하여 동일사실 및 동일증거에 의한 복수의 심판청구가 각각 있는 경우에 어느 심판의 심결(이를 '제1차 심결'이라고 한다)에 대한 심결취소소송이 계속하는 동안 다른 심판의 심결이 확정 등록된다면, 법원이 당해 심판에 대한 심결취소의 청구가 이유 있다고 하여 제1차 심결을 취소하더라도 특허심판원이 그 심판청구에 대하여 특허법 제189조 제1항 및 제2항에 의하여 다시 심결을 하는 때에는 일사부재리의 원칙에 의하여 그 심판청구를 각하할 수밖에 없다. 그러나 이는 관련 확정 심결의 등록이라는 우연한 사정에 의하여 심판청구인이 자신의 고유한 이익을 위하여 진행하던 절차가 소급적으로 부적법하게 되는 것으로 헌법상 보장된 국민의 재판청구권을 과도하게 침해할 우려가 있고, 그 심판에 대한 특허심판원 심결을 취소한 법원 판결을 무의미하게 하는 불합리가 발생하게 된다. 나아가 구 특허법 제163조는 일사부재리의 효력이 미치는 인적 범위에 관하여 '누구든지'라고 정하고 있어서 확정 등록된 심결의 당사자나 그 승계인 이외의 사람이라도 동일사실 및 동일증거에 의하여 동일심판을 청구할 수 없으므로, 함부로 그 적용의 범위를 넓히는 것은 위와 같이 국민의 재판청구권의 행사를 제한하는 결과가 될 것이다. 그런데 구 특허법 제163조는 '그 심판을 청구할 수 없다'라고 규정하고 있어서, 위 규정의 문언에 따르면 심판의 심결이 확정 등록된 후에는 앞선 심판청구와 동일사실 및 동일증거에 기초하여 새로운 심판을 청구하는 것이 허용되지 않는다고 해석될 뿐이다. 그러함에도 이를 넘어서 심판청구를 제기하던 당시에 다른 심판의 심결이 확정 등록되지 아니하였는데 그 심판청구에 관한 심결을 할 때에 다른 심판의 심결이 확정 등록된 경우에까지 그 심판청구가 일사부재리의 원칙에 의하여 소급적으로 부적법하게 될 수 있다고 하는 것은 합리적인 해석이라고 할 수 없다. 그렇다면 일사부재리의 원칙에 따라 심판청구가 부적법하게 되는지를 판단하는 기준시점은 심판청구를 제기하던 당시로 보아야 할 것이고, 심판청구 후에 비로소 동일사실 및 동일증거에 의한 다른 심판의 심결이 확정 등록된 경우에는 당해 심판청구를 일사부재리의 원칙에 의하여 부적법하다고 할 수 없다. 이와 달리 구 특허법 제

163조에 정한 일사부재리의 원칙에 해당하는지는 심판의 청구 시가 아니라 그 심결 시를 기준으로 판단되어야 한다고 판시한 대법원 2000. 6. 23. 선고 97후3661 판결과 대법원 2006. 5. 26. 선고 2003후427 판결의 취지는 이와 저촉되는 범위 내에서 변경하기로 한다"고 판시하였다.170)

③ 심결의 확정력

확정심결은 재심사유가 있는 경우가 아닌 한 취소·변경할 수 없다(§178).

(2) 심판청구의 취하

심판청구는 심결이 확정될 때까지 이를 취하할 수 있으나, 답변서의 제출이 있는 때에는 상대방의 동의를 얻어야 한다(§161①). 2 이상의 청구항에 관하여 무효심판 또는 권리범위확인심판을 청구한 때에는 청구항마다 이를 취하할 수 있으며(§161②), 심판청구의 취하가 있는 때에는 그 심판청구 또는 그 청구항에 대한 심판청구는 처음부터 없었던 것으로 본다(§161③).

(3) 소송과의 관계

심판에 있어서 필요한 때에는 그 심판사건과 관련되는 다른 심판의 심결이 확정되거나 소송절차가 완결될 때까지 그 절차를 중지할 수 있으며(§164①), 소송절차에 있어서 필요하다고 인정된 때에는 법원은 특허에 관한 심결이 확정될 때까지 그 소송절차를 중지할 수 있다(§164②).

법원은 특허권 또는 전용실시권의 침해에 관한 소가 제기된 경우에는 그 취지를 특허심판원장에게 통보하여야 하며, 그 소송절차가 종료된 때에도 또한 같다(§164③). 이와 관련하여 특허심판원장은 특허권 또는 전용실시권의 침해에 관한 소에 대응하여 그 특허권에 관한 무효심판 등이 청구된 경우에는 그 취지를 해당하는 법원에 통보하여야 하며,

---

170) 대법원 2012. 1. 19. 선고 2009후2234 전원합의체 판결[갑 주식회사가 을 등을 상대로 명칭이 '인터넷 주소의 자국어 표기 서비스 시스템'인 특허발명에 대하여 진보성이 부정된다는 이유로 등록무효심판을 청구한 것(이하 '이 사건 심판청구'라 한다)이, 병 주식회사가 을 등을 상대로 특허발명에 대한 등록무효심판을 청구하였다가 이를 기각하는 심결을 받고 확정된 것(이하 '이 사건 외 확정심결'이라 한다)과 관련하여 구 특허법(2001. 2. 3. 법률 제6411호로 개정되기 전의 것, 이하 같다) 제163조에서 정한 일사부재리의 원칙에 위배되는지가 문제된 사안에서, 이 사건 심판청구와 이 사건 외 확정심결의 대상이 된 병 회사의 심판청구는 구 특허법 제163조의 '동일사실 및 동일증거'에 의한 심판청구에 해당하지만, 이 사건 외 확정심결이 이 사건 심판청구 당시 확정 등록되어 있지 않았다는 이유로, 이 사건 심판청구가 구 특허법 제163조에서 정한 일사부재리의 원칙에 위배된다고 할 수 없다고 한 사례].

그 심판청구서의 각하결정·심결 또는 청구의 취하가 있는 때에도 또한 같다(§164④).

Ⅱ. 재심

1. 의의

재심이라 함은 확정심결 또는 판결에 재심사유에 해당하는 중대한 하자가 있는 경우에 그 심결 등의 취소(파기)와 사건의 재심판을 구하는 비상의 불복신청을 말한다. 법적안정성과 구체적 타당성의 조화를 이루는 범위 내에서 당사자의 권리구제를 허용해 주기 위한 제도이다.

2. 재심사유

가. 일반재심사유

민사소송법상의 재심사유를 준용한다(§178②). 즉 아래의 사유 가운데 어느 하나에 해당하면 확정된 심결에 대하여 재심청구를 할 수 있다. 다만, 당사자가 상소에 의하여 그 사유를 주장하였거나, 이를 알고도 주장하지 아니한 때에는 그러하지 아니하다.

ⅰ) 법률에 따라 판결법원을 구성하지 아니한 때(특허법 제146조 제1항에 의한 심판의 합의체를 구성하지 아니한 때)

ⅱ) 법률상 그 재판(심결)에 관여할 수 없는 법관(심판관)이 관여한 때

ⅲ) 법정대리권·소송대리권 또는 대리인이 소송행위를 하는 데에 필요한 권한의 수여에 흠이 있는 때. 다만, 제60조 또는 제97조의 규정에 따라 추인한 때에는 그러하지 아니하다.

ⅳ) 재판에 관여한 법관(심판관)이 그 사건에 관하여 직무에 관한 죄를 범한 때

ⅴ) 형사상 처벌을 받을 다른 사람의 행위로 말미암아 자백을 하였거나 판결(심결)에 영향을 미칠 공격 또는 방어방법의 제출에 방해를 받은 때

ⅵ) 판결(심결)의 증거가 된 문서, 그 밖의 물건이 위조되거나 변조된 것인 때

ⅶ) 증인·감정인·통역인의 거짓 진술 또는 당사자신문에 따른 당사자나 법정대리인

의 거짓 진술이 판결(심결)의 증거가 된 때

viii) 판결(심결)의 기초가 된 민사나 형사의 판결, 그 밖의 재판 또는 행정처분이 다른 재판이나 행정처분에 따라 바뀐 때

ix) 판결(심결)에 영향을 미칠 중요한 사항에 관하여 판단을 누락한 때

x) 재심을 제기할 판결(심결)이 전에 선고한 확정판결(확정심결)에 어긋나는 때

xi) 당사자가 상대방의 주소 또는 거소를 알고 있었음에도 있는 곳을 잘 모른다고 하거나 주소나 거소를 거짓으로 하여 소(심판)를 제기한 때

나. 사해심결에 관한 재심사유

심판의 당사자가 공모하여 제3자의 권리 또는 이익을 사해할 목적으로 심결을 하게 한 때에는 제3자는 그 확정된 심결에 대하여 재심을 청구할 수 있다(§179①).

3. 재심의 청구인·피청구인

가. 일반재심의 경우

원심결에 있어서의 심판청구인 또는 피청구인이 그 상대방을 대상으로 재심을 청구한다.

나. 사해심결에 대한 재심의 경우

사해심결에 대한 재심청구는 당해 심결에 의하여 권리의 침해나 손실을 입은 제3자가 청구인이 되고, 심판의 당사자를 공동피청구인으로 한다(§179②).

4. 재심청구기간

당사자는 심결 확정 후 재심의 사유를 안 날부터 30일 이내에 재심을 청구하여야 한다(§180①). 심결 확정 후 3년을 경과한 때에는 재심을 청구할 수 없다(§180③). 다만, 재심사유가 심결 확정 후에 생긴 때에는 3년의 기간은 그 사유가 발생한 날의 다음 날부터 이를 기산한다(§180④). 그러나 당해 심결 이전에 행하여진 확정심결과 저촉한다는 이유로 재심을 청구하는 경우에는 이를 적용하지 아니한다(§180⑤).

5. 재심의 심리

심판에 대한 재심의 절차에 관하여는 그 성질에 반하지 아니하는 한 심판의 절차에 관한 규정을 준용한다(§184). 재심의 심리는 재심청구이유의 범위 내에서 하여야 한다(§185).

한편, 재심은 재심을 제기할 원심판결을 한 심급의 전속관할이다(§178②, 민소법 §453①).

6. 재심에 의해 회복한 특허권의 효력

가. 재심에 의하여 회복된 특허권의 효력제한

다음의 어느 하나에 해당하는 경우에 특허권의 효력은 당해 심결이 확정된 후 재심청구의 등록 전에 선의로 수입 또는 국내에서 생산하거나 취득한 물건에는 미치지 아니한다(§181①).

ⅰ) 무효로 된 특허권 또는 존속기간의 연장등록의 특허권이 재심에 의하여 회복된 경우

ⅱ) 특허권의 권리범위에 속하지 아니한다는 심결이 확정된 후 재심에 의하여 이와 상반되는 심결이 확정된 경우

ⅲ) 거절한다는 취지의 심결이 있었던 특허출원 또는 특허권의 존속기간의 연장등록출원이 재심에 의하여 특허권의 설정등록 또는 특허권의 존속기간의 연장등록이 된 경우

위의 각 사유에 해당하는 경우의 특허권의 효력은 다음의 행위에 미치지 아니한다(§181②).

ⅰ) 당해 심결이 확정된 후 재심청구의 등록 전에 한 당해 발명의 선의의 실시

ⅱ) 특허가 물건의 발명인 경우에는 그 물건의 생산에만 사용하는 물건을 당해 심결이 확정된 후 재심청구의 등록 전에 선의로 생산·양도·대여 또는 수입하거나 양도 또는 대여의 청약을 하는 행위

ⅲ) 특허가 방법의 발명인 경우에는 그 방법의 실시에만 사용하는 물건을 당해 심결이 확정된 후 재심청구의 등록 전에 선의로 생산·양도·대여 또는 수입하거나 양도 또는 대여의 청약을 하는 행위

나. 재심에 의하여 회복한 특허권에 대한 선사용자의 통상실시권

재심청구가 있는 경우에 당해 심결이 확정된 후 재심청구의 등록 전에 선의로 국내에

서 그 발명의 실시사업을 하고 있는 자 또는 그 사업의 준비를 하고 있는 자는 그 실시 또는 준비를 하고 있는 발명 및 사업의 목적의 범위 안에서 그 특허권에 관하여 통상실 시권을 가진다(§182). 이 통상실시권은 등록을 하지 않아도 효력이 발생한다(§118②).

다. 재심에 의하여 통상실시권을 상실한 원권리자의 통상실시권

통상실시권을 허여한다는 심결이 확정된 후 재심에 의하여 이에 상반되는 심결의 확정이 있는 경우에는 재심청구 등록 전에 선의로 국내에서 그 발명의 실시사업을 하고 있는 자 또는 그 사업의 준비를 하고 있는 자는 원통상실시권의 사업의 목적 및 발명의 범위 안에서 그 특허권 또는 재심의 심결의 확정이 있는 당시에 존재하는 전용실시권에 대하여 통상실시권을 가진다(§183①). 이 경우 통상실시권자는 특허권자 또는 전용실시권자에게 상당한 대가를 지급하여야 한다(§183②, §104②).

Ⅲ. 소송

특허청 심판원의 심결에 대한 취소를 구하기 위하여 특허법원에 제기한 소(또는 그러한 소 제기에 의해 진행되는 절차)를 말한다. 특허법 제9장(§186~§191의2)에 규정되어 있다.

1. 심결취소소송

가. 의의

심결취소소송이란 특허심판원의 심결을 받은 자가 불복이 있는 경우 그 심결이나 결정이 법령에 위반된 것을 이유로 하는 경우에 한하여 심결 또는 결정등본을 받은 날로부터 30일 이내에 특허법원에 그의 취소를 요구하는 것을 말한다(§186①).

나. 성질

사실심으로서 1심의 성질을 가지고 있다. 심결에 대한 소 및 심판청구서나 재심청구서의 각하결정에 대한 소는 특허법원의 전속관할로 한다(§186①). 이러한 소는 심결 또는 결정의 등본을 송달받은 날부터 30일 이내에 제기하여야 하며(§186③), 특허법원의 판결에 대하여는 대법원에 상고할 수 있다(§186⑧).

2. 특허법원

가. 토지관할

특허법원의 토지관할은 대한민국 전 지역이다. 따라서 특허심판원의 심결 또는 결정에 대한 불복의 소는 당사자의 주소가 어느 곳이든 묻지 않고 특허법원에 제기하여야 한다.

나. 심급관할

종전에는 특허청의 심판과 항고심판을 거친 후 바로 대법원에 상고할 수 있어서 법원에서의 사실심에 관한 재판이 생략된 구조로 운용되어 왔는데, 특허법원이 사실심 재판을 담당하는 고등법원급의 전문법원으로 설치되어 특허심판원의 심결 또는 결정에 대한 불복의 소를 전속적으로 관할하게 하고, 특허법원의 판결에 대하여 불복이 있는 경우에는 대법원에 상고할 수 있도록 함으로써, 특허심판원의 심결 또는 결정에 대한 특허소송은 특허법원 → 대법원으로 이어지는 2심제로 운영되고 있다.

다. 특허법원의 관할에 속하는 사건

특허법원에서는 특허법 제186조 제1항, 실용신안법 제33조, 디자인보호법 제75조, 상표법 제86조 제2항이 정하는 사건과 다른 법률에 의하여 특허법원의 권한에 속하는 사건(예: 종자산업법 제105조에서 그 소정의 사건을 특허법원의 전속관할로 규정하고 있다)의 제1심 재판을 담당한다.

위 사건들은 대체로 거절결정 또는 보정각하결정에 대한 취소청구, 특허·실용신안·디자인·상표의 무효청구 및 권리범위확인청구, 상표등록취소청구 등의 사건으로서 특허권 등의 성립이나 그 효력을 나투는 것들이고, 이에 반하여 일반적으로 특허침해소송이라고 불리는 특허·실용신안·디자인·상표에 관한 권리침해금지청구소송, 손해배상청구소송, 신용회복조치청구소송 등의 민사소송은 특허법원의 관할에 속하지 아니하며, 일반법원에서 이를 심리·재판하고 있다.

라. 특허법원이 취급하는 사건의 종류

(1) 특허청장을 피고로 한 결정계 심결취소소송

ⅰ) 보정이 명세서 또는 도면의 요지변경에 해당함을 이유로 하는 심사관의 보정각하결정에 대한 심판의 심결에 대한 취소소송

ⅱ) 심사관의 거절결정, 취소결정 심판의 심결에 대한 취소소송

ⅲ) 위 각 심판의 심판청구 각하의 심결에 대한 취소소송

ⅳ) 위 각 심판의 심판청구서 각하결정에 대한 취소소송

ⅴ) 거절결정에 대한 심판에서의 심판관의 보정각하결정에 대한 취소소송

ⅵ) 정정심판의 심결에 대한 취소소송

(2) 등록권리자 또는 이해관계인을 피고로 하는 당사자계 심결취소소송

ⅰ) 특허·실용신안·디자인·상표에 관한 무효심판, 존속기간연장등록 무효심판, 권리범위확인심판, 정정무효심판, 통상실시권허여심판의 심결취소소송과 상표에 관한 등록취소심판의 심결취소소송

ⅱ) 위 각 심판의 심판청구 각하의 심결에 대한 취소소송

ⅲ) 위 각 심판의 심판청구서 각하결정에 대한 취소소송

(3) 종자산업법상의 소송(종자산업법 제105조)

ⅰ) 품종보호심판위원회의 심판(보정각하결정에 대한 심판, 거절결정에 대한 심판, 품종보호의 무효심판)의 심결취소소송

ⅱ) 품종보호출원서심판청구서 또는 재심청구서의 보정각하결정에 대한 취소소송

3. 소제기의 기간 및 통지

특허법원에 소를 제기하려는 자는 심결 또는 결정의 등본을 송달받은 날부터 30일 이내에 제기하여야 한다(§186③). 법원은 소의 제기 또는 상고가 있는 때에는 지체 없이 그 취지를 특허심판원장에게 통지하여야 하며(§188①), 소에 관하여 소송절차가 완결된 때에는 지체 없이 그 사건에 대한 각 심급의 재판서 정본을 특허심판원장에게 송부하여야 한다(§188②).

4. 당사자적격

가. 원고적격

특허에 관한 심판에 대한 소송은 그 심결을 받은 자 또는 심판청구서나 재심청구서의 각하결정을 받은 자, 참가인 또는 당해 심판이나 재심에 참가신청을 하였으나 그 신청이 거부된 자가 소를 제기할 수 있다.

나. 피고적격

특허청장을 피고로 한, 당사자계심판에 있어서는 청구인 또는 피청구인을 피고로 한다(§187).

5. 소송요건

특허소송에 있어서도 일련의 소송요건을 구비하여야 한다. 이와 관련하여 변리사법 제8조에서는 "변리사는 특허, 실용신안, 디자인 또는 상표에 관한 사항에 관하여 소송대리인이 될 수 있다"고 규정하고 있다.

6. 심리범위

가. 당사자계 심결취소소송의 경우

심판은 특허심판원에서의 행정절차이며 심결은 행정처분에 해당하고, 그에 대한 불복의 소송인 심결취소소송은 항고소송에 해당하여 그 소송물은 심결의 실체적, 절차적 위법성이라 할 것이므로 당사자는 심결에서 판단되지 않은 처분의 위법사유도 심결취소소송단계에서 주장·입증할 수 있고 심결취소소송의 법원은 특별한 사정이 없는 한 제한 없이 이를 심리·판단하여 판결의 기초로 삼을 수 있는 것이며 이와 같이 본다고 하여 심급의 이익을 해한다거나 당사자에게 예측하지 못한 불의의 손해를 입히는 것이 아니다.[171]

---

171) 대법원 2002. 6. 25. 선고 2000후1290 판결("따라서 원심이 심판절차에 제출되지 않았던 공지기술에 관한 자료를 증거로 채택하여 심리·판단한 것은 정당하고, 거기에 상고이유 제1점에서 주장하는 바와 같은 심급에 관한 이익이나 심결취소소송의 심리범위에 대한 법리오해의 위법이 없다"고 하면서, 명칭을 '플로어 매설용 콘센트 박스'로 하는 특허발명은 그 출원 전에 공지되었거나 공연히 실시된 인용발명에 의하여 진보성이 없다고 한 사례).

즉 행정처분인 특허심판원의 심결에 대한 불복의 소송인 심결취소소송은 항고소송에 해당하여 그 소송물은 심결의 실체적·절차적 위법성이라 할 것이므로, 당사자는 심결이 판단하지 아니한 것이라도 그 심결을 위법하게 하는 사유를 심결취소소송절차에서 새로이 주장·입증할 수 있고 심결취소소송의 법원은 특별한 사정이 없는 한 제한 없이 이를 심리·판단하여 판결의 기초로 삼을 수 있다.[172]

나. 결정계 심결취소소송의 경우

거절사정불복심판청구를 기각하는 심결의 취소소송단계에서 특허청은 심결에서 판단되지 않은 것이라고 하더라도 거절사정의 이유와 다른 새로운 거절이유에 해당하지 않는 한 심결의 결론을 정당하게 하는 사유를 주장·입증할 수 있고, 심결취소소송의 법원은 달리 볼 만한 특별한 사정이 없는 한, 제한 없이 이를 심리 판단하여 판결의 기초로 삼을 수 있다.[173]

구 특허법(2001. 2. 3. 법률 제6411호로 개정되기 전의 것) 제62조는 심사관은 특허출원이 소정의 거절사유에 해당하는 때에는 거절사정하여야 하고, 같은 법 제63조는 심사관은 제62조의 규정에 의하여 거절사정을 하고자 할 때에는 그 특허출원인에게 거절이유를 통지하고 기간을 정하여 의견서를 제출할 수 있는 기회를 주어야 한다고 규정하고 있으며, 같은 법 제170조 제2항은 거절사정에 대한 심판에서 그 거절사정의 이유와 다른 거절이유를 발견한 경우에 제63조의 규정을 준용한다고 규정하고 있고, 이들 규정은 이른바 강행규정이므로, 거절사정에 대한 심판청구를 기각하는 심결이유는 적어도 그 주지에 있어서 거절이유통지서의 기재 이유와 부합하여야 하고, 거절사정에 대한 심판에서 그 거절사정의 이유와 다른 거절이유를 발견한 경우에는 거절이유의 통지를 하여 특허출원인에게 새로운 거절이유에 대한 의견서 제출의 기회를 주어야 한다.[174]

---

172) 대법원 2003. 10. 24. 선고 2002후1102 판결[행정처분인 특허심판원의 심결에 대한 불복의 소송인 심결취소소송은 항고소송에 해당하여 그 소송물은 심결의 실체적·절차적 위법성이라 할 것이므로, 당사자는 심결이 판단하지 아니한 것이라도 그 심결을 위법하게 하는 사유를 심결취소소송절차에서 새로이 주장·입증할 수 있고 심결취소소송의 법원은 특별한 사정이 없는 한 제한 없이 이를 심리·판단하여 판결의 기초로 삼을 수 있는 것이므로(대법원 2002. 6. 25. 선고 2000후1290 판결), 원심이 이 사건 등록고안의 '고정판에 축공을 형성하는 구성'과 (가)호 고안의 '축봉용 축공이 중앙부에 형성된 장착구를 볼트로 고정판의 하면에 부착하는 구성'을 대비하여, (가)호 고안이 이 사건 등록고안의 권리범위에 속하지 않는다고 판단한 것은 정당하고, 거기에 상고이유의 주장과 같은 심결취소소송의 심리범위에 관한 법리를 오해한 위법이 없다].

173) 대법원 2003. 2. 26. 선고 2001후1617 판결.

174) 대법원 2003. 10. 10. 선고 2001후2757 판결(반포된 간행물에 기재된 발명을 근거로 진보성을 부인한 거절사정의 거절이유와 출원발명의 명세서 기재내용을 근거로 진보성을 부인한 심결이유는 그 주지에

7. 판결의 효과

법원은 소가 제기된 경우에 그 청구가 이유 있다고 인정한 때에는 판결로써 당해 심결 또는 결정을 취소하여야 한다(§189①). 심판관은 심결 또는 결정의 취소판결이 확정된 때에는 다시 심리를 하여 심결 또는 결정을 하여야 한다(§189②).

판결에 있어서 취소의 기본이 된 이유는 그 사건에 대하여 특허심판원을 기속한다(§189③).

Ⅳ. 상고

1. 일반

특허법원의 판결에 불복이 있을 때에는 대법원에 상고할 수 있다(§186⑧).

2. 상고기간

상고는 특허법원의 판결정본이 송달된 날로부터 2주일 내에 원심법원인 특허법원에 상고장을 제출하는 방법으로 제기한다.

3. 상고이유

가. 일반적 상고이유(민소법 §423)

상고는 판결에 영향을 미친 헌법·법률·명령 또는 규칙의 위반이 있다는 것을 이유로 드는 때에만 할 수 있다.

서 부합하지 아니하므로 출원인에게 의견서 제출의 기회를 주지 않은 채 거절사정에 대한 심판청구를 기각하는 심결은 절차상 위법하다고 한 사례).

나. 절대적 상고이유(민소법 §424)

ⅰ) 법률에 따라 판결법원을 구성하지 아니한 때

ⅱ) 법률에 따라 판결에 관여할 수 없는 판사가 판결에 관여한 때

ⅲ) 전속관할에 관한 규정에 어긋난 때

ⅳ) 법정대리권·소송대리권 또는 대리인의 소송행위에 대한 특별한 권한의 수여에 흠이 있는 때

ⅴ) 변론을 공개하는 규정에 어긋난 때

ⅵ) 판결의 이유를 밝히지 아니하거나 이유에 모순이 있는 때

4. 판결

상고기각, 파기환송, 파기자판 등이 있다.

제6절 특허협력조약(PCT[175])에 의한 국제출원

Ⅰ. 서[176]

1. 해외출원의 필요성

특허독립(속지주의)의 원칙상 각국의 특허는 서로 독립적으로 반드시 특허권 등을 획득하고자 하는 나라에 출원을 하여 그 나라의 특허권 등을 취득하여야만 해당국에서 독점·배타적 권리를 확보할 수 있다. 따라서 한국에서 특허권 등의 권리를 취득하였더라도 다른 나라에서 권리를 취득하지 못하면 그 나라에서는 독점 배타적인 권리를 행사할 수가 없고, 이러한 1국 1특허의 원칙 때문에 해외출원이 필요하며 해외출원을 하는 방법

---

175) PCT: Patent Cooperation Treaty(특허협력조약)의 약자

176) 특허청 사이트 'PCT 국제출원제도개요' 참고

에는 전통적인 출원방법과 PCT 국제출원방법으로 대별된다.

2. 해외출원의 방법

가. 전통적인 출원방법(Traditional Patent System)

특허획득을 원하는 모든 나라에 각각 개별적으로 특허출원하는 방법으로 Paris루트를 통한 출원이라고도 한다. 다만, 선(先) 출원에 대한 우선권을 주장하여 출원하는 경우 선출원의 출원일로부터 12개월 이내에 해당 국가에 출원하여야 우선권을 인정받을 수 있다.

나. PCT에 의한 출원방법(PCT System)

국적국 또는 거주국의 특허청(수리관청)에 하나의 PCT출원서를 제출하고, 그로부터 정해진 기간 이내에 특허획득을 원하는 국가[지정(선택)국가]로의 국내단계에 진입할 수 있는 제도로 PCT국제출원의 출원일이 지정국가에서 출원일로 인정받을 수 있다. 다만, 선(先) 출원에 대한 우선권을 주장하여 출원하는 경우 선출원의 출원일로부터 12개월 이내에 PCT국제출원을 하여야 우선권주장을 인정받을 수 있다.

3. 관련 용어

가. 국제조사기관(ISA: International Searching Authority)

PCT국제출원을 하면 출원된 발명의 선행기술의 존재 여부 조사 및 특허성 유무에 대한 판단을 해 주는 기관으로 국제조사보고서 및 견해서를 발행하여 출원인 및 WIPO에 배부한다. 우리나라는 1999. 12. 1.부터 세계 10번째 국제조사기관으로 활동을 개시하였다.

나. 국제예비심사기관(IPEA: International Preliminary Examining Authority)

출원된 발명의 실체심사(신규성 · 진보성 · 산업상 이용가능성)를 수행하는 기관으로 국제예비심사보고서를 발행하여 출원인 및 WIPO에 송부한다. 우리나라는 1999. 12. 1.부터 세계 9번째 국제예비심사기관으로 활동을 개시하였다. 다만, 앞서 본 국제조사는 출원하면 반드시 거쳐야 하는 필수 절차임에 반해 국제예비심사는 출원인의 별도의 청구가 있어야 행하는 선택적 절차인 점에서 차이가 있다.

다. 우선일(Priority Date)

우선권주장을 수반하는 경우에는 그 우선권주장의 기초가 되는 선출원의 출원일[둘 이상의 우선권주장을 수반하는 경우에는 우선권이 주장된 최선(最先)출원의 출원일]이며, 우선권주장이 없는 경우에는 국제출원일을 의미한다.

라. 국제사무국(IB: International Bureau)

세계지식재산권기구(WIPO: World Intellectual Property Office)하의 국제사무국으로 국제공개, 변경통지서 송부 등 PCT절차업무를 담당하는 기관이다.

마. 수리관청(RO: Receiving Office)

국제출원을 접수하는 국내(또는 지역)관청으로서, 우리나라 출원인의 경우 통상 한국특허청이 수리관청이 된다. 그리고 국제사무국도 수리관청으로서의 역할을 한다(RO/IB).

바. 지정관청(DO: Designated Office)

PCT국제출원을 통해 권리를 보호받고자 하는 국가의 국내관청으로서, 출원서의 제출에 의해 국제출원일에 조약에 구속되는 모든 체약국의 지정을 구성하는 효과가 있다.

사. 선택관청(EO: Elected Office)

PCT국제출원을 통해 권리를 보호받고자 하는 국가의 국내관청으로서 특히, 국제예비심사결과를 활용하고자 하는 국가의 국내관청을 말한다.

4. PCT 국제출원 시의 장단점

가. 장점
(1) 출원일 인정 요건의 편의
한 번의 PCT국제출원으로 다수의 가입국에 직접 출원한 효과를 얻을 수 있기 때문에 개별 국가마다 일일이 출원해야 하는 번거로움을 덜 수 있다.

(2) 특허획득에 유리

특허를 받고자 하는 나라의 특허청[지정(선택)관청]의 심사에 앞서 국제조사기관의 선행기술조사(필수절차) 및 특허성에 대한 견해와 국제예비심사기관의 특허성 유무에 대한 예비심사(선택절차)를 거침으로써 특허획득 가능성을 미리 알 수 있을 뿐만 아니라 평가·보완의 기회도 가질 수 있어 특허획득에 유리하다.

(3) 출원서 작성이 용이

한국 특허청을 통한 출원언어는 한국어, 영어, 일어이므로 다수 국가를 지정하여 PCT국제출원을 하는 경우 초기에 개별국가 언어로 된 번역문을 일일이 준비하지 않아도 되므로 편리하다.

(4) 무모한 해외출원을 방지

발명 또는 고안을 PCT국제출원을 통하여 각 지정국 특허청에 직접 출원한 것과 같은 효력을 확보한 다음, 그 지정국의 국내단계 진입기한(우선일로부터 30개월 이내. 다만 룩셈부르크, 탄자니아, 우간다는 우선일로부터 19개월 이내에 국제예비심사를 청구한 경우에만 30개월 이내)까지 국제조사 및 예비심사보고서를 토대로 특허획득 가능성을 면밀히 검토함과 동시에 각 지정국의 시장성을 조사한 다음 국내절차 이행 여부를 결정함으로써 불필요한 비용지출 및 무모한 해외출원을 방지할 수 있다.

(5) 국내단계진입 시 수수료 감면 향유

세계 주요특허청에서는 PCT를 통한 외국인의 국내단계진입 시 자국특허수수료를 일정 조건에 따라 감면해 주는 제도를 두고 있다.

나. 단점

(1) PCT국제출원 비용 별도 부담

PCT국제출원 비용이 별도로 소요되고, 지정국의 국내단계에 진입하는 경우에는 개별국 출원 시와 동일한 비용이 추가로 필요하므로 비용부담이 가중된다.

(2) 심사절차의 이중적 진행

국제예비심사를 받았음에도 불구하고 국내단계 진입 시 각국마다 새로운 심사를 받게 되므로, 심사절차가 이중적으로 진행될 가능성이 있다. 이와 달리 개별국가출원을 하였을 경우에는 각국마다 심사관이 제시하는 선행기술을 고려하여 권리범위를 보정함으로써 국가에 따라서는 의외로 큰 권리를 얻을 가능성이 있다.

5. PCT 출원에 있어서의 유의점

가. 이중의 단계

PCT국제출원은 한 번의 출원으로 세계적으로 특허를 받는 것이 아니라 일단 국제출원일을 인정받은 후, 검증단계(국제조사 및/또는 국제예비심사)를 거친 후 각 지정국에 번역문을 제출하여야 비로소 각국에서 특허허여 여부에 관한 심사가 진행된다. 따라서 PCT 국제출원 한번으로 외국의 특허권을 획득할 수 있는 것으로 오해하여서는 안 된다.

나. 엄격한 절차

PCT는 각 단계별로 기간(수수료납부기간, 국내단계 진입기간 등)이 엄격히 정해져 있으므로 준수기간을 넘겨 불이익을 당하지 않도록 출원인의 주의를 요한다.

다. 특허·실용신안에 한정

발명만이 PCT를 통하여 특허·실용신안권 등으로 보호가능하며, 디자인 및 상표는 각각 별도의 협약에 의해 보호된다.

Ⅱ. 조약의 체제

PCT 조약은 전문과 69개 조항으로 구성되어 있으며, 주요내용은 (1) 국제출원, (2) 국제조사, (3) 국제공개, (4) 국제예비심사 등이다(별첨 자료 참고).

Ⅲ. 국제출원절차

1. 국제출원

국제출원(International Application)의 출원인은 우리나라 특허청 또는 WIPO 국제사무국에 영어 또는 한국어로 작성한 출원서, 명세서, 청구범위, 도면(필요한 경우) 및 요약서를 제출하여야 한다.

가. 국제출원을 할 수 있는 자

특허청장에게 국제출원을 할 수 있는 자는 ⅰ) 대한민국 국민, ⅱ) 국내에 주소 또는 영업소를 가진 외국인, ⅲ) 제1호 또는 제2호에 해당하는 자가 아닌 자로서 제1호 또는 제2호에 해당하는 자를 대표자로 하여 국제출원을 하는 자, ⅳ) 제1호부터 제3호까지에 해당하는 자가 아닌 자로서 1명 이상의 대한민국 국민이나 국내에 주소 또는 영업소를 가진 외국인과 공동으로 국제출원하는 자이다(§192, 규칙§90).

나. 국제출원에 관한 서류 및 방법

국제출원을 하고자 하는 자는 지식경제부령이 정하는 언어(국어, 영어 또는 일본어)로 작성한 출원서와 명세서·청구의 범위·필요한 도면 및 요약서를 특허청장에게 제출하여야 한다(§193①, 규칙§91).

국제출원서에는 일정한 사항[177]을 기재하여야 하며(§193②), 명세서는 그 발명이 속하는 기술분야에서 통상의 지식을 가진 자가 용이하게 실시할 수 있도록 명확하고 상세하게 기재되어야 한다(§193③). 나아가 청구의 범위에는 보호를 받고자 하는 사항을 명확하고 간결하게 기재하여야 하며 명세서에 의하여 충분히 뒷받침되어야 하고(§193④), 그 이외에 국제출원에 관하여 필요한 사항은 지식경제부령으로 정한다(§193⑤).

---

177) 1. 당해 출원이 「특허협력조약」에 의한 국제출원이라는 표시
    2. 당해 출원한 발명의 보호가 요구되는 「특허협력조약」 체약국의 지정
    3. 제2호의 지정국 중 「특허협력조약」 제2조(ⅳ)의 지역특허를 받고자 하는 경우에는 그 취지
    4. 출원인의 성명이나 명칭·주소나 영업소 및 국적
    5. 대리인이 있는 경우에는 그 대리인의 성명 및 주소나 영업소
    6. 발명의 명칭
    7. 발명자의 성명 및 주소나 영업소(지정국의 법령에 발명자에 관한 사항의 기재가 규정되어 있는 경우에 한한다)

다. 국제출원일

특허청장은 국제출원이 특허청에 도달한 날을 「특허협력조약」 제11조의 국제출원일 (이하 '국제출원일'이라 한다)로 인정하여야 한다. 다만, 다음에 해당하는 경우에는 그러 하지 아니하다(§194①).

 ⅰ) 출원인이 제192조에 규정된 요건을 충족하지 못하는 경우

 ⅱ) 제193조 제1항의 규정에 의한 언어로 작성되지 아니한 경우

 ⅲ) 제193조 제1항의 명세서 및 청구의 범위가 제출되지 아니한 경우

 ⅳ) 제193조 제2항 제1호·제2호에 규정된 사항 및 출원인의 성명이나 명칭을 기재하 지 아니한 경우

특허청장은 국제출원이 위 단서에 해당하는 경우에는 기간을 정하여 서면으로 절차를 보완할 것을 명하여야 하고(§194②), 국제출원이 도면에 관하여 기재하고 있으나 그 출 원에 도면이 포함되어 있지 아니한 경우에는 그 취지를 출원인에게 통지하여야 한다 (§194③).

특허청장은 절차의 보완명령을 받은 자가 지정된 기간 내에 보완을 한 경우에는 그 보 완에 관계되는 서면의 도달일을, 도면 누락에 관한 통지를 받은 자가 지식경제부령이 정 하는 기간(통지일부터 2개월) 내에 도면을 제출한 경우에는 그 도면의 도달일을 국제출 원일로 인정하여야 한다. 다만, 도면 누락에 관한 통지를 받은 자가 지식경제부령이 정하 는 기간 내에 도면을 제출하지 아니한 경우에는 그 도면에 관한 기재는 없는 것으로 본 다(§194④, 규칙 §99①).

라. 국제출원의 보정명령

특허청장은 국제출원이 (1) 발명의 명칭이 기재되지 아니한 경우, (2) 요약서가 제출되 지 아니한 경우, (3) 제3조(행위능력) 또는 제197조 제3항(변리사대리의 원칙)의 규정에 위반된 경우, (4) 지식경제부령이 정하는 방식[178]에 위반된 경우에는 기간을 정하여 보정

---

178) 시행규칙 제101조 (절차의 보정) ① 법 제195조 제4호에서 '지식경제부령이 정하는 방식'이란 다음 각 호의 사항을 말한다. <개정 2001. 6. 30, 2003. 12. 31, 2006. 12. 29, 2008. 9. 30, 2008. 12. 31>
　　1. 출원인(출원인이 2명 이상인 경우에는 법 제192조 제1호 또는 제2호에 해당하는 최소 1명의 출원인) 의 주소(법인의 경우에는 그 영업소의 소재지) 및 국적에 관한 기재가 있을 것
　　2. 출원인 또는 대리인(출원인이 2명 이상이거나 대리인이 2명 이상인 경우에는 그들 중 최소 1명의 출 원인 또는 대리인)이 기명을 한 후 서명 또는 날인할 것. 다만, 대리인이 기명을 한 후 서명 또는 날인 한 경우에는 출원인(출원인이 2명 이상인 경우에는 모든 출원인)이 기명을 한 후 서명 또는 날인한 위 임장이 첨부되어야 한다.
　　3. 국제출원의 출원서·명세서·청구의 범위·도면 및 요약서가 각각 별지 제41호 서식, 별지 제41호

을 명하여야 한다.

마. 취하된 것으로 보는 국제출원

국제출원이 ⅰ) 제195조의 규정에 의한 보정명령을 받은 자가 지정된 기간 내에 보정을 하지 아니한 경우, ⅱ) 국제출원에 관한 수수료를 지식경제부령이 정하는 기간 내에 납부하지 아니하여 「특허협력조약」 제14조(3)(a)[179)]에 해당하게 된 경우, ⅲ) 제194조의 규정에 의하여 국제출원일이 인정된 국제출원에 관하여 지식경제부령이 정하는 기간 내에 그 국제출원이 제194조 제1항 단서 각 호의 1에 해당되는 것이 발견된 경우에는 그 국제출원은 취하된 것으로 본다(§196①).

국제출원에 관하여 납부하여야 할 수수료의 일부를 지식경제부령이 정하는 기간 내에 납부하지 아니하여 「특허협력조약」 제14조(3)(b)[180)]에 해당하게 된 경우에는 수수료를 납부하지 아니한 지정국의 지정은 취하된 것으로 본다(§196②). 특허청장은 위 규정에 의해 국제출원 또는 지정국의 일부가 취하된 것으로 보는 때에는 그 사실을 출원인에게 통지하여야 한다(§196③).

바. 대표자 등

2인 이상이 공동으로 국제출원을 하는 경우에 그 출원절차는 출원인의 대표자가 그 절차를 행할 수 있다(§197①). 이 경우 대표자를 정하지 아니한 때에는 지식경제부령이 정하는 바[181)]에 따라 대표자를 정할 수 있다(§197②). 국제출원의 대리인은 법정대리인을 제외하고는 변리사를 대리인으로 하여야 한다(§197③).

의2 서식, 별지 제42호 서식부터 별지 제46호 서식까지의 서식에 따라 작성되어 있을 것
② 법 제195조의 규정에 의하여 절차의 보정을 하고자 하는 자는 별지 제39호 서식의 보정서에 다음 각 호의 서류를 첨부하여 특허청장에게 제출하여야 한다. <개정 2001. 6. 30., 2006. 12. 29.>
1. 보정서 3통
2. 대리인에 의하여 절차를 밟는 경우에는 그 대리권을 증명하는 서류 1통

179) 제3조 제4항 (ⅳ)에 규정된 소정의 수수료가 소정기간 내에 또한 어느 지정국에 대하여서도 제4조 제2항에 규정된 소정의 수수료가 소정기간 내에 지불되지 아니하였다고 수리관청이 인정한 경우에는 국제출원은 취하된 것으로 보고 수리관청은 이러한 의사를 신인한다.

180) 제4조 제2항에 규정된 소정의 수수료가 소정의 기간 내에 하나 또는 둘이상의 지정국에 대하여 지불되었으나 모든 지정국에 대하여는 지불되지 아니하였다고 수리관청이 인정한 경우에는 그 수수료가 소정의 기간 내에 지불되지 아니한 지정국의 지정은 취하된 것으로 보고 수리관청은 그 취지를 선언한다.

181) 시행규칙 제106조의4 (대표자의 지정) 법 제197조 제2항의 규정에 의한 출원인의 대표자지정은 법 제192조 제1호 또는 제2호에 해당하는 출원인 중 첫 번째로 기재되어 있는 자로 한다.

2. 국제출원의 방식심사

특허청(수리관청) 또는 WIPO 국제사무국은 국제출원에 대하여 방식상 요건을 심사하여 동 요건이 충족된 경우에는 국제출원임을 인정하고 국제출원번호 및 국제출원일을 통지하며 충족되지 아니한 경우에는 보정명령을 한다. 그 이외에 특허청은 국제출원일이 인정된 국제출원을 WIPO 국제사무국(기록사본) 및 국제조사기관(조사용 사본)에 각 1부씩 송부한다.

3. 국제조사(International Search)

가. 절차

국제조사기관의 국제조사는 모든 국제출원을 그 대상이 하며, 국제조사는 관련이 있는 선행기술을 발견하는 것을 목적으로 한다. 이 경우 국제조사는 명세서와 도면을 적당히 고려하여 청구의 범위에 기준을 두고 행한다[PCT §15(1)~(3)]. 국제조사기관은 국제조사보고서를 작성 후 신속히 출원인과 국제사무국에 송부한다[PCT §18(2)].

나. 국제조사보고서를 받은 후의 보정

국제특허출원의 출원인은 「특허협력조약」 제19조(1)에 따라 국제조사보고서를 받은 후에 국제특허출원의 청구의 범위에 관하여 보정을 한 경우 기준일까지(기준일이 출원심사의 청구일인 경우 출원심사의 청구를 한 때까지), ⅰ) 외국어로 출원한 국제특허출원인 경우 그 보정서의 국어 번역문, ⅱ) 국어로 출원한 국제특허출원인 경우 그 보정서의 사본을 특허청장에게 제출하여야 한다(§204①). 위와 같이 보정서의 번역문 또는 사본이 제출된 때에는 그 보정서의 번역문 또는 사본에 따라 제47조 제1항에 따른 청구의 범위가 보정된 것으로 보고 다만, 「특허협력조약」 제20조에 따라 기준일까지 그 보정서(국어로 출원한 국제특허출원인 경우에 한정)가 특허청에 송달된 때에는 그 보정서에 따라 보정된 것으로 본다(§204②).

국제특허출원의 출원인은 「특허협력조약」 제19조(1)에 따른 설명서를 국제사무국에 제출한 경우 ⅰ) 외국어로 출원한 국제특허출원인 경우 그 설명서의 국어 번역문, ⅱ) 국어로 출원한 국제특허출원인 경우 그 설명서의 사본을 기준일까지 특허청장에게 제출하여야 한다(§204③). 국제특허출원의 출원인이 기준일까지 위 절차를 밟지 아니한 경우 「특허협력조약」 제19조(1)에 따른 보정서 또는 설명서는 제출되지 아니한 것으로 본다. 다만, 국어로 출원한 국제특허출원인 경우로서 「특허협력조약」 제20조에 따라 기준일까지 그 보정서 또는 그 설명서가 특허청에 송달된 때에는 그러하지 아니하다(§204④).

4. 국제공개(International Publication)

가. 일반

국제사무국은 국제출원의 우선일로부터 18개월이 경과한 후 신속히 국제공개를 한다[PCT21(2)(a)]. 다만, 다음의 경우는 예외가 인정된다.

ⅰ) 그 국제출원에 있어서 모든 지정국이 제64조 제3항의 유보(자국에 관한 국제출원의 국제공개를 행할 필요가 없다는 선언)를 행하고 있는 경우에는 국제공개를 하지 않는다[PCT§64(3)(b)].

ⅱ) 국제공개기간 전에 출원인이 국제출원의 국제공개를 행할 것을 국제사무국에 청구한 경우에는 조기에 국제공개가 된다[PCT§21(2)(b)].

ⅲ) 국제공개의 기술적 준비가 완료되기 전에 국제출원이 취하되거나 또는 취하된 것으로 보이는 경우에는 국제공개는 하지 아니한다[PCT§21(5)].

ⅳ) 국제사무국은 국제출원이 선량한 풍속이나 공공의 질서에 반하는 표현이나 도면을 포함하고 있거나 규칙에 규정된 비방하는 기재사항을 포함하고 있다고 인정하는 경우에는 그 간행물에서 그와 같은 표현, 도면 및 기재사항을 삭제할 수 있다. 이 경우에는 삭제한 표현 또는 도면의 장소와 숫자를 표시하며 삭제된 부분의 별도 사본은 청구할 경우 교부한다[PCT§21(6)].

나. 국제공개의 효과

국제공개의 지정국에서의 효과는 그 지정국의 국내법령이 정하는 효과와 동일하지만[PCT§29(1)], 그 효과가 발생하는 시점에 대해서는 각 지정국의 선택으로 정해진다[PCT§29(2)]. 따라서 이러한 국제공개에 따른 가보호의 내용은 우리나라 특허법상의 보상금청구권에 해당한다.

5. 국제예비심사(International Preliminary Examination)

가. 일반

국제예비심사란 국제출원에 관하여 출원인이 국제조사보고서 및 국제조사기관의 견해서 또는 조약 제17조(2)(a)의 규정에 따라 국제조사보고서를 작성하지 아니한다는 취지의 통지서를 출원인에게 송부한 날부터 3월 또는 우선일부터 22월 중 늦게 만료되는 날까지 관할 국제예비심사기관에 국제예비심사청구를 하여 이에 따른 예비적 심사를 하는 것을 말한다(시행규칙§106의23②).

국제예비심사는 청구의 범위에 기재되어 있는 발명이 신규성, 진보성(자명한 것이 아닌 것) 및 산업상의 이용가능성을 가지는 여부에 대한 예비적이고 구속력이 없는 견해를 표시하는 것을 목적으로 한다[PCT33(1)].

나. 국제예비심사보고서

국제예비심사보고서는 청구의 범위에 기재되어 있는 발명이 어느 국내법령에 의하여 특허를 받을 수 있는 발명인지 또는 특허를 받을 수 있는 발명이라고 생각되는지의 문제에 대한 어떠한 진술도 하여서는 아니 된다. 국제예비심사보고서는 각 청구의 범위에 있어서 청구의 범위가 국제예비심사에 있어서의 제33조 제1항에서 제4항까지에 규정하는 신규성, 진보성(자명한 것이 아닐 것) 및 산업상의 이용가능성의 기준에 적합하다고 인정되는지를 진술한다. 동 진술에는 진술의 결론을 뒷받침하는 것으로 믿어지는 문헌을 이용하며, 경우에 따라 필요한 설명을 붙인다. 동 진술은 또한 규칙이 규정하는 기타 견해들을 수반한다[PCT35(2)].

다. 국제예비심사보고서 작성 전의 보정

국제특허출원의 출원인은 「특허협력조약」 제34조(2)(b)에 따라 국제특허출원의 명세서, 청구의 범위 및 도면에 대하여 보정을 한 경우 기준일까지 ⅰ) 외국어로 출원한 국제특허출원인 경우 그 보정서의 국어 번역문, ⅱ) 국어로 출원한 국제특허출원인 경우 그 보정서의 사본을 특허청장에게 제출하여야 한다(§205①).

위와 같이 보정서의 번역문 또는 사본이 제출된 때에는 그 보정서의 번역문 또는 사본에 따라 제47조 제1항에 따른 명세서 및 도면이 보정된 것으로 본다. 다만, 「특허협력조약」 제36조(3)(a)에 따라 기준일까지 그 보정서(국어로 출원한 국제특허출원인 경우에 한

정한다)가 특허청에 송달된 때에는 그 보정서에 따라 보정된 것으로 본다(§205②).

국제특허출원의 출원인이 기준일까지 위 보정 절차를 밟지 아니한 경우「특허협력조약」 제34조(2)(b)에 따른 보정서는 제출되지 아니한 것으로 본다. 다만,「특허협력조약」 제36조(3)(a)에 따라 기준일까지 그 보정서(국어로 출원한 국제특허출원인 경우에 한정한다)가 특허청에 송달된 때에는 그러하지 아니하다(§205③).

6. 국내단계(국제특허출원에 관한 특례)

가. 국제출원에 의한 특허출원

「특허협력조약」에 의하여 국제출원일이 인정된 국제출원으로서 특허를 받기 위하여 대한민국을 지정국으로 지정한 국제출원은 그 국제출원일에 출원된 특허출원으로 본다(§199①). 이에 따라 특허출원으로 보는 국제출원에 관하여는 제54조의 규정(조약에 의한 우선권주장)은 이를 적용하지 아니한다(§199②). 이 경우 국제특허출원인은 국내서면 제출기간 내에 일정한 사항을 기재한 서면을 특허청장에게 제출하여야 한다(§203).

PCT 자기지정과 관련하여 판례는 "특허법 제56조 제1항 등 관계 법령과 기록에 비추어 살펴보면, 원고가 1998. 8. 26. 명칭을 '모드전환기능을 갖는 휴대용 통신기기 및 모드전환 제어시스템'으로 하는 이 사건 원출원(출원번호 10－1998－34681)을 하였다가, 1999. 8. 26. '특허협력조약(Patent Cooperation Treaty, 이하 'PCT'라 한다)'에 따라 우리나라를 지정국으로 하는 국제특허출원을 하면서 이 사건 원출원에 기초한 우선권주장을 수반한 한편, 2000. 9. 29. 이 사건 원출원에서 같은 명칭으로 이 사건 모출원(출원번호 10－2000－57452)을 분할출원한 다음, 2002. 1. 4. 이 사건 모출원에서 다시 같은 명칭인 이 사건 출원발명(출원번호 10－2002－490)을 분할출원한 것에 대하여, 원심이 이 사건 원출원은 특허법 제56조 제1항에 따라 그 출원일로부터 1년 3개월이 도과한 1999. 11. 27. 취하간주되었으므로 이 사건 출원발명은 원고 주장의 적법한 분할출원으로 볼 수 없다는 취지로 판단하였음은 옳고, 거기에 특허법 및 PCT에 관한 법리오해 등의 위법이 있다고 할 수 없다"고 판시하였다.[182]

---

182) 대법원 2007. 3. 29. 선고 2005후2168 판결[일반적으로 행정상의 법률관계에 있어서 행정청의 행위에 대하여 신뢰보호의 원칙이 적용되기 위해서는, **첫째,** 행정청이 개인에 대하여 신뢰의 대상이 되는 공적인 견해표명을 하여야 하고, **둘째,** 그 개인에게 행정청의 그 견해표명이 정당하다고 신뢰한 데에 대하여 귀책사유가 없어야 하며, **셋째,** 그 개인이 행정청의 견해표명을 신뢰한 결과 이에 상응하는 어떠한 행위를 하여야 하고, **넷째,** 행정청이 그 견해표명과는 반대되는 취지의 처분을 함으로써 개인의 이익을

나. 신규성이 있는 발명으로 보는 경우의 특례

국제특허출원한 발명에 관하여 제30조 제1항 제1호의 규정을 적용받고자 하는 자는 그 취지를 기재한 서면 및 이를 증명할 수 있는 서류를 제30조 제2항의 규정에 불구하고 지식경제부령이 정하는 기간[183] 내에 특허청장에게 제출할 수 있다(§200).

다. 국제특허출원의 번역문

국제특허출원을 외국어로 출원한 출원인은 「특허협력조약」 제2조(xi)의 우선일(이하 '우선일'이라 한다)부터 2년 7월('국내서면제출기간') 이내에 국제출원일에 제출한 명세서·청구의 범위·도면(도면 중 설명 부분에 한한다) 및 요약서의 국어 번역문을 특허청장에게 제출하여야 한다. 다만, 국제특허출원을 외국어로 출원한 출원인이 「특허협력조약」 제19조(1)의 규정에 의하여 청구의 범위에 관한 보정을 한 때에는 국제출원일에 제출한 청구의 범위에 대한 국어 번역문을 보정 후의 청구의 범위에 대한 국어 번역문으로 대체하여 제출할 수 있다(§201①). 국내서면제출기간 내에 그와 같은 명세서 및 청구의 범위의 번역문의 제출이 없는 경우에는 그 국제특허출원은 취하된 것으로 본다(§201②).

제201조 제1항의 규정에 의하여 번역문을 제출한 출원인은 국내서면제출기간 내에 그 번역문에 갈음하여 새로운 번역문을 제출할 수 있고 다만, 출원인이 출원심사의 청구를 한 후에는 그러하지 아니하다(§201③). 한편, 국제출원일에 제출된 국제특허출원의 명세서나 청구의 범위에 기재된 사항 및 도면 중의 설명 부분으로서 국내서면제출기간(그 기간 내에 출원인이 출원심사의 청구를 한 때에는 그 청구일, 이하 '기준일') 내에 제출된 제201조 제1항 또는 제3항의 규정에 의한 번역문(이하 '출원번역문')에 기재되지 아니한 것은 국제출원일에 제출된 국제특허출원의 명세서 및 청구의 범위에 기재되지 아니한 것으로 보거나 도면 중의 설명이 없었던 것으로 본다(§201④).

국제특허출원의 국제출원일의 출원서는 제42조 제1항의 규정에 의하여 제출된 출원서로 본다(§201⑤). 국제특허출원의 명세서·청구의 범위·도면 및 요약서의 출원번역문(국어로

침해하는 결과를 초래하며, **다섯째,** 종전 견해표명대로 행정처분을 할 경우 이로 인하여 공익 또는 제3자의 정당한 이익을 현저히 해할 우려가 없을 것 등의 요건이 필요한바(대법원 2006. 2. 24. 선고 2004두13592 판결 등 참조), 원심판결의 이유를 위 법리와 기록에 비추어 살펴보면, 원심이 신뢰보호원칙의 성립요건 중 첫 번째 요건인, 피고가 원고에 대하여 이 사건 원출원을 취하간주처리하지 아니하겠다는 내용의 '공적인 견해표명'을 한 바가 없었다는 이유로, 피고의 그 취하간주처리가 신뢰보호의 원칙에 위반되지 아니한다고 판단하였음은 옳고, 거기에 신뢰보호의 원칙에 관한 법리오해 등의 위법이 있다고 할 수 없다.

183) 시행규칙 제111조 (공지 등이 되지 아니한 발명으로 보는 경우의 서류제출기간의 특례) 법 제200조에서 '지식경제부령이 정하는 기간'이란 법 제201조 제4항에 따른 기준일 경과 후 30일을 말한다.

출원된 국제특허출원의 경우에는 국제출원일에 제출된 명세서·청구의 범위·도면 및 요약서)은 제42조 제2항의 규정에 의하여 제출된 명세서·도면 및 요약서로 본다(§201⑥).

제204조 제1항 및 제2항의 규정은 제1항 단서의 규정에 의하여 보정 후의 청구의 범위의 국어 번역문을 제출하는 경우에는 이를 적용하지 아니하며(§201⑦), 제201조 제1항 단서의 규정에 의하여 보정 후의 청구의 범위에 대한 국어 번역문만을 제출하는 경우에는 국제출원일에 제출한 청구의 범위는 이를 인정하지 아니한다(§201⑧).

라. 특허출원 등에 의한 우선권 주장의 특례

국제특허출원에 관하여는 제55조 제2항(국내우선권주장의 절차) 및 제56조 제2항(국내우선권주장의 취하)의 규정은 이를 적용하지 아니한다(§202①).

국제특허출원에 관한 제55조 제4항(선출원에 대한 공개의제)의 규정을 적용함에 있어서는 동항 중 "특허출원의 출원서에 최초로 첨부된 명세서 또는 도면"은 "제201조 제1항의 규정에 의하여 국제출원일에 제출된 국제출원의 명세서·청구의 범위 또는 도면(도면 중의 설명 부분에 한한다) 및 이 서류들의 동조 제4항의 규정에 의한 출원번역문 또는 국제출원일에 제출된 국제출원의 도면(도면 중 설명 부분을 제외한다)"으로, '출원공개'는 "「특허협력조약」 제21조에서 규정하는 국제공개"로 한다(§202②).

선출원이 국제특허출원 또는 「실용신안법」 제34조 제2항에 따른 국제실용신안등록출원인 경우에 제55조 제1항, 같은 조 제3항부터 제5항까지 및 제56조 제1항을 적용할 때에는 ⅰ) 제55조 제1항 각 호 외의 부분 본문, 같은 조 제3항 및 제5항 각 호 외의 부분 중 "출원서에 최초로 첨부된 명세서 또는 도면"은 "국제출원일에 제출된 국제출원의 명세서, 청구의 범위 또는 도면"으로 보고, ⅱ) 제55조 제4항 중 "선출원의 출원서에 최초로 첨부된 명세서 또는 도면"은 "선출원의 국제출원일에 제출된 국제출원의 명세서, 청구의 범위 또는 도면"으로, "선출원에 관하여 출원공개"는 "그 선출원에 관하여 「특허협력조약」 제21조에 따른 국제공개"로 보며, ⅲ) 제56조 제1항 각 호 외의 부분 본문 중 "그 출원일부터 1년 3개월이 지난 때"는 "국제출원일부터 1년 3개월이 지난 때 또는 제201조 제4항, 「실용신안법」 제35조 제4항에 따른 기준일 중 늦은 때"로 본다(§202③).

또한, 제55조 제1항(국내우선권주장)에 따른 신출원이 제214조 제4항 또는 「실용신안법」 제40조 제4항에 따라 특허출원 또는 실용신안등록출원으로 되는 국제출원인 경우에 제55조 제1항, 같은 조 제3항부터 제5항까지 및 제56조 제1항을 적용할 때에는 ⅰ) 제55조 제1항 각 호 외의 부분 본문, 같은 조 제3항 및 제5항 각 호 외의 부분 중 "출원서에 최초로 첨부된 명세서 또는 도면"은 "제214조 제4항 또는 「실용신안법」 제40조 제4항에 따라 국제출원일로 인정할 수 있었던 날의 국제출원의 명세서, 청구의 범위 또는 도면"으로 보고, ⅱ) 제55조 제4항 중 "선출원의 출원서에 최초로 첨부된 명세서 또는 도면"은 "제214조 제4항 또는 「실용신안법」 제40조 제4항에 따라 국제출원일로 인정할 수 있었던 날의 선출원의 국제출원의 명세서, 청구의 범위 또는 도면"으로 보며, ⅲ) 제56조 제1항 각 호 외의 부분 본문 중 "그 출원일부터 1년 3개월이 지난 때"는 "제214조 제4항 또는 「실용신안법」 제40조 제4항에 따라 국제출원일로 인정할 수 있었던 날부터 1년 3개월이 지난 때 또는 제214조 제4항이나 「실용신안법」 제40조 제4항에 따른 결정을 한 때 중 늦은 때"로 본다(§202④).

마. 재외자의 특허관리인의 특례

재외자인 국제특허출원의 출원인은 기준일까지는 제5조 제1항의 규정에 불구하고 특허관리인에 의하지 아니하고 특허에 관한 절차를 밟을 수 있다(§206①). 이에 따라 출원번역문을 제출한 재외자는 지식경제부령이 정하는 기간[184]내에 특허관리인을 선임하여 특허청장에게 신고하여야 하고(§206②), 그 선임신고가 없는 경우에는 그 국제특허출원은 취하된 것으로 본다(§206③).

바. 출원공개 시기 및 효과의 특례

국제특허출원의 출원공개에 관하여 제64조 제1항을 적용할 때에는 "다음 각 호의 어느 하나에 해당하는 날부터 1년 6월이 경과한 때"는 "국내서면제출기간이 지난 때(국내서면제출기간에 출원인이 출원심사의 청구를 한 국제특허출원으로서 「특허협력조약」 제21조에 따라 국제공개가 된 것은 우선일부터 1년 6개월이 지난 때 또는 출원심사의 청구일 중 늦은 때)"로 본다(§207①). 다만, 국어로 출원한 국제특허출원에 관하여 위와 같은 출원공개 전에 이미 「특허협력조약」 제21조에 따라 국제공개가 된 경우 그 국제공개 시에 출원공개가 된 것으로 본다(§207②).

국제특허출원의 출원인은 국제특허출원에 관하여 국내공개(국어로 출원한 국제특허출원인 경우 「특허협력조약」 제21조에 따른 국제공개를 말한다. 이하 이 항에서 같다)가 있은 후 국제특허출원된 발명을 업으로 실시한 자에게 국제특허출원된 발명인 것을 서면으로 경

---

184) 시행규칙 제116조 (재외자의 특허관리인 선임기간의 특례) 법 제206조 제2항에서 '지식경제부령이 정하는 기간'이란 법 제201조 제4항에 따른 기준일부터 2개월로 한다.

고한 때에는 그 경고 후부터 특허권의 설정등록 전에 그 발명을 업으로서 실시한 자에게 그 특허발명의 실시에 대하여 통상 받을 수 있는 금액에 상당하는 보상금의 지급을 청구할 수 있으며, 경고를 하지 아니하는 경우에도 국내공개된 국제특허출원된 발명인 것을 알고 특허권의 설정등록 전에 업으로서 그 발명을 실시한 자에 대하여도 또한 같다. 다만, 그 청구권은 당해 특허출원이 특허권의 설정등록된 후가 아니면 이를 행사할 수 없다(§207③).

사. 보정의 특례

국제특허출원에 관하여는 ⅰ) 제82조 제1항에 따른 수수료를 납부하고, ⅱ) 제201조 제1항에 따른 국어 번역문을 제출하며(다만, 국어로 출원된 국제특허출원인 경우는 그러 하지 아니하다), ⅲ) 기준일(기준일이 출원심사의 청구일인 경우 출원심사를 청구한 때를 말한다)이 지나야 보정(제204조 제2항 및 제205조 제2항에 따른 보정은 제외한다)을 할 수 있다(§208①). 그리고 외국어로 출원된 국제특허출원의 보정이 가능한 범위에 관하여 제47조 제2항의 규정을 적용함에 있어서는 "특허출원서에 최초로 첨부된 명세서 또는 도면에 기재된 사항"은 "국제출원일에 제출한 국제특허출원의 명세서, 청구의 범위 또는 도면(도면 중 설명 부분에 한한다)의 번역문이나 국제출원일에 제출한 국제특허출원의 도 면(도면 중 설명 부분을 제외한다)에 기재된 사항"으로 한다(§208③).

아. 변경출원 시기의 제한

「실용신안법」 제34조 제1항의 규정에 의하여 국제출원일에 출원된 실용신안등록출원 으로 보는 국제출원을 기초로 하여 특허출원으로 변경출원을 하는 경우에는 제53조 제1 항의 규정에 불구하고 「실용신안법」 제17조 제1항의 규정에 의한 수수료를 납부하고 동 법 제35조 제1항의 규정에 의한 번역문(국어로 출원된 국제실용신안등록출원의 경우를 제외한다)을 제출한 후(「실용신안법」 제40조 제4항의 규정에 의하여 국제출원일로 인정 할 수 있었던 날에 출원된 것으로 간주되는 국제출원을 기초로 하는 경우에는 동 조 제4 항의 규정에 의한 결정이 있은 후)가 아니면 이를 할 수 없다(§209).

자. 출원심사청구 시기의 제한

국제특허출원의 출원인은 제201조 제1항의 규정에 의한 절차(국어로 출원된 국제특허 출원의 경우를 제외한다)를 밟고 제82조 제1항의 규정에 의한 수수료를 납부한 후가 아 니거나 국제특허출원의 출원인이 아닌 자는 제201조 제1항에서 규정한 기간을 경과한 후가 아니면 제59조 제2항의 규정에 불구하고 그 국제특허출원에 관하여 출원심사의 청구를 할 수 없다(§210).

차. 국제조사보고서 등에 기재된 문헌의 제출명령

특허청장은 국제특허출원의 출원인에 대하여 기간을 정하여 「특허협력조약」 제18조의 국제조사보고서 또는 동 조약 제35조의 국제예비심사보고서에 기재된 문헌의 사본을 제출하게 할 수 있다(§211).

카. 특허의 무효심판의 특례

외국어로 출원된 국제특허출원의 특허에 대하여는 제133조 제1항 각 호의 규정에 의한 경우 외에 발명이 ⅰ) 국제출원일에 제출된 국제출원의 명세서·청구의 범위 또는 도면(도면 중 설명 부분에 한한다)과 그 출원번역문에 다 같이 기재되어 있는 발명, ⅱ) 국제출원일에 제출된 국제출원의 도면(도면 중 설명 부분을 제외한다)에 기재되어 있는 발명에 해당하지 아니한다는 이유로 특허의 무효심판을 청구할 수 있다(§213).

타. 결정에 의하여 특허출원으로 되는 국제출원

국제출원의 출원인은 「특허협력조약」 제4조(1)(ⅱ)의 지정국에 대한민국을 포함하는 국제출원(특허출원만 해당한다)이 ⅰ) 「특허협력조약」 제2조(xv)의 수리관청이 그 국제출원에 대하여 같은 조약 제25조(1)[185](a)에 따른 거부를 한 경우, ⅱ) 「특허협력조약」 제2조(xv)의 수리관청이 그 국제출원에 대하여 같은 조약 제25조(1)(a) 또는 (b)에 따른 선언을 한 경우, ⅲ) 국제사무국이 그 국제출원에 대하여 같은 조약 제25조(1)(a)에 따른 인정을 한 경우의 어느 하나에 해당하는 경우 거부·선언 또는 인정이 출원인에게 통지된 날부터 2월 내에 지식경제부령으로 정하는 바[186]에 따라 특허청장에게 같은 조약 제25

---

185) 제25조 지방관청에 의한 검사

   (1) (a) 수리관청이 국제출원일의 인정을 거부한 경우, 국제출원이 취하된 것으로 보는 취지를 선언한 경우 또는 국제사무국이 제12조 제3항의 규정에 따라 소정의 기간 내에 기록원본을 수리하지 아니하였음을 인정한 경우에는 국제사무국은 출원인의 청구에 따라 출원인이 지정한 지정관청에 해당출원에 관한 서류의 사본을 신속히 송부한다.

   (b) 수리관청이 어느 국가의 지정이 취하된 것으로 보는 취지를 선언한 경우에는 국제사무국은 출원인의 청구에 따라 당해 국가의 국내관청에 해당출원에 관한 서류의 사본을 신속히 송부한다.

   (c) (a) 또는 (b)에서 말하는 청구는 소정의 기간 내에 행한다.

186) 시행규칙 제117조 (결정의 신청기간 등) ② 법 제214조 제1항의 규정에 의한 결정의 신청을 하고자 하는 자는 별지 제58호서식의 신청서 2통에 다음 각 호의 서류를 첨부하여 특허청장에게 제출하여야 한다.

조(2)(a)에 따른 결정을 하여줄 것을 신청할 수 있다(§214①, 규칙§117①).

위 신청을 하는 자가 그 신청을 할 때에는 명세서·청구의 범위 또는 도면(도면 중의 설명 부분에 한한다) 기타 지식경제부령이 정하는 국제출원에 관한 서류[187]의 국어에 의한 번역문을 특허청장에게 제출하여야 하고(§214②), 특허청장은 위 신청이 있는 때에 그 신청에 관한 거부·선언 또는 인정이 「특허협력조약」 및 동 규칙의 규정에 따라 정당하게 된 것인지에 관하여 결정을 하여야 한다(§214③).

특허청장은 위 규정에 의하여 그 거부·선언 또는 인정이 「특허협력조약」 및 동 규칙의 규정에 따라 정당하게 된 것이 아니라고 결정을 한 때에는 그 결정에 관한 국제출원은 그 국제출원에 대하여 거부·선언 또는 인정이 없었다면 국제출원일로 인정할 수 있었던 날에 출원된 특허출원으로 본다(§214④). 이에 따라 특허출원으로 되는 국제출원에 관하여는 국제특허출원에 관한 특례규정(제199조 제2항·제200조·제201조 제4항 내지 제8항·제202조 제1항 및 제2항·제208조·제210조 및 제213조의 규정)을 준용하고 (§214⑥), 그 국제출원에 관한 출원공개에 관하여는 제64조 제1항 중 '특허출원일'을 '제201조 제1항의 우선일'로 한다(§214⑦).

<개정 1998. 12. 31., 2006. 12. 29.>
1. 명세서·청구의 범위·요약서 및 도면(도면 중 설명 부분에 한한다)의 번역문 각 2통
2. 대리인에 의하여 절차를 밟는 경우에는 그 대리권을 증명하는 서류 2통
3. 기타 법령의 규정에 의한 증명서류 2통

187) 시행규칙 제118조 (결정의 신청에 관련된 번역문) 법 제214조 제2항에서 '지식경제부령이 정하는 국제출원에 관한 서류'란 해당 국제출원에 관하여 출원인이 조약 제2조(xv)에 따른 수리관청 또는 같은 조(xix)에 따른 국제사무국에 제출한 서류 및 수리관청 또는 국제사무국이 당해 국제출원에 관하여 행한 처분에 관한 서류를 말한다. <개정 2008. 9. 30.>

<별첨>

특허협력조약(PCT)

Patent Cooperation Treaty(PCT)

[발효일 1984. 8. 10.] [다자조약, 제840호, 1984. 5. 15.]

총강

제1장 국제출원과 국제조사
(CHAPTER Ⅰ. International Application and International Search)

제2장 국제예비심사

(CHAPTER Ⅱ. International Preliminary Examination)

제3장 공동규정
(CHAPTER Ⅲ. Common Provisions)

제4장 기술적 용역
(CHAPTER Ⅳ. Technical Services)

제5장 행정규정
(CHAPTER Ⅴ. Administrative Provisions)

제6장 분쟁
(CHAPTER Ⅵ. Disputes)

제7장 개정 및 수정
(CHAPTER Ⅶ. Revision and Amendment)

제8장 최종규정

(CHAPTER Ⅷ. Final Provisions)

제3장 실용신안법

제1절 총설

영미법계 국가들은 특허법 이외에 별도의 실용신안법을 두고 있지 않으나, 대륙법계 국가들은 소발명에 대해 실용신안법으로 보호하고 있다. 우리나라는 산업구조의 특수성을 고려하여 혁신적인 발명 이외에 소발명도 보호함으로써 산업발전에 이바지하고자 이 제도를 두고 있는데, 실질적인 내용에 있어 특허법과 큰 차이는 없다.

발명성이 높은 것은 특허로, 발명성이 낮은 것은 실용신안으로 보호하는 현행법이 옳은 것이지, 아니면 모두 특허법으로 규율하되 큰 발명에 대해서는 넓은 보호를, 작은 발명에 대해서는 좁은 보호를 하는 것이 옳은지는 단정하기 어려우나, 향후에는 특허법으로 통합하는 것에 대해 고려해 볼 필요가 있을 것이다.

제2절 실용신안법 목적

실용신안법은 실용적인 고안을 보호·장려하고 그 이용을 도모함으로써 기술의 발전을 촉진하여 산업발전에 이바지함을 목적으로 한다(§1). 여기서 실용신안법의 보호 대상인 고안은 자연법칙을 이용한 기술적 사상의 창작을 말하며(§2 ⅰ), 특허법상 발명의 정의와 비교해 볼 때 '고도성'이 없다는 점에서 차이가 있다.

제3절 특허법과의 차이

Ⅰ. 정의

특허법에서 '발명'이라 함은 "자연법칙을 이용한 기술적 사상의 창작으로서 고도한 것"을 말하며(특§2 i), 실용신안법에서 '고안'이라 함은 "자연법칙을 이용한 기술적 사상의 창작"을 말한다. 즉 '고도성' 유무에 차이가 있는 것인데, '고도성'에 대한 판단이 쉽지는 않다.

Ⅱ. 보호대상

실용신안법상 보호대상은 산업상 이용할 수 있는 물품의 형상·구조 또는 조합에 관한 고안인데 반해(실§4①), 특허법상 발명은 산업상 이용할 수 있는 물건 또는 방법이다(특§29①). 즉 특허법상 발명은 '물건의 발명'과 '방법의 발명'을 모두 포함하나, 실용신안법상 보호대상은 물건에 관한 고안에 한한다.

Ⅲ. 등록요건

구실용신안법에서는 무심사주의를 채택하고 있었으나, 2006년 개정법에 의해 심사주의를 취하고 있고 그 요건이나 절차에 있어 특허와 큰 차이는 없다. 다만, 진보성 판단기준이 특허법은 "특허출원 전에 그 발명이 속하는 기술분야에서 통상의 지식을 가진 자가 특허법 제29조 제1항 각 호의 1에 규정된 발명에 의하여 용이하게 발명할 수 있는 것"이라고 하고 있음에 반해(특§29②), 실용신안법에서는 "실용신안등록출원 전에 그 고안이 속하는 기술분야에서 통상의 지식을 가진 자가 제4조 제1항 각 호의 어느 하나에 규정된 고안에 의하여 극히 용이하게 고안할 수 있는 것"이라고 하고 있다(실§4②).

그 이외에 특허법은 "공공의 질서 또는 선량한 풍속을 문란하게 하거나 공중의 위생을 해할 염려가 있는 발명"을 불특허사유로 규정하고 있으나(§32), 실용신안법은 그 이외에도 "국기 또는 훈장과 동일하거나 유사한 고안"을 부등록사유로 규정하고 있다(실§6 ⅰ).

Ⅳ. 출원 및 절차

출원절차에 있어서도 선원주의가 적용되는 점 등 특허법과 실용신안법 사이에 큰 차이는 없으며, 일부 차이가 있는 사항은 아래와 같다.

1. 도면 첨부 여부

특허법에 의해 특허로 출원할 경우에는 필요한 때에만 도면을 첨부하면 되나(특§42②), 실용신안법에 의해 출원하는 경우에는 반드시 도면을 첨부하여야 한다(실§8②).

2. 심사청구기간

특허출원의 심사청구기간은 5년이나(특§59), 실용신안등록출원의 심사청구기간은 3년이다(실§12②).

3. 존속기간연장등록제도

원래 존속기간연장제도는 특허법에서만 인정하고 있었으나(특§89: 허가 등에 따른 특허권의 존속기간의 연장), 2011. 12. 2. 개정에 의해 특허법 제92조의2와 실용신안법 제22조의2에서 각각 등록지연에 따른 존속기간의 연장제도를 신설하였다.

Ⅴ. 권리의 존속기간

특허권의 존속기간은 설정등록이 있는 날부터 출원일 후 20년이 되는 날까지이나(특§88

①), 실용신안권은 설정등록이 있는 날로부터 출원일 후 10년이 되는 날까지이다(실§22①).

Ⅵ. 권리의 행사

구실용신안법의 무심사주의하에서는 권리행사를 하기 위한 전제 요건으로서 기술평가를 받도록 하였으나, 2006년 개정법에서는 심사주의로 회귀하여 그러한 기술평가 제도를 폐지하였다. 따라서 권리행사 요건에 있어 특허와 실용신안에 차이점은 없다.

특허제도와 실용신안제도의 비교

		特許法	實用新案法
보호대상		발명(방법발명, 물질발명, 용도발명 등 포함)	물품의 형상·구조·조합에 관한 고안(∵ 물품성要, 방법 또는 물질에 관한 고안은 등록불가)
성립요건		고도성 必要	고도성 不要
등록 요건	진보성	'용이하게'	'극히 용이하게' (즉 낮은 수준의 진보성)
	부등록 사유	공서양속을 문란하게 하거나 공중의 위생을 해할 염려가 있는 발명(§32)	좌동 + 국기 또는 훈장과 동일하거나 유사한 고안(§6)
출원 및 심사	도면첨부	필요한 경우에 한하여 첨부	필수적으로 첨부, 미첨부시 불수리
	심사청구 기간	출원일로부터 5년(§59)	출원일로부터 3년(§12②)
	존속기간 연장등록 출원	1. 허가 등에 따른 특허권의 존속기간의 연장(§89) 2. 등록지연에 따른 존속기간의 연장(§92의2)	등록지연에 따른 존속기간의 연장(§22의2)
효력	존속기간	특허권 설정 등록이 있는 날부터 특허출원일 후 20년이 되는 날까지	실용신안권 설정등록이 있는 날부터 실용신안등록출원일 후 10년이 되는 날까지
	효력범위 제한	의약, 의약제법방법 적용 미(§96②)	의약, 의약제법방법 적용 不可
	간접침해	물건발명, 방법발명 모두 적용 미能	방법발명 / 물질발명은 적용 不可
	생산방법 추정	有	無
PCT	도면의 제출	도면의 설명 부분에 대한 번역문을 제출하지 않은 경우 도면의 설명 부분에 대한 기재가 없었던 것으로 본다(§201④).	1. 국제실용신안등록출원이 도면을 포함하지 않는 경우 '기준알'까지 이를 제출(§36①) 2. 미제출시 특허청장은 기간을 정하여 도면 및 도면의 설명 부분의 번역문의 제출을 명령(§36②) 3. 특허청장의 명령에도 불구하고 도면을 제출하지 않는 경우 당해 국제실용신안등록 출원을 무효로 할 수 있다(§36③). 4. 제출된 도면 및 도면의 설명 부분의 번역문은 「특허법」 제47조 제1항의 규정에 의한 보정으로 간주(단, 보정기간은 부적용)(§36④).

제4장 디자인보호법

제1절 디자인보호법 총설

Ⅰ. 일반

디자인이란 일반적으로 의상, 공업 제품, 건축 따위 실용적인 목적을 가진 조형 작품의 설계나 도안이라 정의된다.[1] 구법에서는 디자인 대신 의장이라는 표현을 사용하였고 법명칭도 의장법으로 되어 있었으나, 2004. 12. 31. 개정법에서 디자인으로 바꾸었다.

이러한 디자인보호법은 순수한 외형의 미감을 시각이라는 관점에서 파악하여 이에 법적 보호를 부여하는 것이다.

디자인보호법은 산업재산권에 속한다는 점에서 저작권법과 다르고, 창작을 보호한다는 점에서 상표법과 차이가 있다. 그리고 디자인의 특성상 라이프 사이클이 짧고 모방이 쉽다는 점에서, 그 보호범위가 동일 또는 유사디자인까지 미친다는 특징이 있다.

Ⅱ. 디자인보호법상의 디자인

1. 의의

'디자인'이라 함은 물품[물품의 부분(제12조를 제외한다) 및 글자체를 포함한다. 이하 같다]의 형상·모양·색채 또는 이들을 결합한 것으로서 시각을 통하여 미감을 일으키게 하는 것을 말한다(§2 i).

따라서 디자인으로 성립되기 위해서는 물품성(물품일 것), 형태성(물품의 형상·모양·색채 또는 이들을 결합한 것일 것), 시각성(시각을 통한 것일 것), 심미성(미감을 일으키는 것일 것) 등의 요건을 갖추어야 한다. 그 이외에 디자인심사기준[2] 제3조 세1호 나목에서

---

1) 디자인이라는 용어는 지시하다, 표현하다, 성취하다의 뜻을 가지고 있는 라턴어의 데시그나레(designare)에서 유래한 것이다.
2) 2011. 12. 30. 개정 특허청 예규 제64호.

는 '물품의 액정화면 등 표시부에 표시되는 도형 등'(화상디자인)이 물품에 일시적으로 구현되는 경우에도 그 물품은 화상디자인을 표시한 상태에서 공업상 이용할 수 있는 디자인으로 취급한다는 규정을 두고 있다.

2. 디자인의 물품성

가. 정의

제2조 제1호에서 말하는 '물품'이란 독립성이 있는 구체적인 유체동산을 의미하는 것으로서, 이러한 물품이 디자인등록의 대상이 되기 위해서는 통상의 상태에서 독립된 거래의 대상이 되어야 하고, 그것이 부품인 경우에는 다시 호환성을 가져야 하나, 이는 반드시 실제 거래사회에서 현실적으로 거래되고 다른 물품과 호환될 것을 요하는 것은 아니고, 그러한 독립된 거래의 대상 및 호환의 가능성만 있으면 디자인등록의 대상이 된다.[3]

나. 요건
(1) 유체물일 것

디자인보호법상 물품이 되기 위해서는 유체물이어야 한다. 유체물에는 고체, 기체 및 액체 등이 모두 포함되나, 빛·열·전기·음향 등은 무체물로서 형상과 모양 등을 특정할 수 없으므로 디자인보호법의 적용대상이 되지 못한다.

(2) 동산일 것

부동산이란 토지 및 그 정착물을 말하며, 동산이란 부동산 이외의 물건을 말한다(민법 §99).

(3) 정형성을 가질 것(고체일 것)

기체나 액체 등이 고체와 불가분으로 결합되어 형상 등을 화체(특정)할 수 있으면 물품으로 본다. 예컨대 네온관, 온도계 등이다. 그 이외에 아이스크림과 같이 단기간만 정형성을 유지하는 것도 물품에 포함된다.

---

3) 대법원 2001. 4. 27. 선고 98후2900 판결(등록의장의 대상물품인 '스위치'는 플레이트 및 노브덮개가 결여되어 스위치로서의 완성품이라고 보기 어렵고 완성품에 가까운 부품이라고 봄이 상당한데, 이것이 일반 수요자에게 독립된 거래의 대상이 되는 경우는 극히 드물 것이나, 적어도 거래자에게는 독립된 거래의 대상이 되고 호환의 가능성이 있다고 보아야 한다는 이유로 의장법상의 물품으로서 의장의 대상이 될 수 있다고 한 사례).

(4) 독립하여 거래의 대상이 될 것

시계의 시침 등과 같이 독립거래의 대상이 아닌 경우에는 물품에 해당하지 않으며, 다만 부분디자인으로 출원할 여지는 있다.

(5) 2차적 형태가 아닐 것

예컨대 손수건 또는 타월을 접어서 이루어진 꽃모양 등과 같이 상업적 과정으로 만들어진 것은 물품 자체의 형태로 볼 수 없기 때문에 디자인의 대상이 되지 못한다.

(6) 양산성이 있을 것(공업성)

디자인보호법 제5조 제1항에서는 공업상 이용할 수 있는 것을 디자인의 등록요건으로 규정하고 있다. 다만, 글자체에 대해서는 "기록이나 표시 또는 인쇄 등에 사용하기 위하여 공통적인 특징을 가진 형태로 만들어진 한 벌의 글자꼴(숫자, 문장부호 및 기호 등의 형태를 포함한다)을 말한다"는 정의 규정을 두면서 별도로 보호를 하고 있다(§2ⅰ의2).

다. 물품의 종류
(1) 단일물, 합성물, 집합물, 한 벌 물품

단일물이란 하나의 독립된 형태와 명칭을 가지고 각 구성 부분이 개성을 지니지 않는 물(物)을 말한다. 이러한 단일물은 일반적으로 단독으로 거래될 수 있는 물품으로서 디자인보호법상 1물품으로 취급된다.

합성물이란 2 이상의 물품이 서로 결합하여 하나의 물품을 이루는 것으로 그 구성물품이 개성을 지니지 않는 물품을 말한다(장기알, 트럼프 등). 집합물이란 2 이상의 독립되어 있는 물(단일물 또는 합성물)이 집합하여 집합물 자체로도 경제적 가치를 가지는 한편 집합체를 구성하고 있는 개개의 물건도 독립하여 경제적 가치를 가지는 물품을 말한다(커피세트, 응접세트 등). 집합물에 대한 별도의 규정은 없고 따라서 원칙적으로 다물품으로 취급된다.

한 벌 물품이란 2 이상의 물품이 개개로서 독립하여 거래의 대상이 되나, 한 벌 전체로서 통일성이 있고 한 벌의 물품으로 동시에 사용되는 2 이상의 물품을 말한다. 이러한 한 벌의 물품은 집합물로서 여러 물품이긴 하나 디자인보호법에서는 1물품으로 의제하여 디자인등록출원이 가능하도록 하고 있다(§12).

(2) 부품

부품이란 물품의 전체를 구성하는 일부로서 그것만의 분리가 가능하고 그 자체가 거래
상 교환가치를 갖는 것을 말한다(카메라의 플래시, 타이머 등). 물품의 일부분과는 달리
부품은 디자인보호법상 물품으로 다루어진다.

라. 물품의 유사 여부 판단

물품의 유사 여부는 물품의 용도와 기능에 의해 판단한다. 즉 용도와 기능이 동일하면
동일물품이고, 용도가 동일하고 기능이 동일하지 않으면 유사물품이며, 용도가 동일하지
않으면 기능에 관계 없이 비유사물품이다. 다만, 비유사물품 중 용도가 혼용될 수 있는
것은 유사물품으로 본다(예컨대, 필통과 수저통).

3. 디자인의 형태성

디자인의 형태성이란 물품의 형상·모양·색채 또는 이들을 결합한 형태를 말한다.

가. 형상

물품의 형상이란 물체가 공간을 점하고 있는 윤곽을 말하며, 입체적 형상 외에 평면적
형상도 포함한다(예컨대, 피복지, 수건, 벽지 등). 다만, 물품의 2차적 형상은 포함되지 않
는다.

나. 모양

물품의 모양이란 물품의 외관에 나타나는 선도,[4] 색구분,[5] 색흐림[6] 등을 말하며 무채
색(백색, 회색, 흑색)에 의한 모양의 디자인은 형상 및 모양의 결합디자인, 유채색에 의한
색채모양의 디자인 형상, 모양 및 색채의 결합디자인이 된다. 예컨대, 꽃을 쟁반이나 접
시에 표현하는 경우나 테이블보에 꽃무늬 등을 하는 것이다.

---

4) '선도'란 선으로 그린 도형을 말한다.

5) '색구분'이란 공간이 선이 아닌 색채로써 구획되어 있는 것을 말한다.

6) '색흐림'이란 색과 색의 경계를 흐리게 하여 색이 자연스럽게 옮아가는 것같이 보이게 하는 것을 말한다.

다. 색채

물품의 색채란 물체에 반사되는 빛에 의하여 인간의 망막을 자극하는 물체의 성질로서, 디자인보호법상 색채에는 무채색,[7] 유채색[8] 이외에 투명색 및 금속색 등을 포함한다.

라. 형상·모양·색채의 결합

디자인보호법은 형상만의 디자인, 형상과 모양의 결합디자인, 형상과 색채의 결합디자인, 형상과 모양 및 색채의 결합디자인을 인정하고 있다.

마. 형태성에 의한 유사 여부 판단

형상이나 모양 중 어느 하나가 유사하지 않으면 비유사디자인이고, 그 이외에는 종합적으로 고려하여 유사 여부를 판단한다.

4. 디자인의 시각성

'시각을 통하여'라 함은 육안으로 식별할 수 있는 것을 말한다. 따라서 다음에 해당하는 것은 디자인등록의 대상이 되지 아니한다.

가. 시각 이외의 감각을 주로 하여 파악되는 것

나. 粉狀物 또는 粒狀物의 1단위와 같이 육안으로 그 형태를 판별하기 어려운 것

다. 외부에서 볼 수 없는 곳. 즉 분해하거나 파괴하여야 볼 수 있는 곳 다만, 뚜껑을 여는 것과 같은 구조로 된 것은 그 내부도 디자인의 대상이 된다.

라. 확대경 등에 의해 확대하여야 물품의 형상 등이 파악되는 것. 다만, 디자인에 관한 물품의 거래에서 확대경 등에 의해 물품의 형상 등을 확대하여 관찰하는 것이 통상적인 경우에는 시각성이 있는 것으로 본다.[9]

---

7) 무채색(無彩色, achromatic color)이란 색상의 지각을 느끼지 않는 백에서 흑까지의 색 또는 백색에서 회색을 거쳐 흑색에 이르는 채색이 없는 물체색(物體色)의 총칭을 말한다.

8) 유채색(有彩色, chromatic color)은 색상, 명도, 채도를 가진 색으로, 하양·회색·검정을 제외한 모든 색이다.

9) (예) 시각성이 있는 것으로 보는 경우
  (디자인의 설명)
  1. 재질은 금속재 및 합성수지재임.
  2. 평면도에서 한 변의 길이는 0.4mm임.
  (발광다이오드)

5. 디자인의 심미성

'미감을 일으키게 하는 것'이라 함은 미적 처리가 되어 있는 것, 즉 해당 물품으로부터 미를 느낄 수 있도록 처리되어 있는 것을 말한다. 따라서 다음에 해당하는 것은 미감을 일으키게 하지 아니한 것으로 본다.

가. 기능·작용·효과를 주목적으로 한 것으로서 미감을 거의 일으키게 하지 않는 것

나. 디자인으로서 짜임새가 없고 조잡감만 주는 것으로서 미감을 거의 일으키게 하지 않는 것

6. 동적디자인[10]

가. 의의

동적디자인이란 디자인에 관한 물품의 형상·모양 등이 그 물품이 가진 기능에 의하여 변화하는 디자인을 말한다. 이와 관련하여 디자인심사기준 제3조 제3호 타목 (4)에서는 "움직이는 물품의 디자인(동적디자인)으로서 그 움직이는 상태를 표현하지 아니하면 그 디자인을 충분히 파악할 수 없는 경우에 정지상태의 도면(사시도 및 정투상도법에 의한 6면도)과 그 동작 상태를 알 수 있는 도면(동작 중의 기본적 자세, 동작내용을 나타내는 궤적 등)이 없거나 디자인의 설명란에 그에 관한 설명이 없는 경우"를 공업상 이용가능성이 없는 경우라고 규정하고 있다.

나. 성립요건

(1) 물품의 형상 등이 그 물품이 가진 기능에 근거하여 변화할 것

형상의 변화(귀가 상하로 움직이는 코끼리 완구), 모양의 변화(회전하는 팽이의 모양), 색채의 변화(온도에 따라 색이 변하는 물건), 열리는 디자인[물건의 성질상 덮개를 열어

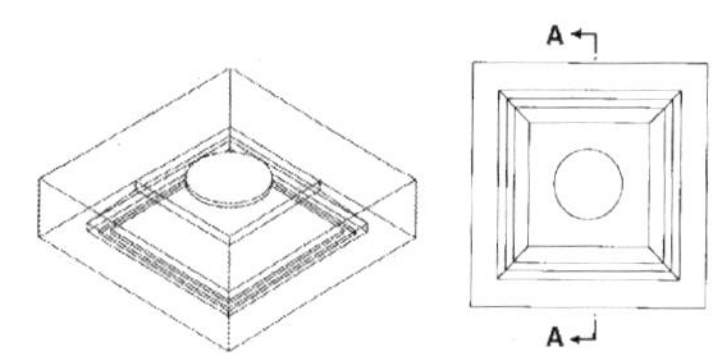

10) 윤선희, 「지적재산권법 13정판」, 세창출판사(2012), 210 - 211면 참고

서 사용하기 때문에 사용 시에는 변화하는 디자인을 말한다(예컨대, 피아노, 냉장고 등)],
펼치는 디자인[거래·수납 시에는 접는 것으로 사용 시에는 펼치는 디자인을 말한다(예
컨대, 우산, 양산 등)] 등이다.

(2) 변화의 예측성이 없을 것

예컨대, 자동차 핸들이나 라이터의 점화 부분 등과 같이 변화의 상태에 창작적인 가치
가 없는 것은 동적디자인으로 보호받지 못한다.

(3) 시각성

변화가 시각을 통하여 인식되어야 한다.

(4) 일정성

변화에 일정성이 있어야 한다.

7. 부분디자인

가. 의의

2001년 개정법에서 '물품의 부분'도 디자인등록의 대상이 된다고 명시하였다(§2 i).
이는 물품 부분에 관한 디자인의 창작적 가치를 보호하고 부분디자인의 도용으로 인한
분쟁을 방지하기 위한 취지이다.

나. 성립요건

디자인심사기준에서는 부분디자인이 디자인의 일반적인 요건 이외에 ⅰ) 물품의 부분
이라고 인정될 것(모양·색채 또는 이들을 결합한 것만을 표현한 것이 이닐 깃, 물품 형
태의 실루엣을 표현한 것이 아닐 것), ⅱ) 다른 디자인과 대비대상이 될 수 있는 부분이
라고 인정될 수 있을 것, ⅲ) 한 벌의 물품의 디자인에 관한 부분디자인이 아닐 것의 요
건을 갖추어야 한다고 규정하고 있다(심사기준 §2③).

다. 절차

출원서에 부분디자인 출원임을 표시하고, 도면에는 디자인등록을 받고자 하는 부분에

대해 실선으로, 그 이외 부분은 점선으로 도시하여야 한다. 그리고 디자인의 대상이 되는 물품은 독립거래의 대상이 되는 물품명을 기재하여야 한다.

라. 효력

일반적인 디자인권과 동일한 권리 보호가 인정된다. 이와 관련하여 부분디자인의 동일·유사 여부는 그 디자인이 속하는 분야의 통상의 지식을 기초로 ⅰ) 디자인의 대상이 되는 물품, ⅱ) 부분디자인으로서 디자인등록을 받고자 하는 부분의 기능·용도, ⅲ) 당해 물품 중에서 부분디자인으로서 등록을 받고자 하는 부분이 차지하는 위치·크기·범위, ⅳ) 부분디자인으로서 디자인등록을 받고자 하는 부분의 형상·모양·색채 또는 이들의 결합 등을 종합적으로 고려하여 판단하며, 동일이라 함은 위 각 요소가 동일한 것을 말한다(심사기준 §4⑥).

8. 화상디자인

화상디자인이란 화상표시장치를 갖춘 시스템의 사용자에 대해서 데이터의 입력·처리를 빠르게 효율화한다고 하는 실용적 작용을 완수하는 기능적 창작물로서, 그래픽 사용자 인터페이스 및 아이콘 등을 포함하는 사용자 인터페이스로서의 기능을 완수하고 있는 경우를 말한다. 이러한 화상디자인은 부분디자인으로 보호를 하고 있으며, 심미성뿐만 아니라 기능성을 갖는 것이 특징이다.

Ⅲ. 법률상 디자인등록을 받을 수 있는 디자인(적극적 요건)

디자인보호법에서는 디자인의 등록요건으로 공업상 이용가능성, 신규성 및 창작비용이성 등 3가지를 규정하고 있다(§5).

1. 공업상 이용가능성(工業性)

공업상 이용할 수 있는 디자인으로서 제5조 제1항 각 호의 1에 해당하는 것을 제외하고는 그 디자인에 대하여 디자인등록을 받을 수 있다(§5①). 공업상 이용할 수 있다는 것은 공업적 생산과정(방법)에 있어서 동일물이 양산(量産)될 수 있는 것을 말한다.

'공업적 생산방법'이란 그 생산방법이 기계에 의한 생산은 물론 수공업적 생산도 포함하고, '동일물품이 양산 가능하다'는 것은 물리적으로 완전히 동일한 물품을 의미하는 것이 아니고, 당해 디자인이 속하는 분야에서 통상의 지식을 가진 자를 기준으로 일견하여 동일하게 보이는 정도의 동일성을 의미한다. 그리고 '물품의 액정화면 등 표시부에 표시되는 도형 등'(화상디자인)이 물품에 일시적으로 구현되는 경우에도 그 물품은 화상디자인을 표시한 상태에서 공업상 이용할 수 있는 디자인으로 취급하며, 3차원 모델링(Modeling) 파일 형식으로 제출된 도면(이하 '3D 모델링 도면'이라 한다)은 세이딩(Shading)으로 표현된 도면을 기준으로 심사하여야 하며, 세이딩으로 표현된 도면만으로 디자인의 구체적인 형태를 파악하기 곤란한 경우에는 와이어 프레임(Wire – frame)으로 변환된 도면을 참고하여 파악한다(심사기준 §3 i).

2. 신규성

가. 의의

신규성은 특허법에서와 유사한 의미이며, ⅰ) 디자인등록출원 전에 국내 또는 국외에서 공지되었거나 공연히 실시된 디자인, ⅱ) 디자인등록출원 전에 국내* 또는 국외에서 반포된 간행물에 게재되었거나 전기통신회선을 통하여 공중이 이용 가능하게 된 디자인, ⅲ) ⅰ) 또는 ⅱ)에 해당하는 디자인에 유사한 디자인은 신규성이 없는 디자인이다(§5①). 디자인무심사등록출원에 대해서는 법 제26조 제2항에 따라 등록 전에 이를 심사하지 아니하나, 법 제26조 제3항에 따라 정보 및 증거가 제공된 경우에는 그에 근거하여 디자인등록거절결정을 할 수 있다.[11]

나. 신규성 상실의 예외

디자인등록을 받을 수 있는 권리를 가진 자의 디자인이 제5조 제1항 제1호 또는 제2호에 해당하게 된 경우 ㄱ 디자인은 그날부터 6개월 이내에 그자가 디자인등록출원한 디자인에 대하여 동 조 제1항 및 제2항의 규정을 적용함에 있어서는 동 조 제1항 제1호

---

11) (예) 신규성이 상실되는 경우

또는 제2호에 해당하지 아니한 것으로 본다(§8①).

이러한 신규성상실의 예외 규정을 적용받고자 하는 자는 디자인등록출원 시 디자인등록출원서에 그 취지를 기재하여 특허청장에게 제출하고 이를 증명할 수 있는 서류를 디자인등록출원일부터 30일 이내에 특허청장에게 제출하여야 한다. 다만, 자기의 의사에 반하여 그 디자인이 제5조 제1항 각 호의 1에 해당하게 된 경우에는 그러하지 아니하다(§8②).

다. 확대된 선출원의 지위

디자인등록출원한 디자인이 당해 디자인등록출원을 한 날 전에 디자인등록출원을 하여 당해 디자인등록출원을 한 후에 출원공개·등록공고 또는 제23조의6의 규정에 따라 디자인공보에 게재된 타디자인등록출원의 출원서의 기재사항 및 출원서에 첨부된 도면·사진 또는 견본에 표현된 디자인의 일부와 동일하거나 유사한 경우에 그 디자인에 대하여는 제1항의 규정에 불구하고 디자인등록을 받을 수 없다(§5③).

다만, 특허법에서와 달리 출원인이 동일한 경우에도 위 규정이 적용되도록 하여, 부분디자인을 후출원으로 하여 실질적으로 존속기간을 연장하는 문제를 미연에 차단하고 있다.

라. 판례

문서에 대한 진정성립의 인정 여부는 법원이 모든 증거자료와 변론 전체의 취지에 터잡아 자유심증에 따라 판단하는 것이라고 하더라도, 이 사건에서 이 사건 카탈로그 외에 그 진정성립을 인정할 아무런 자료가 없을 뿐 아니라, 이 사건 카탈로그에 게재된 원심

유형	공지디자인(A, a를 포함하는 A)	출원디자인(A, A′, a, a′)
1	완성품(A)	완성품(A, A′)
2	부품(A)	부품(A, A′)
3	한 벌 물품(A)	한 벌 물품(A, A′)
4	부분디자인(A)	부분디자인(A, A′)
5	완성품(a를 포함하는 A)	부품(a, a′)
6	완성품(a를 포함하는 A)	부분디자인(a, a′)
7	부품(a를 포함하는 A)	부분디자인(a, a′)
8	한 벌 물품(a를 포함하는 A)	구성물품(a, a′)
9	부분디자인(a를 포함하는 A)	부분디자인(a, a′)

※ A디자인 또는 a를 포함하는 A디자인이 출원공개 또는 설정등록되거나 공지된 이후 출원된 출원디자인 A, A′, a, a′ 디자인은 신규성을 상실한다.
※ A=A, A≒A′, A)a, a≒a′ 의 관계임.

판시 비교대상디자인이 이 사건 등록디자인과 유사함은 당사자 사이에 다툼이 없어서 이 사건 카탈로그가 그 진정성립이 인정될 경우에는 이 사건 등록디자인의 등록이 무효로 될 수 있는 중요한 결과를 가져오는 유일한 증거자료임을 감안하면, 원심은 이 사건 카탈로그에 기재된 소외 회사의 설립등기일이나 소외 회사의 전화번호 개설 시점 등에 대하여 더 심리하는 등의 방법으로 이 사건 카탈로그의 발행일자를 인정함에 있어 신중하였어야 할 것이다.

그럼에도, 원심이 이 사건 카탈로그가 그것에 기재된 발행일자인 2001. 7.경에 제작되었음을 전제로 이 사건 등록디자인이 그 출원 전에 수록된 원심 판시 비교대상디자인에 의해 그 등록이 무효로 되어야 한다고 판단한 데에는 문서의 발행일자에 관한 심리미진 등의 잘못이 있다고 할 것이고, 이 점을 지적하는 원고의 상고이유의 주장은 이유 있다.[12]

3. 창작비용이성

가. 의의

디자인등록출원 전에 그 디자인이 속하는 분야에서 통상의 지식을 가진 자가 ⅰ) 디자인등록출원 전에 국내 또는 국외에서 공지되었거나 공연히 실시된 디자인 또는 ⅱ) 디자인등록출원 전에 국내 또는 국외에서 반포된 간행물에 게재되었거나 전기통신회선을 통하여 공중이 이용가능하게 된 디자인에 해당하는 디자인의 결합에 의하거나 국내에서 널리 알려진 형상·모양·색채 또는 이들의 결합에 의하여 용이하게 창작할 수 있는 디자인에 대하여는 제5조 제1항의 규정에 불구하고 디자인등록을 받을 수 없고(§5②), 다만 공지·공용의 디자인 또는 주지의 형상·모양 등을 거의 그대로 이용 또는 전용하거나 단순히 모방한 것이 아니고 이들을 취사선택하여 결합한 것으로서 그 디자인을 전체적으로 관찰할 때 새로운 미감을 일으키는 경우에는 그러하지 아니하다. 이를 창작비용이성 또는 곤란성이라고 한다.

---

12) 대법원 2009. 5. 14. 선고 2008후5083 판결(기록에 비추어 살펴보면, 이 사건 카탈로그의 표지 뒷면 아래쪽에 중국 ○○인쇄창이 2001. 7.경에 인쇄한 것으로 기재되어 있기는 하나, 원심에서 원고는 기차표 등의 각종 문서가 중국에서 위조되고 있다는 신문기사 자료를 제출하면서 이 사건 카탈로그의 발행일자가 임의로 변경되었을 가능성이 있다고 일관되게 주장하고, 이 사건 카탈로그의 진정성립 여부에 대하여 '부지'라고 진술하여 이를 다투었으며, 이 사건 카탈로그에 기재된 소외 회사의 다른 기재 부분과 위 발행일자 부분은 각 글씨 모양, 글자색 등에서 서로 확연히 다른 점 등을 알 수 있는바, 이러한 사정들에 의하면 이 사건 카탈로그가 그와 같이 기재된 발행일자에 실제로 제작된 것인지에 대하여 석연치 않은 점이 있었다고 할 것이다).

나. 용이창작의 판단기준

'주지의 형상·모양 등'이란 일반인이 이를 알 수 있을 정도로 간행물이나 TV 등을 통하여 국내에서 널리 알려져 있는 형상·모양 등을 말한다.[13] '그 디자인이 속하는 분야에서 통상의 지식을 가진 자'란 그 디자인이 표현된 물품을 생산, 사용 등 실시하는 업계(이하 '당 업계'라 한다)에서 그 디자인에 관한 보편적 지식을 가진 자를 말하며, '용이하게 창작할 수 있는 정도'란 공지디자인의 결합 또는 주지의 형상·모양 등을 거의 그대로 모방하거나 그 가하여진 변화가 단순한 상업적·기능적 변형에 불과하거나 또는 그 디자인 분야에서 흔한 창작수법이나 표현방법에 의해 이를 변경·조합하거나 전용하였음에 불과한 디자인 등과 같이 창작수준이 낮은 디자인을 말한다(심사기준 §5③).[14]

공지디자인의 결합 또는 주지의 형상·모양 등에 의한 용이창작 규정은 모든 물품에 적용하며, 원칙적으로 공지디자인의 결합이나 주지의 형상·모양 등에 의하여 용이하게 창작할 수 있는지를 판단하되, 다음의 경우를 포함한다.

(1) 출원된 디자인의 구성요소 중 주지 또는 공지되지 않은 부분이 포함되어 있더라도 그 구성요소가 부수적이거나 창작성이 낮아 전체적인 미감에 미치는 영향이 적은 경우에는 용이창작에 해당하는 것으로 본다.

(2) 출원된 디자인이 공지디자인의 결합이 아닌 하나의 공지디자인과의 관계에서 전체적인 심미감이 유사한 경우에는 원칙적으로 신규성을 적용한다. 다만, 출원된 디자인이 공지디자인과 대비해서 전체적인 심미감에 차이가 있으나 창작수준이 낮은 경우에는 용이창작에 해당하는 것으로 볼 수 있다.[15]

---

13) (예) 만화영화나 게임 등의 등장 캐릭터가 방송이나 인터넷 등에서 주기적으로 등장하는 경우, 그러한 캐릭터는 널리 알려져 있는 형상·모양으로 볼 수 있다.

14) ※ '상업적·기능적 변형'이란 당 업계에서 통상의 지식을 가진 자라면 누구나 해당 디자인이 그 물품 또는 기능에 맞도록 하기 위하여 가할 수 있을 것이라고 생각되는 정도의 변화를 말하는 것으로서 다음과 같은 경우들을 예로 들 수 있다.
   (예) ○ 공지의 사각형 천정판 측면에 경사면을 표현한 정도의 것, ○ 주지의 난형(卵形)을 뚜껑과 몸체로 분리하여 과자용기를 만드는 것, ○ 유명캐릭터에 손과 발, 몸통을 약간 변형하여 인형으로 만드는 것.

15) (예) 통상의 지식을 가진 자가 용이하게 창작할 있는 경우(2008후2800).
   이 사건 등록디자인   비교대상디자인
   (전력계 박스)   (전력계함)

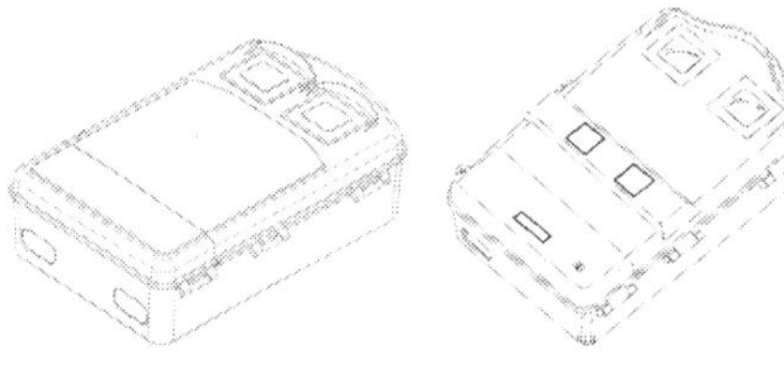

다. 판례

(1) 등록된 의장이 신규성 있는 창작이 가미되어 있지 아니하고 공지된 부분만으로 이루어졌거나 그 출원 전에 공연히 실시된 의장과 동일 유사한 경우에는 그 등록무효심판의 유무에 관계없이 그 권리범위를 인정할 수 없다.[16]

(2) 의장을 구성하는 개개의 형상·모양이 공지 공용에 속하는 것이라도 이것들이 결합하여 새로운 장식적 심미감을 불러일으키고 그것이 용이하게 창작할 수 없는 정도의 지능적 고안이라고 보일 때에는 그 의장은 신규성과 창작성이 있는 고안이라고 볼 수 있지만, 이와 달리 개개의 형상·모양을 결합한 것이 새로운 장식적인 심미감을 불러일으키지 아니하거나 기술적 창작으로서의 가치도 없을 경우에는 신규성과 창작성을 결여하여 의장등록의 대상이 될 수 없으며, 의장의 신규성 판단이나 선행의장과의 유사 여부 판단의 대상인 의장은 반드시 형태 전체를 모두 명확히 한 의장뿐만 아니라 그 자료의 표현부족을 경험칙에 의하여 보충하여 그 의장의 요지 파악이 가능한 한 그 대비 판단의 대상이 될 수 있다.[17]

---

16) 대법원 1994. 12. 2. 선고 93후1773 판결(펌프디스크에 관한 의장을 전체 대 전체의 관계에서 대비할 때 장식적 심미감에 있어 유사하여 등록의장에 신규성, 창작성을 인정할 수 없어 등록의장에 권리범위가 인정되지 않는다고 한 사례).

17) 대법원 1996. 11. 12. 선고 96후467 판결{기록에 의하여 이 사건 등록의장을 그 출원 전에 반포된 것으로 인정되는 간행물에 기재된 인용의장들과 대비하여 보건대, 우선 이 사건 등록의장을 을 제1호증에 기재된 의장[1989. 8. 18. 공개번호 89-15871호로 공개된 '신발끈 연결고리' 고안에 관한 공개실용신안공보에 기재된 의장, 이하 인용의장(1)이라 한다]과 대비하면, 양 의장은 상하판체와 일체로 리벳관을 아랫쪽으로 돌출시킨 형상과 모양에 있어서 유사하며, 다만 인용의장(1)은 상판 윗면에 원형 돌출부가 없고 리벳관의 굵기에 있어 차이가 있으나, 이러한 차이는 상업적, 기능적 변형에 지나지 않는다고 보이고, 다음으로 을 제3호증의 제45면에 기재된 의장[1987. 11.경 발행된 일진공업사의 카탈로그 중 모델번호 16: 이하 인용의장(2)라 한다]은 그 사시도만이 도시되어 있으나, 신발끈 체결용 고리쇠는 신발에 사용될 경우 윗부분만이 눈에 띄게 되므로 윗부분이 요부가 된다고 할 것인데 위 사시도의 구도상 윗부분의 형상은 일응 파악이 가능하고 아래쪽에 리벳관이 연결된 것도 알 수 있으므로 인용의장(2)는 이 사건 등록의장의 대비 판단의 대상이 될 수 있다 할 것이어서, 이 사건 등록의장을 위 인용의장(2)와 대비하여 보면, 양 의장은 상판 윗면의 구체적인 형상과 모양을 제외하고는 나머지 부분들에 있어서 그 형상과 모양이 극히 유사하며(다만 위 인용의장의 상판 윗면에 원형 돌출부가 형성되어 있는지가 명확하지 아니하다), 또한 이 사건 등록의장을 을 제3호증의 제74-1면에 기재된 의장[1988. 6. 27. 공개번호 88-7406호로 공개된 '신발끈 연결고리' 고안에 관한 공개실용신안공보에 기재된 의장, 제1심에서 인용의장으로 삼은 의장임: 이하 인용의장(3)이라 한다]과 대비하여 보면, 인용의장(3)에서는 신발끈 고리와 리벳관이 별개로 구성이 되어 있으나 형태상, 기능상 일체성이 있다고 보이므로 분리되어 있는 리벳관까지 합쳐서 대비를 할 수 있다 할 것이고, 그 경우 이 사건 등록의장은 인용의장(3)과 잇부분의 형성에 있어서 극히 유사하며, 아랫부분 리벳관의 형상과 모양도 상업적, 기능적 변형에 불과하다고 보이는바, 이 사건 등록의장은 위와 같이 위 각 인용의장들과의 개별적인 대비에 의하여도 새로운 미감적 가치를 갖춘 것이라고 보기 어려울 뿐만 아니라, 다른 측면에서 보면 이 사건 등록의장 중 상하판체와 일체화된 리벳관의 형상은 인용의장(1) 또는 인용의장(2)와, 삼각형의 고리와 다른 쪽 윗면에 완만한 원형 돌출부가 형성된 형상과 모양은 인용의장(3)과 각 극히 유사하므로, 이 사건 등록의장은 위와 같은 공지의 형상과 모양을 단순히 결합하여 표현한 것에 지나지 아니하고, 그것이 새로운 장식적 심미감을 불러일으키거나 용이하게 창작할

Ⅳ. 법률상 디자인등록을 받을 수 없는 디자인(소극적 요건)

앞에서 살펴본 디자인의 등록요건을 모두 갖추었다고 하더라도 동법의 목적상 보호 대상이 될 수 없는 디자인에 대해 디자인보호법은 아래의 디자인을 규정하고 있다(§6, 심사기준 §7).

1. 국기·국장·군기·훈장·포장·기장 기타 공공기관 등의 표장과 외국의 국기·국장 또는 국제기관 등의 문자나 표지와 동일 또는 유사한 디자인

공공기관 등(대한민국, 외국, 국제기관을 포함한다)이 자기의 표장 또는 문자나 표지를 출원한 경우에도 적용한다. 그리고 여기서 말하는 '표장' 또는 '문자'나 '표지'는 공공기관 등의 명칭과 주된 마크(심벌)만을 말하며, 그 밖에 이들이 수행하는 공익사업에 사용하기 위한 표장(이하 '공익표장'이라 한다)은 제외한다. 한편, 타인이 공공기관 등의 명칭과 주된 마크(심벌)를 출원디자인의 일부 구성요소로 포함하여 출원한 경우에도 적용하며 다만, 공공기관 등이 자기의 출원디자인의 일부 구성요소로 포함하여 출원하는 경우에는 그러하지 아니하다.

2. 디자인이 주는 의미나 내용 등이 일반인의 통상적인 도덕관념인 선량한 풍속에 어긋나거나 공공질서를 해칠 우려가 있는 디자인

예컨대 인륜, 사회정의 또는 국민감정에 반하는 것, 특정국가 또는 그 국민을 모욕하는 것, 저속·혐오 또는 외설스러운 것, 국가원수의 초상 및 이에 준하는 것, 공공기관 등의 공익표장과 동일하거나 유사한 것을 타인이 출원한 경우(전체 디자인의 일부 구성요소로 포함한 경우에도 적용한다) 등이다.

수 없는 정도의 지능적 고안이라고 보이지는 아니하므로 어느 모로 보나 그 신규성과 창작성을 인정할 수 없고 따라서 이 사건 등록의장에 권리범위가 인정된다고 할 수 없다 할 것이다).

3. 타인의 업무에 관계되는 물품과 혼동을 가져올 염려가 있는 디자인

예컨대, ⅰ) 타인의 저명한 상표·서비스표 또는 단체표장을 디자인으로 표현한 것, ⅱ) 비영리법인의 표장을 디자인으로 표현한 것 등이다.

4. 물품의 기능을 확보하는데 불가결한 형상만으로 된 디자인

예컨대, ⅰ) 물품의 기술적 기능을 확보하기 위하여 필연적으로 정하여진 형상으로 된 디자인은 모양·색채 또는 이늘의 결합의 유무에 불구하고 본 호를 적용한다. ⅱ) 물품의 호환성 확보 등을 위하여 표준화된 규격에 의하여 정하여진 형상으로 된 디자인. 단, 규격의 주목적이 기능의 발휘에 있지 않는 물품에 대하여는 적용하지 아니한다(예컨대, 규격봉투 등).

5. 판단시기

제6조 제1호·제2호 및 제4호의 해당 여부 판단시점은 등록여부결정 시로 하고, 동조 제3호의 해당 여부 판단시점은 출원 시로 한다(심사기준 §7ⅴ).

Ⅴ. 디자인의 특유제도

1. 일반

디자인은 물품의 외관을 보호대상으로 하고 있어, 타인에 의한 모방이 용이하고 라이프 사이클이 짧다는 특징이 있다. 따라서 ⅰ) 권리의 신속화를 위하여 원칙적으로 출원을 공개하지 않고 등록공고만 하고, ⅱ) 타인의 침해·모방방지를 위한 제도로서 유사디자인과 비밀디자인제도를 두고 있으며, ⅲ) 디자인특유의 창작보호를 위해서 한 벌 물품 디자인과 동적 디자인을 인정하고 있다. 나아가 ⅳ) 권리범위가 상대적으로 협소하여 이를 보완하기 위해 디자인권의 효력범위를 등록디자인뿐만 아니라 그와 유사한 디자인에까지 확대하고 있고(§41), ⅴ) 디자인 일부에 대해서 무심사등록제도, 복수디자인 1출원 제도 등을 인정하고 있다.

2. 유사디자인제도

가. 의의

유사디자인이란 기본디자인에 유사한 디자인으로서 그 출원일에 선행하는 타인의 디자인에 유사하지 아니한 것을 말한다(§7). 디자인권의 효력은 등록디자인뿐만 아니라 그와 유사한 디자인에까지 미치나(§41), 그 유사범위의 판단이 모호하여 별도로 유사디자인 등록을 허용해 줌으로써 유사범위에 관한 권리범위를 명확히 할 수 있게 된다.

나. 등록요건

(1) 주체적 요건

유사디자인 출원인은 기본디자인권자 또는 기본디자인등록 출원인과 동일인 또는 정당한 승계인이어야 한다.

(2) 객체적 요건

기본디자인권이 존재할 것, 자기의 기본디자인권에만 유사할 것, 유사디자인에만 유사한 것이 아닐 것(§7②), 물품이 동일·유사할 것 등의 요건을 갖추어야 한다.

다. 출원의 보정

디자인등록출원인은 유사디자인등록출원을 단독의 디자인등록출원으로, 단독의 디자인등록출원을 유사디자인등록출원으로 변경하는 보정을 할 수 있다(§18②). 이 중 유사디자인등록출원을 단독의 디자인등록출원으로 보정함에 있어서 신규성상실의 예외 규정을 적용받으려는 자는 제8조 제2항의 규정에 불구하고 그 보정을 하는 때에 보정서에 그 취지를 적어 특허청장에게 제출하고 이를 증명할 수 있는 서류를 보정서 제출일부터 30일 이내에 특허청장에게 제출하여야 한다(§18③).

라. 유사디자인등록의 효과

유사디자인의 디자인권은 그 기본디자인의 디자인권과 합체하며(§42), 기본디자인의 디자인등록을 무효로 한다는 심결이 확정된 때에는 그 유사디자인의 디자인등록은 무효로 된다(§68④). 이러한 합체의 의미에 대해 확인설, 확장설, 결과확장설 등 견해대립이 있으며, 판례는 태도는 뒤에서 보기로 한다.

마. 유사디자인의 이전

디자인등록을 받을 수 있는 권리는 이전할 수 있으나, 기본디자인등록을 받을 수 있는 권리와 유사디자인등록을 받을 수 있는 권리는 함께 이전하여야 한다(§23의4①). 또한 기본디자인의 디자인권과 유사디자인의 디자인권은 함께 양도하여야 한다(§46①). 다만, 유사디자인에 대해서만 무효사유가 있어 독자적으로 무효심판이 제기되고 그에 따라 무효심결이 확정된 경우 기본디자인권의 효력에는 영향이 없다(§68⑤).

바. 유사디자인의 권리범위에 관한 판례

(1) 유사의장이 등록되면 그 의장권은 최초의 등록을 받은 기본의장권과 합체하고 유사의장의 권리범위는 기본의장의 권리범위를 초과하지 아니하므로, (가)호 의장과 유사의장만을 대비하여 서로 유사하다는 사정만으로는 곧바로 (가)호 의장이 등록의장의 권리범위에 속한다고 할 수 없다.[18]

(2) 의장법 제6조, 제20조의 규정에 의하면 유사의장이 등록되면 그 유사의장의 의장권은 최초의 등록을 받은 기본의장권과 합체하고 그 결과 적어도 기본의장의 관념적인 유사범위를 구체적으로 명백히 하여 그 권리범위를 확보한 것으로 보아야 하므로 갑의장과 을의장 사이의 유사 여부를 판단함에 있어서 갑의장을 기본의장으로 하여 유사의장등록이 되어 있다면 갑의장과 그 유사의장 및 을의장을 종합적으로 대비하여야 한다. 그런데도 원심이 이 사건 의장과 위 유사의장 및 (가)호를 종합적으로 심리대비함이 없이 그 판시와 같은 이유[19]만으로 이 사건 의장과 (가)호가 유사하지 아니하다고 판단한 것은 채증법칙을

---

18) 대법원 1995. 6. 30. 선고 94후1749 판결[원심이 (가)호 의장과 이건 의장만을 대비하여 양 의장이 서로 유사하므로 (가)호 의장은 등록의장의 권리범위에 속한다는 취지로 판단한 것은 잘못이라고 할 것이나, 기록에 비추어 살펴보면 (가)호 의장은 위와 같이 이건 의장과 유사할 뿐만 아니라, 기본의장과 대비하여 볼 때에도 기본의장은 사면공을 포함한 증기공이 실린더의 길이방향으로 4개, 3개씩 서로 엇갈린 모양으로 배치되었음에 비하여 (가)호 의장은 각각 4개씩의 사면공을 포함한 증기공이 서로 엇갈린 모양으로 배치된 점과 증기공의 구체적 형상 등에 있어서는 다소의 차이가 있으나 증기공의 세로 열 사이의 간격이 비슷하고 기본의장의 특징인 사면공을 포함한 길쭉한 형상의 증기공들이 서로 엇갈린 모양으로 배치된 전체적인 형상 모양에서 느껴지는 심미감은 매우 유사하다고 할 수 있으므로 결국 (가)호 의장이 이 사건 등록의장의 권리범위에 속한다고 판단한 원심의 결론은 정당하고 따라서 원심의 위와 같은 위법은 심결결과에는 영향이 없다고 할 것이다].

어기고 심리를 다하지 아니함으로써 심결결과에 영향을 미쳤다고 하지 않을 수 없다.[20]

(3) 유사디자인이 등록되면 그 디자인권은 최초의 등록을 받은 기본디자인권과 합체하고 유사디자인의 권리범위는 기본디자인의 권리범위를 초과하지 않는다고 할 것이므로, 확인대상디자인이 유사디자인의 권리범위에 속한다고 할 수 있으려면 유사디자인과 유사하다는 사정만으로는 부족하고 기본디자인과도 유사하여야 할 것이다(대법원 1989. 8. 8. 선고 89후25 판결, 대법원 1995. 6. 30. 선고 94후1749 판결 등 참조). 이 경우 기본디자인의 권리범위는 유사디자인의 유사범위까지 확장되는 것은 아니다.[21]

3. 비밀디자인제도

가. 의의

비밀디자인이란 디자인등록출원인의 신청에 의하여 디자인권의 설정등록일로부터 일정한 기간 동안 그 디자인을 공개하지 않고 비밀로 하는 제도를 말한다(§13). 즉 디자인은 물품의 외관을 구성하여 타인에 의한 모방이 용이하고 라이프 사이클이 짧아 그러한 침해 행위가 있는 경우 권리자에게는 회복하기 어려운 손해가 발생하므로, 일정한 기간 동안 그 공개를 하지 않도록 할 필요가 있어 인정하는 제도이다.

나. 요건 및 비밀기간 등

디자인등록출원인은 디자인권의 설정등록일부터 3년 이내의 기간을 정하여 그 디자인을 비밀로 할 것을 청구할 수 있다. 다만, 복수디자인등록출원된 디자인에 대한 청구는 출원된 디자인 전부에 대하여 청구하는 경우에 한한다(§13①).

디자인등록출원인은 위 청구를 디자인등록출원을 한 날부터 최초의 디자인등록료를 납부하는 날까지 할 수 있다. 다만, 제35조 제1항 제1호 및 제2항의 규정에 따라 그 등록

---

19) 원심결은 그 이유에서 이 사건 의장과 (가)호를 대비한 끝에 그 판시와 같은 이유로 위 두의장은 개별적으로나 전체적으로 보아 유사하지 아니하다고 판단하고 피청구인이 등록을 마친 이 사건 의장의 유사의장과 (가)호도 대비하여 그 유사 여부를 가려 달라는 데 대하여는 그것이 이 사건과는 아무런 관련이 없다고만 판시하여 이를 받아들이지 아니하였다.

20) 대법원 1989. 8. 8. 선고 89후25 판결.

21) 대법원 2008. 12. 24. 선고 2006후1643 판결(확인대상디자인은 명칭이 '게시용 기틀'인 기본디자인과 대비하여 볼 때, 양 디자인의 지배적 특징을 이루는 구성 부분인 봉의 위치와 형상 및 봉의 바탕판에 부착된 형태가 현저히 상이하여 전체적인 심미감이 유사하다고 볼 수 없으므로, 확인대상디자인은 유사2호디자인의 권리범위에 속하지 않는다고 한 사례).

료가 면제된 때에는 제39조 제2항에 규정된 디자인권을 설정하기 위한 등록을 하는 때까지 할 수 있다(§13②).

그리고 디자인등록출원인 또는 디자인권자는 제1항의 규정에 의하여 지정한 기간을 청구에 의하여 단축하거나 연장할 수 있으며, 이 경우 당해 기간을 연장하는 경우에는 디자인권의 설정등록일부터 3년을 초과할 수 없다(§13③).

다. 비밀디자인권의 권리행사

2004년 개정법에서는 제62조 제2항을 신설하여, 비밀디자인의 규정에 따라 비밀로 할 것을 청구한 디자인에 관한 디자인권자 및 전용실시권자는 지식경제부령이 정하는 바[22]에 따라 그 디자인에 관한 일정한 사항[23]에 대하여 특허청장으로부터 증명을 받은 서면을 제시하여 경고한 후가 아니면 침해금지청구를 할 수 없도록 하였다.

라. 비밀디자인등록의 효과

디자인등록출원인이 지정한 기간 동안 디자인의 내용을 공개할 수 없고, 공보에는 성명, 출원 및 등록번호, 연월일 등만 게재된다. 다만, 특허청장은 ⅰ) 디자인권자의 동의를 받은 자의 청구가 있는 경우, ⅱ) 그 비밀디자인과 동일 또는 유사한 디자인에 관한 심사·디자인무심사등록이의신청·심판·재심 또는 소송의 당사자나 참가인의 청구가 있는 경우, ⅲ) 디자인권침해의 경고를 받은 사실을 소명한 자의 청구가 있는 경우, ⅳ) 법원 또는 특허심판원으로부터 청구가 있는 경우에 해당하는 경우에는 비밀디자인의 열람청구에 응하여야 한다(§13④).

타인의 디자인권 또는 전용실시권을 침해한 자는 그 침해행위에 대하여 과실이 있는 것으로 추정하나, 비밀디자인으로 설정등록된 디자인권 또는 전용실시권의 침해에 대하여는 그러하지 아니하다(§65①).

---

22) 시행규칙 제20조의4 (비밀디자인등록 증명 신청) 법 제62조 제2항에 따라 특허청장에게 증명 서면을 신청하고자 하는 자는 비밀디자인등록 증명신청서(「특허법 시행규칙」 별지 제19호서식이 증명신청서를 준용한다)를 특허청장에게 제출하여야 한다.

23) 1. 디자인권자 및 전용실시권자(전용실시권자가 청구하는 경우에 한한다)의 성명 및 주소(법인인 경우에는 그 명칭 및 주된 사무소의 소재지를 말한다)
   2. 디자인등록출원번호 및 출원일
   3. 디자인등록번호 및 등록일
   4. 디자인등록출원서에 첨부한 도면·사진 또는 견본의 내용

4. 한 벌 물품디자인제도

가. 의의

한 벌의 물품으로 동시에 사용되는 2 이상의 물품으로서 한 벌을 구성하는 물품의 디자인이 한 벌 전체로서 통일성이 있을 때 이를 한 벌 물품의 디자인이라고 하고 1디자인으로 등록받을 수 있다(§12①). 한 벌의 물품의 구분은 지식경제부령으로 정한다(§12②).

시행규칙 제9조 제2항에서는 한 벌의 물품의 구분을 별표 5에서 규정하고 있으며, 별표 5(개정 2009. 12. 30.)에서는 한 벌의 여성용 한복 세트, 한 벌의 남성용 한복 세트, 한 벌의 여성용 속옷 세트 등 총 86종을 규정해 두고 있다.

나. 등록요건

구법 제12조 제3항에서는 "제1항의 규정에 의한 의장등록출원은 한 벌을 구성하는 물품의 의장이 제5조·제6조·제16조 제1항 및 제2항에서 규정한 요건에 해당하는 경우에 한하여 의장등록을 받을 수 있다"고 규정하여, 한 벌 물품 전체에 대한 등록요건 이외에 한 벌을 구성하는 물품에 대해서도 각각 등록요건을 갖추도록 하였으나, 권리행사는 일체로만 할 수 있다는 점과의 정합성 등의 문제가 있어 2001년 개정법에서 동 규정을 삭제하였다. 따라서 현재는 한 벌 물품디자인 전체를 하나의 디자인으로 보아 한 벌 전체로서만 등록요건을 갖추면 족하다(심사기준 §15 ii 마목).[24]

다. 등록의 효과

한 벌 물품의 디자인은 구성 물품이 2 이상이지만 하나의 디자인권이 인정되고, 권리행사 등도 한 벌 물품 전체로서의 디자인권에 대해서 하여야 한다.

5. 디자인무심사등록제도

가. 의의

디자인무심사등록제도란 디자인등록출원이 디자인등록출원에 필요한 방식을 갖추고 있

---

24) 한 벌 물품의 디자인과 그 구성물품의 디자인 간에는 법 제16조의 선출원 규정은 적용되지 않지만, 법 제5조 제3항의 확대된 선출원 규정은 적용된다. 그리고 법 제6조 제1호부터 제3호까지에 해당하는지를 판단할 경우에는 한 벌 물품을 구성하는 일부의 구성물품에 관한 디자인만이 이에 해당하더라도 같은 호를 적용한다.

는지 및 디자인의 성립요건, 공업상 이용가능성 및 부등록사유 등 디자인등록요건의 일부 사항만을 심사하여 행하는 디자인등록제도를 말한다(§2 v). 유행성이 강한 일부 물품(예컨대, 직물지, 벽지 등 Life-Cycle이 짧고 유행성이 강한 평면디자인 등)에 대해서 1998. 3. 1.부터 무심사등록주의를 적용하고 있다.

나. 등록요건

(1) 유행성이 강한 물품에 관한 디자인으로서 지식경제부령이 정하는 물품일 것

디자인무심사등록출원할 수 있는 디자인은 제11조 제2항(디자인등록출원을 하고자 하는 자는 지식경제부령이 정하는 물품의 구분에 따라야 한다)의 규정에 의한 물품의 구분 중 지식경제부령이 정하는 물품25)에 한한다. 이 경우 지정된 물품에 대하여는 디자인무심사등록출원으로만 출원할 수 있다(§9⑥).

(2) 디자인등록출원에 필요한 방식을 갖추고 있을 것

행위능력(§4), 대리권(§4의4), 수수료 납부 등(§17)의 필요한 방식을 갖추어야 한다.

(3) 디자인등록을 받을 수 없는 디자인이 아닐 것

디자인보호법 제6조에서 규정하고 있는 부등록사유에 해당하지 않아야 한다.

(4) 거절이유에 해당하지 않을 것

디자인무심사등록출원에 대하여는 제5조, 제7조, 제16조 제1항·제2항의 규정은 이를 적용하지 아니한다. 다만, 디자인무심사등록출원된 디자인이 제5조 제1항 본문의 규정에 따른 공업상 이용할 수 없는 것이거나 제5조 제2항의 규정 중 국내에서 널리 알려진 형상·모양·색채 또는 이들의 결합에 의하여 용이하게 창작할 수 있는 것인 경우에는 디자인등록거절결정을 하여야 한다(§26②). 나아가 심사관은 제23조의5의 규정에 따른 정보 및 증거의 제공이 있는 디자인무심사등록출원에 대하여는 제26조 제2항의 규정에 불구하고 그 정보 및 증거에 근거하여 제26조 제1항의 규정에 따라 디자인등록거절결정을

---

25) 시행규칙 제9조 (물품의 구분 등) ③ 법 제9조 제6항에 따라 디자인무심사등록출원을 할 수 있는 물품은 다음 각 호의 어느 하나에 해당하는 물품으로 한다. <개정 2007. 6. 29., 2009. 12. 30., 2011. 3. 31.>
　　1. 별표 4의 물품의 범위 중 A1류·B1류·B2류·B3류·B4류·B5류·B9류·C1류·C4류·C7류·D1류·F1류·F2류·F3류·F4류·F5류·H5류 및 M1류에 속하는 물품
　　2. 액정화면 등 표시부에 일시적으로 도형 등이 표시되는 화상디자인에 관한 물품

할 수 있다(§26③).

그 이외에 유사디자인무심사등록출원에 대해서는 ⅰ) 유사디자인등록된 디자인 또는 유사디자인등록출원된 디자인을 기본디자인으로 표시한 경우, ⅱ) 기본디자인의 디자인권이 소멸된 경우, ⅲ) 기본디자인에 관한 디자인등록출원이 무효·취하·포기되거나 디자인등록거절결정이 확정된 경우, ⅳ) 유사디자인무심사등록출원인이 기본디자인의 디자인권자 또는 기본디자인에 관한 디자인등록출원인과 다른 경우, ⅴ) 유사디자인무심사등록출원된 디자인이 기본디자인에 유사하지 아니한 경우 별도의 거절사유가 된다(§26① ⅴ).

다. 복수디자인 1출원제도

(1) 의의

복수디자인 1출원제도란 여러 개의 디자인을 하나의 출원으로 할 수 있는 제도를 말한다. 구법에서는 1출원서에 하나의 디자인만을 등록출원하도록 하였으나, 1998년 개정법에서는 출원인의 편의를 도모하고 출원절차를 간소화하기 위해 디자인무심사등록출원에 대해서는 20 이내의 디자인을 1디자인등록출원(이하 '복수디자인등록출원'이라 한다)으로 할 수 있도록 하였다(§11의2① 전문). 이 경우 1디자인마다 분리하여 표현하여야 하고(§11의2① 후문), 복수디자인등록출원할 수 있는 디자인의 범위는 제11조 제2항의 규정에 의한 물품의 구분상 지식경제부령이 정하는 분류가 동일한 것으로 한다(§11의②).

(2) 등록요건

(가) 디자인무심사등록출원일 것

(나) 동일물품분류에 속한 것일 것

법 제11조의2 제2항의 규정에 의하여 복수디자인등록출원을 할 수 있는 물품은 별표 4의 물품의 구분상 분류가 동일한 물품으로 한다(시행규칙 §9④).

(다) 복수디자인등록출원을 하고자 하는 자는 기본디자인과 함께 그 기본디자인에 속하는 유사디자인을 출원할 수 있으나(§11의2③), 자기의 등록디자인 또는 디자인등록출원된 디자인의 유사디자인을 복수디자인등록출원하는 경우에는 1기본디자인에 속하는 유사디자인에 한하여 1복수디자인등록출원으로 할 수 있다(§11의2④).

(라) 각 디자인이 거절이유에 해당하지 않을 것

(3) 등록의 효과

복수디자인등록출원이 등록된 경우에는 각 디자인마다 권리가 발생하며, 따라서 각 디자인마다 사용, 수익, 처분 등을 할 수 있다. 그리고 복수디자인등록출원에 대한 디자인등록결정을 받은 자가 등록료를 납부하는 때에는 디자인별로 이를 포기할 수 있다(§31의2①).

라. 출원의 보정

디자인등록출원인은 디자인무심사등록출원을 디자인심사등록출원으로, 디자인심사등록출원을 디자인무심사등록출원으로 변경하는 보정을 할 수 있다(§18④). 이러한 보정은 디자인등록여부결정의 통지서가 송달되기 전까지 할 수 있으며, 다만 제27조의2에 따른 재심사를 청구하는 경우에는 재심사를 청구하는 때에 보정할 수 있다(§18⑤).

마. 이의신청

누구든지 디자인무심사등록출원에 의한 디자인권의 설정등록이 있는 날부터 디자인무심사등록공고일 후 3개월이 되는 날까지 해당 디자인무심사등록이 제29조의2 제1항 각 호의 어느 하나에 해당하는 것을 이유로 특허청장에게 디자인무심사등록이의신청을 할 수 있다. 이 경우 복수디자인등록출원된 디자인등록에 대하여는 각 디자인마다 디자인무심사등록이의신청을 할 수 있다(§29의2①).

디자인무심사등록이의신청인은 일정한 사항[26]을 기재한 디자인무심사등록이의신청서에 필요한 증거를 첨부하여 특허청장에게 제출하여야 한다(§29의2②). 지정된 심사장(審査長)은 디자인무심사등록이의신청이 있는 때에는 디자인무심사등록이의신청서 부본을 디자인무심사등록이의신청의 대상이 된 등록디자인의 디자인권자에게 송달하고 기간을 정하여 답변서를 제출할 기회를 주어야 하며(§29의2③), 전용실시권자 기타 이해관계인에게도 통지하여야 한다(§29의2④).

---

26) 1. 디자인무심사등록이의신청인의 성명 및 주소(법인인 경우에는 그 명칭 및 영업소의 소재지)
   1의2. 디자인무심사등록이의신청인의 대리인이 있는 경우에는 그 대리인의 성명 및 주소나 영업소의 소재지(대리인이 특허법인인 경우에는 그 명칭, 사무소의 소재지 및 지정된 변리사의 성명)
   2. 디자인무심사등록이의신청의 대상이 되는 등록디자인의 표시
   3. 디자인무심사등록이의신청의 취지
   4. 디자인무심사등록이의신청의 이유 및 필요한 증거의 표시

바. 디자인무심사등록의 효과

디자인무심사등록출원은 방식요건 및 일부 실체적 요건을 충족한 경우 다른 실체적 요건에 대한 심사 없이 등록이 되며, 등록된 디자인권에 대해서는 디자인심사등록에 의한 디자인권과 동일한 독점배타권이 주어진다. 또한 디자인무심사등록디자인의 디자인권자·전용실시권자 또는 통상실시권자가 타인의 디자인권 또는 전용실시권을 침해한 경우에는 그 침해행위에 대하여 과실이 있는 것으로 추정한다(§65②).

6. 출원공개제도

가. 일반

구법에서는 출원공개제도를 두지 않았었다가, 1995년 개정법에서 신청에 의한 출원공개제도를 신설하였고 2004년 개정법에서는 무심사등록출원인도 출원공개를 신청할 수 있도록 그 범위를 확장하였다.

나. 요건 및 절차

(1) 출원인의 신청

디자인등록출원인은 지식경제부령이 정하는 바에 따라 자기의 디자인등록출원에 대한 공개를 신청할 수 있다. 다만, 복수디자인등록출원에 대한 신청은 출원된 디자인 전부에 대하여 신청하는 경우에 한한다(§23의2①).

(2) 공보에 게재

특허청장은 출원공개신청이 있는 때에는 그 디자인등록출원에 관하여 디자인공보에 게재하여 출원공개를 하여야 한다. 다만, 디자인등록출원된 디자인이 주는 의미나 내용 등이 일반인의 통상적인 도덕관념인 선량한 풍속에 어긋나거나 공공질서를 해칠 우려가 있는 경우나 국방상 비밀로 취급하여야 하는 경우에는 출원공개를 하지 아니할 수 있다(§23의2②).

(3) 시기

출원공개신청은 그 디자인등록출원에 대한 최초의 디자인등록여부결정의 등본이 송달된 후에는 이를 할 수 없다(§23의2③).

다. 출원공개의 효과

디자인등록출원인은 출원공개가 있은 후 그 디자인등록출원된 디자인 또는 이와 유사한 디자인을 업으로서 실시한 자에게 디자인등록출원된 디자인임을 서면으로 경고할 수 있다(§23의3①). 이러한 경고를 받거나 출원공개된 디자인임을 알고 그 디자인등록출원된 디자인 또는 이와 유사한 디자인을 업으로서 실시한 자에게 디자인등록출원인은 그 경고를 받거나 출원공개된 디자인임을 안 때부터 디자인권의 설정등록 시까지의 기간 동안 그 등록디자인 또는 이와 유사한 디자인의 실시에 대하여 통상 받을 수 있는 금액에 상당하는 보상금의 지급을 청구할 수 있다(§23의3②). 다만, 보상금청구권은 당해 디자인등록출원된 디자인에 대한 디자인권의 설정등록이 있은 후가 아니면 이를 행사할 수 없으며(§23의3③), 이러한 보상금청구권의 행사는 디자인권의 행사에 영향을 미치지 아니한다(§23의3④).

보상금청구권에 대해서는 제63조·제67조 또는 「민법」 제760조 및 동법 제766조의 규정은 제2항의 규정에 의한 청구권을 행사하는 경우에 이를 준용한다. 이 경우 「민법」 제766조 제1항 중 "피해자나 그 법정대리인이 그 손해 및 가해자를 안 날"은 "당해 디자인권의 설정등록일"로 본다(§23의3⑤).

출원공개 후 디자인등록출원이 포기·무효 또는 취하된 때, 디자인등록출원의 디자인등록거절결정이 확정된 때, 제29조의7 제3항에 따른 디자인등록취소결정이 확정된 때 또는 제68조에 따른 디자인등록을 무효로 한다는 심결(같은 조 제1항 제4호에 따른 경우는 제외한다)이 확정된 때에는 보상금청구권은 처음부터 발생하지 아니한 것으로 본다(§23의3⑥).

라. 정보제공제도와의 관계

디자인등록출원된 디자인에 대하여는 출원공개 여부와 무관하게 누구든지 당해 디자인이 제26조 제1항 각 호의 1에 해당되어 등록될 수 없다는 취지의 정보를 증거와 함께 특허청장에게 제공할 수 있으며(§23의5), 출원공개 후 디자인등록출원인이 아닌 자가 업으로서 디자인등록출원된 디자인을 실시하고 있다고 인정되는 경우 우선심사신청도 가능하다(§25의4).

Ⅵ. 디자인보호법에 없는 제도

1. 심사청구제도

특허법에서는 출원일로부터 일정 기간 내에 심사청구가 있는 경우에 한하여 심사를 진행하는 심사청구제도를 두고 있으나, 디자인보호법에서는 이러한 제도가 없다.

2. 정정심판제도

특허법에서는 등록 후 명세서나 도면을 정정할 수 있는 정정심판제도 및 정정의 하자를 다툴 수 있는 정정무효심판제도를 두고 있으나, 디자인보호법에서는 이러한 제도를 두고 있지 않다.

3. 기타

그 이외에도 국내우선권제도, 통상실시권 허여심판, 미생물특허제도 등을 두지 않고 있으며, 다만 2011. 12. 2. 개정법에서는 특허법에서와 마찬가지로 비밀유지명령제도 및 그 위반에 대한 벌칙 규정을 신설하였다(§81의2~§81의4, §85의2). 그리고 2011. 6. 30. 개정법에서는 「대한민국과 유럽연합 및 그 회원국 간의 자유무역협정」의 합의사항을 반영하기 위하여 디자인의 실시행위(§2ⅵ), 등록디자인을 침해하는 것으로 보는 행위(§63) 및 재심에 따라 회복한 디자인권의 효력이 미치지 않는 행위(§74② ⅱ)에 '수출'을 포함하여 등록디자인의 권리보호를 강화하였다.

Ⅶ. 디자인등록을 받을 수 있는 자

디자인을 창작한 자 또는 그 승계인은 이 법에서 정하는 바에 의하여 디자인등록을 받을 수 있는 권리를 가진다. 다만, 특허청직원 및 특허심판원직원은 상속 또는 유증의 경우를 제외하고는 재직 중 디자인등록을 받을 수 없다(§3①). 2인 이상이 공동으로 디자인을 창작한 때에는 디자인등록을 받을 수 있는 권리는 공유로 한다(§3②).

제2절 디자인등록출원·심사절차

I. 서

디자인등록출원 및 심사절차는 디자인보호법에 특별한 규정을 둔 경우 이외에는 특허법의 경우와 차이가 없다. 즉 출원절차, 심사절차 및 등록절차를 거쳐야 하며, 국어주의 등 형식을 갖추고 비용납부 등의 의무를 이행하여야 한다.

II. 디자인등록출원

디자인등록출원 절차는 특허출원과 유사하고, 따라서 일정한 사항을 기재한 출원서를 제출함으로써 출원절차가 시작된다.[27]

---

27) 제9조 (디자인등록출원) ① 디자인등록을 받고자 하는 자는 다음 각 호의 사항을 기재한 디자인심사등록출원서 또는 디자인무심사등록출원서를 특허청장에게 제출하여야 한다. <개정 2004. 12. 31.>
1. 디자인등록출원인의 성명 및 주소(법인인 경우에는 그 명칭 및 영업소의 소재지)
2. 디자인등록출원인의 대리인이 있는 경우에는 그 대리인의 성명 또는 주소나 영업소의 소재지(대리인이 특허법인인 경우에는 그 명칭, 사무소의 소재지 및 지정된 변리사의 성명)
3. 삭제 <2001. 2. 3.>
4. 디자인의 대상이 되는 물품
4의2. 단독디자인등록출원 또는 유사디자인등록출원의 여부
5. 기본디자인의 디자인등록번호 또는 디자인등록출원번호(제7조 제1항의 규정에 의하여 유사디자인으로 디자인등록을 받고자 하는 경우에 한한다)
6. 디자인을 창작한 자의 성명 및 주소
7. 제23조 제3항에 규정된 사항(우선권주장을 하고자 하는 경우에 한하여 기재한다)
② 제1항의 규정에 의한 디자인심사등록출원서 또는 디자인무심사등록출원서에는 각 디자인에 관한 다음 각 호의 사항을 기재한 도면을 첨부하여야 한다. <개정 2004. 12. 31.>
1. 디자인의 대상이 되는 물품
2. 디자인의 설명 및 창작내용의 요점
3. 디자인의 일련번호(제11조의2의 규정에 의하여 복수디자인등록출원하는 경우에 한한다)
③ 디자인등록출원인은 제2항의 도면에 갈음하여 디자인의 사진 또는 견본을 제출할 수 있다. <개정 2001. 2. 3., 2004. 12. 31.>
④ 디자인무심사등록을 받고자 하는 자는 디자인무심사등록출원서에 제1항 각 호의 사항 외에 제11조의2의 규정에 의한 복수디자인등록출원 여부 및 디자인의 수를 기재하여야 한다. <개정 2004. 12. 31.>
⑤ 제11조의2의 규정에 따라 복수디자인등록출원을 하고자 하는 자는 디자인무심사등록출원서에 제1항 각 호의 규정에 따른 사항 및 각 디자인의 일련번호를 기재하여야 한다. <개정 2004. 12. 31.>

1. 1디자인 1출원의 원칙

디자인등록출원은 1디자인마다 1디자인등록출원으로 함을 원칙으로 하고(§11①), 이에 위반되면 거절이유가 된다(§26). 다만 디자인무심사등록출원은 20 이내의 디자인을 1디자인등록출원으로 할 수 있고(§11의2①), 2 이상의 물품이 한 벌의 물품으로 동시에 사용되는 경우 당해 한 벌의 물품의 디자인이 한 벌 전체로서 통일성이 있는 때에는 1디자인으로 디자인등록을 받을 수 있다(§12①). 2 이상의 디자인을 하나로 출원한 경우에는 이를 2 이상으로 분할할 수 있다(§19①).

2. 출원의 분할

가. 의의

2 이상의 디자인을 1출원으로 한 경우 이를 2 이상의 출원으로 분할하여 출원하거나 복수디자인등록출원을 2 이상의 출원으로 분할하여 출원하는 것을 말한다(§19①).

나. 요건

(1) 하나의 디자인등록출원서에 2 이상의 디자인이 포함되어 있을 것

(2) 원출원이 유효하게 계속 중일 것

(3) 원출원의 범위 내에서 분할할 것

(4) 원출원인과 분할출원인이 동일할 것

(5) 디자인등록출원의 결정통지서가 송달되기 전까지 또는 재심사청구 시 분할할 것(§19③)

다. 효과

분할출원이 적법한 경우 그 분할출원은 최초에 디자인등록출원을 한 때에 출원한 것으로 본다. 다만, 제8조 제2항(신규성의제 관련) 또는 제23조 제3항 및 제4항(우선권주장 관련)의 규정을 적용함에 있어서는 그러하지 아니하다(§19②).

---

⑥ 디자인무심사등록출원할 수 있는 디자인은 제11조 제2항의 규정에 의한 물품의 구분중 지식경제부령이 정하는 물품에 한한다. 이 경우 지정된 물품에 대하여는 디자인무심사등록출원으로만 출원할 수 있다. <신설 1997. 8. 22., 2001. 2. 3., 2004. 12. 31., 2008. 2. 29.>

⑦ 제1항 내지 제6항에 규정된 것 외에 디자인등록출원에 관하여 필요한 사항은 지식경제부령으로 정한다. <개정 2008. 2. 29.>

3. 출원의 보정

가. 의의

출원보정이란 최초에 출원한 사항에 흠결이 있거나 불비한 경우 이를 명료하게 정정·보충하는 것을 말한다. 선출원주의하에서 출원을 서두르는 과정에서의 일부 잘못된 부분을 바로 잡을 수 있는 기회를 주기 위한 제도이다(§18).

나. 보정의 종류

보정에는 출원인이 자진하여 보성하는 경우와 특허청의 보정요청에 의해 보정을 하는 경우가 있다. 그리고 보정의 내용에 따라 절차적인 사항에 대한 보정과 실체적인 사항에 대한 보정이 있다.

다. 보정의 내용

(1) 절차보정

특허청장 또는 특허심판원장은 디자인등록에 관한 절차가 ⅰ) 제4조 제1항 또는 제4조의4에 위반된 경우, ⅱ) 이 법 또는 이 법에 의한 명령이 정하는 방식에 위반된 경우, ⅲ) 제34조의 규정에 의하여 납부하여야 할 수수료를 납부하지 아니한 경우 기간을 정하여 보정을 명하여야 한다(§17).

(2) 실체보정

디자인등록출원인은 최초의 디자인등록출원의 요지를 변경하지 아니하는 범위 안에서 디자인등록출원서의 기재사항, 디자인등록출원서에 첨부한 도면, 도면의 기재사항 및 사진이나 견본을 보정할 수 있다(§18①). 보정은 디자인등록결정 또는 디자인등록거절결정에 해당하는 결정의 통지서가 송달되기 전까지 할 수 있으며, 다만 제27조의2에 따른 재심사를 청구하는 경우에는 재심사를 청구하는 때에 보정할 수 있다(§18⑤).

(3) 출원의 변경

디자인등록출원인은 유사디자인등록출원을 단독의 디자인등록출원으로, 단독의 디자인등록출원을 유사디자인등록출원으로 변경하는 보정을 할 수 있으며(§18②), 디자인무심사등록출원을 디자인심사등록출원으로, 디자인심사등록출원을 디자인무심사등록출원으로 변경하는 보정을 할 수도 있다(§18④). 보정의 시기는 실체보정의 시기와 동일하다(§18⑤).

라. 보정의 효과

(1) 적법한 보정

보정의 효과는 최초출원 시로 소급하며 따라서 선출원의 지위, 신규성 판단 시점 등이 당초의 출원 시가 된다.

(2) 부적법한 보정

보정기간을 경과한 보정은 불수리처분되고, 요지변경인 경우에는 서면결정으로 보정을 각하하며 이 각하결정이 있는 때에는 당해 결정등본을 디자인등록출원인에게 송달한 날부터 30일이 경과하기 전까지는 당해 디자인등록출원에 대한 디자인등록여부결정을 하여서는 아니 된다(§18의2①,②,④). 그리고 심사관은 디자인등록출원인이 각하결정에 대하여 제67조의2의 규정에 의한 불복심판을 청구한 때에는 그 심판의 심결이 확정될 때까지 그 디자인등록출원의 심사를 중지하여야 한다(§18의2③).

만약, 보정이 최초의 디자인등록출원의 요지를 변경하는 것으로 디자인권의 설정등록이 있은 후에 인정된 때에는 그 디자인등록출원은 그 보정서를 제출한 때에 디자인등록출원을 한 것으로 본다(§18⑥).

Ⅲ. 디자인등록심사절차

디자인등록출원이 있으면 특허청장은 심사관으로 하여금 디자인등록출원 및 디자인무심사등록이의신청을 심사하게 한다(§25①). 디자인보호법상의 심사절차는 기본적으로 특허법상 심사절차에 준한다.

다만, 디자인보호법은 다른 산업재산권과 달리 심사주의와 무심사주의를 병용하고 있으며, 이의신청제도는 1998년 개정법에서 도입되어 무심사등록출원에 한하여 적용하고 있다. 즉 누구든지 디자인무심사등록출원에 의한 디자인권의 설정등록이 있는 날부터 디자인무심사등록공고일 후 3개월이 되는 날까지 특허청장에게 디자인무심사등록이의신청을 할 수 있다(§29의2①).

제3절 디자인권

I. 서

디자인권자는 업으로서 등록디자인 또는 이와 유사한 디자인을 실시할 권리를 독점한다.[28] 다만, 그 디자인권에 관하여 전용실시권을 설정한 때에는 제47조 제2항의 규정에 의하여 전용실시권자가 그 등록디자인 또는 이와 유사한 디자인을 실시할 권리를 독점하는 범위 안에서는 그러하지 아니하다(§41).

한편, 디자인권의 존속기간은 디자인권의 설정등록이 있는 날부터 15년으로 한다. 다만, 유사디자인의 디자인권의 존속기간 만료일은 그 기본디자인의 디자인권의 존속기간 만료일로 한다(§40①).

II. 디자인권의 효력

1. 일반

디자인권이란 등록디자인 또는 이와 유사한 디자인을 독점배타적으로 실시할 수 있는 권리를 말한다. 이러한 디자인권에는 디자인권자가 업으로 등록디자인 또는 이와 유사한

---

28) 피고인이 독일의 아디다스사의 상표와 유사한 흰색 비닐띠 3개를 부착시켜 갑피를 만들고, 그것을 사용하여 슬리퍼를 제조, 판매한 사안에서, 피고인은 위 흰색 비닐띠 3개는 자신의 등록의장을 의장으로 사용된 것이라고 주장하였다. 이 사안에서, 대법원 2000. 12. 26. 선고 98도2743 판결은 "의장과 상표는 배타적, 선택적인 관계에 있는 것이 아니므로 의장이 될 수 있는 형상이나 모양이라고 하더라도 그것이 상표의 본질적인 기능이라고 할 수 있는 자타 상품의 출처표시를 위하여 사용되는 것으로 볼 수 있는 경우에는 위 사용은 상표로서의 사용이라고 보아야 할 것"이라고 하면서, "원심판결 이유와 기록에 나타난, 피고인이 이 사건 등록상표와 유사한 표장을 슬리퍼의 갑피 부분에 부착하여 사용한 태양, 등록상표의 주지성 및 피고인의 사용의도 등을 종합하여 보면, 피고인이 그와 같이 사용한 표장은 실제 거래계에서 자타 상품의 출처를 표시하기 위하여 사용된 것으로 보이고, 그 사이에 피고인이 위 표장인 도형에 관하여 1996. 8. 9. 의장등록출원을 하여 1997. 9. 11. 의장등록을 받았다고 하더라도, 그러한 사정만으로 피고인의 위 표장 사용을 의장적으로만 사용된 것으로 볼 수는 없다고 할 것이므로, 원심이 그 판시와 같은 이유로 피고인의 표장 사용을 상표로서의 사용이라고 판단하고 이 사건 범죄사실을 유죄로 인정하여 처벌한 제1심판결을 그대로 유지한 것은 정당하고, 이에 상고이유에서 주장하는 바와 같은 법리오해 및 채증법칙 위배로 인한 사실오인의 위법이 있다고 할 수 없다"고 하였다.

디자인을 직접 실시하고 이용할 수 있는 적극적 권리(§41)와 타인의 실시를 배제할 수 있는 소극적 권리가 포함된다.

등록디자인의 보호범위는 디자인등록출원서의 기재사항 및 그 출원서에 첨부한 도면·사진 또는 견본과 도면에 기재된 디자인의 설명에 표현된 디자인에 의하여 정하여 지며(§43), 적극적 권리 및 소극적 권리 모두 동일 또는 유사범위에까지 미친다는 점에서 다른 산업재산권과 다른 특징이 있다.

2. 디자인의 동일·유사 판단기준

의장의 동일·유사 여부는 의장을 구성하는 각 요소를 부분적으로 분리하여 대비할 것이 아니라 전체와 전체를 대비 관찰하여 보는 사람이 느끼는 심미감 여하에 따라 판단하여야 할 것이지만, 양 의장의 공통되는 부분이 그 물품으로서 당연히 있어야 할 부분 내지 의장의 기본적 또는 기능적 형태인 경우에는 그 중요도를 낮게 평가하여야 하므로, 이러한 부분들이 동일·유사하다는 사정만으로는 곧바로 양 의장이 서로 동일·유사하다고 할 수는 없다.[29]

3. 창작비용이성과 권리범위 인정 여부

등록된 의장에 신규성 있는 창작이 가미되어 있지 아니하여 공지된 의장이나 그 출원 전에 반포된 간행물에 기재된 의장과 동일·유사한 경우에는 그 등록무효심판의 유무와 관계없이 그의 권리범위를 인정할 수 없다. 등록된 의장이 의장등록출원 전에 그 의장이 속하는 분야에서 통상의 지식을 가진 자가 국내에서 널리 알려진 형상·모양·색채 또는 이들의 결합에 의하여 용이하게 창작할 수 있는 의장에 해당하는 경우에는 그 등록이 무효로 되기 전에는 등록의장의 권리범위를 부인할 수 없지만, 등록의장과 대비되는 의장이 등록의장의 의장등록출원 전에 그 의장이 속하는 분야에서 통상의 지식을 가진 자

---

29) 대법원 2005. 10. 14. 선고 2003후1666 판결('음식물저장용 밀폐용기'에 관한 등록의장과 '식품수납케이스'에 관한 인용의장은 그 형상과 모양에 있어서 공통점이 있으나, 이들 부분은 양 의상의 출원 전에 이미 그 의장이 속하는 분야에서 오랫동안 널리 사용되어온 '음식물저장용 밀폐용기'의 기본적 또는 기능적 형태에 해당하므로, 이들 부분에 위와 같은 공통점이 있다는 사정만으로는 곧바로 양 의장이 서로 유사하다고 단정할 수 없고, 오히려 등록의장은 그 용기뚜껑 윗면의 형상과 모양에서 인용의장과 달라 그러한 차이로 인하여 그 전체에서 인용의장과 다른 미감적 가치를 인정할 수 있으므로, 인용의장과 유사하다고 볼 수 없다고 한 사례).

가 국내에서 널리 알려진 형상·모양·색채 또는 이들의 결합에 의하여 용이하게 창작
할 수 있는 것인 때에는 등록의장과 대비할 것도 없이 그 권리범위에 속하지 않게 된다.[30]

Ⅲ. 디자인권의 효력제한

디자인권은 독점배타적인 권리이나 시간적·장소적 제한 외에도 공익상 또는 산업정
책상의 이유로 그 효력이 제한되는 경우가 있다.

1. 공익과 산업발전을 위한 제한

가. 연구 또는 시험 등에 의한 제한

디자인권의 효력은 ⅰ) 연구 또는 시험을 하기 위한 등록디자인의 실시, ⅱ) 국내를
통과하는데 불과한 선박·항공기·차량 또는 이에 사용되는 기계·기구·장치 기타의
물건, ⅲ) 디자인등록출원 시부터 국내에 있는 물건에는 미치지 아니한다(§44①).

나. 글자체의 경우

글자체가 디자인권으로 설정등록된 경우 그 디자인권의 효력은 ⅰ) 타자·조판 또는
인쇄 등의 통상적인 과정에서 글자체를 사용하는 경우, ⅱ) ⅰ)에 따른 글자체의 사용으
로 생산된 결과물인 경우에는 미치지 아니한다(§44②).

다. 등록료 추가납부에 의한 디자인권 회복에 따른 효력제한기간 중의 실시

디자인등록출원 또는 디자인권의 효력은 등록료 추가납부기간이 지난 날부터 납부하거
나 보전한 날까지의 기간('효력제한기간') 중에 다른 사람이 그 디자인 또는 이와 유사한
디자인을 실시한 행위에 대하여는 효력이 미치지 아니한다(§33의3④).

---

30) 대법원 2004. 4. 27. 선고 2002후2037 판결(명칭을 '건축용 거푸집 받침대'로 하는 등록의장과 대비되는 의
　　장이 그 의장이 속하는 분야에서 통상의 지식을 가진 자가 주지의 형상과 모양의 결합에 의하여 용이하게
　　창작할 수 있는 것이어서 등록의장과 대비할 것도 없이 등록의장의 권리범위에 속하지 않는다고 한 사례).

라. 재심청구등록 전 선의로 수입 또는 국내에서 생산하거나 취득한 물품

디자인권의 효력은 무효심결 등이 확정된 후 재심청구의 등록 전에 선의로 수입 또는 국내에서 생산하거나 취득한 물품에는 미치지 아니한다(§74①).

마. 재심에 의해 회복된 디자인권의 효력 제한

재심에 의해 회복된 디자인권 등은 당해 심결이 확정된 후 재심청구의 등록전에 한 당해 디자인의 선의의 실시나, 등록디자인에 관련된 물품의 생산에만 사용하는 물품을 당해 심결이 확정된 후 재심청구의 등록전에 선의로 생산·양도·대여·수출[31] 또는 수입하거나 양도 또는 대여의 청약을 하는 행위에는 그 효력이 미치지 아니한다(§74②).

2. 이용·저촉관계에 의한 제한

등록디자인 또는 이와 유사한 디자인이 타인의 선출원 권리와 이용·저촉관계에 있을 때 디자인권의 효력은 제한을 받는다(§45).

3. 실시권의 존재에 의한 제한

디자인권에 대해 실시권이 설정되어 있는 경우에 그 범위에서 디자인권의 효력이 제한된다.

Ⅳ. 디자인권자의 의무

디자인권자는 등록디자인에 대해 정당하게 사용할 의무가 있으며, 그 이외에 등록료납부의무 등을 부담한다.

---

31) 앞에서 본 바와 같이 2011. 6. 30. 개정법에서 '수출'이 추가되었다.

V. 디자인권의 변동

디자인권은 설정등록에 의한 권리가 발생하는 재산권으로서 상속, 일반승계, 양도, 질권의 실행 등에 의해 이전할 수 있다. 그리고 디자인권을 포기하는 경우(§53~§55), 존속기간이 만료된 경우(§40), 등록료를 납부하지 않은 경우(§33③), 상속인이 없는 경우(§59)에는 디자인권이 소멸한다.

Ⅵ. 실시권

실시권은 특허법에서의 실시권과 동일하다.

1. 전용실시권

설정행위로 정한 범위 안에서 업으로서 그 등록디자인 또는 이와 유사한 디자인을 실시할 권리를 독점하는 실시권을 말한다(§47). 전용실시권의 설정 및 그 효력 등 구체적인 내용은 특허법과 동일하다(§47, §48).

2. 통상실시권

통상실시권자는 디자인보호법의 규정에 의하여 또는 설정행위로 정한 범위 안에서 업으로써 그 등록디자인 또는 이와 유사한 디자인을 실시할 수 있는 권리를 가진다(§49②). 통상실시권의 설정 및 그 효력 등도 기본적으로 특허법과 차이가 없다.

즉 원칙적으로 통상실시권을 등록한 때에는 그 등록 후에 디자인권 또는 전용실시권을 취득한 자에 대하여도 그 효력이 발생하고(§52의2①), 통상실시권의 이전·변경·소멸 또는 처분의 제한, 통상실시권을 목적으로 하는 질권의 설정·이전·변경·소멸 또는 처분의 제한은 등록하지 아니하면 제3자에게 대항할 수 없다(§52의2③).

가. 허락에 의한 통상실시권

디자인권자는 그 디자인권에 대하여 타인에게 통상실시권을 허락할 수 있고(§49①),

통상실시권자는 그 허락의 범위 내에서 디자인권을 실시할 권리를 갖는다.

나. 법정 통상실시권

(1) 직무디자인

직무발명에 대하여 종업원 등이 특허, 실용신안등록, 디자인등록(이하 '특허 등'이라한다)을 받았거나 특허 등을 받을 수 있는 권리를 승계한 자가 특허 등을 받으면 사용자등은 그 특허권, 실용신안권, 디자인권(이하 '특허권 등'이라 한다)에 대하여 통상실시권을 가진다(발명진흥법§10①).

(2) 디자인권 회복전 선의실시자에 대한 통상실시권

효력제한기간(디자인등록출원 또는 디자인권의 효력은 등록료 추가납부기간이 지난 날부터 납부하거나 보전한 날까지의 기간) 중 국내에서 선의로 디자인등록출원된 디자인, 등록디자인 또는 이와 유사한 디자인을 업으로 실시하거나 이를 준비하고 있는 자는 그실시 또는 준비를 하고 있는 디자인 또는 사업목적의 범위 안에서 그 디자인권에 대하여통상실시권을 가진다(§33의3⑤).

(3) 선사용에 의한 통상실시권

디자인등록출원 시에 그 디자인등록출원된 디자인의 내용을 알지 못하고 그 디자인을창작하거나 그 디자인을 창작한 자로부터 지득하여 국내에서 그 등록디자인 또는 이와유사한 디자인의 실시사업을 하거나 그 사업의 준비를 하고 있는 자는 그 실시 또는 준비를 하고 있는 디자인 및 사업의 목적의 범위 안에서 그 디자인등록출원된 디자인에 대한 디자인권에 대하여 통상실시권을 가진다(§50).

(4) 선출원에 따른 통상실시권

타인의 디자인권이 설정등록되는 때에 그 디자인등록출원된 디자인의 내용을 알지 못하고 그 디자인을 창작하거나 그 디자인을 창작한 자로부터 지득하여 국내에서 그 디자인 또는 이와 유사한 디자인의 실시사업을 하거나 그 사업의 준비를 하고 있는 자(제50조에 해당하는 자를 제외한다)는 ⅰ) 타인이 디자인권을 설정등록받기 위하여 디자인등록출원을 한 날 이전에 그 디자인 또는 이와 유사한 디자인에 대하여 디자인등록출원을하고, 그 디자인등록출원에 관한 디자인의 실시사업을 하거나 그 사업의 준비를 하였을

것, ⅱ) ⅰ)중 먼저 디자인등록출원한 디자인이 제5조 제1항 각 호의 어느 하나에 해당
하여 거절결정이나 거절한다는 취지의 심결이 확정되었을 것의 요건을 갖춘 경우에 한하
여 그 실시 또는 준비를 하고 있는 디자인 및 사업의 목적 범위 안에서 그 디자인권에
대하여 통상실시권을 가진다(§50의2).

(5) 무효심판청구 등록 전의 실시에 의한 통상실시권

디자인등록에 대한 무효심판청구의 등록 전에 등록디자인이 무효사유에 해당되는 것을
알지 못하고 국내에서 그 디자인 또는 이와 유사한 디자인의 실시사업을 하거나 그 사업
의 준비를 하고 있는 경우에는 그 실시 또는 준비를 하고 있는 디자인 및 사업의 목적의
범위에서 그 디자인권 또는 디자인등록을 무효로 한 당시에 존재하는 전용실시권에 대하
여 통상실시권을 가진다(§51).

(6) 디자인권 등의 존속기간만료 후의 통상실시권

등록디자인에 유사한 디자인이 그 디자인등록출원일 전 또는 디자인등록출원일과 같은
날에 출원되어 등록된 디자인권('원디자인권')과 저촉되는 경우 원디자인권의 존속기간이
만료되는 때에는 원디자인권자는 원디자인권의 범위 안에서 그 디자인권에 대하여 통상
실시권을 가지거나 원디자인권의 존속기간 만료 당시에 존재하는 그 디자인권에 대한 전
용실시권에 대하여 통상실시권을 가진다(§52①).

또한, 원디자인권의 만료 당시에 존재하는 원디자인권에 대한 전용실시권자 또는 제52
조의2 제1항에 따라 등록된 통상실시권자는 원권리의 범위에서 그 디자인권에 대하여 통
상실시권을 가지거나 원디자인권의 존속기간 만료 당시에 존재하는 그 디자인권에 대한
전용실시권에 대하여 통상실시권을 가진다(§52②).

등록디자인 또는 이와 유사한 디자인이 그 디자인등록출원일 전 또는 디자인등록출원
일과 같은 날에 출원되어 등록된 특허권·실용신안권과 저촉되고 그 특허권 또는 실용신
안권의 존속기간이 만료하는 경우에 관하여 위와 같다(§52③).

그리고 통상실시권을 가지는 자는 그 디자인권자 또는 그 디자인권에 대한 전용실시권
자에게 상당한 대가를 지급하여야 한다(§52④).

(7) 질권행사로 인한 디자인권의 이전에 따른 통상실시권

디자인권자는 디자인권을 목적으로 하는 질권설정이전에 그 등록디자인 또는 이와 유

사한 디자인을 실시하고 있는 경우에는 그 디자인권이 경매 등에 의하여 이전되더라도
그 디자인권에 대하여 통상실시권을 가진다. 이 경우 디자인권자는 경매 등에 의한 디자
인권을 이전받은 자에게 상당한 대가를 지급하여야 한다(§58).

(8) 재심에 의하여 회복된 디자인권에 대한 선사용자의 통상실시권

무효심결 등이 확정된 후 재심청구 등록 전에 선의로 국내에서 그 디자인의 실시사업
을 하고 있는 자 또는 그 사업의 준비를 하고 있는 자는 그 실시 또는 준비를 하고 있는
디자인 및 사업의 목적의 범위에서 그 디자인권에 관하여 통상실시권을 가진다(§74의2).

(9) 재심에 의하여 통상실시권을 상실한 원권리자의 통상실시권

제70조 제1항 또는 제2항에 따라 통상실시권을 허여한다는 심결이 확정된 후 재심에
의하여 이에 상반되는 심결의 확정이 있는 경우에는 재심청구 등록 전에 선의로 국내에
서 그 디자인의 실시사업을 하고 있는 자 또는 그 사업의 준비를 하고 있는 자는 원통상
실시권의 사업의 목적 및 디자인의 범위에서 그 디자인권 또는 재심의 심결의 확정이 있
는 당시에 존재하는 전용실시권에 대하여 통상실시권을 가진다(§74의3①). 이 경우 통상
실시권을 가진 자는 디자인권자 또는 전용실시권자에게 상당한 대가를 지급하여야 한다
(§74의3②).

다. 강제실시권

디자인권자·전용실시권자 또는 통상실시권자는 당해 등록디자인 또는 등록디자인에
유사한 디자인이 제45조 제1항 또는 제2항의 규정에 해당되어 실시의 허락을 받고자 하
는 경우에 그 타인이 정당한 이유 없이 허락하지 아니하거나 그 타인의 허락을 받을 수
없는 때에는 자기의 등록디자인 또는 등록디자인에 유사한 디자인의 실시에 필요한 범위
안에서 통상실시권 허여의 심판을 청구할 수 있다(§70①). 위 심판에 의하여 통상실시권
을 허여한 자가 그 통상실시권의 허여를 받은 자의 등록디자인 또는 등록디자인에 유사
한 디자인의 실시를 필요로 하는 경우에 그 통상실시권을 허여받은 자가 실시를 허락하
지 아니하거나 실시의 허락을 받을 수 없는 때에는 통상실시권의 허여를 받아 실시하고
자 하는 등록디자인 또는 등록디자인에 유사한 디자인의 범위 안에서 통상실시권 허여의
심판을 청구할 수 있다(§70②).

위의 각 통상실시권자는 특허권자·실용신안권자·디자인권자 또는 그 전용실시권자

에 대하여 대가를 지급하여야 한다. 다만, 자기가 책임질 수 없는 사유에 의하여 지급할 수 없는 때에는 그 대가를 공탁하여야 한다(§70③). 통상실시권자는 그 대가를 지급하지 아니하거나 공탁을 하지 아니하면 그 특허발명·등록실용신안 또는 등록디자인이나 이와 유사한 디자인을 실시할 수 없다(§70④).

VII. 디자인권침해에 대한 구제 및 벌칙

1. 서

디자인권침해는 직접침해와 간접침해가 있다. 즉 직접침해란 정당한 권원이 없는 자가 업으로서 등록디자인 또는 이와 유사한 디자인을 실시하는 것이며(§41), 간접침해란 등록디자인이나 이와 유사한 디자인에 관한 물품의 생산에만 사용하는 물품을 업으로서 생산·양도·대여·수출[32] 또는 수입하거나 업으로서 그 물품의 양도 또는 대여의 청약을 하는 행위를 말한다(§63).

2. 디자인권침해의 성립요건

디자인권침해가 성립하기 위해서는 (1) 디자인권이 유효하게 존재하고, (2) 정당한 권원 없는 자가 업으로, (3) 등록디자인 또는 유사디자인을 실시하여야 한다.

3. 침해의 구제방법

디자인권침해에 대한 구제방법은 민사적인 구제방법과 형사적인 구제방법이 있는데, 특허권 침해에 대한 구제방법과 유사하다.

---

32) 앞에서 본 바와 같이 2011. 6. 30. 개정법에서 '수출'이 추가되었다.

가. 민사적인 구제방법

(1) 침해금지 및 예방청구권

디자인권자 또는 전용실시권자는 자기의 권리를 침해한 자 또는 침해할 우려가 있는 자에 대하여 그 침해의 금지 또는 예방을 청구할 수 있고(§62①), 다만 비밀디자인에 관한 디자인권자 및 전용실시권자는 지식경제부령이 정하는 바에 따라 그 디자인에 관한 일정한 사항[33]에 대하여 특허청장으로부터 증명을 받은 서면을 제시하여 경고한 후가 아니면 침해의 금지 또는 예방청구를 할 수 없다(§62②).

그리고 디자인권자 또는 전용실시권자는 위 침해의 금지 또는 예방청구를 할 때에는 침해행위를 조성한 물품의 폐기, 침해행위에 제공된 설비의 제거 기타 침해의 예방에 필요한 행위를 청구할 수 있다(§62③).

디자인보호법에서도 특허법과 유사하게 침해로 보는 행위를 별도로 규정하고 있는바, 등록디자인이나 이와 유사한 디자인에 관한 물품의 생산에만 사용하는 물품을 업으로서 생산·양도·대여·수출 또는 수입하거나 업으로서 그 물품의 양도 또는 대여의 청약을 하는 행위는 당해 디자인권 또는 전용실시권을 침해한 것으로 본다(§63).

(2) 손해배상청구권

고의 또는 과실로 인한 위법행위로 손해를 가한 자에 대해 그 손해의 배상을 청구할 수 있는 권리이다(민§750). 이와 관련하여 특허법에서와 동일한 손해액 추정 규정을 두고 있다(§64).

(3) 과실의 추정

타인의 디자인권 또는 전용실시권을 침해한 자는 그 침해행위에 대하여 과실이 있는 것으로 추정한다. 다만, 제13조 제1항의 규정에 의하여 비밀디자인으로 설정등록된 디자인권 또는 전용실시권의 침해에 대하여는 그러하지 아니하다(§65①). 그리고 디자인무심사등록디자인의 디자인권자·전용실시권자 또는 통상실시권자가 타인의 디자인권 또는 전용실시권을 침해한 경우에도 과실이 있는 것으로 추정한다(§65②).

---

33) 1. 디자인권자 및 전용실시권자(전용실시권자가 청구하는 경우에 한한다)의 성명 및 주소(법인인 경우에는 그 명칭 및 주된 사무소의 소재지를 말한다)
2. 디자인등록출원번호 및 출원일
3. 디자인등록번호 및 등록일
4. 디자인등록출원서에 첨부한 도면·사진 또는 견본의 내용

(4) 신용회복청구권

법원은 고의 또는 과실에 의하여 디자인권 또는 전용실시권을 침해함으로써 디자인권자 또는 전용실시권자의 업무상의 신용을 실추하게 한 자에 대하여는 디자인권자 또는 전용실시권자의 청구에 의하여 손해배상에 갈음하거나 손해배상과 함께 디자인권자 또는 전용실시권자의 업무상의 신용회복을 위하여 필요한 조치를 명할 수 있다(§66).

(5) 부당이득반환청구권

부당이득반환청구권이란 디자인권자 또는 전용실시권자가 정당한 권원 없이 자기의 권리를 실시하여 이득을 얻고 그로 인하여 손해를 끼친 자에 대하여 그 손해를 기준으로 하여 이득의 반환을 청구할 수 있는 권리이다. 디자인보호법에서는 부당이득반환청구권에 대해 규정하고 있지 않으나, 민법의 법리가 그대로 적용된다(민§741).

나. 형사적인 구제방법

(1) 디자인권침해죄

디자인권 또는 전용실시권을 침해한 자는 7년 이하의 징역 또는 1억 원 이하의 벌금에 처한다(§82①). 이러한 침해죄는 친고죄이다(§82②).

(2) 위증죄

디자인보호법의 규정에 의하여 선서한 증인·감정인 또는 통역인이 특허심판원에 대하여 허위의 진술·감정 또는 통역을 한 때에는 5년 이하의 징역 또는 1천만 원 이하의 벌금에 처한다(§83①). 위 죄를 범한 자가 그 사건의 디자인등록여부결정·디자인무심사등록이의결정 또는 심결의 확정 전에 자수한 때에는 그 형을 감경 또는 면제할 수 있다(§83②).

(3) 허위표시죄

디자인보호법 제80조에서는 허위표시의 유형으로 ⅰ) 디자인등록된 것이 아닌 물품, 디자인등록출원 중이 아닌 물품 또는 그 물품의 용기나 포장에 디자인등록표시 또는 디자인등록출원표시를 하거나 이와 혼동하기 쉬운 표시를 하는 행위, ⅱ) 제1호의 표시를 한 것을 양도·대여 또는 전시하는 행위, ⅲ) 디자인등록된 것이 아닌 물품·디자인등록출원 중이 아닌 물품을 생산·사용·양도나 대여를 위하여 광고·간판 또는 표찰에 그 물품이 디자인등록 또는 디자인등록출원된 것으로 표시하거나 이와 혼동하기 쉬운 표시를 하는 행위를 규정하고 있다. 이러한 허위표시를 한 자는 3년 이하의 징역 또는 2천만 원 이하의 벌금에 처한다(§84).

(4) 사위행위죄

사위 기타 부정한 행위로써 디자인등록 또는 심결을 받은 자는 3년 이하의 징역 또는 2천만 원 이하의 벌금에 처한다(§85).

(5) 비밀유지명령위반죄

국내외에서 정당한 사유 없이 제81조의2 제1항에 따른 비밀유지명령[34]을 위반한 자는 5년 이하의 징역 또는 5천만 원 이하의 벌금에 처한다(§85의2①). 동 죄는 비밀유지명령을 신청한 자의 고소가 없으면 공소를 제기할 수 없다(§85의2②).

(6) 비밀누설죄

특허청 직원·특허심판원 직원 또는 그 직에 있었던 자가 디자인등록출원 중인 디자인 또는 제13조 제1항에 따라 비밀로 할 것을 청구한 디자인에 관하여 직무상 지득한 비밀을 누설하거나 도용한 때에는 5년 이하의 징역 또는 5천만 원 이하의 벌금에 처한다(§86). 제25조의2 제1항에 따른 전문기관 또는 제77조의2에 따른 디자인문서전자화기관의 임직원 또는 그 직에 있었던 자는 제86조를 적용할 때에 특허청 소속 직원 또는 그 직에 있었던 자로 본다(§86의2).

다. 양벌규정

법인의 대표자나 법인 또는 개인의 대리인, 사용인, 그 밖의 종업원이 그 법인 또는 개인의 업무에 관하여 디자인권침해죄, 허위표시죄 또는 사위행위죄의 어느 하나에 해당하는 위반행위를 하면 그 행위자를 벌하는 외에 그 법인에게는 디자인권침해죄의 경우 3억 원 이하의 벌금형을, 허위표시죄 또는 사위행위죄의 경우 6천만 원 이하의 벌금형을, 그 개인에게는 해당 조문의 벌금형을 과(科)한다. 다만, 법인 또는 개인이 그 위반행위를 방지하기 위하여 해당 업무에 관하여 상당한 주의와 감독을 게을리하지 아니한 경우에는 그러하지 아니하다(§87).

---

34) 2011. 12. 2. 개정법에서 신설된 비밀유지명령제도(§81의2~§81의4)의 내용은 특허법과 차이가 없다.

라. 몰수 등

디자인권 또는 전용실시권 침해에 해당하는 침해행위를 조성한 물건 또는 그 침해행위로부터 생긴 물건은 몰수하거나 피해자의 청구에 의하여 그 물건을 피해자에게 교부할 것을 선고하여야 한다(§87의2①). 피해자는 위 물건의 교부를 받은 경우에는 그 물건의 가액을 초과하는 손해의 액에 한하여 배상을 청구할 수 있다(§87의2②).

마. 과태료

선서를 한 자로서 특허심판원에 대하여 허위의 진술을 한 자, 특허심판원으로부터 증거조사 또는 증거보전에 관하여 서류 기타 물품의 제출 또는 제시의 명령을 받은 자로서 정당한 이유 없이 그 명령에 응하지 아니한 자, 특허심판원으로부터 증인·감정인 또는 통역인으로 소환된 자로서 정당한 이유 없이 소환에 응하지 아니하거나 선서·진술·증언·감정 또는 통역을 거부한 자는 50만 원 이하의 과태료에 처한다(§88).

제4절 심판 및 소송

Ⅰ. 심판

디자인심판은 특허심판과 같이 대법원의 최종심을 전제로 행정관청인 특허청이 그 전심(前審)으로서 행정행위에 부여된 디자인권에 관한 분쟁을 해결하기 위하여 특허심판원 심판관의 합의체에 의하여 행하는 쟁송절차를 말한다.

디자인보호법은 특허법과 같이 보정각하결정에 대한 심판(§67의2), 등록거절결정 및 등록취소결정에 대한 심판(§67의3), 디자인등록무효심판(§68), 권리범위확인심판(§69), 통상실시권허여심판(§70) 제도를 두고 있다. 반면, 존속기간연장등록무효심판, 정정심판[35] 및 정정무효심판, PCT에 의한 특허무효심판제도는 두고 있지 않다.

---

35) 특허나 실용신안의 경우 명세서나 도면에 불완전한 것이 있을 때 일정한 범위 내에서 정정심판을 청구할 수 있으나, 디자인보호법에서는 도면의 변경이 바로 요지변경이 되므로 정정심판 등에 대한 제도를 두고 있지 않다.

한편, 디자인권에 대한 심판 절차에 대해서는 구법에서 특허법 규정을 준용하고 있었으나, 2009년 개정법에서 제72조의2 내지 제72조의33을 신설하였으며 다만 내용에 있어서는 차이가 없다.

Ⅱ. 재심

재심이란 확정심결에 중대한 절차위반 또는 심결에 불공정한 사유가 있는 경우에 그 심결의 취소를 구하는 비상불복신청제도이다. 디자인보호법 제73조 내지 제74조의5에서 재심에 대해 규정하고 있으며, 특허법상 재심과 유사하다.

Ⅲ. 소송

디자인에 관한 소송은 디자인보호법 제75조 내지 제75조의7에서 규정하고 있으며, 특허법 내용과 유사하다.

제5장 상표법

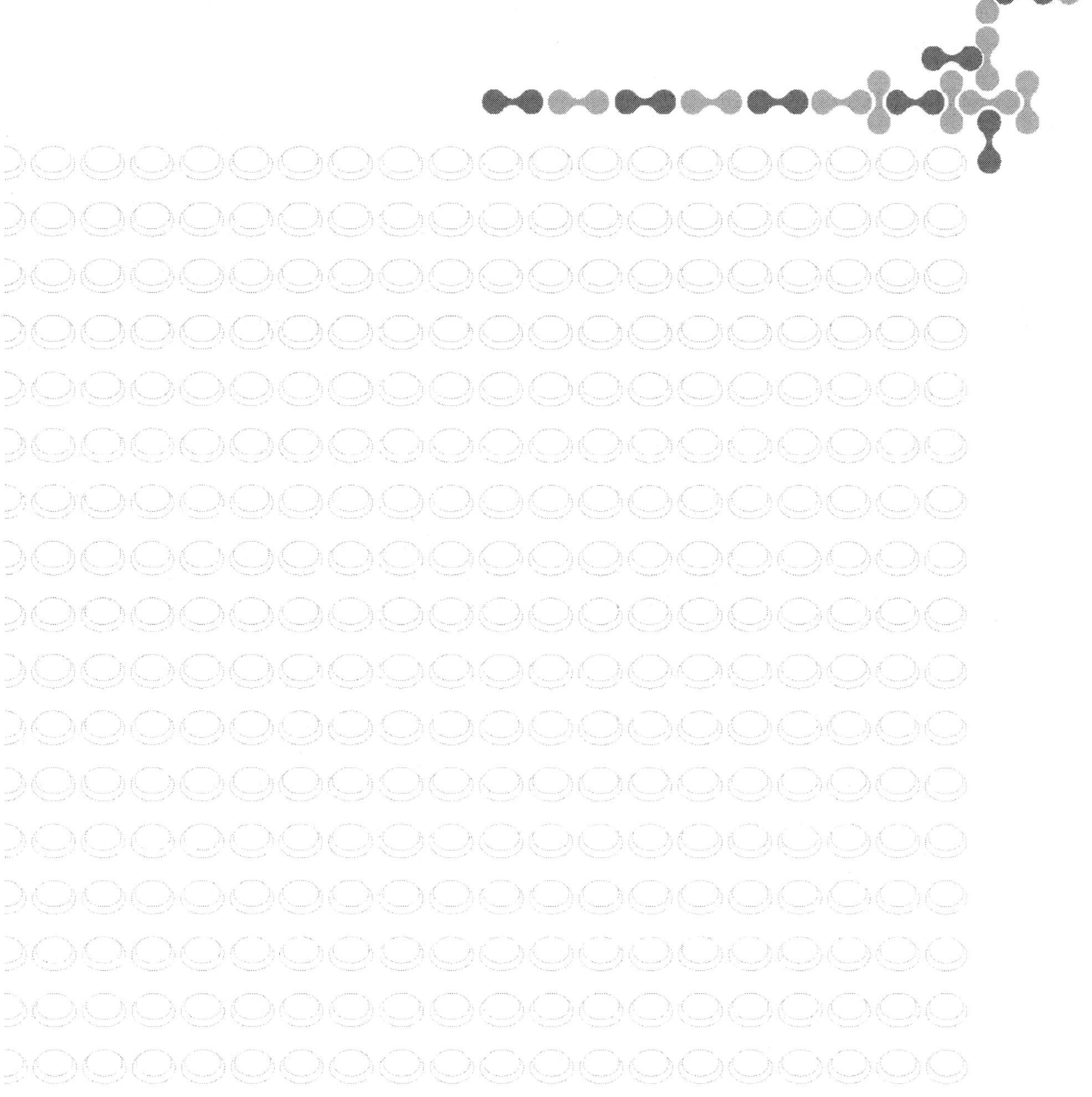

제1절 상표법 일반

I. 상표

1. 상표제도

오늘날 상표라는 브랜드가 갖는 가치이 중요성은 새삼 이야기힐 바도 못 된다. 새로운 기술의 개발이나 디자인의 창작 등에 못지않게 자신의 자산에 대한 상표 선정 및 그 보호는 매우 중요한 일이고, 상표를 통해 자신의 제품에 대한 출처의 표시, 품질의 보증, 광고선전 등의 기능을 하게 되는 것이다. 상표법 역시 다른 지적재산권법과 마찬가지로 거의 해마다 개정이 되고 있는바, 최근에는 2011. 12. 2. 일부개정이 있었고, 2011. 7. 21.에는 법 문장의 순화 등을 목적으로 하는 개정이 있었다.

이 중 2011. 12. 2. 개정법에서는 한－미 FTA의 합의사항에 따라 소리·냄새를 상표에 포함시키고, 상품에 대한 정확한 품질정보를 제공할 수 있도록 증명표장제도를 도입하였으며, 전용사용권에 대한 등록제도를 폐지하였고 법정손해배상제도를 신설하였다.

2. 상표법의 목적

상표법은 다른 산업재산권이나 저작권과 달리 출처의 부정사용 등에 의한 소비자 피해의 가능성이 높다. 따라서 상표법은 상표권자 보호 못지않게 소비자 보호라는 공익적 목적을 중요한 기준으로 삼고 있는바, 상표법 제1조에서는 법의 목적에 대해 "상표를 보호함으로써 상표사용자의 업무상의 신용유지를 도모하여 산업발전에 이바지함과 아울러 수요자의 이익을 보호함을 목적으로 한다"고 규정하고 있다(§1). 이와 관련하여 판례는 "상표는 어느 특정한 영업 주체의 상품을 표창하는 것으로서 그 출처의 동일성을 식별하게 함으로써 그 상품의 품위 및 성질을 보증하는 작용을 하며, 상표법이 등록상표권에 대하여 상표 사용의 독점적 권리를 부여하는 것은 제3자에 의한 지정상품 또는 유사상품에 대하여 동일 또는 유사상표의 사용에 의하여 당해 등록상표가 가지는 출처표시작용 및 품질보증작용이 저해되는 것을 방지하려는 것이고, 상표법은 이와 같이 상표의 출처식별 및 품질보증의 각 기능을 보호함으로써 당해 상표의 사용에 의하여 축조된 상표권자의 기업신뢰이익을 보호하고 나아가 유통질서를 유지하며 수요자로 하여금 상품의 출처의 동일성을 식별하게 하여 수요자가 요구하는 일정한 품질의 상품구입을 가능하게 함으로써 수요자의 이익을 보호하려고 하는 것"이라고 판시하였다.[1]

3. 상표의 의의

상표법상 '상표'라 함은 상품을 생산·가공[2] 또는 판매하는 것을 업으로 영위하는 자가 자기의 업무에 관련된 상품을 타인의 상품과 식별되도록 하기 위하여 사용하는 표장[기호·문자·도형·입체적 형상·색채·홀로그램·동작 또는 이들을 결합한 것 또는 그 밖에 시각적으로 인식할 수 있는 것, 소리·냄새 등 시각적으로 인식할 수 없는 것 중 기호·문자·도형 또는 그 밖의 시각적인 방법으로 사실적(寫實的)으로 표현한 것(이하 '표장'이라 한다)]을 말한다(§2 ⅰ).[3]

---

1) 대법원 1995. 11. 7. 선고 94도3287 판결.

2) 구법에서는 '생산·가공·증명'이라고 하였으나, 2011. 12. 2. 개정법에서는 증명표장제도를 신설한 것과 함께 상표의 정의 규정에서 '증명'을 삭제하였다.

3) 상표는 어느 특정한 영업 주체의 상품을 표창하는 것으로서 그 출처의 동일성을 식별하게 함으로써 그 상품의 품위 및 성질을 보증하는 작용을 하며, 상표법이 등록상표권에 대하여 상표 사용의 독점적 권리를 부여하는 것은 제3자에 의한 지정상품 또는 유사상품에 대하여 동일 또는 유사상표의 사용에 의하여 당해 등록상표가 가지는 출처표시작용 및 품질보증작용이 저해되는 것을 방지하려는 것이고, 상표법은 이와 같이 상표의 출처식별 및 품질보증의 각 기능을 보호함으로써 당해 상표의 사용에 의하여 축조된 상표권자의 기업신뢰이익을 보호하고 나아가 유통질서를 유지하며 수요자로 하여금 상품의 출처의 동일성을 식별하게 하여 수요자가 요구하는 일정한 품질의 상품구입을 가능하게 함으로써 수요자의 이익을 보호하려고 하는 것이므로, 상표권은 기본적으로는 사적 재산권의 성질을 가지지만 그 보호범위는 필연적으로는 사회적 제약을 받는데, 상표의 등록이 자기의 상품을 다른 업자의 상품과 식별시킬 목적으로 한 것이 아니고 일반 수요자로 하여금 타인의 상품과 혼동을 일으키게 하거나 타인의 영업상의 시설이나 활동과 혼동을 일으키게 하여 이익을 얻을 목적으로 형식상 상표권을 취득하는 경우에는 상표의 등록출원 자체가 부정경쟁행위를 목적으로 하는 것이 되고, 비록 권리행사의 외형을 갖추었다 하더라도 이는 상표법을 악용하거나 남용한 것이 되어 상표법에 의한 적법한 권리의 행사라고 인정할 수 없다(대법원 1995. 11. 7. 선고 94도3287 판결).

4. 상표의 구성요소

가. 기호·문자·도형, 입체적 형상 또는 이들을 결합하거나 이들에 색채를 결합한 것

기호상표란 문자나 도형 등을 간략히 한 것으로서 오래전부터 널리 사용되어 왔던 것이다. 문자상표는 한글, 한자, 영어 등 언어나 숫자 등 문자로 구성된 상표를 말하며, 도형상표는 동식물, 건축물 등 사실적 도형을 도안화한 것을 말한다.

나. 다른 것과 결합하시 아니한 색채 또는 색채의 조합, 홀로그램, 동작 또는 그 밖에 시각적으로 인식할 수 있는 것

1998년 개정법에서 색채·입체상표를 도입하였고, 2007년 개정법에서는 색채만의 상표도 인정하게 되었다. 홀로그램상표란 홀로그래피에서 입체상을 재현하는 간섭 줄무늬를 기록한 매체로 구성된 상표이고, 동작상표란 일정한 시간의 흐름에 따라 변화하는 일련의 그림이나 동적이미지의 움직임으로 구성된 상표를 말하며, 2007년 개정법에서 시각이미지가 고정되지 않은 홀로그램상표나 동작상표를 도입하였다. 그리고 위 상표들 이외에도 시각적으로 인식할 수 있는 것은 상표로 보호가 가능하다.

다. 소리·냄새 등 시각적으로 인식할 수 없는 것 중 기호·문자·도형 또는 그 밖의 시각적인 방법으로 사실적(寫實的)으로 표현한 것

구법에서는 시각적으로 인식할 수 없는 소리, 냄새, 맛, 동적인 표지 등은 상표법상 보호가 부정되었으나, 2011. 12. 2. 개정법에서는 한-미 FTA 합의사항에 따라 소리·냄새 등 시각적으로 인식할 수 없는 것 중 기호·문자·도형 또는 그 밖의 시각적인 방법으로 사실적(寫實的)으로 표현한 것을 상표로 보호하게 되었다. 동 규정은 개정법 시행(2012. 3. 15.) 후에 최초로 출원하는 상표등록출원부디 적용한나(부칙§2). 한편 2012. 3. 13. 개정 심사기준에서는 "소리·냄새 등은 시각적으로 인식할 수 없는 것(이하 '소리·냄새 등'이라 한다)은 원칙적으로 식별력을 인정받을 수 없고 사용에 의한 식별력을 인정받아야 한다"는 규정을 신설하였다(상표심사기준 §4②).

5. 상품 및 상표의 일반적 요건

상표는 특정한 상품, 소위 지정상품에 사용하는 표지인바, 상표법상 상품이 되기 위해서는 ⅰ) 유체물이어야 하고, ⅱ) 운반 가능한 것이며, ⅲ) 반복거래가 가능한 것[4]으로서, ⅳ) 식별가치가 있어야 한다. 또한 이러한 상품에 사용하는 상표는 ⅰ) 상품에 사용하는 것으로서, ⅱ) 업으로 사용하여야 하며, ⅲ) 자타 상품의 식별의사가 있고, ⅳ) 그에 따라 상품에 사용하는, ⅴ) 표장(標章)이어야 한다. 이와 관련하여 판례는 "등록상표가 표시된 유리병에 든 '보리, 수수, 옥수수' 등이 판매용 물품이 아니라 대리점에서 거래되는 즉석 건조 건강식품을 이루는 일부 성분의 견본(見本)에 불과하고, 성분의 구성 및 비율에 특징이 있는 그 즉석 건조 건강식품과 거래통념상 동일성의 범위 내에 있는 상품도 아니므로 상표법상 상품에 해당하지 않는다"고 하였다.[5]

Ⅱ. 상표 관련 국제조약

상표의 국제적 통일화 논의는 오래전부터 각국의 주된 관심사로 논의가 되어 왔으며, 이러한 노력의 결과로 산업재산권을 국제적으로 보호할 수 있게 된 것이 1883년에 체결된 파리협약이다. 그 이후 특별협정체결을 인정하고 있는 파리협약 제19조[6]에 따라 마드

---

4) 상표법상 '상표의 사용'이라고 함은 상품 또는 상품의 포장에 상표를 표시하는 행위 등을 의미하고(상표법 제2조 제6호 각 목 참조), 여기에서 말하는 '상품'은 그 자체가 교환가치를 가지고 독립된 상거래의 목적물이 되는 물품을 의미한다 할 것이므로, 상품의 선전광고나 판매촉진 또는 고객에 대한 서비스 제공 등의 목적으로 그 상품과 함께 또는 이와 별도로 고객에게 무상으로 배부되어 거래시장에서 유통될 가능성이 없는 이른바 '광고매체가 되는 물품'은 비록 그 물품에 상표가 표시되어 있다고 하더라도, 물품에 표시된 상표 이외의 다른 문자나 도형 등에 의하여 광고하고자 하는 상품의 출처표시로 사용된 것으로 인식할 수 있는 등의 특별한 사정이 없는 한, 그 자체가 교환가치를 가지고 독립된 상거래의 목적물이 되는 물품이라고 볼 수 없고, 따라서 이러한 물품에 상표를 표시한 것은 상표의 사용이라고 할 수 없다. 피심판청구인은 종전부터 자신이 발행하여 오던, 영화·음악·연예인 등에 관한 정보를 담은 "ROADSHOW, 로드쇼"라는 월간잡지(을 제2, 4호증)의 독자들에게 보답하고 그 구매욕을 촉진시키기 위하여 사은품으로 1993. 12. 10.경 외국의 유명한 영화배우들의 사진을 모아 이 사건 등록상표인 'WINK'라는 제호의 책자(을 제3, 6호증)를 발행하여 독자들에게 제공하였음을 알 수 있으므로, 위 'WINK'라는 제호의 책자는 그 자체가 교환가치를 가지고 거래시장에서 유통될 가능성이 있는 독립된 상거래의 목적물이 될 수 없어 '광고매체가 되는 물품'에 해당된다고 할 것이고, 따라서 위 책자에 이 사건 등록상표가 제호로 사용된 것은 이 사건 등록상표의 사용이라고 할 수 없다(대법원 1999. 6. 25. 선고 98후58 판결).

5) 대법원 2004. 5. 28. 선고 2002후123 판결.

6) Article 19 (Special Agreements) It is understood that the countries of the Union reserve the right to make separately between themselves special agreements for the protection of industrial property, in so far as

리드 협정(Madrid Agreement for Repression of False or Deceptive Indication of Source on Goods of April 14, 1891), 제조표 또는 상표의 국제등록에 관한 마드리드협정(1891), 상표등록조약(Trademark Law Treaty), 상표가 적용되는 상품 및 서비스의 국제분류에 관한 니스협정(1957), 원산지 명칭의 보호 및 그 국제등록에 관한 리스본 협정(1958) 등이 탄생하게 되었다.

1. 파리조약

산업재산권의 다국 간 체제를 확립한 파리조약은 기존의 속지주의 원칙을 유지하면서 국제협조체제를 형성하는 기본구조를 취하고 있다. 상표와 관련하여 파리조약은 그 보호대상으로서 상표를 명기한 제1조 제2항과 제6조 이하의 상표보호 관련 규정 등을 두고 있으며, 내국민대우의 원칙, 상표독립의 원칙 및 텔켈(telle quelle) 조항의 채택, 우선권제도 등을 기본원칙으로 채택하고 있다.

2. 표장의 국제등록에 관한 마드리드 협약

파리조약에 의해 각국에서 보호를 받으려면 6개월의 우선권 기간 내에 각국에 출원을 따로 하여야 하는 불편이 있다. 이에 단일기관(WIPO)이 단일언어와 일원화된 절차를 통하여 동맹국간 상표출원을 관장하도록 함으로써 국가 간 상표출원과 등록을 용이하게 하고자, 1891년 4월 14일 상표의 국제출원을 가능하게 하는 마드리드 협약이 체결되었다. 동 협약에 의하면, 본국의 특허청을 통하여 WIPO 국제사무국에 제출된 국제상표출원은 국제사무국의 방식심사와 출원 시 지정한 각 지정국 관할관청의 실체심사를 거쳐 일정기간 내에 본국관청이 국제사무국으로 거절이유를 통지하지 않으면 국제사무국은 국제등록을 공보에 게재하며 이러한 등록의 효과는 국제등록일로 소급한다. 국제등록일은 국제출원일에 방식상의 하자 없이 본국 관청이 수리한 날로부터 2개월 이내에 국제사무국이 수리하면 본국 관청이 출원을 수리한 날이 되고, 2개월이 도과하여 국제사무국이 이를 수리한 경우에는 국제사무국이 출원을 수리한 날이 국세등록일이 된다. 이러한 국제등록일로부터 지정체약국에 등록된 경우와 동일한 효력의 상표권이 발생하며 그 구체적인 보호

원칙에 있어서는 파리조약이 채택하고 있는 일반적인 원칙을 확장·적용한다.

그런데 이러한 마드리드 협약은 1891년 체결이후 8차례 개정을 거치면서 100년 이상 유지되어 왔지만, 그 체제가 갖고 있는 본질적인 문제점[7]으로 인하여 미국, 일본, 영국 등 상표출원 건수가 절대적으로 많은 주요 국가들이 참여하지 않았고 협정체결 당시 27개국이던 체약국의 수가 지난 1991년까지도 33개국에 그치는 등 가입확대에 한계점이 노출되어 보편성을 획득하는 데 실패한 것으로 평가되고 있다.

3. 상표등록조약(TRT: Trademark Registration Treaty)

앞에서 살펴본 마드리드 협약에 대해 비판적인 입장을 견지하고 있던 미국의 주도하에 본국에서의 등록을 기다리지 않고 바로 국제출원을 할 수 있도록 하는 상표등록조약이 1973년에 체결되었다. 그러나 미국의 엄격한 상표사용요건 완화를 위한 국내법 개정이 제대로 이루어지지 아니하였고 미국상표협회(USTA)의 비협조로 인하여 정작 비준도 하

---

7) 마드리드 협정의 주된 문제점들은 다음과 같다.
　① 국제출원의 기초 대상의 한정
　마드리드협정은 국제출원을 할 수 있는 표장을 국내에 등록된 표장에 한정시키고 있다. 따라서 심사주의를 채택하고 있는 대부분의 국가들은 자국에서 출원한 후 등록 시까지 상당 기간이 소요되어 무심사주의를 채택하고 있는 국가와 불평등의 문제가 발생하게 되며 우선권주장의 기회상실의 문제도 존재하게 되었다.
　② 거절이유통지 기간의 제한(1년)
　마드리드협정은 지정국이 자국에서는 국제출원된 표장을 보호할 수 없다는 취지의 거절이유통지를 1년 이내에 하도록 제한하여, 통상 심사기간이 1년을 초과하는 국가들의 가입을 곤란하게 하였다.
　③ 수수료 체계의 문제점
　마드리드협정은 국제출원의 지정국은 그 지정에 따라 국제사무국으로부터 일률적인 수수료를 배당받도록 하여 배당된 수수료가 자국 내의 수수료보다 현저히 낮은 국가들은 예산상·정책상의 이유로 가입을 꺼리게 되었다.
　④ 집중공략체제의 문제점
　마드리드협정은 국제등록일로부터 5년이 경과하기 이전에 기초출원 또는 본국등록의 효력이 상실되면 본국등록의 소멸에 대한 이유가 제3국에도 존재하는지에 상관없이 본국등록에 입각한 국제등록의 효력도 상실되는 소위 집중공략(central attack)체제를 채택하고 있다. 그러나 기초출원이나 기초등록의 효력상실 원인은 그 본국의 사정이나 제도에 따른 것이고, 다른 지정국의 사정이나 제도와는 무관한 것일 수도 있으므로 국제등록의 효력까지 상실케 하는 것은 부당하다는 지적이 있어 왔으며, 특히 Common Law에 의하여 선사용에 기초하여 등록취소를 인정하는 국가, 불사용 취소기간이 짧은 국가 등이 이 집중공략 제도를 채택하면 불리한 단점이 있었다.
　⑤ 사용언어를 불어로 한정
　마드리드협정은 사용언어를 불어로 한정하고 있어 영어권 국가나 불어의 사용에 익숙하지 못한 국가들이 동 협정에 적극 가입하지 못하는 문제가 있었다.
　⑥ 지역등록출원을 기초출원으로 할 수 없는 점
　EU의 공동체상표출원(CTM)이나 베네룩스3국의 공동상표청에 의한 단일의 지역상표출원을 국제출원의 기초로 할 수 있는 법적 근거가 없어서 효율적인 상표권 취득에 장애요소가 되었다.

지 못하고 사문화되기에 이르렀다.

4. 마드리드 의정서

WIPO는 마드리드협정의 기본적인 문제점으로 지적되어 왔던 사항들을 대폭 수용하고 유럽공동체상표제도(CTM)의 출범을 계기로 이와 연계한 국제상표등록체제를 1989년 마드리드의정서(Madrid Protocol)의 형태로 탄생시켜 가입확대를 위한 제도적 기초를 마련하였으며, 양자에 모두 적용되는 공통원칙도 채택하였다. 동 의정서는 1989년 27개국이 서명하여 채택된 후 스페인, 스웨덴, 영국, 중국 등 4개국이 비준을 완료함에 따라 1995년 12월 1일 발효되었다. 마드리드 의정서가 마드리드 협정과 다른 점은 다음과 같다.

첫째, 마드리드 의정서에 의한 국제출원은 국가출원으로 충분하며 반드시 등록을 필요로 하지 않는다. 따라서 본국이 등록을 위해 실질심사를 하고 있더라도 국제출원에는 크게 지장이 없으며, 파리조약상의 우선권주장도 가능하게 된다.

둘째, 마드리드 협정이 규정하고 있던 집중식 공격의 불합리를 보완하였다. 즉 기본출원·등록이 무효·취소되더라도 국제등록을 한 자는 국제등록의 우선권을 그대로 보유하면서 3개월 이내에 국가등록을 위하여 지정한 각 지정체약국의 국내출원으로 전환할 수 있도록 허용하고 있다. 따라서 일단 본국출원에 문제가 생겨도 3개월 이내에는 우선권을 그대로 가지면서 국제출원서에 지정한 국가라면 개별국가에 다시 출원할 수 있다.

셋째, 지정국에 있어 상표등록의 거절이나 잠정적 거절을 할 수 있는 기간을 18개월로 연장하면서, 18개월의 제한기간 이후에도 이의신청이 있을 수 있다는 내용을 18개월 이내에 국가 특허청이 국제사무국에 알려 주면 이의신청에 기초한 거절에 대해서는 부가기간이 인정된다. 이 외에도 지정국이 독자적인 상표등록제도에 있어서 수수료의 총액과 동액의 청구가 가능하게 되며, 상표권의 존속기간을 10년으로 변경하였으며, 사용언어도 프랑스어 외에 영어를 추가하였다.

5. 상표법통일화조약(TLT: Trademark Law Treaty)

각국의 상표제도의 차이에 의한 불편을 해소하고 내·외국인 간의 출원·등록업무를 간소하게 하기 위하여 1994년 10월 27일 스위스 제네바에서 상표법조약이 채택되었고, 우리나라에서는 2003년 2월 25일에 발효되었다. 처음 목표였던 실질적 사항의 통일은 합의도출의 난관에 부딪혀 다류 1출원제도 및 다건 1통방식의 채용, 각종 증명서 요구의 간소화, 갱신제도의 개정 등 절차적인 사항을 중심으로 한 25개 조문만으로 구성되게 되었으며, 규칙으로 8개 조문을 두고 있다.

가. 다류 1출원제도의 도입

다류 1출원제도란 1상표에 대해 복수의 지정상품 또는 복수의 지정서비스업을 1건의 출원서에 의해 출원할 수 있는 제도이다. 구 상표법 제10조의 1상표 1류 1출원주의에 대비되는 제도로서 출원인의 절차상 편의와 시간 및 비용을 절감하는 데 그 취지가 있다. 다류 1출원제도는 등록 후 다류에 대한 복수의 권리 인정과 연관되며, 요금체계나 기타 실무에서 변경을 수반하게 된다.

나. 다건 1통방식의 채택

다건 1통방식이란 1통의 절차에 의해 복수의 사건, 즉 명칭변경, 주소변경, 출원인명의 변경, 등록명의인표시변경, 상표권 이전등록신청 등을 2건 이상 동시에 할 수 있는 방식을 말한다. 상표제도 운영의 편의를 위한 것으로서 출원인 기타 상표에 관한 절차를 밟는 자를 고려한 것이다. 우리 상표제도는 1건 1통주의가 원칙이기 때문에, 위 조약의 가입에 따른 변경의 필요성이 있다.

다. 각종 증명서 요구의 간소화

출원에 대한 편의를 위해 증명서의 요구를 최소한으로 제한할 필요가 있는데, 본 조약에는 상업등기부의 증명서, 출원인의 업무증명서, 파리협약 제6조의5의 경우를 제외한 등록증명서의 요구를 금지하는 내용을 포함하고 있다. 다만 특허청의 경우 합리적인 이유가 있는 때에 한하여 출원 심사와 관련된 증거를 제출하도록 요구할 수 있을 뿐이다.

라. 출원요건의 간소화와 통일

상표법조약은 출원인의 편의를 기본이념으로 하여 출원 시 요구되는 기재사항이나 증명서의 통일 및 간소화를 지향하고 있다. 이에 조약 제3조(7)은 '기타 요구의 금지'를 규정하여 사용사실 및 그 사용에 대한 증거 등의 제출을 금지하고 있는 것이다.

마. 출원분할의 자유

동 조약에서는 출원인이 원출원일을 유지하면서 출원을 분할할 수 있도록 하여, 다류 1출원제도의 도입으로 인해 야기될 수 있는 문제점을 보완하고 있다. 따라서 다류의 지정상품 중 일부에 대한 거절이유가 있는 경우 분할을 통해 전체가 거절되는 문제를 피할 수 있다.

바. 존속기간갱신등록출원에 대한 실체심사의 금지

동 조약의 가입국은 갱신출원이 일정한 방식상의 요건을 충족하고 요금만 납부하면 갱신등록을 인정하도록 하고 있다. 비록 당장은 갱신등록출원 시 상표 사용사실에 대한 증명을 요구할 수 있지만, 조약 발효 후 3년 내지 5년 후에는 이를 요구할 수 없게 되어 있다. 따라서 품질오인, 공공질서와 선량한 풍속을 문란하게 할 염려 등의 심사도 금지되며, 우리 상표법에도 갱신등록출원 시 사용사실제출 폐지, 견본제출의 불요구, 실체심사의 폐지 등으로 반영되어 있다.

사. 대리인 선임·포괄위임장의 인정

동 조약은 포괄위임장을 인정하여, 현재·장래의 사건을 특정하지 않고 출원 또는 등록의 절차에 대해 대리인을 선임할 수 있다. 이러한 포괄위임장의 인정은 의무규정이 아니지만 특허법 시행규칙의 개정으로 포괄위임을 인정한 점에 비추어 상표법에서도 허용되는 것으로 볼 것이다.

아. 서명, 텔레카피어, 전자적 수단에 의한 통지

출원은 각국의 전자출원제도의 도입을 고려하여 서면 외에도 텔레카피어 또는 전자적 수단에 의해서도 가능하도록 하였으며, 우리 상표법은 1999년 개정에 의해 전자출원제도를 인정하였고 전자문서로 제출할 수 있는 문서는 상표법 시행규칙 제1조의2에 규정하였다.

6. WTO/TRIPs 협정

GATT/UR의 체결로 인하여 1995년 1월 1일부터 WTO(세계무역기구)가 정식으로 발족하고, 그 부속서로 상품무역에 관한 사항 이외에 서비스, 무역관련 투자조치, 무역관련 지적재산권 협정(TRIPs)이 확정되었다. TRIPs 협정은 특허권, 저작권, 컴퓨터프로그램, 반도체칩, 영업비밀 등 8개 분야의 지적재산권과 관련한 최소한의 보호기준을 마련하고 있다. 제2장 상표(Trademarks) 규정에서 상표의 보호와 관련한 규정들을 두고 있는 TRIPs 협정은 상표의 의의, 상표권의 내용, 보호기간, 사용의무, 사용권 설정 및 양도 등을 규정하고 있으며, 제3장에서는 지리적 표시(Geographical Indications)의 보호규정을 두고 있다. 또한 제2조 지적재산권 협정에서는 본 협정의 보호기준, 시행절차, 권리획득 및 유지절차와 관련하여서는 파리조약 제1조 내지 제12조와 제19조를 준용하도록 하고 있다.

7. 니스협정

니스협정은 「상표등록을 위한 상품 및 서비스의 국제분류에 관한 NICE협정(Nice Agreement Concerning the International classification of Goods and Service for the Purpose of the Registration of Marks)」으로서 1957년 6월에 체결된 후 1961년 4월에 발효되었다. 니스협정은 상품분류를 국제적으로 통일화하는데 목적이 있으며, 우리나라는 포함한 80여 개국이 니스분류를 사용하고 있다. 2007년 개정된 니스분류는 1류~34류의 34개류 상품류와 35류~45류의 11개류의 서비스류로 구성되어 있다. 우리 상표법에서는 이를 반영하여 1998년 개정법에서 국제상품분류를 채택하였고, 이를 상표법 시행규칙 제6조에서 규정하고 있다.

Ⅲ. 상표법상의 제 원칙

1. 권리주의

상표권자는 지정상품에 관하여 그 등록상표를 사용할 권리를 독점한다(§50).

2. 등록주의

상표권은 설정등록에 의하여 발생한다(§41①). 심사관은 상표등록출원에 대하여 거절이유를 발견할 수 없는 때에는 상표등록결정을 하여야 한다(§30).

3. 선(출)원주의

동일 또는 유사한 상품에 사용할 동일 또는 유사한 상표에 관하여 다른 날에 2 이상의 상표등록출원이 있는 때에는 먼저 출원한 자만이 그 상표에 관하여 상표등록을 받을 수 있다(§8①).

4. 심사주의

특허청장은 심사관으로 하여금 상표등록출원 및 상표등록이의신청을 심사하게 한다(§22①). 특허청장은 상표등록출원의 심사에 있어서 필요하다고 인정하는 경우에는 전문조사기관을 지정하여 상표검색을 의뢰할 수 있다(§22의2①).

5. 사용주의

선원주의와 달리 상표의 사용이라는 사실행위에 따라 권리를 부여하는 것을 말한다.

6. 출원공고제도

심사관은 상표등록출원에 대하여 거절이유를 발견할 수 없는 때에는 출원공고결정을 하여야 한다(§24①). 일반공중의 열람에 제공하여 심사의 공정성확보, 상표분쟁의 예방 등을 보장하기 위한 제도이다.

7. 심판제도

상표에 관한 분쟁을 전문적인 기관인 특허심판원이 대법원의 최종심을 전제로 그 전심절차로서 상표에 관한 권리관계의 발생·변경·소멸이나 권리범위 등에 관한 분쟁을 해결하는 세노이다.

Ⅳ. 상표법의 원리

상표법의 원리는 상표법 제1조에서 찾을 수 있다. 즉 상표권자의 영업상 신용 또는 Goodwill을 보호하기 위해 새로운 창작물이 아닌 상표를 보호하고, 이와 더불어 상표에 화체된 브랜드 가치의 보호를 통해 일반 소비자 및 공정한 경쟁질서를 보호하는 것이다. 이러한 상표의 특징상 일정한 독점 기간 부여 이후에는 더 이상 보호의 필요성이 없게 되는 다른 산업재산권 등과 달리 상표는 권리보호기간이 길어짐에 따라 그 상표에 화체된 영업상의 신용 등의 가치도 계속 올라가기 때문에, 시간의 경과에 따른 보호의 필요성이 높아지게 된다.

Ⅴ. 상표의 기능

1. 상품의 식별기능(기본적 기능)

상표의 본질적 기능으로서 자기의 상품과 타인의 상품을 구별하는 식별기능을 한다(자타 상품식별기능).

2. 파생적 기능

가. 품질보증기능

상표를 반복 사용함으로써 수요자로 하여금 그 상표가 부착된 상품의 품질을 보증하는 기능이다.

나. 출처표시기능

상표를 특정 상품에 계속·반복하여 사용함으로써 수요자로 하여금 그 상표가 부착된 상품은 동일한 출처로부터 제조·판매된다는 것을 표시하는 기능이다. 판례는 "책의 제목은 그 책의 내용을 표시할 뿐 출판사 등 그 출처를 표시하는 것은 아니어서 원칙적으로 그 상품을 다른 사람의 상품과 식별되도록 하기 위하여 사용하는 표장이 아니므로,

책의 제목으로 사용된 표장에 대하여는 그 표장과 동일 또는 유사한 등록상표의 상표권의 효력이 미치지 아니한다”고 판시하였다.[8] 다만, “서적류의 제호는 특별한 사정이 없는 한 해당 저작물의 창작물로서의 명칭 내지는 그 내용을 함축적으로 나타내는 것이며 그러한 창작물을 출판하고 제조·판매하고자 하는 자는 저작권법에 저촉되지 않는 한은 누구든지 사용할 수 있는 것으로서 품질을 나타내는 보통명칭 또는 관용상표와 같은 성격을 가지는 것이므로 제호로서의 사용에 대하여는 상표법 제51조의 규정에 의하여 상표권의 효력이 미치지 않는 것이 원칙이기는 하나, 타인의 등록상표를 정기간행물이나 시리즈물의 제호로 사용하는 등 특별한 경우에는 사용 태양, 사용자의 의도, 사용 경위 등 구체적인 사정에 따라 실제 거래계에서 제호의 사용이 서적의 출처를 표시하는 식별표지로서 인식될 수도 있으므로, 그러한 경우에까지 상표권의 효력이 미치지 않는 것으로 볼 수는 없다”고 한다.[9]

---

8) 대법원 2002. 12. 10. 선고 2000후3395 판결[‘리눅스(Linux)’라는 컴퓨터 운영체제 프로그램의 사용방법 등을 설명하는 내용의 책을 출판하면서 그 책에 사용한 ‘리눅스＋내가최고’라는 표장은 그 책의 제목으로만 사용되었고 그 책의 출처를 표시하거나 그 책을 다른 출판사의 책과 식별되도록 하기 위한 표장으로서 사용되지 아니하였으므로, 등록상표인 ‘Linux’의 상표권의 효력이 책의 제목으로 사용된 위 표장에 미치지 아니한다고 한 사례].

9) 대법원 2005. 8. 25. 선고 2005다22770 판결(피신청인은 이 사건 서적을 ‘영절하! 중학입문’, ‘영절하! 중학입문 Listening Script & Test Answers’, ‘영절하! 중학실력’, ‘영절하! 중학실력 Listening Script & Test Answers’, ‘영절하! 중학기본’, ‘영절하! 중학기본 Listening Script & Test Answers’, ‘영절하! 중학종합’, ‘영절하! 중학종합 Listening Script & Test Answers’라는 제호로 제작·판매하여 ‘영절하’를 제호의 일부로 하는 시리즈물의 형식으로 이 사건 서적을 제작·판매하고 있음을 알 수 있는바, 앞서 본 법리에 의하면, 피신청인의 ‘영절하’ 제호의 사용 태양, 사용 의도, 사용 경위 등에 비추어 피신청인은 신청인의 등록상표를 시리즈물인 서적의 제호의 일부로 사용함으로써 시리즈물인 서적의 출처를 표시하고 있는 것으로 볼 여지가 있으므로, 원심으로서는 피신청인의 위와 같은 제호의 사용이 서적의 출처를 표시하는 식별표지로서 인식될 수 있는 사용인지에 대하여 나아가 심리한 후 그와 같은 사용으로 인정할 수 있는 경우에는 신청인의 상표권을 침해하는 상표적 사용으로 보아 신청인의 상표권의 효력이 이에 미치는 것으로 보아야 할 것이다). 참고로, 위 판결의 환송판결인 대법원 2004. 7. 9. 선고 2002다56024 판결에서는 “‘영절하’라는 제호가 원심 판시와 같은 서적의 판매부수 및 신문, 방송의 보도 등에 의하여 신청인이 창작한 저작물 또는 피신청인이 출판한 서적을 나타내는 것으로 널리 알려지고, 그에 따라 신청인도 ‘영절하’라는 서적의 저자 또는 그 서적에 담긴 영어학습방법의 창안자로 널리 알려졌다고 볼 수 있기는 하지만, 신청인의 영업인 영어학습방법에 관한 저술업에 관하여는 저술활동에 의하여 창작된 저작물을 수록한 서적의 겉표지 등에 저자로 표기된 명칭(실명 또는 필명이나 약칭 등을 기재하는 경우가 대부분이다)이 일반적으로 그 저술업의 활동 주체를 나타내는 것이고, ‘제호’는 원래 서적에 담긴 저작물의 창작물로서의 명칭 내지 그 내용을 직접 또는 함축적으로 나타내는 것인 점에 비추어 볼 때, 신청인이 ‘영절하’의 저자 정찬용으로 널리 인식되었다고 하더라도 ‘영절하’는 여전히 신청인이 창작한 저작물 또는 그 저작물을 담고 있는 서적이라는 상품 그 자체를 가리키는 것일 뿐, 신청인의 저술업이라는 영업의 표지로 되었다고 볼 수는 없고 달리 신청인이 ‘영절하’를 저술업이라는 영업의 표지로 독립하여 사용하여 왔음을 인정할 만한 증거도 없다. 또한, 원심 판시와 같이 ‘영절하’라는 제호에 어느 정도 독창성이 있으며, 그 제호를 사용한 서적이 많이 판매되고, 신청인이 강연회나 방송에 출연하는 등으로 신청인이 위 서적에 수록된 저작물의 창작자로 널리 알려지게 된 결과, 피신청인이 ‘영절하’라는 제호를 위 목록 제5 내지 12 서적의 제호 중 일부에 사용함으로 인하여 일반인들의 오인·혼동이 일어날 수 있기는 하지만, 앞서 본 제호의 본질적인

다. 광고선전기능

광고선전을 통하여 상품에 대한 강한 인상을 주어 구매의욕을 촉진시켜 주는 기능을 말한다.

라. 기타

신용보증기능, 소비자 보호기능, 재산적 기능 등이 있다.

Ⅵ. 상표의 분류

1. 구성요소에 의한 분류

가. 문자상표

문자만으로 구성된 상표이다(HITE, SONY, IBM, 해태 등).

나. 도형상표

도형만으로 구성된 상표이다.

다. 결합상표

문자＋도형, 도형＋기호＋문자, 문자＋기호, 기호＋문자＋도형＋색채 등의 결합상표가 있다.

라. 기타

소리상표, 빛상표, 냄새상표 등이 있다.

기능 및 '영절하'라는 제호가 신청인의 영업표지로 되기 어려운 점에 비추어 볼 때 일반인들의 오인·혼동은 피신청인이 출판한 서적 또는 그에 담긴 저작물과 위 '영절하'라는 제호로 발간된 서적 또는 위 제호로 특정되는 저작물 그 자체에 관한 것이고, 피신청인이 위 서적들의 제호 중 일부에 '영절하'를 표기한 것은 별개의 영업표지로서의 사용이 아니라 영어학습서의 시리즈 상표로서의 사용으로 봄이 상당하므로, 피신청인의 위와 같은 행위로 인하여 신청인의 저술업과 어떤 오인·혼동이 일어날 염려가 있다고 할 수 없다"고 판시하였다.

2. 기능에 따른 분류

가. 상품상표

상품에 사용되는 상표로서 특정의 상품에 사용되어 상품의 동일성을 표시하는 것을 말한다.

나. 영업상표

상호 또는 상호의 약칭 등으로 사용되는 상표로서 모든 상품에 사용되어 영업자의 출처를 나타내는 동시에 신용도 함께 나타낸다.

3. 등록 여부에 의한 분류

등록상표와 미등록상표가 있으며, 미등록상표는 예외적으로 보호되는 경우가 있다.

4. 법률상의 분류

가. 상표(Trade mark)

상품의 출처의 동일성을 나타내기 위하여 상품에 사용되는 문자, 도형 등을 말하며, 상품의 식별 및 출처·품질·성능 등을 나타낸다.

나. 서비스표(Service Mark)

서비스표라 함은 서비스업(금융업, 광고업, 운수업 등)을 영위하는 자가 자기의 서비스업을 타인의 서비스업과 식별되도록 하기 위하여 사용하는 표장을 말한다(§2 ii).

다. 단체표장(Collective Mark)

단체표장이라 함은 상품을 생산·제조·가공[10) 또는 판매하는 것 등을 업으로 영위하는 자나 서비스업을 영위하는 자가 공동으로 설립한 법인이 직접 사용하거나 그 감독하에 있는 소속단체원으로 하여금 자기 영업에 관한 상품 또는 서비스업에 사용하게 하기 위한 표장을 말한다(§2 iii). 한편, 지리적 표시 단체표장이라 함은 지리적 표시를 사용할

---

10) 상표의 정의에서 살펴본 바와 같은 이유에서, '증명'이 삭제되었다.

수 있는 상품을 생산·제조 또는 가공하는 것을 업으로 영위하는 자만으로 구성된 법인이 직접 사용하거나 그 감독하에 있는 소속단체원으로 하여금 자기 영업에 관한 상품에 사용하게 하기 위한 단체표장을 말한다(§2ⅲ의4).

라. 증명표장(Certification Mark)

증명표장이란 상품이나 서비스업의 품질, 원산지, 생산방법이나 그 밖의 특성의 증명을 업으로 하는 자가 상품의 생산·제조·가공 또는 판매를 업으로 하는 자의 상품이나 서비스업을 영위하는 자의 서비스업이 정하여진 품질, 원산지, 생산방법이나 그 밖의 특성을 충족하는 것을 증명하는 데 사용하게 하기 위한 표장을 말한다(§2ⅳ). 그리고 지리적 표시 증명표장이란 상품의 품질, 원산지, 생산방법이나 그 밖의 특성의 증명을 업으로 하는 자가 상품의 생산·제조 또는 가공을 업으로 하는 자의 상품이 정하여진 지리적 특성을 충족하는 것을 증명하는 데 사용하게 하기 위한 지리적 표시로 된 증명표장을 말한다(§2ⅳ의2).

마. 업무표장(Business Emblem)

업무표장이라 함은 영리를 목적으로 하지 아니하는 업무를 영위하는 자가 그 업무를 표상하기 위하여 사용하는 표장을 말한다(§2ⅴ). 이와 관련하여 판례는 각인행위를 하면서 그 대가로 약간의 감정수수료를 받았다고 하더라도 비영리업무에 해당한다고 보았다.[11]

바. 상표에 관한 규정의 적용

서비스표·단체표장·증명표장 및 업무표장에 관하여는 상표법에서 특별히 규정한 것을 제외하고는 상표에 관한 규정을 적용하고(§2③), 지리적 표시 증명표장에 관하여는 상표법에서 특별히 규정한 것을 제외하고는 지리적 표시 단체표장에 관한 규정을 적용한다(§2④).

---

11) 대법원 1995. 6. 16. 선고 94도1793 판결(귀금속 및 보석제품에 대한 품질보증제도 확립지도업, 귀금속 및 보석 가공상품의 품질향상과 유통질서 확립지도업을 지정업무로 하는 사단법인 한국귀금속보석감정원의 등록 업무표장인 태극 마크를, 직할시 귀금속시계판매업감정위원회 회장 등이 직할시 지역의 귀금속 및 시계의 부당한 감정을 막고 감정의 권위를 높이기 위한 감정업무를 행하면서 사용하던 무등산마크와 함께 귀금속판매상인들이 가지고 온 금반지 등에 귀금속의 함량을 확인 보증한다는 취지로 각인하여 사용한 행위는 위 등록 업무표장의 지정업무와 동일 유사한 업무를 수행한 것이고, 그러한 각인행위를 행하면서 그 대가로 약간의 감정수수료를 받았다고 하더라도 그 업무의 성질을 달리 볼 수 없다고 한 사례).

5. 주체에 의한 분류

가. 제조표

상품의 제조자가 자신이 생산하는 상품을 표시하는 상표를 말한다.

나. 판매표

판매업자가 자신이 판매하는 상품임을 표시하는 상표이다.

다. 증명표

상품의 품질검사를 행하는 영업자가 자신이 취급한 상품의 품질·성분 등을 보증하기 위하여 사용되는 표장을 말한다.

6. 기타의 분류

Family mark, 조어상표(coined mark), 저장상표, 광고상표, 연합상표 등이 있다.

Ⅶ. 상표법과 타법의 관계

1. 상표와 상호

상호는 상인이 영업에 관하여 자기를 표창하는 명칭으로 사용하는 것이며, 상표는 상품의 출처표시·자타 상품의 식별기능 등을 나타내기 위한 표장이다. 다만, 실무에서 상표적 사용과 상호적 사용을 구별하기가 쉽지만은 않은바, 판례는 "피청구인이 자신의 서비스업을 영위함에 있어서 자기의 상호를 보통으로 사용하는 방법으로 표시한 것이더라도 자기의 상호로 구성된 이 사건 (가)호 표장 '(주)거북이약품'을 자신의 거래명세서, 기래장 등에 나타낸 이상 자신의 서비스와 타인의 서비스를 구별하기 위한 표장으로서 사용한 것이라 할 것이므로 피청구인은 (가)호 표장을 단순히 상호로서만 사용한 것이 아니라 서비스표적으로 사용한 것"으로 판단한 바 있다.[12]

2. 상표와 디자인

디자인은 물품의 형상 등이 물품에 화체되어 물품의 외관을 구성하지만, 상표는 상품에 부착되어 사용되더라도 물품 그 자체를 구성하지는 않는다. 이러한, 디자인과 상표는 배타적·선택적인 관계에 있는 것이 아니므로 디자인이 될 수 있는 형상이나 모양이라고 하더라도 그것이 상표의 본질적인 기능이라고 할 수 있는 자타 상품의 출처표시를 위하여 사용되는 것으로 볼 수 있는 경우에는 그 사용은 상표로서의 사용이라고 보아야 한다.[13]

3. 상표와 서비스표

서비스표는 무형의 서비스에 사용되는 표장인 점에서 상품에 사용되는 상표와 구별된다. 서비스업 중에서 상품과 관계 있는 서비스업에 대해서는 어느 상품에 사용되는 표장과 동일 또는 유사한 표장을 그 상품과 밀접한 관련 있는 서비스업에 그 서비스표로 사용할 경우 일반 수요자가 그 서비스업의 제공자를 상품의 제조판매자와 동일인인 것처럼 서비스표의 출처에 대하여 혼동을 일으킬 우려가 있고, 특히 거래사회의 실정으로 보아 서비스업의 제공과 상품의 제조 판매가 동일한 업자에 의하여 이루어지는 때가 많고, 일반인들 또한 그렇게 생각하는 경향이 있는 경우에는 그와 같은 혼동의 우려는 더욱 많아진다.[14]

---

12) 대법원 1993. 12. 21. 선고 92후1844 판결.

13) 대법원 2000. 12. 26. 선고 98도2743 판결(피고인이 이 사건 등록상표와 유사한 표장을 슬리퍼의 갑피 부분에 부착하여 사용한 태양, 등록상표의 주지성 및 피고인의 사용의도 등을 종합하여 보면, 피고인이 그와 같이 사용한 표장은 실제 거래계에서 자타 상품의 출처를 표시하기 위하여 사용된 것으로 보이고, 그 사이에 피고인이 위 표장인 도형에 관하여 1996. 8. 9. 의장등록출원을 하여 1997. 9. 11. 의장등록을 받았다고 하더라도, 그러한 사정만으로 피고인의 위 표장 사용을 의장적으로만 사용된 것으로 볼 수는 없다).

14) 전기 전자용품의 제조 판매업자가 그 대리점 등을 통하여 유통업이나 판매전략업, 고장수리업 등 관련 서비스업에도 다양하게 진출하고 있는 거래사회의 실정 등에 비추어 보면 피고인이 '삼성수원도매센타'라는 서비스표로 전기 전자용품의 판매 등 관계 서비스업을 영위하는 경우 일반 수요자에게 등록상표권자인 삼성전자 주식회사의 대리점으로 오인케 하여 그 서비스업의 출처나 신용 및 품질 등에 관하여 오인·혼동을 초래할 가능성이 있다고 보아야 할 것이므로, 위와 같은 경우에는 상표의 서비스표적인 사용도 등록상표의 권리범위에 속한다고 보아 상표법위반죄에 대하여 유죄를 선고한 원심판결을 수긍한 사례(대법원 1996. 6. 11. 선고 95도1770 판결).

4. 상표와 성명

성명은 인간이 자기를 표시하기 위하여 사용하는 문자로 발음이 가능한 명칭이다.

5. 상표와 도메인 네임

인터넷주소란 인터넷에서 국제표준방식 또는 국가표준방식에 의하여 일정한 통신규약에 따라 특정 정보시스템을 식별하여 접근할 수 있도록 하는 숫자·문자·부호 또는 이들의 조합으로 구성되는 정보체계로서 ⅰ) 인터넷 프로토콜(protocol) 주소(인터넷에서 컴퓨터 및 정보통신설비가 인식하도록 만들어진 것), ⅱ) 도메인(domain)이름(인터넷에서 인터넷 프로토콜 주소를 사람이 기억하기 쉽도록 하기 위하여 만들어진 것), ⅲ) 그 밖에 대통령령으로 정하는 것의 어느 하나에 해당하는 것을 말한다(인주법 §2ⅰ). 한편, 부정경쟁방지법에서는 도메인이름을 인터넷상의 숫자로 된 주소에 해당하는 숫자·문자·기호 또는 이들의 결합이라고 정의하고 있다(부경법 §2ⅳ).

구 분	도메인 네임	상 표
관할기관	한국인터넷진흥원	특허청
법 률	인터넷주소자원관리법	상표법
목 적	인터넷주소자원의 개발·이용을 촉진하고 인터넷주소자원의 안정적인 관리체계를 구축함으로써 인터넷 이용자의 편익을 증진하고 국가사회의 정보화에 이바지함	상표를 보호함으로써 상표사용자의 업무상의 신용유지를 도모하여 산업발전에 이바지함과 아울러 수요자의 이익을 보호함
정 의	인터넷에서 국제표준방식 또는 국가표준방식에 의하여 일정한 통신규약에 따라 특정 정보시스템을 식별하여 접근할 수 있도록 하는 숫자·문자·부호 또는 이들의 조합으로 구성되는 정보체계	상품을 생산·가공·증명 또는 판매하는 것을 업으로 영위하는 자가 자기의 업무에 관련된 상품을 타인의 상품과 식별되도록 하기 위하여 사용하는 기호·문자·도형·입체적 형상·색채·홀로그램·동작 또는 그 밖에 시각적으로 인식할 수 있는 것
상품과의 관련성	無	有
등록원칙	선신청주의(first come, first served) 예외: 부정한 목적의 등록	선출원주의
보호범위 및 효력	인터넷상 독점사용권 有, 유사 도메인 배척 효력 無	국내에서 독점 배타적 권리
동일·유사성 판단	동일 여부만 판단	동일·유사 상품에 대한 등록 배척
존속기간	등록비 등 납부 시 영구적 사용 可	등록일로부터 10년(갱신 可)

도메인 네임과 관련한 상표법상 논의의 초점은 도메인 네임의 등록 및 사용이 상표의

사용에 해당하는지이다.[15] 인주법[16]에 의하면, 누구든지 정당한 권원이 있는 자의 도메인이름 등의 등록을 방해하거나 정당한 권원이 있는 자로부터 부당한 이득을 얻는 등 부정한 목적으로 도메인이름 등을 등록·보유 또는 사용하여서는 아니 되며(§12①), 정당한 권원이 있는 자는 이를 위반하여 도메인이름 등을 등록·보유 또는 사용한 자가 있으면 법원에 그 도메인이름 등의 등록말소 또는 등록이전을 청구할 수 있다(§12②).

6. 상표와 저작권

저작권은 인간의 사상 또는 감정을 표현한 창작물인 저작물을 독점적으로 복제·배포 등 할 수 있는 권리로서, 저작권법은 저작자의 권리와 이에 인접하는 권리를 보호하고 저작물의 공정한 이용을 도모함으로써 문화 및 관련 산업의 향상발전에 이바지함을 목적으로 한다(저작권법 §1).

7. 상표와 캐릭터

캐릭터는 상표와 저작권으로 중첩적으로 보호될 수 있다. 다만, 만화제명 '또복이'는 사상 또는 감정의 표명이라고 볼 수 없어 저작물로서 보호받을 수 없다.[17]

8. 부정경쟁방지법과의 관계

상표법과 부정경쟁방지법은 중복적용이 되나 상호 저촉되는 경우에는 상표법이 우선하여 적용된다(부경법 §15).

---

15) 이에 대한 상세한 내용 및 판례에 대해서는, 최성준, "도메인이름 분쟁에 대한 사법적 구제", 상표법, 사법연수원(2005), 400-471면 참조.
16) 제4조 [적용범위] 이 법은 대한민국에서 할당되는 인터넷 프로토콜 주소와 대한민국에서 등록·보유 또는 사용되는 도메인이름 등의 인터넷주소자원에 대하여 적용한다.
17) 대법원 1977. 7. 12. 선고 77다90 판결.

Ⅷ. 상표법상의 표장

1. 서비스표

가. 의의

서비스표라 함은 서비스업(금융업, 광고업, 운수업 등)을 영위하는 자가 자기의 서비스업을 타인의 서비스업과 식별되도록 하기 위하여 사용하는 표장을 말한다(§2 ⅱ).[18]

나. 기능

상표와 달리 서비스표의 품질보증기능은 출처표시기능과 독립하여 인정되지 못하고 출처표시기능에 종속적인 형태로 발휘된다.

다. 등록요건

서비스표의 등록요건은 상표의 등록요건과 동일하며, 다만 서비스업의 요건은 다음의 기준을 충족시켜야 한다. 즉 법 제2조 제1항 제2호에서 규정하는 '서비스업'이라고 함은 다음의 요건을 구비한 서비스업을 말한다.[19]

(1) 용역의 제공이 독입하여 상거래의 대상이 될 것, 제품을 제조하는 제조업자 또는 농·축·수산업자 및 임업자 등이 물품의 판매를 위하여 부수적으로 용역을 제공하는 것은 여기에 해당하지 않는 것으로 본다.

(2) 타인의 이익을 위하여 제공되는 용역일 것, 동일 기업체 내부의 운송·통신·기타 용역업무를 수행하는 것은 여기에 해당하지 않는 것으로 본다.

(3) 용역의 제공이나 또는 상품판매에 부수하는 물품 또는 용역의 제공이 아닐 것, 서비스업을 하는 자가 그 부대업무와 관련되는 상품에 상표를 사용하고자 할 경우에는 상표로서 별노의 등록을 받아야 하는 것으로 본다.

라. 효력

상표권의 효력과 동일하게 동일 서비스표를 독점사용할 수 있으며, 동일 또는 유사 서

---

18) 시행규칙 제40조 (상품류 구분 등) ② 서비스업류구분은 별표 2와 같다. 이 경우 별표 2의 각 서비스업류에 속하는 구체적인 서비스업은 특허청장이 정하여 고시한다.

19) 상표심사기준 제48조 제1항.

비스표에 대한 제3자의 사용을 금지할 수 있다. 또한, 등록된 서비스표의 효력은 지정된 서비스업에만 미치는 것이므로 서비스표를 유형물인 상품에 부착하는 행위는 서비스표의 권리범위를 넘는 것이고, 따라서 다른 사람이 먼저 등록한 상표와 동일 또는 유사한 서비스표를 그 등록상표의 지정상품과 동일 또는 유사한 상품에 부착하여 사용하면 그 서비스표가 상표법 소정의 확정심판에 의하여 무효로 선언되었는지에 관계없이 그 등록상표와 상표권을 침해한 것이 된다.[20]

2. 단체표장

가. 의의

단체표장이라 함은 상품을 생산·제조·가공 또는 판매하는 것 등을 업으로 영위하는 자나 서비스업을 영위하는 자가 공동으로 설립한 법인이 직접 사용하거나 그 감독하에 있는 소속단체원으로 하여금 자기 영업에 관한 상품 또는 서비스업에 사용하게 하기 위한 표장을 말한다(§2ⅲ). 그리고 지리적 표시 단체표장이라 함은 지리적 표시를 사용할 수 있는 상품을 생산·제조 또는 가공하는 것을 업으로 영위하는 자만으로 구성된 법인이 직접 사용하거나 그 감독하에 있는 소속단체원으로 하여금 자기 영업에 관한 상품에 사용하게 하기 위한 단체표장을 말한다(§2ⅲ의4).[21]

나. 특징
(1) 사용 주체와 권리 주체의 분리

단체표정은 단체 자체의 명의로 출원 및 등록을 받고 그 사용은 단체 소속원이 하도록 하였으나, 2004년 개정법에서는 법인도 단체표장을 사용할 수 있도록 하였다(§2ⅲ).

(2) 이전

단체표장등록출원은 이를 이전할 수 없다. 다만, 법인의 합병의 경우에는 특허청장의 허가를 받아 이전할 수 있다(§12⑨). 또한, 단체표장권에 대해서는 사용권설정이나 질권설

---

20) 서울고등법원 1987. 12. 24. 선고 84나4257 판결(확정).

21) 상표법 제2조 [정의] 3의2. '지리적 표시'라 함은 상품의 특정 품질·명성 또는 그 밖의 특성이 본질적으로 특정 지역에서 비롯된 경우에 그 지역에서 생산·제조 또는 가공된 상품임을 나타내는 표시를 말한다. 3의3. '동음이의어(同音異義語) 지리적 표시'라 함은 동일한 상품에 대한 지리적 표시에 있어서 타인의 지리적 표시와 발음은 동일하지만 해당 지역이 다른 지리적 표시를 말한다.

정이 금지된다(§54⑩, §55②, §57⑤).

다. 등록

(1) 단체표장의 등록을 받을 수 있는 자

상품을 생산·제조·가공 또는 판매하는 것 등을 업으로 영위하는 자나 서비스업을 영위하는 자가 공동으로 설립한 법인(지리적 표시 단체표장의 경우에는 그 지리적 표시를 사용할 수 있는 상품을 생산·제조 또는 가공하는 것을 업으로 영위하는 자만으로 구성된 법인에 한한다)은 자기의 단체표장을 등록받을 수 있다(§3의2).

(2) 단체표장등록출원서의 제출

단체표장등록을 받고자 하는 자는 제9조 제1항 각 호의 사항 외에 대통령령이 정하는 단체표장의 사용에 관한 사항을 정한 정관을 첨부한 단체표장등록출원서를 제출하여야 한다. 이 경우 지리적 표시단체표장을 등록받고자 하는 자는 그 취지를 단체표장등록출원서에 기재하여야 하고, 지리적 표시의 정의에 합치함을 입증할 수 있는 대통령령이 정하는 서류를 함께 제출하여야 한다(§9④).

그리고 단체표장등록출원인은 위 정관의 수정이 필요한 때에는 제14조 제2항(상표등록여부결정) 또는 제15조(출원공고결정)에 따른 기간 이내에 특허청장에게 수정정관을 제출할 수 있다(§17의2①).

(3) 등록요건

상표의 일반적인 등록요건을 갖추어야 한다(§6①, §7①). 그 이외에 단체표장은 ⅰ) 법인명의의 출원이어야 하고, ⅱ) 단체구성원의 영업에 관한 상품이나 서비스업에 사용하기 위한 표장이어야 하며, ⅲ) 단체의 구성원은 그 법인의 감독하에 있어야 한다. 나아가 지리적 표시 단체표장인 경우에는 제6조 제3항, 제7조 제1항 제7호의2 등 고유한 등록요건을 구비하여야 한다.

이와 관련하여, 특허청장은 「농수산물 품질관리법」에 의한 지리적 표시 등록대상품목에 대하여 지리직 표시 단체표장이 출원된 경우 지리적 표시 해당 여부에 관하여 농림수산식품부장관의 의견을 들어야 한다(§22의2③).

(4) 선출원규정의 적용 배제

동일(동일하다고 인식되어 있는 경우를 포함한다)[22]하지 아니한 상품에 대하여 동일 또는 유사한 표장으로 2 이상의 지리적 표시 단체표장등록출원 또는 지리적 표시 단체표장등록출원과 상표등록출원이 있는 경우, 서로 동음이의어 지리적 표시에 해당하는 표장으로 2 이상의 지리적 표시 단체 표장등록출원이 있는 경우에는 선출원주의를 적용하지 아니한다(§8⑦). 다만, 동음이의어 지리적 표시 단체표장의 경우 지리적 출처에 대한 소비자 혼동을 방지하기 위해 각 단체표장권자 및 그 소속단체원은 지리적 출처에 대하여 수요자로 하여금 혼동을 초래하지 아니하도록 하는 표시를 등록단체표장과 함께 사용하여야 하며(§90의2), 단체표장권자 또는 그 소속단체원이 이에 위반하여 단체표장을 사용함으로써 수요자로 하여금 상품의 품질에 대한 오인 또는 지리적 출처에 대한 혼동을 초래하게 한 경우에는 취소사유가 된다(§73①xii).

(5) 불사용취소심판청구인의 독점적 출원권 배제

소멸된 지리적 표시 등록단체표장과 동일 또는 유사한 표장으로 그 지정상품과 동일(동일하다고 인식되어 있는 경우를 포함한다)하지 아니한 상품에 대하여 상표등록출원을 한 경우, 소멸된 지리적 표시 등록단체표장과 서로 동음이의어 지리적 표시에 해당하는 표장으로 지리적 표시 단체표장등록출원을 한 경우에는 제8조 제5항을 적용하지 아니한다(§8⑧).

라. 취소사유

단체표장권은 상표권 일반의 취소사유 이외에 제73조 제1항 제4호 내지 제6호, 제10호 내지 제12호에 고유한 취소사유가 규정되어 있다.

마. 효력

단체표장권은 단체 또는 그 구성원이 사용할 수 있으나, 단체표장권 자체는 단체 자체에 귀속된다. 그리고 지리적 표시 단체표장권의 배타적 효력은 일반 상표권과 달리 동일·유사한 표장을 동일한 시정상품에 사용하는 경우로 한정된다(§7①vii의2, viii의2, §51②, §66 등). 지리적 표시는 그 특성상 '특정 상품의 지리적 표시'로 수용자들에게 인식되어 있고, 따라서 지리적 표시 단체표장과 동일·유사한 표장일지라도 지정상품이 동

---

22) 괄호 부분은 2011. 6. 30. 개정법에서 추가된 것이다.

일하지 아니한 경우에는 출처의 오인혼동 우려가 없기 때문이다.[23]

바. 효력의 제한

지리적 표시 단체표장권은 다음의 경우에는 그 효력이 미치지 아니한다(§51②).

(1) 제1항[24] 제1호·제2호(산지에 해당하는 경우를 제외한다) 또는 제4호에 해당하는 상표

(2) 지리적 표시 등록단체표장의 지정상품과 동일하거나 동일하다고 인식되어 있는 상품에 대하여 관용하는 상표

(3) 지리적 표시 등록단체표장의 지정상품과 동일하거나 동일하다고 인식되어 있는 상품에 사용하는 지리적 표시로서 당해 지역에서 그 상품을 생산·제조 또는 가공하는 것을 업으로 영위하는 자가 사용하는 지리적 표시 또는 동음이의어 지리적 표시[25]

(4) 선출원에 의한 등록상표가 지리적 표시 등록단체표장과 동일 또는 유사한 지리적 표시를 포함하고 있는 경우에 상표권자·전용사용권자 또는 통상사용권자가 지정상품에 사용하는 등록상표

사. 파리조약 및 WTO/TRIPs 협정

파리조약 제7조의2[26] 및 TRIPs 협정 제22조[27]에서 단체표장에 관한 규정을 두고 있다.

---

23) 송영식 외 6인 공저, 「지적소유권법(하)」, 육법사(2008), 89면.

24) 제51조 (상표권의 효력이 미치지 아니하는 범위) ① 상표권(지리적 표시 단체표장권을 제외한다)은 다음 각 호의 어느 하나에 해당하는 경우에는 그 효력이 미치지 아니한다.
   1. 자기의 성명·명칭 또는 상호·초상·서명·인장 또는 저명한 아호·예명·필명과 이들의 저명한 약칭을 보통으로 사용하는 방법으로 표시하는 상표. 다만, 상표권의 설정등록이 있은 후에 부정경쟁의 목적으로 그 상표를 사용하는 경우에는 그러하지 아니하다.
   2. 등록상표의 지정상품과 동일 또는 유사한 상품의 보통명칭·산지·품질·원재료·효능·용도·수량·형상(포장의 형상을 포함한다)·가격 또는 생산방법·가공방법·사용방법 및 시기를 보통으로 사용하는 방법으로 표시하는 상표
   2의2. 제9조 제2항의 규정에 따른 입체적 형상으로 된 등록상표에 있어서 그 입체적 형상이 누구의 업무에 관련된 상품을 표시하는 것인지 식별할 수 없는 경우에 등록상표의 지정상품과 동일하거나 유사한 상품에 사용하는 등록상표의 입체적 형상과 동일하거나 유사한 형상으로 된 상표
   3. 등록상표의 지정상품과 동일 또는 유사한 상품에 대하여 관용하는 상표와 현저한 지리적 명칭 및 그 약어 또는 지도로 된 상표
   4. 등록상표의 지정상품 또는 그 지정상품의 포장의 기능을 확보하는 데 불가결한 형상, 색채, 색채의 조합, 소리 또는 냄새로 된 상표 <2011. 12. 2. 개정>

25) 구법 제2호, 제3호에서는 '동일한 상품'이라고 되어 있었던 것을 2011. 6. 30. 개정법에서 "동일하거나 동일하다고 인식되어 있는 상품"으로 바꾸었다.

26) Article 7bis
   Marks: Collective Marks

3. 증명표장

가. 의의

증명표장이란 상품이나 서비스업의 품질, 원산지, 생산방법이나 그 밖의 특성의 증명
을 업으로 하는 자가 상품의 생산·제조·가공 또는 판매를 업으로 하는 자의 상품이나
서비스업을 영위하는 자의 서비스업이 정하여진 품질, 원산지, 생산방법이나 그 밖의 특
성을 충족하는 것을 증명하는 데 사용하게 하기 위한 표장을 말한다(§2ⅳ). 구법하에서
는 상표의 기능이 출처표시기능에 중점을 두고 있어 품질인증기능에 어느 정도 한계가
있었는바, 한-미 FTA 합의내용에 따라 2011. 12. 2. 개정법에서 증명표장제도를 신설

---

(1) The countries of the Union undertake to accept for filing and to protect collective marks belonging
to associations the existence of which is not contrary to the law of the country of origin, even if such
associations do not possess an industrial or commercial establishment.

(2) Each country shall be the judge of the particular conditions under which a collective mark shall be
protected and may refuse protection if the mark is contrary to the public interest.

(3) Nevertheless, the protection of these marks shall not be refused to any association the existence of
which is not contrary to the law of the country of origin, on the ground that such association is not
established in the country where protection is sought or is not constituted according to the law of the
latter country.

제7조의2

상표: 단체 상표

1. 동맹국은 본국의 법령에 반하지 아니하는 한 단체에 속하는 단체 상표의 등록을 인정하며 또한 보호
할 것을 약속한다. 그 단체가 공업상 또는 상업상의 영업소를 가지지 않는 경우에도 같다.

2. 각 동맹국은 단체 상표가 보호되어야 할 특별한 조건을 판단하며 또한 공공의 이익에 반하는 단체 상
표에 대하여는 그 보호를 거절할 수 있다.

3. 그러나 그 존재가 본국의 법령에 반하지 아니하는 단체에 대하여 보호가 주장되는 동맹국에서 설립되
지 아니하였다는 것 또는 보호가 주장되는 동맹국의 법령에 따라 구성되지 아니하였다는 것을 이유로
이 단체에 속하는 단체 상표의 보호를 거절할 수 없다.

27) 제22조 지리적 표시의 보호

1. 이 협정의 목적상 지리적 표시란 상품의 특정 품질, 명성 또는 그 밖의 특성이 본질적으로 지리적 근
원에서 비롯되는 경우, 회원국의 영토 또는 회원국의 지역 또는 지방을 원산지로 하는 상품임을 명시하
는 표시이다.

2. 지리적 표시와 관련 회원국은 이해당사자가 다음의 행위를 금지할 수 있는 법적 수단을 제공한다.

가. 당해 상품의 지리적근원에 대해 대중의 오인을 유발하는 방법으로 진정한 원산지가 아닌 지역을 원
산지로 한다고 표시하거나 암시하는 상품의 명명 또는 소개 수단의 사용

나. 파리협약(1967년) 제10조의2의 의미 내에서의 불공정경쟁행위를 구성하는 사용

3. 회원국은 자기나라의 법이 그렇게 허용하는 경우 직권으로 또는 이해관계자의 요청에 따라, 자기 나
라 내에서 이러한 상품의 표시사용이 대중에게 진정한 원산지의 오인을 유발할 우려가 있는 성격인 경
우, 표시된 영토를 원산지로 하지 아니하는 상품에 대하여는 그러한 지리적 표시가 포함되거나 동 표시
로 구성되는 상표의 등록을 거부 또는 무효화한다.

4. 제1항, 제2항 및 제3항에 따른 보호는 상품의 원산지인 영토, 지역 또는 지방이 문자상으로는 사실일 경
우에도 그 상품이 다른 영토를 원산지로 하는 것으로 대중에게 오인되는 지리적 표시에 대하여 적용된다.

하였다. 즉 상품이나 서비스업의 품질, 원산지, 생산방법 등의 특성을 증명하는 증명표장 제를 도입하여 상표의 품질 보증기능을 강화하고, 소비자에게 상품이나 서비스업에 대한 올바른 정보를 제공하도록 한다는 것이 그 취지이다.

한편, 지리적 표시 증명표장이란 상품의 품질, 원산지, 생산방법이나 그 밖의 특성의 증명을 업으로 하는 자가 상품의 생산·제조 또는 가공을 업으로 하는 자의 상품이 정하여진 지리적 특성을 충족하는 것을 증명하는 데 사용하게 하기 위한 지리적 표시로 된 증명표장을 말한다(§2ⅳ의2).

나. 등록요건

(1) 절차적 요건

증명표장등록을 받고자 하는 자는 대통령령으로 정하는 증명표장의 사용에 관한 사항을 정한 서류(법인인 경우에는 정관을 말하고, 법인이 아닌 경우에는 규약을 말한다. 이하 '정관 또는 규약'이라 한다)와 증명하려는 상품 또는 서비스업의 품질, 원산지, 생산방법이나 그 밖의 특성을 증명하고 관리할 수 있음을 입증하는 서류를 첨부한 증명표장등록출원서를 제출하여야 한다(§9⑤). 그리고 증명표장등록출원인은 위 정관 또는 규약의 수정이 필요한 때에는 제14조 제2항(상표등록여부결정) 또는 제15조(출원공고결정)에 따른 기간 이내에 특허청장에게 수정정관 또는 수정규약을 제출할 수 있다(§17의2②).

(2) 실체적 요건 - 증명표장등록을 받을 수 있는 자

상품이나 서비스업의 품질, 원산지, 생산방법이나 그 밖의 특성을 업으로써 증명하고 관리할 수 있는 자는 상품의 생산·제조·가공 또는 판매를 업으로 하는 자나 서비스업을 영위하는 자가 영업에 관한 상품이나 서비스업이 정하여진 품질, 원산지, 생산방법이나 그 밖의 특성을 충족하는 것을 증명하는 데 사용하게 하기 위하여 증명표장을 등록받을 수 있다. 다만, 자기의 영업에 관한 상품이나 서비스업에 사용하려는 경우에는 증명표상의 등록을 받을 수 없다(§3의3①).

그러나 상표·서비스표·단체표장·업무표장등록출원인 또는 상표·서비스표·단체표장·업무표장등록을 받은 자는 그 출원상표·서비스표·단체표장·업무표장 또는 등록상표·서비스표·단체표장·업무표장과 같거나 유사한 표장을 그 지정상품·서비스업과 같거나 유사한 상품·서비스업에 대하여 증명표장으로 등록을 받을 수 없다(§3의3②).

다. 효력

(1) 상표 등의 등록 제한

증명표장 등록출원인 또는 증명표장의 등록을 받은 자는 그 증명표장과 같거나 유사한 표장을 그 지정상품·서비스업과 같거나 유사한 상품·서비스업에 대하여 상표·서비스표·단체표장·업무표장등록을 받을 수 없다(§3의3③).

(2) 양도 제한

증명표장등록출원 또는 증명표장권은 이를 이전할 수 없다. 다만, 해당 증명표장에 대하여 제3조의3에 따른 증명표장을 등록받을 수 있는 자에게 그 업무와 함께 이전하는 경우에는 특허청장의 허가를 받아 이전할 수 있다(§12⑩, §54⑩).

(3) 사용권 등 설정 제한

증명표장권에 관하여는 전용사용권이나 통상사용권을 설정할 수 없고(§55②, §57⑤), 질권의 대상이 될 수 없다(§54⑪).

(4) 권리범위

증명표장권의 효력도 상표권의 효력과 동일하다(§2③). 즉 동일성 범위에서 독점적 사용이 가능하고, 유사 범위에서의 타인 사용을 금지할 수 있다.

4. 업무표장

가. 의의

업무표장이라 함은 영리를 목적으로 하지 아니하는 업무를 영위하는 자가 그 업무를 표상하기 위하여 사용하는 표장을 말한다(§2ⅴ).[28]

---

[28] 귀금속 및 보석제품에 대한 품질보증제도 확립지도업, 귀금속 및 보석 가공상품의 품질향상과 유통질서 확립지도업을 지정업무로 하는 사단법인 한국귀금속보석감정원의 등록 업무표장인 태극 마크를, 직할시 귀금속시계판매업감정위원회 회장 등이 직할시 지역의 귀금속 및 시계의 부당한 감정을 막고 감정의 권위를 높이기 위한 감정업무를 행하면서 사용하던 무등산마크와 함께 귀금속판매상인들이 가지고 온 금반지 등에 귀금속의 함량을 확인 보증한다는 취지로 각인하여 사용한 행위는 위 등록 업무표장의 지정업무와 동일 유사한 업무를 수행한 것이고, 그러한 각인행위를 행하면서 그 대가로 약간의 감정수수료를 받았다고 하더라도 그 업무의 성질을 달리 볼 수 없다(대법원 1995. 6. 16. 선고 94도1793 판결).

나. 등록요건

(1) 절차적 요건

업무표장등록을 받고자 하는 자는 일반적인 출원서류 이외에 그 업무의 경영사실을 입증하는 서면을 첨부한 업무표장등록출원서를 제출하여야 한다(§9⑥).

(2) 실체적 요건

타인의 업무와 구별되는 식별력이 있을 것, 부등록사유에 해당하지 않을 것, 자기의 업무표장일 것, 비영리를 목적으로 할 것 등이다.

다. 효력

(1) 양도

업무표장등록출원 및 업무표장권은 이를 양도할 수 없다. 다만, 그 업무와 함께 양도하는 경우에는 그러하지 아니하다(§12⑦, §54⑦). 한편, 비영리법인 중 공익사업을 표시하는 표장으로서 저명한 표장을 그 공익법인이 출원하는 경우에는 상표등록이 가능하나, 이 표장은 출원등록 여부와 관계없이 양도할 수 없고, 다만 표장과 관련된 업무와 함께 양도하는 경우에는 그러하지 아니하다(§12⑧, §54⑧).

(2) 사용권 설정 등

업무표장권에 대해서는 사용권설정이나 질권설정이 허용되지 않으며(§54⑪, §55②, §57⑤), 업무표장과 상표, 서비스표, 단체표장 및 증명표장은 상호 출원변경할 수 없다(§19①).

라. 소멸

일반적 취소사유 이외에 업무와 분리양도된 경우(§54⑦, §73①iv), 등록업무표장의 지정업무를 폐지한 경우에는 업무표장권에 대한 취소사유가 된다.

IX. 상표등록의 요건

1. 인적 요건

국내에서 상표를 사용하는 자 또는 사용하고자 하는 자는 자기의 상표를 등록받을 수 있다. 다만, 특허청직원 및 특허심판원직원은 상속 또는 유증의 경우를 제외하고는 재직 중 상표를 등록받을 수 없다(§3). 외국인 또는 외국법인은 특허법 제25조에서와 마찬가지로 제한적으로 권리능력을 향유할 수 있다(§5의24).

이와 관련하여 상표를 출원하여 등록받으려는 자는 국내에서 출원된 상표를 사용하고 있거나, 사용할 의사가 있어야 하고(상표심사기준 §5①), 심사관은 상표를 출원하여 등록받으려는 자에게 사용할 의사가 없다고 판단한 경우에는 법 제3조 위반을 이유로 의견제출통지를 하여야 한다(상표심사기준 §5②).[29]

2. 기타

상표법상 상표의 정의에 합치해야 하고, 일반적 등록요건으로서 식별력을 갖추어야 하며(§6), 부등록사유에 해당하지 않고(§7), 선출원주의(§8) 및 1상표 1출원주의 등의 요건을 갖추어야 한다(§10).

X. 일반적 등록요건 – 법률상 등록을 받을 수 있는 상표

상표란 자신의 상품을 타인의 상품과 구별하기 위한 목적으로 사용하는 표장이므로 자타 상품식별력이 있어야 한다. 이에 상표법 제6조 제1항 각 호에서는 그러한 식별력이 없는 상표로서 등록될 수 없는 상표를 규정하고 있다. 이와 같이 자타 상품식별력이 없

---

29) 2012. 3. 13. 개정 심사기준 제5조 <해석참고자료>.
  1. 상표제도의 목적(법 제1조), 상표의 정의(법 제2조), 상표의 사회적 기능 및 저장상표의 폐해 등을 고려하여, 비록 등록주의를 취하고 있더라도 국내에서 상표를 사용하거나 사용하려는 자(법 제3조)가 아니면 상표를 등록받을 수 없다는 것을 명확히 한 규정이다.
  2. 상표등록출원의 사용의사 요건은 상표등록거절이유(법 제23조 제1항 제1호) 및 상표등록무효심판 청구이유(법 제71조 제1항 제1호)에 해당한다. <신설 2012. 3. 13.>

는 상표에 대한 등록을 불허하는 취지는 상품거래에 있어서 일반적으로 사용되는 경우가 많은 표시이므로 자타 상품식별의 기능을 상실하는 경우가 많을 뿐 아니라 가사 상품식별의 기능이 있는 경우라 하더라도 상품거래상 누구나 필요한 표시이기에 어느 특정인에게만 독점적으로 사용시킨다는 것은 공익상으로 타당하지 않기 때문이다.[30]

1. 식별력이 없는 상표

가. 보통명칭

(1) 일반

상표법 제6조 제1항 제1호 소정의 '상품의 보통명칭'이란 그 지정상품을 취급하는 거래계에서 당해 업자 또는 일반 수요자 사이에 일반적으로 그 상품을 지칭하는 것으로 실제로 사용되고 인식되어 있는 일반적인 약칭, 속칭 기타의 명칭을 뜻한다.[31] 이와 관련하여 상표법에서는 "그 상품의 보통명칭을 보통으로 사용하는 방법으로 표시한 표장만으로 된 상표"는 상표등록을 받을 수 없다고 규정하고 있다(§6① ⅰ).[32] 즉 보통명칭이 모두 등록거절되는 것이 아니라, 보통명칭을 보통으로 사용하는 방법으로 표시한 표장이 등록거절되는 것인데, 보통으로 사용하는 방법으로 표시하는 상표란 특히 일반의 주의를 끌 만한 서체나 도안으로 표시하는 방법이 아니고 단지 자기의 명칭 등을 기재하는 방법으로 표시하는 상표를 말한다.[33]

보통명칭이 잘못 등록된 경우에는 상표법 제51조에 의해 권리가 제한되며, 무효심판의 대상이 된다(§71① ⅴ).

(2) 판례

① 상표법 제6조 제1항 제1호에서 규정하는 '상품의 보통명칭'이라 함은 그 지정상품

---

30) 대법원 1984. 1. 24. 선고 82후41 판결.

31) 대법원 1997. 8. 29. 선고 96후2104 판결.

32) 기록에 의하면 원심이 상품류 구분 제7류 '냉동요구르트'를 지정상품으로 하는 본원상표 중 도형부분 및 'I Can't Believe It's' 부분은 단순한 도형 및 선전적인 구호표장으로서 식별력이 없어 그 요부를 'Yogurt' 부분으로 보고 이는 우유로 만든 유산균 발효유를 지칭하는 것으로서 결국 출원상표는 보통명칭을 보통으로 사용하는 방법으로 표시한 표장만으로 된 것이어서 이에 대한 상표등록을 거절한 원사정을 유지한 조치를 수긍할 수 있고, 거기에 소론과 같은 법리오해, 심리미진, 채증법칙위배, 이유불비 등의 위법이 있다고 할 수 없다(대법원 1993. 4. 23. 선고 92후1943 판결).

33) 대법원 1984. 1. 24. 선고 83후69 판결.

을 취급하는 거래계에서 그 상품을 지칭하는 것으로 실제로 사용되고 인식되어 있는 일반적인 명칭, 약칭, 속칭 등을 뜻하고, 상품의 보통명칭에 해당하는지는 상표의 등록사정시를 기준으로 판단하여야 한다. 이 사건 등록상표를 품종의 명칭으로 하는 장미는 우리나라에 1987년에 최초로 도입된 이후 1992. 11.경 서울 서초구 양재동 화훼공판장에서 경매된 것을 비롯하여 화훼업자들에 의하여 재배되는 절화장미 중 거의 과반을 차지할 정도로 국내에 널리 보급되었고, 화훼거래업계를 대표하는 한국화훼협회, 화훼공판장, 화훼관련 잡지, 논문 등에서도 이 사건 등록상표가 장미의 한 품종을 지칭하는 것으로 널리 사용되고 인식되어 옴으로써 이 사건 등록상표의 등록사정일인 1997. 1. 29.경에는 이 사건 등록상표의 지정상품을 취급하는 거래계, 즉 그 상품의 생산자, 도매상, 소매상, 품종을 구별하여 장미를 구입하는 수요자 사이에서 이 사건 등록상표가 특정인의 상품의 출처를 표시하는 식별력이 있는 상표로서가 아니라 장미의 한 품종의 일반적 명칭으로 사용되고 인식되어 있어 결국, 이 사건 등록상표는 그 지정상품의 보통명칭을 보통으로 사용하는 방법으로 표시한 표장만으로 된 상표에 해당한다 할 것이다(이 사건 등록상표의 지정상품은 장미꽃, 장미나무 이외에 나무, 화초 등도 있으나 서로 포함관계에 있거나 관련 상품으로서 이 사건 등록상표는 이들 상품 모두에 대하여 식별력이 없다고 봄이 상당하다). 또한, 그런 이상 상표등록사정일 이후의 상표관리실태는 이를 고려할 여지가 없다 할 것이다.[34]

② 종자산업법 소정의 품종보호의 대상이 된 품종을 상품으로서 거래하는 경우에 거래계에서는 그 상품에 관하여 등록된 품종명칭 외의 다른 명칭으로 그 상품을 지칭할 수는 없고, 품종명칭으로 등록된 표장을 그 품종의 보통명칭으로 보지 않는다면, 누구든지 그 표장을 그 품종의 상표로 별도로 등록할 수 있게 되어, 등록상표와 품종명칭의 오인·혼동을 방지하려는 종자산업법 제108조 제1항 제9호의 취지에 위배되는 결과를 가져오게 되어 부당하므로, 같은 법에 의하여 품종의 명칭으로 등록된 표장은 등록이 됨과 동시에 그 품종을 대상으로 하는 상품에 대하여 상표법 제6조 제1항 제1호의 보통명칭으로 되었다고 봄이 상당하다.[35]

---

34) 대법원 2002. 11. 26. 선고 2001후2283 판결(등록상표 'Red Sandra'의 등록사정일인 1997. 1. 29.경에는 등록상표의 지정상품을 취급하는 거래계, 즉 그 상품의 생산자, 도매상, 소매상, 품종을 구별하여 장미를 구입하는 수요자 사이에서 등록상표가 특정인의 상품의 출처를 표시하는 식별력이 있는 상표로서가 아니라 장미의 한 품종의 일반적 명칭으로 사용되고 인식되어 있어 결국 등록상표는 그 지정상품의 보통명칭을 보통으로 사용하는 방법으로 표시한 표장만으로 된 상표에 해당한다고 한 사례).

35) 대법원 2004. 9. 24. 선고 2003후1314 판결(종자산업법에 의하여 사과품종의 명칭으로 등록된 '화랑'이라는 표장을 그 지정상품인 '사과, 사과묘목'의 보통명칭으로 인정한 사례).

③ '폴로'가 사전에 말을 타고 하는 경기의 일종으로 소개되어 있고, 상표법시행규칙상의 상품류 구분 제45류의 제3군에 상품세목으로 폴로셔츠가 명기되어 있으며, 사전에 폴로셔츠는 폴로 경기를 할 때 입었던 데서 유래한 반소매 셔츠라고 기재되어 있다고 하더라도 그러한 사정만으로는 '폴로'가 의류를 취급하는 거래계에서 당해 업자 또는 일반 수요자 사이에 일반적으로 반소매 셔츠를 지칭하는 것으로 실제로 사용되고 인식되어 있는 명칭이라고 볼 수는 없으므로, 상표 '폴로'는 상표법 제6조 제1항 제1호 소정의 상품의 보통명칭이라고 할 수 없다.[36]

④ 국내 일반 수요자나 거래자들은 바세린을 일명 와세린이라고 호칭하며 손등이 트거나 피부기 건조하여 거칠어질 때 바르는 크림 또는 그러한 화상품이나 약품의 원료로 널리 인식하여 왔으므로 상표 'VASELINE'을 그 지정상품 중 콜드크림, 클린싱 크림, 베니싱 크림, 약용 크림 등에 사용할 경우에는 이는 그 지정상품의 보통명칭이나 원재료를 표시한 표장만으로 된 상표 또는 관용상표에 해당한다.[37]

⑤ 원고(동양제과 주식회사)가 초코파이 표장을 처음으로 사용하기 시작한 1974년부터 인용상표의 등록 시에 지정상품의 명칭을 '초코파이'로 스스로 기재한 것을 비롯하여 항상 '오리온'을 상표로 내세워 '오리온 초코파이'로만 사용하였을 뿐 '초코파이'를 독자적인 상표로 사용하였다고 볼 만한 자료가 없고, 피고 등의 경쟁업체가 이미 1979년경부터 초코파이 표장을 상품명으로 광범위하게 사용하는 것을 보고도 한 번도 사용 중지를 요구하지 않는 등 20여 년에 걸쳐 '초코파이'를 상표로서 보호하기 위하여 필요한 조치를 취한 바 없으며, 이에 따라 피고나 피고보조참가인들도 초코파이 표장을 자유롭게 사용하여 왔고 각종 언론매체에서도 마치 '초코파이'가 상품의 종류를 나타내는 보통명칭인 것처럼 사용하여 온 결과(갑 제155호증에서 보는 바와 같이 언론매체에 따라서는 '초코파이'를 상표로서 이해하고 있는 경우도 있으나, 대부분의 언론매체는 '초코파이'가 상품의 보통명칭으로서 여러 제과회사에서 누구나 사용할 수 있는 것으로 기재하고 있다), '초코파이' 표장 자체는 원형의 작은 빵과자에 마쉬맬로우를 넣고 초콜릿을 바른 제품을 의미하는 것으로 일반 수요자에게 인식이 되며, 여러 제조회사의 초코파이 제품은 그 앞에 붙은 '오리온', '롯데', '크라운', '해태' 등에 의하여 제품의 출처가 식별되게 되었다고 보이므로 결국 '초코파이'는 이 건 등록상표의 출원 당시에 그러한 상품의 보통명칭 내지는 관용하는 상표로 되어 자타 상품의 식별력을 상실하였다고 봄이 상당하다 할 것

36) 대법원 1997. 10. 10. 선고 97후594 판결.
37) 대법원 1996. 5. 14. 선고 95후1463 판결.

이다(상표가 상품의 보통명칭화되었는지는 당해 거래사회에서의 상품거래의 실정에 따라 결정되는 것이므로 'CHOCOPIE'가 법제와 관습 및 거래실정이 다른 외국에서 상표로서 등록되었다고 하여 우리나라에서도 식별력이 있다고 할 수는 없다).[38]

나. 관용상표

(1) 일반

관용상표라고 함은 특정종류에 속하는 상품에 대하여 동업자들 사이에 자유롭고 관용적으로 사용되고 있는 표장을 말하는바, 그 대부분은 본래 상표로서 기능을 하였던 것이 많다고 할 것이나, 그렇다고 하여 당초부터 자타 상품의 식별력을 갖춘 상표만이 후에 관용상표가 되는 것은 아니다.[39] 어느 상표가 지정상품의 보통명칭화 내지 관용하는 상표로 되었는가는 그 나라에 있어서 당해 상품의 거래실정에 따라서 이를 결정하여야 한다.[40] 이와 관련하여 상표법에서는 '그 상품에 대하여 관용하는 상표'는 상표등록을 받을 수 없다고 규정하고 있다(§6① ii). 관용표장과 보통명칭은 유사한 부분이 있으나, 관용표장은 처음에는 특정인의 상표였던 것이 주지저명의 상표로 되었다가 상표권자가 상표관리를 허술히 함으로써 동업자들 사이에 자유롭고 관용적으로 사용하게 된 상표를 말하는 것이고, 보통명칭은 그 동업자들만이 아니라 실제거래에 있어서 일반 소비자들까지도 지정상품의 보통명칭으로서 그와 같은 명칭을 보통으로 사용하고 있는 것을 말한다.[41] 그리고 잘못 등록된 경우의 효력 제한 및 무효심판의 대상이 된다는 점 등은 보통명칭의 경우와 동일하다.

---

38) 특허법원 1999. 7. 8. 선고 99허208 판결.

39) 대법원 1999. 11. 12. 선고 99후24 판결.

40) 어느 상표가 주지, 저명한 상표인가를 판단함에 있어서는 그 상표의 사용, 상품의 공급, 영업활동의 기간, 방법, 태양 및 거래범위 등을 고려하여 거래실정 또는 사회통념상 객관적으로 널리 알려졌느냐 등을 일응의 기준으로 삼아야 할 것이고, 인용상표 지프(JEEP)가 다른 나라에 등록되어 있고 거기에서 그 상표 및 상품이 널리 선전되어 있다거나 상품판매실적이 상당하다고 하여 반드시 우리나라의 일반 수요자들 사이에서도 현저하게 인식되었다고 단정할 수는 없다(대법원 1992. 11. 10. 선고 92후414 판결).

41) 대법원 1992. 1. 21. 선고 91후882 판결('모시메리'라는 상표의 등록 및 사용경위에 비추어 '모시메리'가 동업자들 사이에 자유롭고 관용적으로 사용하게 된 상표라고 할 수 없고, 나아가 일간신문에 '모시메리'를 보통명칭으로 사용한 기사가 수회 게재된 일이 있다 하더라도 이 점만으로 '모시메리'가 지정상품의 보통명칭화되었다고 단정할 수 없으므로 '모시메리'는 상품의 보통명칭이나 관용표장이 되었다고 할 수 없다고 한 사례).

(2) 판례

① 상표법 제6조 제1항 제2호 소정의 '상품에 대하여 관용하는 상표'라고 함은 특정 종류의 상품을 취급하는 거래계에서 그 상품의 명칭 등으로 일반적으로 사용한 결과 누구의 업무에 관련된 상품을 표시하는 것이 아니라 그 상품 자체를 가리키는 것으로 인식되는 표장을 말한다.[42]

② 상표법 제6조 제1항 제2호 소정의 '그 상품에 대하여 관용하는 상표'라 함은 원래는 적법한 상표였으나 일반수요자나 동종업자 등이 일반적으로 사용하고 이에 대하여 상표권자가 상표관리를 게을리한 결과 동종업자들 사이에서 자타 상품의 식별력을 상실한 표장을 의미하는 것이다.[43]

다. 성질표시적 명칭의 상표

(1) 의의

그 상품에 산지·품질·원재료·효능·용도·수량·형상(포장의 형상을 포함한다)·가격·생산방법·가공방법·사용방법 또는 시기를 보통으로 사용하는 방법으로 표시한 표장만으로 된 상표는 상표등록을 받을 수 없다(§6①iii).

---

[42] 대법원 2003. 12. 26. 선고 2003후243 판결(원심이 1971.경부터 이 사건 등록상표의 등록결정일 무렵까지 28년 동안이나 원고를 포함하여 장아찌 종류를 생산·판매하는 자들 사이에서 '오복채'를 장아찌의 한 종류를 가리키는 제품명으로 일반적으로 자유롭게 사용하여 온 사실을 인정하고 다서 이 사건 등록상표가 위 법조항 소정의 이른바 관용상표에 해당한다고 판단한 것은 정당하다).

[43] 특허법원 2001. 6. 28. 선고 2000허3869 판결(이 사건 등록상표인 'Red Sandra'가 1993. 2. 무렵부터 피고가 발행하는 한△화훼협회보, 월간 장미 등의 화훼 관련 잡지의 시세표 등에서 장미의 한 품종 명칭으로 사용되어 왔고 국내에서 간행된 일부 논문에서도 절화장미의 한 품종을 지칭하는 것으로 사용되었으며 서울 서초구 양재동의 화훼공판장에서도 절화장미의 한품종의 명칭으로 사용된 사실은 위에서 본 바와 같으나, 갑3호증 갑6호증의 1내지 102, 갑21호증, 을2호증의 1, 2의 기재와 증인 정♡헌의 증언 및 변론의 전 취지를 종합하면 원고는 이 사건 상표를 등록한 이래 정♡헌이 경영하는 주식회사 코◎사를 한국 내 대리점으로 선정하고 1998년부터는 원고의 허락 없이 이 사건 등록상표가 부착된 장미를 생산·판매하는 화훼업자들에 대하여 지속적으로 상표권 침해의 중지를 요구하는 내용의 경고장을 발송하고 이 사건 등록상표를 포함한 원고의 상표를 부착한 장미에 대하여 경매를 신식히는 농수산물유통공사를 상대로 손해배상을 청구하는 등 상표관리를 철저히 하였고 그 결과 1998. 5월 이후부터는 양재동 화훼시장 등에서도 이 사건 등록상표와 동일한 호칭으로 불리던 장미 품종의 이름을 정열이라는 우리말로 바꿔 부르기 시작하였고 피고와의 사이에는 1998. 9. 15. 앞에서 본 바와 같이 상표 사용에 따른 로얄티 협정을 체결하고 그 무렵부터 100여 명에 달하는 개별 화훼업자들과의 사이에서도 이 사건 등록상표의 사용에 관한 로얄티 협정을 체결하게 된 사실을 인정할 수 있는바, 이와 같은 원고의 상표관리 실태와 피고 및 화훼업자들과의 합의 내용 및 국내 화훼업계에서 원고의 상표에 의하여 호칭되던 장미의 품종의 이름을 우리말로 바꾸어 부르게 된 경위 등에 비추어 보면 위와 같이 이 사건 등록상표가 1998. 5. 이전까지 화훼 거래계에서 장미의 한 품종을 의미하는 명칭으로 호칭되었다는 사정만으로는 그 등록사정일인 1997. 1. 29. 현재 이 사건 등록상표가 식별력을 상실하여 장미꽃 등의 지정상품에 대하여 관용하는 표장이 되었다고 할 수 없다).

위 규정의 취지에 대해 판례는 "그와 같은 기술적(記述的) 표장은 통상 상품의 유통과정에서 필요한 표시이므로 누구라도 이를 사용할 필요가 있고, 또한 그 사용을 원하기 때문에 이를 특정인에게 독점·배타적으로 사용하게 할 수 없다는 공익상의 요청과 이와 같은 상표를 허용할 경우에는 타인의 동종상품과의 관계에서 식별이 어렵다는 점에 그 이유가 있다 할 것이고, 어느 상표가 이에 해당하는지는 그 상표가 지니고 있는 관념, 지정상품과의 관계 및 거래사회의 실정 등을 감안하여 객관적으로 판단하여야 한다"고 판시하였다.[44]

또한 그 상품의 원재료를 표시하는 상표인가는 현실거래 사회에서의 그 표시된 원재료가 지정상품에 어떻게 사용되고 있는가를 표준으로 구체적으로 결정되어야 할 것이므로 당해 지정상품의 원재료로서 현실로 사용되고 있는 경우라든가 또는 그 상품의 원재료로서 사용되는 것으로서 일반수요자나 거래자가 인식하고 있는 경우이어야 한다.[45]

이와 같은 기술적 표장은 문자로서 기술되는 것만에 한정되지 않으며, 또한 본 호의 규정은 예시적 규정이므로 품위, 등급, 색채 등을 나타내는 경우도 포함된다. 다만, 사용에 의한 식별력 취득이 인정되고, 성질표시상표가 잘못 등록된 경우 무효사유에 해당한다(§71① v).

(2) 판례

① 'PNEUMOSHIELD'와 같이 구성되고 지정상품을 '인체용백신, 백신, 인체용 폐렴구균 공역백신'으로 하는 출원상표는 'PNEUMO'와 'SHIELD'를 간격 없이 연속적으로 표기하여 구성한 표장으로서, 우리나라에서 흔히 사용하는 영한사전에 'PNEUMO'는 '폐, 호흡, 폐렴'의 뜻을 가진 결합사로, 'SHIELD'는 '방패, 보호물' 등의 뜻을 가진 단어로 해설되고 있고, 출원상표의 지정상품들은 생물학제제로서 그 성질상 약사법 제2조 제13항 소정의 전문의약품에 속한다고 볼 수 있어서 그 주 거래자는 의사, 약사 등 특별히 자격을 갖춘 전문가라고 할 수 있으므로, 그들의 영어교육수준에 비추어 보면 출원상표가 위와 같은 뜻을 가진 'PNEUMO'와 'SHIELD'의 두 단어가 결합됨으로써 그 지정상품과 관련하여 '폐렴예방백신' 등의 의미를 직감할 수 있게 된다고 할 것이어서, 출원

---

44) 대법원 2000. 2. 22. 선고 99후2440 판결.

45) 현실의 거래실정에서 볼 때 지정상품인 '솜'이 밍크(털)를 원재료로 사용하여 생산판매하고 있는 경우는 전무할 뿐 아니라 일반의 수요자나 거래자에게 밍크(털)가 솜의 원재료로서 사용되는 경우가 있는 것으로 인식되어 있다고 볼 아무런 자료도 발견되지 아니하므로 본원상표가 지정상품의 원재료를 표시하는 표장만으로 된 상표라고는 할 수 없고, 또 '밍크'라는 표시가 지정상품인 '솜'의 품질을 표시하는 것으로 일반인에게 직감될 우려가 있는 것으로는 보이지 아니하므로 그 상품의 품질을 오인할 염려가 있다고도 할 수 없다(대법원 1983. 7. 26. 선고 81후75 판결).

상표는 그 지정상품의 효능·용도 등을 직접으로 표시하는 표장만으로 된 상표에 해당하여 상표법 제6조 제1항 제3호에 의하여 등록될 수 없다.[46]

② '나홀로'로 구성된 등록서비스표가 변호사업 등 그 지정서비스업과 관련하여 전문직 종사자에게 업무를 위임하지 아니하고도 스스로 행할 수 있도록 도와주는 방식, 즉 지정서비스업의 서비스 제공의 하나의 방식을 보통으로 표시하는 표장만으로 된 서비스표로서 상표법 제6조 제1항 제3호의 등록무효사유가 있다고 한 원심의 판단을 수긍한 사례.[47]

③ 출원상표 'SOFTLIPS'는 영문자만으로 구성된 표장으로서 그 앞부분의 영문자 'SOFT'는 '부드러운, 유연한' 등의 뜻이 있고, 뒷부분의 'LIPS'는 '입술'이라는 의미의 영문자 'LIP'의 복수형으로서, 이들 단어들은 우리나라 중학교 정도의 학력수준이면 알 수 있는 쉬운 단어들이고, 출원상표가 비록 두 단어를 띄어 쓰지 아니하고 붙여서 표시한 점은 있으나 우리나라 일반 수요자들이 용이하게 그 뜻을 알 수 있는 단어들로 구성되어 있으므로 일반 수요자들은 출원상표를 보고 직관적으로 '부드러운 입술'의 관념을 일으킬 수 있고, 출원상표의 지정상품이 입술이 갈라지고 트는 것 또는 출혈을 방지하기 위한 '비약용입술방향연고'인 점을 감안하여 볼 때 일반 수요자들로 하여금 '입술을 부드럽고 유연하게 하여 주는 방향연고'라는 관념으로 직감될 수 있는 것이므로 이는 그 지정상품의 품질이나 효능 등을 직접적으로 보통으로 사용하는 방법으로 표시한 표장에 해당한다.[48]

④ 본원상표 '스파클'은 '불꽃, 번쩍임, (포도주 따위의)거품, 거품이 일다'의 뜻이 있는 영문자 'sparkle'의 음을 한글로 표기한 것에 불과하며, 본원상표를 그 지정상품인 '사이다, 소오다수, 탄산수' 등과 관련지어 보면, 본원상표는 일반수요자로 하여금 '거품이 이는 사이다' 등을 직감케 하기 때문에 이는 결국 지정상품의 품질이나 형상을 보통으로 사용하는 방법으로 표시한 것이라고 볼 수밖에 없어 본원상표는 어느 지정상품에 관하여도 자타 상품을 구별할 수 있는 식별력이 없는 경우에 해당한다.[49]

⑤ 본원상표 'ANTIBIO'는 '항생'의 뜻이 있는 'ANTIBIOSIS'의 말미에 'SIS'가 있고 없는 차이가 있다 하너라노 그 지정상품이 랠토우버실러스 에서다플러스의 내성물질에 항생효과를 지니는 소화기관용 약제(항생효과가 있는 상품에 한정)임을 감안할 때 그 주

---

46) 대법원 2000. 12. 8. 선고 2000후2170 판결.
47) 대법원 2005. 10. 28. 선고 2004후271 판결.
48) 대법원 2000. 2. 22. 선고 99후2440 판결.
49) 대법원 1994. 10. 14. 선고 94후1138 판결.

된 수요층인 전문지식을 가진 의사나 약사는 물론 우리나라의 영어보급수준에 비추어 일
반수요자가 본원상표로부터 '항생'의 뜻이 있는 것으로 인식함에 큰 지장을 초래하지는
않는다고 보이며, 그것은 지정상품의 효능, 용도를 암시하고 있는 정도를 지나 직접 표현
하고 있는 것으로 보는 것이 상당하므로 이는 결국 지정상품의 용도나 효능을 직접적으
로 표시한 것이라고 볼 수밖에 없고 따라서 위 상표는 자타 상품의 식별력이 없는 경우
에 해당하고 이러한 이유에서 일반에게 그 사용을 개방하여야 할 것이며 상표로서 그 독
점사용을 인정할 것은 아니라고 할 것이다.[50]

⑥ 등록상표 '주간만화'는 지정상품인 잡지가 만화작품을 게재하거나 기타 만화에 관
련한 내용을 담는 것임을 인식시키고, 또 잡지가 주간을 단위로 하여 생산, 판매된다는
것을 인식시키는 점에서 지정상품인 잡지의 내용, 품질, 용도나 생산판매시기 등 상품의
성질을 보통으로 사용하는 기술적 상표이므로, 자타 상품을 식별하는 기능을 결여하고
또 이러한 상표를 특정인에게 독점하도록 하는 것이 공익상 타당하지 않다고 판단된다.[51]

⑦ 출원상표(한글+TALK)를 전체적으로 관찰하면, 도형과 문자의 흑백대비나 한글과
영문글자의 대소대비가 뚜렷하면서도 조화를 이룬 특이한 모습으로 결합되어 있어서, 일
반수요자나 거래자들에게 '한글'로만 인식된다고는 보기 어려울 뿐만 아니라, 'TALK'라
는 영어단어는 '말하다, 상담하다, 훈계하다, 교신하다', '이야기 · 회담 · 연설 · 풍문 · 말
투' 등의 여러 가지 뜻을 가지고 있어서, 출원상표는 지정상품에 대한 관계에 있어서도
'한글로 쓰는' 또는 '한글용'으로만 직감적으로 인식된다고도 보기 어려우므로, 출원상표
가 지정상품의 품질 · 용도를 보통으로 사용하는 방법으로 표시하는 표장만으로 된 기술
적 상표에 해당한다고는 볼 수 없고, 오히려 출원상표는 '한글' 부분을 제외한 도형과
'TALK' 부분만으로도 자타 상품의 식별력을 갖춘 표장이라고 볼 수 있다.[52]

⑧ 출원상표 'EXCEL(엑셀)' 중 영문자 'EXCEL'은 ' - 보다 낫다, - 보다 탁월하다'는
뜻으로 사용되고 있고, 한글 '엑셀'은 영문자의 음을 한글로 표기한 것에 불과하며, 그
지정상품인 승용차 등과 관련지어 보면, 일반수요자로 하여금 '보다 나은 승용차, 보다
탁월한 승용차' 등을 직감케 하기 때문에 이는 결국 지정상품의 품질이나 효능을 과시한
것으로 볼 수밖에 없는 것이므로 출원상표는 어느 상품에 관하여도 자타 상품을 식별할
수 있는 특별현저성이 없는 경우에 해당하고 이러한 이유에서 일반에게 그 사용을 개방

---

50) 대법원 1994. 9. 9. 선고 94후1008 판결.
51) 대법원 1992. 11. 27. 선고 92후384 판결.
52) 대법원 1991. 3. 27. 선고 90후1208 판결.

하여야 할 것이며 상표로서 그 독점사용을 인정할 것은 아니라고 할 것이다.[53]

⑨ "세계적으로 명성을 얻은 또는 세계적으로 신용이 있는"이라는 뜻이 있는 본원상표 'WORLDWIN'은 그 지정상품인 야구용 배트, 야구용 글러브, 야구용 경식공 등의 품질이나 효능을 보통으로 사용하는 방법으로 표시하는 표장만으로 된 상표에 해당된다.[54]

⑩ 이 사건 상표인 '구포국수'는 그 지정상품인 국수의 산지를 보통으로 사용하는 방법으로 표시한 표장만으로 된 상표에 해당된다.[55]

⑪ 프랑스의 '바까라' 지방은 수정유리제품의 오래된 산지로 알려진 곳이어서 비록 '바까라'라는 지리적 명칭이 우리나라에서 현저하게 알려진 것이라고는 볼 수 없을지라도 세계적인 고급 수정유리제품이라면 프랑스 '바까라' 산의 수정유리제품으로 쉽게 인식 못 할 바 아니어서 상표 'BACCARAT'가 수정유리제품을 그 지정상품으로 하는 경우 이는 지정상품의 산지를 보통으로 사용하는 방법으로 표시한 표장만으로 된 상표로서 그 등록을 받을 수 없다.[56]

⑫ 구 상표법 제8조 제1항 제3호 소정의 기술적 상표는 상품의 산지, 품질, 원재료, 효능, 용도, 수량, 형상, 가격, 생산방법, 가공방법, 사용방법 또는 시기를 보통으로 사용하는 방법으로 표시한 표장만으로 된 상표를 말하므로, 위와 같은 상품의 품질, 용도 등을 보통으로 사용하는 방법이 아닌 방법으로 표시한 표장은 등록을 받을 수 없는 기술적 상표에 해당하지 않는다.[57]

---

53) 대법원 1989. 12. 22. 선고 89후438 판결.

54) 대법원 1984. 1. 24. 선고 82후41 판결. 그 이외에 대법원 1993. 11. 9. 선고 93후794 판결[출원상표는 영문자 'ASSURE'를 횡서 표기하여 구성된 문자상표로서 사전적 의미는 '…에게 보증하다, 확신하다, 보증하다'는 등의 뜻을 가지고 있고 또 자주 쓰이는 단어임을 알 수 있으므로 이를 지정상품인 '위생대, 탐폰, 팬티라이너'와 관련지어 볼 때 그 상품의 품질을 보증한다는 의미로 직감되어 그 지정상품의 성질(품질)을 보통으로 사용하는 방법으로 표시한 표장이라고 아니 할 수 없고, 따라서 이는 자타 상품을 식별하는 상표로서의 기능을 발휘할 수 없으므로 상표법 제6조 제1항 제3호에 의하여 등록받을 수 없다], 대법원 1994. 9. 27. 선고 94후50 판결 상표['SHEER ELEGANCE'는 영어로 '얇고 우아함'의 뜻으로 직감되어 지정상품인 '스타킹, 팬티스타킹, 타이즈, 양말' 등과 관련하여 볼 때 그 상품의 직접적인 성질(품질, 효능)을 보통으로 사용하는 방법으로 표시한 표장에 해당된다].

55) 대법원 1989. 9. 26. 선고 88후1137 판결.

56) 대법원 1985. 7. 9. 선고 83후3 판결.

57) 대법원 1992. 5. 26. 선고 91후1861 판결(출원상표인 'CARDIOTEC'라는 용어는 심상의 뜻을 가진 'CARDIO'와 기술 또는 기술적이라는 뜻을 가진 'Technology' 또는 'Technical'의 약어인 'TEC'를 결합시킨 단어로서 영어사전이나 과학기술용어집에도 없는 새로운 조어인바, 결합된 단어의 의미로 보아 그 지정상품인 심장영상제의 성질 내지 용도를 암시하는 상표라고 볼 여지가 없지는 않으나, 'CARDIOTEC'라는 용어 자체는 일체불가분적으로 결합된 새로운 조어로서 심장영상제의 성질 내지 용도를 보통으로 사용하는 방법으로 표시한 것이거나 또는 그러한 성질 내지 용도의 보통의 표시방법으로서 관용화되거나 일반화된 것이라고 보기 어렵다).

라. 현저한 지리적 명칭 등으로 된 상표

(1) 의의

"현저한 지리적 명칭·그 약어 또는 지도만으로 된 상표"는 상표등록을 받을 수 없다(§6①iv). 여기서 '현저한 지리적 명칭·그 약어'라 함은 국가명, 국내의 특별시, 광역시 또는 도의 명칭, 특별시·광역시·도의 시·군·구의 명칭, 저명한 외국의 수도명, 대도시명, 주 또는 이에 상당하는 행정구역의 명칭 그리고 현저하게 알려진 국내외의 고적지, 관광지, 번화가 등의 명칭등과 이들의 약칭을 말한다. 그리고 본 호에서 규정하는 '지도'라 함은 세계지도(그 일부를 포함한다) 또는 국내외 국가의 지도 등을 의미하며 정확한 지도는 물론 사회통념상 이러한 지도임을 인식할 수 있는 정도이면 된다. 본 호의 '현저한 지리적 명칭·그 약어 또는 지도'(이하 '지리적 명칭 등'이라 한다)가 상표의 주요 부분에 해당하는 경우에만 적용하고, 지리적 명칭 등이 그 상표의 부기적인 부분에 해당하는 경우에는 본 호를 적용하지 아니하며, 지리적 표시 단체표장등록출원 및 지리적 표시 증명표장등록출원에 대해서도 본 호를 적용하지 아니한다(상표심사기준 §9).

(2) 판례

① 출원상표 'PIZZA TO GO' 중 'TO GO'는 외관상 분리되어 있고, 칭호상으로도 우리나라 일반 수요자의 외국어 이해수준에 비추어 보면 '투 고'로 호칭될 가능성이 높으며, 관념상으로도 'TO'는 영어의 전치사로 'GO'는 '가다'라는 의미로 이해할 것이므로 그 지정상품인 피자와 관련하여 일반 수요자들에게 출원상표가 즉각적으로 서부 아프리카에 있는 '토고'공화국이라는 지리적 감각을 전달할 수 있는 표장이라고 보기는 어렵다 할 것이어서, 결국 위 출원상표는 현저한 지리적 명칭만으로 구성된 상표로 볼 수 없다.[58]

② '동아'가 '동부아시아'에서 따온 말이라고 하더라도 '동부아시아'가 일반적으로 '동아'로 약칭된다고 보기 어려울 뿐만 아니라 '동부아시아'도 그 범위가 확정되어 있지 아니한 다소 추상적인 지리적·지정학적 관념일 뿐이어서 '동부아시아' 또는 '동아'를 구 상표법(1990. 1. 13. 법률 제4210호로 전문 개정되기 전의 것) 제8조 제1항 제4호 소정의 현저한 지리적 명칭이나 그 약칭에 해당한다고 볼 수 없다.[59]

③ 이 사건 출원상표인 'JAVA'는 인도네시아의 수도인 자카르타를 비롯한 보고르, 반둥, 요자카르타, 세메랑 등 주요 도시가 위치해 있는 인도네시아의 정치, 경제, 사회 등

---

58) 대법원 1997. 8. 22. 선고 96후1682 판결.
59) 대법원 1994. 10. 7. 선고 94후319 판결.

모든 면에서 중심이 되는 섬으로 잘 알려져 있으므로, 이 사건 출원상표는 상표법 제6조 제1항 제4호가 규정하는 현저한 지리적 명칭만으로 된 표장에 해당된다.[60]

④ 등록상표 '강남약국' 중 '강남'이 1975. 10. 1. 서울특별시 성동구로부터 분리된 강남구의 명칭과 동일하기는 하나 '강남'은 강의 남부지역, 강의 남방을 이르던 말로 남쪽의 먼 곳이라는 뜻으로 사용되고 있으므로 위 등록상표는 상표법 제8조 제4호 소정의 현저한 지리적 명칭으로 된 상표로 볼 수 없다.[61]

⑤ 등록상표 '일동'은 '막걸리'의 산지로서 일반 수요자 및 거래자에게 널리 알려져 있고, 청계산, 백운산 등 주변의 명산과 계곡, 온천 등이 있는 관광지인 경기 포천군 일동면으로 널리 알려져 있으므로, 상표법 제6조 제1항 제4호가 규정하는 현저한 지리적 명칭만으로 된 표장에 해당될 뿐 아니라, 그 지정상품 중 약주에 대하여는 같은 법 제6조 제1항 제3호의 산지를 보통으로 사용하는 표장에 해당되므로 위 등록상표를 경기 포천군 일동면 이외의 지역에서 생산되는 약주에 사용하는 경우 일반 수요자 또는 거래자는 일동면에서 생산되는 약주로 그 품질을 오인할 가능성이 커 같은 법 제7조 제1항 제11호의 규정에도 해당된다.[62]

⑥ 비록 현저한 지리적 명칭만으로 된 상표나 서비스표이어서 상표법상 보호받지 못한다고 하더라도 그것이 오랫동안 사용됨으로써 거래자나 일반 수요자들이 어떤 특정인의 영업을 표시하는 것으로 널리 알려져 인식하게 된 경우에는 구 부정경쟁방지법이 보호하는 영업표지(서비스표에 한정되지 아니하고, 타인의 성명이나 상호, 표장 기타 타인의 영업임을 표시하는 일체의 표지를 포함한다)에 해당한다고 할 것이며, 두 영업자의 시설이나 활동 사이에 영업상, 조직상, 재정상 또는 계약상 어떤 관계가 있는 것으로 오인될 경우에도 타인의 영업상의 시설 또는 활동과 혼동을 일으키게 하는 부정경쟁행위에 해당한다.[63]

---

60) 대법원 2000. 6. 13. 선고 98후1273 판결. 그 이외에 대법원 1992. 11. 10. 선고 92후452 판결[긴자(은좌)는 일본국 동경에 있는 번화가의 이름으로서 출원상표의 지정상품이 향수나 콤팩트 등 화장품인 점을 고려하여 볼 때 그 일반 거래자나 수요자는 유행에 민감한 여성으로 보이고 그들은 긴자에 대하여 잘 인식하고 있다고 보이므로 긴자는 일반 수요자나 거래자에 대한 관계에 있어서 현저하게 인식된 지리적 명칭이라 할 수 있다].

61) 대법원 1990. 1. 23. 선고 88후1397 판결.

62) 대법원 2003. 7. 11. 선고 2002후2464 판결.

63) 대법원 1999. 4. 23. 선고 97도322 판결('종로학원' vs '천안종로학원' 사건).

마. 흔히 있는 성 또는 명칭

(1) 의의

"흔히 있는 성 또는 명칭을 보통으로 사용하는 방법으로 표시한 표장만으로 된 상표"
는 상표등록을 받을 수 없다(§6① v). 상표가 위 법조에서 말하는 흔히 있는 명칭을 보
통 사용하는 방법으로 표시한 표장에 해당되는 여부는 이를 반드시 지정상품과의 관계에
서 판단하여야 하는 것은 아니다.[64] '흔히 있는 성 또는 명칭'이라 함은 현실적으로 다수
가 존재하거나 관념상으로 다수가 존재하는 것으로 인식되고 있는 자연인의 성 또는 법
인, 단체, 상호임을 표시하는 명칭 등을 말하며, 본 호에서 규정하는 '보통으로 사용하는
방법으로 표시하는 표장'이라 함은 한글, 한자 또는 로마 문자로 표시하거나 또는 이들
문자를 병기하여 표시한 것을 말한다(상표심사기준 §10①,②). 다만, 외국인의 성은 비록
당해 국가에서 흔히 있는 성이라고 하더라도 국내에서 흔히 볼 수 있는 외국인의 성이
아닌 한 여기에 포함되지 아니한다(상표심사기준 §10④ iii).

(2) 판례

① 우리나라에서는 'Johnson'이 흔히 있는 성이 아니어서 식별력이 없다고 할 수 없다.[65]

② 본건 상표 'PRESIDENT'는 상표법 제8조 제1항 제5호에 규정된 흔히 있는 명칭을
보통으로 사용하는 방법으로 표시한 표장만으로 된 상표에 해당하고, 그 해당 여부를 반
드시 지정상품과의 관계에서 판단하여야 하는 것은 아니며, 본건 상표가 각국에서 출원
인 회사의 시계줄에 사용되고 선전된 일이 있다는 점만으로는 그 출원 전에 국내에서 수
요자 간에 누구의 상표인지에 대해 현저히 인식되어 있었다고 여겨지지 아니하므로 등록
받을 수 없다.[66]

---

64) 대법원 1990. 7. 10. 선고 87후54 판결.

65) 대법원 1997. 11. 14. 선고 97후1238, 1245 판결[베이비(baby)라는 문자와 병 모양의 도형 및 '존슨즈
(Johnson's)'가 결합된 출원상표 (1), (2) 중 '베이비 및 baby'는 지정상품의 용도를 표시하는 기술적 표장
에 해당하여 자타 상품의 식별력이 없으므로 요부가 될 수 없고, 도형 또한 병 모양의 용기로서 식별력
이 있다고 할 수 없으므로, 출원상표 (1), (2)의 요부는 '존슨즈 및 Johnson's'라 할 것인데, 이를 인용상
표 'JOHNSON'과 대비하면, 출원상표 (1), (2)의 칭호인 '존슨즈' 중 마지막 음절 '스'는 소유격의 의미
를 지닌 것이어서 강하게 발음되지 아니하여 인용상표의 칭호인 '존슨'과 유사하게 청감되고, 그 관념에
있어서도 양자는 서양 사람의 성(姓)인 'Johnson'이나 그 소유격을 나타내는 정도로서 서로 유사하므로,
비록 양 상표가 외관에 있어서 다르다 하더라도 양 상표를 전체적·객관적·이격적으로 관찰할 경우 유
사한 상표이다].

66) 대법원 1990. 7. 10. 선고 87후54 판결.

바. 간단하고 흔한 표장

(1) 의의

"간단하고 흔히 있는 표장만으로 된 상표"는 상표등록을 받을 수 없다(§6①vi). 본 호는 간단하고 흔히 있는 표장만으로 된 상표일 때는 등록받을 수 없다는 것이지 간단하거나 흔히 있는 표장만으로 된 상표일 때는 등록받을 수 없다는 뜻은 아니다.[67] 간단하고 흔한 표장이라 하더라도 이러한 표장이 도형화 또는 모노그램화되었거나 색채와 결합하여 새로운 식별력이 있다고 인정되는 경우에는 이를 달리 판단할 수 있다(상표심사기준 §11⑦).

(2) 판례

① 출원상표는 정육각형의 도형 안에 'R'과 'M'을 하이픈(−)으로 연결한 'R − M'을 위치시켜 새로운 이미지를 느낄 수 있도록 구성된 것으로서 '간단하고 흔히 있는 표장만으로 된 상표'라고 보기 어렵다.[68]

② 이 사건 출원상표는 그 표장이 'C'와 'P'를 가로로 붙여 놓은 것으로 인식될 수도 있기는 하지만, 위 표장은 글자의 크기를 동일하게 하고 글자 사이에는 일정한 간격을 두는 알파벳의 일반적인 표기방법과 달리, 왼쪽의 곡선을 강조하기 위하여 'C' 자의 폭을 'P' 자보다 훨씬 넓게 표현하고 있으며, 오른쪽의 'P'는 세로선과 곡선부의 끝이 떨어지도록 하고 그 부위에 따라 선의 굵기를 달리하는 등으로 구성되어 있기 때문에 그 표장의 외관상 크기가 서로 다른 반원을 세로로 된 직선에 의하여 연결한 추상적인 도안으로 여겨질 정도이므로 위 표장은 그 구성 자체가 거래상 자타 상품의 식별력이 있는 것이라고 할 것이다.[69]

③ 간단하고 흔한 표장이라 할지라도 그 하나만으로는 식별력이 부족하여 등록받을 수 없다는 것에 그칠 뿐 다른 것과 결합하여 전체 상표 중 일부로 되어 있는 경우에도

---

67) 대법원 1985. 1. 29. 선고 84후93 판결(원심결은 본원상표는 4각형의 검은 바탕 내에 한글자로 크고 굵게 '탭'이라고 표기하여서 된 문자상표에 지나지 아니한다 할 것이고 달리 한글자 '탭'을 도형화하여서 된 상표라고는 볼 수 없으며 한글자 '탭'이라고만 표기된 상태에서는 어떠한 관념도 연상할 수 없다 할 것이어서 본원상표가 간단한 표장에 불과하여 등록될 수 없다는 이유로 상표법 제8조 제1항 제6호의 규정을 이유로 거절사정한 원사정은 정당하다고 판시하고 있다. 그러나 상표법 제8조 제1항 제6호의 법리는 간단하고 흔히 있는 표장만으로 된 상표일 때에는 등록받을 수 없다는 것이지 간단하거나 흔히 있는 표장만으로 된 상표일 때에는 등록받을 수 없다는 뜻이 아니라 할 것이므로 원심이 간단한 표상이라고만 단정하고 나아가 흔히 있는 표장만으로 된 상표인지에 대하여는 아무런 심리판단도 하지 아니하였음은 위법 조항의 법리오해와 심리미진 및 이유불비의 위법을 범하였다 할 것이니 논지는 이유 있다).

68) 대법원 2004. 11. 26. 선고 2003후2942 판결.

69) 대법원 2003. 5. 27. 선고 2002후291 판결.

전혀 식별력을 가지지 못하는 것은 아니므로, 상표의 유사 여부를 판단함에 있어서 이 부분은 무조건 식별력이 없다고 하여 비교대상에서 제외할 수는 없다.[70]

④ 알파벳 V 자와 아라비아숫자 8자만으로 구성된 본원상표는 달리 문자나 수자로 도형화하였다거나, 다른 도형과 결합된 바도 없으므로 이는 간단한 표장에 불과하고 또 이같은 숫자로 표현된 것은 무슨 상품의 규격번호로 오인될 염려가 있어 상표법 제8조 제1항 제6호에 의하여 상표로서 등록될 수 없다.[71]

⑤ 본원상표 'ΩMEGA'는 그리스 자모인 'Ω'를 영문자로 표기한 것이 분명하고 그 표기를 함에 있어 다소 도형화한 점은 있으나 누구나 OMEGA로 알 수 있는 정도이며 완전한 도형화나 합일문자(모노그램)화하였다고는 볼 수 없으므로 특별현저성이 없어 상표로서 등록될 수 없다.[72]

사. 기타 상품의 식별력이 없는 상표

(1) 일반

"상표법 제6조 제1항 제1호 내지 제6호 외에 수요자가 누구의 업무에 관련된 상품을 표시하는 것인가를 식별할 수 없는 상표"는 상표등록을 받을 수 없다(§6①vii).[73]

---

70) 대법원 1995. 3. 17. 선고 94후2070 판결.

71) 대법원 1985. 9. 10. 선고 84후39 판결.

72) 대법원 1983. 11. 22. 선고 82후65 판결.

73) 상표심사기준 제12조 (기타 식별력이 없는 표장) ① 다음 각 호에 해당하는 경우에는 법 제6조 제1항 제7호에 해당하는 것으로 본다.
　1. 일반적으로 쓰이는 구호, 표어, 인사말이나 인칭대명사 또는 유행어로 표시한 표장
　2. 단기 또는 서기로 연도를 나타내거나(이를 문자로 표시한 것을 포함한다) 연도표시로 인식될 수 있는 표
　3. 사람, 동식물, 자연물 또는 문화재를 사진, 인쇄 또는 복사하는 등의 형태로 구성된 표장
　4. 기타 수요자가 누구의 업무와 관련된 상품을 표시하는가를 식별할 수 없는 표장
　② 기타 식별력이 없는 표장으로서 법 제6조 제1항 제1호 내지 제6호의 어느 항목에 해당함이 분명하지 아니한 표장은 원칙적으로 본 호에 해당하는 것으로 한다.
　③ 표장이 지정상품의 외부 표면의 장식적 무늬의 한 부분을 표시한 것으로 인식되거나, 지정상품 원재료에 흔히 사용되는 무늬형상을 연상시킬 경우에는 식별력이 없고, 간단하고 흔한 도형의 조합이 반복되는 표장이라도 흔히 사용될 수 있는 것이라고 불 수 없고, 지정상품의 특성을 기술하지 않을 경우에는 식별력이 있는 것으로 본다. <개정 2011. 12. 29.>
　④ 소리·냄새 등은 수요자들에게 상품의 출처표시로 인식되지 않고, 소리(음향)·냄새(향기) 등으로 인식되는 것이 일반적이라고 할 것이므로, 자타 상품을 구별하는 식별력이 없는 것으로 본다. <본 항 신설 2012. 3 13.>
　<해석참고자료>
　1. 제1항 제4호에서 규정하는 기타 식별할 수 없는 표장의 범위를 판단함에 있어서는 법 제6조 제1항 제1호 내지 제6호에 해당하지 않는 상표로서 다음 각 목의 1을 기준으로 한다.
　가. 외관상으로 보아 사회통념상 식별력을 인정하기 곤란한 경우
　나. 다수인이 현실적으로 사용하고 있어 식별력이 인정되지 않는 경우

(2) 판례

① 상표법 제6조 제1항 제7호의 수요자가 누구의 업무에 관련된 서비스업을 표시하는 것인가를 식별할 수 없는 서비스표를 사용한 결과 수요자 사이에 그 서비스표가 누구의 업무에 관련된 서비스업을 표시하는 것으로 현저하게 인식되었는지는 등록결정 시 또는 거절결정 시를 기준으로 하여 판단되어야 한다.[74]

② 식별력이 없는 '우리'와 '은행'이 결합된 등록서비스표 '우리 은행'은 그 결합에 의하여 새로운 관념을 도출하거나 새로운 식별력을 형성하는 것도 아니므로, 상표법 제6조 제1항 제7호의 '수요자가 누구의 업무에 관련된 서비스업을 표시하는 것인가를 식별할 수 없는 서비스표'에 해당한다.[75]

③ 상표법 제6조 제1항 제7호는 같은 조 제1항 제1호 내지 제6호에 해당하지 아니하는 서비스표라도 특별현저성이 없는 상표는 등록받을 수 없다는 것을 의미할 뿐이므로, 어떤 표장이 그 사용상태를 고려하지 않고 그 자체의 관념이나 지정서비스업의 관계 등만을 객관적으로 살펴볼 때에는 특별현저성이 없는 것으로 보이더라도, 출원인이 그 표장을 사용한 결과 수요자나 거래자 사이에 그 표장이 누구의 업무에 관련된 서비스업을 표시하는 것으로 현저하게 인식되기에 이른 경우에는 특별한 사정이 없는 한 그 표장은 상표법 제6조 제1항 제7호의 특별현저성이 없는 서비스표에 해당하지 않게 되고, 그 결

다. 공익상 특정인에게 독점시키는 것이 적합하지 않다고 인정되는 경우
o 외관상, 회통념상 식별력을 인정하기 곤란한 경우
 · http://, www, @
 · 서적의 한 면을 그대로 복사한 경우
o 다수인이 현실적으로 사용하고 있어서 식별력 없는 표장
 · 통신: CYBER, NET, COM, TEL, WEB
 · 정보자료제공: NEWS, DATA
 · 금융: CASH, CARD, PASS
라. 색채 또는 색채의 조합만으로 된 표장으로서 지정상품과 관련이 있는 분야에서 일반적으로 사용되거나 사용될 수 있는 표시이어서 식별력이 없다고 인정되는 경우.
마. 동작 전체 또는 홀로그램 전체가 지정상품과 관련이 있는 분야에서 일반적으로 사용되거나 사용될 수 있는 표시이어서 식별력이 없다고 인정되는 경우.
2. 제2항에서 규정하는 '어느 항목에 해당함이 분명하지 아니한 표장'이라 함은 법 제6조 제1항 제1호 내지 제6호 각 호의 1과 유사한 표장 중에서 법 제6조의 취지로 보아 등록을 거부하는 것이 합리적이라 판단되는 경우를 포함한다.
3. 어떠한 표장이 상품의 집합, 판매, 제조장소 또는 서비스 제공의 장소적 의미로 사용되는 경우에는 일반적으로 식별력이 없는 것으로 본다. 다만, 결합하여 새로운 관념을 형성하는 경우에는 그러하지 아니하다.
o 장소적 이미가 있는 표장으로 식별력이 없는 표징
 · LAND, MART, CLUB, PLAZA, WORLD, OUTLET, DEPOT, 마을, 마당, 촌, BANK, VILLAGE, HOUSE, CITY, TOWN, PARK, 나라

74) 대법원 2009. 5. 28. 선고 2007후3301 판결.
75) 대법원 2009. 5. 28. 선고 2007후3301 판결.

과 서비스표등록을 받는 데 아무런 지장이 없으며, 같은 조 제2항에 같은 조 제1항 제7호가 포함되어 있지 않다는 사정만으로 이를 달리 볼 것은 아니다.[76]

④ 출원서비스표 '해동검도'는 우리나라 고유의 전통검법을 뜻하는 명칭과 동일·유사할 뿐만 아니라, 그 출원일 훨씬 이전부터 여러 사람이 오랜 기간 동안 출원서비스표와 동일 또는 유사한 서비스표를 사용해 옴으로써, 출원서비스표를 그 지정서비스업인 해동검법 실기지도업, 체육도장 경영업 등의 서비스업에 사용할 경우 일반 수요자들은 위 서비스표가 누구의 업무에 관련된 서비스업을 표시하는 것인가를 식별할 수 없으므로 출원서비스표는 자타 서비스업의 식별력이 없는 서비스표에 해당하여 상표법 제6조 제1항 제7호, 제2조 제2항의 규정에 의하여 등록받을 수 없다.[77]

⑤ 출원상표 'Mr. 토스트' 중의 '토스트'는 그 지정상품인 '토스트용 식빵'의 용도를 표시하는 것이며, 'Mr'는 '…씨, …님' 등의 의미로 일반적으로 널리 사용되는 것으로서 자타 상품의 식별력이 없는 단어이며, 또한 'Mr'와 '토스트'라는 식별력이 없는 단어가 결합하더라도 새로운 관념이나 새로운 식별력을 형성하는 것도 아니므로 출원상표는 전체적으로 볼 때 수요자가 누구의 업무에 관련된 상품을 표시하는 것인가를 식별할 수 없는 상표에 해당한다.[78]

아. 식별력이 없는 표장 간의 결합상표

법 제6조 제1항 각 호에 해당하는 표장(식별력이 없는 표장) 상호 간만으로 결합된 표장은 원칙적으로 식별력이 없는 것으로 본다. 다만, 그 결합에 의하여 새로운 관념 또는 새로운 식별력을 형성하는 경우에는 그러하지 아니하다(상표심사기준 §13①). 식별력이 없는 표장 상호 간만으로 결합된 표장에 식별력이 인정되지 않아 거절하는 경우에는 ⅰ) 표장에 법 제6조 제1항 각 호에 해당하는 거절이유가 2개 이상 있는 경우에는 해당 각 호를 모두 적용하고, ⅱ) 표장 전체적으로 관찰한 결과 명백한 거절근거조항의 선택이 곤란한 경우에는 법 제6조 제1항 제7호를 적용한다(상표심사기준 §13②).

---

76) 대법원 2006. 5. 12. 선고 2005후353 판결(등록서비스표 '스피드 011'이 그 구성 자체로는 식별력이 인정되지 아니하지만 그 지정서비스업 중 '전화통신업, 무선통신업'과의 관계에서 사용에 의한 식별력 취득이 인정되고, 위 서비스업에 사용되는 경우 상표법 제7조 제1항 제1호, 제4호, 제11호에 해당하지 않는다고 한 원심의 판단을 수긍한 사례).

77) 대법원 1997. 7. 8. 선고 97후75 판결.

78) 대법원 1997. 5. 30. 선고 96후1477 판결.

2. 사용에 의한 식별력 취득

가. 의의 및 취지

앞에서 살펴본 식별력 없는 표장은 그 자체로 자타 상품식별기능 등이 없어 특정인에게 독점적인 사용권을 허용할 수 없다. 그런데 그러한 상표라 하더라도 상표등록출원 전에 국내에서 널리 사용하여 수요자 간에 특정인의 상표라고 인식된 경우에는 오히려 상표등록을 허용해 주는 것이 법의 취지에 부합한다. 이에 대해 상표법에서는 "제6조 제1항 제3호 내지 제6호에 해당하는 상표라도 제9조의 규정에 의한 상표등록출원 전에 상표를 사용한 결과 수요자 간에 그 상표가 누구의 업무에 관련된 상품을 표시하는 것인가 현저하게 인식되어 있는 것은 그 상표를 사용한 상품을 지정상품(제10조 제1항 및 제47조 제2항 제3호의 규정에 의하여 지정한 상품 및 추가로 지정한 상품을 말한다. 이하 같다)으로 하여 상표등록을 받을 수 있다"고 규정하고 있다(§6②).[79] 여기서 '수요자 간에 그 상표가 누구의 상표인지 현저하게 인식'되었다는 사실은 그 상표가 어느 정도 선전광고된 사실이 있다거나 그 상표와 유사한 상표가 등록된 사실이 있다는 것만으로 이를 추정할 수 없고, 구체적으로 그 상표 자체가 수요자 간에 인식되었다는 것이 증거에 의하여 명확하게 되어야 한다.[80]

나. 적용대상

상표법 제6조 제1항 각 호에 규정되어 있는 식별력 없는 상표 모두에 대해 사용에 의한 식별력 취득이 인정되는 것이 아니고, 그중에서 보통명칭과 관용표장을 제외한 상표에 대해서만 사용에 의한 식별력 취득이 인정된다. 또한 사용에 의한 식별력을 가지는 상표의 등록은 원칙적으로 그 상표 및 그 상표를 사용하고 있던 상품에 한하여 인정하고

---

79) 문자의 결합으로 이루어진 상표에 관한 특별현저성의 판단은 상표구성을 분리판단할 것이 아니라 전체적으로 관찰하여야 할 것인바, 이 사건 등록상표 '새우깡'의 구성요소 중 '새우'는 지정상품의 원재료표시이어서 ＋ 상표법 제8조 제1항 제3호의 규정에 해당되고 '깡'은 지정상품이 과자류인 경우에는 관용화된 표장이지만(대법원 1975. 1. 14. 선고 73후43 판결) '새우깡' 자체가 관용표장이라고 할 수 없고, '새우깡'에 대한 선전·광고 사실과 1973년 이래 현재까지 이 사건 등록상표가 계속 사용되어 온 사실에 비추어 이 사건 등록상표가 수요자 간에 널리 인식되었고, 또한 현실적으로도 우리의 주위에서 이 사건 등록상표가 피심판청구인의 상표인지 쉽게 알 수 있을 정도로 널리 알려져 있음이 거래실정이라면, 이 사건 등록상표는 그 전체를 하나의 상표로 봄이 타당하며, 같은 법 제8조 제2항 소정의 장기간의 사용에 의한 특별현저성이 형성된 상표라고 판시한 원심결에 법리오해의 위법이 없다(대법원 1990. 12. 21. 선고 90후38 판결).

80) 대법원 1989. 12. 22. 선고 89후438 판결['EXCEL(엑셀)' 사건].

유사한 상표 및 상품에 대해서는 인정하지 아니한다(상표심사기준 §14①).

이와 관련하여 판례는 "상표법 제6조 제1항 제7호는 같은 조 제1항 제1호 내지 제6호에 해당하지 아니하는 상표라도 자기의 상품과 타인의 상품 사이의 출처를 식별할 수 없는, 즉 특별현저성이 없는 상표는 등록을 받을 수 없다는 것을 의미할 뿐이므로, 어떤 표장이 그 사용상태를 고려하지 않고 그 자체의 관념이나 지정상품과의 관계 등만을 객관적으로 살펴볼 때에는 특별현저성이 없는 것으로 보이더라도, 출원인이 그 표장을 사용한 결과 수요자나 거래자 사이에 그 표장이 누구의 업무에 관련된 상품을 표시하는 것으로 현저하게 인식되기에 이른 경우에는 특별한 사정이 없는 한 그 표장은 상표법 제6조 제1항 제7호의 특별현저성이 없는 상표에 해당하지 않게 되고, 그 결과 상표등록을 받는 데 아무런 지장이 없으며, 같은 조 제2항에 같은 조 제1항 제7호가 포함되어 있지 않다는 사정만으로 이를 달리 볼 것은 아니다"라고 판시하였다.[81]

다. 요건

수요자(거래자를 포함한다)들이 현저하게 인식하고 있는지의 판단기준은 출원 전 상당 기간 사용한 결과 전국적으로 알려져 있는 경우와 일정지역에서 수요자들이 현저하게 인식하고 있는 경우도 포함한다. 다만, 현저하게 인식하고 있는 지역의 범위에 대해서는 지정상품과의 관계를 충분히 고려하여야 한다(상표심사기준 §14⑤).

판단시기에 대해서는 출원 시로 보는 판례[82]와 등록 시로 보는 판례[83]가 상존하고 있으나, 최근에는 등록결정 시를 기준으로 보고 있다.[84] 즉 "구 상표법(1990. 1. 3. 법률 제4210호로 전문 개정되기 전의 것) 제8조 제2항에서 서비스표를 출원 전에 사용한 결과 수요자 간에 그 서비스표가 누구의 서비스표인가가 현저하게 인식되어 있을 경우 같은 조 제1항 제3, 5, 6호의 규정에도 불구하고 등록을 받을 수 있도록 규정한 취지는, 원래 특정인에게 독점사용시킬 수 없는 표장에 대세적인 권리를 부여하는 것이므로 그 기준을 엄격하게 해석·적용하여야 할 것인바, 수요자 간에 그 서비스표가 누구의 서비스표인지 현저하게 인식되었다는 사실은 그 서비스표가 어느 정도 선전 광고된 사실이 있

---

81) 대법원 2003. 7. 11. 선고 2001후2863 판결[루이 비똥 말레띠에(Louis Vuitton Malletier)].

82) 구상표법 제8조 제2항에 의하여 상표가 등록되기 위하여는 출원 전에 상표로서 사용한 결과 수요자가 당해 상표를 누구인가의 상품표지로 승인하고 있으면 족한 것이고, 구체적으로 특정인의 성명이나 명칭까지 인식하여야만 하는 것은 아니다(대법원 1990. 11. 27. 선고 90후410 판결).

83) 상표법 제6조 제2항 소정의 사용에 의한 식별력(특별현저성)의 구비 여부는 등록사정 시 또는 거절사정 시를 기준으로 하여 판단되어야 할 것이다(대법원 1999. 9. 17. 선고 99후1645 판결).

84) 대법원 2001. 4. 10. 선고 2001후58 판결.

다거나 또는 외국에서 등록된 사실이 있다는 것만으로는 이를 추정할 수 없고, 구체적으로 그 상표·서비스표 자체가 수요자 간에 현저하게 인식되었다는 것이 증거에 의하여 명확하여야 하며, 한편 이와 같은 사용에 의한 식별력의 구비 여부는 등록결정 시를 기준으로 하여 판단하여야 한다"고 판시하고 있다.[85]

라. 입증

사용에 의하여 식별력을 갖는 상표의 입증은 사용한 결과 수요자들이 그 상표 및 상품의 출처를 인식할 수 있다고 인정할 수 있는 정도면 된다고 본다(상표심사기준 §14②). 이와 관련하여 상표의 사용에 의하여 식별력이 있다고 주장하는 자는 ⅰ) 사용한 상표, ⅱ) 상당기간 계속 사용한 사실, ⅲ) 전국 또는 일정지역에서 사용한 사실, ⅳ) 지정상품의 생산, 제조, 가공, 증명 또는 판매양 등, ⅴ) 사용의 방법, 횟수 및 내용 등을 입증할 수 있는 자료를 제출하여야 한다(상표심사기준 §14③).[86]

입증의 정도와 관련하여 판례는 "상표법 제6조 제2항의 등록출원 전에 상표를 사용한 결과 수요자 간에 그 상표가 누구의 업무에 관련된 상품을 표시하는 것인지 현저하게 인식되었다는 사실은, 그 상표에 의한 상품이 어느 정도 수입판매된 실적이 있다거나 세계적인 신문·잡지에 광고된 실적이 있다는 것만으로는 이를 추정할 수 없고, 구체적으로 그 상표 자체가 수요자 간에 현저하게 인식되었다는 것이 증거에 의하여 명확하게 되어야 한다"고 하여 엄격한 입장을 취하고 있다.[87]

---

85) 대법원 2008. 11. 13. 선고 2006후3397, 3403, 3410, 3427 판결[등록서비스표와 등록업무표장인 '예술의 전당'이 기술적 표장에 해당하고, 등록결정일 당시 구 상표법(1990. 1. 3. 법률 제4210호로 전문 개정되기 전의 것) 제8조 제2항에 정한 사용에 의한 식별력을 구비하지 못하였음을 이유로 상표등록을 무효로 본 사례].

86) 상표심사기준 제14조 (사용에 의한 식별력) ④ 증거 방법은 다음 각 호의 1에 해당하는 경우로 한다.
   1. 국가 또는 시, 도, 기타 공공단체의 증명서
   2. 상공회의소의 증명서
   3. 동업조합의 증명서
   4. 상품거래선 또는 대리점 등 충분히 입증할 수 있는 다수의 증명서(이 경우는 상품거래선 또는 대리점 등의 사업자 등록증을 첨부할 것)
   5. 신문, 잡지, 라디오, 텔레비전 등에 선전, 광고한 기간 및 횟수 등에 관한 사실증명서

87) 대법원 1994. 8. 26. 선고 93후1100 판결(출원상표는 영문자로 구성된 상표로서 상품류 구분 제10류 중 금속산염, 초염 및 복염, 탄화수소, 유기할로겐화물, 알코올류, 페놀류 등 26종의 화학제품을 그 지정상품으로 하여 출원된 것인바, 상표를 구성하고 있는 영문자 'HITEC' 그 자체는 특정한 관념이 없는 조어상표로 보이기는 하나, 이는 영문자 'High Tech'와 그 칭호에 있어서 동일한데 위 'High Tech'는 고도기술, 첨단기술 등을 나타내는 'High Technology'와 동의어로 사용되고 있고 신문·잡지에서도 '하이테크'란 용어를 '고도의 첨단기술'이라는 뜻으로 사용하고 있음을 감안할 때, 출원상표를 지정상품에 사용할 경우 'High Tech'라는 말이 뜻하는 것과 같이 고도의 기술, 첨단의 기술로 만들어진 화학제품 등으로 일

마. 등록의 효과

사용에 의한 식별력이 인정되어 등록된 상표권의 효력은 일반 상표권과 다를 바 없다. 다만, 상표등록이 된 후에 그 등록상표가 제6조 제1항 각 호의 1에 해당하게 된 경우(제6조 제2항에 해당하게 된 경우를 제외)에는 무효심판의 대상이 된다(§71① ⅴ). 이와 달리 등록결정 당시 사용에 의한 식별력이 인정되지 않음에도 불구하고 잘못 등록되었으나, 그 이후에 사용에 의한 식별력을 취득한 경우에 대해 판례는 "기술적 표장이 상표법 제6조 제2항에 의하여 등록이 되었다면 그러한 등록상표는 같은 항에 의하여 특별현저성을 갖추게 된 것이어서 상표권자는 그 등록상표를 배타적으로 사용할 수 있는 권리를 가지게 되었다고 볼 것이며, 그러한 등록상표에 관한 한 그 상표권은 상표법 제51조 제2호 소정의 상표에도 그 효력을 미칠 수 있다고 보아야 하므로, 그 상표권자는 상표법 제51조 제2호의 규정에 불구하고 타인이 그 등록상표와 동일 또는 유사한 상표를 그 지정상품과 동일 또는 유사한 상품에 상표로서 사용하는 것을 금지시킬 수 있고, 이는 기술적 상표가 등록이 된 이후에 사용에 의하여 상표법 제6조 제2항에서 규정한 특별현저성을 취득한 경우에도 마찬가지라고 봄이 상당하다"고 판시하였다.[88]

XI. 구체적 등록요건 – 법률상 등록을 받을 수 없는 상표(부등록사유)

부등록사유란 상표로서 사용될 수 있는 표장이 그 자체로서 식별력을 갖고 있으나, 그 표장이 '공공단체를 표시하는 표장' 또는 '타인의 상표 등과 동일 또는 유사한 경우' 등으로서, 공익적인 차원[89]에서 등록을 배제하는 사유를 말한다. 따라서 상표등록을 받기 위해서는 앞에서 살펴본 식별력이 없는 상표에 해당하지 않을 뿐만 아니라, 상표법 제7조에서 규정하고 있는 적극적 부등록사유에 해당하지 않아야 한다.

반 거래사회나 수요자로 하여금 인식되게 하는 표장으로서 이는 특별한 식별력을 갖는 것으로 볼 수 없이 그 지정상품과의 관계에 있어 상품의 품질, 효능을 보통으로 사용하는 방법으로 표시한 표장만으로 된 상표라 할 것이므로 상표법 제6조 제1항 제3호에 의하여 등록을 받을 수 없다).

88) 대법원 1996. 5. 13. 자 96마217 결정('재능교육'은 기술적 상표에 불과하여 '꿈을 키우는 재능교육'이라는 제호 사용에 대하여는 상표권에 기한 방해금지·예방을 청구할 수 없다고 본 원심결정을 파기한 사례).

89) 예외적으로 제7조 제1항 제6호 내지 제8호는 사익적 보호규정이라고 해석된다.

1. 국기·국장 등과 동일 또는 유사한 상표

가. 대한민국의 국기(國旗), 국장(國章), 군기(軍旗), 훈장, 포장(褒章), 기장
(記章), 대한민국 또는 공공기관의 감독용이나 증명용 인장(印章) 또는 기
호와 동일하거나 이와 유사한 상표(§7① i)[90]

'대한민국의 국기, 국장, 군기, 훈장, 포장, 기장'이라 함은 국기는 대한민국 국기에 관한 규정, 국장은 나라문장에 대한 규정, 훈장 및 포장은 상훈법 및 동 시행령이 규정하는 것을 말하며, 군기는 육·해·공군기는 물론 그 예하부대의 군기를 포함하고 기장은 공적을 기념하거나 신분, 직위 등을 표상하는 휘장 또는 표장을 의미한다(상표심사기준 §15 ②). 그리고 동호의 입법취지는 공익적 견지에서 국제기관의 존엄을 유지하기 위하여 그 칭호나 표장과 동일, 유사한 상표에 대하여 등록을 인정하여 사인의 독점적 사용을 하게 하는 것은 국제신의의 입장에서 적당하지 않기 때문이라 할 것이므로 위 법조에서 규정한 국제기관에는 제국이 공통적인 목적을 위하여 국가 간의 조약으로 설치하는 이른바 국가(정부) 간의 국제기관뿐만 아니라 정부 간의 합의에 의하지 않고 창설된 이른바 비정부단체(Non-governmental Organization)나 국제적 민간단체(International Non-governmental Organization)도 이에 포함될 수 있다.[91] 그러나 상표법 제7조 제1항 제1호가 저명한 국제기관의 칭호나 표장과 동일 또는 유사한 상표를 등록받을 수 없는 상표의 하나로 규정한 취지는 그 칭호나 표장과 동일·유사한 상표의 등록을 인정하게 되면 마치 그 지정상품이 이들 기관과 특수한 관계에 있는 것처럼 오인·혼동을 일으킬 염려가 있어 그 권위를 해치게 되므로 공익적인 견지에서 국제기관의 존엄을 유지하고 국제적인 신의를 지키고자 하려는 데 있다고 할 것인바, 이러한 입법 취지에 비추어 볼 때 여기서 말하는 저명한 국제기관이라 함은 원칙적으로 상표등록 사정 당시 존재하는 기관으로서 그 조직이나 활동상황 등에 의해 국제적으로 널리 알려질 것을 요하고, 이미 오래전에 폐지되어

---

90) 이와 관련하여 상표법에서는 따로 단서를 두지 않았으나, 2012. 3. 13. 개정 상표심사기준에서는 제15조 제1항 단서(다만, 대한민국 또는 공공기관이 감독용이나 증명용 인장 또는 기호를 증명표장으로 출원하는 경우를 제외한다)를 신설하였다.

91) 대법원 1987. 4. 28. 선고 85후11 판결[이 사건 심판청구인 '월드 와일드라이프 펀드'는 동물식물 등 자연환경을 보호하고 범세계적인 자연보존 운동을 위하여 조직된 기구로서 국제적으로 저명한 인사들이 그 회원(구성원)으로 되어 있고, 그 목적을 같이하는 국제적인 여러 기관과 협조관계를 유지하면서 그 활동영역이 국제적으로 광범위한 사정을 엿보기에 족하다. 따라서 원심결이 위와 같은 성격을 가진 심판청구인을 저명한 국제기관으로 본 것은 정당하고, 거기에 저명한 국제기관에 관한 법리를 오해하거나 채증법칙위배 또는 심리미진의 위법이 있다고 볼 수 없다].

위 사정 당시에 활동을 하지 않는 경우에는 이에 해당하지 않는다.[92]

　　나. 「공업소유권의 보호를 위한 파리협약」(이하 '파리협약'이라 한다) 동맹국,
　　　　세계무역기구 회원국 또는 「상표법조약」 체약국(이하 이 항에서 '동맹국 등'
　　　　이라 한다)의 국기와 동일하거나 이와 유사한 상표(§7①ⅰ의2)

　　다. 국제적십자, 국제올림픽위원회 또는 저명한 국제기관의 명칭, 약칭, 표장과
　　　　동일하거나 이와 유사한 상표. 다만, 국제적십자, 국제올림픽위원회 또는 저
　　　　명한 국제기관이 자기의 명칭, 약칭 또는 표장을 상표등록출원한 때에는 그
　　　　러하지 아니하다(§7①ⅰ의3).[93]

'저명한 국제기관'이라 함은 저명한 정부간국제기구와 비정부간국제기구를 포함하며,
국제연합(UN) 및 산하기구와 EU, NATO, OPEC와 같은 지역 국제기구 등 국제사회에
서 일반적으로 인식되고 있는 국가 간의 단체를 말한다(상표심사기준 §15④).

　　라. 파리협약 제6조의3[94)]에 따라 세계지적소유권기구로부터 통지받아 특허청장

---

92) 대법원 1998. 6. 26. 선고 97후1443 판결(따라서 원심으로서는 유럽경제공동체가 위 사정 당시에 존재하
　　는 기관으로서 그 조직이나 활동상황 등에 의하여 국제적으로 널리 알려져 있는지를 살펴보고 본원서비
　　스표의 상표법 제7조 제1항 제1호에 해당 여부를 판단하였어야 할 것임에도 불구하고 이 점을 살펴보
　　지 아니한 채 유럽경제공동체가 바로 저명한 국제기관이라고 판단하고 말았으니, 원심심결에는 상표법
　　제7조 제1항 제1호의 법리를 오해하여 심리를 다하지 아니한 잘못이 있다).

93) 2010. 1. 27. 개정(시행 2010. 7. 28.)에서 신설된 규정인바, 구법하에서는 이러한 예외 규정이 없었고 이
　　에 따라 대법원은 저명한 국제기관 자신의 표장 및 명칭을 출원하더라도 등록받을 수 없다고 하면서
　　'IOC'가 출원한 'OLYMPIC'을 거절한 원심을 정당하다고 본 바 있다(대법원 1997. 6. 13. 선고 96후
　　1774 판결).

94) Article 6ter
　　Marks: Prohibitions concerning State Emblems, Official Hallmarks, and Emblems of Intergovernmental
　　Organizations
　　(1) (a) The countries of the Union agree to refuse or to invalidate the registration, and to prohibit by
　　appropriate measures the use, without authorization by the competent authorities, either as trademarks or
　　as elements of trademarks, of armorial bearings, flags, and other State emblems, of the countries of the
　　Union, official signs and hallmarks indicating control and warranty adopted by them, and any imitation
　　from a heraldic point of view.
　　(b) The provisions of subparagraph (a), above, shall apply equally to armorial bearings, flags, other
　　emblems, abbreviations, and names, of international intergovernmental organizations of which one or
　　more countries of the Union are members, with the exception of armorial bearings, flags, other emblems,
　　abbreviations, and names, that are already the subject of international agreements in force, intended to
　　ensure their protection.
　　(c) No country of the Union shall be required to apply the provisions of subparagraph (b), above, to the

이 지정한 동맹국 등의 문장(紋章), 기(旗), 훈장, 포장, 기장 또는 동맹국 등이 가입한 정부 간 국제기구의 명칭, 약칭, 문장, 기, 훈장, 포장, 기장과 동일하거나 이와 유사한 상표. 다만, 동맹국 또는 동맹국 등이 가입한 정부 간 국제기구가 자기의 명칭·약칭(동맹국 등이 가입한 정부 간 국제기구에 한정한다), 표장을 상표등록출원한 때에는 그러하지 아니하다(§7①ⅰ의4).

---

prejudice of the owners of rights acquired in good faith before the entry into force, in that country, of this Convention. The countries of the Union shall not be required to apply the said provisions when the use or registration referred to in subparagraph (a), above, is not of such a nature as to suggest to the public that a connection exists between the organization concerned and the armorial bearings, flags, emblems, abbreviations, and names, or if such use or registration is probably not of such a nature as to mislead the public as to the existence of a connection between the user and the organization.

(2) Prohibition of the use of official signs and hallmarks indicating control and warranty shall apply solely in cases where the marks in which they are incorporated are intended to be used on goods of the same or a similar kind.

(3) (a) For the application of these provisions, the countries of the Union agree to communicate reciprocally, through the intermediary of the International Bureau, the list of State emblems, and official signs and hallmarks indicating control and warranty, which they desire, or may hereafter desire, to place wholly or within certain limits tinder the protection of this Article, and all subsequent modifications of such list. Each country of the Union shall in due course make available to the public the lists so communicated. Nevertheless such communication is not obligatory in respect of flags of States.

(b) The provisions of paragraph (1)(b) of this Article shall apply only to such armorial bearings, flags, other emblems, abbreviations, and names, of international intergovernmental organizations as the latter have communicated to the countries of the Union through the intermediary of the International Bureau.

(4) Any country of the Union may, within a period of twelve months from the receipt of the notification, transmit its objections, if any, through the intermediary of the International Bureau, to the country or international intergovernmental organization concerned.

(5) In the case of State flags, the measures prescribed by paragraph (1), above, shall apply solely to marks registered after November 6, 1925.

(6) In the case of State emblems other than flags, and of official signs and hallmarks of the countries of the Union, and in the case of armorial bearings, flags, other emblems. abbreviations, and names, of international intergovernmental organizations, these provisions shall apply only to marks registered more than two months after receipt of the communication provided for in paragraph (3), above.

(7) In cases of bad faith, the countries shall have the right to cancel even those marks incorporating State emblems, signs, and hallmarks, which were registered before November 6, 1925.

(8) Nationals of any country who are authorized to make use of the State emblems, signs, and hallmarks, of their country may use them even if they are similar to those of another country.

(9) The countries of the Union undertake to prohibit the unauthorized use in trade of the State armorial bearings of the other countries of the Union, when the use is of such a nature as to be misleading as to the origin of the goods.

(10) The above provisions shall not prevent the countries from exercising the right given in Article 6quinquies(B)(3), to refuse or to invalidate the registration of marks incorporating, without authorization, armorial bearings, flags, other State emblems, or official signs and hallmarks adopted by a country of the Union, as well as the distinctive signs of international intergovernmental organizations referred to in paragraph (1), above.

마. 파리협약 제6조의3에 따라 세계지적소유권기구로부터 통지받아 특허청장이 지정한 동맹국 등 또는 그 공공기관의 감독용이나 증명용 인장 또는 기호와 동일하거나 유사한 상표로서 그 인장 또는 기호가 사용되고 있는 상품과 동일하거나 유사한 상품에 관하여 사용하는 것(§7①i의5)

'감독용이나 증명용 인장 또는 기호'라 함은 상품 등의 규격품질 등을 통제(control), 증명(warranty)하기 위하여 대한민국 또는 외국의 국가자체가 채택한 표장을 말한다(상표심사기준 §15⑦). 한편, 제1호와 마찬가지로 상표법에서는 동호에 대한 단서를 따로 규정하고 있지 않으나, 2012. 3. 13. 개정된 상표심사기준에서는 "다만, 동맹국 등 또는 그 공공기관이 감독용이나 증명용 인장 또는 기호를 증명표장으로 출원하는 경우를 제외한다"는 규정을 신설하였다(상표심사기준§15① v 단).

바. 판단기준

상표의 일부에 본 호가 규정하는 표장을 결합하였을 때에도 본 호에 해당한 것으로 보며 국기 또는 외국국기의 존엄을 해할 우려가 있다고 인정되는 상표는 설사 그것이 본 호의 표장과 유사하지 않는 경우에도 법 제7조 제1항 제2호 및 제4호를 적용한다(상표심사기준 §15⑥). 그리고, 본호에서 규정하는 표장은 현존하는 것에 한한다(상표심사기준 §15⑧).

2. 국가 등과의 관계를 허위로 표시하거나 모욕하는 상표

가. 의의

국가·인종·민족·공공단체·종교 또는 저명한 고인과의 관계를 허위로 표시하거나 이들을 비방 또는 모욕하거나 이들에 대하여 나쁜 평판을 받게 할 염려가 있는 상표는 식별력 유무에도 불구하고 등록을 받을 수 없다(§7① ii).

'공공단체'라 함은 지방자치단체, 공공조합, 공법상 영조물법인과 그 대표기관 및 산하기관을 포함하고 주정부 및 그 산하기관도 이에 해당하는 것으로 보며(상표심사기준 §16①), 국가, 인종, 민족, 공공단체 및 종교는 현존하는 것에 한하며 저명한 고인은 사회통념상 또는 거래사회에서 일반적으로 인식할 수 있는 정도이면 족하다고 본다(상표심사기준 §16②). 그리고 본 호에서 규정하는 '허위표시[95]'나 비방, 모욕, 나쁜 평판을 받게 할 우려'는 상표의 구성 자체 또는 지정상품과의 관계를 고려하여 현저히 부정적인 영향을 주는 것에 한하여 이에 해당하는 것으로 본다(상표심사기준 §16③). 상표심사기준에서는 동호에 해당되는 것으로 '양키', '로스케', 'Nigger(Negro)'를, 해당되지 않는 것으로 '인디안(대판 89후346)'을 예시하고 있다.

나. 판단

상표법 제7조 제1항 제2호는 국가, 민족, …저명한 고인을 표시하는 상표에 대하여는 동조 동항 제1호와는 달리 그 관계를 허위로 표시하거나 이를 비방 또는 모방하거나 악평을 받게 할 염려가 있는 것에 한하여 등록을 불허하고 있는바, 위와 같은 염려가 있는지는 당해 표장 자체가 가지고 있는 외관, 칭호, 관념과 지정상품 및 일반거래의 실정 등을 종합적으로 관찰하여 객관적으로 판단하여야 한다.[96]

흑인의 도형과 영문자로 'DARKIE'를 횡서하고 다시 한문자로 '흑인'을 병기하여서 된 상표는 'DARKIE'가 흑인을 경멸하는 구어로서 'DARKY' 또는 'DARKEY'와 동일한 발음 및 의미로 사용되는 것으로 흑인종족을 비방, 모욕, 악평을 받게 할 염려가 있다.[97] 이에 반해, 상품구분 제45류 신사복 등 의류를 지정상품으로 하는 본원상표는 도형과 문자로 구성된 결합상표로서 그 영문자 부분인 'CARDINAL'은 원판시 영한사전에 의하면 형용사적 의미로, '주요한, 심홍색의' 뜻이 있고, 명사적 의미로 '추기경, 후드 달린 짧은 외투, 심홍색, 데운 붉은 포도주' 등 여러 가지 뜻을 가지고 있어 영어권이 아닌 우리나

---

95) 출원상표 'JAMES DEAN'은 단순히 고인의 성명 그 자체를 상표로 사용한 것에 지나지 아니할 뿐 동인과의 관련성에 관한 아무런 표시가 없어 이를 가리켜 상표법 제7조 제1항 제2호 소정의 고인과의 관계를 허위로 표시한 상표에 해당하지 않는다(대법원 1997. 7. 11. 선고 96후2173 판결). 마찬가지로, 출원상표는 검은색 바탕에 흰 오선을 긋고 그 위에 단순히 MOZART라는 고인의 성명 자체를 기재하여 상표로 사용한 것에 지나지 아니할 뿐, 고인과의 관련성에 관한 아무런 표시가 없어 이를 가리켜 상표법 제7조 제1항 제2호 소정의 고인과의 관계를 허위로 표시한 상표에 해당한다고 볼 수 없다(대법원 1998. 2. 13. 선고 97후938 판결).

96) 대법원 1989. 7. 11. 선고 89후346 판결[기록에 비추어 볼 때, 상품구분 제3류(건과자, 아이스크림, 츄우잉껌, 식빵, 떡 등)를 지정상품으로 하는 본건 등록상표인 '인디안'이라는 표장은 인도사람 또는 아메리카 인디안종족의 약칭을 통상적인 방법으로 호칭하는 것으로 보이고, 위와 같은 기준에서 관찰할 때 그것이 귀 종족과의 관계를 허위로 표시하거나 이를 비방, 모욕 또는 악평을 받게 할 염려가 있는 상표라고 볼 사정은 엿보이지 아니한다. 그럼에도 불구하고 원심은 비록 위 표장 자체가 특정민족, 국가와의 관계를 허위로 표시하거나 비방, 모욕 또는 악평하는 것이 아니나 할시나노 그 지정상품에 관한 그 설시와 같은 이유를 들어 구상표법 제9조 제1항 제2호의 규정에 해당하는 것이어서 무효의 상표라고 판단하였음은 같은 법조의 법리를 오해하여 판결에 영향을 미친 위법을 저질렀다 할 것이니 이 점을 지적하는 논지는 이유 있다.

97) 대법원 1987. 3. 24 선고 86후163 판결.

라에서 원판시와 같은 가톨릭의 추기경을 의미하는 것으로 일반인에게 인식된다 할 수 없고, 또 본원상표가 부착된 지정상품(신사복 등 의류)이 그 용도를 다하고 걸레로 사용되거나 쓰레기통에 들어가는 일이 있다 해서 가톨릭종교를 모욕하거나 악평을 받게 하는 것이라고 단정할 수 없을 뿐만 아니라 본원상표가 그 문자 부분과 가톨릭종교와 아무런 관계가 없는 도형으로 구성된 결합상표인 점을 감안하고 그것이 가지고 있는 외관, 칭호, 관념과 지정상품 및 거래실정 등에 비추어 종합적으로 볼 때 본원상표가 가톨릭종교를 비방 또는 모욕하거나 악평을 받게 할 염려가 있는 상표라 할 수 없다.[98]

3. 공익단체의 표장과 동일 또는 유사한 상표

가. 의의

국가·공공단체 또는 이들의 기관과 공익법인의 영리를 목적으로 하지 아니하는 업무 또는 영리를 목적으로 하지 아니하는 공익사업을 표시하는 표장으로서 저명한 것과 동일 또는 유사한 상표는 등록받을 수 없다. 다만, 국가·공공단체 또는 이들의 기관과 공익법인 또는 공익사업체에서 자기의 표장을 상표등록출원한 때에는 그러하지 아니하다(§7 ①iii). 상표법 제7조 제1항 제3호의 취지는 저명한 업무표장을 가진 공익단체의 업무상의 신용과 권위를 보호함과 동시에 그것이 상품에 사용되면 일반 수요자나 거래자에게 상품의 출처에 관한 혼동을 일으키게 할 염려가 있으므로 일반 공중을 보호하는 데에 있다.[99]

본 호에 해당하는 표장의 예로는 보이스카우트, YMCA, 농업협동조합을 비롯한 각종 조합 등의 표장, 대학의 마크 등이 있다.[100]

나. 판단

본 호에서 규정하는 표장은 원칙적으로 국가·공공단체 또는 이들의 기관과 공익법인의 명칭 자체가 아니라 이들이 수행하는 공익사업을 나타내는 표장을 말한다. 다만, 국가·공공단체 또는 이들의 기관과 공익법인의 명칭이 이들의 공익사업을 나타내는 표장으로 사용될 경우에는 법 제7조 제1항 제2호 또는 제4호와 본 호를 함께 적용한다(상표

---

98) 대법원 1990. 9. 28. 선고 89후711 판결.

99) 대법원 1996. 3. 22. 선고 95후1104 판결(한국전기통신공사의 표장과 동일·유사하다는 이유로 출원인의 '한국통신'이라는 상표의 등록을 거절한 원심결을 정당하다고 인정한 사례).

100) 송영식 외 6인 공저, 「지적소유권법(하)」, 육법사(2008), 140면.

심사기준 §17①). 본 호에서 규정하는 공공단체의 개념과 범위는 제16조 제1항에서 규정하는 바와 같으며 공익법인이라 함은 비영리법인(사단 또는 재단법인) 중 공익을 주목적으로 하는 법인을 말하며(상표심사기준 §17②), 국가, 공공단체 및 공익법인에는 외국 또는 외국의 공공단체 및 공익법인을 포함한다(상표심사기준 §17③). 또한 본 호에서 규정하는 영리를 목적으로 하지 아니하는 업무 또는 공익사업의 범위에는 비록 요금 또는 수수료의 부과 등 부수적으로 영리업무를 하더라도 주목적이 영리를 목적으로 하지 아니하는 업무 또는 공익사업인 경우를 포함하고(상표심사기준 §17④), 저명한 표장이라 함은 사회통념상 또는 거래사회에서 일반적으로 널리 인식되고 있는 표장 또는 단체명을 말한다(상표심사기준 §17⑤).

다. 판례

(1) 원심은, 축산업협동조합중앙회는 축산업협동조합법 제6조 제2항에 의하여 영리를 목적으로 하는 업무를 하여서는 아니 되는 공공단체로서, 그 업무표장(이하 '인용 업무표장'이라 한다)은 1985. 11. 7. 등록이 된 이래 계속 사용되어 일반인들에게 축산업협동조합중앙회를 표시하는 표장으로 널리 알려져 있는바, 이 사건 출원상표(이하 '본원상표'라고 한다)는 인용 업무표장과 그 외관이 유사하여 본원상표가 그 지정상품에 사용될 경우에 일반 수요자 및 거래자에게 그 상품이 축산업협동조합중앙회나 그와 밀접한 관계가 있는 회사에 의하여 생산된 상품으로 인식됨으로써 상품출처의 오인·혼동의 우려가 있고, 본원상표가 효성그룹의 심벌마크(Symbol Mark)로서 인용 업무표장보다 훨씬 이전부터 그 지정상품에 사용되어 인용 업무표장과의 사이에 상품의 출처에 관하여 혼동을 일으키지 아니하고 구별이 가능할 정도로 일반 수요자에게 널리 인식되었다고 볼 만한 증거도 없다는 이유로 상표법 제7조 제1항 제3호에 의하여 본원상표의 등록을 거절한 원사정은 정당하다고 판단하였는바, 기록에 비추어 살펴보면 원심의 위와 같은 조치는 옳다.[101]

(2) 원상표 'KSB'와 한국방송공사의 저명한 업무표장인 인용표장 'KBS'의 외관이 유사하다고 하더라도 관념과 칭호가 다르고, 한국방송공사는 방송업무 및 그 부대사업만을 시행하고 있음에 비추어 출원상표의 지정상품인 기계류의 수요자들이 그 상품을 한국방

---

101) 대법원 1998. 4. 24. 선고 97후1320 판결(그리고 본원상표의 지정상품과 인용 업무표장에 의하여 표시되는 업무가 유사하지 아니하거나 견련관계가 없다고 하더라도 그러한 사정만으로 위 규정의 적용이 배제된다고 볼 것은 아니므로, 원심이 그러한 지정상품과 업무 상호 간의 유사 여부 내지 견련관계 여부에 대하여 별도로 판단하지 아니하였다고 하더라도 위 규정의 적용에 있어서 심리를 다하지 아니한 잘못이 있다고 할 것은 아니다).

송공사에서 제조 또는 수입, 판매하는 것이라거나 그 상품의 출처와 한국방송공사 사이에 어떠한 견련관계가 있다고 오인 혼동할 가능성은 없다고 할 것이므로 전체적으로 보아 출원상표와 인용표장은 유사하다고 할 수 없다. 그럼에도 불구하고 본원상표와 인용표장이 유사하다고 본 원심결에는 상표법 제7조 제1항 제3호의 법리를 오해한 위법이 있다 할 것이므로 이 점을 지적하는 논지는 이유 있다.[102)

4. 공서양속에 반하는 상표

가. 의의

"상표 그 자체 또는 상표가 상품에 사용되는 경우 수요자에게 주는 의미와 내용 등이 일반인의 통상적인 도덕관념인 선량한 풍속에 어긋나거나 공공의 질서를 해칠 우려가 있는 상표"는 상표등록을 받을 수 없다(§7①iv).[103)

나. 판단

'공공의 질서'라 함은 실정법상의 공법질서, 국제신뢰 또는 일반 사회질서는 물론 공정하고 신용 있는 거래질서와 인간의 존엄과 가치, 평등권 보장 등 자유민주주의 기본질서도 포함한다(상표심사기준 §18①). '선량한 풍속'이라 함은 전통적 가치 중 미풍양속 등 사회통념상 존중되고 있는 사회적 윤리 및 도덕질서는 물론 자유시민으로서 지켜야 할 공중도덕을 포함한다(상표심사기준 §18②). 본호가 규정하는 공서양속을 문란하게 할 염려가 있는 상표라 함은 상표의 구성자체는 물론이고 상표의 구성자체는 그러하지 아니하더라도 지정상품에 사용함으로써 『공공의 질서』 및 『선량한 풍속』에 위반하는 경우를 포함한다(상표심사기준 §18③).

다. 판례

(1) 구 상표법(2007. 1. 3. 법률 제8190호로 개정되기 전의 것) 제7조 제1항 제4호는 '공공의 질서 또는 선량한 풍속을 문란하게 할 염려가 있는 상표'는 상표등록을 받을 수

---

102) 대법원 1994. 5. 24. 선고 93후2011 판결.

103) 2007. 1. 3. 개정 이전에는 단지 "공공의 질서 또는 선량한 풍속을 문란하게 할 염려가 있는 상표"라고 규정하고 있었는데, 그 적용범위가 모호하다는 문제가 있어 모방상표에 대해서는 본 호가 적용되지 않는 것임을 명확히 하기 위해 현행과 같이 개정하였다. 개정의 취지에 대해서는 송영식 외 6인 공저, 「지적소유권법(하)」, 육법사(2008), 140면, 142 – 143면 참고

없다고 규정하고 있다. 여기서 '공공의 질서 또는 선량한 풍속을 문란하게 할 염려가 있는 상표'라고 함은 상표의 구성 자체 또는 그 상표가 지정상품에 사용되는 경우 일반 수요자에게 주는 의미나 내용이 사회공공의 질서에 위반하거나 사회 일반인의 통상적인 도덕관념인 선량한 풍속에 반하는 경우뿐만 아니라, 그 상표를 등록하여 사용하는 행위가 공정한 상품유통질서나 국제적 신의와 상도덕 등 선량한 풍속에 위배되는 경우도 포함되며, 또한 그 상표의 사용이 사회공공의 이익을 침해하는 것이라면 이는 공공의 질서에 위반되는 것으로서 허용될 수 없다고 보아야 한다.[104]

(2) 상표법 제7조 제1항 제4호에서 "공공의 질서 또는 선량한 풍속을 문란하게 할 염려가 있는 상표"라 함은 상표의 구성 자체 또는 그 상표가 그 지정상품에 사용되는 경우 일반 수요사에게 주는 의미나 내용이 사회공공의 실서에 위반하거나 사회 일반인의 통상적인 도덕관념인 선량한 풍속에 반하는 경우를 말한다고 할 것인바, 인용상표가 주지·저명하지 아니하다면 비록 인용상표가 창작성 있는 것이라고 하더라도 이를 모방하여 지정상품을 달리하여 출원한 것 자체만으로는 상표법 제7조 제1항 제4호에 해당되지 않는다.[105]

(3) 비교대상상표가 부착된 원료 등을 수입한 경험이 있는 사람이 국내에 그 원료 등의 완제품에 대하여 비교대상상표의 상표등록이 없음을 알고서 나중에 비교대상상표의 사용상품을 원료로 한 제품 등이 국내에 수입·판매될 것을 예상하고 비교대상상표와 유사한 등록상표를 출원·등록받은 후, 비교대상상표의 양수인에게 위 원료의 국내독점판매권의 부여 또는 등록상표에 대한 사용대가의 지급을 요구하였다고 하여 위 등록상표가 상표법 제7조 제1항 제4호에 해당한다고는 할 수 없다.[106]

(4) 서비스의 제공에 특정한 자격을 필요로 하는 서비스업에 대하여 그러한 자격을 갖추지 못한 자가 서비스표를 출원, 등록하는 것은 상표법 제7조 제1항 제4호에서 규정하는 공공의 질서 또는 선량한 풍속을 문란하게 할 염려가 있는 경우에 해당하지 않는다.[107]

---

104) 대법원 2009. 5. 28. 선고 2007후3301 판결[등록서비스표 '우리은행'의 등록을 허용한다면 '우리'라는 단어에 대한 일반인의 자유로운 사용을 방해함으로써 사회 일반의 공익을 해하여 공공의 질서를 위반하고, '우리'라는 용어에 대한 이익을 그 등록권자에게 독점시키거나 특별한 혜택을 줌으로써 공정한 서비스업의 유통질서에도 반하므로, 위 등록서비스표는 구 상표법(2007. 1. 3. 법률 제8190호로 개정되기 전의 것) 제7조 제1항 제4호에서 정한 '공공의 질서 또는 선량한 풍속을 문란하게 할 염려가 있는 상표'에 해당하여 등록을 받을 수 없는 서비스표에 해당한다고 한 사례]. 유명 화가 피카소의 서명과 동일한 상표에 대해 같은 취지로 판시한 것으로 대법원 2000. 4. 21. 선고 97후860, 877, 884 판결.

105) 대법원 1998. 2. 24. 선고 97후1306 판결[이 사건 출원상표(1994. 7. 5. 출원, 지정상품은 제43류의 코헤르, 등산캠프용 텐트, 이하 본원상표라고 한다) 'PARKLAND＋도형'가 인용상표 'PARKLAND'와의 관계상 제7조 제1항 제4호에 해당한다고 판단한 원심결을 파기한 사례].

106) 대법원 2006. 7. 13. 선고 2005후70 판결.

107) 대법원 2005. 10. 28. 선고 2004후271 판결.

(5) 상표를 등록 사용하는 행위가 특정한 당사자 사이에 이루어진 계약을 위반하거나 특정인에 대한 관계에서 신의성실의 원칙에 위배된 것으로 보인다고 하더라도 그러한 사정만을 들어 위 법조항 소정의 '공공의 질서 또는 선량한 풍속을 문란하게 할 염려가 있는' 상표에 해당한다고 할 수 없다('KGB' 사건).108)

(6) 외국에서는 주지·저명하나 국내에서는 주지·저명하지 않은 인용상표를 모방하여 동일·유사한 상품에 관하여 등록상표를 출원하였다는 것만으로는 등록상표가 상표법 제7조 제1항 제4호에 해당한다고 단정할 수 없다('JAMES DEAN' 사건).109)

(7) 출원인이 향수 등을 지정상품으로 하여 자신의 계열회사의 상호를 영문으로 표시한 'SONY CREATIVE PRODUCTS INC.'를 출원상표로 등록출원한 사안에서, 원심이 출원상표 후단의 'INC.'는 일반 수요자에게 주식회사와 같은 법인 명칭으로 인식될 뿐만 아니라 실제로 출원인의 계열회사의 상호상표로 인식될 것이고, 'SONY' 부분은 전기·전자 제품 분야에서 국내에 널리 알려진 출원인의 유명상표로서 출원인이 자기의 상표로 널리 인식되어 있는 'SONY' 상표가 포함된 출원상표를 등록 사용하거나, 'SONY' 상표와 출원상표를 함께 그 지정상품에 표시 사용할 경우 거래질서를 문란하게 할 우려가 있을 뿐만 아니라 일반 수요자들로 하여금 출원상표가 사용된 상품이 출원인의 상품인지 계열회사의 상품인지 그 출처의 오인·혼동을 초래할 우려가 있어 상표법 제7조 제1항 제4호 및 제11호에 해당한다는 이유로 그 등록을 거절한 것에 대하여, 출원상표는 일본의 화장품, 잡화 등의 제조판매 회사인 '가부시키가이샤 소니크리에이티브프로덕츠'(주식회사 ソニ−クリエイティブプロダクツ)의 상호를 영문으로 표시한 것과 같지만, 위 회사는 출원인이 71%의 주식을 보유하고 있는 가부시키가이샤 소니뮤직엔터테인먼트가 100% 출자하여 설립한 회사로서 출원인의 자회사인 사실을 알 수 있는바, 모회사인 출원인이 자회사의 상호를 상표로 사용하는 데 자회사가 특별히 이의를 제기하는 것도 아니고, 또한 자회사의 상호나 그 취급 상품이 국내의 거래계나 수요자들에게 모회사와 구별되는 타인의 표장이나 상품으로 알려져 있다고 볼 만한 사정도 없는 이상 모회사인 출원인이 그 자회사의 상호를 상표로 출원등록하여 사용한다 하여 공정한 상품유통질서나 국제적 신의와 상도덕 등 선량한 풍속을 문란하게 할 염려가 있다거나, 상품출처의 오인·혼동을 일으켜 수요자를 기만할 염려가 있다고 단정할 수 없다는 이유로 원심을 파기한 사례.110)

---

108) 대법원 2006. 2. 24. 선고 2004후1267 판결.
109) 대법원 2002. 7. 9. 선고 99후451 판결.

(8) 법인으로 된 출원인의 명칭과 다른 명칭이 상표로 출원되고 있는 경우 공공의 질서 또는 선량한 풍속을 문란하게 할 염려가 있는지는 일률적으로 판단할 수 없고 구체적인 경우에 개별적으로 살펴보아야 할 것이며, 수요자를 기만할 염려가 있는 상표인지는 저명 또는 주지된 특정상표와 상호의 존재를 전제로 하여 그에 대비되는 유사한 상표가 주지저명상표의 상표권자의 상품이나 영업과 출처가 혼동될 염려가 있는지를 살펴서 판단하여야 할 것이고 대비되는 등록된 주지상표나 등록되지 않은 주지상표가 없을 경우에는 수요자 기만의 염려는 없다.[111]

5. 박람회의 상패·상장 또는 포장과 동일·유사한 표장

가. 의의

"정부가 개최하거나 정부의 승인을 얻어 개최하는 박람회 또는 외국정부가 개최하거나 외국정부의 승인을 얻어 개최하는 박람회의 상패·상장 또는 포장과 동일 또는 유사한 표장이 있는 상표"는 상표등록을 받을 수 없다. 다만, 그 상패·상장 또는 포장을 받은 자가 당해 박람회에서 수상한 상품에 관하여 상표의 일부로서 그 표장을 사용할 때에는 그러하지 아니하다(§7① v).

상표법 제7조 제1항 제5호는 박람회에서 시상한 상의 권위를 보호하고자 하는 규정으로서 어떤 상표의 등록출원이 위 규정에 해당되어 등록거절되기 위하여는 그 상표가 정부 또는 외국정부가 개최하거나 그 승인을 받아 개최한 박람회의 상패, 상장 또는 포장과 동일 또는 유사하여야 한다.[112]

---

110) 대법원 1999. 12. 24. 선고 97후3623 판결.

111) 대법원 1993. 7. 27. 선고 92후2311 판결(원심이 인정한 바와 같이 본원상표인 'THORNTON BAY CLOTHING COMPANY'가 출원인의 명칭과 달라서 출원인과 다른 법인의 명칭으로 인식될 우려가 있다 하여도 그와 같은 사정만으로는 본원상표가 공공의 질서 또는 선량한 풍속을 문란하게 할 염려가 있는 상표라고 할 수는 없다 할 것이다. 또, 본원상표 이외에 이와 대비할 만한 상대방의 상표, 상호라는 것이 없고, 앞으로 다른 사람이 본원상표와 유사한 상표를 출원하더라도 출원인의 상표가 등록되어 있다면 이를 이유로 등록거절될 것이 분명한 이 사건에서는 존재하지 아니하거나 존재한다 하더라도 우리나라에서는 알려져 있지 아니한 'THORNTON BAY CLOTHING COMPANY'라는 회사 또는 그와 유사한 회사와의 출처의 혼동을 일으킬 염려가 있다는 이유만으로 수요자 기만의 요소가 있다고 보기도 어렵다).

112) 대법원 1991. 4. 23. 선고 89후261 판결.

나. 판단

'정부 또는 외국정부의 승인'이라 함은 정부 또는 외국정부의 인가, 허가, 면허, 인정, 공인, 허락 등 그 용어를 불문하고 정부가 권위를 부여하거나 이를 허용하는 일체의 행위를 말한다(상표심사기준 §19①). 동 호의 '박람회'라 함은 전시회, 전람회, 품평회, 경진대회 등 그 용어를 불문하고 넓게 해석하고(상표심사기준 §19②), '상패, 상장, 포장'이라 함은 공로패, 표창장, 감사장 등 용어를 불문하고 주최자가 수여하는 일체의 증서 또는 기념패 등을 말한다(상표심사기준 §19③). 그리고 본 호 단서에서 규정하는 '상표의 일부로서 그 표장을 사용할 때'라 함은 상표의 한 요부 또는 부기적으로 사용하는 경우를 말하며 상표의 전부 또는 지배적인 표장으로 사용할 때에는 이에 해당하지 아니하며(상표심사기준 §19④), 이러한 상표의 사용이 상품의 품질보증적인 기능을 가질 때에는 법 제7조 제1항 제11호의 규정에 의한 상품의 품질 오인관계를 고려하여야 한다(상표심사기준 §19⑤). 또한 본 호에서 규정하는 그 상을 받은 자의 범위에는 그 사람의 영업을 승계한 자도 포함하는 것으로 본다(상표심사기준 §19⑥).

다. 판례

구 상표법 제9조 제1항 제5호는 박람회에서 시상한 상의 권위를 보호하고자 하는 규정으로서 어떤 상표의 등록출원이 위 규정에 해당되어 등록거절되기 위하여는 그 상표가 정부 또는 외국정부가 개최하거나 그 승인을 받아 개최한 박람회의 상패, 상장 또는 포장과 동일 또는 유사하여야 하는 것임은 그 문면상 명백하다. 따라서 원심이 이 사건 등록출원이 위 규정에 해당한다고 하기 위하여서는 과연 인용표장을 사용한 박람회가 정부의 승인을 받은 것인지, 그 박람회에서 시상으로 상패, 상장 또는 포장을 수여한 바가 있고 또 그것들이 인용표장과 같은 것인지를 먼저 심리하였어야 할 것이다. 그럼에도 불구하고 원심은 앞서 본 바와 같은 승인 여부나 시상 여부에 관한 사정을 조사하지 아니하고 이 사건 상표와 위 표장과의 동일 유사 여부만을 심리한 채 이 사건 상표가 구 상표법 제9조 제1항 제5호에 해당한다고 판단하였으니 이는 위 조항에 대한 법리의 오해가 있거나 심리를 다하지 않는 잘못을 저지른 것이라고 하지 아니할 수 없다.[113]

---

113) 대법원 1991. 4. 23. 선고 89후261 판결. 그 이외에 동 판결에서는 현행 상표법 제7조 제1항 제11호 위반 여부와 관련하여, 출원상표 'SPOREX'가 국민체육신흥재단이 주최한 '스포츠 및 레서용품 박람회'의 영문표기인 인용표장 'SPOREXKOR'와 유사하여 구 상표법 제9조 제1항 제11호에 해당하는 상표라고 하기 위하여는 먼저 인용표장이 박람회의 표장으로 거래자나 일반수요자 사이에 널리 인식되어 있다 함이 인정되어야 하고 나아가 그 표장을 상표로 사용한다면 그 박람회의 성격상 그 상품이 박람회의 개최자에 의하여 생산되었다는 등의 뜻으로 오해할 소지가 있을 것이라는 사정이 인정되어야 할

6. 저명한 타인의 명칭 등

가. 의의

"저명한 타인의 성명·명칭 또는 상호·초상·서명·인장·아호·예명·필명 또는 이들의 약칭[114]을 포함하는 상표"는 상표등록을 받을 수 없다. 다만, 그 타인의 승낙을 얻은 경우에는 그러하지 아니하다(§7①vi).

나. 판단

'타인'이라고 함은 현존하는 자연인은 물론 법인(법인격이 없는 단체를 포함한다)도 포함되며 자국인은 물론 외국인도 포함한다(상표심사기준 §20①). 또한 '저명'이라 함은 사회통념상 또는 지정상품과 관련한 거래사회에서 널리 인식될 수 있는 정도를 말하며(상표심사기준 §20②),[115] 자기의 성명 또는 명칭과 저명한 타인의 성명 또는 명칭이 동일한 때에는 타인의 승낙을 요한다(상표심사기준 §20③).

다. 판례

(1) 상표법 제7조 제1항 제6호 소정의 상호의 저명성은 동 조항 제9호 소정의 주지성 현저성보다도 훨씬 당해 상호의 주지도가 높을 뿐 아니라 나아가 오랜 전통 내지 명성을 지닌 경우를 가리킨다고 볼 것이다.[116]

(2) 쌍용 그룹 소속 회사들의 상호에 대부분 '쌍용'이라는 명칭이 사용되어 오고 있고, '쌍용'이라는 칭호가 포함된 그룹 공통의 심벌마크가 제작되어 각 기업의 홍보에 사용되어 왔으며, 그 그룹이 이미 우리나라의 이른바 10대 재벌에 속하는 기업집단이라면, 우리의 사회통념에 비추어 그 그룹 내지 그 그룹 소속 회사들의 상호의 약칭에 해당하는 '쌍용'은 저명성이 있다고 봄이 상당하다고 한 사례.[117]

(3) 상표법 제7조 제1항 제6호 소정의 타인이라 함은 생존자를 의미한다.[118]

것이라고 판시하였다.

114) 예시: 대한주택공사＝주공, 한국은행＝한은, 한국전력주식회사＝한전, 한국토지공사＝토공.

115) 구상표법 제9조 제1항 제6호 소정의 상호의 저명성은 동 조항 제9호 소정의 주지성·현지성보다도 훨씬 당해 상호의 주지도가 높을 뿐 아니라 나아가 오랜 전통 내지 명성을 지닌 경우를 가리킨다고 볼 것이다(대법원 1984. 1. 24. 선고 83후34 판결).

116) 대법원 1984. 1. 24. 선고 83후34 판결(인용상호가 제9호 소정의 주지성, 현저성의 요건조차 결여한 상호라면 제6호 소정의 저명성은 논의할 여지조차 없다 할 것이다).

117) 대법원 1996. 9. 24. 선고 95후2046 판결.

(4) 심판청구인의 본원상표 'ESTEE'는 미국의 에스티 라우더 그룹이 사용하는 인용상표 'ESTEE'와 외관 및 칭호가 동일하여, 비록 위 에스티 라우더 그룹의 계열회사중 하나인 에스티 라우더 인코포레이티드가 심판청구인의 본원상표 등록출원에 동의하였다고 하여도 위 회사와 심판청구인은 각각 독립한 법인격을 가진 회사인 이상 그것만으로 상품의 출처에 오인을 일으킬 위험이 없다고 할 수 없어 본원상표는 등록될 수 없다.[119]

7. 선등록상표와 동일·유사한 상표

가. 의의

"선출원에 의한 타인의 등록상표(지리적 표시 등록단체표장을 제외한다[120])와 동일 또는 유사한 상표로서 그 지정상품과 동일 또는 유사한 상품에 사용하는 상표"는 상표등록을 받을 수 없다($\S7$①vii).

나. 판단

'타인의 등록상표'라고 함은 타인의 선출원에 의한 선등록상표를 말하며 후출원에 의한 선등록 상표는 이에 포함되지 아니한다(상표심사기준 $\S21$①). 상표의 유사 여부의 관찰 방법은 전체적·객관적·이격적 관찰을 원칙으로 하되 상표 구성 중 인상적인 부분(요부)에 대하여 중점적으로 비교하는 것으로 한다. 이 경우 소리·냄새 등은 같은 유형의 상표 간에 시각적 표현을 기준으로 유사 여부를 비교하여 판단한다(상표심사기준 $\S21$②).

---

118) 대법원 1998. 2. 13. 선고 97후938 판결(출원상표는 검은색 바탕에 흰 오선을 긋고 그 위에 단순히 MOZART라는 고인의 성명 자체를 기재하여 상표로 사용한 것에 지나지 아니할 뿐, 고인과의 관련성에 관한 아무런 표시가 없어 이를 가리켜 상표법 제7조 제1항 제2호 소정의 고인과의 관계를 허위로 표시한 상표에 해당한다고 볼 수 없고, 또한 출원상표 자체의 의미에서 선량한 도덕관념이나 국제신의에 반하는 내용이 도출될 수는 없으며, 상표법 제7조 제1항 제6호 소정의 타인이라 함은 생존자를 의미하고, 출원상표와 같은 표장을 사용한 상품이 국내에서 유통됨으로써 국내의 일반 수요자들에게 어느 정도라도 인식되었음을 인정할 자료가 없어 국내의 일반거래에서 수요자나 거래자들이 출원상표를 타인의 상품 표장으로서 인식할 가능성도 없으므로, 출원상표를 상표법 제7조 제1항 제4호 소정의 공공의 질서 또는 선량한 풍속을 문란하게 할 염려가 있는 상표라거나 같은 항 제6호 소정의 저명한 타인의 성명을 포함하는 상표 또는 같은 항 제11호 소정의 수요자를 기만할 염려가 있는 상표라고 보기 어렵다).

119) 대법원 1985. 11. 26. 선고 84후92 판결.

120) 지리적 표시 등록단체표장에 대해서는 "선출원에 의한 타인의 지리적 표시 등록단체표장과 동일 또는 유사한 상표로서 그 지정상품과 동일하거나 동일하다고 인식되어 있는 상품에 사용하는 상표"를 부등록사유로 규정하고 있다($\S7$①vii의2).

다. 판례

(1) 상표의 유사는 상표의 외관·호칭·관념을 수요자의 입장에서 전체적·객관적·이격적으로 관찰하여 상품의 출처에 관하여 오인·혼동을 일으킬 우려가 있는지에 의하여 결정하여야 하는 것으로서, 외관·호칭·관념 중에서 어느 하나가 유사하다 하더라도 전체로서의 상표가 수요자들로 하여금 명확히 상품 출처의 오인·혼동을 피할 수 있게 하는 경우에는 유사한 것이라고 할 수 없다 할 것인바, 대비대상이 되는 두 상표 중 하나가 자타 상품의 식별력이 없는 것이라면 설사 그 대비되는 상표와 외관·호칭·관념 중 일부에 동일·유사한 점이 있다 하더라도 상표 전체로서 수요자들로 하여금 상품 출처의 오인·혼동을 피할 수 있게 하는 가능성이 크다 할 것이므로 오로지 기술적 표장만으로 된 상표와 다른 식별력 있는 상표의 유사 여부를 판단함에 있어서도 상표의 식별력 유무는 고려대상이 되어야 한다('빈츠' vs '비츠').121)

(2) 비록 2개의 상표가 상표 자체의 외관·칭호·관념에서 서로 유사하여 일반적·추상적·정형적으로는 양 상표가 서로 유사해 보인다 하더라도 당해 상품을 둘러싼 일반적인 거래실정, 즉 시장의 성질, 고객층의 재력이나 지식 정도, 전문가인지, 연령, 성별, 당해 상품의 속성과 거래방법, 거래장소, 고장수리 등 사후관리 여부, 상표의 현존 및 사용 상황, 상표의 주지 정도 및 당해 상품과의 관계, 수요자의 일상 언어생활 등을 종합적·전체적으로 고려하여, 거래사회에서 수요자들이 구체적·개별적으로는 상품의 품질이나 출처에 관하여 오인·혼동할 염려가 없을 경우에는 양 상표가 공존하더라도 당해 상표권자나 수요자 및 거래자들의 보호에 아무런 지장이 없으므로, 그러한 상표의 등록을 금지하거나 등록된 상표를 무효라고 할 수 없다(유사한 두 상표 'Rolens'와 'ROLEX'가 오인·혼동될 염려가 없어 상표법 제7조 제1항 제7호 등의 적용이 없다).122)

---

121) 대법원 2002. 7. 26. 선고 2002후765 판결(우리나라의 영어보급수준을 감안할 때 출원상표 '빈츠'와 인용상표 '비츠'의 지정상품인 과자류 상품에 관한 일반 수요자나 거래자가 '비츠'를 영어단어 'bits'의 한글 음역으로서 '작은 조각, 소량' 등의 관념을 가지는 것으로 직감할 수 있다고 보기 어려워 '비츠'가 그 지정상품에 관하여 자타 상품의 식별력이 없다 할 수 없고, 출원상표 '빈츠'는 외관과 호칭에 있어서 인용상표 '비츠'와 유사하여 동일·유사한 지정상품에 사용하는 경우 상품의 출처에 관한 오인·혼동을 일으킬 우려가 있는 유사한 상표에 해당한다).

122) 대법원 1996. 7. 30. 선고 95후1821 판결(등록상표 'Rolens'와 선출원된 인용상표를 비교하면 등록상표는 그 출원 당시에는 시계류의 국내 일반 거래계에서 수요자 간에 널리 알려져 있었고, 다른 한편 등록상표의 상품들은 중저가의 상품이어서 거래자 및 일반 수요자는 일반적인 보통 수준의 사람들인 데 반하여, 인용상표의 상품들은 세계적으로 유명한 고가, 고품질의 시계로서 그 주요 거래자는 재력이 있는 소수의 수요자에 불과하며, 양 상표의 지정상품들은 외형과 품위에 있어서 현저한 차이가 있고, 기록상 국내에 인용상표의 지정상품들을 판매하는 대리점이 있다는 자료도 없거니와 이들 상품들을 정식으로 수입하여 판매된 자료도 나타나 있지 아니하는 등 인용상표의 지정상품은 국내에서는 공항 등의 보세구역 면세점에서 극히 소량 거래되고 있을 뿐이고 외국 여행객을 통하여 극소수 반입되는 정도에 불과

(3) 본원상표 'POLO'는 오래전부터 국내에서 상당한 정도로 광고선전을 해 오면서 그 지정상품들을 판매해 왔으며, 특허청 발행의 외국유명상표집에 등재되어 있고, 특허청에서 주로 많이 도용되는 외국상표로 분류하고 있는 점 등을 종합하면 국내의 수요자 간에 현저하게 인식되어 있는 저명한 상표라 할 것이고, 반면 인용상표 'POLA'가 수요자 간에 널리 인식되었다는 자료는 없는바, 위와 같은 사정과 거래실정에 비추어 보면 양 상표가 동일한 지정상품에 다 같이 사용될 경우라도 거래자나 일반수요자에게 상품의 품질이나 출처에 대하여 오인·혼동을 일으키게 할 염려는 없다.[123]

(4) 등록상표와 선출원하여 등록된 인용상표는 모두 도형만으로 구성된 상표로서, 영어 알파벳 'C' 모양의 도형 두 개가 좌우로 교차하여 대칭 구조를 이루고 있는 점에서 기본적 틀이 동일하고, 다만 인용상표는 좌우 양 끝으로 열린 부분의 여백을 그대로 살리고 있음에 반하여, 등록상표에서는 위 열린 부분을 얇은 직선으로 연결하여 여백을 없애는 한편 'C' 모양의 도형 두 개가 교차하는 지점을 다른 부분보다 밝게 처리한 점에 차이가 있으나, 인용상표가 소재로서 채택한 'C' 모양의 도형 두 개가 좌우로 교차하는 형상은 구성 자체는 간단하나 그로부터 받는 인상이 매우 독특하고, 시각적으로 표장의 중앙에 위치한 도형 간의 교차 부위에 시선을 집중시키는 효과가 있으므로, 그와 같은 소재와 틀이 그대로 사용되고 단지 시선이 별로 가지 않는 주변 부위 등에서만 약간의 변화가 주어진 등록상표에서도 인용상표와 비슷한 인상 및 느낌을 받는다고 할 것이므로, 전체적·객관적·이격적으로 관찰할 때 양 상표는 매우 유사하다고 한 사례('샤넬' 사건).[124]

(5) 상표법(1997. 8. 22. 법률 제5355호로 개정된 것) 제7조 제3항[125] 본문의 "타인의 등록상표가 제71조 제3항의 규정에 의하여 무효로 된 경우에도 이에 해당하는 것으로 본다" 중 제7조 제1항 제7호에 관한 부분은 헌법에 위반된다.[126]

한바, 위와 같은 사정과 거래실정에 비추어 보면, 양 상표가 동일한 지정상품에 다 같이 사용될 경우라도 거래자나 일반 수요자에게 상품의 품질이나 출처에 대하여 오인·혼동을 일으키게 할 염려는 없고, 이와 같이 등록상표가 상품의 품질이나 출처에 대하여 오인·혼동을 일으킬 염려가 없는 상표에 해당한다면 상표법 제7조 제1항 제7호, 제9호, 제10호, 제11호가 적용될 여지가 없다고 본 사례).

123) 대법원 1996. 9. 24. 선고 96후153 판결.

124) 대법원 2001. 12. 14. 선고 2000후2033 판결.

125) 제1항 제7호 및 제8호의 규정은 상표등록출원 시에 이에 해당하는 것(타인의 등록상표가 제71조 제3항의 규정에 의하여 무효로 된 경우에도 이에 해당하는 것으로 본다)에 대하여 이를 적용한다. 다만, 상표등록출원 후 상표권자와 상표등록출원인(이하 '출원인'이라 한다)이 동일하게 된 경우에는 그러하지 아니하다.

126) 헌법재판소 2009. 4. 30, 2006헌바113 결정.

8. 등록상표의 소멸 후 1년 이내의 출원상표

가. 의의

"상표권이 소멸한 날(상표등록을 무효로 한다는 심결이 있은 경우에는 심결확정일을 말한다)부터 1년을 경과하지 아니한 타인의 등록상표(지리적 표시 등록단체표장을 제외한다[127])와 동일 또는 유사한 상표로서 그 지정상품과 동일 또는 유사한 상품에 사용하는 상표"는 상표등록을 받을 수 없다(§7①viii). 등록상표권이 소멸한 경우에도 일정한 기간 동안 수요자들에게는 특정인의 등록상표로 인식될 여지가 있고, 따라서 상품출처의 오인·혼동을 방지하기 위하여 권리소멸 후 1년 동안은 타인의 상표등록출원을 불허하고 있는 것이다.

나. 판단

'상표권의 소멸'이라 함은 상표권이 존속기간의 만료, 포기[상표등록(갱신)료를 1회차(5년납) 납부하고 상표권이 소멸된 경우도 포함한다]로 인한 등록의 말소, 상표권자 사망 후 3년 이내 상속인의 이전등록이 없는 경우, 등록의 무효 또는 취소의 확정 및 법 제64조 제2항에 따른 청산절차가 진행되는 법인의 상표권의 소멸을 말한다(상표심사기준 §22①). 상표의 부정사용, 불사용 등을 이유로 상표등록이 취소되거나 소멸된 경우에는 제재규정의 실효성 확보를 위해 원상표권자는 3년간 동일·유사 상표에 대한 출원을 금지하고, 불사용취소심판청구권자에게 6월간 독점적 출원권을 인정하고 있다(§7⑤, §8⑤).

상표권 소멸 후 1년의 판단시기에 대해 종래 판례의 견해가 통일되어 있지 않았다가 1995. 4. 25. 선고 93후1834 전원합의체 판결에 의해 현행법 규정(§7③)과 동일하게 출원 시로 판단하였다. 다만, 이러한 현행법 규정에 대해서는 입법론상 비판이 있다.[128]

다. 예외

다음의 어느 하나에 해당하는 경우에는 상표등록을 받을 수 있다(§7④).

ⅰ) 등록상표가 상표권이 소멸한 날부터 소급하여 1년 이상 사용되지 아니한 경우

---

127) 지리적 표시 단체표장에 대해서는 "지리적 표시 단체표장권이 소멸한 날(단체표장등록을 무효로 한다는 심결이 있은 경우에는 심결확정일을 말한다)부터 1년을 경과하지 아니한 타인의 지리적 표시 등록단체표장과 동일 또는 유사한 상표로서 그 지정상품과 동일하거나 동일하다고 인식되어 있는 상품에 사용하는 상표"를 부등록사유로 규정하고 있다(§7①viii의2).

128) 송영식 외 6인 공저, 「지적소유권법(하)」, 육법사(2008), 151면 주158 참고

ⅱ) 등록상표가 제1항 제6호, 제9호, 제9호의2, 제10호, 제11호, 제12호 및 제12호의2, 제8조 또는 제73조 제1항 제7호의 규정에 위반한 것을 사유로 무효 또는 취소의 심결이 확정된 후 그 정당한 출원인이 상표등록출원한 경우

ⅲ) 등록상표에 대한 상표권의 존속기간갱신등록신청이 되지 아니한 채 제43조 제2항 단서에 따른 6개월의 기간이 지난 후에 상표등록출원한 경우

ⅳ) 제8조 제5항 및 동 조 제6항의 규정에 따라 취소심판청구인이 상표등록출원한 경우

ⅴ) 제8조 제5항 각 호의 어느 하나에 해당하는 경우로서 동 항의 규정에 따라 취소심판청구인이 상표등록을 받을 수 있는 기간이 지난 후에 상표등록출원이 있는 경우

라. 판례

구 상표법(1993. 12. 17. 법률 제4597호로 개정되기 전의 것) 제7조 제3항은 "제1항 제7호 및 제8호의 규정은 상표등록출원 시에 이에 해당하는 것에 대하여 이를 적용한다"고 규정하고 있으므로 같은 법 <u>제7조 제1항 제8호에서 말하는 1년을 경과하였는지는 상표등록출원 시를 기준으로 하여 판단</u>하여야 하고, 상표 불사용을 원인으로 한 등록취소는 그 심판청구일로부터 소급하여 3년 이상 사용하지 아니하였음을 요건사실로 하고 구 상표법 제7조 제1항 제8호 단서 소정의 1년은 상표등록취소심결 확정일로부터 소급한 기간으로서 그 대상이 되는 시기가 서로 다르므로 상표 불사용을 원인으로 한 상표등록 취소심결이 확정되었다는 사정만으로 구 상표법 제7조 제1항 제8호 단서의 상표 불사용 사실이 추정되는 것은 아니다.[129]

9. 주지상표와 동일·유사한 상표

가. 의의

"타인의 상품을 표시하는 것이라고 수요자 간에 현저하게 인식되어 있는 상표(지리적 표시를 제외한다[130])와 동일 또는 유사한 상표로서 그 타인의 상품과 동일 또는 유사한 상품에 사용하는 상표"는 상표등록을 받을 수 없다(§7①ix). 여기서 말하는 주지상표라

---

129) 대법원 1995. 4. 25. 선고 93후1834 전원합의체 판결.

130) "특정 지역의 상품을 표시하는 것이라고 수요자 간에 현저하게 인식되어 있는 타인의 지리적 표시와 동일 또는 유사한 상표로서 그 지리적 표시를 사용하는 상품과 동일하거나 동일하다고 인식되어 있는 상품에 사용하는 상표"는 상표등록을 받을 수 없다(§7①ix의2).

함은 반드시 거래자 또는 수요자가 그 상표사용인이 누구인가를 구체적으로 인식할 필요
는 없다 하더라도 적어도 그 상표가 특정인의 상품에 사용되는 것임을 거래자 또는 수요
자 간에 인식되고 있음을 요한다.[131]

나. 판단

제7호가 등록 상표에 대한 규정임에 비추어 볼 때, 본 호는 미등록 주지상표에 관한
규정이라고 볼 것이다. '수요자'라 함은 최종소비자는 물론 중간 수요자 즉 제품의 생산
을 위한 원료 또는 기계, 부품 등 중간재의 소비자 또는 그 상품의 판매를 위한 도매상
또는 소매상을 포함한다(상표심사기준 §23①). 그리고 '현저하게 인식되어 있는 상표'라
함은 수요자 간에 누구의 상품을 표시하는 상표라고 널리 인식되고 있는 상표를 말하며
(상표심사기준 §23②), 본 호의 규정을 적용하기 위해서는 인용된 상표가 상표등록출원
시에 수요자 간에 현저하게 인식되어 있어야 한다(상표심사기준 §23③, 법 제7조 제2항).

그리고 주지상표는 원칙적으로 국내에 주지되어야 하나, 국내에는 시판되고 있지 않다
고 하더라도 수출주종상표 또는 외국의 유명상표 등과 같이 국내 관련 거래업계에 주지
되어 있는 경우에는 주지상표로 본다(상표심사기준 §23 해석참고자료5.라).[132]

한편, 상표를 사용하는 자가 사용하기 전에 이미 타인이 사용하고 있거나 주지된 것을
알고 있으면서도 그 사용을 계속함으로써 주지상표로 만들어 놓은 경우 혹은 부정경쟁의
목적으로 사용함으로써 이를 주지가 되게 한 경우에는 이를 주지상표로 보지 아니하며
(상표심사기준 §23 해석참고자료6.), 2개의 주지상표가 병존하는 경우에는 주지상표주가
다 함께 악의든 선의든 불문하고 어느 것도 등록을 인정하지 아니한다(상표심사기준 §23
해석참고자료7.).[133]

---

131) 대법원 1983. 3. 8. 선고 81후50 판결(원심이 배척하지 아니한 을 제5호 내지 제9호증, 제10호증의 1
　　내지 3, 제13호증의 각 기재에 의하면, 피심판청구인은 심판청구인의 회사설립보다 앞선 1972. 5. 10.
　　부터 동서가구라는 상호로 사업자등록을 하고 침대 등 가구를 제조, 판매하기 시작하여 전국 일원에 판
　　매조직을 두고 이를 통하여 상품을 판매하여 왔고 텔레비전 등 대중매체를 통하여 '동서가구'를 널리
　　선전하는 등 이 사건 능록상표를 그 등록출원일인 1979. 1. 13.까지 계속 사용하여 온 사실 등을 알아
　　볼 수 있으므로 이와 같이 심판청구인의 인용상표 사용 개시 전부터 등록상표가 널리 사용되어 온 사실
　　관계에 비추어 볼 때 앞서 본 원심인정 사실만으로는 심판청구인의 인용상표가 위 등록상표보다 먼저
　　사용된 주지상표라거나 또는 등록상표와 동시에 병존하여 그 식별력 있는 상표로서 수요지 간에 현
　　저하게 인식된 주지상표라고는 인정하기 어렵다).
132) 판례도 같은 취지에서 "외국의 저명상표의 상품이 우리나라 시장에서 판매될 가능성이 있는 이상, 그
　　저명주지의 상표가 외국상표이거나 또는 국내상표이거나를 구별할 필요가 없다"고 판시하였다(대법원
　　1970. 11. 30. 선고 70후54 판결).
133) 선의의 주지상표가 경합하는 경우에도 일괄적으로 등록을 모두 거절하는 것은 입법론으로 문제가 있다

다. 판례

(1) 상표법 제9조 제1항 제9호(상표등록 거절사유)는 그 규정의 문리상으로는 상표와 상표사이의 관계에 국한하는 것으로 볼 여지도 없지 아니하나 상호는 상표에 비하여 상인이 영업상 자기를 표창하는 칭호인 점에서 인격적 요소가 짙은 권리이기는 하나 등기 후의 상호전용권은 재산권으로 보호되는 것이고 상표법 제9조 제1항 제6호에 타인의 저명한 상호의 사용을 상표등록의 소극적 요건으로 규정한 점에 비추어 보면 위 제1항 제9호의 해석에 있어서도 상표와 상호 간의 대비도 포함되는 것으로 풀이함이 상당하다.[134]

(2) 구 상표법(1990. 1. 13. 법률 제4210호로 개정되기 전의 것) 제9조 제1항 제9호에서 말하는 주지상표라 함은 반드시 수요자 또는 거래자가 그 상표사용인이 누구인가를 구체적으로 인식할 필요는 없다 하더라도 적어도 그 상표가 특정인의 상품에 사용되는 것임을 수요자 또는 거래자 간에 널리 인식되어 있음을 필요로 하고, 주지상표인가는 그 사용, 공급 또는 영업활동의 기간, 방법, 태양 및 거래범위 등과 그 거래실정이나 사회통념상 객관적으로 널리 알려졌느냐가 일응의 기준이 된다.[135]

(3) 인용상표(JEEP)의 지정상품인 소위 지프(차)가 국내에서 많이 사용되어 왔을 뿐 아니라, 인용상표는 수십 가지의 상품에 대한 상표 또는 서비스표로서 국내에 등록이 되어 있고, 국내의 자동차회사에 상표의 통상사용권을 설정하여 수년간 사용하게 하였으며, 세계 100여 개국에 등록이 되어 있고, 국어사전이나 영어사전에도 기재되어 있으며, 특허

[송영식 외 6인 공저, 「지적소유권법(하)」, 육법사(2008), 161면 참고].

134) 대법원 1984. 1. 24. 선고 83후34 판결(현대 대중매체를 통한 광고선전효과의 급속, 광범성을 염두에 둔다 하더라도 불과 4개월 남짓의 몇 개의 일간지에 각 6회 이하씩의 신문광고와 회수 미상의 TV 및 AM, FM방송광고 그리고 3개월 남짓의 영업활동실적이 있었다 하더라도 그것만으로는 그 시점에서 거래의 실정에 비추어 객관적으로 수요자 간에 인용상호가 상표법 제9조 제1항 제9호 소정의 현저하게 인식된 것이라고 단정하기 어렵다). 같은 취지로 대법원 1985. 7. 23. 선고 84후84 판결(원심판결 이유에 의하면 심판청구인은 '동서가구산업주식회사', '동서가구', '동서가구', '동양의 미와 서양의 멋이 조화된 가구' 등의 문자로 구성된 표장을 사용하여 여러 형태의 가구를 제조판매하고 월간잡지나 일간신문 등에 수십 회에 걸쳐 이에 대한 선전광고를 해온 것이므로 위 표장은 상표로서의 기능을 다한 형태로 사용된 것이라고 인정하고 있는바, 기록과 대조하여 검토하여 보아도 원심의 위 인정판단은 정당하고 거기에 상표의 특별현저성에 관한 법리를 오해한 위법이 있다고도 할 수 없고, 원심이 이 사건 등록상표의 등록이 무효라고 인정하는 근거규정인 상표법 제9조 제1항 제9호는 상표와 상호의 대비도 포함하고 있는 것이므로(당원 1984. 1. 24. 선고 83후34 판결 참조) 심판청구인이 사용하고 있는 위 표장이 상표가 아니고 상호인 법인의 명칭에 불과하다 하더라도 원심의 결론에 아무런 영향을 가져올 수도 없는 것이므로 이 점에 관한 논지는 이유 없다).

135) 대법원 1991. 11. 22. 선고 91후301 판결(일본을 비롯한 세계 각국에 인용상표 'ASCⅡ'와 동일 또는 유사한 상표가 등록되었고, 일본국에서 발행된 신문 기타 정기간행물과 팜플렛에 인용상표가 게재되었으나, 인용상표가 국내에서 주지상표라고 할 수 없어 등록상표 'ＡＳＣ Ⅱ(에이 에스 씨)'가 구 상표법 제9조 제1항 제9, 10호 규정에 해당되지 아니한다고 본 사례].

청에서 간행된 '일류상표조사자료'에 인용상표가 전 세계적 저명상표로 기재되어 있는
사실은 인정되지만 위 사실만으로 인용상표가 우리나라의 일반 수요자들에게 상품의 명
칭이 아닌 상표로서 현저하게 인식되었다고 할 수 없고, 그밖에 심판청구인이 국내에 인
용상표를 부착한 상품을 판매하여 왔는지, 판매하였다면 그 수량이나 판매조직은 어떠하
며, 광고는 어떤 방법으로 어느 정도의 기간 동안 하여 왔는지에 관하여 아무런 입증이
없다. 결국 원심이 인용상표를 주지, 저명한 상표로 볼 수 없다고 판단한 것은 수긍이 가
고, 거기에 소론과 같은 심리미진이나 법리오해의 위법이 있다 할 수 없다.[136]

10. 저명상품·영업과 혼동을 일으키게 할 염려가 있는 상표

가. 의의

"수요자 간에 현저하게 인식되어 있는 타인의 상품이나 영업과 혼동을 일으키게 할 염
려가 있는 상표"는 상표등록을 받을 수 없다(§7① x).

본 호는 저명상표의 영업주를 보호함을 목적으로 하는 것이 아니라 저명한 상품 또는
영업과의 오인·혼동을 방지하기 위한 규정으로서, 지정상품이 비록 다르다 하여도 현대
기업이 여러 가지 상품을 생산하는 시대에 있어서는 일반 수요자는 마치 인용상표권자가
그 상품을 생산한 것 같이 인식할 수 있으므로 그 경우에도 오인혼동의 우려가 있는 경
우 본 호의 적용을 배제할 수 없다.[137] 그런데 본 호의 성질과 관련하여 그 판단기준시
는 출원 시로 보아 사익적 성질이 있는 것으로 하면서도(§7②), 취소심판의 제척기간은
없는 사유로 하고 있어(§76①) 입법론적으로 문제가 있다고 할 것이다.

나. 판단

'타인의 상품이나 영업과 혼동을 일으키게 할 염려가 있는 상표'라 함은 수요자 간에
상품의 출처나 영업(서비스업을 포함한다)의 혼동을 가져올 염려가 있는 경우를 말하며
이 경우 혼동의 범위는 동일 또는 유사한 상품뿐만 아니라 상표의 저명도로 인하여 다른
계통의 상품 또는 영업과 관련성이 있는 것으로 오해를 유발할 우려가 있는 경우를 포함
한다(상표심사기준 §24②). 타인의 저명상표와 결합한 상표에 대해서는 비록 저명상표가
상표구성의 일부로서 포함되어 그것이 요부가 아니거나 부기적 부분이더라도 구성 부분

---

136) 대법원 1992. 11. 10. 선고 92후414 판결.
137) 대법원 1980. 3. 11. 선고 80후1 판결.

인 저명상표로 인하여 타인의 상품이나 영업과 혼동을 일으킬 염려가 있는 경우에는 이에 해당하는 것으로 본다(상표심사기준 §24③). 본 호에서 규정하는 타인의 상품이나 영업과 혼동을 일으킬 염려가 있는 상표 여부를 판단함에 있어서는 그 타인의 표장의 주지도(광고 선전의 정도 또는 보급도, 연도별 매출액 또는 시장점유율), 그 표장의 창조성, 그 표장의 상호상표인지, 그 기업의 업종범위 등을 종합적으로 고려하여야 한다(상표심사기준 §24④). 여기서 이들 저명한 타인이 이러한 상품이나 서비스를 실제로 생산 또는 제공하느냐는 불문하나, 사회통념상 이러한 상품 또는 서비스를 생산 또는 제공할 가능성이 희박하다고 판단되는 때에는 본 호를 적용하지 아니한다(상표심사기준 §24 해석참고자료2.단서).

다. 주지상표와의 관계

제7조 제1항 제9호는 이른바 주지상표 또는 저명상표와 저촉되는 상표의 등록을 금지하기 위한 것으로서 보호될 기존의 상표가 전제되는 것이지만 제10호는 주지 또는 저명한 상품이나 영업의 출소에 혼동이 일어나는 것을 방지하려 한 데 목적이 있음은 같은 각 호의 규정에 의하여 명백하고 반드시 제9호는 동종의 상품을 제10호는 이종의 상품을 전제로 하는 것이라 해석되지 아니할 뿐 아니라 제10호의 경우에는 저명한 기존상표를 전제로 하는 것도 아니라고 할 것이다. 따라서 제9호와 제10호에 규정한 사유는 동시에 병존할 수도 있는 것이므로 등록무효를 다투는 당사자로서는 상품의 동종 이종에 관계없이 그 사유를 병합해서 주장하거나 선택적으로 주장할 수도 있다.[138]

라. 판례

(1) 한 기업이 여러 산업분야에 걸쳐 이종상품을 생산·판매하는 것이 일반화된 현대의 산업구조하에서는 저명상표와 유사한 상표를 저명상표의 지정상품이 아닌 다른 상품에 사용하더라도 수요자들로서는 저명상표권자나 그와 특수관계에 있는 자에 의하여 그 상품이 생산 판매되는 것으로 인식하여 상품의 출처나 영업에 관한 오인·혼동을 일으킬 우려가 있으므로 지정상품이 다르다는 이유만으로 유사상표의 등록, 사용을 허용할 것이 아니나, 상품의 성질, 영업의 형태 기타 거래사정 등에 비추어 유사상표를 사용하는 상품

---

138) 대법원 1980. 4. 22. 선고 80후17 판결(그럼에도 불구하고 원심이 심판 청구인의 이 사건 청구원인으로서 같은 법 제1항 제10호에 관한 주장을 한 것은 동종의 상품을 전제로 하는 경우에는 적용될 수 없는 것이라고 하여 심판청구인의 청구를 기각하였음은 같은 법조의 해석을 그릇한 위법이 있다 하지 않을 수 없으므로 이를 탓하는 논지 이유 있다 할 것이다).

또는 영업이 저명상표의 저명도와 그 지정상품 또는 영업이 갖는 명성에 편승하여 수요
자를 유인할 수 있을 정도로 서로 경업관계 내지 경제적 유연관계가 있다고 보기 어려운
경우에는 상품출처나 영업의 오인·혼동을 일으킬 우려가 없으므로 유사상표의 등록, 사
용을 금지할 것이 아니다(주식회사 제일은행의 우측 주먹을 쥐고 있는 형상의 서비스표
와 지정상품이 다시마, 미역인 위 형상과 유사한 도형 아래 '제일표'라고 기재한 상표는
서로 혼동의 염려가 없다고 한 사례).[139]

(2) 럭키금성그룹의 '금성'은 원래 별이름이어서 그 자체에 창조성이 없으며 본원 서비
스표 주식회사 금성예식장의 지정서비스업이 일정한 장소에서 영위되는 서비스업인 이상
럭키금성그룹이 경영하는 영업의 형태여하 즉 본원 서비스표의 지정서비스업 또는 그와
유사한 영업을 경영하고 있는지를 심리하지 아니하고서는 본원 서비스표의 지정서비스업
거래계에 있어서 일반수요자로 하여금 럭키금성그룹에서 경영하는 서비스업으로 오인·
혼동을 일으킬 염려가 있다고 할 수는 없다.[140]

(3) 인용상표 '미니 마우스(Minnie Mouse)'는 저명한 상표에 해당하고, 등록상표 'Miss
Minnie'는 그 요부인 'Minnie'로 약칭될 수 있어 인용상표와 호칭 및 관념이 유사하므로
등록상표를 그 지정상품에 사용하는 경우 인용상표가 부착된 상품과 상품 출처의 혼동을
일으킬 염려가 있어 등록상표는 상표법 제7조 제1항 제10호에 해당한다.[141]

---

139) 대법원 1991. 2. 12. 선고 90후1376 판결(피심판청구인의 등록서비스표가 저명서비스표라고 하더라도,
피심판청구인이 은행법이 규정하는 은행업을 하는 금융기관으로서 은행업무는 이 사건 표장의 지정상
품인 수산물의 생산 또는 판매와 전혀 관련이 없을 뿐 아니라, 은행이 수산물의 생산 또는 판매업을 영
위한다는 것은 극히 이례에 속하는 일로서 기록상 피심판청구인이 그러한 업무를 영위해 왔다고 볼 자
료가 없다면, 위 표장의 지정상품이 저명상표인 이 사건 서비스표의 저명도와 명성에 편승하여 수요자
를 유인할 정도로 서로 경업관계 내지 경제적 유연관계가 있다고 할 수 없으므로 위 표장을 그 지정상
품인 미역, 다시마, 해태 등에 사용하더라도 수요자로 하여금 피심판청구인의 영업과 오인·혼동을 일
으킬 우려는 없다고 할 것이다).
140) 대법원 1988. 4. 12. 선고 86후183 판결(원심은 출원인이 지정서비스업을 예식장업, 미용업, 사진업, 예
복임대업으로 한 본원 서비스표인 (주)금성예식장에 있어서 (주)는 특별현저성이 없는 용어이며 예식장
이라는 단어도 그 지정서비스업이 예식장업인 경우에 있어서는 자타 상품(서비스업)의 식별력이 없으므
로 본원 서비스표는 결국 '금성'이라는 부분에 의하여 인식될 것인바 이는 국내의 일반거래사회의 수요
자 간에 현저하게 인식되어 있는 럭키금성그룹이 '금성'과 동일하여 본원서비스표를 그 지정서비스업에
사용한 경우에 일반수요자들은 럭키금성그룹에서 경영하는 서비스업으로 오인·혼동을 일으킬 염려가
있다는 이유로 서비스표 등록을 거절한 원사정을 유지하였는데, 이에 대해 대법원은 위와 같이 설시하
면서 원심이 이를 심리하지 아니한 채 본원 서비스표가 럭키금성그룹에서 경영하는 서비스업으로 오
인·혼동할 염려가 있다고 판단한 것은 상표법 제9조 제1항 제10호의 법리를 오해하거나, 심리를 다하
지 아니한 위법이 있다고 하면서 파기환송하였다.
141) 대법원 2001. 11. 30. 선고 99후918 판결(원심은, 그 채용증거에 의하여 인용상표 '미니 마우스(Minnie
Mouse)'는 미키 마우스(Mickey Mouse)와 함께 월트 디즈니(Walt Disney)의 만화영화 속의 주인공 이름
으로서 우리나라를 비롯하여 전 세계적으로 주지 저명한 캐릭터(Character)가 된 사실, 피고는 미키 마
우스에 관하여는 1934년 미국에서 상표등록을 한 것을 비롯하여 현재까지 전 세계 대부분의 나라에 상

(4) 자동차에 관하여는 '벤츠'라는 호칭이 상호 내지는 상표로서 국내에서도 일반 수요자들에게 현저하게 인식된 사실은 인정이 되나, 심판청구인이 제출한 증거들만으로는 도형만으로 된 인용표장들 자체가 '벤츠' 자동차와 관련된 표장으로서 국내에 널리 알려진 저명표장이라고 단정하기는 어렵다.[142]

11. 상품의 품질오인을 일으킬 우려가 있는 상표

가. 의의

"상품의 품질을 오인하게 하거나 수요자를 기만할 염려가 있는 상표"는 상표등록을 받을 수 없다(§7①xi). 본 호의 입법취지는 출처의 오인·혼동이 아닌 상품 또는 서비스의 질(quality)에 관한 오인이나 기만을 초래하는 경우에 적용된다는 것이다.[143] 그러나 본 호 소정의 수요자를 기만할 염려가 있는 상표라 함은 상품의 품질과 관계없이 상품의 출처의 오인을 초래함으로써 수요자를 기만할 염려가 있는 경우도 포함된다고 해석되고, 이는 기존의 상표를 보호하기 위한 것이 아니라 이미 특정인의 상표라고 인식된 상표를

표등록을 하고 있고, 인용상표인 미니 마우스에 관하여는 1932년에 영국에서 상표등록을 한 것을 비롯하여 이 사건 등록상표 'Miss Minnie'의 등록출원 이전에 전 세계에 걸쳐 143건의 상표등록을 한 사실, 피고는 1933년경부터 본격적인 라이센스 사업을 시작하여 현재 전 세계에 걸쳐 약 3,000개가 넘는 라이센시에 의하여 상품화 사업이 진행되고 있는 사실, 피고는 우리나라에서도 1979년부터 의류, 학용품, 장난감 등 여러 상품에 관하여 라이센시를 통하여 활발히 상품화 사업을 전개함으로써 미키 마우스와 함께 인용상표가 상품의 표지로서 널리 사용된 사실, 그 상품화 사업의 결과 국내의 일반수요자들에게는 인용상표가 이 사건 등록상표의 출원일 전에 이미 피고 또는 동일 상품화 사업을 영위하는 그룹의 상품의 표지로 현저하게 인식된 사실을 인정한 후, 이 사건 등록상표 'Miss Minnie'는 그 요부인 Minnie로 약칭될 수 있어 인용상표와 호칭 및 관념이 유사하므로 이 사건 등록상표를 그 지정상품에 사용하는 경우 인용상표가 부착된 상품과 상품 출처의 혼동을 일으킬 염려가 있어 그 등록이 무효로 되어야 한다는 취지로 판단하였다. 기록에 비추어 살펴보면, 원심의 위와 같은 사실인정과 판단은 정당하다].

142) 대법원 1998. 11. 13. 선고 97후1986 판결[1991. 1. 16. 출원하여 1993. 4. 29. 등록된 이 사건 등록서비스표(등록 제19831호)와 그보다 선출원하여 등록되고 벤츠 도형으로 구성된 인용상표(1)(등록 제133793호), 인용상표(2)(등록 제133067호), 인용상표(3)(등록 제30571호), 인용상표(4)(등록 제30572호), 인용상표(5)(등록 제50475호), 인용서비스표(1)(등록 제5709호), 인용서비스표(2)(등록 제5712호), 인용서비스표(3)(등록 제5708호) 및 인용서비스표(4)(등록 제5711호) 등의 인용표장들은, 도형의 형태에 있어 유사한 점이 있으나, 이 사건 등록서비스표는 도형 내에 'MJ'라는 로마자가 표기되어 있고 도형과 함께 '무진건설'이라는 문자가 현저하게 구성되어 있어 그 전체적 외관이 인용표장들과는 명백히 구별이 되고, 호칭에 있어서도 이 사건 등록서비스표는 도형보다는 문자 부분에 의하여 '엠제이 무진건설' 또는 '무진건설'로 호칭되거나 '무진' 등으로 약칭될 것이지만 인용표장들은 특별한 호칭이 없거나 인용상표(5)의 경우 '메르세데스 벤츠'로 호칭되어 서로 유사하지 아니하며, 또한 관념에 있어서도 서로 유사하다고 할 수 없어 전체적으로 대비할 경우 양 표장들은 서로 유사한 표장이라고 할 수 없다].

143) 송영식 외 6인 공저, 「지적소유권법(하)」, 육법사(2008), 169면. 위와 같은 점을 고려해 볼 때, 본 호는 소비자를 보호하기 위한 공익적 성격을 가지고 있다고 한다.

사용하는 상품의 품질, 출처 등에 관한 일반수요자의 오인·혼동을 방지하여 이에 대한 신뢰를 보호하고자 함에 그 목적이 있다 할 것이므로, 인용상품이나 인용상표가 반드시 주지저명하여야 하는 것은 아니나 적어도 국내의 일반거래에 있어서 수요자나 거래자에게 그 상품이나 상표라고 하면 특정인의 상품이나 상표라고 인식될 수 있을 정도로 알려져 있어야만 그와 동일 유사한 상표가 같은 지정상품에 사용될 경우에 위 규정에 의하여 상품의 출처의 오인·혼동을 일으켜 수요자를 기만할 염려가 있다고 할 것이다.[144]

나. 판단

'상품의 품질'이란 어떤 물품이 본래적으로 갖추고 있는 성질을 뜻하는 것으로[145] '상품의 품질을 오인케 한다'라 함은 상품의 품질 자체의 오인은 물론 상품 자체를 오인케 하는 경우를 포함하며(상표심사기준 §25①), '수요자를 기만한다'라 함은 그 상품 또는 상표가 수요자로 하여금 외국 또는 다른 기업의 상품 또는 상표로 오인을 유발할 우려가 있는 경우를 말하며 출원인의 기만의 의사 유무를 불문한다(상표심사기준 §25③). 상표 중 '특허', '실용신안', '디자인', 'KS', '○○박람회 ○○상 수상', '○○장관상' 등 상품의 품질을 보증하는 것으로 인식되는 문자, 기호, 도형이 결합되었을 때에는 이를 삭제하는 보정을 하면 인정하고 그렇지 아니할 때에는 거절하고, 다만 법 제7조 제1항 제5호의 단서 규정에 해당되는 경우에는 본 호를 적용하지 아니할 수 있다(상표심사기준 §25⑦). 그리고 증명표장의 구성 중 '품질보증', 'approved', 'certification', 'guaranteed' 등의 품질을 보증하는 문자 등이 결합되어 있더라도 본 호를 적용하지 않는다(상표심사기준 §25⑫).[146]

---

144) 대법원 1991. 1. 11. 선고 90후311 판결[그런데 원심은 갑제5호증에 의하여 1979년에 일본국의 오오케이(オーケー) 분와사비(분わさび)제품이 단 한 차례 국내에 수입된 사실만을 들어 인용상표가 거래자나 수요자 간에 상당한 정도로 인식되어 있다고 판단하고 있는바, 그 점만으로는 인용상품이 국내의 일반거래자나 수요자에게 위 판시와 같은 정도로 알려져 있다고 보기 어려울 뿐 아니라 갑제5호증은 송장, 신용장, 팩킹 리스트(PACKING LIST) 등에 불과하여 인용상표가 사용된 흔적이 보이지 아니하며 그 밖에 기록을 살펴보아도 인용상품이나 인용상표가 국내의 일반거래자나 수요자에게 특정인의 상품이나 상표라고 인식될 수 있을 정도로 선전, 광고되었다거나 거래되었다는 자료가 없음에도 원심이 이 사건 등록상표가 그 지정상품에 사용될 경우 일본 오오케이식품주식회사 제품으로 오인되어 상품출처의 오인·혼동을 일으켜 수요자를 기만할 염려가 있다고 판단한 것은 위와 같은 법리를 오해하여 심리를 다하지 아니한 채 사실을 오인하여 심결결과에 영향을 미친 위법이 있다 할 것이므로 이 점을 지적하는 상고논지는 이유 있다].
145) 대법원 1983. 6. 14. 선고 83후18 판결.
146) 제12항은 2012. 3. 13. 개정 심사기준에서 신설된 것이다.

다. 판례

(1) 상표법 제7조 제1항 제11호에서 말하는 "수요자를 기만할 염려가 있는 상표"라고 하기 위하여는 인용상표나 그 사용상품이 반드시 주지·저명하여야 하는 것은 아니지만 적어도 국내의 일반거래에 있어서 수요자나 거래자에게 그 상품이나 상표라고 하면 특정인의 상품이나 상표라고 인식될 수 있을 정도로 알려져 있어야 할 것이고, 이러한 경우에는 인용상표와 동일·유사한 상표가 같은 사용상품에 사용될 경우에만 위 규정에 의하여 일반 수요자로 하여금 상품의 출처의 오인·혼동을 일으켜 수요자를 기만할 염려가 있다고 할 수 있을 것이며, 나아가 이미 특정인의 상표라고 인식된 상표를 사용하는 상품의 출처 등에 관한 일반 수요자의 오인·혼동을 방지하여 이에 대한 신뢰를 보호하고자 하는 위 규정의 목적에 비추어 보면, 인용상표가 저명성을 획득할 정도로 일반 수요자 사이에 널리 알려지지 못하고 수요자나 거래자에게 특정인의 상표로 인식될 수 있을 정도로만 알려져 있는 경우라도, 만일 어떤 상표가 인용상표와 동일 또는 유사하고, 인용상표의 구체적인 사용실태나 두 상표가 사용되는 상품 사이의 경제적인 견련의 정도 기타 일반적인 거래의 실정 등에 비추어 그 상표가 인용상표의 사용상품과 동일 또는 유사한 지정상품에 사용된 경우에 못지않을 정도로 인용상표권자에 의하여 사용되는 것이라고 오인될 만한 특별한 사정이 있다고 보이는 경우라면, 비록 그것이 인용상표의 사용상품과 동일 또는 유사한 지정상품에 사용된 경우가 아니라고 할지라도, 일반 수요자로 하여금 출처의 오인·혼동을 일으켜 수요자를 기만할 염려가 있다고 보아야 한다.[147]

(2) 상표법 제7조 제1항 제11호 규정의 취지는 기존의 상표를 보호하기 위한 것이 아니라 이미 특정인의 상표라고 인식된 상표를 사용하는 상품의 출처 등에 관한 일반수요자의 오인·혼동을 방지하여 이에 대한 신뢰를 보호하고자 하는 데 있고, 기존의 상표나 그 사용상품이 국내의 일반거래에서 수요자 등에게 어느 정도로 알려져 있는지에 관한 사항은 일반수요자를 표준으로 하여 거래의 실정에 따라 인정하여야 하는 객관적인 상태를 말하는 것이며, <u>위 규정을 적용한 결과 기존의 상표가 사실상 보호받는 것처럼 보인다고 할지라도 그것은 일반수요자의 이익을 보호함에 따른 간접적·반사적 효과에 지나지 아니하므로, 기존의 상표의 사용자가 그 상표와 동일 또는 유사한 제3의 상표가 이미 등록되어 있는 사실을 알면서 기존의 상표를 사용하였다고 하더라도 그 사정을 들어 위</u>

---

147) 대법원 1998. 2. 24. 선고 97후1306 판결[이 사건 출원상표(1994. 7. 5. 출원, 지정상품은 제43류의 코헤르, 등산캠프용 텐트, 이하 본원상표라고 한다) 'PARKLAND + 도형'가 인용상표 'PARKLAND'와의 관계상 제7조 제1항 제11호에 해당한다고 판단한 원심결을 파기한 사례].

규정의 적용을 배제할 수는 없다.[148]

(3) 이 사건 등록상표의 지정상품과 선사용상표들의 사용상품을 대비하여 보면, 이 사건 등록상표의 지정상품인 "테니스화, 축구화, 야구화, 부츠, 골프화, 농구화, 스키화, 우화, 작업화, 방한화(이하 '이 사건 지정상품'이라 한다)" 등 신발류와 선사용상표들의 지정상품인 골프의류, 골프가방 등이 동일·유사한 상품이라고는 할 수 없지만, 선사용상표들이 사용된 '골프의류'란 반드시 골프경기만을 위하여 입는 것이 아니라 착용의 편안함으로 인하여 일상생활에서 외출복 또는 일상복으로 자연스럽게 착용하는 경우가 많고, 의류 및 가방제조업체는 의류, 가방뿐만 아니라 신발류까지 사업을 다각화하여 제조·판매하는 추세에 있으며, 골프의류를 비롯한 일반 의류의 수요자와 골프화, 테니스화, 축구화 등의 신발의 수요자가 다르다고 할 수 없고, 일반 의류, 가방류 및 신발류 등이 같은 매장에서 함께 진열, 판매되고 있는 실정에 있는 점을 고려할 때, 그 경제적 견련성 역시 상당하다. 따라서 위와 같이 선사용상표들이 국내에서 수요자 사이에서 주지성을 획득하였고, 선사용상표들의 사용상품 '골프의류, 골프가방 등'과 이 사건 등록상표의 지정상품 중 '골프화' 사이에는 밀접한 경제적 견련성이 있으며, 위 사용상품과 '테니스화·축구화·야구화·부츠·농구화·스키화·우화·작업화·방한화' 사이에서도 상당한 경제적 견련성이 있으므로, 피고들이 이 사건 지정상품에 이 사건 등록상표를 사용한다면, 일반 수요자들은 선사용상표들의 사용상품과 동일 또는 유사한 상품에 사용한 경우에 못지않을 정도로 이 사건 지정상품이 선사용상표들의 상표권자에 의하여 사용되는 것으로 상품 출처의 오인·혼동을 불러 일으켜 수요자를 기만할 염려가 있다.[149]

(4) '모시메리'를 포함하는 이 사건 상표는 '모시'와 '메리야쓰'의 결합으로 인식될 것이고 여기서 '메리야쓰'는 일반소비자들이 속내의를 총칭하는 것으로 알고 있는 것이 거래실정이므로 일반수요자들에게는 '모시로 짠 메리야쓰' 또는 '모시를 함유한 내의' 등으로 인식될 것이며, 거래사회의 경험칙에 의하면 '모시'를 '모시풀껍질의 섬유로 짠 피륙'과 함께 '모시풀껍질의 섬유'를 의미하는 것으로 인식할 수 있고 현실적으로 '모시를 함유한 내의' 또는 '모시풀껍질의 섬유를 함유한 메리야쓰'기 존재할 수도 있음이 인정되며, 이 사건 등록상표의 지정상품을 '의마사로 제조된 상품' 또는 '의마가공된 상품'으로

---

148) 대법원 2004. 3. 11. 선고 2001후3187 판결. 이 판결에 대한 평석으로는 李明揆, "상표법 제7조 제1항 제11호 후단의 등록무효 사유를 판단함에 있어서 등록상표에 대비되는 기존의 상표의 요건", 대법원판례해설 50號 (2004 상반기) (2004. 12.), 법원도서관(2004), 516 – 542면; 최순용, "동일·유사한 제3의 상표가 등록되어 있음을 알면서 기존 상표를 사용하여 널리 알려진 경우 상표법 7조 1항 11호 적용 여부", 정보법 판례백선 Ⅰ, 박영사(2006), 302 – 306면.

149) 대법원 2008. 7. 24. 선고 2008후1258 판결.

한정하고 있다 하여도 의마가공은 '모시'를 원재료로 하지 아니하고 '면'을 원재료로 하는 것이며 '의마'가 곧 '모시'를 의미하는 것은 아니므로 지정상품의 한정만으로는 품질 오인의 문제는 배제될 수 없어 이 사건 상표는 일반수요자들로 하여금 '모시'를 함유한 상품으로 그 품질을 오인케 하거나 수요자 기만의 우려가 있다.[150]

(5) 구 상표법(1973. 12. 31. 개정 법률 제2659호) 제9조 제1항 제11호에 정한 "상품의 품질의 오인을 일으키게 할 염려가 있는 상표"라 함은 상표 자체에 상품의 성질, 효능 등 품질을 나타내는 뜻이 들어 있는 경우를 가리킨다.[151]

(6) 피복을 지정상품으로 하는 상표인 'SCO-TCH'는 일반적으로는 섬유제품의 품질을 표시하는 섬유가공의 기술용어인 'SCOTCHGARD'의 약칭으로 인식되는 것이 보통이므로 스카치가공을 하지 아니한 직물류를 재료로 한 피복에 'SCOTCH'라는 상표를 사용한다면 스카치가공을 한 직물로서 보다 품질이 좋은 피복이라고 상품의 품질을 오인케 할 염려가 있으므로 무효이다.[152]

(7) 외국인의 외국문자만으로 된 상표등록을 특별히 제한하지 아니하고 허용함으로써 외국문자만으로 된 상표로써 국내에서 상품을 제조, 거래하는 것이 자유로운 현재의 거래실정에서 내국인이 제조한 상품에 외국문자만으로 구성된 상표를 사용한다 하여 외국 상품으로 혼동케 할 우려가 있다고는 할 수 없다.[153]

12. 부정한 목적을 가지고 사용하는 상표

가. 의의

"국내 또는 외국의 수요자 간에 특정인의 상품을 표시하는 것이라고 인식되어 있는 상표(지리적 표시를 제외한다[154])와 동일 또는 유사한 상표로서 부당한 이익을 얻으려 하거

---

150) 대법원 1994. 3. 11. 선고 93후527 판결.

151) 대법원 1986. 1. 21. 선고 85후92 판결(따라서 이 사건 등록상표인 '부루라'에 상품의 품질을 나타내는 어떤 뜻이 내포되어 있다고는 볼 수 없으므로 위 상표가 구 상표법 제9조 제1항 제11호의 규정에 의하여 등록을 받을 수 없는 것이라고 주장하는 논지는 이유 없다).

152) 대법원 1981. 1. 27. 선고 80후92 판결.

153) 대법원 1987. 6. 9. 선고 86후131 판결(본원상표 'SUPER STEEL LUG'은 영문자만으로 구성되어 있어 지정상품인 타이어 등에 사용할 경우 일반수요자나 소비자들에게는 외제상품으로 혼동케 하여 수요지에게 상품출처의 오인을 초래할 우려가 있다고 본 원심을 파기한 사례).

154) "국내 또는 외국의 수요자 간에 특정 지역의 상품을 표시하는 것이라고 인식되어 있는 지리적 표시와 동일 또는 유사한 상표로서 부당한 이익을 얻으려 하거나 그 지리적 표시의 정당한 사용자에게 손해를 가하려고 하는 등 부정한 목적을 가지고 사용하는 상표"도 등록이 불허된다(§7①xii의2).

나 그 특정인에게 손해를 가하려고 하는 등 부정한 목적을 가지고 사용하는 상표”는 상
표등록을 받을 수 없다(§7①xii). 구법에서는 ‘현저하게’ 인식되어 있는 상표라고 규정하
고 있었으나, 2007년 개정법에서 모방 대상 상표의 주지성 정도를 완화하기 위해 ‘현저
하게’라는 표현을 삭제하였다.

나. 판단

“국내 또는 외국의 수요자 간에 특정인의 상품을 표시하는 것이라고 인식되어 있는 상
표”라 함은 인용상표가 반드시 주지·저명하여야 하는 것은 아니지만, 적어도 국내외의
일반거래에 있어서 수요자나 거래자에게 그 상표라 하면 특정인의 것이라고 알려져 있는
정도를 말한다. 다만 “외국의 수요자 간에 특정인의 상품을 표시하는 것이라고 인식되어
있는 상표”에 있어서 ‘수요자’는 반드시 복수 국가의 수요자임을 요하지 않는 것으로 한
다(상표심사기준 §26①). 본 호에서 규정하는 “부당한 이익을 얻으려 하거나 그 특정인
에게 손해를 가하려고 하는 등 부정한 목적”은 ⅰ) 상표권자가 국내시장에 진입하는 것
을 저지하거나 또는 대리점 계약체결을 강제할 목적으로 상표권자가 미처 등록하지 않은
상표와 동일 또는 유사한 상표를 출원한 경우, ⅱ) 제24조의 저명상표와 동일 또는 유사
한 상표로서 타인의 상품이나 영업과 혼동을 일으킬 염려는 없다 하더라도 저명상표의
출처표시기능을 희석화시키기 위한 목적으로 출원한 경우 등, ⅲ) 창작성이 인정되는 타
인의 상표를 동일 또는 극히 유사하게 모방하여 출원한 경우를 말한다(상표심사기준 §26
②). 그리고 ‘부정한 목적’이 있는지는 특정인의 상표의 주지·저명 또는 창작성의 정도,
특정인의 상표와 출원인의 상표의 동일·유사성의 정도, 출원인과 특정인 사이의 상표를
둘러싼 교섭의 유무와 그 내용, 기타 양 당사자의 관계, 출원인이 등록상표를 이용한 사
업을 구체적으로 준비하였는지, 상품의 동일·유사성 내지는 경제적 견련관계 유무, 거
래 실정 등을 종합적으로 고려하여야 한다(상표심사기준 §26④).

다. 판례

(1) 어떤 상표가 상표법 제7조 제1항 제12호에서 규정하는 부정한 목적의 사용상표에
해당하기 위하여는 그 대상상표가 국내 또는 외국의 수요자 간에 특정인의 상표라고 현
저하게 인식되어 있는 주지상표이어야 하고, 대상상표가 주지상표인가는 그 등록상표의
<u>출원 당시를 기준으로 판단</u>하여야 한다.[155]

---

155) 대법원 2004. 5. 14. 선고 2002후1362 판결.

(2) 인용상표 'STARCRAFT'는 등록상표의 출원 당시 이미 국내의 일반 수요자들 사이에 저명한 상표로 인식되어 있었으며, 인용상표가 저명한 이상 등록상표의 출원·등록이 인용상표의 식별력을 약화시키는 결과를 가져오고, 그에 따라 등록상표에 상표법 제7조 제1항 제12호에 정한 등록무효 사유가 있다.[156]

13. 입체상표, 색채상표 등의 기능성

가. 의의

"상표등록을 받으려는 상품 또는 그 상품의 포장의 기능을 확보하는 데 불가결한(서비스업의 경우에는 그 이용과 목적에 불가결한 경우를 말한다) 입체적 형상, 색채, 색채의 조합, 소리 또는 냄새만으로 된 상표[157]"는 상표등록을 받을 수 없다(§7① x iii). 본 호는 1997년 입체상표제도 도입 및 2011년 소리 또는 냄새상표 도입에 따른 조치로서 입체상표나 소리 또는 냄새상표 중 그 상품 또는 포장의 기능적 특성만을 나타낸 것은 식별력을 인정할 수 없기 때문이다.

---

156) 대법원 2005. 6. 9. 선고 2003후649 판결 원고의 상표인 'STARCRAFT'는 원고가 'BLIZZARD ENTERTAINMENT'라는 가상상호 아래 개발하여 1998년 초 미국 시장에 처음 출시한 전략시뮬레이션 컴퓨터게임 소프트웨어의 명칭임과 동시에 위 소프트웨어에 부착한 상표로서, 1998. 4. 주식회사 엘지소프트웨어가 원고의 상표가 부착된 위 소프트웨어(이하 '원고의 상표 제품'이라 한다)를 국내에 수입하여 배포하기 시작하였고, 1999. 1.부터는 주식회사 엘지소프트웨어에서 분가한 주식회사 한빛소프트가 원고의 상표 제품의 수입배포를 담당해 온 사실, 원고의 상표 제품은 학생 층 및 직장인들 사이에서 폭발적인 인기를 누려 출시된 지 40여 일 만인 1998. 4. 말경 이미 기존 게임시장에서 흥행작으로 평가되는 분기점인 2만 개를 넘어서 4만 개가 판매되고, 이어서 1998. 5.까지 약 55만 개, 1999. 7.까지 약 90만 개가 판매되었으며, 위와 같은 정품 이외에도 그 수배에 달하는 불법복제품이 일반 수요자들에게 판매된 사실, 1998. 11. 말에는 전국에서 선발된 500여 명의 선수가 참여하는 두루넷배 스타크래프트 대회가, 1998. 12.에는 SBS배 스타크래프트 대회가 전국적 규모로 개최되었고, 전국의 피시방에서 개최하는 상금 수십만 원 대의 소규모 경영대회가 수시로 개최된 사실, 1999년경 이미 '스타크래프트 100배로 즐기기' 등 게임에 관한 서적과 '스타크래프트 챔피온쉽' 등 비디오가 출시되고, 월 평균 30만 부 이상 발행되는 게임관련 잡지에도 스타크래프트 게임이 자주 소개되었으며, 원고의 상표를 이용한 티셔츠, 단추, 스티커 등 캐릭터 시장이 활성화되었고, 나아가 인터넷게임교육원 등 스타크래프트 게임방법 등을 강의하는 학원이 등장하고, 컴퓨터 게임과 관련된 학과가 4년제 대학 1개 및 2년제 대학 2개에 개설되기에 이른 사실, 그런데 피고 동양제과(주)는 1999. 2. 25. 지정상품을 '건과자, 비스켓, 비의료용추잉검, 캔디, 아이스크림, 초콜릿, 식빵, 떡, 곡물소시지, 과자용향미료'로 하여 '오리온 스타크래프트'와 'ORION STARCRAFT'가 2단으로 병기된 이 사건 상표를 출원하여 2000. 2. 24. 등록된 사실이 인정되었다.

157) 2011. 12. 2. 개정된 것으로서, 구법에서는 "상표등록을 받고자 하는 상품 또는 그 상품의 포장의 기능을 확보하는데 불가결한 입체적 형상만으로 되거나 색채 또는 색채의 조합만으로 된 상표"라고 규정되어 있었다.

나. 판단

본 호의 적용은 광고·선전 등을 통하여 그 실용적 이점이 알려진 상품 또는 상품포장의 형상이나 색채 또는 색채의 조합 등으로부터 발휘되는 기능에 착안하여 판단한다(상표심사기준 §27①). 그리고 본 호에 해당하는 상품 또는 그 상품의 포장의 기능을 확보하는 데 불가결한 입체적 형상이나 색채 또는 색채의 조합·소리·냄새 등은 비록 식별력이 인정(법 제6조 제2항에 의하여 식별력이 인정되는 경우에도 또한 같다)되더라도 등록을 받을 수 없는 것으로 한다(상표심사기준 §27②). 상품 또는 그 상품의 포장의 기능을 확보하는데 불가결한 입체적 형상은 법 제6조 제1항 제3호에서 규정하는 상품의 형상 또는 그 상품의 포장의 형상에 해당하는 것이 일반적이므로 그와 같은 상표는 원칙적으로 법 제6조 제1항 제3호를 적용한다. 따라서 본 호는 상품의 형상 또는 그 상품의 포장의 형상이 법 제6조 제2항에 의하여 식별력이 인정된 상표에 관하여 주로 적용되는 것으로서 본 호에 해당할 경우에는 식별력이 인정되더라도 등록을 받을 수 없는 것으로 한다(상표심사기준 §27 해석참고자료6).

그리고 출원된 소리·냄새 등이 기능적인지는 다음 사항을 고려하여 판단하고, 해석참고자료 제3호부터 제6호[158])까지의 규정은 소리·냄새 등에 준용한다(상표심사기준 §27

---

158) 3. 본 호를 적용함에 있어서는 상품 또는 그 상품의 포장의 형상 등으로부터 발휘되는 실용적 이점으로 인하여 그 상품 등의 사용자에게 월등한 경쟁상의 우위를 제공한다거나 그러한 상품 또는 그 상품의 포장의 형상 등의 독점으로 인하여 거래업계의 경쟁을 부당하게 저해하는지를 종합적으로 고려하여 판단하여야 한다.
4. 상품 또는 그 상품의 포장이 채용하는 형상은 대체로 상품 또는 그 상품의 포장이 가지는 일정한 본래 기능을 수행하고 있는 것이 일반적이나, 이러한 상품 자체에서 비롯된 본래의 기능을 수행하는 동종의 상품일지라도 그 형상화나 디자인의 특성으로 인하여 상품 자체의 본래 기능을 넘어서 경쟁상 우월한 기능(실용적 이점)을 가져올 수 있다. 이 경우 본 호에서 규정하는 기능성을 판단함에 있어서 상품의 형상화나 디자인의 특성으로 인하여 상품 자체의 본래 기능을 넘어서 경쟁상 우월한 기능이 존재하는지를 판단하는 것으로 한다.
5. 입체상표가 기능적이지 않다는 것을 주장하는 자는 다음 각목의 자료 등을 제출할 수 있다(이의신청 등을 통하여 입체상표가 기능적임을 주장하는 자 또한 같다).
가. 현재 관련 거래업계에서 유통되고 있거나 이용 가능한 다른 대체적인 형상의 존재를 증명하는 자료
나. 당해 상품의 형상과 대체적인 형상의 상품을 생산하는 데 소요되는 제조, 생산 비용의 차이 등을 증명할 수 있는 자료
다. 당해 상품 또는 그 상품의 포장의 형상 등으로부터 발휘되는 기능과 밀접한 관련이 있는 특허권, 실용신안권, 의장권(당해 권리의 존속 여부는 불문한다)에 관한 정보
라. 광고 또는 선전 등을 통하여 당해 상품 또는 그 상품의 포장의 형상으로 인한 실용적인 이점이 널리 알려지고 있다는 사실을 증명하는 자료
마. 당해 상품의 형상 등에 체화되어 있는 특징에 대한 설명 자료 등
6. 상품 또는 그 상품의 포장의 기능을 확보하는 데 불가결한 입체적 형상은 법 제6조 제1항 제3호에서 규정하는 상품의 형상 또는 그 상품의 포장의 형상에 해당하는 것이 일반적이므로 그와 같은 상표는 원칙적으로 법 제6조 제1항 제3호를 적용한다. 따라서 본 호는 상품의 형상 또는 그 상품의 포장의 형상이 법 제6조 제2항에 의하여 식별력이 인정된 상표에 관하여 주로 적용되는 것으로서 본 호에 해당할

해석참고자료8).

ⅰ) 상품의 특성으로부터 발생하는 특정한 소리 또는 냄새인지(예: 맥주병의 병뚜껑 따는 소리, 타이어의 고무향)

ⅱ) 상품의 사용에 꼭 필요하거나 그 상품에 일반적으로 사용되는 소리 또는 냄새인지 (예: 오토바이의 엔진소리, 향수의 향기, 음식의 냄새 등)

ⅲ) 상품의 판매 증가와 밀접한 원인이 되는 소리 또는 냄새인지(예: 차임벨의 소리, 방향제 등에 사용되는 냄새 등)

14. 포도주 및 증류주의 산지에 관한 지리적 표시

가. 의의

"세계무역기구 회원국 내의 포도주 및 증류주의 산지에 관한 지리적 표시로서 구성되거나 동 표시를 포함하는 상표로서 포도주·증류주 또는 이와 유사한 상품에 사용하려는 상표"는 상표등록을 받을 수 없다. 다만, 지리적 표시의 정당한 사용자가 그 해당 상품을 지정상품으로 하여 제9조 제4항의 규정에 따른 지리적 표시단체표장등록출원을 한 때에는 그러하지 아니하다(§7① ⅹⅳ).

본 호는 우리나라가 WTO에 가입함으로써 TRIPs 협정 제23조[159] 제1항과 제2항에서 규정한 포도주와 증류주에 대한 지리적 표시의 사용금지 및 등록금지규정을 그대로 1997

경우에는 식별력이 인정되더라도 등록을 받을 수 없는 것으로 한다.

159) 제23조 포도주와 주류의 지리적 표시에 관한 추가보호

　　1. 각 회원국은 비록 그 상품의 진정한 원산지의 표시가 나타나 있거나 또는 지리적 표시가 번역되어 사용되거나 또는 '종류', '유형', 양식, '모조품' 등의 표현이 수반되는 경우에도 이해당사자가 당해 지리적 표시에 나타난 장소를 원산지로 하지 아니하는 포도주에 포도주의 산지를 나타내는 지리적 표시 또는 당해 지리적 표시에 나타난 지역을 원산지로 하지 아니하는 주류에 주류의 산지를 나타내는 지리적 표시의 사용을 금지하는 법적 수단을 제공한다.

　　2. 포도주의 산지를 나타내는 지리적 표시를 포함하거나 동 표시로 구성되는 포도주상표의 등록 또는 주류의 산지를 나타내는 지리적 표시를 포함하거나 동 표시로 구성되는 주류상표의 등록은 그러한 원산지를 갖지 아니하는 포도주 또는 주류에 대하여 회원국의 법이 허용하는 경우에는 직권으로 또는 이해당사자의 요청에 따라 거부되거나 무효화된다.

　　3. 포도주에 대한 동음의 지리적 표시의 경우, 제22조 제4항의 규정을 조건으로 모든 표시에 대해 보호가 부여된다. 각 회원국은 관련 생산자에 대한 동등한 대우를 보장하고 소비자가 오도되지 아니하도록 보장해야 할 필요성을 고려하여, 당해 동음의 지리적 표시를 서로 구분 할 수 있는 실질적인 조건을 결정한다.

　　4. 포도주에 관한 지리적 표시의 보호를 용이하게 하기위해 이 체제에 참여하고 있는 회원국 내에서 보호대상이 되는 포도주의 지리적 표시의 통보와 등록을 위한 다자간체제의 수립에 관한 협상이 무역관련지적재산권위원회에서 추진된다.

년 8월 상표법 개정 시에 도입한 규정이다. 한편 WTO/TRIPs 협정은 공중에게 원산지의 오인·혼동을 유발할 염려가 있는 상표의 사용을 금지하고(TRIPs §22[160]②), 등록을 거절·무효(TRIPs §22③)로 하도록 요구하고 있다. 본 호에 해당하는 것으로는 '보르도(Bordeaux)', '샴페인(Champagne)', '꼬냑(Cognac)' 등이 있다.

나. 판단

"포도주 및 증류주의 산지에 관한 지리적 표시로서 구성되거나 동 표시를 포함하는 상표"라 함은 당해 산지를 그 지역의 문자로 표시한 것뿐만 아니라 그에 대한 번역 및 음역을 모두 포함하는 것으로 하고(상표심사기준 §28①), 그 상표의 구성에 당해 지리적 표시가 ~종류, ~유형, ~양식, ~풍 등과 같은 표현으로 수반된 경우에도 이를 적용한다(상표심사기준 §28②). 또한 특정 장소에서 생산되지 않은 포도주나 증류주가 당해 장소에서 생산된 것으로 인식될 수 있는 지리적 표시에 적용되고, 특정장소에서 생산된 포도주나 증류주로 인식될 지라도 정당한 사용자가 출원하지 않은 지리적 표시인 경우에도 적용되며 소비자의 혼동은 요건으로 하지 않는다(상표심사기준 §28③). 당해 지리적 표시가 속한 국가에서 보호되지 아니하거나 보호가 중단된 지리적 표시이거나 또는 그 나라에서 사용하지 아니하게 된 지리적 표시에 대하여는 본 호를 적용하지 아니한다. 다만 지정상품과의 관계에서 상품의 품질이나 출처의 오인·혼동을 유발할 우려가 있는 경우에는 법 제7조 제1항 제11호를 적용한다(상표심사기준 §28④).[161]

---

160) 제22조 지리적 표시의 보호
　　1. 이 협정의 목적상 지리적 표시란 상품의 특정 품질, 명성 또는 그 밖의 특성이 본질적으로 지리적 근원에서 비롯되는 경우, 회원국의 영토 또는 회원국의 지역 또는 지방을 원산지로 하는 상품임을 명시하는 표시이다.
　　2. 지리적 표시와 관련 회원국은 이해당사자가 다음의 행위를 금지할 수 있는 법적 수단을 제공한다.
　　가. 당해 상품의 지리적근원에 대해 대중의 오인을 유발하는 방법으로 진정한 원산지가 아닌 지역을 원산지로 한다고 표시하거나 암시하는 상품의 명명 또는 소개 수단의 사용
　　나. 파리협약(1967년) 제10조의2의 의미 내에서의 불공정경쟁행위를 구성하는 사용
　　3. 회원국은 자기나라의 법이 그렇게 허용하는 경우 직권으로 또는 이해관계자의 요청에 따라, 자기 나라 내에서 이러한 상품의 표시사용이 대중에게 진정한 원산지의 오인을 유발할 우려가 있는 성격인 경우, 표시된 영토를 원산지로 하지 아니하는 상품에 대하여는 그러한 지리적 표시가 포함되거나 동 표시로 구성되는 상표의 등록을 거부 또는 무효화한다.
　　4. 제1항, 제2항 및 제3항에 따른 보호는 상품의 원산지인 영토, 지역 또는 지방이 문자상으로는 사실일 경우에도 그 상품이 다른 영토를 원산지로 하는 것으로 대중에게 오인되는 지리적 표시에 대하여 적용된다.
161) 상표심사기준 제28조 <해석참고자료>
　　1. 본 호에서 규정하는 '포도주 및 증류주'의 범위는 주세법상 주류의 범위를 참고로 하되 이에는 예컨대 알코올강화 포도주, 위스키, 보드카, 브랜드, 럼, 진, 고량주, 배갈, 소주 등이 포함되는 것으로 보며 리큐르는 포함되지 아니하는 것으로 한다.

15. 식물신품종 보호법에 따라 등록된 품종명칭과 동일·유사한 상표

가. 의의

"「식물신품종 보호법」 제109조에 따라 등록된 품종명칭과 동일하거나 유사한 상표로서 그 품종명칭과 동일 또는 이와 유사한 상품에 대하여 사용하는 상표"는 상표등록을 받을 수 없다(§7① x v). 구 「종자산업법」 제111조에서 규정하고 있던 것을 2012. 6. 1. 법률 제11458호 「종자산업법 전부개정법률」에 의해 「식물신품종 보호법」 제109조로 이관하였다.

나. 판단

심사기준에서는 2012년 법 개정 사항을 아직 반영하지 못하고, 종전 규정에 따르고 있다. 즉 종자산업법에 따라 등록된 품종명칭[162]과 동일·유사한 상표가 그 품종명칭과 동일 또는 유사한 상품을 지정상품으로 한 경우에는 본 호를 적용한다(상표심사기준 §28의2①). 그리고 출원상표의 등록 여부 판단 시 품종명칭이 종자산업법에 의하여 출원·등록되었는지를 확인 후 최종 결정하여야 한다(상표심사기준 §28의2③).

16. 지리적 표시 단체표장

'지리적 표시 단체표장'이라 함은 지리적 표시를 사용할 수 있는 상품을 생산·제조 또는 가공하는 것을 업으로 영위하는 자만으로 구성된 법인이 직접 사용하거나 그 감독 하에 있는 소속단체원으로 하여금 자기 영업에 관한 상품에 사용하게 하기 위한 단체표장을 말한다(§2ⅲ의4). 이러한 지리적 표시 단체표장의 경우, 선출원에 의한 타인의 지리적 표시 등록단체표장과 동일 또는 유사한 상표로서 그 지정상품과 동일하거나 동일하다

---

2. 문자상으로는 진정한 원산지 표시가 되어 있다 하더라도 수요자가 다른 영토나 지역에서 생산된 것으로 오인케 할 경우, 예컨대 캘리포니아주에서 생산하는 '보르도' 포도주에 미국산이라고 표기하는 경우에도 법 제7조 제1항 제11호와 별도로 본 호를 적용하는 것으로 한다.

162) 상표심사기준 제28소의2 (종사산업밉 품종명칭)
　② '종자산업법에 의하여 등록된 품종명칭'은 다음 각 호의 품종명칭을 말한다. <신설 2010. 6. 30.> <개정 2011. 6. 30.>
　1. 신품종 육성자가 품종보호를 받기 위하여 출원/등록하는 품종.
　2. 벼·보리·콩·옥수수·감자 등 5대작물을 국가품종목록에 등재하기 위하여 신청하는 품종.
　3. 종자를 생산·판매하기 위하여 신고하는 품종을 말한다.

고 인식되어 있는 상품에 사용하는 상표(§7①vii의2), 지리적 표시 단체표장권이 소멸한 날(단체표장등록을 무효로 한다는 심결이 있은 경우에는 심결확정일을 말한다)부터 1년을 경과하지 아니한 타인의 지리적 표시 등록단체표장과 동일 또는 유사한 상표로서 그 지정상품과 동일하거나 동일하다고 인식되어 있는 상품에 사용하는 상표(§7①viii의2)는 상표등록을 받을 수 없다.

17. 지리적 표시

'지리적 표시'라 함은 상품의 특정 품질·명성 또는 그 밖의 특성이 본질적으로 특정 지역에서 비롯된 경우에 그 지역에서 생산·제조 또는 가공된 상품임을 나타내는 표시를 말한다(§2iii의2). 이러한 지리적 표시와 관련하여 다음의 상표는 등록을 받을 수 없다.

ⅰ) 특정 지역의 상품을 표시하는 것이라고 수요자 간에 현저하게 인식되어 있는 타인의 지리적 표시와 동일 또는 유사한 상표로서 그 지리적 표시를 사용하는 상품과 동일하거나 동일하다고 인식되어 있는 상품에 사용하는 상표(§7①ix의2)

ⅱ) 국내 또는 외국의 수요자 간에 특정 지역의 상품을 표시하는 것이라고 인식되어 있는 지리적 표시와 동일 또는 유사한 상표로서 부당한 이익을 얻으려 하거나 그 지리적 표시의 정당한 사용자에게 손해를 가하려고 하는 등 부정한 목적을 가지고 사용하는 상표(§7①xii의2)

ⅲ) 「농산물품질관리법」 제8조 또는 「수산물품질관리법」 제9조에 따라 등록된 타인의 지리적 표시와 동일하거나 유사한 상표로서 그 지리적 표시를 사용하는 상품과 동일하거나 동일하다고 인식되어 있는 상품에 사용하는 상표(§7① x vi)

제7조 제1항 제16호와 관련하여 2011. 6. 30. 개정 심사기준에서는 다음과 같은 판단기준을 신설하였다. 즉 농·수산물품질관리법에 의하여 등록된 지리적 표시와 출원상표의 동일·유사 여부 판단은 출원 시를 기준으로 하며, 다만 타인에 해당하는지 판단은 등록여부결정 시로 한다(상표심사기준 §28의3②). 본 호에서 규정하는 "지리적 표시를 사용하는 상품과 동일하거나 동일하다고 인식되어 있는 상품"이란 지리적 표시를 사용하는 상품과 동일한 상품이거나 같은 원재료에서 가공방법 등의 차이가 있는 상품이나 소비자가 상품의 출처를 같은 생산자에게서 생산된 것이라고 인식하는 상품을 말한다. 단, 동일 지역 내에서 서로 다른 품종을 생산하고 그 상품이 지리적특성에 기인하는 경우에

는 다른 것으로 본다(상표심사기준 §28의3③).[163] 동일하다고 인식되는 상품의 유사판단
이 불분명할 경우에는 협의심사를 하여야 하며 협의심사 시 상표심사정책과장의 의견을
들어야 한다(상표심사기준 §28의3④).

ⅳ) 대한민국이 외국과 양자간(兩者間) 또는 다자간(多者間)으로 체결하여 발효된 자
유무역협정에 따라 보호하는 타인의 지리적 표시와 동일하거나 유사한 상표 또는 그 지
리적 표시로 구성되거나 그 지리적 표시를 포함하는 상표로서 해당 지리적 표시를 사용
하는 상품과 동일하거나 동일하다고 인식되어 있는 상품에 사용하는 상표(§7① xⅶ)

위 규정은 제16호와 함께 한-EU FTA의 이행사항을 반영하기 위하여 2011. 6. 30.
개정법에서 신설한 것인바, 이에 따라 같은 날 심사기준에서도 동 규정에 대한 판단기준
을 신설하였다. 즉 제7조 제1항 제17호(이하 '본 호'라 한다)에서 보호하는 지리적 표시
(이하 '본 호의 지리적 표시'라 한다)는 한-EU FTA체결 시 양국이 보호하기로 합의한
지리적 표시(협정문 부속서)와 향후 양국이 추가적으로 보호하기로 합의한 지리적 표시를
말한다(상표심사기준 §28의4①). 한-EU FTA의 지리적 표시 협정 발효일 또는 추가적
으로 보호하기로 한 접수일 이후에 출원된 상표는 본 호의 지리적 표시와 동일·유사한
상표로서 그 지리적 표시를 사용하는 상품과 동일하거나 동일하다고 인식되어 있는 상품
을 지정상품으로 한 경우에는 본 호를 적용하여 거절한다(상표심사기준 §28의4②). 한편,
본 호의 지리적 표시가 상표 구성에 표현되거나, 부기적으로 구성된 경우에도 본 호를
적용하여 거절하며, 단 정당한 권리자가 출원한 경우에는 적용하지 아니한다(상표심사기
준 §28의4③). 그리고 제3항에서 규정하는 지리적 표시가 상표의 구성에 표현되거나 부
기적으로 구성된 경우라 함은 당해 지리적 표시를 한글 또는 영어로 번역한 것과, 한글,
영어, 로마자표기법으로 음역한 것을 포함한다(한-EU FTA 부속서 참고)(상표심사기준
§28의4④).

본 호에서 규정하는 "지리적 표시를 사용하는 상품과 동일하거나 동일하다고 인식되어

---

163) 상표심사기준 제28조의3.
　　<예시>
　　○ 동일하다고 인식하는 상품
　　1. 사과: 홍옥, 후지(부사), 국광, 스타킹
　　2. 배: 신고, 황금
　　3. 복숭아: 백도, 황도
　　4. 녹차: 우전, 세작(작설차), 중작
　　5. wine: sparkling wine, still wine
　　○ 동일하다고 인식하지 않는 상품
　　1. 녹차 vs 홍차
　　2. 샴페인 vs 위스키

있는 상품"은 제28조의3 제3항의 규정을 준용하고(상표심사기준 §28의4⑤), 당해 지리적 표시가 속한 국가에서 보호되지 아니하거나 보호가 중단된 지리적 표시 또는 그 나라에서 사용하지 아니하게 된 지리적 표시에 대하여는 본 호를 적용하지 아니한다(상표심사기준 §28의4⑥).[164]

18. 상표권자 등의 출원 제한(제7조 제5항)

가. 의의

제73조 제1항 제2호·제3호, 제5호부터 제13호까지의 규정에 해당한다는 것을 이유로 상표등록의 취소심판이 청구되고 그 청구일 이후에 ⅰ) 존속기간의 만료로 인하여 상표권이 소멸한 경우, ⅱ) 상표권자가 상표권 또는 지정상품의 일부를 포기한 경우, ⅲ) 상표등록 취소의 심결이 확정된 경우 중 어느 하나에 해당하게 된 때에는 상표권자 및 그 상표를 사용한 자는 그 해당하게 된 날부터 3년이 경과한 후에 상표등록출원을 하지 아니하면 소멸된 등록상표와 동일 또는 유사한 상표를 그 지정상품과 동일 또는 유사한 상품(지리적 표시 단체표장의 경우에는 동일하거나 동일하다고 인식되어 있는 상품을 말한다)에 대하여 상표등록을 받을 수 없다(§7⑤).

나. 판례

(1) 출원상표와 유사한 출원인 명의의 선등록상표(인용상표)가 구 상표법(1990. 1. 13.

---

164) <해석참고자료>
　1. 지리적 표시를 사용하는 상품의 보호 범위는 당해 상품과 동일하거나 수요자 간에 동일하다고 인식되는 상품에 한정되므로 다른 이종상품까지는 적용되지 않는다. <신설 2011. 6. 30>
　예시) 보르도TV, 샴페인LCD홈씨어터 등
　2. 그 상표 구성이 당해 지리적 표시를 ~종류, ~유형, ~양식, ~모조품 등과 같은 표현으로 구성된 경우에는 본 호를 적용하여 거절한다. <신설 2011. 6. 30>
　예시) 뮌헨style맥주, 로퀴포르트 유형의 캘리포니아 치즈, 노르망디 타입의 서울 치즈, 진도식 홍주 등
　3. 협정에 의하여 보호되는 지리적 표시가 지명과 상품 종류를 나타내는 명칭이 결합되어 있을 때 상품의 종류는 일반명칭이므로 지리적 표시 보호대상이 아니다. <신설 2011. 6. 30>
　예시)
　・까망베르 드 노르망디(Camembert de Normandie) '까망베르'는 치즈의 종류
　・브리 드 모(Brie de Meaux) '브리'는 치즈의 종류
　・에멘탈 드 사부아(Emmental de Savoie) '에멘탈'은 치즈의 종류
　・모차렐라 디 부팔라 캄파나(Mozzarella di Bufala Campana) '모차렐라'는 치즈의 종류
　4. 다른 영토나 지역에서 생산된 것으로 오인케 할 경우, 예컨대 한국에서 생산하는 포도주에 한국산이라고 표시하며 '보졸레'라고 표기하는 경우에도 본 호를 적용하며, 별도로 법 제7조 제1항 제11호를 적용한다. <신설 2011. 6. 30>

법률 제4210호로 개정되기 이전의 법률) 제45조 제1항 제3호에 해당하는 것을 이유로 하여 상표등록취소의 심결이 확정되었다면, 비록 출원인이 인용상표의 취소심결이 확정되기 이전에 상표의 출원을 하였다거나, 출원상표가 주지상표라고 하여도 인용상표의 취소심결이 확정된 날로부터 3년이 경과한 후가 아니면 인용상표와 유사한 출원상표를 등록받을 수 없는 것이다.165)

(2) 구 상표법(1997. 8. 22. 법률 제5355호로 개정되기 전의 것) 제7조 제5항은 상표등록취소심결이 확정된 경우에는 취소심결의 확정 이전에 상표권자에 의하여 등록출원된 상표라고 하더라도 그 출원이 심판청구일 이후에 이루어졌을 때에는 그 상표의 등록을 허용하지 않음으로써 등록취소심판제도의 실효성을 확보하고자 하는 규정이므로, 등록취소심판청구일 이전에 상표권자가 등록출원한 상표에 대하여는 원칙적으로 위 규정이 적용되지 아니한다.166)

19. 부등록사유에 대한 판단 시기

출원상표가 부등록사유에 해당하는지에 대한 판단시점은 출원 시로 하거나 등록 시로 하는 경우가 있을 수 있다. 그런데 상표법의 취지에 비추어 볼 때 최종 등록사정 시를 기준으로 부등록사유의 존재 여부를 판단하는 것이 타당하고, 우리 상표법도 원칙적으로 등록사정 시로 보고 있으며,167) 다만 예외적으로 출원 시를 기준으로 판단할 수 있는 규정을 두고 있다. 즉 제6호·제9호·제9호의2 및 제10호의 규정에 해당하는 상표라도 상표등록출원 시에 이에 해당(상표등록출원인이 당해 규정의 타인에 해당하는지에 관한 사항을 제외한다)하지 아니하는 것에 대하여는 당해 규정은 적용하지 아니한다(§7②). 또한 제7호, 제7호의2, 제8호 및 제8호의2는 상표등록출원 시에 이에 해당하는 것에 대하여 적용한다. 다만, 상표등록출원인(이하 '출원인'이라 한다)이 해당 규정의 타인에 해당하는지에 관하여는 상표등록출원 시를 기준으로 하지 아니한다(§7③).168)

---

165) 대법원 1990. 4. 10. 선고 89후2182 판결.

166) 대법원 2002. 10. 22. 선고 2000후3647 판결[롯데제과 주식회사가 1997. 9. 3. 'NUK'와 같이 구성된 원고의 등록상표(등록번호 제152243호)에 대하여 구 상표법 제73조 제1항 제3호에 기하여 등록취소심판청구를 한 결과 1998. 5. 7. 위 등록상표의 등록을 취소하는 심결이 확정되었는데, 원고는 위 등록취소심판청구가 있기 전인 1997. 8. 1. '누크'와 같이 구성된 이 사건 출원상표의 등록출원을 한 사실이 인정되므로 구 상표법 제7조 제5항에 의하여 이 사건 출원상표의 등록을 거절할 수는 없다].

167) 송영식 외 6인 공저, 「지적소유권법(하)」, 육법사(2008), 182 – 183면.

168) 제7조 제3항 본문 중 '제1항 제7호 및 제8호의 규정은'이라는 부분은 2004. 12. 31. 법률 제7290호에

XII. 상표등록을 받을 수 있는 자

국내에서 상표를 사용하는 자 또는 사용하고자 하는 자는 자기의 상표를 등록받을 수 있다. 다만, 특허청직원 및 특허심판원직원은 상속 또는 유증의 경우를 제외하고는 재직 중 상표를 등록받을 수 없다(§3). 외국인의 경우 상호주의에 따라 우리나라에서 상표등록을 받을 수 있다(§5의24).

XIII. 상표 및 상품의 동일·유사

1. 서

특허나 실용신안과 달리 상표의 동일·유사 여부는 상표 자체만의 동일·유사뿐만 아니라 그러한 상표가 사용되고 있는 상품의 동일·유사도 함께 고려하여 판단하게 된다. 즉 상표는 자타 상품을 식별하기 위한 표지이므로 상품출처의 혼동이 생기는가를 판단하기 위해서는 상표의 동일 또는 유사 여부와 그 상표가 사용된 상품의 동일 또는 유사 여부도 함께 고찰해 보아야 한다. 이러한 상표 및 상품의 동일·유사 판단은 부등록사유(§7), 선출원주의(§8), 무효사유(§71, §72), 취소사유(§73), 상표권의 효력(§50), 보호범위(§51) 등의 판단에 걸쳐 적용된다.

2. 상표의 동일

가. 의의

상표의 동일이란 상표의 구성요소인 기호, 문자, 도형, 입체적 형상, 색채, 홀로그램, 동작 또는 이들을 결합한 것과 그 밖에 시각적으로 인식할 수 있는 것을 대비하여 판단할 때 두 개의 상표가 동일한 것을 말한다. 이와 관련하여 상표심사기준에서는, 등록상표

의하여 '제1항 제7호, 제7호의2, 제8호 및 제8호의2의 규정은'으로 개정되면서 '제7호의2 및 제8호의2'가 추가되었고, 제7조 제3항 단서는 2007. 1. 3. 법률 제8190호에 의하여 "다만, 상표등록출원인(이하 '출원인'이라 한다)이 당해 규정의 타인에 해당하는지에 관하여는 상표등록출원 시를 기준으로 하지 아니한다"로 개정되었다.

와 동일한 상표라 함은 등록상표를 확대 또는 축소한 상표는 물론 사회통념상 거래사회에서 일치하는 것으로 인식되는 정도의 상표를 포함한다고 규정하고 있다(상표심사기준 §21 해석참고자료 3).

나. 판단

상표의 동일성에 대한 판단은 구체적인 경우에 탄력적으로 봄이 타당한바, 유사의 개념에 의해 뒷받침되는 경우(§7①vii, §66), 권리의 발생과 관련된 경우(§6②, §48①iii)에는 엄격하게 보아야 하고, 권리의 유지를 위한 경우(§73①iii)에는 동일범위를 다소 탄력적으로 넓게 해석함이 타당할 것이다.

3. 상표의 유사

가. 의의

등록상표와 유사한 상표라 함은 2개의 상표가 완전히 동일하지도 않고 사회통념상 거래사회에서 일치하는 것으로 인식되어 있지도 않으나 거래의 경험칙 또는 거래실제에 비추어 양상표가 외관, 칭호, 관념 중 어느 한 가지 이상의 점에서 유사하여 그들 상표가 동일 또는 유사한 상품에 사용된 경우에 거래자 또는 일반수요자들이 그 상품의 출처에 혼동을 일으킬 우려가 있는 경우를 말한다. 구체적으로 상품의 출처의 혼동과 관련하여 ⅰ) 출원상표가 등록상표와 유사범위에 속하고 일반적 및 구체적 출처 혼동이 일어나는 경우, ⅱ) 출원상표가 등록상표와 유사범위에 속하고 일반적인 출처 혼동은 일어나나 구체적인 출처 혼동은 일어나지 않는 경우(예컨대 서울 일원에서만 통용되는 상표와 제주도에서 통용되는 상표가 유사한 경우), ⅲ) 출원상표가 등록상표와 유사범위에 속하나 일반적인 출처 혼동은 일어나지 않고 구체적 출처 혼동만 일어나는 경우(상표가 실질적으로 유통되고 거래실제상 상품출처의 혼동을 야기하는 경우)에는 유사상표로 본다(상표심사기준 §21 해석참고자료4.).

나. 판단

(1) 일반적 기준

상표의 유사 여부의 관찰 방법은 전체적·객관적·이격적 관찰을 원칙으로 하되 상표 구성 중 인상적인 부분(요부)에 대하여 중점적으로 비교하는 것으로 한다. 이 경우 소리·냄새 등은 같은 유형의 상표 간에 시각적 표현을 기준으로 유사 여부를 비교하여 판단한다(상표심사기준 §21②).

(2) 칭호, 외관, 관념

상표의 유사판단은 원칙적으로 상표의 칭호, 외관, 관념 중 어느 하나가 유사하여 거래상 상품출처의 오인·혼동의 우려가 있는 상표는 유사한 것으로 본다. 다만, 칭호, 외관, 관념 중 어느 하나가 유사하더라도 전체적으로 현격한 차이가 있어 거래상 상품출처의 오인·혼동을 일으킬 염려가 없는 때에는 그러하지 아니하다(상표심사기준 §21③).

(3) 인적 기준

상표의 유사 여부 판단은 그 상표가 사용될 상품의 주된 수요계층과 기타 상품의 거래실정을 고려하여 평균수요자의 주의력을 기준으로 판단하여야 한다(상표심사기준 §21④).

(4) 결합상표의 유사판단

결합상표의 유사 여부는 그 결합의 강약 정도를 고려하여 판단한다. 다만, 상표를 이루는 각 구성 부분 간의 결합으로 인하여 현저하게 다른 외관, 칭호 또는 관념을 낳는 것이 명백할 때에는 그러하지 아니하다(상표심사기준 §21⑤). 이와 관련하여 판례는 출원상표 'QUADRA – TRAC'은 '넷'이라는 의미의 'QUADRA'와 '바퀴, 흔적'의 의미를 지닌 'TRAC'이라는 두 개의 단어를 연결하여 구성되어 있는 결합상표인바, 위 두 단어들의 결합으로 인하여 새로운 관념을 낳는 것도 아니고 이를 분리하여 관찰하면 자연스럽지 못할 정도로 일체불가분적으로 결합되어 있다고 보기도 어려우므로 일반 수요자들에 의하여 'QUADRA' 또는 'TRAC'으로 분리 관찰될 수 있다고 하면서, 출원상표 'QUADRA – TRAC'이 'QUADRA'로 분리 관찰될 경우 선 등록된 인용상표 'QUADRA'와는 그 칭호, 관념이 동일하여 양 상표를 일반 수요자의 입장에서 전체적·객관적·이격적으로 관찰하면 서로 유사하다고 하였고,[169] 본원상표의 도형 부분은 어떠한 특정한 호칭이나 관념을 갖기 어려운 형태이므로 본원상표는 자연스럽게 문자 부분만에 의하여 'PHOENIX SUNS' 혹은 'PHOENIX'나 'SUNS'만으로 인식되고 호칭될 수 있을 것이시, 만약 본원상표가 'PHOENIX' 부분으로 인식되고 호칭될 때에는 인용상표와 관념 및 칭호에서 동일·유사하다고 할 것이므로, 양 상표를 동일·유사한 지정상품에 다 함

---

169) 대법원 1995. 12. 8. 선고 95후774 판결.

께 사용하면 일반 수요자들로 하여금 상품 출처에 대한 오인·혼동을 일으키게 할 우려가 있다고 하였다.[170]

(5) 상표의 칭호에 대한 유사판단

상표의 칭호의 유사 여부를 칭호에 내재하는 음성상의 판단요소 및 방법만을 고려하여 판단하는 경우에는 다음의 기준에 따른다(상표심사기준 §21⑥).

ⅰ) 비교되는 양칭호의 음질, 음량, 음조, 음절에 관한 각 판단요소의 각각에 공통성 또는 근사성의 유무와 특정관념이 없는 조어상표인지를 고려하여 때와 장소를 달리하여 양상표가 호칭되고 듣는 사람에게 주는 전체적인 인상(음감)에서 서로 혼동의 우려가 있는지에 따라 판단한다.

ⅱ) 제1호가 정하는 기준에 따라 다 같이 동수음의 호칭으로 상표에서 상이한 음이 모음을 공통적으로 쓸 때 또는 그 모음이 유사하게 들리는 때, 다 같이 동수음으로 호칭되고 그중에 상이한 1음절이 안울림소리(ㄱ, ㄷ, ㅂ, ㅅ, ㅊ, ㅋ, ㅌ, ㅍ, ㅎ 등), 울림소리 (ㄴ, ㄹ, ㅁ, ㅇ 등)의 차이에 불과한 때, 상이한 1음절이 다 같이 약음이거나 혹은 약음의 유무차이에 불과한 때, 상이한 1음절이 장음의 유무나 단음의 유무 또는 장음과 단음 (발음과 동시에 끊어지는 소리), 장음의 차이에 불과한 때, 동수음으로 된 비교적 긴 칭호 중 1음만 다를 때, 비교적 긴 칭호 중 1음만 많을 때와 기타 전체의 음감이 근사한 때에는 유사한 상표로 본다.

ⅲ) 외국문자 상표에 관한 칭호유사 여부의 판단은 내국인 관례상의 칭호는 물론 해당 외국인의 대표적인 칭호도 함께 고려하여야 한다.

(6) 판례

① 판례는 "상표의 유사 여부는 항상 상표 자체의 문자, 도형, 기호만에 의할 것이 아니고 실제로 상표가 부착되는 위치나 크기, 형상 등도 고려하여 거래상 오인·혼동의 우려가 있는지에 의하여 판단하여야 할 것"이라고 하면서, "이 사건 업무표장은 좌측에 검은색 바탕으로 된 판시 태그 마크를 배치하고 우측에 '사단법인 한국귀금속보석감정원'이라고 한글로 횡서하여 이루어져 있고, 피고인들이 사용한 판시 통합 마크는 흰색바탕에 검은 실선으로 좌측에 무등산마크를, 우측에 태그 마크를 배치하는 방식으로 구성되어 있어서 전체적인 외관이 유사하다고는 할 수 없으나, 양 표장은 각 그 일 요부를 이

---

170) 대법원 1996. 4. 12. 선고 95후1685 판결.

루는 태그 마크에 있어서 비록 색상은 다르나 도형 자체는 동일한 것이고(이 사건 태그 마크 중 태극도형 자체는 흔히 있는 도형으로서 그 자체만으로는 소론과 같이 특별현저성이 있다고 할 수 없을 것이나 주위에 둘러 쳐진 육각형 도형과 결합된 이 사건 태극마크는 특별현저성이 없다고 보기는 어려울 것임), 또한 위 업무표장은 실제 사용 시 문자는 생략된 채 태그 마크만을 각인 사용하고 있어 태그 마크를 금반지 등에 각인 사용할 때에는 색상의 차이는 없어지는 점 등 사용의 실태를 고려하면 양 표장은 거래상 오인·혼동의 우려가 없다고 할 수 없어 유사하다고 볼 수밖에 없다"고 판단하였다.[171]

② 등록상표 'QUEEN + HELENE'은 '퀸헬렌' 또는 '헬렌'이라고 호칭되고 '헬렌 여왕' 또는 '헬렌 왕비'로 관념되며, 인용상표 'Amore + QUEEN'은 '아모레퀸', '아모레' 또는 '퀸'이라고 호칭되고 '사랑의 여왕', '사랑의 왕비'로 관념되므로, 양 상표는 그 호칭 및 관념이 상이하여 다 같이 동일·유사한 지정상품에 사용될 경우에도 일반 수요자나 거래자로 하여금 상품의 출처에 대한 오인·혼동을 일으키게 할 염려가 없다고 보아야 한다.[172]

③ '적마표'란 상표가 '말표' 상표와 이에 연합상표인 '흑마', '백마' 상표와 그 외관 및 칭호에 있어서 차이가 있으나 관념에 있어서 다 같이 '말'을 연상케 되는 것이므로 관념과도 유사할 뿐 아니라 거래자나 수요자로 하여금 오인·혼동을 초래할 염려가 있다.[173]

4. 상품의 동일

상품의 동일이란 상품[174]의 유사개념을 배제한 순수한 의미의 동일을 뜻하는 것으로서, 2 이상의 상품이 완전히 같은 경우를 말한다. 이러한 상품의 동일 여부는 2개 이상의 상품을 비교하여 상품의 품질, 형상, 용도, 거래의 상태 등 상거래의 통념에 따라 객

---

171) 대법원 1995. 6. 16. 선고 94도1793 판결.

172) 대법원 1999. 11. 12. 선고 99후2167 판결(등록상표와 인용상표의 유사 여부는 등록상표의 출원 시를 기준으로 하여 판단되어야 하므로, 그 판단의 전제로서 등록상표 또는 인용상표의 각 구성 부분 중 일부가 자타 상품의 식별력이 없거나 부족하게 되었는지도 등록상표의 출원 시를 기준으로 하여 판단되어야 하고, 다만 등록상표의 출원 전에 등록되었거나 출원공고된 것이라고 하더라도, 인용상표와 그 상표권자가 동일한 상표는 인용상표의 구성 부분 중 일부가 자타 상품의 식별력을 상실하였는지를 판단하는 자료로 사용할 수 없고, 또 등록상표 및 인용상표의 각 지정상품이 속하지 아니하는 상표 역시 인용상표의 구성 부분 중 일부가 자타 상품의 식별력을 상실하였는지를 판단하는 자료로 사용할 수 없다).

173) 대법원 1974. 8. 30. 선고 73후19 판결.

174) 상표법상 상품이 되기 위해서는 ⅰ) 유체물일 것, ⅱ) 동산일 것, ⅲ) 유통성이 있을 것, ⅳ) 거래의 대상일 것, ⅴ) 양산가능성이 있을 것 등이어야 한다.

관적으로 판단해야 하며 상품명만으로 판단해서는 안 된다.

5. 상품의 유사

가. 의의

상품의 유사란 대비되는 두 상품이 동일하지는 않지만 거래사회에서 일반수요자(소비자)가 오인·혼동을 야기할 수 있는 정도의 상품의 품질·형상이 일치하거나 원료·생산지 등이 일치하는 경우를 말한다. 지정상품의 유사 여부의 판단기준은 원칙적으로 규칙 별표[1] 및 별표[2]의 총설 나목의 규정에 따라 특허청장이 정하는 '유사상품·서비스업 심사기준'에 의한다(상표심사기준 §21⑦).

나. 기준

이와 관련하여 판례는 일관되게 "상표법 제10조 제1항 및 같은 법 시행규칙 제6조 제1항에 의한 상품류 구분은 상표등록사무의 편의를 위하여 구분한 것으로서 상품의 유사범위를 정한 것은 아니므로, 상품구분표의 같은 유별에 속하고 있다고 하여 곧바로 동일 또는 유사한 상품이라고 단정할 수는 없으며, 지정상품의 동일·유사 여부는 상품의 속성인 품질, 형상, 용도와 생산부문, 판매부문, 수요자의 범위 등 거래의 실정 등을 고려하여 일반거래의 통념에 따라 판단하여야 한다"고 판시하고 있다.[175]

---

175) 대법원 1997. 2. 14. 선고 96후924 판결(일회용 기저귀를 지정상품으로 하는 출원상표 '슬리피'와 양말, 장갑 등을 지정상품으로 하는 선등록 상표 'SLEEPY, 스리피'가 서로 유사 상표에 해당하고, 양 지정상품 모두 상표법시행규칙상의 상품류 구분 제45류의 제4군 기타 피복류에 속하기는 하나, 그 상품들의 품질, 형상, 용도 및 생산과 판매방법, 수요자나 거래처 등 거래의 실정 등에 비추어 보면 양 지정상품은 일반거래의 통념상 동일 또는 유사한 것이라고 할 수 없다는 이유로, 이와 달리 양 지정상품을 동종의 상품이라고 보아 출원상표의 등록거절사정을 정당하다고 본 원심결을 파기한 사례); 대법원 1996. 4. 26. 선고 95후859 판결(본원상표와 인용상표의 지정상품들은 모두 상표법시행규칙 제6조 제1항 상품류 구분표상 제39류에 속하기는 하나, 본원상표의 지정상품인 집적회로는 그중 제8군의 전자응용기계기구에 속하고 그중에서도 제3목인 반도체소자에 속한 반면, 인용상표의 지정상품들은 위 제39류 제7군의 전기통신기계기구에 속하는 것으로 전화기(제1목의 전화기기), 모사전송기(제2목의 유선통신기기)가 있고, 전자복사기는 제39류의 제8군 전자응용기계기구 중 제1목의 전자응용기기에 속하므로 상품류 구분표상의 세목이 서로 다르고, 본원상표의 지정상품인 집적회로는 크기가 극히 작고, 이는 각종의 전기전자제품의 핵심부품이기는 하나, 전자복사기, 모사전송기 등과 같은 완제품 중 그 재료나 가격, 생산과정에서 차지하는 비중이 극히 적으므로 양 상표의 지정상품들은 그 품질, 형상, 용도가 명백히 서로 다르며, 또한 집적회로는 주로 특정한 전문적인 집적회로 생산업체에서 주문 생산되고, 전자제품을 생산하는 업자에게 직접 공급되는데 반하여, 인용상표의 지정상품들은 집적회로의 생산업체와는 또 다른 전문적인 제조업체에서 생산되어 주로 대리점이나 일반 상가, 백화점 등에서 판매되고 있으므로 생산과 판매방법이 현저히 서로 다르며, 집적회로는 전자제품 생산업체나 수리업체 등의 전문취급자만이 구입

다. 판례

(1) 상표는 상품 그 자체를, 서비스표는 서비스의 출처를 식별시키기 위한 표장으로서 각자 수행하는 기능이 다르므로 상품과 서비스업 사이의 동종・유사성을 지나치게 광범위하게 판단하여서는 아니 된다 할 것이고, 따라서 상품과 서비스 사이의 동종・유사성은 서비스와 상품간의 밀접한 관계 유무, 상품의 제조・판매와 서비스의 제공이 동일 사업자에 의하여 이루어지는 것이 일반적인가, 그리고 일반인이 그와 같이 생각하는 것이 당연하다고 인정되는가, 상품과 서비스의 용도가 일치하는가, 상품의 판매장소와 서비스의 제공장소가 일치하는가, 수요자의 범위가 일치하는가, 유사한 표장을 사용할 경우 출처의 혼동을 초래할 우려가 있는가 하는 점 등을 따져 보아 거래사회의 통념에 따라 이를 판단하여야 한다(어느 서비스표가 2 이상의 서비스업을 지정서비스업으로 하여 등록이 되어 있는 경우에 심판청구인이 서비스표등록 전부의 무효심판을 청구하는 경우라도 지정서비스업 중 일부에만 무효원인이 있고 다른 지정서비스업에는 무효사유가 없음이 명백한 때에는 무효원인이 있는 지정서비스업에 한하여 등록무효의 심판을 하여 그 부분만 말소하게 함이 상당하다 할 것이므로, 각 지정서비스업별로 등록무효 여부에 관한 판단을 하여야 한다).176)

(2) 등록상표 'LG TRAUM'의 지정상품인 건축자재의 제조・판매와 선등록서비스표 '트라움하우스＋TRAUM HAUS'의 지정서비스업인 건축업의 제공이 일반적으로 동일한 사업자에 의하여 이루어진다고 볼 수 없고, 등록상표 지정상품의 판매장소와 선등록서비스표 지정서비스업의 제공장소, 수요자 등 거래실정이 서로 다르므로, 등록상표의 지정상품과 선등록서비스표의 지정서비스업은 서로 동종・유사하다고 볼 수 없다.177)

(3) 이 사건에서의 출원상표와 인용상표는 다 같이 'DIXIE'로 되어 있으나 전자의 지정상품은 컵, 접시, 밥그릇, 수저, 포크, 젓가락 등이고 후자의 지정상품은 취사용 레인지, 오븐, 부엌용 싱크 등이어서 양자의 지정상품이 비록 다 같이 상품구분 제18류에 속하는 상품이지만 서로 이종상품이라 하겠으므로 본원상표는 등록될 수 있다.178)

하나, 인용상표의 지정상품들은 일반 소비자들이 널리 구입하여 사용하고 있어 양 상품들은 그 소비자나 수요자층이 서로 다르므로, 결국 양 상표의 지정상품들은 그 상품들의 품질, 형상, 용도 및 생산과 판매방법, 수요자나 거래처 등의 거래의 실정 등에 비추어 보더라도 일반 거래의 통념상 동일 또는 유사한 것이라고 할 수 없다.

176) 대법원 1999. 2. 23. 선고 98후1587 판결(등록서비스표의 지정서비스업인 물리치료업 및 건강진단업과 인용상표의 지정상품인 의료기기 사이에 유사성이 없다고 본 사례).

177) 대법원 2006. 7. 28. 선고 2004후1304 판결.

178) 대법원 1982. 11. 23. 선고 80후74 판결.

(4) '단화 등'과 '구두중창'이 완제품과 그 원자재인 부품의 관계가 있다 하더라도 일반거래에 있어서, '구두중창'의 수요자는 구두제조업자 또는 구두수선업자일 것이고, '단화 등' 구두완제품의 수요자는 구두판매업자 또는 일반 소비자들로서 그 수요자의 범위가 불일치하고 또 '구두중창'과 '단화 등'이 동일 점포에서 판매되는 경우는 극히 드물다고 생각되므로 구두중창을 지정상품으로 하는 상표와 유사한 상표를 완제품인 '단화 등'에 사용한다 하여 곧 '구두중창'과 '단화 등'이 그 출처에 관하여 오인·혼동을 일으킬 우려가 있다고 할 수 없다.[179]

(5) 심판청구인의 등록상표의 최초 지정상품 중 전동기 및 추가로 등록된 지정상품들인 전기선풍기, 전기아이롱, 전기믹서 등과 피심판청구된 등록상표의 추가등록된 지정상품 중 심판청구인이 등록무효를 구하는 전기기구인 전기보온밥통, 전기밥솥, 전기냄비, 전기신선로 등과를 서로 비교하여 볼 때 양자는 비록 전기기구라는 점에서는 같다고 하더라도 상품의 용도, 형상, 거래의 실정 등에 비추어 볼 때 동종 또는 유사한 상품이라 볼 수 없다.[180]

(6) 가스레인지와 전자레인지는 양상품이 주방에서 사용되는 조리용 기구라는 점은 동일하다 할지라도 동력원, 동력원의 작용방법, 구조 등을 종합할 때 양상품은 그 기술분야가 전연 상이하고 특히 '전자레인지'가 우리나라에서는 최근에 개발된 전자응용기구임에 비추어 양상품을 동종품 또는 유사 상품으로 다룰 수 없다.[181]

(7) 침구는 사람이 잘 때 쓰는 요, 이불, 베개 따위의 용구를 가리키는 것임에 대하여 가구는 주로 목재 등으로 만들어 방이나 마루에 두는 책상, 의자, 농, 진열장 등의 기구를 가리키므로 양상품은 그 생산처, 판매처, 용도 등을 달리하여 동종 내지 유사상품이라 할 수 없고, 또한 침대가 침구와 마찬가지로 잠잘 때 쓰는 물건이기는 하나 침구가 사람이 잠잘 때 깔고, 덮고, 베는 용구로 주로 섬유제품인 데 비하여 침대는 목재나 철재로 만들어져 잠잘 때 쓰는 상으로서 그 위에 침구를 얹어 사용하는 것이며 대개 가구공장에서 제작되어 가구점에서 판매되는 점 등에 비추어 보면 침구와 동종 내지 유사상품이라고 볼 수는 없다.[182]

---

179) 대법원 1982. 12. 28. 선고 82후8 판결.

180) 대법원 1982. 12. 28. 선고 81후41 판결.

181) 대법원 1984. 9. 11. 선고 83후51 판결. 같은 취지로 대법원 1983. 2. 8. 선고 81후18 판결[용어상 레인지(range)라 함은 조리용 화덕을 지칭하고 있음은 공지의 것이라 할지라노 이런 취사 내지 조리용 도구의 범주에 속한다 하여 가스레인지와 전자레인지가 성질, 형상, 용도가 동일 또는 유사하다는 결론은 도출할 수 없고 어디까지나 양자를 대비관찰한 연후에라야 그 동일 또는 유사 여부를 가릴 수 있다고 할 것이므로, 양자가 모두 주방용품인 점만으로는 일반 거래사회에서 판매자나 구매자가 동일인 또는 유사판매점에 취급할 수 있을 것으로 볼 수 없다].

제2절 상표등록출원절차

Ⅰ. 서

상표등록을 받고자 하는 자는 상표법에 규정된 바에 따라 출원서를 작성·제출하여, 심사를 거쳐야 한다.

Ⅱ. 출원의 적법요건

출원의 적법요건으로 출원이 유효할 것, 당사자적격이 있을 것, 서류의 불수리사유에 해당하지 않을 것 등을 갖추어야 한다.

Ⅲ. 출원서류

1. 일반

상표등록을 받고자 하는 자는 ⅰ) 출원인의 성명 및 주소(법인인 경우에는 그 명칭 및 영업소의 소재지), ⅱ) 출원인의 대리인이 있는 경우에는 그 대리인의 성명 및 주소나 영업소의 소재지(대리인이 특허법인인 경우에는 그 명칭, 사무소의 소재지 및 지정된 변리사의 성명), ⅲ) 상표, ⅳ) 지정상품 및 그 유구분, ⅴ) 제20조 제3항에 규정된 사항(우선권주장을 하고자 하는 경우에 한하여 기재한다), ⅵ) 기타 지식경제부령이 정하는 사항[83]을 기재한 상표등록출원서를 특허청장에게 제출하여야 한다(§9①).

---

182) 대법원 1985. 7. 23. 선고 84후84 판결. 같은 취지로 대법원 1985. 4. 9. 선고 84후83 판결(침구는 사회통념이나 일반거래상 이불, 요, 베개 등으로 의자, 침대, 농, 진열장 등을 지칭하는 가구류와는 동종의 상품이라 할 수 없다).

183) 시행규칙 제36조 (출원서 등) ① 법 제9조 제1항에 따라 상표등록출원을 하려는 자는 별지 제4호서식의 상표등록출원서에 다음 각 호의 서류, 파일 또는 견본 등(이하 '서류 등'이라 한다)을 첨부하여 특허

청장에게 제출하여야 한다.
1. 상표견본 1통(소리상표, 냄새상표, 그 밖에 시각적으로 인식할 수 없는 상표의 경우는 제외한다)
2. 상표에 대한 설명서 1통(법 제2조 제1항 제1호 나목 또는 다목에 대한 상표등록출원만 해당한다)
3. 법 제9조 제4항 또는 제5항에 따른 정관 또는 규약(이하 '정관 또는 규약'이라 한다), 단체표장 또는 증명표장의 사용에 관한 사항을 적은 그 정관 또는 규약의 요약서 각 1통(단체표장등록출원, 지리적 표시 단체표장등록출원, 증명표장등록출원 및 지리적 표시 증명표장등록출원의 경우만 해당한다)
4. 업무의 경영사실을 입증하는 서면 1통(업무표장의 등록출원만 해당한다)
5. 법 제9조 제3항에 따른 시각적 표현(이하 '시각적 표현'이라 한다)에 합치하는 소리파일 1통(소리상표의 등록출원에 한정한다)
6. 시각적 표현에 합치하는 냄새견본의 경우 냄새를 담은 밀폐용기(이하 '밀폐용기'라 한다) 3통 또는 냄새가 첨가된 패치(이하 '향패치'라 한다) 30장(냄새상표의 등록출원의 경우로 한정하고, 냄새견본은 냄새가 쉽게 사라지거나 변하지 않도록 만들어진 밀폐용기 또는 향패치로 한다. 이하 같다)
7. 증명하려는 상품 또는 서비스업의 품질, 원산지, 생산방법이나 그 밖의 특성(이하 '품질 등'이라 한다)을 증명하고 관리할 수 있음을 입증하는 서류 1통(증명표장등록출원만 해당한다)
8. 대리인이 절차를 밟는 경우에는 그 대리권을 증명하는 서류 1통
② 제1항 제3호에 따른 정관 또는 규약의 요약서는 별지 제3호서식에 따른다.
③ 출원인은 제1항 각 호의 서류 외에 다음 각 호의 서류 또는 물건을 특허청장에게 제출할 수 있다.
1. 입체상표에 대한 설명서
2. 지정상품에 대한 설명서
3. 등록하려는 상표를 한글로 번역하거나 음역(音譯)한 설명서
4. 견본의 특징을 나타내는 영상을 수록한 비디오테이프 또는 CD - ROM · 광디스크 등 전자적 기록매체(홀로그램상표, 동작상표, 그 밖에 시각적으로 인식할 수 있는 것으로 된 상표로 한정한다)
5. 소리상표의 악보
④ 출원인은 상표등록을 하려는 상표가 법 제6조 제2항에 해당하는 경우에는 제1항 각 호의 서류 등 외에 다음 각 호의 사항과 그 사항을 증명하는 서류 및 증거물 각 1통을 특허청장에게 제출할 수 있다.
1. 사용한 상표
2. 사용기간
3. 사용지역
4. 지정상품의 생산 · 가공 · 증명 또는 판매량 등
5. 사용방법 및 횟수
6. 제1호부터 제5호까지의 사항 외에 사용사실을 증명하는 사항
⑤ 출원인은 상표등록을 하려는 상표가 법 제8조 제5항에 해당하는 경우에는 제1항 각 호의 서류 등 외에 다음 각 호의 사항을 적은 서류와 그 사항을 증명하는 서류 각 1통을 특허청장에게 제출할 수 있다.
1. 존속기간의 만료로 인한 상표권의 소멸 · 포기 또는 취소심결 확정된 등록상표의 상표등록번호
2. 존속기간의 만료로 인한 상표권의 소멸 · 포기 또는 취소심결 확정된 등록상표의 상표 및 지정상품
3. 존속기간의 만료로 인한 상표권의 소멸 · 포기 또는 심결확정의 일자
4. 출원인이 법 제73조 제1항 제3호의 사유로 취소심판을 청구한 사실을 증명하는 사항
⑥ 지리적 표시 단체표장 또는 지리적 표시 증명표장을 등록받으려는 자는 제1항 각 호의 서류 등 외에 다음 각 호의 사항을 적은 서류와 그 사항을 증명하는 서류를 첨부하여야 한다.
1. 상품의 특정 품질, 명성 또는 그 밖의 특성
2. 지리적 환경과 상품의 특정 품질, 명성 또는 그 밖의 특성과의 본질적 연관성
3. 지리적 표시의 대상지역과 그 범위의 적정성
4. 지리적 표시 단체표장의 출원인인 법인이 그 지리적 표시를 사용할 수 있는 상품을 생산 · 제조 또는 가공하는 것을 업(業)으로 영위하는 자만으로 구성된 사실(지리적 표시 단체표장등록출원의 경우에 한정한다)
5. 지리적 표시 단체표장등록출원 또는 지리적 표시 증명표장등록출원을 위하여 관련 지방자치단체와 협의를 거친 사실(외국의 지리적 표시에 대하여 지리적 표시 단체표장등록출원이나 지리적 표시 증명표장등록출원을 하는 경우는 제외한다)

2. 입체적 형상·색채·홀로그램·동작 또는 그 밖에 시각적으로 인식할 수 있는 것으로 된 상표인 경우

상표등록을 받으려는 상표가 제2조 제1항 제1호 가목의 입체적 형상 또는 같은 호 나목에 해당하는 표장으로 된 상표인 경우에는 제1항 각 호의 사항 외에 지식경제부령으로 정하는 바에 따라 그 취지와 설명(입체적 형상인 경우에는 설명은 제외한다)을 출원서에 적어야 한다(§9②).

3. 소리·냄새 등 상표인 경우

상표등록을 받으려는 상표가 제2조 제1항 제1호 다목에 해당하는 상표인 경우에는 지식경제부령으로 정하는 바에 따라 그 취지와 설명 및 해당 표장을 기호·문자·도형이나 그 밖의 시각적인 방법으로 사실적으로 표현한 것(이하 '시각적 표현'이라 한다)을 각각 출원서에 적어야 한다.

4. 단체표장의 경우

단체표장등록을 받고자 하는 자는 출원서의 일반적 기재사항 외에 대통령령이 정하는 단체표장의 사용에 관한 사항[184]을 정한 정관을 첨부한 단체표장등록출원서를 제출하여

---

6. 원산지 국가에서 지리적 표시로 보호받고 있는 사실(외국의 지리적 표시에 대하여 지리적 표시 단체표장등록출원이나 지리적 표시 증명표장등록출원을 하는 경우만 해당한다)

⑦ 출원인은 지리적 표시 단체표장등록출원이나 지리적 표시 증명표장등록출원과 관련하여 제1항 각 호의 서류 등 및 제6항 각 호의 서류 외에 다음 각 호의 사항을 적은 서류와 그 사항을 증명하는 서류를 특허청장에게 제출할 수 있다.

1. 지리적 표시 해당 상품의 생산·제조·가공 및 유통 현황(해당 지역 전체, 출원인, 소속 단체원별 현황, 그 밖에 동종 상품의 주요 생산지역 등으로 구분한다) 등

2. 출원인이 해당 지역에서 지리적 표시 해당 상품을 생산·제조 또는 가공하는 자를 대표할 수 있는 자격이나 능력을 가지고 있는 사실

184) 시행령 제1조의2 (단체표장의 사용에 관한 정관의 기재사항) ① 「상표법」(이하 '법'이라 한다) 제9조 제4항 전단에서 "대통령령이 정하는 단체표장의 사용에 관한 사항"이라 함은 다음 각 호의 사항을 말한다.

1. 단체표장을 사용하는 소속 단체원의 가입자격·가입조건 및 탈퇴에 관한 사항

2. 단체표장의 사용조건에 관한 사항

3. 제2호의 규정을 위반한 자에 대한 제재에 관한 사항

4. 그 밖에 단체표장의 사용에 관하여 필요한 사항

② 지리적 표시 단체표장의 경우에는 제1항 각 호의 사항 외에 다음 각 호의 사항을 포함한다.

야 한다. 이 경우 지리적 표시단체표장을 등록받고자 하는 자는 그 취지를 단체표장등록
출원서에 기재하여야 하고, 지리적 표시의 정의에 합치함을 입증할 수 있는 대통령령이
정하는 서류[185]를 함께 제출하여야 한다(§9④).

5. 증명표장의 경우

증명표장등록을 받으려는 자는 대통령령으로 정하는 증명표장의 사용에 관한 사항[186]
을 정한 서류(법인인 경우에는 정관을 말하고, 법인이 아닌 경우에는 규약을 말한다. 이
하 '정관 또는 규약'이라 한다)와 증명하려는 상품 또는 서비스업의 품질, 원산지, 생산방
법이나 그 밖의 특성을 증명하고 관리할 수 있음을 입증하는 서류를 첨부한 증명표장등
록출원서를 제출하여야 한다(§9⑤).

---

    1. 상품의 특정 품질·명성 또는 그 밖의 특성
    2. 지리적 환경과 상품의 특정 품질·명성 또는 그 밖의 특성과의 본질적 연관성
    3. 지리적 표시의 대상지역
    4. 상품의 특정 품질·명성 또는 그 밖의 특성에 대한 자체관리기준 및 유지관리방안

185) 시행령 제1조의3 (지리적 표시의 정의에 합치함을 입증할 수 있는 서류) 법 제9조 제4항 후단 및 법 제
    86조의16 제3항 후단에서 "지리적 표시의 정의에 합치함을 입증할 수 있는 대통령령이 정하는 서류"라
    함은 다음 각 호의 서류를 말한다.
    1. 상품의 특정 품질·명성 또는 그 밖의 특성에 관한 서류
    2. 지리적 환경과 상품의 특정 품질·명성 또는 그 밖의 특성과의 본질적 연관성에 관한 서류
    3. 지리적 표시의 대상지역에 관한 서류
    4. 지리적 표시 단체표장의 출원인인 법인이 그 지리적 표시를 사용할 수 있는 상품을 생산·제조 또는
    가공하는 것을 업으로 영위하는 자만으로 구성된 것임을 증명하는 서류
    5. 원산지국가에서 지리적 표시로 보호받고 있음을 증명하는 서류(외국의 지리적 표시에 대하여 지리적
    표시 단체표장등록출원을 하는 경우에 한한다)
186) 시행령 제1조의5 (증명표장의 사용에 관한 사항을 정한 서류 등의 기재사항) ① 법 제9조 제5항에서
    "대통령령으로 정하는 증명표장의 사용에 관한 사항"이란 다음 각 호의 사항을 말한다. [본조신설 2011.
    12. 2.]
    1. 증명하려는 상품 또는 서비스업의 품질, 원산지, 생산방법이나 그 밖의 특성(이하 '품질 등'이라 한
    다)에 관한 사항
    2. 증명표장의 사용조건에 관한 사항
    3. 제2호의 규정을 위반한 자에 대한 제재에 관한 사항
    4. 그 밖에 증명표장의 사용에 필요한 사항
    ② 법 제9조 제5항에 따른 "증명하려는 상품 또는 서비스업의 품질, 원산지, 생산방법이나 그 밖의 특
    성을 증명하고 관리할 수 있음을 입증하는 서류"는 다음 각 호의 사항을 포함하여야 한다.
    1. 증명하려는 상품 또는 서비스업의 품질 등에 대한 시험·검사의 기준, 절차 및 방법 등에 관한 사항
    2. 증명하려는 상품 또는 서비스업의 품질 등을 증명하고 관리하기 위하여 필요한 전문설비, 전문인력
    등에 관한 사항
    3. 증명표장사용자에 대한 관리·감독 등에 관한 사항
    4. 그 밖에 증명하려는 상품 또는 서비스업의 품질 등을 증명하고 관리할 수 있음을 객관적으로 입증할
    수 있는 사항

6. 업무표장의 경우

업무표장등록을 받고자 하는 자는 출원서의 일반적 기재사항 외에 그 업무의 경영사실을 입증하는 서면을 첨부한 업무표장등록출원서를 제출하여야 한다(§9⑥).

7. 존속기간갱신등록출원의 경우

상표권의 존속기간갱신등록출원의 경우 상표권의 존속기간 만료 전 1년 내에 출원서의 일반적 기재사항 외에 등록상표의 등록번호를 기재한 갱신등록출원서를 제출하여야 한다(§43①,②).

8. 지정상품추가등록출원의 경우

지정상품추가등록출원의 경우 출원서의 일반적 기재사항 외에 등록상표의 등록번호 또는 상표등록출원의 출원번호, 추가로 지정할 상품 및 그 유구분을 기재한 서류를 제출하여야 한다(§47②).

9. 출원일의 인정 등

특허청장은 다음의 경우를 제외하고는 상표등록출원에 관한 출원서가 특허청에 도달된 날을 상표등록출원일로 인정하여야 한다(§9의2①).
  ⅰ) 상표등록을 받고자 하는 취지의 표시가 명확하지 아니한 경우
  ⅱ) 출원인의 성명이나 명칭의 기재가 없거나 그 기재가 출원인을 특정할 수 없을 정도로 명확하지 아니한 경우
  ⅲ) 상표등록출원서에 상표등록을 받고자 하는 상표의 기재가 없거나 그 기재가 상표로서 인식할 수 없을 정도로 선명하지 아니한 경우
  ⅲ의2) 상표등록출원서에 시각적 표현을 직지 아니한 경우(제2조 제1항 제1호 다목의 표장만 해당한다)
  ⅳ) 지정상품의 기재가 없는 경우

ⅴ) 국어로 기재되지 아니한 경우

특허청장은 상표등록출원이 위 출원일 불인정 사유에 해당되는 경우에는 상표등록을 받고자 하는 자에게 상당한 기간을 정하여 상표등록출원에 대하여 보완할 것을 명하여야 하고(§9의2②), 이러한 보완명령에 따라 상표등록출원에 대하여 보완하는 경우에는 절차 보완에 관한 서면('절차보완서')을 제출하여야 한다(§9의2③). 또한 특허청장은 위와 같은 보완명령을 받은 자가 지정기간 이내에 그 보완을 한 경우에는 그 절차보완서가 특허청 에 도달된 날을 상표등록출원일로 인정하여야 하고(§9의2④), 보완명령을 받은 자가 지 정기간 이내에 그 보완을 하지 아니한 경우에는 당해 상표등록출원은 부적합한 출원으로 이를 반려할 수 있다(§9의2⑤).

Ⅳ. 상품의 지정

1. 의의

상표는 자타 상품 식별력이 기본적 기능이기 때문에 상표출원을 하는 자는 그 상표가 사용될 상품을 지정하여 출원을 하여야 한다.

2. 구체적 방법

상표등록출원을 하고자 하는 자는 지식경제부령이 정하는 상품류 구분상 1류 구분 이 상의 상품을 지정하여 상표마다 출원하여야 한다. 이 경우 지식경제부령이 정하는 바에 따라 하나의 출원서에 상품과 서비스업을 동시에 지정할 수 있다(§10①).[187) 각 상품류 구분에 속하는 구체적인 상품은 특허청장이 정하여 고시하며(§10②), 다만 그러한 상품 류 구분은 상품의 유사범위를 정하는 것은 아니다(§10③).

---

187) 시행규칙 제40조 (상품류 구분 등) ① 법 제10조 제1항 전단에 따른 상품류 구분은 별표 1과 같다. 이 경우 별표 1의 각 상품류에 속하는 구체적인 상품은 특허청장이 정하여 고시한다.
　② 서비스업류 구분은 별표 2와 같다. 이 경우 별표 2의 각 서비스업류에 속하는 구체적인 서비스업은 특허청장이 정하여 고시한다.
　③ 법 제10조 제1항 후단에 따라 하나의 출원서에 상품과 서비스업을 동시에 지정하려는 자는 별지 제 4호서식의 상표등록출원서에 해당 상품과 서비스업을 모두 적어 특허청장에게 제출하여야 한다.

종래의 니스분류 8판에서는 상품류, 상품군, 상품세목을 상표법 시행규칙에서 정하였으나, 2007. 1. 1. 니스분류 9판으로 바뀌면서 상표법 시행규칙에서는 상품류와 협의의 포괄명칭만을 기재하고 구체적인 명칭은 특허청장이 고시하도록 한 것이다. 한편, 최근인 2011. 12. 22. 니스협정의 회원국으로서 '12. 1. 1.부터 시행 예정인 니스분류(NICE Classification) 10판에서 개편된 내용을 반영하고, 최근 거래실정을 반영하여 상품·서비스업 분류체계를 대폭 개편함으로써 심사의 정확성 및 고객만족도를 제고하고자 함을 목적으로 「상품 및 서비스업의 명칭과 류구분에 관한 고시」를 개정하였다(특허청고시 제2011 - 28호).

V. 상표등록출원의 불수리처분(반려)

1. 의의

불수리처분이란 행정청이 사인(私人)의 출원·신청 등의 행위에 대하여 절차상·형식상의 흠결을 이유로 그 출원 및 신청 등에 대하여 수리를 하지 않고 거부하는 처분을 말한다(시행규칙§24).

2. 대상사유

불수리사유는 상표법 시행규칙 제24조 제1항에서 규정하고 있다.[188]

---

188) 시행규칙 제24조 (부적법한 출원서류 등의 반려) ① 특허청장 또는 특허심판원장은 법 제9조, 제25조, 제43조, 제46조의2, 제47조, 제77조의2 또는 제79조 등에 따른 상표등록출원, 상표등록이의신청, 상표권의 존속기간갱신등록신청, 상품분류전환등록의 신청, 지정상품의 추가등록출원 또는 심판 등에 관하여 제출된 서류·견본 또는 그 밖의 물건(이하 이 조에서 '출원서류 등'이라 한다)이 다음 각 호의 어느 하나에 해당하는 경우에는 법령에 특별한 규정이 있는 경우를 제외하고는 이를 적법한 출원서류 등으로 보지 아니한다.
   1. 출원 또는 서류의 종류가 불명확한 것인 경우
   2. 존속기간갱신등록신청, 상표등록에 관한 청구 또는 그 밖의 절차를 밟는 자의 성명(법인의 경우에는 명칭) 또는 출원인코드[출원인코드가 없는 경우에는 성명과 주소(법인인 경우에는 그 명칭과 영업소의 소재지)]가 적혀 있지 아니한 경우
   3. 한글로 적지 아니한 경우
   4. 상품분류전환등록신청서에 전환하여 등록받으려는 지정상품을 적지 아니한 경우
   5. 국내에 주소 또는 영업소를 가지지 아니하는 자가 법 제5조의3 제1항에 따른 상표관리인에 의하지 아니하고 제출한 출원서류 등인 경우
   6. 이 법 또는 이 법에 따른 명령으로 정하는 기간 내에 제출되지 아니한 서류인 경우

3. 불복방법

불수리처분에 대해서는 행정심판 또는 행정소송으로 다툴 수 있다.

Ⅵ. 출원에 있어서의 제(諸) 제도

1. 1상표 1출원주의

가. 의의

상표등록출원을 하고자 하는 자는 지식경제부령이 정하는 상품류 구분상 1류구분 이

---

7. 이 법 또는 이 법에 따른 명령으로 정하는 기간 중 연장이 허용되지 아니하는 기간에 대한 기간연장 신청서인 경우

8. 법 제26조에 따른 상표등록이의신청 이유 등의 보정기간, 법 제70조의2, 제70조의3에 따른 심판의 청구기간 또는 특허청장·특허심판원장·심판장 또는 심사관이 지정한 기간이 지난 후에 제출된 기간연장신청서인 경우

9. 상표에 관한 절차가 종료된 후 그 상표에 관한 절차와 관련하여 제출된 서류인 경우

10. 「특허법 시행규칙」 별지 제2호서식의 신고서(포괄위임 원용 제한의 경우로 한정한다), 같은 규칙 별지 제3호서식의 포괄위임등록 신청서, 포괄위임등록 변경신청서나 포괄위임등록 철회서 또는 같은 규칙 별지 제4호서식의 출원인코드 부여신청서가 불명확하거나 직권으로 출원인코드를 부여하여야 하는 경우로서 해당 서류가 불명확하여 수리(受理)할 수 없는 경우

11. 정보통신망이나 플로피디스크 또는 광디스크 등 전자적 기록매체로 제출된 상표등록출원서 또는 그 밖의 서류가 특허청에서 제공하는 소프트웨어 또는 특허청 홈페이지를 이용하여 작성되지 아니하였거나 전자문서로 제출된 서류가 전산정보처리조직에서 처리가 불가능한 상태로 접수된 경우

12. 법 제64조의2 제1항에 따라 상표권이 소멸되는 상표에 대한 상표권의 존속기간갱신등록신청을 하는 경우

13. 제5조 제2항에 따라 제출명령을 받은 서류를 기간 내에 제출하지 아니한 경우

14. 제3조 본문을 위반하여 1건마다 서류를 작성하지 아니한 경우

15. 제13조에 따라 제출명령을 받은 서류를 정당한 이유 없이 소명기간 내에 제출하지 아니한 경우

16. 해당 상표에 관한 절차를 밟을 권리가 없는 자가 그 절차와 관련하여 제출한 서류인 경우

② 특허청장 또는 특허심판원장은 제1항에 따라 부적법한 것으로 보는 출원서류 등을 반려하려는 경우에는 출원서류 등을 제출한 출원인 등에게 출원서류 등을 반려하려는 취지, 반려이유 및 소명기간을 적은 통지서를 송부하여야 한다. 다만, 제1항 제15호에 해당하는 경우에는 반려이유를 명시하여 출원서류 등을 즉시 반려하여야 한다.

③ 제2항 본문에 따른 통지서를 수령한 출원인 등이 소명하려는 경우에는 소명기간 내에 별지 제1호서식의 소명서를 제출하여야 하며, 소명기간이 종료되기 전에 출원서류 등을 반려받으려는 경우에는 「특허법 시행규칙」 별지 제8호서식의 서류반려요청서를 특허청장 또는 특허심판원장에게 제출하여야 한다.

④ 제3항에 따라 서류반려요청서를 받은 특허청장 또는 특허심판원장은 즉시 출원서류 등을 반려하여야 한다.

⑤ 특허청장 또는 특허심판원장은 출원인 등이 소명기간 내에 소명서 또는 서류반려요청서를 제출하지 아니하거나 제출한 소명의 내용이 이유가 없다고 인정될 때에는 출원서류 등을 즉시 반려하여야 한다.

상의 상품을 지정하여 상표마다 출원하여야 하는데(§10①), 이를 1상표 1출원의 원칙이라고 한다.

나. 요건 및 절차

지식경제부령이 정하는 상품류 구분 내일 것, 상표를 사용할 상품을 지정하여 출원할 것,[189] 상표마다 출원할 것 등이다.

다. 위반의 효과

거절이유(§23① ⅰ) 및 이의신청사유(§25①)가 되나 무효사유는 아니다(§71).

2. 선출원주의

가. 의의

선출원주의란 동일 또는 유사한 상품에 사용할 동일 또는 유사한 상표에 관하여 다른 날에 2 이상의 상표등록출원이 있는 경우 제일 먼저 출원한 자에 한하여 등록을 허여하는 제도를 말한다(§8①). 이것은 출원 시기와 상관없이 먼저 상표를 사용한 자를 보호하는 선사용주의와 대립되는 것으로서, 우리나라는 선출원주의를 원칙으로 하되 예외적으로 사용주의적 요소를 가미하고 있다.

나. 내용
(1) 원칙

동일 또는 유사한 상품에 사용할 동일 또는 유사한 상표에 관하여 다른 날에 2 이상의 상표등록출원이 있는 때에는 먼저 출원한 자만이 그 상표에 관하여 상표등록을 받을 수 있다(§8①).

(2) 동일자 출원의 경우

동일 또는 유사한 상품에 사용할 동일 또는 유사한 상표에 관하여 같은 날에 2 이상의 상표등록출원이 있는 때에는 출원인의 협의에 의하여 정하여진 하나의 출원인만이 그

---

189) 이 경우 지식경제부령이 정하는 바에 따라 하나의 출원서에 상품과 서비스업을 동시에 지정할 수 있다(§10①후문).

상표에 관하여 상표등록을 받을 수 있다. 협의가 성립하지 아니하거나 협의를 할 수 없는 때에는 특허청장이 행하는 추첨에 의하여 결정된 하나의 출원인만이 상표등록을 받을 수 있다(§8②). 이 경우 특허청장은 출원인에게 기간을 정하여 협의의 결과를 신고할 것을 명하고 그 기간 내에 신고가 없는 때에는 협의가 성립되지 아니한 것으로 본다(§8④).

상표등록출원이 포기·취하 또는 무효가 된 때 또는 상표등록거절결정이나 심결이 확정된 때에는 그 상표등록출원은 제1항 및 제2항의 규정을 적용함에 있어서는 처음부터 없었던 것으로 보는데(§8③), 이 경우 제3자가 동일 상표에 대해 출원하여 등록받을 수도 있게 되기 때문에 추첨에 의하여 결정을 하도록 한 것이다.

다. 위반의 효과

거절이유(§23① i) 및 무효사유가 된다(§71① i). 그리고 심사관은 공고 이후라도 직권으로 거절결정을 할 수 있다(§28). 한편, 선원주의 위반으로 후출원에 대한 상표등록무효심결이 확정된 경우 선출원인이 상표등록을 받게 되므로 권리소멸 후 1년간 상표등록을 제한하는 규정(§7①viii)은 적용될 여지가 없다(§7④ ii).

라. 선출원주의의 예외

(1) 적용의 예외

선원주의에 관한 규정은 다음의 경우에는 이를 적용하지 아니한다(§8⑦).

ⅰ) 동일(동일하다고 인식되어 있는 경우를 포함한다)하지 아니한 상품에 대하여 동일 또는 유사한 표장으로 2 이상의 지리적 표시 단체표장등록출원 또는 지리적 표시 단체표장등록출원과 상표등록출원이 있는 경우

ⅱ) 서로 동음이의어 지리적 표시에 해당하는 표장으로 2 이상의 지리적 표시 단체 표장등록출원이 있는 경우

이와 관련하여, 동음이의어 지리적 표시 단체표장의 경우 지리적 출처에 대한 소비자 혼동을 방지하기 위해 각 단체표장권자 및 그 소속단체원은 지리적 출처에 대하여 수요자로 하여금 혼동을 초래하지 아니하도록 하는 표시를 등록단체표장과 함께 사용하여야 하며(§90의2), 단체표장권자 또는 그 소속단체원이 이에 위반하여 단체표장을 사용함으로써 수요자로 하여금 상품의 품질에 대한 오인 또는 지리적 출처에 대한 혼동을 초래하게 한 경우에는 취소사유가 된다(§73①xii).

(2) 판단시점의 소급

선출원주의의 예외로서 출원 시점을 소급해 주는 경우 등이 있는데 출원보정(§14, §15), 출원분할(§18②), 출원변경(§19②), 우선권주장(§20), 박람회에 출품한 상품에 사용한 상표(§21) 등이다. 그리고 사용주의적 요소를 전제로 한 것으로서 사용에 의한 식별력 취득(§6②,③), 선사용의 미등록주지저명상표의 보호(§7①ix, x), 불사용상표에 대한 취소심판(§73①iii) 등이 있다.

마. 취소심판청구인의 우선적 출원권

(1) 제73조 제1항 제3호의 규정에 해당한다는 것을 이유로 상표등록의 취소심판이 청구되고 그 청구일 이후에 다음의 어느 하나에 해당하게 된 때에는 그 해당하게 된 날(제3호의 경우 상표등록 취소의 심결에 대하여 소가 제기된 후 소취하나 상고취하로 그 상표등록 취소의 심결이 확정된 때에는 그 취하일을 말한다)부터 6개월간은 취소심판청구인만이 상표등록출원을 하여 소멸된 등록상표와 동일 또는 유사한 상표를 그 지정상품과 동일 또는 유사한 상품에 대하여 상표등록을 받을 수 있다(§8⑤).

ⅰ) 제43조 제2항[190] 단서의 기간이 경과한 경우

ⅱ) 상표권자가 상표권 또는 지정상품의 일부를 포기한 경우

ⅲ) 상표등록 취소의 심결이 확정된 경우

다만, 다음에 해당하는 경우에는 위와 같은 우선적 출원권 규정을 적용하지 아니한다(§8⑧).

ⅰ) 소멸된 지리적 표시 등록단체표장과 동일 또는 유사한 표장으로 그 지정상품과 동일(동일하다고 인식되어 있는 경우를 포함한다)하지 아니한 상품에 대하여 상표등록출원을 한 경우

ⅱ) 소멸된 지리적 표시 등록단체표장과 서로 동음이의어 지리적 표시에 해당하는 표장으로 지리적 표시 단체표장등록출원을 한 경우

(2) 제73조 제1항 제3호에 해당한다는 것을 이유로 상표등록의 취소심판이 청구되고 그 청구일 이후에 다음의 어느 하나에 해당하는 상표등록출원이 있는 경우에는 취소심판청구인만이 상표등록을 받을 수 있다(§8⑥).

ⅰ) 상표권의 존속기간 만료로 취소심판이 청구된 등록상표가 소멸되는 경우에 있어서

---

190) 제43조 (상표권의 존속기간갱신등록신청) ② 상표권의 존속기간갱신등록신청서는 상표권의 존속기간 만료 전 1년 이내에 제출하여야 한다. 다만, 이 기간에 상표권의 존속기간갱신등록신청을 하지 아니한 자는 상표권의 존속기간이 끝난 후 6개월 이내에 상표권의 존속기간갱신등록신청을 할 수 있다.

제43조 제2항 단서의 기간 중 그 소멸된 등록상표와 동일하거나 유사한 상표를 그 지정상품과 동일하거나 유사한 상품에 대하여 상표등록출원한 경우

ⅱ) 상표등록 취소의 심결에 대하여 소가 제기된 후 소취하나 상고취하로 그 상표등록취소의 심결이 확정되어 취소심판이 청구된 등록상표가 소멸되는 경우에 있어서 그 취소심결의 확정일부터 소취하일 또는 상고취하일까지의 기간 중 그 소멸된 등록상표와 동일하거나 유사한 상표를 그 지정상품과 동일하거나 유사한 상품에 대하여 상표등록출원한 경우

바. 판례

(1) 인용상표의 선출원을 이유로 등록상표의 등록무효심판이 확정된 후 피심판청구인이 심판청구인을 상대로 인용상표에 대하여 상표등록무효심판을 청구한 사건의 항고심인 특허청 항고심판소에서 인용상표를 무효로 한 심결이 내려지고 대법원에서 그에 대한 심판청구인의 상고가 기각되었다면, 인용상표는 구 상표법(1990. 1. 13. 법률 제4210호로 개정되기 전의 것) 제13조 제3항, 제48조 제2항에 의하여 위 등록상표에 대한 관계에서 처음부터 없었던 것으로 보아야 할 것이고, 인용상표가 소급적으로 없었던 것이 되었음에도 불구하고 선출원되어 유효하게 등록되었음을 기초로 한 위 등록상표의 등록무효심판의 확정판결에는 민사소송법 제422조 제1항 제8호 소정의 재심사유가 있다.[191]

(2) 상표법 제8조 제1항에 의한 유사 여부 판단은 상표법 제7조 제1항 제7호와 달리 등록출원 시가 아니고 그 '사정 시'가 기준이 되는바, 출원서비스표의 거절사정 당시 인용서비스표가 그 서비스표권자의 포기로 말소등록이 이루어져 위 거절사정 당시에는 이미 존재하지 않았다면, 상표법 제8조 제1항을 적용할 경우 출원서비스표가 인용서비스표와 유사하다는 이유로 그 등록이 거절될 수는 없다.[192]

---

191) 대법원 1997. 9. 12. 선고 97재후58 판결. 이와 같은 취지에서 다른 형사사건 판결에서도 "이 사건 공소사실의 요지는 피고인이 2001. 12. 6.부터 2003. 2. 27.경까지 특허청에 등록된 피해자 주식회사 장수산업(이하 '장수산업'이라 한다)의 등록상표인 장수돌침대(등록번호 0521717, 이하 '이 사건 상표'라 한다)와 유사한 모양의 상표인 '장수토가돌침대'를 부착한 돌침대 약 110개를 제조하여 판매 또는 소지함으로써 장수산업의 상표권을 침해하였다는 것인데, 기록에 의하면, 피고인 등이 장수산업을 상대로 특허심판원에 이 사건 상표의 무효를 주장하여 2004. 10. 30. 등록무효의 심결을 받았고, 이에 대한 장수산업의 위 무효심결 취소청구의 소가 특허법원 2005. 4. 8. 선고 2004허8015 판결로 기각되고, 그 상고도 대법원 2005. 7. 14. 선고 2005후1196 판결로 기각됨으로써, 원심판결 이후에 이 사건 상표에 대한 상표등록무효심결이 확정되었음이 명백하다. 그렇다면 이 사건 상표는 처음부터 존재하지 아니하였던 것이 되어, 공소사실 기재와 같은 피고인의 행위가 장수산업의 이 사건 상표권을 침해하였다고 볼 수 없으므로 원심판결은 더 이상 유지될 수 없고, 이를 지적하는 피고인의 상고이유의 논지는 이유 있다"고 판시하였다(대법원 2006. 2. 23. 선고 2005도476 판결).

3. 등록주의 및 사용주의

앞에서 살펴본 선출원주의와 그 예외 참조

4. 보정제도

가. 의의

출원보정이란 상표등록출원 후 그 출원에 절차상의 흠결이나 미비가 있는 경우 또는 내용상의 불비가 있는 경우 요지를 변경하지 않는 범위 내에서 출원인이 자발적으로 출원서에 기재한 상품이나 상표를 보완하는 제도를 말한다.

나. 보정의 종류

(1) 절차보정

특허청장 또는 특허심판원장은 상표에 관한 출원·청구 기타의 절차가 ⅰ) 행위능력 또는 대리권 흠결의 경우, ⅱ) 방식 위반의 경우, ⅲ) 수수료를 납부하지 아니한 경우에는 기간을 정하여 보정을 명하여야 하며(§13), 이러한 보정명령에 불응 시 절차무효 사유가 된다(§13, §5의15).

(2) 실체보정

(가) 출원공고결정등본 송달 전

출원인은 최초의 상표등록출원의 요지를 변경하지 아니하는 범위(§16① – 지정상품의 범위의 감축, 오기의 정정, 불명료한 기재의 석명, 상표의 부기적인 부분의 삭제) 안에서 그 상표등록출원에 관한 지정상품 및 상표를 보정할 수 있다(§14①).

위와 같은 보정은 상표등록결정 및 상표등록거절결정의 어느 하나에 해당하는 결정 ('상표능록여부결정')의 통지서가 송달된 후에는 할 수 없으며, 다만 제70조의2에 따른 거절결정에 대한 심판을 청구하는 경우에는 그 청구일부터 30일 이내 또는 제81조에 따라 준용되는 제23조 제2항, 제46조의1 제2항 또는 제48조 세2항에 따른 의견서 제출기간 내에 보정할 수 있다(§14②).

---

192) 대법원 2000. 5. 16. 선고 98후2023 판결.

(나) 출원공고결정등본 송달 후

출원공고결정등본 송달 후에는 보정의 시기 및 범위가 제한된다. 즉 출원인은 출원공고결정의 등본의 송달 후에 다음의 어느 하나에 해당하면 해당 호에서 정하는 기간 이내에 최초의 상표등록출원의 요지를 변경하지 아니하는 범위에서 지정상품 및 상표를 보정할 수 있다(§15).

ⅰ) 제23조 제2항[193] 및 제48조 제2항[194]에 따른 거절이유의 통지를 받고 그 거절이유에 나타난 사항에 대하여 보정하려는 경우에는 의견서 제출기간

ⅱ) 제25조에 따른 상표등록이의신청이 있는 때에 이의신청이유에 나타난 사항에 대하여 보정하려는 경우에는 제27조 제1항[195]에 따른 답변서 제출기간

ⅲ) 제23조 제1항에 따른 상표등록거절결정 및 제48조 제1항에 따른 지정상품의 추가등록거절결정을 받고 상표등록거절결정 및 지정상품의 추가등록거절결정의 이유에 나타난 사항에 대하여 제70조의2[196]에 따른 거절결정에 대한 심판을 청구한 경우에는 심판청구일부터 30일

(3) 직권보정

심사관은 출원공고결정을 할 때에 상표등록출원서에 기재된 지정상품 또는 그 유구분(類區分)에 명백히 잘못 기재된 내용이 있으면 직권으로 보정('직권보정')할 수 있다(§24의3①).

이 경우 심사관이 직권보정을 하려면 제24조 제2항에 따른 출원공고결정의 등본 송달과 함께 그 직권보정 사항을 출원인에게 알려야 한다(§24의3②).

출원인은 직권보정 사항의 전부 또는 일부를 받아들일 수 없으면 제24조 제3항에 따른 출원공고기간까지 그 직권보정 사항에 대한 의견서를 특허청장에게 제출하여야 하고(§24의3③), 출원인이 이러한 의견서를 제출한 경우 해당 직권보정 사항의 전부 또는 일

---

193) 심사관은 제1항의 규정에 의하여 상표등록거절결정을 하고자 할 때에는 그 출원인에게 거절이유를 통지하고 기간을 정하여 의견서를 제출할 수 있는 기회를 주어야 한다. 이 경우 2 이상의 지정상품의 일부 또는 전부에 거절이유가 있는 때에는 심사관은 그 해당 지정상품별로 거절이유와 근거를 구체적으로 밝혀야 한다(§23②).

194) 심사관은 제1항의 규정에 의하여 지정상품의 추가등록거절결정을 하고자 할 때에는 그 출원인에게 거절이유를 통지하고 기간을 정하여 의견서를 제출할 수 있는 기회를 주어야 한다(§48②).

195) 심사관은 상표등록이의신청이 있는 때에는 상표등록이의신청서 부본을 출원인에게 송달하고 기간을 정하여 답변서를 제출할 수 있는 기회를 주어야 한다(§27①).

196) 상표등록거절결정, 지정상품의 추가등록거절결정 및 상품분류전환등록거절결정의 어느 하나에 해당하는 결정(이하 '거절결정'이라 한다)을 받은 자가 불복할 때에는 거절결정등본을 송달받은 날부터 30일 이내에 심판을 청구할 수 있다(§70의2).

부는 처음부터 없었던 것으로 본다(§24의3④). 또한 명백히 잘못 기재된 것이 아닌 사항에 대하여 직권보정이 이루어진 경우에도 그 직권보정은 처음부터 없었던 것으로 본다(§24의3⑤).

5. 요지변경

가. 의의

요지변경이란 출원서에 기재한 상표의 본질적 부분에 대하여 최초의 출원 시와 다르게 변경하는 것으로서 지정상품의 확내 또는 상표의 중요 부분 변경이 이에 해당한다. 특허법상 출원보정이 문제로 되는 것은 명세서 또는 도면이 출원당초부터 완전한 것임이 원칙이겠으나 선원주의하에서는 출원을 서두를 필요가 있는 까닭에 그 출원에 있어서 처음부터 완전함을 요구하기 어려운 반면에 출원 후의 보정을 무제한 자유롭게 허용하는 것은 심사사무를 혼잡 정체케 할 뿐 아니라 요지 즉 발명의 본질을 변경하는 경우에는 제3자의 이익을 해할 염려가 있는 때문에 일정한 제한 아래 그 보정을 허용하고 있는 것인바, 상표법에서도 마찬가지로 볼 것이다.[197]

나. 요지변경의 범위

지정상품의 범위의 감축, 오기의 정정, 불명료한 기재의 석명, 상표의 부기적인 부분의 삭제는 요지변경이 아닌 것으로 본다(§16①). 그리고 심판청구서에 대한 보정도 일정한 범위 내에서 허용된다(§77의2②). 판례는 "특허법상의 명세서 또는 도면에 해당하는 것

---

197) 대법원 1976. 6. 8. 선고 75후30 판결(본건 출원상표인 '에이스란'이나 등록상표인 'ACE'는 모두 제49류에 속하는 견직물, 면직물, 모직물, 합성직물 등을 그 지정상품으로 하는 것인바 이러한 섬유류에 있어서는 'LAN 란' 또는 'LON 론'은 그 상품들의 통칭으로 일반 거래에 있어서 관용화되어 있음이 현저한 바이므로 본 출원상표에 있어서 '에이스'에 접속된 '란'은 별반 큰 뜻이 없고 그 앞부분의 '에이스'에 출원상표의 요점이 있음이 뚜렷하니 이는 등록상표인 '에이스'에 극히 유사함은 명약관화하다 할 것이니 이런 관점에서 볼 때 위 양자는 외관상으로나 칭호상으로나 및 관념상으로나 유사하다고 할 것이므로 원심결의 표현이 다소 부족한 점이 없지 아니하나 양자를 유사하다고 단정한 결론은 정당하다 할 것이다. 상표의 유사성의 판단과 등록상표에 하자가 있다는 것은 별개의 문제이므로 등록상표 '에이스'가 상품의 품질을 표시한 것이라면 그 등록 자체가 무효라는 소론은 상표의 유사성을 판별함에 있어서는 거론할 여지가 없는 것이라 할 것이며 이미 사용된 현저한 상표를 등록할 수 있다 하여도 이것이 선출원등록된 타인의 상표와 동일 또는 유사한 출원상표인 경우에는 등록을 허용할 수 없다 할 것이며 소론 업계에서 상품출처의 오인 혼동을 야기할 염려가 없다 하여 일반 수요자에도 오인 혼동의 염려가 없다고는 단정할 수 없다 할 것이니 소론 확인서 등에 명시적인 판단이 없다 하여도 이 사건의 결론에는 아무런 소장이 없다 할 것이므로 소론 제2, 3, 4점은 모두 이유 없다).

은 상표상에 있어서는 지정상품을 표시한 원서 또는 상표견본 자체이며 요지의 변경은 지정상품의 확대나 상표의 중요한 부분을 변경하는 것에 해당할 것"이라고 하면서, 당초 한글로 '에이스란'이라 횡서하고 그 하부에 영문자로 'ACELAN'이라고 병기한 상표출원을 상부에 영문자로 'TAEKWANGACELAN'이라 횡서하고 그 하부에 한글로 '태광 에이스란'이라 병기한 것에 대해, 요지변경에 해당한다고 판단하였다.[198]

다. 요지변경의 효과

(1) 출원공고결정등본 송달 전의 요지변경인 경우

심사관은 출원공고결정등본 송달 전의 보정이 출원의 요지를 변경하는 것인 때에는 결정으로 그 보정을 각하하여야 한다(§17①). 이 경우 심사관은 보정각하결정등본의 송달이 있은 날부터 30일을 경과할 때까지는 당해 상표등록출원에 대한 상표등록여부결정을 하여서는 아니 되며, 출원공고할 것을 결정하기 전에 위 각하결정이 있는 때에는 출원공고결정도 하여서는 아니 된다(§17②). 그리고 심사관은 출원인이 위 각하결정에 대하여 제70조의3의 규정에 의한 보정각하결정에 대한 심판을 청구한 때에는 그 심판의 심결이 확정될 때까지 그 상표등록출원의 심사를 중지하여야 한다(§17③).

(2) 출원공고결정등본 송달 후의 요지변경인 경우

심사관은 출원공고결정등본 송달 후의 보정이 출원의 요지를 변경하는 것인 때에는 결정으로 그 보정을 각하하여야 하며(§17④), 이 경우의 각하결정에 대하여는 불복할 수 없고 다만, 제70조의2의 규정에 의한 거절결정에 대한 불복심판에서 다툴 수 있을 뿐이다(§17⑥).

라. 요지변경에 대해 잘못 등록된 경우

출원공고결정등본의 송달 전에 한 상표등록출원에 관한 상표 또는 지정상품의 보정이

---

198) 대법원 1976. 6. 8. 선고 75후30 판결(이 사건에서 볼 때 본건 출원은 당초 한글로 '에이스란'이라 횡서하고 그 하부에 영문자로 'ACELAN'이라고 병기한 상표였는데 1974. 6. 27. 동 상표등록출원을 상부에 영문자로 'TAEKWANGACELAN'이라 횡서하고 그 하부에 한글로 '태광 에이스란'이라 병기하는 상표정정서를 제출한 것인바 당초의 출원에다가 'TAEKWANG'을 부가하는 것은 상표가 다른 공업소유권과 달리 상품인식에 관한 식별력에 주안이 있는 점을 고려할 때 새로운 식별요소의 첨가로서 그 외관이나 칭호는 물론 관념에 있어서도 적극적인 면에서 요지의 확대라고 할 것이므로 특허청구범위의 감축 오기의 정정 및 불명료한 기재의 석명의 한도에서 보정이 가능하고 특허청구의 범위를 확장 또는 변경하지 못한다는 위 특허법규정들을 볼 때 본건에서 위의 변경은 허용할 수 없다고 할 것이다. 소론과 같이 당초의 상표에 '태광'이 부가 수식되므로 해서 상품의 출처를 명확화한다 하여도 상표 그 자체의 외관, 칭호 및 관념이 축소 또는 감축된다고는 볼 수 없으며 소론과 같은 사례가 있다 하여 위의 이치를 달리할 바 아니며 소론 유사상표 심사기준을 들고 출원 보정의 요지변경 여부를 다루는 기준을 삼을 수도 없다).

요지를 변경하는 것으로 상표권의 설정등록이 있은 후에 인정된 때에는 그 상표등록출원은 그 보정서를 제출한 때에 상표등록출원한 것으로 본다(§16②). 그리고 출원공고결정등본의 송달 후에 한 상표등록출원에 관한 상표 또는 지정상품의 보정이 제15조의 규정에 위반된 것으로 상표권의 설정등록이 있은 후에 인정된 때에는 그 상표등록출원은 그 보정을 하지 아니하였던 상표등록출원에 관하여 상표권이 설정등록된 것으로 본다(§16③).

6. 출원의 분할

가. 의의 빛 취시

상표출원의 분할이란 특허·실용신안과 달리 출원상표를 분할하는 것이 아니라 상표에 대한 지정상품을 분할하여 출원하는 것을 말한다. 즉 상표를 분할하는 것은 상표출원의 가장 중요한 표지, 즉 요지를 변경하는 것이 되어 허용되지 아니하며 다만 동일한 상표가 사용될 지정상품을 분할하여 1상표 1출원의 원칙 위배에 대한 하자를 치유할 수 있도록 하는 것이다. 출원인은 2 이상의 상품을 지정상품으로 하여 상표등록출원한 경우에는 제14조 및 제15조의 규정에 의한 보정을 할 수 있는 기간 내에 2 이상의 상표등록출원으로 분할할 수 있다(§18①).

나. 요건
(1) 실체적 요건
ⅰ) 1상표 1출원의 요건에 반하여 2 이상의 다른 상품류 구분 내의 상품을 지정상품으로 하였을 것, ⅱ) 원출원의 범위 내에서의 분할일 것, ⅲ) 원출원인과 분할 후의 출원인이 동일할 것, ⅳ) 그 지정상품이 속하는 상품류 구분별로 상표등록출원을 분할하는 것 등이다.

(2) 절차적 요건
원출원이 계속 중일 것, 보정기간 내일 것이어야 한다.

다. 효과
(1) 적법한 분할출원인 경우
적법한 분할출원이 있는 경우 그 분할출원은 최초에 상표등록출원을 한 때에 출원한

것으로 본다. 다만, 제20조 제3항 및 제4항(우선권주장 취지 기재 등) 또는 제21조 제2항
(출원 시 특례 취지 기재 등)의 규정을 적용함에 있어서는 그러하지 아니하다(§18②).

(2) 부적법한 분할출원인 경우

그 자체로 거절이유 등이 되는 것은 아니고 다만 출원일 소급효가 부정되어 분할출원
일이 실제 출원일이 된다.

7. 출원의 변경

가. 의의

출원의 변경이란 상표출원을 특허·실용신안·디자인 등으로 변경출원하는 것이 아니
라, 동일한 상표법 영역 내에서 그 출원의 종류를 변경하는 것을 말한다. 즉 상표, 서비
스표, 단체표장등록출원(지리적 표시 단체표장등록출원은 제외), 증명표장등록출원(지리적
표시 증명표장등록출원은 제외)을 한 출원인은 다른 출원으로 변경할 수 있다(§19①). 또
한 지정상품의 추가등록출원을 한 출원인도 상표등록출원으로 변경할 수 있으며 다만,
지정상품의 추가등록출원의 기초가 된 등록상표에 대하여 무효심판 또는 취소심판이 청
구되거나 그 등록상표가 무효심판, 취소심판 등으로 소멸된 경우에는 그러하지 아니하다
(§19②).

나. 요건

원출원이 계속 중일 것, 상표 및 상품이 동일할 것, 출원인이 동일할 것, 상표등록출원
에 대한 결정 또는 심결의 확정 전일 것(§19④)이다.

다. 효과

변경출원이 있는 경우 제20조 제3항·제4항 또는 제21조 제2항을 적용하는 경우를
제외하고 그 변경출원은 최초에 출원을 한 때에 출원한 것으로 본다(§19③). 그리고 원
출원은 취하된 것으로 본다(§19⑤).

8. 출원의 승계·이전 등

가. 일반

상표등록출원은 타인에게 이전할 수 있으나, 상표등록출원의 승계는 상속 기타 일반승계의 경우[199]를 제외하고는 출원인변경신고를 하지 아니하면 그 효력이 발생하지 아니한다(§12①).

나. 유사 지정상품의 동시 이전

상표등록출원은 그 지정상품마다 분할하여 이전할 수 있으나 유사한 지정상품은 함께 이전하여야 한다(§12②).

다. 공유인 경우

상표등록출원이 공유인 경우에는 각 공유자는 다른 공유자 전원의 동의를 얻지 아니하면 그 지분을 양도할 수 없다(§12⑤).

라. 양도의 제한

업무표장등록출원은 이를 양도할 수 없고 다만, 그 업무와 함께 양도하는 경우에는 그러하지 아니하다(§12⑦). 또한 제7조 제1항 제1호의3 단서, 제1호의4 단서 및 제3호 단서에 따른 상표등록출원은 양도할 수 없으며 다만, 제7조 제1항 제1호의3, 제1호의4 및 제3호의 명칭, 약칭 또는 표장과 관련된 업무와 함께 양도하는 경우에는 그러하지 아니하다(§12⑧). 단체표장등록출원도 이를 이전할 수 없고 다만, 법인의 합병의 경우에는 특허청장의 허가를 받아 이전할 수 있다(§12⑨). 개정법에 의해 신설된 증명표장등록출원도 이를 이전할 수 없다. 다만, 해당 증명표장에 대하여 제3조의3에 따른 증명표장을 등록받을 수 있는 자에게 그 업무와 함께 이전하는 경우에는 특허청장의 허가를 받아 이전할 수 있다(§12⑩).

마. 분할이전 상표등록출원의 효과

지정상품별로 분할하여 이전된 상표등록출원은 원상표등록출원을 한 때에 출원한 것으

---

[199] 상표등록출원의 상속 기타 일반승계가 있는 경우에는 승계인은 지체 없이 그 취지를 특허청장에게 신고하여야 한다(§12④).

로 본다. 다만, 제20조 제3항 및 제4항 또는 제21조 제2항의 규정을 적용함에 있어서는 그러하지 아니하다(§12⑥).

9. 지정상품 추가등록출원

가. 의의

상표권자 또는 출원인은 등록상표 또는 상표등록출원의 지정상품을 추가하는 지정상품의 추가등록을 받을 수 있다(§47①).

나. 요건

지정상품의 추가등록을 받고자 하는 자는 ⅰ) 제9조 제1항 제1호·제2호·제5호 및 제7호의 사항, ⅱ) 등록상표의 등록번호 또는 상표등록출원의 출원번호, ⅲ) 추가로 지정할 상품 및 그 유구분을 기재[200]한 지정상품의 추가등록출원서를 특허청장에게 제출하여야 한다(§47②).

다. 심사 및 거절이유 통지 등

지정상품 추가등록출원에 관하여는 상표출원의 심사절차가 준용되어, 출원공고나 이의신청 등의 절차를 거쳐야 한다(§49③, §24, §25). 심사관은 지정상품의 추가등록출원이 다음의 어느 하나에 해당하는 경우에는 그 지정상품의 추가등록출원에 대하여 지정상품의 추가등록거절결정을 하여야 하고(§48①), 이 경우 그 출원인에게 거절이유를 통지하고 기간을 정하여 의견서를 제출할 수 있는 기회를 주어야 한다(§48②).

ⅰ) 제23조 제1항 각 호의 1에 해당할 경우

ⅱ) 지정상품의 추가등록출원인이 당해 상표권자 또는 출원인이 아닌 경우

ⅳ) 등록상표의 상표권이 소멸하거나 상표등록출원이 포기·취하 또는 무효되거나 상표등록출원에 대한 상표등록거절결정이 확정된 경우[201]

---

200) 지정상품의 추가에 대해 구법에서는 동일류구분 내로 한정하였으나, 1997년 개정법에서 1출원다구분제의 채택에 따라 그러한 제한을 삭제하였다.

201) 구법에서는 거절사유로서 "3. 지정상품의 추가등록출원의 상표가 당해 등록상표 또는 상표등록출원의 상표와 동일하지 아니한 경우"를 규정하고 있었으나, 2007년 개정법에서 이를 삭제하였다.

라. 효과

지정상품이 추가등록되면 그 등록된 지정상품은 원상표권에 귀속되어 하나의 상표권이 된다. 이와 관련하여 2011. 6. 30. 개정법에서는 "이 경우 추가등록된 지정상품에 대한 상표권의 존속기간 만료일은 그 등록상표권의 존속기간 만료일로 한다"는 규정을 신설하여 이를 명확히 하였다(§47①후문). 그리고 2 이상의 지정상품이 있는 지정상품의 추가등록출원에 대한 지정상품의 추가등록결정을 받은 자가 상표등록료(제34조 제1항 후단에 따라 분할납부하는 경우에는 1회차 상표등록료를 말한다)를 납부하는 때에는 지정상품별로 포기할 수 있다(§34의2①). 그리고 지정상품 추가등록무효심판에 의해 독자적으로 소멸되거나 그 일부 지정상품만의 무효심판청구도 가능하다.

10. 존속기간갱신등록신청

가. 의의 및 취지

다른 산업재산권의 경우와 달리 상표의 경우 특정인이 계속 사용하면 할수록 그 상표에 화체된 영업상의 신용과 일반 소비자에 대한 고객흡인력을 그대로 유지시켜 줄 필요성이 커진다. 이에 상표법에서는 상표권의 존속기간이 만료한 경우에도 일정한 요건하에서 그 존속기간을 10년씩 갱신할 수 있도록 하고 있다(§42②). 이와 관련하여 상표법 조약은 갱신등록출원신청과 요금납부만으로 갱신되도록 규정하고 사용실적이나 실체요건의 심사를 금지하고 있어 1997년 개정 상표법에서 그에 따라 갱신요건을 수정하였다.[202]

나. 절차

상표권의 존속기간갱신등록신청서[203]는 상표권의 존속기간 만료 전 1년 이내에 제출하여야 한다. 다만, 이 기간에 상표권의 존속기간갱신등록신청을 하지 아니한 자는 상표권의 존속기간이 끝난 후 6개월 이내에 상표권의 존속기간갱신등록신청을 할 수 있다(§43②). 상표권이 공유인 경우에는 공유자 전원이 공동으로 상표권의 존속기간갱신등록신청을 하여야 한다(§43③).

---

202) 송영식 외 6인 공저, 「지적소유권법(하)」, 육법사(2008), 226면.

203) 제43조 (상표권의 존속기간갱신등록신청) ① 제42조 제2항에 따라 상표권의 존속기간갱신등록을 받으려는 자는 다음 각 호의 사항을 적은 상표권의 존속기간갱신등록신청서를 특허청장에게 제출하여야 한다.
  1. 제9조 제1항 제1호·제2호·제4호 및 제7호의 사항
  2. 등록상표의 등록번호

다. 효과

적법한 존속기간갱신등록출원이 있는 경우에는 존속기간이 10년씩 갱신된 것으로 보며(§46①), 상표권의 존속기간갱신등록은 원등록의 효력이 끝나는 다음 날부터 효력이 발생한다(§46②). 그리고 상표등록유효기간의 갱신은 그 기간만이 갱신됨에 불과하여 그 상표권의 동일성에 영향이 없는 것이므로 그 무효 여부와 무효심판의 제척기간의 산정기간 등은 최초등록 시를 표준으로 하여야 한다.[204]

11. 상품분류전환등록제도

가. 의의

법률 제5355호 상표법중개정법률[205]의 시행 전 종전의 제10조 제1항의 규정에 의한 통상산업부령이 정하는 상품류 구분에 따라 상품을 지정하여 상표권의 설정등록·지정상품의 추가등록 또는 상표권의 존속기간갱신등록을 받은 상표권자는 당해 지정상품을 지식경제부령이 정하는 상품류 구분에 따라 전환(이하 '상품분류전환'이라 한다)하여 등록을 받아야 한다. 다만, 법률 제5355호 상표법중개정법률 제10조 제1항의 규정에 의한 통상산업부령이 정하는 상품류 구분에 따라 상품을 지정하여 상표권의 존속기간갱신등록을 받은 자는 그러하지 아니하다(§46의2①).

나. 절차

상품분류전환의 등록('상품분류전환등록')을 받으려는 자는 일정한 사항을 적은 상품분류전환등록신청서를 특허청장에게 제출하여야 한다(§46의2②). 상품분류전환등록신청은 상표권의 존속기간 만료일 1년 전부터 존속기간 만료후 6월 이내의 기간에 하여야 하며(§46의2③), 상표권이 공유인 경우에는 공유자 전원이 공동으로 상품분류전환등록을 신청하여야 한다(§46의2④).

다. 상품분류전환등록거절결정 및 거절이유의 통지

심사관은 상품분류전환등록신청이 다음의 어느 하나에 해당하는 경우에는 그 신청에 대하여 상품분류전환등록거절결정을 하여야 한다(§46의4①).

---

204) 대법원 1971. 1. 26. 선고 70후30 판결.
205) 법률 제5355호, 1997. 8. 22. 일부개정, 시행 1998. 3. 1.

ⅰ) 상품분류전환등록신청의 지정상품을 당해 등록상표의 지정상품이 아닌 상품으로 하거나 지정상품의 범위를 실질적으로 확장한 경우

ⅱ) 상품분류전환등록신청의 지정상품이 지식경제부령이 정하는 상품류 구분에 일치하지 아니하는 경우

ⅲ) 상품분류전환등록을 신청한 자가 당해 등록상표의 상표권자가 아닌 경우

ⅳ) 제46조의2의 규정에 따른 상품분류전환등록신청 요건을 갖추지 못한 경우

ⅴ) 상표권이 소멸하거나 상표권의 존속기간갱신등록신청을 포기·취하하거나 존속기간갱신등록신청이 무효로 된 경우

심사관은 위 각 사유에 의하여 상품분류전환등록거절결정을 하고자 하는 때에는 그 신청인에게 거절이유를 통지하고 기간을 정하여 의견서를 제출할 수 있는 기회를 주어야 한다(§46의4②).

라. 상품분류전환등록

특허청장은 제49조 제2항의 규정에 의하여 준용되는 제30조의 규정에 의한 상품분류전환등록결정이 있는 경우에는 지정상품의 분류를 전환하여 등록하여야 한다(§46의5).

마. 효과

적법한 상품분류전환등록신청이 있는 경우 전환등록이 되며, 전환등록된 상표는 당해 분류상품에 등록된 것으로 보아 하나의 독립된 상표권이 성립한다. 전환등록상표는 원등록상표와 마찬가지로 새로 존속기간이 설정되고 분류전환등록 되기 전의 등록상표 등록일로부터 10년간 존속하며, 존속기간이 만료되기 전 1년 이내에 상표권 존속기간갱신등록신청을 하여야 한다.

12. 조약에 의한 우선권주장

가. 의의 및 취지

상표법상 조약에 의한 우선권주장이란 파리협약 동맹국인 1국에 상표출원한 자가 동일한 상표를 다른 동맹국에 상표등록출원을 하는 경우 최초의 상표출원을 한 날로부터 6월 이내에 최초로 출원한 1국의 출원일과 동일하게 취급하여 주는 제도를 말한다(§20).

파리협약의 기본원칙인 내외국인 평등의 원칙, 상표독립의 원칙과 함께 3대 원칙을 이루고 있는 우선권을 반영한 것이다.

나. 요건

조약에 의하여 대한민국 국민에게 상표등록출원에 대한 우선권을 인정하는 당사국 국민이 그 당사국 또는 다른 당사국에 상표등록출원을 한 후 동일한 상표를 대한민국에 상표등록출원하여 우선권을 주장하는 때에는 선출원주의(제8조)의 규정을 적용함에 있어서 그 당사국에 출원한 날을 대한민국에 상표등록출원한 날로 본다. 대한민국 국민이 조약에 의하여 대한민국 국민에게 상표등록출원에 대한 우선권을 인정하는 당사국에 상표등록출원한 후 동일한 상표를 대한민국에 상표등록출원한 경우에도 또한 같다(§20①). 조약에 의한 우선권주장 출원을 하기 위해서는 제1국에서의 출원은 정규의 출원일 것, 최초의 출원일 것, 상표 및 상품이 동일할 것 등의 요건을 갖추어야 한다. 또한 우선권을 주장하고자 하는 자는 우선권주장의 기초가 되는 최초의 출원일부터 6월 이내에 출원하여야 하며(§20②), 상표등록출원 시 상표등록출원서에 그 취지, 최초로 출원한 국명 및 출원의 연월일을 기재하여야 한다(§20③). 그리고 이러한 우선권을 주장한 자는 최초로 출원한 국가의 정부가 인정하는 상표등록출원의 연월일을 기재한 서면·상표 및 지정상품의 등본을 상표등록출원일부터 3월 이내에 특허청장에게 제출하여야 하며(§20④), 그 기간 내에 관련 서류를 제출하지 아니한 경우에는 그 우선권주장은 효력을 상실한다(§20⑤).

다. 효과

우선권주장의 효과는 제2국의 출원일을 제1국에서의 출원일과 동일하게 취급하는 것이다. 즉 실제 제2국에 대한 출원일이 제1국에 출원한 날로 소급하는 것은 아니며, 다만 선출원주의에 대한 판단에 있어서 제1국 출원일을 기준으로 하는 것이다.

제3절 상표등록심사절차

Ⅰ. 서

형식적인 요건에 대한 방식심사와 상표등록 여부에 관한 실체심사가 있다.

Ⅱ. 심사에 있어서의 제 제도

1. 출원일의 인정 등

특허청장은 상표등록출원이 다음의 어느 하나에 해당하는 경우를 제외하고는 그 상표등록출원에 관한 출원서가 특허청에 도달된 날을 상표등록출원일로 인정하여야 한다(§9의2①).

ⅰ) 상표등록을 받고자 하는 취지의 표시가 명확하지 아니한 경우

ⅱ) 출원인의 성명이나 명칭의 기재가 없거나 그 기재가 출원인을 특정할 수 없을 정도로 명확하지 아니한 경우

ⅲ) 상표등록출원서에 상표등록을 받고자 하는 상표의 기재가 없거나 그 기재가 상표로서 인식할 수 없을 정도로 선명하지 아니한 경우

ⅲ의2) 상표등록출원서에 시각적 표현을 적지 아니한 경우(제2조 제1항 제1호 다목의 표장만 해당한다)

ⅳ) 지정상품의 기재가 없는 경우

ⅴ) 국어로 기재되지 아니한 경우

특허청장은 상표등록출원이 위 사유에 해당되는 경우에는 상표등록을 받고자 하는 자에게 상당한 기간을 정하여 상표등록출원에 대하여 보완할 것을 명하여야 한다(§9의2②). 이러한 보완명령에 따라 상표등록출원에 대하여 보완하는 경우에는 절차보완에 관한 서면(이하 '절차보완서'라 한다)을 제출하여야 하고(§9의2③), 특허청장은 보완명령을 받은 자가 지정기간 이내에 그 보완을 한 경우에는 그 절차보완서가 특허청에 도달된 날을 상

표등록출원일로 인정하여야 한다(§9의2④). 그러나 보완명령을 받은 자가 지정기간 이내에 그 보완을 하지 아니한 경우에는 특허청장은 당해 상표등록출원을 부적합한 출원으로 이를 반려할 수 있다(§9의2⑤).

2. 심판규정의 준용

상표등록출원의 심사에 관하여는 제77조의4, 제77조의10 제1호부터 제5호까지 및 제7호, 제77조의20, 「민사소송법」 제143조·제299조·제367조를 준용한다(§33).

3. 심사

특허청장은 심사관으로 하여금 상표등록출원 및 상표등록이의신청을 심사하게 한다(§22①).

가. 거절이유

심사관은 상표등록출원이 다음의 어느 하나에 해당하는 경우에는 그 상표등록출원에 대하여 상표등록거절결정을 하여야 한다(§23①).

ⅰ) 제3조, 제5조의24, 제6조부터 제8조까지, 제10조 제1항, 제12조 제2항 후단, 같은 조 제5항 또는 제7항부터 제10항까지의 규정에 따라 상표등록을 할 수 없는 경우

ⅱ) 조약의 규정에 위반된 경우

ⅲ) 조약당사국에 등록된 상표 또는 이와 유사한 상표로서 그 상표에 관한 권리를 가진 자의 대리인이나 대표자 또는 상표등록출원일 전 1년 이내에 대리인이나 대표자이었던 자가 상표에 관한 권리를 가진 자의 동의를 받지 아니하는 등 정당한 이유 없이 그 상표의 지정상품과 동일하거나 이와 유사한 상품을 지정상품으로 상표등록출원을 한 경우. 다만, 그 권리자로부터 상표등록이의신청이 있거나 제22조 제3항의 규정에 의한 정보제공이 있는 경우에 한한다.

ⅳ) 제2조 제1항 제1호부터 제3호까지, 제4호 및 제5호에 따른 표장의 정의에 합치하지 아니하거나 지리적 표시 단체표장 또는 지리적 표시 증명표장의 경우에는 그 지리적 표시와 표장이 같은 항 제3호의2, 제3호의4 및 제4호의2에 따른 지리적 표시와 표장의 정의에 합치하지 아니하는 경우[206]

ⅴ) 지리적 표시 단체표장등록출원에 있어서 그 지리적 표시를 사용할 수 있는 상품을

206) 특허법원 2003. 12. 12. 선고 2003허4221 판결(상표법은 사용주의가 아닌 등록주의를 채택하여 상표권
은 등록에 의하여 발생하고 실제로 이를 사용한 사실이 있는지는 상표권 발생의 요건이 아니어서, 국내
에서 상표/서비스표를 ‘사용하는 자’는 물론이고 ‘사용하고자 하는 자’도 자기의 상표/서비스표를 등록
받을 수 있지만(상표법 제3조 본문), 상표/서비스표 등록을 받고자 하는 자는 적어도 ‘사용하고자 하는’
의사는 있어야만 할 것이고, 사용하고자 하는 의사가 없이 등록된 상표/서비스표는 상표법 제2조에서
말하는 표장, 즉 상표/서비스표에 해당하지 아니하여 이를 등록받을 수 없다고 해석하여야 할 것인바,
상표/서비스표에 대한 사용의사 유무는 상표/서비스표 출원인의 주관적, 내면적인 의지에 의하여만 결
정할 것이 아니라 외형적으로 드러나는 사정에 의하여 객관적으로 결정하여야 할 것이다. 이 사건으로
돌아와 살피건대, 원고가 이 사건 등록서비스표의 등록결정 시는 물론이고 이 사건 소송의 변론종결 시
까지도 변리사의 자격만을 갖추었을 뿐, 변호사, 공인노무사, 법무사, 행정사의 자격을 갖추지 못하였다
는 사실은 원고가 스스로 인정하고 있는 바이므로, 원고는 객관적으로 위 서비스업에 대하여는 이를 제
공할 자격이 없어 이 사건 등록서비스표를 사용할 객관적인 의사가 있다고 할 수 없다. 따라서 이 사건
등록서비스표의 지정서비스업 중 ‘변호사업, 공인노무사업, 행정사업, 법무사업’에 관하여 객관적인 사
용의사가 없는 것으로서 상표법 제23조 제1항 제4호의 무효사유를 가진다. 나아가 설령, 서비스표의 사
용이 전용사용권이나 통상사용권의 설정에 의하여 이루어질 수 있으므로 원고가 이 사건 등록서비스표
의 출원 당시부터 그 지정서비스업을 제공할 자격을 가진 자에게 전용사용권이나 통상사용권을 설정할
의사를 가지고 있었다고 하더라도, 본래 서비스업 제공을 통한 서비스표의 사용이 법에 의하여 금지되
어 있는 자가 서비스표를 출원, 등록 후 서비스업 제공의 자격을 갖춘 자에게 전용사용권이나 통상사용
권을 설정하여 주기 위한 것만을 목적으로 서비스표를 출원, 등록받아 이를 보유하도록 허용한다면, 이
는 상표/서비스표가 자신과 타인의 상품/서비스의 출처를 구별하게 하는 식별표지로서의 역할을 하여
공정한 경쟁을 유도하도록 하려는 상표법의 취지와는 달리, 오히려 자격 없는 자의 식별표지 독점을 조
장하여 이로 말미암아 적법한 서비스 제공자로 하여금 적당한 식별표지를 사용하지 못하게 하여 서비
스 제공에 불편을 초래할 뿐이라고 할 것이므로 이러한 상표/서비스표 출원행위는 등록주의를 남용하는
것으로서 권리남용에 해당하여, 이 사건 등록서비스표는 그 지정서비스업 중 변호사업, 공인노무사업,
행정사업, 법무사업에 관하여 상표법 제7조 제1항 제4호의 무효사유를 가진다고 할 것이다). 이 사건의
상고심에서 대법원은 상표법 제7조 제1항 제4호 위반 여부에 대해 “동 조에서 규정한 ‘공공의 질서 또
는 선량한 풍속을 문란하게 할 염려가 있는’ 서비스표라 함은 서비스표의 구성 자체 또는 그 서비스표
가 지정서비스업에 사용되는 경우 일반 수요자에게 주는 의미나 내용이 사회공공의 질서에 위반하거나
사회 일반인의 통상적인 도덕관념인 선량한 풍속에 반하는 경우 또는 고의로 저명한 타인의 상표 또는
서비스표나 상호 등의 명성에 편승하기 위하여 무단으로 타인의 표장을 모방한 서비스표를 등록 사용
하는 것처럼 그 서비스표를 등록하여 사용하는 행위가 공정한 상품유통질서나 국제적 신의와 상도덕
등 선량한 풍속에 위배되는 경우를 말하는 점(대법원 1999. 12. 24. 선고 97후3623 판결, 2004. 5. 14.
선고 2002후1362 판결 등 참조), 원고가 ‘변호사업, 공인노무사업, 행정사업, 법무사업’에 필요한 자격
을 취득하는 것이 금지되어 있는 것도 아니고, 제3자에게 전용사용권이나 통상사용권을 설정하는 방식
으로만 이 사건 등록서비스표를 사용하기 위해서 이 사건 등록서비스를 출원, 등록받았다고 볼 만한 자
료도 없는 점을 종합하면, 원고가 이 사건 등록서비스표를 출원, 등록하는 것이 공공의 질서 또는 선량
한 풍속을 문란하게 할 염려가 있는 경우에 해당한다고 할 수는 없다”고 판단하면서, 제6조 제1항 제3
호에 위반한 등록무효사유가 있음을 이유로 상고를 기각하였다. 한편 ‘동남일보’ 사건에서 특허법원은
“상표법이 제3조 본문에서 ‘국내에서 상표를 사용하는 자 또는 사용하고자 하는 자는 자기의 상표를 등
록받을 수 있다’고 규정하고 있기는 하나, 상표를 사용하는 자 또는 사용하고자 하는 자가 아닌 사람이
상표등록출원을 한 경우를 별도의 등록거절사유나 등록무효사유로 정하고 있지 않고, 또한 상표법에서
는 제41조 제1항에서 ‘상표권은 설정등록에 의하여 발생한다’고 규정하면서 제55조, 제57조에서 상표
권자가 아닌 전용사용권자나 통상사용권자에 의한 상표의 사용을, 제73조 제1항 제3호에서 상표권자
등이 상표를 사용하지 않은 경우를 등록취소사유로 각 규정하고 있어서, 위와 같은 상표법의 여러 규정
의 취지에 비추어 보면, 상표법이 상표권자에게 상표 사용의사가 없는 경우를 상표법 제23조 제1항 제4
호의 ‘표장의 정의에 합치하지 아니하는 경우’에 해당하는 등록무효사유로 규정하고 있다고 보기는 어
려우므로, 설령 피고에게 이 사건 등록상표를 사용할 의사가 없다고 하더라도 이 사건 등록상표가 상표
법 제23조 제1항 제4호에 해당하는 것은 아니다. 한편, 위에서 본 바와 같이 상표법이 제41조 제1항에

생산・제조 또는 가공하는 것을 업으로 영위하는 자에 대하여 정관에 의하여 단체의 가입을 금지하거나 정관에 충족하기 어려운 가입조건을 규정하는 등 단체의 가입을 실질적으로 허용하지 아니한 경우

vi) 제9조 제4항에 따른 정관에 대통령령으로 정하는 단체표장의 사용에 관한 사항의 전부 또는 일부를 적지 아니하였거나 같은 조 제5항에 따른 정관 또는 규약에 대통령령으로 정하는 증명표장의 사용에 관한 사항의 전부 또는 일부를 적지 아니한 경우

vii) 제3조의2, 제3조의3 및 제4조에 따른 단체표장, 증명표장 및 업무표장의 등록을 받을 수 있는 자에 해당하지 아니하는 경우

viii) 증명표장등록출원에 있어서 그 증명표장을 사용할 수 있는 상품을 생산・제조・가공 또는 판매하는 것을 업으로 영위하는 자나 서비스업을 영위하는 자에 대하여 정당한 사유 없이 정관 또는 규약으로 사용을 허락하지 아니하거나 정관 또는 규약에 충족하기 어려운 사용조건을 규정하는 등 실질적으로 사용을 허락하지 아니한 경우

심사관이 상표등록거절결정을 하고자 할 때에는 그 출원인에게 거절이유를 통지하고 기간을 정하여 의견서를 제출할 수 있는 기회를 주어야 한다. 이 경우 2 이상의 지정상품의 일부 또는 전부에 거절이유가 있는 때에는 심사관은 그 해당 지정상품별로 거절이유와 근거를 구체적으로 밝혀야 한다(§23②). 그리고 지정상품이 2 이상 여럿인 출원상표가 일부 지정상품에 관하여는 상표등록요건을 갖춘 것으로 인정되고, 나머지 지정상품에 관하여는 상표등록요건을 갖추지 못한 것으로 인정되는 경우에 우리 상표법상 상표등록요건을 갖춘 지정상품 부분에 관하여는 등록사정하고, 상표등록요건을 갖추지 못한 지정상품 부분에 관하여는 거절사정함과 같이 분리하여 사정하여야 할 근거는 없으므로 하나의 출원은 지정상품이 여럿이라 하더라도 일체불가분으로 취급할 수밖에 없어 일부 지정상품에 관하여 상표등록요건이 갖추어지지 아니한 경우 그것이 보정절차를 통하여 지정상품에서 철회되는 등 보정되지 아니하는 한, 전체 지정상품에 대한 출원에 대하여 하나의 거절사정을 할 수밖에 없다.207)

서 '상표권은 설정등록에 의하여 발생한다'고 규정하여 등록주의를 채택하고 있는 이상 구체적인 거래 등에 의하여 특별한 신뢰관계가 형성되지 않았던 원고와 피고 사이에서 피고가 단순히 이 사건 등록상표를 사용할 의사 없이 등록주의를 남용하였다는 사정만으로는 이 사건 등록상표에 상표법 제7조 제1항 제4호에 해당하는 등록무효사유가 있다고 보기 어렵고, 달리 이 사건 등록상표의 등록을 인정하는 것이 상표법이 예정하는 질서에 반하여 현저히 사회적 타당성을 잃어 도저히 용인할 수 없을 정도로 원고와 피고 사이의 신뢰관계를 파괴한다고 볼 증거도 없다'고 판시하였다(특허법원 2005. 10. 28. 선고 2005허6191 판결: 상고되었다가 상고이유서 부제출로 상고기각됨).

나. 거절결정

심사관의 거절결정통지에 대한 출원인의 의견 제출에도 불구하고 거절이유를 해소하지 못한 경우에는 최후로 거절결정을 한다. 또한 심사관은 출원공고 후 거절이유를 발견한 경우 직권에 의하여 제23조의 규정에 의한 상표등록거절결정을 할 수 있다(§28①). 상표등록거절결정을 받은 자가 불복할 때에는 거절결정등본을 송달받은 날부터 30일 이내에 심판을 청구할 수 있다(§70의2).

다. 상표등록결정

심사관은 상표등록출원에 대하여 거절이유를 발견할 수 없는 때에는 상표등록결정을 하여야 한다(§30). 상표권의 설정등록을 받으려는 자는 상표등록료를 납부하여야 한다(§34①).

라. 상표출원보정각하

(1) 의의

상표출원보정각하라 함은 출원인이 지정상품을 추가하거나 상표견본의 중요 부분을 보정함으로써 출원의 요지가 변경된 경우에 심사관이 그 보정을 부적법하다 하여 배척하는 행정처분을 말한다. 보정각하결정은 서면으로 하여야 하며 그 이유를 붙여야 한다(§17⑤).

(2) 보정각하의 대상

출원공고결정등본 송달 전후에 따라 보정의 시기 및 범위가 달라지며(§14, §15), 어떠한 경우라 하더라도 요지변경을 하여서는 아니 된다. 보정의 범위가 ⅰ) 지정상품의 범위의 감축, ⅱ) 오기의 정정, ⅲ) 불명료한 기재의 석명, ⅳ) 상표의 부기적인 부분의 삭제 등에 해당하면 요지변경이 아닌 것으로 본다(§16①).

(3) 보정각하의 요건

(가) 출원공고결정등본 송달 전의 보정에 대한 보정각하

심사관은 상표등록출원에 관하여 출원공고결정등본 송달 전의 보정이 출원의 요지를 변경하는 것인 때에는 결정으로 그 보정을 각하하여야 하고(§17①), 심사관은 이러한 각하결정이 있는 때에는 당해 결정등본의 송달이 있은 날부터 30일을 경과할 때까지는 당

---

207) 대법원 1993. 12. 21. 선고 93후1360 판결.

해 상표등록출원에 대한 상표등록여부결정을 하여서는 아니 되며, 출원공고할 것을 결정하기 전에 위 각하결정이 있는 때에는 출원공고결정도 하여서는 아니 된다(§17②).

그 이외에, 심사관은 출원인이 위 각하결정에 대하여 제70조의3의 규정에 의한 보정각하결정에 대한 심판을 청구한 때에는 그 심판의 심결이 확정될 때까지 그 상표등록출원의 심사를 중지하여야 한다(§17③).

(나) 출원공고결정등본 송달 후의 보정에 대한 보정각하

심사관은 출원공고결정등본 송달 후의 상표등록출원에 관한 보정이 출원의 요지를 변경하는 것인 때에는 결정으로 그 보정을 각하하여야 하나(§17④), 이 각하결정에 대하여는 불복할 수 없으며 다만, 제70조의2의 규정에 의한 거절결정에 대한 심판을 청구하는 경우에는 그러하지 아니하다(§17⑥).

마. 출원공고

(1) 의의

출원공고는 심사관이 등록출원에 대하여 심사한 결과 거절이유를 발견할 수 없는 때에는 그 출원내용을 공고(공중에 공표)하여 일반공중의 열람에 제공하고 이에 대해 이의제기를 할 수 있도록 함으로써 심사의 공정성을 확보하고, 상표분쟁을 미연에 방지하기 위한 제도이다(§24).

(2) 요건 및 절차

심사관은 상표등록출원에 대하여 거절이유를 발견할 수 없는 때에는 출원공고결정을 하여야 한다. 다만, ⅰ) 출원공고결정의 등본이 출원인에게 송달된 후 그 출원인이 출원공고[208]된 상표등록출원을 제18조의 규정에 따라 2 이상의 상표등록출원으로 분할한 경우에 있어서 그 분할출원에 대하여 거절이유를 발견할 수 없는 때, ⅱ) 상표등록출원의 거절결정에 대하여 취소의 심결이 있는 경우에 있어서 당해 상표등록출원에 대하여 이미 출원공고된 사실이 있고 다른 거절이유를 발견할 수 없는 때에는 출원공고결정을 생략할 수 있다(§24①).

특허청장은 출원공고결정이 있을 때에는 그 결정의 등본을 출원인에게 송달하고 그 상

---

208) 상표등록출원의 공고일은 해당 상표등록출원이 공고된 취지를 게재한 상표공보가 발행된 날로 한다(시행규칙 §57). 상표공보는 지식경제부령이 정하는 바에 의하여 전자적 매체로 발행할 수 있으며(§89②), 특허청장은 전자적 매체로 상표공보를 발행하는 경우에는 정보통신망을 활용하여 상표공보의 발행사실·주요목록 및 공시송달에 관한 사항을 알려야 한다(§89③).

표등록출원에 관하여 상표공보에 게재하여 출원공고를 하여야 하며(§24②), 출원공고가 있는 날부터 2개월간 상표등록출원서류 및 그 부속서류를 특허청에서 공중의 열람에 제공하여야 한다(§24③).

(3) 출원공고결정의 효과

출원공고결정 이후에는 보정의 시기와 범위가 제한된다(§14, §15). 또한, 출원공고결정등본의 송달 후에 한 상표등록출원에 관한 상표 또는 지정상품의 보정이 제15조의 규정에 위반된 것으로 상표권의 설정등록이 있은 후에 인정된 때에는 그 상표등록출원은 그 보정을 하지 아니하였던 상표등록출원에 관히여 상표권이 설정등록된 것으로 본다(§16③).

(4) 출원공고의 효과

(가) 이의신청

출원공고가 있는 때에는 누구든지 출원공고일부터 2개월 이내에 제23조 제1항 각 호 및 제48조 제1항 제2호·제4호의 어느 하나에 해당한다는 것을 이유로 특허청장에게 상표등록이의신청을 할 수 있다(§25①).

(나) 손실보상청구권

출원인은 출원공고가 있은 후 당해 상표등록출원에 관한 지정상품과 동일하거나 이와 유사한 상품에 대하여 당해 상표등록출원에 관한 상표와 동일하거나 이와 유사한 상표를 사용하는 자에게 서면으로 경고를 하고 상표권을 설정등록할 때까지의 기간에 발생한 당해 상표의 사용에 관한 업무상 손실에 상당하는 보상금의 지급을 청구할 수 있다(§24의2). 구체적인 보상금청구권의 행사 요건 및 효과 등에 대해서는 특허법 규정과 같다.

바. 상표등록이의신청

(1) 의의

상표등록이의신청이란 심사관의 심사 결과 거절이유를 발견하지 못하여 출원공고된 상표등록줄원에 대하여 일반 공중이 거절이유가 있다고 생각되는 경우 이에 대한 이의신청을 할 수 있도록 하는 제도이다. 심사의 객관성 및 공정성을 확보하고, 등록상표에 대한 분쟁을 미연에 방지하기 위함이다.

(2) 절차

출원공고가 있는 때에는 누구든지 출원공고일부터 2개월 이내에 제23조(상표등록거절결정) 제1항 각 호 및 제48조(지정상품의 추가등록거절결정) 제1항 제2호·제4호의 어느 하나에 해당한다는 것을 이유로 특허청장에게 상표등록이의신청을 할 수 있다(§25①).

상표등록이의신청을 하고자 하는 자는 일정한 사항을 기재한 상표등록이의신청서에 필요한 증거를 첨부하여 특허청장에게 제출하여야 한다(§25②). 그리고 상표등록이의신청을 한 자('이의신청인')는 상표등록이의신청 기간의 경과 후 30일 이내에 상표등록이의신청서에 기재한 이유 및 증거를 보정할 수 있다(§26).

(3) 상표등록이의신청에 대한 결정

심사관은 상표등록이의신청이 있는 때에는 상표등록이의신청서 부본을 출원인에게 송달하고 기간을 정하여 답변서를 제출할 수 있는 기회를 주어야 하며(§27①), 이의신청인이 그 이유나 증거를 제출하지 아니한 경우에는 제26조의 규정에 의한 보정기간 경과 후에 결정으로 상표등록이의신청을 각하할 수 있다(§27③).

심사관은 제26조의 규정에 의한 보정기간 및 답변서 제출 기간 경과 후에 상표등록이의신청에 관하여 결정을 하여야 하며(§27②), 그 결정은 이유를 붙여 서면으로 하여야 한다(§27④). 이러한 결정이유를 붙임에 있어서 2 이상의 지정상품에 대한 결정이유가 다른 경우에는 상품마다 결정이유를 붙여야 한다(§27⑦).

특허청장은 이의신청에 대한 결정이 있는 때에는 그 결정의 등본을 출원인 및 이의신청인에게 송달하여야 하고(§27⑤), 그러한 상표등록이의신청에 대한 결정에 대하여는 불복할 수 없으며(§27⑥) 거절결정에 대한 불복심판으로 다투어야 한다(§79).

사. 심사절차의 종료

심사는 상표등록거절결정(§23, §28) 또는 상표등록결정(§30)에 의하여 종료한다. 그 이외에 출원의 취하, 포기, 무효 등에 의해서도 심사가 종료될 수 있다. 상표등록여부결정은 서면으로 하여야 하며 그 이유를 붙여야 하고(§31①), 특허청장은 상표등록여부결정이 있는 경우에는 그 결정의 등본을 출원인에게 송달하여야 한다(§31②).

아. 설정등록

상표등록결정 후 출원인 등이 소정의 등록료를 납부하면(§34) 특허청장이 직권으로 상표권설정등록을 한다(§41①).

자. 상표등록증

특허청장은 상표권의 설정등록을 한 때에는 상표권자에게 상표등록증을 교부하여야 하고(§40①), 상표등록증이 상표원부와 부합되지 아니할 때에는 신청에 의하여 또는 직권으로 상표등록증을 회수하여 정정교부하거나 새로운 상표등록증을 교부하여야 한다(§40②). 등록증에는 상표등록증, 서비스표 등록증, 업무표장 등록증, 단체표장 등록증 및 증명표장 등록증이 있다.

제4절 상표권

Ⅰ. 서

상표권이란 설정등록을 받은 상표를 법이 정한 범위 내에서 독점배타적으로 사용할 수 있는 권리를 말한다. 상표권은 설정등록에 의하여 발생하며(§41①), 상표권자는 지정상품에 관하여 그 등록상표를 사용할 권리를 독점한다(§50).

등록상표의 보호범위는 상표등록출원서에 적은 상표(제2조 제1항 제1호 다목에 해당하는 상표인 경우에는 시각적 표현)에 따라 정하여지고(§52①), 지정상품의 보호범위는 상표등록출원서 또는 상품분류전환등록신청서에 기재된 상품에 의하여 정하여진다(§52②).

Ⅱ. 상표권자의 의무

1. 상표의 사용의무

상표권자·전용사용권자 또는 통상사용권자 중 어느 누구도 정당한 이유 없이 등록상표를 그 지정상품에 대하여 취소심판청구일전 계속하여 3년 이상 국내에서 사용하고 있지 아니한 경우에는 이해관계인의 청구에 의해 상표등록이 취소된다(§73①iii).

2. 상표의 정당사용의무

상표권자가 고의로 지정상품에 등록상표와 유사한 상표를 사용하거나 지정상품과 유사한 상품에 등록상표 또는 이와 유사한 상표를 사용함으로써 수요자로 하여금 상품의 품질의 오인 또는 타인의 업무에 관련된 상품과의 혼동을 생기게 한 경우 상표등록의 취소심판 대상이 된다(§73① ii).

또한 단체표장에 있어서 소속단체원이 그 단체의 정관의 규정을 위반하여 단체표장을 타인에게 사용하게 한 경우 또는 소속단체원이 그 단체의 정관의 규정을 위반하여 단체표장을 사용함으로써 수요자로 하여금 상품의 품질 또는 지리적 출처에 관하여 오인을 초래하게 하거나 타인의 업무에 관련된 상품과 혼동을 생기게 한 경우에는 취소심판의 대상이 된다. 다만, 단체표장권자가 소속단체원의 감독에 상당한 주의를 한 경우에는 그러하지 아니하다(§73① v). 단체표장의 설정등록을 한 후 정관을 변경함으로써 수요자로 하여금 상품의 품질의 오인 또는 타인의 업무에 관련된 상품과의 혼동을 생기게 할 염려가 있는 경우에도 취소심판의 대상이 된다(§73① vi).

3. 감독의무

상표권자는 등록상표가 부정하게 사용되고 있는지를 감독할 의무가 있고, 이러한 감독의무를 위반한 경우 상표취소심판의 대상이 된다(§73① v ,viii).

4. 표시의무

상표권자·전용사용권자 또는 통상사용권자는 등록상표를 사용할 때에는 당해 상표가 등록상표임을 표시할 수 있다(§90). 나반 이러한 표시의무는 의무라기보다 권리라고 할 수 있다. 따라서 표시의무를 위반한 경우 제재는 없으나 허위표시를 한 경우에는 형사처벌을 받게 된다(§91, §95).

이에 반해, 2 이상의 지리적 표시 등록단체표장이 서로 동음이의어 지리적 표시에 해당하는 경우에는 각 단체표장권자 및 그 소속단체원은 지리적 출처에 대하여 수요자로 하여금 혼동을 초래하지 아니하도록 하는 표시를 등록단체표장과 함께 사용하여야 하고 (§90의2), 이를 위반한 경우 취소사유가 된다(§73①xii).

5. 등록료의 납부의무

상표권의 설정등록, 지정상품의 추가등록 또는 상표권의 존속기간갱신등록을 받으려는 자는 상표등록료를 납부하여야 한다. 이 경우 상표권의 설정등록 또는 존속기간갱신등록 을 받으려는 자는 상표등록료를 2회로 분할하여 납부할 수 있다(§34①).[209] 이해관계인 은 상표등록료를 납부하여야 할 자의 의사와 관계 없이 상표등록료를 납부할 수 있다 (§34②).

2 이상의 지정상품이 있는 상표등록출원에 대한 상표등록결정을 받은 자, 지정상품의 추가등록출원에 대한 지정상품의 추가등록결정을 받은 자 또는 상표권의 존속기간갱신등 록신청을 한 자가 상표등록료(제34조 제1항 후단에 따라 분할납부하는 경우에는 1회차 상표등록료를 말한다)를 납부하는 때에는 지정상품별로 포기할 수 있다(§34의2①).

납부기간에 해당 상표등록료(제34조 제1항 후단에 따라 분할납부하는 경우에는 1회차 상표등록료를 말한다)를 납부하지 아니한 때(납부기간이 만료되더라도 제36조의2에 따라 보전을 명한 경우에는 그 보전기간 이내에 보전하지 아니한 때를, 제36조의3에 해당하는 경우에는 그 해당 기간 이내에 납부하지 아니한 때를 말한다)에는 상표등록출원이나 지정 상품의 추가등록출원 또는 상표권의 존속기간갱신등록신청은 포기한 것으로 본다(§36).

---

209) 특허료 등의 징수규칙 제8조 (납부방법 등) ⑦ 상표등록료, 지정상품추가등록료 및 상표권의 존속기간 갱신등록료는 다음 각 호에서 정하는 바에 따라 납부하여야 한다. 다만, 「상표법」 제35조에 따라 납부 기간을 연장하려 할 때에는 그 납부기간 경과 전에 등록료납부기간의 연장신청을 하여야 한다. <개정 2010. 7. 27.>
　　1. 상표등록료(「상표법」 제34조 제1항 후단에 따라 분할납부하는 경우의 1회차 상표등록료를 포함한다) 는 등록결정 또는 등록심결의 등본을 받은 날부터 2개월 이내에 납부하여야 하며, 「상표법」 제34조 제 1항 후단에 따라 분할납부하는 경우의 2회차 상표등록료는 상표권의 설정등록일부터 5년 이내에 납부 자번호를 부여받아 납부자번호를 부여받은 날의 다음날까지 납부하여야 한다.
　　2. 지정상품추가등록료는 등록결정 또는 등록심결의 등본을 받은 날부터 2개월 이내에 납부하여야 한다.
　　3. 상표권의 존속기간갱신등록료(「상표법」 제34조 제1항 후단에 따라 분할납부하는 경우의 1회차 존속 기간갱신등록료를 포함한다)는 「상표법」 제43조 제2항에서 정하는 기간 내에 접수번호를 부여받아 접 수번호를 부여받은 날의 다음 날까지 납부하여야 하며, 「상표법」 제34조 제1항 후단에 따라 분할납부 하는 경우의 2회차 존속기간갱신등록료는 상표권의 갱신등록일부터 5년 이내에 납부자번호를 부여받아 납부자번호를 부여받은 날의 다음 날까지 납부하여야 한다.

6. 이전 시의 의무

제54조 제1항 후단(유사한 지정상품의 동시 이전), 제5항(공유상표권에 대한 제한), 제7항(업무표장), 제8항(공익표장), 제9항(단체표장), 제10항(증명표장) 규정에 위반하여 상표를 이전한 경우 상표취소사유가 된다(§73①iv).

Ⅲ. 상표권의 효력

1. 적극적 효력

상표권자는 지정상품에 관하여 그 등록상표를 사용할 권리를 독점한다(§50). 등록상표의 보호범위는 상표등록출원서에 적은 상표(제2조 제1항 제1호 다목에 해당하는 상표인 경우에는 시각적 표현)에 따라 정하여 지고(§52①), 지정상품의 보호범위는 상표등록출원서 또는 상품분류전환등록신청서에 기재된 상품에 의하여 정하여진다(§52②). 상표의 사용이라 함은 ⅰ) 상품 또는 상품의 포장에 상표를 표시하는 행위, ⅱ) 상품 또는 상품의 포장에 상표를 표시한 것을 양도 또는 인도하거나 그 목적으로 전시·수출 또는 수입하는 행위, ⅲ) 상품에 관한 광고·정가표·거래서류[210]·간판 또는 표찰에 상표를 표시하고 전시 또는 반포하는 행위를 말한다(§2①vii). 그리고 동 규정에 따른 상품, 상품의 포장, 광고, 간판 또는 표찰에 상표를 표시하는 행위에는 상품, 상품의 포장, 광고, 간판 또는 는 표찰을 표장의 형상이나 소리 또는 냄새로 하는 것을 포함한다(§2②).

가. 표시행위(상품 또는 상품의 포장에 상표를 표시하는 행위)

(1) 광고매체가 되는 물품에 상표를 표시하는 행위

상표법상 '상표의 사용'이라고 함은 상품 또는 상품의 포장에 상표를 표시하는 행위 등을 의미하고(상표법 제2조 제6호〈현행법 제7호〉 각 목 참조), 여기에서 말하는 '상품'은 그 자체가 교환가치를 가지고 독립된 상거래의 목적물이 되는 물품을 의미한다 할 것

---

210) 상표법 제2조 제1항 제6호 (다)목의 '거래서류'는 거래에 제공되는 서류로서 주문서, 납품서, 송장, 출하안내서, 물품영수증, 카탈로그 등이 이에 포함된다(대법원 2002. 11. 13. 자 2000마4424 결정).

이므로, 상품의 선전광고나 판매촉진 또는 고객에 대한 서비스 제공 등의 목적으로 그 상품과 함께 또는 이와 별도로 고객에게 무상으로 배부되어 거래시장에서 유통될 가능성이 없는 이른바 '광고매체가 되는 물품'은 비록 그 물품에 상표가 표시되어 있다고 하더라도, 물품에 표시된 상표 이외의 다른 문자나 도형 등에 의하여 광고하고자 하는 상품의 출처표시로 사용된 것으로 인식할 수 있는 등의 특별한 사정이 없는 한, 그 자체가 교환가치를 가지고 독립된 상거래의 목적물이 되는 물품이라고 볼 수 없고, 따라서 이러한 물품에 상표를 표시한 것은 상표의 사용이라고 할 수 없다.211)

(2) 부품업자 등이 자기상품의 용도 등을 표시하기 위하여 사용하는 행위

자동차부품인 에어 클리너를 제조하면서 그 포장상자에 에어 클리너가 사용되는 적용차종을 밝히기 위하여 자동차 제작회사의 등록상표의 표시를 하였으나 제반 사정에 비추어 그 출처표시가 명백하고 부품 등의 용도설명 등을 위하여 사용한 것에 불과하여, 그 등록상표를 사용한 것으로 볼 수 없고 그 에어 클리너는 자동차 제작회사에서 공급하는 정품과는 쉽게 구분되는 것이어서 타인의 상품과 혼동을 일으키게 하는 행위라고도 볼 수 없다.212)

(3) 상품의 내부에만 표장을 사용한 행위

상표는 특정한 영업 주체의 상품을 표창하는 것으로서 그 출처의 동일성을 식별하게

---

211) 대법원 1999. 6. 25. 선고 98후58 판결[기록에 의하여 살펴보면, 피심판청구인은 종전부터 자신이 발행하여 오던, 영화·음악·연예인 등에 관한 정보를 담은 "ROADSHOW, 로드쇼"라는 월간잡지(을 제2, 4호증)의 독자들에게 보답하고 그 구매욕을 촉진시키기 위하여 사은품으로 1993. 12. 10.경 외국의 유명한 영화배우들의 사진을 모아 이 사건 등록상표인 'WINK'라는 제호의 책자(을 제3, 6호증)를 발행하여 독자들에게 제공하였음을 알 수 있으므로, 위 'WINK'라는 제호의 책자는 그 자체가 교환가치를 가지고 거래시장에서 유통될 가능성이 있는 독립된 상거래의 목적물이 될 수 없어 '광고매체가 되는 물품'에 해당된다고 할 것이고, 따라서 위 책자에 이 사건 등록상표가 제호로 사용된 것은 이 사건 등록상표의 사용이라고 할 수 없다고 보아야 할 것인데도 불구하고, 원심이 그 판시와 같이 위 책자에 이 사건 등록상표가 표시된 것을 이 사건 등록상표의 사용이라고 한 것은 상표법상의 상품의 개념을 오해한 나머지 상표의 사용에 관한 법리를 위배함으로써 심결 결과에 영향을 미친 위법을 저지른 것이라 할 것이다.

212) 대법원 2001. 7. 13. 선고 2001도1355 판결[피고인이 1999년 1월 초순경부터 자동차부품인 에어 클리너(일명 에어필터)를 제조하여 오면서, 자신이 제조한 에어 클리너의 포장상자에 에어 클리너가 사용되는 적용차종을 밝히기 위하여 '소나타Ⅱ', '라노스', '크레도스' 등의 표시를 하였는데, 그중 현대자동차 주식회사의 '마이티'와 '엑셀'용 포장상자에는 '적용차종', 대우자동차 주식회사의 '티코'용 포장상자에는 '차종'이라고 명기하였고, 또 품질경영촉진법에 따라 에어 클리너의 포장상자에 차종 및 에어 클리너의 제조원이 '신일 E. N. G.'임을 표시함과 아울러 '신일'의 영문자를 도형화한 표장을 표시한 사실, 한편 현대자동차, 대우자동차, 기아자동차 주식회사에서 공급하는 자동차용 에어 클리너 및 그 포장상자에는 'HMC', 'DAEWOO' 등의 상표와 위 각 회사를 상징하는 도형상표를 부착하고 '순정품' 등의 표기를 하여 정품임을 나타내고 있는 사실 등을 인정한 다음 위와 같이 판시한 원심 판단을 수긍하였다.

함으로써 그 상품의 품위 및 성질을 보증하는 작용을 하며, 상표법은 이와 같은 상표의 출처 식별 및 품질 보증의 기능을 보호함으로써 당해 상표의 사용에 의하여 축조된 상표권자의 기업신뢰이익을 보호하고 유통질서를 유지하며 수요자의 이익도 보호하는 것이므로, 공산품인 상품의 내부에 조립되어 기능하는 부품에 표시된 표장으로서 그 상품의 유통이나 통상적인 사용 혹은 유지행위에 있어서는 그 존재조차 알 수 없고, 오로지 그 상품을 분해하여야만 거래자나 일반 수요자들이 인식할 수 있는 표장은 그 상품에 있어서 상표로서의 기능을 다할 수 없을 것이므로 이를 가리켜 상표법에서 말하는 상표라고 할 수 없다.213)

(4) 특정 각도에서만 인식할 수 있는 상표의 사용

확인대상표장의 사용상품인 '반사원단제품'은 빛이 반사되는 성질을 가지고 있어 각종 안전용품의 원재료로 사용되는 것으로서, 상표를 그 상품 자체에 표시할 경우 상품의 반사기능을 해치지 않으면서 완제품의 외관에는 나타나지 않도록 표시하게 되므로 일반인은 확인대상표장을 쉽게 식별할 수 없더라도, 실제 거래계에서 사용상품의 수요자인 안전용품의 제조업자들은 자타 상품의 출처표시로 사용하고 있다.214)

---

213) 대법원 2005. 6. 10. 선고 2005도1637 판결[피고인이 판매한 원격조정기(리모컨)의 내부에 조립되어 기능하는 부품의 일종으로서 원격조정기의 유통이나 통상적인 사용 혹은 유지행위에 있어서는 그 존재조차 알 수 없고, 오로지 위 원격조정기를 분해하여야만 거래자나 일반 수요자들이 인식할 수 있는 내부회로기판 위에 표기된 위 'SONY' 표장을 가리켜 이를 상표로서 사용된 상표라고 할 수 없을 것이며, 나아가 위와 같이 내부회로기판에 위 표장을 표기하였다는 사정에 더하여, 통상 원격조정기(리모컨)의 경우 하단 부위에 그 상표가 표시되는 경우가 많음에도 피고인이 판매한 제품에는 제조자의 표시가 분명하지 않았다는 사정과 제5860호 등록상표 'SONY'가 우리나라에서 널리 알려진 상표라는 사정이 있다고 하더라도, 피고인이 판매한 원격조정기의 표면에 '만능eZ 소니전용'이라는 표장을 표기한 것은 '여러 가지 기기에 손쉽게 사용될 수 있는 원격조정기로서 소니에서 나온 기기에 사용하기에 적합한 것'이라는 정도의 의미로 받아들여질 수 있어 위 원격조정기의 용도를 표시하는 것으로 보일 수 있을 뿐, 제5860호 등록상표 'SONY'와 동일한 상표를 사용한 것으로 볼 수는 없을 것이므로, 원심판결에는 상표의 사용에 관한 법리를 오해함으로써 판결에 영향을 미친 위법이 있다].

214) 대법원 2008. 7. 10. 선고 2006후2295 판결[원고가 이 사건 등록상표(등록번호 제185812호)의 권리범위에 속하지 않는다는 확인을 구하는 오른쪽 그림의 표장(이하 '확인대상표장'이라 한다)은 빛을 비춘 상태에서 사용되는 상품인 '반사원단제품'을 일정한 각도로 기울여 살펴볼 때 식별할 수 있는 것으로 특정된 것인데, 그 사용상품은 빛이 반사되는 성질을 가지고 있어서 안전표지판이나 안전복 등 각종 안전용품의 원재료로 사용되는 것이므로, 이러한 사용상품의 특성상 상표를 그 상품 자체에 표시할 경우에 상품의 반사기능을 해치지 않으면서 완제품의 외관에는 나타나지 않도록 상표를 표시할 것으로 보이고, 실제 거래계에서 사용상품의 수요자인 안전용품의 제조업자들은, 확인대상표장이 일반인이 쉽게 식별할 수 없도록 사용상품에 표시되었다 하더라도, 사용상품을 빛에 비추어 보는 방법 등을 통하여 그 표시된 표장을 자타 상품의 출처표시로 사용하고 있다고 보는 것이 합리적이다].

나. 유통행위(상품 또는 상품의 포장에 상표를 표시한 것을 양도 또는 인도하거나 그 목적으로 전시·수출 또는 수입하는 행위)

(1) 대리점을 통한 유통행위

구상표법 제45조 제1항 제1호 소정의 상표등록취소사유인 "자기의 등록상표와 동일 또는 유사한 상표로서 그 지정상품과 동일 또는 유사한 상품에 타인이 사용하는 것을 묵인하거나 또는 사용하게 하였을 때"라 함은 상표권자가 타인으로 하여금 자기의 등록상표와 동일 또는 유사한 상표를 '타인의 제품'에 사용하게 한 경우를 말하고, 상표권자가 그의 대리점 등에게 '상표권자 자신의 제품'에 이를 사용하게 한 경우는 여기에 포함되지 아니한다.[215]

(2) 수입업자에 의한 유통행위

상표권자가 외국에서 자신의 등록상표를 상품에 표시하였을 뿐 우리나라에서 직접 또는 대리인을 통하여 등록상표를 표시한 상품을 양도하거나 상품에 관한 광고에 상표를 표시하는 등의 행위를 한 바 없다고 하더라도, 그 상품이 제3자에 의하여 우리나라로 수입되어 상표권자가 등록상표를 표시한 그대로 국내의 정상적인 거래에서 양도·전시되는 등의 방법으로 유통됨에 따라 사회통념상 국내의 거래자나 수요자에게 그 상표가 그 상표를 표시한 상표권자의 업무에 관련된 상품을 표시하는 것으로 인식되는 경우에는 특단의 사정이 없는 한 그 상표를 표시한 상표권자가 국내에서 상표를 사용한 것으로 보아야 한다.[216]

---

215) 대법원 1989. 7. 11. 선고 88후622 판결(원심결 거시의 증거에 의하면, 캔넥스 스포츠상사는 피심판청구인이 생산하는 제품의 한국총판대리점이고, 동 상사는 본건 등록상표의 상표권자인 피심판청구인으로부터 수입된 그 제품인 스포츠용 샤쓰 등에 그 광고선전을 위하여 본건 등록상표를 사용한 사실이 인성되는 터이므로, 위와 같은 본건 등록상표의 사용은 상표권자가 자신의 제품에 상표를 사용한 것이고 타인으로 하여금 사용하게 하였거나 그 사용을 묵인한 것이라고 볼 수 없으니, 이는 상표법 제45조 제1항 제1호 소정의 상표등록취소사유에 해당하지 아니한다).

216) 대법원 2003. 12. 26. 선고 2002후2020 판결(A가 원고에 의하여 이 사건 등록상표가 표시된 가방을 원고로부터 직접 수입하여 그 상표가 표시된 그대로 국내의 다른 판매업자에게 양도한 것은 정상적인 거래행위에 해당하고, 이와 같은 상품의 수입, 양도행위가 불사용을 이유로 하는 상표등록취소를 회피하기 위하여 형식적으로 이루어진 것이라고 보기는 어려우므로, 일본국에서 이 사건 등록상표를 표시한 원고는 국내에서도 이 사건 등록상표의 지정상품에 이 사건 등록상표를 정당하게 사용한 것이라고 봄이 상당하다).

다. 광고행위(상품에 관한 광고·정가표·거래서류·간판 또는 표찰에 상표를 표시하고 전시 또는 반포하는 행위)

(1) 자타 상품의 출처를 표시하는 태양으로 사용하지 않은 상표

문리적으로는 상표법이 규정하고 있는 상표의 사용행위에 해당한다 하더라도 자타 상품의 출처를 표시하는 태양으로 사용하지 않은 상표의 경우에는 원칙적으로 상표권의 침해를 구성하지 않는다.[217]

(2) 수출송장에 등록상표를 사용한 경우

원고가 이 사건 등록상표를 사용한 '수출송장'은 수출입거래에 있어서 수출업자가 작성·서명하여 외국환은행을 통하여 환어음 및 다른 선적서류와 함께 수입업자에게 보내지는 것임에 비추어 볼 때 위 조항이 규정하고 있는 거래서류의 일종이라고 봄이 상당하고, 원고가 소외 회사들에게 보낸 송장에는 이 사건 등록상표가 하단에 눈에 띄기 쉽게 기재되어 있는 외에 좌측 상단에는 회사명과 그 주소가 별도로 기재되어 있고 그 한가운데의 제품설명란에는 이 사건 등록상표의 지정상품에 해당하는 제품의 품목과 수량이 기재되어 있으므로(위 제품설명란에 제품의 상표도 반드시 함께 기재해야 하는 상관습이 있다고 볼 만한 증거는 없다) 이 사건 등록상표는 위 수출송장에서 그 지정상품에 대한 상표로 사용된 것이라고 할 것이다.[218]

(3) 거래서류에 상표가 게재된 경우

출원인이 이 사건 상표를 게재하여 사용하였다는 생산의뢰서 및 지출결의서가 판매선인 기업체 상호 간에 주고받게 되는 거래서류라고 인정된다면, 원심결이 위 서류가 출원인회사 내부에서만 결제되고 왕래되는 문서에 불과하다고 보고 위 상표가 그에 게재되었다 하더라도 출원인이 그를 사용한 것이라고 볼 수 없다고 한 판단은 증거가치의 판단을 그르친 것이 된다.[219]

---

217) 대법원 2002. 11. 13. 자 2000마4424 결정[명함의 이면, 거래명세서에 상표를 표시하고 이를 거래 상대방에게 교부한 행위 및 신문에 상표를 표시하고 광고하는 행위는 상표법 제2조 제1항 제6호 (다)목이 규정하고 있는 상표의 사용행위에 해당한다고 보았으며, 반면 세관에 제출하는 수입신고서는 거래당사자 간에 교부되는 거래서류라고 보기 어려우므로 수입신고서에 상표를 표시하였다고 하여 상표법상 상표의 사용행위라고 할 수 없다고 본 사례]. 특허법원 판례로는 "세무서에 세원관리와 세금신고 등을 위하여 제출하는 경우의 영수증은 거래서류가 아니다"라고 판시한 사례가 있다(특허법원 2003. 6. 13. 선고 2003허571 판결).

218) 특허법원 2000. 10. 5. 선고 99허7575 판결(확정).

라. 입체나 소리 또는 냄새적 사용행위

상품, 상품의 포장, 광고, 간판 또는 표찰에 상표를 표시하는 행위에는 상품, 상품의 포장, 광고, 간판 또는 표찰을 표장의 형상이나 소리 또는 냄새로 하는 것도 상표의 사용에 포함한다(§2②).

마. 상품식별 표지로서의 사용

타인의 등록상표와 유사한 표장을 이용한 경우라고 하더라도 그것이 상표의 본질적인 기능이라고 할 수 있는 출처 표시를 위한 것이 아니어서 상표의 사용으로 인식될 수 없는 경우에는 등록상표의 상표권을 침해한 것이라고 할 수 없다. 판례는 "방독마스크 제조, 판매 회사가 그 상호의 영문명칭의 첫 알파벳인 'S'와 방독마스크의 부품인 정화통을 의미하는 'CANISTER'의 약어인 'CA'를 합한 'SCA'라는 표시 옆에 농도별 등급표시에 해당하는 숫자를 병기하는 형식의 표장을 이용한 것은 방독마스크 정화통의 종류나 규격 내지 등급표시의 사용일 뿐 자타 상품의 식별표지로서 기능하는 상표의 사용으로 볼 수 없다"고 하였고,220) "피고인이 판매한 원격조정기(리모컨)의 내부회로기판 위에 표기된 'SONY' 표장을 상표로서 사용된 상표라고 할 수 없고, 나아가 피고인이 위 원격조정기의 표면에 '만능eZ 소니전용'이라는 표장을 표기한 것은 '여러 가지 기기에 손쉽게 사용될 수 있는 원격조정기로서 소니에서 나온 기기에 사용하기에 적합한 것'이라는 정도의 의미로 받아들여질 수 있어 위 원격조정기의 용도를 표시하는 것으로 보일 수 있을 뿐, 등록상표 'SONY'와 동일한 상표를 사용한 것으로 볼 수는 없다"고 하였다.221)

바. 상표적 사용과 디자인적 사용의 범위

(1) 상표권 침해를 부정한 사례

타인의 등록상표와 유사한 표장을 그 지정상품과 동일 또는 유사한 상품에 사용하면 타인의 상표권을 침해하는 행위가 된다고 할 것이나, 타인의 등록상표와 유사한 표장을 이용한 경우라고 하더라도 그것이 상표의 본질적인 기능이라고 할 수 있는 출처표시를 위한 것이 아니라 순전히 의장적으로만 사용되는 등으로 상표의 사용으로 인식될 수 없는 경우에는 등록상표의 상표권을 침해한 행위로 볼 수 없다.222)

---

219) 대법원 1989. 12. 12. 선고 89후759 판결.

220) 대법원 2003. 6. 13. 선고 2001다79068 판결.

221) 대법원 2005. 6. 10. 선고 2005도1637 판결.

(2) 상표권 침해를 긍정한 사례

의장(디자인)과 상표는 배타적, 선택적인 관계에 있는 것이 아니므로 의장이 될 수 있는 형상이나 모양이라고 하더라도 그것이 상표의 본질적인 기능이라고 할 수 있는 자타 상품의 출처표시를 위하여 사용되는 것으로 볼 수 있는 경우에는 상표로서의 사용이라고 보아야 한다.223)

사. 기타

중국 소재 의류제조업체에 주문제작을 의뢰한 후 납품받아 국내에 판매하는 자가 등록 상표 'ice coolup'과 동일한 표장이 인쇄된 종이 태그를 자신이 판매하는 'MENTIS' 작업 복에 부착하여 판매한 경우, 그 표장은 작업복의 출처표시가 아니라 작업복의 재료가 되는 직물의 출처표시로서 사용되었고 작업복의 재료인 직물이 위 등록상표의 지정상품과 동일 또는 유사한 상품에 해당하므로, 상표법 위반죄가 성립한다.224)

---

222) 대법원 1997. 2. 14. 선고 96도1424 판결[기록에 의하면, 피고인이 사용하였다는 이 사건 등록상표들 (특허청 등록 제136547호, 제178331호, 제178332호, 제178333호)과 유사한 표장이라는 것은 동물의 머리 모습을 한 봉제완구들(이하 '이 사건 완구'라 한다)에 의장적으로 표현된 것임을 알 수 있어 그것 이 출처표시를 위한 것이라고 단정하기 어려울 뿐만 아니라, 이 사건 완구가 출처표시의 기능을 가지고 있다고 하더라도 이 사건 완구와 이 사건 등록상표들을 대비하여 보면 양자의 전체적인 외관이나 관념 에 차이가 있고, 이 사건 완구에 'GARFIELD'라는 문자 부분이 기재되어 있기는 하나 이 사건 등록상 표들이 '가필드'라는 호칭으로 인식될 수 있을 정도로 일반 수요자들에게 널리 알려져 있음을 인정할 증거가 부족하여 이 사건 완구와 이 사건 등록상표들이 그 칭호에 있어서 반드시 유사하다고 할 수도 없어 양자는 일반 수요자나 거래자로 하여금 상품의 출처에 오인·혼동을 일으키게 할 염려가 있을 정 도로 유사하다고 보이지 아니하므로 피고인이 이 사건 완구의 제작, 판매에 의하여 이 사건 등록상표들 의 상표권을 침해하였다고 볼 수는 없다고 할 것이다]. 대법원 2004. 10. 28. 선고 2003후2027 판결(침 대의 머리판 장식으로 사용된 쌍학문양의 표장은 상표로 사용된 것이라고 볼 수 없어 등록상표의 권리 범위에 속하지 아니한다). 대법원 2004. 10. 15. 선고 2004도5034 판결(금반지에 새겨진 'Puma' 및 퓨 마라는 동물의 문양은 의장적인 측면에서 개인의 취향을 발현하기 위하여 사용된 것으로서 상품의 출 처를 표시하기 위하여 사용된 것이라고 볼 수 없어 상표권 침해행위로 볼 수 없다). 대법원 2005. 10. 7. 선고 2004후1458 판결('척주동해비' 비석의 4면에 새겨진 전체 비문을 그대로 모아 도자기에 새겨 놓은 확인대상상장에 있어, 그 표장에 포함된 '척추동해비'라는 표장은 도자기에 새겨진 비문의 내용을 나타내는 것일 뿐 상품의 출처표시로서 기능하는 것은 아니다).

223) 대법원 2000. 12. 26. 선고 98도2743 판결(피고인이 이 사건 등록상표와 유사한 표장을 슬리퍼의 갑피 부분에 부착하여 사용한 태양, 등록상표의 주지성 및 피고인의 사용의도 등을 종합하여 보면, 피고인이 그 와 같이 사용한 표장은 실제 거래계에서 자타 상품의 출처를 표시하기 위하여 사용된 것으로 보이고, 그 사 이에 피고인이 위 표장인 도형에 관하여 1996. 8. 9. 의장등록출원을 하여 1997. 9. 11. 의장등록을 받았다 고 하더라도, 그러한 사정만으로 피고인의 위 표장 사용을 의장적으로만 사용된 것으로 볼 수는 없다).

224) 대법원 2009. 7. 23. 선고 2009도310 판결.

2. 소극적 효력

상표권자가 등록상표를 독점적으로 사용할 수 있는 권리를 가지는 것 이외에 제3자의 상표 사용을 배제할 수 있는 권리도 있으며, 이를 소극적 효력이라고 한다. 따라서 제3자의 무단 사용행위에 대해서는 민·형사상의 권리구제가 가능하다.

Ⅳ. 상표권의 효력제한

1. 서

다른 산업재산권과 마찬가지로 상표권 역시 공익적 목적 등 일정한 사유가 있는 경우 그 효력이 제한되는 경우가 있다. 이하에서 살펴보기로 한다.

2. 법률로 정한 제한

상표법 제51조에서는 공익적 목적에 의해 상표권의 효력이 미치지 아니하는 범위를 다음과 같이 규정하고 있다. 즉 상표권(지리적 표시 단체표장권을 제외한다)은 다음의 어느 하나에 해당하는 경우에는 그 효력이 미치지 아니한다(§51①).[225]

ⅰ) 자기의 성명·명칭 또는 상호·초상·서명·인장 또는 저명한 아호·예명·필명과 이들의 저명한 약칭을 보통으로 사용하는 방법으로 표시하는 상표. 다만, 상표권의 설정등록이 있은 후에 부정경쟁의 목적으로 그 상표를 사용하는 경우에는 그러하지 아니하다.

---

225) 서적류의 제호는 특별한 사정이 없는 한 해당 저작물의 창작물로서의 명칭 내지는 그 내용을 함축적으로 나타내는 것이며 그러한 창작물을 출판하고 제조·판매하고자 하는 자는 저작권법에 저촉되지 않는 한은 누구든지 사용할 수 있는 것으로서 품질을 나타내는 보통명칭 또는 관용상표와 같은 성격을 가지는 것이므로 제호로서의 사용에 대하여는 상표법 제51조의 규정에 의하여 상표권의 효력이 미치지 않는 것이 원칙이기는 하나, 타인의 등록상표를 정기간행물이나 시리즈물의 제호로 사용하는 등 특별한 경우에는 사용 태양, 사용자의 의도, 사용 경위 등 구체적인 사정에 따라 실제 거래계에서 제호의 사용이 서적의 출처를 표시하는 식별표지로서 인식될 수도 있으므로, 그러한 경우에까지 상표권의 효력이 미치지 않는 것으로 볼 수는 없다(대법원 2005. 8. 25. 선고 2005다22770 판결). 동일한 취지의 판시로 '녹정기 사건'에 대한 대법원 1995. 9. 26. 선고 95다3381 판결.

① 보통으로 사용하는 방법

상표법 제51조 제1호 본문에 의하면, 자기의 상호 또는 그 상호의 저명한 약칭을 보통
으로 사용하는 방법으로 표시하는 상표에 대하여는 그것이 상표권설정의 등록이 있은 후
에 부정경쟁의 목적으로 사용하는 경우가 아닌 이상 등록상표권의 효력이 미치지 아니하
는바, 위 법규정에서 상호를 보통으로 사용하는 방법으로 표시한다 함은 상호를 독특한
글씨체나 색채, 도안화된 문자 등 특수한 태양으로 표시한다는 등으로 특별한 식별력을
갖도록 함이 없이 표시하는 것을 의미할 뿐만 아니라, 그 표장을 보고 일반 수요자가 상
호임을 인식할 수 있도록 표시하는 것을 전제로 한다 할 것이므로, 법인인 회사가 그 상
호를 표시하면서 회사의 종류를 표시하는 부분을 생략한 경우에는 그것이 널리 알려져
있지 않은 이상 일반 수요자가 반드시 상호로 인식한다고 할 수 없어 이를 회사의 상호
를 보통으로 사용하는 방법으로 표시한 것으로 볼 수 없고, 단지 상호의 약칭에 불과하
다고 할 것이고, 이러한 약칭의 표시는 위 법규정에 따라 그것이 저명하지 않는 한 특수
한 태양으로 표시되어 있지 않다고 하더라도 상표권의 효력이 미친다고 할 것이다.226)

② 부정경쟁의 목적

여기서의 '부정경쟁의 목적'이란 등록된 상표권자의 신용을 이용하여 부당한 이익을
얻을 목적을 말하고 단지 등록된 상표라는 것을 알고 있었다는 사실만으로 그와 같은 목
적이 있다고 보기에는 부족하며, 상표권침해자 측의 상표선정의 동기, 피침해상표를 알고
있었는지 등 주관적 사정과 상표의 유사성과 피침해상표의 신용상태, 영업목적의 유사성
및 영업활동의 지역적 인접성, 상표권침해자 측의 현실의 사용상태 등의 객관적 사정을
고려하여 판단하여야 한다.227)

---

226) 대법원 2001. 3. 23. 선고 2000후3708 판결[(가)호 표장 '하나로통신'은 법인인 회사의 상호인 '하나로
통신 주식회사' 중 회사의 형태(종류) 표시인 '주식회사' 부분을 생략한 것으로서 '상호의 약칭'일 뿐
'상호' 그 자체를 표시하는 상표에 해당한다고 볼 수 없고, 또한 상호가 약칭으로 사용될 경우에는 그
상호의 저명성이 인정되지 않는 한 상표(서비스표)의 사용실태를 고려할 필요 없이 상표법 제51조 제1
호 소정의 '상호를 보통으로 사용하는 방법으로 표시한 것'에 해당되지는 않는다는 이유로, (가)호 표장
이 위 회사 자신의 상호 그 자체를 사용한 것으로 판단하여 상호 '하나로통신 주식회사'가 저명한 것인
지에 대하여 살펴보지 않은 채 (가)호 표장이 상표법 제51조 제1호 소정의 '상호'를 보통으로 사용하는
방법으로 표시하는 표장에 해당한다고 판단한 원심은 위법하다고 하여 파기한 사례].

227) 대법원 1993. 10. 8. 선고 93후411 판결[이 사건의 경우 심판청구인이 이 사건 등록서비스표가 등록되
기 전부터 (가)호 표장과 같은 간판을 달고 조명기구의 도·소매업을 해 왔으므로 이에 대하여는 구 상
표법 제26조 제1호의 본문의 규정에 의하여 등록서비스표의 효력이 미치지 아니한다 할 것이나 그 후
에 커튼, 벽지, 도·소매업을 추가하는 내용의 사업자등록을 하고 그 영업을 하고 있으므로 그 부분에
대하여는 부정경쟁의 목적이 인정된다면 이에 한하여 등록서비스표의 효력이 미친다고 해야 할 것인데,
기록에 의하면 심판청구인과 피심판청구인의 영업목적이 심판청구인 측의 업종의 확대로 부분적으로

- 구 상표법(1990. 1. 23. 법률 제4210호로서 개정되기 전의 것) 제26조 제1호 단서에서 규정한 '부정경쟁의 목적'이란 등록된 상표권자의 신용을 이용하여 부당한 이익을 얻을 목적을 말하며, 여기서의 '등록된 상표권자의 신용'은 반드시 등록된 상표가 동일성을 유지하면서 그대로 사용되어 국내에 널리 인식되었을 때에만 형성되는 것으로 보아야 할 것은 아니고, 상표등록이 등록상표의 미사용을 이유로 취소되지 않는 한 등록에 의한 상표권은 여전히 보장되어야 하므로 등록상표의 구성 부분 중 일부의 사용이 등록상표의 부정사용(같은 법 제45조 제1항 제2호)에 해당하는 등 특단의 사유가 없는 한 일부의 사용으로써도 부정경쟁자와의 관계에 있어서는 등록상표 자체의 주지성이 획득되어 부정경쟁방지의 보호대상이 되는 것으로 보아야 하며, 그와 같이 부정경쟁방지의 보호대상이 된 등록상표상 권리자의 신용을 이용하여 부당한 이득을 얻을 목적으로 자기의 상호 등에서 유래한 상표나 서비스표를 사용한 경우에는 위 제26조 제1호 단서에서 규정한 부정경쟁의 목적으로 사용하는 것으로 인정하여야 한다.[228]

- 원고 회사가 '동성'이라는 상호를 서비스표로서 아파트 분양광고나 아파트 벽면에 사용함에 있어 일반의 주의를 끌만한 서체나 도안으로 사용한 것은 아니므로 이는 상호를 보통으로 사용하는 방법으로 표시한 서비스표에 해당하는 것으로 봄이 상당하다 할 것이고, 이 사건에 있어서 피고 회사의 서비스표는 1990. 7. 24. 출원하여 1992. 8. 5. 등록된 것이고 원고 회사가 '동성'이라는 상호를 아파트 분양광고나 아파트 벽면에 서비스표적으로 사용한 것은 피고 회사의 서비스표 등록 훨씬 이전부터 이루어진 것이어서,

---

유사하게 된 점 및 영업장소가 심판청구인의 경우 서울 강남구 논현동이고 피심판청구인은 서울 강남구 신사동이어서 지역적으로 근접하여 있다는 점, 피심판청구인 측의 영업이 그 지역신문의 광고 등으로 어느 정도 알려져 있다는 점 등의 사정을 알 수 있으나 이와 같은 사정만으로는 심판청구인에게 등록된 피심판청구인의 서비스표의 신용을 이용하여 부당한 이익을 얻을 목적이 있었다고는 단정할 수 없다 할 것이고 그 외 심판청구인에게 부정경쟁의 목적으로 업종을 확장하여 (가)호 표장을 사용하였음을 인정할 자료는 없다.

228) 대법원 1993. 12. 21. 선고 92후1844 판결[원심이 등록된 상표권자의 신용은 등록된 상표가 동일성을 유지하면서 그대로 사용되어 국내에 널리 인식되었을 때에만 형성되는 것임을 전제로, 영문자 'TORTOISE'와 한글 '거북표'로 구성된 결합상표인 이 사건 등록상표 중 한글로 된 '거북표' 부분만을 사용하였다고 하더라도 거래관념상 동일성을 유지하면서 사용된 것이라고 판단한 부분은 잘못이라 할 것이나(당원 1985. 5. 28. 선고 84후117 판결; 1987. 3. 24. 선고 86후100 판결; 1992. 12. 22. 선고 92후698 판결 등 참조), 등록상표 중 일부분인 한글 상표 부분만을 사용하였더라도 거래사회 관념상 부정경쟁방지의 보호대상인 등록된 상표권자의 신용은 형성된 것으로 보아야 할 것이므로, 피청구인이 이를 이용하여 부당한 이득을 얻을 목적으로 (가)호 표장<(주)거북이약품>을 사용한 이상, 구 상표법 제26조 제1호 단서에서 규정한 부정경쟁의 목적으로 (가)호 표장을 사용한 경우에 해당한다 하여 이 사건 등록상표의 상표권이 (가)호 표장에도 미친다고 한 원심판단의 결론부분은 정당하고, 또한 기록에 비추어 보면 그 나머지 점에 관한 원심의 사실인정과 판단은 모두 정당한 것으로 수긍이 가므로, 여기에 소론과 같은 구 상표법 제26조 제1호에 관한 법리오해나 심리미진의 위법이 있다고 할 수 없다.

이 사건 양서비스표의 유사성이나 영업목적의 유사성, 영업활동의 지역적 인접성 등에도 불구하고 원고 회사에게 등록된 피고 회사의 서비스표의 신용을 이용하여 부당한 이득을 얻으려는 의사가 있었다고 보기는 어렵다.[229]

 ⅱ) 등록상표의 지정상품과 동일 또는 유사한 상품의 보통명칭·산지·품질·원재료·효능·용도·수량·형상(포장의 형상을 포함한다)·가격 또는 생산방법·가공방법·사용방법 및 시기를 보통으로 사용하는 방법으로 표시하는 상표

 ─ 상표법 제26조는 상표권자가 등록상표를 지정상품에 사용할 수 있는 권리(전용권)와 타인이 그 등록상표와 동종 내지 유사한 상표를 사용하는 경우 그 침해의 금지 또는 예방을 청구할 수 있는 권리(금지권) 등 상표법상 가지는 권리에 대하여 그 각 호에 해당하는 경우에는 그 상표권자에게 그와 같은 권리를 독점적으로 부여하는 것이 적당하지 아니하다고 인정하여 상표권의 효력이 미치지 아니하는 것으로 규정한 것이므로 그 상표 또는 상표구성상의 요부라고 인정되는 부분이 상품의 품질, 원재료 등을 보통으로 사용하거나 그 상품의 보통명칭을 보통으로 사용하는 방법으로 표시한 표장만으로 된 것은 비록 그 상표가 주지저명한 상표로서 상표등록이 가능하더라도 부정경쟁의 목적으로 사용하는 여부에 관계없이 상표법 제26조 제2호에 의하여 상표권의 효력이 미치지 아니한다.[230]

 ─ 구 상표법(1990. 1. 13. 법률 제4210호로 개정되기 전의 것) 제26조 제2호에 규정된 품질, 효능 등 표시에 해당하는 여부는 그 상표의 구성, 외관, 칭호, 관념, 지정상품과의 관계 및 거래사회의 실정 등을 감안하여 객관적으로 판단하여야 하며 그 상표가 상품의 품질이나 효능을 뜻하는 것이더라도 그것이 보통으로 사용하는 방법으로 표시되지 아니하고 특수한 자체나 모양을 사용한 도안으로 표시하는 등 다른 상품과 구별되는 특별현저성을 갖는 정도의 것일 때에는 위 제26조 제2호에 해당하지 아니한다고 할 것인바, 이

---

229) 대법원 1995. 9. 29. 선고 94다31365, 31372(반소) 판결.
230) 대법원 1987. 6. 23. 선고 86후4 판결[원심결이유를 기록에 의하여 검토하여 보면, 원심이 이사건 상표 '물파스'는 수제로 된 파스 또는 물을 혼합한 파스로 인식되어 그 지정상품의 형상 또는 원재료 등 그 성질을 표시하는 '물'이라는 부분과 그 지정상품의 보통명칭인 '파스'만으로 구성된 상표라 아니할 수 없으므로 단순한 조어상표라 할 수 없고, 또한 (가)호 표장의 요부인 '물파스'라는 부분도 그 지정상품 의 보통명칭과 그 상품의 형상 또는 원재료를 표시하는 것으로 보통으로 사용하는 방법으로 표시한 표 장에 불과하다 하여 이는 상표법 제26조 제2호의 규정에 해당되어 상표권의 효력이 미치지 아니하는 것이라고 인정하고, 가사 이사건 상표가 주지저명 상표라 하더라도 이와 같은 사유가 있을 경우에는 동 규정이 배제된다는 명문규정이 없는 한 (가)호 표장은 이 사건 상표의 권리범위에 속하지 아니한다고 판단한 것은 위 법리에 따른 것으로 정당하고, 거기에는 소론과 같은 상표구성에 관한 사실오인의 위법 이나 상표권의 권리범위에 관한 법리오해의 위법이 없다.

사건 등록상표 및 (가)호 표장의 각 상단부에 표시된 영문자 OK는 보통으로 사용하는 방법으로 표시된 것이 아니라 특수한 모양으로 도안을 사용하여 표시된 것으로서 특별현 저성을 갖는다.[231]

ii 의2) 제9조 제2항의 규정에 따른 입체적 형상으로 된 등록상표에 있어서 그 입체적 형상이 누구의 업무에 관련된 상품을 표시하는 것인지 식별할 수 없는 경우에 등록상표 의 지정상품과 동일하거나 유사한 상품에 사용하는 등록상표의 입체적 형상과 동일하거 나 유사한 형상으로 된 상표

입체적 형상의 경우 식별력이 없음에도 불구하고 식별력이 있는 것으로 오인될 여지가 높아 2007년 개정 상표법에서 식별력이 없는 입체적 형상과 식별력을 가진 문자나 도형 등이 결합한 상표가 입체상표로 등록되는 경우 상표권의 효력을 제한하는 동 규정을 신 설하였다.

iii) 등록상표의 지정상품과 동일 또는 유사한 상품에 대하여 관용하는 상표와 현저한 지리적 명칭 및 그 약어 또는 지도로 된 상표

- 구 상표법(1990. 1. 13. 법률 제4210호로 개정되기 전의 것) 제26조 제3호에서는 같 은 법 제26조 제1호, 제2호와는 달리 관용표장이나 현저한 지리적 명칭 등이 보통으로 사용하는 방법으로 표시된 표장으로 한정하지 아니하고 있으므로, 등록서비스표와 유사 한 서비스표가 현저한 지리적 명칭과 관용표장을 보통으로 사용하는 방법과 달리 도안되 거나 다른 문자 또는 도형과 결합된 것이라 하더라도, 그 도안된 부분이나 추가적으로 결합된 문자나 도형 부분이 특히 일반의 주의를 끌 만한 것이 아니어서 전체적·객관 적·종합적으로 보아 지리적 명칭이나 관용표장 또는 그 결합표장에 흡수되어 불가분의 일체를 구성하고 있다면, 그 유사 서비스표는 구 상표법 제26조 제3호에서 정한 서비스 표에 해당한다 할 것이므로 이에 대하여는 등록서비스표의 효력이 미치지 아니한다.[232]

---

231) 대법원 1990. 12. 11. 선고 90후175 판결.

232) 대법원 1999. 11. 26. 선고 98후1518 판결[(가)호 서비스표 '코리아리서치센터 Korea Research Center Ltd. + KRC'는 등록 서비스표인 '(주)코리아리서치 KOREA RESEARCH CO., LTD'와 호칭 및 관념이 유사한 서비스표이긴 하나, (가)호 서비스표의 구성 중 '코리아' 내지 'KOREA'는 현저한 지리적 명칭 에 해당하고, '리서치' 내지 'RESEARCH'는 등록서비스표의 지정 서비스업인 시장조사위탁업이나 시장 조사업 등 당업계에서 관용하는 표장에 불과하며, 일반적인 회사 상호나 서비스표에 널리 관용되는 표 장에 불과한 '센터' 내지 'CENTER', 주식회사의 영문 약자 표기인 'Ltd' 부분은 식별력이 없고, 다소 도안된 'KRC'라는 문자와 그 주위의 사각형이 결합되어 있으나, 'KRC'는 식별력이 없는 'Korea Research Center'와 함께 사용되는 한 그 약자임을 쉽게 알 수 있어 식별력이 있다 할 수 없고, 주위의

- 어느 서비스표가 상표법 제51조 제3호 소정의 관용표장, 현저한 지리적 명칭으로 이루어진 경우에는 비록 그 서비스표가 한편으로 제51조 제1호 본문 소정의 자기의 상호를 보통으로 사용하는 방법으로 표시하는 서비스표에 해당하더라도 부정경쟁의 목적으로 사용하는지에 관계없이 등록서비스표권의 효력이 이에 미칠 수 없다.[233]

iv) 등록상표의 지정상품 또는 그 지정상품의 포장의 기능을 확보하는 데 불가결한 형상, 색채, 색채의 조합, 소리 또는 냄새로 된 상표

2007년 개정 상표법에서 제7조 제1항 제13호가 개정됨에 따라 효력제한에 대한 규정을 두게 되었고, 2011. 12. 2. 개정법에서 소리 또는 냄새 상표에 대한 효력제한을 추가하였다.

그 이외에, 지리적 표시 단체표장권에 대한 효력제한 사유는 다음과 같다(§51②).

ⅰ) 위에서 본 상표권 제한 사유 중 ⅰ), ⅱ) (산지에 해당하는 경우를 제외한다), ⅳ)에 해당하는 상표

ⅱ) 지리적 표시 등록단체표장의 지정상품과 동일하거나 동일하다고 인식되어 있는 상품에 대하여 관용하는 상표

ⅲ) 지리적 표시 등록단체표장의 지정상품과 동일하거나 동일하다고 인식되어 있는 상품에 사용하는 지리적 표시로서 당해 지역에서 그 상품을 생산·제조 또는 가공하는 것을 업으로 영위하는 자가 사용하는 지리적 표시 또는 동음이의어 지리적 표시

ⅳ) 선출원에 의한 등록상표가 지리적 표시 등록단체표장과 동일 또는 유사한 지리적 표시를 포함하고 있는 경우에 상표권자·전용사용권자 또는 통상사용권자가 지정상품에

사각형의 도형과 결합되어 있으나 일반의 주의를 끌만한 특수한 도안이나 태양으로 표시되어 있지 아니하므로, (가)호 서비스표는 전체적, 객관적, 종합적으로 보아 외관에 있어 현저한 지리적 명칭인 '코리아' 내지 'KOREA'와 등록서비스표의 지정서비스업과 동일·유사한 서비스업에 대하여 관용하는 표장인 '리서치' 내지 'Research'가 결합된 서비스표에 불과하다 할 것이고, 그 결합에 의하여 '코리아(KOREA)' 및 '리서치(Research)'란 단어가 본래의 의미를 떠나 새로운 관념을 낳는다거나 전혀 새로운 조어가 된 경우라고 할 수 없으므로, (가)호 서비스표는 구 상표법(1990. 1. 13. 법률 제4210호로 개정되기 전의 것) 제26조 제3호의 등록서비스표의 지정서비스업과 동일·유사한 서비스업에 대하여 관용하는 표장과 현저한 지리적 명칭으로 된 서비스표에 해당하여 등록서비스표의 효력은 (가)호 표장에 미치지 아니한다.

233) 대법원 1994. 9. 27. 선고 94다2213 판결(도형과 문자로 결합된 등록서비스표의 문자 부분인 '서울가든' 중 '서울'은 대한민국 수도의 명칭으로서 현저한 지리적 명칭이고 '가든'은 현재 일반적·관용적으로 음식점 특히 갈비집, 불고기집 등에 사용되고 있는 표장이므로, 이는 상표법 제51조 제3호의 규정에 의하여 타인이 사용하는 '석촌서울가든'이라는 문자로 된 서비스표에 대하여는 그 효력이 미치지 아니한다고 본 사례).

3. 사용허락에 의한 제한

상표권자는 자신의 등록상표를 직접 사용하는 것 이외에 제3자에게 그 사용을 허락할 수 있으며, 다른 산업재산권과 마찬가지로 전용사용권 설정 또는 통상사용권 설정이 가능하다(§55, §57).

4. 선사용자에 대한 효력의 제한

타인의 등록상표와 동일하거나 유사한 상표를 그 지정상품과 동일하거나 유사한 상품에 사용하는 자(승계인 포함)로서 ⅰ) 부정경쟁의 목적이 없이 타인의 상표등록출원 전부터 국내에서 계속하여 사용하고 있으며, ⅱ) 그러한 상표 사용의 결과 타인의 상표등록출원 시에 국내 수요자 간에 그 상표가 특정인의 상품을 표시하는 것이라고 인식되어 있는 경우 그 사용자('선사용자')는 해당상표를 그 사용하는 상품에 대하여 계속하여 사용할 권리를 가진다(§57의3①). 이 경우 상표권자나 전용사용권자는 위 선사용자에게 자기의 상품과 선사용자의 상품 간의 출처의 오인이나 혼동을 방지할 수 있는 적당한 표시를 할 것을 청구할 수 있다(§57의3②).

5. 다른 권리와의 저촉에 의한 효력 제한

상표권자·전용사용권자 또는 통상사용권자는 그 등록상표를 사용할 경우에 그 사용상태에 따라 그 상표등록출원일 전에 출원된 타인의 특허권·실용신안권·디자인권 또는 그 상표등록출원일 전에 발생한 타인의 저작권과 저촉되는 경우에는 지정상품 중 저촉되는 지정상품에 대한 상표의 사용은 특허권자·실용신안권자·디자인권자 또는 저작권자의 동의를 얻지 아니하고는 그 등록상표를 사용할 수 없다(§53). 다만 상표법 제53조에서 등록상표가 그 등록출원 전에 발생한 저작권과 저촉되는 경우에 저작권자의 동의 없이 그 등록상표를 사용할 수 없다고 한 것은 저작권자에 대한 관계에서 등록상표의 사용이 제한됨을 의미하는 것이므로, 저작권자와 관계없는 제3자가 등록상표를 무단으로 사용하는 경우에는 상표권자는 그 사용금지를 청구할 수 있다.[234]

6. 재심에 의하여 회복한 상표권의 효력 제한

가. 등록료 납부 등에 의해 회복된 상표권의 효력 제한

상표등록출원, 지정상품추가등록출원 또는 존속기간갱신등록출원이 등록료 미납으로 출원포기 간주되었다가 등록료의 납부 또는 보전에 의해 회복된 경우, 그 상표등록출원·지정상품의 추가등록출원 또는 상표권의 효력은 소정의 납부기간이 경과한 후 상표등록출원·지정상품의 추가등록출원 또는 상표권이 회복되기 전에 그 상표와 동일하거나 이와 유사한 상표를 그 지정상품과 동일하거나 이와 유사한 상품에 사용한 행위에는 미치지 아니한다(§36의3③).

나. 재심에 의하여 회복된 상표권의 효력 제한

ⅰ) 상표등록 또는 상표권의 존속기간갱신등록이 무효로 된 후 재심에 의하여 그 효력이 회복된 경우, ⅱ) 상표등록이 취소된 후 재심에 의하여 그 효력이 회복된 경우, ⅲ) 상표권의 권리범위에 속하지 아니한다는 심결이 확정된 후 재심에 의하여 이와 상반되는 심결이 확정된 경우 상표권의 효력은 당해 심결이 확정된 후 재심청구의 등록 전에 선의로 당해 등록상표와 동일한 상표를 그 지정상품과 동일한 상품에 사용한 행위, 유사범위의 사용행위(제66조 제1항 각 호의 1 또는 동 조 제2항 각 호의 1에 해당하는 행위)에는 미치지 아니한다(§85).

7. 저촉하는 타 산업재산권의 만료 후 상표권의 효력 제한

가. 특허권자의 사용행위에 대한 제한

상표등록출원일 전 또는 상표등록출원일과 동일한 날에 출원되어 등록된 특허권이 그 상표권과 저촉되는 경우 그 특허권의 존속기간이 만료되는 때에는 그 원특허권자는 원특허권의 범위 안에서 그 등록상표의 지정상품과 동일하거나 이와 유사한 상품에 대하여 그 등록상표와 동일하거나 이와 유사한 상표를 사용할 권리를 가진다. 다만, 부정경쟁의 목적으로 그 상표를 사용하는 경우에는 그러하지 아니하다(§57의2①).

---

234) 대법원 2006. 9. 11. 자 2006마232 결정.

나. 실시권자의 사용행위에 대한 제한

상표등록출원일 전 또는 상표등록출원일과 동일한 날에 출원되어 등록된 특허권이 그 상표권과 저촉되는 경우 그 특허권의 존속기간이 만료되는 때에는 그 만료되는 당시에 존재하는 특허권에 대한 전용실시권 또는 그 특허권이나 전용실시권에 대한 「특허법」 제118조 제1항의 효력을 가지는 통상실시권을 가지는 자는 원권리의 범위 안에서 그 등록 상표의 지정상품과 동일하거나 이와 유사한 상품에 대하여 그 등록상표와 동일하거나 이와 유사한 상표를 사용할 권리를 가진다. 다만, 부정경쟁의 목적으로 그 상표를 사용하는 경우에는 그러하지 아니하다(§57의2②). 이 경우 상표를 사용할 권리를 가진 자는 상표권자 또는 전용사용권자에게 상당한 대가를 지급하여야 한다(§57의2③).

다. 기타

당해 상표권자 또는 전용사용권자는 상표를 사용할 권리를 가진 특허권자 또는 실시권 자에게 그 자의 업무에 관한 상품과 자기의 업무에 관한 상품간에 혼동을 방지하는 데 필요한 표시를 하도록 청구할 수 있다(§57의2④). 특허권자 또는 실시권자가 동 규정에 의한 상표를 사용할 권리를 이전(상속 기타 일반승계에 의한 경우를 제외한다)하고자 하는 때에는 상표권자 또는 전용사용권자의 동의를 얻어야 한다(§57의2⑤).

라. 실용신안권·디자인권과의 저촉에 의한 효력 제한

위와 같은 효력제한 규정은 상표등록출원일 전 또는 상표등록출원일과 동일한 날에 출 원되어 등록된 실용신안권 또는 디자인권이 그 상표권과 저촉되는 경우 그 실용신안권 또는 디자인권의 존속기간이 만료되는 때에 이를 준용한다(§57의2⑥).

8. 기타

상표는 영업과 분리하여 양도할 수 있으며, 지정상품마다 분할하여 이전할 수 있으나 유사한 지정상품은 함께 이전하여야 한다(§54①). 상표권이 공유인 경우에는 각 공유자는 다른 공유자 전원의 동의를 얻지 아니하면 그 지분을 양도하거나 그 지분을 목적으로 하는 질권을 설정할 수 없고(§54⑤), 사용권 설정도 할 수 없다(§54⑥). 업무표장권은 업무와 함께 양도하는 경우에만 양도할 수 있고(§54⑦), 단체표장권은 법인의 합병의 경우 특허청장의 허가를 받은 경우에만 이전할 수 있다(§54⑨). 그리고 증명표장권은 해당 증명표장에 대하여 제3조의3에 따라 등록받을 수 있는 자에게 그 업무와 함께 이전할 경우에 한하여 특허청장의 허가를 받아 이전할 수 있다(§54⑩).

* 상표권의 행사와 권리남용

■ **상표권 행사와 권리남용(진한커피 사건 - 대법원 2007. 1. 25. 선고 2005다67223 판결)**

시리즈 편집음반의 'BLACK COFFEE + 진한커피'라는 제명이 자타 상품의 식별표지로서 기능하고 있음에도 불구하고 위 제명의 선사용자인 음반제작·판매자의 동의나 허락 없이 'BLACK COFFEE + 진한커피'와 같이 구성된 등록상표를 출원·등록한 다음 그 상표권에 기하여 위 음반제작·판매자가 '진한커피' 제명을 사용하여 출시한 음반의 제작·판매 금지 등을 구하는 것은 신청인이 위 음반제작·판매자의 자본과 노력 등에 의하여 획득되어 '진한커피' 제명에 화체된 신용 등에 편승하여 이익을 얻을 목적으로 위 등록상표를 출원·등록한 것을 기화로 오히려 그 신용 등의 정당한 귀속 주체인 위 음반제작·판매자로부터 그 신용 등을 빼앗아 자신의 독점하에 두려는 행위이므로, 이러한 상표권 행사는 상표제도의 목적이나 기능을 일탈하고 법적으로 보호받을 만한 가치가 없고, 비록 상표권의 행사라는 외형을 갖추었다 하더라도 등록상표에 관한 권리를 남용하는 것으로서 허용될 수 없다고 본 사례.[235]

■ **상표권 행사와 부정경쟁방지법 위반**

- (비제바노 사건 - 대법원 2000. 5. 12. 선고 98다49142 판결)

구 부정경쟁방지법(1998. 12. 31. 법률 제5621호 부정경쟁방지 및 영업비밀보호에 관한 법률로 개정되기 전의 것) 제15조는 상표법 등 다른 법률에 부정경쟁방지법과 다른 규정이 있는 경우에는 부정경쟁방지법의 규정을 적용하지 아니하고 다른 법률의 규정을 적용하도록 규정하고 있으나, 상표권의 등록이 자기의 상품을 타인의 상품과 식별시킬

---

235) 상표권자가 당해 상표를 출원·등록하게 된 목적과 경위, 상표권을 행사하기에 이른 구체적·개별적 사정 등에 비추어, 상대방에 대한 상표권의 행사가 상표사용자의 업무상의 신용유지와 수요자의 이익보호를 목적으로 하는 상표제도의 목적이나 기능을 일탈하여 공정한 경쟁질서와 상거래 질서를 어지럽히고 수요자 사이에 혼동을 초래하거나 상내방에 대한 관계에서 신의성실의 원칙에 위배되는 등 법적으로 보호받을 만한 가치가 없다고 인정되는 경우에는, 그 상표권의 행사는 가사 권리행사의 외형을 갖추었다 하더라도 등록상표에 관한 권리를 남용하는 것으로서 허용될 수 없고, 상표권의 행사를 제한하는 위와 같은 근거에 비추어 볼 때 상표권 행사의 목적이 오직 상대방에게 고통을 주고 손해를 입히려는 데 있을 뿐 이를 행사하는 사람에게는 아무런 이익이 없어야 한다는 주관적 요건을 반드시 필요로 하는 것은 아니다.

목적으로 한 것이 아니고 국내에서 널리 인식되어 사용되고 있는 타인의 상표와 동일·유사한 상표를 사용하여 일반 수요자로 하여금 타인의 상품과 혼동을 일으키게 하여 이익을 얻을 목적으로 형식상 상표권을 취득하는 것이라면 그 상표의 등록출원 자체가 부정경쟁행위를 목적으로 하는 것으로서, 가사 권리행사의 외형을 갖추었다 하더라도 이는 상표법을 악용하거나 남용한 것이 되어 상표법에 의한 적법한 권리의 행사라고 인정할 수 없으므로 이러한 경우에는 구 부정경쟁방지법 제15조의 적용이 배제된다.

- (사임당가구 사건 - 대법원 1993. 1. 19. 선고 92도2054 판결)

상표의 등록이나 상표권의 양수가 자기의 상품을 타 업자의 상품과 식별시킬 목적으로 한 것이 아니고, 국내에 널리 인식되어 사용되고 있는 타인의 상표가 상표등록이 되어 있지 아니함을 알고, 그와 동일 또는 유사한 상표나 상호, 표지 등을 사용하여 일반 수요자로 하여금 타인의 상품과 혼동을 일으키게 하거나 타인의 영업상의 시설이나 활동과 혼동을 일으키게 하여 이익을 얻을 목적으로 형식상 상표권을 취득하는 경우에는 상표의 등록출원이나 상표권의 양수 자체가 부정경쟁행위를 목적으로 하는 것으로서, 가사 권리행사의 외형을 갖추었다 하더라도 이는 상표법을 악용하거나 남용한 것이 되어 상표법에 의한 적법한 권리의 행사라고 인정할 수 없으므로, 위 부정경쟁방지법 제9조에 해당하여 같은 법 제2조의 적용이 배제된다고 할 수 없다.

■ **특정인에 대한 상표권 행사와 권리남용**

- (KGB사건 - 대법원 2006. 2. 24. 자 2004마101 결정)

등록상표의 출원이 그 상표를 이용한 제품을 판매·생산함으로써 자신의 상품과 다른 업자의 상품의 식별력을 가지게 하기 위한 것이 아니라 KGB 제품의 독점적 수입판매권을 부여받는 내용의 계약을 강제하거나 그러한 계약을 맺는 과정에서 유리한 입지를 확보하여 부당한 이익을 얻기 위한 부정한 의도하에 출원한 것인 경우, 그에 기한 상표권 행사는 권리남용에 해당한다.

- (ACM사건 - 대법원 2007. 2. 22. 선고 2005다39099 판결)

원고는 위 ACM사의 국내 총판대리점 관계에 있던 회사로서 위 ACM사가 국내에 상표등록을 하고 있지 않음을 기화로 이 사건 등록상표들을 출원·등록해 놓았다가, 위 ACM사와의 총판대리점관계가 종료된 후, 이 사건 등록상표들을 실제 상품에 사용하지도 아니하면서 위 ACM사의 국내 출자 법인인 피고를 상대로 이 사건 등록상표권을 행사하여 그동안 피고가 정당하게 사용해 오던 'ACM'이나 이를 포함한 표장을 피고의 인터넷 도메인 이름 또는 전자우편주소로 사용하거나 피고의 인터넷 홈페이지에서 사용하는 것을 금지해 달라고 청구하는 것임을 알 수 있는바, 이는 상표사용자의 업무상의 신용유지와 수요자의 이익보호를 목적으로 하는 상표제도의 목적이나 기능을 일탈하여 공정한 경쟁질서와 상거래 질서를 어지럽히고 상대방에 대한 관계에서 신의성실의 원칙에 위배되는 행위이어서 법적으로 보호받을 만한 가치가 없다고 인정되므로, 비록 원고의 이 사건 상표권 행사가 권리행사라는 외형을 갖추었다 하더라도 이 사건 등록상표권을 남용하는 것으로서 허용될 수 없다.

진정상품병행수입 행위의 적법성

■ 관련규정

– 관세법 제235조[236)]

[236) 제235조(지식재산권 보호) ① 다음 각 호의 어느 하나에 해당하는 지식재산권을 침해하는 물품은 수출하거나 수입할 수 없다. <개정 2012. 6. 1.>
1. 「상표법」에 따라 설정등록된 상표권
2. 「저작권법」에 따른 저작권과 저작인접권(이하 '저작권 등'이라 한다)
3. 「식물신품종 보호법」에 따라 설정등록된 품종보호권
4. 「농산물품질관리법」 또는 「수산물품질관리법」에 따라 등록되거나 조약·협정 등에 따라 보호대상으로 지정된 지리적 표시권 또는 지리적 표시(이하 '지리적 표시권 등'이라 한다)
5. 「특허법」에 따라 설정등록된 특허권
6. 「디자인보호법」에 따라 설정등록된 디자인권
② 관세청장은 제1항 각 호에 따른 지식재산권을 침해하는 물품을 효율적으로 단속하기 위하여 필요한 경우에는 해당 지식재산권을 관계 법령에 따라 등록 또는 설정등록한 자 등으로 하여금 해당 지식재산권에 관한 사항을 신고하게 할 수 있다.
③ 세관장은 다음 각 호의 어느 하나에 해당하는 물품이 제2항에 따라 신고된 지식재산권을 침해하였다고 인정될 때에는 그 지식재산권을 신고한 자에게 해당 물품의 수출입, 환적, 복합환적, 보세구역 반입, 보세운송 또는 제141조 제1호에 따른 일시양륙의 신고(이하 이 조에서 '수출입신고 등'이라 한다) 사실을 통보하여야 한다. 이 경우 통보를 받은 자는 세관장에게 담보를 제공하고 해당 물품의 통관 보류나 유치를 요청할 수 있다.
1. 수출입신고된 물품
2. 환적 또는 복합환적 신고된 물품
3. 보세구역에 반입신고된 물품
4. 보세운송신고된 물품
5. 제141조 제1호에 따라 일시양륙이 신고된 물품
④ 제1항 각 호에 따른 지식재산권을 보호받으려는 자는 세관장에게 담보를 제공하고 해당 물품의 통관 보류나 유치를 요청할 수 있다.
⑤ 제3항 또는 제4항에 따른 요청을 받은 세관장은 특별한 사유가 없으면 해당 물품의 통관을 보류하거]

– 지적재산권 보호를 위한 수출입통관 사무처리에 관한 고시

(20100322 관세청고시 제2010 – 033호) – 별첨자료 참고

– 병행수입에 있어서의 불공정거래행위의 유형고시[237]

나 유치하여야 한다. 다만, 수출입신고 등을 한 자가 담보를 제공하고 통관 또는 유치 해제를 요청하는 경우에는 다음 각 호의 물품을 제외하고는 해당 물품의 통관을 허용하거나 유치를 해제할 수 있다.

1. 위조하거나 유사한 상표를 부착하여 제1항 제1호에 따른 상표권을 침해하는 물품
2. 불법복제된 물품으로서 저작권 등을 침해하는 물품
3. 같거나 유사한 품종명칭을 사용하여 제1항 제3호에 따른 품종보호권을 침해하는 물품
4. 위조하거나 유사한 지리적 표시를 사용하여 지리적 표시권 등을 침해하는 물품
5. 특허로 설정등록된 발명을 사용하여 제1항 제5호에 따른 특허권을 침해하는 물품
6. 같거나 유사한 디사인을 사용하여 제1항 제6호에 따른 디자인권을 침해하는 물품

⑥ 제2항부터 제5항까지의 규정에 따른 지식재산권에 관한 신고, 담보 제공, 통관의 보류·허용 및 유치·유치해제 등에 필요한 사항은 대통령령으로 정한다.

⑦ 세관장은 제3항 각 호에 따른 물품이 제1항 각 호의 어느 하나에 해당하는 지식재산권을 침해하였음이 명백한 경우에는 대통령령으로 정하는 바에 따라 직권으로 해당 물품의 통관을 보류하거나 해당 물품을 유치할 수 있다. 이 경우 세관장은 해당 물품의 수출입신고 등을 한 자에게 그 사실을 즉시 통보하여야 한다.

[전문개정 2010. 12. 30.] [시행일: 2013. 6. 2.] 제235조

237) 병행수입에 있어서의 불공정거래행위의 유형고시(제정 2009. 8. 20. 공정거래위원회 고시 제2009 – 23호, 개정 2012. 8. 20. 공정거래위원회 고시 제2012 – 17호)
독점규제 및 공정거래에 관한 법률 제23조【불공정거래행위의 금지】제2항 및 동법시행령 제36조【불공정거래행위의 지정】제1항 및 제2항의 규정에 의하여 병행수입에 있어서의 불공정거래행위의 유형을 다음과 같이 告示한다.
2012년 8월 20일
공정거래위원회
병행수입에 있어서의 불공정거래행위의 유형고시
제1조【목적】이 고시는 독점규제 및 공정거래에 관한 법률(이하 '법'이라 한다) 제23조(불공정거래행위의 금지) 제1항의 규정에 의한 불공정거래행위에 해당되어 금지되는 부당한 병행수입 저지행위의의 대표적인 유형을 구체적으로 밝혀 이를 사전에 예방하는 데 그 목적이 있다.
제2조【용어의 정의】① '진정상품'이라 함은 상표가 외국에서 적법하게 사용할 수 있는 권리가 있는 자에 의하여 부착되어 배포된 상품을 말한다.
② '독점수입권자'라 함은 다음 각 호의 1에 해당하는 자를 말한다.
1. 외국상표권자와 국내상표권자가 동일인이거나 계열회사관계(주식 또는 지분의 30% 이상을 소유하면서 최다출자자인 경우)이거나, 수입대리점관계에 있는 자
2. 외국상표권자와 제1호의 관계에 있는 자로부터 전용사용권을 설정받은 자
③ '병행수입'이라 함은 독점수입권자에 의해 당해 외국싱품이 수입되는 경우 제3자가 다른 유통경로를 통하여 진정상품을 국내 독점수입권자의 허락 없이 수입하는 것을 말한다.
제3조【적용대상】본 고시는 관세청 고시인 [지적재산권보호를 위한 수출입 통관사무처리에 관한 고시] 제1 – 3조 제5호 단서규정(첨부)에 의하여 '상표권을 침해하지 않는 것으로 보는 경우'에 해당되어 수입이 허용되는 상품을 국내에 수입하여 판매하는 병행수입업자의 행위를 부당하게 저해하는 독점수입권자 및 그 판매업자의 불공정거래행위를 그 규제대상으로 하며 본 고시 제5조 내지 제11조에서 규정한 부당한 병행수입 저지행위에 해당되는 경우란 이를 전제로 한다.
제4조【기본원칙】① 병행수입은 독점수입권자 외의 제3자가 다른 유통경로를 통하여 진정상품을 수입함에 따라 일반적으로 경쟁을 촉진시키는 효과를 지니는 것이므로 이를 부당하게 저해하는 경우에는 법에 위반된다.② 병행수입품이라고 하는 상품이 진정상품이 아니고 위조상품인 경우에는 상표권의 침해

(제정 2009. 8. 20. 공정거래위원회 고시 제2009 - 23호)

- 저작권법 제20조 (배포권) 저작자는 저작물의 원본이나 그 복제물을 배포할 권리를

를 이유로 독점수입권자가 그 판매를 중지시킬 수가 있고, 그 외에도 상품사양이나 품질이 다른 상표품인데도 불구하고 허위의 출처표시를 하는 등으로 해서 일반소비자에게 독점수입권자가 취급하는 상품과 동일한 것이라고 오인될 우려가 있는 경우 상표의 사용을 보지하기 위하여 필요한 조치를 취하는 것은 원칙적으로 법상 문제가 되지 아니한다.

제5조【해외 유통경로로부터의 진정상품 구입방해】독점수입권자가 부당하게 다음 각 호의 1에 해당하는 행위를 하는 경우에는 독점규제 및 공정거래에 관한 법률시행령 별표(이하 '시행령 별표'라 한다) 제7호(구속조건부거래) 나목(거래지역 또는 거래상대방의 제한)에 해당되어 법 제23조(불공정거래행위의 금지) 제1항 제5호 전단에 위반되거나 시행령 별표 제8호(사업활동방해) 라목(기타의 사업활동방해)에 해당되어 법 제23조(불공정거래행위의 금지) 제1항 제5호 후단에 위반된다.

1. 병행수입권자가 진정상품을 구입하고자 하는 경우 외국상표권자의 해외거래처에 대하여 외국상표권자로 하여금 제품공급을 하지 못하게 하는 행위

2. 병행수입품의 제품번호 등을 통하여 그 구입경로를 알아내어 동 제품을 취급한 외국상표권자의 해외거래처에 대하여 외국상표권자로 하여금 제품공급을 하지 못하게 하는 행위

제6조【판매업자에 대한 병행수입품의 취급제한】독점수입권자가 독점수입상품을 판매함에 있어 부당하게 병행수입품을 취급하지 않는 조건으로 자기의 판매업자와 거래하는 등 판매업자에 대하여 병행수입품을 취급하지 않도록 하는 경우에는 시행령 별표 제7호(구속조건부거래) 가목(배타조건부거래)에 해당되어 법 제23조(불공정거래행위의의 금지) 제1항 제5호 전단에 위반된다.

제7조【병행수입품을 취급한 판매업자에 대한 차별적 취급】독점수입권자가 독점수입상품을 판매함에 있어 자기의 판매업자 중 병행수입품을 취급하는 판매업자에 대하여는 타 판매업자에 비하여 현저하게 불리한 가격으로 거래하거나, 수량·품질 등 거래조건이나 거래내용에 관하여 부당하게 차별적 취급을 하는 경우에는 시행영 별표 제2호(차별적취급) 가목(가격차별) 및 나목(거래조건차별)에 해당되어 법 제23조(불공정거래행위의 금지) 제1항 제1호 후단에 위반된다.

제8조【병행수입품을 취급한 판매업자에 대한 제품공급거절 및 중단】독점수입권자가 독점수입상품을 판매함에 있어 병행수입품을 취급하는 사업자와는 거래개시를 거절하거나 그동안 계속 거래하여 오던 자기의 판매업자 중 병행수입품을 취급한 사업자에 대하여 병행수입품을 취급하였다는 이유만으로 부당하게 제품의 공급을 중단하는 경우에는 시행령 별표 제1호(거래거절) 나목(기타의 거래거절)에 해당되어 법 제23조(불공정거래행위의 금지) 제1항 제1호 전단에 위반된다.

제9조【병행수입품을 취급하는 소매업자에 대한 독점수입품의 판매제한】독점수입권자가 자기의 판매업자(도매업자)로 하여금 부당하게 병행수입품을 취급하는 소매업자에게는 독점수입품을 판매하지 못하게 하는 경우에는 시행령 별표 제7호(구속조건부거래) 나목(거래지역 또는 거래상대방의 제한)에 해당되어 법 제23조(불공정거래행위의 금지) 제1항 제5호 전단에 위반되거나 시행령 별표 제6호(거래상 지위의 남용) 마목(경영간섭)에 해당되어 법 제23조(불공정거래행위의 금지) 제1항 제4호에 위반된다.

제10조【병행수입품에 대한 비방적 표시·광고】 <삭제 98. 12. 31>

제11조【병행수입품의 광고활동 방해】 <삭제 98. 12. 31>

第12條【재검토기한】「훈령·예규 등의 발령 및 관리에 관한 규정」(대통령훈령 제248호)에 따라 이 고시 발령 후의 법령이나 현실 여건의 변화 등을 검토하여 이 고시의 폐지, 개정 등의 조치를 하여야 하는 기한은 2015년 8월 20일까지로 한다.

부 칙 < 2009. 8. 20. >

제1조 (시행일) 이 고시는 2009년 8월 21일부터 시행한다.

제2조 (종전 고시의 폐지) 종전의 병행수입에 있어서의 불공정거래행위의 유형고시는 이를 폐지한다.

부 칙 < 2012. 8. 20. >

제1조(시행일) 이 고시는 2012년 8월 21일부터 시행한다.

제2조(종전 고시의 폐지) 종전의 병행수입에 있어서의 불공정거래행위의 유형고시는 이를 폐지한다.

가진다. 다만, 저작물의 원본이나 그 복제물이 해당 저작재산권자의 허락을 받아 판매 등의 방법으로 거래에 제공된 경우에는 그러하지 아니하다.

■ 병행수입

- 폴로 판결(대법원 1997. 10. 10. 선고 96도2191 판결)

국내 전용사용권자가 그 등록을 마친 후 폴로 상표가 부착된 의류를 국내에서 제조·판매하면서 많은 비용을 들여 그 제품에 대한 선전·광고 등의 활동을 하여 왔고, 국외에서 판매되는 같은 상표가 부착된 의류 중에는 미합중국 외에 인건비가 낮은 제3국에서 주문자 상표 부착 방식으로 제조되어 판매되는 상품들도 적지 않으며, 국내 전용사용권자와 국외 상표권자와의 사이에는 국내 전용사용권 설정에 따른 계약관계 이외에 달리 동일인이라거나 같은 계열사라는 등의 특별한 관계는 없는 경우, 국외에서 제조·판매되는 상품과 국내 전용사용권자가 제조·판매하는 상품 사이에 품질상 아무런 차이가 없다거나 그 제조·판매의 출처가 동일한 것이라고 할 수 없고, 또한 국외 상표권자와 국내 전용사용권자가 공동의 지배통제 관계에서 상표권을 남용하여 부당하게 독점적인 이익을 꾀할 우려도 적다고 할 것이므로, 이러한 경우에는 이른바 진정상품의 병행수입이라고 하더라도 국내 전용사용권을 침해하는 것으로서 허용되지 않는다.

- ROBERTA DI CAMERINO(대법원 2005. 6. 9. 선고 2002다61965 판결)

[1] 국내에 등록된 상표와 동일·유사한 상표가 부착된 그 지정상품과 동일·유사한 상품을 수입하는 행위가 그 등록상표권의 침해 등을 구성하지 않는다고 하기 위해서는, <u>외국의 상표권자 내지 정당한 사용권자가 그 수입된 상품에 상표를 부착하였어야 하고, 그 외국 상표권자와 우리나라의 등록상표권자 사이에 법적 또는 경제적으로 밀접한 관계가 있거나 그 밖의 사정에 의하여 위와 같은 수입상품에 부착된 상표가 우리나라의 등록상표와 동일한 출처를 표시하는 것으로 볼 수 있는 경우이어야 할 것이다.</u>

[2] 외국의 상표권자 내지 정당한 사용권자가 상표를 부착한 이후 거래 당사자 사이의 판매지 제한 약정에 위반하여 다른 지역으로 그 상품이 판매 내지 수출되었더라도 그러한 사정만으로 그 상품의 출처가 변하는 것은 아니라고 할 것이어서 그러한 약정 위반만으로 외국 상표권자가 정당하게 부착한 상표가 위법한 것으로 되는 것은 아니다.

- **버버리 판결(대법원 2002. 9. 24. 선고 99다42322 판결)**

[1] 병행수입 그 자체는 위법성이 없는 정당한 행위로서 상표권 침해 등을 구성하지 아니하므로 병행수입업자가 상표권자의 상표가 부착된 상태에서 상품을 판매하는 행위는 당연히 허용될 것인바, 상표제도는 상표를 보호함으로써 상표 사용자의 업무상의 신용유지를 도모하여 산업발전에 이바지함과 아울러 수요자의 이익을 보호함을 목적으로 하고 (상표법 제1조 참조), 상표는 기본적으로 당해 상표가 부착된 상품의 출처가 특정한 영업주체임을 나타내는 상품출처표시기능과 이에 수반되는 품질보증기능이 주된 기능이라는 점 등에 비추어 볼 때, 병행수입업자가 위와 같이 소극적으로 상표를 사용하는 것에 그치지 아니하고 나아가 적극적으로 상표권자의 상표를 사용하여 광고·선전행위를 하더라도 그로 인하여 위와 같은 상표의 기능을 훼손할 우려가 없고 국내 일반 수요자들에게 상품의 출처나 품질에 관하여 오인·혼동을 불러일으킬 가능성도 없다면, 이러한 행위는 실질적으로 상표권 침해의 위법성이 있다고 볼 수 없을 것이므로, 상표권자는 상표권에 기하여 그 침해의 금지나 침해행위를 조성한 물건의 폐기 등을 청구할 수 없다고 봄이 상당하다.

[2] 병행수입업자가 적극적으로 상표권자의 상표를 사용하여 광고·선전행위를 한 것이 실질적으로 상표권 침해의 위법성이 있다고 볼 수 없어 상표권 침해가 성립하지 아니한다고 하더라도, 그 사용태양 등에 비추어 영업표지로서의 기능을 갖는 경우에는 일반 수요자들로 하여금 병행수입업자가 외국 본사의 국내 공인 대리점 등으로 오인하게 할 우려가 있으므로, 이러한 사용행위는 부정경쟁방지 및 영업비밀보호에 관한 법률 제2조 제1호 (나)목 소정의 영업주체혼동행위에 해당되어 허용될 수 없다.[238]

- **벤츠 판결(대법원 2002. 2. 5. 선고 2000두3184 판결)**

벤츠자동차의 국내 독점수입·판매업자가 병행수입차량의 차대번호를 추적·조사하여 벤츠사로부터 독점적 판매권의 침해에 대한 약정상의 커미션을 수령한 행위와 병행수입업자가 벤츠사의 해외판매법인으로부터 위 커미션해당액을 구상받고 지급을 거절함으로써 벤츠자동차를 수입할 수 없게 된 결과 사이에는 불공정거래행위가 성립하기 위한 상

---

238) 원심의 이유 설시에 다소 미흡한 점은 있으나, 매장 내부 간판, 포장지 및 쇼핑백, 선전광고물은 영업표지로 볼 수 없거나 병행수입업자의 매장이 마치 대리점인 것처럼 오인하게 할 염려가 없다고 보아 이 사건 표장의 사용이 허용되는 반면에, 사무소, 영업소, 매장의 외부 간판 및 명함은 영업표지로 사용한 것이어서 이 사건 표장의 사용이 허용될 수 없다고 판단하고 이들 외부 간판 및 명함에 대해서 이 사건 표장의 사용금지 및 그 폐기를 명한 원심의 조치는 위 법리에 비추어 정당하고, 거기에 각 상고이유에서 지적하는 것과 같은 법리오해나 이유모순 등의 위법이 있다고 할 수 없다.

당인과관계가 없다고 한 사례.

■ **권리소진**

특별한 사정이 없는 한 상표권자 등이 국내에서 등록상표가 표시된 상품을 양도한 경우에는 당해 상품에 대한 상표권은 그 목적을 달성한 것으로서 소진되고, 그로써 상표권의 효력은 당해 상품을 사용, 양도 또는 대여한 행위 등에는 미치지 않는다고 할 것이나, 원래의 상품과의 동일성을 해할 정도의 가공이나 수선을 하는 경우에는 실질적으로 생산행위를 하는 것과 마찬가지이므로 이러한 경우에는 상표권자의 권리를 침해하는 것으로 보아야 할 것이고, 동일성을 해할 정도의 가공이나 수선으로서 생산행위에 해당하는가는 당해 상품의 객관적인 성질, 이용형태 및 상표법의 규정취지와 상표의 기능 등을 종합하여 판단하여야 한다.[239]

제5절 상표권의 변동

Ⅰ. 상표권의 이전

1. 서

상표권의 이전이란 상표권의 동일성을 유지하면서 권리 주체가 변경되는 것을 말한다. 상표권은 재산권의 일종으로서 다른 산업재산권과 마찬가지로 타인에게 양도할 수 있다. 즉 상표권은 영업과 분리하여 양도할 수 있으며, 또한 지정상품마다 분할하여 양도할 수도 있다(§54①).

---

239) 대법원 2003. 4. 11. 선고 2002도3445 판결(피고인이 후지필름의 등록상표가 각인된 1회용 카메라의 빈 용기를 수집하여 다시 필름을 장전하고 일부 포장을 새롭게 하여 제조·판매한 행위가 후지필름의 등록상표를 침해하고 혼동을 야기하였다고 본 사례).

2. 상표권 이전의 제한

가. 공유상표의 경우

상표권이 공유인 경우에는 각 공유자는 다른 공유자 전원의 동의를 얻지 아니하면 그 지분을 양도하거나 그 지분을 목적으로 하는 질권을 설정할 수 없다(§54⑤). 무체재산권의 특성상 공유권리자가 누구인지에 따라 그 권리의 가치 등이 달라지기 때문이다.

나. 업무표장의 경우

업무표장권은 이를 양도할 수 없다. 다만, 그 업무와 함께 양도하는 경우에는 그러하지 아니하다(§54⑦).

다. 국가 · 공공단체 등이 등록한 상표권의 양도 제한

제7조 제1항 제1호의3 단서,[240] 제1호의4 단서[241] 및 제3호 단서[242]에 따라 등록된 상표권은 양도할 수 없다. 다만, 제7조 제1항 제1호의3, 제1호의4 및 제3호의 명칭, 약칭 또는 표장과 관련된 업무와 함께 양도하는 경우에는 그러하지 아니하다(§54⑧).

라. 단체표장의 경우

단체표장권은 이를 이전할 수 없다. 다만, 법인의 합병의 경우에는 특허청장의 허가를 받아 이전할 수 있다(§54⑨).

마. 증명표장의 경우

증명표장권은 이전할 수 없다. 다만, 해당 증명표장에 대하여 제3조의3에 따라 등록받을 수 있는 자에게 그 업무와 함께 이전할 경우에는 특허청장의 허가를 받아 이전할 수 있다(§54⑩).

---

240) 국제적십자, 국제올림픽위원회 또는 저명한 국제기관이 자기의 명칭, 약칭 또는 표장을 상표출원한 경우.

241) 동맹국 또는 동맹국 등이 가입한 정부 간 국제기구가 자기의 명칭 · 약칭(동맹국 등이 가입한 정부 간 국제기구에 한정한다), 표장을 상표출원한 경우.

242) 국가 · 공공단체 또는 이들의 기관과 공익법인 또는 공익사업체에서 자기의 표장을 상표등록출원한 때.

3. 상표권의 이전방법

상표권의 이전(상속 기타 일반승계에 의한 경우를 제외한다)·변경·포기에 의한 소
멸·존속기간의 갱신·상품분류전환·지정상품의 추가 또는 처분의 제한은 등록하지 아
니하면 효력이 발생하지 않는다(§56① i). 상표권자가 사망한 날부터 3년 이내에 상속인
이 그 상표권의 이전등록을 하지 아니한 경우에는 상표권자가 사망한 날부터 3년이 되는
날의 다음 날에 상표권이 소멸된다(§64①).

상표권의 이전제한 규정을 위반한 경우 취소심판의 대상이 되며(§73①iv), 다만 취소
심판을 청구한 후 그 하자가 치유된 경우에는 취소사유가 소멸한다(§73⑤)

Ⅱ. 상표권의 공유

다른 산업재산권과 마찬가지로 상표권의 공유 역시 합유적 성질을 가진다. 다만 판례
는 "상표권이 공유인 경우에 각 공유자는 다른 공유자의 동의를 얻지 아니하면 그 지분
을 양도하거나 그 지분을 목적으로 하는 질권을 설정할 수 없고 그 상표권에 대하여 전
용사용권 또는 통상사용권을 설정할 수도 없는 등 일정한 제약을 받아 그 범위에서 합유와
유사한 성질을 가지지만, 이러한 제약은 상표권이 무체재산권인 특수성에서 유래한 것으로
보일 뿐이고, 상표권의 공유자들이 반드시 공동목적이나 동업관계를 기초로 조합체를 형성
하여 상표권을 소유한다고 볼 수 없을 뿐만 아니라 상표법에 상표권의 공유를 합유관계로
본다는 명문의 규정도 없는 이상, 상표권의 공유에도 상표법의 다른 규정이나 그 본질에
반하지 아니하는 범위 내에서는 민법상의 공유의 규정이 적용될 수 있다"고 한다.[243]

1. 사용행위의 경우

특허법 제99조 제3항과 같은 명문 규정을 두고 있지는 않지만, 각 공유자는 지분의 범
위와 무관하게 공유상표권을 전적으로 사용할 수 있다고 해석된다. 나반 이렇게 해석해
야 할 논리필연적인 이유는 없으며, 따라서 입법적으로 해결함이 타당할 것이다.[244]

---

243) 대법원 2004. 12. 9. 선고 2002후567 판결.

2. 지분양도 및 질권 설정의 제한

상표권이 공유인 경우에는 각 공유자는 다른 공유자 전원의 동의를 얻지 아니하면 그 지분을 양도하거나 그 지분을 목적으로 하는 질권을 설정할 수 없다(§54⑤).

3. 사용권 설정의 제한

상표권이 공유인 경우에는 각 공유자는 다른 공유자 전원의 동의를 얻지 아니하면 그 상표권에 대하여 전용사용권 또는 통상사용권을 설정할 수 없다(§54⑥).

4. 심판청구의 경우

심판청구 시 전원이 심판의 청구인 또는 피청구인이 되어야 한다(§77). 이와 관련하여 심판청구인에서 누락된 공동출원인을 추가하는 보정이 가능한지 문제가 되는바, 판례는 아직 심판청구기간이 도과되기 전이라면 나머지 공동출원인을 추가하는 보정이 가능하다고 판단하였다.[245] 한편, 심결취소소송에 대해서는 달리 규정이 없는바, 판례는 "상표권의 공유자가 그 상표권의 효력에 관한 심판에서 패소한 경우에 제기할 심결취소소송은 공유자 전원이 공동으로 제기하여야만 하는 고유필수적 공동소송이라고 할 수 없고, 공유자의 1인이라도 당해 상표등록을 무효로 하거나 권리행사를 제한·방해하는 심결이 있는 때에는 그 권리의 소멸을 방지하거나 그 권리행사방해배제를 위하여 단독으로 그 심결의 취소를 구할 수 있다"고 판시하였다.[246]

---

244) 같은 취지로 송영식 외 6인 공저, 「지적소유권법(하)」, 육법사(2008), 225면 주255 참고

245) 대법원 2005. 5. 27. 선고 2003후182 판결(특허법 제33조 제2항, 제44조, 제132조의3, 제139조 제3항, 제140조 제2항에 의하면, 특허거절결정을 받은 자가 불복이 있는 때에는 그 결정등본을 송달받은 날로부터 30일 이내에 심판을 청구할 수 있고, 특허를 받을 수 있는 권리가 공유인 경우에는 공유자 전원이 공동으로 특허출원을 하여야 하고, 특허를 받을 수 있는 권리의 공유자가 그 공유인 권리에 관하여 심판을 청구하는 때에는 공유자 전원이 공동으로 청구하여야 하며, 심판청구서의 보정은 청구의 이유를 제외하고는 요지를 변경할 수 없다 할 것이므로, 공동출원인 중 일부만이 심판청구를 제기한 경우 그 심판의 계속 중 나머지 공동출원인을 심판청구인으로 추가하는 보정은 요지의 변경으로서 허용할 수 없음이 원칙이나, 아직 심판청구기간이 도과되기 전이라면 나머지 공동출원인을 추가하는 보정을 허용하여 그 하자가 치유될 수 있도록 함이 당사자의 권리구제 및 소송경제면에서 타당하다).

246) 대법원 2004. 12. 9. 선고 2002후567 판결에서는 그 근거에 대해 "상표법 제77조는 상표권이 공유자 전원에게 합일적으로 확정되어야 할 필요에서 심판절차에 관하여 고유필수적 공동심판을 규정한 특허법 제139조를 준용하고 있으나, 그 심결취소소송절차에 대하여는 아무런 규정을 두고 있지 아니하다.

5. 존속기간갱신등록출원의 경우

상표권이 공유인 경우에는 공유자 전원이 공동으로 상표권의 존속기간갱신등록신청을 하여야 한다(§43③).

6. 공유관계의 해소

공유물의 분할을 통한 해소가 가능하며, 다만 무체재산권의 특성상 현물 분할은 불가능하며 대금분할이나 가격배상을 통하여 해소가 가능하다.

Ⅲ. 상표권의 소멸

1. 존속기간의 만료

상표권은 갱신등록출원을 하지 않는 한 존속기간의 만료로 소멸한다(§42①).

2. 상표권의 포기

상표권자는 상표권에 관하여 지정상품마다 이를 포기할 수 있으며(§59), 그때부터 상표권은 소멸한다(§61). 다만, 상표권자는 전용사용권자·통상사용권자 또는 질권자의 동의를 얻지 아니하면 상표권을 포기할 수 없다(§60①).

그러나 심결취소소송절차에 있어서도 공유자들 사이에 합일확정의 요청은 필요하다고 할 것인데, 이러한 합일확정의 요청은 상표권의 공유자의 1인이 단독으로 심결취소소송을 제기한 경우라도 그 소송에서 승소할 경우에는 그 취소판결의 효력은 행정소송법 제29조 제1항에 의해 다른 공유자에게도 미쳐 특허심판원에서 공유자 전원과의 관계에서 심판절차가 재개됨으로써 충족되고, 그 소송에서 패소하더라도 이미 심판절차에서 패소한 다른 공유자의 권리에 영향을 미치지 아니하므로, 어느 경우에도 합일확정의 요청에 반한다거나 다른 공유자의 권리를 해하지 아니하는 반면, 오히려 그 심결취소소송을 공유자 전원이 제기하여야만 한다면 합일확정의 요청은 이룰지언정, 상표권의 공유자의 1인이라도 소재불명이나 파산 등으로 소의 제기에 협력할 수 없거나 또는 이해관계가 달라 의도적으로 협력하지 않는 경우에는 나머지 공유자들은 출소기간의 만료와 동시에 그 권리행사에 장애를 받거나 그 권리가 소멸되어 버려 그 의사에 기하지 않고 재산권이 침해되는 부당한 결과에 이르게 된다"고 지적하고 있다.

3. 상속인의 부존재 등

상표권자가 사망한 날부터 3년 이내에 상속인이 그 상표권의 이전등록을 하지 아니한 경우에는 상표권자가 사망한 날부터 3년이 되는 날의 다음 날에 상표권이 소멸된다(§64 ①). 또한, 청산절차가 진행 중인 법인의 상표권은 법인의 청산종결등기일(청산종결등기가 되었더라도 청산사무가 사실상 끝나지 아니한 경우에는 청산사무가 사실상 끝난 날과 청산종결등기일부터 6개월이 지난 날 중 빠른 날)까지 그 상표권의 이전등록을 하지 아니한 경우에는 청산종결등기일의 다음 날에 소멸한다(§64②).

4. 상표의 무효 또는 취소

등록상표에 대한 법정의 무효 또는 취소사유가 있는 경우 심판절차를 통해 상표권이 소멸될 수 있다(§71, §73).

5. 상품분류전환등록이 없는 경우 등

다음의 어느 하나에 해당하는 사유가 있는 때에는 상품분류전환등록의 대상이 되는 지정상품에 관한 상표권은 제46조의2 제3항의 규정에 의한 상품분류전환등록신청기간의 종료일이 속하는 존속기간의 만료일 다음 날에 소멸한다(§64의2①).
　ⅰ) 상품분류전환등록을 받아야 하는 자가 제46조의2 제3항의 규정에 의한 기간 이내에 상품분류전환등록을 신청하지 아니하는 경우
　ⅱ) 상품분류전환등록신청이 취하된 경우
　ⅲ) 제5조의15 제1항에 따라 상품분류전환에 관한 절차가 무효로 된 경우
　ⅳ) 상품분류전환등록거절결정이 확정된 경우
　ⅴ) 제72조의2의 규정에 의하여 상품분류전환등록을 무효로 한다는 심결이 확정된 경우
상품분류전환등록의 대상이 되는 지정상품으로서 상품분류전환등록신청서에 기재되지 아니한 지정상품에 관한 상표권은 상품분류전환등록신청서에 기재된 지정상품이 전환등록되는 날에 소멸한다. 다만, 상품분류전환등록이 상표권의 존속기간만료일 이전에 이루어지는 경우에는 상표권의 존속기간만료일의 다음 날에 소멸한다(§64의2②).

Ⅳ. 상표권의 분할

상표권의 지정상품이 2 이상인 경우에는 그 상표권을 지정상품별로 분할할 수 있다(§54의2①). 이러한 지정상품별 분할은 제71조 제2항의 규정에 의한 무효심판이 청구된 때에는 심결이 확정되기까지는 상표권이 소멸된 후에도 할 수 있다(§54의2②).

제6절 사용권

Ⅰ. 전용사용권

1. 의의

전용사용권이란 상표권자와의 계약에 의하여 설정행위로 정한 범위 내에서 등록상표를 독점적으로 사용할 수 있는 권리이다(§55③). 상표권자는 그 상표권에 관하여 타인에게 전용사용권을 설정할 수 있고(§55①), 다만 업무표장권·단체표장권 또는 증명표장권에 관하여는 전용사용권을 설정할 수 없다(§55②).[247]

2. 요건

전용사용권은 상표권자와 사용권자 사이의 설정계약에 의해 발생한다. 구법에서는 전용사용권 설정의 요건으로 반드시 등록을 하도록 하였으나, 2011. 12. 2. 개정법에서 전용사용권 설정을 위한 등록 요건을 삭제하였다. 따라서 현행법에서는 전용사용권도 통상사용권과 마찬가지로 등록이 대항요건에 해당할 뿐이다(§56, §58).[248] 개정법의 취지에

---

[247] 상표법 제54조 제8항, 제11항에서는 국가 또는 공공단체 등의 표장을 상표등록한 경우 상표권의 이전과 질권설정의 제한 규정을 두면서도, 제55조의 전용사용권(제57조의 통상사용권도 마찬가지임) 설정제한 대상으로는 하지 않고 있는바 입법론상 문제가 있으며, 일본 상표법 제30조 제1항 단서(통상사용권의 경우 제31조 제1항 단서)와 같은 사용권설정 제한 대상으로 규정함이 타당하다.

대해서는 그동안 상표사용권 중 전용사용권은 등록을 효력발생 요건으로 하고 있어 등록하지 않는 경우 그 효력이 발생하지 않았으나, 전용사용권을 등록하지 않더라도 그 효력이 발생하도록 하고 등록을 제3자 대항요건으로 변경하여 상표사용권자의 보호를 강화하고자 함이라고 밝히고 있으나, 의문의 여지는 있다.

상표권이 공유인 경우에는 각 공유자는 다른 공유자 전원의 동의를 얻지 아니하면 그 상표권에 대하여 전용사용권 또는 통상사용권을 설정할 수 없다(§54⑥).

3. 범위

전용사용권의 범위는 상표권자와의 설정계약에서 정한 지역적·시간적 범위에 따라 정해진다. 즉 전용사용권의 설정을 받은 전용사용권자는 그 설정행위로 정한 범위 안에서 지정상품에 관하여 등록상표를 사용할 권리를 독점한다(§55③).

4. 침해에 대한 구제 및 의무

전용사용권자는 상표권과 동일한 권리를 가지며, 따라서 침해행위에 대해 민형사상 구제조치를 구할 수 있다(§65, §93 등). 또한 전용사용권자는 그 상품에 자기의 성명 또는 명칭을 표시하여야 하며(§55④), 지정상품 또는 이와 유사한 상품에 등록상표 또는 이와 유사한 상표를 사용함으로써 수요자로 하여금 상품의 품질의 오인 또는 타인의 업무에 관련된 상품과의 혼동을 생기게 한 경우 상표권의 취소사유가 된다(§73①viii).

5. 이전, 질권·통상사용권의 설정

전용사용권자는 상속 기타 일반승계의 경우를 제외하고는 상표권자의 동의를 얻지 아니하면 그 전용사용권을 이전할 수 없고(§55⑤), 상표권자의 동의를 얻지 아니하면 그 전용사용권을 목적으로 하는 질권을 설정하거나 통상사용권을 설정할 수 없다(§55⑥).

---

248) 부칙 제3조 (전용사용권 등록의 효력 등에 관한 적용례) 제56조 및 제58조의 개정규정은 이 법 시행 후 설정·이전·변경·소멸 또는 처분이 제한되는 전용사용권부터 적용한다.

6. 소멸

전용사용권은 약정기간의 만료, 설정계약의 해제·해지, 권리의 포기, 상표권의 소멸 등에 의해 소멸한다. 다만, 상표권자는 전용사용권자의 동의를 얻지 아니하면 상표권을 포기할 수 없으며(§60①), 전용사용권자는 제55조 제6항의 규정에 의한 질권자 또는 통상사용권자의 동의를 얻지 아니하면 전용사용권을 포기할 수 없다(§60②).

Ⅱ. 통상사용권

1. 의의

통상사용권이란 상표권자 또는 전용사용권자로부터 상표권에 관한 사용허락을 받은 자가 사용허락의 범위 내에서 상표를 사용할 수 있는 권리를 말한다(§57②). 통상사용권은 전용사용권과 달리 상표 사용권 이외에 제3자의 사용을 배제할 수 있는 권리는 없다.

2. 대항요건

통상사용권의 설정·이전(상속 기타 일반승계에 의한 경우를 제외한다)·변경·포기에 의한 소멸 또는 처분의 제한은 등록하지 않으면 제3자에게 대항할 수 없다(§58① ⅰ).[249] 통상사용권을 등록한 때에는 그 등록 후에 상표권 또는 전용사용권을 취득한 자에 대하여도 그 효력이 발생한다(§58②).

---

249) 상표법 제56조 제1항 제2호, 제58조 제1항 제1호에 의하면, 통상사용권은 선용사용권과는 달리 그 실정 사실을 등록하지 않더라도 단순히 상표권자와 사용자가 통상사용권을 설정하기로 하는 계약만으로 발생한다고 할 것인바, 상표권자와 사용자가 라이센스 계약을 체결하였다면, 비록 그 계약 내용이 전용사용권에 관한 것으로서 이를 등록하지 않아 상표법 제56조 제1항 제2호에 의하여 전용사용권설정의 효력은 없다 하더라도, 통상사용권설정의 효력은 있어 사용자는 적어도 통상사용권자의 지위를 가진다(특허법원 2007. 7. 12. 선고 2007허1169 판결).

3. 범위

전용사용권과 마찬가지로, 상표권자와의 설정계약으로 정한 범위에서 상표를 사용할 수 있다. 즉 통상사용권의 설정을 받은 통상사용권자는 그 설정행위로 정한 범위 안에서 지정상품에 관하여 등록상표를 사용할 권리를 가진다(§57②). 상표권 또는 전용사용권이 공유인 경우 다른 공유자 전원의 동의가 있어야 한다(§54⑥, §55⑦).

4. 종류

상표권자 또는 상표권자의 동의를 얻은 전용사용권자와 통상사용권자 사이의 설정계약에 의해 인정되는 허락에 의한 통상사용권(§55⑥, §57①)과 법률의 규정에 의하여 상표권을 사용할 수 있는 사용권을 인정받은 법정사용권이 있다(§57의2, §57의3, §85).

5. 침해에 대한 구제

원칙적으로 통상사용권자는 상표권 침해행위에 대한 보호가 허용되지 않으며, 다만 민법 제404조에 의한 금지청구권의 대위행사나 적극적 채권침해를 이유로 한 권리행사가 인정될 여지는 있다.[250]

6. 이전, 질권의 설정

통상사용권은 상속 기타 일반승계의 경우를 제외하고는 상표권자(전용사용권에 관한 통상사용권에 있어서는 상표권자 및 전용사용권자)의 동의를 얻지 아니하면 이를 이전할 수 없다(§57③). 또한 통상사용권은 상표권자(전용사용권에 관한 통상사용권에 있어서는 상표권자 및 전용사용권자)의 동의를 얻지 아니하면 그 통상사용권을 목적으로 하는 질

---

250) 참고로, 대법원 1997. 2. 5. 자 96마364 결정에서는 "부정경쟁방지법 제2조 제1호 (가)목 및 (나)목 소정의 국내에 널리 인식된 상품표지 또는 영업표지에 관한 부정경쟁행위로 인하여 자신의 영업상의 이익이 침해되거나 침해될 우려가 있어 같은 법 제4조 제1항에 의하여 그 행위의 금지 또는 예방을 청구할 수 있는 자에는 그러한 표지의 소유자뿐만 아니라 그 사용권자 등 그 표지의 사용에 관하여 고유하고 정당한 이익을 가지고 있는 자도 포함된다"고 판시하였는데, 사용권자의 금지청구 등을 인정하지 않는 현행법의 태도에 비추어 의문의 여지가 있다.

권을 설정할 수 없다(§57④).

7. 소멸

전용사용권의 소멸사유와 마찬가지로 약정기간의 만료, 설정계약의 해제·해지, 권리의 포기, 상표권 또는 전용사용권의 소멸 등에 의해 소멸한다. 다만, 상표권자는 전용사용권자의 동의를 얻지 아니하면 상표권을 포기할 수 없으며(§60①), 통상사용권자는 제57조 제4항의 규정에 의한 질권자의 동의를 얻지 아니하면 통상사용권을 포기할 수 없다(§60③).

제7절 상표권침해에 대한 구제 및 벌칙

Ⅰ. 서

등록상표권은 다른 산업재산권과 마찬가지로 독점배타적인 권리이다. 따라서 그러한 상표권을 침해하는 행위가 있는 경우 민형사상 구제조치를 취할 수 있으며, 특히 상표의 공익적 성격을 고려하여 상표권 침해죄는 비친고죄로 하고 있다.

Ⅱ. 상표권침해의 성립요건

상표권이 유효하게 존속하고 있으며, 제3자가 정당한 권원 없이 등록상표와 동일 또는 유사한 상표를 업으로 사용하는 경우에 상표권침해가 인정된다.

Ⅲ. 상표권 침해유형

1. 직접침해

제3자가 정당한 이유 없이 등록상표를 지정상품과 동일한 상품에 사용하는 경우 상표권에 대한 직접침해가 인정된다.

2. 간접침해

상표의 경우 타인에 의한 모방이 용이하고 유사 상표 사용행위를 제지하지 못하는 경우 상표권자 보호뿐만 아니라 일반 소비자 보호에도 문제가 될 수 있는바, 따라서 상표법에서는 상표권의 효과적인 보호를 위해 일정한 행위 유형을 침해행위로 간주하는 규정을 두고 있다. 즉 상표권의 간접침해란 등록상표의 기능을 효과적으로 보호하기 위하여 그 독점권이나 유사범위를 침해하는 행위 외에 등록상표의 기능을 해칠 우려가 있는 침해의 예비적 행위를 상표권의 침해행위로 간주하는 것을 말한다.

가. 상표권 또는 전용사용권에 대한 간접침해

아래의 각 행위는 상표권(지리적 표시 단체표장권을 제외한다) 또는 전용사용권을 침해한 것으로 본다(§66①).

ⅰ) 타인의 등록상표와 동일한 상표를 그 지정상품과 유사한 상품에 사용하거나 타인의 등록상표와 유사한 상표(그 등록상표와 유사한 상표로서 색채를 등록상표와 동일하게 하면 등록상표와 동일한 상표라고 인정되는 상표를 제외: §91의2②)를 그 지정상품과 동일 또는 유사한 상품에 사용하는 행위[251]

타인의 등록상표와 유사한 표장을 그 지정상품과 동일 또는 유사한 상품에 사용하면 타인의 상표권을 침해하는 행위가 된다고 할 것이나, 타인의 등록상표와 유사한 표장을 이용한 경우라고 하더라도 그것이 상표의 본질적인 기능이라고 할 수 있는 출처표시를

---

251) 이 유형에 속하는 침해는 간접침해가 아닌 직접침해라고 보는 것이 타당하다. 같은 취지로 송영식 외 6인 공저, 「지적소유권법(하)」, 육법사(2008), 297면 주363 참고

위한 것이 아니라 서적의 내용 등을 안내·설명하기 위하여 사용되는 등으로 상표의 사용으로 인식될 수 없는 경우에는 등록상표의 상표권을 침해한 행위로 볼 수 없다.[252]

ⅱ) 타인의 등록상표와 동일 또는 유사한 상표를 그 지정상품과 동일 또는 유사한 상품에 사용하거나 사용하게 할 목적으로 교부·판매·위조·모조 또는 소지하는 행위

상표법 제66조 제1호는 "타인의 등록상표와 동일한 상표를 그 지정상품과 유사한 상품에 사용하거나 타인의 등록상표와 유사한 상표를 그 지정상품과 동일 또는 유사한 상품에 사용하는 행위"를, 같은 조 제2호는 "타인의 등록상표와 동일 또는 유사한 상표를 그 지정상품과 동일 또는 유사한 상품에 사용할 목적이나 사용하게 할 목적으로 교부 또는 판매하거나 위조·모조 또는 소지하는 행위"를 상표권을 침해하는 행위로 보고 있는데, 상표권자의 승낙 없이 제3자에게 상표를 사용하게 하는 행위는 상표법 제2조 제1항 제6호에서 규정하고 있는 상표의 사용에 해당하지 아니하고, 상표법 제66조 제2호의 '교부 또는 판매'의 대상이 되는 것은 상표 그 자체가 아니라 상표를 표시한 물건을 의미한다고 봄이 상당하므로, 상표사용권자가 제3자에게 등록상표를 사용하게 한 행위는 상표법 제66조 제1호나 제2호 소정의 상표권 침해행위에 해당한다고 할 수 없다.[253]

ⅲ) 타인의 등록상표를 위조 또는 모조하거나 위조 또는 모조하게 할 목적으로 그 용구를 제작·교부·판매 또는 소지하는 행위

ⅳ) 타인의 등록상표 또는 이와 유사한 상표가 표시된 지정상품과 동일 또는 유사한 상품을 양도 또는 인도하기 위하여 소지하는 행위

나. 지리적 표시 단체표장권에 대한 간접침해

다음의 각 행위는 지리적 표시 단체표장권을 침해한 것으로 본다(§66②).

ⅰ) 타인의 지리적 표시 등록단체표장과 유사한 상표[254](동음이의어 지리적 표시를 제

---

252) 대법원 2003. 10. 10. 선고 2002다63640 판결(타인의 등록상표인 'Windows'를 제품의 사용설명서, 고객등록카드, 참고서 등에 표시한 경우, 이는 컴퓨터 소프트웨어 프로그램의 명칭을 표시한 것으로 그 사용설명서, 고객등록카드, 참고서에 기술되어 있는 내용을 안내·설명하기 위한 것일 뿐 상품의 출처 표시로 사용된 것이라고 볼 수 없다고 한 사례).

253) 대법원 2004. 9. 24. 선고 2002다58594 판결.

254) 제66조 제2항 제1호에 규정된 "타인의 지리적 표시 등록단체표장과 유사한 상표"에는 그 등록단체표장과 유사한 상표로서 색채를 등록단체표장과 동일하게 하면 등록단체표장과 동일한 상표라고 인정되는

외한다. 이하 이 항에서 같다)를 그 지정상품과 동일하거나 동일하다고 인식되어 있는 상
품에 사용하는 행위

ⅱ) 타인의 지리적 표시 등록단체표장과 동일 또는 유사한 상표를 그 지정상품과 동일
하거나 동일하다고 인식되어 있는 상품에 사용하거나 사용하게 할 목적으로 교부ㆍ판
매ㆍ위조ㆍ모조 또는 소지하는 행위

ⅲ) 타인의 지리적 표시 등록단체표장을 위조 또는 모조하거나 위조 또는 모조하게 할
목적으로 그 용구를 제작ㆍ교부ㆍ판매 또는 소지하는 행위

ⅳ) 타인의 지리적 표시 등록단체표장과 동일 또는 유사한 상표가 표시된 지정상품과
동일하거나 동일하다고 인식되어 있는 상품을 양도 또는 인도하기 위하여 소지하는 행위

3. 상표의 희석화 - Moseley v. V Secret Catalogue, Inc., 537 U.S. 418, 65 U.S.P.Q.2d (BNA) 1801 (2003)

가. Factual Background

Victoria's Secret sued Victor Moseley, owner of Victor's Little Secret, a store that sold
lingerie, adult videos, adult novelties and gag gifts in a strip mall in Kentucky (with
lingerie representing only five percent of the store's sales).

Because of the nature of Moseley's other merchandise, Victoria's Secret claimed that
Victor's Little Secret diluted its famous mark and tarnished Victoria's Secret's reputation,
as well as infringing its trademark.

나. Trial Court Proceedings

After finding no likelihood of confusion, the district court dismissed the infringement
claim, but found for Victoria's Secret on the dilution claim.

다. Appellate Court Proceedings

The Sixth Circuit affirmed, and joined the Second Circuit in rejecting the Fourth Circuit's
requirement that proof of actual harm is necessary to proceed on an infringement claim.

상표를 포함하지 아니하는 것으로 한다(§91의2③).

라. Supreme Court Proceedings

In a unanimous decision, the U.S. Supreme Court stated that the standard for dilution requires a plaintiff to prove that another trademark actually causes dilution of the distinctive quality of a famous mark. Contrary to other lower courts' holdings, it is not enough to claim that another trademark is merely likely to dilute a famous mark.

The Court noted the existence of numerous state statutes that protect against trademark dilution, and that those statutes "repeatedly refer to a 'likelihood' of harm, rather than to a completed harm." When contrasted with the language of the Federal Trademark Dilution Act of 1995 (FTDA), "this text unambiguously requires a showing of actual dilution, rather than a likelihood of dilution."

The Court noted that blurring and tarnishment, the two consequences that the FTDA is meant to protect against, are not necessary consequences of "mental association" – just because a mark "reminds" a consumer of a famous mark does not mean that dilution has occurred.

However, the Court disagreed with a Fourth Circuit holding that the "consequences of dilution, such as actual loss of sales or profits, must also be proved." In response to Victoria's Secret's complaint that "consumer surveys and other means of demonstrating actual dilution are expensive and often unreliable", the Court said that difficulties in proof are "not an acceptable reason for dispensing with proof of an essential element of a statutory violation", and regardless, such direct evidence may not be necessary "if actual dilution can be reliably proven through circumstantial evidence – the obvious case is one where the junior and senior marks are identical."

The Court remanded the case back to the lower court so the parties can submit additional evidence under this new "actual dilution" standard.

Ⅳ. 상표권침해에 대한 구제방법

1. 민사적인 구제방법

가. 상표권 침해금지예방청구권

상표권자 또는 전용사용권자는 자기의 권리를 침해한 자 또는 침해할 우려가 있는 자에 대하여 그 침해의 금지 또는 예방을 청구할 수 있다(§65①). 상표권자 또는 전용사용권자가 동 규정에 의한 청구를 할 때에는 침해행위를 조성한 물건의 폐기, 침해행위에 제공된 설비의 제거나 그 밖에 필요한 조치를 청구할 수 있다(§65②).

그리고 2011. 12. 2. 개정법에서는 위와 같은 침해의 금지 또는 예방을 청구하는 소가 제기된 경우 법원은 원고 또는 고소인(이 법에 따른 공소의 제기가 있는 경우만 해당한다)의 신청에 따라 임시로 침해행위의 금지, 침해행위에 사용된 물건 등의 압류나 그 밖에 필요한 조치를 명할 수 있고, 이 경우 법원은 원고 또는 고소인에게 담보를 제공하게 할 수 있도록 하였다(§65③). 다만, 이 개정규정은 이하에서 살펴볼 법정손해배상의 청구(§67의2) 및 비밀유지명령제도(§92의7 내지 §92의9)와 함께, 동법 시행일(2012. 3. 15.) 이후 최초로 상표권 또는 전용사용권의 침해에 관한 소가 제기된 것부터 적용한다(부칙§4).

나. 손해배상청구권
(1) 일반

상표권자 또는 전용사용권자는 타인이 고의 또는 과실에 의하여 자기의 상표권 또는 전용사용권을 침해한 경우 손해배상을 청구할 수 있다. 이와 관련하여 상표법에서는 특허법과 동일한 취지의 손해액 추정 규정을 두고 있다(§67).[255]

---

[255] 제67조 (손해액의 추정 등) ① 상표권자 또는 전용사용권자는 자기의 상표권 또는 전용 사용권을 고의 또는 과실로 침해한 자에 대하여 그 침해에 의하여 자기가 받은 손해의 배상을 청구하는 경우 침해한 자가 그 침해행위를 하게 한 상품을 양도한 때에는 그 상품의 양도수량에 상표권자 또는 전용사용권자가 그 침해행위가 없었다면 판매할 수 있었던 상품의 단위수량당 이익액을 곱한 금액을 상표권자 또는 전용사용권자의 손해액으로 할 수 있다. 이 경우 손해액은 상표권자 또는 전용사용권자가 생산할 수 있었던 상품의 수량에서 실제 판매한 상품의 수량을 뺀 수량에 단위수량당 이익액을 곱한 금액을 한도로 한다. 다만, 상표권자 또는 전용사용권자가 당해 침해행위외의 사유로 판매할 수 없었던 사정이 있는 때에는 당해 침해행위외의 사유로 판매할 수 없었던 수량에 따른 금액을 빼야 한다. <신설 2001. 2. 3.> ② 상표권자 또는 전용사용권자가 고의 또는 과실에 의하여 자기의 상표권 또는 전용사용권을 침해한 자에 대하여 그 침해에 의하여 자기가 받은 손해의 배상을 청구하는 경우 권리를 침해한 자가 그 침해

(2) 법정손해배상의 청구

2011. 12. 2. 개정법에서는 상표권 침해에 따른 손해배상소송에서 손해의 입증이나 손해액을 추정하기 곤란한 경우 상표권자 등의 권리 보호가 어려운 경우가 있어 5천만 원 이하의 손해액에 대하여는 상표권자 등의 입증책임을 완화하는 법정손해배상제도를 신설하여 상표권자 등이 실손해액과 법정손해액 중 선택하여 청구할 수 있도록 하였다.

즉, 상표권자 또는 전용사용권자는 자기가 사용하고 있는 등록상표와 같거나 동일성이 있는 상표를 그 지정상품과 같거나 동일성이 있는 상품에 사용하여 자기의 상표권 또는 전용사용권을 고의나 과실로 침해한 자에 대하여 제67조에 따른 손해배상을 청구하는 대신 5천만 원 이하의 범위에서 상당한 금액을 손해액으로 하여 배상을 청구할 수 있다. 이 경우 법원은 변론전체의 취지와 증거조사의 결과를 고려하여 상당한 손해액을 인정할 수 있다(§67의2①). 그리고 제1항 전단에 해당하는 침해행위에 대하여 제67조에 따라 손해배상을 청구한 상표권자 또는 전용사용권자는 법원이 변론을 종결할 때까지 그 청구를 제1항에 따른 청구로 변경할 수 있다(§67의2②).

(3) 판례

- 상표권자가 상표법 제67조 제1항에 의하여 상표권을 침해한 자에 대하여 손해배상을 청구하는 경우에, 침해자가 받은 이익의 액은 침해 제품의 총 판매액에 그 순이익률을 곱하거나 또는 그 제조판매수량에 그 제품 1개당 순이익액을 곱하는 등의 방법으로 산출함이 원칙이지만, 통상 상표권의 침해에 있어서 침해자는 상표권자와 동종의 영업을 영위하면서 한편으로 그 상표에 화체된 상표권자의 신용에 무상으로 편승하는 입장이어서, 위와 같은 신용을 획득하기 위하여 상표권자가 투여한 자본과 노력 등을 고려할 때,

---

행위에 의하여 이익을 받은 때에는 그 이익의 액을 상표권자 또는 전용사용권자가 받은 손해의 액으로 추정한다.

③ 상표권자 또는 전용사용권자가 고의 또는 과실에 의하여 자기의 상표권 또는 전용사용권을 침해한 자에 대하여 그 침해에 의하여 자기가 받은 손해의 배상을 청구하는 경우 그 등록상표의 사용에 대하여 통상 받을 수 있는 금액에 상당하는 액을 상표권자 또는 전용사용권자가 받은 손해의 액으로 하여 그 손해배상을 청구할 수 있다.

④ 제3항의 규정에 불구하고 손해의 액이 동 항에 규정하는 금액을 초과하는 경우에는 그 초과액에 대하여도 손해배상을 청구할 수 있다. 이 경우 상표권 또는 전용사용권을 침해한 자에게 고의 또는 중대한 과실이 없는 때에는 법원은 손해배상의 액을 정함에 있어서 이를 참작할 수 있다. <개정 2001. 2. 3.>

⑤ 법원은 상표권 또는 전용사용권의 침해행위에 관한 소송에 있어서 손해가 발생된 것은 인정되나 그 손해액을 입증하기 위하여 필요한 사실을 입증하는 것이 해당 사실의 성질상 극히 곤란한 경우에는 제1항 내지 제4항의 규정에 불구하고 변론전체의 취지와 증거조사의 결과에 기초하여 상당한 손해액을 인정할 수 있다. <신설 2001. 2. 3.>

특별한 사정이 없는 한 침해자의 위 순이익률은 상표권자의 해당 상표품 판매에 있어서의 순이익률보다는 작지 않다고 추인할 수 있으므로, 침해자의 판매액에 상표권자의 위 순이익률을 곱하는 방법으로도 침해자가 받은 이익의 액을 산출할 수 있고, 위와 같이 산출된 이익의 액은 침해자의 순이익액으로서, 그중 상품의 품질, 기술, 의장, 상표 이외의 신용, 판매정책, 선전 등으로 인하여 상표의 사용과 무관하게 얻은 이익이 있다는 특별한 사정이 없는 이상 그것이 상표권자가 상표권 침해로 인하여 입은 손해액으로 추정된다고 보아야 한다.[256)

　－상표법 제67조 제2항은 침해행위에 의하여 침해자가 받은 이익의 액으로 권리자가 받은 손해액을 추정하는 것으로서, 침해자의 상품 또는 서비스의 품질, 기술, 의장 상표 또는 서비스표 이외의 신용, 판매정책, 선전 등으로 인하여 침해된 상표 또는 서비스표의 사용과 무관하게 얻은 이익이 있다는 특별한 사정이 있는 경우에는 위 추정과 달리 인정될 수가 있고, 이러한 특별한 사정에 침해자가 침해한 상표 또는 서비스표 이외의 다른 상표 또는 서비스표를 사용하여 이익을 얻었다는 점이 포함될 수 있으나, 그에 관한 입증책임은 침해자에게 있다고 할 것이다.[257)

　－상표법 제67조 제3항의 의미에 대해 판례는 "**구 상표법(2001. 2. 3. 법률 제6414호로 개정되기 전의 것) 제67조 제2항(현행 제67조 제3항)은 같은 조 제1항과 마찬가지로 불법행위에 기한 손해배상청구에 있어서 손해에 관한 피해자의 주장·입증책임을 경감하는 취지의 규정이고 손해의 발생이 없는 것이 분명한 경우까지 침해자에게 손해배상 의무를 인정하는 취지는 아니라 할 것**이므로, 같은 법 제67조 제2항의 규정에 의하여 상표권자 등이 상표권 등을 침해한 자에 대하여 침해에 의하여 받은 손해의 배상을 청구하는 경우에 상표권자 등은 손해의 발생사실에 관하여 구체적으로 주장·입증할 필요는 없고, 권리침해의 사실과 통상 받을 수 있는 금액을 주장·입증하면 족하다고 할 것이지만, 침해자도 손해의 발생이 있을 수 없다는 것을 주장·입증하여 손해배상책임을 면할 수 있는 것이라고 해석하는 것이 상당하다"고 판시하였다.[258)

---

256) 대법원 1997. 9. 12. 선고 96다43119 판결(위와 같은 손해의 발생에 관한 주장·입증의 정도에 있어서는 손해 발생의 염려 내지 개연성의 존재를 주장·입증하는 것으로 족하다고 보아야 하고, 따라서 상표권자가 침해자와 동종의 영업을 하고 있는 것을 증명한 경우라면 특별한 사정이 없는 한 상표권 침해에 의하여 영업상의 손해를 입었음이 사실상 추정된다고 볼 수 있다).

257) 대법원 2008. 3. 27. 선고 2005다75002 판결.

258) 대법원 2002. 10. 11. 선고 2002다33175 판결(원심이, 원고가 이 사건 상표(파파야)를 사용하여 수건 제조업 또는 판매업을 하고 있지 않거나 전용사용권을 설정함으로써 그 범위 내에서는 피고의 이 사건 상표 사용으로 인하여 원고에게 손해가 발생하였다고 볼 수 없다는 이유로 원고의 청구를 배척한 것은 결론에 있어서 정당한 것으로 수긍할 수 있고, 거기에 상고이유로 주장하는 바와 같이 법 제67조 제2항

− 상표법 제67조 제2항, 제3항, 제5항은 같은 조 제1항과 마찬가지로 불법행위에 기한 손해배상청구에 있어서 손해에 관한 피해자의 주장·입증책임을 경감하는 취지의 규정이고, 손해의 발생이 없는 것이 분명한 경우까지 침해자에게 손해배상의무를 인정하는 취지는 아니라 할 것이므로 상표권의 침해행위에도 불구하고 상표권자에게 손해의 발생이 없다는 점이 밝혀지면 침해자는 그 손해배상책임을 면할 수 있는 것으로 해석함이 상당하다 할 것이고(대법원 1997. 9. 12. 선고 96다43119 판결, 2002. 10. 11. 선고 2002다33175 판결 등 참조), 위와 같이 상표권자에게 손해의 발생이 인정되지 아니하는 경우에는 민법 제750조에 기한 손해배상청구권 역시 인정될 수 없다 할 것이다('X – GIRL' 사건).259)

− 구 부정경쟁방지 및 영업비밀보호에 관한 법률(2007. 12. 21. 법률 제8767호로 개정되기 전의 것) 제14조의2 제1항은 영업상의 이익을 침해당한 자(이하 '피침해자'라 한다)가 부정경쟁행위 또는 영업비밀 침해행위가 없었다면 판매할 수 있었던 물건의 수량을 영업상의 이익을 침해한 자(이하 '침해자'라 한다)가 부정경쟁행위 또는 영업비밀 침해행위로 양도한 물건의 양도수량에 의해 추정하는 규정으로, 피침해자에 대하여는 자신이 생산할 수 있었던 물건의 수량에서 침해행위가 있었음에도 실제 판매한 물건의 수량을 뺀 수량에 단위수량당 이익액을 곱한 금액을 한도로 하여 부정경쟁행위 또는 영업비밀 침해행위가 없었다면 판매할 수 있었던 물건의 수량 대신에 침해자가 양도한 물건의 양도수량을 입증하여 손해액을 청구할 수 있도록 하는 한편 침해자에 대하여는 피침해자가 부정경쟁행위 또는 영업비밀 침해행위 외의 사유로 판매할 수 없었던 사정이 있는 경우 당해 부정경쟁행위 또는 영업비밀 침해행위 외의 사유로 판매할 수 없었던 수량에 따른 금액을 빼야 한다는 항변을 제출할 수 있도록 한 것이다. 따라서 피침해자가 같은 항에 의하여 손해액을 청구하여 그에 따라 손해액을 산정하는 경우에 침해자로서는 같은 항 단서에 따른 손해액의 감액을 주장할 수 있으나, 같은 항에 의하여 산정된 손해액이 같은 조 제2항이나 제3항에 의하여 산정된 손해액보다 과다하다는 사정을 들어 같은 조 제2항이나 제3항에 의하여 산정된 손해액으로 감액할 것을 주장하여 다투는 것은 허용되지 아니한다.260)

에 관한 법리오해 또는 심리미진으로 인한 이유불비의 위법이 있다고 할 수 없다.

259) 대법원 2004. 7. 22. 선고 2003다62910 판결(한국에서 위조 상표를 부착한 의류를 일본 보따리상에게 판매함으로써 일본에서의 일본 상표권 침해행위를 용이하게 한 피고의 행위가 침해행위에 대한 방조가 되더라도, 일본 상표법하에서는 상표권이 등록된 나라의 영역 외에서 당해 상표권의 등록국에서의 침해행위를 유도하는 등 이에 관여하는 행위를 불법행위로 해석하지 않고 있으므로 피고의 행위에 대하여 공동불법행위책임을 물을 수 없다고 한 사례).

260) 대법원 2009. 8. 20. 선고 2007다12975 판결.

다. 손실보상청구권

출원인은 제24조 제2항(제49조 제3항 및 제81조 제1항의 규정에 의하여 준용되는 경우를 포함한다)의 규정에 의한 출원공고가 있은 후 당해 상표등록출원에 관한 지정상품과 동일하거나 이와 유사한 상품에 대하여 당해 상표등록출원에 관한 상표와 동일하거나 이와 유사한 상표를 사용하는 자에게 서면으로 경고할 수 있다. 다만, 출원인이 당해 상표등록출원의 사본을 제시하는 경우에는 출원공고전이라도 서면으로 경고할 수 있다(§24의2①).

위와 같이 경고를 한 출원인은 경고 후 상표권을 설정등록할 때까지의 기간에 발생한 당해 상표의 사용에 관한 업무상 손실에 상당하는 보상금의 지급을 청구할 수 있으며 (§24의2②), 다만 이러한 보상청구권은 당해 상표등록출원에 대한 상표권의 설정등록이 있은 후가 아니면 이를 행사할 수 없다(§24의2③).

라. 신용회복청구권

법원은 고의 또는 과실에 의하여 상표권 또는 전용사용권을 침해함으로써 상표권자 또는 전용사용권자의 업무상의 신용을 실추하게 한 자에 대하여는 상표권자 또는 전용사용권자의 청구에 의하여 손해배상에 갈음하거나 손해배상과 함께 상표권자 또는 전용사용권자의 업무상의 신용회복을 위하여 필요한 조치를 명할 수 있다(§69).

마. 서류의 제출

법원은 상표권 또는 전용사용권의 침해에 관한 소송에 있어서 당사자의 신청에 의하여 타당사자에 대하여 당해 침해행위로 인한 손해의 계산을 하는 데 필요한 서류의 제출을 명할 수 있다. 다만, 그 서류의 소지자가 그 서류의 제출을 거절할 정당한 이유가 있는 때에는 그러하지 아니하다(§70).

바. 보전처분신청

민사집행법 제276조에 의한 가압류와 동법 제300조에 의한 가처분이 있으나, 실무에서는 주로 가처분이 제기되고 있다.

사. 기타

민법 규정에 따른 부당이득반환청구권 행사가 가능하다.

2. 형사적인 구제방법

가. 침해죄

상표권 및 전용사용권의 침해행위를 한 자는 7년 이하의 징역 또는 1억 원 이하의 벌금에 처한다(§93). 특허권 침해죄(특§225)와 달리 비친고죄이다.[261] 이러한 상표권 침해죄와 관련하여, 우리나라에서 타인의 등록상표와 유사한 상표를 그 지정상품과 동일 또는 유사한 상품에 표시하여 사용하였다면 설사 그 상표가 표시된 상품이 우리 상표권의 효력이 미치지 아니하는 일본으로 수출할 목적으로만 제조된 것이라고 하더라도 등록상표의 상표권을 침해하는 행위가 되는 것으로서, 주문자상표부착생산방식(OEM)에 의하여 수출을 한다고 하여 그 결론이 달라지지 않으며,[262] 다만 타인의 등록상표권을 침해하였다는 행위가 그 등록을 무효로 한다는 심결이 확정되기 이전에 이루어졌다고 하더라도, 그 후 상표등록을 무효로 한다는 심결이 확정되었다면 침해되었다는 상표권은 처음부터 존재하지 아니하였던 것이 되므로, 상표권 침해행위에 해당한다고 볼 수 없다.[263]

한편 상표권 침해죄의 성립 여부를 단순히 상표를 사용하였다는 것만으로 판단할 것인지 아니면 사용한 자의 의도 등을 고려할 것인지 문제될 수 있는바, 판례는 "피고인이 양복점을 개설하고 고객의 주문을 받아 양복을 제작·판매하는 영업을 하면서 그 양복점 외부에 'DIOR'이라고 영문으로 표기된 간판 등을 사용하였다 하더라도 위 영업실태에 비추어 피고인과의 상품거래는 피고인 개인점포의 신용과 제작기술을 믿고 이루어지는 것으로 봄이 상당하여 피고인에게 부정경쟁의 목적이 있었다거나 주문자가 피고인의 점포에서 제작하는 양복을 등록상표인 디올(DIOR)의 상표권자가 제작·공급하는 양복으로 오인·혼동하여 거래를 하였다고 보기 어렵다"고 하였고,[264] 또한 "피고인이 판매한 상품은 알미늄샷시인데 단지 그 알미늄샷시를 일시 감아주는 비닐포장지에 소외회사의 등

---

261) 상표법 제73조 제1항 제3호에서 정한 등록취소 사유가 있다 하더라도 심판에 의하여 취소가 확정되기까지는 등록상표로서의 권리를 보유하는 것이고, 상표등록무효심결이 확정된 때와는 달리 상표등록을 취소한다는 심결이 확정된 때에는 그 상표권은 확정된 때로부터 장래를 향하여서만 소멸하는 것이므로(상표법 제73조 제7항), 등록상표에 관하여 등록취소의 심결이 확정되었다고 하더라도 그 심결 확정 이전에 이루어진 침해행위에 관한 상표권침해죄의 성립 여부에는 영향을 미치지 못한다(대법원 2005. 10. 14. 선고 2005도5358 판결).

262) 대법원 1994. 2. 22. 선고 93도3227 판결.

263) 대법원 1996. 5. 16. 선고 93도839 전원합의체 판결.

264) 대법원 1985. 3. 12. 선고 83도2085 판결.

록된 상표와 유사한 상표가 인쇄되어 있다 하더라도 거래과정에서 소비자들도 그와 같은 사정을 잘 알고 그 비닐포장지를 건축공사 시 문틀공사과정에 시멘트가 묻지 않도록 일시 감아 씌우는 데 사용할 목적으로 구입해 간 것이라면 피고인의 위 행위를 상표법 제36조 제1, 2호의 상표를 그 지정상품과 동일한 상품에 사용하게 할 목적으로 사용하거나 판매한 것으로 볼 수 없다"고 하여,[265] 실질적인 기준에 따라 판단하고 있는 듯하다.

나. 위증죄

상표법의 규정에 의하여 선서한 증인·감정인 또는 통역인이 특허심판원에 대하여 허위의 진술·감정 또는 통역을 한 때에는 5년 이하의 징역 또는 1천만 원 이하의 벌금에 처한다(§94①). 동 죄를 범한 자가 그 사건의 상표등록여부결정 또는 심결의 확정 전에 자수한 때에는 그 형을 감경 또는 면제할 수 있다(§94②).[266]

다. 허위표시의 죄

누구든지 다음에 해당하는 허위표시행위를 하여서는 아니 된다(§91①).

ⅰ) 등록을 하지 아니한 상표 또는 상표등록출원을 하지 아니한 상표를 등록상표 또는 등록출원상표인 것 같이 상품에 표시하는 행위

ⅱ) 등록을 하지 아니한 상표 또는 상표등록출원을 하지 아니한 상표를 등록상표 또는 등록출원상표인 것같이 영업용 광고·간판·표찰·상품의 포장 또는 기타 영업용 거래서류 등에 표시하는 행위

ⅲ) 지정상품 외의 상품에 대하여 등록상표를 사용하는 경우에 그 상표에 상표등록 표시 또는 이와 혼동하기 쉬운 표시를 하는 행위

위 ⅰ) 및 ⅱ)에 의한 상표를 표시하는 행위에는 상품, 상품의 포장, 광고, 간판 또는 표찰을 표장의 형상으로 하는 것을 포함한다(§91②). 이러한 상표법 제91조의 규정에 위반한 자는 3년 이하의 징역 또는 2천만 원 이하의 벌금에 처한다(§95).

라. 사위행위의 죄

사위 기타 부정한 행위로써 상표등록·지정상품의 추가등록·상표권의 존속기간갱신등록·상품분류전환등록 또는 심결을 받은 자는 3년 이하의 징역 또는 2천만 원 이하의

---

265) 대법원 1986. 7. 22. 선고 86도1218 판결.
266) 형법 제153조에서는 필요적 감면 사유로 하고 있다.

벌금에 처한다(§96).

마. 비밀유지명령 위반죄

국내외에서 정당한 사유 없이 비밀유지명령을 위반한 자는 5년 이하의 징역 또는 5천만 원 이하의 벌금에 처한다(§96의2①). 이러한 비밀유지명령 위반죄는 상표권 침해죄와 달리 친고죄이며, 따라서 비밀유지명령을 신청한 자의 고소가 없으면 공소를 제기할 수 없다(§96의2②).

바. 양벌규정

법인의 대표자나 법인 또는 개인의 대리인, 사용인, 그 밖의 종업원이 그 법인 또는 개인의 업무에 관하여 제93조(침해죄), 제95조(허위표시의 죄) 또는 제96조(사위행위의 죄)의 어느 하나에 해당하는 위반행위를 하면 그 행위자를 벌하는 외에 그 법인에게는 침해죄의 경우 3억 원 이하의 벌금형을, 허위표시의 죄 또는 사위행위의 죄의 경우 6천만 원 이하의 벌금형을 과(科)하고, 그 개인에게는 해당 조문의 벌금형을 과(科)한다. 다만, 법인 또는 개인이 그 위반행위를 방지하기 위하여 해당 업무에 관하여 상당한 주의와 감독을 게을리하지 아니한 경우에는 그러하지 아니하다(§97).

사. 몰수

상표권 또는 전용사용권의 침해행위에 제공되거나 그 침해행위로 인하여 생긴 상표·포장 또는 상품(이하 이 항에서 '침해물'이라 한다)과 그 침해물 제작에 주로 사용하기 위하여 제공된 제작 용구 또는 재료는 이를 몰수한다(§97의2①).[267] 다만, 상품이 기능 및 외관을 해치지 아니하고 상표 또는 포장과 쉽게 분리될 수 있는 경우에는 그 상품은 이를 몰수하지 아니할 수 있다(§97의2②).

아. 과태료

ⅰ)「민사소송법」제299조 제2항[268] 및 동법 제367조[269]의 규정에 의하여 선서를 한

---

267) 구법에서는 "상표권 또는 전용사용권의 침해행위에 제공되거나 그 침해행위로 인하여 생긴 상표·포장 또는 상품과 상표 또는 포장의 제작용구는 이를 몰수한다"고 규정하고 있었다가, 2011. 6. 30. 개정법에서 몰수 대상 품목에 침해물의 제작에 사용된 재료를 추가하였다.

268) 민사소송법 제299조 (소명의 방법) ② 법원은 당사자 또는 법정대리인으로 하여금 보증금을 공탁하게 하거나, 그 주장이 진실하다는 것을 선서하게 하여 소명에 갈음할 수 있다.

자로서 특허심판원에 대하여 허위의 진술을 한 자, ⅱ) 특허심판원으로부터 증거조사 또
는 증거보전에 관하여 서류 기타 물건의 제출 또는 제시의 명령을 받은 자로서 정당한
이유 없이 그 명령에 응하지 아니한 자, ⅲ) 특허심판원으로부터 증인·감정인 또는 통
역인으로 소환된 자로서 정당한 이유 없이 소환에 응하지 아니하거나 선서·진술·증
언·감정 또는 통역을 거부한 자는 50만 원 이하의 과태료에 처한다(§98①). 이러한 과
태료는 대통령령이 정하는 바에 의하여 특허청장이 부과·징수한다(§98②).

제8절 심판 및 소송

Ⅰ. 심판

심판이란 등록 상표권에 대한 분쟁을 해결하기 위해 특허청 심판원의 심판관 합의체에
의하여 분쟁을 심리·결정하는 쟁송절차를 말하며, 준사법적 행정절차의 성질을 가진다.
상표에 관한 심판 절차는 특허 심판 절차와 별다른 차이가 없다.

Ⅱ. 심판의 종류

1. 상표등록무효심판

가. 의의

상표등록의 무효심판이란 유효하게 등록된 상표권에 법정 무효사유가 있는 경우 심판
절차를 통해 소급하여 등록의 효력을 소멸시키는 제도를 말한다. 즉 상표권에 무효사유
가 있다고 하더라도 심판절차를 통해 무효로 확정시키지 않는 한 상표권의 효력을 부정

---

269) 민사소송법 제367조 (당사자신문) 법원은 직권으로 또는 당사자의 신청에 따라 당사자 본인을 신문할
　　　수 있다. 이 경우 당사자에게 선서를 하게 하여야 한다.

하지 못한다.[270]

나. 무효사유

이해관계인 또는 심사관은 상표등록 또는 지정상품의 추가등록이 다음의 어느 하나에 해당하는 경우에는 무효심판을 청구할 수 있다. 이 경우 등록상표의 지정상품이 2 이상 있는 경우에는 지정상품마다 청구할 수 있다(§71①).[271]

ⅰ) 상표등록 또는 지정상품의 추가등록이 제3조,[272] 제5조의24,[273] 제6조부터 제8조[274]까지, 제12조 제2항 후단,[275] 제5항[276] 및 제7항부터 제10항[277]까지, 제23조 제1항 제4호부터 제8호[278]까지의 규정에 위반된 경우

ⅱ) 상표등록 또는 지정상품의 추가등록이 조약에 위반된 경우

ⅲ) 상표등록 또는 지정상품의 추가등록이 그 상표등록출원에 의하여 발생한 권리를 승계하지 아니한 자에 의한 경우

ⅲ의2) 지정상품의 추가등록이 제48조 제1항 제4호[279]에 위반된 경우

ⅳ) 상표등록 후 그 상표권자가 제5조의24에 따라 상표권을 향유할 수 없는 자로 되

---

270) 상표등록무효심판사건이 항고심에 계속 중 상표권자가 그 상표권을 포기하여 심판의 대상이 된 상표등록이 말소된 경우에도 심판에 의하여 이를 무효로 하여야 할 것이므로 그 무효심판청구가 부적법한 것으로서 각하되어야 한다고 할 수 없다(대법원 1990. 9. 11. 선고 89후1769 판결).

271) 상표법은 상표등록의 무효사유를 한정적으로 열거하고 있으므로 위 법정무효사유에 해당하는 경우에만 무효심판을 청구할 수 있다고 할 것이며 위 무효사유에는 단순히 신의칙에 위배하여 등록된 경우를 포함하고 있지 아니하므로 가령 상표등록이 특정한 계약당사자 사이의 계약위반이나 신의칙에 위배된 행위에 의하여 이루어진 것이라 하더라도 그와 같은 사유만으로서는 상표등록이 무효가 되는 것은 아니다(대법원 1986. 11. 25. 선고 85후13 판결).

272) 재직 중인 특허청직원이 상표등록을 받은 경우.

273) 권리능력이 없는 외국인에게 상표등록이 된 경우.

274) 상표등록요건(제6조), 상표등록 받을 수 없는 상표(제7조), 선출원주의(제8조).

275) 출원 중 유사한 지정상품을 함께 이전하지 않은 경우.

276) 공유인 상표등록출원에 대해 타 공유자의 동의 없이 지분을 양도한 경우.

277) 업무표장 등록출원이 그 업무와 함께 양도되지 않은 경우(제7항), 공익단체 등의 상표등록출원이 그 업무와 함께 양도되지 않은 경우(제8항), 단체표장 등록출원이 특허청장의 허가 없이 이전된 경우(제9항), 증명표장등록출원의 양도가 요건에 위배된 경우(제10항).

278) 표장의 정의규정에 위배되거나 지리적 표시와 표장의 정의 규정에 위배된 경우(제4호), 지리적 표시 단체표장등록출원에 있어서의 단체가입을 실질적으로 허용하지 아니한 경우(제5호), 단체표장의 사용에 관한 사항의 전부 또는 일부의 기재가 없는 경우(제6호), 단체표장, 증명표장 및 업무표장의 등록을 받을 수 있는 자에 해당하지 아니하는 경우(제7호), 증명표장등록출원에 있어서 정당한 이유 없이 정관 또는 규약의 사용을 제한하는 등의 경우(제8호).

279) 등록상표의 상표권이 소멸하거나 상표등록출원이 포기·취하 또는 무효되거나 상표등록출원에 대한 상표등록거절결정이 확정된 경우의 지정상품 추가등록출원.

거나 그 등록상표가 조약에 위반된 경우

ⅴ) 상표등록이 된 후에 그 등록상표가 제6조 제1항 각 호의 1에 해당하게 된 경우(제6조 제2항에 해당하게 된 경우를 제외한다)[280]

ⅵ) 제41조의 규정에 따라 지리적 표시 단체표장등록이 된 후에 그 등록단체표장을 구성하는 지리적 표시가 원산지 국가에서 보호가 중단되거나 사용되지 아니하게 된 경우

다. 제척기간

무효심판은 상표권이 소멸된 후에도 이를 청구할 수 있다(§71②). 다만, 제7조 제1항 제6호 내지 제9호의2 및 제14호, 제8조, 제72조 제1항 제2호와 제72조의2 제1항 제3호에 해당하는 것을 사유로 하는 상표등록의 무효심판, 상표권의 존속기간갱신등록의 무효심판 및 상품분류전환등록의 무효심판은 상표등록일, 상표권의 존속기간갱신등록일 및 상품분류전환등록일부터 5년이 경과한 후에는 이를 청구할 수 없다(§76①).[281]

라. 청구인적격 등

무효심판은 심사관 또는 이해관계인[282]만이 청구할 수 있다(§71①). 여기서, 서비스표

---

280) 존속기간 갱신등록절차에서 실체심사가 폐지됨에 따라 식별력을 상실한 상표의 갱신등록을 차단할 필요성이 생겨 2001년 개정법에서 후발적 무효사유로 추가한 것이다.

281) 상표법 제76조 제1항은 제7조 제1항 제7호 등에 해당하는 것을 사유로 하는 상표등록의 무효심판은 상표등록일부터 5년이 경과한 후에는 이를 청구할 수 없도록 규정하고 있는바, 이는 제척기간이 경과한 후에는 무효심판을 청구할 수 없음은 물론 제척기간의 적용을 받지 않는 무효사유에 의하여 무효심판을 청구한 후 그 심판 및 심결취소소송 절차에서 제척기간의 적용을 받는 무효사유를 새로 주장하는 것은 허용되지 않는다는 취지이다(대법원 2009. 5. 28. 선고 2008후4691 판결: 경주빵 사건).

282) 화가가 그의 미술저작물에 표시한 서명은 그 저작물이 자신의 작품임을 표시하는 수단에 불과하여 특별한 사정이 없는 한 그 자체가 예술적 감정이나 사상의 표현을 위한 것이라고는 할 수 없어 저작권법상의 독립된 저작물이라고 보기 어려우나, 이러한 서명은 저작자인 화가가 저작권법 제12조 제1항에 의한 성명표시권에 의하여 자기 저작물의 내용에 대한 책임의 귀속을 명백히 함과 동시에 저작물에 대하여 주어지는 사회적 평가를 저작자 자신에게 귀속시키려는 의도로 표시하는 것이므로, 그 서명이 세계적으로 주지·저명한 화가의 것으로서 그의 미술저작물에 주로 사용해 왔던 관계로 널리 알려진 경우라면, 그 서명과 동일·유사한 상표를 무단으로 출원등록하여 사용하는 행위는 저명한 화가로서의 명성을 떨어뜨려 그 화가의 저작물들에 대한 평가는 물론 그 화가의 명예를 훼손하는 것으로서, 그 유족의 고인에 대한 추모경애의 마음을 손상하는 행위에 해당하여 사회 일반의 도덕관념인 선량한 풍속에 반할 뿐만 아니라, 이러한 상표는 저명한 고인의 명성에 편승하여 수요자의 구매를 불공정하게 흡인하고자 하는 것으로서 공정하고 신용 있는 상품의 유통질서를 침해할 염려가 있다 할 것이므로 이러한 상표는 상표법 제7조 제1항 제4호에 해당한다고 봄이 상당하고, 이러한 경우에 그 저명한 화가가 생존해 있었더라면 자신의 저작물임을 나타내기 위하여 표시해 오던 서명을 타인이 자신과 전혀 무관한 상품의 상표로 무단 등록하여 공표하고 사용하는 것은 저명한 미술저작자로서의 인격권을 침해하는 불법행위에 해당한다 할 것이고, 저작권법 제96조, 제14조 제2항에 의하면 사망한 저작자의 저작인격권을 침해하는 행위에 대하여 그 저작자의 유족이 그 침해행위의 금지를 청구하는 등의 조치를 취할 수 있음

등록의 무효심판을 청구할 수 있는 이해관계인이라 함은 그 등록서비스표와 동일 또는 유사한 서비스표를 동일 또는 유사한 지정서비스업에 사용한 바 있거나 현재 사용하고 있는 자 또는 등록된 서비스표의 지정서비스업과 동종의 서비스업을 영위하고 있음으로 써 등록서비스표의 소멸에 직접적인 이해관계가 있는 자를 말하고, 이해관계인에 해당하 는지는 심결시를 기준으로 판단하여야 한다.[283] 이와 관련하여 판례는 "심판청구인이 이 건 등록상표의 지정상품인 화학섬유에 관하여 피심판청구인과 경업관계에 있는 것은 아 니지만 그 지정상품에 관하여 피심판청구인과 직접 경업관계에 있는 많은 회원들의 동업 자단체로서 그 정관에 명시되어 있는 회원의 복리증진을 위한 사업의 일환으로 개개의 회원들의 이해관계를 대표하여 협회가 무효심판청구를 하는 것을 이해관계 없는 자의 청 구라 하여 물리치는 것은 불합리하다"고 하면서, 심판청구를 하는 경우에는 그 개개의 구성원이 이해관계가 있으며 협회로서는 그 이해관계가 있다고 판시한 바 있다.[284]

한편, 심판장은 무효심판의 청구가 있는 때에는 그 취지를 당해 상표권의 전용사용권 자 기타 상표에 관하여 등록을 한 권리를 가지는 자에게 통지하여야 한다(§71⑤).

마. 효과

(1) 소급효

상표등록을 무효로 한다는 심결이 확정된 때에는 그 상표권은 처음부터 없었던 것으로 본다.[285] 따라서 상표등록취소 청구소송 계속 중 그 대상인 등록상표에 관하여 그 등록

에 비추어, 그 저명한 화가의 유족으로서는 고인의 인격권과 유족 자신의 고인에 대한 추모경애의 마음 을 침해하는 상표의 사용금지를 청구할 수 있음은 물론 그 등록무효심판을 청구할 이해관계가 있다고 봄이 상당하다(대법원 2000. 4. 21. 선고 97후860, 877, 884 판결: 피카소 사건).

283) 대법원 2009. 5. 28. 선고 2007후3301 판결(특허심판절차에서 받은 불리한 심결이 유효하게 존속하고 있고 재판 중에 등록서비스표를 사용할 의사가 없다고 명시적·반복적으로 진술한 사안에서, 그런 사 정이 있더라도 심결의 취소를 구할 소의 이익이 있다고 한 사례). 한편, 대법원 1981. 1. 27. 선고 80후 92 판결에서는, 피복과 직물류는 상품의 종류로서는 동일한 것은 아니지만 피복은 직물류를 원재료로 하여 제조하는 상품이고 특히 직물지는 그 원단의 가장자리에 상호·상표 등 제품의 특징을 표기하여 거래하는 것이 통례이므로 양자는 유사 내지 동종상품에 속한다고 보아야 할 것이므로 직물류의 제조 가공업자는 피복을 지정상품으로 하는 등록상표의 무효심판청구를 할 수 있는 이해관계인이라고 보았다.

284) 대법원 1990. 2. 9. 선고 89후1271 판결.

285) 상표법 제71조 제1항의 규정 취지는 특정의 지정상품에 관한 부분에 대하여만 무효사유가 있는데도 적 법하게 상표등록을 받을 수 있는 나머지 지정상품에 대하여까지 전부 무효로 하는 것은 불필요하고 가 혹하며 불합리하므로 이러한 과잉조치를 피하게 하고자 하는 것인바, 어느 상표가 2 이상의 상품을 지 정상품으로 하여 등록이 되어 있는 경우에 심판청구인이 상표등록 전부의 무효심판을 청구하는 경우라 도 지정상품 중 일부에만 무효원인이 있고 다른 지정상품에는 무효사유가 없음이 명백한 때에는 무효 원인이 있는 지정상품에 한하여 등록무효의 심판을 하여 그 부분만 말소하게 함이 상당할 것이고, 이러 한 해석은 구 상표법(1990. 1. 13. 법률 제4210호로 전문 개정되기 전의 것)하에서도 같이 하여야 하며,

무효의 심결이 확정되었다면 그 등록상표의 상표권은 처음부터 없었던 것으로 보아야 하므로, 그 상표등록취소 심판청구는 효력이 없는 상표등록의 취소를 청구하는 것에 귀착되어 그 취소를 구할 법률상 이익이 없게 되어 부적법하게 된다.[286]

(2) 소급효의 예외

제1항 제4호 내지 제6호의 규정에 의하여 상표등록을 무효로 한다는 심결이 확정된 때에는 상표권은 그 등록상표가 동호에 해당하게 된 때부터 없었던 것으로 본다(§71③). 이 경우 제71조 제3항 단서의 규정을 적용함에 있어서 등록상표가 제1항 제4호 내지 제6호에 해당하게 된 때를 특정할 수 없는 경우에는 무효심판이 청구되어 그 청구내용이 등록원부에 공시된 때부터 당해 상표권은 없었던 것으로 본다(§71④).

(3) 재출원의 제한

누구든지 무효심결이 확정된 날로부터 1년이 경과하지 아니한 타인의 등록상표와 동일 또는 유사한 상표로서 그 지정상품과 동일 또는 유사한 상품에 사용하는 상표에 대해서는 등록을 받을 수 없고(§7①viii), 다만 소급하여 1년 이상 불사용 등의 경우에는 예외적으로 등록이 가능하다(§7④).

(4) 일사부재리

무효심판의 심결이 확정된 때에는 누구든지 같은 사실 및 같은 증거에 의하여 다시 심판을 청구할 수 없다. 다만, 확정된 심결이 각하심결인 경우에는 그러하지 아니하다(§77의26).

2. 상표권의 존속기간갱신등록의 무효심판

가. 의의

상표권의 존속기간갱신등록에 법정의 무효사유가 있는 경우 갱신등록 시로 소급하여 상표권의 효력을 소멸시키는 제도를 말한다. 즉 이해관계인 또는 심사관은 상표권의 존

이와 같은 이치는 3 이상의 상품을 지정상품으로 하여 등록된 경우 2 이상의 지정상품에 관하여 무효심판을 청구하는 경우에도 같다(대법원 1994. 5. 24. 선고 92후2274 전원합의체 판결 – 황금당 사건).
286) 대법원 1996. 12. 10. 선고 95후1906 판결.

속기간갱신등록에 무효사유가 있는 경우 무효심판을 청구할 수 있고, 이 경우 갱신등록
된 등록상표의 지정상품이 2 이상 있는 경우에는 지정상품마다 청구할 수 있다(§72①).

나. 상표권 존속기간갱신등록의 무효사유

상표권 존속기간갱신등록의 무효사유는 ⅰ) 상표권의 존속기간갱신등록이 제43조 제2
항[287)]의 규정에 위반된 경우, ⅱ) 해당 상표권자가 아닌 자가 상표권의 존속기간갱신등
록신청을 한 경우이다.

다. 청구인적격 등

청구인적격은 심사관 또는 이해관계인이며, 존속기간갱신등록의 무효심판은 상표권이
소멸된 후에도 이를 청구할 수 있으나(§72②), 제43조 제2항 위반을 이유로 한 상표권의
존속기간갱신등록의 무효심판은 상표권의 존속기간갱신등록일부터 5년이 경과한 후에는
이를 청구할 수 없다(§76①).

라. 효과

상표권의 존속기간갱신등록을 무효로 한다는 심결이 확정된 때에는 상표권의 존속기간
갱신등록은 처음부터 없었던 것으로 본다(§72③).

마. 판례[288)]

(1) 상표권의 존속기간 갱신등록은 그 등록에 의하여 새로운 상표권이 발생하는 것이
아니라 존속기간이 만료하게 된 상표권이 상표권자와 지정상품의 동일성을 유지하면서
그 존속기간만을 연장하는 것이고, 만일 상표권의 존속기간 갱신등록을 무효로 하는 심
결이 확정된 경우에는 설정등록에 의하여 발생한 상표권은 갱신되기 전의 상표권의 존속
기간이 종료하였을 때 소멸하는 것으로 보아야 한다.

(2) 상표권 존속기간 갱신등록제도의 법적 성질 등에 비추어, 2회의 상표권 존속기간
갱신등록이 이루어진 이후 그 상표권 존속기간 1차 갱신등록에 관하여 제기된 무효심판

---

287) 상표권의 존속기간갱신등록신청서는 상표권의 존속기간 만료 전 1년 이내에 제출하여야 한다. 다만, 이
　　　기간에 상표권의 존속기간갱신등록신청을 하지 아니한 자는 상표권의 존속기간이 끝난 후 6개월 이내
　　　에 상표권의 존속기간갱신등록신청을 할 수 있다.

288) 대법원 2005. 2. 18. 선고 2002후505 판결.

청구가 적법하다고 본 원심의 판단을 수긍한 사례.

(3) 상표등록이 20년 전에 이루어졌고 상표권에 대한 존속기간 갱신등록이 2회에 걸쳐 이루어진 이후에 그 상표권 존속기간 1차 갱신등록에 관하여 제기된 무효심판 청구가 신의칙에 저촉되지 않는다고 본 원심의 판단을 수긍한 사례.

(4) 상표권 존속기간 갱신등록의 무효사유를 규정한 구 상표법(1990. 1. 13. 법률 제4210호로 전문 개정되기 전의 것) 제20조 제2항 단서가 법률 개정으로 삭제되었으나 신법 부칙에서 신법 시행 전에 한 갱신등록출원에 의하여 등록된 등록상표에 대한 소송에 대하여는 종전의 규정에 의한다고 규정하고 있으므로, 신법 시행 전에 출원되어 이루어진 상표권 존속기간 갱신등록에 대하여 위 단서를 적용하여 그 무효 여부를 다툴 수 있다고 본 원심의 판단을 수긍한 사례.

(5) 등록상표가 구 상표법(1990. 1. 13. 법률 제4210호로 전문 개정되기 전의 것) 제9조 제1항 제11호 후단에 정한 수요자를 기만할 염려가 있는 상표인지는 그 등록상표에 대한 등록결정 시를 기준으로 판단하여야 하는 점, 같은 법 제20조 제2항 단서 제1호의 규정에서 같은 법 제9조 제1항 제11호 후단에 해당하는 상표의 존속기간 갱신등록을 불허하는 취지는 비록 적법하게 등록되었던 상표라고 하더라도 그 존속기간 갱신등록 당시 이미 수요자나 거래자에게 특정인의 상표라고 인식될 정도로 알려진 다른 상표와의 사이에 일반 수요자로 하여금 상품의 출처에 관하여 오인·혼동을 일으키게 하여 수요자를 기만할 염려가 있는 경우 그 상표의 갱신등록을 불허하여 상품의 출처 등에 대한 일반 수요자의 신뢰를 보호하고자 하는 데 있는 점 등에 비추어 보면, 상표권의 존속기간 갱신등록에 구 상표법(1990. 1. 13. 법률 제4210호로 전문 개정되기 전의 것) 제9조 제1항 제11호 후단의 규정에 정한 무효사유가 있는지는 그 갱신등록 결정 시를 기준으로 하여 판단하여야 한다.

3. 상품분류전환등록의 무효심판

이해관계인 또는 심사관은 상품분류전환등록이 ⅰ) 당해 등록상표의 지정상품이 아닌 상품으로 되거나 지정상품의 범위가 실질적으로 확장된 경우, ⅱ) 당해 등록상표의 상표권자가 아닌 자의 신청에 의하여 행하여진 경우, ⅲ) 제46조의2 제3항(상품분류전환등록 신청은 상표권의 존속기간 만료일 1년 전부터 존속기간 만료 후 6월 이내의 기간에 하여야 한다)의 규정에 위반되는 경우 무효심판을 청구할 수 있다. 이 경우 상품분류전환등록에 관한 지정상품이 2 이상 있는 경우에는 지정상품마다 청구할 수 있다(§72의2①). 상표권이 소멸한 후에도 상품분류전환등록 무효심판을 청구할 수 있으며, 심판장은 동 무효심판청구가 있는 경우 그 취지를 당해 상표권의 전용사용권자 기타 상표에 관하여 등록을 한 권리를 가진 자에게 통지하여야 한다(§72의2②). 상품분류전환등록을 무효로 한다는 심결이 확정된 경우에는 당해 상품분류전환등록은 처음부터 없었던 것으로 본다(§72의2③).

4. 상표등록의 취소심판

가. 의의

상표등록의 취소심판이란 유효하게 등록이 된 상표권에 법정 취소사유가 있는 경우 심판절차를 통해 그 등록의 효력을 장래에 향하여 소멸시키는 행정처분을 말한다. 무효심판과 마찬가지로 취소사유가 있는 상표권도 심판절차에 의해 취소시키지 않는 한 그 등록의 효력을 부정할 수 없으며, 다만 무효심판과 달리 취소심판에는 소급효가 발생하지 않는다.

나. 상표등록의 취소사유

(1) 상표권자의 부정사용

(가) 일반

상표권자가 고의로 지정상품에 등록상표와 유사한 상표(그 등록상표와 유사한 상표로서 색채를 등록상표와 동일하게 하면 등록상표와 동일한 상표라고 인정되는 상표를 제외: §91의2②)를 사용하거나 지정상품과 유사한 상품에 등록상표 또는 이와 유사한 상표를 사용함으로써 수요자로 하여금 상품의 품질의 오인 또는 타인의 업무에 관련된 상품과의 혼동을 생기게 한 경우(§73① ⅱ)

상표법 제73조 제1항 제2호 규정의 취지는 상표법에 의한 등록상표권자는 그 등록상표를 지정상품에 독점적으로 사용할 권리를 가지나, 그 등록상표를 동일성을 잃지 않는 범위 내에서 성실히 사용할 의무가 있으므로 상표권자로 하여금 등록상표를 상표 제도의 본래의 목적에 반하여 자신의 등록상표의 사용권의 범위를 넘어 부정하게 사용하지 못하도록 규제함으로써 상품 거래의 안전을 도모하고, 타인의 상표의 신용이나 명성에 편승하려는 부정경쟁행위를 방지하여 거래자와 수요자의 이익보호는 물론 다른 상표권자의 영업상의 신용과 권익을 아울러 보호하려는 데 그 목적이 있다.[289] 그리고 상표법 제73 조 제1항 제2호에서 말하는 상품의 품질의 오인이나 타인의 업무에 관계되는 상품과의 혼동은 현실적으로 그러한 오인·혼동이 생긴 경우뿐만 아니라 오인·혼동이 생길 염려 가 객관적으로 존재하면 족하다.[290]

본호는 상표권자의 부정사용행위에만 적용되며, 사용권자의 상표 부정사용행위에 대해 서는 동항 제8호가 적용된다. 또한, 등록상표와 유사관계에 있는 경우를 전제로 하고 있 으며, 유사 범위를 벗어나는 경우에는 제3자의 상표권 침해 문제가 된다.

(나) 판례

- 상표법 제73조 제1항 제2호는 상표권자가 상표제도의 본래의 목적에 반하여 자신의 등록상표를 그 사용권의 범위를 넘어 부정하게 사용하지 못하도록 규제함으로써 상품 거 래의 안전을 도모하고, 타인의 상표의 신용이나 명성에 편승하려는 행위를 방지하여 거 래자와 수요자의 이익보호는 물론 다른 상표를 사용하는 사람의 영업상의 신용과 권익도 아울러 보호하려는 데 그 취지가 있는 것으로(대법원 1987. 6. 9. 선고 86후51, 52 판결, 1999. 9. 17. 선고 98후423 판결 참조), 누구든지 그 규정에 의한 취소심판을 청구할 수 있는 공익적 규정이며(같은 조 제6항 단서), 위 제73조 제1항 제2호는 "수요자로 하여금 상품의 품질의 오인 또는 타인의 업무에 관련된 상품과의 혼동을 생기게 한 경우"라고 규정하고 있을 뿐, 상표권자가 실제로 사용하는 상표(이하 '실사용 상표'라 한다)와의 혼 동의 대상이 되는 타인의 상표를 특별히 한정하고 있지도 아니하다. 이러한 점에 비추어 보면, 위 규정 소정의 실사용 상표와 타인의 상표 사이의 혼동 유무는 당해 실사용 상표 의 사용으로 인하여 수요자로 하여금 그 타인의 상표의 상품과의 사이에 상품 출처의 혼 동을 생기게 할 우려가 객관적으로 존재하는가에 따라 결정하면 충분하므로, **그 타인의 상표가 당해 등록상표의 권리범위에 속하거나 상표법상의 등록상표가 아니라고 하더라도 그 혼동의 대상이 되는 상표로 삼을 수 있다.**[291]

---

289) 대법원 1999. 9. 17. 선고 98후423 판결.

290) 대법원 1999. 9. 17. 선고 98후423 판결.

291) 이와 달리 상표법 제73조 제1항 제2호에 정한 오인·혼동 판단의 대상상표인지가 문제된 타인의 상표 가 등록상표의 권리범위에 속하는 것으로서 미등록 또는 등록상표보다 후에 등록된 것이라거나, 이미 그 상표등록무효 심결이 확정된 것이라면, 그 사정만으로 위의 오인·혼동 판단의 대상상표로 삼을 수 없다는 취지로 판시한 대법원 1988. 5. 10. 선고 87후87, 88 판결과 1997. 8. 22. 선고 97후68 판결은 이와 저촉되는 범위 내에서 변경하기로 한다(대법원 2005. 6. 16. 선고 2002후1225 전원합의체 판결 — 대상상표 'ROOTS'가 국내에서 상표등록을 받지 아니한 상표로서 등록상표 '도형+ROOT'의 권리범위 에 속한다고 볼 여지가 있다고 하더라도, 상표법 제73조 제1항 제2호 규정을 적용함에 있어서 상표권

- 상표권자가 자신의 등록상표가 타인의 상표와 동일·유사하게 변형사용되는 것을 적극적으로 희망하여 의도적으로 그 변형이 용이하도록 상표를 제작·부착하고, 그 상표가 부착된 상품의 판매자나 수요자에게 그 상표의 변형방법을 주지시키고, 이로 말미암아 실제로 등록상표가 상표권자의 의도대로 상품의 판매자나 수요자들에 의하여 인용상표들과 동일·유사하게 변형되어 유통·사용되었다면, 이는 상표권자가 직접 등록상표에 변형을 가한 경우와 마찬가지로 타인의 상표의 신용이나 명성에 편승하려는 부정경쟁의 목적으로 등록상표의 사용권의 범위를 넘어 등록상표를 부정하게 사용한 경우로서 상표법 제73조 제1항 제2호 소정의 상표권자가 고의로 지정상품에 등록상표와 유사한 상표를 사용함으로써 수요자로 하여금 상품의 품질의 오인 또는 타인의 업무에 관련된 상품과의 혼동을 생기게 한 경우에 해당한다고 봄이 상당하다. 또한 상표권자가 오인·혼동을 일으킬 만한 대상상표의 존재를 알면서 그 대상상표와 동일·유사한 실사용상표를 사용하는 한 상표 부정사용의 고의가 있다 할 것이고, 특히 그 대상상표가 주지·저명 상표인 경우에는 그 대상상표나 그 표장상품의 존재를 인식하지 못하는 등의 특단의 사정이 없는 한 고의의 존재가 추정된다.[292]

- 피심판청구인의 실사용상표인 '고려당'은 그의 등록상표인 '청자도형 + 정자표 고려당'으로 된 상표와는 전체적·객관적으로 보아 양자 모두 '고려당'이라는 문자를 요부로 하면서 각각의 도형을 곁들인 것이어서 상호 유사상표의 관계에 있다고 봄이 상당할뿐더러 위 실사용상표는 심판청구법인의 주지상표인 '고려당'과도 그 호칭과 관념이 유사하여 실사용상표가 사용된 과자류 상품은 주지상표에 의하여 표장되는 상품인 것으로 오인·혼동될 객관적 우려가 농후하다 할 것이고, 나아가 심판청구법인의 이 사건 주지상표가 지니고 있는 위와 같은 현저한 주지성에 비추어 특단의 사정이 없는 한 피심판청구인의 이 사건 실사용상표의 사용행위에는 상품출처의 오인·혼동을 야기하려는 고의가

자가 실제로 사용하는 상표와의 혼동의 대상이 되는 상표로 삼을 수 있다고 한 원심의 판단을 수긍한 사례).

[292] 대법원 1999. 9. 17. 선고 98후423 판결(설사 상고이유의 주장과 같이 도형상표인 실사용상표가 문자상인 'JINCHANELPLUS' 부분이 부기된 상태로 사용되었다 하더라도 이 사건 등록상표의 변형된 부분이 저명상표인 인용상표들과 동일하거나 극히 유사한 이상 실사용상표는 문자 부분인 'JINCHANELPLUS' 부분과는 분리관찰되어 결국 인용상표들과 동일·유사한 도형 부분만에 의하여 인식될 가능성이 매우 높고, 또한 상품의 꼬리표 등에 인용상표들에 대한 상표권자가 아닌 피심판청구인의 상호가 표시되어 있다 하더라도 수요자나 거래자로서는 이를 인용상표들의 사용권자이거나 인용상표권자와 업무상 관계가 있는 자 등의 상호로 인식할 가능성이 있을 뿐이어서 피심판청구인의 실사용상표가 사용된 상품은 인용상표들에 대한 상표권자의 업무와 관련된 상품으로 혼동될 가능성이 충분히 인정된다 할 것이므로 피심판청구인의 실사용상표와 인용상표들 사이에 오인·혼동 가능성이 없다는 점을 전제로 한 논지도 이유가 없다).

있는 것으로 추정된다 할 것이다(설령, 피심판청구인이 위 실사용상표를 그 등록상표의
출원 이전부터 사용해 온 것이라 하더라도 심판청구법인의 상표인 '고려당'이 현저한 주
지성을 확보한 이후에 비로소 실사용상표의 사용이 시작된 것인 이상, 위 고의가 추정됨
에는 아무런 소장이 없다).[293)]

(2) 상표불사용

(가) 일반

상표권자·전용사용권자 또는 통상사용권자 중 어느 누구도 정당한 이유 없이[294)] 등
록상표(그 등록상표와 유사한 상표로서 색채를 등록상표와 동일하게 하면 등록상표와 동
일한 상표라고 인정되는 상표를 포함: §91의2①)를 그 지정상품에 대하여 취소심판청구
일전 계속하여 3년 이상 국내에서 사용하고 있지 아니한 경우(§73①iii)

상표출원 및 등록 과정에서 사용의사나 사용실적에 대한 확인이 불가능한바, 따라서
본호를 통해 등록 이후 사용주의적 요소를 반영할 수 있게 되었다.

---

293) 대법원 1984. 11. 13. 선고 83후70 판결. 그 이외에 본 호에 대한 판례로 대법원 1990. 2. 13. 선고 89
후308 판결(피청구인이 'LGE+엘지이'를 상표등록한 후 'LGE'만 사용하여 타인의 주지상표인 'LEE'와
오인·혼동을 초래하여 본 호에 해당한다고 판단한 사례), 대법원 1986. 3. 25. 선고 84후10 판결(회사
의 상호로 된 이른바 상호상표에서 회사의 종류를 표시하는 '주식회사' 등은 일반적인 관용어에 불과하
고 그 명칭이 지정상품의 제조업체를 표시하는 부분으로서 일반구매자로부터 가장 주의를 끌기 쉬운
상표의 요부라 할 것이므로 전체를 결합하여 표시하지 아니하면 타인의 상표와 혼동될 염려가 있는 경
우를 제외하고는 회사의 종류를 표시하는 부분을 제외하고 명칭 부분만으로 간략하게 표시하였다 하여
상표법 제73조 제1항 제2호에 해당한다고 볼 수는 없다 - '주식회사 고려당'을 '고려당'으로 사용한 것
은 부정사용이 아니라고 판단한 사례), 대법원 1986. 2. 11. 선고 85후99 판결(외국수출품에 한하여 등
록상표 'Million(밀리온)'의 구성 부분 중 영문자인 'Million'만으로 상표를 사용한 일이 있다 하더라도 이
를 지정상품의 출처의 혼동이나 품질의 오인을 생기게 할 염려가 있는 경우에 해당한다고 볼 수 없다), 대
법원 1990. 1. 25. 선고 88후1328 판결(선출원된 타인의 등록상표 '노이에루'가 기술적 표장에 불과하여
그 유사상표의 사용이 상품출처의 혼동 등을 일으킬 염려가 없다고 본 사례), 대법원 1988. 5. 10. 선고
87후87, 87후88 판결[대상상표의 존재를 알면서 그 표장상품과 상품출처의 오인·혼동을 일으킬 우려가
있는 유사상표인 실사용상표를 계속 사용해 온 자는 상표법 제45조 제1항 제2호가 규정하는 등록상표의
주관적 요건인 고의가 있으며, 등록상표(실사용상표)가 대상상표보다 먼저 등록된 것이고 실사용상표권자
가 대상상표에 대한 권리범위확인심판을 청구하고 있다 하여 그 고의성을 배제할 수 없다].

294) 상표법 제45조 제1항 제3호에서 상표등록취소사유로 규정한 정당한 이유 없이 국내에서 등록상표를 그
지정상품에 계속하여 1년 이상 사용하지 아니하였을 때의 '정당한 이유'라 함은 질병 기타 천재 등의
불가항력에 의하여 영업을 할 수 없는 경우뿐만 아니라 법률에 의한 규제, 판매금지 또는 국가의 수입
제한조치 등에 의하여 부득이 등록상표의 시정상품을 국내에서 일반적, 정상적으로 거래할 수 없는 경
우와 같이 상표권자의 귀책사유로 인하지 아니한 상표불사용의 경우도 포함된다고 할 것이나, 본건 등록
상표의 지정상품인 '담배'가 그 수입에 있어서 허가 또는 지정이나 위탁을 필요로 한다는 점만으로 '정당
한 이유'가 있다고 단정할 수는 없고, 상표권자의 귀책사유 없이 그 수입의 허가 또는 지정이나 위탁을 받
을 수 없게 되어 1년 이상 본건 등록상표를 사용할 수 없게 된 사정이 있어야만 정당한 이유가 있다고 할
것이고, 위와 같은 사유는 상표권자가 입증하여야 할 것이다(대법원 1990. 6. 26. 선고 89후599 판결).

(나) 요건

① 상표권자와 사용권자 중 누구도 상표를 사용하지 않았을 것, ② 등록상표를 지정상품에 대하여 사용하지 않았을 것, ③ 심판청구일 전 계속하여 3년 이상 국내에서 사용하지 않았을 것, ④ 상표의 불사용에 정당한 이유[295]가 없을 것(§73④단서) 등의 요건을 갖추어야 한다. 3년의 불사용기간과 관련하여 불사용기간 중에 상표권의 이전이 있는 경우 불사용기간도 승계되므로, 이를 통산하여 판단한다.[296] 또한, 상표권자가 외국에서 자신의 등록상표를 상품에 표시하였을 뿐 우리나라에서 직접 또는 대리인을 통하여 등록상표를 표시한 상품을 양도하거나 상품에 관한 광고에 상표를 표시하는 등의 행위를 한 바 없다고 하더라도, 그 상품이 제3자에 의하여 우리나라로 수입되어 상표권자가 등록상표를 표시한 그대로 국내의 정상적인 거래에서 양도, 전시되는 등의 방법으로 유통됨에 따라 사회통념상 국내의 거래자나 수요자에게 그 상표가 그 상표를 표시한 상표권자의 업무에 관련된 상품을 표시하는 것으로 인식되는 경우에는 특단의 사정이 없는 한 그 상표를 표시한 상표권자가 국내에서 상표를 사용한 것으로 보아야 한다.[297]

(다) 판례

① 상표의 사용

- 구 상표법(1997. 8. 22. 법률 제5355호로 개정되기 전의 것) 제73조 제1항 제3호, 제4항에 의하면, 상표권자·전용사용권자 또는 통상사용권자 중 어느 누구도 정당한 이유 없이 등록상표(당해 등록상표와 연합된 다른 등록상표가 있을 때에는 그중 어느 하나의 등록상표 또는 당해 등록상표)를 그 지정상품에 대하여 취소심판청구일 전 계속하여 3년 이상 국내에서 사용하지 아니하였을 때에는 심판에 의하여 그 상표등록을 취소하도록 규정되어 있는바, 여기에서 등록상표를 그 지정상품에 사용한다고 함은 등록상표와 물리적으로 동일한 상표를 사용하여야 한다는 것을 의미하는 것은 아니고 거래사회의 통

념상 이와 동일하게 볼 수 있는 형태의 사용도 이에 포함된다고 할 것이므로, 이와 같은 의미의 상표의 동일성을 해치지 않을 정도의 변형사용은 허용된다고 할 것이나 그 정도를 벗어나는 것은 허용될 수 없고, 따라서 유사한 상표를 사용한 것만으로는 등록상표를 사용하였다고 인정하기에 부족하다.[298]

　- 상표의 사용에는 반드시 지정상품에 직접적으로 사용하는 경우뿐만 아니라 상품과의 구체적 관계에 있어서 상표법 제2조 제4항 제3호가 규정하는 방법으로 사용·전시·반포하는 행위를 포함하나 등록상표의 제작에 필요한 인쇄를 의뢰하고 용기제작에 필요한 금형의 제작을 의뢰하여 납품받은 사실이 있는 것만으로는 상표를 사용한 경우라고 할 수 없다.[299]

　- 상표의 사용행위에 포함되는 '상품에 관한 광고에 상표를 붙이고 전시 또는 반포하는 행위', 즉 상표의 선전광고는 국내에서 이루어질 것을 요한다고 할 것이나, 간행물을 통한 선전광고의 방법에 있어서는 반드시 우리나라에서 발행된 간행물에 한정되는 것이 아니라 외국에서 발행된 간행물이라 하더라도 우리나라에 수입·반포되고 있다면 이러한 외국에서 발행된 간행물을 통한 국내에서의 상표의 선전광고 행위는 위 같은 법조 소정의 상표의 사용에 포함된다.[300] 그에 반해, 등록상표를 부착한 상품을 국내시장이 아닌 치외법권 지역인 주한 외국대사관, 영사관에 공급하였다 하여 이를 들어 상표를 국내에서 사용하였다고 볼 수는 없다.[301]

　- 상표법 제73조 제1항 제3호, 제3항, 제4항의 규정으로 미루어 볼 때, 동시에 수개의 지정상품에 대하여 상표등록취소심판청구를 한 경우 심판청구 대상인 지정상품을 불가분 일체로 취급하여 전체를 하나의 청구로 간주하여 지정상품 중 하나에 대하여 사용이 입증된 경우에는 그 심판청구는 전체로서 인용될 수 없고, 사용이 입증된 지정상품에 대한

---

298) 대법원 1998. 12. 22. 선고 97후3319,3326 판결[을 제1호증(카탈로그)에 표시된 상표는 마차도형과 'SINCE 1968' 및 '은마차'라는 문자가 결합된 상표이므로 그 상표의 사용으로써 이 사건 등록상표(1)(등록 제174317호)와 이 사건 등록상표(2) '금마차'(등록 제177047호)의 각 연합상표인 등록상표 '은마차'(등록 제54256호)가 상표로서의 동일성과 독립성을 지니고 사용되었다고 볼 수 없고, 달리 이 사건 등록상표들이나 그 연합상표들을 이 사건 취소심판청구일 전 3년 이내에 사용하였다고 인정할 만한 증거가 없다는 이유로 구 상표법 제73조 제1항 제3호에 의하여 이 사건 등록상표들에 대한 상표등록은 취소되어야 한다고 판단한 원심을 수긍한 사례]. 대법원 2006. 6. 15. 선고 2004후2703 판결[주식회사 스톰이 상표등록 취소심판청구일 전에 등록상표의 지정상품 중 하나인 '슬리퍼'에 '292513STORM'이라고 표시하여 광고하였다 하더라도, 위 표장의 사용이 거래사회의 통념상 등록상표 'STORM'과 동일하게 볼 수 있는 형태의 상표의 사용이라고 할 수 없다고 한 사례].
299) 대법원 1982. 2. 23. 선고 80후70 판결.
300) 대법원 1991. 12. 13. 선고 91후356 판결.
301) 대법원 1991. 12. 27. 선고 91후684 판결.

심판청구만 기각하고 나머지에 관한 청구를 인용할 것은 아니다.[302]

② 정당한 이유

- 상표불사용에 대한 '정당한 이유'는 질병 기타 천재 등 불가항력으로 인하여 영업을 할 수 없을 때뿐만 아니라 법률에 의한 규제, 판매금지 또는 국가의 수입제한조치 등에 의하여 부득이 등록상표 사용의 지정상품이 국내에서 일반적·정상적으로 거래하지 못하게 된 경우와 같이 상표권자의 귀책사유로 인하지 아니한 상표불사용의 경우도 이에 포함되는 것이라 할 것이지만, 국세청장이 일정 시점부터 등록상표의 지정상품인 외국산 주류를 수입할 수 있는 신규의 주류수입상면허발급을 금지하였다 하더라도 기존의 주류수입상을 통하여 그 외국산 주류를 수입할 수 있는 것이므로 이 사유만으로는 법률에 의한 규제 등에 해당한다고 할 수 없어 이를 상표불사용의 '정당한 이유'라고 볼 수 없다.[303]

- 등록상표를 양수한 자가 상표이전등록을 한 날로부터 1년이 지나도록 등록상표의 지정상품인 화장품의 제조 및 품목에 관하여 보건사회부장관의 허가 없이 그 상품에 등록상표를 사용한 행위는 정당한 이유 없이 계속하여 1년 이상 영업에 사용하지 아니하였을 때로 인정할 수 있으므로 구 상표법 제23조 제2호에 해당되어 등록취소사유가 된다.[304]

- 구 식품위생법(1991. 12. 14. 법률 제4432호로 개정되기 전의 것)과 같은 법 시행령(1991. 3. 11. 대통령령 제13325호에 의하여 개정되기 전의 것)에 의하면, 과자류의 제조업을 하고자 하는 자는 보건사회부장관의 허가를 받아야 되지만, 판매를 목적으로 식품을 수입하고자 하는 자는 보건사회부장관에게 신고만 하면 되도록 규정되어 있으므로, 지정상품인 과자류의 제조·판매업에 관하여 허가를 받은 사실이 없다고 하여, 국내에서 등록상표들을 지정상품에 사용하지 아니하였다고 단정할 수 없다.[305]

- 상표권자가 정당한 이유 없이 국내에서 등록된 상표를 지정상품에 사용하지 아니한 경우에 그 상표등록을 취소하여야 하도록 규정한 구 상표법(1990. 1. 13. 법률 제4210호

---

302) 대법원 1993. 12. 28. 선고 93후718, 725(병합), 732(병합), 749(병합) 판결.
303) 대법원 1991. 12. 27. 선고 91후684 판결(구 상표법 제45조 제1항 제3호는 정당한 이유 없이 국내에서 등록상표를 그 지정상품에 계속하여 1년 이상 사용하지 아니하였을 때를 상표등록의 취소사유로 규정하고 있는바, 이때의 사용이란 국내의 거래지와 일반 수요지가 상표의 존재를 인식할 수 있는 상태에 이르러야 하는 것이므로 결국 상표의 사용은 국내시장에서 사용하여야 하는 것을 말하는 것이며, 소론과 같이 본건등록상표를 부착한 상품을 국내시장이 아닌 치외법권 지역인 주한 일본대사관, 영사관에 공급하였다 하여 이를 들어 상표를 국내에서 사용하였다고 볼 수 없는 것이다).
304) 대법원 1975. 1. 28. 선고 74후16 판결.
305) 대법원 1993. 1. 12. 선고 92후612 판결.

로 개정되기 전의 것) 제45조 제1항 제3호의 규정은 상표의 사용을 촉진하는 한편 불사용상표에 대한 제재적 의미도 포함되는 것으로 해석된다고 할 것인바, 이와 같은 취지에 비추어 볼 때 상표에 대한 선전, 광고행위가 있었다고 하더라도 그 지정상품이 국내에서 일반적·정상적으로 유통되는 것을 전제로 하여(현실적으로 유통되고 있거나 적어도 유통을 예정·준비하고 있어야 한다) 선전, 광고행위가 있어야 상표의 사용이 있었던 것으로 볼 수 있는 것이고, 또한 지정상품이 의약품인 경우 그 등록상표를 지정상품에 법률상 정당히 사용하기 위하여는 그 제조나 수입에 관하여 보건사회부장관의 품목별 허가를 받아야 하므로 그러한 허가를 받지 아니하였다면 신문지상을 통하여 1년 못 미처 한 차례씩 그 상표를 광고하였다거나 국내의 일부 특정지역에서 그 등록상표를 부착한 지정상품이 판매되었다고 하더라도 상표의 정당한 사용이 있었다고 볼 수 없다.[306]

- 어느 지정상품과의 관계에서 등록상표가 정당하게 사용되었는지(상표법 제73조 제1항 제3호, 제4항)를 결정함에 있어서는 그 지정상품이 교환가치를 가지고 독립된 상거래의 목적물이 될 수 있는 물품으로서의 요건을 구비하고 있는지 및 국내에서 정상적으로 유통되고 있거나 유통될 것을 예정하고 있는지를 기준으로 판단하여야 한다. 그리고 **관련 행정법규가 제조·판매 등의 허가 또는 안전검사·품질검사 등을 받지 아니하거나 일정한 기준이나 규격에 미달하는 제품 등의 제조·판매 등을 금지하고 있는 경우, 상표법의 목적과 행정법규의 목적이 반드시 서로 일치하는 것은 아니므로, 상표권자 등이 위와 같은 행정법규에 위반하여 특정 상품을 제조·판매하였다고 하여 그 상품이 독립된 상거래의 목적물이 될 수 있는 물품으로서의 요건을 구비하고 있지 않다거나 국내에서 정상적으로 유통되지 아니한 경우에 해당한다고 일률적으로 결정할 수는 없고, 그 상품의 제조·판매를 규율하는 행정법규의 목적, 특성, 그 상품의 용도, 성질 및 판매형태, 거래실정상 거래자나 일반수요자가 그 상품에 대하여 느끼는 인식 등 여러 사정을 참작하여 상표제도의 목적에 비추어 그 해당 여부를 개별적으로 판단하여야 한다.**[307]

---

306) 대법원 1990. 7. 10. 선고 89후1240, 1257 판결.

307) 대법원 2006. 9. 22. 선고 2005후3406 판결[피고가 레이싱카완구에 대하여 품질경영 및 공산품안전관리법(2004. 10. 22. 법률 제7237호로 개정되기 전의 것) 제9조 제1항 및 같은 법 시행규칙(2004. 6. 9. 산업자원부령 제235호로 개정되기 전의 것) 제4조 [별표 2]에서 규정하는 안전검사를 받지 아니한 사실이 있다고 하더라도, 그러한 사정만으로 레이싱카완구가 교환가치를 가지고 독립된 상거래의 목적물이 될 수 있는 물품으로서의 요건을 구비하고 있지 않다거나 국내에서 정상적으로 유통되지 아니하였다고 볼 수 없으므로, 이 사건 등록상표가 레이싱카완구에 대하여 정당하게 사용되었음을 인정하는 데 아무런 장애가 되지 아니한다].

③ 동일성에 대한 판례

1) 동일성을 긍정한 사례

－상표권자가 등록상표의 동일성을 해하지 아니하는 범위 내에서 그 색상이나 글자꼴을 변경한다든가, 그 상표의 요부가 아닌 기호나 부기적 부분을 변경하여 사용한다 하더라도 이는 동일한 상표의 사용이라고 할 것이다.[308]

－등록상표의 일부인 'SCABAL'을 'MADE BY J. MOBANG SCABAL'로 기재하여 사용한 경우, 위 'SCABAL'은 거래통념상 등록상표와 동일하게 볼 수 있는 형태의 사용에 해당한다.[309]

'새나라'외 'SAE NA RA'가 상하 2단으로 병기된 등록서비스표의 전용사용권자가 포장상자에 'SAENARA＋CHICKEN'과 '새나라치킨' 두 표장을 사용한 것은 그 배열위치와 글자체의 차이에도 불구하고 거래통념상 등록서비스표 전체와 동일성이 있는 서비스표를 사용한 것으로 볼 수 있다.[310]

－서비스표권자가 특정 회사에 자신의 '자동차생활' 월간지에 게재된 기사를 퀵 파일 (Quark file)의 형태로 CD에 저장하여 제공하면서 그 CD를 포장한 상자 옆 부분에는 한글 '자동차생활'을, 윗면에는 영문자 'Car Life'를 각 기재한 것은 등록서비스표 '자동차생활＋CARLiFE'와 동일한 범주 내에 속하는 사용이다.[311]

2) 동일성을 부정한 사례

－영문자와 한글이 병기된 상표의 일부만 사용한 경우

---

308) 대법원 1994. 11. 8. 선고 93후2059 판결[광고선전용으로 제작한 카탈로그상에 상표를 표시하면서 사용된 '상표 1'의 표장을 연합상표 '상표 2'와 비교하여 보면, 전체적으로는 연합상표는 흰색 바탕에 검은색 활자로 표시한 반면 사용상표는 역사다리꼴의 도형 안에 녹색 바탕에 흰색 및 노란색의 활자로 표시하고 있고, 연합상표상에는 상단에 표시되어 있는 영문자 부분 'JAGUAR FOCUS'가 사용상표상에는 하단에 작은 활자로 표시되고 국문자 부분이 상단에 글자꼴이 약간 변형되어 크게 표시되었으며 연합상표상에는 하단의 좌측에 'JAGUAR FOCUS'의 두문자(이니셜)만을 따서 이를 사각형 안에 약간 도형화시켜 배치시켰으나 그 카탈로그상에는 이 도형 부분이 빠져 있고 대신 'JAGUAR FOCUS' 아래에 이와 서의 같은 크기의 활자로 'QUARTZ'라는 문자를 부기한 차이점이 있긴 하나, 연합상표상에 있는 도형 부분 '상표 3'은 그 자체만으로는 식별력이 있는 요부라고 할 수 없으며, 사용상표에 부가된 'QUARTZ' 부분은 수정진동자를 이용한 시계임을 나타내는 것으로서 지정상품의 성질 표시에 해당하여 이 또한 식별력이 있는 요부라고 할 수 없어 이러한 부분이 있고 없음은 단지 부기적인 변형에 불과하다고 할 것이므로 거래통념상 색상이나 글자꼴의 차이, 문자의 도치, '상표 3' 도형 대신 'QUARTZ'의 부기적인 표기 등에도 불구하고 그 사용상표의 사용이 동일성을 벗어날 정도로 변형되어 사용된 것이라고 말할 수 없다고 한 사례].
309) 대법원 2000. 10. 24. 선고 99후345 판결.
310) 대법원 2005. 9. 29. 선고 2004후622 판결.
311) 대법원 2007. 6. 14. 선고 2005후1905 판결.

■ 영문자 'HEALTH MATE'와 한글 '헬스 메이트'가 2단으로 구성된 등록상표는 영문자 부분과 한글문자 부분이 각각 요부라 할 것이므로, 상표권자가 자신이 생산하는 전기사우나기에 등록상표의 영문자 부분만을 2단으로 변형하여 사용한 것은 등록상표와 동일성의 범위 내에 있는 상표의 사용이라고 할 수 없다.312)

■ 한글 '티파니'와 영문자 'TIFFANY'의 결합상표인 등록상표에 있어서는 한글과 영문자로 된 각 부분 모두가 상표의 요부를 구성하고 있다고 할 것이므로, 그중 한글로 된 부분만을 상표로 사용하였다 하더라도 이는 등록상표를 정당하게 사용한 경우에 해당된다고 할 수 없다.313)

– 숫자를 병기한 사용

■ 주식회사 스톰이 상표등록 취소심판청구일 전에 등록상표의 지정상품 중 하나인 '슬리퍼'에 '292513STORM'이라고 표시하여 광고하였다 하더라도, 위 표장의 사용이 거래사회의 통념상 등록상표 'STORM'과 동일하게 볼 수 있는 형태의 상표의 사용이라고 할 수 없다.314)

– 식별력이 없는 부분의 부가

■ 지정상품을 '건과자, 비스킷' 등으로 하고, 'POCA'로 구성된 등록상표와 '감자스낵' 제품에 실제로 사용된 실사용 상표 'POCACHIP' 및 '포카칩＋Photo'을 대비하면, 실사용 상표들의 'CHIP' 부분은 그 자체만으로는 일반 수요자나 거래자의 주의를 끌기 어렵지만 실사용 상표들의 'POCA' 부분과 아무런 간격 없이 동일한 크기와 형태로 일체 불가분적으로 결합되어 사용하고 있고, 그 결합으로 인한 음절수도 비교적 짧은 3음절에 불과하여 실사용 상표들은 일반 수요자나 거래자에 의하여 '포카'와 '칩' 부분으로 분리 호칭·관념되기보다는 '포카칩' 전체로 호칭·관념되어, 실사용 상표들은 'CHIP' 부분의 결합으로 거래사회의 통념상 'POCA'로 구성된 등록상표와 동일하다고 볼 수 없는 외관·호칭·관념을 형성하고 있으므로, 실사용 상표들을 등록상표의 지정상품에 사용한 사실이 있다 하더라도 등록상표와 동일한 형태의 표장의 사용이라고 할 수 없다.315)

■ 등록상표 '명가'"에 식별력 있는 도형 부분을 부가하여 '도형＋명가호프'로 사용한

---

312) 대법원 2004. 8. 20. 선고 2003후1437 판결.
313) 대법원 1992. 12. 22. 선고 92후698 판결.
314) 대법원 2006. 6. 15. 선고 2004후2703 판결.
315) 대법원 2006. 10. 26. 선고 2005후2939 판결.

경우 등록상표의 사용에 해당하지 아니한다.[316)]

(3) 상표권 이전 제한 위반

제54조 제1항 후단, 제5항, 제7항부터 제10항의 규정에 위반된 경우(§73①iv) 취소사유가 된다. 즉 상표 이전 시 유사한 지정상품을 함께 이전하지 않은 경우(§54①후단), 업무와 분리하여 업무표장을 양도한 경우(§54⑦), 국가·공공기관 등의 표장에 대하여 등록된 저명한 업무표장과 동일·유사한 상표를 업무와 분리하여 양도한 경우(§54⑧), 단체표장권을 법인의 합병에 의하지 아니하거나 특허청장의 허가를 받지 않고 양도한 경우(§54⑨), 증명표장권을 등록받을 수 있는 자가 아닌 자에게 이전하거나, 업무와 분리하여 또는 특허청장의 허가 없이 이전한 경우(§54⑩)이다.

(4) 단체표장을 타인에게 사용케 한 경우

단체표장에 있어서 소속단체원이 그 단체의 정관의 규정을 위반하여 단체표장을 타인에게 사용하게 한 경우 또는 소속단체원이 그 단체의 정관의 규정을 위반하여 단체표장을 사용함으로써 수요자로 하여금 상품의 품질 또는 지리적 출처에 관하여 오인을 초래하게 하거나 타인의 업무에 관련된 상품과 혼동을 생기게 한 경우. 다만, 단체표장권자가 소속단체원의 감독에 상당한 주의를 한 경우에는 그러하지 아니하다(§73①v).

(5) 단체표장의 정관을 변경하여 수요자를 오인·혼동케 한 경우

단체표장의 설정등록을 한 후 제9조 제4항의 규정에 의한 정관을 변경함으로써 수요자로 하여금 상품의 품질의 오인 또는 타인의 업무에 관련된 상품과의 혼동을 생기게 할 염려가 있는 경우(§73①vi)

(6) 외국 상표권자의 승낙 없이 그 대리인 등이 상표등록을 받은 경우

제23조 제1항 제3호 본문[317)]에 해당하는 상표가 등록된 경우에 그 상표에 관한 권리를 가진 자가 당해 상표등록일부터 5년 이내에 취소심판을 청구한 경우(§73①vii)

---

316) 대법원 1993. 5. 25. 선고 92후1950 판결.

317) 조약당사국에 등록된 상표 또는 이와 유사한 상표로서 그 상표에 관한 권리를 가진 자의 대리인이나 대표자 또는 상표등록출원일 전 1년 이내에 대리인이나 대표자이었던 자가 상표에 관한 권리를 가진 자의 동의를 받지 아니하는 등 정당한 이유 없이 그 상표의 지정상품과 동일하거나 이와 유사한 상품을 지정상품으로 상표등록출원을 한 경우.

동 규정은 조약 당사국에서 상표에 관한 권리를 가진 자를 보호하기 위한 것으로서 파리조약 제6조의7[318]의 취지를 반영하여 1980년 개정법에서 신설한 것이다. 본인의 감독 및 주의의무를 고려하여 취소심판청구 기간을 5년으로 제한해 둔 것이다. 대리인의 범위와 관련하여 판례는 "상표법 제73조 제1항 제7호, 제23조 제1항 제3호의 입법 취지에 비추어 볼 때 상표법 제23조 제1항 제3호에서 말하는 '대리인이나 대표자'라 함은 일반적으로 국외에 있는 상표에 관한 권리를 가진 자의 그 상품을 수입하여 판매·광고하는 대리점, 특약점, 위탁판매업자, 총대리점 등을 가리키는 것이고, 대리점 등 계약의 당사자가 자신과 법인격은 다르지만 그 소유와 경영을 실질적으로 지배하고 있는 자회사의 명의로 상표등록을 하면 대리점 등이 스스로 상표를 등록한 것과 동일한 결과가 초래되어 위 규정을 잠탈하는 행위를 방지할 수 없게 되고, 나아가 공정한 국제 상거래 질서를 확보하고 수요자 사이에 혼동을 방지하고자 하는 입법 목적을 달성할 수 없는 문제가 있지만, 그렇다고 하더라도 계약 등에 의하여 대리인이 된 자가 위 상표법 규정의 적용을 회피하기 위하여 법인을 편의상, 형식적으로 설립하였다는 등의 특별한 사정이 없는 한 별개의 법인격을 가지는 회사가 계약 당사자의 실질적 지배를 받는 관계에 있다는 사정만으로 그 회사를 계약 당사자와 동일시하여 당연히 그 회사가 상표소유권자의 대리인으로

---

318) Article 6septies

Marks: Registration in the Name of the Agent or Representative of the Proprietor Without the Latter's Authorization

(1) If the agent or representative of the person who is the proprietor of a mark in one of the countries of the Union applies, without such proprietor's authorization, for the registration of the mark in his own name, in one or more countries of the Union, the proprietor shall be entitled to oppose the registration applied for or demand its cancellation or, if the law of the country so allows, the assignment in his favor of the said registration, unless such agent or representative justifies his action.

(2) The proprietor of the mark shall, subject to the provisions of paragraph (1), above, be entitled to oppose the use of his mark by his agent or representative if he has not authorized such use.

(3) Domestic legislation may provide an equitable time limit within which the proprietor of a mark must exercise the rights provided for in this Article.

제6조의7

상표: 소유권자의 허가를 받지 않은 대리인 또는 대표자의 명의의 등록

1. 일 동맹국에서 상표에 관한 권리를 가진 자의 대리인 또는 대표자가 그 상표에 관한 권리를 가진 자의 허락을 얻지 아니하고 1 또는 2 이상의 동맹국에서 자기의 명의로 그 상표의 등록을 출원한 경우에는 그 상표에 관한 권리를 가진 자는 등록에 대하여 이의 신청 또는 등록의 취소 또는 그 국가의 법령이 허용하는 경우에는 등록을 자기에게 이전할 것을 청구할 수 있다. 다만, 그 대리인 또는 대표자가 그 행위를 정당화하는 경우에는 예외로 한다.

2. 상표에 관한 권리를 가진 자는 위 1항의 규정에 따를 것을 조건으로 그가 허락을 하지 않는 경우에 그 대리인 또는 대표자가 그의 상표를 사용할 것을 저지할 권리를 가진다.

3. 상표에 관한 권리를 가진 자가 본 조에 정하는 권리를 행사할 수 있는 적절한 기간은 국내법령으로 정할 수 있다.

서의 지위를 갖게 된다고 할 수는 없다"고 판시하였다.[319]

(7) 사용권자의 부정사용

전용사용권자 또는 통상사용권자가 지정상품 또는 이와 유사한 상품에 등록상표 또는 이와 유사한 상표를 사용함으로써 수요자로 하여금 상품의 품질의 오인 또는 타인의 업무에 관련된 상품과의 혼동을 생기게 한 경우. 다만, 상표권자가 상당한 주의를 한 경우에는 그러하지 아니하다(§73①viii). 상표등록취소에 관한 그 요건들 중의 하나인, '상품의 품질의 오인을 생기게 한 경우'라 함은 전용사용권자 또는 통상사용권자가 실제로 사용하는 상표로 인하여 혼동의 대상이 되는 상표를 부착한 타인의 상품의 품질과 오인을 생기게 하는 경우 외에도 그 실사용상표의 구성 등으로부터 그 지정상품이 본래적으로 가지고 있는 성질과 다른 성질을 갖는 것으로 수요자를 오인하게 할 염려가 있는 경우도 포함한다고 할 것이고, 여기에는 상품의 품질, 원재료, 효능, 용도 등의 오인뿐만 아니라 상품의 산지의 오인도 포함된다.[320]

(8) 상표권의 이전으로 인한 오인·혼동 유발

상표권의 이전으로 인하여 유사한 등록상표가 각각 다른 상표권자에게 속하게 되고 그 중 1인이 자기의 등록상표의 지정상품과 동일 또는 유사한 상품에 부정경쟁을 목적으로 자기의 등록상표를 사용함으로써 수요자로 하여금 상품의 품질의 오인 또는 타인의 업무에 관련된 상품과의 혼동을 생기게 한 경우(§73①ix)

(9) 단체표장에 대한 오인·혼동 유발

단체표장에 있어서 제3자가 단체표장을 사용함으로써 수요자로 하여금 상품의 품질 또는 지리적 출처에 관하여 오인을 초래하게 하거나 타인의 업무에 관련된 상품과 혼동을 생기게 하였음에도 단체표장권자가 고의로 상당한 조치를 취하지 아니한 경우(§73① x)

---

319) 대법원 2003. 4. 8. 선고 2001후2146 판결(대리점 계약 당사자인 모회사와 자회사와의 관계 및 영업형태, 상표사용계약의 체결경위 등을 종합하여 위 자회사를 상표법 제23조 제1항 제3호 소정의 상표에 관한 권리를 가진 자의 대리인으로 인정한 사례).

320) 대법원 2003. 7. 11. 선고 2002후2457 판결(등록상표의 통상사용권자가 등록상표에 '포천' 및 '막걸리' 등의 문자를 병기한 실사용상표를 등록상표의 지정상품과 유사한 상품인 막걸리 제품에 사용함으로써 일반 수요자나 거래자는 실사용상표가 사용된 그 막걸리 제품이 경기 포천군 일동면 지역에서 생산되는 것으로 상품의 산지 등 품질을 오인하였거나 오인할 염려가 있다고 한 사례).

(10) 지리적 표시 단체표장의 정당하지 못한 사용 행위

지리적 표시 단체표장등록을 한 후 단체표장권자가 지리적 표시를 사용할 수 있는 지 정상품을 생산·제조 또는 가공하는 것을 업으로 영위하는 자에 대하여 정관에 의하여 단체의 가입을 금지하거나 정관에 충족하기 어려운 가입조건을 규정하는 등 단체의 가입을 실질적으로 허용하지 아니한 경우 또는 그 지리적 표시를 사용할 수 없는 자에 대하여 단체의 가입을 허용한 경우(§73① xi)

(11) 지리적 표시 단체표장의 오인·혼동 유발

지리적 표시 단체표장에 있어서 단체표장권자 또는 그 소속단체원이 제90조의2의 규정을 위반하여 단체표장을 사용함으로써 수요자로 하여금 상품의 품질에 대한 오인 또는 지리적 출처에 대한 혼동을 초래하게 한 경우(§73① xii)

(12) 증명표장권자의 부당한 사용행위 등

증명표장에 있어서 다음의 어느 하나에 해당하는 경우 취소사유가 된다(§73① x iii).

ⅰ) 증명표장권자가 제9조 제5항에 따라 제출된 정관 또는 규약을 위반하여 증명표장의 사용을 허락한 경우

ⅱ) 증명표장권자가 제3조의3 제1항 단서를 위반하여 증명표장을 자기의 상품 또는 서비스업에 대하여 사용하는 경우

ⅲ) 증명표장의 사용을 허락받은 자가 정관 또는 규약을 위반하여 타인에게 사용하게 한 경우 또는 사용을 허락받은 자가 정관 또는 규약을 위반하여 증명표장을 사용함으로써 수요자로 하여금 상품 또는 서비스업의 품질, 원산지, 생산방법이나 그 밖의 특성에 관하여 오인을 초래하게 한 경우. 다만, 증명표장권자가 사용을 허락받은 자에 대한 감독에 상당한 주의를 한 경우에는 그러하지 아니하다.

ⅳ) 증명표장권자로부터 사용을 허락받지 아니한 제3자가 증명표장을 사용함으로써 수요자로 하여금 상품 또는 서비스업의 품질, 원산지, 생산방법이나 그 밖의 상품의 특성에 관하여 오인을 초래하게 하였음에도 증명표장권자가 고의로 상당한 조치를 취하지 아니한 경우

ⅴ) 증명표장권자가 해당 증명표장을 사용할 수 있는 상품을 생산·제조·가공 또는 판매하는 것을 업으로 영위하는 자나 서비스업을 영위하는 자에 대하여 정당한 사유 없이 정관 또는 규약으로 사용을 허락하지 아니하거나 정관 또는 규약에 충족하기 어려운

사용조건을 규정하는 등 실질적으로 사용을 허락하지 아니한 경우

다. 취소심판의 청구

(1) 심판청구인

취소심판은 원칙적으로 이해관계인만 청구할 수 있고, 다만 제73조 제1항 제2호, 제5호, 제6호 또는 제8호부터 제13호까지의 규정에 해당하는 것을 사유로 하는 심판은 누구든지 청구할 수 있다(§73⑥). 여기서 제1항 제2호·제3호·제5호·제6호, 제8호부터 제13호까지의 규정에 해당하는 것을 사유로 취소심판을 청구한 후 그 심판청구사유에 해당하는 사실이 없어진 경우에도 취소사유에 영향이 미치지 아니한나(§73⑤).

그리고 상표등록취소심판청구에 있어서의 이해관계인이라 함은 취소되어야 할 상표등록의 존속으로 인하여 상표권자로부터 상표권의 대항을 받아 그 등록상표와 동일 또는 유사한 상표를 사용할 수 없게 됨으로써 피해를 받을 염려가 있어 그 소멸에 직접적이고 현실적인 이해관계가 있는 사람을 의미한다.[321]

(가) 이해관계를 긍정한 사례

① 심판청구인은 1984. 8. 1.부터 '우남산업사'라는 상호로 보온도시락의 제조업에 종사하고 있고, 보온도시락이나 이 사건 등록상표의 지정상품인 보온병은 모두 상품류 구분 제18류에 속하고 있고, 비록 상품군은 다르나 양자 모두 보온을 위하여 스테인레스 재질로 된 내통과 외통 사이에 진공상태가 되도록 제작되는 것으로 그 제조설비가 동일하고 용도가 비슷하여 생산 및 판매처를 공통으로 하는 경우가 일반적이고 그 수요자나 거래자도 공통으로 하고 있어 동종상품이라고 할 수 있으므로, 심판청구인은 동종상품의 제조업에 종사하는 자로서 등록상표와 유사한 상표를 사용하고 있는 이상 보온병에 관한 등록상표의 소멸에 직접적이고 현실적인 이해관계가 있다고 할 것이다.[322]

② 심판청구인과 피심판청구인은 동종의 화장품 제조업자이고 청구인은 본건 등록상표와 유사한 상표를 본건 등록상표의 지정상품과 동류의 상품을 지정상표로 출원하였다가(1977. 11. 15.) 등록상표와 유사하다는 이유로 거절 통지된 바 있다는 것이며, 또한 기록에 의하면 심판청구인이 1976. 11. 24. 보건사회부장관으로부터 본건 등록상표의 지정상품과 동일한 상표법 시행규칙 제12류 상품에 대한 제조 및 판매 등 품목허가를 받아

---

321) 대법원 1995. 11. 28. 선고 95후897 판결.
322) 대법원 1995. 11. 28. 선고 95후897 판결.

이에 '부로아'라는 상표를 사용하여 영업을 하자, 피심판청구인이 심판청구인을 상대로 위 '부로아' 상표의 무효 확인을 구하여 상표의 유사 여부에 관한 분쟁이 항고심판 종결 시까지도 계속되고 있었음이 인정된다. 사실 관계가 이러하다면 심판청구인은 본건 등록 상표의 소멸에 직접적인 중대한 이해관계가 있다고 할 것이며, 이러한 이해관계는 항고 심판 종결시에 존재하면 족하다.323)

(나) 이해관계를 부정한 사례

① 상표등록취소 심판을 구할 수 있는 이해관계인이라 함은 불법적인 등록상표의 존속으로 피해를 받는 직접적이고도 현실적인 이해가 있는 사람에 한한다 할 것이므로 설사 원고가 등록상표가 지정하는 것과 유사한 상품을 제조할 것을 설립목적으로 하였다 하더라도 그것을 현재 생산하지 않는 이상 그것만으로써는 직접적이고도 현실적인 이해 관계가 있는 경우에 해당되지 아니한다.324)

② 상표등록취소심판은 이해관계가 있는 자라야만 청구할 수 있고 심판청구 당시 이 해관계가 있는 당사자라 하더라도 심판계속 중 당사자 사이에 심판을 유지할 법률상의 이익이 소멸되는 내용의 합의가 있으면 이해관계는 소멸된다.325)

③ 심판청구인이 당국의 경고지시에 따라 피심판 청구인의 본건 상표를 사용하지 아 니할 것과 새로운 상표를 대체 사용하겠다는 취지의 광고를 하였다면 심판 청구인은 본 건 상표의 취소에 관하여 아무런 이해관계가 없다.326)

(2) 입증책임

원칙적으로 취소심판 청구인이 취소사유에 대한 입증책임을 부담하며, 다만 불사용을 이유로 한 취소심판이 청구된 경우에는 피청구인이 당해 등록상표를 취소심판청구에 관 계되는 지정상품 중 1 이상에 대하여 그 심판청구일전 3년 이내에 국내에서 정당하게 사

---

323) 대법원 1982. 2. 23. 선고 80후70 판결.

324) 대법원 1979. 8. 14. 선고 79후46 판결.

325) 대법원 1979. 10. 10. 선고 77후17 판결[피심판청구인이 위 합의서(을 제1호증)를 제출함에 있어서 상대방인 심판청구인의 날인은 있고, 이를 제출하는 피심판청구인 측의 날인이 누락되는 경우는 이례에 속하는 것으로서 다른 사정이 없다면 그 합의서 내용대로 서로 합의는 되고 다만 착오로서 피심판청구인의 날인만이 누락된 것으로 볼 수밖에 없는 것이며(당심에 제출된 합의서에는 심판청구인과 피심판청구인 쌍방의 날인이 있다) 다른 사정이 없어서 위 합의서 내용대로의 합의가 이루어진 것이라면 그 합의서의 문언 취지로 보아 심판청구인이 항고심판을 유지할 법률상의 이익이 없어져 심판청구인의 이건 이해관계가 소멸되었다고 보아야 할 것이다].

326) 대법원 1980. 9. 9. 선고 80후12 판결.

용하였음을 증명하지 아니하는 한 상표권자는 취소심판청구와 관계되는 지정상품에 관한 상표등록의 취소를 면할 수 없다. 다만, 피청구인이 사용하지 아니한데 대한 정당한 이유를 증명한 때에는 그러하지 아니하다(§73④).

(3) 제척기간

제73조 제1항 제2호·제5호·제6호, 제8호부터 제13호까지 및 제74조 제1항의 규정에 해당하는 것을 사유로 하는 상표등록의 취소심판 및 전용사용권 또는 통상사용권 등록의 취소심판은 취소사유에 해당하는 사실이 없어진 날부터 3년이 지난 후에는 이를 청구할 수 없다(§76②). 그 이외에 외국 상표권자의 승낙 없이 그 대리인 등이 상표등록을 받은 경우에는 5년의 제척기간이 적용된다(§73①vii).

라. 상표등록 취소의 효과

(1) 상표권의 소멸

상표등록을 취소한다는 심결이 확정된 때에는 그 상표권은 그때부터 소멸된다(§73⑦). 즉, 상표권이 취소된 때에는 그때로부터 장래에 향하여 효력이 상실하고 심결에 의하여 취소된 경우에는 그 심결이 확정 후 장래에 향하여 효력을 상실한다.[327]

(2) 일사부재리의 효력

취소심결이 확정된 때에는 누구든지 동일사실 및 동일증거에 의하여 그 심판을 다시 청구할 수 없다(§77의26).

(3) 상표등록의 제한

제73조 제1항 제2호·제3호·제5호 내지 제12호의 규정에 해당한다는 것을 이유로 상표등록의 취소심판이 청구되고 그 청구일 이후에 ⅰ) 존속기간의 만료로 인하여 상표권이 소멸한 경우, ⅱ) 상표권자가 상표권 또는 지정상품의 일부를 포기한 경우, ⅲ) 상표등록 취소의 심결이 확정된 경우에는 상표권자 및 그 상표를 사용한 자는 그 해당하게 된 날부터 3년이 경과한 후에 상표등록출원을 하지 아니하면 소멸된 등록상표와 동일 또는 는 유사한 상표를 그 지정상품과 동일 또는 유사한 상품(지리적 표시 단체표장의 경우에

---

327) 대법원 1967. 9. 19. 선고 67다966 판결.

는 동일한 상품에 한한다)에 대하여 상표등록을 받을 수 없다(§7⑤).

불사용에 의한 상표등록취소의 심결이 확정된 상표권자는 그 심결이 확정된 날로부터 3년이 경과한 후가 아니면 소멸된 등록상표와 동일 또는 유사한 상표를 등록받을 수 없다는 구 상표법(1990. 1. 13. 법률 제4210호로 개정되기 이전의 것) 제9조 제5항의 규정은 그 취소심결이 확정되고 난 후에 새로이 출원한 경우뿐만 아니라 그 확정 전에 이미 출원되어 있던 경우에도 적용된다고 할 것이므로, 출원상표가 출원 당시에는 위 조항에 해당하지 않았다고 하더라도 등록 당시(거절사정 당시)에 위 조항에 해당하게 되면 등록받을 수 없다.[328]

5. 사용권등록의 취소심판

가. 의의

사용권등록의 취소심판이란 상표권자와의 계약에 의하여 설정된 전용사용권 또는 통상사용권에 대해 법정 취소 사유가 있는 경우 심판 절차를 통해 사용권을 취소시키는 제도를 말한다.

나. 취소사유

전용사용권자 또는 통상사용권자가 제73조 제1항 제8호[329]의 규정에 해당하는 행위를 한 경우에는 그 전용사용권 또는 통상사용권 등록의 취소심판을 청구할 수 있다(§74①).

다. 청구권자 등

전용사용권 또는 통상사용권의 취소심판은 누구든지 이를 청구할 수 있으며(§74③), 전용사용권 또는 통상사용권 등록의 취소심판을 청구한 후 그 심판청구사유에 해당하는 사실이 없어진 경우에도 취소사유에 영향이 미치지 아니한다(§74②).

심판장은 위 심판의 청구가 있는 때에는 그 취지를 당해 전용사용권의 통상사용권자 기타 전용사용권에 관하여 등록을 한 권리를 가지는 자 또는 당해 통상사용권에 관하여 등록을 한 권리를 가지는 자에게 통지하여야 한다(§74⑤).

---

328) 대법원 1990. 7. 10. 선고 89후2267 판결.

329) 전용사용권자 또는 통상사용권자가 지정상품 또는 이와 유사한 상품에 등록상표 또는 이와 유사한 상표를 사용함으로써 수요자로 하여금 상품의 품질의 오인 또는 타인의 업무에 관련된 상품과의 혼동을 생기게 한 경우. 다만, 상표권자가 상당한 주의를 한 경우에는 그러하지 아니하다.

라. 효과

전용사용권 또는 통상사용권 등록을 취소한다는 심결이 확정된 때에는 그 전용사용권 또는 통상사용권은 그때부터 소멸된다(§74④).

6. 상표권의 권리범위확인심판

가. 의의

권리범위확인심판이란 제3자가 사용하는 상표가 등록상표권자의 상표권 권리범위에 속하는지의 확인을 구하는 심판을 말한다. 즉 상표권자·전용사용권자 또는 이해관계인은 등록상표의 권리범위를 확인하기 위하여 상표권의 권리범위 확인심판을 청구할 수 있다(§75).

나. 청구권자 등

권리범위확인심판은 상표권자·전용사용권자 또는 이해관계인이 청구할 수 있으며, 상표권 존속기간 중 언제든지 청구할 수 있다. 따라서 무효심판청구의 제소기간이 경과된 등록상표권자들이라도 그들 상호 간에 있어서는 타방의 상표가 자기상표의 권리범위에 속한다는 취지의 확인을 구할 소의 이익은 있다.[330]

다. 심리 등

상표권의 권리범위확인청구는 단순히 그 상표 자체의 기술적 범위를 확인하는 사실확정을 목적으로 한 것이 아니라 그 기술적 범위를 기초로 하여 구체적으로 문제가 된 상대방의 사용상표와의 관계에 있어서 그 상표에 대하여 등록상표권의 효력이 미치는 여부를 확인하는 권리확정을 목적으로 한 것이므로, 상대방의 사용상표가 구 상표법 제26조 각 호에 규정된 상표권의 효력이 미치지 아니하는 상표에 해당하는 경우에는 이는 등록상표의 권리범위에 속하지 아니한다.[331]

---

330) 대법원 1970. 12. 22. 선고 70후9 판결.

331) 대법원 1987. 8. 25. 선고 84후49 판결. 같은 취지로 대법원 1982. 10. 26. 선고 82후24 판결은 "상표법 제43조 제1항 제3호에 규정된 상표권의 권리범위확인청구는 단순히 그 상표 자체의 기술적 범위를 확인하는 사실인정을 목적으로 한 것이 아니라 그 기술적 범위를 기초로 하여 구체적으로 문제가 된 상대방의 사용상표와의 관계에 있어서 그 상표에 대하여 등록상표권의 효력이 미치는 여부를 확인하는 권리확정을 목적으로 하는 것이므로, 상대방의 사용상표가 상표법 제26조 각 호에 규정된 자기의 성명·명칭·상호 등 상표권의 효력이 미치지 아니하는 상표에 해당하는 경우에는 이는 등록상표의 권리범위에 속하지 아니한다고 볼 수밖에 없으며, 상표권의 효력은 미치나 별도로 설정된 사용권에 의하여

또한 판례는 상표법상의 권리범위확인심판청구에도 민사소송법상의 당사자 처분권주의
는 적용되어야 한다고 하면서, 권리범위확인심판청구가 (가)호 표장이 등록상표의 권리범
위에 속하지 아니한다는 소극적 확인심판청구인 경우에 있어, (가)호 표장이 등록상표의
권리범위에 속한다고 인정되면 심판청구를 기각하면 되는 것이지 (가)호 표장이 등록상표
의 권리범위에 속한다는 심결은 할 수 없다고 한다.[332]

라. 효과

권리범위확인심판은 당사자만을 구속하고 대세적 효력은 없다. 또한 일사부재리의 효
력이 있다(§77의26).

마. 권리 대 권리의 권리범위확인심판

대법원은 적극적 권리 대 권리의 권리범위확인심판은 부적법하나,[333] 소극적 권리 대
권리의 권리범위확인심판은 적법하다고 한다.[334]

7. 거절결정에 대한 불복심판

상표등록거절결정, 지정상품의 추가등록거절결정 및 상품분류전환등록거절결정의 어느

상표권자에게 그 상표의 사용을 주장할 수 있는 경우와 같이 볼 수는 없는 것이다. 따라서 이 사건 권
리범위확인 심판절차에서 피심판청구인이 (가)호 표장은 본건 등록상표 출원 전에 동종상품에 사용되어
널리 주지된 피심판청구인의 명칭 내지는 저명한 약칭을 보통으로 사용하는 방법으로 표시한 것이어서
이는 상표법 제26조 제1호의 규정에 해당하여 등록상표권의 효력이 미치지 아니하는 것이라는 주장을
한 이상 원심으로서는 위 (가)호 표장이 과연 상표법 제26조 제1호 소정의 상표에 해당하는지를 증거에
의하여 심리판단해야 할 것이다"라고 판시하였다.

332) 대법원 1992. 6. 26. 선고 92후148 판결.
333) 대법원 1992. 10. 27. 선고 92후605 판결(상표권의 권리범위확인은 등록된 상표를 중심으로 어떠한 미
등록상표가 적극적으로 등록상표의 권리범위에 속한다거나 소극적으로 이에 속하지 아니함을 확인하는
것이므로 상대방의 상표가 등록상표인 경우에는 설사 그것이 청구인의 선등록상표와 동일 또는 유사한
것이라 하더라도 상대방의 상표 내용이 자기의 등록상표의 권리범위에 속한다는 확인을 구하는 것은
상대방의 등록이 상표법 소정의 절차에 따라 무효심결이 확정되기까지는 그 무효를 주장할 수 없는 것
임에도 그에 의하지 아니하고 곧 상대방의 등록상표의 효력을 부인하는 결과가 되므로 상대방의 등록
상표가 사신의 능복상표의 권리범위에 속한다는 확인을 구하는 심판청구는 부적법하다).
334) 대법원 1985. 4. 23. 선고 84후19 판결(등록된 실용신안 사이의 권리범위의 확인을 구하는 심판청구라
도 심판청구인의 등록실용신안이 피심판청구인의 등록실용신안의 권리범위에 속하지 않는다는 소극적
확인심판청구는 만일 인용된다고 하더라도 심판청구인의 등록실용신안이 피심판청구인의 등록실용신안
의 권리범위에 속하지 않음을 확정하는 것뿐이고 이로 말미암아 피심판청구인의 등록실용신안권의 효
력을 부인하는 결과가 되는 것은 아니므로 이러한 청구를 부적법하다고 볼 이유가 없다).

하나에 해당하는 결정('거절결정')을 받은 자가 불복할 때에는 거절결정등본을 송달받은 날부터 30일 이내에 심판을 청구할 수 있다(§70의2). 심판에 있어서 거절결정의 이유와 다른 거절이유를 발견한 경우에는 심판청구인에게 통지하고 의견서 제출의 기회를 주어야 한다(§81③).

8. 보정각하결정에 대한 불복심판

보정각하결정에 대한 불복심판이란 출원인이 상표나 지정상품을 보정한 것을 이유 없다 하여 각하결정한 경우 이에 대한 불복심판을 청구하는 제도를 말한다. 즉 제17조 제1항의 규정에 의한 보정각하결정을 받은 자가 그 결정에 불복이 있는 때에는 그 결정등본을 송달받은 날부터 30일 이내에 심판을 청구할 수 있다(§70의3).

Ⅲ. 재심

1. 일반

재심이란 확정심결에 중대한 하자가 있는 경우 그 심결 등의 취소와 사건의 재심판을 구하는 비상불복신청제도이다(§83, §84). 재심사유 및 절차 등은 특허법과 동일하다.

2. 재심에 의하여 회복한 상표권의 효력의 제한

ⅰ) 상표등록 또는 상표권의 존속기간갱신등록이 무효로 된 후 재심에 의하여 그 효력이 회복된 경우, ⅱ) 상표등록이 취소된 후 재심에 의하여 그 효력이 회복된 경우, ⅲ) 상표권의 권리범위에 속하지 아니한다는 심결이 확정된 후 재심에 의하여 이와 상반되는 심결이 확정된 경우에는 상표권의 효력은 당해 심결이 확정된 후 재심청구의 등록 전에 선의로 당해 등록상표와 동일한 상표를 그 지정상품과 동일한 상품에 사용한 행위, 제66조 제1항 각 호의 1 또는 동 조 제2항 각 호의 1에 해당하는 행위에는 미치지 아니한다(§85).

Ⅳ. 소송

1. 일반

상표법상 심결취소소송 등의 내용도 특허법과 원칙적으로 동일하다. 따라서 이하에서는 2011. 12. 2. 개정법에서 도입된 비밀유지명령제도를 살펴보고, 관련 판례를 일부 소개하기로 한다.

2. 비밀유지명령제도

2011. 12. 2. 개정법에서는 한 - 미 FTA 합의내용에 따라, 상표권의 침해에 관한 소송에서 당사자가 보유한 영업비밀에 대한 비밀유지명령제도를 도입하였다. 이러한 비밀유지명령제도는 개정법 시행 이후 최초로 상표권 또는 전용사용권의 침해에 관한 소가 제기된 것부터 적용한다(부칙 §4).

가. 비밀유지명령
(1) 일반
법원은 상표권 또는 전용사용권의 침해에 관한 소송에 있어서 일방 당사자가 보유한 영업비밀(「부정경쟁방지 및 영업비밀보호에 관한 법률」 제2조 제2호에 따른 영업비밀을 말한다. 이하 같다)에 대하여 다음의 각 사유를 모두 소명한 경우에는 그 당사자의 신청에 따라 결정으로 다른 당사자(법인인 경우에는 그 대표자), 당사자를 위하여 소송을 대리하는 자, 그 밖에 해당 소송으로 인하여 영업비밀을 알게 된 자에게 그 영업비밀을 해당 소송의 계속적인 수행 외의 목적으로 사용하거나 그 영업비밀에 관계된 이 항에 따른 명령을 받은 자 외의 자에게 공개하지 아니할 것을 명할 수 있다. 다만, 그 신청 시점까지 다른 당사자(법인인 경우에는 그 대표자), 당사자를 위하여 소송을 대리하는 자, 그 밖에 해당 소송으로 인하여 영업비밀을 알게 된 자가 제1호에 규정된 준비서면의 열람이나 증거 조사 외의 방법으로 그 영업비밀을 이미 취득하고 있는 경우에는 그러하지 아니하다(§92의7①).
　ⅰ) 이미 제출하였거나 제출하여야 할 준비서면 또는 이미 조사하였거나 조사하여야

할 증거에 영업비밀이 포함되어 있다는 것

ii) i)(제1호)의 영업비밀이 해당 소송 수행 외의 목적으로 사용되거나 공개되면 당사자의 영업에 지장을 줄 우려가 있어 이를 방지하기 위하여 영업비밀의 사용 또는 공개를 제한할 필요가 있다는 것

(2) 비밀유지명령의 신청

위 규정에 따른 명령(이하 '비밀유지명령'이라 한다)의 신청은 i) 비밀유지명령을 받을 자, ii) 비밀유지명령의 대상이 될 영업비밀을 특정하기에 충분한 사실, iii) 제1항 각 호의 사유에 해당하는 사실을 적은 서면으로 하여야 한다(§92의7②).

(3) 비밀유지명령의 송달 등

법원은 비밀유지명령이 결정된 경우에는 그 결정서를 비밀유지명령을 받은 자에게 송달하여야 하고(§92의7③), 비밀유지명령은 동 결정서가 비밀유지명령을 받은 자에게 송달된 때부터 효력이 발생한다(§92의7④).

(4) 비밀유지명령에 대한 불복

비밀유지명령의 신청을 기각하거나 각하한 재판에 대하여는 즉시항고를 할 수 있다(§92의7⑤).

나. 비밀유지명령의 취소

(1) 사유

비밀유지명령을 신청한 자 또는 비밀유지명령을 받은 자는 제92조의7 제1항에 따른 요건을 갖추지 못하였거나 갖추지 못하게 된 경우 소송기록을 보관하고 있는 법원(소송기록을 보관하고 있는 법원이 없는 경우에는 비밀유지명령을 내린 법원)에 비밀유지명령의 취소를 신청할 수 있다(§92의8①).

(2) 송달

법원은 비밀유지명령의 취소신청에 대한 재판이 있는 경우에는 그 결정서를 그 신청을 한 자 및 상대방에게 송달하여야 한다(§92의8②).

(3) 불복 등

비밀유지명령의 취소신청에 대한 재판에 대하여는 즉시항고를 할 수 있고(§92의8③), 비밀유지명령을 취소하는 재판은 확정되어야 그 효력이 발생한다(§92의8④). 그리고 비밀유지명령을 취소하는 재판을 한 법원은 비밀유지명령의 취소신청을 한 자 또는 상대방 외에 해당 영업비밀에 관한 비밀유지명령을 받은 자가 있는 경우에는 그자에게 즉시 비밀유지명령의 취소 재판을 한 사실을 알려야 한다(§92의8⑤).

다. 소송기록 열람 등의 청구 통지 등

비밀유지명령이 내려진 소송(모든 비밀유지명령이 취소된 소송은 제외한다)에 관한 소송기록에 대하여 「민사소송법」 제163조[335] 제1항에 따른 열람 등의 제한 결정이 있는 경우로서, 해당 소송에서 비밀유지명령을 받지 아니한 자가 열람 등이 가능한 당사자를 위하여 그 비밀기재 부분의 열람 등의 청구절차를 밟은 때에는 법원서기관, 법원사무관, 법원주사 또는 법원주사보(이하 이 조에서 '법원사무관 등'이라 한다)는 「민사소송법」 제163조 제1항에 따라 열람 등의 제한 신청을 한 당사자(그 열람 등의 청구를 한 자는 제외한다. 이하 제3항에서 같다)에게 그 청구 직후에 그 열람 등의 청구가 있었다는 사실을 알려야 한다(§92의9①).

법원사무관 등은 제1항의 청구가 있었던 날부터 2주일이 지날 때까지 그 청구절차를 행한 자에게 제1항의 비밀기재 부분의 열람 등을 하게 하여서는 아니 된다. 이 경우 그 청구절차를 행한 자에 대한 비밀유지명령신청이 그 기간 내에 행하여진 경우에는 그 신청에 대한 재판이 확정되는 시점까지 그 청구절차를 행한 자에게 제1항의 비밀기재 부분의 열람 등을 하게 하여서는 아니 된다(§92의9②). 다만, 이러한 열람 등의 제한은 제1항

---

335) 제163조 (비밀보호를 위한 열람 등의 제한) ① 다음 각 호 가운데 어느 하나에 해당한다는 소명이 있는 경우에는 법원은 당사자의 신청에 따라 결정으로 소송기록 중 비밀이 적혀 있는 부분의 열람·복사, 재판서·조서중 비밀이 적혀 있는 부분의 정본·등본·초본의 교부(이하 '비밀기재 부분의 열람 등'이라 한다)를 신청할 수 있는 자를 당사자로 한정할 수 있다.
　1. 소송기록 중에 당사자의 사생활에 관한 중대한 비밀이 적혀 있고, 제3자에게 비밀기재 부분의 열람 등을 허용하면 당사자의 사회생활에 지장이 클 우려가 있는 때
　2. 소송기록 중에 당사자가 가지는 영업비밀(부정경쟁방지 및 영업비밀보호에 관한 법률 제2조 제2호에 규정된 영업비밀을 말한다)이 적혀 있는 때
　② 제1항의 신청이 있는 경우에는 그 신청에 관한 재판이 확정될 때까지 제3자는 비밀기재 부분의 열람 등을 신청할 수 없다.
　③ 소송기록을 보관하고 있는 법원은 이해관계를 소명한 제3자의 신청에 따라 제1항 각 호의 사유가 존재하지 아니하거나 소멸되었음을 이유로 제1항의 결정을 취소할 수 있다.
　④ 제1항의 신청을 기각한 결정 또는 제3항의 신청에 관한 결정에 대하여는 즉시항고를 할 수 있다.
　⑤ 제3항의 취소결정은 확정되어야 효력을 가진다.

의 열람 등의 청구를 한 자에게 제1항의 비밀기재 부분의 열람 등을 하게 하는 것에 대하여 「민사소송법」 제163조 제1항에 따라 열람 등의 제한 신청을 한 당사자 모두의 동의가 있는 경우에는 적용되지 아니한다(§92의9③).

3. 판례

가. 심결취소소송의 당사자적격

공유자 중 일부가 제기한 심결취소소송에 대해 판례는 "상표권이 공유인 경우에 각 공유자는 다른 공유자의 동의를 얻지 아니하면 그 지분을 양도하거나 그 지분을 목적으로 하는 질권을 설정할 수 없고 그 상표권에 대하여 전용사용권 또는 통상사용권을 설정할 수도 없는 등 일정한 제약을 받아 그 범위에서 합유와 유사한 성질을 가지지만, 이러한 제약은 상표권이 무체재산권인 특수성에서 유래한 것으로 보일 뿐이고, 상표권의 공유자들이 반드시 공동목적이나 동업관계를 기초로 조합체를 형성하여 상표권을 소유한다고 볼 수 없을 뿐만 아니라 상표법에 상표권의 공유를 합유관계로 본다는 명문의 규정도 없는 이상, 상표권의 공유에도 상표법의 다른 규정이나 그 본질에 반하지 아니하는 범위 내에서는 민법상의 공유의 규정이 적용될 수 있다"고 하면서, "<u>상표권의 공유자가 그 상표권의 효력에 관한 심판에서 패소한 경우에 제기할 심결취소소송은 공유자 전원이 공동으로 제기하여야만 하는 고유필수적 공동소송이라고 할 수 없고, 공유자의 1인이라도 당해 상표등록을 무효로 하거나 권리행사를 제한·방해하는 심결이 있는 때에는 그 권리의 소멸을 방지하거나 그 권리행사방해배제를 위하여 단독으로 그 심결의 취소를 구할 수 있다</u>"고 판시하였다.[336]

나. 심결의 위법성 판단기준

특허법원 1999. 4. 22. 선고 98허9567 판결(확정)은 "심결취소소송에서는 심결 당시의 법령과 사실상태를 기준으로 하여 심결의 위법 여부를 판단하여야 하고 심결이 있은 이후의 사정은 고려대상이 되지 않는다고 할 것이므로(대법원 1995. 11. 10. 선고 95누8461 판결 등), 위 구 상표법 제7조 제3항 단서의 규정은 특허심판원의 심결이 있기 이전에 인용상표에 대한 이전등록이 마쳐진 경우에만 적용되고 심결이 있은 후에 이전등록

---

[336] 대법원 2004. 12. 9. 선고 2002후567 판결.

이 마쳐진 경우에는 적용될 수 없는 것이라고 할 것이다[특허법원에서의 심결 취소소송은 일종의 행정처분인 특허심판원의 심결이 위법한지를 가리는 소송의 제1심이고 심판의 항소심이 아니라고 할 것이며, 또한 심결의 위법 여부를 판단하는 기준 시점이 심결시라고 하는 의미는 심결이 있을 때의 법령과 사실상태를 기준으로 하여 심결의 위법 여부를 판단하여야 하고 처분 후 법령의 개폐나 사실상태의 변동에 영향을 받지 않는다는 뜻이지, 처분 당시 존재하였던 자료나 특허심판원에 제출되었던 자료만으로 위법 여부를 판단한다는 의미는 아니어서, 처분 당시의 사실상태 등에 대한 입증은 사실심인 심결취소소송의 변론종결 당시까지 할 수 있고, 법원은 심결시까지 제출된 자료뿐만 아니라 변론종결 당시까지 제출된 모든 자료를 종합하여 심결 당시 존재하였던 객관적 사실을 확정하고 그 사실에 기초하여 처분의 위법 여부를 판단할 수 있는 것이므로(대법원 1995. 11. 10. 선고 95누8461 판결) 심결취소소송에서 심결시까지 제출되지 아니한 주장과 증거의 제출을 허용하는 것과 심결의 위법 여부를 심결 당시의 법령과 사실상태를 기준으로 하여 판단한다는 것은 별개의 문제라고 할 것이다]"라고 하였고, 특허법원 1999. 6. 18. 선고 99허1836 판결(확정)도 같은 취지로 판단하였다.

Ⅴ. 의정서에 의한 국제출원[337]

1. 마드리드 시스템에 의한 국제상표등록제도

마드리드 시스템은 두 조약, 마드리드 협정과 마드리드 의정서에 의해 운영되고 있으며, 이 시스템의 행정적 업무는 WIPO(세계지식재산기구)의 국제사무국에서 담당하고 있다. 마드리드 협정의 공식명칭은 「표장의 국제등록에 관한 마드리드 협정(Madrid Agreement Concerning the International Registration of Marks)」으로, 산업재산권 보호를 위한 파리협약이 성립된 지 8년 후 파리협약 제19조에 근거한 특별협정으로 1891년 마드리드에서 채택되었다.

마드리드 의정서의 공식명칭은 「표상의 국제등록에 관한 마드리드 협정에 대한 의정서(Protocol relating to the Madrid Agreement Concerning the International Registration

---

337) 이 부분은 특허청 사이트의 '마드리드 시스템'에 있는 내용을 옮긴 것이다.

of Marks)」로서, 1989년 6월 27일에 채택되고 1995년 12월 1일에 발효되었으며, 동 의정서를 시행하기 위한 하위규정인 공통규칙이 제정됨에 따라 1996년 4월 1일부터 시행되었다. 마드리드 의정서는 마드리드 협정이 가지고 있는 문제점을 극복하여 탄력적 국제상표등록제도를 창설할 목적으로 마련되었으며, 마드리드 협정과 의정서의 회원국을 마드리드 동맹이라고 한다.

2. 특징

마드리드 시스템은 '다국가 1출원 시스템'이자, 'User-friendly System'의 특징을 가지고 있다.

가. 절차의 간소화 및 비용절감

국내에서 등록받거나 출원한 상표가 있으면, 이를 기초로 하나의 언어로 작성된 하나의 국제출원을 하나의 본국관청에 제출하고 한 번의 수수료를 납부함으로써 하나의 번호로 된 국제등록을 획득하고 다수의 국가에서 보호를 받을 수 있다. 이는 개별국가의 관청에 각각 출원을 제출하고 각각의 수수료를 납부하는 등의 절차를 대체하여 한 번의 출원으로 복수의 국가에 출원한 효과를 얻게 함으로써 출원인의 편익을 제고하고 있다. 또한 원칙적으로 국제출원단계에서 각 개별국에 대한 대리인을 선임할 필요가 없어 대리인 선임비용을 절감할 수 있다.

나. 권리취득 여부의 명확성

지정국관청에서 거절이유를 발견한 경우에는 원칙적으로 국제사무국으로부터 지정통지를 받은 날부터 1년(1년 6월까지 연장 가능, 이의신청의 경우 예외) 이내에 국제사무국에 거절통지를 하여야 한다. 만약 그 기간 내에 거절통지가 없으면, 그 상표는 그 지정국에서 등록된 것과 동일한 보호를 받고, 따라서 출원인은 일정 기간 내에는 각 지정국에서의 상표권 취득 여부를 알 수 있다.

다. 지정국의 추가 가능

마드리드 의정서에 새로 가입한 국가 또는 기존의 마드리드 의정서에 가입한 국가에서 추가적으로 상표를 보호받고자 하는 경우에는, 국제등록 후에 그 국가를 지정하는 것이

가능하므로, 상표를 보호받고자 하는 국가를 간편하게 확장할 수 있다.

라. 상표권 관리의 일원화

명의변경, 주소변경, 갱신, 상표권의 양도 등의 변동사항을 국제사무국에서 일원적으로 관리하기 때문에 국제사무국에 한번 신청하면 국제등록부에 기록되고, 국제사무국에서 각 지정국관청에 통보해 주어 각 지정국관청에 개별적으로 변경신청을 하지 않아도 된다.

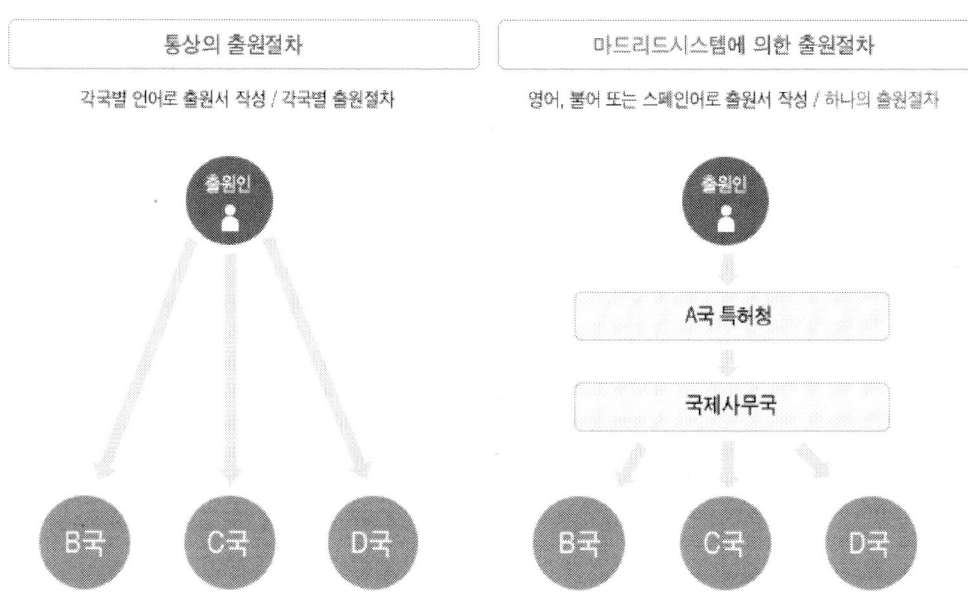

3. 마드리드 시스템에 대한 유의사항

마드리드 국제출원은 국내의 출원 또는 등록된 권리를 기초로 하여 국제출원을 할 수 있는데, 국제등록 후 5년간은 기초로 한 국내의 권리 변동에 종속되는바, 이를 국제등록의 종속성 또는 집중공격이라고 한다. 즉 기초출원의 지정상품 삭제, 거절결정 또는 등록된 권리가 존속기간 미갱신, 무효 등으로 소멸되면 마드리드 국제등록도 소멸된 범위만큼 취소되며, 미국, 일본 등의 지정국에서 상표권을 획득하였다 하더라도 이 원칙이 적용된다. 따라서 마드리드 국제출원을 이용하기 전에 국내 기초 출원 또는 등록된 권리의 변경 가능성 및 이에 따른 마드리드 국제등록의 영향을 검토해 볼 필요가 있다.

4. 가입국 현황 및 전망

마드리드 동맹은 2009년 12월 현재 총 84개국의 회원국을 가지고 있으며, 마드리드 의정서 가입국은 81개국이며, 마드리드 협정가입국은 56개국이다. 마드리드 협정과 의정서에 동시에 가입할 수 있기 때문에 마드리드 시스템의 지정체약당사자는 첫째, 마드리드 협정만을 가입한 나라, 둘째, 마드리드 협정과 의정서에 모두 가입한 나라, 셋째, 마드리드 의정서만을 가입한 나라로 분류된다.

5. 기타

세계 최대의 상표출원국인 미국에서는 마드리드 의정서 집행법안이 1999년 4월 하원을, 2002년에 상원을 통과하여, 2003년 8월 2일에 WIPO에 가입서를 기탁하였으며, 2003년 11월 2일부터 국제상표출원 업무를 개시하였다. 2003. 9. 22.~10. 1. 열린 제35차 마드리드 동맹총회에서는 유럽공동체(EC)의 마드리드 의정서 가입을 위해 선순위권(Seneority) 및 제2언어(Second Language) 지정과 같은 유럽공동체 상표제도의 특성을 반영한 마드리드 협정 및 의정서의 공통규칙 개정을 승인(2004. 4. 1. 발효)하는 한편, 마드리드 시스템의 공식언어로 기존의 불어, 영어 외에 스페인어를 추가하는 것을 승인하였다. 2004. 10. 1. 유럽공동체가 마드리드 의정서에 가입함에 따라, 유럽공동체 상표제도와 마드리드 시스템의 통합적 운영이 가능해졌고, 앞으로 그 유용성을 이용하고자 하는 국가의 가입이 증가할 것으로 기대된다. 스페인어의 채택으로 멕시코 등의 남미국가의 가입도 증가할 것으로 예상된다.

6. 마드리드 의정서의 가입요건

국가의 경우에는, 그 국가가 공업소유권 보호를 위한 파리협약의 당사국이어야 한다(마드리드 의정서 제14조 제1항 제1호). 유럽연합과 같은 정부 간 기구의 경우에는, 정부 간 기구 회원국 중 최소 1개국이 파리협약의 당사국이어야 하며, 정부 간 기구 영역 내에서 유효한 표장을 등록하기 위한 지역관청을 가지고 있어야 한다(마드리드 의정서 제14조 제1항 제2호).

지식재산권 보호를 위한 수출입통관 사무처리에 관한 고시
[20100322 관세청고시 제2010 - 033호]

제1장 총칙

제1 - 1조(목적) 이 고시는 「관세법」 제235조에 따라 지식재산권을 보호하기 위하여 지식재산권 관련 물품의 수출입통관사무처리 지침을 정함을 목적으로 한다.

제1 - 2조(적용대상) ① 이 고시는 다음 각 호의 어느 하나에 해당하는 물품에 대하여 적용한다.

1. 「상표법」에 의하여 등록된 상표권을 침해할 우려가 있는 수출(반송포함)·수입물품

2. 「저작권법」에 의하여 보호되는 저작권과 저작인접권을 침해할 우려가 있는 수출입 물품

② 제1항의 규정에 불구하고 여행자휴대품, 우편물 등에 포함된 품목당 1개, 전체 2개를 초과하지 아니하는 소량의 비상업적이고 개인적인 물품에 대하여는 이 고시 제2장 이하의 규정을 적용하지 아니한다. 다만, 식품, 의약품 등 국민건강과 사회안전을 저해하는 물품의 경우에는 그러하지 아니하다.

③ 제2항의 규정에서 품목의 수는 낱개 판매가 가능하나 세트로 판매되는 물품의 경우에는 그 세트를 구성하는 단위물품을 기준으로 한다.

제1 - 3조(정의) 이 고시에서 사용하는 용어의 정의는 다음과 같다.

1. '지식재산권'이라 함은 상표권, 저작권과 저작인접권, 프로그램저작권을 말한다.

2. '상표권'이라 함은 「상표법」에 의하여 설정등록을 필한 상표에 대한 권리를 말한다.

3. '전용사용권자'라 함은 「상표법」 제55조의 규정에 의하여 상표권자로부터 상표권에 관하여 설정을 받은 지정상품에 대하여 등록상표를 사용할 권리를 독점하는 자를 말한다.

4. '상표권의 이해관계인'이라 함은 상표권자 및 전용사용권자를 말한다.

5. '상표권을 침해하는 물품'이라 함은 타인의 등록상표와 동일한 상표를 그 지정상품과 동일 또는 유사한 상품에 사용하거나 타인의 등록상표와 유사한 상표를 그 지정상품과 동일 또는 유사한 상품에 사용하여 수출입되는 물품을 말한다. 다만 제1 - 4조에 해당하는 물품은 상표권을 침해하지 아니하는 것으로 본다.

6. '등록상표와 동일한 상표'라 함은 등록상표를 확대 또는 축소한 유사형은 물론 사회통념상 거래사회에서 일치하는 것으로 인식되는 정도의 상표를 말한다.

7. '등록상표와 유사한 상표'라 함은 2개의 상표가 완전히 동일하지 아니하고 거래사회에서도 동일한 것으로 되어 있지 아니하나 거래의 경험칙 또는 거래실제에 비추어 양 상표가 외관, 칭호, 관념 중 어느 한 가지 이상이 근사하기 때문에 그 결과 이들 상표가 동일 또는 유사한 상품에 사용될 경우에 거래자 또는 일반 수요자로 하여금 그 상품의 출처에 관하여 혼동을 일으키게 할 우려가 있는 상표를 말한다.

8. '유사한 상품'이라 함은 2개의 상품이 완전히 동일하지 아니하고 거래사회에서도 동일한 것으로 되어 있지 아니하나 품질, 형상, 용도 등 당해상품 자체의 속성과 생산부문, 수요자의 범위 등 당해상품의 거래 실정에 비추어 볼 때 이들 상품에 동일 또는 유사한 상표가 사용될 경우에 거래자 또는 일반수요자로 하여금 그 상품의 출처에 관하여 혼동을 일으키게 할 우려가 있는 상품을 말한다.

9. '위조상품'이라 함은 타인의 등록상표와 동일 또는 유사하게 위조·모조 또는 변조된 상표를 등록상표의 지정상품과 동일 또는 유사한 상품에 국내 상표권자 또는 외국 상표권자의 허락을 받지 않고 표시한 물품을 말한다.

10. '저작권 등'이란 「저작권법」에 따라 보호되는 저작물 또는 저작인접물에 대한 권리를 말한다.

11. '저작권 등의 이해관계인'이라 함은 저작권자, 저작인접권자, 프로그램저작권자 및 이들 권리자로부터 정당하게 이용허락을 받은 자를 말한다.

12. '저작권 등을 침해하는 물품'이란 「저작권법」에 따라 보호되는 저작권과 저작인접권을 침해하는 물품을 배포할 목적으로 수출입되는 불법복제물과 기술적 보호조치를 무력화하는 기기 등의 물품을 말한다.

13. '지식재산권 침해물품'이라 함은 '상표권을 침해하는 물품'과 '저작권 등을 침해하는 물품'을 말한다.

14. '침해우려물품'이란 물품의 성상, 디자인, 포장상태 등을 고려하여 「상표법」, 「저작권법」에 의해 보호되는 권리를 침해하였다고 인정할 만한 합리적인 의심이 있는 물품을 말한다.

15. '지식재산권 보호신청'이란 관세법(이하 '법'이라 한다) 제235조 제2항에 따라 상표권 또는 저작권 등에 관한 사항을 세관장에게 신고하거나 동 조 제3항 및 제4항의 규정에 의하여 통관보류를 요청하는 것을 말한다.

16. '수출입자'라 함은 단순히 수출입신고를 대행하는 자를 제외한 화주를 의미하는 것으로 수입신고 전 물품에 있어서는 B/L상의 수하인(실화주를 알 수 있는 경우에는 실

화주를 말한다), 수입신고된 물품에 있어서는 납세의무자, 수출신고 물품에 있어서는 수출자 또는 제조자를 말한다.

17. '불법복제'라 함은 복제대상물을 정당한 권리 없이 인쇄·사진촬영·복사·녹음·녹화 그 밖의 방법에 의하여 유형물에 고정하거나 유형물로 다시 제작하는 것을 말한다.

18. '기술적 보호조치를 무력화하는 기기 등'이란 정당한 권리 없이 「저작권법」에 따라 보호되는 권리의 기술적 보호조치(식별번호, 고유번호 입력, 암호화 등)를 제거·변경·우회하는 등의 방법으로 무력화하는 것을 주된 목적으로 하는 기기·제품·장치 또는 그 주요부품을 말한다.

19. '지식재산권 통합정보관리시스템'이라 함은 상표권 또는 저작권 등의 신고, 침해우려물품에 대한 감정처리, 침해물품 식별요령 등에 대한 관련정보를 공유하는 시스템을 말한다(이하 '지식재산권 정보시스템'이라 한다).

제1-4조(상표권 침해로 보지 아니하는 경우) ① 이 고시에서는 「상표법」에 의하여 등록된 상표와 동일한 상표가 부착된 물품을 당해상표에 대한 권리가 없는 자가 수입신고한 물품으로서 당해상표가 외국에서 적법하게 사용할 수 있는 권리가 있는 자에 의하여 부착되고 국내 상표권자 또는 전용사용권자와 외국의 상표권자가 다음 각 호의 어느 하나에 해당되는 경우에는 상표권을 침해하지 아니하는 것으로 본다.

1. 국내외 상표권자가 동일인이거나 계열회사 관계(주식의 30% 이상을 소유하면서 최다 출자자인 경우), 수입대리점 관계 등 동일인으로 볼 수 있는 관계가 있는 경우(이하 '동일인 관계'라 한다.) 다만, 외국의 상표권자와 동일인 관계에 있는 국내 상표권자로부터 전용사용권을 설정받은 국내 전용사용권자가 외국의 상표권자와 동일인 관계가 아니고, 당해상표가 부착된 지정상품을 제조만 하는 경우에는 그러하지 아니하다.

2. 국내외 상표권자가 동일인 관계에 있는 경우는 아니지만, 국내 상표권자 또는 국내 상표권자로부터 전용사용권을 설정받은 자가 외국의 상표권자가 생산한 진정상품(외국 상표권자의 허락을 받아 생산된 진정상품 포함)을 수입하거나 판매하는 경우

3. 외국 상표권자의 요청에 의해 주문제작하기 위하여 견본품을 수입하면서 그에 관한 입증자료를 제출하는 경우

② 제1항의 규정 이외에 다음 각 호의 어느 하나에 해당하는 경우에도 상표권을 침해하지 아니하는 것으로 본다.

1. 상표권자가 처분제한 없는 조건으로 양도담보 제공한 물품을 당해 상표에 대한 권리 없는 자가 수입(공매 등 수입의제 되는 경우 포함)하는 경우

2. 국내 상표권자가 수출한 물품을 당해 상표에 대한 권리 없는 자가 국내로 다시 수입하는 경우

③ 제1항 제1호 단서규정에서 '제조만 하는 경우'라 함은 다음 각 호의 어느 하나에 해당하는 것을 말한다.

1. 전용사용권자가 당해상표가 부착된 지정상품을 수입하지 아니하고 국내에서 전량 제조하는 경우

2. 전용사용권자가 당해상표가 부착된 지정상품을 수입하지 아니하고 국내 또는 해외에서 주문자상표 부착방식으로 조달하는 경우. 다만, 주문자상표 부착방식 제조의 주문을 받아 조달하는 해외의 제조자가 외국상표권자로부터 당해상표의 사용허락을 받은 경우에는 그러하지 아니하다.

3. 전용사용권자가 당해상표가 부착된 부분품을 수입하여 단순조립 또는 일부 가공하여 완제품을 생산하는 경우에는 당해상표가 부착되어 수입된 부분품과 그 완제품이 HS 6단위 세 번을 달리하는 경우

④ 전용사용권자가 당해상표 부착물품을 수입하였으나 수입을 중단하고 제조만 하는 경우에는 다음 각 호의 어느 하나에 해당하는 때부터 수입하지 아니하고 제조만 하는 것으로 본다.

1. 전용사용권자가 과거에는 수입만 하였으나 수입을 중단하고 제조만 하는 경우에는 제조시설을 갖추어 제조를 시작한 사실을 최초에 상표권을 신고한 세관장에게 신고한 때

2. 전용사용권자가 과거에는 수입과 제조를 병행하였으나 수입을 중단하고 제조만 하는 경우에는 수입을 중단한 사실을 최초에 상표권을 신고한 세관장에게 신고한 때

⑤ 국내 상표권자 또는 전용사용권자가 통상사용권자 등 당해 상표사용과 관련한 계약을 한 자에게 권리 있는 상표권자가 생산한 진정상품의 수입을 허락한 경우(상표사용의 허락을 받은 자는 상표사용 허락사항신고서(별지 제16호 서식)에 의해 세관장에게 허락사항을 신고할 수 있다) 또는 당해상표에 대한 권리가 없는 자가 진정상품을 수입하는 것에 동의하고 수입통관동의서(별지 제17호 서식)를 세관장에게 세출한 경우에는 상표권을 침해하지 아니하는 것으로 본다.

⑥ 제5항의 규정에 따라 수입을 허락하였거나, 수입통관에 동의한 경우에는 차후 수입되는 동일 지정상품에 대해서는 상표권 신고인에게 수출입사실을 통보하지 아니하고 수출입신고를 수리할 수 있다.

⑦ 제5항의 수입허락 또는 수입통관 동의사실을 확인하거나 상표권자가 수입자로부터

양수받아 통관한 사실을 확인한 세관장은 그 사실을 관세청장 및 상표권 신고 세관장에게 즉시 보고(통보)하여야 하며, 통보를 받은 상표권 신고 세관장은 제6항에 따른 변경사항을 지식재산권 정보시스템에 입력하여야 한다.

제1－5조(지식재산권 보호절차의 대리) ① 지식재산권 소유자로부터 정당하게 권한을 위임받은 대리인은 제1－4조의 동의사항 신고, 제2장의 지식재산권 신고·변경·갱신, 제3－1조 내지 제3－3조의 통관보류요청, 제3－8조의 검사 및 견품채취, 제5－1조의 담보제공 통관허용요청 등의 지식재산권 보호절차를 대리할 수 있다.

② 제1항의 규정에 의하여 대리업무를 수행하고자 하는 자는 세관장에게 지식재산권 소유자로부터 정당하게 권한을 위임받았음을 입증하는 위임장(별지 제1호 서식)을 제출하여야 한다.

제1－6조(세관공무원의 면책) 세관공무원은 지식재산권 보호에 관한 규정을 집행함에 있어 선의로 취해진 조치에 대해서는 세계무역기구(WTO)「무역관련 지식재산권에 관한 협정(TRIPs)」 제48조 및 제58조의 규정에 의하여 고의 또는 중대한 과실이 없는 한 배상책임을 지지 아니한다.

제1－7조(기간 및 기한의 계산) 이 고시의 규정에 의한 기간 및 기한의 계산은 이 고시에 별도로 규정된 경우를 제외하고는 법 제8조에 의한다. 다만, 처리기간이 규정된 민원사무는「민원사무처리에 관한 법률」에 의한다.

제2장 지식재산권 세관신고

제2－1조(상표권 또는 저작권 등의 신고) ① 관세청장은 법 제235조 제2항에 따른 상표권 또는 저작권 등의 신고에 관한 업무의 일부를 「관세법 시행령」 제288조 제8항에 따라 사단법인 무역관련지식재산권보호협회(이하 '지식재산권보호협회'라 한다)의 장에게 위탁한다.

② 「상표법」에 의해 상표권을 등록한 자가 침해물품의 수출입으로부터 보호받기 위하여 당해 상표권을 지식재산권보호협회장에게 신고하고자 하는 경우에는 다음 각 호의 서류를 지식재산권보호협회장에게 제출하거나 인터넷포털(http://www.e－tipa.org)을 통해 지식재산권보호협회장에게 전자문서로 제출하여야 하며, 이 경우 상표등록원부의 확인은 행정정보공동이용센터를 이용하여야 한다.

1. 상표권(전용사용권) 신고서(별지 제2－1호 서식) 2부

2. 침해가능성이 있는 수출입자임을 입증할 수 있는 자료(해당하는 경우에 한함)

3. 상표권자 또는 전용사용권자가 제조만하는 경우 관련 입증서류

4. 대리신고의 경우 위임장(별지 제1호 서식)

5. 기타 위조상품 식별을 위한 자료(진정상품의 카탈로그, 사진, 위조상품 식별 방법 등) 및 참고자료

③ 「저작권법」에 따라 저작권 등을 등록한 자가 침해물품의 수출입으로부터 보호받기 위하여 당해 저작권 등을 지식재산권보호협회장에게 신고하고자 하는 경우에는 다음 각 호의 서류를 지식재산권보호협회장에게 제출하여야 한다.

1. 저작권 등 등록증 사본 2부

2. 저작권 등 신고서(별지 제2-2호 서식) 2부

3. 침해가능성이 있는 수출입자임을 입증할 수 있는 자료(해당하는 경우에 한함)

4. 저작권 등에 대한 국내 또는 국외 사용계약 내용 및 입증서류

5. 대리신고의 경우 위임장(별지 제1호 서식)

6. 저작물 사진 등(전산화일 포함)

7 기타 불법복제물 식별을 위한 자료(저작물 등의 카탈로그, 불법복제물 식별방법 등) 및 참고자료

④ 지식재산권보호협회장은 제2항과 제3항에 따른 신고가 있는 경우 신고내용을 심사하여 접수한 후 즉시 당해 신고사실을 지식재산권 정보시스템에 입력하고 관세청장에게 보고하여야 하며, 지식재산권신고서 처리결과 통지서(별지 제3호 서식)에 의거 신고인에게 통보하여야 한다. 다만, 인터넷포털을 통해 신고한 경우 신고인에 대한 접수통보는 전산통보로 갈음할 수 있다.

⑤ 상표권 또는 저작권 등 신고내용에 변경이 있는 경우 상표권 또는 저작권 등 신고인은 그 변경일로부터 30일 이내에 상표권(전용사용권)신고서(별지 제2-1호 서식) 또는 저작권 등 신고서(별지 제2-2호 서식)에 의해 지식재산권보호협회장에게 그 변경 내용을 신고하여야 한다.

⑥ 세관장은 상표권 또는 저작권 등의 신고를 한 자가 상표권 또는 저작권 등에 관한 내용을 사실과 다르게 신고한 것을 확인한 경우에는 수출입신고된 물품을 즉시 수출입신고 수리할 수 있다.

⑦ 제6항에 따라 수출입신고를 수리한 세관장은 관세청장 및 상표권 또는 저작권 등 신고 지식재산권보호협회장에게 그 사실을 보고(통보)하여야 한다.

제2-2조(신고효력의 발생과 상실) ① 제2-1조 제2항·제3항 또는 제5항에 따라 신고된 상표권 또는 저작권 등은 신고서 처리일로부터 효력이 발생한다. 다만, 상표권 신고내용 중 제1-3조 제5호 및 제1-4조의 규정에 의하여 제3자의 진정상품 수입이 제한되는 내용은 이해관계인들에 대한 공지 등을 위해 세관처리일로부터 30일이 경과한 날로부터 효력이 발생한다.

② 상표권 신고의 효력은 다음 각 호의 어느 하나에 해당되는 날로부터 상실된 것으로 본다.

1. 「상표법」에 의하여 특허청에 등록된 상표권이 취소 또는 무효가 확정된 경우에는 그 확정일

2. 상표권 신고서(별지 제2호 서식)의 제1번 내지 제2번 항목 및 제4번 항목의 신고(변경신고 포함)내용이 사실과 다르게 신고되었음이 확인된 경우에는 그 확인일

3. 제2-1조 제4항에 의해 상표권 신고서 제1번 내지 제2번 항목 및 제4번 항목에 대한 변경신고 기간을 초과한 경우에는 그 초과일

4. 상표법 제46조 제1항 단서규정에 의해 상표권의 존속기간 갱신등록 출원에 대하여 거절사정이 확정된 경우에는 그 확정일

5. 상표권 신고자가 제2-1조에 따른 지식재산권보호협회신고의 철회를 신청한 경우 그 철회신청을 수리한 날

③ 저작권 등 신고의 효력은 다음 각 호의 어느 하나에 해당되는 날로부터 상실된 것으로 본다.

1. 「저작권법」에 따라 등록된 저작권 등이 확정판결에 의해 말소된 경우 그 확정일

2. 저작권자가 상속인 없이 사망한 경우에 그 권리가 「민법」 그 밖의 법률의 규정에 따라 국가에 귀속되는 경우

3. 저작권자인 법인 또는 단체가 해산되어 그 권리가 「민법」 그 밖의 법률의 규정에 따라 국가에 귀속되는 경우

4. 저작권 등 신고서(별지 제2-2호 서식)의 제1번 내지 제2번 항목의 신고(변경신고 포함)내용이 사실과 다르게 신고되었음이 확인된 경우 그 확인일

5. 제2-1조 제5항에 의해 저작권 등 신고서 제1번 내지 제2번 항목에 대한 변경신고 기간을 초과한 경우에는 그 초과일

6. 저작권 등 신고자가 제2-1조에 의한 지식재산권보호협회신고의 철회를 신청한 경우 그 철회신청을 수리한 날

제2 - 3조(신고유효기간 및 갱신) ① 상표권 또는 저작권 등 신고의 유효기간은 신고서 처리일로부터 3년으로 하되 상표권 또는 저작권 등의 존속기간이 3년 이내에 만료되는 경우에는 존속기간 만료일까지로 하며, 상표권 또는 저작권 등 신고의 유효기간을 갱신하고자 하는 자는 만료일 2개월 전부터 만료일 10일 전까지 기간 동안 상표권(전용사용권) 신고서(별지 제2 - 1호 서식) 또는 저작권 등 신고서(별지 제2 - 2호 서식)에 의해 갱신신청을 하여야 한다. 이 경우 유효기간은 갱신 전 신고만료일 다음 날로부터 3년으로 한다.

② 제1항의 규정에 불구하고 상표권(전용사용권) 신고서(별지 제2 - 1호 서식) 또는 저작권 등 신고서(별지 제2 - 2호 서식)의 신고내용 중 상표권 또는 저작권 등의 침해 가능성이 있는 수출입자에 대한 유효기간은 신고서 처리일로부터 1년으로 하며, 상표권 또는 저작권 등 신고인은 세관장에게 침해 가능성이 있는 수출입자에 대한 유효기간을 상표권(전용사용권) 신고서(별지 제2 - 1호 서식) 또는 저작권 등 신고서(별지 제2 - 2호 서식)에 의해 연장 신청할 수 있다.

제3장 통관보류

제3 - 1조(법 제235조 제3항에 따른 통관보류) ① 세관장은 수출입신고된 물품이 제2 - 1조의 규정에 의하여 지식재산권보호협회에 신고된 상표권 또는 저작권 등을 침해할 우려가 있다고 인정되는 경우에는 상표권 또는 저작권 등 신고인에게는 당해물품의 수출입신고 사실을, 수출입자 또는 수출입신고자에게는 당해물품이 상표권 또는 저작권 등 신고인의 요청에 의하여 통관보류될 수 있음을 세관신고권리 침해우려물품 수출입사실 통보서(별지 제4호 서식)에 의거 각각 통보하여야 한다. 다만, 제1 - 4조의 규정에 의하여 상표권 침해로 보지 아니하는 경우에는 통보하지 아니한다.

② 제1항의 규정에도 불구하고 수출입신고된 물품이 다음 각 호의 어느 하나에 해당하고, 세관장이 상표권 또는 지적권 등 침해 여부를 명백히 판단하기 어려운 경우에는 당해 수출입신고를 수리한 후 상표권 또는 저작권 등 신고인에게 세관신고권리 관련물품 수출입통관사실 통보서(별지 제5호 서식)에 의거 수출입통관 사실을 통보할 수 있다.

1. 특허청에 등록된 상표권에 대하여 특허심판원 또는 특허법원에서 등록취소 또는 등록무효의 결정(판결)이 있는 경우

2. 「저작권법」에 따라 등록된 저작권 등에 대하여 확정판결에 의하여 허위등록임이 확

인되거나 등록사항이 아닌 것으로 확인된 경우

　3. 세관장이 제1항의 규정에 따라 통보한 세관신고권리 침해우려물품 수출입사실 통보서(별지 제4호 서식)가 수취거절 또는 주소불명 등의 사유로 반송되는 경우

　4. 지식재산권보호협회에 신고한 상표권 또는 저작권 등과 동일한 상표가 부착된 물품 또는 동일한 저작물 등에 해당하는 물품이 수입되어 세관장이 제1항의 규정에 따라 세관신고권리 침해우려물품 수출입사실 통보서(별지 제4호 서식)를 발송하였으나 정당한 이유 없이 상표권 또는 저작권 등의 이해관계인이 2회 이상 연속하여 지식재산권 침해물품임을 입증하지 아니하거나 통관보류요청 등 권리를 행사하지 아니한 사실이 있는 경우

　③ 제1항 및 제2항의 통보는 모사전송(지식재산권 정보시스템을 이용하는 상표권 또는 저작권 등 신고인의 경우에는 지식재산권 정보시스템을 통한 자료전송)의 방법으로 하고 그 사실을 지식재산권 침해 여부 확인 수출입사실통보서 발송대장(별지 제7호 서식)에 기록 관리하여야 한다. 다만, 상표권 또는 저작권 등 신고인에 대한 통보의 경우 상대방의 모사전송기 고장 또는 상표권 또는 저작권 등 신고 시의 오류, 제2-1조 제4항에 따른 변경신고 불이행 등으로 모사전송에 의한 통보가 불가능할 경우에는 발송대장에 동 사실을 기재하고 빠른 배달증명 우편의 방법으로 통보하여야 한다.

　④ 제1항의 통보를 받은 상표권 또는 저작권 등 신고인은 통보를 받은 날(지식재산권 정보시스템을 통한 자료전송의 경우에는 자료가 인터넷통관포털에 등록된 날)로부터 7일(관공서의 공휴일에 관한 규정에 의한 공휴일 및 근로자의 날을 제외한다. 이하 이조에서 같다) 이내에 세관장에게 제4-1조에 규정한 담보를 제공하고 지식재산권 침해물품 수출입통관보류요청서(Ⅰ)(별지 제8호 서식)에 의거 당해물품에 대한 통관보류를 요청할 수 있다. 단, 부패하기 쉬운 물품 등 세관장이 긴급하다고 인정하는 물품은 5일 이내에 통관보류를 요청하여야 한다.

　⑤ 제1항의 통보를 받은 수출입자 또는 수출입신고자는 통보를 받은 날로부터 7일 이내에 세관장에게 당해물품이 상표권 또는 저작권 등을 침해하지 않았음을 소명하는 자료를 제출할 수 있다. 단, 부패하기 쉬운 물품 등 세관장이 긴급하다고 인정하는 물품은 5일 이내에 소명자료를 제출하여야 한다.

　⑥ 세관장은 제4항의 규정에 의한 통관보류요청이 있고 수출입물품이 신고된 상표권 또는 저작권 등을 침해하지 않았다고 인정할 만한 특별한 사유가 없는 한 당해물품의 통관을 보류하여야 한다. 다만, 상표권 또는 저작권 등 신고인이 제4항의 규정에 의한 통관보류를 요청하지 않은 경우에는 당해물품의 수출입통관을 허용할 수 있다.

⑦ 세관장은 제6항의 규정에 의하여 수출입통관을 보류한 경우 그 보류사실을 관세청장에게 보고하여야 하며, 지식재산권 침해물품 수출입통관보류 통지서(별지 제10-1호 서식) 서식에 의거 통관보류를 요청한 상표권 또는 저작권 등의 이해관계인 및 수출입자 또는 수출입신고자에게 즉시 통보하여야 한다.

제3-2조(법 제235조 제4항에 따른 통관보류) ① 제2-1조의 규정에 의한 상표권 또는 저작권 등의 신고를 하지 아니한 상표권 또는 저작권 등의 이해관계인이 법 제235조 제4항의 규정에 의한 통관보류를 요청하고자 하는 때에는 제4-1조에 규정한 담보를 제공하고 통관보류를 요청하고자 하는 물품의 품명, 수량, 수출입자 등을 기재한 지식재산권 침해물품 통관보류요청서(Ⅱ)(별지 제9호 서식)를 통관예정지 세관장에게 제출하여야 한다. 이 경우 세관장은 당해 통관보류요청 사실을 지식재산권 정보시스템에 입력하고 수출입 C/S 등록하여 관리하여야 한다.

② 제1항의 규정에 따른 통관보류 요청자가 통관예정지세관 이외의 타 세관에도 통관보류요청을 하고자 하는 경우에는 지식재산권 침해물품 통관보류요청서(Ⅱ)(별지 제9호 서식)에 세관명을 기재하여 제출하는 것으로 요청에 갈음할 수 있으며, 통관보류접수 세관장은 당해 통관보류요청 사실을 해당 세관에 통보하고 해당 세관장은 수출입 C/S 등록하여 관리하여야 한다.

③ 제1항의 규정에 의한 통관보류요청은 당해 물품이 다음 각 호의 어느 하나에 해당되는 날의 20일 이전부터 수출입신고 수리 전까지 요청하여야 한다.

1. 수입물품의 경우 국내반입 예정일

2. 수출물품의 경우 수출신고 예정일

④ 세관장은 제1항 및 제2항의 규정에 의하여 통관보류 요청된 물품이 수출입신고된 경우 상표권 또는 저작권 등을 침해하지 않았다고 인정할 만한 특별한 사유가 없는 한 당해물품의 통관을 보류하여야 한다.

⑤ 세관장은 제4항의 규정에 의하여 수출입통관을 보류한 경우 관세청장 및 최초 통관보류 요청을 받은 세관장에게 그 사실을 보고(통보)하여야 하며, 지식재산권 침해물품 수출입통관보류 통지서(별지 제10-1호 서식)에 의거 통관보류요청인 및 수출입자 또는 수출입신고자에게 즉시 통보하여야 한다.

⑥ 통관이 보류된 물품의 수출입신고 세관과 담보를 제공받은 세관이 다른 때에는 통관보류요청인은 당해 물품이 수출입신고된 세관에 담보를 제공하여야 한다. 이 경우 당초 담보를 제공한 세관의 담보는 해제할 수 있다.

⑦ 제1항의 규정에 의하여 통관보류가 요청된 물품이 제3항의 규정에 의하여 지정된 기한까지 세관에 신고되지 아니하거나 국내에 반입되지 아니하였으나 통관보류요청인이 담보를 계속하여 제공하는 경우에는 제3항의 예정일은 10일 연장된 것으로 본다.

제3-3조(기타 지식재산권 침해의심 물품에 대한 통관보류) ① 세관장은 제2-1조에 의한 상표권 또는 저작권 등의 신고가 없거나 제3-2조에 의한 상표권 또는 저작권 등의 통관보류 요청이 없는 경우라도 수출입물품이 지식재산권 침해물품이라고 의심되는 경우에는 상표권 또는 저작권 등의 이해관계인에게 당해물품의 수출입 사실을 지식재산권 침해의심물품 수출입사실통보서(별지 제6호 서식)에 의거 모사전송 등의 방법으로 통보하여 침해물품인지를 확인할 수 있다.

② 세관장은 제1항의 물품이 수출입신고된 경우에는 수출입자 또는 수출입신고자에게 당해물품이 상표권 또는 저작권 등 이해관계인의 요청에 의하여 통관보류될 수 있음을 지식재산권 침해의심물품 수출입사실통보서(별지 제6호 서식)에 의거 모사전송 등의 방법으로 통보하여야 한다.

③ 제1항의 통보를 받은 상표권 또는 저작권 등 이해관계인은 통보받은 날로부터 5일(관공서의 공휴일에 관한 규정에 의한 공휴일 및 근로자의 날을 제외한다. 이하 이조에서 같다) 이내에 세관장에게 제4-1조에 규정한 담보를 제공하고 지식재산권 침해물품 수출입통관보류요청서(Ⅰ)(별지 제8호 서식)에 의거 통관보류를 요청하거나 또는 지식재산권 침해물품인지를 확인할 수 있는 자료(예: 변리사, 전문감정인의 감정서 등)를 세관장에게 제출하여야 한다.

④ 제2항의 통보를 받은 수출입자 또는 수출입신고자는 통보받은 날로부터 5일 이내에 세관장에게 당해물품이 지식재산권 침해물품이 아님을 소명하는 자료를 제출할 수 있다.

⑤ 세관장은 상표권 또는 저작권 등 이해관계인이 제3항에서 정한 사항을 이행하지 않거나 소재 불명 등으로 연락이 불가능한 경우에는 당해 물품의 수출입통관을 허용할 수 있다.

⑥ 세관장은 제3항의 규정에 의한 통관보류요청이 있고 수출입물품이 지식재산권 침해물품이 아니라고 인정할 만한 특별한 사유가 없는 한 당해물품의 통관을 보류할 수 있다.

⑦ 세관장은 제6항의 규정에 의하여 수출입통관을 보류한 경우 그 보류사실을 관세청장에게 보고하여야 하며, 지식재산권 침해물품 수출입통관보류 통지서(별지 제10-1호 서식)에 의거 통관보류요청인 및 수출입자 또는 수출입신고자에게 즉시 통보하여야 한다.

제3-4조(법 제235조 제7항에 따른 직권 통관보류) ① 세관장은 제2-1조에 의한 상표권 또는 저작권 등의 신고 유무 또는 상표권 또는 저작권 등의 통관보류요청 유무에 불문하고 수출입물품이 다음 각 호의 어느 하나에 해당되는 등 지식재산권 침해물품임이 명백한 경우에는 법 제235조 제7항에 따라 직권으로 당해물품의 통관을 보류할 수 있다.

1. 법원의 확정판결이 있는 경우

2. 권한 있는 기관(저작권위원회 등)의 침해 여부에 대한 감정이 있는 경우

3. 수출입자가 침해물품임을 서면으로 확인한 경우

4. 기타 감정결과에 대한 민형사상 책임을 진다는 내용이 기재된 지식재산권 침해 감정서 및 물품의 성상, 포장상태 등을 검토하여 당해 물품이 상표권 및 저작권 등을 침해하였다고 볼만한 충분한 증거가 있다고 세관장이 인정한 경우

② 세관장은 제1항의 경우 수출입신고자에게 지식재산권 침해물품 직권통관보류 통지서(별지 제10-2호 서식)에 의거 통관보류 사실을 즉시 통보하여야 한다.

제3-5조(위조부분품에 대한 통관보류) ① 진정상품에 부착된 위조부분품에 대해서는 제3-1조 내지 제3-3조의 규정을 준용한다.

② 제1항의 규정에 의해 통관보류된 물품은 제5-4조의 규정에도 불구하고 수출입자가 당해 위조부분품을 제거하거나 진품으로 교체한 경우 또는 상표권자가 동의한 경우에는 통관 또는 반송을 허용할 수 있다. 이 경우에는 제1-4조 제5항 및 제5-2조 제3항의 규정은 적용하지 아니한다.

제4장 담보제공, 통관보류기간 등

제4-1조(담보제공) ① 제3-1조 내지 제3-3조의 규정에 의한 통관보류요청인은 보류 요청 시 제공할 담보를 법원의 판결에 따라 수출입자가 입은 손해의 배상에 사용하여도 좋다는 내용의 각서를 첨부하여 담보로서 당해 수출(입)물품의 신고(과세)가격의 100분의 120에 상당하는 금액을 법 제24조 제1항 제1호 내지 제3호 및 제7호의 규정에 의한 금선, 국채 또는 지방채, 「관세 등에 대한 담보제공과 정산제도 운영에 관한 고시」에서 지정하는 유가증권 또는 보증서로 세관장에게 제공하여야 한다. 다만, 보류요청인이 보류 요청 시에 당해 수출(입)물품의 신고(과세)가격을 알 수 없는 경우에는 추정금액을 담보로 제공할 수 있다.

② 제1항 단서의 규정에 의하여 통관보류요청인이 제공한 담보금액이 당해 수출(입)물품 신고(과세)가격의 100분의 120에 미달한 경우 통관보류요청인은 그 부족액을 세관의

통관보류 결정 전까지 제1항에 정한 금전 등으로 세관장에게 제공하여야 하며, 동 담보 금액이 당해 수출(입)물품 신고(과세)가격의 100분의 120을 초과하는 경우 세관장은 그 초과한 금액을 담보제공자에게 반환하여야 한다.

제4 - 2조(보류기간) 제3 - 1조 내지 제3 - 3조의 규정에 의한 통관보류 기간은 원칙적으로 통관보류요청인이 통관보류 사실을 통보받은 날로부터 10일(관공서의 공휴일에 관한 규정에 의한 공휴일 및 근로자의 날을 제외한다. 이하 이 장에서 같다)까지로 한다.

제4 - 3조(보류기간 연장) ① 세관장은 제4 - 2조의 규정에 불구하고 통관보류요청인이 통관보류 사실을 통보받은 후 10일 이내에 당해 수출입물품의 수출입을 금지하는 청구취지의 법원제소(가처분 신청을 제외한다) 사실을 입증하거나 통관보류를 계속하도록 하는 법원의 가처분 결정사실을 통보한 경우에는 당해 물품에 대한 통관보류를 계속할 수 있다. 다만, 통관보류요청인이 부득이한 사유로 10일 이내에 법원에 제소하지 못하여 그 마지막 날 이내에 세관장에게 통관보류기간 연장요청을 한 경우 세관장은 입증기간을 10일간 연장할 수 있다.

② 제1항의 규정에 불구하고 당해 통관보류가 법원의 가보호조치에 의해 시행되는 상태이거나 계속되는 경우 통관보류 기간은 다음 각 호의 구분에 의한다.

1. 법원에서 가처분기간을 명시한 때에는 그 마지막 날로 하는 법원의 가처분

2. 법원에서 가처분기간을 명시하지 않은 때에는 가처분 개시일로부터 31일

③ 세관장이 제1항의 규정에 의하여 통관보류기간을 연장하였을 때에는 그 요지를 통관보류요청인 및 수출입자에게 즉시 서면통지하여야 하며, 보류기간이 연장되지 아니한 경우 세관장은 통관보류요청인 및 수출입자에게 통관보류 해제통지를 하여야 한다.

제4 - 4조(보류물품의 보관) 이 고시의 규정에 의하여 통관보류된 물품은 당해 물품의 수출입신고 수리 여부가 결정될 때까지 수출입신고 시 장치된 장소 등 세관장이 지정한 장소에 보관하여야 한다.

제4 - 5조(전문인력, 검사시설 및 정보 제공요청) 세관장은 수출입물품의 상표권 또는 저작권 등 침해 여부를 판단하기 위하여 필요하다고 인정되는 경우에는 당해 상표권 또는 저작권 등의 이해관계인으로 하여금 상표권 또는 저작권 등에 대한 전문인력, 검사시설 또는 필요한 정보를 제공하도록 할 수 있다.

제4 - 6조(검사 및 견품채취) ① 세관장은 이 고시의 규정에 의하여 상표권 또는 저작권 등 이해관계인에게 수출입 사실을 통보한 물품 또는 통관보류된 물품에 대하여 상표권 또는 저작권 등의 이해관계인 또는 수출입자로부터 상표권 또는 저작권 등 침해 여부

를 판단하기 위한 검사 및 견품채취 요청이 있는 경우에는 영업비밀보호 등 특별한 사유가 없는 한 이를 허용하여야 한다.

② 세관장은 상표권 또는 저작권 등 이해관계인으로부터 상표권 또는 저작권 등 침해 여부를 판단하기 위한 디지털사진 제공요청이 있는 경우 영업비밀보호 등 특별한 사유가 없고 세관장이 필요하다고 인정하는 경우에는 상표권 또는 저작권 등 이해관계인에게 디지털사진을 제공할 수 있다.

제4 - 7조(세관장의 추가자료 요청) 세관장은 제3 - 1조 내지 제3 - 3조의 규정에 의하여 통관보류된 물품에 대하여 지식재산권 침해 여부 확인을 위하여 필요할 경우 통관보류요청인 또는 수출입자에게 추가적인 자료를 요청할 수 있으며, 자료제출 요청을 받은 통관보류요청인 또는 수출입자는 통관보류기간 내에 침해임을 입증하거나 침해가 아님을 입증하는 자료를 제출할 수 있다.

제4 - 8조(통관보류 관련 내역의 전산입력) 세관장은 이 고시에 따른 수출입 사실 통보, 통관보류의 요청사실, 통관보류의 결정 및 통관허용의 결정, 송치의뢰한 경우에는 이를 즉시 전산입력한다.

제4 - 9조(담보기간 연장 · 갱신) ① 세관장은 통관보류요청인이 제공한 담보물의 담보기간이 만료되는 경우 담보기간 만료일 20일 전까지 담보제공자에게 담보물 갱신 · 연장안내서(별지 제11호 서식)를 등기우편(또는 모사전송)으로 발송하여야 한다. 또한, 수출입자에게는 통관보류요청인이 제공한 담보의 담보기간이 만료된다는 사실과 통관보류요청인이 담보기간을 연장하지 않으면 수출입신고가 수리된다는 사실을 담보물 갱신 · 연장안내서(별지 제11호 서식)로 통보하여야 한다.

② 담보물을 갱신 · 연장하고자 하는 자는 담보물 갱신 · 연장 신청서(별지 제12호 서식)에 의하여 담보물의 연장 · 갱신을 신청할 수 있다. 다만, 현금담보를 제공한 경우에는 담보물의 보증기간은 계속 연장 · 갱신된 것으로 본다.

제5장 통관허용 및 반송 · 폐기 요청

제5 - 1조(담보제공 통관허용요청) ① 수출입자는 통관보류된 물품이 다음 각 호의 어느 하나에 해당하지 아니하는 경우로서 통관허용을 요청하고자 하는 때에는 담보를 제공하고 수출입통관 허용요청서(별지 제13호 서식)를 세관장에게 제출하여야 한다.

1. 위조 또는 유사한 상표를 부착한 물품

2. 저작권 등을 침해하는 불법복제된 물품

② 제1항의 규정에 의한 통관허용 요청자는 통관보류요청인이 제공한 담보금액에 100분의 25를 가산한 금액의 담보를 법원의 확정판결이 있을 때까지 제4-1조 제1항에서 규정한 담보물로 세관장에게 제공하여야 하며, 제공한 담보를 법원의 판결에 따라 통관보류를 요청한 자가 입은 손해의 배상에 사용하여도 좋다는 내용의 각서를 첨부하여야 한다.

제5-2조(권리자의 동의에 의한 통관허용요청) ① 수출입자가 이 고시 규정에 따라 통관보류된 물품에 대하여 통관보류요청인의 서면 동의에 의거 통관허용을 요청하고자 하는 경우에는 다음 각 호의 서류를 세관장에게 제출하여야 하며, 이 경우 제5-1조 제2항의 규정에 의한 담보는 제공하지 아니한다.

1. 수출입통관허용요청서(별지 제13호 서식)

2. 통관보류요청인의 서면동의서

② 제1항의 규정에 의하여 통관허용 요청을 받은 세관장은 당해 상표권 또는 저작권 등 이해관계인의 동의 여부를 확인한 후 통관허용하고 통관허용 사실을 관세청장 및 상표권 또는 저작권 등 신고 세관장에게 즉시 보고(통보)하여야 한다.

③ 제2항의 통보를 받은 세관장은 동의에 의한 통관허용 이후 동일 지정상품의 수출입에 대하여 상표권 또는 저작권 등 이해관계인에게 수출입 사실을 통보하지 않고 수출입신고 수리할 수 있도록 조치하여야 한다.

제5-3조(통관허용 여부 심의 등) ① 제5-1조 제1항의 규정에 의하여 통관허용 요청을 받은 세관장은 즉시 동 요청사실을 관세청장 및 통관보류요청인에게 수출입통관허용 요청사실 통지서(별지 제14호 서식)에 의거 보고(통보)하고 당해 물품의 통관허용 여부를 통관허용요청일로부터 15일 이내에 결정한다.

② 세관장은 제1항의 규정에 의한 통관허용 여부를 결정함에 있어 필요한 경우에는 관세청장과 특허청장 등 관계기관과 협의하거나 관계전문가의 의견을 들어 결정할 수 있다. 이 경우 관세청장과 특허청장 등 관계기관과의 협의를 위한 서류의 이송에 소요되는 기간은 제1항의 규정에 의한 기간에 산입하지 아니한다.

③ 제1항의 규정에 의하여 통관허용요청 사실을 통보받은 통관보류요청인은 수출입신고된 물품의 침해사실과 관련된 입증자료 등을 세관장에게 제출할 수 있다

제5-4조(위조상품 등의 반송 및 신고취하의 제한) ① 제1-2조 제2항의 규정에 해당하지 아니하는 여행자 휴대반입물품 또는 수출·수입, 반송신고된 물품이 지식재산권 침해물품인지를 확인하는 중이거나 지식재산권 침해물품인 경우에는 반송을 허용하거나

또는 신고취하를 승인할 수 없다. 다만, 여행자 또는 수출입자가 지식재산권 침해물품을 반입하려는 의도가 없었음을 증명하고 당해 침해부분을 제거한 경우에는 그러하지 아니하다.

② 제1항의 단서규정에도 불구하고 제7-4조에 따라 사건이 송치의뢰되어 조사 중인 경우에는 사건이 종결될 때까지 반송 또는 신고취하할 수 없다.

제5-5조(수출입자의 요청에 의한 폐기) 상표권 또는 저작권 등을 침해한 물품의 수출입자가 당해물품을 세관에서 폐기해 줄 것을 요청하는 경우 세관장은 수출입자로부터 지식재산권 침해물품 폐기동의서(별지 제15호 서식)를 받고 당해물품을 유치 후 폐기할 수 있다. 다만, 제7-4조에 따라 사건이 송치의뢰되어 조사 중인 경우에는 사건이 종결될 때까지 폐기할 수 없다.

제6장 수출입신고 수리

제6-1조(수출입신고 수리) ① 세관장은 통관보류된 물품이 다음 각 호의 어느 하나에 해당하는 경우에는 당해 물품에 대하여 수출입신고 수리를 할 수 있다.

1. 세관장의 심사결과 상표권 또는 저작권 등을 침해하지 아니한 물품으로 결정된 경우

2. 법원에서 상표권 또는 저작권 등을 침해하지 아니한 물품으로 판결이 확정된 경우

3. 당해물품의 통관보류 해제에 대한 법원의 결정이 있는 경우

4. 통관보류요청인이 보류사실을 통보받은 후 제4-3조 제1항에서 정한 기간 내에 법원에 제소한 사실을 입증하지 아니하거나 통관보류를 계속하도록 하는 법원의 가처분 결정사실을 세관장에게 통보하지 아니한 때. 다만, 지식재산권 침해물품에 대하여는 그러하지 아니하다.

5. 제5-3조의 규정에 의하여 심의한 결과 통관허용으로 결정된 경우.

6. 제4-3조 제2항의 규정에 의한 통관보류 기간이 경과한 경우. 다만, 지식재산권 침해물품에 대하여는 그러하지 아니하다.

7. 상표권 또는 저작권 등의 침해 여부가 명백하지 아니하고 통관보류를 지속하는 경우 당해물품의 부패·변질 등으로 수출입자에게 회복될 수 없는 손실이 발생할 우려가 있는 경우로서 법원의 확정판결이 있을 때까지 담보를 계속 제공하고 이 담보를 법원의 판결에 따라 상표권 또는 저작권 등의 보호신청을 한 자에 대한 손해배상에 사용할 것을 수출입자가 서면으로 요청한 경우

8. 통관보류요청인이 제공한 담보의 담보기간이 경과할 때까지 동 담보를 갱신·연장

하지 않는 경우

9. 제7 - 4조에 따라 송치의뢰한 결과 무혐의로 결정된 경우. 다만, 지식재산권 침해물품으로 명시된 경우는 제외한다.

② 제1항의 규정에 의하여 통관보류된 물품을 수출입신고 수리한 경우 세관장은 상표권 또는 저작권 등의 이해관계인에게 동 수출입신고 수리 사실을 통지하여야 한다.

제6 - 2조(담보해제) ① 세관장은 다음 각 호의 어느 하나에 해당하는 경우에는 제공받은 담보를 담보제공자에게 반환하여야 한다.

1. 통관보류요청인이 제공한 담보는 제5 - 1조 및 제5 - 2조의 규정에 의한 수출입자의 요청에 따라 통관을 허용한 경우

2. 수출입자가 제공한 담보는 제5 - 1조 규정에 의한 수출입자의 요청에도 불구하고 통관보류를 지속하는 경우

3. 법원의 확정판결에서 담보제공자의 주장이 인용된 경우

4. 제3 - 2조에 의해 통관보류가 요청된 물품이 보류요청일로부터 30일 이내에 국내에 반입된 사실이 없거나 동 기간 내에 세관에 수출신고된 사실이 없는 경우

5. 담보를 제공하고 통관보류를 요청한 물품이 지식재산권 침해물품으로 확인되어 제7 - 4조에 따라 송치의뢰한 경우

6. 제6 - 1조 제1항 제4호의 규정에 의하여 통관을 허용한 경우에는 수출입자가 담보제공자를 대상으로 손해배상청구에 관한 소송을 법원에 제기했다는 사실을 통관허용일로부터 30일 이내에 세관장에게 통보하지 않은 경우

7. 제6 - 1조 제1항 제8호의 규정에 의하여 통관을 허용한 경우

② 상표권 및 저작권 등 이해관계인 또는 수출입자가 담보제공자를 상대로 손해배상청구에 관한 소송을 법원에 제기했다는 사실을 법원의 판결 확정일로부터 30일 이내에 세관장에게 통보하지 않은 경우 세관장은 담보제공자에게 담보를 반환할 수 있다. 다만, 상표권 및 저작권 등 이해관계인 또는 수출입자가 부득이한 사유로 인하여 30일 이내에 손해배상청구에 관한 소송을 법원에 제소하지 못하여 그 마지막 날 이내에 세관장에게 법원제소 사실 통보 기간을 연장 요청한 경우 세관장은 10일 연장할 수 있다.

제7장 보칙

제7 - 1조(법원제소 및 판결의 효력범위) 세관장은 수출입물품의 상표권 또는 저작권

등 침해 여부에 대한 법원의 확정판결내용을 동일한 상표를 부착한 동일한 상품 또는 동일한 저작권 물품을 수출입한 제3자의 수출입물품에 적용할 수 있다.

제7 – 2조(체화공매 및 국고귀속 예정물품 지식재산권 침해 여부 확인) 세관장은 체화공매 및 국고귀속 예정물품이 상표권 또는 저작권 등을 침해할 우려가 있다고 인정되는 경우에는 당해 상표권 또는 저작권 등의 이해관계인에게 상표권 또는 저작권 등의 침해 여부에 대한 확인을 요청할 수 있다.

제7 – 3조(상표권 또는 저작권 등을 침해하는 환적물품 처리) ① 법 제231조의 규정에 따라 다른 나라에서 제3국으로 수출하기 위하여 우리나라에 일시양륙 또는 이적되는 물품 중 상표권 또는 저작권 등을 침해하는 물품은 유치하고 화주 또는 운송인에게 환적물품 유치통보서(별지 제18호 서식)에 의거 통보하여야 한다.

② 제1항에 의거 유치한 경우 세관장은 당해 권리의 보유자에게 세관신고권리 침해물품 반입사실 통보서(별지 제19호 서식)에 의거 유치사실을 통보한 후 권리보유자가 통보를 받은 날로부터 10일 이내에 법원에 손해배상을 청구하지 아니한 때에는 물품의 유치를 해제하여야 한다.

제7 – 4조(송치의뢰) ① 세관장은 수출입물품이 다음 각 호의 어느 하나에 해당하는 경우에는 「상표법」, 「저작권법」 위반혐의로 조사전담부서에 송치의뢰하여야 한다.

1. 제3 – 4조의 규정에 의하여 통관보류한 경우

2. 「상표법」에 의하여 등록된 상표권, 「저작권법」에 따른 저작권 등을 사위 기타 부정한 방법으로 명백히 침해하였다고 인정되는 경우

3. 법 제241조 제1항의 규정에 의한 수출입신고 시 상표를 허위로 신고한 경우

4. 제7 – 2조의 규정에 의하여 체화공매 및 국고귀속 예정물품이 지식재산권 침해물품으로 확인된 경우

② 세관장은 제1항에 따라 송치의뢰하는 경우 상표권 및 저작권 등 이해관계인 또는 대리인의 위조상품 또는 불법복제물 등 감정서, 변리사 또는 전문감정인의 감정서 등 침해사실을 확인할 수 있는 관련 서류 등을 첨부하여 조사전담부서에 송치의뢰하여야 한다. 다만, 물품의 성상·포장상태 등을 판단하여 침해사실이 명백한 경우에는 송치의뢰 후 감정서 등을 첨부할 수 있다.

제7 – 5조(취득정보의 사용제한) 상표권 및 저작권 등 이해관계인은 지식재산권 보호 업무와 관련하여 세관으로부터 취득한 정보를 상표권 또는 저작권 등 침해에 대한 법적 조치 목적으로만 사용하여야 한다.

제7－6조(통관보류 결정 심의회) ① 세관장은 통관보류 등을 결정하기 위하여 통관보류 결정 심의회를 둔다.

② 통관보류 결정 심의회는 위원장을 포함하여 지식재산권업무에 지식과 경험이 풍부한 4인 이상의 위원으로 구성하며 위원장은 수입담당과장 또는 화물담당과장이 된다.

③ 통관보류 결정 심의회는 다음 각 호의 사항에 대하여 위원 과반수 출석과 출석 과반수 찬성으로 심의한다.

1. 통보대상 침해우려물품의 판단을 함에 있어 심의에 의한 결정이 필요한 경우

2. 통관보류 여부에 대한 판단을 함에 있어 심의에 의한 결정이 필요한 경우

3. 제5－3조에 의한 통관허용 여부에 대한 심의가 필요한 경우

4. 기타 위원장이 필요하다고 인정하여 부의하는 사항

④ 심의회 안건 및 심의내용·심의결과 등은 수입담당부서에서 기록·유지·관리하여야 한다.

제7－7조(관세청장의 업무 지휘·감독) ① 관세청장은 제2－1조 제1항에 따라 지재권 신고업무의 일부를 위탁받은 지식재산권보호협회장에 대하여 업무처리사항을 지도·감독하며 필요한 경우 지시를 하거나 시정조치를 명할 수 있다.

② 이 고시에서 정하지 아니한 지식재산권보호협회에 대한 업무 지휘·감독 등에 관한 사항은 행정권한의 위임 및 위탁에 관한 규정 또는 관세청장 권한의 위임 및 위탁에 관한 시행세칙을 준용한다.

제7－8조(재검토기한) 「훈령·예규 등의 발령 및 관리에 관한 규정」(대통령훈령 제248호)에 따라 이 고시 발령 후의 법령이나 현실여건의 변화 등을 검토하여 이 고시의 폐지, 개정 등의 조치를 하여야 하는 기한은 2013년 3월 31일까지로 한다.

부 칙＜관세청고시 제2010－33호(2010. 3. 22.)＞

제1조(시행일) 이 고시는 2010년 4월 1일부터 시행한다.

제2조(경과조치) 이 고시 시행 이전에 세관에 신고한 상표권과 저작권(컴퓨터프로그램저작권을 포함한다) 등은 이 고시 시행일에 (사)무역 관련 지식재산권보호협회에 신고된 것으로 본다.

제6장 저작권법

제1절 총설

저작권법은 저작자의 권리와 이에 인접하는 권리를 보호하고 저작물의 공정한 이용을 도모함으로써 문화 및 관련 산업의 향상발전에 이바지함을 목적으로 한다(§1). 저작물에 대해 인정되는 권리가 저작권인바, 무형의 창작물에 대한 권리라는 점에서 유체물에 대한 권리인 소유권과 구별된다. 이와 관련하여 판례는 "저작권법에 의하여 보호를 받는 저작물이라 함은 문학, 학술 또는 예술의 범위에 속하는 창작물을 말하는바, 단순한 문안 인사나 사실의 통지에 불과한 편지는 저작권의 보호대상이 아니지만, 학자·예술가가 학문상의 의견이나 예술적 견해를 쓴 편지뿐만 아니라 자신의 생활을 서술하면서 자신의 사상이나 감정을 표현한 편지는 저작권의 보호대상이 되고, 그 경우 편지 자체의 소유권은 수신인에게 있지만 편지의 저작권은 통상 편지를 쓴 발신인에게 남아 있게 된다"고 판시한 바 있다.[1]

한편, 저작권법은 1957년법 제정 이후 그동안 수차례 개정되어 왔으며, 최근에는 「대한민국과 유럽연합 및 그 회원국 간의 자유무역협정」을 이행하기 위하여 저작권의 보호기간을 연장하고, 일정한 범위에 한하여 방송사업자의 공연권을 인정하며, 온라인서비스제공자의 면책범위를 유형별로 세분화하고, 기술적 보호조치를 무력화하는 행위를 금지하려는 취지하에서 2011. 6. 30. 법률 제10807호[시행 2013. 7. 1.]로 다시 개정되었다. 동 개정법의 주요내용은 저작권 보호기간을 저작자 사후 50년에서 70년으로 연장하고(제39조), 공중의 접근이 가능한 장소에서 방송의 시청과 관련하여 입장료를 받는 경우에 한하여 방송사업자의 공연권을 인정하며(제85조의2 신설), 온라인서비스제공자를 단순도관, 캐싱, 호스팅, 정보검색의 네 가지 유형으로 나누고, 각 유형별 면책요건을 명확히 하고(제102조 제1항), 기술적 보호조치의 무력화를 금지하되, 금지에 대한 예외를 규정하는 것이다(제104조의2 신설).

그리고 다시 2011. 12. 2. 법률 제11110호(시행 2012. 3. 15.)로 「대한민국과 미합중국 간의 자유무역협정 및 대한민국과 미합중국 간의 자유무역협정에 관한 서한교환」의 합의사항에 따라 일시적 저장의 복제 인정, 저작물의 공정한 이용제도 도입, 위조라벨 배포행위 등 저작권자 권리침해 행위 금지 및 법정손해배상제도의 도입 등 협정의 이행에 필요한 관

---

1) 서울지방법원 1995. 6. 23. 선고 94카합9230 판결.

련 규정을 개정함으로써 저작권자의 권리 보호와 저작물의 공정한 이용을 도모하는 한편, 그 밖에 현행 제도의 운영상 나타난 일부 미비점을 개선·보완하기 위한 개정이 있었다.

제2절 저작물

Ⅰ. 일반

'저작물'은 인간의 사상 또는 감정을 표현한 창작물을 말한다(§2 i). 2006년 개정 전 저작권법에서는 저작물의 정의를 "문학·학술 또는 예술의 범위에 속하는 창작물"로 규정하고 있다가 현재와 같이 개정을 하였으나 그 실질적인 내용에 있어 차이는 없다.[2] 즉 구 저작권법 제2조 제1호는 저작물을 "문학·학술 또는 예술의 범위에 속하는 창작물"로 규정하고 있는바, 위 법조항에 따른 저작물로서 보호를 받기 위해서 필요한 창작성이란 완전한 의미의 독창성을 말하는 것은 아니며 단지 어떠한 작품이 남의 것을 단순히 모방한 것이 아니고 작자 자신의 독자적인 사상 또는 감정의 표현을 담고 있음을 의미하므로, 누가 하더라도 같거나 비슷할 수밖에 없는 표현, 즉 저작물 작성자의 창조적 개성이 드러나지 않는 표현을 담고 있는 것은 창작성이 있는 저작물이라고 할 수 없다. 다만, 저작물로 인정되기 위한 창작성에 정도에 대해서는 명확한 기준이 있다고 보기 어렵고, 각 사안에 따라서 저작자의 창작적 기여가 있는지를 판단해 보아야 한 것이다.[3] 판례는

---

2) 송영식·이상정, 「저작권법개설(제8판)」, 세창출판사(2012), 33면.

3) 대법원 2005. 1. 27. 선고 2002도965 판결(저작권법은 제4조 제1항 제8호에서 '지도·도표·설계도·약도·모형 그 밖의 도형저작물'을 저작물로 예시하고 있는데, 이와 같은 도형저작물은 예술성의 표현보다는 기능이나 실용적인 사상의 표현을 주된 목적으로 하는 이른바 기능적 저작물로서, 기능적 저작물은 그 표현하고자 하는 기능 또는 실용적인 사상이 속하는 분야에서의 일반적인 표현방법, 규격 또는 그 용도나 기능 자체, 저작물 이용자의 이해의 편의성 등에 의하여 그 표현이 제한되는 경우가 많으므로 작성자의 창조적 개성이 드러나지 않을 가능성이 크며, 동일한 기능을 하는 기계장치나 시스템의 연결관계를 표현하는 기능적 저작물에 있어서 그 장치 등을 구성하는 장비 등이 달라지는 경우 그 표현이 달라지는 것은 당연한 것이고, 저작권법은 기능적 저작물이 담고 있는 사상을 보호하는 것이 아니라, 그 저작물의 창작성 있는 표현을 보호하는 것이므로, 기술 구성의 차이에 따라 달라진 표현에 대하여 동일한 기능을 달리 표현하였다는 사정만으로 그 창작성을 인정할 수는 없고 창조적 개성이 드러나 있는지를 별도로 판단하여야 한다).

‘광주지하철 화상전송설비 제안서도면 사건’에서 “이 사건 도면은 지하철 통신설비 중 화상전송설비의 장비 구성 및 그 장비의 연결관계를 도시한 기능적 저작물로서, 그 도면 중 일부는 그 저작자를 삼성SDS로 볼 수 없고, 나머지 도면들은 일반적인 도면 작성방법에 따라 작성된 것으로서 입찰시방서에 의하여 제한된 기술적인 내용을 표현함에 있어 작성자의 창조적 개성이 드러나 있다고 보기 어려워 그 저작물성을 인정할 수 없”다고 하였고,[4] ‘엘리트 피아노교본 사건’에서는 “이 사건 고소인 측의 ‘알프레드(Alfred) 피아노 교본’(이하 ‘고소인 측 교본’이라고 한다)에서 택하고 있는 어린이를 대상으로 한 피아노 교습에 관한 교육이론과 이에 기한 교습방법 또는 순서 자체는 이를 저작권의 보호대상이 되는 표현형식에 해당한다고 할 수 없으므로 피고인이 인쇄·판매한 ‘엘리트 피아노 교본’(이하 ‘피고인 측 교본’이라고 한다)이 설사 고소인 측 교본과 같은 교육이론에 따른 것이라고 하더라도 이를 가리켜 저작권 침해가 되는 무단 복제에 해당한다고 할 수 없고, 그 외 이 사건 공소사실에서 적시하고 있는 도안과 그림 등에 의한 구체적인 설명 부분 중 피아노 교습에 있어서의 기초적인 사항에 관한 것은 고소인 측 교본의 설명 부분 자체가 저작권에 의하여 보호되어야 할 창작성이 있다고 보이지 아니할 뿐만 아니라 그렇지 아니한 사항에 있어서도 고소인 측 교본과 피고인 측 교본 상호 간에 실질적 유사성이 있다고 단정하기가 어려우므로, 원심이 같은 취지에서 피고인 측 교본이 고소인 측 교본을 무단 복제한 것이라는 이 사건 공소사실에 관하여 무죄를 선고한 제1심 판결을 유지한 조치는 정당하고, 거기에 지적하는 바와 같은 채증법칙 위배 등의 위법이 없다”고 판시하였다.[5]

Ⅱ. 저작물의 보호범위

저작물이란 사상이나 감정을 외부로 표현한 것을 말하며, 따라서 저작권으로 보호되는 것은 저작자의 사상이나 생각 자체가 아니라 그러한 사상이나 생각의 구체적인 표현이다. 이를 아이디어/표현 이분법(Idea – Expression Dichotomy)이라고 하며, 비록 창의적인 아

---

4) 대법원 2005. 1. 27. 선고 2002도965 판결.

5) 대법원 1999. 10. 22. 선고 98도112 판결. 저작물이 되기 위한 창작성의 요건에 대한 미국 사례로는 Feist Publication, Inc. v. Rural Telephone Service Co., Inc., 499 U.S. 340, 18 U.S.P.Q. 2d 1275(1991) 참고(전화번호부의 저작물성 부정).

이디어를 먼저 착상한 자의 창작적 아이디어를 보호하지 못한다는 단점이 있지만, 문화
창달이라는 저작권법의 목적에 비추어 볼 때 구체적인 표현만을 보호하는 것이 더 타당
하다. 비록 우리 저작권법에 이에 대한 명문 규정을 두고 있지는 않지만, 학설 및 판례[6]
도 이를 인정하고 있다.

Ⅲ. 저작물의 종류

저작권법 제4조에서는 저작물의 종류를 예시하면서, 다음과 같은 9가지의 저작물을 나
열하고 있다. 즉 동 조에 규정되어 있는 9가지의 저작물은 어디까지나 예시 규정에 불과
하므로 이에 해당하지 않는 것이라 하더라도 저작물로 보호받을 수 있다.

1. 어문저작물

소설·시·논문·강연·연설·각본 그 밖의 언어나 문장 의해 표현된 저작물이다. 단
순한 표어, 슬로건(slogan), 캐치프레이즈(catchphrase), 제호(題號)[7] 등은 저작물성을 인정
하기 어렵다. 판례는 학력고사문제의 저작물성 인정 여부에 대해 "대입 본고사 입시문제
가 역사적인 사실이나 자연과학적인 원리에 대한 인식의 정도나 외국어의 해독능력 등을
묻는 것이고, 또 교과서, 참고서 기타 교재의 일정한 부분을 발췌하거나 변형하여 구성된
측면이 있다고 하더라도, 출제위원들이 우수한 인재를 선발하기 위하여 정신적인 노력과
고심 끝에 남의 것을 베끼지 아니하고 문제를 출제하였고 그 출제한 문제의 질문의 표현
이나 제시된 여러 개의 답안의 표현에 최소한도의 창작성이 인정된다면, 이를 저작권법

---

6) 저작물은 표현의 방법 또는 형식의 여하를 막론하고 학문과 예술에 관한 일체의 물건으로서 사람의 정신
   적 노력에 의하여 얻어진 사상 또는 감정에 관한 창작적 표현물이다(대법원 1979. 12. 28. 선고 79도1482
   판결). 저작권법상 저작물은 문학·학술 또는 예술과 같은 문화의 영역에서 사람의 정신적 노력에 의하여
   얻어진 아이디어나 사상 또는 감정의 창작적 표현물을 가리키므로 그에 대한 저작권은 아이디어 등을
   말·문자·음(音)·색(色) 등에 의하여 구체적으로 외부에 표현한 창작적인 표현형식만을 보호대상으로
   하는 것이어서 표현의 내용이 된 아이디어나 그 기초 이론 등은 설사 독창성·신규성이 있는 것이라 하더
   라도 저작권의 보호대상이 될 수 없을 뿐만 아니라, 표현형식에 해당하는 부분에 있어서도 다른 저작물과
   구분될 정도로 저작자의 개성이 나타나 있지 아니하여 창작성이 인정되지 않는 경우에는 이 역시 저작권
   의 보호대상이 될 수가 없다(대법원 1999. 10. 22. 선고 98도112 판결).
7) 만화제명 "또복이"는 사상 또는 감정의 표명이라고 볼 수 없어 저작물로서 보호받을 수 없다(대법원 1977.
   7. 12. 선고 77다90 판결).

에 의하여 보호되는 저작물로 보는 데 아무런 지장이 없다"고 판시하였다.[8]

2. 음악저작물

음에 의해 표현된 저작물을 말한다. 음악저작물에 대한 저작권의 침해가 문제된 사건에서 법원은 "음악저작물에 대한 저작권 침해가 성립하기 위하여는, ① 침해자가 저작자의 저작물을 이용하였을 것, 즉 창작적 표현을 복제하였을 것, ② 침해자가 저작자의 저작물에 '의거'하여 이를 이용하였을 것, ③ 저작자의 저작물과 침해자의 저작물 사이에 실질적 유사성이 있을 것 등의 세 가지 요건이 충족되어야 하고,[9] 음악저작물을 서로 대비하여 그 유사성을 판단함에 있어서는 해당 음악저작물을 향유하는 수요자를 판단의 기준으로 삼아 음악저작물의 표현에 있어서 가장 구체적이고 독창적인 형태로 표현되는 가락을 중심으로 하여 대비 부분의 리듬, 화성, 박자, 템포 등의 요소도 함께 종합적으로 고려하여야 하고, 각 대비 부분이 해당 음악저작물에서 차지하는 질적·양적 정도를 감안하여 실질적 유사성을 판단하여야 한다"고 판시하였다.[10]

3. 연극저작물

연극 및 무용·무언극 등 연기의 형으로서 이미 구성되어 있는 안무(Choreographic Works)로 표현된 저작물을 말한다. 즉 연극 중 각본 등은 어문저작물(1호)에 속하고, 연기 자체는 실연으로서 저작인접권으로 보호받기 때문에 연극저작물로 보호가 되는 것은 동작에 의해 표현되는 안무 그 자체이다.[11]

4. 미술저작물

회화·서예·조각·판화·공예·응용미술저작물 그 밖의 형상 또는 색채에 의해 미

---

8) 대법원 1997. 11. 25. 선고 97도2227 판결.

9) 이러한 침해의 요건은 단지 음악저작물 침해에만 한정되는 것이 아니라, 다른 유형의 저작물 침해에도 마찬가지로 적용되는 것이다.

10) 수원지법 2006. 10. 20. 선고 2006가합8583 판결(확정)(피고의 '너에게 쓰는 편지'는 원고의 곡 'It's you'와 실질적으로 유사하다고 본 사례).

11) 송영식·이상정, 「저작권법개설(제8판)」, 세창출판사(2012), 73면.

적으로 표현되어 있는 저작물이다. 판례는 일명 '히딩크 넥타이'의 도안은 우리 민족 전래의 태극문양 및 팔괘문양을 상하 좌우 연속 반복한 넥타이 도안으로서 응용미술작품의 일종이라면 위 도안은 '물품에 동일한 형상으로 복제될 수 있는 미술저작물'에 해당한다고 할 것이며, 또한 그 이용된 물품과 구분되어 독자성을 인정할 수 있는 것이라면 저작권법 제2조 제15호에서 정하는 응용미술저작물에 해당한다고 하였다.[12]

5. 건축저작물

건축물·건축을 위한 모형 및 설계도서 등을 말한다. 즉 저작권법에서는 건축을 위한 모형 및 설계도서도 건축저작물로 보고 있으며, 동일성 유지권에 대해 일정한 제한을 두고 있다(§13② ii). 그리고 어떤 아파트의 평면도나 아파트 단지의 배치도와 같은 기능적 저작물에 있어서 저작권법은 그 기능적 저작물이 담고 있는 기술사상을 보호하는 것이 아니라 그 기능적 저작물의 창작성 있는 표현을 보호하는 것이므로, 설령 동일한 아파트나 아파트 단지의 평면도나 배치도가 작성자에 따라 정확하게 동일하지 아니하고 다소간의 차이가 있을 수 있다고 하더라도, 그러한 사정만으로 그러한 기능적 저작물의 창작성을 인정할 수는 없고 작성자의 창조적 개성이 드러나 있는지를 별도로 판단하여야 한다.[13]

---

12) 대법원 2004. 7. 22. 선고 2003도7572 판결[기록에 의하면 판시 '히딩크 넥타이' 도안은 고소인이 저작권법이 시행된 2000. 7. 1. 이후에 2002 월드컵 축구대회의 승리를 기원하는 의미에서 창작한 것인 사실, 고소인은 위 도안을 직물에다가 선염 또는 나염의 방법으로 복제한 넥타이를 제작하여 판매하였고, 피고인 1 역시 같은 방법으로 복제한 넥타이를 제작하여 판매한 사실을 각 인정할 수 있고, 원심의 인정과 같이 위 도안이 우리 민족 전래의 태극문양 및 팔괘문양을 상하 좌우 연속 반복한 넥타이 도안으로서 응용미술작품의 일종이라면 위 도안은 '물품에 동일한 형상으로 복제될 수 있는 미술저작물'에 해당한다고 할 것이며, 또한 그 이용된 물품(이 사건의 경우에는 넥타이)과 구분되어 독자성을 인정할 수 있는 것이라면 저작권법 제2조 제11의2호에서 정하는 응용미술저작물에 해당한다고 할 것이다. 그렇다면 판시 '히딩크 넥타이' 도안이 그 이용된 물품과 구분되어 독자성을 인정할 수 있는 것이라면 저작권법의 보호대상인 저작물에 해당하고, 그렇지 아니하다면 저작물에 해당하지 아니한다고 할 것인데도, 원심은 위 도안이 그 이용된 물품과 구분되어 독자성을 인정할 수 있는 것인지에 관하여 심리를 하여 보지 아니한 채 위에서 본 이유만으로 위 도안이 저작권법의 보호대상인 저작물에 해당하지 아니한다고 판단하고 말았으니, 원심판결에는 응용미술저작물에 관한 법리를 오해하였거나 필요한 심리를 다하지 아니하여 판결에 영향을 미친 위법이 있다고 할 것이다].
13) 대법원 2009. 1. 30. 선고 2008도29 판결(건설회사에서 작성한 설계도면을 단순 변용한 정도의 아파트 평면도 및 배치도의 경우, 기능적 저작물로서의 창작성을 인정하기 어렵다는 이유로 저작물성을 부인한 사례).

6. 사진저작물

사상 또는 감정을 일정한 영상에 의하여 표현한 저작물을 말하며, 사진 및 이와 유사한 제작방법으로 작성된 것이 포함된다. 사진은 광선의 물리적·화학적 작용을 이용하여 피사체를 필름 등에 재현함으로써 제작하는 것이고, 이와 유사한 방법에 의하여 제작한 저작물, 예컨대 그라비아 인쇄(photogravure), 사진염색 등도 역시 사진저작물에 포함된다.[14]

판례는 "저작권법에 의하여 보호되는 저작물이기 위하여는 문학·학술 또는 예술의 범위에 속하는 창작물이어야 하므로 그 요건으로서 창작성이 요구되는바, 사진저작물은 피사체의 선정, 구도의 설정, 빛의 방향과 양의 조절, 카메라 각도의 설정, 셔터의 속도, 셔터찬스의 포착, 기타 촬영방법, 현상 및 인화 등의 과정에서 촬영자의 개성과 창조성이 인정되어야 저작권법에 의하여 보호되는 저작물에 해당된다"고 하면서, 광고용 카탈로그의 제작을 위하여 제품 자체만을 충실하게 표현한 사진의 창작성을 부인하였다.[15]

7. 영상저작물

영상저작물이란 연속적인 영상을 매개체로 하여 사람의 사상 또는 감정을 표현한 저작물을 말하며, 저작권법에서는 영상저작물을 연속적인 영상(음의 수반 여부는 가리지 아니한다)이 수록된 창작물로서 그 영상을 기계 또는 전자장치에 의하여 재생하여 볼 수 있거나 보고 들을 수 있는 것으로 정의하고 있다(§2 x iii). 이러한 영상저작물에 대해서는 저작권법 제5장(제99조 내지 제101조)에서 투하자본의 안정적 회수를 위한 일정한 특례 규정을 두고 있다.

8. 도형저작물

지도·도표·설계도·약도·모형 그 밖의 도형 등에 사람의 사상 또는 감정을 표현한 저작물을 말한다. 건축설계도의 경우 제5호의 건축저작물과 제8호의 도형저작물 양쪽의

---

14) 저작권법, 사법연수원(2010), 62면.

15) 대법원 2001. 5. 8. 선고 98다43366 판결. 이와 관련하여, 사진작품의 창작성에 관한 미국 사례로서는 Burrow‑Giles Lithopraphic Co. v. Sarony, 111 U.S. 53(1884) 참고(오스카 와일드의 사진에 대해 원고가 피사체를 단순히 기계적인 방법으로 촬영한 것이 아니라 피사체의 선택, 의상, 포즈, 조명 등에 있어서 창작성이 있다고 한 사례).

성질을 가지며, 관광지도 등과 같이 만화적 요소를 가지는 지도는 제4호의 미술저작물과 제8호의 도형저작물 양쪽의 성질을 모두 갖는다.

일반적으로 지도는 지표상의 산맥·하천 등의 자연적 현상과 도로·도시·건물 등의 인문적 현상을 일정한 축적으로 미리 약속한 특정한 기호를 사용하여 객관적으로 표현한 것으로서 지도상에 표현되는 자연적 현상과 인문적 현상은 사실 그 자체로서 저작권의 보호대상이 아니라고 할 것이어서 지도의 창작성 유무의 판단에 있어서는 지도의 내용이 되는 자연적 현상과 인문적 현상을 종래와 다른 새로운 방식으로 표현하였는지와 그 표현된 내용의 취사선택에 창작성이 있는지가 기준이 된다고 할 것이고, 한편 지도의 표현 방식에 있어서도 미리 약속된 특정의 기호를 사용하여야 하는 등 상당한 제한이 있어 동일한 지역을 대상으로 하는 것인 한 그 내용 자체는 어느 정도 유사성을 가질 수밖에 없는 것이다.16)

또한 어떤 기계장치를 표현하는 설계도와 같은 기능적 저작물에 있어서 저작권법은 그 기능적 저작물이 담고 있는 기술사상을 보호하는 것이 아니라, 그 기능적 저작물의 창작성 있는 표현을 보호하는 것이므로, 설령 동일한 기계장치를 표현하는 설계도가 작성자에 따라 정확하게 동일하지 아니하고 다소간의 차이가 있을 수 있다고 하더라도 그러한 사정만으로 그러한 기능적 저작물의 창작성을 인정할 수는 없고 작성자의 창조적 개성이 드러나 있는지를 별도로 판단하여야 한다.17)

---

16) 대법원 2003. 10. 9. 선고 2001다50586 판결(저작자의 지도책들에 있는 표현방식과 그 표현된 내용의 취사선택이 이전에 국내 및 일본에서 발행되었던 지도책들이 채택하였던 표현방식과 그 표현된 내용의 취사선택에 있어 동일·유사하거나 국내외에서 보편적으로 통용되는 기호의 형태를 약간 변형시킨 것에 불과하여 창작성을 인정할 수 없다고 한 사례). 동 판결에 대한 평석으로는 이상정, "지도의 창작성", 정보법 판례백선 I , 박영사(2006), 447-453면 참고. 그 이외에 여행책자의 저작권 침해 여부에 대한 대법원 2011. 2. 10. 선고 2009도291 판결(피고인이 갑에게 저작권이 있는 여행책자의 내용을 배열이나 단어 일부를 바꾸는 방법으로 다른 여행책자를 발간·배포함으로써 저작권을 침해하였다는 공소사실에 대하여, 갑의 여행책자 중 여행지의 역사, 관련 교통 및 위치 정보, 운영시간, 전화번호 및 주소, 입장료, 쇼핑, 식당 및 숙박 정보 등에 관한 부분은 객관적 사실이나 정보를 별다른 특색 없이 일반적인 표현형식에 따라 있는 그대로 기술한 것에 지나지 않아 창작성을 인정할 수 없고, 지도 부분도 자연적 현상과 인문적 현상이 종래의 통상적인 방식과 특별히 다를 것이 없어 창작성을 인정할 수가 없으며, 관광지, 볼거리, 음식 등을 주관적으로 묘사하거나 설명하고 있는 부분의 경우, 유사해 보이는 어휘나 구문이 피고인의 책자에서 일부 발견되기는 하지만, 전체 책자에서 차지하는 질적·양적 비중이 미미하여 그 창작적 특성이 피고인의 책자에서 감지된다고 보기는 어렵고, 또한 편집구성 부분의 경우, 갑의 책자는 소재의 수집·분류·선택 및 배열에 편집저작물로서의 독자적인 창작성을 인정할 수 있으나, 피고인의 책자와는 구체적으로 선택된 정보, 정보의 분류 및 배열 방식 등에서 큰 차이를 보이고 있다는 이유로, 이들 여행책자 사이에 실질적 유사성이 없다고 보아 무죄를 선고한 원심판단을 수긍한 사례).

17) 대법원 2007. 8. 24. 선고 2007도4848 판결(피고인 1이 피해자 현대방폭전기 주식회사(이하 '현대방폭'이라 한다)의 허락 없이 도면의 주요 부분은 그대로 둔 채 회사 상호 일부에만 수정을 가하여 일신산업전기 주식회사의 인터넷 홈페이지에 게재하였다는 이 사건 도면은 현대방폭이 제작한 실링휘팅, 케이블

9. 컴퓨터프로그램저작물

컴퓨터프로그램저작물은 특정한 결과를 얻기 위하여 컴퓨터 등 정보처리능력을 가진 장치('컴퓨터') 내에서 직접 또는 간접으로 사용되는 일련의 지시·명령으로 표현된 창작물을 말한다(§2 x vi). 판례는 컴퓨터관리 프로그램의 시리얼번호를 자신의 홈페이지에 복제하고 이를 게재하는 방식으로 배포한 경우, 구 컴퓨터프로그램보호법 제34조 제1항 제1호 소정의 컴퓨터프로그램저작권을 침해하는 행위에 해당하는지가 문제된 사안에서 "구 컴퓨터프로그램보호법(2000. 1. 28. 법률 제6233호로 전문 개정되기 전의 것)의 보호대상인 프로그램은 특정한 결과를 얻기 위하여 컴퓨터 등 정보처리능력을 가진 장치 내에서 직접 또는 간접으로 사용되는 일련의 지시, 명령으로 표현된 것을 말하는데(동법 제2조 제1호), 컴퓨터프로그램 시리얼번호는 컴퓨터프로그램을 설치 또는 사용할 권한이 있는가를 확인하는 수단인 기술적 보호조치로서, 컴퓨터프로그램에 특정한 포맷으로 된 시리얼번호가 입력되면 인스톨을 진행하도록 하는 등의 지시, 명령이 표현된 프로그램에서 받아 처리하는 데이터에 불과하여 시리얼번호의 복제 또는 배포행위 자체는 컴퓨터프로그램의 공표·복제·개작·번역·배포·발행 또는 전송에 해당하지 아니할 뿐 아니라 위와 같은 행위만으로는 컴퓨터프로그램저작권이 침해되었다고 단정할 수 없다"고 하였다.[18]

10. 기타 특수한 저작물

저작권법 제2조에 예시되어 있지 않지만 저작권법상 중요한 저작물로 다루어지는 저작물로서 2차적 저작물, 편집저작물 등이 있다.

그랜더, 500와트더블항공장해 등의 제품도면으로서 위 제품들의 구조, 규격, 기능 등을 당해 기술분야의 통상적인 기술자들이 정확하게 이해할 수 있도록 일반적인 표현방법, 도면작성방법에 따라 표현된 것으로서 누가 작성하더라도 달리 표현될 여지가 거의 없을 뿐 아니라, 설령 작성자에 따라서 다소 다르게 표현될 수 있는 여지가 있다고 하더라도 이 사건 도면에 작성자의 창조적 개성이 드러나 있다고 할 수 없는 것이어서 구 저작권법의 보호대상이라고는 할 수 없고, 이러한 사정은 설령 이 사건 도면을 작성함에 있어서 상당한 정도의 시간과 노력이 들어갔다고 하여 달리 볼 것은 아니므로 이와 같은 전제에 서서 피고인들에 대한 이 사건 저작권법 위반의 점에 대하여 무죄를 신고한 원심의 판단은 정당하며, 거기에 상고이유에서 주장하는 바와 같은 저작물성에 관한 법리오해 등의 위법이 없다.

18) 대법원 2002. 6. 28. 선고 2001도2900 판결. 이 판례에 대한 평석으로는 박덕영, "시리얼번호 게시와 컴퓨터프로그램저작권 침해", (季刊)著作權 65호(2004.03) 봄호, 著作權審議調停委員會(2004), 78–85면; 윤종수, "컴퓨터관리프로그램의 시리얼번호를 복제·배포하는 행위가 컴퓨터프로그램 저작권침해에 해당하는지 여부", 정보법 판례백선 Ⅰ, 박영사(2006), 427–434면.

가. 2차적 저작물

2차적 저작물이란 원저작물을 번역19)·편곡20)·변형21)·각색22)·영상제작 그 밖의 방법으로 작성한 저작물을 말하며, 원저작물과 별도의 독자적인 저작물로 보호된다(§5 ①). 편집저작물이나 녹음 등도 2차적 저작물에 해당하나, 현행 저작권법은 편집저작물은 별개의 저작물로 분리하여 보호하고(§6),23) 녹음은 복제에 포함시켜서(§2, 22호) 2차적 저작물의 대상에서는 제외시키고 있다. 이러한 2차적 저작물이 되기 위해서는 원저작물에 대한 종속관계와 새로운 형태의 창작성 부가라는 2가지 요소가 필요하다.

저작자는 그의 저작물을 원저작물로 하는 2차적 저작물을 작성하여 이용할 권리를 가진다(§22). 즉 2차적 저작물 작성권은 원저작자의 권리에 속하기 때문에 저작권자가 아닌 제3자는 저작권자의 동의를 얻어 2차적 저작물 작성권을 가질 수 있으나, 그러한 동의를 얻지 않았다고 하더라도 원저작자의 2차적 저작물 작성권 침해는 별론, 2차적 저작권의 발생에는 영향이 없다. 다만 2차적 저작물로 보호받기 위해서는 원저작물과는 별도로 새로운 창작성의 가미되어야 한다는 것은 당연하다. 그리고 2차적 저작물의 보호는 그 원저작물의 저작자의 권리에 영향을 미치지 아니한다(§5②).

판례는 "저작권법" 제5조 제1항은 원저작물을 번역·편곡·변형·각색·영상제작 그 밖의 방법으로 작성한 창작물(이하 '2차적 저작물'이라 한다)은 독자적인 저작물로서 보호된다고 규정하고 있는바, 2차적 저작물로 보호를 받기 위하여는 원저작물을 기초로 하되 원저작물과 실질적 유사성을 유지하고, 이것에 사회통념상 새로운 저작물이 될 수 있을 정도의 수정·증감을 가하여 새로운 창작성이 부가되어야 하는 것이며, 원저작물에 다소의 수정·증감을 가한 데 불과하여 독창적인 저작물이라고 볼 수 없는 경우에는 저작권법에 의한 보호를 받을 수 없다"고 하면서, 대중가요를 컴퓨터용 음악으로 편곡한 것은 저작권법에 의하여 보호될 가치가 있는 2차적 저작물에 해당하므로 피고인이 이를 임의로 복제하여 판매한 행위는 저작권법위반에 해당한다고 보았다.24)

---

19) 외국문헌을 국어로 번역하는 경우 등.

20) 클래식 음악을 다른 형태의 음악으로 바꾸는 것 등.

21) 그림을 조각으로 바꾸거나 소설을 만화로 바꾸는 것 등.

22) 소설을 시나리오로 바꾸어 사용하는 것 등.

23) 구법에서는 편집저작물을 2차적 저작물의 일종으로 보았으나, 2차적 저작물이 원저작물에 변형을 부가한 다는 점에서 기존 저작물의 선택 또는 배열에 창작성이 있을 뿐인 편집저작물과는 달리 보아야 할 것이므로, 현행법의 태도가 보다 합리적이라고 할 수 있다.

24) 대법원 2002. 1. 25. 선고 99도863 판결{원심은, 피해자가 1995년 11월 이전에 이 사건 공소사실 별지 목록 기재의 대중가요 184곡을 컴퓨터를 이용하여 연주할 수 있도록 컴퓨터용 음악으로 편곡[여기서 편

나. 편집저작물

편집저작물은 백과사전, 문학전집 등 편집물로서 그 소재의 선택·배열 또는 구성에 창작성이 있는 것을 말하며(§2 x viii), 여기서 편집물이란 저작물이나 부호·문자·음·영상 그 밖의 형태의 자료(이하 '소재')의 집합물로서, 데이터베이스[25]를 포함한다(§2 x vii). 판례는 한국입찰경매정보지에 대해 그 소재의 선택이나 배열에 창작성이 있는 것이어서 독자적인 저작물로서 보호되는 편집저작물에 해당한다고 보았다.[26]

편집저작물은 독자적인 저작물로서 보호되며(§6①), 편집저작물의 보호는 그 편집저작물의 구성 부분이 되는 소재의 저작권 그 밖에 이 법에 따라 보호되는 권리에 영향을 미치지 아니한다(§6②). 이러한 편집저작물의 침해에 관하여 판례는, 편집저작물을 전체로 이용(예를 들면 복제)하여야만 저작자의 권리를 침해하는 것은 아니므로 편집저작물 중 소재의 선택이나 배열에 관하여 창작성이 있는 부분을 이용하면 반드시 전부를 이용하지 아니하더라도 저작권을 침해한 것으로 인정될 수 있다고 판시하였다.[27]

판례는 인터넷홈페이지가 편집저작물에 해당하는지 및 인터넷홈페이지에 게시된 상품 정보 등이 온라인디지털콘텐츠산업발전법 소정의 '온라인디지털콘텐츠'에 해당하는지가 문제된 사안에서 "온라인디지털콘텐츠산업발전법 제2조 제1호, 제2호는 '디지털콘텐츠'라 함은 부호·문자·음성·음향·이미지 또는 영상 등으로 표현된 자료 또는 정보로서 그 보존 및 이용에 있어서 효용을 높일 수 있도록 전자적 형태로 제작 또는 처리된 것을 말한다. '온라인디지털콘텐츠'라 함은 정보통신망이용촉진 및 정보보호 등에 관한 법률

곡이라 함은 컴퓨터를 이용하여 음악을 연주할 수 있도록 해 주는 컴퓨터 프로그램이 작동될 때 그 프로그램에 입력 인자로 사용될 자료(data)를 미리 약속된 규칙 내에서 작성자의 취향에 따라 다양하게 배열하여 만드는 일련의 과정을 말하는 의미로 사용하였다)하였는데, 그러한 편곡을 위하여는 컴퓨터음악과 관련 컴퓨터 프로그램에 대한 높은 수준의 이해는 물론 시간적으로도 상당한 노력이 요구되고, 편곡자의 독특한 방법과 취향이 그 편곡된 컴퓨터음악에 반영되어 편곡의 차별성과 독창성이 인정되므로 피해자가 편곡한 위 184곡은 원곡을 단순히 컴퓨터음악용 곡으로 기술적으로 변환한 정도를 넘어 고도의 창작적 노력이 개입되어 작성된 것으로 저작권법에 의하여 보호될 가치가 있는 2차적 저작물에 해당한다고 판단한 후, 피고인은 피해자가 편곡한 위 184곡을 임의로 복제하여 그중 일부 곡들의 경우에는 곡의 완성도나 창작성에 별 영향이 없는 기초적인 부분들만 몇 군데 수정하고 나머지 곡들은 복제한 그대로인 채로 다른 사람들에게 판매한 사실이 인정되므로 피고인에 대하여 저작권법위반의 유죄를 선고한 1심판결을 정당하다고 판단하였다}.

25) 데이터베이스는 소재를 체계적으로 배열 또는 구성한 편집물로서 개별적으로 그 소재에 접근하거나 그 소재를 검색할 수 있도록 한 것을 말한다(§2 x ix).

26) 대법원 1996. 12. 6. 선고 96도2440 판결.

27) 대법원 1993. 1. 21. 자 92마1081 결정(피신청인이 출판한 "20세기 미술의 시각"에 실려 있는 연표는 신청인이 출판한 위 책에 실려 있는 연표의 항목의 선택과 배열을 참고하면서도 소재를 추가하고 배열을 달리하여 전체적으로 볼 때 자신의 창작성을 가미한 것으로서, 신청인이 출판한 위 책에 실려 있는 연표의 창작성이 있는 부분을 그대로 모방한 것이라고 보기는 어렵다).

제2조 제1항 제1호의 규정에 의한 정보통신망에서 사용되는 디지털콘텐츠를 말한다고 각 규정하는 한편, 제18조 제1항에서 '누구든지 정당한 권한 없이 타인이 상당한 노력으로 제작하여 표시한 온라인콘텐츠의 전부 또는 상당한 부분을 복제 또는 전송하는 방법으로 경쟁사업자의 영업에 관한 이익을 침해하여서는 아니 된다'고 규정하고 있는바, 인터넷홈페이지도 그 구성형식, 소재의 선택이나 배열에 있어 창작성이 있는 경우에는 이른바 편집저작물에 해당하여 독자적인 저작물로 보호받을 수 있다고 할 것이므로 피침해사이트로부터 복제하여 침해사이트에 게시하거나 침해사이트의 회원들에게 전자메일을 이용하여 전송한 피침해사이트의 상품정보 등은 온라인디지털콘텐츠산업발전법 소정의 '온라인디지털콘텐츠'에 해당한다고 할 것이고, 그 상품정보 등의 구성형식이나 배열, 서비스 메뉴의 구성 등은 편집저작물로 볼 수도 있다"고 판시하였다.[28]

다. 법인명의저작물(직무저작물＝업무상저작물)

업무상저작물이란 법인·단체 그 밖의 사용자(이하 '법인 등')의 기획하에 법인 등의 업무에 종사하는 자가 업무상 작성하는 저작물을 말하며(§2, 31호), 법인 등의 명의로 공표되는 업무상저작물의 저작자는 계약 또는 근무규칙 등에 다른 정함이 없는 때에는 그 법인 등이 된다. 다만, 컴퓨터프로그램저작물의 경우 공표될 것을 요하지 아니한다(§9).

라. 타이프페이스

타이프페이스는 글자체를 의미하는데, 디자인보호법 제2조 제1호의2에서 이를 규정하고 있다. 이러한 타이프페이스가 저작물로서 인정될 것인지 문제가 되는바, 판례는 "우리 저작권법은 서체도안의 저작물성이나 보호의 내용에 관하여 명시적인 규정을 두고 있지

---

28) 서울지방법원 2003. 8. 19. 자 2003카합1713 결정(확정)[신청인은 통신판매업 등을 목적으로 설립된 회사로서 2001. 2. 25. 인터넷사이트 'http://www.wizwid.com'(이하 '피침해사이트'라고 한다)을 개설하고, 회원이 피침해사이트를 경유하여 직접 해외온라인쇼핑몰에서 상품을 주문하면 그 상품을 미국에 소재하는 신청인의 창고에 도착하도록 한 후 고객이 지정한 국내의 수령장소까지 배송하여 전달하는 해외상품 물류대행서비스와 신청인이 회원의 주문에 따라 구매를 대행하고 물품을 회원에게 직접 배송하는 해외상품 구매대행서비스를 제공하여 온 사실, 피신청인은 2002. 11.경 인터넷사이트 'http://www.saywiz.com'(이하 '침해사이트'라고 한다)을 개설한 후 피침해사이트상의 제품설명 등 상품정보, 광고문구, 서비스안내 등의 콘텐츠(이하 '콘텐츠'라고만 한다)를 그대로 복제하거나 극히 일부분을 변형한 콘텐츠를 침해사이트에 게시하거나 이를 이용한 주문 기세 각 서비스를 제공함으로써 신청인과 동일한 해외상품 물류대행서비스, 구매대행서비스업을 영위하고 있는 사실, 피신청인은 피침해사이트 및 신청인이 회원들에게 발송하는 메일상의 콘텐츠를 복제하여 피신청인의 회원에게 발송하는 전자메일에 사용하고 있는 사실이 소명됨을 전제로 판단한 사안이다]. 이 판결에 대한 평석은 김소영, "창작성 있는 홈페이지도 편집저작물로 보호되는지 및 홈페이지 내용이 온라인디지털콘텐츠에 해당하는지 여부", 정보법 판례백선 Ⅰ, 박영사(2006), 572 – 578면.

아니하며, 인쇄용 서체도안과 같이 실용적인 기능을 주된 목적으로 하여 창작된 응용미술 작품으로서의 서체도안은 거기에 미적인 요소가 가미되어 있다고 하더라도 그 자체가 실용적인 기능과 별도로 하나의 독립적인 예술적 특성이나 가치를 가지고 있어서 예술의 범위에 속하는 창작물에 해당하는 경우에만 저작물로서 보호된다"고 한다.[29]

마. 제호

제호, 슬로건, 캐치프레즈와 같은 짧은 문구로 구성된 것에 대해서는 저작물성을 인정하기가 쉽지 않고, 우리 판례도 기본적으로 저작물성을 부정하는 입장이다. 즉 "저작권법에 의하여 보호되는 저작물이라 함은 문학·학술 또는 예술에 속하는 것으로서 사상 또는 감정을 창작적으로 표현한 것을 말하므로, 어문 저작물인 서적 중 저작자의 사상 또는 감정을 창작적으로 표현한 부분이라고 볼 수 없는 단순한 서적의 제호나 저작자 또는 출판사의 상호 등은 저작물로서 보호받을 수 없다"는 것이 판례의 입장이다.[30]

Ⅳ. 저작물의 분류

저작권법 제4조에 규정되어 있는 저작물의 종류 이외에 저작물의 성질 등에 따라 다음과 같은 분류를 할 수 있다.

---

29) 대법원 1996. 8. 23. 선고 94누5632 판결('산돌체모음', '안상수체모음', '윤체B', '공한체 및 한체모음' 등 서체도안들은 우리 민족의 문화유산으로서 누구나 자유롭게 사용하여야 할 문자인 한글 자모의 모양을 기본으로 삼아 인쇄기술에 의해 사상이나 정보 등을 전달한다는 실용적인 기능을 주된 목적으로 하여 만들어진 것임이 분명하여, 우리 저작권법의 해석상으로는 그와 같은 서체도안은 신청서 및 제출된 물품 자체에 의한 심사만으로도 저작권법에 의한 보호 대상인 저작물에 해당하지 아니함이 명백하므로, 등록 관청이 그 서체도안에 관한 등록신청서 및 제출된 서체도안 자체에 의한 심사 결과에 따라 그 서체도안이 우리 저작권법의 해석상 등록대상인 저작물에 해당되지 않는다고 보아 당해 등록신청을 반려한 조치는 적법하다고 본 사례).

30) 대법원 1996. 8. 23. 선고 96다273 판결(원심이 같은 취지에서, 신청인이 편집저작자로서 직접 출판하여 발행한 판시 "운전면허 학과시험 문제집" 및 "운전면허 2주완성 문제집"의 각 표지 하단에 인쇄된 "크라운출판사"라는 부분은 사상 또는 감정을 창작적으로 표현한 것이 아니어서 저작물로서 보호받을 수 없다고 보아, 그와 다른 전제하에 피신청인의 이 사건 등록상표가 그 상표등록 출원일 이전에 발생한 신청인의 저작권과 저촉되므로 상표법 제53조에 의하여 저작권자인 신청인의 동의 없이는 피신청인이 위 등록상표를 사용할 수 없다고 보아야 한다는 신청인의 주장을 배척한 조치는 정당하다).

1. 저작자 명의 표시 유무에 따른 분류

저작자의 실명을 저작물에 표시한 실명저작물, 저작자의 아호, 예명, 필명 등 실명 이
외의 명칭을 저작물에 표시한 이명저작물, 저작자의 표시가 없는 무명저작물 등이 있다.

2. 성립순서에 따른 분류

원저작물인 1차적 저작물과 그러한 원저작물을 번역, 변형, 각색, 영화화 기타의 방법
으로 창작한 2차적 저작물이 있다.

3. 공표의 유무에 따른 분류

저작물이 공표되었는지 유무에 따라 공표저작물과 미공표저작물로 나눌 수 있다. 저작
권법상 공표란 저작물을 공연, 공중송신 또는 전시 그 밖의 방법으로 공중에게 공개하는
경우와 저작물을 발행하는 경우를 말한다(§2, 25호).

4. 저작자의 수에 따른 분류

저작자가 1인인 단독저작물과 저작자가 복수인 공동저작물이 있다.

5. 저작물의 결합방법에 따른 분류

공동으로 창작한 저작물로서 각자가 이바지한 부분을 분리하여 이용할 수 없는 공동저
작물(§2, 21호)과 각자가 이바지한 부분을 분리할 수 있는 결합저작물이 있다. 판례는
"뮤지컬은 음악과 춤이 극의 구성·전개에 긴밀하게 짜 맞추어진 연극으로서, 각본, 악
곡, 가사, 안무, 무대미술 등이 결합된 종합예술의 분야에 속하고 복수의 저작자에 의하
여 외관상 하나의 저작물이 작성된 경우이기는 하나, 그 창작에 관여한 복수의 저작자들
각자의 이바지한 부분이 분리되어 이용될 수도 있다는 점에서, 공동저작물이 아닌 단독
저작물의 결합에 불과한 이른바 결합저작물"이라고 보았다.[31)

6. 계속성 유무에 따른 분류

단행본, 그림, 조각, 건축 등에 관한 저작물과 같이 1회의 발행 또는 공표로써 종료하는 1회적 저작물과 계속적으로 발행 또는 공표되는 계속적 저작물이 있다. 후자에는 다시 책·호 또는 회 등으로 공표하는 축차저작물과, 일부분씩 순차적으로 공표하여 완성하는 순차저작물로 나눌 수 있다(§43).

V. 보호받지 못하는 저작물

저작물성이 인정되는 것이라고 하더라도 일반에 널리 알릴 필요가 있거나 일반 공중의 자유로운 사용을 용인해야 할 필요가 있는 것에 대해서는 저작권법에 의한 보호를 받지 못한다(§7). 다만, 저작권법 제7조의 규정은 예시규정이므로, 동 조에 포함되지 않은 헌법재판소의 결정이나 지방자치단체의 조례 등도 저작권법에 의한 보호를 받지 못한다. 그리고 2006년 개정법에서는 종래 보호받지 못하는 저작물로 규정하고 있던 '공개한 법정·국회 또는 지방의회에서의 연술'을 보호받는 저작물임을 전제로 하면서 그 저작재산권을 제한하는 규정을 두었다(§24).

1. 헌법·법률·조약·명령·조례 및 규칙

헌법을 비롯한 각종 법률과 그 부속법령, 그리고 국제조약 등은 공익적인 견지에서 국민에게 널리 알려 국민들이 자신의 권리와 의무에 대해 불이익을 입지 않도록 하기 위하여 저작권법에 의한 보호대상에서 제외하고 있다.

2. 국가 또는 지방자치단체의 고시·공고·훈령 그 밖에 이와 유사한 것

행정청인 국가나 지방자치단체 등의 의사를 일반 국민 또는 지역주민에게 알리기 위하여 만든 공문서도 제1호와 유사한 취지에서 저작권법에 의한 보호대상에서 제외한 것이다.[32]

---

31) 대법원 2005. 10. 4.자 2004마639 결정.

3. 법원의 판결·결정·명령 및 심판이나 행정심판절차 그 밖에 이와 유사한 절차에 의한 의결·결정 등

법원의 판결 및 결정 등도 저작물성은 인정되나 입법정책상 제외시키고 있다. 그러나 판결 등에 감정인의 의견서나 타인의 저작물이 첨부된 경우, 그러한 의견서나 저작물 등은 저작권으로서 보호된다고 할 것이다.

4. 국가 또는 지방자치단체가 작성한 것으로서 제1호 내지 제3호에 규정된 것의 편집물 또는 번역물

앞에서와 유사한 취지에서 보호대상에서 제외하고 있으며, 다만 국가 또는 지방자치단체가 작성한 편집물 등만 적용제외되는 것이므로, 사인이 상기의 것들을 편집하거나 번역한 것은 편집저작물 또는 2차적 저작물로서 보호받을 수 있다.

5. 사실의 전달에 불과한 시사보도

사망기사나 교통사고 등 단순한 사실의 전달에 불과한 시사보도의 경우 사상이나 감정의 창작적 표현이 아니므로, 저작권법에 의한 보호를 받을 수 없다. 베른조약에서도 "단순한 사실의 보도에 지나지 않는 시사의 보도 또는 잡보는 저작권보호를 적용하지 아니한다"라는 취지를 규정하고 있다(베른조약 §2⑧).[33] 다만 보도사진이나 기자의 사상감정이 표출된 보도기사는 저작물로서 보호받을 수 있다. 판례는 일간신문의 편집국장이 연합뉴스사의 기사 및 사진을 복제하여 신문에 게재한 사안에서, 복제한 기사 및 사진 중 단순한 사실의 전달에 불과한 시사보도의 정도를 넘어선 것만을 가려내어 저작권법상 복제권 침해행위의 죄책을 인정해야 한다고 판시하였다.[34]

---

32) 미국은 연방정부의 공문서만 보호대상에서 제외하고 있고(미저§105), 독일은 공공저작물이라고 하여 법령, 고시, 판결 등 일반에게 주지시키기 위하여 공표한 저작물은 보호대상에서 제외시키고 있다(독저§5).

33) The protection of this Convention shall not apply to news of the day or to miscellaneous facts having the character of mere items of press information.

34) 대법원 2006. 9. 14. 선고 2004도5350 판결. 판결에 대한 평석으로는 박준우, "신문기사의 저작물성과 사실의 전달에 불과한 시사보도", (季刊)著作權 78호(2007. 07.) 여름호, 著作權審議調停委員會(2007), 55－65면.

Ⅵ. 외국인의 저작물

외국인의 저작물은 대한민국이 가입 또는 체결한 조약에 따라 보호된다(§3①). 대한민국 내에 상시 거주하는 외국인(무국적자 및 대한민국 내에 주된 사무소가 있는 외국법인 포함)의 저작물과 맨 처음 대한민국 내에서 공표된 외국인의 저작물(외국에서 공표된 날로부터 30일 이내에 대한민국 내에서 공표된 저작물 포함)은 이 법에 따라 보호된다(§3②).

위와 같이 보호되는 외국인(대한민국 내에 상시 거주하는 외국인 및 무국적자는 제외한다. 이하 이 조에서 같다)의 저작물이라도 그 외국에서 대한민국 국민의 저작물을 보호하지 아니하는 경우에는 그에 상응하게 조약 및 이 법에 따른 보호를 제한할 수 있다(§3③). 또한 위 규정에 따라 보호되는 외국인의 저작물이라도 그 외국에서 보호기간이 만료된 경우에는 이 법에 따른 보호기간을 인정하지 아니한다(§3④).[35]

현재 우리나라가 가입한 조약으로는 세계저작권협약(UCC)(우리나라에서는 1987. 10. 1. 발효), 국제음반협약(1987. 10. 10. 발효), 베른협약(1996. 8. 21. 발효), '위조상품의 교역을 포함한 무역관련지적재산권협정(TRIPs)' 등이 있다. 구저작권법에서는 "당해 조약 발효일 이전에 발행된 외국인의 저작물은 보호하지 아니한다"는 단서규정을 두어 불소급원칙을 천명하였으나, 베른협약상의 소급보호원칙에 따라 1995년 개정법에서는 이를 삭제하고 저작권법 제61조를 개정하여 1996. 7. 1.부터 소급보호하면서 부칙에서 이에 따른 경과규정을 두었다. 그리고 다시 2011년 개정법에서는 저작권의 보호기간을 70년으로 연장하면서(시행 2013. 7. 1.), 부칙 제2조에서 "이 법 시행 전에 종전의 규정에 따라 저작권, 그 밖에 이 법에 따라 보호되는 권리의 전부 또는 일부가 소멸하였거나 보호를 받지 못한 저작물 등에 대하여는 그 부분에 대하여 이 법을 적용하지 아니한다"고 규정하였다.

Ⅶ. 퍼블리시티권

1. 서

유명 스포츠선수나 연예인 등 자신의 성명이나 초상 등이 높은 상업적 가치를 가지는

---

35) 저작권법 제3조 제4항은 법률 제10807호, 2011. 6. 30. 개정법(시행 2011. 7. 1.)에서 신설되었다.

경우, 이를 재산적 권리의 측면에서 적극적인 보호가 가능할 것인지가 퍼블리시티권과 관련하여 문제가 된다. 1950년대 초부터 미국에서 인정되기 시작하였으나, 우리 현행법에서는 명문규정이 없다는 점에서 과연 퍼블리시티권을 인정할 수 있을지 다툼의 여지가 많다.

2. 판례

가. 부정례

퍼블리시티권을 부정하는 판례[36]의 논거를 살펴보면 "우리나라에서도 근래에 이르러 연예, 스포츠 산업 및 광고 산업의 급격한 발달로 유명인의 성명이나 초상 등을 광고에 이용하게 됨으로써 그에 따른 분쟁이 적지 않게 일어나고 있으므로 이를 규율하기 위하여, 퍼블리시티권이라는 새로운 권리 개념을 인정할 필요성은 수긍할 수 있다고 할 것이다. 그러나 성문법주의를 취하고 있는 우리나라에서 법률, 조약 등 실정법이나 확립된 관습법 등의 근거 없이 필요성이 있다는 사정만으로 물권과 유사한 독점배타적 재산권인 퍼블리시티권을 인정하기는 어렵다고 할 것이며, 퍼블리시티권의 성립요건, 양도·상속성, 보호대상과 존속기간, 침해가 있는 경우의 구제수단 등을 구체적으로 규정하는 법률적인 근거가 마련되어야만 비로소 원고가 주장하는 바와 같은 퍼블리시티권을 인정할 수 있을 것이다"라고 하였다. 이와 유사한 취지로 서울중앙지방법원 2004. 10. 1. 선고 2002가단254093 판결은 퍼블리시티권이라는 새로운 개념을 인정할 필요성은 인정되지만 법률적인 근거가 없는 한 독점·배타적인 재산권인 퍼블리시티권을 인정할 수 없다는 입장을 나타내면서, 초상권 침해로 인한 위자료 청구만 인용하였다. 수원지방법원 2005. 1. 13. 선고 2004가단20834 판결도 같은 입장이다.[37]

나. 긍정례

'소설가 이효석'에 관한 저작권 침해 사건에서 판례는 "소위 퍼블리시티권(Right of Publicity)이라 함은 사람이 그가 가진 성명, 초상이나 기타의 동일성(identity)을 상업적으

---

36) 서울고등법원 2002. 4. 16. 선고 2000나42061 판결.

37) 최성준, "퍼블리시티권의 인정 여부 - 서울중앙지방법원 2004. 12. 10. 선고 2004가합16025 판결 서울중앙지방법원 2004. 10. 1. 선고 2002가단254093 판결", 「LAW & TECHNOLOGY」, 제1호, 서울대학교 기술과법센터, 2005. 7. 126 – 127면.

로 이용하고 통제할 수 있는 배타적 권리를 말하는데, 이러한 권리에 관하여 우리 법에 명문의 규정은 없으나 대부분의 국가가 법령 또는 판례에 의하여 이를 인정하고 있는 점, 이러한 동일성을 침해하는 것은 민법상의 불법행위에 해당하는 점, 사회의 발달에 따라 이러한 권리를 보호할 필요성이 점차 증대하고 있는 점, 유명인이 스스로의 노력에 의하여 획득한 명성, 사회적인 평가, 지명도 등으로부터 생기는 독립한 경제적 이익 또는 가치는 그 자체로 보호할 가치가 충분한 점 등에 비추어 해석상 이를 독립적인 권리로 인정할 수 있다. 또한, 이러한 퍼블리시티권은 유명인뿐 아니라 일정한 경우 일반인에게도 인정될 수 있으며, 그 대상은 성명, 사진, 초상, 기타 개인의 이미지를 형상화하는 경우 특정인을 연상시키는 물건 등에 널리 인정될 수 있고, 퍼블리시티권의 대상이 초상일 경우 초상권 중 재산권으로서의 초상권과 동일한 권리가 된다. 그리고 퍼블리시티권은 인격권보다는 재산권에 가까운 점, 퍼블리시티권에 관하여는 그 성질상 민법상의 명예훼손이나 프라이버시에 대한 권리를 유추적용하는 것보다는 상표법이나 저작권법의 규정을 유추적용함이 상당한데 이러한 상표권이나 저작권은 상속 가능한 점, 상속성을 부정하는 경우 사망이라는 우연적 요소에 의하여 그 재산적 가치가 크게 좌우되므로 부당한 결과를 가져올 우려가 큰 점 등에 비추어 상속성을 인정함이 상당하다. 또한 퍼블리시티권이 명문의 규정이 없는 권리이기는 하나 무한정 존속한다고 해석할 경우 역사적 인물을 대상으로 하는 상업적 행위가 대부분 후손들의 동의를 필요로 하게 되어 불합리한 결과를 가져올 뿐 아니라 현실적으로 상속인을 찾아 그러한 동의를 얻기도 사실상 불가능한 점, 본인의 사망 후 시간의 흐름에 따라 사자(死者)의 성명이나 초상을 자유로이 이용할 수 있도록 하여야 할 공공의 이익도 상당한 점 등에 비추어 그 존속기간을 해석으로나마 제한할 수밖에 없고, 그 방법으로는 퍼블리시티권과 가장 성격이 유사한 권리의 존속기간을 참조할 수밖에 없는데, 퍼블리시티권은 현행법상의 제 권리 중 저작권과 가장 유사하다고 할 수 있고, 저작권법 제36조 제1항 본문은 저작재산권의 보호기간을 저자의 사망 후 50년으로 규정하고 있으므로 이를 유추적용하여 퍼블리시티권의 존속기한도 해당자의 사후 50년으로 해석함이 상당하나"고 판시한 바 있다.[38]

그리고 퍼블리시티권을 인정한 판례 중에서 서울동부지방법원 2011. 2. 16. 선고 2010 가합8226 판결은 "비록 퍼블리시티권의 보호대상과 존속기간, 구제수단 등을 구체적으로 규정한 우리나라의 실정법이나 확립된 관습법이 존재하지는 않으나, ⅰ) 헌법 제10조의 행복추구권과 인격권의 한 내용을 이루는 성명권에는 사회통념상 특정인임을 알 수 있는

---

38) 서울동부지법 2006. 12. 21. 선고 2006가합6780 판결(확정).

방법으로 성명이 함부로 영리에 사용되지 않을 권리가 포함된다고 할 것인 점, ii) 우리나라 하급심 판례 중 퍼블리시티권을 인정하는 판결이 다수이며, 대부분의 국가가 법령 또는 판례를 통해 이를 인정하고 있는 점, iii) 특정인의 성명 등에 관하여 형성된 경제적 가치가 이미 관련 업계에서 널리 인정되고 있다면 이를 침해하는 행위는 그 특정인에 대한 관계에서 민법상의 불법행위를 구성한다고 볼 것인 점, iv) 현대사회에서 이른바 '인격의 유동화' 현상이 발생함에 따라 이러한 권리를 보호하고 그 주체가 사회적으로 유익한 활동을 하도록 유인할 필요성이 증가하고 있는 점, v) 헌법상 사생활의 비밀과 자유 규정(제17조), 지적재산권을 보호하는 저작권법, 상표법의 취지 등에 비추어 보면, 특정인이 성명이나 초상 등 자기동일성의 상업적 사용에 대하여 배타적으로 지배할 수 있는 권리를 퍼블리시티권으로 파악하기에 충분하고, 이는 인격권과는 독립된 별개의 재산권으로 보아야 한다"고 하여 퍼블리시티권을 인정하였다.

한편, 이러한 퍼블리시티권은 인격권적 요소와 재산권적 요소를 모두 지닌 양면적 성격을 가지고 있으며, 그 기원이 인격권적 요소에서 비롯되었다 할지라도 현재의 주류적 견해는 재산권설의 입장이다. 판례 역시 서울중앙지방법원 2004. 12. 10. 선고 2004가합16025판결에서 "초상 등을 상업적으로 이용할 권리인 퍼블리시티권을 인정하면서 재산상 손해의 배상을 인용하고, 다만 이와 같이 퍼블리시티권으로 보호받기 때문에 정신적 손해는 발생하지 아니한다"고 하였으며 이후의 판례도 대체적으로 재산권설을 취하는 것으로 판단된다.[39] 그 결과, 퍼블리시티권 침해에 대한 손해배상의 범위도 원칙적으로 재산상의 손해만을 인정하고 있다. 이러한 퍼블리시티권의 법적성격은 그 권리의 양도성[40]과 상속성의 인정에 있어서 밀접한 관련이 있다.[41]

---

39) 서울중앙지방법원 2009. 9. 30. 선고 2009가합49341 판결; 서울중앙지방법원 2008. 11. 6. 선고 2008가합66455 판결; 서울중앙지방법원 2007. 11. 28. 선고 2007가합2393 판결 등.

40) 퍼블리시티권이란 재산적 가치가 있는 유명인의 성명, 초상 등 프라이버시에 속하는 사항을 상업적으로 이용할 수 있는 권리로서 일반적으로 인정되는 인격권에 기초한 권리이지만, 인격권과는 달리 양도가 가능하다(서울지방법원 1999. 4. 30. 선고 98가합 79858 판결; 서울고등법원 2000. 2. 2. 선고 99나26339 판결).

41) 김근우, "퍼블리시티권의 양도성 및 상속성", 「디지털재산법연구」, 제10권(통권 제14호), 한국디지털재산법학회, 2012. 1. 168면.

제3절 저작자

Ⅰ. 일반

저작자란 저작물을 창작한 자이다(§2ⅱ). 따라서 저작물의 창작을 의뢰한 자나 창작의 힌트 또는 테마를 제공한 자, 그리고 저작자의 조수 등은 저작자가 아니다. 또한 저작자는 저작권의 귀속주체인 저작권자와 구별된다. 원칙적으로는 최초의 창작행위를 한 저작자가 저작권자가 될 것이지만, 저작재산권의 양도 등이 있는 경우에는 저작자와 저작권자가 달라지게 된다. 이와 관련하여 판례는 "저작권법은 저작물을 창작한 자를 저작자로 하고(제2조 제2호), 저작권은 저작한 때로부터 발생하며 어떠한 절차나 형식의 이행을 필요로 하지 아니하고(제10조 제2항), 저작인격권은 이를 양도할 수 없는 일신전속적인 권리로(제14조 제1항) 규정하고 있고, 위 규정들은 당사자 사이의 약정에 의하여 변경할 수 없는 강행규정이라 할 것인바, 상업성이 강하고 주문자의 의도에 따라 상황에 맞도록 변형되어야 할 필요성이 큰 저작물의 경우 재산적 가치가 중요시되는 반면 인격적 가치는 비교적 가볍게 평가될 수 있지만, 이러한 저작물도 제작자의 인격이 표현된 것이고, 제작자가 저작물에 대하여 상당한 애착을 가질 것임은 다른 순수미술작품의 경우와 다르지 않을 것이며, 위 법규정의 취지 또한 실제로 저작물을 창작한 자에게만 저작인격권을 인정하자는 것이라고 볼 수 있으므로 상업성이 강한 응용미술작품의 경우에도 당사자 사이의 계약에 의하여 실제로 제작하지 아니한 자를 저작자로 할 수는 없다"고 판시하였다.[42]

Ⅱ. 저작자의 추정

저작자란 실제 저작물을 창작한 자를 말하나, 실제 사례에서 저작자인지를 판단하는 것이 용이하지는 않다. 특히, 다른 산업재산권과 달리 출원이나 등록 등을 요하지 않는 무방식주의의 현행법하에서는 그러한 판단이 더욱 쉽지 않다. 이에 저작권법에서는 일정한 경우 저작자를 추정하는 규정을 두고 있다.

---

42) 대법원 1992. 12. 24. 선고 92다31309 판결.

즉, ⅰ) 저작물의 원본이나 그 복제물에 저작자로서의 실명 또는 이명(예명·아호·약칭 등을 말한다. 이하 같다)으로서 널리 알려진 것이 일반적인 방법으로 표시된 자[43] 또는 ⅱ) 저작물을 공연 또는 공중송신하는 경우에 저작자로서의 실명 또는 저작자의 널리 알려진 이명으로서 표시된 자는 저작자로서 그 저작물에 대한 저작권을 가지는 것으로 추정한다(§8①). 그리고 이에 해당하는 저작자의 표시가 없는 저작물의 경우에는 발행자·공연자 또는 공표자로 표시된 자가 저작권을 가지는 것으로 추정한다(§8②).

Ⅲ. 업무상저작물의 저작자

창작행위는 원칙적으로 자연인만이 할 수 있고, 이에 특허법에서는 종업원의 직무발명에 대한 원시적인 권리가 종업원에게 귀속하는 것으로 규정하고 있다. 그런데 저작권법은 법인 등에 대해서도 일정한 요건하에서 저작자로서의 지위를 인정하고 있다. 즉 법인 등의 명의로 공표되는 업무상저작물의 저작자는 계약 또는 근무규칙 등에 다른 정함이 없는 때에는 그 법인 등이 된다. 다만, 컴퓨터프로그램저작물(이하 '프로그램'이라 한다)의 경우 공표될 것을 요하지 아니한다(§9). 오늘날 대다수의 저작행위가 법인 등 단체를 통해 이루어지며 그 경우 개인적인 창작 행위를 구분하기 어려운 경우가 많다는 점 등을 고려한 규정이다. 그런데 저작권법에서는 업무상저작물에 대해 창작행위를 한 종업원에 대한 보상규정 등이 전혀 없기 때문에 이 규정을 너무 넓게 적용하는 것은 문제가 될 수 있다.

판례는 미공표저작물에 대해서는 법인 등이 저작자가 될 수 없다고 하였고,[44] 몬테소

---

43) 공동으로 저작물의 창작에 기여한 이상 그 저작물에 관하여 공동저작자 중 1인 또는 그 일부만이 저작자라고 표시된 경우에도 다른 공동저작자들은 저작권법상 공동저작자로서의 권리를 주장할 수 있다[서울북부지방법원 2008. 12. 30, 선고, 2007가합5940 판결(확정)].

44) 서울행정법원 2007. 8. 28. 선고 2007구합7826 판결[피고는, 이 사건 정보는 피고의 저작물로서 저작권법 제11조 제1항에 따라 이를 공표하지 아니할 권리를 가지므로, 피고가 그 공표를 거부하는 한 이 사건 정보의 공개는 법률상 비공개정보에 해당하여 그 공개가 허용될 수 없다고 주장한다. 살펴건대, 이 사건 처분 당시의 저작권법 제9조는 "법인·단체 그 밖의 사용자(이하 이 조에서는 '법인 등'이라 한다)의 기획하에 법인 등의 업무에 종사하는 자가 업무상 작성하는 저작물로서 법인 등의 명의로 공표된 것(이하 '단체명의저작물'이라 한다)의 저작자는 계약 또는 근무규칙 등에 다른 정함이 없는 때에는 그 법인 등이 된다. 다만, 기명저작물의 경우에는 그러하지 아니하나"고 규정하고 있다. 그런데 이 사건 정보를 저작물로 볼 경우 앞서 본 사실관계에 의하면, 이 사건 정보는 공표되지 아니한 이른바 미공표저작물에 해당하는바, 이 경우에도 이 사건 정보가 단체명의저작물로서 소외 1의 사용자인 피고를 저작자로 보아야 하는지가 문제된다. 그러나 저작권법 제9조는 '법인 등의 명의로 공표되는 것'이라고 규정하지 않고(이 사건 처분 이후인 2006. 12. 28. 법률 제8101호로 개정되어 2007. 6. 29.부터 시행된 저작권법 제9조에서 비로소 "법인 등의 명의로 공표되는 업무상저작물의 저작자는 계약 또는 근무규칙 등에 다른 정함이

리연합회 사건에서는 "이 사건 저작물은 채권자가 정리하여 사용하던 기존의 몬테소리 교재와 기존에 회원들에게 제공하기 위하여 집필한 부교재 등을 종합 편집하여 저작한 것으로서 이 사건 저작물의 저작권자는 채권자라고 할 것(이에 대하여 채무자는, 이 사건 저작물은 채무자 경영의 몬테소리연합회의 직원이었던 채권자가 채무자의 기획과 지시에 의하여 업무상 작성한 것일 뿐이므로 그 저작권이 단체인 위 연합회에 있다는 취지로 항쟁하나, 채무자가 이 사건 저작물의 저작과 출판에 필요한 기획을 하고 작업팀을 구성하여 저작활동을 지시하였다 하더라도 평소 수령하고 있던 월 500,000원의 급여 이외에 별도의 비용을 수령함이 없이 채권자가 위 저작활동을 수행한 이상 수령한 급여액수에 비추어 볼 때 채권자가 순수한 채무자의 피용자로서 채무자의 비용지출하에 위 학습지를 저작하였다고 인정하기는 어려우므로 채무자의 위 주장은 이유 없다)"이라고 판단하였다.[45]

Ⅳ. 공동저작물

공동으로 창작한 저작물로서 각자가 이바지한 부분을 분리하여 이용할 수 없는 공동저작물(§2, 21호)의 저작권은 공동 전원에 귀속되며, 각자가 이바지한 부분을 분리할 수 있는 결합저작물은 창작에 관여한 각자가 개별적인 저작권을 갖는다. 판례는 "'공동저작물'은 '2인 이상이 공동으로 창작한 저작물로서 각자의 이바지한 부분을 분리하여 이용할 수 없는 것'을 말하고(저작권법 제2조 제21호), 여기에서 '공동의 창작행위'는 공동창작의 의사를 가지고 공동저작자 모두 창작에 참여하는 것을 의미하지만, 시간과 장소를 같이 해야만 하는 것은 아니고 상이한 시간과 상이한 장소에서도 공동저작자들이 공동창작의 의사를 가지고 각각 맡은 부분의 창작을 하여 각 기여 부분을 분리하여 이용할 수 없는 저작물이 되면 족하며, 각 기여 부분을 분리하여 이용할 수 없는 것은 그 분리가 불

없는 때에는 그 법인 등이 된다"고 규정하고 있다), '법인 등의 명의로 공표된 것'이라고 규정하고 있으며, 또한 저작권법 제9조는 예외적인 규정으로 가급적 제한적으로 축소하여 해석하여야 할 것이므로, 설령 공표가 예정되어 있다고 하더라도 아직 공표되지 아니한 이 사건 정보의 저작자가 피고라고 보기 어렵고, 달리 이를 인정힐 만한 증거가 없다. 실령, 이 사건 정보의 저작자가 피고라고 하더라도, 정보공개법과 저작권법의 조화로운 해석상 이 사건 정보의 복제가 아닌 단순한 시청은 저작권을 침해하지 아니하는 범위 내에서 정보공개법이 정한 정보공개의 방법으로서 가능하다고 할 것이다. 따라서 이와 다른 전제에 선 피고의 이 부분 주장도 이유 없다].

45) 서울고등법원 1999. 3. 12. 선고 98나32122 판결(상고되어 99다21363 사건번호가 부여되었으나, 1999. 4. 30. 상소장 각하되었다).

가능한 경우뿐만 아니라 분리할 수는 있지만 현실적으로 그 분리이용이 불가능한 경우도 포함한다. 또한, 저작물의 원본, 복제물 등에 저작자로서의 실명 또는 이명으로서 널리 알려진 것이 일반적인 방법으로 표시된 자는 그 저작물의 저작자로 추정(저작권법 제8조 제1항 제1호)되지만, 공동으로 저작물의 창작에 기여한 이상 그 저작물에 관하여 공동저작자 중 1인 또는 그 일부만이 저작자라고 표시된 경우에도 다른 공동저작자들은 저작권 법상 공동저작자로서의 권리를 주장할 수 있다"고 하면서, 만화스토리작가가 스토리를 창작하여 시나리오 또는 콘티 형식으로 만화가에게 제공하고 만화가는 이에 기초하여 다 양한 모양과 형식으로 장면을 구분하여 배치하는 등 그림 작업을 하여 만화를 완성한 사 안에서, 그 만화는 만화스토리작가와 만화가가 이를 만들기 위해 공동창작의 의사를 가 지고 각각 맡은 부분의 창작을 함으로써 주제, 스토리와 그 연출방법, 그림 등의 유기적 인 결합으로 완성되어 각 기여 부분을 분리하여 이용할 수 없는 공동저작물이라고 판단 한 바 있다.[46)

제4절 저작자의 권리

Ⅰ. 일반

1. 의의

저작권이란 저작자가 자신이 창작한 저작물에 대해 갖는 권리로서 저작재산권과 저작 인격권으로 구성된다. 저작재산권은 저작자의 재산적 이익을 보호하기 위한 것으로서 복 제권(§16), 공연권(§17), 공중송신권(§18), 전시권(§19), 배포권(§20), 대여권(§21), 2차적 저 작물 작성권(§22) 등이 포함된다. 저작인격권은 정신적 창작물로서 지적재산에 인격적 이 익을 반영한 것으로서 공표권(§11), 성명표시권(§12), 동일성유지권(§13) 등이 있다.

---

46) 서울북부지방법원 2008. 12. 30. 선고 2007가합5940 판결(확정).

2. 저작권의 발생(무방식주의)

저작권은 저작물을 창작한 때부터 발생하며 어떠한 절차나 형식의 이행을 필요로 하지 아니한다(§10②). 우리나라뿐만 아니라 일본, 독일, 프랑스 및 베른조약에서 무방식주의를 따르고 있다. 한편 UCC(Universal Copyright Convention)는 가입국 국민이 방식주의국가에서 저작권향유를 보다 손쉽게 하도록 ⓒ 표시제도를 마련하고 있다.

3. 저작권의 특징

저작권은 다른 무체재산권과 달리 배타적 권리일 뿐 독점적 권리가 아니므로, 우연히 동일내용의 저작물이 다수 발생한 경우 최초로 창작한 자뿐만 아니라 모든 창작자가 저작권을 가지게 된다. 또한 저작권은 복제권, 방송권, 공연권 등과 같은 개별 권리들이 융합된 하나의 권리가 아니라 각 권리들의 집합에 불과한, 소위 권리의 다발(Bundle of Rights)이다. 그리고 저작권을 구성하는 개별 권리의 종류들은 계속 늘어가는 추세이다.[47]

Ⅱ. 저작인격권(Moral Right)

1. 의의 및 성질

저작인격권이란 저작자가 자신의 저작물에 대해서 갖는 인격적 이익의 보호를 목적으로 하는 권리로서, 저작재산권과 달리 일신적속권이다(§14①). 베른조약에서는 처음에 이에 대한 규정이 없다가 1928년의 로마 개정회의에서 명문으로 승인하였다. 우리 저작권법상 저작인격권에는 공표권, 성명표시권, 동일성유지권의 3가지가 있으며, 그 이외에도 수성승감권 등과 같이 실제로는 저작자의 인격적 이익을 보호하는 기능을 하는 규정도 있다.[48]

이러한 저작인격권은 저작자의 사망으로 인해 소멸하는 것이 원칙이겠지만, 저작자의 사망 이후의 인격적 이익 침해 행위가 발생할 여지가 많다는 점에서 저작권법에서는 저

---

47) 저작권의 법적 성격에 대해서는 송영식·이상정, 「저작권법개설(제8판)」, 세창출판사(2012), 162 – 166면 참고
48) 송영식·이상정, 「저작권법개설(제8판)」, 세창출판사(2012), 181면.

작자의 사망 후의 인격적 이익 침해 행위를 금지하고 있다. 즉 저작자의 사망 후에 그의 저작물을 이용하는 자는 저작자가 생존하였더라면 그 저작인격권의 침해가 될 행위를 하여서는 아니 된다. 다만, 그 행위의 성질 및 정도에 비추어 사회통념상 그 저작자의 명예를 훼손하는 것이 아니라고 인정되는 경우에는 그러하지 아니하다(§14②). 저작자가 사망한 후에 그 유족(사망한 저작자의 배우자·자·부모·손·조부모 또는 형제자매를 말한다)이나 유언집행자는 당해 저작물에 대하여 이러한 침해행위를 하거나 침해할 우려가 있는 자에 대하여는 제123조의 규정에 따른 침해금지청구를 할 수 있으며, 고의 또는 과실로 저작인격권을 침해하거나 저작자의 명예를 훼손한 경우에는 명예회복 등의 청구를 할 수 있다(§128).

2. 공표권

가. 일반

미공표저작물에 대하여 공표 여부를 결정할 권리, 즉 저작물을 공표할 것인가 말 것인가, 공표한다면 언제 어떠한 방법으로 공표할 것인가를 결정할 수 있는 저작자의 권리를 공표권이라고 한다(§11①).[49] 저작자와 저작권자가 동일인인 경우에는 이러한 공표권의 행사에 별다른 문제가 없으나, 저작자와 저작권자가 다른 사람인 경우에는 문제가 생길 수 있고, 이에 저작권법에서는 일정한 추정 및 간주규정을 두고 있다.

즉 저작자가 공표되지 아니한 저작물의 저작재산권을 제45조에 따른 양도, 제46조에 따른 이용허락, 제57조에 따른 배타적 발행권의 설정 또는 제63조에 따른 출판권의 설정을 한 경우에는 그 상대방에게 저작물의 공표를 동의한 것으로 추정한다(§11②).[50] 그리고 저작자가 공표되지 아니한 미술저작물·건축저작물 또는 사진저작물(이하 '미술저작물 등'이라 한다)의 원본을 양도한 경우에는 그 상대방에게 저작물의 원본의 전시방식에 의한 공표를 동의한 것으로 추정한다(§11③). 또한, 원저작자의 동의를 얻어 작성된 2차적 저작물 또는 편집저작물이 공표된 경우에는 그 원저작물도 공표된 것으로 보며(§11④), 공표하지 아니한 저작물을 저작자가 제31조의 도서관 등에 기증한 경우 별도의 의사를 표시하지 않는 한 기증한 때에 공표에 동의한 것으로 추정한다(§11⑤).[51]

---

49) '공표'는 저작물을 공연, 공중송신 또는 전시 그 밖의 방법으로 공중에게 공개하는 경우와 저작물을 발행하는 경우를 말한다(§2,25호).

50) 2011. 12. 2. 개정법에서 배타적 발행권을 도입하였는데, 이와 관련하여 제11조 제2항의 적용대상에서 프로그램 배타적 발행권을 삭제하는 등 현행과 같이 개정을 하였다.

나. 판례

(1) 공표 동의의 경우 그 동의의 철회가 가능한지가 문제될 수 있는데, 판례는 "저작자가 일단 저작물의 공표에 동의하였거나 저작자가 미공표 저작물의 저작재산권을 양도하거나 저작물의 이용허락을 하여 저작권법 제11조 제2항에 의하여 그 상대방에게 저작물의 공표를 동의한 것으로 추정되는 이상 비록 그 저작물이 완전히 공표되지 않았다 하더라도 그 동의를 철회할 수는 없다"고 하였다.[52]

(2) 피해자와 피고인이 공동 번역한 "칼빈주의 예정론" 번역본은 어문저작물에 해당하는 것이어서 전시의 방법으로는 그 저작재산권이 침해되지 아니하므로, 피고인이 피해자의 허락 없이 이를 한국상담선교연구원 인터넷 홈페이지에 링크된 도서출판 베다니 사이트에 게시하였다 하더라도 전시의 방법에 의한 저작재산권 침해죄를 구성하지는 아니한다. 또한 기록에 의하면, 피고인은 위 "칼빈주의 예정론" 번역본 자체가 아니라 그 도서의 표지 사진을 저자·역자·출판연도·면수·가격 등의 표시 및 간략한 소개문과 함께 한국상담선교연구원 인터넷 홈페이지에 링크된 도서출판 베다니 사이트에 게시하였을 뿐인 사실을 알 수 있는바, 위 번역본 저작물이 아닌 그 소개문에 위 번역본 저작물을 피고인이 단독 번역한 것으로 표시하여 공개된 웹사이트에 게시하였다 하여 이를 들어 저작자 아닌 자를 저작자로 표시하여 저작물을 공표한 행위에 해당한다고도 할 수 없다.[53]

3. 성명표시권

가. 일반

성명표시권이란 자신의 저작물에 스스로가 창작자임을 주장할 수 있는 권리, 즉 그의 실명 또는 이명 등을 표시할 수 있는 권리를 말한다. 저작자는 저작물의 원본이나 그 복제물에 또는 저작물의 공표 매체에 그의 실명 또는 이명을 표시할 권리를 가진다(§12①). 그리고 저작물을 이용하는 자는 그 저작자의 특별한 의사표시가 없는 때에는 저작자가 그의 실명 또는 이명을 표시한 바에 따라 이를 표시하여야 한다. 다만, 저작물의 성질이나 그 이용의 목적 및 형태 등에 비추어 부득이하다고 인정되는 경우에는 그러하지 아니하다(§12②).

---

51) 제11조 제5항은 2011. 12. 2. 개정법에서 신설되었다.

52) 대법원 2000. 6. 13. 자 99마7466 결정.

53) 대법원 2010. 9. 9. 선고 2010도4468 판결.

나. 판례

(1) 구 저작권법 제14조(1986. 12. 31. 법률 제3916호로 개정되기 전의 것)에 의하면 저작자는 저작물에 관한 재산적 권리에 관계없이 또한 그 권리의 이전 후에 있어서도 그 저작물의 창작자임을 주장할 권리가 있고 이는 저작자가 저작자로서의 인격권에 터 잡아 저작물의 원작품이나 그 복제물에 또는 저작물의 공표에 있어서 그의 실명 또는 이명을 표시할 권리가 있다는 것이므로 저작자의 동의나 승낙 없이 그 성명을 표시하지 않았거나 가공의 이름을 표시하여 그 저작물을 무단복제한 자에 대하여는 특단의 사정이 없는 한 위 귀속권침해로 인한 정신적 손해의 배상을 청구할 수 있다.[54]

(2) 저작자의 동의나 승낙을 받지 아니하고 미술작품들을 원화로 사용하여 지하철역 장식벽의 벽화를 만들면서, 그 각 벽화의 작가란에 '작가미상'이라고 표시하거나 아예 작가표시란을 두지 않았고, 또한 저작자의 연작 작품 중 일부만을 벽화로 만들거나 원작자가 의도하지 않은 방식으로 제작하고 작품의 위아래를 거꾸로 설계 · 시공하는 등 저작자의 작품의도를 훼손하여 설치하거나 전시한 경우, 그 작품들을 지하철역사 설계도면에 베껴 그려 넣은 설계업체와 지하철역사 건설공사의 사업 주체인 서울특별시로부터 해당 역사를 현물 출자받아 관리 · 운영하고 있는 서울특별시 도시철도공사에게, 저작자의 저작재산권 및 저작인격권으로서의 성명표시권, 동일성유지권을 침해하였음을 원인으로 한 손해배상책임이 있다.[55]

---

54) 대법원 1989. 10. 24. 선고 88다카29269 판결. 한편, 서명과 관련하여서 판례는 "화가가 그의 미술저작물에 표시한 서명은 그 저작물이 자신의 작품임을 표시하는 수단에 불과하여 특별한 사정이 없는 한 그 자체가 예술적 감정이나 사상의 표현을 위한 것이라고는 할 수 없어 저작권법상의 독립된 저작물이라고 보기 어려우나, 이러한 서명은 저작자인 화가가 저작권법 제12조 제1항에 의한 성명표시권에 의하여 자기 저작물의 내용에 대한 책임의 귀속을 명백히 함과 동시에 저작물에 대하여 주어지는 사회적 평가를 저작자 자신에게 귀속시키려는 의도로 표시하는 것이므로, 그 서명이 세계적으로 주지 · 저명한 화가의 것으로서 그의 미술저작물에 주로 사용해 왔던 관계로 널리 알려진 경우라면, 그 서명과 동일 · 유사한 상표를 무단으로 출원등록하여 사용하는 행위는 저명한 화가로서의 명성을 떨어뜨려 그 화가의 저작물들에 대한 평가는 물론 그 화가의 명예를 훼손하는 것으로서, 그 유족의 고인에 대한 추모경애의 마음을 손상하는 행위에 해당하여 사회 일반의 도덕관념인 선량한 풍속에 반할 뿐만 아니라, 이러한 상표는 저명한 고인의 명성에 편승하여 수요자의 구매를 불공정하게 흡인하고자 하는 것으로서 공정하고 신용 있는 상품의 유통질서를 침해할 염려가 있다 할 것이므로 이러한 상표는 상표법 제7조 제1항 제4호에 해당한다고 봄이 상당하고, 이러한 경우에 그 저명한 화가가 생존해 있었더라면 자신의 저작물임을 나타내기 위하여 표시해 오던 서명을 타인이 자신과 전혀 무관한 상품의 상표로 무단 등록하여 공표하고 사용하는 것은 저명한 미술저작자로서의 인격권을 침해하는 불법행위에 해당한다 할 것이고, 저작권법 제96조, 제14조 제2항에 의하면 사망한 저작자의 저작인격권을 침해하는 행위에 대하여 그 저작자의 유족이 그 침해행위의 금지를 청구하는 등의 조치를 취할 수 있음에 비추어, 그 저명한 화가의 유족으로서는 고인의 인격권과 유족 자신의 고인에 대한 추모경애의 마음을 침해하는 상표의 사용금지를 청구할 수 있음은 물론 그 등록무효심판을 청구할 이해관계가 있다고 봄이 상당하다"고 판시하였다(대법원 2000. 4. 21. 선고 97후860,877,884 판결).

(3) 피고 네오위즈인터넷은 그가 운영하는 음악 사이트에서 가사보기 서비스만을 제공하는 것이 아니라 MP3 파일 다운로드, 미리듣기 등의 서비스를 제공하고 있고, 이용자들은 위 서비스를 통하여 음악을 듣고 작사자, 작곡자 등을 알 수 있는 점, 위 피고는 다른 음원제공 서비스에서는 <하늘색 꿈>의 작곡자인 원고의 성명을 전혀 표시하지 않고, 위 저작물에 관한 가사보기 서비스에서만 작곡자의 성명을 '소외인'으로 잘못 표시함으로써 이용자들이 위 저작물에 관한 작곡자를 '소외인'으로 오인하도록 하고 있는 점 등에 비추어 보면, 위 피고가 운영하는 음악 사이트에서 MP3 파일 다운로드, 미리듣기 등의 서비스를 제공하면서 위 저작물에 관한 작곡자를 원고로 표시하여 전체적으로 위 저작물의 작곡자가 원고라고 인식되는 등의 특별한 사정이 없는 한, 가사보기 서비스에서 원고의 성명을 잘못 표시한 것이 원고의 성명표시권을 침해한 것이 아니라고 할 수는 없다.[56]

4. 동일성유지권

가. 일반

동일성유지권이란 저작물의 내용이나 형식, 제호 등을 원형 그대로 유지시키며 제3자의 의하여 무단히 변경, 삭제, 개변 등이 되지 않도록 할 수 있는 권리를 말한다. 저작자는 그의 저작물의 내용·형식 및 제호의 동일성을 유지할 권리를 가진다(§13①).

다만, ⅰ) 제25조의 규정에 따라 저작물을 이용하는 경우에 학교교육목적상 부득이하다고 인정되는 범위 안에서의 표현의 변경, ⅱ) 건축물의 증축·개축 그 밖의 변형, ⅲ) 특정한 컴퓨터 외에는 이용할 수 없는 프로그램을 다른 컴퓨터에 이용할 수 있도록 하기 위하여 필요한 범위에서의 변경, ⅳ) 프로그램을 특정한 컴퓨터에 보다 효과적으로 이용할 수 있도록 하기 위하여 필요한 범위에서의 변경, ⅴ) 그 밖에 저작물의 성질이나 그 이용의 목적 및 형태 등에 비추어 부득이하다고 인정되는 범위 안에서의 변경에 대하여

---

55) 서울중앙지법 2006. 5. 10. 선고 2004가합67627 판결(확정). 이 판결에 대한 평석으로는 이상정, "타인의 미술작품을 지하철 벽화로 무단 이용한 자의 책임", 저작권문화 통권 143호(2006년 7월), 저작권심의위원회(2006), 24 - 25면.

56) 대법원 2012. 1. 12. 선고 2010다57497 판결(원심은, 피고 네오위즈인터넷은 그가 운영하는 음악 사이트에서 제공하는 MP3 파일 다운로드, 미리듣기 등의 서비스에서는 <하늘색 꿈>의 작곡자인 원고의 성명을 표시하지 않고, 위 저작물에 관한 가사보기 서비스에서만 작곡자의 성명을 '소외인'으로 잘못 표시한 사실을 인정한 다음, <하늘색 꿈>과 관련된 MP3 파일 다운로드, 미리듣기 등의 서비스에 관하여는 위 피고가 원고의 성명표시권을 침해하였다고 인정하면서도 원고가 위 저작물의 작곡자이지 작사자는 아니므로 가사에 대한 저작권자가 아니라는 이유로 위 피고의 가사보기 서비스에 관하여는 원고의 성명표시권을 침해하지 않는다고 판단하였다).

는 이의(異議)할 수 없다. 다만, 본질적인 내용의 변경은 그러하지 아니하다(§13②).

저작물의 일부 도용에 관하여, 다수설과 판례는 원저작물을 원형 그대로를 복제하지 아니하고 다소의 변경을 가하여 도용하거나 원저작물의 일부를 도용하고 독자적인 표현을 덧붙이는 경우에도 복제권 침해 외에 동일성유지권 침해가 성립한다고 한다.[57] 하지만 원저작물의 일부를 도용하고 독자적인 표현을 덧붙이는 경우는 도용된 저작물에 전혀 변경이 없으므로 동일성유지권이 침해되는 것은 아니라는 견해도 있다.[58] 또한 권리자의 허락을 받지 아니하고 2차적 저작물을 작성한 경우 2차적 저작물 작성권 침해 외에 동일성유지권도 침해되는 것인지에 관하여는, 그 침해를 인정하는 것이 다수설[59]이나 판례의 입장은 명확하지 않다.[60]

나. 판례

(1) 판례는 소위 '롯티사건'에서 "저작물인 도안의 제작자가 도안의 수정의무의 이행을 거절함으로써 주문자 측의 도안 변경에 이의하지 않겠다는 취지의 묵시적 동의를 하였다면 주문자 측이 도안을 일부 변경한 다음 변경된 도안을 기업목적에 따라 사용하고 있다 하더라도 저작권법 제13조 제1항에 규정된 동일성유지권의 침해에 해당되지 아니한다"고 하여, 동일성유지권의 묵시적 포기를 인정하였다.[61]

(2) 미리듣기 서비스 사건[62]에서는 "저작자의 성명표시권을 보호하는 취지는 인터넷 이용자들의 인식 여하를 불문하고 적정한 방법으로 저작자의 성명이 표시되도록 하는 것이므로, 인터넷 이용자들이 음악저작물에 관한 작사·작곡가를 저작자가 아닌 다른 사람으로 인식할 가능성이 적은지 등의 사정이 성명표시권 침해 여부에 어떠한 영향을 미칠 수는 없다. 또한, 음악사이트의 운영자가 음악저작물에 관한 웹페이지 또는 음원서비스의

---

57) 대법원 1989. 10. 24. 선고 89다카12824판결.

58) 송영식·이상정, 「저작권법개설(제3판)」, 세창출판사(2003), 146면.

59) 김기중, "미리듣기, 통화연결음, 휴대폰 벨소리 서비스가 음악저작자의 동일성유지권을 침해하는지 여부", 저작권문화 통권 171호(2008년 11월), 저작권심의위원회(2008), 14면.

60) 긍정하는 판례(서울지방법원 남부지원 1989. 12. 8. 선고 88가합2442 판결)와 부정하는 판례[서울서부지방법원 2006. 3. 17. 선고 2004가합4676 판결(항소심에서 조정 종결)]가 있다.

61) 대법원 1992. 12. 24. 선고 92다31309 판결.

62) 이 사건의 1심인 서울중앙지방법원 2007. 6. 21. 선고 2006가합26606 판결에서는 "저작인격권을 보호하는 취지는 저작자의 인격적 이익을 보호하고자 함에 있고, …설령 표현이 변경되었다고 하더라도 인격적 이익이 침해되지 않는다면 동일성유지권의 침해를 인정할 필요는 없다. 동일성유지권의 침해 여부는 사회통념에 비추어 명예, 명성 등의 인격적 이익이 침해될 우려가 있는지를 기준으로 해야 한다"고 판시하면서, 미리듣기뿐만 아니라 통화연결음, 휴대폰 벨소리 서비스로 인한 동일성유지권의 침해를 부정하였다.

각종 창 내지 화면 등에 가수와 음반제작자의 성명·명칭은 표시하면서도 적정한 방법으로 작사·작곡가의 성명을 표시하지 아니한 경우에는 저작자의 성명표시권을 침해한 것에 해당한다. 그리고 저작자에게 동일성유지권을 보호하는 구 저작권법(2006. 12. 28. 법률 제8101호로 전문 개정되기 전의 것) 제13조 제1항의 취지는, 저작물의 동일성을 해치지 않는 범위 내에서 단순히 오·탈자를 수정하거나 문법에 맞지 않는 부분을 교정하는 정도를 넘어서 저작물의 내용, 형식 및 제호에 대한 추가, 삭제, 절단, 개변 등의 변경을 가하는 것은 동일성유지권을 갖고 있는 저작자만이 할 수 있고, 원칙적으로 제3자는 저작자의 동의를 받지 아니한 채 그 의사에 반하여 위와 같은 변경을 할 수 없다는 것이다. 따라서 음악사이트의 운영자가 저작자의 동의를 받지 아니한 채 원곡의 일부를 절단하여 전송하는 미리듣기 서비스를 제공하거나, 원곡의 일부를 부분적으로 발췌, 변환, 저장한 후 구매자에게 통화연결음, 휴대폰벨소리 서비스를 제공하는 등의 행위는 특별한 사정이 없는 한 동일성유지권 침해에 해당한다. 또한 동일성유지권이 저작인격권의 일종으로서 저작자의 인격적 이익을 보호하기 위한 취지의 규정인 것은 부인할 수 없으나, 구 저작권법(1986. 12. 31. 법률 제3916호로 개정되기 전의 것) 제16조가 "저작자는 저작물에 관한 재산적 권리에 관계없이 또한 그 권리의 이전 후에 있어서도 그 저작물의 내용 또는 제호에 변경을 가하여 그 명예와 성망을 해한 자에 대하여 이의를 주장할 권리가 있다"라고 규정하여 '저작자의 명예와 성망을 해할 것'을 동일성유지권 침해의 요건으로 규정하였던 것과 달리, 위 개정 이후의 우리나라 저작권법은 이러한 요건을 삭제함으로써 "저작자의 명예와 성망 등 구체적인 인격적 가치의 훼손이 동일성유지권 침해의 요건이 아니라는 점을 명백히 하였으므로, 우리 저작권법의 해석상으로는 저작물의 동일성을 해치는 변경이 저작자의 동의 없이 이루어진 이상 그와 같은 변경이 실제로 저작자의 명예와 성망을 해한 것인지를 묻지 않고 저작물의 완전성에 관한 저작자의 인격적 이익이 침해된 것으로 간주하므로 이는 동일성유지권 침해에 해당한다"는 취지로 판시하였다.[63]

(3) 채권자(네이버운영사)가 그의 컴퓨터프로그램저작물로서 동일성유지권을 침해당하였다고 주장하는 HTML(Hypertext Markup Language, 인터넷 홈페이지의 하이퍼텍스트 문서를 만들기 위해 사용되는 기본 언어) 코드에는, 검색결과를 표시한 텍스트 부분과 이

---

63) 서울고법 2008. 9. 23. 선고 2007나70720 판결. 이 판결에 대한 평석으로는 김기중, "미리듣기, 통화연결음, 휴대폰 벨소리 서비스가 음악저작자의 동일성유지권을 침해하는지 여부", 저작권문화 통권 171호(2008년 11월), 저작권심의위원회(2008), 13 - 15면; 유상현 "미리듣기, 통화연결음, 휴대전화 벨소리 등 서비스와 저작인격권의 침해", 정보법학 제12권 제2호(2008. 12.), 한국정보법학회(2008), 25 - 62면.

를 화면에 표시하기 위한 일반적인 HTML 태그 정도가 포함되어 있을 뿐 저작권으로 보호할 만한 창작적인 표현까지 포함되어 있다는 점을 소명할 자료가 없고, 나아가 채권자가 사용자의 컴퓨터로 보낸 HTML 파일은 그 내용이 화면에 나타나기 위하여 일시적으로 램(Random Access Memory)상으로 복제되게 되는데, 이때 이 사건 프로그램에 의한 채무자(네오콘소프트)의 HTML 코드 역시 램에 올라오면서 채권자의 HTML 코드 자체에는 영향을 미치지 않은 채 이와 별도로 존재할 여지가 있는 반면, 그것이 채권자의 HTML 코드에 삽입되어 채권자의 HTML 코드 자체를 변경시킨다는 점은 이를 소명할 자료가 부족하므로, 채무자의 이 사건 프로그램에 의한 광고행위로 인해 채권자의 HTML 코드에 대한 동일성유지권이 침해되었다고 할 수 없다.[64]

5. 공동저작물의 저작인격권

공동저작물의 저작인격권은 저작자 전원의 합의에 의하지 아니하고는 이를 행사할 수 없다. 이 경우 각 저작자는 신의에 반하여 합의의 성립을 방해할 수 없다(§15①). 또한 공동저작물의 저작자는 그들 중에서 저작인격권을 대표하여 행사할 수 있는 자를 정할 수 있으며(§15②), 이에 따라 권리를 대표하여 행사하는 자의 대표권에 가하여진 제한이 있을 때에 그 제한은 선의의 제3자에게 대항할 수 없다(§15③).

즉 공동저작물(보고서) 창작에 원고의 기여 부분이 차지하는 비중이 극히 미미할뿐더러, 원고가 보고서의 내용에 동의하지 않는다는 뜻의 기재를 해 주겠다는 피고 측의 제의에 따르더라도 원고의 기본의도는 충분히 달성될 수 있음에도 불구하고 명예훼손으로 손해배상청구를 당할 우려가 있다는 간접적이고 추상적인 이유만을 내세워 여러 공동저

---

64) 대법원 2010. 8. 25. 자 2008마1541 결정. 이 사건의 사실관계는, 채무자가 제공한 원심 판시 이 사건 프로그램을 설치한 인터넷 사용자들이 네이버를 방문하면 그 화면에 채권자의 광고 대신 같은 크기의 채무자의 배너광고가 나타나거나(이른바 '대체광고 방식'), 화면의 여백에 채무자의 배너광고가 나타나거나(이른바 '여백광고 방식'), 검색창에 키워드를 입력하면 검색결과 화면의 최상단에 위치한 검색창과 채권자의 키워드광고 사이에 채무자의 키워드광고가 나타나는(이른바 '키워드삽입광고 방식') 등으로, 채무자의 광고가 대체 혹은 삽입된 형태로 나타난 것이다. 이와 관련하여 대법원은 상기와 같은 판시 이외에도 "경쟁자가 상당한 노력과 투자에 의하여 구축한 성과물을 상도덕이나 공정한 경쟁질서에 반하여 자신의 영업을 위하여 무단으로 이용함으로써 경쟁자의 노력과 투자에 편승하여 부당하게 이익을 얻고 경쟁자의 법률상 보호할 가치가 있는 이익을 침해하는 행위는 부정한 경쟁행위로서 민법상 불법행위에 해당하는바, 위와 같은 무단이용 상태가 계속되어 금전배상을 명하는 것만으로는 피해자 구제의 실효성을 기대하기 어렵고 무단이용의 금지로 인하여 보호되는 피해자의 이익과 그로 인한 가해자의 불이익을 비교·교량할 때 피해자의 이익이 더 큰 경우에는 그 행위의 금지 또는 예방을 청구할 수 있다"고 하면서, 채권자는 채무자에 대하여 네이버에 접속한 인터넷 사용자들의 모니터에서 이 사건 프로그램을 이용한 광고행위를 하는 것의 금지 또는 예방을 청구할 수 있다고 하였다.

작자의 노력이 응집된 공동저작물 전부에 대해, 그것도 원고 스스로 조사보고를 완료하여 그 종합보고서가 제작완료된 단계에서 그 공동저작물의 출판, 판매, 배포금지를 구하는 것은 신의칙에 반하는 것으로서 허용될 수 없다.[65]

Ⅲ. 저작재산권

1. 일반

저작재산권은 저작자의 재산적 이익을 보호하기 위한 것으로서 복제권(§16), 공연권(§17), 공중송신권(§18), 전시권(§19), 배포권(§20), 대여권(§21), 2차적 저작물 작성권(§22) 등이 포함된다. 이러한 저작재산권은 물권 유사의 배타적 지배권으로서, 저작인격권과 달리 양도가 가능하며, 특유의 소멸 사유를 가지고 있다.

2. 원저작물에 대한 권리

가. 복제권
(1) 의의

저작자는 그의 저작물을 복제할 권리를 가진다(§16). 복제의 정의에 대해 구법에서는 "인쇄·사진촬영·복사·녹음·녹화 그 밖의 방법에 의하여 유형물에 고정하거나 유형물로 다시 제작하는 것을 말하며, 건축물의 경우에는 그 건축을 위한 모형 또는 설계도서에 따라 이를 시공하는 것을 포함한다"고 하였다가, 2011. 12. 2. 개정에서 일시적 저장을 추가하여 "인쇄·사진촬영·복사·녹음·녹화 그 밖의 방법으로 일시적 또는 영구적으로 유형물에 고정하거나 다시 제작하는 것을 말하며, 건축물의 경우에는 그 건축을 위한 모형 또는 설계도서에 따라 이를 시공하는 것을 포함한다"고 하여 그 범위를 넓혔다(§2,22호).

---

65) 서울지방법원 1995. 4. 28. 선고 94가합50354 판결(확정).

복제권 침해행위가 성립하기 위해서는 창작적인 표현 부분을 무단 복제한 경우이어야 한다.[66] 이와 관련하여 캐릭터의 보호가 문제 되는바, 만화주인공 등의 캐릭터를 제3자가 무단으로 사용하여 상품화하는 것은 복제권을 침해한 것으로 볼 것이다. 판례도 '톰앤제리 사건'에서 캐릭터 자체는 저작권으로 보호될 수 있음을 전제로 하면서 "외국 법인에 의하여 창작된 만화영상저작물인 톰앤제리 캐릭터는 세계저작권협약(U.C.C.)의 대한민국 내 발효일인 1987. 10. 1. 이전에 창작된 저작물로서 구 저작권법(1995. 12. 6. 법률 제5015호로 개정되기 전의 것) 제3조 제1항 단서에 의하여 저작물로서의 보호대상이 되지 아니할 뿐만 아니라, 위 톰앤제리의 연속저작물 중 위 협약의 발효일 이후에 새로 창작된 부분이 있다고 하더라도 이는 이미 공표된 종전의 저작물을 바탕으로 하여 창작되어 사용된 것이므로, 내국인이 임의로 이를 사용하였다고 하더라도 위 협약의 발효일 이후에 새로이 창작된 톰앤제리의 저작권을 침해한 것이라고 볼 수 없다"고 판시하였다.[67]

(2) 판례

① 소리바다 형사사건에서 대법원은 "저작권법 제2조의 유형물에는 특별한 제한이 없으므로 컴퓨터의 하드디스크가 이에 포함됨은 물론이지만, 하드디스크에 전자적으로 저장하는 MPEG-1 Audio Layer-3(MP3) 파일을 일컬어 유형물이라고는 할 수 없으므로, 음악 CD로부터 변환한 MP3 파일을 Peer-To-Peer(P2P) 방식으로 전송받아 자신의 컴퓨터 하드디스크에 전자적으로 저장하는 행위는 구 저작권법(2000. 1. 12. 법률 제6134

---

66) 저작권법 제98조 제1호에서 형사처벌의 대상이 되는 저작권 침해행위로 규정하고 있는 저작물의 무단 복제 여부도 어디까지나 저작물의 표현형식에 해당하고 또 창작성이 있는 부분만을 대비하여 볼 때 상호 간에 실질적 유사성이 있다고 인정할 수 있는지에 의하여 결정되는 것이어서, 원칙적으로 표현 내용이 되는 아이디어나 그 기초 이론 등에 있어서의 유사성은 그에 아무런 영향을 미칠 수 없을 뿐만 아니라 표현형식에 해당하는 부분이라 하여도 창작성이 인정되지 아니하는 부분은 이를 고려할 여지가 없다 (대법원 1999. 10. 22. 선고 98도112 판결).

67) 대법원 1997. 4. 22. 선고 96도1727 판결. 이 판결에서는 나아가 부정경쟁방지법 위반 여부에 대해 "이른바 캐릭터(character)는 그것이 가지고 있는 고객흡인력 때문에 이를 상품에 이용하는 상품화(이른바 캐릭터 머천다이징: Character Merchandising)가 이루어지게 되는 것이고, 상표처럼 상품의 출처를 표시하는 것을 그 본질적인 기능으로 하는 것은 아니어서 캐릭터 자체가 널리 알려져 있다고 하더라도 그것이 상품화된 경우에 곧바로 타인의 상품임을 표시한 표지로 되거나 그러한 표지로서도 널리 알려진 상태에 이르게 되는 것은 아니라고 할 것이므로, 캐릭터가 상품화되어 부정경쟁방지법 제2조 제1호 (가)목에 규정된 '국내에 널리 인식된 타인의 상품임을 표시한 표지'가 되기 위하여는 캐릭터 자체가 국내에 널리 알려져 있는 것만으로는 부족하고, 그 캐릭터에 대한 상품화사업이 이루어지고 이에 대한 지속적인 선전, 광고 및 품질관리 등으로 그 캐릭터가 이를 상품화할 수 있는 권리를 가진 자의 상품표지이거나 위 상품화권자와 그로부터 상품화계약에 따라 캐릭터사용허락을 받은 사용권자 및 재사용권자 등 그 캐릭터에 관한 상품화사업을 영위하는 집단(group)의 상품표지로서 수요자들에게 널리 인식되어 있을 것을 요한다"고 판시하였다.

호로 개정되기 전의 것) 제2조 제14호의 복제행위인 '유형물로 다시 제작하는 것'에는 해당하지 않고, 구 저작권법(2006. 12. 28. 법률 제8101호로 전문 개정되기 전의 것) 제2조 제14호의 복제행위인 '유형물에 고정하는 것'에 해당한다"고 판시하였다.[68]

② 미국의 Grokster Case[69]에서 연방대법원은 유사한 취지에서 그 책임을 인정할 수 있다고 보았다.

③ 갑 주식회사가 을의 저작권 침해중지요청을 받고 자신이 운영하는 음악 사이트에서 을이 작곡한 음악저작물에 관하여 MP3 파일 다운로드, 악보 제공 등의 서비스 판매를 중단하였으나 위 서비스를 이미 구입한 이용자들은 계속 이용할 수 있도록 한 것은, 녹음·녹화 그 밖의 방법에 의하여 유형물에 고정하는 것 등에 해당한다고 볼 수 없으므로 을의 복제권을 침해한다고 볼 수는 없다.[70]

나. 공연권

(1) 의의

저작자는 그의 저작물을 공연할 권리를 가진다(§17). 공연이란 저작물 또는 실연·음반·방송을 상연·연주·가창·구연·낭독·상영·재생 그 밖의 방법으로 공중에게 공개하는 것을 말하며, 동일인의 점유에 속하는 연결된 장소 안에서 이루어지는 송신(전송을 제외한다)을 포함한다(§2ⅲ).

(2) 판례

① 구 저작권법 제2조 제3호의 규정에 의하면 공연이라 함은 저작물을 상연·연주·가창·연술·상영 그 밖의 방법으로 일반 공중에게 공개하는 것을 말하며, 공연·방송·실연의 녹음물을 재생하여 일반 공중에게 공개하는 것을 포함하는 것인바, 여기서 일반 공중에게 공개한다 함은 불특정인 누구에게나 요금을 내는 정도 외에 다른 제한 없이 공개된 장소 또는 통상적인 가족 및 친지의 범위를 넘는 다수인이 모여 있는 장소에서 저작

---

68) 대법원 2007. 12. 14. 선고 2005도872 판결. 이 판결에 대한 평석으로는 朴晟秀, "저작권법상 복제, 배포의 개념 및 복제방조죄의 요건", 대법원판례해설 74號(2007 하반기), 법원도서관(2008. 7.), 73 – 103면; 李憲, "P2P 서비스 제공자의 형사책임", 裁判과 判例 17輯(2008. 12.), 大邱判例研究會(2008), 389 – 428면; 김혜경, "방조범의 성립범위", 刑事判例研究 17號(2009. 6.), 박영사(2009), 64 – 93면.

69) MGM Studios, Inc. v. Grokster, Ltd. 545 U.S. 913 (2005). We hold that one who distributes a device with the object of promoting its use to infringe copyright, as shown by clear expression or other affirmative steps taken to foster infringement, is liable for the resulting acts of infringement by third parties.

70) 대법원 2012. 1. 12. 선고 2010다57497 판결.

물을 공개하거나, 반드시 같은 시간에 같은 장소에 모여 있지 않더라도 위와 같은 불특정 또는 다수인에게 전자장치 등을 이용하여 저작물을 전파, 통신함으로써 공개하는 것을 의미한다. 따라서 노래방의 구분된 각 방실이 4～5인가량의 고객을 수용할 수 있는 소규모에 불과하다고 하더라도, 일반 고객 누구나 요금만 내면 제한 없이 이를 이용할 수 있는 공개된 장소인 노래방에서 고객들로 하여금 노래방 기기에 녹음 또는 녹화된 음악저작물을 재생하는 방식으로 저작물을 이용하게 한 이상, 일반 공중에게 저작물을 공개하여 공연한 행위에 해당된다.[71]

② 구 저작권법 제2조 제3호는 "공연이라 함은 저작물을 상연·연주·가창·연술·상영 그 밖의 방법으로 일반 공중에게 공개하는 것을 말하며, 공연·방송·실연의 녹음물 또는 녹화물을 재생하여 일반 공중에게 공개하는 것을 포함한다"고 규정하고 있는바, 여기서 일반 공중에게 공개한다 함은 불특정인 누구에게나 요금을 내는 정도 외에 다른 제한 없이 공개된 장소 또는 통상적인 가족 및 친지의 범위를 넘는 다수인이 모여 있는 장소에서 저작물을 공개하거나, 반드시 같은 시간에 같은 장소에 모여 있지 않더라도 위와 같은 불특정 또는 다수인에게 전자장치 등을 이용하여 저작물을 전파·통신함으로써 공개하는 것을 의미한다고 할 것이므로, 노래방의 구분된 각 방실이 소수의 고객을 수용할 수 있는 소규모에 불과하다고 하더라도, 일반 고객 누구나 요금만 내면 제한 없이 이를 이용할 수 있는 공개된 장소인 노래방에서 고객들로 하여금 노래방 기기에 녹음 또는 녹화된 음악저작물을 재생하는 방식으로 저작물을 이용하게 하였다면, 이는 일반 공중에게 저작물을 공개하여 공연한 행위에 해당되고, 공연법상 공연의 의미가 저작권법의 그 것과 다르다거나, 음반·비디오물 및 게임물에 관한 법률에서 노래연습장업을 별도로 규율하는 규정을 두고 있다고 하더라도 위 각 법률과 저작권법은 그 입법목적, 규정사항, 적용 범위 등을 달리하고 있으므로 위와 같은 다른 법률의 규정이 있다는 사정만으로는 노래방 영업이 저작권법 소정의 공연에 해당하지 않는다고 볼 수도 없다.[72]

---

71) 대법원 1996. 3. 22. 선고 95도1288 판결. 이 판결은 구 저작권법(2006. 12. 28. 법률 제8101호로 전면 개정되기 전의 것)이 적용된 사안으로서 구 저작권법에는 '공중'에 대한 정의 규정이 없었는데, 2006년 개정법 제2조 제32호에서 "공중이란 불특정 다수인(특정 다수인을 포함한다)을 말한다"는 정의 규정을 신설하였다. 이 판결에 대한 평석으로는 李聖昊, "著作權法上 "公演"의 意味와 노래방 業主의 責任", 대법원판례해설 25號(96년 상반기)('96. 11.), 법원도서관(1996), 590－604면; 하동철, "미국법과 저작권법상의 공개조항에 대한 고찰", (季刊)著作權 72호(2005. 12.) 겨울호 2－19, 著作權審議調停委員會(2005).

72) 대법원 2001. 9. 28. 선고 2001도4100 판결.

다. 공중송신권

(1) 의의

저작자는 그의 저작물을 공중송신할 권리를 가진다(§18). 공중송신이란 저작물, 실연·음반·방송 또는 데이터베이스(이하 '저작물 등'이라 한다)를 공중[73]이 수신하거나 접근하게 할 목적으로 무선 또는 유선통신의 방법에 의하여 송신하거나 이용에 제공하는 것을 말한다(§2vii). 2006년 개정법에서 신설된 권리로서, 새로운 형태의 저작물 이용태양에 대해 보호받을 수 있게 되었다. 이러한 공중송신에는 방송, 전송 및 디지털음성송신이 포함되는바, 방송이란 공중송신 중 공중이 동시에 수신하게 할 목적으로 음·영상 또는 음과 영상 등을 송신하는 것[74]을 말하고(§2viii), 전송(傳送)이란 공중송신 중 공중의 구성원이 개별적으로 선택한 시간과 장소에서 접근할 수 있도록 저작물 등을 이용에 제공하는 것[75]을 말하며, 그에 따라 이루어지는 송신을 포함한다(§2 x).[76] 그리고 디지털음성송신이란 공중송신 중 공중으로 하여금 동시에 수신하게 할 목적으로 공중의 구성원의 요청에 의하여 개시되는 디지털 방식의 음의 송신[77]을 말하며, 전송을 제외한다(§2 xi).

(2) 판례

① 이 사건 음악청취 서비스는 개별적인 이용자들이 서로 다른 시간에 동일한 내용의 음악청취 서비스를 이용할 수 있음을 특징으로 하므로 설령 다수의 이용자가 같은 시간에 동일한 내용의 음악청취 서비스를 받을 가능성이 있다 하더라도 그 이유만으로 저작권법 제2조 제8호의 동시성의 요건을 충족하지는 못하여 방송에 해당한다고 볼 수 없고 [구 저작권법(2000. 1. 12. 법률 제6134호로 개정되기 전의 것)은 방송의 개념에 동시성의 요소를 포함시키지 않고 있었는데 저작권법 제2조 제9호의2에 방송과 구별되는 전송의 개념이 새로 규정되면서 방송과 전송을 구별하기 위하여 방송의 개념에 동시성의 요소를 새롭게 포함시켰다], 현행 저작권법은 방송과 전송의 송신방식이나 정보유통의 특성, 파급력 등에 있어서의 차이 등을 고려하여 전송을 업으로 하는 자에게 방송사업자와 같이 판매용 음반을 사용하여 전송할 권리를 부여하는 규정을 두지 않은 이상, 피신청인과 같이 전송을 업으로 하는 자에게 함부로 방송사업자의 지위를 인정할 수는 없으며,

---

73) 공중은 불특정 다수인(특정 다수인을 포함한다)을 말한다(§2, 32호).

74) 지상파방송, 케이블방송, 위성방송, DMB 등.

75) 방송 인터넷 '다시보기', 인터넷 영화관 등.

76) '동시성'을 요소로 하는 방송과 달리 전송은 개별성(1 대 1), 이시성, 무형성 등을 특징으로 한다.

77) 개인 인터넷방송(Winamp 방송), 지상파방송 동시 웹캐스팅(Simulcast) 등.

한편, 기록상 소명되는 바대로 피신청인은 애초부터 음반제작자들의 반대에도 불구하고 이 사건 음악청취 서비스를 무료로 제공하여 온 점 등에 비추어 보면 피신청인이 방송사업자라고 믿은 신뢰에 정당한 이유가 있다고 보이지도 않는다. 저작권법 제62조는 실연, 음반, 방송의 이용은 필연적으로 저작물의 이용을 수반하므로 이때 저작인접권자의 허락뿐만 아니라 저작권자의 허락도 필요하다는 것을 주의적으로 규정한 것일 뿐, 저작권자의 의사와 무관하게 저작인접권자의 권리를 행사할 수 없다는 취지는 아니므로 신청인은 음악저작물의 저작권자, 실연자의 의사와 무관하게 자신의 권리를 행사할 수 있다.[78]

② 어느 인터넷 이용자(A)가 자신의 홈페이지에서 다른 사람(B)의 홈페이지로 쉽게 이동하기 위하여 심층링크(Deep Link) 또는 직접링크(Direct Link)를 걸어 둔 경우, A는 웹페이지상의 저작물에 대한 B의 공중송신권을 침해한 것인지에 대해 대법원은 "구 저작권법(2006. 12. 28. 법률 제8101호로 전부 개정되기 전의 것) 제2조 제14호는 그 법률에서 '복제'라 함은 인쇄·사진·복사·녹음·녹화 그 밖의 방법에 의하여 유형물에 고정하거나 유형물로 다시 제작하는 것을 말하며, 같은 조 제9호의2는 '전송'이란 일반공중이 개별적으로 선택한 시간과 장소에서 수신하거나 이용할 수 있도록 저작물을 무선 또는 유선통신의 방법에 의하여 송신하거나 이용에 제공하는 것을 말한다고 규정하고 있다. 그런데 인터넷에서 이용자들이 접속하고자 하는 웹페이지로의 이동을 쉽게 해주는 기술을 의미하는 인터넷 링크 가운데 이른바 심층링크(Deep Link) 또는 직접링크(Direct Link)는 웹사이트의 서버에 저장된 저작물의 인터넷 주소(URL)와 하이퍼텍스트 태그(tag) 정보를 복사하여 이용자가 이를 자신의 블로그 게시물 등에 붙여 두고 여기를 클릭함으로써 위 웹사이트 서버에 저장된 저작물을 직접 보거나 들을 수 있게 하는 것으로서, 인터넷에서 링크하고자 하는 저작물의 웹 위치 정보 내지 경로를 나타낸 것에 불과하다. 따라서 이는 구 저작권법 제2조 제14호에 규정된 '유형물에 고정하거나 유형물로 다시 제작하는 것'에 해당하지 아니하고, 또한 저작물의 전송의뢰를 하는 지시 또는 의뢰의 준비행위로 볼 수 있을지언정 같은 조 제9호의2에 규정된 '송신하거나 이용에 제공하는 것'에 해당하지도 아니한다. 그러므로 위 심층링크 내지 직접링크를 하는 행위는 구 저작권법이 규정하는 복제 및 전송에 해당하지 않는다"고 판시하였다.[79]

---

78) 서울지방법원 2003. 9. 30. 자 2003카합2114 결정(확정). 이 판결에 대한 평석으로는 문용호, "음악 압축 파일을 스트리밍 방식으로 제공하는 음악청취서비스가 저작(인접)권을 침해하는지 여부와 그 책임(일명 벅스뮤직 사건)", 정보법 판례백선Ⅰ, 박영사(2006), 563 – 571.

79) 대법원 2009. 11. 26. 선고 2008다77405 판결. 이 판결에 대한 평석으로는 尹泰植, "인터넷 링크 중 이른바 '심층링크' 내지 '직접링크'를 하는 행위가 구 저작권법에 정한 복제 및 전송에 해당하는지 여부(소극)", 대법원판례해설 82號 (2009 하반기), 법원도서관(2010), 455 – 485면 참고

③ 구 저작권법(2000. 1. 12. 법률 제6134호로 개정되기 전의 것) 제2조 제8호는 방송이란 일반 공중으로 하여금 수신하게 할 목적으로 무선 또는 유선통신의 방법에 의하여 음성·음향 또는 영상 등을 송신하는 것(차단되지 아니한 동일구역 안에서 단순히 음을 증폭 송신하는 것을 제외한다)을 말한다고 규정하고 있는바, 여기서 말하는 방송에는 일반 공중으로 하여금 동시에 수신하게 할 목적으로 무선 또는 유선통신의 방법에 의하여 음성 등을 송신하는 것(저작권법 제2조 제8호 참조)뿐만 아니라 그와 달리 방송이 서버(Server)까지만 송신이 되고 일반 공중이 개별적으로 선택한 시간과 장소에서 인터넷을 통하여 그에 접속하여 비로소 서버로부터 개인용 단말기까지 송신이 이루어지는 인터넷방송과 같은 전송(저작권법 제2조 제9호의2 참조)도 포함된다고 해석함이 상당하다. 따라서 원심이, 피고가 원고의 허락 없이 원고의 저작물인 '지저스 크라이스트 수퍼스타(Jesus Christ Superstar)'라는 뮤지컬을 녹화하여 이를 인터넷방송으로 송신함으로써 원고의 저작재산권을 침해하였다고 판단한 것은 옳다.[80]

④ 피고 주식회사 네오위즈인터넷(이하 '피고 네오위즈인터넷'이라 한다)은 원고의 저작권 침해중지요청을 받고 자신이 운영하는 음악 사이트에서 원심판결 별지 음원서비스표 기간 이후에는 이 사건 각 음악저작물에 관하여 MP3 파일 다운로드, 악보 제공 등의 서비스 판매를 중단하였으나, 위 서비스를 이미 구입한 이용자들은 계속 이용할 수 있었던 사실, 위 피고가 운영하는 음악 사이트 서버의 이용자 구매함 또는 보관함에는 구매리스트가 표시되어 있으나 파일 자체는 별도로 구매함 등에 보관되어 있는 것이 아니고, 이용자들이 MP3 파일 등을 다운로드받을 때에는 위 음악 사이트에서 음원 DB에 저장된 음원 파일 등을 보내주는 방식이 사용되고 있는 사실, 이미 구매한 이용자들이 이용자 보관함 구매리스트에 있는 악보데이터를 인쇄하고자 할 때에는 이를 위 음악 사이트 서버 주소에서 불러와 인쇄하는 방식인 사실 등을 알 수 있다. 이러한 사실관계에서 알 수 있는 바와 같이 이미 위 서비스를 구입한 이용자들은, 비록 그 범위가 한정되기는 하나 다수의 자가 위 음악 사이트에서 이 사건 각 음악저작물에 관한 MP3 파일 등을 공통적으로 사용하고 있어 '특정 다수인', 즉 저작권법 제2조 제32호에 규정된 '공중'에 해당한다고 할 것이고, 피고 네오위즈인터넷이 이미 구입한 이용자들에게 계속 서비스를 이용할 수 있도록 한 행위는 위 서비스 판매·제공 중단 전의 행위로 인한 전송권 등의 침해와는 별도로 원고의 공중송신권 또는 전송권을 침해한다고 봄이 상당하다.[81]

---

[80] 대법원 2003. 3. 25. 선고 2002다66946 판결. 판결에 대한 평석으로는 양현주, "뮤지컬 "지저스 크라이스트 수퍼스타'의 인터넷 VOD 방송 사건", 정보법학 7卷 2號 (2003. 12.), 한국정보법학회(2003), 173 – 184면.

라. 전시권

(1) 의의

저작자는 미술저작물 등의 원본이나 그 복제물을 전시할 권리를 가진다(§19). 미술·건축·사진저작물만이 전시권의 대상이 되며, '전시'는 공중에게 저작물을 공개하는 '공표'의 한 형태이다(§2, 25). 이러한 전시권은 원본이 양도된 경우에는 가로·공원·건축물의 외벽 그 밖에 공중에게 개방된 장소에 항시 전시하는 경우에만 그 효력이 미친다(§35①). 그리고 저작권법 제11조 제3항 및 제19조는 '전시권'의 보호대상인 저작물을 '미술저작물·건축저작물 또는 사진저작물('미술저작물 등')'에 한정하여 열거하고 있으므로, 미술저작물 등 외의 저작물은 전시의 방법으로는 그 저작재산권이 침해되지 아니한다.[82] 이러한 우리 저작권법상 전시권 규정에 대해서는 지나치게 권리자 위주의 입법이라는 비판이 있다.[83]

(2) 판례

① 원고는 사진저작물을 대여함에 있어 액자·전시·게시, 포스터, 달력, 신문광고 및 잡지·광고 등 용도별, 매체별로 사용가격에 차별을 두고 있는데 달력용 사진에 비하여 액자용 사진의 대여료가 더 고가인 사실, 원고의 사진저작물을 사용하는 사람이 허가된 사용범위 및 내용을 변경해서 사용하고자 할 때는 반드시 사전에 저작권자에게 이를 통보하도록 정하고 있는 사실, 원고는 달력의 각 월의 계절적 특성에 부합하는 사진 11점을 위 A에게 대여하였고, 이에 위 A는 이 사건 달력의 각 월의 계절적 특성에 부합하는 사진을 해당 월에 게재하여 달력을 제작한 사실, 원고는 위 A에게 이 사건 각 사진을 달력에 게재하는 용도로 그 사용을 허락한 사실 등을 인정할 수 있는바, 이 사건 달력에 게재된 이 사건 각 사진은 각 월별의 계절적 특성을 시각적으로 표현하기 위하여 날짜·요일과 함께 게재된 것인데 사진이 달력으로부터 분리될 경우에 이러한 시각적 효과를 기대할 수 없을 뿐만 아니라 분리된 사진을 통하여는 날짜와 요일을 전혀 알 수 없으므로 이는 이미 달력의 일부라고 할 수 없고 단지 독자적인 사진예술품으로 인식되는 점, 달

---

81) 대법원 2012. 1. 12. 선고 2010다57497 판결.

82) 대법원 2010. 9. 9. 선고 2010도4468 판결(피해자와 피고인이 공동 번역한 "칼빈주의 예정론" 번역본은 어문저작물에 해당하는 것이어서 전시의 방법으로는 그 저작재산권이 침해되지 아니하므로, 피고인이 피해자의 허락 없이 이를 한국상담선교연구원 인터넷 홈페이지에 링크된 도서출판 베다니 사이트에 게시하였다 하더라도 전시의 방법에 의한 저작재산권 침해죄를 구성하지는 아니한다).

83) 송영식·이상정, 「저작권법개설(제8판)」, 세창출판사(2012), 232면.

력을 판매함에 있어 전시를 허락한 직접적인 대상은 어디까지나 달력 전체이고 그 안에 포함된 사진은 달력 전체를 하나의 저작물로 전시할 수 있는 범위 내에서 부수적으로 그 사진에 대한 전시도 허락된 것에 불과한 점, 달력에서 사진을 분리하여 이를 독자적으로 전시하는 것은 달력의 일부로서가 아니라 새로운 사진작품을 전시하는 것에 해당되는 점, 인쇄기술의 발달로 인하여 달력에 게재된 사진과 필름으로부터 바로 인화한 사진의 구별이 용이하지 않은 점, 원고가 사진저작물을 대여함에 있어 액자로 전시하는 경우와 달력에 게재하는 경우를 구별하고 있는 점, 그 밖에 이 사건 변론에 나타난 제반사정을 감안하면, 원고는 이 사건 각 사진을 달력에 게재하여 전시하는 용도로만 그 사용을 허락하였다고 봄이 상당하므로 이 사건 달력을 구입한 사람들이 달력에 게재된 방법으로 이 사건 각 사진을 전시하지 아니하고 달력에서 이 사건 각 사진을 오려 낸 후 액자에 넣어 일반공중이 볼 수 있는 장소에 전시하는 행위는 허락된 범위를 넘는 것이라고 할 것이고, 따라서 특별한 사정이 없는 한 피고는 이 사건 각 사진의 독립된 게시를 통하여 원고의 전시권을 침해하였다고 할 것이다.[84]

② 구 저작권법(2006. 12. 28. 법률 제8101호로 전부 개정되기 전의 것. 이하 같다) 제2조 제14호는 '복제'는 인쇄·사진·복사·녹음·녹화 그 밖의 방법에 의하여 유형물에 고정하거나 유형물로 다시 제작하는 것을 말하며, 같은 조 제9의2호는 '전송'은 일반공중이 개별적으로 선택한 시간과 장소에서 수신하거나 이용할 수 있도록 저작물을 무선 또는 유선통신의 방법에 의하여 송신하거나 이용에 제공하는 것을 말한다고 규정하고 있고, 한편 구 저작권법은 같은 법 제19조 소정의 '전시'에 관하여는 별도의 정의 규정을 두고 있지 않지만, 그 입법취지 등을 고려하면 위 법조에서 말하는 '전시'는 미술저작물·건축저작물 또는 사진저작물(이하 '미술저작물 등'이라 한다)의 원작품이나 그 복제물 등의 유형물을 일반인이 자유로이 관람할 수 있도록 진열하거나 게시하는 것을 말한다고 할 것이다.[85]

---

84) 서울중앙지방법원 2004. 11. 11. 선고 2003나51230 판결(확정) 그 이외에 본 사안에서 피고는, 상업적인 목적 없이 병원환자들의 정서함양이라는 공익적 목적을 위하여 이 사건 각 사진을 전시한 것이므로 이 경우 원고의 허락 없이 이 사건 각 사진을 자유로이 이용할 수 있는 것이고 이러한 범위 내에서 원고의 이 사건 각 사진에 대한 저작권은 제한되어야 한다고 주장하였으나, 법원은 "저작물을 이용할 때에는 원칙적으로 저작권자의 허락을 받음으로써 그 배타적 권리를 보호하여야 하나 모든 이용형태에 있어서 무제한으로 저작자의 권리가 보호된다고 하면 문화적 소산인 저작물의 공정하고 원활한 이용을 방해하여 결과적으로 문화발전에 기여하는 것을 목적으로 하는 저작권법의 취지에 반하게 되므로, 현행 저작권법은 학교교육목적을 위하거나 시사보도, 사적 이용 등을 위하여 일정한 범위에서 저작물의 자유이용(Fair use)을 허용하고 있으나, 피고가 주장하는 사유만으로는 피고가 병원의 환경미화를 위하여 이 사건 각 사진을 병원복도의 벽에 게시한 행위를 두고 이러한 자유이용이 허용된 경우에 해당한다고 보기 어렵고, 달리 이를 인정할 자료가 없으므로, 피고의 위 주장은 이유 없다"고 하면서 그 주장도 배척하였다.

마. 배포권

(1) 의의

저작자는 저작물의 원본이나 그 복제물을 배포할 권리를 가진다(§20본). 배포란 저작물 등의 원본 또는 그 복제물을 공중에게 대가를 받거나 받지 아니하고 양도 또는 대여하는 것을 말한다(§2,23호). 다만, 최초판매이론(First Sale Doctrine)[86]이 적용되므로, 저작물의 원본이나 그 복제물이 해당 저작재산권자의 허락을 받아 판매 등의 방법으로 거래에 제공된 경우에는 그러하지 아니하다(§20단). 이러한 배포권은 무형적 형태의 이용을 규율하는 공중송신권과 달리 유형적 형태의 이용에 관한 권리이다.

이러한 저작권법상 '배포'라 함은 "저작물의 원작품 또는 그 복제물을 일반 공중에게 대가를 받거나 받지 아니하고 양도 또는 대여하는 것"을 뜻하는바, 음악청취 사이트에서 이용자들이 선택한 곡에 해당하는 컴퓨터압축파일을 스트리밍 방식에 의하여 이용자의 컴퓨터에 전송하고 실시간으로 재생되도록 하는 것이 저작물의 원작품이나 그 복제물을 일반공중에게 양도 또는 대여하는 것에 해당한다고 볼 수 없다는 것이 판례이다.[87]

(2) 판례

① 저작권자의 허락을 얻어 제작한 음반, 즉 복제 허락을 받아 복제한 저작물을 저작권자의 허락 없이 유통시킨 경우 저작권자의 배포권을 침해하는 것인지에 대해 법원은 "피고의 직원은 원고의 허락 없이 위와 같이 납품하고 남은 위 CD를 폐기하지 않고 판매, 배포함으로써 그에 실린 음악에 대하여 원고가 가지는 저작재산권(배포권)을 침해하

---

85) 대법원 2010. 3. 11. 선고 2009다4343 판결[이른바 인터넷 링크(Internet link)는 인터넷에서 링크하고자 하는 웹페이지나, 웹사이트 등의 서버에 저장된 개개의 저작물 등의 웹 위치 정보 내지 경로를 나타낸 것에 불과하여, 비록 인터넷 이용자가 링크 부분을 클릭함으로써 링크된 웹페이지나 개개의 저작물에 직접 연결한다 하더라도, 이는 구 저작권법 제2조 제14호에 규정된 '유형물에 고정하거나 유형물로 다시 제작하는 것'에 해당하지 아니하고, 또한 저작물의 전송의뢰를 하는 지시 또는 의뢰의 준비행위로 볼 수 있을지언정 같은 조 제9의2호에 규정된 '송신하거나 이용에 제공하는 것'에 해당하지 아니함은 물론, 같은 법 제19조에서 말하는 '유형물을 진열하거나 게시하는 것'에도 해당하지 아니한다. 그러므로 위와 같은 링크를 하는 행위는 구 저작권법이 규정하는 복제, 전송 및 전시에 해당하지 않는다고 할 것이다].

86) The first-sale doctrine is a limitation on copyright that was recognized by the Supreme Court of the United States in 1908(see Bobbs-Merrill Co. v. Straus) and subsequently codified in the Copyright Act of 1976, 17 U.S.C. § 109. The doctrine allows the purchaser to transfer(i.e., sell, lend or give away) a particular lawfully made copy of the copyrighted work without permission once it has been obtained. This means that the copyright holder's rights to control the change of ownership of a particular copy ends once ownership of that copy has passed to someone else, as long as the copy itself is not an infringing copy. This doctrine is also referred to as the "right of first sale," "first sale rule," or "exhaustion rule."

87) 서울지방법원 2003. 9. 30. 자 2003카합2114 결정.

였다 할 것이므로, 그 사용자인 피고는 그 직원이 위와 같이 직무와 관련하여 행한 불법 행위에 대하여 그 손해를 배상할 의무가 있다"고 판시하였다.[88]

② 인터넷 이용자들이 저작권자로부터 이용허락을 받지 않은 영화 파일을 웹스토리지에 업로드한 다음 이를 공중의 다운로드가 가능하도록 설정해 놓는 행위는 공중의 구성원이 개별적으로 선택한 시간과 장소에서 접근할 수 있도록 이용에 제공하는 경우에 해당하므로 저작권자의 공중송신권 중 전송권을 침해하는 것이 된다. 그러나 저작권법상 '배포'는 저작물의 원작품 또는 그 복제물을 유형물의 형태로 일반 공중에게 양도 또는 대여하는 것을 말하는 것이므로, 이용자들이 저작권자로부터 이용허락을 받지 않은 영화 파일을 웹스토리지에 업로드한 다음 이를 공유로 설정하여 다른 사람들로 하여금 다운로드하도록 하더라도, 이러한 행위가 배포에 해당한다고는 할 수 없다.[89]

바. 대여권

저작자는 제20조 단서에도 불구하고 판매용 음반이나 판매용 프로그램을 영리를 목적으로 대여할 권리를 가진다(§21). 따라서 판매용 음반이나 판매용 프로그램을 대여하는 경우에는 권리자에게 일정한 대가를 지급하여야 한다. 다만, 이러한 현행법의 태도에 대해서는 배포란 저작물 등의 원본 또는 그 복제물을 공중에게 대가를 받거나 받지 아니하고 양도 또는 대여하는 것(§2,23호)으로서 대여가 포함되어 있기 때문에, 별도의 '대여권'이라는 권리를 신설할 필요가 있었는지에 대한 비판이 있다.[90]

3. 2차적 저작물 작성권

가. 일반

저작자는 그의 저작물을 원저작물로 하는 2차적 저작물을 작성하여 이용할 권리를 가진다(§22). 이러한 2차적 저작물의 이용에 대해서는 2차적 저작물의 저작자뿐만 아니라 원저작자로부터도 동의나 허락을 받아야 한다.

---

88) 서울지방법원 1999. 8. 6. 선고 98가합103188 판결(항소 취하로 확정).

89) 서울중앙지방법원 2008. 8. 5. 자 2008카합968 결정. 이 판결에 대한 평석으로는 최상필, "웹스토리지 서비스에 관한 법률관계", 東亞法學 44號 (2009. 8.), 東亞大學校 出版部(2009), 221－246면; 이종석, "사적이용 복제의 허용 범위", 저작권문화 통권 175호 (2009년 3월), 저작권심의위원회(2009), 28－29면.

90) 송영식·이상정, 「저작권법개설(제8판)」, 세창출판사(2012), 234면.

나. 판례

(1) 구 저작권법(1986. 12. 31. 법률 제3961호로 개정되기 전의 것) 제5조 제1항에 의하면 타인의 저작물을 그 창작자의 동의를 얻어 다른 언어로 번역한 자는 원저작자의 권리를 해하지 않는 범위 내에서 그 번역물에 대하여 저작권을 가지는 것으로 규정되어 있는데 위 번역저작권은 그 성질상 특정한 형식이나 절차에 관계없이 번역저작물의 완성과 동시에 당연히 성립한다고 해석된다.[91] 그리고 원고가 비록 이 사건 번역저작권을 갖는다 하더라도 원저작자의 동의 없이는 출판 또는 공표를 할 수 없는 것이므로 그 번역내용이 원저작자의 뜻에 맞지 아니한다고 하여 바로 원저작자의 권리를 해하는 것으로 볼 수 없다.

위 저작권법 제5조, 제64조 등을 종합하면 타인의 저작물을 그 창작자의 동의 없이 '개작'이라 함은 원저작물을 기초로 하였으나 사회통념상 새로운 저작물이 될 수 있는 정도의 수정증감을 가하거나 위 법 제5조 제2항 각 호의 방법에 의하여 복제하는 것을 말하는 것이므로 원저작물과 거의 동일하게 복제하는 이른바 도작, 표절 또는 원저작물을 다소 이용하였으나 원저작물과 실질적인 유사성이 없는 별개의 독립적인 신저작물을 만드는 창작과는 다르다 할 것이다.[92]

원심이 적법하게 확정한 바와 같이 피고가 소외 위 스잔·크라우더에게 다시 번역을 의뢰하면서 위 소외인이 한국의 문화, 풍습과 원작자가 펼치려는 특수한 의식세계에 관하여 이해가 부족하고 우리말의 특수한 어휘에도 익숙하지 못하여 그가 이 사건 원저작물을 번역하려면 이미 완성된 원고의 번역물에 크게 의존할 수밖에 없으리라는 사정을 충분히 예견하였음에도 불구하고 원고의 번역물을 위 소외인에게 넘겨주고 그가 번역이 끝날 때까지 이를 회수하지 아니하였고 소외인의 번역이 원고의 번역물을 표절하였다 하여 원고로부터 강력한 항의를 받고서도 이를 출판하였으며 실제로 소외인의 번역이 앞에서 본 바와 같이 원고의 동의도 없는 무단개작에 해당되는 것이라면 피고의 위와 같은 행위는 위 소외인과 공동으로 원고의 번역저작권을 침해한 공동불법행위를 구성한다.[93]

---

91) 원심이 같은 견해에서 원고가 원저작자인 소외 A의 동의를 얻어 이 사건 소설의 번역을 완성한 이상 위 A가 그 번역 내용에 이의를 제기하였다거나 원·피고 사이의 출판계약에 따른 교열과 교정절차를 마치지 아니하였다 하더라도 원고의 이 사건 번역저작권에는 아무런 영향이 없다고 판시한 것은 정당하고 거기에 주장하는 바와 같은 법리의 오해나 채증법칙을 어긴 위법이 없다.

92) 따라서 원심이 소외 수잔·크라우더가 한 이 사건 원저작물의 번역이 원고가 이미 완성한 번역물에 고도의 수정·증감을 가한 것이어서 사회통념상 새로운 번역물로 볼 수 있다 하겠으나 원고의 번역을 토대로 이에 크게 의존함으로써 원고가 번역한 것과 상당한 유사성을 가진다고 인정하여 원고의 번역물을 무단 개작한 것에 해당한다고 판단한 것은 정당하고 거기에 지적하는 바와 같은 법리의 오해나 채증법칙을 어긴 위법이 없다.

93) 대법원 1990. 2. 27. 선고 89다카4342 판결. 이 판결에 대한 평석으로는 林治龍, "飜譯著作權", 國民

(2) 저작권법상 타인의 저작물인 경우에는 원창작자의 동의를 얻어 번역한 경우에 한하여 저작자로서의 저작권이 인정되고, 외국인의 저작물인 경우에는 조약상의 별단의 규정이 없으면 그 저작물을 국내에서 처음으로 복제하여 발매, 판매한 자에 한하여 저작권법에 의한 보호를 받을 수 있으며, 또한 저작권을 양도하는 경우에는 문화공보부에 그 사실을 등록하지 아니하면 이로써 제3자에 대항할 수 없다할 것인바, 원고가 앞에 든 바의 "죽음의 수용소에서"란 책은 원래 오스트리아인인 빅터 이 프랭클이 저작한 "인간의 의미탐구"라는 저서를 소외인이 원저작자의 동의를 얻은바 없이 임의로 번역한 것으로서 위 양도사실을 문화공보부에 등록한 사실이 없음을 자인하는 이 건의 경우 소외인은 저작권법상의 저작자로 인정될 수 없어서 위 "죽음의 수용소"란 책자에 관한 저작권이나 저작권에서 파생하는 출판권이 있다 할 수 없다 할 것이므로 원고로서는 저작권법상의 위와 같은 권리가 없는 소외인으로부터 위 책자에 관한 저작권이나 출판권을 적법 유효하게 양수할 수 없다 할 것이고, 또한 원고가 위 책자를 국내에서 처음으로 출판하였다 하더라도 위에든 빅터 이 프랭클의 저서인 "인간의 의미탐구"를 복제하여 발매한 것이 아니고 그 번역물인 "죽음의 수용소에서"를 출판한 것임이 명백한 이 건의 경우 원고로서는 저작권법 제46조의 규정에 따른 저작권법에 의한 보호를 받을 수 없다.[94]

(3) 원저작물을 우리말로 번역하고 해설한 2차적 저작물에 대한 복제·반포권을 계약에 의하여 취득한 경우 거기에는 당연히 원저작물의 원문을 포함하여 복제·반포할 권리가 포함되어 있다고 할 것이나, 이것이 원문만의 또는 원문 그대로의 복제·반포권도 포함되어 있음을 뜻하는 것은 아니다.[95]

4. 저작재산권의 양도, 이용허락 등

가. 저작재산권의 양도

저작재산권은 전부 또는 일부를 양도할 수 있다(§45①). 따라서 저작재산권 전부의 양도뿐만 아니라, 저작권을 구성하는 복제권, 공연권, 공중송신권 등 개별적 지분권의 양도

과 司法: 윤관 大法院長 退任紀念 (99. 1.), 博英社(1999), 190 – 199면.

94) 서울고등법원 1975. 6. 13. 선고 74나1938 판결(확정). 다만, 이 판결은 "타인의 저작물을 그 창작자의 동의를 얻어 번역, 개작 또는 편집한 자는 원 저작자의 권리를 해하지 않는 범위 내에 있어서 이를 본법에 의한 저작자로 본다(구 저작권법 §5①)"는 규정이 있던 구법하에서의 판결로서, 원저작자의 동의 여부와 상관 없이 번역물에 대한 2차적저작권이 인정되는 현행법하에서는 유지되기 어려운 판결이다.

95) 대법원 1992. 9. 22. 선고 91다39092 판결. 판결에 대한 평석으로는 朴成浩, "2차적 저작물과 공동저작물의 관련성: 월트 디즈니 사건", 著作權 59호 (2002.09) 가을호, 著作權審議調停委員會(2002), 63 – 78면.

도 가능하며, 시간적·지역적 한계를 설정한 권리 양도도 가능하다.

다만, 저작재산권의 전부를 양도하는 경우에 특약이 없는 때에는 제22조에 따른 2차적 저작물을 작성하여 이용할 권리는 포함되지 아니한 것으로 추정하고, 예외적으로 프로그램의 경우에는 특약이 없는 한 2차적 저작물작성권도 함께 양도된 것으로 추정한다(§45②).[96]

판례는 '녹정기' 사건에서 "신청인과 A 사이의 1987. 3. 31.자 계약은 저작물 이용대가를 판매부수에 따라 지급하는 것이 아니라 미리 일괄지급하는 형태로서 소위 매절계약이라 할 것으로, 그 원고료로 일괄지급한 대가가 인세를 훨씬 초과하는 고액이라는 등의 소명이 없는 한 이는 출판권설정계약 또는 독점적 출판계약이라고 봄이 상당하므로 위 계약이 저작권양도계약임을 전제로 하는 신청인의 위 주장은 이유 없다(가사 신청인의 위 주장을 위 출판권에 기한 침해금지의 뜻이 포함되어 있는 취지로 보더라도, 출판권은 당사자 사이에 특별한 약정이 없는 한 3년간 존속하는바, 신청인의 출판권은 위 계약일로부터 3년이 경과하여 이미 소멸되었음은 역수상 명백하다)"고 판시하였다.[97]

나. 저작재산권의 이용허락

(1) 일반

저작재산권자는 다른 사람에게 그 저작물의 이용을 허락할 수 있으며(§46①), 이용허락을 받은 자는 허락받은 이용 방법 및 조건의 범위 안에서 그 저작물을 이용할 수 있다(§46②). 허락에 의한 저작재산권의 이용권은 출판권을 제외하고는 채권적 성질을 가지며, 따라서 저적재산권이 제3자에게 양도된 경우에는 이용권자는 양수인에게 자기의 권리를 주장할 수 없다. 또한, 이러한 허락에 의하여 저작물을 이용할 수 있는 권리는 저작재산권자의 동의 없이 제3자에게 이를 양도할 수 없다(§46③).[98] 이러한 이용허락에는 독점적 이용허락과 비독점적 이용허락이 있을 수 있는데, 독점적 이용허락을 받은 자라

---

96) 공정거래위원회는 조달청, 용인시, 안양시, 대한주택공사 및 한국토지공사의 건축설계경기지침 중 입상작들의 저작권은 발주기관에 귀속된다는 조항을 수정 또는 삭제하도록 조치한 바 있다(공정거래위원회 2009. 5. 27. 보도자료 참고).

97) 서울민사지법 1994. 6. 1. 선고 94카합3724 판결.

98) 음악저작물에 대한 저작권위탁관리업자인 사단법인 한국음악저작권협회가 영상반주기 등 노래방 기기의 제작이나 신곡의 추가 입력 시에 그 제작업자들로부터 사용료를 받고서 음악저작물의 이용을 허락한 것은 특별한 사정이 없는 한 위 제작업자들이 저작물을 복제하여 노래방 기기에 수록하고 노래방 기기와 함께 판매·배포하는 범위에 한정되는 것이고, 그와 같은 허락의 효력이 노래방 기기를 구입한 노래방 영업자가 일반공중을 상대로 거기에 수록된 저작물을 재생하여 주는 방식으로 이용하는 데에까지 미치는 것은 아니다(대법원 1996. 3. 22. 선고 95도1288 판결).

하더라도 원저작권자에 대한 관계에서만 타인에 대한 사용허락의 금지를 요구할 수 있을
뿐, 제3자의 저작권 침해 행위에 대해 직접 침해금지청구 등을 할 수는 없고 다만 채권
자대위권에 기한 금지청구 등을 주장할 수 있다고 할 것이다.[99]

(2) 판례

① 저작권에 관한 계약을 해석함에 있어 과연 그것이 저작권 양도계약인지 이용허락
계약인지는 명백하지 아니한 경우, 저작권 양도 또는 이용허락되었음이 외부적으로 표현
되지 아니한 경우에는 저작자에게 권리가 유보된 것으로 유리하게 추정함이 상당하며,
계약내용이 불분명한 경우 구체적인 의미를 해석함에 있어 거래관행이나 당사자의 지식,
행동 등을 종합하여 해석하여야 한다.[100]

② 저작권자가 자신의 저작재산권 중 복제·배포권의 처분권한까지 음반제작자에게
부여하였다거나 또는 음반제작자로 하여금 저작인접물인 음반 이외에 저작권자의 저작물
에 대하여까지 이용허락을 할 수 있는 권한 내지 저작물의 이용권을 제3자에게 양도할
수 있는 권한을 부여하였다는 등의 특별한 사정이 인정되지 않는 한, 음반제작자에 의하
여 제작된 원반(原盤) 등 저작인접물에 수록된 내용 중 일부씩을 발췌하여 이른바 '편집
앨범'을 제작하고자 하는 자는 그 음반제작자의 저작인접물에 대한 이용허락 이외에 저

---

99) 대법원 2007. 1. 25. 선고 2005다11626 판결(저작권법은 특허법이 전용실시권제도를 둔 것과는 달리 침
해정지청구권을 행사할 수 있는 이용권을 부여하는 제도를 마련하고 있지 아니하여, 이용허락계약의 당
사자들이 독점적인 이용을 허락하는 계약을 체결한 경우라도 그 이용권자가 독자적으로 저작권법상의
침해정지청구권을 행사할 수는 없다. 따라서 이용허락의 목적이 된 저작권법이 보호하는 재산권의 침해
가 발생하는 경우에도 그 권리자가 스스로 침해정지청구권을 행사하지 아니하는 때에는 독점적인 이용
권자로서는 이를 대위하여 행사하지 아니하면 달리 자신의 권리를 보전할 방법이 없을 뿐만 아니라, 저
작권법이 보호하는 이용허락의 대상이 되는 권리들은 일신전속적인 권리도 아니어서 독점적인 이용권자
는 자신의 권리를 보전하기 위하여 필요한 범위 내에서 권리자를 대위하여 저작권법 제91조에 기한 침
해정지청구권을 행사할 수 있다). 이 판결에 대한 평석으로는 朴晟秀, "저작권법상 복제권의 침해방조와
채권자 대위에 의한 침해금지청구의 행사 및 보전의 필요성", 대법원판례해설 69號 (2007 상반기) (2007.
12.), 법원도서관(2008), 661 - 754면; 박세진, "P2P 서비스 제공자의 책임", 저작권문화 통권 152호
(2007년 4월), 저작권심의위원회(2007), 24 - 26면.
100) 대법원 1996. 7. 30. 선고 95다29130 판결[작사자, 작곡자 및 실연자와 음반제작사 사이의 음반제작계
약을 비배타적 저작권 이용허락계약으로 해석하고, 음반제작계약 시에는 상용화되지 않은 새로운 매체
인 시디(CD)음반으로 제작·판매한 것이 이용허락 범위 내에 포함된다고 본 사례]. 이 판결에 대한 평
석으로는 池大雲, "著作物 利用許諾의 範圍: 著作權에 관한 契約이 著作權讓渡契約인지 利用許
諾契約인지의 구별기준, 著作權利用許諾契約時 媒體의 범위에 대한 明示的 約定이 없는 경우 새
로운 媒體에 관한 利用을 許諾한 것으로 볼 것인지 여부", 判例實務研究 Ⅰ ('97. 9.), 博英社(1997),
112 - 123; 金文煥, "音盤製作契約의 意味 및 그 適用範圍: 신정성 외1인 대 주식회사 地球", 民事
判例研究 ⅩⅩ 20卷('98. 6.), 博英社(1998), 426 - 452; 이진우, "김원일 새로운 매체와 저작물 이용허
락의 범위" 著作權 44호 ('98. 12.) 겨울호, 著作權審議調停委員會(1998), 49 - 56면.

작권자로부터도 음악저작물에 대한 이용허락을 얻어야 한다.[101]

③ 음반제작자의 저작인접권은 음(音)을 음반에 맨 처음 고정시키는 행위를 통하여 생성된 음반에 관하여 발생하는 권리로서 작사자나 작곡자 등 저작자의 저작물에 관한 저작재산권과는 별개의 독립된 권리이기는 하나, 저작인접물인 음반의 복제·배포에는 필연적으로 음반에 수록된 저작물의 이용이 수반되므로, 음반제작자 자신도 그 저작물의 저작재산권자로부터 이용허락을 받지 않으면 그 음반을 복제·배포할 수 없다.

음반제작자와 저작재산권자 사이에 체결된 이용허락계약을 해석함에 있어 이용허락의 범위가 명백하지 아니한 경우에는 당사자가 이용허락계약을 체결하게 된 동기 및 경위, 이용허락계약에 의하여 달성하려는 목적, 거래관행, 당사자의 지식, 경험 및 경제적 지위, 수수된 급부가 균형을 유지하고 있는지, 이용허락 당시 당해 음악저작물의 이용방법이 예견 가능하였는지 및 그러한 이용방법을 알았더라면 당사자가 다른 내용의 약정을 하였을 것이라고 예상되는지, 당해 음악저작물의 이용방법이 기존 음반시장을 대체하는 것인지 아니면 새로운 시장을 창출하는 것인지 등 여러 사정을 종합하여 그 이용허락의 범위를 사회 일반의 상식과 거래의 통념에 따라 합리적으로 해석하여야 한다.

음반제작자가 원반(原盤)의 기획, 녹음 및 편집, 홍보 등 대부분의 제작업무를 담당하면서 그 비용을 부담하였고, 원반(原盤)에 수록된 곡들의 작사자 및 작곡자가 음반제작자의 기획·제작 및 홍보능력에 의지하여 음반제작자에게 별다른 제한을 두지 않고 자신의 음악저작물에 대한 이용을 허락하였다고 보이며, 음악저작물에 대한 이용허락 당시 음반제작자가 별도의 편집음반에 원반(原盤)에 수록된 곡들을 포함할 수 있다는 정도는 예견할 수 있었다면, 음반제작자가 작사자 및 작곡자의 음악저작물 이용허락을 받아 제작한 원반(原盤)을 복제하여 편집음반을 제작·판매할 수 있다.

여러 원반(原盤)에 수록된 곡들을 선정하여 다른 신곡들과 함께 편집음반에 수록하면서 원곡(原曲)의 일부를 생략한 경우에도, 생략된 부분이 원곡(原曲)의 저작자들의 창작부분이 아니라 저작물을 편곡하여 원반(原盤)을 제작하는 과정에서 프로듀서 등의 창작활동으로 형성된 부분이고, 편집음반에 수록된 곡들이 모두 저작자들이 자신의 저작물을 가창(歌唱)하도록 허락한 가수에 의하여 실연되었다면, 편집음반의 제작이 원곡(原曲)에 대한 이용허락의 범위를 벗어나지 않았다.

저작권법(2006. 12. 28. 법률 제8101호로 전문 개정되기 전의 것) 제41조 제2항은 저작재산권의 전부를 양도하는 경우에 특약이 없는 때에는 같은 법 제21조의 규정에 의한

---

101) 대법원 2006. 7. 13. 선고 2004다10756 판결, 대법원 2002. 9. 24. 선고 60682 판결 등.

2차적 저작물 또는 편집저작물을 작성할 권리는 포함되지 아니한 것으로 추정한다고 규정하고 있는바, 저작재산권의 수탁자가 저작자들로부터 음악저작물에 대한 저작재산권을 신탁받으면서 음악저작물에 관한 편집저작물을 작성할 권리까지 이전받지 않았다면, 저작재산권의 수탁자는 편집저작물 작성권을 침해당하였음을 이유로 손해의 배상을 청구할 수 없다.102)

④ 원심이 인정한 사실과 기록에 의하면, 원심 판시 이 사건 계약은 소외인 작사, 작곡의 동요 16곡을 수록한 카세트테이프 자체를 독자적인 상품으로 발매할 목적으로 체결된 것이 아니라, 위 동요를 '신기한 아기나라' 제품의 한 구성 부분으로 포함시켜 판매하기 위하여 체결된 점, 이 점을 잘 알고 있는 소외인도 피고로부터 '신기한 아기나라'의 매출량에 따른 대가가 아닌 1곡당 40만 원(기존곡) 또는 50만 원(신곡)의 확정된 금액을 지급받기로 약정하면서 그 이용기간을 한정하지 않은 점, 게다가 그중 신곡에 대하여는 동종 업계에 제공하지 않기로 약정한 점, 피고는 이 사건 계약체결 후인 1997년경 다른 사람들에게 동요 작곡 등을 의뢰하면서 동요 1곡당 약 20만 원 또는 40만 원을 지급하고 그 작곡자 등이 제공한 곡의 저작권을 양수한 바 있고, 2000년경에는 작사가들에게 동요 가사 1곡당 10만 원을 지급하고 저작재산권 및 저작물을 응용하여 이용할 수 있는 권리를 양수받은 바 있는 점, 이 사건 계약이 체결된 1993년경에는 이미 CD가 대중화되어 음반 발매시 카세트테이프뿐만 아니라 CD로도 함께 출시하는 것이 일반적인 경향이었던 점, '신기한 아기나라' 제품의 한 구성을 이루는 카세트테이프를 CD로 바꾸는 것은 새로운 시장을 창출하는 행위가 아닌 점, 이 사건 16곡의 이용기간에 대하여 아무런 한정을 하지 아니한 소외인이 그 이용매체를 카세트테이프로만 한정하여 사용을 허락할 만한 특별한 사정도 엿보이지 않는 점 등을 알 수 있는바, 이와 같은 여러 사정을 종합하여 보면, 소외인은 피고에게 이 사건 16곡에 대하여 '신기한 아기나라' 제품의 구성으로 사용하는 한 그 구체적인 사용매체에 대하여 제한을 두지 않고서 이용을 허락한 것으로 봄이 상당하다.103)

---

102) 대법원 2006. 12. 22. 선고 2006다21002 판결. 판결에 대한 평석으로는 배대헌, "이른바 '곡비' 지급에 따른 음악저작물의 이용허락계약과 신탁계약 효력", (季刊)著作權 77호(2007.04) 봄호, 著作權審議調停委員會(2007), 53－66면; 吳泳俊, "가. 음반제작자가 저작자의 이용허락을 얻어 제작한 원반을 이용하여 스스로 편집음반을 제작·판매하는 것이 음반제작자가 저작인접권자로서 갖는 복제·배포권의 범위에 당연히 포함되는지, 나. 음악저작물에 관한 이용허락계약에 있어서 그 이용허락의 범위가 불명확한 경우 그 구체적인 범위를 해석하는 기분", 대법원판례해설 66號(2006 하반기)(2007.07), 법원도서관(2007) 9－49면.

103) 대법원 2008. 4. 24. 선고 2006다55593 판결.

다. 질권의 설정 등

저작재산권에 대해서는 질권설정이 가능하다(權利質). 저작재산권을 목적으로 하는 질권은 그 저작재산권의 양도 또는 그 저작물의 이용에 따라 저작재산권자가 받을 금전 그 밖의 물건(제57조에 따른 배타적 발행권 및 제63조에 따른 출판권 설정의 대가를 포함한다)에 대하여도 행사할 수 있다. 다만, 이들의 지급 또는 인도 전에 이를 압류하여야 한다(§47①). 질권의 목적으로 된 저작재산권은 설정행위에 특약이 없는 한 저작재산권자가 이를 행사한다(§47②).

라. 공동저작물의 저작재산권의 행사

공동저작물의 저작재산권은 그 저작재산권자 전원의 합의에 의하지 아니하고는 이를 행사할 수 없으며, 다른 저작재산권자의 동의가 없으면 그 지분을 양도하거나 질권의 목적으로 할 수 없다. 이 경우 각 저작재산권자는 신의에 반하여 합의의 성립을 방해하거나 동의를 거부할 수 없다(§48①). 공동저작물의 이용에 따른 이익은 공동저작자 간에 특약이 없는 때에는 그 저작물의 창작에 이바지한 정도에 따라 각자에게 배분된다. 이 경우 각자의 이바지한 정도가 명확하지 아니한 때에는 균등한 것으로 추정한다(§48②). 공동저작물의 저작재산권자는 그 공동저작물에 대한 자신의 지분을 포기할 수 있으며, 포기하거나 상속인 없이 사망한 경우에 그 지분은 다른 저작재산권자에게 그 지분의 비율에 따라 배분된다(§48③). 공동저작물의 저작자는 그들 중에서 저작재산권을 대표하여 행사할 수 있는 자를 정할 수 있으며, 그 경우 대표권에 가하여진 제한이 있을 때에 그 제한은 선의의 제3자에게 대항할 수 없다(§48④, §15②,③).

판례는 만화가가 만화스토리작가의 동의 없이 공동저작물인 만화의 제호를 변경하여 재출판하고 인터넷 서비스 업체를 통해 만화 콘텐츠를 제공한 사안에서, 만화스토리작가의 복제권, 배포권, 공중송신권 및 동일성유지권을 침해하였다고 판단하였다.[104]

마. 저작재산권의 소멸

저작재산권은 그 보호기간의 만료로 소멸한다. 또한 상속이 없이 사망한 경우 등과 같이 일반 민법에 의할 때 국가에 권리가 귀속되는 경우라고 하더라도 문화자산으로서의 저작권의 성질에 비추어, 그 경우에는 권리가 소멸하는 것으로 보아 누구나 사용할 수 있도록 하는 것이 법의 취지에 맞다. 이에 저작권법에서는 ⅰ) 저작재산권자가 상속인

---

104) 서울북부지방법원 2008. 12. 30. 선고, 2007가합5940 판결(확정).

없이 사망한 경우에 그 권리가 「민법」 그 밖의 법률의 규정에 따라 국가에 귀속되는 경우, ii) 저작재산권자인 법인 또는 단체가 해산되어 그 권리가 「민법」 그 밖의 법률의 규정에 따라 국가에 귀속되는 경우에는 소멸한다고 규정하고 있다(§49).

제5절 저작권의 제한

Ⅰ. 일반

저작권은 배타적 권리이기 때문에 제3자가 무단으로 저작권을 침해하는 경우에는 저작권자가 침해금지 등의 권리행사를 할 수 있음이 원칙이다. 그러나 다른 무체재산권에서와 마찬가지로 저작권 역시 성질상 또는 법 취지상 일정한 제한을 받고, 그러한 경우에는 저작권의 효력이 미치지 못하도록 하고 있다.

저작권의 효력이 제한되어 저작물을 자유로이 이용할 수 있는 경우는 ⅰ) 저작물 이용의 성질에 비추어 저작권의 효력이 제한되는 것이 타당한 경우, ⅱ) 공익상의 이유에서 저작권을 제한할 필요가 있는 경우, ⅲ) 다른 권리와의 조정을 위하여 저작권을 제한할 필요가 있는 경우, ⅳ) 사회관행으로서 행해지고 있어 저작권을 제한하여도 저작권자의 경제적 이익을 부당하게 침해하지 않는다고 인정되는 경우 등 문화적 소산의 공정한 이용을 고려하여 정한 경우라 할 수 있다. 그러나 저작권자의 이익을 부당하게 침해하지 않도록 하여야 하며, 저작물의 이용이 방해받지 않도록 그 조건이 제한되어 있다. 또한 그 목적 이외의 사용은 금지되고, 원칙적으로 출처를 명시하여야 한다(§37).

이와 관련하여 베른협약 제9조 제2항에서는 저작재산권의 제한은 첫째, 특별한 경우에 한하고, 둘째, 저작물의 통상적인 이용과 충돌하지 아니하여야 하며, 셋째, 저작자의 합법적인 이익을 부당하게 해치지 않아야 한다는 소위 '3단계 테스트'에 관한 규정을 두고 있다.[105]

---

105) Article 9 (2) It shall be a matter for legislation in the countries of the Union to permit the reproduction of such works in certain special cases, provided that such reproduction does not conflict with a normal exploitation of the work and does not unreasonably prejudice the legitimate interests of the author.
제9조 (2) 특별한 경우에 있어서 그러한 저작물의 복제를 허락하는 것은 동맹국의 입법에 맡긴다. 다만,

Ⅱ. 저작권의 제한 유형

1. 재판절차 등에서의 복제

　재판절차를 위하여 필요한 경우이거나 입법·행정의 목적을 위한 내부자료로서 필요한 경우에는 그 한도 안에서 저작물을 복제할 수 있다. 다만, 그 저작물의 종류와 복제의 부수 및 형태 등에 비추어 당해 저작재산권자의 이익을 부당하게 침해하는 경우에는 그러하지 아니하다(§23). 동 규정은 재판절차를 위하여 필요한 경우나 국회, 관공서 등에서 입법·행정상의 내부자료로서 필요한 경우에 소량의 부수를 복제하는 것이다. 컴퓨터프로그램의 이용에 대해서는 별도의 규정을 두고 있으며(§101의3), 내부자료로 이용되는 한 본 조에 따른 이용에는 미공표저작물도 포함된다.

2. 정치적 연설 등의 이용

　공개적으로 행한 정치적 연설 및 법정·국회 또는 지방의회에서 공개적으로 행한 진술은 어떠한 방법으로도 이용할 수 있다. 다만, 동일한 저작자의 연설이나 진술을 편집하여 이용하는 경우에는 그러하지 아니하다(§24). 2006년 개정법에서는 종래 보호받지 못하는 저작물로 규정하고 있던 '공개한 법정·국회 또는 지방의회에서의 연술'을 보호받는 저작물임을 전제로 하면서 그 저작재산권을 제한하는 본조 규정을 마련한 것이다.

3. 학교교육목적 등에의 이용

가. 의의

　공표된 저작물의 경우 학교교육목적으로 활용할 수 있도록 허락할 필요성이 있는바, 저작권법에서는 다음과 같은 저작권 제한 규정을 두고 있다.

　첫째, 고등학교 및 이에 준하는 학교 이하의 학교의 교육목적상 필요한 교과용도서에는 공표된 저작물을 게재할 수 있으며(§25①), 이에 따라 저작물을 이용하려는 자는 문

그러한 복제는 저작물의 통상적인 이용과 충돌하지 않아야 하며 저작자의 합법적인 이익을 불합리하게 해치지 않아야 한다.

화체육관광부장관이 정하여 고시하는 기준에 따른 보상금을 해당 저작재산권자에게 지급하여야 한다(§25④). 이러한 규정은 교과용도서에 한하여 인정되는 것이므로 학습참고서 등에는 적용되지 않는다.[106]

둘째, 특별법에 따라 설립되었거나 「유아교육법」, 「초·중등교육법」 또는 「고등교육법」에 따른 학교, 국가나 지방자치단체가 운영하는 교육기관 및 이들 교육기관의 수업을 지원하기 위하여 국가나 지방자치단체에 소속된 교육지원기관은 그 수업 또는 지원 목적상 필요하다고 인정되는 경우에는 공표된 저작물의 일부분을 복제·배포·공연·방송 또는 전송할 수 있다. 다만, 저작물의 성질이나 그 이용의 목적 및 형태 등에 비추어 저작물의 전부를 이용하는 것이 부득이한 경우에는 전부를 이용할 수 있다(§25②). 동 규정에 따라 교육기관이 전송을 하는 경우에는 저작권 그 밖에 이 법에 의하여 보호되는 권리의 침해를 방지하기 위하여 복제방지조치 등 대통령령이 정하는 필요한 조치[107]를 하여야 한다(§25⑩).

이렇게 제공받은 자료를 피교육자가 교육목적으로 활용할 수 있도록 해 줄 필요가 있는바, 이에 저작권법에서는 동 규정에 따른 교육기관에서 교육을 받는 자는 수업목적상 필요하다고 인정되는 경우에는 제2항의 범위 내에서 공표된 저작물을 복제하거나 전송할 수 있도록 하고 있다(§25③).

한편, 공표된 교과용 도서에서와 마찬가지로, 저작물을 이용하려는 자는 문화체육관광부장관이 정하여 고시하는 기준에 따른 보상금을 해당 저작재산권자에게 지급하여야 하며 다만, 고등학교 및 이에 준하는 학교 이하의 학교에서 제2항에 따른 복제·배포·공연·방송 또는 전송을 하는 경우에는 보상금을 지급하지 아니한다(§25④). 이러한 보상을 받을 권리는 ⅰ) 대한민국 내에서 보상을 받을 권리를 가진 자(이하 '보상권리자'라 한다)로 구성된 단체일 것, ⅱ) 영리를 목적으로 하지 아니할 것, ⅲ) 보상금의 징수 및 분배 등의 업무를 수행하기에 충분한 능력이 있을 것의 요건을 갖춘 단체로서 문화체육

---

106) 대법원 1979. 6. 26. 선고 76도1505 판결("진학"지 부록으로 시중에 나도는 대학예비고사 시험문제지 복사판 일부를 복제하여 출판한 행위는 저작권법 제64조 제1항 제3호의 교과용 도서의 목적을 위하여 정당한 범위 내에서 발췌, 수집하여 복제하는 행위에 해당하여 저작권 침해가 되지 아니한다).

107) 시행령 제9조 (교육기관의 복제방지조치 등 필요한 조치) 법 제25조 제10항에서 '대통령령이 정하는 필요한 조치'란 다음 각 호의 조치를 말한다.
  1. 불법 이용을 방지하기 위하여 필요한 다음 각 목에 해당하는 기술적 조치
  가. 전송하는 저작물을 수업을 받는 자 외에는 이용할 수 없도록 하는 접근제한조치
  나. 전송하는 저작물을 수업을 받는 자 외에는 복제할 수 없도록 하는 복제방지조치
  2. 저작물에 저작권 보호 관련 경고문구의 표시
  3. 전송과 관련한 보상금을 산정하기 위한 장치의 설치

관광부장관이 지정하는 단체를 통하여 행사되어야 하며, 문화체육관광부장관이 그 단체를 지정할 때에는 미리 그 단체의 동의를 얻어야 한다(§25⑤). 그리고 이 단체는 그 구성원이 아니라도 보상권리자로부터 신청이 있을 때에는 그 자를 위하여 그 권리행사를 거부할 수 없으며, 이 경우 그 단체는 자기의 명의로 그 권리에 관한 재판상 또는 재판외의 행위를 할 권한을 가진다(§25⑥).

단체는 보상금 분배 공고를 한 날부터 3년이 경과한 미분배 보상금에 대하여 문화체육관광부장관의 승인을 얻어 공익목적을 위하여 사용할 수 있고(§25⑧),[108] 문화체육관광부장관은 위 단체가 ⅰ) 지정을 위한 요건을 갖추지 못한 때, ⅱ) 보상관계 업무규정을 위배한 때, ⅲ) 보상관계 업무를 상당한 기간 휴지하여 보상권리자의 이익을 해할 우려가 있을 때의 어느 하나에 해당하는 경우에는 그 지정을 취소할 수 있다(§25⑦).[109]

나. 판례

(1) 교과용 도서에 관한 규정에 의하면 교과용 도서라 함은 교과서, 지도서, 인정도서를 말하고, 교과서는 학교에서 교육을 위하여 사용되는 학생용의 주된 교재로서 교육부가 저작권을 가진 도서와 교육부장관의 검정을 받은 도서로 구분되고, 지도서는 학교에서 교육을 위하여 사용되는 교사용의 주된 교재를 말하며, 교육부가 저작권을 가진 도서와 교육부장관의 검정을 받은 도서로 구분되며, 인정도서라 함은 교과서 또는 지도서에 갈음하거나 이를 보충하기 위하여 교육부장관이 승인을 얻은 도서를 말하는데, 위 표준

---

108) 시행령 제8조 (미분배 보상금의 공익목적 사용) ① 법 제25조 제8항에서 '공익목적'이란 다음 각 호의 어느 하나에 해당하는 목적을 말한다. <개정 2009. 7. 22.>
   1. 저작권 교육·홍보 및 연구
   2. 저작권 정보의 관리 및 제공
   3. 저작물 창작 활동의 지원
   4. 저작권 보호 사업
   5. 창작자 권익옹호 사업
   6. 저작물 이용 활성화 및 공정한 이용을 도모하기 위한 사업
  ② 보상금수령단체는 법 제25조 제8항에 따라 미분배 보상금의 사용 승인을 받으려면 다음 각 호의 사항을 적은 문서를 문화체육관광부장관에게 제출하여야 한다. <개정 2008. 2. 29.>
   1. 보상금 분배 공고일
   2. 승인신청 금액
   3. 보상금 사용 목적
   4. 보상금 사용 계획
   5. 승인신청 일시
  ③ 보상금수령단체는 미분배 보상금을 사용한 때에는 6개월 이내에 사용 보고서를 작성하여 문화체육관광부장관에게 제출하여야 한다. <개정 2008. 2. 29.>
109) 제5항·제7항 및 제8항의 규정에 따른 단체의 지정과 취소 및 업무규정, 보상금 분배 공고, 미분배 보상금의 공익목적 사용 승인 등에 관하여 필요한 사항은 대통령령으로 정한다(§25⑨).

전과가 교육부가 저작권을 가지거나 교육부장관의 검정 또는 승인을 받은 도서라고 인정할 만한 증거가 없고, 참고서는 교과용 도서에 해당되지 아니한다.[110]

(2) 저작권 침해가 되지 않는 경우에 관한 구 저작권법 제64조 제3호 소정의 교과용도서라 함은 문교부령인 교과용도서에 관한 규정 제1조, 제2조에 의하여 대학, 사범대학, 교육대학, 실업고등전문학교, 전문학교를 제외한 각 학교의 교과서, 지도서, 인정도서를 말하는 것이라 할 것인데 기록에 의하면 피고인의 저서는 대학 응용미술관계의 교재를 겸한 것으로서 위 법에 말하는 각 대학을 제외한 각급 학교의 교과서 기타에는 해당치 않음이 명백하다.[111]

4. 시사보도를 위한 이용

가. 의의

방송·신문 그 밖의 방법에 의하여 시사보도를 하는 경우에 그 과정에서 보이거나 들리는 저작물은 보도를 위한 정당한 범위 안에서 복제·배포·공연 또는 공중송신할 수 있다(§26). 예컨대, 올림픽경기나 월드컵 개막식 등을 뉴스시간에 보도할 때 들리는 행진곡 등을 방송할 수 있다.

시사보도를 위한 이용이 허용되는 저작물은 공표된 것이든 공표되지 않은 것이든 묻지 않으며, 출처명시의무도 없다(§37①단). 다만, '그 과정에서 보이거나 들리는' 경우에 한정되므로, 부득이하고 우발적인 경우이어야 한다.

나. 판례

저작권법 제24조(현행 저작권법 제26조) 소정의 시사보도를 위한 이용으로 타인 저작물의 자유이용이 허용되기 위하여는 사회통념과 시사보도의 관행에 비추어 보도의 목적상 정당한 범위 안에서의 이용이어야 한다고 할 것인바, 잡지에 게재된 사진이 칼라로 된 양질의 사진으로서 그 크기나 배치를 보아 전체적으로 3면의 기사 중 비평기사보다는 사진이 절대적 비중을 차지하는 화보형식으로 구성되어 있는 경우 위 사진들은 보도의

---

110) 서울민사지법 1992. 6. 5. 선고 91가합39509 판결. 이 판결에 대한 평석으로는 許熺成, "敎科用圖書에 揭載된 揷畵의 無斷轉載에 따른 著作權侵害", 著作權19호('92. 9.) 가을호, 著作權審議調停委員會(1992), 64 - 68면.

111) 대법원 1979. 12. 28. 선고 79도1482 판결.

목적이라기보다는 감상용으로 인용되었다고 보이므로 보도를 위한 정당한 범위 안에서 이용되었다고 볼 수 없다.[112]

5. 시사적인 기사 및 논설의 복제 등

정치・경제・사회・문화・종교에 관하여 「신문 등의 진흥에 관한 법률」[113] 제2조의 규정에 따른 신문 및 인터넷신문 또는 「뉴스통신진흥에 관한 법률」 제2조의 규정에 따른 뉴스통신에 게재된 시사적인 기사나 논설은 다른 언론기관이 복제・배포 또는 방송할 수 있다. 다만, 이용을 금지하는 표시가 있는 경우에는 그러하지 아니하다(§27). 기사 등에 대한 국민의 알 권리 충족을 위해 베른협약 제10조의2 제1항[114]을 참고하여 2006년에 신설된 것이다.

6. 공표된 저작물의 인용

가. 의의

공표된 저작물은 보도・비평・교육・연구 등을 위하여는 정당한 범위 안에서 공정한 관행에 합치되게 이를 인용할 수 있다(§28). 예컨대 자신의 논문이나 저서 등에 타인의 글을 인용하는 것을 말한다. 정당한 범위 안에서 공정한 관행에 합치되게 인용한다는 기준은 명확하지 않으나, 일반적으로 ⅰ) 인용되는 부분은 타인의 저작물의 일부분이어야 하고, ⅱ) 인용되는 부분이 자신의 저작물의 주된 부분이 되어서는 아니 되며, ⅲ) 인용

---

112) 대법원 1990. 10. 23. 선고 90다카8845 판결.

113) 2005년 「신문 등의 자유와 기능보장에 관한 법률」의 제정에 의해 인터넷신문도 언론매체의 일종으로 포함되게 되었으며, 동법은 2009년 개정에 의해 「신문 등의 진흥에 관한 법률」로 바뀌었다.

114) Article 10bis (1) It shall be a matter for legislation in the countries of the Union to permit the reproduction by the press, the broadcasting or the communication to the public by wire of articles published in newspapers or periodicals on current economic, political or religious topics, and of broadcast works of the same character, in cases in which the reproduction, broadcasting or such communication thereof is not expressly reserved. Nevertheless, the source must always be clearly indicated; the legal consequences of a breach of this obligation shall be determined by the legislation of the country where protection is claimed.
제10조의2 (1) 경제・정치 또는 종교적인 시사문제에 관하여 신문이나 정기간행물에 발행된 기사 및 같은 성격의 방송저작물이 언론에 의하여 복제하거나, 방송되거나, 유선으로 공중에 전달되는 것을 허락하는 것은 그 복제, 방송 또는 전달이 명시적으로 유보되지 않은 경우에, 동맹국의 입법에 맡긴다. 다만, 출처는 항상 분명히 표시되어야 한다. 이 의무의 위반에 따른 법적 효과는 보호가 주장되는 국가의 입법에 따라 결정한다.

의 목적이 정당할 것 등의 요건을 갖추어야 할 것이다. 그리고 문화체육관광부장관은 정당한 범위와 공정한 관행에 관한 지침을 정하여 고시할 수 있다(영§10).

나. 판례

(1) 저작권법 제25조 소정의 보도, 비평 등을 위한 인용의 요건 중 하나인 '정당한 범위'에 들기 위하여서는 그 표현형식상 피인용저작물이 보족, 부연예증, 참고자료 등으로 이용되어 인용저작물에 대하여 부종적 성질을 가지는 관계(즉 인용저작물이 주이고, 피인용저작물이 종인 관계)에 있다고 인정되어야 할 것이다. 그런데 이 사건 기사 중 사진 부분을 제외한 해설기사는 "직장인" 및 "뷰티라이프"의 해당 2면 중 3분의 1 정도에 그치고 그것도 대부분이 위 "플래쉬"지의 해설을 그대로 번역한 것인바, 이 사실과 위에서 본 이 사건 게재사진들의 성상, 크기, 배치 등을 종합해 보면 이 사건 인용저작물이 종이고, 피인용저작물이 주의 관계에 있다고 보여 피고들의 이 사건 저작물의 인용은 보도, 비평 등을 위한 정당한 범위에 합치되지 않는다.[115]

(2) 저작권법 제25조는 공표된 저작물은 보도·비평·교육·연구 등을 위하여는 정당한 범위 안에서 공정한 관행에 합치되게 이를 인용할 수 있다고 규정하고 있는데, 정당한 범위 안에서 공정한 관행에 합치되게 인용한 것인지는 인용의 목적, 저작물의 성질, 인용된 내용과 분량, 피인용저작물을 수록한 방법과 형태, 독자의 일반적 관념, 원저작물에 대한 수요를 대체하는지 등을 종합적으로 고려하여 판단하여야 한다. 인터넷 검색사이트에서 원저작자의 허락을 받지 아니하고 그의 사진작품을 이미지검색의 이미지로 사용한 경우, 저작권법상 정당한 범위 안에서 공정한 관행에 합치되게 사용한 것이다.[116]

---

115) 대법원 1990. 10. 23. 선고 90다카8845 판결.

116) 대법원 2006. 2. 9. 선고 2005도7793 판결[피고인 2 주식회사(이하 '피고인 회사'라 한다)의 검색사이트에 썸네일 이미지의 형태로 게시된 공소외인의 사진작품들은 공소외인의 개인 홈페이지에서 이미 공표된 것인 점, 피고인 회사가 썸네일 이미지를 제공한 주요한 목적은 보다 나은 검색서비스의 제공을 위해 검색어와 관련된 이미지를 축소된 형태로 목록화하여 검색서비스를 이용하는 사람들에게 그 이미지의 위치정보를 제공하는 데 있는 것이지 피고인들이 공소외인의 사진을 예술작품으로서 전시하거나 판매하기 위하여 이를 수집하여 자신의 사이트에 게시한 것이 아닌 만큼 그 상업적인 성격은 간접적이고 부차적인 것에 불과한 점, 공소외인의 사진작품은 심미적이고 예술적인 목적을 가지고 있다고 할 수 있는 반면 피고인 회사의 사이트에 이미지화된 공소외인의 사진작품의 크기는 원본에 비해 훨씬 작은 가로 3cm, 세로 2.5cm 정도이고, 이를 클릭하는 경우 독립된 창으로 뜬다고 하더라도 가로 4cm, 세로 3cm 정도로 확대될 뿐 원본 사진과 같은 크기로 보이지 아니할 뿐만 아니라 포토샵 프로그램을 이용하여 원본 사진과 같은 크기로 확대한 후 보정작업을 거친다 하더라도 열화현상으로 작품으로서의 사진을 감상하기는 어려운 만큼 피고인 회사 등이 저작물인 공소외인의 사진을 그 본질적인 면에서 사용한 것으로는 보기 어려운 점, 피고인 회사의 검색사이트의 이 사건 썸네일 이미지에 기재된 주소를 통하여 박범용의 홈페이지를 거쳐 공소외인의 홈페이지로 순차 링크됨으로써 이용자들을 결국 공소외인의 홈

7. 영리를 목적으로 하지 아니하는 공연·방송

영리를 목적으로 하지 아니하고 청중이나 관중 또는 제3자로부터 어떤 명목으로든지 반대급부를 받지 아니하는 경우에는 공표된 저작물을 공연 또는 방송할 수 있다. 다만, 실연자에게 통상의 보수를 지급하는 경우에는 그러하지 아니하다(§29①). 예컨대, 학예회에서의 연극이나 양로원, 고아원 등에서의 연주 등이 이에 해당한다. 청중이나 관중으로부터 당해 공연에 대한 반대급부를 받지 아니하는 경우에는 판매용 음반 또는 판매용 영상저작물을 재생하여 공중에게 공연할 수 있다. 다만, 대통령령이 정하는 경우[117]에는 그

페이지로 끌어들이게 되는 만큼 피고인 회사가 공소외인의 사진을 이미지검색에 제공하기 위하여 압축된 크기의 이미지로 게시한 것이 공소외인의 작품사진에 대한 수요를 대체한다거나 공소외인의 사진저작물에 대한 저작권 침해의 가능성을 높이는 것으로 보기는 어려운 점, 이미지 검색을 이용하는 사용자들도 썸네일 이미지를 작품사진으로 감상하기보다는 이미지와 관련된 사이트를 찾아가는 통로로 인식할 가능성이 높은 점 및 썸네일 이미지의 사용은 검색사이트를 이용하는 사용자들에게 보다 완결된 정보를 제공하기 위한 공익적 측면이 강한 점 등 판시와 같은 사정 등을 종합하여 보면, 피고인 회사가 공소외인의 허락을 받지 아니하고 공소외인의 사진작품을 이미지검색의 이미지로 사용하였다고 하더라도 이러한 사용은 정당한 범위 안에서 공정한 관행에 합치되게 사용한 것으로 봄이 상당하다. 이 판결에 대한 평석으로는 윤경, "검색 서비스를 위한 썸네일(Thumbnail) 이미지 제공이 정당한 사용인지 여부", (季刊)著作權 76호(2007. 1.) 겨울호, 著作權審議調停委員會(2007), 66 - 81면; 김상균, "썸네일 이미지 검색서비스의 저작권법 위반 여부", 法律新聞 3667號 (2008. 7.), 法律新聞社(2008), 15면; 김상균, "썸네일 이미지 검색서비스의 저작권법 위반 여부에 관한 고찰", 判例研究 22輯(1) (2008. 08), 서울地方辯護士會(2008), 352 - 364면.

117) 시행령 제11조 (판매용 음반 등에 의한 공연의 예외) 법 제29조 제2항 단서에서 '대통령령이 정하는 경우'란 다음 각 호의 어느 하나에 해당하는 공연을 말한다. <개정 2008. 2. 29., 2009. 7. 22., 2009. 8. 6.>
1. 「식품위생법 시행령」 제21조 제8호에 따른 영업소에서 하는 다음 각 목의 공연
가. 「식품위생법 시행령」 제21조 제8호 다목에 따른 단란주점과 같은 호 라목에 따른 유흥주점에서 하는 공연
나. 가목에 해당하지 아니하는 영업소에서 하는 공연으로서 음악 또는 영상저작물을 감상하는 설비를 갖추고 음악이나 영상저작물을 감상하게 하는 것을 영업의 주요 내용의 일부로 하는 공연
2. 「한국마사회법」에 따른 경마장, 「경륜·경정법」에 따른 경륜장 또는 경정장에서 하는 공연
3. 「체육시설의 설치·이용에 관한 법률」에 따른 골프장·스키장·에어로빅장·무도장·무도학원 또는 전문체육시설 중 문화체육관광부령으로 정하는 전문체육시설에서 하는 공연
4. 「항공법」에 따른 항공운송사업용 여객용 항공기, 「해운법」에 따른 해상여객운송사업용 선박 또는 「철도사업법」에 따른 여객용 열차에서 하는 공연
5. 「관광진흥법」에 따른 호텔·휴양콘도미니엄·카지노 또는 유원시설에서 하는 공연
6. 「유통산업발전법 시행령」 제3조에 따른 대형마트·전문점·백화점 또는 쇼핑센터에서 하는 공연
7. 「공중위생관리법」 제2조 제1항 제2호 숙박업 및 같은 항 제3호 나목의 목욕장에서 영상저작물을 감상하게 하기 위한 설비를 갖추고 하는 판매용 영상저작물의 공연
8. 다음 각 목의 어느 하나에 해당하는 시설에서 영상저작물을 감상하게 하기 위한 설비를 갖추고 발행일부터 6개월이 지나지 아니한 판매용 영상저작물을 재생하는 형태의 공연
가. 국가·지방자치단체(그 소속기관을 포함한다)의 청사 및 그 부속시설
나. 「공연법」에 따른 공연장
다. 「박물관 및 미술관 진흥법」에 따른 박물관·미술관
라. 「도서관법」에 따른 도서관

러하지 아니하다(§29②).

이와 관련하여 최근에 논란이 되었던 이른바 '스타벅스' 사건에서 대법원은 "플레이네트워크사(Playnetwork, Inc. 이하 'PN사'라 한다)는 스타벅스 본사(Starbucks Coffee International, Inc.)와 음악 서비스 계약(Music Service Agreement)을 체결하고 세계 각국에 있는 스타벅스 커피숍 매장에 대한 배경음악 서비스를 제공하고 있는 사실, 스타벅스의 국내 지사인 피고는 스타벅스 본사와의 계약에 따라 PN사로부터 이 사건 제1, 제2 음악저작물을 포함한 배경음악이 담긴 CD(이하 '이 사건 CD'라 한다)를 장당 미화 30.79달러(운송료 3.79달러 포함)에 구매하여, 국내 각지에 있는 스타벅스 커피숍 매장에서 그 배경음악으로 PN사가 제공한 플레이어를 이용하여 재생시켜 공연한 사실, 그런데 이 사건 CD는 암호화되어 있어 PN사가 제공한 플레이어에서만 재생되고, 계약에서 정해진 기간이 만료되면 더 이상 재생되지 않으며, 피고는 이를 폐기하거나 반환할 의무를 부담하는 사실 등을 알 수 있는바, 이러한 사실관계를 앞서 본 법리에 비추어 살펴보면, 이 사건 CD는 PN사의 스타벅스 본사에 대한 배경음악 서비스 제공의 일환으로 스타벅스 본사의 주문에 따라 피고 등 세계 각국의 스타벅스 지사에게만 공급하기 위하여 제작된 부대체물일 뿐 시중에 판매할 목적으로 제작된 것이 아니므로, 저작권법 제29조 제2항에서 정한 '판매용 음반'에 해당하지 않는다"고 판시하였다.[118]

　　마. 「지방문화원진흥법」에 따른 지방문화원
　　바. 「사회복지사업법」에 따른 사회복지관
　　사. 「여성발전기본법」 제2조 제3호에 따른 여성관련 시설
　　아. 「청소년활동진흥법」 제10조 제1호 가목에 따른 청소년수련관
　　자. 「지방자치법」 제144조에 따른 공공시설 중 시·군·구민회관

118) 대법원 2012. 5. 10. 선고 2010다87474 판결(저작권법 제29조 제2항은, 청중이나 관중으로부터 당해 공연에 대한 반대급부를 받지 않는 경우 '판매용 음반' 또는 '판매용 영상저작물'을 재생하여 공중에게 공연하는 행위가 저작권법 시행령에서 정한 예외사유에 해당하지 않는 한 공연권 침해를 구성하지 않는다고 규정하고 있다. 그런데 위 규정은, 공연권의 제한에 관한 저작권법 제29조 제1항이 영리를 목적으로 하지 않고 청중이나 관중 또는 제3자로부터 어떤 명목으로든지 반대급부를 받지 않으며 또 실연자에게 통상의 보수를 지급하지 않는 경우에 한하여 공표된 저작물을 공연 또는 방송할 수 있도록 규정하고 있는 것과는 달리, 당해 공연에 대한 반대급부를 받지 않는 경우라면 비영리 목적을 요건으로 하지 않고 있어, 비록 공중이 저작물의 이용을 통해 문화적 혜택을 향수하도록 할 공공의 필요가 있는 경우라도 자칫 저작권자의 정당한 이익을 부당하게 해할 염려가 있으므로, 위 제2항의 규정에 따라 저작물의 자유이용이 허용되는 조건은 엄격하게 해석할 필요가 있다. 한편 저작권법 제29조 제2항이 위와 같이 '판매용 음반'을 재생하여 공중에게 공연하는 행위에 관하여 아무런 보상 없이 저작권자의 공연권을 제한하는 취지의 근저에는 음반의 재생에 의한 공연으로 음반이 시중의 소비자들에게 널리 알려짐으로써 당해 음반의 판매량이 증가하게 되고 그에 따라 음반제작자는 물론 음반의 복제·배포에 필연적으로 수반되는 당해 음반에 수록된 저작물의 이용을 허락할 권능을 가지는 저작권자 또한 간접적인 이익을 얻게 된다는 점도 고려되었을 것이므로, 이러한 규정의 내용과 취지 등에 비추어 보면 위 규정에서 말하는 '판매용 음반'이란 그와 같이 시중에 판매할 목적으로 제작된 음반을 의미하는 것으로 제한하여 해석하여야 한다).

8. 사적 이용을 위한 복제

가. 의의

공표된 저작물을 영리를 목적으로 하지 아니하고 개인적으로 이용하거나 가정 및 이에 준하는 한정된 범위 안에서 이용하는 경우에는 그 이용자는 이를 복제할 수 있다. 다만, 공중의 사용에 제공하기 위하여 설치된 복사기기에 의한 복제는 그러하지 아니하다(§30). 강의교재를 개인적인 학습 목적으로 복제하는 경우 등에 대해서는 저작권의 행사가 제한된다고 봄이 타당하며, 다만 복제기술의 발달로 인해 사적 이용에 대한 무방비 방치는 문제가 있다는 지적이 있어서 1999년 개정법에서 단서를 신설하였다.

나. 판례

(1) 기독교민중교육연구소는 연구원 4명과 목사와 기독청년들인 회원 약 200명으로 구성되어 있으며 피고인은 인쇄된 책자 50부를 제1교회의 교사협의회에, 20부를 민중교육연구소의 목사 등에게 배부하고 30부는 수사기관에 압수된 사실을 인정할 수 있는바, 이러한 위 연구소의 인적구성과 회원의 수, 복제의 방법과 그 부수, 배포대상 등에 비추어 볼 때 설령 피고인이 연구의 목적으로 위 책자를 출판하였다고 하더라도 정당한 이용행위의 범주에 속하는 사적사용을 위한 복제라고 할 수 없다.[119]

(2) 웹스토리지에 공중이 다운로드할 수 있는 상태로 업로드되어 있는 영화 파일을 다운로드하여 개인용 하드디스크 또는 비공개 웹스토리지에 저장하는 행위가 영리의 목적 없이 개인적으로 이용하기 위하여 복제를 하는 경우에는 사적 이용을 위한 복제에 해당할 수 있다. 그러나 업로드되어 있는 영화 파일이 명백히 저작권을 침해한 파일인 경우에까지 이를 원본으로 하여 사적 이용을 위한 복제가 허용된다고 보게 되면 저작권 침해의 상태가 영구히 유지되는 부당한 결과가 생길 수 있으므로, 다운로터 입장에서 복제의 대상이 되는 파일이 저작권을 침해한 불법파일인 것을 미필적으로나마 알고 있었다면 위와 같은 다운로드 행위를 사적 이용을 위한 복제로서 적법하다고 할 수는 없다.[120]

(3) 저작권법 제27조(현행 저작권법 제30조) 소정의 '사적 이용을 위한 복제'에 해당하

---

119) 대법원 1991. 8. 27. 선고 89도702 판결.

120) 서울중앙지법 2008. 8. 5. 자 2008카합968 결정. 이 판결에 대한 평석으로는 최상필, "웹스토리지 서비스에 관한 법률관계", 東亞法學 44號(2009. 8.), 東亞大學校 出版部(2009), 221 – 246면; 이종석, "사적이용 복제의 허용 범위", 저작권문화 통권 175호, 저작권심의위원회(2009), 28 – 29면.

려면, 그 복제행위가 영리를 목적으로 하지 아니하고, 개인적으로 이용하거나 가정 및 이에 준하는 한정된 범위 안에서 이용하는 것이어야 하며, 이때 한정된 범위 안에서 이용한다고 하려면 적어도 그 이용인원이 소수이고 그들 사이에 강한 인적결합이 존재해야할 것인바, 앞서 본 바와 같이 소리바다 서비스를 이용한 MP3 파일 다운로드 행위는 인터넷상에서 소리바다 서버에 접속하였다는 점 외에 아무런 인적결합 관계가 없는 불특정다수인인 동시접속자 5,000명 사이에서 연쇄적이고 동시다발적으로 광범위하게 이루어진다는 점에서, 이를 두고 단순히 개인적으로 이용하거나 가정 및 이에 준하는 한정된 범위 안에서 이용하기 위한 복제행위라 할 수 없는 것이니, 나머지 점에 관하여 더 나아가따져 볼 필요 없이 소리바다 사용자들의 MP3 파일 복제행위는 저작권법 제27조 소정의사적 이용을 위한 복제에 해당하지 않는다.[121]

9. 도서관 등에서의 복제 등

「도서관법」에 따른 도서관과 도서·문서·기록 그 밖의 자료(이하 '도서 등'이라 한다)를 공중의 이용에 제공하는 시설 중 대통령령이 정하는 시설[122](당해 시설의 장을 포함한다. 이하 '도서관 등'이라 한다)은 ⅰ) 조사·연구를 목적으로 하는 이용자의 요구에따라 공표된 도서 등의 일부분의 복제물을 1인 1부에 한하여 제공하는 경우, ⅱ) 도서등의 자체보존을 위하여 필요한 경우, ⅲ) 다른 도서관 등의 요구에 따라 절판 그 밖에이에 준하는 사유로 구하기 어려운 도서 등의 복제물을 보존용으로 제공하는 경우의 어느 하나에 해당하는 경우에는 그 도서관 등에 보관된 도서 등(제1호의 경우에는 제3항의규정에 따라 당해 도서관 등이 복제·전송받은 도서 등을 포함한다)을 사용하여 저작물을 복제할 수 있다. 다만, ⅰ) 및 ⅲ)의 경우에는 디지털 형태로 복제할 수 없다(§31①).도서관 등은 컴퓨터를 이용하여 이용자가 그 도서관 등의 안에서 열람할 수 있도록 보관된 도서 등을 복제하거나 전송할 수 있다. 이 경우 동시에 열람할 수 있는 이용자의 수

---

121) 서울고등법원 2005. 1. 25. 선고 2003나80798 판결.

122) 시행령 제12조 (복제할 수 있는 시설의 범위) 법 제31조 제1항 각 호 외의 부분 본문에서 '대통령령이 정하는 시설'이란 다음 각 호의 어느 하나에 해당하는 시설을 말한다.
    1. 「도서관법」에 따른 국립중앙도서관·공공도서관·대학도서관·학교도서관·전문도서관(영리를 목적으로 하는 법인 또는 단체에서 설립한 전문도서관으로서 그 소속원만을 대상으로 도서관 봉사를 하는 것을 주된 목적으로 하는 도서관은 제외한다)
    2. 국가, 지방자치단체, 영리를 목적으로 하지 아니하는 법인 또는 단체가 도서·문서·기록과 그 밖의 자료(이하 '도서 등'이라 한다)를 보존·대출하거나 그 밖에 공중의 이용에 제공하기 위하여 설치한 시설

는 그 도서관 등에서 보관하고 있거나 저작권 그 밖에 이 법에 따라 보호되는 권리를 가진 자로부터 이용허락을 받은 그 도서 등의 부수를 초과할 수 없다(§31②). 또한 도서관 등은 컴퓨터를 이용하여 이용자가 다른 도서관 등의 안에서 열람할 수 있도록 보관된 도서 등을 복제하거나 전송할 수 있으며 다만, 그 전부 또는 일부가 판매용으로 발행된 도서 등은 그 발행일로부터 5년이 경과하지 아니한 경우에는 그러하지 아니하다(§31③). 한편, 도서관 등은 제1항 제2호의 규정에 따른 도서 등의 복제 및 제2항과 제3항의 규정에 따른 도서 등의 복제의 경우에 그 도서 등이 디지털 형태로 판매되고 있는 때에는 그 도서 등을 디지털 형태로 복제할 수 없다(§31④). 그리고 도서관 등은 제1항 제1호의 규정에 따라 디지털 형태의 도서 등을 복제하는 경우 및 제3항의 규정에 따라 도서 등을 다른 도서관 등의 안에서 열람할 수 있도록 복제하거나 전송하는 경우에는 문화체육관광부장관이 정하여 고시하는 기준에 의한 보상금을 당해 저작재산권자에게 지급하여야 한다. 다만, 국가, 지방자치단체 또는 「고등교육법」 제2조[123])의 규정에 따른 학교를 저작재산권자로 하는 도서 등(그 전부 또는 일부가 판매용으로 발행된 도서 등을 제외한다)의 경우에는 그러하지 아니하다(§31⑤). 이러한 보상금의 지급 등에 대해서는 제25조 제5항 내지 제9항의 규정이 준용된다(§31⑥).

그 밖에 제1항 내지 제3항의 규정에 따라 도서 등을 디지털 형태로 복제하거나 전송하는 경우에 도서관 등은 저작권 그 밖에 이 법에 따라 보호되는 권리의 침해를 방지하기 위하여 복제방지조치 등 대통령령이 정하는 필요한 조치[124)를 하여야 한다(§31⑦).

---

123) 고등교육법 제2조 (학교의 종류) 고등교육을 실시하기 위하여 다음 각 호의 학교를 둔다.
    1. 대학
    2. 산업대학
    3. 교육대학
    4. 전문대학
    5. 방송대학·통신대학·방송통신대학 및 사이버대학(이하 '원격대학'이라 한다)
    6. 기술대학
    7. 각종 학교

124) 시행령 제13조 (도서관 등의 복제방지조치 등 필요한 조치) 법 제31조 제7항에서 '대통령령이 정하는 필요한 조치'란 다음 각 호의 조치를 말한다.
    1. 불법 이용을 방지하기 위하여 필요한 다음 각 목에 해당하는 기술적 조치
    가. 제12조에 따른 시설(이하 '도서관 등'이라 한다)의 이용자가 도서관 등의 안에서 열람하는 것 외의 방법으로는 도서 등을 이용할 수 없도록 하는 복제방지조치
    나. 도서관 등의 이용자 외에는 도서 등을 이용할 수 없도록 하는 접근제한 조치
    다. 도서관 등의 이용자가 도서관 등의 안에서 열람하는 것 외의 방법으로 도서 등을 이용하거나 그 내용을 변경한 경우 이를 확인할 수 있는 조치
    라. 판매용으로 제작된 전자기록매체의 이용을 방지할 수 있는 장치의 설치
    2. 저작권 침해를 방지하기 위한 도서관 직원 교육
    3. 컴퓨터 등에 저작권 보호 관련 경고표지의 부착

그 이외에 「도서관법」 제20조의2[125])에 따라 국립중앙도서관이 온라인 자료의 보존을 위하여 수집하는 경우에는 해당 자료를 복제할 수 있다(§31⑧).

도서관 등에서의 복제[126])

분 류	허용 범위	요 건
이용자의 요구	도서 등의 일부분의 복제 (디지털복제불가)	디지털도서로부터 출력하는 경우 보상금 지급·공탁
	열람할 수 있도록 도서 등을 복제·전송	- 보관 또는 권리자로부터 이용허락을 받은 부수 이내 - 디지털 형태로 판매되고 있는 경우 디지털 형태로 복제불가
자체보존을 위한 경우	도서 등의 복제	- 디지털 복제가능. 단 디지털 형태로 판매되고 있는 경우 디지털 형태로 복제불가
다른 도서관 등의 요구	보존용으로 도서 등의 복제	디지털 복제불가
	열람을 위한 도서 등을 복제·전송	- 판매용 도서 등은 발행일로부터 5년 경과 - 디지털 형태로 판매되는 경우 디지털 형태로 복제불가 - 보상금 지급·공탁

10. 시험문제로서의 복제

학교의 입학시험 그 밖에 학식 및 기능에 관한 시험 또는 검정을 위하여 필요한 경우에는 그 목적을 위하여 정당한 범위에서 공표된 저작물을 복제·배포할 수 있다. 다만, 영리를 목적으로 하는 경우에는 그러하지 아니하다(§32).

---

    4. 법 제31조 제5항에 따른 보상금을 산정하기 위한 장치의 설치

125) 도서관법 제20조의2 (온라인 자료의 수집) ① 국립중앙도서관은 대한민국에서 서비스되는 온라인 자료 중에서 보존가치가 높은 온라인 자료를 선정하여 수집·보존하여야 한다.
  ② 국립중앙도서관은 온라인 자료가 기술적 보호조치 등에 의하여 수집이 제한되는 경우 해당 온라인 자료 제공자에게 협조를 요청할 수 있다. 요청을 받은 온라인 자료 제공자는 특별한 사유가 없는 한 이에 응하여야 한다.
  ③ 수집된 온라인 자료에 본인의 개인정보가 포함된 사실을 알게 된 자는 대통령령으로 정하는 방식에 따라 국립중앙도서관장에게 해당 정보의 정정 또는 삭제 등을 청구할 수 있다.
  ④ 제3항에 따른 청구에 대하여 국립중앙도서관장이 행한 처분 또는 부작위로 인하여 권리 또는 이익의 침해를 받은 자는 「행정심판법」에서 정하는 바에 따라 행정심판을 청구하거나 「행정소송법」에서 정하는 바에 따라 행정소송을 제기할 수 있다.
  ⑤ 국립중앙도서관은 제1항에 따라 수집하는 온라인 자료의 전부 또는 일부가 판매용인 경우에는 그 온라인 자료에 대하여 정당한 보상을 하여야 한다.
  ⑥ 수집대상 온라인 자료의 선정·종류·형태와 수집 절차 및 보상 등에 관하여 필요한 사항은 대통령령으로 정한다.
126) 송영식·이상정, 「저작권법개설(제8판)」, 세창출판사(2012), 301면 참고.

11. 시각장애인 등을 위한 복제 등

공표된 저작물은 시각장애인 등을 위하여 점자로 복제·배포할 수 있다(§33①). 또한 시각장애인 등의 복리증진을 목적으로 하는 시설 중 대통령령이 정하는 시설(당해 시설의 장을 포함한다)127)은 영리를 목적으로 하지 아니하고 시각장애인 등의 이용에 제공하기 위하여 공표된 어문저작물을 녹음하거나 대통령령으로 정하는 시각장애인 등을 위한 전용 기록방식128)으로 복제·배포 또는 전송할 수 있다(§33②). 위 규정에 따른 시각장애인 등의 범위는 대통령령으로 정한다(§33③).129)

구법에서는 앞을 못 보는 사람만을 대상으로 하였으나 독서장애인에는 시각장애인 외에도 기타 신체적 장애 또는 정신적 장애로 인하여 도서를 할 수 없는 사람이 있음을 감안하여 2003년 개정법에서는 그 적용대상을 시각장애인 등으로 개정하면서 그 범위를 시행령에서 정하도록 하였다.

---

127) 시행령 제14조 (복제 등이 허용된 시각장애인 등의 시설 등) ① 법 제33조 제2항에서 '대통령령이 정하는 시설'이란 다음 각 호의 어느 하나에 해당하는 시설을 말한다. < 개정 2009. 7. 22.>
1. 「장애인복지법」 제58조 제1항에 따른 장애인복지시설 중 다음 각 목의 어느 하나에 해당하는 시설
가. 시각장애인 등을 위한 장애인 생활시설
나. 점자도서관
다. 장애인지역사회재활시설 및 장애인직업재활시설 중 시각장애인 등을 보호하고 있는 시설
2. 「유아교육법」, 「초·중등교육법」 및 「장애인 등에 대한 특수교육법」에 따른 특수학교와 시각장애인 등을 위하여 특수학급을 둔 각급학교
3. 국가·지방자치단체, 영리를 목적으로 하지 아니하는 법인 또는 단체가 시각장애인 등의 교육·학술 또는 복리 증진을 목적으로 설치·운영하는 시설

128) 제14조 (복제 등이 허용된 시각장애인 등의 시설 등) ② 법 제33조 제2항에서 '대통령령으로 정하는 시각장애인 등을 위한 전용 기록방식'이란 다음 각 호의 어느 하나에 해당하는 방식을 말한다. < 신설 2009. 7. 22.>
1. 점자로 나타나게 하는 것을 목적으로 하는 전자적 형태의 정보기록방식
2. 인쇄물을 음성으로 변환하는 것을 목적으로 하는 정보기록방식
3. 시각장애인을 위하여 표준화된 디지털음성정보기록방식
4. 시각장애인 외에는 이용할 수 없도록 하는 기술적 보호조치가 적용된 정보기록방식

129) 시행령 제15조 (시각장애인 등의 범위) 법 제33조에 따른 시각상애인 등의 범위는 다음 각 호와 같다.
1. 「장애인복지법 시행령」 별표 1 제3호에 따른 시각장애인 중 다음 각 목의 어느 하나에 해당하는 사람
가. 좋은 눈의 시력(만국식 시력표에 따라 측정된 교정시력을 말한다)이 0.2 이하인 사람
나. 두 눈의 시야가 각각 주시점(注視點)에서 10도 이하로 남은 사람
2. 신체적 또는 정신적 장애로 인하여 도서를 다루지 못하거나 독서 능력이 뚜렷하게 손상되어 정상적인 독서를 할 수 없는 사람

12. 방송사업자의 일시적 녹음·녹화

저작물을 방송할 권한을 가지는 방송사업자는 자신의 방송을 위하여 자체의 수단으로
저작물을 일시적으로 녹음하거나 녹화할 수 있고(§34①), 이 경우 그 녹음물 또는 녹화
물은 녹음일 또는 녹화일로부터 1년을 초과하여 보존할 수 없다. 다만, 그 녹음물 또는
녹화물이 기록의 자료로서 ⅰ) 기록의 보존을 목적으로 국가나 지방자치단체가 설치·운
영하는 시설이나, ⅱ) 방송용으로 제공된 녹음물이나 녹화물을 기록 자료로 수집·보존
하기 위하여 「방송법」 제2조 제3호[130]에 따른 방송사업자가 운영하거나 그의 위탁을 받
아 녹음물 등을 보존하는 시설에 보존되는 경우에는 그러하지 아니하다(§34②, 영§16).

13. 미술저작물 등의 전시 또는 복제

가. 미술저작물 등의 소유자 등의 전시

그림이나 사진저작물 등의 저작권자는 그 저작물을 제3자에게 양도한 경우에도 전시
권을 보유함이 원칙이나(§19), 적법한 양수를 통해 소유권을 취득한 권리자의 전시를 허
용할 필요성도 적지 않다. 이에 저작권법에서는 미술저작물 등의 원본의 소유자나 그의
동의를 얻은 자는 그 저작물을 원본에 의하여 전시할 수 있도록 하고 있다. 다만, 가로·
공원·건축물의 외벽 그 밖에 공중에게 개방된 장소에 항시 전시하는 경우에는 그러하지
아니하다(§35①).

나. 공개된 미술저작물 등의 이용

제35조 제1항 단서의 규정에 따른 개방된 장소에 항시 전시되어 있는 미술저작물 등
은 어떠한 방법(사진촬영, TV방영 등)으로든지 이를 복제하여 이용할 수 있다. 다만, ⅰ)

---

130) 제2조 (용어의 정의) 이 법에서 사용하는 용어의 정의는 다음과 같다.
   3. '방송사업자'라 함은 다음 각목의 자를 말한다.
   가. 지상파방송사업자: 지상파방송사업을 하기 위하여 제9조 제1항의 규정에 의하여 허가를 받은 자
   나. 종합유선방송사업자: 종합유선방송사업을 하기 위하여 제9조 제2항의 규정에 의하여 허가를 받은 자
   다. 위성방송사업자: 위성방송사업을 하기 위하여 제9조 제1항의 규정에 의하여 허가를 받은 자
   라. 방송채널사용사업자: 방송채널사용사업을 하기 위하여 제9조 제5항의 규정에 의하여 등록을 하거나
   승인을 얻은 자
   마. 공동체라디오방송사업자: 공중선전력 10와트 이하로 공익목적으로 라디오방송을 하기 위하여 제9
   조 제11항의 규정에 의하여 허가를 받은 자

건축물을 건축물로 복제하는 경우, ii) 조각 또는 회화를 조각 또는 회화로 복제하는 경우, iii) 제1항 단서의 규정에 따른 개방된 장소 등에 항시 전시하기 위하여 복제하는 경우, iv) 판매의 목적으로 복제하는 경우에는 그러하지 아니하다(§35②).

다. 전시에 수반한 복제

제35조 제1항의 규정에 따라 전시를 하는 자 또는 미술저작물 등의 원본을 판매하고자 하는 자는 그 저작물의 해설이나 소개를 목적으로 하는 목록 형태의 책자에 이를 복제하여 배포할 수 있다(§35③). 일반인에게 판매 또는 배포할 목적으로 그림엽서나 복제그림 등으로 만들어 판매 또는 배포하는 것은 이에 해당하지 않는다.

라. 위탁에 의한 초상화 등

위탁에 의한 초상화 또는 이와 유사한 사진저작물의 경우에는 위탁자의 동의가 없는 때에는 이를 이용할 수 없다(§35④).

14. 저작물 이용과정에서의 일시적 복제

컴퓨터에서 저작물을 이용하는 경우에는 원활하고 효율적인 정보처리를 위하여 필요하다고 인정되는 범위 안에서 그 저작물을 그 컴퓨터에 일시적으로 복제할 수 있다. 다만, 그 저작물의 이용이 저작권을 침해하는 경우에는 그러하지 아니하다(§35의2). 이 규정은 2011. 12. 2. 개정법에서 일시적 저장을 복제의 범위에 포함시키는 것과 함께 신설된 것이다.

15. 저작물의 공정한 이용

저작물의 공정한 이용에 대한 저작권 제한은 그 동안 도입 여부에 대해 많은 논의가 있어 왔다가 2011. 12. 2. 개정법에서 도입한 것이다. 미국의 공정이용(Fair Usc) 법리는 판례법으로 발전되어 온 것을 1976년에 명문화한 것인데, 이러한 일반적 권리 제한 규정이 없던 우리나라나 일본은 개별 규정에서 정하고 있지 않는 한 저작권 침해가 부정되지 않는 것으로 해석되어 왔다.[131] 우리나라도 이제 공정이용의 법리를 도입하여 변화하는

---

131) 송영식·이상정, 「저작권법개설(제8판)」, 세창출판사(2012), 307－308면.

환경에 유연하게 대처할 수 있는 길을 열었고 이와 관련하여 '저작권상생협의체'에서 '공정이용 가이드라인'을 만들었으나, 과연 어느 범위에서 공정이용의 법리를 인정할 것인지는 결국 법원의 판결을 통해 구체화될 수밖에 없을 것이다.

제23조부터 제35조의2까지, 제101조의3부터 제101조의5까지의 경우 외에 저작물의 통상적인 이용 방법과 충돌하지 아니하고 저작자의 정당한 이익을 부당하게 해치지 아니하는 경우에는 보도·비평·교육·연구 등을 위하여 저작물을 이용할 수 있다(§35의3①).

저작물 이용 행위가 공정한 이용에 해당하는지를 판단할 때에는 ⅰ) 영리성 또는 비영리성 등 이용의 목적 및 성격, ⅱ) 저작물의 종류 및 용도, ⅲ) 이용된 부분이 저작물 전체에서 차지하는 비중과 그 중요성, ⅳ) 저작물의 이용이 그 저작물의 현재 시장 또는 가치나 잠재적인 시장 또는 가치에 미치는 영향 등을 고려하여야 한다(§35의3②).

16. 번역 등에 의한 이용

학교교육목적 등에의 이용(§25), 영리를 목적으로 하지 아니하는 공연·방송(§29), 사적 이용을 위한 복제(§30) 또는 저작물의 공정한 이용(§35의3)의 규정에 따라 저작물을 이용하는 경우에는 그 저작물을 번역·편곡 또는 개작하여 이용할 수 있다(§36①).

또한, 재판절차 등에서의 복제(§23), 정치적 연설 등의 이용(§24), 시사보도를 위한 이용(§26), 시사적인 기사 및 논설의 복제 등(§27), 공표된 저작물의 인용(§28), 시험문제로서의 복제(§32) 또는 시각장애인 등을 위한 복제 등(§33)의 규정에 따라 저작물을 이용하는 경우에는 그 저작물을 번역하여 이용할 수 있다(§36②).

17. 프로그램에 대한 적용 제한 등

가. 일반

프로그램에 대하여는 재판절차 등에서의 복제(§23), 학교교육목적 등에의 이용(§25), 사적 이용을 위한 복제(§30) 및 시험문제로서의 복제(§32)를 적용하지 아니한다(§37의2). 프로그램에 대해서는 별도의 규정을 두고 있기 때문이다(§101의3).

나. 프로그램 저작재산권의 제한

다음의 어느 하나에 해당하는 경우에는 그 목적상 필요한 범위에서 공표된 프로그램을 복제 또는 배포할 수 있다. 다만, 프로그램의 종류·용도, 프로그램에서 복제된 부분이 차지하는 비중 및 복제의 부수 등에 비추어 프로그램 저작재산권자의 이익을 부당하게 해치는 경우에는 그러하지 아니하다(§101의3①).

ⅰ) 재판 또는 수사를 위하여 복제하는 경우

ⅱ) 「유아교육법」, 「초·중등교육법」, 「고등교육법」에 따른 학교 및 다른 법률에 따라 설립된 교육기관(상급학교 입학을 위한 학력이 인정되거나 학위를 수여하는 교육기관에 한한다)에서 교육을 담당하는 자가 수업과정에 제공할 목적으로 복제 또는 배포하는 경우

ⅲ) 「초·중등교육법」에 따른 학교 및 이에 준하는 학교의 교육목적을 위한 교과용 도서에 게재하기 위하여 복제하는 경우

ⅳ) 가정과 같은 한정된 장소에서 개인적인 목적(영리를 목적으로 하는 경우를 제외한다)으로 복제하는 경우

ⅴ) 「초·중등교육법」, 「고등교육법」에 따른 학교 및 이에 준하는 학교의 입학시험이나 그 밖의 학식 및 기능에 관한 시험 또는 검정을 목적(영리를 목적으로 하는 경우를 제외한다)으로 복제 또는 배포하는 경우

ⅵ) 프로그램의 기초를 이루는 아이디어 및 원리를 확인하기 위하여 프로그램의 기능을 조사·연구·시험할 목적으로 복제하는 경우(정당한 권한에 의하여 프로그램을 이용하는 자가 해당 프로그램을 이용 중인 때에 한한다)

위 사유 중 ⅲ)에 따라 프로그램을 교과용 도서에 게재하려는 자는 문화체육관광부장관이 정하여 고시하는 기준에 따른 보상금을 해당 저작재산권자에게 지급하여야 하며, 보상금 지급에 대하여는 제25조 제5항부터 제9항까지의 규정을 준용한다(§101의3③). 한편, 2011. 12. 2. 개정법에서는 컴퓨터의 유지·보수를 위하여 그 컴퓨터를 이용하는 과정에서 프로그램(정당하게 취득한 경우에 한한다)을 일시적으로 복제할 수 있다는 규정을 신설하였다(§101의3②).

Ⅲ. 출처 명시 등

1. 출처의 명시

저작재산권의 제한규정에 따라 저작물을 이용하는 자는 그 출처를 명시하여야 한다. 다만, 시사보도를 위한 이용(§26), 영리를 목적으로 하지 아니하는 공연·방송(§29), 사적 이용을 위한 복제(§30), 도서관 등에서의 복제 등(§31), 시험문제로서의 복제(§32), 방송사업자의 일시적 녹음·녹화(§34) 및 저작물 이용과정에서의 일시적 복제(§35의2)의 경우에는 그러하지 아니하다(§37①). 출처의 명시는 저작물의 이용 상황에 따라 합리적이라고 인정되는 방법으로 하여야 하며, 저작자의 실명 또는 이명이 표시된 저작물인 경우에는 그 실명 또는 이명을 명시하여야 한다(§37②).

2. 저작권의 제한과 저작인격권

저작권의 제한에 관한 위 규정들은 저작인격권에 영향을 미치는 것으로 해석되어서는 아니 된다(§38). 저작재산권에 관한 규정이 저작인격권에 영향을 미칠 수 없다는 것은 당연하므로, 동 규정은 이를 주의적으로 규정한 것이다.

제6절 저작재산권의 변동과 저작물의 이용

제1관 저작재산권의 변동

저작권 중 저작인격권은 양도가 불가능한 일신전속권적 성격을 가지고 있으나, 저작재산권은 일반 재산권의 경우와 마찬가지로 양도, 이용허락 등이 가능한 권리이다. 저작재산권의 양도, 저작물의 이용허락, 질권의 행사 등에 대해서는 앞에서 살펴보았으므로, 이하에서는 저작재산권의 보호기간 및 저작재산권 등의 기증에 대해서만 살펴보기로 한다.

Ⅰ. 저작재산권의 보호기간

1. 일반

지적재산권의 경우 일정한 보호기간이 정해져 있는 것과 마찬가지로 저작재산권 역시 영구적으로 보호되는 권리가 아니라, 일정한 기간 동안만 보호되는 권리이다. 보호기간을 어느 정도로 할 것인지는 입법 정책의 문제이나 최근 FTA 체결을 통해 그 보호기간을 통일화시키는 경향이 있고, 우리 저작권법도 2011. 6. 30. 개정(시행 2013. 7. 1.)[132]을 통해 보호기간을 연장하였다.

2. 보호기간의 원칙

저작재산권은 특별한 규정이 있는 경우를 제외하고는 저작자의 생존하는 동안과 사망 후 50년간 존속한다. 다만, 저작자가 사망 후 40년이 경과하고 50년이 되기 전에 공표된 저작물의 저작재산권은 공표된 때부터 10년간 존속한다(§39①). 공동저작물의 저작재산권은 맨 마지막으로 사망한 저작자의 사망 후 50년간 존속한다(§39②).[133]

저작재산권의 보호기간을 계산하는 경우에는 저작자가 사망하거나 저작물을 창작 또는 공표한 다음 해부터 기산한다(§44).

3. 보호기간의 특례

가. 무명 또는 이명 저작물의 보호기간

무명 또는 널리 알려지지 아니한 이명이 표시된 저작물의 저작재산권은 공표된 때부터 50년간 존속하나, 그 기간 내에 ⅰ) 저작자의 실명 또는 널리 알려진 이명이 밝혀진 경우,

---

132) 부칙 제1조(시행일)에서는 "이 법은 「대한민국과 유럽연합 및 그 회원국 간의 자유무역협정」이 발효하는 날부터 시행한다. 다만, 제39조부터 제42조까지의 개정규정은 「대한민국과 유럽연합 및 그 회원국 간의 자유무역협정」이 발효한 후 2년이 되는 날부터 시행한다"고 규정하고 있는바, 따라서 존속기간이 70년으로 연장되는 것은 2013. 7. 1.부터 적용된다.

133) 제39조 (보호기간의 원칙) ① 저작재산권은 이 관에 특별한 규정이 있는 경우를 제외하고는 저작자가 생존하는 동안과 사망한 후 70년간 존속한다. <개정 2011. 6. 30.>
② 공동저작물의 저작재산권은 맨 마지막으로 사망한 저작자가 사망한 후 70년간 존속한다. <개정 2011. 6. 30.> [시행일: 2013. 7. 1.] 제39조

ⅱ) 저작자의 실명등록이 있는 경우에는 저작자 사후 50년간 존속한다. 다만, 이 기간 내에 저작자가 사망한 지 50년이 경과하였다고 인정할 만한 정당한 사유가 발생한 경우에는 그 저작재산권은 저작자 사망 후 50년이 경과하였다고 인정되는 때에 소멸한 것으로 본다(§40).134)

나. 업무상저작물의 보호기간

업무상저작물의 저작재산권은 공표한 때부터 50년간 존속한다. 다만, 창작한 때부터 50년 이내에 공표되지 아니한 경우에는 창작한 때부터 50년간 존속한다(§41).135)

다. 영상저작물 및 프로그램의 보호기간

영상저작물 및 프로그램의 저작재산권은 제39조 및 제40조에도 불구하고 공표한 때부터 50년간 존속한다. 다만, 창작한 때부터 50년 이내에 공표되지 아니한 경우에는 창작한 때부터 50년간 존속한다(§42).136)

라. 계속적간행물 등의 공표시기

제40조 제1항 또는 제41조에 따른 공표시기는 책·호 또는 회 등으로 공표하는 저작물의 경우에는 매책·매호 또는 매회 등의 공표시로 하고, 일부분씩 순차적으로 공표하여 완성하는 저작물의 경우에는 최종부분의 공표시로 한다(§43①). 그리고 일부분씩 순차적으로 공표하여 전부를 완성하는 저작물의 계속되어야 할 부분이 최근의 공표시기부터 3년이 경과되어도 공표되지 아니하는 경우에는 이미 공표된 맨 뒤의 부분을 제1항의 규정에 따른 최종부분으로 본다(§43②).

---

134) 제40조 (무명 또는 이명 저작물의 보호기간) ① 무명 또는 널리 알려지지 아니한 이명이 표시된 저작물의 저작재산권은 공표된 때부터 70년간 존속한다. 다만, 이 기간 내에 저작자가 사망한지 70년이 지났다고 인정할만한 정당한 사유가 발생한 경우에는 그 저작재산권은 저작자가 사망한 후 70년이 지났다고 인정되는 때에 소멸한 것으로 본다. <개정 2011. 6. 30.>
　② 다음 각 호의 어느 하나에 해당하는 경우에는 제1항의 규정은 이를 적용하지 아니한다.
　1. 제1항의 기간 이내에 저작자의 실명 또는 널리 알려진 이명이 밝혀진 경우
　2. 제1항의 기간 이내에 제53조 제1항의 규정에 따른 저작자의 실명등록이 있는 경우
　[시행일: 2013. 7. 1.] 제40조

135) 제41조 (업무상저작물의 보호기간) 업무상저작물의 저작재산권은 공표한 때부터 70년간 존속한다. 다만, 창작한 때부터 50년 이내에 공표되지 아니한 경우에는 창작한 때부터 70년간 존속한다. <개정 2011. 6. 30.>
　[시행일: 2013. 7. 1.] 제41조

136) 제42조 (영상저작물의 보호기간) 영상저작물의 저작재산권은 제39조 및 제40조에도 불구하고 공표한 때부터 70년간 존속한다. 다만, 창작한 때부터 50년 이내에 공표되지 아니한 경우에는 창작한 때부터 70년간 존속한다. <개정 2011.6.30.> [제목개정 2011.6.30.][시행일: 2013.7.1.] 제42조

Ⅱ. 저작재산권 등의 기증

저작재산권자 등은 자신의 권리를 문화체육관광부장관에게 기증할 수 있다(§135①). 저작재산권 등을 기증하려는 자는 문화체육관광부령으로 정하는 저작재산권 등의 기증서약서와 기증저작물 등의 복제물을 문화체육관광부장관에게 제출하여야 하고(§135④, 영 §75①), 기증을 받은 문화체육관광부장관은 기증저작물 등의 제호 및 기증자의 성명 등을 문화체육관광부령으로 정하는 바에 따라 관리대장에 적고 문화체육관광부 인터넷 홈페이지에 게시하여야 한다(영§75②).

문화체육관광부장관은 저작재산권자 등으로부터 기증된 저작물 등의 권리를 공정하게 관리할 수 있는 단체[137]를 지정할 수 있으며(§135②), 지정된 단체는 영리를 목적으로 또는 당해 저작재산권자 등의 의사에 반하여 저작물 등을 이용할 수 없다(§135③). 관리단체로 지정받으려는 자는 문화체육관광부령으로 정하는 지정신청서에 ⅰ) 기증된 저작재산권 등의 관리계획서, ⅱ) 기증된 저작재산권 등의 이용허락절차 및 활성화 계획을 기재한 서류를 첨부하여 문화체육관광부장관에게 제출하여야 하고(영§76②), 신청서를 받은 문화체육관광부장관이 관리단체를 지정할 때에는 문화체육관광부령으로 정하는 바에 따라 관리단체 지정서를 발급하여야 한다(영§76③).

문화체육관광부장관은 관리단체가 ⅰ) 관리단체로서의 자격을 갖추지 못한 경우나 ⅱ) 영리를 목적으로 또는 당해 저작재산권자 등의 의사에 반하여 저작물 등을 이용한 경우 그 지정을 취소할 수 있으며(영§76④), 관리단체를 지정하거나 그 지정을 취소한 경우에는 그 사실을 관보에 고시하여야 한다(영§76⑤).

그 이외에 기증된 저작재산권 등의 관리업무와 관련하여 그 밖에 필요한 사항은 문화체육관광부장관이 정하여 고시한다(영§76⑥).

---

137) 시행령 제76조 (관리단체의 지정 등) ① 법 제135조 제2항에 따라 저작재산권 등을 관리하는 단체로 지정받을 수 있는 단체(이하 '관리단체'라 한다)는 다음 각 호와 같다. <개정 2008.2.29., 2009.7.22.>
　　1. 위원회
　　2. 저작권신탁관리업자
　　3. 저작권신탁관리업자를 주된 구성원으로 하는 단체
　　4. 그 밖에 기증된 저작재산권 등의 관리업무를 수행할 능력이 있다고 문화체육관광부장관이 인정하는 법인이나 단체

제2관 저작물의 이용

타인의 저작물을 이용할 수 있는 방법으로는 계약에 의한 이용허락을 받거나 법률에 의하여 이용할 수 있는 권리를 부여받는 것 또는 정부기관이나 특정 단체의 허락을 받고 이용하는 강제허락 등이 있을 수 있다. 강학상으로는 저작권자와의 협의가 필요하지 않은 법정허락과 저작권자와의 협의를 거쳐야 하는 강제허락을 구별하나, 현행 저작권법은 제2장 제5절에서 모두 법정허락이라는 제목하에 저작재산권자 불명인 저작물의 이용(§50), 공표된 저작물의 방송(§51), 판매용 음반의 제작(§52)에 관한 이용허락을 규정하고 있다.

I. 법정허락

저작물의 법정허락이란 저작재산권자의 의사와는 상관 없이 공익적인 관점에서 권한 있는 기관이 저작재산권자를 대신하여 저작물을 이용하는 것을 말한다.

1. 저작재산권자 불명인 저작물의 이용

가. 의의

누구든지 대통령령이 정하는 기준에 해당하는 상당한 노력[138]을 기울였어도 공표된 저

---

138) 시행령 제18조 (상당한 노력의 기준) ① 법 제50조 제1항에서 '대통령령이 정하는 기준에 해당하는 상당한 노력'이란 다음 각 호의 요건을 모두 충족하는 것을 말한다. <개정 2012. 4. 12.>
   1. 법 제55조 제3항에 따른 저작권등록부의 열람 또는 그 사본의 교부 신청을 통하여 해당 저작물의 저작재산권자나 그의 거소를 조회할 것
   2. 해당 저작물을 취급하는 법 제105조 제1항에 따른 저작권신탁관리업자(해당 저작물이 속하는 분야의 저작물을 취급하는 저작권신탁관리업자가 없는 경우에는 법 제105조 제1항에 따른 저작권대리중개업자 또는 해당 저작물에 대한 이용을 허락받은 사실이 있는 이용자 중 2명 이상)에게 저작재산권자나 그의 거소를 조회하는 확정일자 있는 문서를 보냈으나 이를 알 수 없다는 회신을 받거나 문서를 발송한 날부터 1개월이 지났는데도 회신이 없을 것
   3. 저작재산권자나 그의 거소 등 문화체육관광부령으로 정하는 사항을 다음 각 목이 어느 하나에 공고한 날부터 10일이 지났을 것
   가. 「신문 등의 진흥에 관한 법률」 제9조 제1항에 따라 보급지역을 전국으로 하여 등록한 일반일간신문
   나. 문화체육관광부의 인터넷 홈페이지와 제73조 제2항에 따른 권리자가 불명인 저작물 등의 권리자 찾기 정보시스템(이하 '권리자 찾기 정보시스템'이라 한다)
   ② 법 제50조에 따라 이용하려는 저작물이 법 제25조 제8항(법 제31조 제6항에서 준용하는 경우를 포함한다)에 따른 보상금 분배 공고를 한 날부터 3년이 경과한 미분배 보상금 관련 저작물, 그 밖에 저작

작물(외국인의 저작물을 제외한다)의 저작재산권자나 그의 거소를 알 수 없어 그 저작물의 이용허락을 받을 수 없는 경우에는 대통령령이 정하는 바에 따라 문화체육관광부장관의 승인을 얻은 후 문화체육관광부장관이 정하는 기준에 의한 보상금을 공탁하고 이를 이용할 수 있으며(§50①), 이에 따라 저작물을 이용하는 자는 그 뜻과 승인연월일을 표시하여야 한다(§50②). 법정허락된 저작물이 다시 법정허락의 대상이 되는 때에는 대통령령이 정하는 기준에 해당하는 상당한 노력의 절차를 생략할 수 있고 다만, 그 저작물에 대한 법정허락의 승인 이전에 저작재산권자가 대통령령이 정하는 절차에 따라 이의를 제기하는 때에는 그러하지 아니하다(§50③). 이 경우 이의를 제기하려는 저작재산권자는 이의신청서에 다음의 자료를 첨부하여 문화체육관광부장관에게 제출하여야 하고(영§20③), 문화체육관광부장관은 대통령령이 정하는 바에 따라 법정허락 내용을 정보통신망에 게시하여야 한다(§50④).

ⅰ) 자신이 그 저작물의 권리자로 표시된 저작권 등의 등록증 사본 또는 그에 상당하는 자료

ⅱ) 자신의 성명이나 명칭(이하 '성명 등'이라 한다) 또는 예명·아호·약칭 등(이하 '이명'이라 한다)으로서 널리 알려진 것이 표시되어 있는 저작물 등의 사본 또는 그에 상당하는 자료

나. 판례

피고는, 피고가 이 사건 각 저작물을 사용할 당시에는 각 저작권자를 찾을 수 없었기 때문에 사용허락을 받을 수 없었고, 저작권자가 누구인지 알면서도 그의 승낙 없이 사용한 것은 아니므로 원고에 대하여 손해배상책임이 없다고 항변하므로 살피건대, 이 사건 각 저작물의 저작권자가 누구인지 또는 그의 거소가 어디인지 알 수가 없어서 위 각 저작물의 사용허락을 받을 수 없었다고 하더라도, 피고로서는 저작권법 제47조(현행 저작권법 제50조) 제1항이 정한 바에 따라 문화관광부장관으로부터 승인을 얻고 문화관광부

재산권자나 그의 거소가 명확하지 않은 저작물에 해당하고 문화체육관광부장관이 그 저작물에 대하여 다음 각 호의 모든 노력을 한 경우에는 제1항 각 호의 상당한 노력의 모든 요건을 충족한 것으로 본다. <신설 2012. 4. 12.>
1. 법 제55조에 따른 저작권등록부를 통한 해당 저작물의 저작재산권자나 그의 거소의 조회
2. 제52조 제3항에 따라 저작권위탁관리업자가 보고한 사항을 통한 해당 저작물의 저작재산권자나 그의 거소의 조회
3. 권리자 찾기 정보시스템에 저작재산권자나 그의 거소 등 문화체육관광부령으로 정하는 사항을 공고한 날부터 3개월 이상이 지났을 것

장관이 정한 보상금을 공탁하지 않고서는 그 저작물을 사용할 권한이 없다 할 것인바, 피고가 위 법 조항에서 정한 절차를 거치지 않았음은 피고 스스로 인정하고 있으므로, 저작권자를 찾을 수가 없어 그로부터 사용허락을 받을 수 없었다는 사정만으로 피고가 위 저작권 침해로 인한 손해배상책임을 면할 수는 없다 할 것이어서 피고의 위 항변은 그 이유가 없다.[139]

2. 실연·음반 및 방송이용의 법정허락

저작재산권자 불명인 저작물의 이용(§50)에 대한 규정은 실연·음반 및 방송의 이용에 관하여 준용한다(§89).

Ⅱ. 강제허락

저작물을 이용하려는 자가 저작권자와 저작물 이용에 관한 협의를 하였으나 그 협의가 성립되지 아니한 경우에 저작권자의 의사와 상관 없이 저작물의 이용을 허락하는 것을 말한다. 저작권자와의 협의를 전제로 한다는 점에서 법정허락과 다르지만, 저작권자의 의사에 반하여도 저작물을 이용할 수 있다는 점에서 법정허락과 같다.

1. 공표된 저작물의 방송

공표된 저작물을 공익상 필요에 의하여 방송하고자 하는 방송사업자가 그 저작재산권자와 협의하였으나 협의가 성립되지 아니하는 경우에는 대통령령이 정하는 바에 따라 문화체육관광부장관의 승인을 얻은 후 문화체육관광부장관이 정하는 기준에 의한 보상금을 당해 저작재산권자에게 지급하거나 공탁하고 이를 방송할 수 있다(§51).

---

2. 판매용 음반의 제작

판매용 음반이 우리나라에서 처음으로 판매되어 3년이 경과한 경우 그 음반에 녹음된 저작물을 녹음하여 다른 판매용 음반을 제작하고자 하는 자가 그 저작재산권자와 협의하였으나 협의가 성립되지 아니하는 때에는 대통령령이 정하는 바에 따라 문화체육관광부장관의 승인을 얻은 후 문화체육관광부장관이 정하는 기준에 의한 보상금을 당해 저작재산권자에게 지급하거나 공탁하고 다른 판매용 음반을 제작할 수 있다(§52). 즉 판매용 음반에 대해서는 3년간 독점적 권리를 허여하고, 그 이후에는 누구나 판매용 음반을 제작할 수 있도록 한 것이다.

3. 실연·음반 및 방송이용의 법정허락

공표된 저작물의 방송(§51), 판매용 음반의 제작(§52)에 대한 규정은 실연·음반 및 방송의 이용에 관하여 준용한다(§89).

Ⅲ. 법정허락 및 강제허락의 승인, 보상금 공탁 등

1. 저작물 이용의 승인신청 등

가. 저작물 이용 등의 승인신청

제50조부터 제52조까지의 규정에 따라 저작물의 이용, 방송 또는 음반제작에 관한 승인을 받으려는 자는 문화체육관광부령으로 정하는 바에 따라 저작물 이용 승인신청서를 문화체육관광부장관에게 제출하여야 한다(영§19).

나. 의견제출 등

문화체육관광부장관은 저작물 이용 등의 승인신청을 받으면 다음의 조치를 하여야 한다(영§20①).

ⅰ) 법 제50조에 따른 저작재산권자가 불명인 저작물 이용 승인신청의 경우에는 15일

간 신청 내용을 관보 및 권리자 찾기 정보시스템[140)]에 공고할 것

ⅱ) 법 제51조 또는 법 제52조에 따른 방송 또는 음반제작 승인신청의 경우에는 해당 저작재산권자나 그 대리인에게 7일 이상 30일 이내의 기간을 정하여 의견을 제출할 기회를 줄 것

위 ⅱ)에 따라 의견 제출의 기회를 주려는 때에는 7일 이전에 해당 저작재산권자나 그 대리인에게 서면으로 알려야 하며, 기간 내에 의견을 제출하지 아니하는 경우에는 의견 제출의 기회를 포기하는 것으로 본다는 뜻을 명시하여야 한다(영§20②).

다. 승인의 통지 등

문화체육관광부장관은 법 제50조부터 제52조까지의 규정에 따른 승인을 하는 경우에는 그 내용을 신청인과 해당 저작재산권자에게 알려야 한다. 이 경우 저작재산권자나 그의 거소를 알 수 없는 경우에는 관보 및 권리자 찾기 정보시스템에 공고하여야 한다(영§21①). 또한, 문화체육관광부장관은 법 제50조 제1항에 따른 승인을 한 경우에는 법 제50조 제4항에 따라 ⅰ) 저작물의 제호 및 공표연월일, ⅱ) 저작자 또는 저작재산권자의 성명, ⅲ) 이용 승인을 받은 자의 성명, ⅳ) 저작물의 이용 승인 조건(이용허락기간 및 보상금), ⅴ) 저작물의 이용 방법 및 형태를 문화체육관광부의 인터넷 홈페이지와 권리자 찾기 정보시스템에 1개월 이상 게시하여야 한다(영§21②).

라. 승인신청의 기각

문화체육관광부장관은 저작물 이용 등의 승인신청이 다음의 어느 하나에 해당하면 이를 기각한다(영§22①).

ⅰ) 제50조부터 제52조까지의 규정에 따른 저작물 이용의 신청 요건을 갖추지 못한 경우

ⅱ) 저작물 이용의 승인 전에 저작재산권자나 그의 거소가 확인되었거나 협의가 성립된 경우

ⅲ) 저작재산권자가 저작물의 출판이나 그 밖의 이용에 제공되지 아니 하도록 저작물의 노는 목제물을 회수할 경우

ⅳ) 해당 저작물이 아니더라도 그 목적을 달성할 수 있다고 인정되거나 저작재산권자가 저작물의 이용을 허락할 수 없는 부득이한 사유가 있다고 인정될 경우

문화체육관광부장관이 위 규정에 따라 승인신청을 기각한 경우에는 그 사유를 명시하여 신청인과 저작재산권자에게 알려야 하고 다만, 저작재산권자나 그의 거소를 알 수 없

---

140) 2012. 4. 12. 개정 시행령에서 관보 이외에 '권리자 찾기 정보시스템'이 추가되었다.

는 경우에는 신청인에게만 알린다(영§22②).

2. 보상금의 공탁

제50조부터 제52조까지의 규정에 따라 보상금을 공탁할 수 있는 경우는 다음과 같다(영§23①).

 ⅰ) 저작재산권자나 그의 거소를 알 수 없는 경우

 ⅱ) 저작재산권자가 보상금 수령을 거부하거나 수령할 수 없는 경우

 ⅲ) 해당 저작재산권자의 권리를 목적으로 하는 질권이 설정되어 있는 경우(저작재산권자가 해당 질권을 가진 자의 승낙을 받은 경우는 제외한다)

위 규정에 따른 보상금의 공탁은 해당 저작재산권자의 주소가 대한민국 내에 있을 경우에는 해당 주소지의 관할 공탁소에, 그 밖의 경우에는 보상금을 공탁하는 자의 주소지의 관할 공탁소에 하여야 한다(영§23②). 그리고 ⅰ)에 따라 보상금을 공탁한 자는 그 사실을 문화체육관광부령으로 정하는 바에 따라 공고하여야 하고(영§23④), ⅱ) 및 ⅲ)에 따라 보상금을 공탁한 자는 그 사실을 공탁물을 수령할 자에게 알려야 한다(영§23③).

Ⅳ. 배타적 발행권

1. 일반

구법에서는 출판권과 프로그램 배타적 발행권에 대해서만 배타적 권리를 인정하고 있었으나, 2011. 12. 2. 개정법에서는 모든 저작물의 발행 및 복제·전송에 설정할 수 있도록 하고, 배타적 발행권에서 출판권을 제외하여 배타적 발행권과 출판권의 관계를 명확히 하였다. 이에 따라 개정법에서는 제2장 제7절(§57~§62)에 배타적 발행권의 일반 규정을 두고, 출판권에 대해서는 기존 출판권에 적용되었던 표지의무, 소멸 후 배포 등은 배타적 발행권의 내용으로 포섭하고 설정에 대해서만 제2장 제7절의2(§63, §63의2)에서 특례를 유지하고 있다.

이러한 배타적 발행권은 물권에 유사한 권리로서 산업재산권법에서의 전용실시권 또는 전용사용권의 성질을 가지는 것이다.

2. 배타적 발행권의 설정

저작물을 발행하거나 복제·전송(이하 '발행 등'이라 한다)할 권리를 가진 자는 그 저작물을 발행 등에 이용하고자 하는 자에 대하여 배타적 권리(이하 '배타적 발행권'이라 하며, 제63조에 따른 출판권은 제외한다. 이하 같다)를 설정할 수 있고(§57①), 이에 따라 배타적 발행권을 설정받은 자(이하 '배타적 발행권자'라 한다)는 그 설정행위에서 정하는 바에 따라 그 배타적 발행권의 목적인 저작물을 발행 등의 방법으로 이용할 권리를 가진다(§57③).

저작재산권자는 그 저작물에 대하여 발행 등의 방법 및 조건이 중첩되지 않는 범위 내에서 새로운 배타적 발행권을 설정할 수 있으며(§57②), 저작재산권자는 그 저작물의 복제권·배포권·전송권을 목적으로 하는 질권이 설정되어 있는 경우에는 그 질권자의 허락이 있어야 배타적 발행권을 설정할 수 있다(§57④).

3. 배타적 발행권자의 의무

배타적 발행권자는 다음의 3가지 의무에 따라 저작물을 이용해야 한다.

가. 최초 이용 의무

배타적 발행권자는 그 설정행위에 특약이 없는 때에는 배타적 발행권의 목적인 저작물을 복제하기 위하여 필요한 원고 또는 이에 상당하는 물건을 받은 날부터 9월 이내에 이를 발행 등의 방법으로 이용하여야 한다(§58①).

나. 계속 이용 의무

배타적 발행권자는 그 설정행위에 특약이 없는 때에는 관행에 따라 그 저작물을 계속하여 발행 등의 방법으로 이용하여야 한다(§58②).

다. 저작재산권자의 표지 의무

배타적 발행권자는 특약이 없는 때에는 각 복제물에 대통령령이 정하는 바에 따라 저작재산권자의 표지를 하여야 한다(§58③). 여기서, 저작재산권자의 표지에 수록되는 사항은 다음과 같다. 다만, 「신문 등의 진흥에 관한 법률」 제9조 제1항에 따라 등록된 신문 및 「잡지 등 정기간행물의 진흥에 관한 법률」 제15조 및 제16조에 따라 등록 또는 신고된 정기간행물의 경우에는 저작재산권자의 표지를 하지 아니한다(영§38).

ⅰ) 복제의 대상이 외국인의 저작물일 경우에는 저작재산권자의 성명 및 맨 처음의 발행연도의 표지

ⅱ) 복제의 대상이 대한민국 국민의 저작물일 경우에는 제1호에 따른 표지 및 저작재산권자의 검인

ⅲ) 배타적 발행권자가 복제권의 양도를 받은 경우에는 그 취지의 표시

4. 저작물의 수정증감 등

배타적 발행권자가 배타적 발행권의 목적인 저작물을 발행 등의 방법으로 다시 이용하는 경우에 저작자는 정당한 범위 안에서 그 저작물의 내용을 수정하거나 증감할 수 있고(§58의2①), 배타적 발행권자는 배타적 발행권의 목적인 저작물을 발행 등의 방법으로 다시 이용하고자 하는 경우에 특약이 없는 때에는 그때마다 미리 저작자에게 그 사실을 알려야 한다(§58의2②).

5. 배타적 발행권의 존속기간 등

배타적 발행권은 그 설정행위에 특약이 없는 때에는 맨 처음 발행 등을 한 날로부터 3년간 존속하고, 다만 저작물의 영상화를 위하여 배타적 발행권을 설정하는 경우에는 5년으로 한다(§59①). 한편, 저작재산권자는 배타적 발행권 존속기간 중 그 배타적 발행권의 목적인 저작물의 저작자가 사망한 때에는 제1항에도 불구하고 저작자를 위하여 저작물을 전집 그 밖의 편집물에 수록하거나 전집 그 밖의 편집물의 일부인 저작물을 분리하여 이를 따로 발행 등의 방법으로 이용할 수 있다(§59②).

6. 배타적 발행권의 소멸통고

저작재산권자는 배타적 발행권자가 최초 이용 의무(제58조 제1항) 또는 계속 이용 의무(동조 제2항)를 위반한 경우에는 6월 이상의 기간을 정하여 그 이행을 최고하고 그 기간 내에 이행하지 아니하는 때에는 배타적 발행권의 소멸을 통고할 수 있다(§60①). 다만, 저작재산권자는 배타적 발행권자가 그 저작물을 발행 등의 방법으로 이용하는 것이

불가능하거나 이용할 의사가 없음이 명백한 경우에는 최고 없이 즉시 배타적 발행권의 소멸을 통고할 수 있다(§60②).

제1항 또는 제2항에 따라 배타적 발행권의 소멸을 통고한 경우에는 배타적 발행권자가 통고를 받은 때에 배타적 발행권이 소멸한 것으로 보며(§60③), 이 경우 저작재산권자는 배타적 발행권자에 대하여 언제든지 원상회복을 청구하거나 발행 등을 중지함으로 인한 손해의 배상을 청구할 수 있다(§60④).

7. 배타적 발행권 소멸 후의 복제물의 배포

배타적 발행권이 그 존속기간의 만료 그 밖의 사유로 소멸된 경우에는 그 배타적 발행권을 가지고 있던 자는 다음의 어느 하나에 해당하는 경우를 제외하고는 그 배타적 발행권의 존속기간 중 만들어진 복제물을 배포할 수 없다(§61).

ⅰ) 출판권 설정행위에 특약이 있는 경우

ⅱ) 발행권의 존속기간 중 저작재산권자에게 그 저작물의 발행에 따른 대가를 지급하고 그 대가에 상응하는 부수의 복제물을 배포하는 경우

8. 배타적 발행권의 양도·제한 등

배타적 발행권자는 저작재산권자의 동의 없이 배타적 발행권을 양도하거나 또는 질권의 목적으로 할 수 없다(§62①). 그 이외에 배타적 발행권의 목적으로 되어 있는 저작물의 복제 등에 관하여는 제23조, 제24조, 제25조 제1항부터 제3항까지, 제26조부터 제28조까지, 제30조부터 제33조까지, 제35조 제2항 및 제3항, 제35조의2, 제35조의3, 제36조 및 제37조를 준용한다(§62②).

Ⅴ. 출판권

1. 의의

출판이란 기계적인 방법을 이용하여 서적, 도화 등을 만드는 것을 말하며, 이렇게 만

들어진 서적 등을 복제·배포할 수 있는 권리를 출판권이라고 한다. 2011. 12. 2. 개정에 의해 배타적 발행권이 신설됨에 따라 출판권 관련 규정이 배타적 발행권으로 편입되고 일부 규정만 남아 '출판에 관한 특례'로 개정되었다.

출판권은 물권유사의 권리이며 독점적 출판허락계약과는 그 성질이 다르다. 그리고 저작권법에서는 저작물을 복제·배포할 권리를 가진 자는 출판권을 설정할 수 있다고 하여 저작권자 이외의 제3자가 출판권을 가질 수 있도록 하고 있다(§63①).

2. 출판권의 설정

저작물을 복제·배포할 권리를 가진 자(이하 '복제권자'라 한다)는 그 저작물을 인쇄 그 밖에 이와 유사한 방법으로 문서 또는 도화로 발행하고자 하는 자에 대하여 이를 출판할 권리(이하 '출판권'이라 한다)를 설정할 수 있다(§63①). 이렇게 출판권을 설정받은 자(이하 '출판권자'라 한다)는 그 설정행위에서 정하는 바에 따라 그 출판권의 목적인 저작물을 원작 그대로 출판할 권리를 가지며(§63②), 복제권자는 그 저작물의 복제권을 목적으로 하는 질권이 설정되어 있는 경우에는 그 질권자의 허락이 있어야 출판권을 설정할 수 있다(§63③).

3. 배타적 발행권에 관한 규정의 준용

배타적 발행권자의 의무(§58), 저작물의 수정증감(§59), 배타적 발행권의 존속기간 등(§59), 배타적 발행권의 소멸통고(§60), 배타적 발행권 소멸 후의 복제물의 배포(§61), 배타적 발행권의 양도·제한 등(§62)[141]의 규정은 출판권에 관하여 준용되며, 이 경우 '배타적 발행권'은 '출판권'으로, '저작재산권자'는 '복제권자'로 본다(§63의2).

4. 판례

판례는 "저작권법 제54조 제2항(현행 저작권법 제63조 제2항) 소정의 '원작 그대로'라

---

141) 출판권의 양도에 있어서는 저작권자의 동의를 요한다는 구 저작권법 제50조는 동법 제47조에 의하여 설정된 출판권에 관한 것이고, 동법 제42조에 정한 저작권의 일부로서의 출판권능을 양도받을 경우에는 적용이 없다(대법원 1979. 5. 15. 선고 78다1263 판결).

고 함은 원작을 개작하거나 번역하는 등의 방법으로 변경하지 않고 출판하는 것을 의미
할 뿐 원작의 전부를 출판하는 것만을 의미하는 것은 아니며, 침해자가 출판된 저작물을
전부 복제하지 않았다 하더라도 그중 상당한 양을 복제한 경우에는 출판권자의 출판권을
침해하는 것이라 할 것이고, 또 저작물을 복제함에 있어 저자의 표시를 달리 하였다 하
여 출판권 침해가 되지 않는다고 볼 이유는 없다"고 하고,142) 같은 취지를 전제하면서도
"원작과의 동일성을 손상하는 정도로 원작을 변경하여 출판하는 때에는 저작자의 2차적
저작물작성권 침해에 해당할지언정 출판권자의 출판권 침해는 성립되지 않는다"고 하면
서 "글과 그림이 유기적으로 결합된 만화저작물에 있어서 원작과 제3자가 출판한 작품과
의 동일성은 글과 그림의 표현형식, 연출의 방법(이야기의 전개순서에 따라 글과 그림으
로 구성되는 개개의 장면을 구상하고 그 이야기의 전개를 위해 지면을 다양한 크기와 모
양의 칸으로 분할하며 그 분할된 해당 칸에 구상한 장면을 배열하는 것) 등을 종합적으
로 고려하여 판단하여야 한다"고 하였다.143)

---

142) 대법원 2003. 2. 28. 선고 2001도3115 판결[원심은, 피고인이 이원도 저작의 "98 편입영어스피드완성"
  이라는 책자를 발간함에 있어서 피해자 한정석의 동의 없이, 위 "98 편입영어스피드완성"의 해설 부분
  중 총 1,125문제가 한정석이 1997. 1. 10. 발행한 강철구(필명 강신호) 저작의 편입영어 시리즈 "편입어
  휘SPEED완성", "편입문법SPEED완성", "편입독해SPEED완성"의 내용 중 총 1,125문제의 해설 부분을
  각 인용하여 위 3권의 책자에 게재된 내용과 같다는 정을 알면서도, 1998. 1. 중순경 및 같은 해 4.경
  "98 편입영어스피드완성" 책자 각 1,000부를 각 복제하여 배포함으로써 한정석의 출판권을 침해한 것이
  라는 요지의 이 사건 주된 공소사실에 대하여, 출판이라 함은 저작물을 '원작 그대로' 인쇄술에 의하여
  문서 또는 도화로 복제·배포하는 것을 말하므로, 피고인이 한정석 발행의 책자를 원작 그대로가 아니
  라 그 내용 중의 일부만을 그것도 저자를 달리하여 복제·배포한 것은 출판권 침해에 해당되지 않는다
  는 이유로, 이 사건 공소사실에 대하여 무죄를 선고한 제1심을 그대로 유지하였다. 이에 대해 대법원은
  위와 같이 설시한 다음, 원심은 피고인이 출판한 저작물이 한정석 출판의 저작물 중 상당한 양을 복제
  한 것인지에 대하여는 살펴보지도 아니한 채 저작물의 일부만을 그것도 저자를 달리하여 복제·배포하
  는 경우에는 출판권의 침해가 되지 않는다는 이유로 위 공소사실에 대하여 무죄를 선고한 제1심을 그
  대로 유지하였으니 여기에는 출판권 침해에 관한 법리를 오해하여 판결의 결과에 영향을 미친 위법이
  있다고 판단하였다].

143) 대법원 2005. 9. 9. 선고 2003다47782 판결(기록에 비추어 살펴보면, 피고 출판의 "슈퍼삼국지"와 원고
  출판의 "전략삼국지"는 전체의 약 30%가량에 해당되는 쪽의 전부 또는 일부 컷에 있어서 말풍선 내의
  대사의 흐름, 대사를 끊어 주는 시점, 컷 나누기, 개개 컷의 구성, 컷 내의 그림의 배치, 인물의 표정·
  농담 및 주변의 묘사 등이 상당히 유사하지만, 그림이 표현형식에 있어서 "전략삼국지"는 약화체로 표
  현되어 있고 흑백의 단색으로 되어 있는 데에 비하여 "슈퍼삼국지"는 사실체로 표현되어 있고 컴퓨터
  그래픽 채색작업에 의한 천연색으로 되어 있을 뿐만 아니라, 대표적인 등장인물들의 얼굴형이 "전략삼
  국지"의 그것과 확연히 달라 그 자체로 창작성이 인정될 정도로 독특하고, 원심이 채용한 원심의 한국
  만화애니메이션학회장에 대한 감정촉탁 결과에 의하더라도 "슈퍼삼국지"는 스토리 전개 및 연출방식에
  서 "전략삼국지"를 표절하였을 가능성은 높지만, 그림체에서는 "전략삼국지"를 표절하였을 가능성이 매
  우 낮다고 되어 있는바, 사정이 이러하다면 앞에서 본 바와 같은 양 작품의 유사점만으로는 곧바로 "슈
  퍼삼국지"와 "전략삼국지"가 동일성이 있는 작품이라고 단정하기 어렵고, 오히려 "슈퍼삼국지"가 "전략
  삼국지"와의 동일성을 손상할 정도로 변경되었다고 볼 여지도 있다고 할 것이다. 그렇다면 원심으로서
  는 그림의 표현형식에서 나타나는 양 작품의 위와 같은 차이로 인하여 "슈퍼삼국지"가 "전략삼국지"와
  의 동일성을 손상할 정도로 변경되었는지, 아니면 그러한 차이에도 불구하고 "슈퍼삼국지"가 "전략삼국

그리고 출판 계약 해지 후 인쇄지형 등을 제3자에게 처분한 행위가 배임죄 또는 출판권 침해가 성립하는지에 대해 "인쇄지형의 폐기나 보관 의무는 타인의 사무가 아니고, 또한 출판계약이 해지되어 출판권이 원권리자에게 이양이 되었다면 출판권이 없는 피고인들이 출판권과 그들 소유의 지형을 제3자에게 처분했다고 해서 원권리자가 출판권을 침해당하는 손해를 입을 수도 없다"고 보았다.144)

<hr>

지"의 전부 또는 상당 부분과 동일성이 있다고 평가할 수 있는지 등에 관하여 더 심리해 본 연후에 출판권 침해 여부를 판단함이 상당하다 할 것임에도 불구하고, 원심은 이러한 점에 관하여는 심리해 보지도 아니한 채 피고가 "슈퍼삼국지"를 저작함에 있어서 컷 나누기라든지 인물의 대화의 기재, 인물의 표정·동작 및 주변상황 등의 묘사에 있어서 "전략삼국지"를 상당 부분 모방하였다는 사정만으로 피고가 원고의 출판권을 침해하였다고 판단하고 말았으니, 원심판결에는 출판권 침해에 관한 법리를 오해하고 필요한 심리를 다하지 아니하여 판결 결과에 영향을 미친 위법이 있다고 할 것이다).

144) 대법원 1989. 1. 17. 선고 87도2604 판결(원심판결은 피고인들은 위 책자의 판매가 부진하여 A에게 지급하여야 할 원고료 900만 원을 지급하지 못하게 되자 같은 해 7. 10. 초판의 원고료로 금 330만 원을 지급하기로 하고 위 출판계약을 해지하여 위 책자의 출판권은 A에게 이양되었으므로 위 책자의 인쇄지형을 폐기하던가 아니면 후일 재출판의 경우를 대비하여 잘 보관해 둠으로써 다른 사람에 의한 무단출판을 장지하여야 할 임무가 있음에도 이에 위배하여 같은 달 17. 공소외 B에게 위 책자의 인쇄지형과 출판권을 위 책자의 재고 800질과 함께 금 1,500만 원에 매각함으로써 위 대금 중 인쇄지형과 출판권에 해당하는 부분 상당의 재산상 이익을 취득하고 동인에게 그 상당액의 재산상 손해를 가하였다고 인정하여 배임죄로 의율하였는바, 배임죄는 타인의 사무를 처리하는 자가 그 임무에 위배하는 행위로서 재산상의 이익을 취득하거나 제3자로 하여금 이를 취득게 하여 본인에게 손해를 가하는 것을 내용으로 하는 범죄로서, 원심판시와 같이 피고인들에게 그들 소유의 이 사건 인쇄지형을 폐기하든가 후일에 대비하여 잘 보관해 둘 의무가 있다고 하더라도 이는 위 A를 위하는 일도 되기는 하지만 오로지 피고인들의 사무이지 A의 사무가 될 수 없으며, 피고인들과 A 간의 출판계약이 해지되어 출판권이 A에게 이양이 되었다면 출판권이 없는 피고인들이 출판권과 그들 소유의 지형을 B에게 처분했다고 해서 A가 출판권을 침해당하는 손해를 입을 수도 없다고 보이므로 원심으로서는 피고인들의 위 지형 보관업무가 어떤 관계로 A의 사무가 되며 출판권을 양도함으로써 A가 어떤 내용의 손해를 입게 되었는지에 대한 심리를 다하지 아니하였거나 배임죄의 법리를 오해한 위법을 범하였다고 할 것이다).

제7절 저작인접권

Ⅰ. 일반

1. 저작인접권의 보호

저작물의 창작자는 아니지만 저작물을 공중에게 전달하는 데 중요한 역할을 하는 실연자, 음반제작자, 방송사업자에게 인정되는 권리를 저작인접권이라고 한다(§64). 저작인접권에 관한 국제조약은 음반보호조약(제네바조약), 인접권조약(로마조약), WTO/TRIPs 등이 있으며, 이 중 WTO/TRIPs의 경우 저작인접권(Neighbouring Right)을 관련 권리(Related Right)라고 규정하여, 로마조약과 구별하고 있다. 이러한 저작인접권자 중 실연자의 권리는 특히 복제기술의 발달에 수반하는 실연자의 기술적 실업을 구제한다고 하는 생활보장적 목적이 강한데 반해 음반제작자와 방송사업자의 권리는 주로 독점적 이익의 확보에 의한 기업유지라고 하는 측면이 강조되고 있다.[145]

저작인접권은 저작권에 영향을 미치는 것으로 해석되어서는 안 되며(§65), 따라서 저작인접물을 이용하고자 하는 자는 저작인접권자 이외에 저작권자로부터도 이용허락을 받아야 한다.[146]

---

145) 송영식 · 이상정, 「저작권법개설(제8판)」, 세창출판사(2012), 335면.

146) 대법원 2006. 7. 13. 선고 2004다10756 판결[저작권법 제2조 제7호(현행 저작권법 제2조 제6호), 제42조 제3항(현행 저작권법 제46조 제3항), 제62조(현행 저작권법 제65조), 제67조(현행 저작권법 제78조, 제79조)의 규정에 비추어 볼 때, 저작권자가 자신의 저작재산권 중 복제 · 배포권의 처분권한까지 음반제작자에게 부여하였다거나 또는 음반제작자로 하여금 저작인접물인 음반 이외에 저작권자의 저작물에 대하여까지 이용허락을 할 수 있는 권한 내지 저작물의 이용권을 제3자에게 양도할 수 있는 권한을 부여하였다는 등의 특별한 사정이 인정되지 않는 한, 음반제작자에 의하여 제작된 원반(原盤) 등 저작인접물에 수록된 내용 중 일부씩을 발췌하여 이른바 '편집앨범'을 제작하고자 하는 자는 그 음반제작자의 저작인접물에 대한 이용허락 이외에 저작권자로부터도 음악저작물에 대한 이용허락을 얻어야 한다]. 이 판결에 대한 평석으로는 정경석, "편집앨범의 제작과 음악저작권자의 이용허락", 저작권문화 통권 147호(2006년 11월), 저작권심의위원회(2006), 28 - 29면.

2. 저작인접권자의 추정 등

2011. 6. 30. 개정법에서는 저작자추정 등과 같은 취지에서 실연자 등의 추정 규정을 신설하였다. 즉 이 법에 따라 보호되는 실연·음반·방송과 관련하여 실연자, 음반제작자 또는 방송사업자로서의 실명 또는 널리 알려진 이명이 일반적인 방법으로 표시된 자는 실연자, 음반제작자 또는 방송사업자로서 그 실연·음반·방송에 대하여 각각 실연자의 권리, 음반제작자의 권리 또는 방송사업자의 권리를 가지는 것으로 추정한다(§64의2).

또한 2011. 12. 2. 개정법에서는 제64조 제1항에 따라 보호되는 외국인의 실연·음반 및 방송이라도 그 외국에서 보호기간이 만료된 경우에는 이 법에 따른 보호기간을 인정하지 아니한다는 규정을 신설하였으며(§64②), 다만 동 규정은 2013. 8. 1.부터 적용된다.

Ⅱ. 저작인접권의 종류

1. 실연자의 권리

가. 실연자

실연자란 저작물을 연기·무용·연주·가창·구연·낭독 그 밖의 예능적 방법으로 표현하거나 저작물이 아닌 것을 이와 유사한 방법으로 표현하는 실연을 하는 자를 말하며, 실연을 지휘·연출 또는 감독하는 자를 포함한다(§2ⅳ).

나. 보호받는 실연

저작권법에 의해 보호를 받는 실연은 ⅰ) 대한민국 국민(대한민국 법률에 따라 설립된 법인 및 대한민국 내에 주된 사무소가 있는 외국법인을 포함한다. 이하 같다)이 행하는 실연, ⅱ) 대한민국이 가입 또는 체결한 조약에 따라 보호되는 실연, ⅲ) 음반에 고정된 실연, ⅳ) 방송에 의하여 송신되는 실연(송신 전에 녹음 또는 녹화되어 있는 실연을 제외한다)이다(§64① ⅰ). 이 중 조약에 따라 보호되는 실연은 WTO/TRIPs상의 저작인접권 보호규정에 따라 추가된 것이다.

다. 권리의 내용

실연자는 저작물의 창작자는 아니지만 저작물의 전달자로서 창작에 준하는 활동을 통해 저작물의 가치를 증진시킨다는 차원에서 저작권에 준하여 일정한 권리를 갖는다.

(1) 실연자의 저작인격권

2006년 개정법에서는 실연자의 저작인격권으로서 성명표시권과 동일성유지권을 신설하였다. 즉 실연자는 그의 실연 또는 실연의 복제물에 그의 실명 또는 이명을 표시할 권리를 가지며(§66①), 실연을 이용하는 자는 그 실연자의 특별한 의사표시가 없는 때에는 실연자가 그의 실명 또는 이명을 표시한 바에 따라 이를 표시하여야 하며 다만, 실연의 성질이나 그 이용의 목적 및 형태 등에 비추어 부득이하다고 인정되는 경우에는 그러하지 아니하다(§66②). 또한 실연자는 그의 실연의 내용과 형식의 동일성을 유지할 권리를 가진다. 다만, 실연의 성질이나 그 이용의 목적 및 형태 등에 비추어 부득이하다고 인정되는 경우에는 그러하지 아니한다(§67). 이러한 실연자의 인격권은 저작인격권과 마찬가지로 실연자의 일신에 전속하며(§68), 실연자는 고의 또는 과실로 실연자의 인격권을 침해한 자에 대하여 손해배상에 갈음하거나 손해배상과 함께 명예회복을 위하여 필요한 조치를 청구할 수 있다(§127).

(2) 복제권(녹음·녹화권 등)

실연자는 그의 실연을 복제할 권리를 가진다(§69). 따라서 실연을 맨 처음 녹음·녹화·촬영하는 경우는 물론 실연이 수록된 녹화물 등을 판매나 편집하는 행위 등은 복제권의 침해가 된다. 다만 실연자의 복제권은 본인 스스로의 실연에만 미치고, 그 실연과 유사한 실연이 다른 사람에 의하여 행하여지고 또 복제된 것에는 미치지 않는 점에서 저작권과는 차이가 있다.[147] 그리고 영상저작물에 관해서는 특칙을 두고 있다(§100③).

(3) 배포권

실연자는 그의 실연의 복제물을 배포할 권리를 가진다. 다만, 실연의 복제물이 실연자의 허락을 받아 판매 등의 방법으로 거래에 제공된 경우에는 그러하지 아니하다(§70). WIPO 실연·음반조약의 취지를 고려하여 2006년 개정법에서 신설한 권리이며, 저작권자의 배포권과 마찬가지로 최초판매의 원칙이 적용된다. 한편 실연자의 배포권을 신설하게 됨에

---

147) 송영식·이상정, 「저작권법개설(제8판)」, 세창출판사(2012), 342면.

따라 실연자의 배포권도 특약이 없는 한 영상제작자가 양도받은 것으로 추정된다(§100③).

(4) 대여권

실연자는 제70조의 단서의 규정에 불구하고 그의 실연이 녹음된 판매용 음반을 영리를 목적으로 대여할 권리를 가진다(§71). WIPO실연·음반조약에서 실연이 고정된 음반의 대여를 허락한 배타적 권리를 부여하고 있음에 따라 2006년 개정법에서 이를 반영한 것이다. 다만, 1996. 7. 1. 이전에 회복저작물 등이 고정된 판매용음반을 취득한 때에는 대여권의 제한을 받지 아니한다.[148]

(5) 공연권

실연자는 그의 고정되지 아니한 실연을 공연할 권리를 가진다. 다만, 그 실연이 방송되는 실연인 경우에는 그러하지 아니하다(§72). 공연권 역시 2006년 개정법에서 신설된 권리이며, 이에 따라 생실연(라이브 공연 등)을 확성기나 멀티비전 등을 통하여 실연장소 이외의 지역에 있는 공중에게 실시간으로 제공하는 행위에 대해 실연자가 공연권 침해를 주장할 수 있게 되었다.

(6) 방송권

실연자는 그의 실연을 방송할 권리를 가진다. 다만, 실연자의 허락을 받아 녹음된 실연에 대하여는 그러하지 아니하다(§73). 따라서 재방송의 경우 실연자는 방송권을 주장할 수 없으며 다만 일정한 보상청구권을 행사할 수 있다(§75).

(7) 전송권

실연자는 그의 실연을 전송할 권리를 가진다(§74).

(8) 방송사업자의 실연자에 대한 보상

방송사업자가 실연이 녹음된 판매용 음반을 사용하여 방송하는 경우에는 상당한 보상금을 그 실연자에게 지급하여야 한다. 다만, 실연자가 외국인인 경우에 그 외국에서 대한민국 국민인 실연자에게 이 항의 규정에 따른 보상금을 인정하지 아니하는 때에는 그러

---

148) 1995. 12. 6. 개정법 부칙 제4조 제4항. 이러한 대여권 제한의 예외는 저작권자 및 음반제작자에 대해서도 동일하게 적용된다.

하지 아니하다(§75①). 이러한 2차적 사용료는 개개의 실연자가 청구할 수는 없으며 대한민국 내에서 실연을 업으로 하는 자로 구성된 단체로서 문화체육관광부장관이 지정하는 단체만이 행사할 수 있고 그러한 단체의 지정 등에 대해서는 제25조 제5항 내지 제9항의 규정을 준용하며(§75②), 동 단체가 보상권리자를 위하여 청구할 수 있는 보상금의 금액은 매년 그 단체와 방송사업자가 협의하여 정한다(§75③). 이 경우 보상금에 대한 협의가 성립되지 아니하는 경우에 그 단체 또는 방송사업자는 대통령령으로 정하는 바에 따라 한국저작권위원회에 조정을 신청할 수 있다(§75④).

판례는 판매용 음반의 녹음에 참가한 실연자들이 자신들의 음반을 방송에 사용한 방송사업자로부터 매년 보상금을 징수하여 적립해 온 실연자단체연합회를 상대로 보상금의 분배를 청구한 사건에서 "방송사업자가 실연이 녹음된 판매용 음반을 사용하여 방송하는 경우 그 실연자에게 상당한 보상을 하여야 함은 당연하나 방송사업자가 방송에 제공된 모든 곡의 실연자를 찾아내어 보상을 해 준다거나 반대로 실연자 개개인이 자신이 실연한 곡을 방송한 방송사업자 및 그 방송횟수를 추적하여 보상금을 청구한다는 것은 기술적·경제적으로 불가능하므로, 저작권법 제65조 제2항(현행 저작권법 제75조 제2항)은 이러한 보상의 필요성과 보상 방법상의 문제점을 해결하기 위한 방안으로 보상청구권의 귀속 주체와 보상청구권의 행사자를 분리하고 있는바, 음악실연자가 같은 법조항에 따라 문화체육부장관이 보상청구권 행사자로 지정한 단체인 한국예술실연자단체연합회(2006년 한국음악실연자연합회로 명칭 변경) 소속 회원단체에 가입한 경우에는 연합회의 규약에 따라 직접 연합회를 상대로 개별적으로 보상금의 분배를 청구할 수는 없고 또한 이러한 연합회의 규정이 실연자의 보상청구권에 관한 저작권법의 취지에 반한다거나 사회질서에 위배되어 무효라고 볼 수는 없으며, 연합회 소속 단체에 가입하지 않은 실연자라고 하더라도 같은 법 제65조 제3항(현행 저작권법 제75조 제3항)에 따라 연합회를 통하여 얼마든지 자신의 권리를 행사할 수 있으나 다만 방송에 관한 자료수집의 어려움, 보상의 성격 등을 감안할 때 사전에 권리 행사를 신청한 경우에 한한다"고 판단하였다.[149]

(9) 디지털음성송신사업자의 실연자에 대한 보상

디지털음성송신사업자가 실연이 녹음된 음반을 사용하여 송신하는 경우에는 상당한 보상금을 그 실연자에게 지급하여야 한다(§76①). 2006년 개정법에 디지털음성송신권이 신설됨에 따라 실연자에게 디지털음성송신에 대한 보상청구권을 새로이 부여하였다. 인터

---

149) 서울지법동부지원 1997. 10. 15. 선고 95가단16616 판결(확정).

넷방송 또는 동시 웹케스팅의 형태로 소리를 송신하는 디지털음성송신은 방송과 구별하기가 곤란하므로 디지털음성송신사업자가 음반에 녹음된 실연자를 개별적으로 찾아다니며 계약을 맺도록 하는 것보다 방송과 마찬가지로 보상청구권을 부여하는 것이 타당하기 때문이다. 다만, 외국인 실연자의 방송보상청구권은 상호주의에 따라 인정하도록 하였으나 디지털음성송신은 인터넷을 기반으로 하고 국경을 초월하여 송신된다는 점을 고려하여 상호주의의 적용을 배제하여 내외국인을 불문하고 보상하노록 하였다.

보상받을 권리를 행사할 단체의 지정 등에 대해서는 제25조 제5항 내지 제9항의 규정을 준용하며(§76②), 동 단체가 보상권리자를 위하여 청구할 수 있는 보상금의 금액은 매년 그 단체와 디지털음성송신사업자가 매년 1월 1일부터 6월 30일까지의 기간 내에 협의하여 정한다(§76③, 영§39). 이 경우 보상금에 대한 협의가 성립되지 아니한 경우에는 문화체육관광부장관이 정하여 고시하는 금액을 지급한다(§76④).

(10) 판매용 음반을 사용하여 공연하는 자의 실연자에 대한 보상

실연이 녹음된 판매용 음반을 사용하여 공연을 하는 자는 상당한 보상금을 해당 실연자에게 지급하여야 한다. 다만, 실연자가 외국인인 경우에 그 외국에서 대한민국 국민인 실연자에게 이 항의 규정에 따른 보상금을 인정하지 아니하는 때에는 그러하지 아니하다(§76의2①). 보상금의 지급 및 행사방법은 디지털음성송신사업자의 실연자에 대한 보상과 같다(§76의2②).

(11) 공동실연자

2인 이상이 공동으로 합창·합주 또는 연극 등을 실연하는 경우에 이 절에 규정된 실연자의 권리(실연자의 인격권은 제외한다)는 공동으로 실연하는 자가 선출하는 대표자가 이를 행사한다. 다만, 대표자의 선출이 없는 경우에는 지휘자 또는 연출자 등이 이를 행사한다(§77①). 이에 따라 공동실연자의 권리를 행사하는 경우에 독창 또는 독주가 함께 실연된 때에는 독창자 또는 독주자의 동의를 얻어야 한다(§77②). 그리고 공동저작물의 저작인격권에 관한 제15조의 규정은 공동실연자의 인격권 행사에 관하여 준용한다(§77③).

2. 음반제작자의 권리

가. 음반제작자

음반제작자란 음을 음반에 고정하는 데 있어 전체적으로 기획하고 책임을 지는 자를 말하며(§2 vi), 음반이란 음(음성·음향을 말한다. 이하 같다)이 유형물에 고정된 것(음이 영상과 함께 고정된 것을 제외한다)을 말한다(§2 v). 여기서 '유형물'이란 녹음된 유형물 자체를 말하는 것이 아니라 녹음물에 음이 고정되어 있는 추상적인 존재를 말하며, 따라서 '음반의 복제'란 음이 고정된 디스크나 CD 등의 유형물을 그대로 복사하는 것이 아니라 CD 등에 수록되어 있는 음을 다른 녹음 유형물에 고정·수록하는 것을 말한다.

음반을 제작·판매하는 음반회사와 저작인접권의 귀속주체인 '음반제작자'의 판단기준과 관련하여 판례는 "저작권법상의 음반제작자는 음반제작자로서의 저작인접권을 자신에게 귀속시킬 의사로 유형물인 음반에 음을 맨 처음 고정한 자인바, 가수가 음반에 수록될 곡을 직접 선정하고 스스로 비용을 지출하여 녹음 작업 및 편집 과정을 거쳐 음반의 마스터테이프를 제작한 점 등에 비추어 볼 때 위 음반의 음반제작자는 각 곡의 음원을 유형물인 음반에 고정하는 주된 작업을 직접 담당한 가수"라고 하면서, 음반 계약상 판매용 음반의 제작·판매업자의 음반제작자로서의 권리를 부정한 바 있다.[150]

나. 보호받는 음반

국내에서 보호받을 수 있는 음반은 ⅰ) 대한민국 국민을 음반제작자로 하는 음반, ⅱ) 음이 맨 처음 대한민국 내에서 고정된 음반, ⅲ) 대한민국이 가입 또는 체결한 조약에 따라 보호되는 음반으로서 체약국 내에서 최초로 고정된 음반, ⅳ) 대한민국이 가입 또는 는 체결한 조약에 따라 보호되는 음반으로서 체약국의 국민(당해 체약국의 법률에 따라 설립된 법인 및 당해 체약국 내에 주된 사무소가 있는 법인을 포함한다)을 음반제작자로 하는 음반이다(§64① ⅱ).

다. 권리의 내용

(1) 복제권

음반제작자는 그의 음반을 복제할 권리를 가진다(§78). 여기서 음반의 복제란 음반의

---

150) 서울중앙지방법원 2006. 10. 10. 선고 2003가합66177 판결.

증제 또는 음악을 노래반주기 등에 기계적·전자적으로 메모리칩에 입력시키는 것도 포함된다.

판례는 "음반에 관한 법률 제3조 제1항에 규정된 '음반을 판매 또는 배포의 목적으로 제작하고자 하는 자'라 함은, 음반을 불특정 또는 다수인에게 유상으로 양도하거나 무상으로 교부할 목적으로 제작하고자 하는 자를 뜻한다고 풀이하여야 할 것이고 어느 특정인으로부터 특정한 음반의 제작을 의뢰받아 이를 제작하여 의뢰자에게 유상으로 교부하기로 약속하였을 뿐, 그 음반을 의뢰자 이외의 제3자에게 교부할 의사는 없었던 것과 같은 경우에는, 불특정 다수인에게 판매할 목적으로 음반을 제작하였다고 볼 수 없을 것"이라고 하고,[151] "인터넷 음악파일 콘텐츠 제공업체가 제공한 HTTP 방식에 의한 서비스의 경우, 이용자들이 노래듣기를 선택하면 위 업체 측의 서버에서 전송된 해당 곡의 컴퓨터압축파일(asf파일)이 이용자 컴퓨터의 하드디스크 임시폴더에 다운로드되어 재생되는데, 이와 같이 임시폴더에 다운로드된 파일은 미리 설정된 위 임시폴더의 사용공간이 다 채워지기 전에는 삭제되지 않고 위 임시폴더에 저장된 상태로 계속 남아 있게 되어, 이용자가 별도로 음원파일에 대한 복제행위를 하는지와 관계없이 HTTP 방식에 의한 서비스 자체만으로도 해당 곡의 음원파일에 대하여 저작권법 제2조 제14호에서 정한 복제가 이루어졌다고 할 것이므로, HTTP 방식에 의한 인터넷 음악제공 서비스는 음반제작자의 저작인접권을 침해하는 행위에 해당한다"고 하였다.[152]

(2) 배포권

음반제작자는 그의 음반을 배포할 권리를 가진다. 다만, 음반의 복제물이 음반제작자의 허락을 받아 판매 등의 방법으로 거래에 제공된 경우에는 그러하지 아니하다(§79). 단서는 최초판매의 원칙이 적용됨을 말한다.

(3) 대여권

음반제작자는 제79조의 단서의 규정에 불구하고 판매용 음반을 영리를 목적으로 대여

---

151) 대법원 1986. 10. 14. 선고 86도1340 판결(원심이 이러한 견지에서 문화공보부에 음반제작자등록을 아니 한 채 다만 음반판매업자 등록만을 하고 비디오가게를 경영하던 피고인들이 특정고객들의 의뢰를 받아 그 고객의 결혼식 장면을 가정용 비디오촬영기로 촬영한 후 금 70,000원 또는 80,000원의 대가를 받고 그 비디오테이프를 의뢰고객에게 양도해 준 이 사건에 있어서, 피고인들은 음반에 관한 법률 제3조 제1항 소정의 음반을 판매 또는 배포의 목적으로 제작하는 자가 아니라고 하여, 동법 제13조 제1항 제1호의 처벌규정에 해당하지 아니한다고 한 판단은 정당하다).

152) 서울중앙지방법원 2006. 2. 15. 선고 2005노480 판결(확정).

할 권리를 가진다(§80). 2006년 개정법에서 실연자의 경우와 마찬가지로 종전의 보상청구권에서 배타적 권리로 개정된 것이다.

(4) 전송권

음반제작자는 그의 음반을 전송할 권리를 가진다(§81).

(5) 방송사업자의 음반제작자에 대한 보상

방송사업자가 판매용 음반을 사용하여 방송하는 경우에는 상당한 보상금을 그 음반제작자에게 지급하여야 한다. 다만, 음반제작자가 외국인인 경우에 그 외국에서 대한민국 국민인 음반제작자에게 이 항의 규정에 따른 보상금을 인정하지 아니하는 때에는 그러하지 아니하다(§82①). 보상금의 지급 및 금액 등에 대하여는 제25조 제5항 내지 제9항 및 제75조 제3항·제4항의 규정을 준용한다(§82②).

(6) 디지털음성송신사업자의 음반제작자에 대한 보상

디지털음성송신사업자가 음반을 사용하여 송신하는 경우에는 상당한 보상금을 그 음반제작자에게 지급하여야 한다(§83①). 보상금의 지급 및 금액 등에 대해서는 마찬가지로 제25조 제5항 내지 제9항 및 제76조 제3항·제4항의 규정을 준용한다(§83②).

(7) 판매용 음반을 사용하여 공연하는 자의 음반제작자에 대한 보상

판매용 음반을 사용하여 공연을 하는 자는 상당한 보상금을 해당 음반제작자에게 지급하여야 한다. 다만, 음반제작자가 외국인인 경우에 그 외국에서 대한민국 국민인 음반제작자에게 이 항의 규정에 따른 보상금을 인정하지 아니하는 때에는 그러하지 아니하다(§83의2①).

보상금의 지급 및 금액 등에 대해서는 제25조 제5항부터 제9항까지 및 제76조 제3항·제4항을 준용한다(§83의2②).

3. 방송사업자의 권리

가. 방송사업자

저작권법상 방송이란 공중송신 중 공중이 동시에 수신하게 할 목적으로 음·영상 또는 음과 영상 등을 송신하는 것을 말하는데(§2viii), 방송사업자는 이러한 방송을 업으로 하는 자를 말한다(§2ix). 즉 방송에 대한 권리 주체로서의 방송사업자, 방송을 위한 법정 허락이용권자로서의 방송사업자(§51), 판매용 음반에 대한 보상의무자로서의 방송사업자(§75, §82)를 말한다.

나. 보호받는 방송

국내에서 보호받을 수 있는 방송은 ⅰ) 대한민국 국민인 방송사업자의 방송, ⅱ) 대한민국 내에 있는 방송설비로부터 행하여지는 방송, ⅲ) 대한민국이 가입 또는 체결한 조약에 따라 보호되는 방송으로서 체약국의 국민인 방송사업자가 당해 체약국 내에 있는 방송설비로부터 행하는 방송이다(§64①ⅲ).

다. 권리의 내용

방송사업자는 배타적 권리로서 아래와 같은 권리를 가지며, 명문 규정은 없으나 유선방송사업자도 같은 권리를 가진다고 할 것이다.

(1) 복제권

방송사업자는 그의 방송을 복제할 권리를 가진다(§84).

(2) 동시중계방송권

방송사업자는 그의 방송을 동시중계방송할 권리를 가진다(§85).

(3) 공연권

방송사업자는 공중의 접근이 가능한 장소에서 방송의 시청과 관련하여 입장료를 받는 경우에 그 방송을 공연할 권리를 가진다(§85의2). 2011. 6. 30. 개정법에서 공중의 접근이 가능한 장소에서 방송의 시청과 관련하여 입장료를 받는 경우에 한하여 방송사업자의 공연권을 인정한 것이다.

Ⅲ. 저작인접권의 등록

저작인접권도 저작권과 마찬가지로 '저작인접권 등록부'에 등록할 수 있다. 즉 저작권의 등록에 관한 제53조부터 제55조까지 및 제55조의2의 규정은 저작인접권의 등록에 관하여 준용하며, 이 경우 제55조 중 '저작권등록부'는 '저작인접권등록부'로 본다(§90).

Ⅳ. 저작인접권의 보호기간

1. 저작인접권의 발생

저작인접권은 다음의 어느 하나에 해당하는 때부터 발생하며, 어떠한 절차나 형식의 이행을 필요로 하지 아니한다(§86①). 2011. 12. 2. 개정법에서 단서를 신설하여 무방식주의임을 분명히 하였다.
  ⅰ) 실연의 경우에는 그 실연을 한 때
  ⅱ) 음반의 경우에는 그 음을 맨 처음 음반에 고정한 때
  ⅲ) 방송의 경우에는 그 방송을 한 때

2. 저작인접권의 보호기간

저작인접권(실연자의 인격권은 제외한다. 이하 같다)은 다음의 어느 하나에 해당하는 때의 다음 해부터 기산하여 70년(방송의 경우에는 50년)간 존속한다(§86②).[153]
  ⅰ) 실연의 경우에는 그 실연을 한 때. 다만, 실연을 한 때부터 50년 이내에 실연이 고정된 음반이 발행된 경우에는 음반을 발행한 때
  ⅱ) 음반의 경우에는 그 음반을 발행한 때. 다만, 음을 음반에 맨 처음 고정한 때의

---

153) 2011. 12. 2. 개정에 의해 저작인접권의 보호기간이 50년에서 70년으로 연장되었으며, 다만 동 규정은 이미 발효된 한·페루 FTA에 따라 2013. 8. 1.부터 시행된다. 한편, 방송이 제외된 것은 미국이 저작권법에서 방송사업자를 별도로 보호하지 않기 때문에 한미 FTA에서 방송이 제외되었고, 방송사업자의 권리에 대해서는 현재 세계지식재산기구(WIPO)에서 조약 마련을 위한 논의가 진행 중이어서 그 결과를 기다려 정비할 필요 있기 때문이라고 한다(문화체육관광부·한국저작권위원회, 한·미 FTA 이행을 위한 개정 저작권법 설명자료, 2011. 12. 14. 21면).

다음 해부터 기산하여 50년이 경과한 때까지 음반을 발행하지 아니한 경우에는 음을 음
반에 맨 처음 고정한 때

iii) 방송의 경우에는 그 방송을 한 때

그 이외에 개정법 부칙 제4조[154]에서는 저작인접권 보호의 공평성을 회복하고, 관련
국제조약 규정을 충실하게 이행하기 위하여 1987년 7월 1일부터 1994년 6월 30일 사이
에 발생한 저작인접권의 보호기간을 발생한 때의 다음 해부터 기산하여 50년간 존속하도
록 하였다.

3. 상호주의의 적용

제64조 제1항에 따라 보호되는 외국인의 실연·음반 및 방송이라도 그 외국에서 보호
기간이 만료된 경우에는 이 법에 따른 보호기간을 인정하지 아니한다(§64②). 즉 상호주
의의 원칙에 따라 외국인의 저작인접권을 인정해 주는 것이다.

V. 저작인접권의 제한·양도·행사·소멸 등

저작권의 제한이나 양도, 행사 및 소멸 등에 관한 규정은 저작인접권에도 준용된다. 즉
저작인접권은 저작물의 이용과 관련된 권리로서 사회성을 가지므로 저작권이 제한되는 경
우에 준해서 취급되며, 그 양도나 행사 등에 있어서도 마찬가지의 제한을 받는다.[155]

---

154) 제4조(저작인접권 보호기간의 특례) ① 제3조에도 불구하고 법률 제8101호 저작권법 전부개정법률 부
칙 제2조 제3항의 개정규정에 따라 1987년 7월 1일부터 1994년 6월 30일 사이에 발생한 저작인접권은
1994년 7월 1일 시행된 법률 제4717호 저작권법중개정법률(이하 이 조에서 '같은 법'이라 한다) 제70
조의 개정규정에 따라 그 발생한 때의 다음 해부터 기산하여 50년간 존속한다.
② 같은 법 부칙 제3항에 따라 1987년 7월 1일부터 1994년 6월 30일 사이에 발생한 저작인접권 중 이
법 시행 전에 종전 법(법률 제4717호 저작권법중개정법률 시행 전의 저작권법을 말한다. 이하 이 조에
서 같다)에 따른 보호기간 20년이 경과되어 소멸된 저작인접권은 이 법 시행일부터 회복되어 저작인접
권자에게 귀속된다. 이 경우 그 저작인접권은 처음 발생한 때의 다음 해부터 기산하여 50년간 존속하는
깃으로 하여 보호되었더라면 인정되었을 보호기간의 잔여기간 동안 존속한다.
③ 제2항에 따라 저작인접권이 회복된 실연·음반·방송을 이 법 시행 전에 이용한 행위는 이 법에서
정한 권리의 침해로 보지 아니한다.
④ 제2항에 따른 저작인접권이 종전 법에 따라 소멸된 후에 해당 실연·음반·방송을 이용하여 이 법
시행 전에 제작한 복제물은 이 법 시행 후 2년 동안 저작인접권자의 허락 없이 계속 배포할 수 있다.
155) 송영식·이상정, 「저작권법개설(제8판)」, 세창출판사(2012), 356면.

1. 저작인접권의 제한

저작인접권의 목적이 된 실연·음반 또는 방송의 이용에 관하여는 제23조, 제24조, 제25조 제1항부터 제3항까지, 제26조부터 제32조까지, 제33조 제2항, 제34조, 제35조의2, 제35조의3, 제36조 및 제37조를 준용한다(§87①). 그리고 디지털음성송신사업자는 제76조 제1항 및 제83조 제1항에 따라 실연이 녹음된 음반을 사용하여 송신하는 경우에는 자체의 수단으로 실연이 녹음된 음반을 일시적으로 복제할 수 있다. 이 경우 복제물의 보존기간에 관하여는 제34조 제2항을 준용한다(§87②).

2. 저작인접권의 양도·행사 등

저작인접권의 양도에 관하여는 제45조 제1항을, 실연·음반 또는 방송의 이용허락에 관하여는 제46조를, 저작인접권을 목적으로 하는 질권의 행사에 관하여는 제47조를, 저작인접권의 소멸에 관하여는 제49조를, 실연·음반 또는 방송의 배타적 발행권의 설정 등에 관하여는 제57조부터 제62조까지의 규정을 각각 준용한다(§88).

3. 실연·음반 및 방송이용의 법정허락

제50조 내지 제52조의 규정은 실연·음반 및 방송의 이용에 관하여 준용한다(§89).

제8절 영상저작물에 관한 특례

Ⅰ. 일반

1. 의의

저작권법에서는 영상저작물(Cinematographic Works)을 "연속적인 영상(음의 수반 여부
는 가리지 아니한다)이 수록된 창작물로서 그 영상을 기계 또는 전자장치에 의하여 재생
하여 볼 수 있거나 보고 들을 수 있는 것"으로 정의하고 있다(§2 x iii). 영상저작물은 일반
적으로 2차적 저작물인 동시에 공동저작물로서 종합예술의 한 형태이며, 그 저작물의 창작
에는 원작자, 시나리오작가, 감독, 배우, 음악, 촬영기사, 편집자 등 매우 많은 다수자가 참
여하여 각각의 창작적 기여를 하고 있다. 이와 관련하여 저작권법에서는 영상저작물의 제
작에 있어 그 전체를 기획하고 책임을 지는 자를 영상제작자라고 정의하고 있다(§2 x iv).

뮤지컬의 경우 영상저작물과 동일하게 볼 수 있을지 문제될 수 있는데, 판례는 "뮤지
컬 자체는 연극저작물의 일종으로서 영상저작물과는 그 성격을 근본적으로 달리하기 때
문에 영상물제작자에 관한 저작권법상의 특례규정이 뮤지컬 제작자에게 적용될 여지가
없으므로 뮤지컬의 제작 전체를 기획하고 책임지는 뮤지컬 제작자라도 그가 뮤지컬의 완
성에 창작적으로 기여한 바가 없는 이상 독자적인 저작권자라고 볼 수 없으며, 뮤지컬의
연기자, 연출자 등은 해당 뮤지컬에 관여한 실연자로서 그의 실연 자체에 대한 복제권
및 방송권 등 저작인접권을 가질 뿐"이라고 하였다.[156]

2. 취지

영상저작물의 특징상 다수자가 창작적 기여를 하게 되지만, 그 각자의 저작권 행사를
인정하게 되면 권리관계 등이 매우 복잡하게 되어 저작물의 원활한 활용에 어려움이 생
기게 된다. 이에 저작권법 제5장에서는 영상저작물에 대한 특례 규정을 제99조에서 제
101조까지 마련해 두고 있다.

---

[156] 대법원 2005. 10. 4. 자 2004마639 결정.

Ⅱ. 영상저작물에 대한 특례

1. 저작물의 영상화

저작재산권자가 저작물의 영상화를 다른 사람에게 허락한 경우에 특약이 없는 때에는 ⅰ) 영상저작물을 제작하기 위하여 저작물을 각색하는 것, ⅱ) 공개상영을 목적으로 한 영상저작물을 공개상영하는 것, ⅲ) 방송을 목적으로 한 영상저작물을 방송하는 것, ⅳ) 전송을 목적으로 한 영상저작물을 전송하는 것, ⅴ) 영상저작물을 그 본래의 목적으로 복제·배포하는 것, ⅵ) 영상저작물의 번역물을 그 영상저작물과 같은 방법으로 이용하는 것의 권리를 포함하여 허락한 것으로 추정한다(§99①).[157] 그리고 저작재산권자는 그 저작물의 영상화를 허락한 경우에 특약이 없는 때에는 허락한 날부터 5년이 경과한 때에 그 저작물을 다른 영상저작물로 영상화하는 것을 허락할 수 있다(§99②). 5년에 대한 독점적 이용을 보장하기 위한 규정으로서, 당사자 간의 약정으로 달리 정할 수 있는 임의규정이다.

2. 영상저작물에 대한 권리

영상제작자와 영상저작물의 제작에 협력할 것을 약정한 자가 그 영상저작물에 대하여 저작권을 취득한 경우 특약이 없는 한 그 영상저작물의 이용을 위하여 필요한 권리는 영상제작자가 이를 양도받은 것으로 추정한다(§100①). 그러나 영상저작물의 제작에 사용되는 소설·각본·미술저작물 또는 음악저작물 등의 저작재산권은 위 규정으로 인하여 영향을 받지 아니한다(§100②). 그리고 영상제작자와 영상저작물의 제작에 협력할 것을 약정한 실연자의 그 영상저작물의 이용에 관한 제69조의 규정에 따른 복제권, 제70조의 규정에 따른 배포권, 제73조의 규정에 따른 방송권 및 제74조의 규정에 따른 전송권은 특약이 없는 한 영상제작자가 이를 양도받은 것으로 추정한다(§100③).

---

157) 구법에서는 '간주' 규정이었으나, 2003년 개정법에서 '추정' 규정으로 변경하였다.

3. 영상제작자의 권리

영상제작물의 제작에 협력할 것을 약정한 자로부터 영상제작자가 양도받는 영상저작물의 이용을 위하여 필요한 권리는 영상저작물을 복제·배포·공개상영·방송·전송 그 밖의 방법으로 이용할 권리로 하며, 이를 양도하거나 질권의 목적으로 할 수 있다(§101 ①). 또한 실연자로부터 영상제작자가 양도받는 권리는 그 영상저작물을 복제·배포·방송 또는 전송할 권리로 하며, 이를 양도하거나 질권의 목적으로 할 수 있다(§101②). 2003년 개정되기 전의 저작권법 제76조[158]에서는 영상제작자가 영상저작물의 저작권자나 실연자로부터 일정한 권리를 양도받고, 또 독자적으로 인접권 유사의 권리를 갖는 것으로 구성되어 있었으나 개정법에서는 영상제작자가 가지는 권리는 저작권자나 실연자로부터 양도받은 것임을 명백히 하여 논란의 소지를 없게 했다.

Ⅲ. 판례

1. 구 저작권법(1994. 1. 7. 법률 제4717호로 개정되기 전의 것)은 제63조와 제64조에서 실연자(實演者)는 그의 실연을 녹음 또는 녹화하거나 사진으로 촬영할 권리 및 방송할 권리를 가진다고 규정하면서, 제75조 제3항에서 영상저작물의 제작에 협력할 것을 약정한 실연자의 그 영상저작물의 이용에 관한 제63조의 규정에 의한 녹음·녹화권 등과 제64조의 규정에 의한 실연방송권은 영상제작자에게 양도된 것으로 본다는 특례규정을 두고 있는바, 위 규정에 의하여 영상제작자에게 양도된 것으로 간주되는 '그 영상저작물의 이용에 관한 실연자의 녹음·녹화권'이란 그 영상저작물을 본래의 창작물로서 이용하는 데 필요한 녹음·녹화권을 말한다고 보아야 할 것이다. 따라서 영화상영을 목적으로 제작된 영상저작물 중에서 특정 배우들의 실연장면만을 모아 가라오케용 엘디(LD)음반을 제작하는 것은, 그 영상제작물을 본래의 창작물로서 이용하는 것이 아니라 별개의 새로운 영상저작물을 제작하는 데 이용하는 것에 해당하므로, 영화배우들의 실연을 이와 같은 방법으로 엘디음반에 녹화하는 권리는 제75조 제3항에 의하여 영상제작자에게 양도되는 권리의 범위에 속하지 아니한다.[159]

---

158) 제76조 (영상제작자의 권리) 영상제작자는 영상저작물이 수록된 녹화물을 복제·배포하거나 공개상영 또는 방송에 이용할 권리를 가지며, 이를 양도하거나 질권의 목적으로 할 수 있다.

2. 이 사건 영상시연물은 원고의 직원이던 피고들이 원고의 총괄적 기획 및 지휘·감독하에 창작한 작품으로서 원고 명의로 외부에 공표되었으므로 그 저작권은 원고에게 귀속된다고 할 것인데, 피고 1의 주도로 피고들이 에스비에스(SBS), 케이비에스(KBS) 방송 프로그램을 통해 피고 2의 감독하에 <봉 스튜디오>가 이 사건 영상시연물을 제작한 것처럼 방송되게 하였으므로(방송된 시간은 각 5분 이내이다) 이는 이 사건 영상시연물에 대한 원고의 동일성 유지권 및 성명표시권 등 저작인격권과 복제권 및 방송권 등 저작재산권을 침해한 것에 해당한다고 할 것이다.160)

제9절 데이터베이스제작자 및 온라인서비스제공자의 보호

제1관 데이터베이스제작자

Ⅰ. 일반

데이터베이스(database)란 논리적으로 연관된 하나 이상의 자료 모음으로 그 내용을 고도로 구조화함으로써 검색과 갱신의 효율화를 꾀한 것을 말한다. 즉 몇 개의 자료 파일을 조직적으로 통합하여 자료 항목의 중복을 없애고 자료를 구조화하여 기억시켜 놓은 자료의 집합체이다. 이와 관련하여 저작권법 제2조 제19호에서는 "데이터베이스란 소재를 체계적으로 배열 또는 구성한 편집물로서 개별적으로 그 소재에 접근하거나 그 소재

---

159) 대법원 1997. 6. 10. 선고 96도2856 판결(원심은, 피고인 2주식회사 대표이사인 피고인 1가 원심 판시의 영화를 제작한 영화사들로부터 그 영화를 이용하여 가라오케용 엘디음반을 제작하는 것을 승낙받았다고 하더라도, 실연자인 영화배우들의 가라오케용 엘디음반의 제작에 관한 제63조의 녹음·녹화권은 제75조 제3항에 의하여 영상제작자인 영화회사들에게 양도되었다고 볼 수 없으므로, 같은 피고인이 영화배우들로부터 그들의 실연을 녹화하여 엘디음반을 제작하는 데 대한 허락을 받지 아니하고 가라오케용 엘디음반을 제작·판매한 이상, 같은 피고인은 실연자인 영화배우들의 녹화권을 침해한 것이라고 판단하였는바, 원심의 위와 같은 판단은 정당하고 원심판결에는 논하는 바와 같은 법리오해의 위법이 있다고 볼 수 없으므로, 논지는 이유가 없다).

160) 서울지방법원 2003. 7. 11. 선고 2001가합40881 판결(항소 취하로 확정).

를 검색할 수 있도록 한 것을 말한다”고 하고, 제20호에서는 “데이터베이스제작자는 데이터베이스의 제작 또는 그 소재의 갱신·검증 또는 보충(이하 ‘갱신 등’이라 한다)에 인적 또는 물적으로 상당한 투자를 한 자를 말한다”고 규정하고 있다. 이러한 데이터베이스는 일반적으로 편집저작물과 유사한 성격이 있으나 자료의 구조화 및 검색의 효율성 등에 있어서 차이가 있고, 따라서 2003년 개정법에서 데이터베이스제작자의 보호규정을 신설하였고 현행 저작권법에서는 편집저작물과는 별도로 제4장에서 데이터베이스에 대한 보호 규정을 두고 있다.

Ⅱ. 보호받을 수 있는 자 등

1. 보호받는 데이터베이스

ⅰ) 대한민국 국민, ⅱ) 데이터베이스의 보호와 관련하여 대한민국이 가입 또는 체결한 조약에 따라 보호되는 외국인의 데이터베이스는 저작권법에 따른 보호를 받는다(§91①). 다만 외국인의 경우 상호주의에 따라 그 외국에서 대한민국 국민의 데이터베이스를 보호하지 아니하는 경우에는 그에 상응하게 조약 및 이 법에 따른 보호를 제한할 수 있다(§91②).

2. 적용제외

ⅰ) 데이터베이스의 제작·갱신 등 또는 운영에 이용되는 컴퓨터프로그램, ⅱ) 무선 또는 유선통신을 기술적으로 가능하게 하기 위하여 제작되거나 갱신 등이 되는 데이터베이스에 대해서는 저작권법의 규정을 적용하지 아니한다(§92).

Ⅲ. 데이터베이스제작자의 권리

데이터베이스제작자는 그의 데이터베이스의 전부 또는 상당한 부분을 복제·배포·방송 또는 전송(이하 이 조에서 '복제 등'이라 한다)할 권리를 가진다(§93①). 이 경우 데이터베이스의 개별 소재는 위 규정에 따른 당해 데이터베이스의 상당한 부분으로 간주되지 아니하며 다만, 데이터베이스의 개별 소재 또는 그 상당한 부분에 이르지 못하는 부분의 복제 등이라 하더라도 반복적이거나 특정한 목적을 위하여 체계적으로 함으로써 당해 데이터베이스의 통상적인 이용과 충돌하거나 데이터베이스제작자의 이익을 부당하게 해치는 경우에는 당해 데이터베이스의 상당한 부분의 복제 등으로 본다(§93②).

그 이외에 데이터베이스에 대한 권리는 데이터베이스의 구성 부분이 되는 소재의 저작권 그 밖에 이 법에 따라 보호되는 권리에 영향을 미치지 아니하며(§93③), 데이터베이스에 대한 보호는 데이터베이스의 구성 부분이 되는 소재 그 자체에는 미치지 아니한다(§93④).

Ⅳ. 데이터베이스제작자의 권리제한

저작재산권의 제한에 관한 규정, 즉 재판절차 등에서의 복제(§23), 공표된 저작물의 인용(§28), 영리를 목적으로 하지 아니하는 공연·방송(§29), 사적 이용을 위한 복제(§30), 도서관 등에서의 복제 등(§31), 시험문제로서의 복제(§32), 시각장애인 등을 위한 복제 등(§33), 방송사업자의 일시적 녹음·녹화(§34), 저작물 이용과정에서의 일시적 복제(§35의2), 저작물의 공정한 이용(§35의3), 번역 등에 의한 이용(§36) 및 출처의 명시(§37)의 규정은 데이터베이스제작자의 권리의 목적이 되는 데이터베이스의 이용에 관하여 준용한다(§94①). 그 이외에 ⅰ) 교육·학술 또는 연구를 위하여 이용하는 경우(다만, 영리를 목적으로 하는 경우에는 그러하지 아니하다), ⅱ) 시사보도를 위하여 이용하는 경우에는 누구든지 데이터베이스의 전부 또는 그 상당한 부분을 복제·배포·방송 또는 전송할 수 있으며 다만, 당해 데이터베이스의 통상적인 이용과 저촉되는 경우에는 그러하지 아니하다(§94②).

Ⅴ. 보호기간

데이터베이스제작자의 권리는 데이터베이스의 제작을 완료한 때부터 발생하며, 그 다음 해부터 기산하여 5년간 존속한다(§95①). 데이터베이스의 갱신 등을 위하여 인적 또는 물적으로 상당한 투자가 이루어진 경우에 당해 부분에 대한 데이터베이스제작자의 권리는 그 갱신 등을 한 때부터 발생하며, 그 다음 해부터 기산하여 5년간 존속한다(§95 ②). 데이터베이스의 경우 일부분만이 지속적으로 갱신되는 경우가 많으며, 그 경우 데이터베이스 전체의 보호기간이 연장되지 않도록 하기 위한 규정이다.

Ⅵ. 데이터베이스제작자의 권리의 양도·행사 등

최초판매의 원칙에 관한 제20조 단서의 규정은 데이터베이스의 거래제공에, 저작재산권의 양도에 관한 제45조 제1항의 규정은 데이터베이스제작자의 권리의 양도에, 저작물의 이용허락에 관한 제46조의 규정은 데이터베이스의 이용허락에, 저작재산권을 목적으로 하는 질권의 행사에 관한 제47조의 규정은 데이터베이스제작자의 권리를 목적으로 하는 질권의 행사에, 공동저작물의 저작재산권의 행사에 관한 제48조의 규정은 공동데이터베이스의 데이터베이스제작자의 권리행사에, 저작재산권의 소멸에 관한 제49조의 규정은 데이터베이스제작자의 권리의 소멸에 관하여 각각 준용한다(§96). 또한 저작재산권자 불명인 저작물의 이용에 관한 제50조 및 공표된 저작물의 방송에 관한 제51조의 규정은 데이터베이스의 이용에 관하여 준용한다(§97).

Ⅶ. 데이터베이스제작자의 권리의 등록

저작권의 등록 및 비밀유지의무 등에 관한 제53조부터 제55조까지 및 제55조의2의 규정은 데이터베이스제작자의 권리의 등록에 관하여 준용하며, 이 경우 제55조 중 '저작권 등록부'는 '데이터베이스제작자권리등록부'로 본다(§98).

제2관 온라인서비스제공자

Ⅰ. 일반

저작권법에서는 온라인서비스제공자를 ⅰ) 이용자가 선택한 저작물 등을 그 내용의 수정 없이 이용자가 지정한 지점 사이에서 정보통신망(「정보통신망 이용촉진 및 정보보호 등에 관한 법률」 제2조 제1항 제1호의 정보통신망을 말한다. 이하 같다)을 통하여 전달하기 위하여 송신하거나 경로를 지정하거나 연결을 제공하는 자, ⅱ) 이용자들이 정보통신망에 접속하거나 정보통신망을 통하여 저작물 등을 복제·전송할 수 있도록 서비스를 제공하거나 그를 위한 설비를 제공 또는 운영하는 자로 정의하고 있다(§2,30호).

최근의 인터넷 보급을 통한 IT 기술의 발전 및 광범위한 활용 현상에 비추어 볼 때, 온라인서비스제공자가 개별 이용자들에게 제공하는 서비스의 편리성 및 그 보호의 필요성이 높은 것은 주지의 사실이며, 그 반면에 온라인서비스제공자를 통해 발생하는 저작권 침해 행위의 방지 필요성 역시 매우 높은 것이 현실이다. 특히 온라인서비스제공자는 어느 범위까지 저작권 침해 방지 조치를 해야 하는 것인지가 문제 되는바, 이에 대해 저작권법 제6장에서는 특별한 규정을 통해 그 의무 및 책임의 범위를 명확히 해 두고 있다.

Ⅱ. 온라인서비스제공자의 책임

1. 온라인서비스제공자의 책임 제한

2011. 12. 2. 개정법에서는 온라인서비스제공자가 저작권 등의 침해에 대한 책임을 지지 아니하는 요건으로 저작권 등을 침해하는 자의 계정을 해지하는 방침을 채택하고 합리적으로 이행한 경우 등을 제102조 제1항 제1호 다목, 라목에 추가하였다.

즉 온라인서비스제공자는 다음 각 호의 행위와 관련하여 저작권, 그 밖에 이 법에 따라 보호되는 권리가 침해되더라도 그 호의 분류에 따라 각 목의 요건을 모두 갖춘 경우에는 그 침해에 대하여 책임을 지지 아니한다(§102①).

(1) 내용의 수정 없이 저작물 등을 송신하거나 경로를 지정하거나 연결을 제공하는
    행위 또는 그 과정에서 저작물 등을 그 송신을 위하여 합리적으로 필요한 기간
    내에서 자동적·중개적·일시적으로 저장하는 행위(제1호) – [인터넷 접속(도
    관) 서비스[161]]의 경우

  ⅰ) 온라인서비스제공자가 저작물 등의 송신을 시작하지 아니한 경우(가목)

  ⅱ) 온라인서비스제공자가 저작물 등이나 그 수신자를 선택하지 아니한 경우(나목)

  ⅲ) 저작권, 그 밖에 이 법에 따라 보호되는 권리를 반복적으로 침해하는 자의 계정
(온라인서비스제공자가 이용자를 식별·관리하기 위하여 사용하는 이용권한 계좌를 말한
다. 이하 이 조, 제103조의2, 제133조의2 및 제133조의3에서 같다)을 해지하는 방침을
채택하고 이를 합리적으로 이행한 경우(다목)

  ⅳ) 저작물 등을 식별하고 보호하기 위한 기술조치로서 대통령령으로 정하는 조건[162]
을 충족하는 표준적인 기술조치를 권리자가 이용한 때에는 이를 수용하고 방해하지 아니
한 경우(라목)

(2) 서비스이용자의 요청에 따라 송신된 저작물 등을 후속 이용자들이 효율적으로
    접근하거나 수신할 수 있게 할 목적으로 그 저작물 등을 자동적·중개적·일
    시적으로 저장하는 행위(제2호) – [캐싱(caching) 서비스[163]]의 경우

  ⅰ) 제1호 각 목의 요건을 모두 갖춘 경우(가목)

---

161) EC전자상거래지침 제12조의 mere conduct[단순도관(導管)], 미국 저작권법 제512조(a) Safe Harbers for
    "Transmission Routing": Limitation for Transitory Communications에 상응하는 것으로서, KT, SK브로드
    밴드, LG데이콤 등의 서비스가 이에 해당한다[송영식·이상정, 「저작권법개설(제8판)」, 세창출판사
    (2012), 571면; 「한–EU FTA 이행 개정 저작권법 해설」, 문화체육관광부·한국저작권위원회, 2011. 7.
    8. 14면].

162) 시행령 제39조의3 (표준적인 기술조치) 법 제102조 제1항 제1호 라목에서 '대통령령으로 정하는 조건'
    이란 다음 각 호의 조건을 말한다. [본조신설 2011. 12. 2.]
    1. 저작재산권자와 온라인서비스제공자의 의견일치에 따라 개방적이고 자발적으로 정하여질 것
    2. 합리적이고 비차별적인 이용이 가능할 것
    3. 온라인서비스제공자에게 상당한 비용을 부과하거나 온라인서비스 제공 관련 온라인서비스제공자의
    시스템 또는 정보통신망에 실질적인 부담을 주지 아니할 것

163) EC전자상거래지침 제13조의 system caching, 미국 저작권법 제512조(b) Safe Harbers for "system caching":
    Limitation for system caching에 상응하는 것으로서, 캐싱(Caching)이란 정보처리의 효율성과 안정성을
    높이기 위해 자주 이용되는 디지털 정보를 캐시(Cache)라 불리는 저장 공간에 임시적으로 저장한 후에
    이를 다시 이용하고자 하는 경우 그 정보의 원래의 출처로 다시 가지 않고 임시 저장된 정보를 활용하
    도록 하는 것을 말한다. OSP의 캐싱은 이용자가 자신의 컴퓨터에서 저작물을 이용하면서 행하게 되는
    캐싱과 구별된다고 한다[송영식·이상정, 「저작권법개설(제8판)」, 세창출판사(2012), 572면; 「한–EU FTA
    이행 개정 저작권법 해설」, 문화체육관광부·한국저작권위원회, 2011. 7. 8., 15면].

ⅱ) 온라인서비스제공자가 그 저작물 등을 수정하지 아니한 경우(나목)

ⅲ) 제공되는 저작물 등에 접근하기 위한 조건이 있는 경우에는 그 조건을 지킨 이용자에게만 임시저장된 저작물 등의 접근을 허용한 경우(다목)

ⅳ) 저작물 등을 복제·전송하는 자(이하 '복제·전송자'라 한다)가 명시한, 컴퓨터나 정보통신망에 대하여 그 업계에서 일반적으로 인정되는 데이터통신규약에 따른 저작물 등의 현행화에 관한 규칙을 지킨 경우. 다만, 복제·전송자가 그러한 저장을 불합리하게 제한할 목적으로 현행화에 관한 규칙을 정한 경우에는 그러하지 아니함(라목)

ⅴ) 저작물 등이 있는 본래의 사이트에서 그 저작물 등의 이용에 관한 정보를 얻기 위하여 적용한, 그 업계에서 일반적으로 인정되는 기술의 사용을 방해하지 아니한 경우(마목)

ⅵ) 제103조 제1항에 따른 복제·전송의 중단요구를 받은 경우, 본래의 사이트에서 그 저작물 등이 삭제되었거나 접근할 수 없게 된 경우 또는 법원, 관계 중앙행정기관의 장이 그 저작물 등을 삭제하거나 접근할 수 없게 하도록 명령을 내린 사실을 실제로 알게 된 경우에 그 저작물 등을 즉시 삭제하거나 접근할 수 없게 한 경우(바목)

(3) 복제·전송자의 요청에 따라 저작물 등을 온라인서비스제공자의 컴퓨터에 저장하는 행위(제3호) - [저장(호스팅) 서비스[164]]의 경우

ⅰ) 제1호 각 목의 요건을 모두 갖춘 경우

ⅱ) 온라인서비스제공자가 침해행위를 통제할 권한과 능력이 있을 때에는 그 침해행위로부터 직접적인 금전적 이익을 얻지 아니한 경우

ⅲ) 온라인서비스제공자가 침해를 실제로 알게 되거나 제103조 제1항에 따른 복제·전송의 중단요구 등을 통하여 침해가 명백하다는 사실 또는 정황을 알게 된 때에 즉시 그 저작물 등의 복제·전송을 중단시킨 경우

ⅳ) 제103조 제4항에 따라 복제·전송의 중단요구 등을 받을 자를 지정하여 공지한 경우

---

164) EC전자상거래지침 제14조의 Hosting, 미국 저작권법 제512조(c) Safe Harbers for "System Storage": Limitation for Information residing on system or networks at direction of users에 상응하는 것으로서, 저장서비스는 카페, 블로그, 웹하드 등 일정한 자료를 하드디스크나 서버에 저장, 사용할 수 있게 하는 서비스를 말한다[송영식·이상정, 「저작권법개설(제8판)」, 세창출판사(2012), 573면; 「한-EU FTA 이행 개정 저작권법 해설」, 문화체육관광부·한국저작권위원회, 2011. 7. 8. 15면].

(4) 정보검색도구를 통하여 이용자에게 정보통신망상 저작물 등의 위치를 알 수 있게 하거나 연결하는 행위(제4호) - [정보검색 서비스[165]]의 경우

ⅰ) 온라인서비스제공자가 저작물 등의 송신을 시작하지 아니한 경우

ⅱ) 온라인서비스제공자가 침해행위를 통제할 권한과 능력이 있을 때에는 그 침해행위로부터 직접적인 금전적 이익을 얻지 아니한 경우

ⅲ) 온라인서비스제공자가 침해를 실제로 알게 되거나 제103조 제1항에 따른 복제·전송의 중단요구 등을 통하여 침해가 명백하다는 사실 또는 정황을 알게 된 때에 즉시 그 저작물 등의 복제·전송을 중단시킨 경우

ⅳ) 제103조 제4항에 따라 복제·전송의 중단요구 등을 받을 자를 지정하여 공지한 경우

한편, 위 규정에도 불구하고 온라인서비스제공자가 제1항에 따른 조치를 취하는 것이 기술적으로 불가능한 경우[166]에는 다른 사람에 의한 저작물 등의 복제·전송으로 인한 저작권, 그 밖에 이 법에 따라 보호되는 권리의 침해에 대하여 책임을 지지 아니하고(§102②), 제1항에 따른 책임 제한과 관련하여 온라인서비스제공자는 자신의 서비스 안에서 침해행위가 일어나는지를 모니터링하거나 그 침해행위에 관하여 적극적으로 조사할 의무를 지지 아니한다(§102③).

---

165) 미국 저작권법 제512조(d) Safe Harbers for "Locating Tools": Limitation for Information Location Tools 에 상응하는 것으로서, 네이버, 다음, 구글 등의 검색서비스를 말한다[송영식·이상정, 『저작권법개설(제8판)』, 세창출판사(2012), 574면; 『한-EU FTA 이행 개정 저작권법 해설』, 문화체육관광부·한국저작권위원회, 2011. 7. 8., 15면].

166) 비록 '소리바다 5 프로그램'이 종전의 소리바다 1, 2, 3에 비하여 저작인접권자 등의 권리보호를 위한 기술적 조치와 시스템을 갖추고 있기는 하나, 현재 '소리바다 5 서비스' 운영자가 취하고 있는 '소극적 필터링 방식[저작인접권자 등 권리자들로부터 필터링(공유금지)을 요청받거나 이미 위 운영자가 공유금지로 설정하여 놓은 음원 파일들에 대하여만 필터링을 실시하는 방식]'의 내재적 한계상 음반제작자들의 음원에 대한 저작인접권의 침해행위는 계속되어 왔고, 앞으로도 그와 같은 침해행위의 발생은 불가피할 것으로 보이며, 나아가 위 운영자가 그 보완책으로 들고 있는 '그린파일 시스템(저작인접권자 등 권리자들이 위 서비스 운영자에게 자신들의 음원 정보를 제공하여 필터링을 요청한 후, 위 운영지의 승인절차를 거쳐 파일공유를 금지하는 시스템)'만으로는 그와 같은 권리침해를 제때 방지하거나 중단시킬 수 있을 것으로도 보기 어렵고, '소리바다 5 프로그램'의 개발 경위 등에 비추어 위 운영자 역시 음반제작자들의 음원에 대한 저작인접권의 침해행위가 발생하고 있다는 사정을 적어도 미필적으로나마 인식하였다고 봄이 상당하므로, '소리바다 5 서비스'의 운영자는 그 이용자들의 저작인접권 침해행위에 대한 방조책임을 면할 수 없다고 한 사례(서울고등법원 2007. 10. 10. 자 2006라1245 결정).

OSP 유형별 책임제한 요건[167]

	도관 서비스	캐싱 서비스	저장 서비스	정보검색 도구
저작물의 송신을 개시 않을 것(제1호 가목)	O	O	O	O
저작물과 수신자를 지정 않을 것(제1호 나목)	O	O	O	
저작물 등을 수정 않을 것(제2호 나목)		O		
일정조건 충족하는 이용자만 캐싱된 저작물에 접근허용(제2호 다목)		O		
복제·전송자가 제시한 현행화 규칙 준수(제2호 라목)		O		
저작물 이용 정보를 업계에서 인정한 기술 사용 방해 않을 것(제2호 마목)		O		
본래의 사이트에서 접근할 수 없게 조치된 저작물에 접근할 수 없도록 조치(제2호 바목)		O		
침해행위 통제 권한 있는 경우, 직접적 금전적 이익 없을 것(제3호 나목)			O	O
침해행위 인지 시 해당 저작물 복제·전송 중단(제3호 다목)			O	O
복제·전송 중단 요구 대상자 지정 및 공지(제3호 라목)			O	O

- (제1호 가목 및 나목) OSP가 자작물을 업로드하거나 다운로드하는 것에 전혀 관여하지 아니하고, 단순히 업로드 및 다운로드의 매개자 역할만을 함
- (제2호 나목) 캐싱 서비스를 제공하는 OSP가 캐시 서버에 저장된 자작물을 수정하지 않은 경우
- (제2호 다목) 원래 사이트에 대한 서비스 이용이 제한되어 있는 경우, 예를 들어 원래 사이트에 이용료의 지불 또는 암호나 그 밖의 다른 정보의 입력에 기초한 조건 등을 지킨 이용자에게만 캐시 서버에 접근을 허용한 경우
- (제2호 라목 본문) 자작물 등의 현행화에 관한 '데이터통신규약'의 예: HTTP 프로토콜, Internet Cache Protocol
- (제2호 라목 단서) 예를 들어, 캐싱운영자에게 10초마다 현행화시키는 규칙을 정한 경우, 캐싱운영자에게 너무 과도한 부담을 줄 수 있으므로 이를 해소하기 위함
- (제2호 마목) 예를 들어, 광고수익을 위한 hit count를 원래 사이트로 돌리는 기술의 사용을 방해하지 않은 경우
- (제2호 바목) 복제·전송 중단요청으로 원서버에서 자료가 삭제되거나 접근할 수 없는 경우 또는 법원의 판결이나 행정명령을 받아 삭제된 경우, 캐시서버에서도 이를 즉시 삭제하거나 접근할 수 없게 하는 경우
- (제3호 나목) 저작물에 대한 통제권한이 있는 저장서비스 제공자가 서비스 제공에 따른 사용료, 전송속도 상향, 전송속도에 따른 프리미엄 서비스 제공 등을 통해 직접적인 금전적인 이익이나 혜택을 받지 않은 경우
- (제3호 다목) OSP가 침해사실을 직접 알게 되거나, 복제·전송의 중단요구 등을 통하여 침해가 명백하다는 사실 또는 정황을 알게 된 때에 즉시 그 저작물 등의 복제·전송을 중단시킨 경우
- (제3호 라목) 불법복제물에 대한 복제·전송의 중단요구 등을 받는 자를 지정하여 공지한 경우(흔히 개인정보관리책임자와 유사하게 저작권을 관리하는 책임자를 지정하고 공지)

2. 복제·전송의 중단

가. 권리주장자의 복제·전송의 중단 요청

온라인서비스제공자(제102조 제1항 제1호의 경우는 제외한다. 이하 이 조에서 같다)의 서비스를 이용한 저작물 등의 복제·전송에 따라 저작권, 그 밖에 이 법에 따라 보호되는 자신의 권리가 침해됨을 주장하는 자(이하 이 조에서 '권리주장자'라 한다)는 그 사실을 소명하여 온라인서비스제공자에게 그 저작물 등의 복제·전송을 중단시킬 것을 요구할 수 있다(§103①). 이 규정에 따라 온라인서비스제공자(법 제102조 제1항 제1호의 온

라인서비스제공자는 제외한다. 이하 이 조 및 제41조부터 제44조까지의 규정에서 같다)
에게 복제·전송을 중단시킬 것을 요구하려는 자(이하 '권리주장자'라 한다)는 문화체육
관광부령으로 정하는 요청서(전자문서로 된 요청서를 포함한다)에 다음의 어느 하나에 해
당하는 소명 자료(전자문서를 포함한다)를 첨부하여 온라인서비스제공자에게 제출하여야
한다. 다만, 권리주장자가 저작권신탁관리업자이거나 최근 1년 이내에 반복적인 침해행위
에 대하여 권리자임을 소명할 수 있는 자료를 이미 제출한 사실이 있는 경우에는 요청서
만 제출하여도 된다(영§40①).

ⅰ) 자신이 그 저작물 등의 권리자로 표시된 저작권 등의 등록증 사본 또는 그에 상당
하는 자료

ⅱ) 자신의 성명 등이나 이명으로서 널리 알려진 것이 표시되어 있는 저작물 등의 사
본 또는 그에 상당하는 자료

권리주장자는 정당한 권리 없이 복제·전송의 중단을 요구한 경우 법 제103조 제6항
에 따라 손해를 배상하고, 정당한 권리가 없음을 알면서 고의로 복제·전송의 중단을 요
구하여 온라인서비스제공자의 업무를 방해한 경우 법 제137조 제1항 제6호에 따라 처벌
을 받겠다는 취지의 진술서를 제1항에 따른 요청서에 첨부하였을 때에는 제1항 각 호의
어느 하나에 해당하는 소명자료(전자문서를 포함한다)를 첨부하지 아니할 수 있다. 이 경
우 제1항 각 호의 어느 하나에 해당하는 소명자료(전자문서를 포함한다)를 첨부하기 어
려운 정당한 사유가 있어야 한다(영§40②).

나. 온라인서비스제공자의 중단조치 등

온라인서비스제공자는 위 규정에 따른 복제·전송의 중단요구를 받은 경우에는 즉시
그 저작물 등의 복제·전송을 중단시키고 복제·전송을 중단시킨 날부터 3일 이내에 권
리주장자에게 문화체육관광부령으로 정하는 통보서(전자문서로 된 통보서를 포함한다)에
권리주장자가 제출한 복제·전송 중단 요청서(복제·전송자에 한정하며, 전자문서를 포
함한다)를 첨부하여 통보하여야 한다(§103②, 영§41①). 다만, 제102조 제1항 제3호 및
제4호의 온라인서비스제공자는 그 저작물 등의 복제·전송자에게도 이를 통보하여야 한
다(§103②). 그리고 온라인서비스제공자는 복제·전송자에게 위와 같은 통보를 할 때 자
신의 복제·전송이 정당한 권리에 의한 것임을 소명하여 복제·전송의 재개를 요구할
수 있음을 알려주어야 한다(영§41②).

다. 복제·전송자의 재개 요청 등

온라인서비스제공자로부터 위 사실을 통보받은 복제·전송자가 자신의 복제·전송이 정당한 권리에 의한 것임을 소명하여 그 복제·전송의 재개를 요구하는 경우 온라인서비스제공자는 재개요구사실 및 재개예정일을 권리주장자에게 지체 없이 통보하고 그 예정일에 복제·전송을 재개시켜야 한다. 다만, 권리주장자가 복제·전송자의 침해행위에 대하여 소를 제기한 사실을 재개예정일 전에 온라인서비스제공자에게 통보한 경우에는 그러하지 아니하다(§103③). 동 단서 규정은 2011. 12. 2. 개정법에서 추가된 것이다.

제103조 제3항 본문에 따라 복제·전송의 재개를 요구하려는 복제·전송자는 온라인서비스제공자로부터 복제·전송의 중단을 통보받은 날부터 30일 이내에 문화체육관광부령으로 정하는 재개요청서(전자문서로 된 요청서를 포함한다)에 다음의 어느 하나에 해당하는 소명 자료(전자문서를 포함한다)를 첨부하여 온라인서비스제공자에게 제출하여야 한다(영§42①).

ⅰ) 자신이 그 저작물 등의 권리자로 표시된 저작권 등의 등록증 사본 또는 그에 상당하는 자료

ⅱ) 자신의 성명 등 또는 널리 알려진 이명이 표시되어 있는 그 저작물 등의 사본 또는 그에 상당하는 자료

ⅲ) 저작권 등을 가지고 있는 자로부터 적법하게 복제·전송의 허락을 받은 사실을 증명하는 계약서 사본 또는 그에 상당하는 자료

ⅳ) 그 저작물 등의 저작재산권의 보호기간이 끝난 경우 그 사실을 확인할 수 있는 자료

복제·전송의 재개를 요구하는 복제·전송자는 정당한 권리 없이 복제·전송의 재개를 요구한 경우 법 제103조 제6항에 따라 손해를 배상하고, 정당한 권리가 없음을 알면서 고의로 복제·전송의 재개를 요구하여 온라인서비스제공자의 업무를 방해한 경우 법 제137조 제1항 제6호에 따라 처벌을 받겠다는 취지의 진술서를 재개요청서에 첨부하였을 때에는 제1항 각 호의 어느 하나에 해당하는 소명자료(전자문서를 포함한다)를 첨부하지 아니할 수 있다 이 경우 제1항 각 호의 어느 하나에 해당하는 소명자료(전자문서를 포함한다)를 첨부하기 어려운 정당한 사유가 있어야 한다(영§42②).

한편, 위와 같은 재개요구를 받은 온라인서비스제공자는 복제·전송의 재개를 요구받은 날부터 3일 이내에 복제·전송자의 복제·전송이 정당한 권리에 의한 것인지를 결정하여야 하고, 정당한 권리에 의한 것으로 인정되면 복제·전송의 재개예정일을 정하여 문화체육관광부령으로 정하는 통보서(전자문서로 된 통보서를 포함한다)를 권리주장자에

게 송부하여야 하며(영§43①), 그 재개예정일은 그 복제·전송의 재개를 요구받은 날의
7일 이후부터 14일까지의 기간 중에 속하는 날로 하여야 한다(영§43②).

라. 수령인의 지정 등

온라인서비스제공자는 복제·전송의 중단 및 그 재개의 요구를 받을 자(이하 이 조에
서 '수령인'이라 한다)를 지정하여 자신의 설비 또는 서비스를 이용하는 자들이 쉽게 알
수 있도록 공지하여야 하며(§103④),[168] 온라인서비스제공자가 이러한 공지를 하고 제2
항과 제3항에 따라 그 저작물 등의 복제·전송을 중단시키거나 재개시킨 경우에는 다른
사람에 의한 저작권 그 밖에 이 법에 따라 보호되는 권리의 침해에 대한 온라인서비스제
공자의 책임 및 복제·전송자에게 발생하는 손해에 대한 온라인서비스제공자의 책임을
면제한다. 다만, 이 항의 규정은 온라인서비스제공자가 다른 사람에 의한 저작물 등의 복
제·전송으로 인하여 그 저작권 그 밖에 이 법에 따라 보호되는 권리가 침해된다는 사
실을 안 때부터 제1항에 따른 중단을 요구받기 전까지 발생한 책임에는 적용하지 아니한
다(§103⑤).

개정 전 저작권법에서는 온라인서비스제공자를 구분하지 않고 권리주장자 및 복제·전
송자에게 통보를 하도록 규정하고 있었으나, 2011. 6. 30. 개정법에서는 도관 및 캐싱서비
스에 관한 OSP는 권리주장자에게만, 저장 및 검색서비스에 관한 OSP는 권리주장자 및 복
제·전송자에게 복제·전송중단에 관한 통보를 하도록 하였다. 한편, 정당한 권리 없이
그 저작물 등의 복제·전송의 중단이나 재개를 요구하는 자는 그로 인하여 발생하는 손해
를 배상하여야 하며(§103⑥), 제1항부터 제4항까지의 규정에 따른 소명, 중단, 통보, 복제·
전송의 재개, 수령인의 지정 및 공지 등에 관하여 필요한 사항은 대통령령으로 정하고 이
경우 문화체육관광부장관은 관계중앙행정기관의 장과 미리 협의하여야 한다(§103⑦).

3. 온라인서비스제공자에 대한 법원 명령의 범위

2011. 12. 2. 개정법에서는 온라인서비스제공자에 대한 법원 명령의 범위를 신설하였

---

168) 시행령 제44조 (수령인의 지정과 변경의 공지) 온라인서비스제공자가 법 제103조 제4항에 따라 수령인
  을 지정(지정한 수령인을 변경하여 지정하는 것을 포함한다)한 경우에는 그 복제·전송 서비스를 제공하
  는 자신의 정보통신망에 누구나 쉽게 알 수 있도록 수령인에 대한 다음 각 호의 정보를 표시하여야 한다.
  1. 성명 및 소속부서명
  2. 전화번호·팩시밀리번호 및 전자우편주소
  3. 우편물을 수령할 수 있는 주소

다. 이에 의하면, 법원은 제102조 제1항 제1호에 따른 요건을 충족한 온라인서비스제공
자에게 제123조 제3항에 따라 필요한 조치를 명하는 경우에는 ⅰ) 특정 계정의 해지,
ⅱ) 특정 해외 인터넷 사이트에 대한 접근을 막기 위한 합리적 조치만을 명할 수 있다
(§103의2①).

또한, 법원은 제102조 제1항 제2호부터 제4호까지의 요건을 충족한 온라인서비스제공
자에게 제123조 제3항에 따라 필요한 조치를 명하는 경우에는 ⅰ) 불법복제물의 삭제,
ⅱ) 불법복제물에 대한 접근을 막기 위한 조치, ⅲ) 특정 계정의 해지, ⅳ) 그 밖에 온라
인서비스제공자에게 최소한의 부담이 되는 범위에서 법원이 필요하다고 판단하는 조치만
을 명할 수 있다(§103의2②).

4. 복제·전송자에 관한 정보 제공의 청구

복제·전송자에 관한 정보 제공의 청구 역시 2011. 12. 2. 개정법에서 신설된 것이다.
즉 권리주장자가 민사상의 소제기 및 형사상의 고소를 위하여 해당 온라인서비스제공자
에게 그 온라인서비스제공자가 가지고 있는 해당 복제·전송자의 성명과 주소 등 필요한
최소한의 정보[169] 제공을 요청하였으나 온라인서비스제공자가 이를 거절한 경우 권리주
장자는 문화체육관광부장관에게 해당 온라인서비스제공자에 대하여 그 정보의 제공을 명
령하여 줄 것을 청구할 수 있다(§103의3①).[170]

문화체육관광부장관은 정보 제공의 청구가 있으면 제112조에 따른 한국저작권위원회
의 심의를 거쳐 온라인서비스제공자에게 해당 복제·전송자의 정보를 제출하도록 명할

---

169) 시행령 제44조의2 (청구할 수 있는 복제·전송자 정보의 범위) 법 제103조의3 제1항에 따른 필요한 최
　　소한의 정보는 다음 각 호의 정보로 한다. [본조신설 2011. 12. 2.]
　　1. 성명
　　2. 주소
　　3. 해당 복제·전송자의 전화번호·전자우편주소 등 연락처
170) 시행령 제44조의3 (정보 제공 청구의 절차) 법 제103조의3 제1항에 따라 해당 복제·전송자의 정보 제
　　공을 명령하여 줄 것을 청구하려는 권리주장자(이하 '청구인'이라 한다)는 다음 각 호의 사항을 적은 문
　　화체육관광부령으로 정하는 정보 제공 청구서에 제40조 제1항 각 호의 어느 하나에 해당하는 소명 자
　　료(전자문서를 포함한다)를 첨부하여 문화체육관광부장관에게 제출하여야 한다. [본조신설 2011. 12. 2.]
　　1. 청구인의 성명, 주소 및 전화번호·전자우편주소 등 연락처
　　2. 제기하려는 소의 종류 및 취지
　　3. 해당 복제·전송자에 의하여 침해되었다고 주장하는 권리의 유형 및 그 침해 사실
　　4. 온라인서비스제공자에게 복제·전송자의 정보를 요청하였으나 이를 제공할 수 없다는 회신을 받는
　　등 온라인서비스제공자가 그 정보의 제공을 거절한 사실

수 있고(§103의3②),[171] 온라인서비스제공자는 그 명령을 받은 날부터 7일 이내에 그 정보를 문화체육관광부장관에게 제출하여야 하며, 문화체육관광부장관은 그 정보를 청구한 자에게 지체 없이 제공하여야 한다(§103의3③).

이 경우 해당 복제·전송자의 정보를 제공받은 자는 해당 정보를 청구 목적 외의 용도로 사용하여서는 아니 되며(§103의3④), 그 이외에 복제·전송자에 관한 정보의 제공에 필요한 사항은 대통령령으로 정한다(§103의3⑤).

5. 특수한 유형의 온라인 서비스제공자의 의무 등

다른 사람들 상호 간에 컴퓨터를 이용하여 저작물 등을 전송하도록 하는 것을 주된 목적으로 하는 온라인서비스제공자(이하 '특수한 유형의 온라인서비스제공자'라 한다)는 권리자의 요청[172]이 있는 경우 해당 저작물 등의 불법적인 전송을 차단하는 기술적인 조치 등 필요한 조치를 하여야 한다. 이 경우 권리자의 요청 및 필요한 조치에 관한 사항은 대통령령으로 정한다(§104①).[173] 동 규정에서 말하는 특수한 유형의 온라인서비스제공

---

171) 시행령 제44조의4 (정보 제공의 절차) ① 위원회는 법 제103조의3 제2항에 따라 문화체육관광부장관으로부터 심의의 요청을 받은 경우에는 그 요청을 받은 날부터 1개월 이내에 정보 제공 여부를 심의하고 그 결과를 지체 없이 문화체육관광부장관에게 통보하여야 한다. 다만, 부득이한 사유로 그 기간 내에 심의를 할 수 없는 경우에는 1회에 한정하여 그 기간을 연장할 수 있다.
② 문화체육관광부장관은 법 제103조의3 제2항에 따라 온라인서비스제공자에게 복제·전송자의 정보를 제출하도록 명하는 경우 문화체육관광부령으로 정하는 정보 제공 명령서를 작성하여 서면(전자문서를 포함한다)으로 온라인서비스제공자에게 통지하여야 한다.
③ 온라인서비스제공자는 제2항의 정보 제공 명령서를 받은 날부터 7일 이내에 문화체육관광부령으로 정하는 정보 제공서를 문화체육관광부장관에게 제출하여야 하며, 문화체육관광부장관은 해당 정보를 청구인에게 지체 없이 제공하여야 한다.
④ 온라인서비스제공자는 제3항에 따라 정보 제공서를 문화체육관광부장관에게 제출한 경우 그 사실을 해당 복제·전송자에게 지체 없이 알려야 한다. [본조신설 2011. 12. 2.]
172) 시행령 제45조 (권리자의 요청) 법 제104조 제1항에 따라 권리자가 해당 저작물 등의 불법적인 전송을 차단하는 기술적인 조치 등 필요한 조치를 요청하려면 문화체육관광부령으로 정하는 요청서(전자문서로 된 요청서를 포함한다)에 다음 각 호의 자료(전자문서를 포함한다)를 첨부하여 특수한 유형의 온라인서비스제공자에게 제출하여야 한다. 다만, 권리자가 저작권신탁관리업자이거나 최근 1년 이내에 반복적인 침해행위에 대하여 권리자임을 소명할 수 있는 자료를 이미 제출한 사실이 있는 경우에는 제1호의 자료를 제출하지 아니할 수 있다. <개정 2008. 2. 29.>
1. 권리자임을 소명할 수 있는 다음 각 목 중 어느 하나에 해당하는 자료
가. 자신이 그 저작물 등의 권리자로 표시된 저작권 등의 등록증 사본 또는 그에 상당하는 자료
나. 자신의 성명 등이나 이명으로서 널리 알려진 것이 표시되어 있는 저작물 등의 사본 또는 그에 상당하는 자료
2. 차단을 요청하는 저작물 등을 인식할 수 있는 저작물의 제호, 그에 상당하는 문자나 부호(이하 '제호 등'이라 한다) 또는 복제물 등의 자료
173) 헌법재판소 2011. 2. 24, 2009헌바13·52·110(병합)

자란 주로 P2P나 웹하드 등의 서비스업자를 말하며, 이러한 서비스제공업자는 권리자들의 요청이 있을 경우 그 저작물이 더 이상 공유되지 못하도록 대통령령이 정한 보호조치를 취할 의무가 있게 된 것이다. 여기서 "해당 저작물 등의 불법적인 전송을 차단하는 기술적인 조치 등 필요한 조치"란 ⅰ) 저작물 등의 제호등과 특징을 비교하여 저작물 등을 인식할 수 있는 기술적인 조치, ⅱ) 제1호에 따라 인지한 저작물 등의 불법적인 송신을 차단하기 위한 검색제한 조치 및 송신제한 조치, ⅲ) 해당 저작물 등의 불법적인 전송자를 확인할 수 있는 경우에는 그 저작물 등의 전송자에게 저작권 침해금지 등을 요청하는 경고문구의 발송의 모든 조치를 말하며(영§46①), ⅰ) 및 ⅱ)의 조치는 권리자가 요청하면 즉시 이행하여야 한다(영§46②).

한편, 문화체육관광부장관은 위 규정에 따른 특수한 유형의 온라인서비스제공자의 범위를 정하여 고시할 수 있다(§104②).[174)]

가. 저작물 등의 불법적인 전송을 차단할 일정한 책임을 지는 '특수한 유형의 온라인서비스제공자의 범위' 및 특수한 유형의 온라인서비스제공자에 대한 저작권자 등 '권리자의 요청', 특수한 유형의 온라인서비스제공자가 취해야 하는 기술적인 조치 등 '필요한 조치'는 그 규율영역의 특성상 법률에서 이를 구체적·서술적으로 열거하는 것이 입법기술상 곤란하고, 탄력적으로 규율되어야 할 필요성 있다고 할 것이므로 문화체육관광부장관 고시 및 하위법령에의 위임의 필요성이 인정되며, 저작권법의 입법목적 및 이 사건 법률조항들의 입법취지, 관련규정 등에 비추어 보면, 문화체육관광부장관 고시 및 하위법령에 규정될 내용을 충분히 예측할 수 있다고 할 것이므로 저작권법 제104조 제1항, 제2항은 포괄위임입법금지의 원칙에 위반되지 않는다.
나. 이 사건 법률조항들은 저작물 등의 불법적인 전송을 차단함으로써 저작권 등을 보호하고, 문화 및 관련 산업을 향상·발전시키기 위한 것으로서 정당한 목적 달성에 기여한 적합한 수단에 해당하며, 권리자의 요청이 있는 경우에 해당 저작물에 대한 불법적인 전송을 차단하는 조치를 취할 것을 요구할 뿐인 점, 기술적으로 불가능한 조치를 요구하는 것은 아닌 점, 인터넷을 통한 저작권 등 침해의 현실 등을 고려할 때 입법목적 달성에 동일하게 기여하는 다른 덜 침해적인 수단이 존재한다고 보기 어려우므로 침해의 최소성 원칙에 위배되지 않는다. 나아가 저작권 등 침해행위를 기술적으로 통제하고 감독할 수 있는 지위에 있다고 할 특수한 유형의 온라인서비스제공자에게 한정된 범위에서 기술적 의무 등을 부과한 것이 온라인서비스제공자의 직업의 자유에 대한 중대한 제한이 된다고 보기는 어려운 반면, 달성되는 공익은 매우 중요하다는 점에서 법익균형성의 원칙에도 위반되지 않는다. 따라서 이 사건 법률조항들은 과잉금지원칙에 위배하여 직업의 자유를 침해하지 않는다.

174) ◎ 문화체육관광부 고시 제2009－46호(2009. 9. 1.)에서는 저작권법 제104조의 규정에 의하여 다른 사람들 상호 간에 컴퓨터 등을 이용하여 저작물 등을 전송하도록 하는 것을 주된 목적으로 하는 특수한 유형의 온라인서비스제공자의 범위를 다음과 같이 개정 고시하고 있다.
저작권자의 이용허락 없이 개인, 가족 및 이에 준하는 한정된 범위가 아닌 공중이 저작물 등을 공유할 수 있도록 하는 웹사이트 또는 프로그램을 제공하는 자로서 다음 각 호의 어느 하나에 해당하는 경우에는 저작권법 제104조의 규정에 의한 특수한 유형의 온라인서비스제공자로 본다.
1. 개인 또는 법인(단체 포함)의 컴퓨터 등에 저장된 저작물 등을 공중이 이용할 수 있도록 업로드한 자에게 상업적 이익 또는 이용편의를 제공하는 온라인서비스제공자
※ 유형 예시: 적립된 포인트를 이용해 쇼핑, 영화 및 음악감상, 현금교환 등을 제공하거나, 사이버머니, 파일 저장공간 제공 등 이용편의를 제공하여 저작물 등을 불법적으로 공유하는 자에게 혜택이 돌아가도록 유도하는 서비스
2. 개인 또는 법인(단체 포함)의 컴퓨터 등에 저장된 저작물 등을 공중이 다운로드할 수 있도록 기능을

이러한 특수한 유형의 온라인 서비스제공자가 저작권의 직접 침해 행위에 대해 방조 책임을 부담하는지와 관련하여 판례는 "저작권법이 보호하는 복제권의 침해를 방조하는 행위란 타인의 복제권 침해를 용이하게 해주는 직접·간접의 모든 행위를 가리키는 것으로서 복제권 침해행위를 미필적으로만 인식하는 방조도 가능함은 물론 과실에 의한 방조도 가능하다고 할 것인바, 과실에 의한 방조의 경우에 있어 과실의 내용은 복제권 침해행위에 도움을 주지 않아야 할 주의의무가 있음을 전제로 하여 그 의무를 위반하는 것을 말하고, 위와 같은 침해의 방조행위에 있어 방조자는 실제 복제권 침해행위가 실행되는 일시나 장소, 복제의 객체 등을 구체적으로 인식할 필요가 없으며 실제 복제행위를 실행하는 자가 누구인지 확정적으로 인식할 필요도 없다"고 하면서, 방조책임을 긍정하였다.[175]

제10절 컴퓨터프로그램저작물에 관한 특례

Ⅰ. 일반

구법에서는 컴퓨터프로그램에 대한 보호를 컴퓨터프로그램보호법에서 별도로 규율하고

제공하고 다운로드받는 자가 비용을 지불하는 형태로 사업을 하는 온라인서비스제공자
　※ 유형 예시: 저작물 등을 이용 시 포인트 차감, 쿠폰사용, 사이버머니 지급, 공간제공 등의 방법으로 비용을 지불해야 하는 서비스
　3. P2P 기술을 기반으로 개인 또는 법인(단체 포함)의 컴퓨터 등에 저장된 저작물 등을 업로드하거나 다운로드할 수 있는 기능을 제공하여 상업적 이익을 얻는 온라인서비스제공자
　※ 유형예시: 저작물 등을 공유하는 웹사이트 또는 프로그램에 광고게재, 타 사이트 회원가입 유도 등의 방법으로 수익을 창출하는 서비스
　4. 개인 또는 법인(단체 포함)의 컴퓨터 등에 저장된 저작물 등을 검색하여 전송할 수 있는 프로그램의 제공을 주된 목적으로 하는 온라인서비스제공자

175) 대법원 2007. 1. 25. 선고 2005다11626 판결[원심판결 이유를 위 법리와 기록에 비추어 살펴보면, 원심이 그 판시와 같은 사실을 인정하고, 채무자들은 소리바다 서비스를 통하여 이용자들에 의한 이 사건 음반제작자들을 포함한 다수의 음반제작자들의 저작인접권 침해행위가 발생하리라는 사정을 미필적으로 인식하였거나 적어도 충분히 예견할 수 있었다고 볼 것임에도 소리바다 프로그램을 개발하여 무료로 나누어 주고 소리바다 서버를 운영하면서 소리바다 이용자들에게 다른 이용자들의 접속정보를 제공함으로써 소리바다 이용자들이 음악 CD로부터 변환한 MPEG-1 Audio Layer-3(MP3) 파일을 Peer-To-Peer(P2P) 방식으로 주고받아 복제하는 방법으로 저작인접권의 침해행위를 실행함에 있어서 이를 용이하게 할 수 있도록 해주어 그에 대한 방조책임을 부담한다고 판단하였음은 정당하고 거기에 상고이유로 주장하는 바와 같은 법리오해 등의 위법이 없다.

있었다가, 2009년 법개정을 통해 컴퓨터프로그램보호법을 폐지하고 프로그램에 대한 보호를 저작권법으로 통합하였다. 이에 저작권법 제5장의2에서는 프로그램에 대한 특례 규정을 두고 있다.

Ⅱ. 프로그램의 보호대상

1. 컴퓨터프로그램의 정의

컴퓨터프로그램저작물은 특정한 결과를 얻기 위하여 컴퓨터 등 정보처리능력을 가진 장치(이하 '컴퓨터'라 한다) 내에서 직접 또는 간접으로 사용되는 일련의 지시·명령으로 표현된 창작물을 말한다(§2 x vi). 즉 정보처리능력을 가진 장치를 기능시키는 것으로서 특정한 결과를 얻을 수 있는 것이어야 하며, 컴퓨터 내에서 직간접으로 사용되는 일련의 지시·명령으로서 창작적 표현물이어야 한다.[176]

2. 적용제외

2009년 개정법에서 신설한 저작권법 제101조의2에서는 프로그램을 작성하기 위하여 사용하는 ⅰ) 프로그램 언어: 프로그램을 표현하는 수단으로서 문자·기호 및 그 체계, ⅱ) 규약: 특정한 프로그램에서 프로그램 언어의 용법에 관한 특별한 약속, ⅲ) 해법: 프로그램에서 지시·명령의 조합방법에는 동법을 적용하지 아니한다고 규정하고 있다. 동 규정은 프로그램의 범용성과 표준화의 필요성을 반영한 것으로서 일본 저작권법 제10조 제3항의 규정을 수용한 것으로 보인다. 참고로 미국 저작권법 제102조 (b)에서는 아이디어 등만을 저작권의 범위에서 제외하고 있다.

3. 프로그램 저작권자

프로그램을 창작한 자가 저작자가 되며, 다만 업무상저작물인 경우에는 계약 또는 근

---

176) 송영식·이상정, 「저작권법개설(제8판)」, 세창출판사(2012), 586 – 587면.

무규칙 등에 다른 정함이 없는 때에는 그 법인 등이 저작자가 된다(§9). 위탁개발된 프로 그램에 대해서도 이러한 업무상저작물에 관한 규정을 적용할 수 있는지에 대해 판례는 "업무상 창작한 프로그램의 저작자에 관한 구 컴퓨터프로그램보호법(1994. 1. 5. 법률 제 4712호로 개정되기 전의 것) 제7조의 규정은 프로그램 제작에 관한 도급계약에는 적용되 지 않는 것이 원칙이나, 주문자가 전적으로 프로그램에 대한 기획을 하고 자금을 투자하 면서 개발업자의 인력만을 빌어 그에게 개발을 위탁하고 이를 위탁받은 개발업자는 당해 프로그램을 오로지 주문자만을 위해서 개발·납품하여 결국 주문자의 명의로 공표하는 것과 같은 예외적인 경우에는 법인 등의 업무에 종사하는 자가 업무상 창작한 프로그램 에 준하는 것으로 보아 같은 법 제7조를 준용하여 주문자를 프로그램저작자로 볼 수 있 다"고 하였다.[177]

4. 존속기간

현행 저작권법에서는 프로그램 저작재산권의 보호기간을 영상저작물과 동일한 규정에 두면서 원칙적으로 공표한 때로부터 50년간 존속하는 것으로 규정하고 있으나(§42), 2013. 7. 1.부터 시행되는 개정법에서는 제42조에서 프로그램을 삭제하여 일반저작물과 마찬가지로 저작자 사망 시부터 70년간 존속하는 것으로 되었다. 다만, 프로그램 저작물 은 주로 업무상 저작물에 해당하는 경우가 많을 것이며, 이 경우에는 제41조에 따라 공 표한 때로부터 50년간 보호받게 된다.

Ⅲ. 프로그램의 저작재산권의 제한

1. 프로그램의 저작재산권의 제한

다음의 어느 하나에 해당하는 경우에는 그 목적상 필요한 범위에서 공표된 프로그램을 복제 또는 배포할 수 있다. 디만, 프로그램의 종류·용도, 프로그램에서 복제된 부분이 차지하는 비중 및 복제의 부수 등에 비추어 프로그램의 저작재산권자의 이익을 부당하게

---

177) 대법원 2000. 11. 10. 선고 98다60590 판결. 평석으로는 강민구, "위탁개발된 컴퓨터프로그램 저작권의 귀속관계", 정보법 판례백선Ⅰ, 박영사(2006), 385-390면.

해치는 경우에는 그러하지 아니하다(§101의3①).

ⅰ) 재판 또는 수사를 위하여 복제하는 경우

ⅱ)「유아교육법」,「초·중등교육법」,「고등교육법」에 따른 학교 및 다른 법률에 따라 설립된 교육기관(상급학교 입학을 위한 학력이 인정되거나 학위를 수여하는 교육기관에 한한다)에서 교육을 담당하는 자가 수업과정에 제공할 목적으로 복제 또는 배포하는 경우

ⅲ)「초·중등교육법」에 따른 학교 및 이에 준하는 학교의 교육목적을 위한 교과용 도서에 게재하기 위하여 복제하는 경우

ⅲ)에 따라 프로그램을 교과용 도서에 게재하려는 자는 문화체육관광부장관이 정하여 고시하는 기준에 따른 보상금을 해당 저작재산권자에게 지급하여야 하며, 보상금 지급에 대하여는 제25조 제5항부터 제9항까지의 규정을 준용한다(§101의3③).

ⅳ) 가정과 같은 한정된 장소에서 개인적인 목적(영리를 목적으로 하는 경우를 제외한다)으로 복제하는 경우

ⅴ)「초·중등교육법」,「고등교육법」에 따른 학교 및 이에 준하는 학교의 입학시험이나 그 밖의 학식 및 기능에 관한 시험 또는 검정을 목적(영리를 목적으로 하는 경우를 제외한다)으로 복제 또는 배포하는 경우[178]

ⅵ) 프로그램의 기초를 이루는 아이디어 및 원리를 확인하기 위하여 프로그램의 기능을 조사·연구·시험할 목적으로 복제하는 경우(정당한 권한에 의하여 프로그램을 이용하는 자가 해당 프로그램을 이용 중인 때에 한한다)

한편, 2011. 12. 2. 개정법에서는 일시적 저장을 복제의 범위에 포함시키면서, 컴퓨터의 유지·보수를 위하여 그 컴퓨터를 이용하는 과정에서 프로그램(정당하게 취득한 경우에 한한다)을 일시적으로 복제할 수 있도록 하였다(§101의3②).

---

[178] 대법원 1997. 5. 23. 선고 97도286 판결[프로그램저작권의 제한에 관하여 규정하고 있는 구 컴퓨터프로그램보호법(1995. 12. 6. 법률 제4996호로 개정되기 전의 것) 제12조 제2호는, "교육법에 의한 교육기관에서 교육을 담당하는 자가 당해 프로그램의 종류, 용도, 복제의 부수 및 특성에 비추어 프로그램저작권자의 이익을 부당하게 해하지 아니하는 범위 안에서 수업과정에 제공할 목적으로 하는 경우"를 그 목적상 필요한 범위 안에서 공표된 프로그램을 복제 또는 사용할 수 있는 경우 중 하나로서 규정하고 있다가, 위 법률 제4996호에 의하여 개정 전의 규정 중 '교육법에 의한 교육기관'이 '교육법 및 다른 법률의 규정에 의한 교육기관'으로 개정되기에 이르렀는바, 위 프로그램저작권 제한규정의 성질이나 위 개정 법률의 문언 및 그 개정 취지 등에 비추어 보면, 위 개정 법률에서 규정하고 있는 '다른 법률에 의한 교육기관'이라 함은 교육법 이외의 다른 법률에 의하여 그 설치·운영에 관한 사항이 규정된 것으로서 교육법상의 교육기관인 학교와 유사한 정도의 공공성과 비영리성을 갖춘 교육기관만을 의미한다고 해석하여야 한다].

2. 프로그램코드역분석

프로그램코드역분석은 독립적으로 창작된 컴퓨터프로그램저작물과 다른 컴퓨터프로그램과의 호환에 필요한 정보를 얻기 위하여 컴퓨터프로그램저작물코드를 복제 또는 변환하는 것을 말한다(§2,24호). 이러한 소위 '리버스 엔지니어링'은 일정한 범위 내에서 프로그램 산업의 발전과 저작물의 공정한 이용이라는 공익적 차원에서 허용된다는 것이 미국의 판례와 학설의 일반적인 입장이다. 현행 저작권법에서도 이와 관련한 규정을 두고 있는바, 정당한 권한에 의하여 프로그램을 이용하는 자 또는 그의 허락을 받은 자는 호환에 필요한 정보를 쉽게 얻을 수 없고 그 획득이 불가피한 경우에는 해당 프로그램의 호환에 필요한 부분에 한하여 프로그램의 저작재산권자의 허락을 받지 아니하고 프로그램코드역분석을 할 수 있다(§101의4①). 다만, 이러한 프로그램코드역분석을 통하여 얻은 정보는 ⅰ) 호환 목적 외의 다른 목적을 위하여 이용하거나 제3자에게 제공하는 경우, ⅱ) 프로그램코드역분석의 대상이 되는 프로그램과 표현이 실질적으로 유사한 프로그램을 개발·제작·판매하거나 그 밖에 프로그램의 저작권을 침해하는 행위에 이용하는 경우에는 이를 이용할 수 없다(§101의4②).

3. 정당한 이용자에 의한 보존을 위한 복제 등

프로그램의 복제물을 정당한 권한에 의하여 소지·이용하는 자는 그 복제물의 멸실·훼손 또는 변질 등에 대비하기 위하여 필요한 범위에서 해당 복제물을 복제할 수 있고(§101의5①), 프로그램의 복제물을 소지·이용하는 자는 해당 프로그램의 복제물을 소지·이용할 권리를 상실한 때에는 그 프로그램의 저작재산권자의 특별한 의사표시가 없는 한 제1항에 따라 복제한 것을 폐기하여야 한다. 다만, 프로그램의 복제물을 소지·이용할 권리가 해당 복제물이 멸실됨으로 인하여 상실된 경우에는 그러하지 아니하다(§101의5②).

위 규정은 일반저작물과는 다른 프로그램 고유의 제한사유를 명문화한 것이다. 다만, 동 규정이 적용되는 것은 보존용에 한하며, 대여 또는 양도할 수는 없다. 그리고 보존목적인 한 그 부수에는 제한이 없으나 물리적 멸실이 아닌 권리의 상실이 있게 되면 모든 보존용 복제물은 폐기되어야 한다.

4. 프로그램 배타적 발행권

구법에서는 프로그램 배타적 발행권을 제101조의6에서 규정하였었으나, 2011. 12. 2. 배타적 발행권을 신설하면서 동 규정을 삭제하였다.

5. 프로그램의 임치

구 컴퓨터프로그램보호법의 2002년 개정에서 프로그램 저작자와 프로그램의 사용을 허락받은 자 그리고 프로그램 이용자들과의 관계에 있어 이용자들이 안정적으로 프로그램 이용서비스를 받도록 하기 위해 프로그램 임치제도를 도입하였으며, 2009년 개정법에서 저작권법으로 편입되었다. 현행 저작권법에 의하면 프로그램의 저작재산권자와 프로그램의 이용허락을 받은 자는 대통령령으로 정하는 자[179](이하 이 조에서 '수치인'이라 한다)와 서로 합의하여 프로그램의 원시코드 및 기술정보 등을 수치인에게 임치할 수 있고(§101의7①), 프로그램의 이용허락을 받은 자는 합의에서 정한 사유가 발생한 때에 수치인에게 프로그램의 원시코드 및 기술정보 등의 제공을 요구할 수 있다(§101의7②).

6. 프로그램 저작인격권

프로그램 저작물의 저작자에게도 공표권, 성명표시권, 동일성유지권 등 저작인격권이 인정되며, 이 중 동일성유지권에 대해서는 일반적인 권리 제한 이외에 특정한 컴퓨터 외에는 이용할 수 없는 프로그램을 다른 컴퓨터에 이용할 수 있도록 하기 위하여 필요한 범위에서의 변경 또는 프로그램을 특정한 컴퓨터에 보다 효과적으로 이용할 수 있도록 하기 위하여 필요한 범위에서의 변경이 허용된다(§13②iii,iv).

---

179) 시행령 제39조의2 (임치기관) 법 제101조의7 제1항에서 '대통령령으로 정하는 자'란 위원회를 말한다.
  [본조신설 2009. 7. 22.]

제11절 저작권위탁관리업, 한국저작권위원회

제1관 저작권의 등록 및 위탁관리업

I. 저작권의 등록

저작권의 등록이란 저작권법상의 일정한 사항에 관하여 저작권등록부(프로그램등록부), 출판권등록부, 저작인접권등록부 또는 데이터베이스제작자권리등록부에 그 사실을 기재하는 행위 또는 그러한 기재를 말한다(§55, §90, §98). 우리 저작권법은 무방식주의를 채택하고 있으므로(§10②), 저작권의 등록은 권리발생의 요건이 아님은 물론 저작재산권의 이전 등에 있어서도 효력발생요건이 아니라 대항요건으로 되어 있고, 그 이외에도 저작자 등의 보호를 위한 특별한 등록제도를 두고 있다.

1. 등록의 종류

가. 저작권의 등록

저작자는 ⅰ) 저작자의 실명·이명(공표 당시에 이명을 사용한 경우에 한한다)·국적·주소 또는 거소, ⅱ) 저작물의 제호·종류·창작연월일, ⅲ) 공표의 여부 및 맨 처음 공표된 국가·공표연월일, ⅳ) 그 밖에 대통령령으로 정하는 사항을 등록할 수 있다(§53①). 여기서 '대통령령으로 정하는 사항'이란 ⅰ) 2차적 저작물의 경우 원저작물의 제호 및 저작자, ⅱ) 저작물이 공표된 경우에는 그 저작물이 공표된 매체에 관한 정보, ⅲ) 등록권리자가 2명 이상인 경우 각자의 지분에 관한 사항을 말한다(영§24).

나. 상속인 등에 의한 등록

저작자가 사망한 경우 저작자의 특별한 의사표시가 없는 때에는 그의 유언으로 지정한 자 또는 상속인이 등록을 할 수 있다(§53②).

다. 저작인접권, 데이터베이스제작자 및 그 배타적 발행권의 등록

저작인접권도 저작권과 독립적으로 등록이 가능하며, 또한 데이터베이스제작자의 권리 및 데이터베이스제작자의 권리의 배타적 발행권도 등록할 수 있다(§90, §98).

2. 등록의 효력

가. 대항요건

ⅰ) 저작재산권의 양도(상속 그 밖의 일반승계의 경우를 제외한다) 또는 처분제한, ⅱ) 제57조에 따른 배타적 발행권 또는 제63조에 따른 출판권의 설정·이전·변경·소멸 또는 는 처분제한, ⅲ) 저작재산권, 제57조에 따른 배타적 발행권 및 제63조에 따른 출판권을 목적으로 하는 질권의 설정·이전·변경·소멸 또는 처분제한의 사항은 이를 등록할 수 있으며, 등록하지 아니하면 제3자에게 대항할 수 없다(§54).

이와 관련하여 판례는 "구 저작권법(2000. 1. 12. 법률 제6134호로 개정되기 전의 것) 제52조에 따른 저작재산권의 양도등록은 그 양도의 유효요건이 아니라 제3자에 대한 대항요건에 불과하고, 여기서 등록하지 아니하면 제3자에게 대항할 수 없다고 할 때의 '제 3자'란 당해 저작재산권의 양도에 관하여 양수인의 지위와 양립할 수 없는 법률상 지위를 취득한 경우 등 저작재산권의 양도에 관한 등록의 흠결을 주장함에 정당한 이익을 가지는 제3자에 한하고, 저작재산권을 침해한 사람은 여기서 말하는 제3자가 아니므로, 저작재산권을 양도받은 사람은 그 양도에 관한 등록 여부에 관계없이 그 저작재산권을 침해한 사람을 고소할 수 있다"고 하였고,[180] 유사한 취지에서 "신탁법 제3조 제1항의 취지는 등기 또는 등록하여야 할 재산권에 관하여 신탁재산이라는 뜻을 등기 또는 등록하지 않으면 제3자에게 신탁재산임을 주장할 수 없다는 취지에 불과한 것이고, 저작권법 제52조에 따른 저작재산권의 양도등록은 그 양도의 유효요건이 아니라 제3자에 대한 대항요건에 불과하고, 여기서 등록하지 아니하면 제3자에게 대항할 수 없다고 할 때의 '제 3자'란 당해 저작재산권의 양도에 관하여 양수인의 지위와 양립할 수 없는 법률상 지위를 취득한 경우 등 저작재산권의 양도에 관한 등록의 흠결을 주장함에 정당한 이익을 가지는 제3자에 한하고, 저작재산권을 침해한 사람은 여기서 말하는 제3자에 해당하지 않

---

180) 대법원 2002. 11. 26. 선고 2002도4849 판결. 이 판결에 대한 평석으로는 李丞鎬, "저작재산권 침해죄에 있어서 저작재산권을 양도받았으나 양도등록을 하지 아니한 자의 고소가 적법한지 여부", 대법원판례해설 43號 (2002 하반기) (2003. 7.), 법원도서관(2003), 642－648면; 정상조, "저작권양도의 등록을 하지 아니한 양수인의 지위", 정보법 판례백선 Ⅰ, 박영사(2006), 440－446면.

는다. 따라서 음악저작물의 저작권자로부터 저작권을 신탁적으로 양도받은 사람은 신탁법 및 저작권법상의 등록을 하지 않았더라도 저작권 침해자에 대하여 손해배상을 청구할 수 있다"고 하였다.[181]

나. 공표·발행의 추정

저작자로 실명이 등록된 자는 그 등록저작물의 저작자로, 창작연월일 또는 맨 처음의 공표연월일이 등록된 저작물은 등록된 연월일에 창작 또는 맨 처음 공표된 것으로 추정한다. 다만, 저작물을 창작한 때부터 1년이 경과한 후에 창작연월일을 등록한 경우에는 등록된 연월일에 창작된 것으로 추정하지 아니한다(§53③).

3. 등록의 절차 등

저작권에 관한 등록은 문화체육관광부장관이 저작권등록부[182](프로그램의 경우에는 프로그램등록부를 말한다. 이하 이 조에서 같다)에 기재하여 행하고(§55①), 문화체육관광부장관은 이에 따라 저작권등록부에 기재한 등록에 대하여 등록공보를 발행하거나 정보통신망에 게시[183]하여야 하며, 신청한 자가 있는 경우에는 저작권등록부를 열람하게 하

---

181) 대법원 2006. 7. 13. 선고 2004다10756 판결. 같은 취지의 판결로 서울중앙지방법원 2006. 10. 10. 선고 2003가합66177 판결(피고 3은 김광석의 상속인으로서 이 사건 음반에 대한 저작인접권을 포괄 승계하였거나 또는 김광석으로부터 이 사건 음반에 대한 저작인접권을 양도받은 소외 1로부터 이 사건 합의를 통해 그 지분을 양수하였다고 할 것이므로, 권리변동에 관계한 당사자이거나 그 당사자인 김광석의 권리·의무의 포괄승계인에 해당하여 저작권법 제52조에서 정한 제3자에 해당되지 않고, 피고 위드삼삼뮤직 또한, 앞서 인정한 사실 및 변론 전체의 취지를 종합하면, 위 피고는 피고 3이 마이웨이 음반을 발매하기 위해 자신을 대표이사로 하여 2002. 10. 1.경 설립한 회사로서, 피고 3과 공동으로 마이웨이 음반을 제작하고, 피고 록레코드와의 사이에 음반유통계약을 체결한 다음 판매용 음반을 제공하는 등 마이웨이 음반의 제작·유통과정을 주도한 사정을 인정할 수 있으므로, 등록의 흠결을 주장하는 데 정당한 이익을 가진 제3자라고 볼 수 없으며, 따라서 원고 2-1, 2-2는 소외 1이 이 사건 음반에 관한 저작인접권을 양수하였다는 점에 대해 위 피고들에게 대항할 수 있다).

182) 시행령 제27조(저작권등록부 기재 등) ① 법 제55조 제1항에 따른 저작권등록부(컴퓨터프로그램저작물의 경우에는 컴퓨터프로그램저작물등록부를 말한다. 이하 같다)에는 다음 각 호의 사항을 기재하여야 한다. <개정 2009. 7. 22.>
   1. 등록번호
   2. 저작물의 제호
   3. 저작자 등의 성명
   4. 창작·공표 및 발행 연월일
   5. 등록권리자의 성명 및 주소
   6. 등록의 내용
   ② 저작권등록부의 서식과 그 밖에 필요한 사항은 문화체육관광부령으로 정한다. <개정 2008. 2. 29.>

거나 그 사본을 교부[184]하여야 한다(§55③). 또한 문화체육관광부장관은 ⅰ) 등록 신청한 사항이 등록할 것이 아닌 때, ⅱ) 등록 신청이 문화체육관광부령으로 정한 서식에 적합하지 아니하거나 그 밖의 필요한 자료 또는 서류를 첨부하지 아니한 때에는 신청을 반려할 수 있다.[185] 다만, 신청의 흠결이 보정될 수 있는 경우에 신청인이 당일 이를 보정하였을 때에는 그러하지 아니하다(§55②). 그 이외에 위 규정에 따른 등록, 등록신청의 반려, 등록공보의 발행 또는 게시, 저작권등록부의 열람 및 사본의 교부 등에 관하여 필요한 사항은 대통령령으로 정한다(§55④).

4. 비밀유지의무

저작권의 등록 업무(§53~§55)를 수행하는 자 및 그 직에 있었던 자는 직무상 알게 된 비밀을 다른 사람에게 누설하여서는 아니 된다(§55의2).

5. 권리자 등의 인증

저작물의 해외 수출 및 거래 등 저작물의 거래안전과 신뢰보호를 위해 누가 진정한 권리자인지에 대한 '인증제도'를 도입할 필요성이 제기되어 2006년 개정법에서 저작권에 대한 인증제도가 도입되었다. 즉 문화체육관광부장관은 저작물 등의 거래의 안전과 신뢰보호를 위하여 인증기관을 지정할 수 있고(§56①), 인증기관은 인증과 관련한 수수료를 받을 수 있으며 그 금액은 문화체육관광부장관이 정한다(§56③). 그 이외에 인증기관의 지정과 지정취소 및 인증절차 등에 관하여 필요한 사항은 대통령령[186]으로 정한다(§56②).

---

183) 시행령 제33조 (등록공보의 발행 등) ① 문화체육관광부장관은 법 제55조 제3항에 따라 2개월에 1회 이상 등록공보를 발행하거나 등록공보의 내용을 문화체육관광부 인터넷 홈페이지에 게시하여야 한다. <개정 2008. 2. 29., 2009. 7. 22.>
② 제1항에 따른 등록공보에는 제27조 제1항 각 호의 사항을 적어야 한다.

184) 시행령 제34조 (등록부의 열람 등) 법 제55조 제3항에 따라 등록부를 열람하거나 그 사본을 발급받으려는 자는 문화체육관광부령으로 정하는 바에 따라 신청서를 문화체육관광부장관에게 제출하여야 한다. <개정 2008. 2. 29.>

185) 시행령 제32조 (신청의 반려방법) 법 제55조 제2항에 따라 문화체육관광부장관은 등록신청을 반려하려는 경우에는 그 사유를 명시한 서면을 작성하여 신청인에게 알려야 한다.

186) 시행령 제36조 (인증기관의 지정 등) ① 법 제56조 제1항에 따라 인증기관으로 지정받을 수 있는 기관은 다음 각 호와 같다. <개정 2008. 2. 29., 2009. 7. 22., 2012. 4. 12.>
1. 법 제112조에 따른 한국저작권위원회(이하 '위원회'라 한다)
2. 저작권신탁관리업자

Ⅱ. 저작권위탁관리업

1. 의의

저작권위탁관리업은 저작권신탁관리업과 저작권대리중개업을 포함하는 개념이다. 여기서 저작권신탁관리업은 저작재산권자, 출판권자, 저작인접권자 또는 데이터베이스제작자의 권리를 가진 자를 위하여 그 권리를 신탁받아 이를 지속적으로 관리하는 업을 말하며, 저작물 등의 이용과 관련하여 포괄적으로 대리하는 경우를 포함한다(§2,26호). 또한 저작권대리중개업은 저작재산권자, 출판권자, 저작인접권자 또는 데이터베이스제작자의

---

3. 그 밖에 문화체육관광부장관이 인증업무를 수행할 능력이 있다고 인정하는 법인이나 단체
② 제1항에 따라 인증기관으로 지정받으려는 자는 다음 각 호의 요건을 갖추어야 한다.
1. 인증업무 수행과 관련하여 이용자에게 입힌 손해를 배상할 수 있는 능력이 있을 것
2. 이용자의 등록정보 관리 및 인증서를 생성ㆍ발급하기 위한 설비를 갖출 것
3. 인증업무에 관한 시설 및 장비를 안전하게 운영하기 위한 보호설비를 갖출 것
③ 인증기관으로 지정받으려는 자는 문화체육관광부령으로 정하는 인증기관지정신청서에 제2항 각 호의 요건을 갖추었음을 증명하는 서류와 다음 각 호의 사항을 포함한 인증업무규정을 첨부하여 문화체육관광부장관에게 제출하여야 한다. <개정 2008. 2. 29.>
1. 인증의 종류
2. 인증기준
3. 인증업무의 수행 방법 및 절차
4. 인증역무의 이용 조건
④ 문화체육관광부장관은 인증기관을 지정한 경우에는 문화체육관광부령으로 정하는 바에 따라 인증기관 지정서를 발급하여야 한다. <개정 2008. 2. 29.>
⑤ 제4항에 따라 지정받은 인증기관이 인증업무규정의 내용을 변경하려면 변경지정을 받아야 한다.
⑥ 문화체육관광부장관은 인증기관이 다음 각 호의 어느 하나에 해당하면 그 지정을 취소할 수 있다. <개정 2008. 2. 29.>
1. 제1항 및 제2항의 요건을 갖추지 못한 경우
2. 인증업무규정에 위반하여 인증업무를 처리한 경우
3. 정당한 이유 없이 1년 이상 계속하여 인증업무를 하지 아니한 경우
⑦ 문화체육관광부장관이 인증기관을 지정하거나 그 지정을 취소한 경우에는 이를 관보에 고시하여야 한다. <개정 2008. 2. 29.>
시행령 제37조 (인증 절차 등) ① 법 제56조에 따라 인증을 받으려는 자는 제36조 제7항에 따라 고시된 인증기관에 문화체육관광부령으로 정하는 인증신청서를 제출하여야 한다. <개정 2008. 2. 29.>
② 인증기관은 제1항에 따라 인증을 신청한 자가 정당한 권리자(정당한 권리자로부터 저작물 등의 이용허락을 받은 경우를 포함한다)라고 인정되는 경우에는 이를 인증하여야 한다.
③ 인증기관이 제2항에 따라 인증을 하면 문화체육관광부령으로 정하는 인증서를 발급하여야 한다. <개정 2008. 2. 29.>
④ 제3항에 따라 인증서를 발급받은 자는 저작물에 인증 범위와 유효기간 등을 나타내는 인증표시를 할 수 있다.
⑤ 제1항부터 제4항까지의 규정에서 정한 것 외에 인증의 절차 및 기준, 인증표시, 그 밖에 인증업무와 관련하여 필요한 세부적인 사항은 문화체육관광부장관이 정하여 고시한다. <개정 2008. 2. 29.>

권리를 가진 자를 위하여 그 권리의 이용에 관한 대리 또는 중개행위를 하는 업을 말한다(§2,27호).

이러한 저작권신탁관리업을 하고자 하는 자는 대통령령이 정하는 바에 따라 문화체육관광부장관의 허가를 받아야 하며, 저작권대리중개업을 하고자 하는 자는 대통령령이 정하는 바에 따라 문화체육관광부장관에게 신고하여야 한다(§105①).

2. 관리업의 내용

저작권위탁관리업의 업무 대상이 되는 권리는 저작재산권, 설정출판권, 저작인접권, 데이터베이스저작권이며, 권리자를 위한 단체로서 대리·중개 또는 신탁관리행위를 업으로 하여야 한다. 이러한 저작재산권의 관리위탁이 있는 경우 수탁자가 소 제기 권한까지 가지는지에 대해 판례는 "한국문예학술저작권협회가 영위하는 신탁관리업은 저작권법 제78조에 근거하는 것으로서 그 법적 성질은 신탁법상의 신탁에 해당되는바, 신탁법상의 신탁은 위탁자와 수탁자 간의 특별한 신임관계에 기하여 위탁자가 특정의 재산권을 수탁자에게 이전하거나 기타의 처분을 하고 수탁자로 하여금 수익자의 이익을 위하여 또는 특정의 목적을 위하여 그 재산권을 관리·처분하게 하는 법률관계를 말하므로, 신탁자와 수탁자 간에 어떤 권리에 관하여 신탁계약이 체결되면 그 권리는 법률상 위탁자로부터 수탁자에게 완전히 이전하여 수탁자가 권리자가 되고 그 권리에 대하여 소제기의 권한을 포함한 모든 관리처분권이 수탁자에게 속하게 된다"고 판단하였다.[187]

3. 허가 또는 신고의 절차 등

저작권신탁관리업의 허가를 받으려는 자는 문화체육관광부령으로 정하는 저작권신탁관리업 허가신청서(전자문서로 된 신청서를 포함한다)에 ⅰ) 저작권 신탁계약 약관, ⅱ) 저작물 이용계약 약관을 포함한 저작권신탁관리업 업무규정(전자문서를 포함한다)을 첨부하여 문화체육관광부장관에게 제출하여야 하고(영§47①), 문화체육관광부장관은 저작권신탁관리업을 허가하는 경우에는 문화체육관광부령으로 정하는 저작권신탁관리업 허가증을

---

187) 서울고등법원 1996. 7. 12. 선고 95나41279 판결(확정). 이 판결에 대한 평석으로는 허희성, "著作權의 信託管理契約에는 著作財産權에 대한 訴權까지 포함된다", 著作權 42호('98. 7.) 여름호, 著作權審議調停委員會(1998), 38－55면.

발급하여야 한다(영§47②). 그리고 저작권신탁관리업의 허가를 받은 자가 저작권신탁관리업 업무규정을 변경하려면 변경허가를 받아야 한다(영§47③).

저작권대리중개업의 신고를 하려는 자는 문화체육관광부령으로 정하는 저작권대리중개업 신고서(전자문서로 된 신고서를 포함한다)에 ⅰ) 저작권대리중개 계약 약관, ⅱ) 저작물 이용계약 약관이 포함된 저작권대리중개업 업무규정(전자문서를 포함한다)을 첨부하여 문화체육관광부장관에게 제출하여야 하고(영§48①), 그러한 신고서를 받은 문화체육관광부장관은 문화체육관광부령으로 정하는 저작권대리중개업 신고증을 발급하여야 한다(영§48②). 그리고 저작권대리중개업의 신고를 한 자가 신고한 사항을 변경하려면 문화체육관광부령으로 정하는 바에 따라 저작권대리중개업 변경신고서를 제출하여야 한다(영§48③).

4. 저작권신탁관리업에 대한 요건

저작권신탁관리업을 하고자 하는 자는 ⅰ) 저작물 등에 관한 권리자로 구성된 단체일 것, ⅱ) 영리를 목적으로 하지 아니할 것, ⅲ) 사용료의 징수 및 분배 등의 업무를 수행하기에 충분한 능력이 있을 것의 요건을 갖추어야 하며, 대통령령으로 정하는 바에 따라 저작권신탁관리업무규정을 작성하여 이를 저작권신탁관리허가신청서와 함께 문화체육관광부장관에게 제출하여야 한다(§105②).

5. 수수료의 징수

저작권위탁관리업의 허가를 받거나 신고를 한 자(이하 '저작권위탁관리업자'라 한다)는 그 업무에 관하여 저작재산권자 그 밖의 관계자로부터 수수료를 받을 수 있다(§105④). 이 경우 수수료의 요율 또는 금액 및 저작권위탁관리업자가 이용자로부터 받는 사용료의 요율 또는 금액은 저작권위탁관리업자가 문화체육관광부장관의 승인을 얻어 이를 정한다. 다만, 저작권대리중개업의 신고를 한 자의 경우에는 그러하지 아니하다(§105⑤). 저작권위탁관리업자가 동 규정에 따라 수수료 및 사용료의 요율 또는 금액의 승인신청(변경신청을 포함한다. 이하 같다)을 하려는 경우에는 문화체육관광부장관에게 서면으로 승인신청을 하여야 한다(영§49①).

문화체육관광부장관은 위 수수료의 요율 및 금액에 대한 승인의 경우에 한국저작권위원회의 심의를 거쳐야 하며 필요한 경우에는 기간을 정하거나 신청된 내용을 수정하여 승인할 수 있고(§105⑥), 위원회가 문화체육관광부장관으로부터 심의요청을 받은 때에는 요청일부터 2개월 이내에 심의하고 그 결과를 지체 없이 문화체육관광부장관에게 제출하여야 한다. 다만, 부득이한 사유로 인하여 해당 기간 내에 심의를 할 수 없는 경우에는 2회에 한하여 그 기간을 연장할 수 있다(영§49②).

만약, 사용료의 요율 또는 금액에 관한 승인 신청이 있는 경우 및 승인을 한 경우에는 문화체육관광부장관은 대통령령이 정하는 바에 따라 그 내용을 공고하여야 하며(§105⑦), 문화체육관광부장관은 저작재산권자 그 밖의 관계자의 권익보호 또는 저작물 등의 이용 편의를 도모하기 위하여 필요한 경우에는 승인 내용을 변경할 수 있다(§105⑧). 즉 문화체육관광부장관은 사용료의 요율 또는 금액에 관한 승인신청을 받으면 이해관계인의 의견을 수렴할 수 있도록 문화체육관광부 인터넷 홈페이지에 14일 이상 그 내용을 게시하여야 하고(영§49③), 사용료의 요율 또는 금액에 관한 승인(변경승인을 포함한다)을 한 경우에는 승인 내용을 문화체육관광부 인터넷 홈페이지에 게시하여야 한다(영§49④).

6. 결격 사유

ⅰ) 금치산자·한정치산자, ⅱ) 파산선고를 받고 복권되지 아니한 자, ⅲ) 이 법을 위반하여 벌금 이상의 형의 선고를 받고 그 집행이 종료되거나 집행을 받지 아니하기로 확정된 후 1년이 경과되지 아니한 자 또는 형의 집행유예의 선고를 받고 그 집행유예기간 중에 있는 자, ⅳ) 대한민국 내에 주소를 두지 아니한 자, ⅴ) 위 ⅰ) 내지 ⅳ)의 어느 하나에 해당하는 자가 대표자 또는 임원으로 되어 있는 법인 또는 단체는 저작권신탁관리업 또는 저작권대리중개업의 허가를 받거나 신고를 할 수 없다(§105③).

7. 의무 등

저작권신탁관리업자는 그가 관리하는 저작물 등의 목록을 대통령령이 정하는 바[188]에 따라 분기별로 도서 또는 전자적 형태로 작성하여 누구든지 적어도 영업시간 내에는 목록

---

188) 시행령 제50조 (관리 저작물 등의 목록 작성) 법 제106조 제1항에 따른 관리 저작물 등의 목록에는 다음 각 호의 사항을 적어야 한다.
  1. 저작물 등의 제호
  2. 저작자, 실연자·음반제작자 또는 방송사업자, 데이터베이스제작자의 성명 등
  3. 창작 또는 공표 연도, 실연 또는 고정(固定) 연도, 제작 연도

을 열람할 수 있도록 하여야 하고(§106①), 이용자가 서면으로 요청하는 경우에는 정당한 사유가 없는 한 관리하는 저작물 등의 이용계약을 체결하기 위하여 필요한 정보로서 대통령령으로 정하는 정보[189]를 상당한 기간 이내에 서면으로 제공하여야 한다(§106②).

또한, 저작권신탁관리업자는 그가 신탁관리하는 저작물 등을 영리목적으로 이용하는 자에 대하여 당해 저작물 등의 사용료 산정에 필요한 서류의 열람을 청구할 수 있고, 이 경우 이용자는 정당한 사유가 없는 한 이에 응하여야 한다(§107).

8. 감독

문화체육관광부장관은 저작권위탁관리업자에게 저작권위탁관리업의 업무에 관하여 필요한 보고를 하게 할 수 있고(§108①), 이에 따라 저작권신탁관리업자는 문화체육관광부령으로 정하는 바에 따라 매년 전년도의 사업실적 및 해당 연도의 사업계획을 보고하여야 하며(영§52①), 저작권대리중개업자는 문화체육관광부령으로 정하는 바에 따라 매년 전년도 사업 실적을 보고하여야 한다(영§52②). 이 경우 저작권위탁관리업자는 다음의 사항을 매월 말일을 기준으로 작성하여 다음달 10일까지 문화체육관광부장관에게 보고하여야 한다. 다만, 보고 사항이 지난달과 같은 경우에는 그 사항에 한정하여 보고하지 아니할 수 있다(영§52③).[190]

ⅰ) 제50조 각 호에 따른 관리 저작물 등의 목록

ⅱ) 신탁관리하거나 대리 또는 중개하는 저작물 등의 권리 정보

ⅲ) 저작권위탁관리업자의 연락처에 관한 정보

그 이외에 문화체육관광부장관은 저작자의 권익보호와 저작물의 이용편의를 도모하기 위하여 저작권위탁관리업자의 업무에 대하여 필요한 명령을 할 수 있다(§108②).

---

189) 시행령 제51조 (이용계약 체결에 필요한 정보) 법 제106조 제2항에서 '대통령령으로 정하는 정보'란 다음 각 호의 정보를 말한다.
  1. 저작물 등의 목록
  2. 해당 저작물 등의 저작재산권자 등과의 신탁계약기간
  3. 사용료 등 이용조건 및 표준계약서
190) 저작권위탁관리업자의 저작물 등의 권리 정보 등 보고의무(시행령 제52조 제3항)는, 권리자가 불명인 저작물 등의 권리자 찾기 사업을 효과적으로 수행하기 위하여 저작권위탁관리업자가 신탁관리하거나 대리 또는 중개하는 저작물 등의 권리 정보 등을 문화체육관광부장관에게 보고하게 할 필요가 있다고 하여 2012. 4. 12. 개정에서 추가된 것이다.

9. 업무정지 등

가. 업무정지

문화체육관광부장관은 저작권위탁관리업자가 ⅰ) 제105조 제5항의 규정에 따라 승인된 수수료를 초과하여 받은 경우, ⅱ) 제105조 제5항의 규정에 따라 승인된 사용료 이외의 사용료를 받은 경우, ⅲ) 제108조 제1항의 규정에 따른 보고를 정당한 사유 없이 하지 아니하거나 허위로 한 경우, ⅳ) 제108조 제2항의 규정에 따른 명령을 받고 정당한 사유 없이 이를 이행하지 아니한 경우에는 6월 이내의 기간을 정하여 업무의 정지를 명할 수 있다(§109①).

나. 허가취소 및 영업 폐쇄명령

문화체육관광부장관은 저작권위탁관리업자가 ⅰ) 거짓 그 밖의 부정한 방법으로 허가를 받거나 신고를 한 경우, ⅱ) 제1항의 규정에 따른 업무의 정지명령을 받고 그 업무를 계속한 경우에는 저작권위탁관리업의 허가를 취소하거나 영업의 폐쇄명령을 할 수 있다(§109②). 이 경우 문화체육관광부장관은 청문을 실시하여야 한다(§110).

다. 과징금 처분

문화체육관광부장관은 저작권위탁관리업자가 업무정지처분 사유에 해당하여 업무의 정지처분을 하여야 할 때에는 그 업무정지처분에 갈음하여 5천만 원 이하의 과징금을 부과·징수할 수 있다(§111①).[191] 만약 이러한 과징금 부과처분을 받은 자가 과징금을 기

---

191) 시행령 제53조 (과징금의 금액 산정기준 등) ① 법 제111조 제1항에 따라 부과하는 과징금의 금액 산정기준은 법 제109조 제1항 제1호 또는 제2호를 사유로 업무정지를 명하는 경우에는 업무정지 1일당 50만 원으로 하고, 법 제109조 제1항 제3호 또는 제4호를 사유로 업무정지를 명하는 경우에는 업무정지 1일당 20만 원으로 한다.
　② 문화체육관광부장관은 위반행위의 정도·위반횟수 및 위반행위의 동기와 그 결과 등을 고려하여 제1항에 따른 과징금의 금액의 2분의 1의 범위에서 가중하거나 감경할 수 있다. 다만, 가중하는 경우에도 과징금의 총액은 5천만 원을 초과할 수 없다. <개정 2008. 2. 29.>
　시행령 제54조 (과징금의 부과 및 납부) ① 문화체육관광부장관은 법 제111조 제1항에 따라 과징금을 부과하려면 그 위반 사실과 부과금액 등을 서면에 적어 과징금을 낼 것을 처분 대상자에게 통지하여야 한다. <개정 2008. 2. 29.>
　② 제1항에 따라 통지를 받은 자는 통지를 받은 날부터 20일 이내에 문화체육관광부장관이 정하는 수납기관에 과징금을 내야 한다. 다만, 천재지변이나 그 밖의 부득이한 사유로 그 기간 내에 과징금을 낼 수 없으면 그 사유가 없어진 날부터 7일 이내에 내야 한다. <개정 2008. 2. 29.>
　③ 제2항에 따라 과징금을 받은 수납기관은 그 납부자에게 영수증을 발급하여야 한다.
　④ 과징금의 수납기관은 제2항에 따라 과징금을 받으면 지체 없이 그 사실을 문화체육관광부장관에게

한 이내에 납부하지 아니하는 때에는 문화체육관광부장관은 국세체납처분의 예에 의하여 이를 징수한다(§111②). 이에 따라 징수한 과징금은 징수주체가 건전한 저작물 이용 질서의 확립을 위하여 사용할 수 있으며(§111③), 과징금을 부과하는 위반행위의 종별·정도 등에 따른 과징금의 금액 및 제3항의 규정에 따른 과징금의 사용절차 등에 관하여 필요한 사항은 대통령령192)으로 정한다(§111④).

Ⅲ. 기술적 보호조치 및 권리관리정보 등

1. 서

저작권자 등이 저작물의 불법복제로부터 자신의 권리를 보호하기 위하여는 복제방지장치 등 기술적 보호조치가 필요하며, 디지털시대에 저작물의 관리를 효율적으로 하기 위해서는 저작자의 성명, 제호, 저작물의 이용조건 등 저작물에 관한 권리관리정보를 저작물에 부착하는 것이 효율적이다. 이러한 기술적 보호조치의 파괴 및 권리관리정보의 변경 등 침해행위로부터 이를 보호하기 위하여 2003년 개정법에서 기술적 보호조치 및 권리관리정보에 관한 규정을 마련하였다. 이러한 규정은 1996년 성립된 WIPO 저작권조약 및 WIPO 실연·음반조약상의 규정을 국내에 반영한 것이다.

즉 저작권자 등이 기술적 보호조치에 의하여 저작권을 보호하려 하면 자유로운 이용의 기회를 봉쇄당한 이용자는 새로운 기술을 개발하여 그 기술적 보호조치를 무력화하려는 시도를 할 것이므로, 저작권자 등은 기술적 보호조치가 허용되는 것에 만족하지 아니하고 기술적 보호조치를 무력화시키지 못하도록 하여줄 것을 요구하게 되어, 1996년 WIPO 저작권조약 제11조는 "체약당사국들은 본 조약과 베른협약에 따라 저작자가 권리를 행사하는 것과 관련하여 사용하는 효과적인 기술적 보호조치와, 저작물에 관하여 저작자가 허락하지 않거나 법이 허용하지 않는 행위를 제한하는 효과적인 기술적 보호조치를 좌절시키는 것에 대하여 적절한 법적 보호와 효과적인 법적 구제수단을 제공하여야

통보하여야 한다. <개정 2008. 2. 29.>
　⑤ 문화체육관광부장관은 과징금의 부과·징수에 관한 사항을 기록·관리하여야 한다. <개정 2008. 2. 29.>
192) 시행령 제55조 (과징금의 사용절차) 문화체육관광부장관은 법 제111조 제4항에 따라 매년 10월 31일까지 과징금 사용용도 및 방법 등에 관한 운용계획을 수립·시행하여야 한다. <개정 2008. 2. 29.>

한다”고 규정하게 되었다. 이에 따라 미국의 DMCA(Digital Millenium Copyright Act), EU 저작권지침 등 각국의 입법은 기술적 보호조치의 무력화(circumvention)를 금지하는 규정을 두고 있고, 우리나라도 2000. 1. 28. 전문개정된 구 컴퓨터프로그램보호법[193])에서 관련 규정을 신설하였고[194] 현재는 저작권법에서 이를 규율하고 있다.

2. 정의

기술적 보호조치란 ⅰ) 저작권, 그 밖에 이 법에 따라 보호되는 권리의 행사와 관련하여 이 법에 따라 보호되는 저작물 등에 대한 접근을 효과적으로 방지하거나 억제하기 위하여 그 권리자나 권리자의 동의를 받은 자가 적용하는 기술적 조치, ⅱ) 저작권, 그 밖에 이 법에 따라 보호되는 권리에 대한 침해 행위를 효과적으로 방지하거나 억제하기 위

---

193) 컴퓨터프로그램 보호법 제30조 제1항 본문, 제2항은 누구든지 상당히 기술적 보호조치를 회피, 제거, 손괴 등의 방법으로 무력화하는 기기·장치·부품 등을 제조·수입하거나 공중에 양도·대여 또는 유통하여서는 아니 되며, 기술적 보호조치를 무력화하는 프로그램을 전송·배포하거나 기술적 보호조치를 무력화하는 기술을 제공하여서는 아니 된다고 규정하고 있고, 같은 법 제46조 제1항 제3호는 위 규정을 위반한 자를 처벌하도록 규정하고 있는바, 같은 법 제2조 제9호, 제7조를 종합하면 위 ‘기술적 보호조치’란 프로그램에 관한 식별번호·고유번호 입력, 암호화 및 기타 법에 의한 권리를 보호하는 핵심기술 또는 장치 등을 통하여 프로그램저작자에게 부여된 공표권, 성명표시권, 동일성유지권과 프로그램을 복제·개작·번역·배포·발행 및 전송할 권리 등 프로그램저작권에 대한 침해를 효과적으로 방지하는 조치를 의미하는 것으로 봄이 상당하다(대법원 2006. 2. 24. 선고 2004도2743 판결).

194) 2000. 1. 28. 전문개정(2000. 7. 29.부터 시행)된 구 컴퓨터프로그램보호법은, 제30조 제1항으로 “누구든지 정당한 권원 없이 기술적 보호조치를 회피, 제거, 손괴 등의 방법으로 무력화(이하 ‘기술적 보호조치 무력화’라 한다)하여서는 아니 된다”고 규정하면서, “다만 제10조(동일성 유지권)의 규정에 의한 프로그램의 동일성을 변경하는 경우, 제12조(프로그램저작권의 제한) 각 호의 1(사적 이용을 위한 복제도 포함되어 있다)에 해당되어 복제 사용하는 경우, 제14조(프로그램 사용자에 의한 복제 등)의 규정에 의한 프로그램 사용자가 필요한 범위 안에서 복제하는 경우, 정당한 권원에 의하여 사용하는 자가 다른 프로그램과 호환성을 유지하기 위하여 필요한 경우, 정당한 권원에 의한 최종사용자로부터 프로그램의 수정·보완을 요청받은 경우에는 그러하지 아니하다”고 규정하고, 같은 조 제2항으로 “누구든지 오로지 기술적 보호조치를 무력화하는 기기, 장치, 부품 등을 공중에 양도, 대여 또는 유통하여서는 아니 되며 기술적 보호조치를 무력화하는 프로그램을 전송하거나 배포하여서는 아니 된다”고 규정하여, 처음으로 기술적 보호조치의 무력화를 금지하는 규정을 두게 되었다. 그 후 위 법이 2001. 1. 16. 개정(2001. 7. 17.부터 시행)되면서 제30조 제1항의 예외사유로 “정당한 권원에 의하여 사용하는 자가 연구·교육 등의 목적으로 프로그램과 관련된 암호화 분석을 하기 위하여 필요한 경우”가 추가되었고, 제2항이 “누구든지 상당히 기술적 보호조치를 무력화하는 기기·장치·부품 등을 제조·수입하거나 공중에 양도·대여 또는 유통하여서는 아니 되며, 기술적 보호조치를 무력화하는 프로그램을 전송·배포하거나 기술적 보호조치를 무력화하는 기술을 제공하여서는 아니 된다”로 개정되었다. 또한 위 법 제46조 제1항 제3호는 위 제30조의 규정을 위반한 자는 3년 이하의 징역 또는 5천만 원 이하의 벌금에 처하거나 이를 병과할 수 있다고 규정하고 있었다. 이러한 구 컴퓨터프로그램보호법은 저작권법과 달리 기술적 보호조치를 무력화하기 위한 유·무형의 것을 제조·양도·제공하는 것 등을 금지하는 이외에 기술적 보호조치를 무력화하는 행위 자체도 금지하고 있다는 데에 특징이 있었다.

하여 그 권리자나 권리자의 동의를 받은 자가 적용하는 기술적 조치를 말한다(§2, 28호).
그리고 권리관리정보는 ⅰ) 저작물 등을 식별하기 위한 정보, ⅱ) 저작자·저작재산권
자·출판권자·프로그램배타적발행권자·저작인접권자 또는 데이터베이스제작자를 식별
하기 위한 정보, ⅲ) 저작물 등의 이용 방법 및 조건에 관한 정보나 그 정보를 나타내는
숫자 또는 부호로서 각 정보가 저작물 등의 원본이나 그 복제물에 부착되거나 그 공연·실
행 또는 공중송신에 수반되는 것을 말한다(§2,29호).

3. 침해금지 및 구제

저작권법에서는 기술적 보호조치의 무력화 금지와 권리관리정보의 제거·변경 등을
금지하고(§104의2, §104의3), 이러한 금지행위에 위반한 경우 침해의 정지 등을 청구할
수 있도록 하고 있다(§104의8). 한편, 2011. 12. 2. 개정법에서는 저작권자의 권리침해를
방지하기 위하여 암호화된 방송 신호를 무력화하는 행위, 위조라벨을 배포하는 행위, 영
화상영관 등에서 저작재산권자의 허락 없이 영상저작물을 녹화·공중송신하는 행위 및
방송 전 신호를 제3자에게 송신하는 행위 등의 금지를 제104조의4 내지 제104조의7에
신설하였다.

가. 기술적 보호조치의 무력화 금지

누구든지 정당한 권한 없이 고의 또는 과실로 기술적 보호조치를 제거·변경하거나
우회하는 등의 방법으로 무력화하여서는 아니 된다. 다만, 다음의 어느 하나에 해당하는
경우에는 그러하지 아니하다(§104의2①).

ⅰ) 암호 분야의 연구에 종사하는 자가 저작물 등의 복제물을 정당하게 취득하여 저작
물 등에 적용된 암호 기술의 결함이나 취약점을 연구하기 위하여 필요한 범위에서 행하
는 경우. 다만, 권리자로부터 연구에 필요한 이용을 허락받기 위하여 상당한 노력을 하였
으나 허락을 받지 못한 경우에 한한다.

ⅱ) 미성년자에게 유해한 온라인상의 저작물 등에 미성년자가 접근하는 것을 방지하기
위하여 기술·제품·서비스 또는 장치에 기술적 보호조치를 무력화하는 구성요소나 부
품을 포함하는 경우. 다만, 제2항에 따라 금지되지 아니하는 경우에 한한다.

ⅲ) 개인의 온라인상의 행위를 파악할 수 있는 개인 식별 정보를 비공개적으로 수집·
유포하는 기능을 확인하고, 이를 무력화하기 위하여 필요한 경우. 다만, 다른 사람들이

저작물 등에 접근하는 것에 영향을 미치는 경우는 제외한다.

ⅳ) 국가의 법집행, 합법적인 정보수집 또는 안전보장 등을 위하여 필요한 경우

ⅴ) 제25조 제2항에 따른 교육기관·교육지원기관, 제31조 제1항에 따른 도서관(비영리인 경우로 한정한다) 또는 「공공기록물 관리에 관한 법률」에 따른 기록물관리기관이 저작물 등의 구입 여부를 결정하기 위하여 필요한 경우. 다만, 기술적 보호조치를 무력화하지 아니하고는 접근할 수 없는 경우에 한한다.

ⅵ) 정당한 권한을 가지고 프로그램을 사용하는 자가 다른 프로그램과의 호환을 위하여 필요한 범위에서 프로그램코드역분석을 하는 경우

ⅶ) 정당한 권한을 가진 자가 오로지 킴퓨터 또는 정보통신망의 보안성을 검사·조사 또는 보정하기 위하여 필요한 경우

ⅷ) 기술적 보호조치의 무력화 금지에 의하여 특정 종류의 저작물 등을 정당하게 이용하는 것이 불합리하게 영향을 받거나 받을 가능성이 있다고 인정되어 대통령령으로 정하는 절차에 따라 문화체육관광부장관이 정하여 고시하는 경우.[195] 이 경우 그 예외의 효력은 3년으로 한다.

또한, 누구든지 정당한 권한 없이 다음과 같은 장치, 제품 또는 부품을 제조, 수입, 배포, 전송, 판매, 대여, 공중에 대한 청약, 판매나 대여를 위한 광고 또는 유통을 목적으로 보관 또는 소지하거나, 서비스를 제공하여서는 아니 되며(§104의2②), 다만 ⅰ) 제2조 제28호 가목의 기술적 보호조치와 관련하여 제1항 제1호·제2호·제4호·제6호 및 제7호에 해당하는 경우, ⅱ) 제2조 제28호 나목의 기술적 보호조치와 관련하여 제1항 제4호 및 제6호에 해당하는 경우에는 그러하지 아니하다(§104의2③).

ⅰ) 기술적 보호조치의 무력화를 목적으로 홍보, 광고 또는 판촉되는 것

ⅱ) 기술적 보호조치를 무력화하는 것 외에는 제한적으로 상업적인 목적 또는 용도만 있는 것

ⅲ) 기술적 보호조치를 무력화하는 것을 가능하게 하거나 용이하게 하는 것을 주된 목적으로 고안, 제작, 개조되거나 기능하는 것

---

195) 시행령 제46조의2 (기술적 보호조치의 무력화 금지에 대한 예외) 문화체육관광부장관은 법 제104조의2 제1항 제8호에 따라 기술적 보호조치의 무력화 금지에 대한 예외를 정하여 고시하는 경우에는 미리 저작물 등의 이용자를 포함한 이해관계인의 의견을 들은 후 위원회의 심의를 거쳐야 한다. [본조신설 2011. 6. 30.]

나. 권리관리정보의 제거 · 변경 등의 금지

누구든지 정당한 권한 없이 저작권, 그 밖에 이 법에 따라 보호되는 권리의 침해를 유발 또는 은닉한다는 사실을 알거나 과실로 알지 못하고 다음의 어느 하나에 해당하는 행위를 하여서는 아니 된다(§104의3①). 다만, 이러한 금지규정은 국가의 법집행, 합법적인 정보수집 또는 안전보장 등을 위하여 필요한 경우에는 적용하지 아니한다(§104의3②).

ⅰ) 권리관리정보를 고의로 제거 · 변경하거나 거짓으로 부가하는 행위

ⅱ) 권리관리정보가 정당한 권한 없이 제거 또는 변경되었다는 사실을 알면서 그 권리관리정보를 배포하거나 배포할 목적으로 수입하는 행위

ⅲ) 권리관리정보가 정당한 권한 없이 제거 · 변경되거나 거짓으로 부가된 사실을 알면서 해당 저작물 등의 원본이나 그 복제물을 배포 · 공연 또는 공중송신하거나 배포를 목적으로 수입하는 행위

2011. 6. 30. 신설된 구법[196]에서는 전자적 형태의 권리관리정보로 제한하였으나, 2011. 12. 2. 개정법에서 이를 현행과 같이 바꾸었다.

다. 암호화된 방송 신호의 무력화 등의 금지

누구든지 다음의 어느 하나에 해당하는 행위를 하여서는 아니 된다(§104의4).

ⅰ) 암호화된 방송 신호를 방송사업자의 허락 없이 복호화(復號化)하는 데에 주로 사용될 것을 알거나 과실로 알지 못하고, 그러한 목적을 가진 장치 · 제품 · 주요부품 또는 프로그램 등 유 · 무형의 조치를 제조 · 조립 · 변경 · 수입 · 수출 · 판매 · 임대하거나 그 밖의 방법으로 전달하는 행위. 다만, 제104조의2 제1항 제1호 · 제2호 또는 제4호에 해당하는 경우에는 그러하지 아니하다.

ⅱ) 암호화된 방송 신호가 정당한 권한에 의하여 복호화된 경우 그 사실을 알고 그 신호를 방송사업자의 허락 없이 영리를 목적으로 다른 사람에게 공중송신하는 행위

ⅲ) 암호화된 방송 신호가 방송사업자의 허락 없이 복호화된 것임을 알면서 그러한 신

---

196) 구법 제104조의3 (권리관리정보의 제거 · 변경 등의 금지) ① 누구든지 정당한 권한 없이 저작권, 그 밖에 이 법에 따라 보호되는 권리의 침해를 유발 또는 은닉한다는 사실을 알거나 과실로 알지 못하고 다음 각 호의 어느 하나에 해당하는 행위를 하여서는 아니 된다.
  1. 전자적 형태의 권리관리정보를 고의로 제거 · 변경 또는 허위 부가하는 행위
  2. 전자적 형태의 권리관리정보가 제거 · 변경되거나 또는 허위로 부가된 사실을 알고 해당 저작물 등의 원본이나 그 복제물을 배포 · 공연 또는 공중송신하거나 배포의 목적으로 수입하는 행위
  ② 제1항은 국가의 법집행, 합법적인 정보수집 또는 안전보장 등을 위하여 필요한 경우에는 적용하지 아니한다.

호를 수신하여 청취 또는 시청하거나 다른 사람에게 공중송신하는 행위

라. 라벨 위조 등의 금지

누구든지 정당한 권한 없이 다음의 어느 하나에 해당하는 행위를 하여서는 아니 된다(§104의5).

ⅰ) 저작물 등의 라벨을 불법복제물이나 그 문서 또는 포장에 부착·동봉 또는 첨부하기 위하여 위조하거나 그러한 사실을 알면서 배포 또는 배포할 목적으로 소지하는 행위

ⅱ) 저작물 등의 권리자나 권리자의 동의를 받은 자로부터 허락을 받아 제작한 라벨을 그 허락 범위를 넘어 배포하거나 그러한 사실을 알면서 다시 배포 또는 다시 배포할 목적으로 소지하는 행위

ⅲ) 저작물 등의 적법한 복제물과 함께 배포되는 문서 또는 포장을 불법복제물에 사용하기 위하여 위조하거나 그러한 사실을 알면서 위조된 문서 또는 포장을 배포하거나 배포할 목적으로 소지하는 행위

마. 영상저작물 녹화 등의 금지

누구든지 저작권으로 보호되는 영상저작물을 상영 중인 영화상영관 등에서 저작재산권자의 허락 없이 녹화기기를 이용하여 녹화하거나 공중송신하여서는 아니 된다(§104의6).

바. 방송 전 신호의 송신 금지

누구든지 정당한 권한 없이 방송사업자에게로 송신되는 신호(공중이 직접 수신하도록 할 목적의 경우에는 제외한다)를 제3자에게 송신하여서는 아니 된다(§104의7).

사. 침해의 정지·예방 청구 등

저작권, 그 밖에 이 법에 따라 보호되는 권리를 가진 자는 제104조의2부터 제104조의4까지의 규정을 위반한 자에 대하여 침해의 정지·예방, 손해배상의 담보 또는 손해배상이나 이를 갈음하는 법정손해배상의 청구를 할 수 있으며, 고의 또는 과실 없이 제104조의2 제1항의 행위를 한 자에 대하여는 침해의 정지·예방을 청구할 수 있다. 이 경우 제123조, 제125조, 제125조의2, 제126조 및 제129조를 준용한다(§104의8).

제2관 한국저작권위원회

Ⅰ. 설립

저작권과 그 밖에 이 법에 따라 보호되는 권리(이하 이 장에서 '저작권'이라 한다)에 관한 사항을 심의하고 저작권에 관한 분쟁(이하 '분쟁'이라 한다)을 알선·조정하며, 저작권의 보호 및 공정한 이용에 필요한 사업을 수행하기 위하여 한국저작권위원회(이하 '위원회'라 한다)를 둔다(§112①). 위원회는 법인으로 하고(§112②), 위원회에 관하여 이 법에서 정하지 아니한 사항에 대하여는 「민법」의 재단법인에 관한 규정을 준용한다. 이 경우 위원회의 위원은 이사로 본다(§112③). 그리고 위원회가 아닌 자는 한국저작권위원회의 명칭을 사용하지 못한다(§112④).

Ⅱ. 위원회의 구성 등

1. 위원회의 구성

위원회는 위원장 1명, 부위원장 2명을 포함한 20명 이상 25명 이내의 위원으로 구성한다(§112의2①). 위원회의 위원장은 위원회를 대표하고 위원회의 업무를 총괄하고(영§56①), 부위원장은 위원장을 보좌하며 위원장이 부득이한 사유로 직무를 수행할 수 없을 때에는 위원장이 미리 지명한 부위원장이 그 직무를 대행한다(영§56②).

위원은 ⅰ) 대학이나 공인된 연구기관에서 부교수 이상 또는 이에 상당하는 직위에 있거나 있었던 자로서 저작권 관련 분야를 전공한 자, ⅱ) 판사 또는 검사의 직에 있는 자 및 변호사의 자격이 있는 자, ⅲ) 4급 이상의 공무원 또는 이에 상당하는 공공기관의 직에 있거나 있었던 자로서 저작권 또는 문화산업 분야에 실무경험이 있는 자, ⅳ) 저작권 또는 문화산업 관련 단체의 임원의 직에 있거나 있었던 자, ⅴ) 그 밖에 저작권 또는 문화산업 관련 업무에 관한 학식과 경험이 풍부한 자 중에서 문화체육관광부장관이 위촉하며, 위원장과 부위원장은 위원 중에서 호선한다. 이 경우 문화체육관광부장관은 이 법에

따라 보호되는 권리의 보유자와 그 이용자의 이해를 반영하는 위원의 수가 균형을 이루
도록 하여야 하며, 분야별 권리자 단체 또는 이용자 단체 등에 위원의 추천을 요청할 수
있다(§112의2②). 그 이외에 2012. 7. 4. 개정 시행령에서는 위원의 제척·기피·회
피197) 및 해촉198)에 관한 규정을 신설하였다.

2. 위원의 임기 등

위원의 임기는 3년으로 하되, 연임할 수 있다. 다만, 직위를 지정하여 위촉하는 위원의
임기는 해당 직위에 재임하는 기간으로 한다(§112의2③). 위원에 결원이 생겼을 때에는
보궐위원을 위촉하여야 하며, 그 보궐위원의 임기는 전임자 임기의 나머지 기간으로 한
다. 다만, 위원의 수가 20명 이상인 경우에는 보궐위원을 위촉하지 아니할 수 있다(§112
의2④). 또한 위원회의 업무를 효율적으로 수행하기 위하여 분야별로 분과위원회를 둘
수 있고, 분과위원회가 위원회로부터 위임받은 사항에 관하여 의결한 때에는 위원회가
의결한 것으로 본다(§112의2⑤). 분과위원회의 구성 및 운영 등에 필요한 사항은 위원회
의 의결을 거쳐 위원회의 위원장이 정한다(영§59).

---

197) 시행령 제57조의2 (위원의 제척·기피·회피) ① 위원회 위원(이하 '위원'이라 한다)이 다음 각 호의 어느
하나에 해당하는 경우에는 위원회의 심의·조정·알선 및 의결(이하 '심의 등'이라 한다)에서 제척(除斥)된다.
  1. 위원 또는 그 배우자나 배우자이었던 사람이 해당 안건의 당사자(당사자가 법인·단체 등인 경우에
  는 그 임원을 포함한다. 이하 이 호 및 제2호에서 같다)가 되거나 그 안건의 당사자와 공동권리자 또는
  공동의무자인 경우
  2. 위원이 해당 안건의 당사자와 친족이거나 친족이었던 경우
  3. 위원이 해당 안건에 대하여 증언, 진술, 자문, 연구, 용역 또는 감정을 한 경우
  4. 위원이나 위원이 속한 법인·단체 등이 해당 안건의 당사자의 대리인이거나 대리인이었던 경우
  5. 위원이 해당 안건의 당사자의 임원 또는 직원으로 재직하고 있거나 재직하였던 경우
  6. 위원이 해당 안건의 원인이 된 처분이나 부작위에 관여하고 있거나 관여하였던 경우
  ② 해당 안건의 당사자는 위원에게 공정한 심의 등을 기대하기 어려운 사정이 있는 경우에는 위원회에
  기피 신청을 할 수 있고, 위원회는 의결로 이를 결정한다. 이 경우 기피 신청의 대상인 위원은 그 의결
  에 참여하지 못한다.
  ③ 위원이 제1항 각 호에 따른 제척 사유에 해당하는 경우에는 스스로 해당 안건의 심의 등에서 회피
  (回避)하여야 한다. [본조신설 2012. 7. 4.]
198) 시행령 제57조의3 (위원의 해촉) 문화체육관광부장관은 위원이 다음 각 호의 어느 하나에 해당하는 경
  우에는 해당 위원을 해촉(解囑)할 수 있다. [본조신설 2012. 7. 4.]
  1. 심신장애로 인하여 직무를 수행할 수 없게 된 경우
  2. 직무태만, 품위손상이나 그 밖의 사유로 인하여 위원으로 적합하지 아니하다고 인정되는 경우
  3. 제57조의2 제1항 각 호의 어느 하나에 해당하는 데에도 불구하고 회피하지 아니한 경우

3. 위원회의 회의

위원회의 위원장은 위원회를 소집하고 그 의장이 된다(영§57①). 위원회의 회의는 재적위원 과반수의 출석으로 개의하고, 출석위원 3분의 2 이상의 찬성으로 의결한다(영§57②).

4. 위원의 대우 등

위원장을 제외한 위원회의 위원은 비상근으로 한다(영§58①). 상근위원에게는 보수를 지급하며, 비상근위원에게는 예산의 범위에서 업무의 수행에 필요한 실비를 지급할 수 있다(영§58②). 상근위원은 그 직무 외에 영리를 목적으로 하는 업무에 종사하지 못하며, 문화체육관광부장관의 승인 없이 다른 직무를 겸할 수 없다(영§58③).

그 이외에 위원회의 조직 및 운영 등에 필요한 사항은 위원회의 의결을 거쳐 위원회의 위원장이 정한다. 다만, 조직·정원 및 보수에 관한 사항은 문화체육관광부장관의 승인을 받아야 한다(영§65).

Ⅲ. 위원회의 업무

1. 일반

위원회는 ⅰ) 분쟁의 알선·조정, ⅱ) 제105조 제6항의 규정에 따른 저작권위탁관리업자의 수수료 및 사용료의 요율 또는 금액에 관한 사항 및 문화체육관광부장관 또는 위원 3인 이상이 공동으로 부의하는 사항의 심의, ⅲ) 저작물 등의 이용질서 확립 및 저작물의 공정한 이용 도모를 위한 사업, ⅳ) 저작권 보호를 위한 국제협력, ⅴ) 저작권 연구·교육 및 홍보, ⅵ) 저작권 정책의 수립 지원, ⅶ) 기술적 보호조치 및 권리관리정보에 관한 정책 수립 지원, ⅷ) 저작권 정보 제공을 위한 정보관리 시스템 구축 및 운영, ⅸ) 저작권의 침해 등에 관한 감정, ⅹ) 제133조의3에 따른 온라인서비스제공자에 대한 시정권고 및 문화체육관광부장관에 대한 시정명령 요청, ⅺ) 법령에 따라 위원회의 업무로 정하거나 위탁하는 업무, ⅻ) 그 밖에 문화체육관광부장관이 위탁하는 업무를 행한다

(§113).

2. 알선

분쟁에 관한 알선을 받으려는 자는 알선신청서를 위원회에 제출하여 알선을 신청할 수 있다(§113의2①). 분쟁에 관한 알선을 받으려는 자는 ⅰ) 당사자의 성명 및 주소(대리인이 있는 경우에는 그 대리인의 성명 및 주소를 포함한다), ⅱ) 신청의 취지 및 이유를 기재한 알선신청서를 위원회에 제출하여야 하며(영§59의2①), 알선의 세부절차 등에 관하여 필요한 사항은 위원회의 의결을 거쳐 위원회의 위원장이 정한다(영§59의2②).

위원회가 이러한 알선의 신청을 받은 때에는 위원장이 위원 중에서 알선위원을 지명하여 알선을 하게 하여야 한다(§113의2②). 알선위원은 알선으로는 분쟁해결의 가능성이 없다고 인정되는 경우에 알선을 중단할 수 있고(§113의2③), 알선 중인 분쟁에 대하여 이 법에 따른 조정의 신청이 있는 때에는 해당 알선은 중단된 것으로 본다(§113의2④).

알선이 성립한 때에 알선위원은 알선서를 작성하여 관계 당사자와 함께 기명날인하여야 하며(§113의2⑤), 알선의 신청 및 절차에 관하여 필요한 사항은 대통령령으로 정한다(§113의2⑥).

3. 조정

가. 의의 및 신청

저작권법상 분쟁조정이란 소송 외의 분쟁해결 방식의 하나로서, 저작권법에 의해 보호되는 권리에 관한 분쟁에 대하여 위원회가 간이한 절차에 따라 분쟁 당사자들로부터 각자의 주장을 듣고 그들에게 서로 양보하고 타협하여 합의를 하도록 주선·권고함으로써 종국적으로 화해에 이르게 하는 법적 절차를 말한다. 이러한 분쟁의 조정을 받으려는 자는 신청취지와 원인을 기재한 조정신청서를 위원회에 제출하여 그 분쟁의 조정을 신청할 수 있고(§114의2①), 그에 따른 분쟁의 조정은 조정부가 행한다(§114의2②).[199]

---

199) 시행령 제61조 (조정의 절차 등) ① 법 제114조의2에 따른 분쟁의 조정을 신청하려는 자는 위원회가 정하는 바에 따라 조정신청서를 위원회에 제출하여야 한다. <개정 2009. 7. 22.>
② 제1항에 따라 조정을 신청하는 자는 조정비용의 일부를 미리 납부하고, 조정이 성립된 경우에는 각 당사자가 나머지 조정비용을 납부하여야 한다. 이 경우 조정비용의 납부절차는 위원회의 의결을 거쳐 위원회의 위원장이 정한다. <신설 2009. 7. 22.>

나. 조정의 대상

조정을 통해 해결할 수 있는 분쟁의 대상은 저작인격권, 저작재산권, 저작인접권, 보상금에 관한 분쟁 등이 있다.

(1) 저작인격권에 관한 분쟁

저작자의 허락 없이 미공표 저작물을 공표한 경우, 저작자의 허락 없이 저작자의 성명을 표시하지 않거나 다르게 표시한 경우, 저작자의 허락 없이 저작물의 제호나 형식, 내용을 변경한 경우 저작인격권의 침해로 조정의 대상이 된다.

(2) 저작재산권에 관한 분쟁

저작권자의 허락 없이 저작물을 인쇄, 복사, 녹음·녹화 등의 방법으로 복제한 경우, 저작권자의 허락 없이 저작물을 연기, 연주, 가창, 상영 등의 방법으로 공연한 경우, 저작권자의 허락 없이 저작물을 유선 또는 무선통신의 방법으로 방송한 경우, 저작권자의 허락 없이 그림, 사진 등을 전시한 경우, 저작권자의 허락 없이 번역, 편곡, 각색 또는 영화로 제작한 경우에는 저작재산권의 침해로 조정의 대상이 된다.

(3) 저작인접권에 관한 분쟁

가수, 연주자 등 실연자의 허락 없이 그 실연을 사진촬영, 녹음·녹화 또는 방송하거나, 그 실연이 녹음된 판매용 음반을 영리목적으로 대여한 경우, 방송사업자의 허락 없이 그 방송을 동시중계방송하거나 녹음·녹화 또는 사진으로 촬영한 경우 저작인접권의 침해를 이유로 조정의 대상이 된다.

(4) 보상금에 관한 분쟁

판매용 음반을 사용하여 방송함에 있어, 방송사업자가 실연자와 음반제작자에게 지급

---

③ 위원장은 제1항에 따른 조정신청을 받으면 조정부를 지정하고, 조정신청서를 조정부에 회부하여야 한다. <개정 2009. 7. 22.>
④ 조정부는 조정안을 작성하여 당사자에게 제시하여야 한다. 다만, 조정이 성립되지 아니할 것이 명백한 경우에는 그러하지 아니하다. <개정 2009. 7. 22.>
⑤ 조정부는 조정신청이 있는 날부터 3개월 이내에 조정하여야 한다. 다만, 특별한 사유가 있는 경우에는 양 당사자의 동의를 얻어 1개월의 범위에서 1회에 한하여 그 기간을 연장할 수 있다. <개정 2009. 7. 22.>
⑥ 법 제119조 제1항 제2호에 따른 감정이 실시되는 경우 감정기간은 제5항의 조정기간에 산입하지 아니한다. <신설 2009. 7. 22.>

하는 보상금에 관하여 합의가 되지 않는 경우에는 보상금에 관한 분쟁을 이유로 조정의 대상이 된다.

다. 조정부의 구성 및 조정절차 등

위원회의 분쟁조정업무를 효율적으로 수행하기 위하여 위원회에 1인 또는 3인 이상의 위원으로 구성된 조정부를 두되, 그중 1인은 변호사의 자격이 있는 자이어야 한다(§114①). 이러한 조정부의 구성 및 운영 등에 관하여 필요한 사항은 대통령령[200]으로 정한다(§114②).

조정절차는 비공개를 원칙으로 하며, 다만 조정부장은 당사자의 동의를 얻어 적당하다고 인정하는 자에게 방청을 허가할 수 있다(§115) 그리고 조정절차에서 당사자 또는 이해관계인이 한 진술은 소송 또는 중재절차에서 원용하지 못한다(§116).

위원회는 분쟁의 조정을 위하여 필요하면 당사자, 그 대리인 또는 이해관계인의 출석을 요구하거나 관계서류의 제출을 요구할 수 있고(영§62①), 그 경우에는 7일 전에 당사자, 그 대리인 또는 이해관계인에게 서면으로 알려야 한다(영§62②). 위원회는 조정당사자 외의 자가 위원회의 출석요구에 응하여 출석하면 수당과 여비 등 실비를 지급할 수 있다(영§62③). 그 이외에 위원회는 조정에 관한 조서와 관계 기록을 관리·보존하여야 한다(영§62④).

라. 조정의 성립 등

다음의 어느 하나에 해당하는 경우에는 조정이 성립되지 아니한 것으로 보며(영§63①), 그 경우에는 그 사유를 조서에 적어야 한다(영§63②).

ⅰ) 당사자가 정당한 사유 없이 제62조에 따른 출석 요구에 응하지 아니하는 경우

ⅱ) 조정신청이 있는 날부터 제61조 제5항에 따른 기간이 지난 경우

ⅲ) 당사자 간에 합의가 성립되지 아니한 경우

당사자 간에 합의가 성립한 경우에는 합의된 사항을 조서에 기재함으로써 조정이 성립되고(§117①), 이러한 조정조서는 재판상의 화해와 동일한 효력이 있다. 다만, 당사자가 임의로 처분할 수 없는 사항에 관한 것은 그러하지 아니하다(§117②).

---

200) 시행령 제60조 (조정부 구성 및 운영) 법 제114조에 따른 조정부는 3명의 위원으로 구성한다. 다만, 조정신청 금액이 500만 원 이하인 사건에 대하여는 위원회의 위원장이 지정하는 1명의 위원이 조정 업무를 수행할 수 있다.

마. 조정비용 등

조정비용의 금액은 위원회가 정하며(§118③), 이러한 조정비용은 신청인이 부담한다. 다만, 조정이 성립된 경우로서 특약이 없는 때에는 당사자 각자가 균등하게 부담한다 (§118①). 그 이외에 조정의 신청 및 절차, 조정비용의 납부방법에 관하여 필요한 사항은 대통령령으로 정한다(§118②).

4. 감정

최근 법원이나 수사기관에서 저작권 관련 감정(표절 여부 등)을 의뢰하는 경우가 많지만 개인 수탁의 경우 중립적이고 전문적인 감정결과를 얻기 어렵다. 이에 따라 법원 또는 수사기관 등이 재판 또는 수사를 위한 공적인 목적에 한하여 저작권 침해 등에 관한 감정을 요청하여 온 경우 저작권에 관한 전문기관인 저작권위원회가 이를 실시할 수 있도록 2006년 개정법에서 감정에 관한 규정을 신설하였다. 즉 위원회는 ⅰ) 법원 또는 수사기관 등으로부터 재판 또는 수사를 위하여 저작권의 침해 등에 관한 감정을 요청받은 경우, ⅱ) 제114조의2에 따른 분쟁조정을 위하여 분쟁조정의 양 당사자로부터 프로그램 및 프로그램과 관련된 전자적 정보 등에 관한 감정을 요청받은 경우에는 감정을 실시할 수 있다(§119①). 위원회는 이러한 감정을 실시한 때에는 감정 수수료를 받을 수 있으며, 그 금액은 위원회가 정한다(§119③). 그 이외에 감정절차 및 방법 등에 관하여 필요한 사항은 대통령령[201]으로 정한다(§119②).

---

201) 시행령 제64조 (감정절차 및 방법 등) ① 법 제119조 제1항에 따라 감정을 요청하려는 자는 다음 각 호의 자료를 위원회에 제출하여야 한다. <개정 2009. 7. 22.>
  1. 감정 대상 저작물의 원본 또는 사본
  2. 침해에 관한 감정 요청의 경우에는 관련 저작물들의 유사성을 비교할 수 있는 자료
  3. 그 밖에 위원회가 감정에 필요하다고 판단하여 요청하는 자료
  ② 위원회는 감정을 하려면 감정전문위원회를 구성하여 공정하고 객관적으로 처리하여야 한다. <개정 2009. 7. 22.>
  ③ 감정전문위원회에는 전문적인 감정을 위하여 상임전문위원을 둘 수 있다.
  ④ 감정전문위원회의 구성 및 감정의 절차 등과 관련하여 필요한 사항은 위원회에서 정한다. <개정 2009. 7. 22.>

Ⅳ. 저작권정보센터

위원회의 업무 중 기술적 보호조치 및 권리관리정보에 관한 정책수립 지원, 저작권 정보제공을 위한 정보관리 시스템 구축 및 운영 업무를 효율적으로 수행하기 위하여 위원회 내에 저작권정보센터를 두며(§120①), 운영에 필요한 사항은 대통령령202)으로 정한다(§120②).

제12절 저작권의 침해 및 구제

제1관 저작권 등의 침해행위

Ⅰ. 일반

1. 저작권의 침해

저작권이 있는 저작물을 저작권자의 허락 없이 무단으로 이용하면 저작권 침해가 되며, 저작자의 저작물을 임의적으로 실명을 붙여 발행하는 등의 경우에는 저작인격권을 침해하게 된다. 이와 같이 저작재산권, 저작인격권, 출판권 및 저작인접권(이하 '저작권 등'이라 한다)을 침해하는 행위가 있는 경우 권리자는 법률에 따른 구제수단을 이용할 수

---

202) 시행령 제66조 (저작권정보센터 조직 및 운영 등) ① 법 제120조에 따른 저작권정보센터에는 저작권 정보제공 등을 위한 저작권거래소와 권리관리정보, 저작권 보호 및 유통지원을 위한 기술위원회를 둘 수 있다.
② 저작권정보센터는 다음 각 호의 업무를 수행한다.
1. 저작물 권리관리정보의 체계적인 수립·관리·활용을 위한 통합관리체계 구축 및 운영
2. 저작물 및 권리자를 식별할 수 있는 통합저작권번호체계의 개발, 관리 및 보급
3. 기술적 보호조치의 표준화에 관한 연구
4. 기술적 보호조치 표준이행에 대한 평가 및 이를 위한 표준 평가 도구 개발
5. 저작권 정보 기술에 관한 조사·연구 [전문개정 2009. 7. 22.]

있다. 저작권 침해가 되기 위해서는 (1) 타인이 저작권을 가지고 있는 저작물을 (2) 그에 의거하여 무단으로 이용하여 (3) 실질적인 유사성이 있는 저작물을 만들어 낸 것이어야 한다.

2. 판례

가. 연해주 이민 한인들의 애환과 생활상을 그린 소설 "텐산산맥"과 드라마 <까레이스키> 사이에 <까레이스키>의 제작시점에 그 연출가가 "텐산산맥"의 존재를 이미 알고 있어서 저작권 침해의 의거관계는 추정되나 <까레이스키>는 "텐산산맥"과 완연히 그 예술성과 창작성을 달리하는 별개의 작품으로 실질적 유사성은 인정되지 않는다.[203]

---

203) 대법원 2000. 10. 24. 선고 99다10813 판결[저작권의 보호 대상은 학문과 예술에 관하여 사람의 정신적 노력에 의하여 얻어진 사상 또는 감정을 말, 문자, 음, 색 등에 의하여 구체적으로 외부에 표현한 창작적인 표현형식이고, 표현되어 있는 내용 즉 아이디어나 이론 등의 사상 및 감정 그 자체는 설사 그것이 독창성, 신규성이 있다 하더라도 원칙적으로 저작권의 보호 대상이 되지 않는 것이므로, 저작권의 침해 여부를 가리기 위하여 두 저작물 사이에 실질적인 유사성이 있는가를 판단함에 있어서도 창작적인 표현형식에 해당하는 것만을 가지고 대비하여야 할 것이며(대법원 1999. 11. 26. 선고 98다46259 판결 참조), 소설 등에 있어서 추상적인 인물의 유형 혹은 어떤 주제를 다루는 데 있어 전형적으로 수반되는 사건이나 배경 등은 아이디어의 영역에 속하는 것들로서 저작권법에 의한 보호를 받을 수 없다고 할 것이다. 원심판결 이유에 의하면, 원심은 그 판시와 같은 사실을 인정한 다음 피고 측의 드라마 <까레이스키>의 제작을 위해 이상현이 쓴 1차 시놉시스는 원고의 소설 "텐산산맥"이 출간되기 전에 완성되었으므로 의거관계가 처음부터 성립될 여지가 없으나, 김주현 등이 그 2차 시놉시스를 완성한 뒤 방송대본을 집필하고 실제 <까레이스키>가 제작될 시점에는 피고 측의 연출가 장수봉이 적어도 소설 "텐산산맥"의 존재를 이미 알고 있었다 할 것이어서 드라마 <까레이스키>는 소설 "텐산산맥"에 의거하여 그것을 이용하여 저작된 것으로 추정되고, 또한 두 작품 모두 일제치하에 연해주로 이주한 한인들의 삶이라는 공통된 배경과 사실을 소재로 주인공들의 일제 식민지로부터 탈출, 연해주 정착, 1937년 스탈린에 의한 한인들의 중앙아시아로 강제이주라는 공통된 전개방식을 통해 제정 러시아의 붕괴, 볼셰비키 혁명(1917년), 적백내전, 소련공산정권의 수립, 스탈린의 공포정치 등 러시아의 변혁 과정에서 연해주와 중앙아시아에 사는 한인들이 어떠한 대우를 받았고 어떻게 적응하며 살아왔는지 그 실상을 파헤치고 있다는 점에서 유사한 면은 있지만, 이는 공통의 역사적 사실을 소재로 하고 있는 데서 오는 결과일 뿐이고, 양자의 실질적 동일성 내지 종속성에 관하여 살펴볼 때 소설 "텐산산맥"은 이야기의 구성이 단조롭고 등장인물의 발굴과 성격도 비교적 단순한 데 반하여, 드라마 <까레이스키>는 등장인물의 수나 성격이 훨씬 다양하고 사건의 전개방식도 더 복잡하며 이야기의 구성이나 인물의 심리묘사 등도 보다 치밀하고, 극 전체의 완성도, 분위기 및 기법 등에 상당한 차이가 있는 점, 드라마 <까레이스키>의 등장인물의 설정과 성격, 이야기의 구성, 사건의 전개방식 등에 있어 상규의 연해주 탈출, 항일운동, 기순과의 결혼, 시베리아 유배, 강제수용소 탈출, 남영의 공산당 여성간부로서의 활동, 상규 2세의 뒷바라지, 기철의 공산당 간부로서의 활약, 기순의 고리대금업, 정신 이상 등의 기본적인 줄거리는 원고의 소설 출간 이전에 작성된 이상현의 1차 시놉시스 및 방송대본과 크게 다른 점이 없는 점, <까레이스키>라는 드라마의 제목이나, 양 저작물에서 사랑하는 사람을 그리워하는 남자 주인공의 모습, 남녀 한 쌍의 주인공이 눈 속에서 헤매는 모습, 송월 선생과 성암 선생, 여자 주인공의 직업과 러시아 의사와의 관계 설정, 1937년 강제이주의 상황묘사, 연해주 망명과 유격대 독립운동사 등에 관하여도 저작권 보호의 대상이 되지 않거나 원고의 소설 출간 이전부터 예정된 줄거리라는 점 등 전체적으로 볼 때 드라마 <까레이스키>는 원고의 소설과는 완연히 그 예술성과 창작성을 달리 하는 별개의 작품이라 할 수 있

나. 저작권법이 보호하는 복제권이 침해되었다고 하기 위해서는 침해되었다고 주장하는 기존의 저작물과 대비대상이 되는 저작물 사이에 실질적 유사성이 있다는 점 외에도 대상 저작물이 기존의 저작물에 의거하여 작성되었다는 점이 인정되어야 한다. 그리고 대상 저작물이 기존의 저작물에 의거하여 작성되었다는 사실이 직접 인정되지 않더라도 기존의 저작물에 대한 접근가능성, 대상 저작물과 기존의 저작물 사이에 실질적 유사성 등의 간접사실이 인정되면 대상 저작물이 기존의 저작물에 의거하여 작성되었다는 점이 사실상 추정된다고 할 수 있지만, 대상 저작물이 기존의 저작물보다 먼저 창작되었거나 후에 창작되었다고 하더라도 기존의 저작물과 무관하게 독립적으로 창작되었다고 볼 만한 간접사실이 인정되는 경우에는 대상 저작물이 기존의 저작물에 의거하여 작성되었다는 점이 추정된다고 단정하기 어렵다.[204]

고 양자가 실질적으로 동일하다거나 종속적인 관계에 있음을 인정하기 어려워 드라마 <까레이스키>가 소설 "텐산산맥"의 저작권을 침해하였다고 인정되지 않는다고 판단하였다. 기록과 앞서 본 법리에 비추어 살펴보면 원심의 이와 같은 사실인정과 판단은 옳고, 거기에 채증법칙 위배로 인한 사실오인이나 심리미진, 이유모순 혹은 저작권 침해에 대한 법리오해 등의 위법이 있다고 할 수 없다. 이 판결에 대한 평석으로는 李太鍾, "동일한 主題의 드라마가 기존 小說의 著作權을 侵害하는 것으로 인정하기 위한 要件", 대법원판례해설 35號 (2000 하반기) (2001. 6.), 법원도서관(2001), 362 − 381면.

204) 대법원 2007. 12. 13. 선고 2005다35707 판결[원심이 인정한 사실에 의하면, 피신청인 1이 이 사건 서적을 작성할 당시 이 사건 저작물에 대한 접근가능성이 있었고 이 사건 서적 중 원심판 시의 별지 일람표 순번 1 내지 11, 16 내지 21, 23 내지 39, 41, 43, 44항 기재 부분과 이 사건 저작물의 각 대응 부분과 사이에는 실질적 유사성이 있다고 볼 수 있으므로, 이 사건 서적이 이 사건 저작물에 의거하여 작성되었음을 사실상 추정할 수 있는 여지가 있으나, 다른 한편, 원심이 배척하지 아니한 피신청인 1이 제출한 증거에 의하면, 피신청인 1은 1995년경부터 사계절 색채 이론 및 메이크업 기술에 대해 관심을 가지고 연구를 계속하여 이 사건 서적을 저술할 만한 충분한 능력을 갖춘 것으로 보이는 점, 신청인의 이 사건 저작물은 대중을 상대로 한 수필집이거나 사계절 색채이론 및 메이크업 이론에 대한 일반적이고 기초적 수준의 설명인 데 비해 이 사건 서적은 색채 이론 및 메이크업 기술에 대한 전문적인 이론서로서 전반적으로 이 사건 저작물에 비해 훨씬 풍부하고 깊은 내용을 담고 있는 점, 이 사건 저작물 중 신청인에 의해 침해로 주장되고 있는 부분들은 기존의 관련 서적들에 의해 이미 널리 알려져 있던 내용들을 요약해 놓은 것으로서, 피신청인 1이 이 사건 서적을 작성함에 있어 굳이 이 사건 저작물을 참조하여야 할 필요성이 없어 보이는데다가, 이 사건 서적의 뒷부분에는 피신청인 1이 이 사건 서적을 작성하면서 참조한 참고문헌 목록이 아주 세밀하고 광범위하게 밍라되어 있는 점, 피신청인 1이 이 사건 서적을 작성함에 있어서 참고한 자료라고 하면서 제출한 각종 소명자료들은 이를 실제로 저술한 저작자가 아니면 제출이 불가능할 정도로 그 양이 방대하고 그 내용 또한 구체적이며 자세한 점을 알 수 있는 등 이 사건 서적이 이 사건 저작물과 무관하게 독립적으로 창작되었다고 볼 여지가 있는 다른 사정들이 나타나 있다. 그렇다면 원심으로서는 과연 이 사건 서적이 이 사건 저작물에 의거하여 작성되었는지를 살펴본 연후에, 신청인의 복제권이 침해되었는지를 판단하였어야 한다. 그런데 원심은, 신청인의 복제권이 침해되었는지를 판단하면서, 피신청인 1의 이 사건 서적 중 원심 판시의 별지 일람표 순번 1 내지 11, 16 내지 21, 23 내지 39, 41, 43, 44항 기재 부분이 신청인의 이 사건 저작물에 의거하여 작성되었다는 점에 대하여는 심리·판단하지 아니한 채, 양자가 실질적으로 유사하다는 이유만으로 신청인의 복제권이 침해되었다고 판단하였는바, 이와 같은 원심판결에는 복제권 침해에 관한 법리를 오해하고 필요한 심리를 하지 아니함으로써 판결에 영향을 미친 위법이 있다.

Ⅱ. 침해로 보는 행위

1. 일반

저작권법에서는 ⅰ) 수입 시에 대한민국 내에서 만들어졌더라면 저작권 그 밖에 이 법에 따라 보호되는 권리의 침해로 될 물건을 대한민국 내에서 배포할 목적으로 수입하는 행위, ⅱ) 저작권 그 밖에 이 법에 따라 보호되는 권리를 침해하는 행위에 의하여 만들어진 물건(제1호의 수입물건을 포함한다)을 그 사실을 알고 배포할 목적으로 소지하는 행위, ⅲ) 프로그램의 저작권을 침해하여 만들어진 프로그램의 복제물(제1호에 따른 수입물건을 포함한다)을 그 사실을 알면서 취득한 자가 이를 업무상 이용하는 행위는 저작권 그 밖에 이 법에 따라 보호되는 권리의 침해로 간주하고(§124①), 저작자의 명예를 훼손하는 방법으로 저작물을 이용하는 행위는 저작인격권의 침해로 간주한다(§124②).

2. 판례

구 컴퓨터프로그램보호법 제30조 제2항에서는 현행 저작권법 제124조와 같이 '침해로 보는 행위'에 대한 규정이 아니라 프로그램저작권의 직접침해에 대해 규정하고 있었는데, 동 규정의 적용 범위와 관련하여 판례는 "엑세스 코드나 부트롬만으로 이 사건 게임프로그램의 물리적인 복제 자체를 막을 수는 없는 것이지만, 통상적인 장치나 프로그램만으로는 엑세스 코드의 복제가 불가능하여 설사 불법으로 게임프로그램을 복제한다 하더라도 PS2를 통한 프로그램의 실행은 할 수 없는 만큼, 엑세스 코드는 게임프로그램의 물리적인 복제를 막는 것과 동등한 효과가 있는 기술적 보호조치에 해당한다고 할 것이고, 따라서 피고인이 모드칩을 장착함으로써 엑세스 코드가 없는 복제 게임 CD도 PS2를 통해 프로그램 실행이 가능하도록 하여 준 행위는 법 제30조 제2항 소정의 상당히 기술적 보호조치를 무력화하는 행위에 해당한다고 봄이 상당하다"고 판시한 바 있다.[205]

---

205) 대법원 2006. 2. 24. 선고 2004도2743 판결.

제2관 저작권 등의 침해에 대한 구제

I. 민사상 구제

1. 침해행위정지 및 예방청구권

저작권 그 밖에 이 법에 따라 보호되는 권리(제25조·제31조·제75조·제76조·제76조의2·제82조·제83조 및 제83조의2의 규정에 따른 보상을 받을 권리를 제외한다. 이하 이 조에서 같다)를 가진 자는 그 권리를 침해하는 자에 대하여 침해의 정지를 청구할 수 있으며, 그 권리를 침해할 우려가 있는 자에 대하여 침해의 예방 또는 손해배상의 담보를 청구할 수 있다(§123①). 그리고 저작권 그 밖에 이 법에 따라 보호되는 권리를 가진 자는 위 규정에 따른 청구를 하는 경우에 침해행위에 의하여 만들어진 물건의 폐기나 그 밖의 필요한 조치를 청구할 수 있다(§123②). 위 경우 또는 이 법에 따른 형사의 기소가 있는 때에는 법원은 원고 또는 고소인의 신청에 따라 담보를 제공하거나 제공하지 아니하게 하고, 임시로 침해행위의 정지 또는 침해행위로 말미암아 만들어진 물건의 압류 그 밖의 필요한 조치를 명할 수 있으며(§123③), 이 경우 저작권 그 밖에 이 법에 따라 보호되는 권리의 침해가 없다는 뜻의 판결이 확정된 때에는 신청자는 그 신청으로 인하여 발생한 손해를 배상하여야 한다(§123④).

침해금지청구의 소를 제기할 수 있는 당사자적격과 관련하여 판례는 "외국계 커피 전문점의 국내 지사인 갑 주식회사가, 본사와 음악 서비스 계약을 체결하고 배경음악 서비스를 제공하고 있는 을 외국회사로부터 음악저작물을 포함한 배경음악이 담긴 CD를 구매하여 국내 각지에 있는 커피숍 매장에서 배경음악으로 공연한 사안에서, 한국음악저작권협회가 위 음악저작물 일부에 관하여는 공연권 등의 서작재산권자로부터 국내에서 공연을 허락할 권리를 부여받았을 뿐 공연권까지 신탁받지는 않았고, 권리 주체가 아닌 협회에 위 음악저작물 일부에 대한 소송에 관하여 임의적 소송신탁을 받아 자기의 이름으로 소송을 수행할 합리적 필요가 있다고 볼 만한 특별한 사정이 없으므로, 협회는 위 음악저작물 일부에 대한 침해금지청구의 소를 제기할 당사자적격이 없다"고 하였다.[206]

---

206) 대법원 2012. 5. 10. 선고 2010다87474 판결(재산권상의 청구에 관하여는 소송물인 권리 또는 법률관

2. 손해배상청구권

가. 손해액의 추정

고의 또는 과실로 저작권 등을 침해한 경우 권리자는 손해배상청구를 할 수 있다. 이와 관련하여 저작권법에서는 손해액 입증의 곤란을 구제해 주기 위하여 손해액 추정 규정을 두고 있다. 즉 저작재산권 그 밖에 이 법에 따라 보호되는 권리(저작인격권 및 실연자의 인격권을 제외한다)를 가진 자(이하 '저작재산권자 등'이라 한다)가 고의 또는 과실로 권리를 침해한 자에 대하여 그 침해행위에 의하여 자기가 받은 손해의 배상을 청구하는 경우에 그 권리를 침해한 자가 그 침해행위에 의하여 이익을 받은 때에는 그 이익의 액을 저작재산권자 등이 받은 손해의 액으로 추정한다(§125①).

또한 저작재산권자 등이 고의 또는 과실로 그 권리를 침해한 자에 대하여 그 침해행위에 의하여 자기가 받은 손해의 배상을 청구하는 경우에 그 권리의 행사로 통상 받을 수 있는 금액에 상당하는 액을 저작재산권자 등이 받은 손해의 액으로 하여 그 손해배상을 청구할 수 있으며(§125②),[207] 동 규정에 불구하고 저작재산권자 등이 받은 손해의 액이 위 규정에 따른 금액을 초과하는 경우에는 그 초과액에 대하여도 손해배상을 청구할 수 있다(§125③).

그리고 등록되어 있는 저작권, 배타적 발행권(제88조 및 제96조에 따라 준용되는 경우를 포함한다), 출판권, 저작인접권 또는 데이터베이스제작자의 권리를 침해한 자는 그 침해행위에 과실이 있는 것으로 추정한다(§125④). 이러한 추정규정 상호 간의 관계와 관

계에 관하여 관리처분권을 갖는 권리 주체에게 당사자적격이 있음이 원칙이다. 다만 제3자라고 하더라도 법률이 정하는 바에 따라 일정한 권리나 법률관계에 관하여 당사자적격이 부여되거나 본래의 권리 주체로부터 그의 의사에 따라 소송수행권을 수여받음으로써 당사자적격이 인정되는 경우가 있으나, 이러한 임의적 소송신탁은 민사소송법 제87조가 정한 변호사대리의 원칙이나 신탁법 제7조가 정한 소송신탁의 금지를 잠탈하는 등의 탈법적 방법에 의하지 않은 것으로서 이를 인정할 합리적 필요가 있다고 인정되는 경우에 한하여 제한적으로만 허용된다).

207) 대법원 2009. 5. 28. 선고 2007다354 판결(피고는 다른 언론기관에 뉴스를 공급하는 뉴스통신사로서의 역할을 담당하고 있다는 것이므로, 피고가 그 웹사이트를 통하여 일반독자들에게 뉴스를 제공하고 있다고 하여 이러한 사정만으로 그 기본적인 성격이 신문에 가깝다고 단정하기 어려운 점, 따라서 같은 뉴스통신사인 원고가 그로부터 뉴스를 공급받는 각종 언론기관과 전재계약을 체결하고 전재료를 지급받은 사례가 있다 하더라도 이를 들어 피고의 이 사건 저작재산권 침해행위와 유사한 형태의 저작물 이용에 해당한다고 볼 수 없는 점, 더욱이 위 전재료는 원고가 계약 상대방에게 세공하고 전재를 허락하는 모든 기사에 대한 대가가 포함된 금액이라 할 것인데, 원고가 제공하는 기사 중에는 저작권법에 의하여 보호되는 저작물이라고 할 수 없는 기사도 포함되어 있을 수 있는 점 등 제반 사정을 감안하면, 위와 같은 전재계약에서 정해진 전재료를 원고가 피고와의 사이에서 그 권리의 행사로 통상 받을 수 있는 금액으로 볼 수는 없으므로, 이를 기준으로 피고의 저작재산권 침해행위로 인한 구 저작권법 제93조 제2항의 규정에 의한 손해액을 산정하기는 어렵다).

련하여 판례는 "구 저작권법 제93조 제2항에서는 저작재산권을 침해한 자가 침해행위에 의하여 이익을 받았을 때에는 그 이익의 액을 저작재산권자 등이 입은 손해액으로 추정 한다고 규정하고 있고, 그 제3항에서는 저작재산권자 등은 제2항의 규정에 의한 손해액 외에 그 권리의 행사로 통상 얻을 수 있는 금액에 상당하는 액을 손해액으로 하여 그 배 상을 청구할 수 있다고 규정하고 있는바, 이는 피해 저작재산권자의 손해액에 대한 입증 의 편의를 도모하기 위한 규정으로서 최소한 제3항의 규정에 의한 금액은 보장해 주려는 것이므로, 결국 제2항에 의한 금액과 제3항에 의한 금액 중 더 많은 금액을 한도로 하여 선택적으로 또는 중첩적으로 손해배상을 청구할 수 있다"고 판시하였다.[208]

나. 법정손해배상의 청구

2011. 12. 2. 개정법에서는 기존의 손해액 추정 및 손해액 인정 이외에 법정손해배상 규정을 신설하였다. 즉 저작재산권자 등은 고의 또는 과실로 권리를 침해한 자에 대하여 사실심(事實審)의 변론이 종결되기 전에는 실제 손해액이나 제125조 또는 제126조에 따 라 정하여지는 손해액을 갈음하여 침해된 각 저작물 등마다 1천만 원(영리를 목적으로 고의로 권리를 침해한 경우에는 5천만 원) 이하의 범위에서 상당한 금액의 배상을 청구 할 수 있다(§125의2①). 이 경우 둘 이상의 저작물을 소재로 하는 편집저작물과 2차적 저작물은 제1항을 적용하는 경우에는 하나의 저작물로 본다(§125의2②).

저작재산권자 등이 제1항에 따른 청구를 하기 위해서는 침해행위가 일어나기 전에 제 53조부터 제55조까지의 규정(제90조 및 제98조에 따라 준용되는 경우를 포함한다)에 따 라 그 저작물 등이 등록되어 있어야 하고(§125의2③), 법원은 제1항의 청구가 있는 경우 에 변론의 취지와 증거조사의 결과를 고려하여 제1항의 범위에서 상당한 손해액을 인정 할 수 있다(§125의2④).

다. 손해액의 인정

법원은 손해가 발생한 사실은 인정되나 제125조의 규정에 따른 손해액을 산정하기 어 려운 때에는 변론의 취지 및 증거조사의 결과를 참작하여 상당한 손해액을 인정할 수 있 다(§126).

---

208) 대법원 1996. 6. 11. 선고 95다49639 판결.

3. 명예회복 등의 조치청구권

가. 일반

저작자 또는 실연자는 고의 또는 과실로 저작인격권 또는 실연자의 인격권을 침해한 자에 대하여 손해배상에 갈음하거나 손해배상과 함께 명예회복을 위하여 필요한 조치를 청구할 수 있다(§127). 한편, 저작자가 사망한 후에 그 유족(사망한 저작자의 배우자·자·부모·손·조부모 또는 형제자매를 말한다)이나 유언집행자는 당해 저작물에 대하여 사후인격권침해(제14조 제2항)의 규정을 위반하거나 위반할 우려가 있는 자에 대하여는 제123조의 규정에 따른 침해정지 등 청구를 할 수 있으며, 고의 또는 과실로 저작인격권을 침해하거나 사후인격권침해(제14조 제2항)의 규정을 위반한 자에 대하여는 제127조의 규정에 따른 명예회복 등의 청구를 할 수 있다(§128).

나. 판례

(1) 망인인 이광수의 허락을 받지 아니하고 그의 소설을 다소 수정한 내용을 실은 도서를 출판·판매하였으나, 수정한 내용이 주로 해방 후 맞춤법 표기법이 바뀜에 따라 오기를 고치거나 일본식 표현을 우리말 표현으로 고친 것으로서, 망인 스스로 또는 그 작품의 출판권을 가진 출판사에서 원작을 수정한 내용과 별로 다르지 않다면 그 수정행위의 성질 및 정도로 보아 사회통념상 저작자의 명예를 훼손한 것으로 볼 수 없어 저작자 사망 후의 저작인격권(저작물의 동일성 유지권) 침해가 되지 아니한다.[209]

(2) 저작인격권은 저작재산권과는 달리 일신전속적인 권리로서 이를 양도하거나 이전할 수 없는 것이라 할 것이므로 비록 그 권한행사에 있어서는 이를 대리하거나 위임하는 것이 가능하다 할지라도 이는 어디까지나 저작인격권의 본질을 해하지 아니하는 한도 내에서만 가능하다 할 것이고 저작인격권 자체는 저작권자에게 여전히 귀속되어 있는 것이라고 보아야 할 것이며, 구 저작권법(1986. 12. 31. 법률 제3916호로 전문 개정되기 전의 것, 이하 같다) 제14조에 의하면 저작자는 자기의 저작물에 관하여 그 저작자임을 주장할 수 있는 권리(소위 귀속권)가 있으므로 타인이 무단으로 자기의 저작물에 관한 저작자의 성명, 칭호를 변경하거나 은닉하는 것은 고의, 과실을 불문하고 저작인격권의 침해가 된다.[210]

---

209) 대법원 1994. 9. 30. 선고 94다7980 판결.
210) 대법원 1995. 10. 2. 자 94마2217 결정.

4. 부당이득반환청구권

법률상 원인 없이 이익을 얻고 이로 인해 타인에게 손해를 가한 자는 손해를 한도로 하여 자신이 받은 이익을 반환하여야 한다(민§741).

5. 공동저작물에 대한 권리침해

공동저작물의 각 저작자 또는 각 저작재산권자는 다른 저작자 또는 다른 저작재산권자의 동의 없이 제123조의 규정에 따른 청구를 할 수 있으며 그 저작재산권의 침해에 관하여 자신의 지분에 관한 제125조의 규정에 따른 손해배상의 청구를 할 수 있다(§129).

6. 정보제공명령

가. 일반

2011. 12. 2. 개정법에서 신설된 제도로서, 법원은 당사자의 신청에 따라 증거를 수집하기 위하여 필요한 경우에는 다른 당사자에게 그가 보유하고 있는 불법복제물의 생산 및 유통 경로에 관한 정보 등을 제공하도록 명할 수 있고, 다른 당사자는 영업비밀 보호를 위한 경우 등에는 정보제공을 거부할 수 있도록 하였다.

나. 법원의 정보제공명령

법원은 저작권, 그 밖에 이 법에 따라 보호되는 권리의 침해에 관한 소송에서 당사자의 신청에 따라 증거를 수집하기 위하여 필요하다고 인정되는 경우에는 다른 당사자에 대하여 그가 보유하고 있거나 알고 있는 다음의 각 정보를 제공하도록 명할 수 있다(§129의2①). 다른 당사자가 정당한 이유 없이 정보제공 명령에 따르지 아니한 경우에는 법원은 정보에 관한 당사자의 주장을 진실한 것으로 인정할 수 있다(§129의2③).
  ⅰ) 침해 행위나 불법복제물의 생산 및 유통에 관련된 자를 특정할 수 있는 정보
  ⅱ) 불법복제물의 생산 및 유통 경로에 관한 정보

다. 당사자의 거부 사유

법원의 정보제공 명령에도 불구하고 다른 당사자는 다음의 어느 하나에 해당하는 경우에는 정보의 제공을 거부할 수 있다(§129의2②).

ⅰ) 다른 당사자, 다른 당사자의 친족이거나 친족 관계가 있었던 자, 다른 당사자의 후견인의 어느 하나에 해당하는 자가 공소 제기되거나 유죄판결을 받을 우려가 있는 경우

ⅱ) 영업비밀(「부정경쟁방지 및 영업비밀 보호에 관한 법률」 제2조 제2호의 영업비밀을 말한다. 이하 같다) 또는 사생활을 보호하기 위한 경우이거나 그 밖에 정보의 제공을 거부할 수 있는 정당한 사유가 있는 경우

법원은 위 ⅱ) (제2항 제2호)에 규정된 정당한 사유가 있는지를 판단하기 위하여 필요하다고 인정되는 경우에는 다른 당사자에게 정보를 제공하도록 요구할 수 있다. 이 경우 정당한 사유가 있는지를 판단하기 위하여 정보제공을 신청한 당사자 또는 그의 대리인의 의견을 특별히 들을 필요가 있는 경우 외에는 누구에게도 그 제공된 정보를 공개하여서는 아니 된다(§129의2④).

7. 비밀유지명령

가. 일반

이 제도 역시 2011. 12. 2. 신설된 것으로서, 법원은 제출된 준비서면 등에 포함되어 있는 영업비밀이 공개되면 당사자의 영업에 지장을 줄 우려가 있는 경우 등에는 당사자의 신청에 따라 결정으로 해당 영업비밀을 알게 된 자에게 소송 수행 외의 목적으로 영업비밀을 사용하는 행위 등을 하지 아니할 것을 명할 수 있으며, 이러한 비밀유지명령 신청 및 취소와 관련된 절차 등을 제129조의3 내지 제129조의5에 신설하였다.

나. 법원의 비밀유지명령 등

법원은 저작권, 그 밖에 이 법에 따라 보호되는 권리(제25조, 제31조, 제75조, 제76조, 제76조의2, 제82조, 제83조, 제83조의2 및 제101조의3에 따른 보상을 받을 권리는 제외한다. 이하 이 조에서 같다)의 침해에 관한 소송에서 그 당사자가 보유한 영업비밀에 대하여 다음의 사유를 모두 소명한 경우에는 그 당사자의 신청에 따라 결정으로 다른 당사자, 당사자를 위하여 소송을 대리하는 자, 그 밖에 해당 소송으로 인하여 영업비밀을 알게 된 자에게 해당 영업비밀을 해당 소송의 계속적인 수행 외의 목적으로 사용하거나 해

당 영업비밀에 관계된 이 항에 따른 명령을 받은 자 외의 자에게 공개하지 아니할 것을 명할 수 있다. 다만, 그 신청 시까지 다른 당사자, 당사자를 위하여 소송을 대리하는 자, 그 밖에 해당 소송으로 인하여 영업비밀을 알게 된 자가 제1호에 따른 준비서면의 열람 및 증거조사 외의 방법으로 해당 영업비밀을 이미 취득한 경우에는 그러하지 아니하다(§129의3①).

ⅰ) 이미 제출하였거나 제출하여야 할 준비서면 또는 이미 조사하였거나 조사하여야 할 증거(제129조의2 제4항에 따라 제공된 정보를 포함한다)에 영업비밀이 포함되어 있다는 것

ⅱ) 제1호의 영업비밀이 해당 소송수행 외의 목적으로 사용되거나 공개되면 당사자의 영업에 지장을 줄 우려가 있어 이를 방지하기 위하여 영업비밀의 사용 또는 공개를 제한할 필요가 있다는 것

위 규정에 따른 명령(이하 '비밀유지명령'이라 한다)의 신청은 ⅰ) 비밀유지명령을 받을 자, ⅱ) 비밀유지명령의 대상이 될 영업비밀을 특정하기에 충분한 사실, ⅲ) 제1항 각 호의 사유에 해당하는 사실을 적은 서면으로 하여야 한다(§129의3②).

그리고 비밀유지명령이 결정된 경우에는 그 결정서를 비밀유지명령을 받은 자에게 송달하여야 하며(§129의3③), 이러한 비밀유지명령은 그 결정서가 비밀유지명령을 받은 자에게 송달된 때부터 효력이 발생한다(§129의3④). 그리고 비밀유지명령의 신청을 기각하거나 각하한 재판에 대하여는 즉시항고를 할 수 있다(§129의3⑤).

다. 비밀유지명령의 취소

비밀유지명령을 신청한 자나 비밀유지명령을 받은 자는 제129조의3 제1항에서 규정한 요건을 갖추지 못하였거나 갖추지 못하게 된 경우 소송기록을 보관하고 있는 법원(소송기록을 보관하고 있는 법원이 없는 경우에는 비밀유지명령을 내린 법원을 말한다)에 취소를 신청할 수 있다(§129의4①). 비밀유지명령의 취소신청에 대한 재판이 있는 경우에는 그 결정서를 그 신청인과 상대방에게 송달하여야 한다(§129의4②).

이러한, 비밀유지명령의 취소신청에 대한 재판에 대하여는 즉시항고를 할 수 있으며(§129의4③), 비밀유지명령을 취소하는 재판은 확정되어야 그 효력이 발생한다(§129의4④). 그리고 비밀유지명령을 취소하는 재판을 한 법원은 비밀유지명령의 취소신청을 한 자와 상대방 외에 해당 영업비밀에 관한 비밀유지명령을 받은 자가 있는 경우에는 그 자에게 즉시 비밀유지명령의 취소재판을 한 취지를 통지하여야 한다(§129의4⑤).

라. 소송기록 열람 등 신청의 통지 등

비밀유지명령이 내려진 소송(비밀유지명령이 모두 취소된 소송은 제외한다)에 관한 소송기록에 대하여 「민사소송법」 제163조 제1항의 결정이 있었던 경우, 당사자가 같은 항에 규정하는 비밀기재 부분의 열람 등을 해당 소송에서 비밀유지명령을 받지 아니한 자를 통하여 신청한 경우에는 법원서기관·법원사무관·법원주사 또는 법원주사보(이하 이 조에서 '법원사무관 등'이라 한다)는 「민사소송법」 제163조 제1항의 신청을 한 당사자(그 열람 등의 신청을 한 자는 제외한다)에게 그 열람 등의 신청 직후에 그 신청이 있었던 취지를 통지하여야 한다(§129의5①). 이 경우 법원사무관 등은 제1항의 신청이 있었던 날부터 2주일이 지날 때까지(그 신청 절차를 행한 자에 대한 비밀유지명령 신청이 그 기간 내에 행하여진 경우에 대하여는 그 신청에 대한 재판이 확정되는 시점까지를 말한다) 그 신청 절차를 행한 자에게 제1항의 비밀기재 부분의 열람 등을 하게 하여서는 아니 된다(§129의5②). 다만, 이러한 열람 등 제한은 제1항의 열람 등의 신청을 한 자에게 제1항의 비밀기재 부분의 열람 등을 하게 하는 것에 대하여 「민사소송법」 제163조 제1항의 신청을 한 당사자 모두의 동의가 있는 경우에는 적용하지 아니한다(§129의5③).

8. 판례

(1) 구 저작권법(2000. 1. 12. 법률 제6134호로 개정되기 전의 것) 제93조 제3항은 저작재산권자 등은 제2항의 규정에 의한 손해액 외에 그 권리의 행사로 통상 얻을 수 있는 금액에 상당하는 액을 손해액으로 하여 그 배상을 청구할 수 있다고 규정하고 있는바, 여기서 권리의 행사로 통상 얻을 수 있는 금액에 상당하는 액이라 함은 침해자가 저작물의 사용 허락을 받았더라면 사용대가로서 지급하였을 객관적으로 상당한 금액을 말한다고 보아야 할 것이고, 음악저작물은 저작물에 따라 작품성과 대중 인기도에 차이가 있어 저작권자로서는 저작물을 사용하고자 하는 자와 사이에 저작물사용계약을 체결하면서 나름대로의 사용료를 정할 수 있는 것이므로, 저작권자가 당해 저작물에 관하여 사용계약을 체결하거나 사용료를 받은 적이 전혀 없는 경우라면 일응 그 업계에서 일반화되어 있는 사용료를 저작권 침해로 인한 손해액 산정에 있어서 한 기준으로 삼을 수 있겠지만, 저작권자가 침해행위와 유사한 형태의 저작물 사용과 관련하여 저작물사용계약을 맺고 사용료를 받은 사례가 있는 경우라면, 그 사용료가 특별히 예외적인 사정이 있어 이례적으로 높게 책정된 것이라거나 저작권 침해로 인한 손해배상청구 소송에 영향을 미치기

위하여 상대방과 통모하여 비정상적으로 고액으로 정한 것이라는 등의 특별한 사정이 없
는 한, 그 사용계약에서 정해진 사용료를 저작권자가 그 권리의 행사로 통상 얻을 수 있
는 금액으로 보아 이를 기준으로 손해액을 산정함이 상당하다.[211]

(2) 피고 도시철도공사가 원고의 이 사건 원화에 대한 성명표시권을 침해하였음은 앞
서 본 바와 같고, 원고로서는 이 사건 원화 또는 그 복제물에 자신의 성명을 표시함으로
써 저작물에 주어지는 사회적 평가를 저작자인 원고에게 귀속시킬 권리가 있다고 할 것
이므로 피고 도시철도공사는 저작권법 제95조에 의하여 명예회복을 위하여 필요한 조치
로서 이 사건 벽화 우측 하단에 원고의 이름, 약력, 벽화 제호를 표시할 의무가 있다. 한
편, 저작자는 고의 또는 과실로 저작인격권을 침해한 자에 대하여 손해배상에 갈음하거
나 손해배상과 함께 명예회복을 위하여 필요한 조치를 청구할 수 있다 할 것이나, 한편
이때의 명예라 함은 저작자가 그 품성, 덕행, 명성, 신용 등 인격적 가치에 대하여 사회
로부터 받는 객관적 평가, 즉 사회적 명예를 가리키는 것으로 저작자가 자기 자신의 인
격적 가치에 대하여 갖는 주관적 평가, 즉 명예감정은 포함하지 않는다고 할 것인바, 이
러한 견지에서 앞에서 인정한 사실을 살펴보면 이 사건 벽화가 원고의 저작인격권을 침
해하고 가사 그 명예를 훼손하였다 하더라도, 원고의 작품에 대한 변형 정도가 크지 않
은 점, 이 사건 벽화를 상업적 목적에 활용한 것은 아니라는 점, 위 피고들이 이 사건 벽
화를 원고가 아닌 다른 사람의 작품이라고 주장한 것이 아니라 단순히 원작자인 원고의
표시를 누락한 것이라는 점 등에 비추어 그 명예훼손 정도는 크지 않다고 보이고, 앞에
서 위자료 산정 시 참작한 여러 사정과 인용한 위자료 액수 등을 종합하여 볼 때 위 피
고들에게 원고의 저작 인격권을 침해함에 따른 위자료의 지급을 명하고, 피고 도시철도공
사에게 이 사건 벽화에 원고의 성명 등을 표시하도록 명하는 것으로 충분하고, 별지 제1
목록 기재 공고문 게재는 필요하지 않다고 할 것이므로 원고의 위 주장은 이유 없다.[212]

(3) 물건의 일부가 저작재산권의 침해에 관계된 경우에 있어서는 침해자가 그 물건을
제작·판매함으로써 얻은 이익 전체를 침해행위에 의한 이익이라고 할 수는 없고, 침해
자가 그 물건을 제작·판매함으로써 얻은 전체 이익에 대한 당해 저작재산권의 침해행위

---

211) 대법원 2001. 11. 30. 선고 99다69631 판결. 같은 취지의 판결로 대법원 2008. 4. 24. 선고 2006다
    55593 판결(원심이 원고와 피고 사이에 2000. 5. 23. 체결된 이 사건 3곡에 대한 저작권 이용료를 기준
    으로 이 사건 3곡에 대한 저작권 침해로 인한 손해액을 산정하였음은 옳고, 거기에 상고이유에서 주장
    하는 바와 같은 손해액 산정에 관한 법리오해 등의 위법이 있다고 할 수 없다).
212) 서울중앙지방법원 2006. 5. 10. 선고 2004가합67627 판결. 이 판결에 대한 평석으로는 이상정, "타인의
    미술작품을 지하철 벽화로 무단 이용한 자의 책임", 저작권문화 통권 143호(2006년 7월), 저작권심의위
    원회(2006), 24 – 25면.

에 관계된 부분의 기여율(기여도)을 산정하여 그에 따라 침해행위에 의한 이익액을 산출하여야 할 것이고, 그러한 기여율은 침해자가 얻은 전체 이익에 대한 저작재산권의 침해에 관계된 부분의 불가결성, 중요성, 가격비율, 양적 비율 등을 참작하여 종합적으로 평가할 수밖에 없다.[213]

(4) 저작물표절의 경우 그 재산적 손해는 표절된 책값×인세비율×(표절된 부분분량/표절된 책총분량)×발행부수이다.[214]

Ⅱ. 형사상 구제

1. 권리의 침해죄

다음의 어느 하나에 해당하는 자는 5년 이하의 징역 또는 5천만 원 이하의 벌금에 처하거나 이를 병과할 수 있다(§136①).

ⅰ) 저작재산권, 그 밖에 이 법에 따라 보호되는 재산적 권리(제93조에 따른 권리는 제외한다)를 복제, 공연, 공중송신, 전시, 배포, 대여, 2차적 저작물 작성의 방법으로 침해한 자

ⅱ) 제129조의3 제1항에 따른 법원의 명령을 정당한 이유 없이 위반한 자

그리고 다음의 어느 하나에 해당하는 자는 3년 이하의 징역 또는 3천만 원 이하의 벌금에 처하거나 이를 병과할 수 있다(§136②).

ⅰ) 저작인격권 또는 실연자의 인격권을 침해하여 저작자 또는 실연자의 명예를 훼손한 자

ⅱ) 제53조 및 제54조(제90조 및 제98조에 따라 준용되는 경우를 포함한다)에 따른 등록을 거짓으로 한 자

ⅲ) 제93조에 따라 보호되는 데이터베이스제작자의 권리를 복제·배포·방송 또는 전

---

213) 대법원 2004. 6. 11. 선고 2002다18244 판결(피고 태원 등이 원고가 작곡한 이 사건 곡을 타이틀곡으로 한 음반을 제작·판매함에 있어서 이 사건 곡이 80년대 초반의 인기곡이었다는 사정 이외에 가수의 인기도와 위 음반에 대한 홍보 등도 상당한 영향을 미친 사정 등을 고려하여 피고 태원 등이 위 음반을 제작·판매하여 얻은 이익에 대한 이 사건 곡의 기여도는 30%로 봄이 상당하다고 한 원심의 사실인정과 판단은 정당하다). 이 판결에 대한 평석으로는 강민구, "작곡자의 저작권을 침해한 경우, 그 이익액의 산정방법", 정보법 판례백선 Ⅰ, 박영사(2006), 470 - 478면.

214) 서울고등법원 1987. 8. 21. 선고 86나1846 판결.

송의 방법으로 침해한 자

　iii 의2) 제103조의3 제4항을 위반한 자

　iii 의3) 업으로 또는 영리를 목적으로 제104조의2 제1항 또는 제2항을 위반한 자

　iii 의4) 업으로 또는 영리를 목적으로 제104조의3 제1항을 위반한 자. 다만, 과실로 저작권 또는 이 법에 따라 보호되는 권리 침해를 유발 또는 은닉한다는 사실을 알지 못한 자는 제외한다.

　iii 의5) 제104조의4 제1호 또는 제2호에 해당하는 행위를 한 자

　iii 의6) 제104조의5를 위반한 자

　iii 의7) 제104조의7을 위반한 자

　iv) 제124조 제1항에 따른 침해행위로 보는 행위를 한 자

참고로, 구 저작권법(2000. 1. 12. 법률 제6134호로 개정되기 전의 것)[215] 제98조 제1항[216]은 권리침해의 태양으로 '복제·공연·방송·전시'만을 규정하고 있었는데, 판례는 이를 제한적으로 해석하여 여기에 열거되지 아니한 '배포'의 경우 본 호의 침해행위에 포함되지 아니하는 것으로 해석한 바 있다.[217]

---

215) 2000. 1. 12. 개정 법률에서는 본 호를 삭제하는 대신 제97조의5의 규정을 따로 마련하여 법정형을 강화하고 침해의 태양으로 전송·배포·2차적 저작물의 작성을 추가하였다.

216) 구 저작권법 제98조【권리의 침해죄】다음 각 호의 1에 해당하는 자는 3년 이하의 징역 또는 3천만 원 이하의 벌금에 처하거나 이를 병과할 수 있다.
　1. 저작재산권, 그 밖의 이 법에 의하여 보호되는 재산적 권리를 복제·공연·방송·전시 등의 방법으로 침해한 자

217) 대법원 1999. 3. 26. 선고 97도1769 판결(저작권법 제98조 제1호는 저작재산권 그 밖의 저작권법에 의하여 보호되는 재산적 권리를 복제·공연·방송·전시 등의 방법으로 침해한 자를 처벌한다고 규정하고 있는바, 저작권법상 저작재산권의 하나로 배포권이 인정되나, 그렇다고 하여 권리침해의 복제행위 외에 '배포'행위까지 위 법조에 의해 반드시 처벌되어야 하는 것은 아니라고 할 것이어서, 위와 같이 처벌규정에 명시적으로 규정되어 있지 아니한 '배포'행위를 복제행위 등과 별도로 처벌하는 것은 유추해석이나 확장해석을 금하는 죄형법정주의의 원칙상 허용되지 않는다고 보일 뿐만 아니라, 저작권법은 권리의 침해에 대한 민사상의 구제에 관하여는 제91조 제1항에서 "저작권 그 밖의 이 법에 의하여 보호되는 권리를 가진 자는 그 권리를 침해하는 자에 대하여 침해의 정지를 청구할 수 있다"고 규정하여 권리침해의 구체적인 태양을 구분하지 아니하나, 처벌규정인 제98조 제1호에서는 굳이 권리침해행위의 태양을 '복제·공연·방송·전시 등'이라고 열거하면서도 '배포'는 들고 있지 않는 점에 비추어 이를 처벌의 대상에서 제외하려는 취지로 볼 수 있으며, 또한 저작권법에서는 제92조 제1항 제2호에서 권리침해로 보는 행위로서, 저작권 그 밖의 저작권법에 의하여 보호되는 권리를 침해하는 행위에 의하여 만들어진 물건을 그 정을 알고 '배포'하거나 배포할 목적으로 소지하는 행위를 규정하고, 제99조 제4호에 의하여 그러한 행위를 한 자도 처벌을 받도록 하되 제98조 제1호에 규정된 침해자의 경우보다 형을 가볍게 정하고 있는바, 만일에 제98조 제1호에 '배포'하는 행위까지 포함이 된다면, 권리침해의 복제행위 등에 의한 물건을 정을 알고 배포하는 행위는 양 조항에 모두 해당하게 되는 불합리한 결과가 초래되므로, 결국 제98조 제1호에는 '배포'행위가 포함되지 아니한다고 봄이 상당하다 할 것이고, 따라서 복제의 방법에 의한 저작재산권침해의 죄에 있어서는 저작권자의 동의 없이 저작권자의 저작물을 복제함으로써 범행이 종료되어 기수에 이르는 것이고, 그 복제물의 배포가 별도로 위 죄를 구성하는 것은 아니다).

2. 부정발행 등의 죄

다음의 어느 하나에 해당하는 자는 1년 이하의 징역 또는 1천만 원 이하의 벌금에 처한다(§137①).

　ⅰ) 저작자 아닌 자를 저작자로 하여 실명·이명을 표시하여 저작물을 공표한 자

　ⅱ) 실연자 아닌 자를 실연자로 하여 실명·이명을 표시하여 실연을 공연 또는 공중송신하거나 복제물을 배포한 자

　ⅲ) 제14조 제2항의 규정을 위반한 자

　ⅲ의2) 제104조의4 제3호에 해당하는 행위를 한 자

　ⅲ의3) 제104조의6을 위반한 자

2011. 12. 2. 개정법에서는 위 ⅲ의3)의 미수범 처벌규정을 신설하였다(§137②).

　ⅳ) 제105조 제1항의 규정에 따른 허가를 받지 아니하고 저작권신탁관리업을 한 자

　ⅴ) 제124조 제4항의 규정에 따라 침해행위로 보는 행위를 한 자

　ⅵ) 자신에게 정당한 권리가 없음을 알면서 고의로 제103조 제1항 또는 제3항의 규정에 따른 복제·전송의 중단 또는 재개요구를 하여 온라인서비스제공자의 업무를 방해한 자

　ⅶ) 제55조의2(제90조 및 제98조에 따라 준용되는 경우를 포함한다)를 위반한 자

3. 출처명시위반 등의 죄

다음의 어느 하나에 해당하는 자는 500만 원 이하의 벌금에 처한다(§138).

　ⅰ) 제35조 제4항의 규정을 위반한 자

　ⅱ) 제37조(제87조 및 제94조의 규정에 따라 준용되는 경우를 포함한다)를 위반하여 출처를 명시하지 아니한 자

　ⅲ) 제58조 제3항(제63조의2, 제88조 및 제96조에 따라 준용되는 경우를 포함한다)을 위반하여 저작재산권자의 표지를 하지 아니한 자

　ⅳ) 제58조의2 제2항(제63조의2, 제88조 및 제96조에 따라 준용되는 경우를 포함한다)을 위반하여 저작자에게 알리지 아니한 자

　ⅴ) 제105조 제1항에 따른 신고를 하지 아니하고 저작권대리중개업을 하거나, 제109조 제2항에 따른 영업의 폐쇄명령을 받고 계속 그 영업을 한 자

4. 몰수

저작권, 그 밖에 이 법에 따라 보호되는 권리를 침해하여 만들어진 복제물과 그 복제물의 제작에 주로 사용된 도구나 재료 중 그 침해자·인쇄자·배포자 또는 공연자의 소유에 속하는 것은 몰수한다(§139).

5. 고소

저작권 침해 등의 죄에 대한 공소는 고소가 있어야 한다. 다만, 다음의 어느 하나에 해당하는 경우에는 그러하지 아니하다(§140).

ⅰ) 영리를 목적으로 또는 상습적으로 제136조 제1항 제1호, 제136조 제2항 제3호 및 제4호(제124조 제1항 제3호의 경우에는 피해자의 명시적 의사에 반하여 처벌하지 못한다)에 해당하는 행위를 한 경우

ⅱ) 제136조 제2항 제2호 및 제3호의2부터 제3호의7까지, 제137조 제1항 제1호부터 제4호까지, 제6호 및 제7호와 제138조 제5호의 경우

구법[218]에서는 '영리를 위하여 상습적으로' 저작권 침해행위 등을 한 경우를 비친고죄로 하였다가, 2011. 12. 2. 개정법에서 비친고죄의 범위를 확대하였다.

6. 양벌규정

법인의 대표자나 법인 또는 개인의 대리인·사용인 그 밖의 종업원이 그 법인 또는 개인의 업무에 관하여 이 장의 죄를 범한 때에는 행위자를 벌하는 외에 그 법인 또는 개인에 대하여도 각 해당조의 벌금형을 과한다. 다만, 법인 또는 개인이 그 위반행위를 방지하기 위하여 해당 업무에 관하여 상당한 주의와 감독을 게을리하지 아니한 경우에는 그러하지 아니하다(§141).

---

218) 제140조 (고소) 이 장의 죄에 대한 공소는 고소가 있어야 한다. 다만, 다음 각 호의 어느 하나에 해당하는 경우에는 그러하지 아니하다. <개정 2009. 4. 22.>
　1. 영리를 위하여 상습적으로 제136조 제1항 및 제136조 제2항 제3호에 해당하는 행위를 한 경우
　2. 제136조 제2항 제2호·제3호 및 제6호, 제137조 제1호 내지 제4호, 제6호 및 제7호와 제138조 제5호의 경우
　3. 영리를 목적으로 제136조 제2항 제4호의 행위를 한 경우(제124조 제1항 제3호의 경우에는 피해자의 명시적 의사에 반하여 처벌하지 못한다)

Ⅲ. 행정적 구제

1. 과태료

제104조 제1항(특수한 유형의 온라인 서비스제공자의 의무 등)에 따른 필요한 조치를 하지 아니한 자에게는 3천만 원 이하의 과태료를 부과하고(§142①), 다음의 어느 하나에 해당하는 자에게는 1천만 원 이하의 과태료를 부과한다(§142②). 이에 따른 과태료는 대통령령으로 정하는 바에 따라 문화체육관광부장관이 부과·징수한다(§142③).

ⅰ) 제103조의3 제2항에 따른 문화체육관광부장관의 명령을 이행하지 아니한 자[219]

ⅱ) 제106조에 따른 의무를 이행하지 아니한 자

ⅲ) 제112조 제4항을 위반하여 한국저작권위원회의 명칭을 사용한 자

ⅳ) 제133조의2 제1항·제2항 및 제4항에 따른 문화체육관광부장관의 명령을 이행하지 아니한 자

ⅴ) 제133조의2 제3항에 따른 통지, 같은 조 제5항에 따른 게시, 같은 조 제6항에 따른 통보를 하지 아니한 자

2. 시정권고 등

위원회는 온라인서비스제공자의 정보통신망을 조사하여 불법복제물 등이 전송된 사실을 발견한 경우에는 이를 심의하여 온라인서비스제공자에 대하여 ⅰ) 불법복제물 등의 복제·전송자에 대한 경고, ⅱ) 불법복제물 등의 삭제 또는 전송 중단, ⅲ) 반복적으로 불법복제물 등을 전송한 복제·전송자의 계정 정지 등의 시정 조치를 권고할 수 있다(§133의3①).[220] 온라인서비스제공자는 ⅰ) 및 ⅱ)에 따른 권고를 받은 경우에는 권고를

---

219) 2011. 12. 2. 개정법에서 추가된 것이다.

220) 시행령 제72조의6 (시정권고 절차 등) ① 위원회는 법 제133조의3 제1항에 따른 시정권고를 하려면 다음 각 호의 사항을 기재하여 서면으로 하여야 한다.
　　1. 위법 행위의 내용
　　2. 권고 사항
　　3. 시정 기한
　　4. 시정권고 수락거부 시의 조치
　　② 제1항에 따른 시정권고의 통지를 받은 온라인서비스제공자는 다음 각 호의 사항을 기재하여 위원회에 서면으로 조치결과를 통보하여야 한다.

받은 날부터 5일 이내에, iii)의 권고를 받은 경우에는 권고를 받은 날부터 10일 이내에 그 조치결과를 위원회에 통보하여야 한다(§133의3②). 만약 온라인서비스제공자가 위와 같은 권고에 따르지 아니하는 경우에는 위원회는 문화체육관광부장관에게 제133조의2 제1항 및 제2항에 따른 불법복제물 등의 복제·전송자에 대한 경고, 삭제 또는 전송중단 및 계정 정지 등의 명령을 하여 줄 것을 요청할 수 있고(§133의3③), 이에 따라 문화체육관광부장관 제133조의2 제1항 및 제2항에 따른 명령을 하는 경우에는 위원회의 심의를 요하지 아니한다(§133의3④).

Ⅳ. 불법 복제물의 처리 등

1. 불법 복제물의 수거·폐기 및 삭제

문화체육관광부장관, 특별시장·광역시장·도지사·특별자치도지사 또는 시장·군수·구청장(자치구의 구청장을 말한다)은 저작권 그 밖에 이 법에 따라 보호되는 권리를 침해하는 복제물(정보통신망을 통하여 전송되는 복제물은 제외한다) 또는 저작물 등의 기술적 보호조치를 무력하게 하기 위하여 제작된 기기·장치·정보 및 프로그램을 발견한 때에는 대통령령으로 정한 절차 및 방법[221]에 따라 관계공무원으로 하여금 이를 수거·폐기 또는 삭제하게 할 수 있다(§133①). 문화체육관광부장관은 위와 같은 업무를 위하여 필요한 기구를 설치·운영할 수 있고(§133⑤), 또한 위 규정에 따른 업무를 대통령령이

---

　1. 시정권고에 따라 조치한 내용
　2. 시정권고 이행 일자
　3. 시정권고의 수락을 거부하는 경우에는 그 사유
　③ 위원회가 법 제133조의3 제1항 제3호를 심의하는 때에는 제72조의3 제1항의 사항을 고려하여야 한다.
[본조신설 2009. 7. 22.]

221) 시행령 제69조 (수거·폐기·삭제 절차와 방법) ① 법 제133조 제1항에 따라 수거·폐기·삭제를 하는 관계 공무원은 그 권한을 표시하는 증표를 지니고 이를 관계인에게 내보여야 한다. <개정 2009. 7. 22.>
　② 관계 공무원은 법 제133조 제1항에 따라 복제물 등을 수거·폐기·삭제한 경우에는 그 소유자나 점유자에게 문화체육관광부령으로 정하는 바에 따라 수거확인증을 내주고, 수거·폐기·삭제대장에 그 내용을 기록하여야 한다. <개정 2008. 2. 29., 2009. 7. 22.>
　③ 수거한 불법 복제물 등은 당사자가 이의를 제기하지 아니하면 수거한 날부터 3개월이 지나면 폐기할 수 있다. 다만, 저작물 등의 기술적 보호조치를 무력하게 하기 위하여 제작된 기기·장치 및 프로그램은 수거한 날부터 6개월이 지나야 폐기할 수 있다.

정한 단체222)에 위탁할 수 있으며, 그 경우 이에 종사하는 자는 공무원으로 본다(§133
②). 그리고 문화체육관광부장관은 제1항 및 제2항에 따라 관계 공무원 등이 수거·폐기
또는 삭제를 하는 경우 필요한 때에는 관련 단체223)에 협조를 요청할 수 있다(§133③).
만약 위 규정들이 다른 법률의 규정과 경합하는 경우에는 이 법을 우선하여 적용한다
(§133⑥).

2. 정보통신망을 통한 불법복제물의 삭제명령 등

문화체육관광부장관은 정보통신망을 통하여 저작권이나 그 밖에 이 법에 따라 보호되
는 권리를 침해하는 복제물 또는 정보, 기술적 보호조치를 무력하게 하는 프로그램 또는
정보(이하 '불법복제물 등'이라 한다)가 전송되는 경우에 위원회의 심의를 거쳐 대통령령
으로 정하는 바224)에 따라 온라인서비스제공자에게 ⅰ) 불법복제물 등의 복제·전송자에
대한 경고, ⅱ) 불법복제물 등의 삭제 또는 전송 중단의 조치를 할 것을 명할 수 있다
(§133의2①).

또한 문화체육관광부장관은 위 ⅰ)에 따른 경고를 3회 이상 받은 복제·전송자가 불

---

222) 시행령 제70조 (수거·폐기·삭제 업무의 위탁 등) ① 문화체육관광부장관은 법 제133조 제2항에 따라
수거·폐기 업무를 다음 각 호의 단체에 위탁할 수 있다. <개정 2008. 2. 29., 2009. 7. 22.>
  1. 위원회
  2. 저작권신탁관리업자를 주된 구성원으로 하는 단체
  3. 그 밖에 불법 복제물 등의 수거·폐기·삭제 업무를 수행할 능력과 자격이 있다고 문화체육관광부
  장관이 인정하는 법인 또는 단체
  ② 제1항에 따라 수거·폐기·삭제 업무를 하는 기관의 직원은 수거·폐기·삭제 업무를 할 때 문화
  체육관광부령으로 정하는 증표를 지니고 관계인에게 내보여야 한다. <개정 2008. 2. 29., 2009. 7.
  22.>
223) 시행령 제71조 (수거·폐기·삭제를 위한 협조 요청 등) 법 제133조 제3항에서 '관련 단체'란 다음 각
호의 단체를 말한다. <개정 2009. 7. 22.>
  1. 저작권신탁관리업자
  2. 저작권신탁관리업자를 주된 구성원으로 하는 단체
  3. 저작물 등의 창작 및 산업진흥을 목적으로 설립된 법인 또는 단체
224) 시행령 제72조 (정보통신망을 통한 불법복제물 삭제명령 등의 심의절차와 방법) 위원회는 법 제133조의
2 제1항에 따라 문화체육관광부장관으로부터 심의요청을 받으면 요청일부터 7일 이내에, 같은 조 제2
항 및 제4항에 따라 문화체육관광부장관으로부터 심의요청을 받으면 요청일부터 14일 이내에 심의하고,
그 결과를 지체 없이 문화체육관광부장관에게 제출하여야 한다. 다만, 부득이한 사유로 인하여 그 기간
내에 심의를 할 수 없는 경우에는 2회에 한하여 그 기간을 연장할 수 있다. [전문개정 2009. 7. 22.]
시행령 제72조의2 (경고 또는 삭제 등의 명령의 절차와 방법) 문화체육관광부장관은 법 제133조의2 제1
항에 따라 온라인서비스제공자에게 불법복제물 등의 복제·전송자에 대한 경고 또는 불법복제물 등의
삭제·전송중단을 명하려면 문화체육관광부령으로 정하는 명령서를 작성하여 서면(전자문서를 포함한
다. 이하 같다)으로 통지하여야 한다. [본조신설 2009. 7. 22.]

법복제물등을 전송한 경우에는 위원회의 심의를 거쳐 대통령령으로 정하는 바225)에 따라 온라인서비스제공자에게 6개월 이내의 기간을 정하여 해당 복제·전송자의 계정(이메일 전용 계정은 제외하며, 해당 온라인서비스제공자가 부여한 다른 계정을 포함한다. 이하 같다)을 정지할 것을 명할 수 있으며(§133의2②), 이러한 명령을 받은 온라인서비스제공자는 해당 복제·전송자의 계정을 정지하기 7일 전에 대통령령으로 정하는 바에 따라 해당 계정이 정지된다는 사실을 해당 복제·전송자에게 통지하여야 한다(§133의2③).

나아가 문화체육관광부장관은 온라인서비스제공자의 정보통신망에 개설된 게시판(「정보통신망 이용촉진 및 정보보호 등에 관한 법률」 제2조 제1항 제9호의 게시판 중 상업적 이익 또는 이용 편의를 제공하는 게시판을 말한다. 이하 같다) 중 제1항 제2호에 따른 명령이 3회 이상 내려진 게시판으로서 해당 게시판의 형태, 게시되는 복제물의 양이나 성격 등에 비추어 해당 게시판이 저작권 등의 이용질서를 심각하게 훼손한다고 판단되는 경우에는 위원회의 심의를 거쳐 대통령령으로 정하는 바226)에 따라 온라인서비스제

---

225) 시행령 제72조의3 (계정 정지 명령의 절차와 방법) ① 위원회가 법 제133조의2 제2항에 따라 심의를 하는 때에는 다음 각 호의 사항을 고려하여야 한다.
  1. 해당 복제·전송자의 상습성
  2. 해당 복제·전송자가 복제·전송한 양
  3. 게시한 불법복제물 등의 종류 및 시장대체 가능성
  4. 불법복제물 등이 저작물 등의 유통질서에 미치는 영향
  ② 문화체육관광부장관은 법 제133조의2 제2항에 따라 온라인서비스제공자에게 해당 불법복제물 등의 복제·전송자의 계정을 정지할 것을 명하려면 다음 각 호의 사항을 기재한 명령서를 작성하여 서면으로 통지하여야 한다.
  1. 복제·전송자의 계정
  2. 법 제133조의2 제1항 제1호에 따른 경고를 3회 이상 받은 사실
  3. 법 제133조의2 제1항 제1호에 따른 경고를 3회 이상 받은 후 불법복제물 등을 전송한 사실
  4. 정지 기간
  ③ 법 제133조의2 제2항에 따른 복제·전송자의 계정 정지 기간은 다음 각 호와 같다.
  1. 첫 번째 정지하는 경우 1개월 미만
  2. 두 번째 정지하는 경우 1개월 이상 3개월 미만
  3. 세 번째 이상 정지하는 경우 3개월 이상 6개월 이내
  ④ 제2항의 명령서를 받은 온라인서비스제공자는 지체 없이 법 제133조의2 제3항에 따라 해당 복제·전송자에게 제2항 각 호의 사항을 기재하여 서면으로 통지하여야 한다. [본조신설 2009. 7. 22.]

226) 시행령 제72조의4 (게시판 서비스 정지 명령의 절차와 방법) ① 위원회가 법 제133조의2 제4항에 따라 심의를 하는 때에는 다음 각 호의 사항을 고려하여야 한다.
  1. 해당 게시판의 영리성
  2. 해당 게시판의 개설 취지
  3. 해당 게시판의 기능과 이용 방법
  4. 해당 게시판의 이용자 수
  5. 불법복제물 등이 차지하는 비율
  6. 게시된 불법복제물 등의 종류 및 시장대체 가능성
  7. 해당 게시판의 불법복제물 등의 차단 노력 정도
  8. 불법복제물 등의 게시 또는 이용에 편의를 제공하는 수준

공자에게 6개월 이내의 기간을 정하여 해당 게시판 서비스의 전부 또는 일부의 정지를 명할 수 있으며(§133의2④), 이러한 명령을 받은 온라인서비스제공자는 해당 게시판의 서비스를 정지하기 10일 전부터 대통령령으로 정하는 바[227]에 따라 해당 게시판의 서비스가 정지된다는 사실을 해당 온라인서비스제공자의 인터넷 홈페이지 및 해당 게시판에 게시하여야 한다(§133의2⑤).

온라인서비스제공자는 제1항에 따른 명령을 받은 경우에는 명령을 받은 날부터 5일 이내에, 제2항에 따른 명령을 받은 경우에는 명령을 받은 날부터 10일 이내에, 제4항에 따른 명령을 받은 경우에는 명령을 받은 날부터 15일 이내에 그 조치결과를 대통령령으로 정하는 바[228]에 따라 문화체육관광부장관에게 통보하여야 한다(§133의2⑥).

문화체육관광부장관은 제1항, 제2항 및 제4항의 명령의 대상이 되는 온라인서비스제공자와 제2항에 따른 명령과 직접적인 이해관계가 있는 복제·전송자 및 제4항에 따른 게시판의 운영자에게 사전에 의견제출의 기회를 주어야 한다. 이 경우 「행정절차법」 제22조 제4항부터 제6항까지 및 제27조를 의견제출에 관하여 준용한다(§133의2⑦). 그 이외에 문화체육관광부장관은 제1항, 제2항 및 제4항에 따른 업무를 수행하기 위하여 필요한 기구를 설치·운영할 수 있다(§133의2⑧).

---

② 문화체육관광부장관은 법 제133조의2 제4항에 따라 온라인서비스제공자에게 해당 게시판의 서비스를 정지할 것을 명하려면 다음 각 호의 사항을 기재한 명령서를 작성하여 서면으로 통지하여야 한다.
1. 정지의 대상이 되는 게시판
2. 법 제133조의2 제1항 제2호에 따른 명령을 3회 이상 받은 사실
3. 위법 행위의 내용
4. 정지 기간
③ 법 제133조의2 제4항에 따른 해당 게시판의 서비스의 정지 기간은 다음 각 호와 같다.
1. 첫 번째 정지하는 경우 1개월 미만
2. 두 번째 정지하는 경우 1개월 이상 3개월 미만
3. 세 번째 이상 정지하는 경우 3개월 이상 6개월 이내 [본조신설 2009. 7. 22.]

227) 시행령 제72조의4 (게시판 서비스 정지 명령의 절차와 방법) ④ 법 제133조의2 제5항에 따라 온라인서비스제공자가 게시판 정지 사실을 게시하는 때에는 제2항 각 호의 사항을 기재하여 해당 게시판 이용자들이 쉽게 알 수 있도록 하여야 한다. [본조신설 2009. 7. 22.]

228) 시행령 제72조의5 (조치 결과 통보의 절차와 방법) 온라인서비스제공자는 법 제133조의2 제6항에 따라 문화체육관광부령으로 정하는 조치결과 통보서에 다음 각 호의 사항을 기재하여 문화체육관광부장관에게 제출하여야 한다.
1. 명령에 따라 조치한 내용
2. 복제·전송자를 특정할 수 있는 정보(법 제133조의2 제4항에 따른 명령의 경우는 제외한다)
3. 명령 이행 일자 [본조신설 2009. 7. 22.]

제13절 외국인의 저작권과 국제관할

Ⅰ. 일반

1. 국제관할권 인정 기준

가. 학설

국내의 민사소송법의 토지관할에 관한 규정에서 기준을 구하여 그로부터 역으로 파악하여 국제재판관할의 유무를 결정하는 역추지설, 재판의 적정, 당사자 간의 공평, 소송의 신속이라는 민사소송의 이념을 고려하여 조리에 따라 결정해야 한다는 관할배분설(조리설), 원칙적으로 국내의 민사소송법의 토지관할의 규정을 참작하여 국제재판관할권 유무를 정하되, 이 기준에 의해 우리나라에서 재판관할권을 갖는 것이 심히 부당한 '특단의 사정'이 있을 때에는 관할배분설의 기준에 의한다는 수정역추지설 등이 있다.

나. 판례

섭외사건의 국제 재판관할에 관하여 일반적으로 승인된 국제법상의 원칙이 아직 확립되어 있지 아니하고 이에 관한 우리나라의 성문법규도 없는 이상, 섭외사건에 관한 외국 법원의 재판관할권 유무는 당사자 간의 공평, 재판의 적정, 신속을 기한다는 기본이념에 따라 조리에 의하여 결정함이 상당하고, 이 경우 우리나라의 민사소송법의 토지관할에 관한 규정 또한 그 기본이념에 따라 제정된 것이므로, 그 규정에 의한 재판적이 외국에 있을 때에는 이에 따라 외국 법원에서 심리하는 것이 조리에 반한다는 특별한 사정이 없는 한 그 외국 법원에 재판관할권이 있다고 봄이 상당하다.[229]

---

229) 대법원 1995. 11. 21. 선고 93다39607 판결.

2. 베른협약

저작자는 이 협약에 따라 보호되는 저작물에 관하여, 본국 이외의 동맹국에서 각 법률이 현재 또는 장래에 자국민에게 부여하는 권리 및 이 협약이 특별히 부여하는 권리를 향유한다(제5조 제1항230)).
보호의 범위와 저작자의 권리를 보호하기 위하여 주어지는 구제의 방법은 오로지 보호가 주장되는 국가의 법률의 지배를 받는다(제5조 제2항231) 2문).
이조에서 의하여 부여되는 권리를 보전하기 위한 구제의 방법은 보호가 주장되는 국가의 입법의 지배를 받는다(제6조의2 제3항232)).

3. 저작권법

제3조 (외국인의 저작물) ① 외국인의 저작물은 대한민국이 가입 또는 체결한 조약에 따라 보호된다.
② 대한민국 내에 상시 거주하는 외국인(무국적자 및 대한민국 내에 주된 사무소가 있는 외국법인을 포함한다)의 저작물과 맨 처음 대한민국 내에서 공표된 외국인의 저작물(외국에서 공표된 날로부터 30일 이내에 대한민국 내에서 공표된 저작물을 포함한다)은 이 법에 따라 보호된다.
③ 제1항 및 제2항에 따라 보호되는 외국인(대한민국 내에 상시 거주하는 외국인 및 무국적자는 제외한다. 이하 이 조에서 같다)의 저작물이라도 그 외국에서 대한민국 국민의 저작물을 보호하지 아니하는 경우에는 그에 상응하게 조약 및 이 법에 따른 보호를 제한할 수 있다. 〈개정 2011. 6. 30.〉
④ 제1항 및 제2항에 따라 보호되는 외국인의 저작물이라도 그 외국에서 보호기간이 만료된 경우에는 이 법에 따른 보호기간을 인정하지 아니한다. 〈신설 2011. 6. 30.〉

4. 국제사법

제2조 (국제재판관할) ① 법원은 당사자 또는 분쟁이 된 사안이 대한민국과 실질적 관련이 있는 경우에 국제재판관할권을 가진다. 이 경우 법원은 실질적 관련의 유무를 판단함에 있어 국제재판관할 배분의 이념에 부합하는 합리적인 원칙에 따라야 한다.
② 법원은 국내법의 관할 규정을 참작하여 국제재판관할권의 유무를 판단하되, 제1항의 규정의 취지에 비추어 국제재판관할의 특수성을 충분히 고려하여야 한다.

---

230) Article 5 (1) Authors shall enjoy, in respect of works for which they are protected under this Convention, in countries of the Union other than the country of origin, the rights which their respective laws do now or may hereafter grant to their nationals, as well as the rights specially granted by this Convention.

231) Article 5 (2) The enjoyment and the exercise of these rights shall not be subject to any formality; such enjoyment and such exercise shall be independent of the existence of protection in the country of origin of the work. Consequently, apart from the provisions of this Convention, the extent of protection, as well as the means of redress afforded to the author to protect his rights, shall be governed exclusively by the laws of the country where protection is claimed.

232) Article 6bis (3) The means of redress for safeguarding the rights granted by this Article shall be governed by the legislation of the country where protection is claimed.

> **제24조 (지식재산권의 보호)** 지식재산권의 보호는 그 침해지법에 의한다.
> **제32조 (불법행위)** ① 불법행위는 그 행위가 행하여진 곳의 법에 의한다.
> ② 불법행위가 행하여진 당시 동일한 국가 안에 가해자와 피해자의 상거소가 있는 경우에는 제1항의 규정에 불구하고 그 국가의 법에 의한다.
> ③ 가해자와 피해자 간에 존재하는 법률관계가 불법행위에 의하여 침해되는 경우에는 제1항 및 제2항의 규정에 불구하고 그 법률관계의 준거법에 의한다.
> ④ 제1항 내지 제3항의 규정에 의하여 외국법이 적용되는 경우에 불법행위로 인한 손해배상청구권은 그 성질이 명백히 피해자의 적절한 배상을 위한 것이 아니거나 또는 그 범위가 본질적으로 피해자의 적절한 배상을 위하여 필요한 정도를 넘는 때에는 이를 인정하지 아니한다.

Ⅱ. 판례

1. 서울중앙지방법원 2008. 3. 13. 선고 2007가합53681 판결

저작자의 권리를 보전하기 위한 구제방법의 준거법에 관해서는 베른협약 제6조의2 제3항에 의해 보호가 요구되는 국가의 법인 우리나라의 법이 준거법이 되어야 하고, 저작재산권에 기초한 금지청구는 저작재산권의 배타적 효력에 기초해서 저작재산권을 보전하기 위한 구제방법이므로 그 준거법은 베른협약 제5조 제2항에 의해 보호가 요구된 국가의 준거법인 우리나라 법에 따라야 한다.

그러나 저작권 침해를 이유로 하는 손해배상청구의 준거법의 경우, 손해배상청구의 성질은 불법행위이고 불법행위의 준거법은 우리나라 국제사법 제32조 제1항에 따라 '불법행위가 행하여진 곳'이므로 피고들의 뮤직비디오가 배포된 곳이 우리나라이고, 우리나라에서 저작권의 침해에 의한 문제가 되고 있으므로 우리나라 법이 준거법이 된다.

2. 서울중앙지방법원 2008. 6. 20. 선고 2007가합43936 판결(항소)[233]

① 지적재산권의 침해는 일반 불법행위와는 다른 특수한 성격이 있음을 고려하여 국제사법이 불법행위에 관한 준거법 규정(제32조) 이외에 '지적재산권의 보호'에 관한 법률관계에 적용될 준거법 규정(제24조)을 별도로 둔 점, ② 침해정지청구와 손해배상청구는

---

233) 2007가합53681 판결 및 2007가합43936 판결에 대한 평석으로 石光現, "외국저작권 침해의 준거법", 判例研究 23輯(1) (2009.09), 서울지방변호사회, 202 - 247면 참고

공통적으로 지적재산권의 침해행위에 대하여 저작재산권자의 권리를 보호하기 위한 구제수단으로서의 성격을 가지고 있는 점, ③ 지적재산권의 보호에 관하여 요구되는 보호수단에 따라 상이한 준거법을 적용하는 것은 지적재산권의 보호에 관하여 준거법의 통일을 의도한 국제사법의 입법취지에 어긋나는 점 등을 고려할 때, 지적재산권의 침해를 원인으로 한 침해정지 및 손해배상청구는 모두 '지적재산권의 보호'에 관한 법률관계로서 원칙적으로 국제사법 제24조에 의해 그 준거법을 '침해지법'으로 정함이 상당하다('지적재산권의 침해로 인한 불법행위'의 준거법은 국제사법 제24조에 의해 그 침해지법이 된다고 판시한 대법원 2004. 7. 22. 선고 2003다62910 판결 참조).

3. 서울고등법원 2008. 9. 23. 선고 2007나127657 판결('데스페라도' 사건)

구 저작권법(2006. 12. 28. 법률 제8101호로 전부 개정되기 전의 것, 이하 같다) 제3조 제1항은 "외국인의 저작물은 대한민국이 가입 또는 체결한 조약에 따라 보호된다"라고 규정하고 있는데, 이 사건 음악저작물의 발생국(본국)인 미국과 원고들이 이 사건 저작권의 보호를 구하는 국가(보호국)인 우리나라는 모두 베른협약의 가입국이고, 이 사건 음악저작물은 베른협약 제2조 제1항의 '가사가 있는 또는 없는 작곡'의 일종으로서 베른협약의 적용대상인 문학적·예술적 저작물에 해당하므로, 위 법규 및 조약의 취지에 따라 이 사건 음악저작물은 우리나라에서도 보호되며, 한편 국제사법 제24조는 "지식재산권의 보호는 그 침해지법에 의한다"라고 규정하고 있으므로, 이 사건 음악저작물에 관한 저작권의 침해 여부와 손해배상책임의 성립 여부 및 손해배상의 범위 등에 관하여는 우리나라의 법이 적용된다.

〈보론〉

외국인의 저작물에 대한 소급보호

1. 구법 [시행 1957. 1. 28.] [법률 제432호, 1957. 1. 28. 제정]

제30조 (동전) ① 발행 또는 공연한 저작물의 저작권은 저작자의 생존간 및 사후 30 연간 존속한다.

② 수인의 합저작에 관한 저작물의 저작권은 최종사망자의 사후 30연간 존속한다.

2. 1987년법 [시행 1987. 7. 1.] [법률 제3916호, 1986. 12. 31. 전부개정]

제3조 (외국인의 저작물) ① 외국인의 저작물은 대한민국이 가입 또는 체결한 조약에 따라 보호된다. 다만, 당해 조약 발효일 이전에 발행된 외국인의 저작물은 보호하지 아니한다.

② 대한민국 내에 상시 거주하는 외국인(대한민국 내에 주된 사무소가 있는 외국법인을 포함한다. 이하 이 조에서 같다)의 저작물과 맨 처음 대한민국 내에서 발행된 외국인의 저작물(외국에서 발행된 날로부터 30일 이내에 대한민국 내에서 발행된 저작물을 포함한다)은 제1항의 규정에 불구하고 이 법에 의하여 보호된다.

③ 제1항 및 제2항의 규정에 의하여 보호되는 외국인의 저작물이라도 그 외국에서 대한민국 국민의 저작물을 보호하지 아니하는 경우에는 그에 상응하게 조약 및 이 법에 의한 보호를 제한할 수 있다.

제36조 (보호기간의 원칙) ① 저작재산권은 이 절에 특별한 규정이 있는 경우를 제외하고는 저작자의 생존하는 동안과 사망 후 50년간 존속한다. 다만, 저작자가 사망 후 40년이 경과하고 50년이 되기 전에 공표된 저작물의 저작재산권은 공표된 때부터 10년간 존속한다.

② 공동저작물의 저작재산권은 맨 마지막으로 사망한 저작자의 사망 후 50년간 존속한다.

부칙 〈법률 제3916호, 1986. 12. 31.〉

제1조 (시행일) 이 법은 1987년 7월 1일부터 시행한다.

제2조 (적용범위에 관한 경과조치) ① 이 법 시행 전에 종전의 규정에 의하여 저작권의 전부 또는 일부가 소멸하였거나 보호를 받지 못한 저작물에 대하여는 그 부분에 대하여 이 법을 적용하지 아니한다.

② 이 법 시행 전에 종전의 규정에 의하여 공표된 저작물로서 다음 각 호의 1에 해당하는 것은 종전의 규정에 의한다.

1. 종전의 법 제2조의 규정에 의한 연주·가창·연출·음반 또는 녹음필름
2. 종전의 법 제12조의 규정에 의한 합저작물의 저작권 귀속 및 이용
3. 종전의 법 제13조의 규정에 의한 촉탁저작물의 저작권 귀속
4. 종전의 법 제36조의 규정에 의한 사진의 저작권 귀속
5. 종전의 법 제38조의 규정에 의한 영화의 저작권 귀속

제3조 (저작물의 보호기간에 관한 경과조치) 이 법 시행 전에 공표된 저작물로서 부칙 제2조 제1항에 해당되지 아니한 저작물의 보호기간은 다음 각 호와 같다.

1. 종전의 규정에 의한 보호기간이 이 법에 의한 보호기간보다 긴 때에는 종전의 규정에 의한다.
2. 종전의 규정에 의한 보호기간이 이 법에 의한 보호기간보다 짧은 때에는 이 법에 의한다.

3. 1995년법 [시행 1996. 7. 1.] [법률 제5015호, 1995. 12. 6. 일부개정]

제3조 (외국인의 저작물) ① 외국인의 저작물은 대한민국이 가입 또는 체결한 조약에 따라 보호된다. <개정 1995. 12. 6>

② 대한민국 내에 상시 거주하는 외국인(대한민국 내에 주된 사무소가 있는 외국법인을 포함한다. 이하 이 조에서 같다)의 저작물과 맨 처음 대한민국 내에서 공표된 외국인의 저작물(외국에서 공표된 날로부터 30일 이내에 대한민국 내에서 공표된 저작물을 포함한다)은 제1항의 규정에 불구하고 이 법에 의하여 보호된다. <개정 1995. 12. 6.>

③ 제1항 및 제2항의 규정에 의하여 보호되는 외국인의 저작물이라도 그 외국에서 대한민국 국민의 저작물을 보호하지 아니하는 경우에는 그에 상응하게 조약 및 이 법에 의

한 보호를 제한할 수 있다.

　　제36조 (보호기간의 원칙) ① 저작재산권은 이 절에 특별한 규정이 있는 경우를 제외하고는 저작자의 생존하는 동안과 사망 후 50년간 존속한다. 다만, 저작자가 사망 후 40년이 경과하고 50년이 되기 전에 공표된 저작물의 저작재산권은 공표된 때부터 10년간 존속한다.

　　② 공동저작물의 저작재산권은 맨 마지막으로 사망한 저작자의 사망 후 50년간 존속한다.

부칙 〈법률 제5015호, 1995. 12. 6.〉

　　제1조 (시행일) 이 법은 1996년 7월 1일부터 시행한다.

　　제2조 (적용범위에 관한 경과조치) 이 법 시행 전에 종전의 규정에 의한 보호기간의 만료로 인하여 저작권 등의 전부 또는 일부가 소멸한 저작물 등에 대하여는 그 전부 또는 일부에 대하여 이 법을 적용하지 아니한다.

　　제3조 (보호기간의 특례) 제3조 제1항 및 제61조의 규정에 의하여 새로이 보호되는 외국인의 저작물 및 음반으로서 이 법 시행 전에 공표된 것(이하 '회복저작물 등'이라 한다)의 저작권과 실연자 및 음반제작자의 권리는 당해 회복저작물 등이 대한민국에서 보호되었더라면 인정되었을 보호기간의 잔여기간 동안 존속한다.

　　제4조 (회복저작물 등의 이용에 관한 경과조치) ① 이 법 시행 전에 회복저작물 등을 이용한 행위는 이 법에서 정한 권리의 침해행위로 보지 아니한다.

　　② 회복저작물 등의 복제물로서 1995년 1월 1일 전에 제작된 것은 1996년 12월 31일까지 이를 계속하여 배포할 수 있다.

　　③ 회복저작물 등을 원저작물로 하는 2차적 저작물로서 1995년 1월 1일전에 작성된 것은 이 법 시행 후에도 이를 계속하여 이용할 수 있다. 다만, 그 원저작물의 권리자는 1999년 12월 31일 후의 이용에 대하여 상당한 보상을 청구할 수 있다.

　　④ 이 법 시행 전에 회복저작물 등이 고정된 판매용음반을 취득한 때에는 제43조 제2항, 제65조의2 및 제67조의2의 규정을 적용하지 아니한다.

4. 2013년법 [시행 2011. 7. 1.] [법률 제10807호, 2011. 6. 30. 일부개정]

제3조(외국인의 저작물) ① 외국인의 저작물은 대한민국이 가입 또는 체결한 조약에 따라 보호된다.

② 대한민국 내에 상시 거주하는 외국인(무국적자 및 대한민국 내에 주된 사무소가 있는 외국법인을 포함한다)의 저작물과 맨 처음 대한민국 내에서 공표된 외국인의 저작물(외국에서 공표된 날로부터 30일 이내에 대한민국 내에서 공표된 저작물을 포함한다)은 이 법에 따라 보호된다.

③ 제1항 및 제2항에 따라 보호되는 외국인(대한민국 내에 상시 거주하는 외국인 및 무국적자는 제외한다. 이하 이 조에서 같다)의 저작물이라도 그 외국에서 대한민국 국민의 저작물을 보호하지 아니하는 경우에는 그에 상응하게 조약 및 이 법에 따른 보호를 제한할 수 있다. <개정 2011. 6. 30.>

④ 제1항 및 제2항에 따라 보호되는 외국인의 저작물이라도 그 외국에서 보호기간이 만료된 경우에는 이 법에 따른 보호기간을 인정하지 아니한다. <신설 2011. 6. 30.>

제39조 (보호기간의 원칙) ① 저작재산권은 이 관에 특별한 규정이 있는 경우를 제외하고는 저작자가 생존하는 동안과 사망한 후 70년간 존속한다. <개정 2011. 6. 30.>

② 공동저작물의 저작재산권은 맨 마지막으로 사망한 저작자가 사망한 후 70년간 존속한다. <개정 2011. 6. 30.> [시행일: 2013. 7. 1.]

부칙 〈법률 제10807호, 2011. 6. 30.〉

제1조 (시행일) 이 법은 「대한민국과 유럽연합 및 그 회원국 간의 자유무역협정」이 발효하는 날부터 시행한다. 다만, 제39조부터 제42조까지의 개정규정은 「대한민국과 유럽연합 및 그 회원국 간의 자유무역협정」이 발효한 후 2년이 되는 날부터 시행한다.

제2조 (적용 범위에 관한 경과조치) 이 법 시행 전에 종전의 규정에 따라 저작권, 그 밖에 이 법에 따라 보호되는 권리의 전부 또는 일부가 소멸하였거나 보호를 받지 못한 저작물 등에 대하여는 그 부분에 대하여 이 법을 적용하지 아니한다.

강명수 ──────────────────────────────────

　서울대학교 전기공학부 졸업
　제34회 변리사시험 합격
　제41회 사법시험 합격
　한양대학교 법학박사 수료
　김장법률사무소 변호사
　제주대학교 법학전문대학원 교수

로스쿨 지적재산권법

초판인쇄 | 2012년 12월 17일
초판발행 | 2012년 12월 17일

지 은 이 | 강명수
펴 낸 이 | 채종준
펴 낸 곳 | 한국학술정보㈜
주　　소 | 경기도 파주시 문발동 파주출판문화정보산업단지 513-5
전　　화 | 031) 908-3181(대표)
팩　　스 | 031) 908-3189
홈페이지 | http://ebook.kstudy.com
E-mail | 출판사업부　publish@kstudy.com
등　　록 | 제일산-115호(2000. 6. 19)

ISBN　　978-89-268-3978-2 93360 (Paper Book)
　　　　　978-89-268-3979-9 95360 (e-Book)